中国商事法制发展报告

ZHONGGUO SHANGSHI
FAZHI FAZHAN BAOGAO

（2012~2013年卷）

顾　问　王保树　赵旭东
主　编　李建伟
副主编　马更新
撰稿人（以姓名笔画为序）
马更新　王　军　王　萍　王　廉　冯　恺
朱晓娟　李建伟　过　琳　张　烨　汪芹芹
苗　壮　赵廉慧　黄宇宏　翟继光

人民法院出版社

图书在版编目（CIP）数据

中国商事法制发展报告（2012～2013年卷）/李建伟主编.
—北京：人民法院出版社，2014.11
ISBN 978-7-5109-1072-2

Ⅰ.①中… Ⅱ.①李… Ⅲ.①商法-研究报告-中国-文集 Ⅳ.①D923.994-53

中国版本图书馆CIP数据核字（2014）第237123号

中国商事法制发展报告（2012～2013年卷）

李建伟　主编

责任编辑：	林志农　张钧艳
出版发行：	人民法院出版社
地　　址：	北京市东城区东交民巷27号（100745）
电　　话：	（010）67550572（责任编辑）　67550558（发行部查询）
	65223677（读者服务部）
网　　址：	http://www.courtbook.com.cn
E - mail：	courtpress@sohu.com
印　　刷：	北京华联印刷有限公司
经　　销：	新华书店
开　　本：	787×1092毫米　1/16
字　　数：	1190千字
印　　张：	47
版　　次：	2014年11月第1版　2014年11月第1次印刷
书　　号：	ISBN 978-7-5109-1072-2
定　　价：	178.00元

版权所有　侵权必究

前　言

(2012~2013年卷)

《中国商事法制发展报告》意在整体性回顾、总结与展示我国商事法制正在发生的伟大变革，如实记录中国商事法制在若干个重要方面的重大发展成果。为了保证该记录的连续性与相对完整性，我们设计为每两个年度一卷的频度，按照基本固定的内容板块、撰写风格与主题选择，由相对稳定的作者队伍撰写，由人民法院出版社连续编辑出版。

首卷，也即 2010~2011 年卷在 2013 年 10 月出版，面世后我们作者团队将本书赠寄给国内外上百家法学教学科研单位以及数十位商法学者，此后陆续收到了一些反馈，包括许多学界前辈与实务届资深人士的好评与鼓励，这大大鼓舞了我们作者团队，感觉虽然付出了极大辛劳，但自己正在做一件有意义的事情。当然，也收到了很多完善建议与批评意见，对此我们心怀感激，并将合理的意见回馈到本卷，也即 2012~2013 年卷的撰写之中。

应该说，2012~2013 年是我国商事法制发生了极为重大变革的年份。在此期间，以商事登记制度、公司资本制度改革为核心的商事法制变革首先在广东省的深圳、珠海、东莞、佛山市顺德区等被授权商事登记改革地区以及上海自贸区取得了令人瞩目的成就，随后其试点先进经验被迅速地推广到全国，并最终促成了 2013 年底《公司法》第四次修正，也是一次重大的修正，由此大大改变了中国公司资本制度的面貌，同时也促成了《公司登记管理条例》等八部商事主体登记法规的重大修正，以及在次年初国务院出台了《注册资本登记制度改革方案》。此次商事登记制度与公司资本制度改革的核心精神是简政放权、降低公司设立门槛、激励创业、扩大就业，释放改革红利。受此次改革的利好刺激，全国范围内涌起一股创业浪潮，2014 年 3~8 月份，全国范围内各类商事主体登记数量同比增长 61% 以上，主要的受益者是无数的中小微企业及其投资者，同时也极大促进了就业的发展。无疑，所有这些变革，都是值得大书特书的商事法制发展成就。正是躬逢盛事，2012~2013 年卷的第一部分就是聚焦于"商事主体与商事登记发展"这一专题。

2012~2013 年度内中国商事法制所取得的巨大发展不仅限于商事登记、

公司资本制度与商事主体大发展等方面,在商事立法、资本市场执法、商事审判与商事法学研究等领域同样取得了令人注目的成就。所以,本卷也如实记录了这些领域的重大发展成就,包括一些重大领域内的在细节上的点点滴滴发展。

《商事法制发展报告》(2012~2013卷),仍由中国政法大学商法青年创新科研团队集体完成,团队的主要成员是来自中国政法大学民商经济法学院、比较法学院的八位青年学者:王军、王萍、马更新、冯恺、朱晓娟、、赵廉慧、翟继光、李建伟等,团队负责人是李建伟教授。此外,研究生院的部分同学也深度参与了资料收集、数据整理与主要章节的撰稿工作,他们是:张烨、苗壮、黄宇宏、汪芹芹、王廉等。报告的终稿由李建伟负责审定。

《商事法制发展报告》(2012~2013卷)是在总结2010~2011卷得失的基础上进行编写的,在许多地方都有所进步。但尽管我们付出了极大努力,由于力有不逮,或者学有不精等原因,挂一漏万乃至错误之处还是难免,欢迎各位大家批评指正,以利于今后卷的更加完善。

最后,再次感谢中国政法大学青年科研创新团队给予的资助。

李建伟

二〇一四年十月一日

前 言

(2010～2011 年卷)

一、编撰缘由

商事法律制度是一项古老的法律制度，但在我国又是一项年轻的法律制度。在高度集中的计划经济体制下，没有必要也不可能存在商事法律制度。得益于改革开放，特别是得益于实行社会主义市场经济体制的建立，我国大陆的商事法律制度才得以建立。我国大陆的商事法律制度是在改革开放以来特别是1992年以来发展起来的，几十年来在调整社会主义市场经济活动，规范商事主体及其商事行为中发挥了重要作用，尤其是在建立现代企业制度，为国有企业提供公司法人制度框架过程中指明了国企成为市场主体的健康发展之路。时至今日，商法作为社会主义市场经济法律体系的核心、中坚构成部分，扮演着举足轻重的作用。

我国商法的完善应当走现代化之路。商法本身具有高度的适应性，适应经济全球化的需要，更要适应中国的实际。未来中国商事法律的完善之路在于追求商法的适应性，一是尊重商人和商事交易的特殊性，二是尊重商人的自治和自治规则，三是促成和方便交易。任何一个法律部门都有其自身的法益目标。商法作为一个独立的法律部门，其法益目标应是保护商事主体即商人的合法权益，核心是在不违反强行性法律规范的前提下，商人通过实施商行为而营利具有法律上的正当性。商法的最终目的是促进商事交易，保障交易安全，维护社会主义市场经济秩序。显然，维护社会主义市场经济秩序不是商法独有的任务，不同的法律可以通过不同的途径实现这一目的。商法的特殊性在于通过"促进商事交易，保障交易安全"实现该目的。换言之，保障快速商事交易和商事交易安全，是其他法律部门很难实现的。因此，应将其规定为商法的最终目的。

在我国现行的法律体系下，某种意义上，相对于其他部门法而言，商法可能是相对最不完善的部门法之一，同时也是完善压力最大的部门法之一。如果有人问，中国社会主义市场经济法律体系最缺少的法律规范是什么？应该说，最缺少完善的是商事法律规范。就当前而言，中国商法的完善需要健全以个别领域调整为特征的单行商事法律，但也需要完善作为各个部门商事法的一般性规范的商事通则，否则，各个单行商事法律的适用缺乏统一的商法理念与原则，更遑论商事审判制度的形成与商法思维的统一。中国商法的完善是中国社会主义市场经济体制完善的重要基础之一。没有商法的完善，仅采用"头痛医头、脚痛医脚"的手段整顿市场秩序，将永远是"治病不除病""治标不治本"的混乱型市场秩序。相反，完善商法是建立稳定的市场秩序的长远大计。

与法律规范的相对不完善形成鲜明对照的另一面是我国非常活跃的商事法律实践与多层次的频繁的立法活动，尤其是层出不穷的商事法律重大事件。这些重大事件为完善我国商事法律规范体系提供了一次又一次的契机，同时也为我们讲述与观察这场正在中国发生的商事法律制度变迁，或者说商事法律发展的"故事"提供了绝佳的历史机遇。在此意义上，记录与讲述中国商事法制发展就具有历史意义。为此，我们编撰的这部《中国商事法制发展报告》（分年卷），在性质上类似于一部"年鉴"，就是想起到记录与讲述每一年度中国商事法制发展历程的作用。

虽然"思谋"已久，但由于这项小工程的工作量浩大，我们深知如果没有团队的合作与科研资金的支持是很难完成的。幸运的是，中国政法大学青年科研创新项目从2012年度开始为我们商法团队提供了一些资金支持，使得我们可以开始尝试这一项一旦启动就可能是长期负荷的工作。出版这么一部年鉴式的研究报告，最好的方式是每年一卷，但由于每年一卷的出版，对于我们而言暂时还存在时效要求与撰写报告能力上的困难，所以我们的初步计划是：《中国商事法制发展报告》每两年出版一卷。此为第一卷。报告的内容限于2010~2011年间也即这两个年度我国商事法制在几个重要方面的发展报告。《中国商事法制发展报告》（2012~2013年卷）目前正在努力编撰之中，预计将在2014年的第三季度出版，敬请关注。

二、内容简介

《中国商事法制发展报告》（2010~2011年卷），意在整体性回顾、总结与展示2010~2011年间也即这两个年度我国商事法制在若干个重要方面的发展成果，我们主要选择了以下五个方面，分为相应的五编。

第一编——商事主体的发展。按照我国现行的商事法律体系，最重要也是最主流的商事主体分类是按照组织形式与承担责任方式的不同，将之分为公司企业、合伙企业、个人独资企业、个体工商户、合作社、个体摊贩等几类商事主体。本编主要分为两章，第一章概括性介绍几类主要商事主体的基本理论体系与基本的生存状态，第二章整理了2010~2011年间的以上几类商事主体的关键性发展数据，资料来源主要借鉴国家工商总局、国家统计局公布的同期统计数据，从中可以一窥各类商事主体的生存实态与发展趋向。

第二编——商事法制重大事件。在商事法制的诸多领域，如公司、证券、商业保险、银行等,每一年都会发生对商事法律制度变迁产生重大影响乃至引来全社会瞩目的重大事件。这些重大事件的整理与回顾,对于观察我国商事法律制度的变迁具有重要意义。本报告的第二编"商事法制重大事件",收集、整理了逾百个此类的"重大事件",力图做到对2010~2011年间的商事法制时间完成一个清晰的脉络展现与发展记录,这其中包括商事法制领域某一重要法规的颁布、政府对于商事法制政策的调整,也包括重大商法案件(事件)的过程记录。在编排上,本报告以时间顺序对事件进行了整理,分为24个月度分别记录,以便更加突出事件发生的历史感,使得读者一窥大时代背景下我国活跃的商事活动与迅猛发展的商事法制发展变迁之全貌。

第三编——商事法学研究发展。学术研究的进展是一个国家、地区商事法制发展的一个重要方面。商事法学学术研究的发展状况可以通过学术论文、学术会议与学术专著等三个维度来得以展现,故本编又分为三章。

第一章:部门商事法研究综述。包括商法总论、公司法、证券法、破产法、票据法、保险法、海商法、信托法、投资基金法等九个部门商事法在2010~2011年度的学术研究。选取的研究对象限于17种法学类核心期刊刊载的学术论文,以期系统展示其间的学术进展。

第二章:商法学学术会议概览。回顾2010~2011年间在我国大陆境内召开的数十场重要商法学学术会议的基本情况,主要介绍会议上的学术观点。

第三章:商事法学术专著简介。回顾2010~2011年间在我国大陆境内各主要学术出版社出版的上百部商法学学术专著,主要介绍每本专著的学术观点与学术创新点。

第四编——商事审判发展。商事案件的审判制度及其实践,属于商事法制的重要组成部分。目前,我国各级法院还不存在清晰的商事审判之概念,商事审判仍在"大民事审判"这一上位概念之下,但毋庸置疑的是,商事纠纷之解决相对于民事纠纷解决的独立性以及商事审判相对于民事审判的独立性正在得到越来越多的学者与法官的认可,这是商业活动专业化程度不断提高且得到越来越高的社会认可的必然结果。所以,无论从理论上还是实践中关注商事审判制度及其实践在我国当下的发展,是我国商事法制发展本身不可或缺的一项重要内容。本报告的第四编"商事审判发展"尝试从理论与实务的双重视角,对于商事审判发展进行观察与记录。

第五编——商事立法概览。不言而喻,商事立法是商事法制的重要组成内容。此处的商事立法是广义上的,不仅包括法律(狭义),还包括行政法规、地方性法规、各类政府规章以及司法解释规范。本报告重点收集了2010~2011年间各类具有立法权的机关颁布的地方性法规与政府规章数十部,该类立法文件的系统收集、整理将为商事法学研究者提供很好的研究素材,也可以藉此观察我国地方性商事立法的最新进展。

三、致谢

中国商法学研究会会长王保树教授、常务副会长赵旭东教授欣然担任本报告的顾问,给予了宝贵的支持与指点,在此对于他们提携商法学界后生、关注青年学术发展的精神致以衷心的谢意!

中国政法大学青年科研创新项目给予本报告为期三年的科研资金支持,将激励我们继续将这项工作坚持下去并努力做得更好。同时,本报告也得到了中国政法大学科研处、民商经济法学院及商法研究所的领导柳经纬教授、王卫国教授、李永军教授、王光进教授、管晓峰教授、王涌教授等著名学者的一贯支持,在此一并致谢!

难以忘怀的是,感谢人民法院出版社的各位领导对于该报告的顺利出版给予的可贵支持,感谢各位编辑为此付出的心血努力!

《中国商事法制发展报告》(2010~2011年卷),由中国政法大学商法青年创新科研团队集体完成,团队的主要成员是来自中国政法大学民商经济法学院、比较法学院的八位青年学者,他们是:王军、王萍、马更新、冯恺、朱晓娟、李建伟、赵廉慧、翟继光等。此外,研究生院的部分同学也深度参与了资料收集、数据整理与部分章节的撰写工作,他们是:郭碧昊、张龙、谢晓松、惠术林、李凯、王悦涵、张梦瑶、侯潇潇、隆国华、张烨等。报告的终稿由马更新、李建伟负责统稿。

尽管我们付出了极大努力,但由于力有不逮,或者学有不精等原因,挂一漏万乃至错误之处总是难免。欢迎各位大家批评指正,以利于我们在今后的工作中做得更好。

李建伟等谨识

二〇一三年九月十日

目 录

第一编 商事主体与商事登记改革发展

第一章 全国商事主体发展数据与分析 …………………………（ 3 ）

第二章 商事登记改革之理论篇：商事登记立法改革：理念、
范式与路径 ……………………………………………（ 20 ）

第三章 商事登记改革之历史篇：商事登记管理法的变迁史 ………（ 47 ）

第四章 商事登记改革之实务篇：商事登记制度改革破题 …………（ 74 ）

附：商事登记改革大事记（2012－2013 年）…………………（102）

第二编 商事法制重大事件

2012 年 1 月 …………………………………………………………（143）

2012 年 2 月 …………………………………………………………（145）

2012 年 3 月 …………………………………………………………（148）

2012 年 4 月 …………………………………………………………（151）

2012 年 5 月 …………………………………………………………（155）

2012 年 6 月 …………………………………………………………（162）

2012 年 7 月 …………………………………………………………（165）

2012 年 8 月 …………………………………………………………（167）

2012 年 9 月 …………………………………………………………（170）

2012 年 10 月 ………………………………………………………（172）

2012 年 11 月 ………………………………………………………（175）

2012 年 12 月 ·· (178)
2013 年 1 月 ··· (183)
2013 年 2 月 ··· (189)
2013 年 3 月 ··· (193)
2013 年 4 月 ··· (197)
2013 年 5 月 ··· (203)
2013 年 6 月 ··· (207)
2013 年 7 月 ··· (213)
2013 年 8 月 ··· (215)
2013 年 9 月 ··· (216)
2013 年 10 月 ·· (223)
2013 年 11 月 ·· (227)
2013 年 12 月 ·· (232)

第三编　商事法学研究发展

第一章　商事法研究综述 ·· (243)
第二章　商法学学术会议概览 ·· (302)
第三章　商事法学术专著简介 ·· (334)

第四编　商事审判发展

第一章　法院系统商事法制调研报告索引及主要内容 ·················· (393)
第二章　地方高级人民法院主要商事审判指导意见 ···················· (399)
　　广东省高级人民法院关于为中小微企业融资
　　　提供司法保障的通知（2012 年 4 月 13 日） ················· (399)
　　广东省高级人民法院关于印发《全省部分法院破产审判
　　　业务座谈会纪要》的通知（2012 年 7 月 2 日） ·············· (402)
　　上海市高级人民法院民事审判第五庭关于印发《关于审理保险

代位求偿权纠纷案件若干问题的解答（一）》

的通知（2012年9月19日） ………………………………（405）

江苏省高级人民法院、江苏省工商业联合会关于印发《关于建立商事

矛盾纠纷诉调对接工作机制的意见》

的通知（2012年12月3日） ………………………………（408）

江苏省高级人民法院、中国保险监督管理委员会江苏监管局关于

印发《关于加强保险纠纷案件诉调对接工作机制建设的意见》

的通知（2012年12月5日） ………………………………（409）

北京市高级人民法院关于计付迟延履行利息、迟延履行

金若干问题的解答（2012年12月10日） …………………（412）

北京市高级人民法院关于印发《北京市高级人民法院关于审理

电子商务侵害知识产权纠纷案件若干问题的解答》

的通知（2012年12月28日） ……………………………（415）

北京市高级人民法院关于印发《北京市高级人民法院国内商事

仲裁裁决司法审查工作要点》的通知（2013年3月7日） ……（418）

北京市高级人民法院关于对撤销国内商事仲裁裁决案件进行

上报审查的通知（试行）（2013年4月2日） ………………（425）

江苏省高级人民法院、中国保险监督管理委员会江苏监管局关于

印发《保险合同纠纷案件诉调对接工作办法》

的通知（2013年6月13日） ………………………………（426）

北京市高级人民法院关于印发《北京市高级人民法院企业破产

案件审理规程》的通知（2013年7月22日） ………………（429）

重庆市高级人民法院印发《关于审理涉及小额贷款公司、担保

公司、典当行商事案件若干问题的解答》

的通知（2013年10月9日） ………………………………（474）

第五编　商事立法发展

法律及法规解释

全国人民代表大会常务委员会关于修改《中华人民共和国公司法》

等七部法律的决定（2013年12月28日） …………………（481）

全国人民代表大会常务委员会关于《中华人民共和国刑法》

第三十条的解释（2014年4月24日） ……………………（482）

全国人大常委会关于《中华人民共和国刑法》第一百五十八条、
　　第一百五十九条的解释（2014年4月24日）……………………（482）
中华人民共和国军人保险法（2012年4月27日）………………（483）
全国人民代表大会常委员会关于修改《中华人民共和国证券法》
　　的决定（2013年6月29日）………………………………………（487）
中华人民共和国证券投资基金法（2012年12月28日）…………（487）
全国人民代表大会常务委员会关于授权国务院在中国（上海）自由
　　贸易试验区暂时调整有关法律规定的行政审批的决定
　　　　（2013年8月30日）…………………………………………（507）

行政法规

国务院关于废止和修改部分行政法规的决定
　　（2014年2月19日）………………………………………………（510）
农民专业合作社登记管理条例（2007年5月28日）………………（513）
机动车交通事故责任强制保险条例（2012年12月17日）………（516）
农业保险条例（2012年11月12日）………………………………（522）
国务院关于管理公开募集基金的基金管理公司有关问题的批复
　　（2013年12月10日）………………………………………………（525）
国务院关于印发注册资本登记制度改革方案的通知
　　（2014年2月7日）…………………………………………………（526）
国务院对《中华人民共和国公司登记管理条例》作出修改
（2014年2月19日）……………………………………………………（532）
中华人民共和国外资保险公司管理条例（2013年5月30日）…（533）
国务院办公厅关于金融支持小微企业发展的实施意见
　　（2013年8月8日）…………………………………………………（537）
国务院关于全国中小企业股份转让系统有关问题的决定
　　（2013年12月13日）………………………………………………（540）
企业名称登记管理规定（2012年11月9日）……………………（542）
国务院对《中华人民共和国企业法人登记管理条例》作出修改
（2014年2月19日）……………………………………………………（545）
国务院关于印发中国（上海）自由贸易试验区总体方案的
　　通知（2013年9月18日）…………………………………………（546）
国务院关于在中国（上海）自由贸易试验区内暂时调整

有关行政法规和国务院文件规定的行政审批或者准入
　　特别管理措施的决定（2013年12月21日）……………（553）

司法解释

最高人民法院、最高人民检察院、公安部关于办理非法集资
　　刑事案件适用法律若干问题的意见（2014年3月25日）……（555）
最高人民法院关于适用《中华人民共和国保险法》若干问题
　　的解释（二）（2013年5月6日）………………………（557）
最高人民法院办公厅关于印发《关于审理公司登记行政案件若干
　　问题的座谈会纪要》的通知（2012年3月7日）…………（559）
最高人民法院关于修改关于适用《中华人民共和国公司法》
　　若干问题的规定的决定（2014年2月17日）……………（561）
最高人民法院印发《关于审理上市公司破产重整案件工作座谈会
　　纪要》的通知（2012年10月29日）………………………（562）
关于审理上市公司破产重整案件工作座谈会纪要
　　（2012年10月29日）………………………………………（562）
最高人民法院关于适用《中华人民共和国企业破产法》若干问题
　　的规定（二）（2013年7月29日）…………………………（565）
最高人民法院关于税务机关就破产企业欠缴税款产生的滞纳金
　　提起的债权确认之诉应否受理问题的批复
　　（2012年6月4日）…………………………………………（572）
最高人民法院关于个人独资企业清算是否可以参照适用企业破产
　　法规定的破产清算程序的批复（2012年12月10日）………（572）

地方性法规

上海市人大常委会关于在中国（上海）自由贸易试验区暂时
　　调整实施本市有关地方性法规规定的决定
　　（2013年9月26日）…………………………………………（574）
深圳市人大常委会关于废止《深圳经济特区企业破产条例》
　　等3项特区法规的决定（2012年4月27日）………………（574）
厦门经济特区商事登记条例（2013年12月27日）……………（575）
深圳经济特区商事登记若干规定（2012年10月30日）………（580）
珠海经济特区横琴新区条例（2011年11月24日）……………（584）
珠海经济特区商事登记条例（2012年11月29日）……………（590）

地方政府规章

珠海市社区股份合作公司规范和监管暂行办法
　　（2012年6月28日）·····················（597）
东莞市商事登记制度改革试点工作实施方案
　　（2012年5月16日）·····················（605）
广州市商事登记暂行办法（2014年4月8日）·········（608）
平潭综合实验区商事登记管理办法（2013年11月26日）·······（614）
顺德区商事登记制度改革实施办法（试行）
　　（2012年5月1日）······················（619）
珠海经济特区横琴新区商事登记管理办法
　　（2012年5月23日）·····················（626）
中国（上海）自由贸易试验区管理办法
　　（2013年9月22日）·····················（629）

地方规范性文件

上海市人民政府关于公布《中国（上海）自由贸易试验区外商
　　投资准入特别管理措施（负面清单）（2013年）》的公告
　　（2013年9月29日）·····················（637）
上海市人民政府关于印发《中国（上海）自由贸易试验区境
　　外投资开办企业备案管理办法》的通知
　　（2013年9月29日）·····················（638）
上海市人民政府关于印发《中国（上海）自由贸易试验区境
　　外投资项目备案管理办法》的通知（2013年9月29日）·····（640）
上海市人民政府关于印发《中国（上海）自由贸易试验区外商
　　投资企业备案管理办法》的通知（2013年9月29日）······（642）
上海市人民政府关于印发《中国（上海）自由贸易试验区外商
　　投资项目备案管理办法》的通知（2013年9月29日）······（644）

部　门　规　章

国家工商行政管理总局关于修改《中华人民共和国企业法人
　　登记管理条例施行细则》《外商投资合伙企业登记管理规定》
　　《个人独资企业登记管理办法》《个体工商户登记管理办法》
　　等规章的决定（2014年2月20日）··············（647）

资本市场支持促进中国（上海）自由贸易试验区若干
　　政策措施（2013年9月29日） ·················· (648)
保险公司董事、监事和高级管理人员任职资格
　　管理规定（2014年1月23日） ·················· (649)
保险公司股权管理办法（2014年4月15日） ········· (656)
保险公司控股股东管理办法（2012年7月10日） ······ (660)
非上市公众公司监督管理办法（2013年12月2日） ···· (664)
公司注册资本登记管理规定（2014年2月20日） ······ (670)
全国中小企业股份转让系统有限责任公司
　　管理暂行办法（2013年1月18日） ·················· (672)
证券公司董事、监事和高级管理人员任职资格
　　监管办法（2012年10月16日） ·················· (676)
中国证券监督管理委员会公告（2013）49号——非上市公众
　　公司行政许可事项的有关事宜公告（2013年12月26日） ··· (685)
个人独资企业登记管理办法（2014年2月20日） ······ (686)
个体工商户登记管理办法（2014年2月20日） ········ (690)
国家出资企业产权登记管理暂行办法（2012年2月20日） ··· (694)
商务部关于涉及外商投资企业股权出资的暂行规定
　　（2012年8月24日） ·················· (697)
外商投资合伙企业登记管理规定（2014年2月20日） ··· (700)
中华人民共和国企业法人登记管理条例施行细则
　　（2014年2月20日） ·················· (707)

2001～2014年行政许可改革一览

国务院批转关于行政审批制度改革工作实施意见的通知
　　（2001年10月18日） ·················· (717)
关于行政审批制度改革工作的实施意见（2001年10月9日） ··· (717)
国务院关于取消第一批行政审批项目的决定
　　（2002年11月1日） ·················· (720)
国务院关于取消第二批行政审批项目和改变一批行政审批项目
　　管理方式的决定（2003年2月27日） ·················· (720)
国务院办公厅转发国务院行政审批制度改革工作领导小组办公室
　　关于进一步推进省级政府行政审批制度改革意见的通知

（2003年9月29日） ················· （721）
关于进一步推进省级政府行政审批制度改革的意见
　　（2003年9月18日） ················· （721）
国务院关于第三批取消和调整行政审批项目的决定
　　（2004年5月19日） ················· （724）
国务院对确需保留的行政审批项目设定行政许可的决定
　　（2004年6月29日） ················· （725）
国务院办公厅关于进一步清理取消和调整行政审批项目的通知
　　（2007年4月15日） ················· （725）
国务院关于第四批取消和调整行政审批项目的决定
　　（2007年10月9日） ················· （727）
国务院办公厅转发监察部等部门关于深入推进行政审批制度改革
　　意见的通知（2008年10月17日） ·········· （728）
关于深入推进行政审批制度改革的意见
　　（2008年10月17日） ················ （728）
国务院关于修改《国务院对确需保留的行政审批项目设定行政
　　许可的决定》的决定（2009年1月29日） ······· （730）
国务院关于第五批取消和下放管理层级行政审批项目的决定
　　（2010年7月4日） ·················· （731）
国务院关于第六批取消和调整行政审批项目的决定
　　（2012年9月23日） ················· （731）
国务院关于取消和下放一批行政审批项目等事项的决定
　　（2013年5月15日） ················· （732）
国务院关于取消和下放50项行政审批项目等事项的决定
　　（2013年7月13日） ················· （733）
国务院关于取消和下放一批行政审批项目的决定
　　（2013年11月8日） ················· （734）
国务院关于取消和下放一批行政审批项目的决定
　　（2014年1月28日） ················· （734）
国务院关于清理国务院部门非行政许可审批事项的通知
　　（2014年4月14日） ················· （735）

第一编　商事主体与商事登记改革发展

第一章　全国商事主体发展数据与分析*

一、2012 年上半年全国市场主体发展总体情况

2012 年上半年,全国市场主体平稳有序发展,企业实有户数持续增长,企业注册资本(金)增长较快,个体工商户数稳定增长,农民专业合作社蓬勃发展。

(一)全国各类市场主体期末实有情况

截至 2012 年 6 月底,全国实有企业 1308.57 万户(含分支机构,下同),比上年底增加 55.45 万户,增长 4.42%;实有注册资本(金)77.20 万亿元[①],比上年底增加 4.96 万亿元,增长 6.86%。其中,内资企业实有 1264.89 万户,比上年底增加 56.42 万户,增长 4.67%;实有注册资本(金)65.90 万亿元,比上年底增加 4.55 万亿元,增长 7.42%(其中私营企业 1025.93 万户,比上年底增加 58.26 万户,增长 6.02%;注册资本(金)28.48 万亿元,比上年底增加 2.69 万亿元,增长 10.45%)。外商投资企业 43.68 万户,比上年底减少 0.97 万户,下降 2.17%;注册资本(金)11.30 万亿元,比上年底增加 0.41 万亿元,增长 3.72%。

个体工商户实有 3896.07 万户,比上年底增加 139.60 万户,增长 3.72%;资金数额 1.78 万亿元,比上年底增加 0.16 万亿元,增长 10.01%。

农民专业合作社实有 60.01 万户,比上年底增加 7.85 万户,增长 15.04%;出资总额 0.91 万亿元,比上年底增加 0.18 万亿元,增长 25.12%。

(二)2012 年上半年全国各类市场主体新登记情况

2012 年上半年,全国各类新登记企业比上年同期略有下降。全国新登记注册企业 98.89 万户,比上年同期减少 1.26 万户,下降 1.26%;注册资本(金)3.06 万亿元,比上年同期减少 0.57 万亿元,下降 15.81%。其中,内资企业登记注册 97.11 万户,比上年同期减少 1.05 万户,下降 1.07%;注册资本(金)2.69 万亿元,比上年同期减少 0.47 万亿元,下降 14.86%(其中私营企业登记注册 90.74 万户,比上年同期减少 0.58 万户,下降 0.63%;注册资本(金)1.96 万亿元,比上年同期减少 0.43 万亿元,下降 18.11%)。外商投资企业登记注册 1.78 万户,比上年同期减少 0.21 万户,

---

* 本章主要是对国家工商管理总局网站发布的统计数据的收集与整理。

① 外商投资企业注册资本的货币单位原为美元,各年注册资本数按数据分析当日汇率折算。2012 年 6 月底数据按美元对人民币汇率 6.3249 换算,下同。

下降10.71%；注册资本（金）0.36万亿元，比上年同期减少0.10万亿元，下降22.21%。

个体工商户新注册363.20万户，比上年同期增加7.95万户，增长2.24%；资金数额0.27万亿元，比上年同期增加0.03万亿元，增长13.52%。

农民专业合作社新登记7.83万户，比上年同期增加1.39万户，增长21.63%；出资总额0.16万亿元，比上年同期增加0.05万亿元，增长42.36%。

二、2012年全年全国市场主体发展情况

2012年，全国市场主体健康发展，内资企业稳步增长，外商投资企业规模不断扩大，个体工商户首次突破4千万户，农民专业合作社持续高速发展。

（一）全国市场主体期末实有情况

截至2012年底，全国实有企业1366.6万户（含分支机构，下同），比上年底增长9.06%，实有注册资本（金）82.54万亿元①，比上年底增长14.24%。内资企业实有1322.54万户，比上年底增长9.44%，实有注册资本（金）70.71万亿元，比上年底增长15.25%。其中私营企业1085.72万户，增长12.20%，注册资本（金）31.1万亿元，增长20.59%。外商投资企业44.06万户，下降1.32%，注册资本（金）11.83万亿元，增长8.52%。

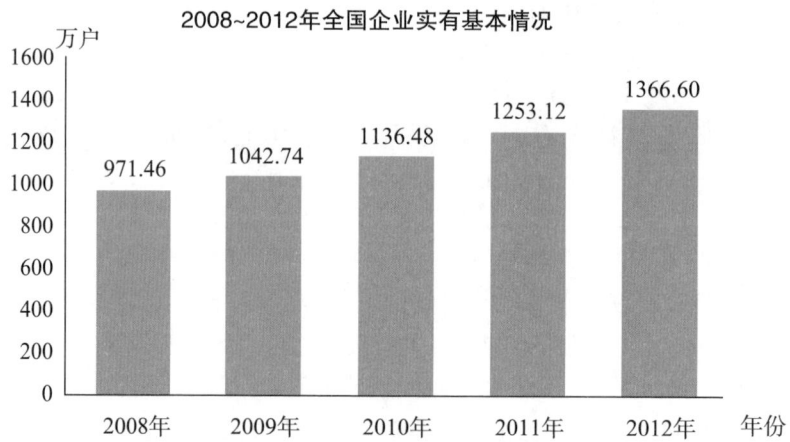

个体工商户实有4059.27万户，比上年底增长8.06%，资金数额1.98万亿元，增长22.19%。

---

① 外商投资企业注册资本的货币单位原为美元，各年注册资本数按数据分析当日汇率折算。2012年12月底数据按美元对人民币汇率6.2855折算。

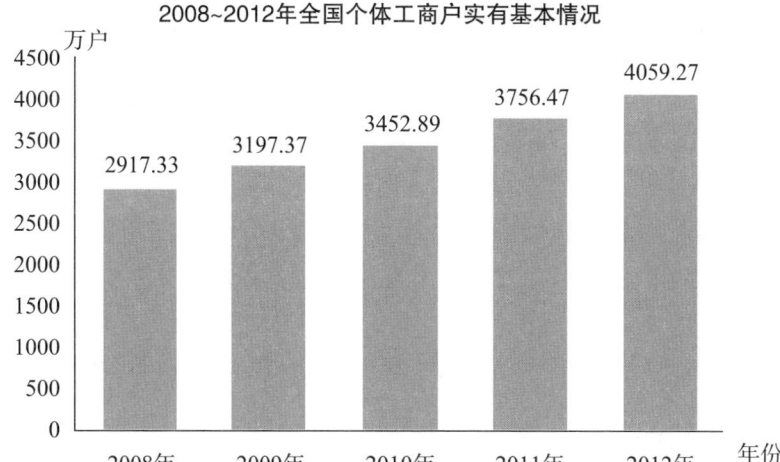

2008~2012年全国个体工商户实有基本情况

农民专业合作社实有68.9万户，比上年底增长32.07%，出资总额1.1万亿元，增长52.07%。

（二）全国市场主体区域发展情况

西部地区企业实有户数发展速度相对较快。东部地区实有企业855.95万户，比上年底增长8.70%，占全国企业总户数的62.63%；中部地区实有企业298.17万户，比上年底增长8.37%，占全国企业总户数的21.82%；西部地区实有企业212.48万户，比上年底增长11.50%，占全国实有企业总户数的15.55%。

中、西部地区个体工商户发展较快，与上年同期相比，增长率均超过10%。东部地区实有个体工商户1935.61万户，比上年底增长5.33%，占全国个体工商户总户数的47.69%；中部地区实有1278.83万户，比上年底增长10.85%，占全国个体工商户总户数的31.50%；西部地区实有844.83万户，比上年底增长10.40%，占全国个体工商户总户数的20.81%。

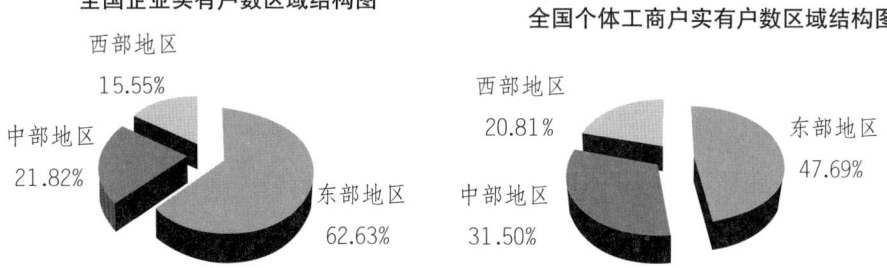

（三）全国市场主体产业发展情况

全国企业在第一产业和第三产业发展较快。第一产业企业实有 37.86 万户，比上年底增长 21.33%，占全国企业实有户数的 2.77%；第二产业企业实有 356.24 万户，比上年底增长 5.28%，占全国企业实有户数的 26.07%；第三产业企业实有 972.5 万户，比上年底增长 10.07%，占全国企业实有户数的 71.16%。

全国个体工商户在第一产业实有 76.25 万户，比上年底增长 22.94%，占全国个体工商户实有总户数的 1.88%；第二产业实有 317.75 万户，比上年底增长 4.23%，占全国个体工商户实有总户数的 7.83%；第三产业实有 3665.27 万户，比上年底增长 8.13%，占全国个体工商户实有总户数的 90.29%。

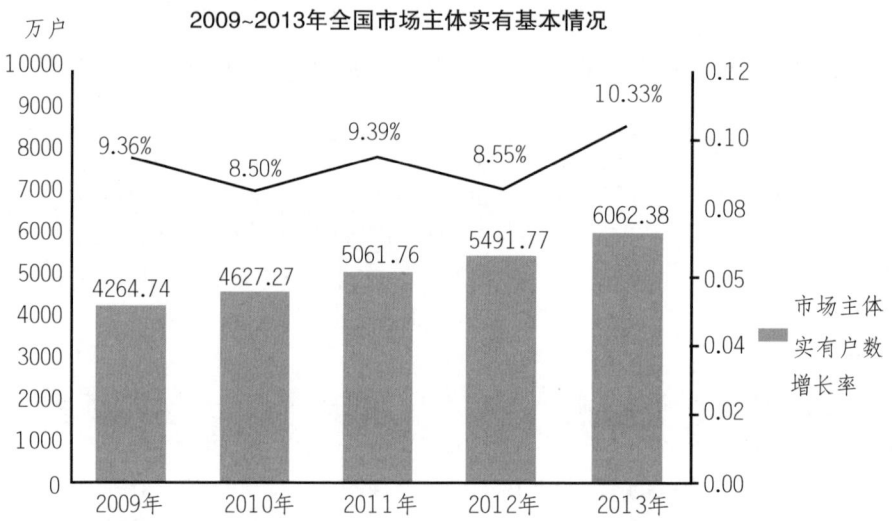

2009~2013年全国市场主体实有基本情况

三、2013 年全国商事主体发展情况

2013 年，全国市场主体健康有序发展，实有户数及资金规模总量扩大，增速提高，呈现稳中有进的发展态势。

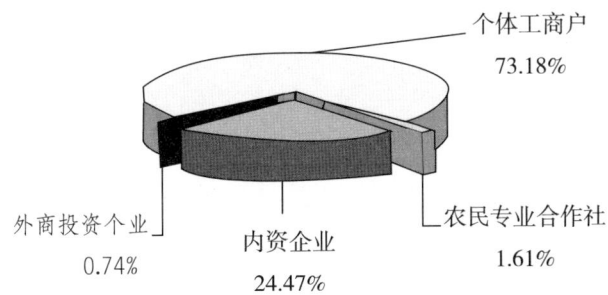

全国各类市场主体实有户数结构图
（截至2013年年底）

（一）全国市场主体数量突破6000万户，注册资本（金）总额达100万亿元

截至2013年底，全国实有各类市场主体6062.38万户，比上年底增长10.33%，增速比上年同期提高1.78%，为近五年最高；注册资本（金）101.2万亿元①，增长18.21%。

全国实有企业1527.84万户（含分支机构，下同），增长11.80%，注册资本（金）96.88万亿元，增长17.37%。内资企业1483.24万户，增长12.15%，注册资本（金）84.51万亿元，增长19.52%（其中私营企业1253.86万户，增长15.49%，注册资本（金）39.31万亿元，增长26.42%）。外商投资企业44.6万户，增长1.21%，注册资本（金）12.36万亿元，增长4.56%。

个体工商户4436.29万户，增长9.29%，资金数额2.43万亿元，增长23.12%。

农民专业合作社98.24万户，增长42.60%，出资总额1.89万亿元，增长71.85%。

（二）新登记注册市场主体数量显著增长，市场活力进一步增强

2013年，全国新登记注册企业250.27万户，比上年同期增长27.63%。内资企业246.64万户，增长28.22%。其中私营企业232.73万户，增长29.98%。外商投资企业3.63万户，下降2.84%。个体工商户新登记注册853.02万户，增长16.39%。农民专业合作社新登记注册28.24万户，增长68.30%。

从产业看，新登记企业主要集中在第三产业，为191.58万户，占新登记企业总数的76.55%，比上年同期扩大0.52%；第一产业11.8万户，占4.71%，比上年同期扩大0.39%；第二产业46.89万户，占18.74%，比上年同期减少0.91%。

---

① 外商投资企业注册资本的货币单位原为美元，各年注册资本数按数据分析当日汇率折算。2013年底数据按美元对人民币汇率6.0969折算。

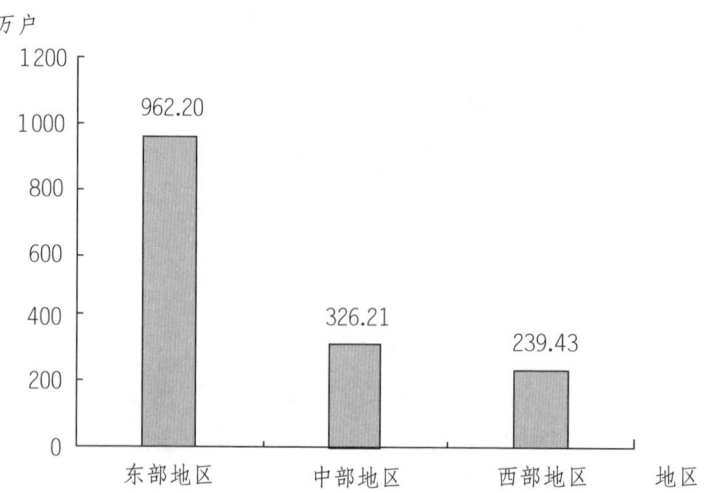

全国个业实有户数区域分布图
（截至2013年年底）

（三）产业结构进一步优化，区域发展更趋协调

1. 市场主体在第一产业和第三产业所占比重继续扩大。截至2013年底，企业在第一产业实有44.38万户，比上年同期增长17.23%，占企业总数的2.91%，比上年同期扩大0.14%；第二产业382万户，增长7.23%，占25.00%，比上年同期减少1.07%；第三产业1101.46万户，增长13.26%，占72.09%，比上年同期扩大0.93%。

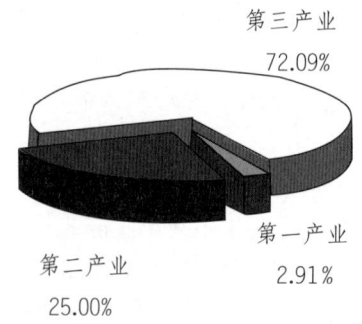

全国个业实有户数产业结构图
（截至2013年年底）

个体工商户在第一产业实有93.36万户，比上年同期增长22.44%，占个体工商户总数的2.11%，比上年同期扩大0.23个百分点；第二产业324.36万户，增长2.08%，占7.31%，比上年同期减少0.52%；第三产业4018.57万户，增长9.64%，占90.58%，比上年同期扩大0.29%。

2. 西部地区企业、个体工商户增长速度快于东、中部地区,所占比重不断扩大。截至 2013 年底,东部地区实有企业 962.2 万户,比上年同期增长 12.41%,占企业总数的 62.98%,比上年同期扩大 0.34%;中部地区 326.21 万户,增长 9.40%,占 21.35%,比上年同期减少 0.46%;西部地区 239.43 万户,增长 12.68%,占 15.67%,比上年同期扩大 0.12%。

东部地区实有个体工商户 2081.48 万户,比上年同期增长 7.54%,占个体工商户总数的 46.92%,比上年同期减少 0.76%;中部地区 1413.59 万户,增长 10.54%,占 31.86%,比上年同期扩大 0.36%;西部地区 941.22 万户,增长 11.41%,占 21.22%,比上年同期扩大 0.40%。

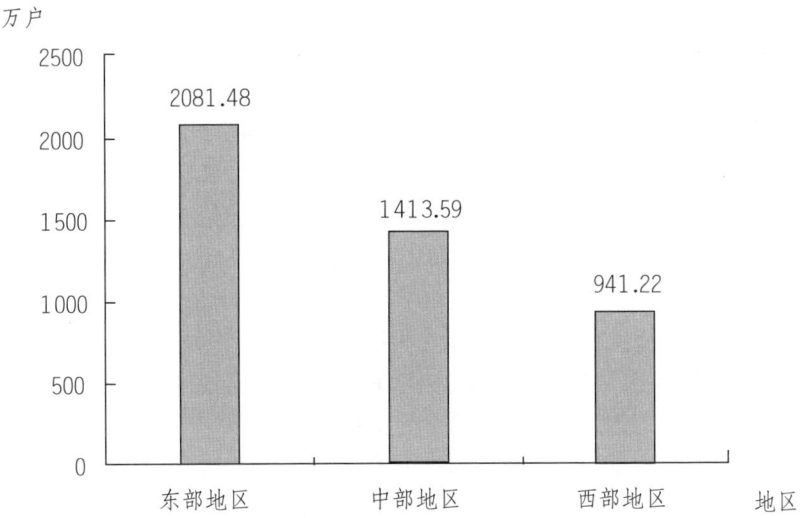

全国个体工商户实有户数区域分布图
(截至2013年年底)

四、2013 年商事主体发展情况分析

(一) 市场主体数量突破 6000 万,资本总额超过百万亿元

截至 2013 年 12 月底,全国实有各类市场主体 6062.38 万户,同比增长 10.3%,比 2012 年同期提高 1.7%,比三季度末提高 1.4%。实有资本总额 101.20 万亿元,同比增长 18.7%,比 2012 年同期提高 3.9%,比三季度末提高 1.4%。

从市场主体类型看,内资(非私营)量减质增,私营企业快速发展,外资企业缓中趋稳,个体工商户增长较快,农民专业合作社迅猛发展。

2013 年底实有内资(非私营)企业 229.38 万户,同比下降 3.1%,但注册资本达到 45.20 万亿元,同比增长 14.1%,占全国企业注册资本总额的近一半(46.7%),内资(非私营)企业呈现出总量减少,规模上升的良性发展趋势。

私营企业1253.86万户，资本39.31万亿元。无论数量还是注册资本，私营企业均呈现快速增长，分别达到15.5%和26.4%，其数量占比由2012年底的79.4%增长到2013年底的82.1%。

外商投资企业44.60万户，较2012年同期略有增长，增速为1.2%，注册资本12.36万亿元，同比增长7.8%。显示外商投资企业发展态势趋稳趋缓，但利用外资质量进一步提升，产业和区域结构逐步优化，我国仍然是世界第二大外资流入地，利用外资正从高速增长期进入成熟稳定期。

个体工商户数量4436.29万户，资本总额2.43万亿元，同比增速分别为9.3%和23.1%。

农民专业合作社迅猛发展，数量达到98.24万户，资本总额达到1.89万亿元，同比增速分别为42.6%和71.8%。

私营企业和个体工商户是我国市场主体增长的主要推动力量。2013年新设私营企业和个体工商户数量占到了新设市场主体总量的96%。截至2013年底，私营企业和个体工商户登记城镇从业人员14 384.59万人，同比增长9.09%，占全国城镇就业人口的近四成。2013年新增私营企业和个体工商户从业人员1184.48万，占全国新增城镇就业人口的九成。

新成立市场主体增速明显。2013年全国新登记各类市场主体达到1131.54万户，同比增长19.6%，比2012年同期高出17.8%。资本总额10.99万亿元，同比增长49.2%，比2012年同期高出61%。特别是2013年10月国务院第28次常务会议部署推进注册资本登记制度改革后，第四季度新登记市场主体加速增长，新登记市场主体318.01万户，同比增长46.2%，环比增长4.4%；资本总额3.22万亿元，同比增长59.9%，环比增长31.0%。

市场主体退出数量减少。全国共注销各类市场主体412.22万户，同比下降4.6%；依法吊销各类市场主体145.38万户，同比下降40.1%。

各类新设市场主体均呈现加速增长的特点。从近年来各类市场主体新设数量来看，2013年均出现了明显的增长拐点，其中农民专业合作社和个体工商户的增长更为明显。

受工商登记制度改革影响，社会投资和创业热情迸发，2013年新登记私营企业232.73万户，同比增速达到30.0%，占新登记企业数量的93.0%，比2013年底私营企业占全国企业存续数量的82.1%高出10.9%。持续带动社会就业，雇工人数达到1220.63万人，同比增长6.5%。

市场主体密度持续增加。从市场主体人均拥有量来看，2009年底至2013年底，全国市场主体密度从319.58户/万人逐年增加至447.73户/万人，其中2013年底市场主体密度比2012年同比增长10.3%。其中，排名前三的北京、江苏、浙江市场主体密度分别为 731.64 户/万人、695.77 户/万人及 680.69 户/万人，北京市场主体密集程度最高。

近八成新登记外资企业集中在东部地区，中西部新登记内资企业超过东部地区。2013 年新登记企业中，东、中、西部地区占比分别为 59.0%、21.5% 和 19.5%，其中外资企业主要集中在东部地区，占比达到 81.6%。中西部新登记内资企业占比达到 51.7%，超过了东部地区新登记企业所占比，非公有制经济发展仍存在较大上升空间。

（二）市场主体结构、产业结构持续优化，区域发展趋于平衡

2013 年 12 月底，我国实有企业数量达到 1527.84 万户，同比增长 11.8%。实有个体工商户 4436.29 万户，同比增长 9.3%。企业个体比由 2009 年的 0.326:1 提升到 2013 年的 0.344:1，企业所占比重持续增加。以北京为例，2013 年北京新登记个体工商户 5.70 万户，同比下降 20.2%，一方面是因为产业升级促使投资人在创办初期就选择申办企业而非个体工商户；另一方面则是由于北京市力推"个转企"。

2013 年底各类市场主体（企业、个体工商户、农民专业合作社）户均资本规模相比 2012 年同期均呈现较高的增长速度。内资（非私营）企业户均资本规模达到 1970.5 万元/户，同比增长 17.8%。从新增企业户均注册资本来看，本期新增企业户均注册资本为 377.73 万元，较 2012 年全年新增企业户均注册资本 331.55 万元增长了 46.18 万元，增幅 13.93%。增幅较大的行业分别是居民服务、修理和其他服务业增幅 56.87%，教育增幅 31.21%，建筑业增幅 27.61%，金融业增幅 23.46%，信息传输、软件和信息技术服务业增幅 19.20%。

产业结构持续优化，第三产业占比继续提升。截至 2013 年年底，全国实有企业 1527.84 万户，第三产业实有企业 1101.46 万户，同比增长 13.3%，在全国企业总量中占比达到 72.1%，比 2012 年底提高了 0.9%，比 2011 年底提高了 1.6%。其中批发和零售业企业数量达到 542.85 万户，占全国企业总量的 35.5%。第三产业注册资本 64.73 万亿元，同比增长 20.8%，在全国企业注册资本总额中占比达到 66.8%，比 2012 年底提高了 1.6%，比 2011 年底提高了 2.7%。其中金融业企业注册资本达到 9.22 万亿元，同比增长 39.0%，资本集聚速度较快。

2013 年年底第一产业企业呈现快速增长的特点，数量和注册资本在全国企业中的占比分别比 2011 年底提高了 0.4% 和 0.2%，表明"三农"政策持续发力，我国农业产业化进程加快。

个体工商户主要集中于第三产业。个体工商户在第一产业实有 93.36 万户，占比为 2.11%；第二产业实有 324.36 万户，占比为 7.31%；第三产业实有 4018.57 万户，占比为 90.58%。

新登记个体工商户中超过六成集中在批发和零售业。2013年新登记的批发和零售业个体工商户达到559.11万户，占新登记个体工商户总量的65.5%，同比增长率18.3%。从事农林牧渔业个体工商户发展迅速，新登记数量同比增速达到65.8%。

战略性新兴产业企业总量持续增长。战略性新兴产业企业总量从2010年末的233.22万户增长至2013年末的296.6万户，年均增长率8.34%。2013年新登记企业46.71万户，较2012年增长26.64%。

截至2013年12月底，全国实有现代服务业企业409.65万户，同比增长13.9%，比服务业同比增长率高出0.9%。企业实有注册资本57.58万亿元，同比增长43.3%，比服务业同比增长率高出13%。卫生类新设企业达到5998户，比2012年增加了2931户，同比增速达到95.6%。2013年房地产企业发展呈现大幅回暖，新登记企业数量7.95万户，同比增速达到43.0%，注册资本8854.65万元，同比增速达到61.4%。广东、北京、上海三地新设现代服务业企业占全国三成以上，其中广东和上海的商务服务业较发达，北京则是科技推广和应用服务业较发达。

文化及相关产业数量比重逐年上升，企业规模偏小。截至2013年12月底，全国文化产业市场主体共279.62万户，占全国市场主体总量（6062.38万户）的4.61%。全国文化产业内外资企业共133.45万户，占内外资企业总数（1527.84万户）的8.73%，较2012年同期增长14.81%，高出全国企业增长率3.01%；内外资企业注册资本（金）3.39万亿元，占内外资企业注册资本（金）总额（96.91万亿）的3.49%，较2012年同期增长19.78%。2013年全国文化及相关产业新设企业有33.55%分布在文化创意设计。文化产品生产的辅助生产增长幅度最高，为43.2%。上海、浙江和北京三地新设文化及相关产业企业数量排在前三位，占比近三成。

现代制造业企业数量和资本在制造业中的占比略有下降。截至2013年12月底，全国现代制造业实有企业32.60万户，同比增长5.3%，注册资本5.14万亿元，同比增长3.9%，数量和资本同比增速均低于制造业整体水平。电子类和交通类发展加快，新设企业数量分别比2012年同期增加了1683和1679户，同比增长率分别为44.7%和35.9%。地域分布方面，浙江、江苏、广东现代制造业比较发达，新设企业数量分别为6675户、5078户、4124户，三地占全国新设企业七成以上，其中浙江和广东机电类企业较发达，江苏则是电子类企业较为发达。河北现代服务业和现代制造业取得了突飞猛进的发展，增速分别达37.4%和80.9%，均位于全国首位。

2013年全国农民专业合作社存续数量达到98.24万户，是2010年的2.6倍。从同比增长情况来看，历年农民专业合作社同比增长率均保持在30%以上，其中2013年增速达到42.6%。农林牧渔业实现快速增长，新登记企业数量达到 12.60 万户，同比增长 48.7%；新登记个体工商户 33.44 万户，同比增长 65.8%；企业数量同比增长率和个体工商户数量同比增长率都位居行业最高。

中西部地区市场主体增长相对较快，区域差距减小。截至 2013 年 12 月底，西部地区实有市场主体 1493.65 万户，同比增长 11.9%，高于全国市场主体增速 1.6%。中部地区实有市场主体 1646.15 万户，同比增长 10.7%，高于全国市场主体增速 0.4%。与之相对应的是东部地区实有市场主体 2922.58 万户，同比增长 9.3%，低于全国市场主体增速 1.0%。从市场主体在各区域中的占比变化来看，西部地区市场主体数量占比由 2010 年的 23.7% 增至 2013 年的 24.6%，中部地区市场主体数量占比从 26.2% 增长至 27.2%。东部地区市场主体数量占比从 50.1% 降低至 48.2%，东、中、西部企业总量的比例由 2010 年的 2.11∶1.11∶1 变为 2013 年的 1.96∶1.11∶1。中西部地区的较快增长，表明与东部地区的差距正在逐步缩小，东中西部协调发展的趋势正在逐步形成。

五、全国小型微型企业发展情况①

通常来讲，小型微型企业是除大中型企业以外的各类小型、微型企业的统称，在我国，个体工商户视作小型微型企业。小型微型企业数量庞大，已成为国民经济的重要支柱，是经济持续稳定增长的坚实基础。但自 2008 年世界金融危机以来，很多小型微型企业难以摆脱困境，扶持其走出困境健康发展，有利于增强整个经济社会活力。据统计，我国中小企业创造的最终产品和服务价值相当于国内生产总值（GDP）总量的 60%，纳税占国家税收总额的 50%，完成了 65% 的发明专利和 80% 以上的新产品开发。小型微型企业在促进就业方面有着突出的贡献，是新增就业岗位的主要吸纳器。支持小型微型企业发展就意味着创造社会就业岗位，意味着使小型微型企业在解决民生问题、推进经济增长方面发挥更大的作用。

由于缺乏统一完善的统计体系，目前，我国小型微型企业的数量、结构等情况没有相对准确的数据，这在一定程度上影响了政府优惠政策的落实。为了摸清全国小型微型企业的数量情况，根据国务院《关于进一步支持小型微型企业健康发展的意见》和国务院办公厅《关于印发进一步支持小型微型企业健康发展重点工作部门分工方案的通知》要求，自 2012 年 11 月起，国家工商总局组织力量开展了《全国小型微型企业发展报告》的课题研究工作。对照《中小企业划型标准规定》，通过对 2012 年参加全国年检企业的数据测算，初步摸清了全国小型微型企业的总体数量和占各类企业、市场主体

---

① 此部分内容引自国家工商总局全国小型微型企业发展报告课题组《全国小型微型企业发展报告》。

的比重。需要说明的是，由于小型微型企业统计涉及不同行业企业的资产总额、营业收入、从业人员等诸多复杂因素，此次研究只是一次初步尝试，只能说大体上反映了小型微型企业的总量情况。目的是希望以此增进社会各界从各自领域和宏观、微观等层面加强对小型微型企业发展问题的关注，为支持、鼓励和引导小型微型企业发展提出更多更好的对策和建议，提供更高水平的服务。

（一）小型微型企业占市场主体的绝对多数，是经济持续稳定增长的基础

根据 2011 年 6 月 18 日，工业和信息化部、国家统计局、国家发展和改革委员会、财政部联合印发的《中小企业划型标准规定》，课题组对 2012 年 3 月至 6 月实际参加年检的约 1200 万户企业营业收入、资产总额和从业人员三项指标进行了数据采集，共采集分析数据 2100 万条。分析显示，截至 2013 年底，全国各类企业总数为 1527.84 万户。其中，小型微型企业 1169.87 万户，占到企业总数的 76.57%。将 4436.29 万户个体工商户纳入统计后，小型微型企业所占比重达到 94.15%。

（二）小型微型企业成为社会就业的主要承担者

我国有劳动力人数近 8 亿，就业人数已达 7.67 亿。全国的小型微型企业，仅企业主自身一项就解决了几千万人的就业问题，加上企业雇佣员工，已经解决我国 1.5 亿人口的就业。我国新增就业和再就业人口的 70% 以上集中在小型、微型企业。小型、微型企业成为社会就业的主要承担者，主要表现在三个方面：

一是从资产净值人均占有份额上来看，同样的资金投入，小型、微型企业可吸纳的就业人员是大中型企业的数据。小型、微型企业单位投资的劳动力（就业容量）和单位产值使用劳动力（就业弹性）都明显高于大中型企业。也就是说，相同资本投入，小型、微型企业的就业岗位单位产出最高，同样的资金投入，小型、微型企业可吸纳的就业人员比大中型企业多 4～5 倍。

二是从绝对份额来看，小型、微型企业是解决我国城镇就业和农村富余劳动力向非农领域转移就业问题的主渠道。相对于大中型企业，微型企业创业及就业门槛较低，创办微型企业所使用的资源少，对环境的适用性更强，新微型企业创办速度更快，从而使得数目众多的微型企业在总量上提供社会的就业机会更多些。按照新标准和第二次全国经济普查数据，加上有证照的个体工商户，微型企业从业人员占第二次全国经济普查全部法人企业从业人员的 38.7%。目前，我国 70% 的城镇居民和 80% 以上的农民工都在小型、微型企业就业。

三是从容纳就业人数的空间上来看，大型企业扩大就业的能力与资本的增长呈反比例的变化。随着大企业技术构成和管理水平的不断提高，加上企

业的优化重组,大中型企业特别是大型企业能够提供的新的就业岗位将越来越有限,劳动密集型的特征正在迅速淡化,集中在轻工业和服务业的小型、微型企业,成为新成长劳动力就业和失业人员再就业主要承担者。

(三) 小型、微型企业的显著特点

1. 投资主体和所有制结构多元,私营小型、微型企业是小型、微型企业的主体。小型、微型企业涵盖城乡各类企业所有制形式,但国有集体、外资、私营企业中,小型、微型企业比例各不相同,反映了我国国有集体、外资、私营三种不同所有制性质的企业类型的规模、资产及营业情况。外资企业中小型、微型企业的比重最低,外资企业规模相对较大,仅有53.94%的企业符合小型、微型企业标准。国有集体企业主要存在于关系国家经济命脉的主导行业,投资规模较大,小型、微型企业占61.39%。私营企业中小型、微型企业的比重最高,80.72%的私营企业均为小型、微型企业,构成了我国小型、微型企业的主体。国家工商总局数据显示,截至2013年3月底,我国实有企业1374.88万户。其中,私营企业1096.67万户,占企业总数的近80%;据此测算,全国私营小型、微型企业有885.23万户。而在小型、微型企业内部结构中,微型企业占据绝对份额,小型企业占14.88%,微型企业占85.12%,小型与微型企业的比例约为1:5.72。小型、微型企业特别是私营小型、微型企业的蓬勃发展,说明我国市场经济体系日益完善,民营经济生存成长环境得到有效改善。

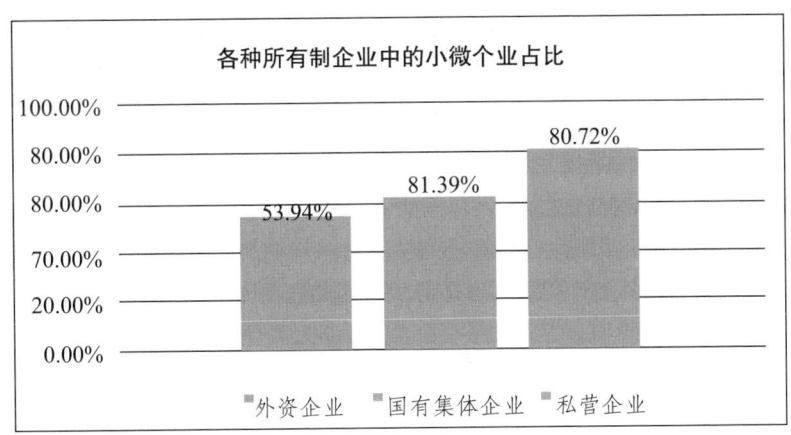

2. 劳动密集度高,两极分化明显,产业结构性矛盾突出。小型、微型企业一方面敢于创新,各类新兴行业和新型业态不断涌现;另一方面,又大多集中于以资源开发型、产品初加工型、服务低层次型为主的传统行业,呈现出"锄头与卫星齐飞,高端与低端并存"的现象。从小型、微型企业的行业分布看,小型、微型企业行业相对集中。工业(包括采矿业、制造业、电力热力燃气及水生产和供应业)小型、微型企业占各类小型、微型企业的18.49%,批发业和零售业小型、微型企业占各类小型、微型企业的36.44%,租赁和商务服务业小型、微型企业占各类小型、微型企业的9.93%。这几大行业中的小型、微型企业共670万户,占小型、微型企业总数的近2/3。科技型小型、微型企业(此处仅指信息传输业、软件和信息技术服务业小型、微型企业)占各类小型、微型企业的比重为4.62%。

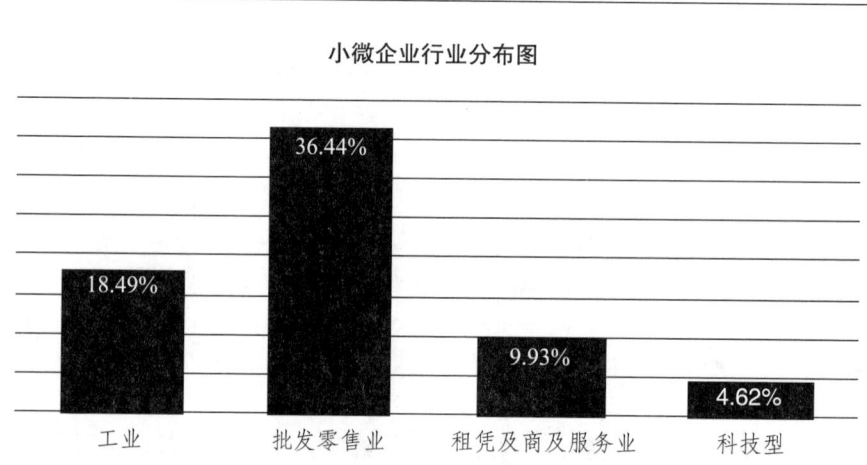

小微企业行业分布图

小型、微型企业低价格、低技术、低收益、低附加值的传统发展路径,直接制约了其投入产出效益水平的提高。产业层次普遍不高导致转型升级意愿不高、难度较大。此类行业的显著特点是技术要求低,竞争充分,市场趋于饱和,利润微薄,从行业本身发展前景分析,相关企业不具备迅速扩张的条件。部分企业由于经营压力,转型升级的愿望较强,但在资本、技术、人才、管理等转型升级的关键因素方面积累不足,相当数量的小型、微型企业转型升级较为困难,小型、微型企业的发展后劲和活力不足。

3. 发展不平衡,优势地区集中,具有明显的地域集群特色。从整体上看,小型、微型企业的行业分布广泛,但是由于各地经济社会发展水平、产业布局和产业政策导向等存在区域差异,不同地区小型、微型企业的发展水平和产业特点也呈现很大的差别。

首先,小型、微型企业区域分布不均衡。从小型、微型企业的地域分布看,东部11个省市小型、微型企业占全国小型、微型企业的比重为60.40%;中部8个省小型、微型企业占比为20.35%;西部12个省区市(广西和内蒙古因享受西部大开发政策,纳入西部地区统计)比重仅为17.23%。同时,产业分布也表现出地域性差异,如东部地区集中了2/3的小微工业企业。

其次，小型、微型企业产业集群的地区分布不均匀。这一特点既表现在国内不同地区之间，特别是沿海与内地之间，也表现在不同省份之间，甚至还表现在城乡之间。总体来看，小型、微型企业产业集群程度与区域经济发展水平呈正相关性，市场经济发达、市场机制健全的地方，产业集群更加容易出现，而经济欠发达地区小型、微型企业则比较分散，"散兵游勇单兵作战"较多。

第三，区域间分布不平衡呈缩小趋势。从近两年发展情况看，东部发达省市企业户数增长速度有所回落，西部地区企业实有户数发展速度相对较快，小型、微型企业发展贡献了增量部分的3/4以上。中西部一些地区也出现了产业集群化的趋势，或者说具有产业集群的雏形和发展潜力。

4. 敏感脆弱，易受外部环境变化影响，但具有较强的生命力和进取精神。小型、微型企业因其自身规模小，抗风险能力弱，对外部经济、政策环境的敏感程度普遍较高。近年来由于我国经济增速放缓、结构调整和国际经济下行，小型、微型企业的发展受到很大影响。调查显示，仅有12%的小型、微型企业表示在近几年营业额快速或高速增长（增长率30%以上），其余大多数企业经营发展缓慢。此外，小型、微型企业在发展过程中仍旧面临大企业的挤出效应，尤其是宏观经济环境不景气的背景下，各种社会资源向大中型企业倾斜倾向更加明显。社会资源分配向已发展壮大的企业集聚，进一步挤压小型、微型企业生存空间。问卷调查显示，46.84%的小型、微型企业反映市场需求不足、产品销售困难，58.08%的小型、微观企业反映市场竞争压力加大，23.74%的小型、微观企业反映订单不足。

另一方面，虽然小型、微型企业的发展面临种种困难，但小型、微型企业主普遍对未来的发展前景抱以积极乐观的态度，表现出锲而不舍的奋斗精神，展现出顽强的企业生命力。小型、微型企业的一大特点是退出成本相对较低，允许小型、微型企业从头再来。调查中发现，有超过1/3的小型微型企业主曾经有过多次创业经历，最终经过不懈努力，找寻到最适合的发展平台。小型、微型企业一旦找到合适机会，会展现顽强生命力和进取精神。这种创业精神正是国家进步、经济飞跃的力量源泉。

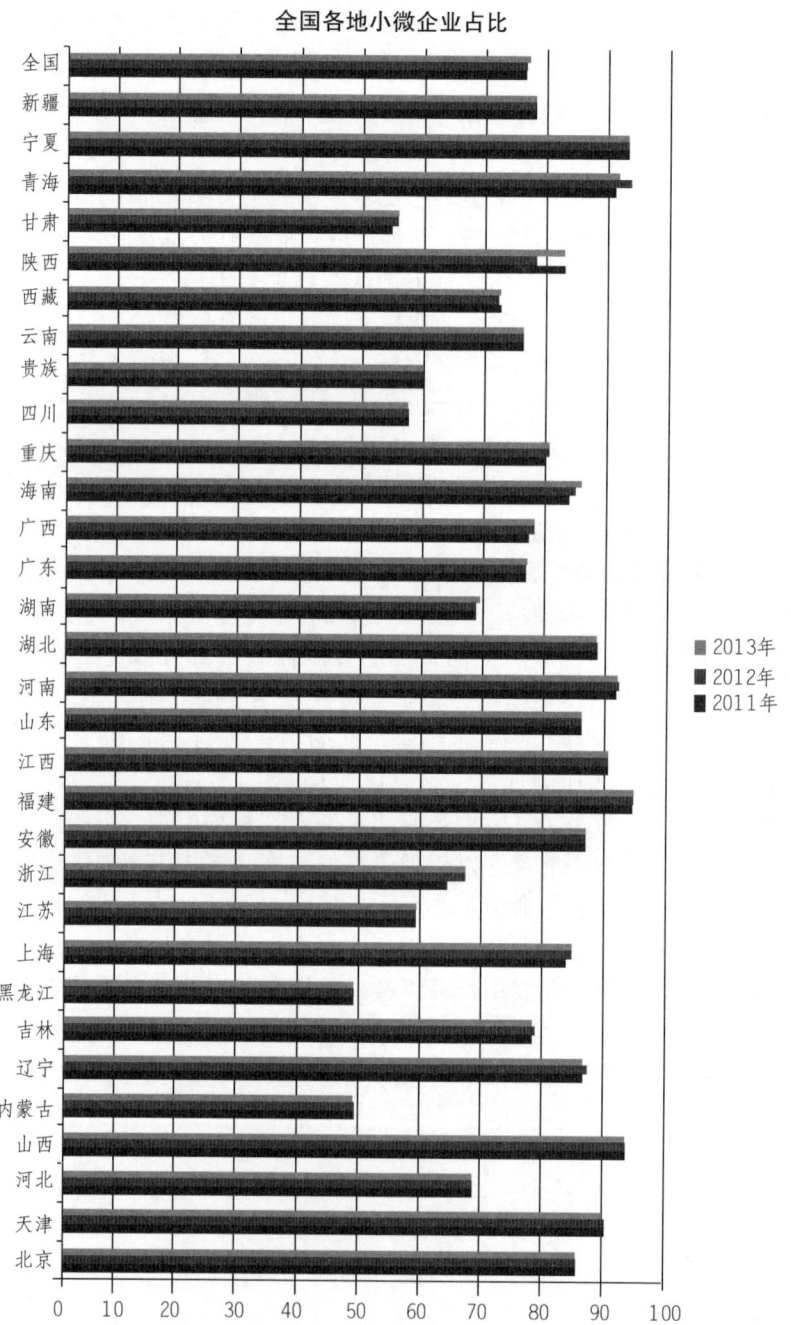

六、2014 年全国市场主体发展预测①

2014 年市场主体数量将会迎来一个新的增长高峰。2013 年全国市场主体总体发展好转，其中第三季度企稳向好态势在第四季度得到延续。注册资本登记制度改革将全面推行，"先照后证"改革也将有序展开，社会投资和创业热情必将高涨。

企业发展工商指数持续攀升，预计今年上半年经济形势将持续向好。研究表明，企业发展工商指数相对财政收入拐点大约有 2~6 个月的先行周期，2013 年 6 月份得出的三季度经济回暖的预判得到了验证。从近年我国企业发展工商指数变化趋势来看，2010 年 5 月以来，我国企业发展工商指数总体呈持续下降趋势，但 2013 年以来企业发展工商指数出现企稳迹象，尤其是 2013 年 3 月份以后该指数出现了连续 6 个月的反弹，到 2013 年 8、9 月份，有所放缓。随着国务院第 28 次常务会议部署推进注册资本登记制度改革，各地陆续开展登记制度改革试点，指数继续重拾上升通道，到 2013 年 12 月份企业发展工商指数回升到 50.9，比 2013 年 3 月份上升了 18.8，这也是近两年来企业发展工商指数首次回升到 50 以上。企业发展工商指数走势变化预示今年上半年我国经济走势有较大可能持续向好。

---

① 参见《2014 年全国市场主体发展预测》，载《中国工商报》2014 年 2 月 27 日综合新闻。

第二章　商事登记改革之理论篇：
　　　　商事登记立法改革：理念、范式与路径

一、引言

市场经济是自由竞争的经济，在市场自由竞争的环境下，无论市场主体（商事主体）的规模大小、所有制形式如何，均有权在市场经济活动中占得一席之地，开展自由、平等、公平的营业竞争，这既是商事法上的营业权的实现方式，也是营业自由的应有之义。公司登记乃至所有的商事登记，作为市场的"入口"与"出口"的把守者，与营业自由的实现之间存在着极其紧密的联系，对于商事主体而言，无论商个人抑或商组织，其营业自由的实现与商事登记制度的支撑须臾不可分离。同时，作为各类公司企业与政府打交道的主要"端口"，公司登记既是观察一个社会中的企业、市场与政府关系的一个"窗口"，也是了解一个国家经济运行实态的一个重要"晴雨表"，在中国还是理解政商关系的绝佳平台。我国现有的公司登记制度形成并发展于从计划经济到有计划商品经济再到社会主义市场经济的历史变革过程中，从其产生那一刻起，就注定了其结构和内容的计划经济体制特征以及不断随着经济体制改革而被动变迁的特性。在市场经济体制已经运行20来年以及走向深化改革的今天，公司登记制度的改革已显"滞后"之态，现行立法制度及执法实践与我国经济发展需求、市场化改革方向之间的冲突愈发明显，甚至可以说沦为经济发展的桎梏，[①] 故而成为新一轮经济改革与政府职能转变改革的共同重点对象。[②] 推进现行公司登记制度的立法改革，对其进行内容上的制度重塑已成为当务之急。

那么，公司登记乃至整个商事登记立法改革的重心是什么呢？制度重塑的方向何在？这首先需要对现行制度存在的核心问题有一个准确的认识。我们认为，商事登记本质上是私法行为，其核心的价值目标在于通过便捷的确认商事主体资格来鼓励投资，通过商事主体的信用信息收集、记载与公示来为市场交易安全提供基础性支持。但是，现行法基于价值取向的偏差，长期以来将商事登记制度作为国家事前监管商事主体经营活动的主要手段，意图

[①] 冯果、柴瑞娟：《我国商事登记制度的反思与重构——兼论我国的商事登记统一立法》，载《甘肃社会科学》2005 年第 4 期。

[②] 参见李克强：《在国务院机构职能转变动员电视电话会议上的讲话》，载新华网，最后访问时间：2013 年 5 月 16 日。

通过严格商事主体的登记门槛来"把好市场主体入门关",这是导致现行商事登记制度扭曲的主要根源。这样一来,本应主要作为私法程序而存在、为商事主体的营业自由提供支持的商事登记,因为现行法过于强调行政监管而导致的行政管制权力过多、不当的介入而蒙上了一层浓厚的公法色彩,变异为一种公法程序,使其在许多制度上不仅没有为营业自由提供支持、反而成为营业自由的掣肘。一句话,现行公司登记以及整个商事登记制度的最大问题,就是泛行政管制权的存在。改革的价值取向,正如有学者所指出的,完善商事登记制度就是要按照市场经济体制的要求,不断消除与市场经济发展不相适应的内容,充实或增加符合市场经济发展要求的内容。[①] 所以,探讨公司登记制度的立法改革,离不开市场与政府之间基本关系原理的讨论,随着新一届政府对于"有限政府"的理念认可与落实机制的出台,政府在公司登记领域的职能与角色也将更多的由"监管"转向"服务",[②] 这将为我国公司登记的立法改革与制度重塑提供历史的契机。

经过国家工商行政管理总局批准,广东省的深圳、珠海、东莞、佛山市顺德区等地区在 2012 年开始启动商事登记改革试点,当地的立法机关与政府在 2012 年先后颁布了几部法规与规范性文件,[③] 并先后在 2012 年、2013 年生效施行,由此拉开了我国商事登记制度改革的帷幕。这几部地方法规、规范性文件破旧立新,彰显了试点地区对推进商事登记制度改革的决心,也显示出改革的方向在于实现从工商登记管理法到商事登记法的转变,这为我国商事登记制度的重构闯出了新的思路与路径。为这些试点地区的改革方向提供合法性依据背书的,还有 2013 年 3 月全国人大表决通过的《国务院机构改

---

① 柳经纬:《关于完善商事登记制度的两点建议》,载 http://www.chinalawedu.com/news/16900/175/2004/12/ma848822934112140 0292224_142889.htm,最后访问时间:2013 年 2 月 20 日。

② 2013 年 3 月 14 日第十二届全国人民代表大会第一次会议通过的《国务院机构改革和职能转变方案》,在关于国务院机构职能转变部分列举十项改革任务,其中有三项与商事登记中的政府职能转变有关。其中,"(六)改革工商登记制度"指出,对按照法律、行政法规和国务院决定需要取得前置许可的事项,除涉及国家安全、公民生命财产安全等外,不再实行先主管部门审批、再工商登记的制度,商事主体向工商部门申请登记,取得营业执照后即可从事一般生产经营活动;对从事需要许可的生产经营活动,持营业执照和有关材料向主管部门申请许可。将注册资本实缴登记制改为认缴登记制,并放宽工商登记其他条件。"(二)减少和下放生产经营活动审批事项"指出,按照市场主体能够自主决定、市场机制能够有效调节、行业组织能够自律管理、行政机关采用事后监督能够解决的事项不设立审批的原则,最大限度地减少对生产经营活动和产品物品的许可,最大限度地减少对各类机构及其活动的认定等非许可审批。"(三)减少资质资格许可和认定"指出,除依现行政许可法要求具备特殊信誉、特殊条件或特殊技能的职业、行业需要设立的资质资格许可外,其他资质资格许可一律予以取消。按规定需要对企业事业单位和个人进行水平评价的,国务院部门依法制定职业标准或评价规范,由有关行业协会、学会具体认定。

③ 主要有《深圳经济特区商事登记若干规定》《珠海经济特区商事登记条例》《珠海经济特区横琴新区商事登记管理办法》《东莞市商事登记制度改革试点工作实施方案》《顺德区商事登记制度改革实施办法(试行)》等。

革和职能转变方案》。该方案多处提到有关商事登记制度改革的基本原则与具体做法，要求逐步淡化商事登记的行政监管职能，尽快完成其向信息公示的服务角色的转变。

公司登记以及其他商事主体的登记作为商事法律的基础性制度安排，对市场主体发育乃至经济发展具有极重要的意义。现行公司登记制度的立法改革与制度重塑的课题研究，包括的主要课题有：公司登记的法律性质定位；商事登记立法的统一路径；公司登记项的效力，即法人资格登记与营业资格登记的分离；公司登记中行政监管与营业自由的边界界定；虚假登记的管制与救济途径选择等等。

公司乃当今社会最重要的商事主体，商事登记的核心就是公司登记，尤其在我国，由于迄今尚没有一部形式意义上统一的商事登记法，有关实质意义上商事登记的立法都是围绕企业尤其公司企业的登记而展开的。因此，本章研究在不少段落的叙述口径上，虽以"商事登记"为对象，但多数时候对于公司登记与商事登记这两个概念之间并不做严格的区分。

二、商事登记管理法的立法模式缺陷

（一）分别立法

现行商事登记立法模式，是为每一类商事主体单独制定一部（套）登记法规，由此形成极其分散的诸多专门立法文件。在这些专门立法中，按照效力层级分为全国人大及其常委会颁布的法律（如《全民所有制工业企业法》《公司法》）、国务院颁布的行政法规（如《企业法人登记管理条例》）、国务院工商行政管理部门颁布的部门规章（如《企业法人登记管理条例施行细则》）和其他规范性文件；在地方上，还有地方法规和地方政府规章（如珠海市人大常委会颁布的《珠海经济特区商事登记条例》与珠海市政府颁布的《珠海经济特区横琴新区商事登记管理办法》）。

在这些专门立法中，按其规范的对象内容，大体上依照主体类型分为关于企业的登记立法和关于个体工商户的登记立法。关于企业的登记立法，包括与所有制企业立法配套的《企业法人登记管理条例》，以及与企业组织法配套的《公司登记管理条例》《合伙企业登记管理办法》《个人独资企业登记管理办法》，形成两个独立并行的企业登记立法系统。另外，针对登记具体事项或者环节还有诸多的专门规章，如《企业名称登记管理规定》《企业法人登记公告管理办法》《企业登记程序规定》《企业经营范围登记管理规定》《公司注册资本登记管理规定》《企业名称登记管理实施办法》等。关于个体工商户的登记立法，则另成一套系统，立法文件包括《个体工商户条例》《个体工商户登记管理办法》《个体工商户登记程序规定》《个体工商户验照办法》《个体工商户名称登记管理办法》等。仅从现行商事登记立法的数量与规模来看，可谓庞大。

庞大，并不意味着完美，缺乏宏观考虑和整体协调的庞杂体系和分散立法的直接后果是法律文件的内容既有交叉重叠，又有互冲互撞的对抗，更有疏漏的法律盲点和真空地带，如遗漏了合作社企业、股份合作制企业的单独立法。这些形式上分散的分别立法，很大程度上是过去几十年来"成熟一部制订一部"的立法经验主义的产物，又是部门立法的必然逻辑，即便在立法形式的角度来看也存在很多问题，在重复劳动带来巨大立法成本的同时，也徒增规范理解与适用上的许多困惑。这些现象表现在实体性法律文件和程序性法律文件之间，一般性法律文件和特别性法律文件之间，以及特别法文件的相互之间。总之，由于立法指导思想与事理一致性的缺乏，立法形式上的极度分散性极大妨碍了商事登记制度有机体系的形成。

（二）低位阶立法

就法律位阶而言，上述关于商事登记的庞大规范体系中法律（狭义）规范屈指可数，仅在一些关于商事主体的法律（狭义）中会有若干个条款涉及该主体的登记规范，① 大部分表现为行政法规、部门规章、地方性法规，其中部门规章在立法规范数量上占据绝对的优势地位，此外还有大量的规范性文件。② 整体上高比例的低位阶立法规范的构造结构，影响了商事登记法的应有权威。

（三）部门立法

部门规章规范的高比例构成的背后，行政主管部门成为最大的立法者。部门立法的最大优势于此得到最大展现，最大弊端于此也得到充分暴露。沦为主管部门的操作规程式的立法文本，不大可能从事物的本来性质与全局出发，而是较多地突出和照顾本部门的利益，强化部门的职权，弱化行政相对人的私权利。作为商事登记事务立法主体的国家工商行政管理总局，同时是负责市场监管与商事登记的执法者，又享有一定的司法裁决权力（详见最后一章的论述），成为具有半立法、半行政和半司法性质的政府分支。由于具有自己的行政利益目标，这种兼职身份注定其起草的法律文件难以避免偏向行政管理利益目标的驱动，从而忽视市场需求和当事人权益。泛行政审批权、泛行政解散权就是部门立法的产物之一。在部门利益、本位利益获得法律表述的机会下，用行政手段代替私法自治，强调"国家利益"，用管理者之手取代看不见的手，除固有的思维惯性外，还蕴藏着部门利益的驱动，易滋生立法俘获与设租行为。

---

① 比如《公司法》，在第二章"有限责任公司的设立和组织机构"第四章"股份有限公司的设立和组织机构"和第十二章"法律责任"中，分别有几个条文涉及公司登记。

② 即使在商事登记改革试点的广东省，一些改革方案也是以不具有法律（广义）形式的规范性文件出现的，如东莞市人民政府发布的《东莞市商事登记制度改革试点工作实施方案》、佛山市顺德区人民政府发布的《顺德区商事登记制度改革实施办法（试行）》。

（四）身份立法

在每一类商事主体都有一部（套）单独商事登记法的立法逻辑背后，还藏着不同的商事主体基于不同的所有制身份的差别待遇，对于某些商事主体存在着公然的歧视待遇安排，这体现在登记条件、登记程序、法律责任等多个环节。市场主体地位的平等和自由公平竞争，是市场经济的基本特征和永恒追求。这种贴有身份标签隐含身份歧视的分别立法，是对市场经济基本精神的巨大侵蚀和直接悖离。① 身份立法不仅违背商事立法伦理，还制约着商事登记法律规则的统一。前述的以企业所有制形式和责任形式、组织形式为基础分别构建配套的登记立法的做法，更是对市场经济精神和平等原则的直接背离。目前我国企业类型的划分并行多重标准，按所有制性质、按责任形式和组织形式、按投资者国籍等同时并用，以此为基础的配套商事登记立法的歧视待遇具体表现在：登记原则不同，准则制与核准制并行；法律责任不统一，同类违法行为导致的法律责任不同；内外资企业差别待遇尤为突出，外商投资企业的超、次国民待遇兼具等等。

（五）低水平立法

立法的低水平体现在很多方面，这里仅列举三种表象，以求管中窥豹。

1. 无谓的重复。一种是上下层级之间的重复。每一个立法文件，无论其位阶有多低，起草者似乎都怀着另起炉灶自成体系的雄心壮志，即使照搬照抄大量的上位法条款也在所不惜。试举一例，作为法律的《民法通则》关于企业法人登记的条款，必为作为其下位法行政法规的《企业法人登记管理条例》照搬；接下来，作为部门规章的《企业法人登记管理条例施行细则》又会照搬一遍其上位法《企业法人登记管理条例》的条文，甚至部门规章还会越级照搬上位法之上位法——法律的条文。好像缺乏对于上位法的重复表述，下位法的立法内容就是不完整的。这一现象尤其体现在设立登记和法律责任这两个章节，以《合伙企业法》与《合伙企业登记管理办法》为例，两部法规关于合伙企业成立之日②、商事登记机关办理合伙企业登记的时限要求③、未按规定进行登记的法律责任等内容的规定完全一致。在商事主体立法与配套的登记专门立法文件之间，前者会有关于该主体的商事登记的规定，后者

---

① 冯果、柴瑞娟：《我国商事登记制度的反思与重构——兼论我国的商事登记统一立法》，载《甘肃社会科学》2005年第4期。

② 合伙企业的营业执照签发日期，为合伙企业成立日期。参见《合伙企业登记管理办法》第17条、《合伙企业法》第11条。

③ 申请人提交的登记申请材料齐全、符合法定形式，企业登记机关能够当场登记的，应予当场登记，发给合伙企业营业执照。除前款规定情形外，企业登记机关应当自受理申请之日起20日内，作出是否登记的决定。予以登记的，发给合伙企业营业执照；不予登记的，应当给予书面答复，并说明理由。参见《合伙企业登记管理办法》第16条、《合伙企业法》第10条。

也还会涉及商事主体实体法的内容,彼此之间并未体现出原则与具体的分工关系。① 还有一种是同位阶之间的重叠规定。在关于法人企业、公司企业、合伙企业、个人独资企业、个体工商户等不同商事主体的基本商事登记法规②中,据笔者的统计分析,所规范的事项类别基本一致;在同类事项上,约60%的规范内容基本雷同。

2. 随意的术语。由于立法权操于不同的机构,上下级机构以及同级机构之间甚至于同一机构内部的不同部门之间可能并不存在顺畅的信息沟通机制,更无论立法技术知识的积累与共享,所以造成上位法使用术语的权威性不足,不同立法文件指向同一事物的立法用语在很多时候颇不一致。比如,商事登记立法最常用的"责令关闭"一词,不同立法文件中类似表述还有责令停产、责令停业、责令停产停业、责令停业整顿、责令停产整顿、责令停产停业整顿、责令停止相关经营活动、予以关闭、予以关停等。立法用语的随意性,增加了人们理解与适用法律规范的困难。

3. 频繁的纠错。此处的"频繁的纠错",并非肯定修法的迅速及时,而是指一些立法文件由于出台过于仓促,个别条款在内容上欠斟酌,在颁布后不久被迫再次修订,显示出修法工作的不严肃性。举例来说,《企业法人法定代表人登记管理规定》于1998年2月22日由国务院批准、1998年4月7日国家工商行政管理局令第85号发布,但1年之后的1999年6月12日即被国务院批准修订,1999年6月23日国家工商行政管理局令第90号再次发布。《公司注册资本登记管理规定》于2004年6月14日国家工商行政管理总局令11号发布,一年之后2005年12月27日总局令第22号再次修订后公布。

三、商事登记管理法的结构性缺陷:泛行政管制权及其异化效应

现行商事登记管理法的立法形式缺陷的背后,是结构性的制度缺陷——在行政立法的主导下,私法问题被公法化,私人自治被广泛的行政管制所取代,商事登记法被异化为商事登记管理法,强大的行政管制权对于商事登记事务的深刻干预,异化了商事登记法的本性。从我国商事登记管理法的形成历史看,"商"的意识一直是缺位的。所谓"商"的意识,也即商法具有的独特性的基本原则、理念、方法与精神气质。作为市场经济的法律表现的商法,是对构成市民社会基础的市场经济这样一种升级了的商品经济中基于营利而建立的特定社会关系的法律调整,由此其精神气质具有区别于其

---

① 如《合伙企业登记管理办法》第9条规定:合伙协议未约定或者全体合伙人未决定委托执行事务合伙人的,全体合伙人均为执行事务合伙人,有限合伙人不得成为执行事务合伙人;《公司登记管理条例》第14条规定:股东不得以劳务、信用、自然人姓名、商誉、特许经营权或者设定担保的财产等作价出资。

② 指以下法规:《企业法人登记管理条例》《私营企业暂行条例施行办法》《公司登记管理条例》《合伙企业登记管理办法》《个人独资企业登记管理办法》《个体工商户登记管理办法》。

他部门法，尤其民法、行政法的独立性，体现在调整对象上的独立性、调整方法上的独立性、规则内容上的独立性、立法价值取向上的独立性与保护手段上的独立性等几个方面。① 客观地讲，在由计划经济到有计划商品经济再到社会主义市场经济不断变革的历史进程中，关于商事立法与执法的问题上，我国立法者、执法者的商法理论和商法意识都存在欠缺的问题。由于在现行立法体系形成过程中"商"概念的缺位，缺乏对于商事主体这一整体概念的共性认识，所以才导致对于每一类商事主体单独立法的局面，造成企业与个体工商户的立法割裂却不觉尴尬。分散立法不仅造成商法体系的庞杂、分割和混乱，更影响有关概念的形成和普遍规则的提升，反过来制约着商法精神及理论的培育和形成，比如对于商事主体的主体资格与营业资格（权）的取得，即存在错误的成见，反映在商事登记管理立法上，由于强调商事登记是对于商事主体资格成立的一项核准登记，商事登记也被赋予对商事主体绝对的创设资格的效力，导致商事登记的性质、功能和价值取向的歪曲模糊，还使得立法中对于未经登记的所有商事主体的所有商事活动采取一种断然否定并取消的态度，② 这是造成未经登记的商事主体如流动小商贩与国家公权力机关（如城市管理者）之间的矛盾与冲突的根源。

"商"意识的缺失，不仅导致商事登记的性质、功能和价值取向的歪曲模糊，还体现在商事登记管理立法的价值取向和制度设计迟迟不能剥除浓厚的计划经济色彩。现行商事登记制度的主体部分诞生于旧的经济体制进行改革而新的经济体制尚未形成时期，这决定了其不可避免的浓厚的计划经济色彩，立法价值目标与精神气质较多地反映了旧体制的要求。计划经济体制下的企业不以利润最大化为自我追求而仅作为实现国家计划的工具，政府与企业的关系主要体现为管理与被管理的关系，法律关系相应地体现为权力本位和义务本位，商事登记立法也自然被定位为管理法，其价值目标在于便于政府归口管理和为国家提供统计数据，以便于下达指令计划，并保障国家税收，至于商事主体的营业自由权、市场追求的效率、社会公众期望的信息公示等诉求没有也不可能成为商事登记的中心关怀。这一现象放在计划经济的背景下都是容易获得理解的。不容易获得理解的是，在20世纪90年代初以后市场经济体制已经确立、在2005年前后市场经济体制已经践行十余年的背景下，代表新时期企业登记立法要求、与企业组织法相配套实施的《公司登记管理条例》（1994，2005年重大修订）、《合伙企业登记管理办法》（1997，2007年重大修订）、《个人独资企业登记管理办法》（2000）等新法规的基本

---

① 参见赵万一：《商法的独立性与商事审判的独立化》，载《法律科学》2012年第1期。
② 最典型的立法体现就是国务院2002年颁布的《无照经营查处取缔办法》（国务院令第370号）。

制度架构与精神气质,仍直接传承制订于计划经济时期、与所有制企业立法相配套实施的《企业法人登记管理条例》。对这几部法规的内容进行比较可以发现,这几部法规都没有实现对于《企业法人登记管理条例》的根本变革,甚至在某些环节上行政管制权力的力量不是被减轻而是被强化了。质言之,《企业法人登记管理条例》与《公司登记管理条例》等分属于两个截然不同的经济体制的立法,但在内容构造与精神气质都无大的变化,人们所期待的反映"商"的精神与意识的最关键的一跃,始终并没有发生。这里仅以企业登记的事前行政审批制度为例,稍作例解。

前已指出,颁布于1988年的《企业法人登记管理条例》作为最基本的商事登记法律文件确立了企业登记的事前行政审批制度,并贯穿于企业法人办理开业登记和变更登记、和注销登记的各个环节。[①] 需要指出,即使在成熟市场经济国家、地区的商事法上,也在不同程度上保留一些行政审批,必要的行政审批是保障国家安全与社会公共利益的制度利器,但物极必反,过多过滥则会令良好的初衷结出恶果。据有关法律法规的规定,我国的事前行政审批有两种形式,政府有关部门的审批文件和专业管理部门核发的许可证、资质证等资格证书,但由于缺乏有效的法律约束,除法律法规设定的审批外,众多的规章、规范性文件也即"红头文件"等也置身其中。总数以数百计的事前行政审批项目,不仅抬高了企业设立的门槛还增大了企业营业的成本;一部分部门事实上的只审批不管理、将审批简单等同于"盖章发证收费"的作风更是惹得民怨沸腾。加之行业利益、部门利益的驱动,一些主管部门通过事前行政审批手段来人为地限制社会资本尤其是民间资本的进入,制造行业壁垒,已构成对现代商事登记制度的严重挑战。1993年《公司法》承袭性地规定,国有独资公司、部分有限责任公司与所有的股份有限公司的设立、变更与注销登记仍然适用事前行政审批制度,其后的1994年《公司登记管理条例》确认了这一制度。[②] 鉴于《公司登记管理条例》与《企业法人登记管理条例》的适用分工关系,可以概括为:在1994年之后,非公司的法人企业仍然全面适用事前行政审批制度,公司企业法人中的国有独资公司、部分的有限责任公司与所有的股份有限公司也适用事前行政审批制度。为了配合《行政许可法》在2004年7月1日的实施,国家工商管理总局曾经在很短的时间内连续发布《企业登记程序规定》《企业经营范围登记管理规定》,修订《公司注册资本登记管理规定》《企业名称登记管理实施办法》等行政规章,但《企业法人登记管理条例》《公司登记管理条例》并没有随之作出任何调

---

① 《企业法人登记管理条例》第14~15条、第18~19条、第21条。
② 参见1993年《公司法》第8条、第64条、第77条,1994年《公司登记管理条例》第17~19条。

整,没有触及企业(公司)登记的前置审批制度。迟至 2005 年《公司法》大修,才对股份有限公司的设立作出重大调整,不再全部适用事前行政审批制度,改为与有限公司一样,部分的股份有限公司适用事前行政审批制度。其后修正的《公司登记管理条例》作出相应调整,但仍然规定"公司申请登记的经营范围中属于法律、行政法规或者国务院决定规定在登记前须经批准的项目的,应当在申请登记前报经国家有关部门批准,并向公司登记机关提交有关批准文件。"① 这样,现行的事前行政审批制度的适用情况可以概括为:非公司的法人企业仍然全面适用事前行政审批制度,国有独资公司与部分的有限公司、股份有限公司也适用事前行政审批制度。一句话,在《行政许可法》实施多年之后,事前行政审批作为商事登记的一项基本制度,在国家立法层面尚未见到根本变革的迹象。

事前行政审批的长期泛滥且得不到根本的治理,折射的正是整个商事登记程序中泛行政管制权的异化效应。在成熟市场经济国家与地区,基本上都采用通用的市场准入原则,对商事主体的监管重在对其成立(准入)后的动态的营业行为的主动监管上,所谓"宽进严管";相反,我国的现行做法却将监管的重心放在商事主体的准入监管上,且程序过于烦琐、条件过于严格、责任过于严厉,而对于商事主体成立后的后续监管通常被忽视(也要考虑到监管者的精力也都是有限的)。这种"重准入、轻监管"的理念认知与制度设计,使商事登记为社会公众提供商事主体信用信息和营业状况的基本功能难以真正落实,导致登记信息共信力的削弱。②

需要稍作解释,"商"的意识缺位于商事登记立法领域,在我国是历史原因造成的,不可简单苛责于立法者与执法者身上。如有学者所言,经济形态决定了一定社会的法律文化精神,而法律文化精神作为一定社会法律价值指向,作为法律文化系统的深层次结构,它决定了法律规范-制度体系运作和实现社会调控功能的价值目标和功能指向。③ 制度成长的原动力——市场经济充分发展的欠缺,是导致商事登记立法难以体现以"商"为本的商法内涵和精髓的体制性原因。尽管随着市场经济体制的逐步确立和市场经济精神的日益成长,公权力无所不在的时代正在结束,私权利日益从权力中获得释放,但新体制的确立绝非一路顺途,意识形态层面的影响是深远且隐性的,要肃清其"源自坟墓中统治"并非易事,有关前置审批、营业许可证的屡禁

---

① 参见现行《公司法》第 6 条、第 65 条,现行《公司登记管理条例》第 20~22 条。
② 参见冯果、柴瑞娟:《我国商事登记制度的反思与重构——兼论我国的商事登记统一立法》,载《甘肃社会科学》2005 年第 4 期。
③ 刘旺洪:《经济形态与法律效益之关联考察》,载《江苏社会科学》1994 年第 2 期。

不止和不断回潮的现实即为明证，①"半市场、半统制"的基本经济体制格局也许还要持续很长时间，人们对于商事登记的本性、目的与功能的认识也要经历一个过程。任何立法都无法全然超脱所处的时代，在全社会尚不清楚何为"商"的意识的境况下，苛求立法机关或执法机关制订与践行一套体现现代理念的商事登记制度，是不现实的。

概而言之，商事登记领域的泛行政管制权存在及其异化效应，集中体现在商事登记立法的管理法的本性定位。有关商事登记立法的管理法的本性定位，从主要法规的名称即可窥见一斑。管理法的本性定位，意味着商事登记立法的目的在于对商事主体的设立、终止与营业实行全方位的国家管制尤其是行政监管，这样"在价值取向的选择上便不可避免地以其公法价值而模糊或掩盖作为商事登记立法应有的私法价值，集中表现在对安全价值的维护和维护远远超过了对商事登记法所应蕴涵的效率价值的追求，尤其是登记申请人的效率。"② 在具体制度设计上，表现在：（1）所有的商事主体均适用强制登记主义，即使对于境外立法普遍适用豁免的小商人亦不例外；（2）国家的管制手段主要选择事前、事中的行政监管模式，鲜有采用事后的司法诉讼救济模式，对于本应属于司法介入的一些特殊领域，亦适用行政监管手段代替之；（3）商事主体的成立采用准则主义与核准主义并行模式，事前行政审批制得到较大范围的适用，特殊许可营业项目遍布；（4）对于商事登记申请人递交的申请资料，适用所谓的追求安全价值、牺牲效率价值的实质主义审查制，形式主义审查制遭到名义上的摒弃，但另一方面，登记机关对于商事登记簿记载的信息真实性又不承担任何担保责任，这具有双重的负向意味着，对于登记机关而言，等于阉割了实质审查主义的制度优势——安全价值全无；对于申请人而言，则全额保留了实质审查主义的制度劣势——效率价值被牺牲，登记成本则一成不减；（5）主管机关享有过度的裁量权，对于一些显然在现代法治理念下专属于司法机关享有的裁量权，由行政机关享有，但又受到极少的权力约束与监督；（6）重设置防弊式的实体性与程序性准则要求，轻商事主体的营业自由的保障，甚至为前者不惜牺牲后者；（7）重主管机关对于商事主体的管理职能，轻主管机关为商事主体以及社会公众的公共服务职能；等等。在 2007 年初，国家工商行政管理总局提出新时期工商行政管理工作的新方针，要求做到"四个统一"即"监管与发展、监管与服务、监管

---

① 冯果、柴瑞娟：《我国商事登记制度的反思与重构——兼论我国的商事登记统一立法》，载《甘肃社会科学》2005 年第 4 期。

② 李金泽、刘楠：《我国商事登记立法亟待完善》，载《社会科学》1999 年第 7 期。

与维权、监管与执法相统一。"① 这一提法显然认识到了以商事登记为主业之一的工商管理工作的功能不限于监管之一途，并着重提出了"监管与服务的统一"要求，但另一方面，这一提法显然表明主管机关自身仍牢牢地将监管当作其核心的、首要的职能之所在。商事登记制度具有明显的强制性和一定的公法价值，这是我们所承认的，但将该特性过度的不当放大，奉为商事登记制度主要或唯一的秉性，不仅严重偏离了制度的本来轨道，也显得缺乏成本意识。任何行政监管制度的设计与施行都必须考虑成本，这些成本有些是政府承担的公共成本，也有商事主体承担的私人成本。无论如何，商事登记法的基本职能不在于行政管制而在于商事信用信息的公示与服务——为商事主体营业信息服务，为政府决策信息服务，为社会公众交易信息服务。

要之，现行商事登记管理法的形式缺陷是结构性问题的附属品与产物，结构性问题在背后决定了其种种的形式缺陷。如果结构性问题获得实质性的解决，相信形式缺陷也会随之解除或者消解；当然，形式缺陷作为结构性问题的表象与载体，也在一定程度上加深了结构性缺陷。解开现行商事登记管理法的结构性问题的核心与关键，是在商法理论上与商事立法上正确定位商事登记的效力。与商事登记的效力问题紧密相关的是营业执照的功能定位，如果商事登记的效力与营业执照的功能定位不合理、不科学，则直接导致商事主体退出机制的不规范。所以，从理论上来阐释商事登记的应然性效力，是本课题研究的一个关键性课题。

四、立法转型的五个维度

从公司登记管理条例（商事登记管理法）到商事登记法，意味着一场关系到商事登记整体性的立法改革与制度重塑的发生，从立法形式的变化到制度内容的转换两方面融为一体，需要实现五个立法转变。

（一）从分别立法到统一立法

从比较法的视角来看，商事登记的统一立法是多数国家、地区采用的立法模式，也是经实践检验较为成功的模式。综观各国、地区的统一立法模式，大体有两种类型。一是统一立法模式，即在一部法律中规定商事登记的全部规则。此种模式又可细分为单行法模式、民法典模式和商法典模式。单行法模式，即制定单独的专门法律规范商事登记，商法典或民法典并无关于商事登记的任何规定。这种模式为法国、比利时、香港地区等采用，如《法国商

---

① "四个统一"的提出，被系统内认为是在全面落实科学发展观和构建和谐社会的新形势下对工商行政管理基本职能认识的进一步深化，是对以往工商行政管理改革实践经验的科学总结和高度的理论概括，把履行市场监管职能与促进发展、服务大局、消费维权、依法行政有机结合起来，标志着工商行政管理工作步入了一个以人为本、促进科学发展的新阶段。参见《周伯华强调：要立足本职服务大局建设队伍努力做到"四个统一"》，载《中国消费者报》，网址：http://www.ccn.com.cn，最后访问时间：2013 年 6 月 1 日。周伯华时任国家工商总局局长——引者注。

事及公司登记法令》、香港特区《商事登记条例》等。民法典模式,由民法典规范商事登记,如《意大利民法典》第五篇第二章第三节"商业企业与其他应当登记的企业",即是集中规范商事登记的。商法典模式,由商法典统一规定商事登记事项,如《德国商法典》第二章对登记的管理、登记申请、分营业所登记、登记的公告等统一作出规定。① 二是统分结合立法模式,为日本、韩国、瑞士、台湾地区等采用。这些国家既在商法典、民法典或者公司法典中对商事登记加以规定,又有统一的单行商事登记法。如《日本商法典》列出商事登记法律制度的一般原则,又制定了专门的《日本商业登记法》对商事登记作出具体的规定。在韩国,有关商事登记的基本规范见于《韩国商法典》,但大法院制定有单行的《韩国商业登记处理规则》,此虽非立法文件,但具有规范性法律文件的地位,起着补充商法典的作用。我国台湾地区有单行的"商业登记法"与"公司法"并列,"商业登记法"只规范业主制独资、合伙企业,公司登记纳入"公司法"。在瑞士,商事登记规范主要体现在《债务法》对商号、商业登记、商业账簿、公司等的基本规定,此外还有《瑞士商事注册条例》的专门规范。②

可以说,上述模式都实现了统一商事登记规范之目标,避免区分不同商事主体的分别立法带来的在诸多登记环节上的歧视与差异之弊。需要指出的是,我国现行分散商事登记立法格局,并非立法者的主动规划与选择的结果,而是囿于特定历史环境下的商事基本法的缺位与商事立法经验主义的局限,是在计划经济向市场经济转型的历史条件下商事主体分散立法的附属产品。当时商法理论和"商"的意识残缺,有关商事主体和商行为的理论准备既为不足,在"成熟一个制订一个"方针指导下,随着新的商事主体类型不断出现,便造成每出现一种商事主体便制定一部商事登记立法的局面。现在,是到了整合与重构统一商事登记立法的时候了。从前文的分析可以看到,各类商事主体无论是商法人还是商合伙、商个人,其登记法律规则的共性远远大于个性,如果说某些商事主体的登记规则有所个性的话,也完全可以通过专门的章节或者个别条款的特别规定予以满足。在立法形式上,如果说目前制订一部商法典上不太现实,那么可以选择制订一部《商事通则》③ 或者《商事登记法》,对于前者,辟专章规定商事登记规范;对于后者,属于商事登记专门法典,都有助于商事登记统一规范的生成。法律的法典化运动是实现

---

① 朱慈蕴:《我国商事登记立法的改革与完善》,载《国家检察官学院学报》2004年第6期。
② 范健主编:《商法》,高等教育出版社2007年版,第58页。
③ 商法学界呼吁制订《商法通则》的意见由来已久,相关文献参见王保树:《商事通则:超越民商合一与民商分立》,载《法学研究》2005年第1期;苗延波:《商法通则立法研究》,知识产权出版社2008年版;孙小林:《民商法学界争论再起,商法界呼吁制定商事通则》,载《21世纪经济报道》2009年1月12日。

法律形式理性和克服多部门法的冲突与矛盾的有效途径。尽管以法典为代表的成文法客观上存在局限性，但在大陆法系法典仍然具有非同寻常的意义，因此我们无须怀疑商法典、至少体现商法基本理念和基本规则的《商事通则》的存在价值，以及作为底线的《商事登记法》的存在价值。尽管正如商法学界所普遍认同的那样，制定一个涵括商法基本规范的商法典并无理论上的障碍，但存在着诸多的技术难题，商法典的制定并非指日可待，除了需要更深入的学术论证，还要等待恰当的历史时机，但商事登记统一立法的时机早已经基本具备。一部统一商事登记立法自会保持立法系统化后的逻辑结构严谨，[①] 不仅有助于克服当前商事登记立法的杂乱、重叠、冲突与矛盾，还有助于商法理论的进一步提升与商事秩序的进一步生成，为后来某种形式的商事基本法的出台提供经验和素材。

力求统一的商事登记立法是为了形成统一的商事登记规则。在"商事主体"这一统摄概念之下实现形式上统一的商事登记法，摒弃以所有制形式、企业组织形式等不同标准的商事主体类型划分，使用一统的"商事主体"概念，废止内容各异的商事主体分类登记法，建立统一的商事登记制度模式。截至目前，广东省的商事登记改革试点地区已经实现了这一点。在《深圳经济特区商事登记若干规定》《珠海经济特区商事登记条例》《珠海经济特区横琴新区商事登记管理办法》等法规规章中，都首先定义了统一的"商事主体"概念，[②] 其中前二者的定义已经囊括了我国现行法承认的所有商事主体，有所不足的是回避了小商贩是否属于商事主体的范围、是否纳入商事登记范畴的问题。这一缺憾还有待于将来国家统一商事登记立法来解决。据悉，全国人大早将统一的商事登记法（商业登记法）列入立法规划，但由于种种原因，至今未有实质性的推进。建议立法机关早日启动并完成该项法律，只有在统一的商事登记法的条件下，才能实现上述立法改革任务，根据立法权限，应由全国人大及其常委会担此重任。

（二）从行政法规、规章到法律（狭义）

统一立法包含着商事登记立法位阶的提升，由全国人大或者全国人大常委会制订一部《商事通则》或者《商事登记法》，而非由国务院制订《商事登记条例》，更不是交由国务院商事登记主管机关制订一部部门规章。这部

---

① 李金泽、刘楠：《我国商业登记立法亟待完善》，载《社会科学》1999年第7期。
② 《珠海经济特区横琴新区商事登记管理办法》第3条第2款规定：商事主体是指公司、非公司企业法人及其分支机构；《珠海经济特区商事登记条例》第3条第2款规定：本条例所称商事主体，是指经依法登记，以营利为目的从事经营活动的自然人、企业法人和其他经济组织，包括个体工商户、个人独资企业、合伙企业、公司、企业分支机构等；《深圳经济特区商事登记若干规定》第3条第2款规定：本规定所称商事主体，是指经依法登记，以营利为目的从事经营活动的自然人、法人和其他经济组织。

法律（狭义），要充分吸收已有的商事登记立法成果与执法经验，还要充分借鉴域外商事登记立法的通行惯例，尽可能的周详与具有可操作性，能具体则具体，能详细则详细，力戒流于原则与抽象，避免出现由于所谓的"过于原则与抽象"而再由下位阶的行政法规、部门规章乃至主管部门的规范性文件予以大规模补充规定、具体规定的现象。退一步，如果确有必要在某些环节作出进一步的具体性规定，建议限于国务院出台行政法规，不再进一步下沉为部门规章乃至主管部门的规范性文件。而且，如果出现对于这部法律司法适用的解释问题，可由最高人民法院出台相应的司法解释，作为司法裁判的现实依据之一。从现时国情来看，提升商事登记立法的位阶，不是简单的立法层次的上升问题，而是包含着很多的关联性法治命题，包括提升商事登记法规的权威性，消减立法中的部门利益，减缓行政管理法的因素，提升立法的科学性，等等。我国多年来稳居吸引外资投资的第二大国，加入 WTO 也有十多年，从商事登记立法与国际惯例接轨的角度，也要求提升其立法层次，增加其协调性和透明度，此为明智之举。

（三）从身份法到平等法

市场经济要求各类市场主体的平等法制，与市场经济体制相适应的是契约法而非身份法。这些理念已经为人们耳熟能详。但是长期以来，由于分类标准的多元与模糊，不仅没有形成统一的商事主体概念，反而因为意识形态等原因人为区别对待不同类别的商事主体，分别适用不尽平等的商事登记规则。考虑到商事登记法作为技术性法律规范的本性，根本不需要区分不同商事主体而作不同对待，所以应该尽早结束这一与市场经济体制格格不入的做法。当然从目前的情形看，商事登记法平等原则的实现，尚需要以商事主体法平等原则的落实为前提。具体而言，在商事登记制度下应当赋予各市场主体平等的准入机会和法律地位。

（四）从公法规范到私法规范

如前所述，我们从不否认商事登记中的行政监管因素存在的必然性、合理性，也不否认商事登记法中包含的部分公法规范的应有定位，但是必须重申，商事登记就其本性主要是私法行为，商事登记法的本性是私法规范。申言之，在商事登记法涉及的所有行为与程序中，核准登记是确认商事主体资格的私法行为，营业执照的签发含有公法因素，唯有个别的特殊营业许可属于公法（行政）行为，此外在登记程序中还有一些必要的行政监管行为。相应的，商事登记法的主要规范也是私法性质的规范，尽管可能含有一些公法规范（这可以从现代商法的公法化现象获得解释，但这一现象不等于说现代商法是公法部门）。这一点在域外法上体现的非常明显，因为商事登记法律规范从来都是出现在私法性质的民法典、商法典里面，即便个别国家、地区制订有单独的专门立法，均以"商事登记法"命名，而未闻有"商事登记管理法"者。形成强烈对比的是，我国现行有关商事登记的法规规章几乎全部以"管理法"命名，立法文件的名称上几乎都带有"管理"二字。这一"中国特色"的立法现象，折射的正是商事登记立法被异化的事实，可以说有"商事登记管理法"，不存在"商事登记法"。现在的改革工作就是把"商事登记管理法"转型为"商事登记法"，回归商事登记立法的本来面目。在这一点上，商事登记立法改革试点的深圳、珠海经济特区已经做到了，其地方人大常委会通过的新法规的名称分别为《深圳经济特区商事登记若干规定》《珠海经济特区商事登记条例》，"管理"二字悄然被取消。在立法名称变换的背后，是立法内容取舍上的根本革新：体现商事登记机关作为主管机关的管理性权力的规定大为减少；强制性公法规范大为减少，行政法律责任的规定大为减少；与此同时，体现商事主体的登记自由与选择权利的规定大为增加，授权性规范、任意性规范大为增加，关于商事主体的诚信义务与违信民事责任的私法责任规范大为增加。

总之，从"商事登记管理法"到"商事登记法"，不是一场文字游戏，也不仅仅是立法名称的变换。从登记机关职能的视角，凸显的是从管理到服务的职能转换，从部门法定性的视角，是从公法的基本定位到私法的基本定位的转换，从法律规范的性质视角，是从公法规范到私法规范的转型，从法律文本的表述视角，是从商事登记机关的行政本位到商事主体的权利本位的范式转换，从立法的终极关怀的视角，是从重视管理秩序到重塑私法自治秩序的转变。

（五）从低水平立法到科学立法

目前商事登记立法的总体水平比较低，这一局面的表象以及背后的直接原因与体制根源是多重的，前文已经多有分析，不赘。此处只想指出，如果此处讨论的立法转型的前四个维度得以实现，则商事登记的低水平立法到高水平的科学立法即可自然实现。因为立法水平的高低，是一个制度安排的结果而非起因。

五、制度重塑的基本要点

实现从商事登记管理法到商事登记法的根本转型，需要在商事登记制度的内容构造上实现几个关键点的规则再造。举其要者，主要涉及六个方面的法理念、基本原则与规则的再造，如能获得实质性的实现，则商事登记的制度重塑即得到了"点—线—面"的关键性支撑。

（一）商事登记法的基本理念定位

对于商事登记法的基本理念定位，可能存在很多的主张，此处我们强调，鼓励投资乃为商事登记法的第一立法指导原则。具言之，凡涉及投资之法政策，除危害国家安全者外，一个最基本的理念假设就是应尽可能降低市场准入的门槛，鼓励投资，鼓励市场竞争，促进经济自由与经济民主之实现。因为唯有投资便利、市场竞争自由、各类市场主体的营业自由获得最大限度的实现，市场的有效性才能发挥到最大，这既是市场经济之要义，也是市场主体应有之权利。包括商事登记法在内的商事主体立法将鼓励投资列为基本理念，与作为商事行为法之基本法的合同法将鼓励交易列为基本理念，① 乃是基于如出一辙的道理，都是市场经济存续与发展的基本法制保证。

鼓励投资的立法理念的实现，必然涉及到市场交易的安全优先与效率优先的法律价值之辩。我国传统商事立法强调市场交易安全，用工商执法机关自己的话来说是把好市场主体入门关。② 市场交易安全需要维护，政府也负有难以推脱的责任，但问题是应该于何处设置维护交易安全的阀门；将交易安全之维护职责设置在市场主体的"入口"，是否恰当可行。这关涉到制度成本计算与执法效果的实现问题。笔者认为上述答案是否定的。这是因为，此关一设，等同于用一些僵硬的既定标准将许多投资拒绝于市场之外，但投资者的选择及其实现路径始终是多元的，法治程度越低的社会，此类选择也就越多，无非是成本负担多少的问题，所以到头来不少被形式上拒绝进入的投资又以变通、变异的方式顽强挤入市场，这等于在牺牲效率的同时也没有收到维护市场交易安全之功效。事实上，一直以来并没有充分的证据证明，资本更自由地进入市场的政策在提高效率的同时会破坏交易安全，或者比相对不自由的进入市场的政策具有更大的交易安全破坏力，降低市场门槛会普遍导致交易不安全的假设并未得到实证的支持。笔者认为，对市场主体的市场行为的监管不力也就是人们常说的事中、事后的监管不力，才是现在我们面临的交易安全问题的最大隐患，只有市场主体进入市场后的不法市场行为受到有力的行政监管与私人诉讼引发的司法干预的共同调整，市场主体的普遍市场行为才会规范，整个市场的信用体系才会真正建立起来。以公司法上的资本制度为例，过去通常认为市场主体信用的昭示在于公司设立时的注册资本，其实，正如观察者所言，"市场主体设立是资信的数量所形成的，信用的形成依赖于市场主体信用状况的公开、公示，其根本在于市场主体行为展示的状态。"③ 商事主体信用监管的关键是将市场主体的生产经营、财产状况、交易行为记录等信息公示，从而使全部市场交易主体对之形成一种动态的市场评价机制，在此基础上形成市场主体的自律型信用维护机制。在一个成熟的信用市场中，市场主体自己深知己身的信用能够降低交易成本、强化市场竞争力，交易相对人也会据此来选择交易伙伴。这样的机制建立之后，

---

① 参见王利明：《合同法的目标与鼓励交易》，载《法学研究》1996年第3期。
② 参见法治中国30年系列之一：《站在市场'入口'回望商事登记30年》，载http://news.QQ.com，最后访问时间：2013年5月1日。
③ 杨忠孝：《论企业登记注册与行政审批制度的改革》，载顾功耘主编：《公司法律评论》（2003年卷），上海人民出版社2003年版，第84页。

效率优先的制度努力并不会影响交易安全。当然，在促进交易效率优先原则实现的同时，也可以并行采取一些必要措施来保证交易安全的基本维护，如市场主体信用体系及其公示制度。总之，市场主体的主要信用信息公示才是保证市场交易安全的根本，而这一功能恰恰不适宜由市场主体的"入市"环节来担当，完全可以通过商事登记机关、其他主管机关在市场主体入市后的事中、事后动态监管来完成。

（二）商事登记的功能定位

前文已经指出，商事登记的性质取决于其制度功能，对商事登记制度的功能的不同理解直接影响或决定着其价值定位及具体规则。从我国行政许可改革前景来看，商事主体设立的前置审批正在成为改革对象，不可逆转地朝着不断减少的方向发展，这意味着商事主体的核准登记与设立许可将会实现较为彻底的脱钩，准则主义将成为普遍做法，事前审批制将只在极其个别的场合存续。这样，商事主体资格确认的功能虽然继续存在，但商事主体信用信息的公示与服务无疑将成为商事登记的主要功能。商事登记的某些具有公法意义的功能虽不能被否认，但属于附带性的、辅助性的，所谓的经济监督、经济管理与经济控制的目的将与商事登记环节实现脱钩，转换到商事主体进入市场后的事中与事后监管环节中获得实现。因此，弱化管理法色彩、提升私法本性、彰显信用信息公示与服务的私法功能，是商事登记立法改革与制度重塑的基本价值取向。这一定位，不仅是取法主要市场经济国家、地区商事登记法的必然结果，也是市场经济体制演化下我国政府角色变迁的客观需要，也是公法服务于私法、公法价值皈依于私法价值的必然逻辑。

（三）强制登记主义的适用及其例外

任何欲从事营业活动的民事主体只有在履行了商事登记手续后，方可取得商事主体资格和相应的营业资格，是为强制登记主义。在未来的商事登记法中这一原则是否应当予以坚持？前文已经指出，强制登记主义在我国长期存在的必要性毋庸置疑，但其适用范围不应该无所不包，而应有所例外。鉴于主要市场经济国家和地区将临时性设摊者、小规模经营者灵活适用强制性商事登记的做法，基于所处发展阶段的国情，在我国强制性商事登记只能适用于固定、连续地从事商事经营活动的组织与个体，小商贩、农村承包经营户等不必纳入适用范围。

（四）消减前置审批制，落实公司设立的准则主义原则

此处主要考查法人企业尤其是公司企业的设立原则，合伙企业与个人独资企业不在考查之列。企业设立的基本依据和方式，在世界范围内的历史上，曾经经历了一个从自由主义到特许主义，进而到核准主义，最后到准则主义的历史过程。其中与我国现行法有关的主要是核准主义与准则主义。核准主义又称许可设立主义，指公司的设立除具备法定条件外，还需经过政府主管

部门的核准，否则不得成立。与此前的特许主义赋予王室、权力机关在公司设立上的特权不同，核准主义则是赋予行政机关特权，由行政机关干预公司设立，也带来管制过于严厉、权力寻租之弊，与自由市场经济不合。所以，当今世界只有一些国家的公司法保留之，仅仅适用于银行、证券、保险等金融行业。准则主义又有单纯准则主义与严格准则主义之分，前者对公司设立的要求较为宽松，不少公司立法为了防止公司设立过滥，加强对公司设立的监督，实行严格准则主义，以纠正单纯准则主义过于放任之弊。与单纯准则主义相比，严格准则主义的"严格性"体现在两个方面：严格公司设立的法定条件，加重设立人的法律责任；加强司法机关与行政机关对公司设立的监督。严格准则主义既无特许主义与核准主义之烦琐，又避免了自由主义与单纯准则主义疏于监管之弊，被很多国家、地区的公司法所采用。

我国长期对法人企业设立实行核准主义，曾经宽泛表现为营业行政许可和垄断性的企业设立前置审批制度。[①] 20 世纪 90 年代以来，这一政策与市场经济体制之间的龃龉频生，导致企业设立成本高昂，行政审批效率低下，寻租现象严重。2003 年《行政许可法》的颁布，为解决这一问题奠定了公法基础，2005 年修正《公司法》顺应改革，其第 6 条规定，设立公司，应当依法向公司登记机关申请设立登记。符合本法规定的设立条件的，由公司登记机关分别登记为有限责任公司或者股份有限公司；不符合本法规定的设立条件的，不得登记为有限责任公司或者股份有限公司。法律、行政法规规定设立公司必须报经批准的，应当在公司登记前依法办理批准手续。考虑到《公司法》对于最低注册资本额、出资缴纳方式、出资程序与设立人责任的较严格规定，可以将现行公司设立政策定性为严格准则主义和核准主义的结合，或者说普通行业适用严格准则主义，特殊行业适用核准主义。具体来说：设立普通公司，适用严格准则主义，只要符合法定的条件与程序，就可以直接向登记机关申请设立登记；设立法律、行政法规规定的特殊行业的公司，适用核准主义，在申请设立登记前适用前置审批制度，特殊行业集中在金融行业（包括商业银行、信托、保险与证券等），还包括外商投资企业。

商事登记立法改革面临的一个关联性问题，就是特殊行业的企业设立核准主义也即企业设立前置审批制度何去何从的问题。由于此类企业的营业牌照也即所有（单一）营业项目都属于行政许可（行政审批）之列，故区别于单项特殊营业项目的行政许可改革（关于特殊营业许可的改革取向，见下一问题的分析）。如果将这一行政许可改为企业成立后的后置审批程序，一方面使得法律设置该类行政许可的本来意义顿失，另一方面，该类企业成立后

---

① 参见前文关于《全民所有制工业企业法》《企业法人登记管理条例》、1993 年《公司法》、1994 年《公司登记管理条例》的相关规定的分析。

取得所谓的主体资格也毫无意义。所以,不同于单项特殊营业项目的行政许可改革,如果承认特殊行业的企业设立前置审批制度有价值,那就必须设为前置程序。① 分析至此,也就清楚了特殊行业的企业设立前置审批制度改革的取向:要么存在,要么取消,不存在变通的问题。

虽然我们并不一概反对企业设立事前审批制度,也不否认某些事前审批在当时的背景下存在一定的合理性及其曾经发挥的某些作用,但是全面审视现有的企业设立事前审批制度,除了涉及国家安全或极其特别的行业政策之外,另一些审批类别确实需要重新讨论其存在的必要性。其中,有一些审批设立时的背景已经不复存在,如对于某些领域外资进入取消限制之后,该类审批制度的任务已告完成,但审批却未得到及时的清理;有一些是由于立法的不统一和修订法律的不及时造成的,如全民所有制工业企业设立所要求的审批;有的是因为立法时考虑到监管便利而设立的审批;有的则是部门利用起草法律草案的便利为本部门利益而设立的审批,这些审批应该列入重新讨论与审议的对象。② 笔者认为,企业设立前置审批制度在国家需要实施管制的某些特殊行业确有存在的价值,问题的关键在于这些特殊行业必须真正基于国家安全与社会公共利益予以确定,并随着社会经济发展水平的提高而减少。目前,广东省的商事登记改革试点地区中东莞市、佛山市顺德区等地已经取消了外商投资企业设立的前置审批制度,表明随着这些地区对外开放事业的新发展,在一般的外商投资领域没有必要继续保留企业设立前置审批制度。那么,对于金融行业以及其他仍然在列的特殊行业,是否也可以逐步的缩减企业设立前置审批制度问题,不能不为商事登记立法改革所关注。

取消不必要的企业设立前置审批的具体路径,还涉及到相关立法的修改问题。笔者的建议是,可以取消一切现行地方性法规、部门规章、政府部门规范性文件中设定的前置行政审批要求,如有必要的可以改为登记备案制。如要实现这一点,一方面,要真正落实现行《行政许可法》的规定,纠正违法现象。如该法第 17 条规定,除本法第 14 条、第 15 条规定的外,其他规范性文件一律不得设定行政许可。据此,各级政府部门通过非立法性规范性文件设定或者在上位法设定的范围内进一步的"具体规定"的做法都是于法无据的,但事实上许多的政府部门规范性文件都设置了行政许可,并得到了执法实践的实现。这些违法现象必须予以纠正。

---

① 所以《珠海经济特区商事登记条例》第 10 条仍然规定:设立银行、证券公司、保险公司、外商投资企业、会计师事务所等商事主体,法律、行政法规规定经有关部门批准后方能申请设立登记的,申请人应当在申请商事主体设立登记前办理相关批准手续。《深圳经济特区商事登记若干规定》第 9 条也如是规定。这一规定与《公司登记管理条例》第 20~21 条的规定相一致。

② 参见杨忠孝:《论企业登记注册与行政审批制度的改革》,载顾功耘主编:《公司法律评论》(2003 年卷),上海人民出版社 2003 年版,第 84~85 页。

另一方面，还需要修正现行《行政许可法》第二章"行政许可的设定"的相关条款。按照该法第 14 条的规定，对于可以设置行政许可的事项①，法律（狭义）可以设定；尚未制定法律的，行政法规可以设定行政许可；必要时，国务院可以采用发布决定的方式设定行政许可，只是在实施后，除临时性行政许可事项外，国务院应当及时提请全国人民代表大会及其常务委员会制定法律，或者自行制定行政法规。这就确立了一条基本原则，唯有法律、行政法规有权力设定行政许可。但是，这一原则并未被坚守，《行政许可法》同时设置了一些例外情形，正是这些例外情形严重冲击了基本原则，行政许可的设置最终走向泛滥。依照该法第 15 条规定，对于可以设置本法第 12 条所列事项，尚未制定法律、行政法规的，地方性法规可以设定行政许可；尚未制定法律、行政法规和地方性法规的，因行政管理的需要，确需立即实施行政许可的，省、自治区、直辖市人民政府规章可以设定临时性的行政许可。临时性的行政许可实施满一年需要继续实施的，应当提请本级人民代表大会及其常务委员会制定地方性法规；地方性法规和省、自治区、直辖市人民政府规章，不得设定应当由国家统一确定的公民、法人或者其他组织的资格、资质的行政许可，不得设定企业或者其他组织的设立登记及其前置性行政许可，其设定的行政许可，不得限制其他地区的个人或者企业到本地区从事生产经营和提供服务，不得限制其他地区的商品进入本地区市场。该法第 16 条又规定，地方性法规可以在法律、行政法规设定的行政许可事项范围内，对实施该行政许可作出具体规定；规章可以在上位法设定的行政许可事项范围内，对实施该行政许可作出具体规定；法规、规章对实施上位法设定的行政许可作出的具体规定，不得增设行政许可；对行政许可条件作出的具体规定，不得增设违反上位法的其他条件。上述规定中，立法者意图授权地方性法规、政府规章在行政许可领域作出更灵活性规定的初衷可以理解，虽然挂着"临时性行政许可"的名义，但这样做实质上等同于将法律、行政法规专享行政许可设定权的基本原则冲击的七零八落。现实生活中大量的行政许可来自于地方性法规、国务院各部委局的部门规章以及地方政府规章的事实，就是一个明证。

---

① 意指《行政许可法》第 12 条规定的事项。第 12 条规定：下列事项可以设定行政许可：（1）直接涉及国家安全、公共安全、经济宏观调控、生态环境保护以及直接关系人身健康、生命财产安全等特定活动，需要按照法定条件予以批准的事项；（2）有限自然资源开发利用、公共资源配置以及直接关系公共利益的特定行业的市场准入等，需要赋予特定权利的事项；（3）提供公众服务并且直接关系公共利益的职业、行业，需要确定具备特殊信誉、特殊条件或者特殊技能等资格、资质的事项；（4）直接关系公共安全、人身健康、生命财产安全的重要设备、设施、产品、物品，需要按照技术标准、技术规范，通过检验、检测、检疫等方式进行审定的事项；（5）企业或者其他组织的设立等，需要确定主体资格的事项；（6）法律、行政法规规定可以设定行政许可的其他事项。

（五）特殊营业许可的后置及其消减

与特殊行业的公司企业设立前置审批制度改革面临的任务不同，特殊营业项目的行政许可现在面临两项改革任务：一是后置，二是消减。

先谈前者。目前以《全民所有制工业企业法》《公司法》《企业法人登记管理条例》《公司登记管理条例》为代表的现行法律，仍然将特殊营业项目的行政许可列为企业设立的前置审批程序，如颁布时间最晚的《公司登记管理条例》第 22 条规定，公司申请登记的经营范围中属于法律、行政法规或者国务院决定规定在登记前须经批准的项目的，应当在申请登记前报经国家有关部门批准，并向公司登记机关提交有关批准文件。如前文所分析的，这一制度安排是严重不妥当的，势必成为商事登记法改革的一个重要对象。广东省的四个商事登记改革试点地区不约而同的作出同一选择，将所有特殊营业许可项目涉及的许可审批一律改为后置。如《深圳经济特区商事登记若干规定》第 12 条规定：商事主体领取营业执照后，依法开展经营活动。商事主体的经营范围中属于法律、法规规定应当经批准的项目，取得许可审批文件后方可开展相关经营活动。①《东莞市商事登记制度改革试点工作实施方案》则更为直白地指出：对于现行法律、行政法规和国务院决定规定申领执照前需先取得许可的经营项目，一律将前置审批许可改为后置审批许可，商事主体在章程中载明具体经营项目，涉及相应许可审批的，凭执照及申请材料到各许可审批部门办理相应许可，取得相应许可证、批准文件后方可开展许可项目的经营。

特殊营业项目的行政许可的第二项改革任务——适用的消减问题，其实并非商事登记制度自身的问题，而是关涉到政府职能转变背景下的行政审批项目取消改革的进程问题，前文对此已经有相当的讨论，此处不再展开，只是需要指出一点，与商事主体的市场准入与设立登记相关的行政审批项目的取消，应该成为行政审批制度改革的优先对象。

（六）登记机关的形式审查义务

商事登记一般包括申请、审查、核准登记和公告四项主要程序。从申请人递交的商事登记申请材料到登记机关记载于商事登记簿的登记事项之间，到底有多远？在一个社会信用不彰的社会里，可能确实存在着很长的距离。如何确保二者的一致性，任务似乎落在了登记机关的审查环节。登记机关对于申请人递交的申请材料的审查行为，立法上有形式审查、实质审查和折中审查之分。形式审查，即登记机关除法律另有规定外，仅仅对申请材料的完整性、形式上是否合乎法律要求负审查责任，不对其真伪进行调查核实，申

---

① 类似规定还见于《珠海经济特区商事登记条例》第 22 条、《顺德区商事登记制度改革实施办法（试行）》第 8 条。

请资料与登记事项的真实性由申请人负责；实质审查，则不仅要求登记机关对申请材料的完整性、形式上是否合乎法律要求负审查责任，同时要求登记机关对申请材料的真伪进行调查；折中审查，指登记机关对申请材料有重点地进行审查，尤其是对有疑问的事项，如发现有不实之处得依职权拒绝登记。我国长期采取全面审查制，即实质审查制，要求登记机关对申请者是否具备法定条件进行全面、实质的审查。实质审查主义之受青睐，盖有两个缘由：一则，"严进宽出"的市场准入设计，要求工商登记担负保障交易安全之功用，于是登记机关对申请材料的真实性、合法性进行严格审查，以此及时制止可能危害交易安全的不合格市场主体的进入；二则，信用体系建设的滞后，使人们很难下决心弃实质审查主义而不用。但在另一方面，实质审查主义的立法与实践也因三个方面的问题而备受质疑与诟病：其一，实质审查导致的低效率，与市场经济的效率诉求直接相悖，令人难以忍受；其二，由于担负实质审查职责的登记机关并不承担对于登记事项真实性的任何担保责任，最终使得实质审查流于形式；其三，登记机关的权力寻租现象严重。多年以来，增进效率的诉求客观上要求登记机关尽可能地降低准入门槛，简化登记程序，为市场主体提供便利的登记服务，于是有人提出折中审查主义。无论实质审查主义还是折中审查主义，都反对形式审查主义在中国的推行，认为其有悖商事登记精神。① 本文主张，我国商事登记的制度重塑应该改采形式审查主义，理由有四：

1. 符合市场准入便捷高效的要求。便捷高效，之于市场经济整体、之于每一个市场主体而言都是不言而喻的企求。在实行形式审查主义的广东省商事登记改革试点地区，原则上要求登记机关实现当天申请、当天领证，这大大缩短了现行法上规定的审查时限，极大节约了申请人的时间成本，提升了商事效率，而这在实质审查主义模式下是不可能实现的梦想。

2. 体现自由与责任的关系原理。由于商事登记的结果和利益直接归属于申请人，要求申请人对真实性负责，体现了权利义务的均衡，符合公平正义的法则，也更符合商事领域营业自由的真义——自由同时意味着责任。形式审查主义给了商事主体最大的信任与自由，商事主体为此担负的对价就是责任，对于自己提交的申请材料以及其后的登记事项的真实性负责，否则承担相应的违信责任。形式审查主义释放出政府对于民众信赖的善意，体现出信任公众能够做好自律的管理思想，久而久之，可以期待培育出良好的社会自律精神。质言之，唯有把自由作为前提，每一个商事主体才能做到对自我负责。所谓的社会信用体系之基就是这样奠定的。

---

① 相关讨论参见蒋大兴：《公司法的展开与评判》，法律出版社2001年版，第362~371页；范健、王建文：《商法论》，高等教育出版社2003年版，第595~596页。

3. 还原登记机关的职责真相。实质审查主义之应予废止,并非完全在于其对效率的漠视,根本原因在于其对登记机关能力的盲目信任及登记机关权利义务配置之失衡。正如前文所发问的,从申请人递交的商事登记申请材料到登记机关记载于商事登记簿的登记事项之间,到底有多远的距离呢?最清楚的恐怕不是登记机关,而是申请人。这里我们无意否认确保商事登记信息真实的必要性与价值性,但问题的关键是,在申请材料的真实性方面,申请人天然的比登记机关具有优势,靠登记机关有限的人力、财力与为数众多的申请人进行博弈,只会演绎出一场猫捉鼠的游戏,最终使制度设计沦为立法上的乌托邦。对于登记机关而言,一方面,通过实质审查来确保登记事项的真实性,是勉为其难的,让其承担商事登记信息真实性的担保责任,既不现实也违背公法原理;另一方面,登记机关又在各种场合极力推崇实质审查主义,这不能不让人质疑主管者的动机——保住权力又不担责。对于主张实行实质审查主义的商事登记机关,可以连续发问三个问题,即可发现其执法窘迫之所在:(1)由于登记机关并没有权力审查前置审批的合法性、合规性问题,那么对于提供虚假证明文件骗取前置审批许可文件的,登记机关如经甚至审查后没有发现之,责任如何界定?(2)如果发现后,是否有权拒绝办理登记?(3)如果登记机关在办理核准登记环节没有发现伪造许可文件的问题,但在其后的日常执法过程中发现的,是否有权直接予以处理?实则,实质审查主义包含着一个关于登记机关的悖论,导致关于其权利义务责任的均衡设计成为一个无解的难题:既然不可能处处核实,那么在登记机关勉为其难的情况下,对其失察行为追究责任就过于严苛,只好放弃相关责任的追究,从而使原有的义务转化为单纯的权力,其结果自然就是不仅实质审查流于形式,而且寻租的权力被保留下来。有人建议通过强化登记机关及登记人员的责任来避免实质审查制度流于形式,这一严刑峻法的设想的初衷固然是好的,但责任强化的结果,必然诱使登记机关采取相应的免于承担责任的手段——对申请行为设置更多的限制,要求更苛刻的资料申报——这一定会导致登记效率更低,为社会所不能容忍和承受,而且,登记机关借权力寻租以求得利益平衡的现象必然会大增。可见,严厉、全面的实质审查不能换来信用秩序的有效建立,任何加码的制度设计只会在不断的恶性循环中走向死胡同,这一无情的现实已经充分证明实质审查主义的理性设计与现实世界之间的巨大反差。实质审查制确立的初衷希冀借政府之力为社会阻挡不合格的商事主体之进入,但这样做,一方面,极大地加大了诚信守法的商事主体的登记成本,可谓"少数人犯病,所有人吃药";另一方面,严重忽视了市场淘汰机制对弄虚作假者的惩罚作用,以政府代替市场的评判。在实质主义审查的掩盖下如果登记机关拒不履行对于合格市场主体的登记义务,不仅对社会公众具有更大的欺骗和误导性,也极易导致社会公众对市场主体真实性期望的落空,其危害更甚。

认识实质审查制的最大弊端，有助于认清折中审查制的假妥协。折中审查主义从形式看似乎有效地解决了效率与安全之间的关系，从而具有某种优越性，但仔细推敲，实则存在着更大的弊端。首先，折中审查制没有改变民众对政府担保市场主体真实性的预期，本质上仍是实质审查制思想的一种延伸。其次，"对有疑问的事项予以审查，如果发现有不实之处得依职权拒绝登记"，这一设计的诡异在于，一方面，免除了登记机关的审查义务与可能的担保责任，另一方面，却赋予了登记机关的实质审查的权力，增加登记机关的任意自由裁量权。就登记机关的权利义务责任配置的严重失衡有违"权责义相一致"的法治精神这一点，如果说实质审查制是无意制造的，那么折中审查制则是"不怀好意"的精心设计的了。可以说，即使制度设计的初衷良好，折中审查制的最终实践绝不会是取两种制度的优势，相反会成为集两种制度弊端于一体的嫁接不当的"怪物"。① 反之，某种意义上，形式审查主义意味着申请人与登记机关的一种契约关系：对于申请人通过依法递交设立商事主体的申请资料表达的意愿——取得商事主体资格的意思表示，登记机关收到之后原则上即予以承诺——通过核准登记确认其商事主体资格，这就还原了登记机关在商事登记中的主要职责在于服务而非管理的真相。同时，确保登记机关腾出精力与时间进行管理重心的后移——对于市场主体进入市场后的营业活动的监管，这就契合了我国政府职能转变的大趋势——由重市场准入的"严进宽出"的事前监管模式，向重心放在营业活动的事中、事后监管模式的转变。

4. 寻求信用体系建设的正道。至于形式审查主义缘何会有违商事登记精神，我们不得而知。所谓的商事登记精神无外乎商事主体信用信息的采集、记载与公示。形式审查主义，同样体现了这一原则，唯一的差别仅在于信息真实的担保责任在于申请人还是在政府。既然政府担保信息真实不完全具备现实可行性，自无强行推行的必要。② 其实，反对实行形式审查制者提出的通常理由是国情论，谓发达市场经济国家实行的形式审查主义是以完善的经济法律制度、健全的社会诚信体系、强大的信息网络为支撑，以事后管得住为保障的，而我国的法律环境、社会信用基础存在较大的差距，因而缺乏实行形式审查制的客观环境。笔者认为，我国市场经济的发展阶段确实存在推行形式审查制的一些不利因素，但问题的症结并不在此。商事登记事项的信

---

① 参见冯果、柴瑞娟：《我国商事登记制度的反思与重构——兼论我国的商事登记统一立法》，载《甘肃社会科学》2005年第4期。

② 冯果、柴瑞娟：《我国商事登记制度的反思与重构——兼论我国的商事登记统一立法》，载《甘肃社会科学》2005年第4期。

息真实与否并不能单纯取决于登记机关的审查行为,更多地取决于相关信用制度建设及其实施机制的健全与否。商事主体个人的自身诚信意识的提高及全社会信用体系的建设是一个复杂的过程,但信用体系建设的主体在于个人与社会,这一点是毋庸置疑的。相反,过度寄希望、依赖于政府的资信审查机制,反而有碍于整个社会信用意识的提升和信用责任机制的强化。商事登记制度仅仅为商事主体提供了一个让社会了解自己的平台,难以承载更多的负重。① 形式审查制可能引发的问题,完全可以通过不良信用记录公示、虚假登记惩罚等事后监管配套措施加以解决。在这一方面,广东省的商事登记改革试点地区通过的法规规章与规范性文件都是很好的探索。总之,这个具体的制度点上,还是要重复一句老话——全能政府的"国家拜物教"的社会心理首先需要被打破,唯如此,个人、社会的信用体系和自我管理能力才能得以不断成长。

严格地说,以上几个方面,有的属于商事登记法本身的内容,但有的则是其他法律制度的问题,如企业设立前置审批与特殊营业许可在数量上的消减改革,属于行政法律与政府职能转变的改革课题,但与商事登记的立法改革与制度重塑紧密相关,所以在此处一并讨论。

六、结论:泛行政管制权的退出与私法本性的回归

公司登记以及整个商事登记,作为商事法律制度的重要组成部分,其立法存在的问题某种意义上也是我国商事立法体系存在问题的缩影。"一个法律制度,如果跟不上时代的需要或要求,而且死死抱住上个时代的只具有短暂意义的观念不放,显然是不可取的。在一个变幻不定的世界中,如果把法律仅仅视为是一种永恒的工具,那么它就不可能有效地发挥作用。"② 当市场经济不断发展,营业权、营业自由的理念不断深入人心的背景下,公司登记的立法改革与制度重塑应当顺势而为。从公司登记的发展渊源看,公司登记的本旨,在于确认商事主体之资格与彰显商事主体的信用,公司期望通过商事登记机关的公信力及权威来公示自己的营业状态与信用信息,登记机关的职责主要是针对公司主体的信息收集、记录与公示,以期实现商事活动的安全与效率。我国商事登记立法自始由于缺乏"商"的概念与意识,误将其定性于管理法,更多的是从行政管理的视角对商事登记加以界定,将商事登记当作国家监管商事活动、维护商事交易秩序的主要手段。由此,经年累月的立法历程与执法实践,加上立法的路径依赖与制度的自我强化,发展出今日

---

① 冯果、柴瑞娟:《我国商事登记制度的反思与重构——兼论我国的商事登记统一立法》,载《甘肃社会科学》2005 年第 4 期。

② [美] E. 博登海默:《法理学:法律哲学与法律方法》,邓正来译,中国政法大学出版社 2004 年版,第 304 页。

商事登记领域的泛行政管制权。概而言之，公司登记法改革与制度重塑的关键，是要在合理界定营业自由与国家管制的边界之基础上，改变将公司登记作为市场监管手段的做法，回归现行公司登记管理法为商事登记法，从基本的公法属性回归到基本的私法属性，正确定位公司登记的本质功能——确认公司主体的存在及其商事信用信息的公示。

与此同时，过于强大的行政权力，即泛行政管制权要在公司登记法中的有序退出。泛行政管制权在现行公司登记事务中的存在，不仅体现在公司的"生"的环节，即设立注册登记的环节，更体现在公司的"死"的环节，即公司主体退出市场的环节。如果说在公司的"生"的环节，泛行政管制权主要表现为公司注册登记的前置审批程序、成立后的特殊营业项目的审批程序以及在整个登记程序中的纷繁复杂的行政管制手段，从而在相当程度上决定着商事主体的"生"与否、何时"生"、如何"生"的话，那么现行公司登记法上的泛行政强制权的强大，更充分的体现在强制解散公司主体的行政权力上，包括吊销营业执照、撤销商事主体、责令关闭、撤销商事登记等手段在内的泛行政解散权，随时可以径直决定公司主体的"死"，即导致商事主体的终止。鉴于泛行政解散权的内容复杂性，下章展开著述，此处不赘。

当然，强调实现泛行政管制权在公司登记法中的有序退出，并非说行政管制权力在公司登记法领域的完全退出，而是基于现行公司登记管理法中的泛行政管制权存在的实然状态而作出的判断。本文的研究，无论是基于比较法还是中国实定法的研究，无论是应然意义上的还是实然意义上的商事登记法设计，都不否认、也不反对行政管理权在商事登记事务中存在的必要性与科学性，反对的是以违背和威胁商事登记私法本性的姿态泛滥存在以及被滥用的泛行政管制权现象。如前文所述，公司登记事务的某些环节不可否认的具有公法属性，行政权力在这些环节确有存在的必要，合理、必要的行政管理性规范在公司登记法中是不可或缺的，这贯穿于公司主体从"生"到"死"的商事登记程序的始终。比如，即便是域外法上罕见的行政解散权，在中国现时国情下的某些环节上可能也有继续存在的合理性与必要性，关键是要以某种合理的形式存在并发挥应有的功能，而不是以违背和威胁公司登记私法本性的姿态泛滥存在以及被滥用。

从制度变迁的历史来看，现行公司登记管理立法是随着三十多年来的社会经济的发展而逐步构建的。鉴于法为经济关系要求的记载和翻译，再兼法律面对现实恒久存在的滞后性，成长并羽翼渐丰于由计划经济到有计划商品经济再到社会主义市场经济不断变革的历史进程的公司登记管理法，从其产生那一刻起，就注定了其结构和内容的不成熟性和变迁性，在市场经济体制改革到深水区以及政府职能转变改革不断深化的当下，其与市场化改革方向之间的冲突愈发明显，已无法承载推进市场经济发展的重任，如自身不行改革,则将沦为经济发展的桎梏,① 这绝非危言耸听。必须承认,缺乏足够合理性和正当性的法律本身,是趋向于诱致或迫使民众蔑视法律尊严的,目前的公司登记实践已经充分显露了这一点。现有公司登记制度已经到了必须彻底检讨的地步,公司登记管理法的立法改革与制度重塑,已成为当务之急。商事登记管理法的立法改革与制度重塑之要务,形式上看是消除目前法出多门、位阶低端的立法混乱现象,实现商事登记立法的统一,提升商事登记立法的层次。但在形式化统一的背后,要实现的课题则是从商事登记管理法到商事登记法的立法范式转型,实现这一范式转型的关键就是泛行政管制权的有序退出。毫无疑问,经济体制、立法体制、部门利益及制度的路径依赖等在形成泛行政管制权的同时,也将是公司登记立法改革与制度重塑过程中必须逾越的障碍。为此,首要的问题是对于公司登记的基本功能进行重新解读和定位,实现从行政管制到公司主体信息公示与公共服务的转移。这一新的公司登记法的基本功能的实现,相应地需要新的立法规则与制度架构予以呼应,包括:多重商事登记立法到统一商事登记立法;商事主体成立的准则主义原则的确立与核准制最低限度的存在;登记机关对于登记资料的形式审查主义的彻底转变;主体资格、经营资格登记的合一主义向全面分离的转变等等。这些具体规则与制度架构的背后,都离不开有限政府、有效政府理念的稳固树立与坚决践行,离不开行政审批制度改革目标的真正实现,离不开政府的登记机关及其他监管机关从管制到服务的意识转换,以及对于部门利益、行业利益的自我割舍的勇气。

---

① 参见冯果、柴瑞娟:《我国商事登记制度的反思与重构——兼论我国的商事登记统一立法》,载《甘肃社会科学》2005年第4期。

第三章　商事登记改革之历史篇：商事登记管理法的变迁史

一、商事登记管理法体系

时至今日，我国尚未有一部统一的商事登记法，有关商事登记的立法规范散见于为数众多的法律、法规与规章中。这些规范组成了商事登记立法体系的层级结构，其中主要包含于三类立法文件：一是全国人大及其常委会或者国务院通过的关于某个商事主体的基本法律或者行政法规（通常名为《某某企业法》《某某企业条例》[①]），这类立法文件中往往会有若干个条文涉及到该类商事主体的商事登记规范，提供一个笼统的原则性的规则，同时授权国务院制定关于该商事登记的行政法规；二是在某部或者同类的某几部法律、行政法规通过之后，为配合这些法律、行政法规的实施，国务院或者国务院工商管理部门制定一份关于该类商事登记的行政法规、部门规章，一般名为《某某登记条例》《某某登记管理办法》；[②] 三是国务院工商管理部门也即国家工商行政管理（总）局为落实《某某实施条例》《某某登记管理办法》再制订出一部或者多部的部门规章，通常名为《某某条例实施细则》《某某条例

[①] 主要有《中外合资经营企业法》（1979）、《外资企业法》（1986）、《民法通则》（1986）、《全民所有制工业企业法》（1988）、《中外合作经营企业法》（1988）、《公司法》（1993）、《合伙企业法》（1997）、《个人独资企业法》（1999），以及国务院颁布的五部行政法规：《城乡个体工商户管理暂行条例》（1987，2011 年修订为《个体工商户条例》）《私营企业暂行条例》（1988）、《乡村集体所有制企业条例》（1990）、《城镇集体所有制企业条例》（1991）、《全民所有制工业企业转换经营机制条例》。

[②] 主要有《中外合资经营企业登记管理办法》（1980，已废止）、《工商企业登记管理试行办法》（1982，已废止）、《企业法人登记管理条例》（1988）、《公司登记管理条例》（1994，2005 修订）、《合伙企业登记管理办法》（1997，2007 修订）、《外国企业或者个人在中国境内设立合伙企业管理办法》（2009），以及国家工商（总）局颁布的行政规章：《私营企业暂行条例施行办法》（1989，1996、1998 修订）、《个人独资企业登记管理办法》（2000）、《个体工商户登记管理办法》（2011）等。

实施办法》，① 以及针对商事登记的某一具体事项制订的《管理办法》之类。② 一些地方法规、地方政府规章也有涉及商事登记的内容的，但不占主流。此外，国家工商行政管理（总）局在过去的三十余年间还颁布了数量很大的规范性文件，来规范商事登记中的一些具体问题，成为各级工商管理机关执法的重要法律依据。上述立法层级结构表明，商事登记立法权有一个不断下沉的过程，最重要的立法机构是行政机关，法律规范的主体构成也是行政法规、部门规章与其他规范性文件，三者加起来的立法文件累积超过百部之多，尤其是占据数量优势的部门规章与规范性文件，实际上成为执法部门最具有操作指导性的规范依据的主要来源。这一立法体系在过去的三十多年间为我国商事登记提供了基本规范，为期间中国经济的迅猛发展提供了一份重要的制度支撑，可谓功不可没。③ 但毋庸讳言，这一立法体系也存在着非常突出的缺陷。任何制度的形成都是历史性的，所以站在今天的立场上展开关于其缺陷的系统检讨之前，先回顾一下这一立法体系的形成历程是必要的。

二、商事登记管理法的形成与变迁

商事登记由申请、受理、审查、核准登记、签发营业执照和公告等一系列程序组成。这一程序的核心私法问题是，商事主体何时取得主体资格与营业资格。问题的答案集中在核准登记与签发营业执照两个环节上，关键在于商事主体的主体资格、营业资格与核准登记、签发营业执照之间到底存在怎样的逻辑关系。这一程序的核心公法问题，与核心私法问题属于一体两面——登记机关的监管行为贯彻商事登记的全部过程，体现在这一过程的每一个环节上，其核心环节是登记核准行为与营业行政许可行为，问题的关键在于这两个行为的性质如何定位，法律效力如何界定。无论是私法还是公法的核心问题，其答案在现行立法体系中都涉及多部立法规范之间的冲突，如要正本清源，就有必要回顾与检讨商事登记管理立法在过去三十多年期间的制

---

① 如《工商企业登记管理条例实施细则》（1982，已废止）、《企业法人登记管理条例实施细则》（1988、1996、2000、2011 修订）、《城乡个体工商户暂行条例实施细则》（1987，1998 修订，已废止）等。

② 主要有《公司登记管理暂行规定》（1985，已废止）、《经济联合组织登记管理暂行办法》（1986）、《企业名称登记管理规定》（1991）、《关于施行〈中华人民共和国公司登记管理条例〉若干问题的意见》（1994）、《关于公司登记管理中几个具体问题的答复意见》（1995）、《企业年度检验办法》（1996、1998、2006 修订）、《公司登记管理若干问题的规定》（1998）、《企业集团登记管理暂行规定》（1998）、《企业法人法定代表人登记管理规定》（1998、1999 修订）、《企业名称登记管理实施办法》（1999、2004 修订）、《企业登记程序规定》（2004）、《公司注册资本登记管理规定》（2004、2005 修订）、《企业经营范围登记管理规定》（2004 号）、《个体工商户登记程序规定》（2004，已废止）、《个体工商户验照办法》（2008）、《个体工商户名称登记管理办法》（2008）、《外商投资合伙企业登记管理规定》（2010）、《关于划分企业登记注册类型的规定》（2011）等。

③ 参见法治中国 30 年系列之一：《站在市场入口回望商事登记 30 年》，载 http：//news.QQ.com，最后访问时间：2013 年 5 月 1 日。

度变迁过程。只是需要指出，我国商事登记管理法规的内容十分繁杂，本文没有能力也无意于对全部规定进行梳理，而是将关注的焦点集中在上述私法、公法的两大核心问题上，来进行历史的回顾与检讨。

(一) 1949~1978

建国之初，新政权除了面对官僚资本企业之外，社会上尚存在大量的私营企业与个体经济。为此中央人民政府设立"中央私营企业局"，企业登记管理成为该局的主要职能，主要围绕没收官僚资本、重新登记发证等方面展开工作，以促进国民经济的恢复。企业登记管理的对象限于私营工商业与个体工商户，地方政府在实施普查的基础上重新颁发"营业证"，确立不经核准登记工商企业不得任意开业与停业的规则。由此，新中国成立伊始就确立了以营业证核发为监管中心的登记管理制度。1950 年，政务院颁布《私营企业暂行条例》，次年政务院财政经济委员会发布《私营企业暂行条例施行办法》，统一规定私营企业工商登记的基本问题，明确应登记事项以及违法行为的行政处罚措施。但是，《私营企业暂行条例》及其"施行办法"并未获得多久的实施，因为 1956 年全国范围内开始了私营工商业的社会主义改造并很快完成，私营工商企业从此消失，国营、集体企业一统天下的局面自此形成。①

这些合并而成的国营、集体企业实行苏联式的行业归口管理，由行业的行政主管部门或者国家托拉斯的工业总公司管理一切事项，无需进行工商登记。这样，原来的工商登记对象不复存在，新的全民企业、集体企业是政府的附庸，不进行工商登记照样可以生产经营，"企业登记"也就变得可有可无。在此后经历了导致国民经济大伤元气的"大跃进"之后，1962 年中共中央提出"调整、巩固、充实、提高"的新经济方针，与此相配合，国务院同年颁布《工商企业登记管理试行办法》，恢复针对所有的工商企业的登记工作。关于登记的监督管理，该试行办法规定，工商企业的开业与歇业登记，一律实行核准制也即应该首先经过业务主管部门审查同意，然后经县、市工商管理机关核准登记，对于企业违反开业、歇业登记与变更登记的规定，情节严重的，限期停业及吊销营业执照。此处的核准的对象，实际上并没有明确的区分主体资格与营业资格，但可以肯定的是以营业资格为中心，强调营业执照的签发、吊销，关涉到开业、歇业等结果。这个试行办法，是新政权对国营、集体企业和个体工商业实行全面登记管理的第一个法规，对于国民经济的恢复起到了积极作用。经过三年的努力，全面的商事登记管理再次建立起来。但很快"文革"来临，中央以及地方的工商行政管理部门被撤销，

---

① 董辅礽主编：《中华人民共和国经济史》（上卷），经济科学出版社 1999 年版，第 51~63 页，第 177~199 页。

工商业登记管理工作陷入停顿，工业企业的新建、撤并由区、县、市革委会或工业主管部门批准即可。

（二）1978~1992

1. 营业登记制度的复建。1978 年，恢复企业登记管理工作被提上日程。是年 9 月 25 日，国务院发出《关于成立工商行政管理总局的通知》（国发［1978］187 号），企业登记管理的职能被定位于"对工商企业进行登记管理、检查、制裁工商企业违法国家政策、法律的行为，取缔无照经营"，中断十多年的企业登记管理工作随着国务院的这一纸通知得以恢复。登记发照工作于 1979 年 6 月启动，最先对旅店业、旧货业、印铸刻字业和修理业 4 种特种行业适用，半年后的 12 月开始全面恢复对全民所有制和集体所有制工业企业的登记，截至 1979 年底，全国共登记工业企业 59.7 万户。[①] 1980 年开始逐步全面恢复了企业开业、变更、注销登记以及公告、年检等各项管理制度。

这一时期立法工作也在紧锣密鼓地进行。1979 年 7 月 1 日，《中外合资经营企业法》获得通过，允许与鼓励外国投资者在中国境内同中国的公司、企业共同举办合营企业。该法明确规定，合营企业经批准后，向国家工商行政管理主管部门登记，领取营业执照，开始营业。这标志着外资企业登记管理制度的初步确立。为配合《中外合资经营企业法》的实施，国务院在 1980 年 7 月颁布《中外合资经营企业登记管理办法》，这是进入改革开放新时期以来的第一部企业登记法规，具有历史的意义，1980 年全年全国登记的外商投资企业共有 7 户。[②] 这部法规一开始就确立了企业登记的两项基本制度：其一，外资企业设立的行政核准主义。该办法第 2 条规定，经中华人民共和国外国投资管理委员会批准的中外合资经营企业，应在批准后的一个月内，向中华人民共和国工商行政管理总局登记，该办法第 9 条规定，中外合资经营企业合同期满或提前终止合同，应持中华人民共和国外国投资管理委员会的批准文件，向所在地的省、自治区、直辖市工商行政管理局办理注销登记手续。其二，登记效力的合一主义立法模式。该办法以营业执照的监管为核心，将营业执照的签发与登记核准两个程序"一体两面"地紧密连在一起，以营业执照为主体资格与营业资格的唯一凭证，由此开启所谓的登记效力的合一主义立法模式。该办法第 2 条规定，经中华人民共和国工商行政管理总局核准后，发给营业执照；该办法第 5 条规定，从核发营业执照之日起，中

---

① 参见法治中国 30 年系列之一：《站在市场入口回望商事登记 30 年》，载 http://news.QQ.com，最后访问时间：2013 年 5 月 1 日。

② 参见法治中国 30 年系列之一：《站在市场入口回望商事登记 30 年》，http://news.QQ.com，最后访问时间：2013 年 5 月 1 日。

外合资经营企业即告正式成立、未经登记的企业，不准开业。该办法第9条规定，经中华人民共和国工商行政管理总局核准后，缴销营业执照。

1982年国务院颁布《工商企业登记管理条例》，全面取代20年前的《工商企业登记管理试行办法》，这标志着在新时期的商事登记有了一个基本的法规。该条例全面确立了以营业执照监管为中心的工商登记管理制度，核心是营业登记的管理，包括开业登记、变更登记与注销登记，为此，1983年全国范围内开展统一换发新的营业执照活动，开始了营业执照的规范管理活动。自此，包括企业登记、监督管理、年度检验等内容在内的企业登记管理制度建设全面展开，其确立的基本规则沿用至今。需要指出，当时我国的民事立法还未起步，尚没有一般性地确立法人制度，行政执法机关对于民事主体资格的问题更是十分陌生，所以此时的工商企业登记立法不可能单独考虑民事主体资格问题，自然地将营业执照的签发与核准登记程序混为一体。该条例第10条规定，市、县工商行政管理局对工商企业的开业申请登记，经过审查认为符合本条例规定的，应当核准登记，发给营业执照。此处规定表明，立法者一开始就将核准登记和营业执照的签发混在一起，将营业执照明确规定为企业获得国家登记机关核准登记的合法凭证。①

1984年底中共中央发布《关于严禁党政机关和党政干部经商、办企业的决定》，开始整顿党政机关、干部办公司的乱象。在此背景下，1985年经国务院批准、国家工商管理局发布《公司登记管理暂行规定》，可以视为《工商企业登记管理条例》的特别补充规定。该规定第2条规定，本规定所称公司指依本规定程序设立，有独立财产，自主经营，自负盈亏，依法承担经济责任的从事生产经营或服务性业务的经济实体。该规定强调公司是法人、个体经营者不得单独申请成立公司，规定开办公司必须向公司所在地的市、县工商行政管理机关申请登记。经核准登记，领取营业执照后始得营业，公司的生产经营或服务范围，应与其注册资金、设备条件、技术力量相适应。在符合国家法律、法令规定的情况下，经核准登记，可以一业为主，兼营其他。② 在当时中央强调严肃公司登记管理政策的要求下，该暂行规定沿袭"重典治乱世"之道，规定了开办公司必须具备的较高条件，以及违反登记规定后的严厉处罚措施。

《中外合资经营企业登记管理办法》《工商企业登记管理条例》与《公司登记管理暂行规定》，是20世纪80年代中前期颁布的关于工商企业登记管理的三部法规、规章，代表着进入改革开放新的历史时期工商登记管理制度全

---

① 国家工商行政管理局在1982年12月发布的《工商企业登记管理条例实施细则》第28条明确规定：营业执照是工商企业得到国家登记主管机关核准的合法凭证。

② 参见《公司登记管理暂行规定》第2条、第4条、第8条。

面复建的立法成果，其所确立的工商登记管理的基本规则，可视为今日商事登记基本制度之滥觞，核心是以营业执照签发与监管为中心的营业登记管理制度。

2. 企业法人主体登记制度的初建。1986 年全国人大通过的《民法通则》正式引入现代民法意义上的法人制度，法人被划分为企业法人与非企业法人两类。为配合《民法通则》规定的企业法人的登记管理，1988 年 6 月国务院颁布《企业法人登记管理条例》，随后国家工商局发布《企业法人登记管理条例施行细则》，从而构成了法律—行政法规—部门行政规章三位一体的企业法人登记制度，其历史地位主要有二。

第一，统一了各类法人企业的登记制度，标志着我国企业法人登记制度的全面确立。根据《企业法人登记管理条例》第 2 条规定，条例适用的对象包括具备法人资格的全民所有制企业、集体所有制企业、联营企业、在中华人民共和国境内设立的中外合资经营企业、中外合作经营企业和外资企业、私营企业以及依法需要办理企业法人登记的其他企业。据此，该条例统一适用于彼时按照所有制分类的各类法人企业，意在统一此前分立的三部法规，《中外合资经营企业登记管理办法》《工商企业登记管理条例》与《公司登记管理暂行规定》同时废止。[1]

第二，确立了企业法人的主体登记制度。[2] 根据《民法通则》第 41 条和第 51 条之规定，各类企业经主管机关核准登记，取得法人资格。据此可以理解为，对于符合法人设立条件的企业，核准登记有确认其法人资格的功能，这与此前的几部法规所规定的"营业执照的签发标志着主体资格的取得"存在显然的不同。

3. 全面监管体制的形成。这一时期，立法机关与国务院颁布了建立在不同所有制分类基础上的一系列单行企业法，形成了一整套所有制企业立法体系，[3] 主要包括《中外合资经营企业法》（1979，全国人大）、《外资企业法》（1986，全国人大）、《城乡个体工商户管理暂行条例》（1987，国务院）、《全民所有制工业企业法》（1988，全国人大）、《中外合作经营企业法》（1988，全国人大）、《私营企业暂行条例》（1988，国务院）、《乡村集体所

---

[1] 《企业法人登记管理条例》第 39 条规定：本条例自 1998 年 7 月 1 日起施行。1980 年 7 月 26 日国务院发布的《中外合资经营企业登记管理办法》，1982 年 8 月 9 日国务院发布的《工商企业登记管理条例》，1985 年 8 月 14 日国务院批准、1985 年 8 月 25 日国家工商行政管理局发布的《公司登记管理暂行规定》同时废止。

[2] 关于此点，存在争议，也有人认为是法人登记与营业登记合一的合一主义模式的登记。相关讨论参见蒋大兴、章琦：《从合一主义走向分离主义：企业登记效力立法改革研究》，载《南京大学法律评论》2000 年（秋季卷）。

[3] 李建伟：《中国企业立法体系改革》，法律出版社 2012 年版，第 16 页。

有制企业条例》（1990，国务院）、《城镇集体所有制企业条例》（1991，国务院）、《全民所有制工业企业转换经营机制条例》（1992，国务院）等。这些所有制企业立法都原则性的规定若干个登记条款，同时授权国务院、国务院工商行政管理部门制订关于该类企业登记管理的具体规定。后来国务院、国务院工商行政管理部门以及外资企业主管部门先后制订的具体规定主要有：《中外合资经营企业法实施条例》（1983，国务院，后经多次修订）、《经济联合组织登记管理暂行办法》（1986，国家工商局）、《城乡个体工商户管理暂行条例实施细则》（1987，国家工商局）、《企业法人登记管理条例》（1988，国务院）、《企业法人登记管理条例施行细则》（1988，国家工商局）、《私营企业暂行条例施行办法》（1989，国家工商局）、《关于对外商投资企业违反登记管理法规的行为进行处罚的权限和程序的规定》（1989，国家工商局）、《外资企业法实施细则》（1990，外经贸部）、《企业名称登记管理规定》（1991，国家工商局）、《中外合作经营企业法实施细则》（1995，外经贸部）等。从20世纪70年代末到90年代初的十多年时间里，以国务院、国家工商行政管理（总）局、外经贸部为主体的行政机关，以《企业法人登记管理条例》为核心，先后颁布了几十部涉及各类商事主体登记管理的行政法规范，以行政法规、部门规章、规范性文件为主要载体的商事登记管理规范体系最终建立起来。如果用一句话来概括这一体系的制度特征，那就是工商登记管理体制的全面形成。这一体制特征的主要方面，可以总结如下：

其一，登记效力的合一主义立法模式。虽然《民法通则》确立了法人主体登记制度，规定核准登记有确认法人资格的功能，但后来的登记管理行政法规并没有循此路径将法人资格与营业资格的取得进行分离，而是将二者的取得统一于营业执照的签发上，由此出发发展出一套完整的登记效力合一主义模式。以《企业法人登记管理条例》为例，其第3条规定：申请企业法人登记，经企业法人登记主管机关审核，准予登记注册的，领取《企业法人营业执照》，取得法人资格。这一规定确立的签发营业执照为法人资格取得要件的基本格局，为这一时期的其他登记管理行政法规所承继与发展。

其二，私法问题的公法化。《企业法人登记管理条例》第1条开宗明义，规定其立法宗旨在于建立登记管理制度，为建立企业法人登记管理制度，确认企业法人资格，保障企业合法权益，取缔非法经营，维护社会经济秩序……制定本条例。质言之，该条例的立法定位并非私法性质的"商事登记法"，而是公法性质的"商事登记管理法"，由此决定其中的商事登记管理立法规范基本上都是立足于贯彻行政管理职能的公法规范，鲜见私法规范，一些本应该属于私法规范的内容也被表述为公法规范。比如，一些全民所有制单位开办的全民所有制工业企业，开办单位作为投资人与企业之间属于投资与被投资的平等关系，应该归属股权关系的规范，如果开办单位无意于继续经营,直接行使投资人享有的自愿解散企业权利即可,但对于此类行为,这些登记管理行政法规使用的词汇为"依法撤销企业",作为私法行为的企业解散由此被异化为公法性质的行政撤销行为。

其三,企业设立事前审批制的全面确立。《企业法人登记管理条例》作为最基本的企业登记管理立法文件,确立了企业设立登记的前置行政审批制度,并贯穿于企业的变更登记与注销登记。① 按其规定,(全民所有制、集体所有制)企业法人的开业登记、变更登记和注销登记,都要事前经过主管部门或者审批机关批准后才能向登记机关提出登记申请,对于没有主管部门、审批机关的非公有制企业,则由登记机关进行实质性审查后,再做出核准登记或者不予核准登记的决定。事前审批制的全面确立,反映了计划经济体制下的"行政管理经济"立法指导思想,企业登记注册被视为国家工商行政管理机关的基本法定职能,通过这一程序来实现国家对于企业这一市场主体的行政执法与经济监督,企业登记程序由此被完全的公法化、行政化。此后,各类事前审批的立法规范层出不穷,到本世纪初,据不完全统计,仅上海地区适用的企业登记注册与经营审批事项达到了2207项之多,其中作为前置性审批的许可证与专项审批共计292项。②

其四,行政管制权贯彻登记程序的始终。属于登记机关的行政监管事项涵盖企业法人名称、住所、经营场所、法定代表人、经济性质、经营范围、经营方式、注册资金、从业人数、经营期限、分支机构等。登记机关的监管职责包括:监督企业法人按照规定办理开业、变更、注销登记;监督企业法人按照登记注册事项和章程、合同从事经营活动;监督企业法人和法定代表人遵守国家法律、法规和政策;制止和查处企业法人的违法经营活动,保护企业法人的合法权益。③

其五,行政法律责任的绝对优势地位。如《企业法人登记管理条例》第30条规定,对于企业法人违反登记管理规定的,登记主管机关可以给予警告、罚款、没收非法所得、停业整顿、扣缴、吊销营业执照的处罚,还应当同时追究法定代表人的行政责任、经济责任。依照《企业法人登记管理条例施行细则》的规定,企业法人违反登记管理规定而可以被适用行政处罚措施的具体行为有数十种之多。④ 这些登记管理法规一般都辟出专门的章节或者条文集中规定违法行为导致的法律责任,基本上都是罚款、没收非法所得、停业整顿、扣缴、吊销营业执照等行政处罚措施,没有一部立法文件出现了

---

① 《企业法人登记管理条例》第14~15条、第18~19条、第21条。
② 参见杨忠孝:《论企业登记注册与行政审批制度的改革》,载顾功耘主编:《公司法律评论》(2003年卷),上海人民出版社2003年版,第82页。
③ 参见《企业法人登记管理条例》第9条、第29条。
④ 参见《企业法人登记管理条例施行细则》第62~65条。

关于"商事主体对于登记申请材料的真实性负责"的规定，这一私法义务既然不存，自然也就见不到关于商事主体民事责任的任何规定。

这一体制的形成，有其深刻的历史原因，首先与我国长期以来对公、私法划分的排斥态度有关。长期以来，我国的法学理论和法律体系的构建未采纳公、私法的二分法结构，法律规范的设计不注意区分公法与私法的问题，商事登记规则的设计不仅未能幸免，而且成为重灾区之一。其次，与我国传统的计划经济体制有关。这一经济体制贯彻"万能政府"观念，对商事主体的主体资格与营业资格的确认亦采取一种管理型的立法思维，比如将主体资格、营业资格的法律确认与营业活动、营业范围的政府监管混为一谈。最后，与部门立法体制紧密相关。构成这一体制的立法规范主要是行政法规、部门规章、主管部门的规范性文件，尤其以后二者为主，主管部门事实上掌管商事登记立法的格局，无论从行政管理机关的管理思维惯性、其维护部门利益与突出自身重要性的本性、易于被立法俘获的角度来解释，都指向一个共同的目标——行政主管机关趁机扩张自身的公权力，将主要作为私法规范的商事登记法异化为主要以公法面目出现的商事登记管理法。

（三）1993~2012

1. 市场经济体制提出的新要求。1992年中共十四大明确提出建立社会主义市场经济体制，明确了经济体制改革的总体目标。次年11月中共十四届三中全会通过的《中共中央关于建立社会主义市场经济体制若干问题的决定》指出，建立社会主义市场经济体制就是要使市场在国家宏观调控下对资源配置起基础性作用，要进一步转换国有企业经营机制，建立适应市场经济要求，产权清晰、权责明确、政企分开、管理科学的现代企业制度。经济体制改革由此进入新的历史阶段，企业立法的主要制度范式由所有制企业立法转换到企业组织立法。1993年以后立法机关先后颁布《公司法》（1993）、《合伙企业法》（1997）、《个人独资企业法》（1999）等，确立了为市场经济的商事主体法律框架，由此带动了商事登记立法的相应变革。无论立法机关、政府还是政府登记主管机关都开始意识到，商事登记法是规范市场准入的最重要法律部门之一，是关于现代市场交易基础条件的规定，关系到市场主体资格的取得、规模的到位、营业的开展、债权人利益的保护等基本问题，是确保交易安全和提高效率的法律制度。在这个过程中，"登记注册实际是登记机关代表社会（不只是政府，还包括社会的方方面面）接受一个新的市场主体开展营业活动的申请，这个新的市场主体是什么样的组织形式、开展什么样的营业活动、有多大的能力开展活动、对社会能负什么样的责任，他在申请过程中就要向代表社会的登记机关作出说明和承诺。他的这些说明和承诺，登记机关有责任向社会告知，以保证市场主体间竞争的公平透明，降低交易风险。"① 为此，商事主体的登记管理法规在新的历史条件下必须予以革新。与上述企业组织法相配套，一批新的商事登记管理法规获得颁布，包括《公司登记管理条例》（1994、国务院）、《合伙企业登记管理办法》（1997、国务院）、《个人独资企业登记管理办法》（2000，国家工商局）等。在这一期间，作为登记主管机关的国家工商行政管理（总）局②非常注重商事登记管理规范的建设，先后发布涉及各类市场主体的登记管理部门规章达到数十部之多，此外还有很多的规范性文件，主要有：《外国（地区）企业在中国境内从事市场经营活动登记管理办法》（1992）、《企业年度检验办法》（1996，后经1998年修订）、《公司登记管理若干问题的规定》（1998）、《企业集团登记管理暂行规定》（1998）、《企业法人法定代表人登记管理规定》（1998，后经1999年修订）、《企业名称登记管理实施办法》（1999）等。

这一时期的商事登记管理立法以《公司登记管理条例》为中心，因此我们得以这部行政法规为例，来研究这一时期的商事登记管理法规的主要内容。首先，关于《公司登记管理条例》与《企业法人登记管理条例》的适用关系。在前者于1994年7月1日生效之后，凡是注册为有限公司（含国有独资公司）、股份有限公司的均适用前者，只有非公司的企业法人仍然适用后者进行注册登记。此后，国家工商行政管理局在1996年和2000年两次修正《企业法人登记管理条例施行细则》，制定《关于外商投资企业登记管理适用公司登记管理法规有关问题的执行意见》，理顺了外商投资企业适用登记管理法律的适用原则。其次，《公司登记管理条例》与《企业法人登记管理条例》的制度安排相比，可以从两方面来讲。一方面，就前者的立法宗旨，与后者相比，似乎并未特别突出公法性质的"商事登记管理法"的定位，《公司登记管理条例》第1条规定，为了确认公司的企业法人资格，规范公司登记行为……制定本条例。应该说，颁布于市场经济体制已经确立背景下的《公司登记管理条例》应该朝着更加市场化、自由化的方向发展。但另一方面，逐条比较《公司登记管理条例》与《企业法人登记管理条例》《企业法人登记管理条例施行细则》的规定，可以发现在关于企业登记管理的每一个事项的具体规定上，几乎都不存在什么区别，尤其在登记效力的规定、每道登记程序的监管措施以及违法登记行为的法律责任设置上，可谓如出一辙，行政监管权力一如既往地占领着登记程序的始终。造成这一现象的原因可能是多样的，其中一个重要的历史原因是，1993年《公司法》及其配套的《公司登记管理条例》主要被定位于为传统全民所有制企业公司改制服务的，这

---

① 法治中国30年系列之一：《站在市场"入口"回望商事登记30年》，载 http://news.QQ.com，最后访问时间：2013年5月1日。

② 2011年4月，国务院批准国家工商行政管理局更名为国家工商行政管理总局。

决定了其登记制度的设计与此前主要为《全民所有制工业企业法》配套的《企业法人登记管理条例》之间的传承关系要远远大于革新。总之，市场化经济体制的改革应该带来公司法制从理念到制度构造的全面革新，但脱胎于计划经济体制的公司登记管理制度却因制度的路径依赖与立法部门化等原因而继续承袭旧制，浓厚的公权力色彩没有显示出明显的弱化迹象。

2. 加入 WTO 带来的改革新契机。2001 年底中国正式加入 WTO（世界贸易组织），对外开放进入了一个崭新的阶段。为与 WTO 规则接轨以及应对加入 WTO 之后的竞争压力，立法机关开始了多个领域的重大立法修订活动，其中与商事登记制度关系最密切的有，2000 年底、2001 年初先后通过了三部外商投资企业法的修正案，2003 年通过的《行政许可法》（自 2004 年 7 月 1 日起施行），2005 年、2006 年分别重大修订《公司法》《合伙企业法》，2011 年通过的《行政强制法》（自 2012 年 1 月 1 日施行），这些新的立法进一步增加了这一轮的商事登记法规的改革压力。[1] 此外，2011 年国务院废止了实行 20 多年的《城乡个体工商户管理暂行条例》，通过新的《个体工商户条例》。

既有的商事登记管理法规为适应入世承诺要求，适应《行政许可法》和新的《公司法》《合伙企业法》，开始加速进行了新一轮的全面提升和完善。此间，国务院、国家工商总局的立法活动主要体现在，及时修订了以下法规、规章：《企业名称登记管理实施办法》(2004)、《公司登记管理条例》(2005)、《企业年度检验办法》(2006)、《合伙企业登记管理办法》(2007)，与此同时密集颁布了更多的规范性立法文件，其中重要的法规、规章有：《无照经营查处取缔办法》(2002)、《企业登记程序规定》(2004)、《公司注册资本登记管理规定》(2004，后经 2005 年修订)、《企业经营范围登记管理规定》(2004)、《个体工商户登记程序规定》(2004)、《关于外商投资的公司审批登记管理若干问题的执行意见》(2006，联合商务部等)《个体工商户验照办法》(2008)、《个体工商户名称登记管理办法》(2008)、《股权出资登记管理规定》(2009)、《外国企业或者个人在中国境内设立合伙企业管理办法》(2009)、《外商投资合伙企业登记管理规定》(2010)、《个体工商户登记管理办法》(2011)、《关于划分企业登记注册类型的规定》(2011，联合国家统计局）等。这一轮立法改革的主要成就，可以归结为以下几个方面：[2]

其一，开始对效率重视与追求。这主要体现在原来大范围适用的商事主

---

[1] 2011 年 12 月 12 日，国家工商行政管理总局第 58 号总局令，发布《关于按照〈中华人民共和国行政强制法〉修改有关规章的决定》，根据《行政强制法》的精神修订了一批涉及商事登记管理规章的部分条文。

[2] 参见法治中国 30 年系列之一：《站在市场入口回望商事登记 30 年》，载 http://news.QQ.com，最后访问时间：2013 年 5 月 1 日。

体成立核准制与众多的前置审批的取消与缩减。由于行政管理经济的思维惯性,曾经将大量的市场主体的设立与营业的市场准入均纳入审批机制,这其中,既包括投资者欲进入某类市场的主体设立的资格审批,也包括现有主体欲从事某种市场行为的营业资格许可审批,以及从事某种市场行为的资格监控性审核,以至于商事主体的设立与营业资格的事前审批非常泛滥。① 如前所引,在 2001 年底行政审批改革启动之前,据不完全统计,上海市企业登记注册与营业审批事项一度达到 2207 项,其中作为前置性审批的许可证和专项审批共 292 项,设定的法律依据来源包括法律、行政法规、部门规章、地方性法规、地方政府规章以及国务院、国务院各部委、市政府各部门的部门规范性文件等将近 10 种规范性文件。市场准入审批作为一种行政管控市场的措施,在某些特定情况下可能是必要的,即使在发达市场经济国家也有适用的身影,问题的关键是政府对于市场准入管控的度的把握,如果不加以节制而致其过于泛滥,则是对于市场结构的极大破坏。这一时期对于过于泛滥的事前审批制度的改革有所加快,立法开始区分商事主体资格的成立与特殊营业项目的审批之区别,将商事主体的成立事前审批限制在银行、证券公司、外资企业等少数领域,个别营业项目需要审批的,放置在商事主体成立之后。如登记主管机关所坦诚的,"审批手续繁琐、办事效率低一直是阻碍创业发展的老问题","商事登记中必要的行政审批是公共安全、人民健康、保护重要资源和生态环境的重要保障,但是,建立于转型期的制度设计,对安全价值的维护远超过了对其所应蕴涵的效率价值的追求,抬高了企业设立的门槛,增大了企业变更的成本,加重了投资者的负担,挫伤了投资者的积极性。"② 所以,上述变革可以看作是从"轻效率、重安全"到二者并重的转变,效率与安全都是商事登记法律制度的价值追求。在具体的操作中,全国登记机构以《行政许可法》实施为契机,实施了三项改革措施,提升了登记效率,降低了商事主体成本。一是一审一核制。使商事登记由原来的受理、审查、复审、核准四个环节减少为审查员受理、核准员核准两个权责统一的环节,对申请材料齐全并符合法定形式的,从受理申请后 30 日内作出登记决定,转变为当场作出准予登记的决定。二是互联审批,为商事登记提供一站式服务。按照"工商受理、转告相关、互联审批、限时完成"的要求,对涉及登记前置审批的事项与有关部门进行互联审批,或者依托地方政府建立的政务大厅,实行集中办理、联合办理,一个窗口对外。三是政务电子化。登记机关在原

---

① 参见杨忠孝:《论企业登记注册与行政审批制度的改革》,载顾功耘主编:《公司法律评论》(2003 年卷),上海人民出版社 2003 年版,第 82 页。

② 法治中国 30 年系列之一:《站在市场入口回望商事登记 30 年》,载 http://news.QQ.com,最后访问时间:2013 年 5 月 1 日。

有登记场所的基础上，为申请人提供了多种提交材料的渠道，通过信函、电报、电传、传真、电子数据交换和电子邮件等其他方式提出申请，大部分地方登记机关开展网上登记、年检的受理申请和审查业务，建立登记网站，提供登记指南，下载申请格式文本，方便申请人。①

其二，开始对商事主体私权利有所尊重。公权力无所不在的时代正在结束，私权利日益从权力中获得释放，商事登记法的中心关怀也在发生改变。主管机关开始认识到，商事登记不仅仅是登记管理工作，而是承担着确认市场主体资格、监管市场主体行为和提供市场主体相关信息服务重要职责。②这一时期的商事登记立法开始出现一些私法规范，对商事主体的私权利表现出有所尊重，登记机关也开始探索以行政劝导、行政提醒、行政预警和行政建议为主要内容的行政指导制度，对原来动辄罚款与吊销营业执照的做法有所纠正。

其三，推进公权力行使的规范化。也就是登记机关理解的登记统一规范工作的推进。国家工商总局通过颁布一系列单行规章来规范登记具体事项，涉及登记程序、商号、法定代表人、注册资本、股权出资、经营范围、年度检验等多个事项，意在统一登记标准、统一登记程序、统一登记要求、统一登记管理体制、规范登记行为，改变以往门槛不一的局面。同时登记机关的政务公开有所推进，其行政行为受到商事主体私权利更多的监督。

其四，信息服务功能开始成为可能。在这一时期内登记机关也开始认识到，虽然商事登记事涉交易安全的维护，但以前"重事前把关，轻事后监管，重静态管理，轻动态监管"的制度设计和认知，商事登记的基本功能难以真正实现，为此开始尝试从"重准入、轻监管"到监管方式创新的改革，主要体现在信用分类监管制度初步建立。2003年8月，国家工商总局在全系统推广实施企业信用分类监管，经过全系统多年努力，开发建设了企业信用监管应用软件和数据中心平台，截至2007年底全国基本实现了从工商所到总局的五级联网和企业基础信息共享，截至2008年7月国家工商总局通过联网共拥有927.8万户企业（含分支机构）的基本信息和475万户注销企业的基本信息，全国企业户口基本实现五级联网。据此，企业信用分类监管的目标

---

① 2004年7月1日国家工商总局企业注册局建立了中国企业登记网，成为国内外了解中国企业登记管理法律法规和相关政策的重要渠道。截至2007年底，全国使用登记管理软件系统从事工作的登记机构有3526个，占全国登记机构总数的97%，全国通过网上公开企业基本信息和实行企业登记政务公开的企业登记机构分别为1393个和1678个。很多地方开通了网上查询、网上名称核准和网上年检等网上受理功能，有的地方网上年检率已经达到100%。参见法治中国30年系列之一：《站在市场入口回望商事登记30年》，载http：//news.QQ.com，最后访问时间：2013年5月1日。

② 法治中国30年系列之一：《站在市场入口回望商事登记30年》，载http：//news.QQ.com，最后访问时间：2013年5月1日。

基本实现,也即"各级工商机关通过实施企业信用分类监管,加强了各职能机构的协调配合,将企业登记信息和商标、广告、消费者权益保护、反不正当竞争等各类监管信息集中有效地进行了整合,通过联网共享,延伸和扩大了监管范围,完善了工商行政管理机关横向整合。"① 可见,目前企业信用信息还主要被使用在工商监管职能的实现上。需要指出,各类商事主体的商事信用信息的获得,是商事登记的一个重要"产品"。就此产品的利用,分为商事主体与登记机关之间、商事主体彼此之间两个不同的场域。就前者而言,必须指出,商事主体不仅仅是工商管理机关监管执法的对象,更是服务的对象,掌握各类商事主体的信用信息不仅是实施工商管理职能的前提和基础,也是服务商事主体的前提与基础,可惜目前这一方面做的远远不够。就后者而言,商事主体对于交易相对人信用信息的掌握也是开展安全、效率的商事交易的前提与基础,但掌握对方的信用信息还是离不开登记机关的服务职能的实现。

在这一期间,一些经济发达的地区如上海、浙江、北京和深圳等地通过地方性法规、规范性文件的形式开始商事登记制度的试探性改革。严格来说,地方立法机关或者地方政府在商事主体设立条件与程序等问题上并无太多的主动权,但出于吸引外部投资、增加地方财政收入、促进地方经济发展之强烈诉求,地方政府又是商事登记制度的最重要的利益相关者与改革推动者之一。在深圳,地方人大常委会在2004年通过《深圳经济特区商事条例》强调,在设立商人的前置审批,仅限于"依据法律、行政法规须报经有关部门批准的"情形。2000年北京市人大常委会通过的《中关村科技园区条例》第9条则规定,在中关村科技园区设立企业,凡具备设立条件的,工商行政管理机关应当直接核准登记;需要依法办理前置审批的事项,由市人民政府公布。在中关村科技园区设立企业,办理工商登记时,除法律、法规规定限制经营的项目外,工商行政管理机关对经营范围不作具体核定。在上海,早在1999年9月市政府就发布了《关于促进本市小企业发展的若干政策意见》(下文简称《意见》),提出了对于事前审批改革的任务,规定除法律、法规与国务院部门规章规定的审批外,对本市自行设置的前置审批进行改革:取消不必要的前置审批;对无需前置审批但需行业监督的,改为登记备案制,由有关备案部门实行过程监管;确需继续执行前置审批的项目,由市政府重新核准。同时要求对前置审批实行"工商受理、抄送相关、并联审批、限时完成"的方式,由相关部门在10个工作日内办理完毕。这些改革举措是富有创新精神的,但是,在一定程度上又突破了各自的上位法的规定,由于缺乏

---

① 法治中国30年系列之一:《站在市场入口回望商事登记30年》,载 http://news.QQ.com,转自新华网,最后访问时间:2013年5月1日。

合法性的必要支持,所以在具体的贯彻中不可避免的出现摇摆。如 2000 年 7 月上海市工商局发布的《关于规范企业变更、注销登记的若干意见》规定,变更登记时法律、行政法规与政策规定必须报经审批的项目,应提交有关行政部门的批准文件。这一规定,相对于上海市政府《意见》中规定的改审批为登记备案、实行过程监管的努力方向,则不啻于一次倒退。

以上几个方面,大体都是朝着商事登记制度演化的积极方向的努力。之所以称为"积极",就是这几个方面的努力都是助力由商事登记管理法向商事登记法的实质转变的重要举措,体现了商事登记领域中的主管机关公权力色彩的逐步淡化、商事主体私权利的逐步成长这一此消彼长的良性成长状态,而且留存的公权力行使也在步入更加规范化之路。但毋庸讳言,上述几个方面的"积极"程度都还是相对有限的,大体上仍然是在商事登记管理法的制度框架下进行的具体规则调试,还谈不上根本性的制度变革。因为根本性的制度变革需要商事领域的行政许可以及其背后的政府职能转变的改革进程取得实质性的进展为前提。为此,我们不能不把目光转向国务院力推的行政审批取消运动。

3. 未竟的行政审批改革。在建国后的前几十年里建立起来的高度中央集权的行政管理体制和计划经济体制下,行政审批成为推行计划经济的重要手段。在 2001 年国务院启动行政审批改革之前,据不完全统计,全国性行政许可事项最多时达 4100 余项,各省级行政许可一般也在 2000 项以上,在 2001 年加入 WTO 后,市场经济的发展与 WTO 内外两方面的要求,使得行政审批改革势在必行。"哪个部门行政审批多,哪个领域就相对落后",成为一条经验性法则。自 2001 年行政审批改革全面启动以来至 2012 年 8 月国务院决定取消和调整第六批审批项目,十多年来共取消、调整 2497 项行政审批项目,占原有总数的 69.3%。十年来的总体判断是,虽然数量颇为可观,砍掉了近七成的原有审批事项,但是行政权力依然过大,尤其是通过行政审批权力设租、寻租的现象仍然没有获得根本改观。一个共识是,剩下的 30% 审批事项才是硬骨头,且都在核心领域,接下来的改革才是真正的攻坚克难。

中共十八届二中全会和十二届全国人大一次会议审议通过的《国务院机构改革和职能转变方案》提出,转变国务院机构职能,处理好政府与市场、政府与社会、中央与地方的关系,深化行政审批制度改革,减少微观管理事务,该取消的取消、该下放的下放、该整合的整合,以充分发挥市场在资源配置中的基础性作用,更好发挥社会力量在管理社会事务中的作用,充分发挥中央和地方两个积极性。国务院总理李克强在十二届全国人大一次会议举行的记者会上谈到,现在国务院各部门行政审批事项还有 1700 多项,[①]本届政府下决心要再削减 1/3 以上。为落实《国务院机构改革和职能转变方案》,国务院连续在 4 月 24 日和 5 月 6 日的常务会议上作出决定,取消两批(也算是第七、八批)、下放 133 项行政审批项目,重点是经济领域投资、生产经营活动的审批项目,包括一些对企业投资项目的核准,企业生产经营活动的许可,以及企业、社会组织和个人的资质资格认定等,很多取消和下放的项目都是有利于促进中小微企业发展的,但企业工商登记等制度改革仍然是下一步的任务。[②]目前仍然保留下来的 1600 多项行政审批项目中,有不少是关涉商事登记的。从根本上说,唯有以简政放权才能为商事主体的发展提供创新活力,减少行政审批对于中小企业发展与经济繁荣的作用是直接而易见的。在 2013 年第一季度,全国新登记注册的企业同比下降 6.7%,但在简政放权、试行工商登记改革的深圳、珠海、东莞和佛山顺德区等地区,由于采取取消前置审批等措施,新登记注册企业增幅高达 40%~50%,其中多数为中小微企业。还有一个具有讽刺性的现象是,由于多种原因,多年来"像钢铁、水泥等行业上项目都是需要审批的,但多年来恰恰没有管住管好,以致造成产能严重过剩。相比之下,家电、服装等行业早已走上市场化轨道,不用政府审批,靠市场优胜劣汰,没有严重的产能过剩问题。这说明,该审批的审批不严格、执行不到位的,费力办了事而又事与愿违,还不如已放给市场的"。[③]

商事登记管理法到商事登记法的根本转变,与涉及商事登记领域的政府职能转变和行政审批项目改革息息相关,这一根本转变的实现与否及其程度,也主要取决于后者的进展。

三、商事登记法的新思维:商事登记试点改革的广东省经验

在国家工商总局与广东省人民政府的支持下,深圳、珠海、东莞、佛山市顺德区等在 2011 年开始成为工商登记改革试点城区,当地人大常委会、政府在 2012 年先后颁布了几部法规文件与规范性文件,主要有《深圳经济特区商事登记若干规定》《珠海经济特区商事登记条例》《珠海经济特区横琴新区商事登记管理办法》《东莞市商事登记制度改革试点工作实施方案》《顺德区商事登记制度改革实施办法(试行)》等,并分别在 2012、2013 年开始生效施行。这几部具有一般规范效力的改革文件在商事登记改革的具体方案选择

---

① 这一数据表明,十多年来在取消行政审批项目的同时,也新增了数百项行政审批项目。事实上,边减边增的现象一直是存在的。

② 李克强:《简政放权增强经济发展内生动力——在国务院机构职能转变动员电视电话会议上的讲话》(2013 年 5 月 13 日),载新华网。

③ 李克强:《简政放权增强经济发展内生动力——在国务院机构职能转变动员电视电话会议上的讲话》(2013 年 5 月 13 日),载新华网。

上虽各有特色，但更多的是共性做法。总结而言，主要的共性改革措施有八个方面，以下逐一阐述。

1. 合一主义模式的瓦解。商事主体资格登记与营业资格登记分离，将营业执照简化为商事主体资格凭证，营业执照签发日期为商事主体成立日期。主体资格登记事项被大幅度精简，但各地的精简程度不一，最精简的版本只包括四个项目：(1) 名称；(2) 住所；(3) 法定代表人（负责人、执行合伙人）姓名；(4) 商事主体类型。营业资格的登记事项一般包括：(1) 注册资本；(2) 实收资本；(3) 经营场所；(4) 经营范围；(5) 经营期限；(6) 股东信息；(7) 其他事项。商事主体变更登记事项，应当向商事登记机关申请变更登记或备案登记。商事登记机关可以根据实际情况对上述营业资格登记事项进行优化或取消。与现行法相比，上述做法将登记注册中涉及的登记事项大幅简化了，只保留商事主体名称、住所、法定代表人（负责人）姓名和商事主体类型等与商事主体资格相关的必要事项。这几项也就是营业执照的记载事项，营业执照记载事项与商事登记簿不一致时，以商事登记簿记载的内容为准。对注册资本、实收资本、营业场所、经营范围、经营期限、股东信息等营业资格登记事项也进行了取消或优化，对于营业资格的这几个登记事项，营业执照设置提示栏标明商事主体的这几个事项的查询方法，商事登记机关应当根据商事主体的申请，就上述事项出具书面证明。

同时，营业资格许可不再作为商事登记的前置条件。营业项目分为一般性营业与特殊许可营业项目。对于现行法律、行政法规和国务院决定规定无需许可即可营业的一般性营业项目全部放开，商事主体从事一般性营业项目的，直接到工商部门申办营业执照取得主体资格后即可开展营业，也即商事主体领取营业执照后取得主体资格和一般营业项目的营业资格。商事主体在章程中载明具体营业项目，无需再向登记机关申请具体经营范围的登记，只需要申报主营业项目，即便主营业项目涉及行政许可的，商事登记机关也直接登记之，不审查相应的许可证或批准文件。惟商事主体应在领取营业执照后另行向有关许可审批部门申请许可营业项目的营业资格，取得许可证或批准文件后方可开展许可项目的营业。对于现行法律、行政法规和国务院决定规定申领执照前需先取得许可的营业项目，一律将前置审批许可改为后置审批许可。

照此，商事主体在申请登记时需申报主营业务，主营业务应与商事主体名称记载的行业特征保持一致，营业执照不再记载详细的经营范围，经营范围表述简化为两方面内容：一是主营业务类型。主营业务的表述由企业自主选择，按照国民经济行业分类规范中的门类或大类表述，门类如：制造业、批发和零售业等；大类如：食品制造业、家具制造业、塑料制品业、金属制品业等。二是规范说明。在主营业务之后统一给出规范说明，即："法律、法规和国务院决定禁止的,不得经营;应经许可的,凭有效许可证或批准文件经营;法律、法规和国务院决定未规定许可的,自主选择经营项目"。

2. 大幅度精简压缩许可营业项目,优化审批流程。由各地方政府统筹各许可审批部门,对需办理后置审批的许可经营项目予以精简,凡属本级政府事权范围内的尽量精简;属省级政府事权范围内的,争取省委、省政府支持变通,或从立法层面予以解决;属国家事权层面的,提请省政府协调解决。各许可审批部门应积极争取上级支持,按照"减并、变通"的原则,对许可审批事项进行精简压缩,将不影响国家安全、社会公共利益的许可审批事项予以取消。

对特殊营业许可(后置审批项目)涉及多个部门、多项审批的,为提升行政效率,有的试点地区归并为单个部门进行单项审批,有的实行标准化审批与并联审批。并联审批,就是对需要许可的营业项目,由地方政府统筹许可审批部门统一受理、抄告相关、同步审批、限时完成的并联审批制度,对涉及多部门的审批服务事项,全面实行并联、协同审批。各许可审批部门独立完成本部门的许可,在审批时不得以其他部门的许可审批作为本部门许可的前提要件。登记机关通过省工商行政管理业务信息系统进行商事登记,地方政府各有关部门通过一体化审批系统协同审批和对外公示信息,两个系统的数据共享,业务协同。商事主体凭营业执照、申请材料到当地统一的行政办事中心向相关许可审批部门提交申请,许可审批部门在承诺时限内完成审批并核发许可证书或批准文件。商事主体取得许可证书或批准文件后,依商事主体意愿,可凭许可证书和批准文件到登记机关办理执照经营范围的变更手续。

有的试点地区试行三种证照同发的登记制度:申请人可以一次性提交营业执照、组织机构代码证、税务登记证的申请材料,通过并联审批系统审核后,在统一窗口同时领取营业执照、组织机构代码证、税务登记证。有的试点地区干脆推行营业执照、组织机构代码证和税务登记证三证合一的登记制度。

3. 同步推进外资审批改革,取消与优化外商投资企业审批。按照我国现行法,对于所有的外商投资企业的合同、章程实现分级审批制度,审批部门涉及到商务、外汇主管部门等。有的试点地区规定,对新设鼓励类和允许类外商投资企业,商事主体将新设项目资料提交工商部门,办理工商登记,领取营业执照,由工商部门告知商务主管部门,后者凭营业执照向投资者核发外商投资企业批准证书,取消合同章程审批。有的地区规定,申请人申请办理《外商投资产业指导目录》中鼓励和允许类外商投资项目设立、变更事项的,由登记机关直接登记,并同时将申请人登记信息通过地方政府的一体化审批系统发送商务主管部门备案,后者收到登记信息后应将外商投资企业的经营范围、投资总额、注册资本等资料录入国家外商投资统计系统，并出具《外商投资企业批准证书》。外汇管理部门根据《外商投资企业批准证书》及相关文件的内容审查企业外汇进出，海关和税务部门应参照对内资企业的管理方式统一管理内外资企业，商务主管部门为外商投资企业提供日常管理和服务。

4. 改革法定资本制，免除事前审核。对于现行公司法上较为严格的有限公司的法定资本制，引入旨在降低公司资本门槛要求，同时强化股东信用责任的一系列改革措施。

一是注册资本认缴制。指拟成立的公司或者公司成立后向登记机关提交经全体股东签名确认的认缴出资证明或认缴增资证明，由后者对全体股东认缴的出资总额予以登记的制度。在此，股东可自行约定股东的出资额、出资方式、出资时间、非货币出资的缴付比例并记载于章程中，登记机关只负责登记公司认缴的注册资本，不再限制和审查全体股东的首次实缴出资额（股东的首次实缴出资额可以为零），不审查实收资本，不对验资审计作强制性要求，不再收取有关实收资本的验资证明文件。对于公司设立登记时提交的经全体股东签名的认缴出资证明和承诺书，登记机关仅进行形式审查，注册资本缴付情况的真实性由公司及其股东负责。

二是实收资本备案制。指有限公司成立后取得股东实际缴纳出资的，向登记机关申报实收资本缴付情况的备案制度。公司在股东实际缴付出资额并经验资后，应向该股东出具《出资证明书》，并向登记机关申报备案（有的地方规定公司可以申请备案，不作强制性要求）；登记机关将公司实收资本缴付情况录入商事主体信息公示平台进行网上公示，公司对自身实收资本备案情况的真实性负责。

三是信用责任自负。指公司与股东分别对于自己登记与备案的信用信息承担责任。如前所述，对于注册资本缴付与实收资本备案信息的真实性，登记机关都不再作事前审核，而由公司及其股东负责。公司以其全部财产对自己债务承担责任，股东以其认缴的出资额为限对公司承担责任。股东未依公司章程规定实际缴付注册资本的，依法律法规和公司章程的规定承担民事责任；公司发生债务纠纷或依法解散清算时，如资不抵债，未缴足注册资本的股东应先缴足注册资本，并以其认缴的出资额为限承担民事责任。如果公司虚报实收资本缴付情况的，登记机关将根据《公司法》第199条的规定予以处理；股东未缴纳所认缴出资额而骗取实收资本备案的，登记机关根据《公司法》第200条的规定处理。

目前，上述有关法定资本制的改革仅限于有限公司，尚不适用于股份有限公司。

5. 取消住所产权证明。在各类商事主体的注册登记实践中，住所产权证明往往是商事主体负担成本最大、手续最繁琐的程序之一，放宽商事登记对住所产权证明的限制成为多年来最强烈的改革呼声之一。同时，从保障交易安全的角度，住所产权证明也被视为一项莫名其妙的法律要求，是以法定资本制启动改革之后，住所产权证明成为当然的改革事项。对此，试点地区给予了积极回应，一般规定，对无法提供有效房产证明文件的房屋，凡经当地基层组织（乡镇政府、街道办事处、村（居）委会）或者有关部门、各类经济功能区管委会（如工业园区、科技园区管委会）出具同意该场所从事营业活动的场所使用证明，同时由房东、商事主体提交承诺书分别承诺承担房屋安全和消防安全责任，即可免予提交经营场所的场地产权证明，申请人凭该场所使用证明可直接办理商事主体的住所（营业场所）的登记或备案。一般而言，住宅不能作为经营场所，但符合《物权法》相关规定的除外。商事主体进行住所（营业场所）登记时，登记机关不审查场所的法定用途及使用功能，依法应取得规划、环保、消防、文化、卫生等相关部门许可审批方可经营的营业场所，商事主体应依法向有关许可审批部门提出申请，经许可审批后凭许可审批文件开展营业。

商事主体的住所是其主要办事机构所在地的地址，其功能是公示送达法律文件和确定商事主体司法及行政管辖的地址，可以和营业场所不一致；二者不一致的，商事主体应向商事登记机关申请备案或者按分支机构的有关规定申请登记。对从事一般经营项目的商事主体，同一地址可登记为多户商事主体的住所或营业场所。也即实行住所和经营场所独立的登记制度，住所为企业的法定地址，可实行"一址多照"；有多个经营场所的，可申请向登记机关报备经营场所，实行"一照多址"。商事主体进行住所登记后，可以备案方式增设若干营业场所；营业场所变更的，商事主体应向商事登记机关申请备案或者按分支机构的有关规定申请登记。以备案方式增设营业场所或变更营业场所的，登记机关换发营业执照，将增设或变更的营业场所记载于营业执照上。

6. 简化传统监管措施，建立宽进严管的新市场监管体系。取消或者简化企业名称预先核准制度。名称的预先核准，可谓是大多数商事主体在注册登记程序中遇到的第一道行政许可。[①] 以《企业名称登记管理实施办法》（2004）的规定为例，其程序大致为：凡设立公司企业必须申请名称预先核准，法律、行政法规规定设立企业必须报经审批或者企业经营范围中有法律、行政法规规定必须报经审批项目的，应当在报送审批前办理企业名称预先核准，并以工商行政管理机关核准的企业名称报送审批；申请企业名称预先核

[①] 参见《企业名称登记管理实施办法》第22条、《公司登记管理条例》第17条、《个体工商户名称登记管理办法》（2008）第12条等。

准，应当由投资人指定的代表或者委托的代理人，向有名称核准管辖权的工商行政管理机关提交企业名称预先核准申请书，载明企业的名称（可以载明备选名称）、住所、注册资本、经营范围、投资人名称或者姓名、投资额和投资比例、授权委托意见（指定的代表或者委托的代理人姓名、权限和期限），并由全体投资人签名盖章，企业名称预先核准申请书上应当粘贴指定的代表或者委托的代理人身份证复印件；如果直接到工商行政管理机关办理企业名称预先核准的，工商行政管理机关应当场对申请预先核准的企业名称作出核准或者驳回的决定，予以核准的，发给《企业名称预先核准通知书》。予以驳回的，发给《企业名称驳回通知书》。通过邮寄、传真、电子数据交换等方式申请企业名称预先核准的，按照《企业登记程序规定》的更复杂的程序执行；在其后的申请企业设立登记程序中，已办理企业名称预先核准的，应当提交《企业名称预先核准通知书》；设立企业名称涉及法律、行政法规规定必须报经审批，还得事先取得审批文件，否则未能提交审批文件的，登记机关不得以预先核准的企业名称登记注册。

　　可见，名称预先核准的程序本身足够繁复。对于普通商事主体，商事主体名称的预先核准的制度功能在于尊重登记在先的商号优先权，防止后来者与登记在先的商事主体的重名；对于名称中带有"中国""中华"等字样者的特殊商事主体，其企业名称还需要有关机关的行政审批。[①] 笔者认为，对于普通商事主体，一般场合下，根本不需要设定企业名称的行政审批手续，通过登记机关现场的电脑查阅在分秒之间即可明了是否存在重名的问题，如不存在重名之忧，则应当予以允可；如存在，则告知申请人事实与理由，如有争议，则适用相关争议解决程序。这样一来，普通商事主体的登记程序，可以考虑取消名称的预先核准登记这一前置程序，广东省的商事登记试点地区有的就规定，申请人申请商事登记，可以不申请名称预先核准。[②] 这一改革是值得肯定的。再退一步，即使基于某种保守的考虑继续保留名称的核准程序，亦根本不需要将其列为一个前置程序来增加申请人的负累，完全可以与商事主体的设立登记或者变更登记一并申请办理。正如《个体工商户名称登记管理办法》（2008）第12条第2款规定的那样，个体工商户申请办理名称登记，"经营范围不涉及前置许可，可以申请名称预先核准，也可以与个体工商户设立或者变更登记一并申请办理。"至于前述特殊商事主体的名称

　　[①] 依照《企业名称登记管理实施办法》第5条规定，国家工商行政管理总局主管全国企业名称登记管理工作，并负责核准下列企业名称：（1）冠以"中国""中华""全国""国家""国际"等字样的；（2）在名称中间使用"中国""中华""全国""国家"等字样的；（3）不含行政区划的。地方工商行政管理局负责核准前款规定以外的下列企业名称：（1）冠以同级行政区划的；（2）符合本办法第12条的含有同级行政区划的。

　　[②] 参见《珠海经济特区横琴新区商事登记管理办法》第9条。

行政审批,按照现行法上的安排自然是必要的,但需要认真反思的是,法律是否真的有必要对于商事主体的名称设定严格的管制措施。实际上,对于企业名称设定严格的行政管制并非市场经济国家的通常做法,具体的制度改革应包括以下内容:

一是年检制度改为年度报告备案。取消现行的商事主体每年一度的年度检验活动(个体工商户的验照),一律改为年度报告,有的地区因应商事主体类型分类改革,对非公司法人分支机构、外国企业常驻代表机构实行年度申报,对企业法人实行年报备案,取消个体户的验照。主体年报备案是商事主体履行对社会公众公开年报备案内容的义务,不作为行政机关对商事主体进行的监督检查措施。商事主体自其设立年的次年起在每年的相应期间内通过当地政府的商事主体信息公示平台填报年度报告,年度报告的内容包括商事主体上一经营年度的主要经营活动、注册资本实际到位情况、资产负债情况、相关批准文件或许可证信息等。年度报告备案或者保留年检的申报,不再实行统一时间办理,时间上实行滚动制,根据不同商事主体具体的登记核准日期在每年对应时间内办理,商事主体可在网上登记年检平台上自助完成年检申报。登记机关不审查商事主体备案的年度报告,商事主体完成年度报告备案后,登记机关将年度报告的内容向社会公众公示。商事主体对备案年度报告内容的真实性、合法性负责,虚构备案年度报告内容者,责任自负。

二是引入商事主体除名制度。对于不按时提交年度报告的或者通过登记的住所、经营场所无法联系的商事主体,由商事登记机关作出决定将其从商事登记簿中移出、载入经营异常名录,并纳入信用监管体系,作出该决定之前应当通过商事主体信息公示平台告知商事主体作出载入经营异常名录决定的事实、理由及依据,并告知其依法享有的权利;将对商事主体载入经营异常名录负有个人责任的投资人、负责人、董事、监事、高级管理人员的信息纳入信用监管体系。商事主体被载入经营异常名录的,可以继续经营,如未满一定期限(3年或者5年)且载入经营异常名录事由消失的,商事主体可以申请恢复记载于商事登记簿;商事登记机关审查核实后,将其从经营异常名录中移出,恢复记载于商事登记簿。商事主体被载入经营异常名录未满一定期限的,其名称仍受保护,其他商事主体申请登记的名称不得与其名称相同。但是,商事主体载入经营异常名录满一定期限后或者违反企业名称登记管理规定经商事登记机关责令改正逾期不改的,将被永久载入经营异常名录,剔除其企业名称,不得恢复记载于商事登记簿,其名称不受保护,企业以注册号作为企业名称。永久载入经营异常名录的,商事主体及其投资人、负责人、董事、监事、高级管理人员仍应当依法承担相关法律责任。商事主体对商事登记机关作出的载入经营异常名录、永久载入经营异常名录决定不服的,可以依法申请行政复议或者提起行政诉讼。载入经营异常名录或者永久载入经营异常名录错误的，商事登记机关应当撤销载入或者永久载入经营异常名录决定，将商事主体恢复载记于商事登记簿。

三是构建权责一致、审批与监管相统一的监管机制。各地的改革方案中都提出，要深化审批制度改革，按照审批与监管相适应的原则，科学界定和调整相关部门对商事主体及审批事项的监管职责，创新和健全商事主体监管体制。各部门无论是否含有行政许可权，都必须按照行业管理的原则，依照行业管理分工以及相关法律法规确定的监管职能，按照"谁许可审批谁监管"的原则，对主管行业承担起一管到底的监管职责，营业项目涉及多个许可审批部门的，各许可审批部门应当在各自职责范围内履行监管职责，依法查处违法营业行为。具体来讲，商事登记机关负责监管并依法查处以下事项：（1）应当取得而未取得营业执照，擅自以商事主体名义从事经营活动的；（2）办理注销登记后，继续从事经营活动的；（3）借用、租用、受让他人营业执照从事经营活动的；（4）持伪造的营业执照从事经营活动的；（5）提交虚假登记文件或者采取其他欺诈手段隐瞒重要事实取得商事登记的；（6）未按规定变更登记事项的。行政许可审批部门依法负责查处以下事项：（1）依法应当取得而未取得许可证或者其他批准文件，擅自从事经营活动的；（2）依照法律法规规定无须办理营业执照，但应当取得许可证或者其他批准文件而未取得，擅自从事经营活动的；（3）许可证或者其他批准文件有效期届满或者被依法吊销、撤销、注销，擅自继续从事经营活动的。作出处罚的结果限期纳入当地政府的公共信用信息平台与一体化审批系统，这样做的目的是，如果企业因违法行为受到一个部门的行政处罚，其他部门可以视其违法行为的关联性对其许可业务进行限制。建立商事主体的监管联动机制，对监管中发现的不属于本部门职责范围的违法行为，应当及时告知有关部门，有关部门应当依法查处，涉嫌犯罪的，依法移送司法机关处理。

四是中介机构管理的社会化改革。在审计、验资等许可或审批中需由专业机构进行认定的领域，逐步将相应实质性审查职能转移给社会组织，各行业主管部门依职能对社会组织及其从业人员的资质、从业规范等情况进行监管。当然，这一领域的改革处于刚刚起步状态。

五是倡导柔性执法。商事登记机关和有关许可审批部门在执法手段上改变原来动辄吊照的做法，改革方案明文要求商事登记机关以及行政许可审批部门应当采取建议、辅导、提醒、规劝、示范、警示、告诫、公示、公开等行政指导行为，加强对商事主体的服务，引导其合法守信经营。如做到这一点，必然促进亲善的营商环境的营建，减少行政处罚措施的适用频度。

7. 推进商事登记政务电子化。提升行政效率、商事登记推行网上申报、受理、审查、发照、存档的登记模式，建立全程电子化网上登记与年度报告平台，以数字证书和电子印章为基础，商事主体以电子文档形式在网上提交申请资料，登记机关网上核准发放电子营业执照，电子档案和纸质档案具有同等法律效力。商事主体根据需要，可以申请商事登记机关颁发纸质营业执照。①

试点地区普遍规定，商事登记机关应当制定并公布商事主体设立、变更、注销登记及备案需要提交的全部申请材料目录，并要求高效率的登记时限。形式审查后发现申请材料不齐全、不符合法定形式的，登记机关自收到材料之日起 1 个工作日内一次性告知需要补正的材料并说明要求；申请材料齐全，符合法定形式的，登记机关自受理之日起 3 个工作日内予以登记并颁发营业执照，特殊情况下经商事登记机关负责人批准可以延长 3 个工作日。

商事登记机关办理商事登记不得收取费用，减轻商事主体的成本负担。

8. 强化商事主体信用体系建设，加强公共服务职能。试点地区关于商事登记改革的实质，是登记机关对申请人（商事主体及其投资人等）提交的所有登记申请资料的内容不再担负原先旨在防弊的事前审核职责，一概进行旨在查验申请资料是否齐备、内容是否符合格式要求的形式审查，同时要求申请人对其提交资料的真实性负责。这一变革，对于登记机关而言，就是由所谓的事前审核到事中、事后监管的管理模式的根本转变；对于申请人而言，解脱原来政府防弊式的发展桎梏的同时也意味着要为自己的行为真正担负起法律责任。自由意味着责任，在此得到了充分的验证与落实。这一变革要取得成功，有一个制度环节不可或缺——商事主体信用机制的真正落实。

首先，申请人申请商事登记应当按规定提交材料，并对材料的真实性负责，弄虚作假的，除承担法定责任外，还将相关信息纳入信用监管体系。登记机关只对申请人提交的材料进行形式审查。

其次，当地政府通过政务信息资源共享电子监察系统，建立统一的商事登记及许可审批信用信息公示平台（简称信息平台），用于发布商事登记、许可审批事项及其监管信息。各部门开放共享这一信息平台，分类采集、归类、整合与诚信体系建设有关的信息，建立完整、准确、动态的企业信用信息和基础信息数据库，向社会公众开放，通过该平台向社会公开商事主体基本登记信息、备案信息、年报信息、许可审批和监管信息、注册资本实缴信息、商事主体及其相关人员违法违规记录等信用信息。

再次，依托信息平台，加强商事主体与个人信用体系建设，促进社会信用体系建设。以人民银行诚信系统为基础，商事登记信息为依托，政府职能部门日常监管收集的企业信用信息为重点，企业自愿申报信用信息为补充，

---

① 有的地区规定，通过网上登记设立的企业，登记机关签发电子营业执照的同时，利用邮政"双向快递"对其发放纸质营业执照；有的地区规定只签发电子营业执照，应商事主体的要求的才发放纸质营业执照，商事主体凭借电子营业执照直接从事营业活动。

由相关职能部门、金融机构对所涉及的企业信用信息进行整理并按统一的信息目录、技术标准将相关数据信息汇总到企业信用信息系统，共同构建商事主体信用体系，包括信用监管体系、信用评价体系、信用风险防范体系、信用信息披露体系与信用激励体系等。商事登记机关通过信息平台公示下列信息：（1）商事登记信息；（2）商事主体备案信息；（3）商事主体年度报告提交信息；（4）商事主体载入或者永久载入经营异常名录信息；（5）商事主体监管信息。相关监管部门应当通过信息平台公示下列信息：（1）许可审批事项信息；（2）许可审批监管信息。同时加强个人信用体系建设，以法定代表人信用管理为切入点，对违法经营者、中介人员、相关业主、投资人、公司高管等建立涉及税务、银行、保险、进出口贸易、出入境等各方面的约束制度，推进个人信用管理模式的建立，形成个人征信评估、风险预警、风险管理的个人信用制度，逐步建立面向个人的信用管理体系。

　　复次，提供多项服务措施。面向公众，商事登记机关应当设置商事登记簿作为法定载体，记载商事登记事项和备案事项，供社会公众查阅、复制。面向商事主体，商事主体因自身经营需要证明具体经营范围的，登记机关根据商事主体提交的记载具体经营范围的章程和已取得的批准文件或许可证等备案材料提供信息证明服务；商事主体因自身经营需要申请对已简化的登记事项予以详细记载的，登记机关应提供特别登记服务，根据商事主体的备案情况为商事主体换发营业执照，将相关的登记事项详细记载于换发的营业执照上；外商投资企业需出具外商投资企业设立或变更文件的，商务主管部门应提供证明或特别登记服务。

　　最后，加强商事主体信用体系建设，同时配套联网审批与信息通报机制，加强专业中介机构的信用监管。

　　综上，广东省试点改革的主要措施，可以用四个字概括：简政放权。简政，就是公权力大规模的从商事登记事务中退却出来，监管重心为商事主体经营活动的事中与事后监管，宽进严管。放权，就是取消了束缚商事主体发展的诸多登记程序与实体要求，商事登记管理事务很大程度上被还原为商事登记事务。改革的主管者广东省工商局的理解是，对于商事主体而言，改革降低了市场准入门槛，改善了营商环境，简化了登记手续，极大地解放了商事主体的活力与创造性；对于登记机关而言，同时破解了"审批难"困局，有力推动了行政审批制度改革，提升了市场监管效能。[1] 可谓双方两相宜。之所以会提升市场监管效能，是因为新的改革还意味着主管机关监管的转型，即大量的监管力量从"前置审批"到"后置监管"的转型，"大量减少行政

---

[1] 参见李刚：《广东省改革工商登记取消前置审批激发创业》，载中央政府门户网站，网址 www.gov.cn，最后访问时间：2013 年 5 月 30 日。

审批后，政府管理要由事前审批更多地转为事中事后监管，实行'宽进严管'，加强事中事后监管"。①

改革的效益应该说是明显的。2013 年第一季度，在全国新登记注册企业同比下降 6.7% 的情况下，试行工商登记改革的深圳、珠海、东莞和佛山顺德区，新登记注册企业数大幅增加，其中多数为中小微企业。来自深圳和珠海的资料表明，3、4 两月，深圳、珠海新登记各类主体分别为 46 854 户、4437 户，分别同比增长 51.08%、32.25%。其中，新登记各类企业户数分别为 21 386 户、1299 户，分别同比增长 32.45%、36.45%。截至 2013 年 4 月底，深圳、珠海、东莞、佛山顺德区共有市场主体 184.7 万户，占全省市场主体 34.96%，同比增长 5.49%。其中，私营企业实有户数 66.6 万户，注册资本（金）2.14 亿元，分别同比增长 7.5% 和 7.3%。据观察，"实施改革以来，当地出现前所未有的企业注册潮，很多过去因注册门槛较高而拿不到执照的无照户加入注册大军。而今只需一张表格、一套材料、一门申请和一套证照，整个申请、审核流程全部在网上完成。一般经营项目可以直接经营，需要许可审批的经营项目拿到营业执照后再去审批，只要资料齐全，1 个工作日便可办结。"②

四、推广到全国的商事登记法改革

广东省被授权商事登记改革试点取得了宝贵的经验，得到了国务院的肯定。2013 年底，全国范围内的商事登记改革开始启动。2013 年 12 月 28 日第十二届全国人民代表大会常务委员会第六次会议通过修订《公司法》，并于 2014 年 3 月 1 日起施行。这次修订主要围绕公司资本制度改革而展开，多处涉及到公司登记制度的修正。2014 年 2 月 7 日，国务院以国发〔2014〕7 号印发《注册资本登记制度改革方案》。该方案分指导思想、总体目标和基本原则；放松市场主体准入管制，切实优化营商环境；严格市场主体监督管理，依法维护市场秩序；保障措施四部分。该方案提出，（1）改革工商登记制度，推进工商注册制度便利化，是党中央、国务院作出的重大决策。改革注册资本登记制度，是深入贯彻党的十八大和十八届二中、三中全会精神，在新形势下全面深化改革的重大举措，对加快政府职能转变、创新政府监管方式、建立公平开放透明的市场规则、保障创业创新，具有重要意义。（2）改革注册资本登记制度涉及面广、政策性强，各级人民政府要加强组织领导，统筹协调解决改革中的具体问题。各地区、各部门要密切配合，加快制定完

---

① 李克强：《简政放权增强经济发展内生动力——在国务院机构职能转变动员电视电话会议上的讲话》（2013 年 5 月 13 日），载新华网。

② 李刚：《广东省改革工商登记取消前置审批激发创业》，载中央政府门户网站，载网址 www.gov.cn，最后访问时间：2013 年 5 月 30 日。

善配套措施。工商行政管理机关要优化流程、完善制度，确保改革前后管理工作平稳过渡。要强化企业自我管理、行业协会自律和社会组织监督的作用，提高市场监管水平，切实让这项改革举措"落地生根"，进一步释放改革红利，激发创业活力，催生发展新动力。(3)根据全国人民代表大会常务委员会关于修改公司法的决定和《方案》，相应修改有关行政法规和国务院决定。具体由国务院另行公布。(4)《方案》实施中的重大问题，工商总局要及时向国务院请示报告。

根据《公司法》以及《注册资本登记制度改革方案》的要求，2014年2月19日，国务院总理签署国务院令第648号《关于废止和修改部分行政法规的决定》（以下简称《决定》）。《决定》指出，为了运用法治方式推进政府职能转变，进一步放宽市场主体准入条件，激发社会投资活力，依据2013年12月28日第十二届全国人民代表大会常务委员会第六次会议通过的修改公司法的决定，落实《注册资本登记制度改革方案》关于注册资本实缴登记改为认缴登记、年度检验验照制度改为年度报告公示制度，以及完善信用约束机制的内容，国务院对涉及的行政法规进行了清理。该决定自2014年3月1日起施行。《决定》附件1列举了国务院决定废止的行政法规，即《中外合资经营企业合营各方出资的若干规定》（1987年12月30日国务院批准，1988年1月1日对外经济贸易部、国家工商行政管理局发布）、《〈中外合资经营企业合营各方出资的若干规定〉的补充规定》（1997年9月2日国务院批准，1997年9月29日对外贸易经济合作部、国家工商行政管理局发布）。附件2列举了国务院决定修改的行政法规，包括《公司登记管理条例》《企业法人登记管理条例》《中外合资经营企业法实施条例》《中外合作经营企业法实施细则》《外资企业法实施细则》《合伙企业登记管理办法》《个体工商户条例》《农民专业合作社登记管理条例》等八部行政法规。其后，国家工商总局陆续颁布了修改相应部门规章文件的决定，进一步细化落实最新修订或者颁布的《公司法》《注册资本登记制度改革方案》《工商登记管理条例》等法律、法规关于工商登记管理改革的规定。

所有的这些工商登记管理改革措施，主要任务就是将前述广东省商事登记改革的主要做法进一步提炼与合理化，并上升为法律、行政法规与部门规章的法律规范，向全国范围推广。全国范围内新一轮的由工商登记管理法走向商事登记法的渐进式改革由此启程。

第四章　商事登记改革之实务篇：
商事登记制度改革破题

一、引言

改革开放 30 多年来，我国经济社会发生巨大变化，企业登记制度作为国家管理市场、调控经济的基础性制度，经过多年发展，相关的登记法规已逐步完善，基本建立了适应社会主义市场经济体制的法律体系框架。但由于长期受计划经济影响，现行企业登记制度与经济社会发展的新要求仍显不适应，其主要表现有：一是现行登记模式下，未区分市场主体登记和营业登记，带来登记注册与市场主体设立、经营项目的审批许可的纠缠混淆。这一方面造成办理登记注册"门槛高"，成为企业无照经营的重要原因之一。另一方面带来企业登记机关与审批部门、行业主管部门的职责不清等问题，从而更引发市场监管执法上的问题。二是现行企业登记制度与经济社会发展和企业实际脱节，特别在注册资本、住所（经营场所）、经营范围等具体登记事项的实体性规定，不但没有达到保护交易安全的目的，而且客观上造成虚假出资、虚报注册资本、抽逃出资、无照经营等突出问题。此外，现行登记制度还约束了社会资源的充分、合理利用，在一定程度上制约了市场主体的活力。三是由于折中审查模式的制度设计，加之现实条件制约，实质审查的标准和界限不清。在当前愈加严厉的追责制度下，企业登记机关承担着权责不对等的执法风险。四是强制登记模式下的边界不清。从概念上讲，从事商事行为的商主体均应进行登记，但由于我国没有商主体的统一立法，造成缺乏宏观考虑和整体协调，商主体及商行为的边界、商事登记的性质和功能均未厘清，随着市场经济发展新兴业态层出不穷，现行登记制度对新型商主体的规制明显滞后，难以满足发展要求。五是企业登记制度的碎片化状态，造成"法律文件的内容既有交叉重叠，又有相互冲撞的对抗，更有疏漏的法律盲点和真空地带"，以及内外、公私市场主体准入中的差别待遇等问题，制度的设计已有悖于自由、平等的市场经济理念[①]。

经济社会的发展必然要求调整上层建筑。商事登记改革，是适应市场经济发展客观规律的内在要求，也是当前加快政府职能转变、实现科学发展的

[①] 尚平、田分、张伟：《广东商事登记改革探索与实践》，载《中国工商管理研究》2013 年 1 月。

应有之义。正是基于以上认识，广东省近年来积极开展了商事登记改革方面的探索。2012年3月，国家工商总局下发《关于支持广东加快转型升级、建设幸福广东的意见》，明确提出：支持广东省在深圳经济特区和珠海经济特区横琴新区开展统一商事登记制度改革试点，在保障各类商事主体登记的地位平等、规则公平、标准统一等方面积极探索、积累经验。同年4月和6月，广东省政府先后批复佛山市顺德区、东莞市（该市确定先在大朗镇开展试点）开展商事登记改革试点。11月，国家工商行政管理总局批复同意广东省扩大试点地区范围至珠海市、东莞市和佛山市顺德区。

改革在中央一级也得到了回应。2013年3月10日，根据党的十八大和十八届二中全会精神，为深化国务院机构改革和职能转变，《国务院机构改革和职能转变方案》出台，其中关于"国务院机构职能转变"的第6项内容为："改革工商登记制度。对按照法律、行政法规和国务院决定需要取得前置许可的事项，除涉及国家安全、公民生命财产安全等外，不再实行先主管部门审批、再工商登记的制度，商事主体向工商部门申请登记，取得营业执照后即可从事一般生产经营活动；对从事需要许可的生产经营活动，持营业执照和有关材料向主管部门申请许可。将注册资本实缴登记制改为认缴登记制，并放宽工商登记其他条件。推进商务诚信建设，加强对市场主体、市场活动监督管理，落实监管责任，切实维护市场秩序。"①

同日，在十二届全国人大一次会议第三次全体会议上，受国务院委托，国务委员兼国务院秘书长马凯向大会作关于国务院机构改革和职能转变方案的说明，其中对于国务院机构职能转变及工商登记制度改革所做说明时，提到逐步改革工商登记制度，将"先证后照"改为"先照后证"，并将注册资本实缴登记制改为认缴登记制，放宽工商登记其他条件。改革后，各有关部门要大力推进商务诚信建设，加强对市场主体、市场活动监督管理，切实做到"宽进严管"。②放宽登记条件后，对后续监管，方案中提出的是加强对市场主体及其市场活动的监督和管理，加强市场诚信体系建设，并落实后续的监管责任，而对方案的说明中更是直接阐述为"宽进严管"。

商事主体资格的取得、维持和消灭与商事登记制度息息相关。首先，商事登记主要包括两方面内容：经营权登记和主体登记。我国现行工商登记制度存在经营权与主体资格相捆绑的情况。商事主体要从事经营活动，无论其经营范围属于一般经营项目还是特许经营项目，都必须先将拟从事的经营范

---

① 《国务院机构改革和职能转变方案》，载中国经济网，网址：http://www.ce.cn/xwzx/gnsz/gdxw/201303/10/t20130310_24184908_2.shtml，最后访问时间：2014年5月5日。

② 《关于国务院机构改革和职能转变方案的说明》——2013年3月10日在第十二届全国人民代表大会第一次会议上国务委员兼国务院秘书长马凯发言，载中国国情网，网址：http://www.china.com.cn/guoqing/2013-03/26/content_28365463.htm，最后访问时间：2014年5月5日。

围申请登记在营业执照上。经营范围中含有特许经营项目的，还须在取得营业执照前先取得许可审批文件。其次，商事登记的核心价值在于公示制度。商事主体通过公开自身注册条件、经营状况、重大决策等信息以赢得市场信用，吸引投资者，拓宽市场，亦保障了投资者的知情权。健全的失信成本机制，无疑对商事主体维持主体资格造成巨大挑战，从而实现规范商主体的市场行为的目的。再次，在现行商事主体资格和经营资格相捆绑的制度下，营业执照不仅证明企业的主体资格还证明企业的经营资格。但这样法律设计中存在看一些逻辑矛盾，比如公司被吊销营业执照后的民事主体地位问题。若按照两资格合一模式，则在营业执照吊销后伴随着营业资格的失去，主体资格也随之失去，若如此，公司相关的债权债务问题又该如何解决，无疑会增加新的难题。所以商事登记的改革对商事主体资格的取得、维持、消灭意义重大，是"先证后照"还是"先照后证"，是提高的失信成本还是对登记只做形式要求，是严格追究不按法律规定办理注销行为责任，还是要统一注销行为的法律依据。这些问题都要慎重考虑。

二、登记、商事登记以及各自的转变①

（一）登记——从行为到制度

登记作为一种公共制度，最初发端于土地登记制度。事实上，国家或公共机构对土地进行登记，最初主要是为了实现征税的目的。我国现代意义上的土地登记制度始于民国时期，1946年国民党政府颁布《土地登记规则》，从而明确了土地登记的程序。而后，自新中国成立到改革开放，我国土地登记制度由国家成立之初《土地改革法》确立土地登记工作，到十年动荡时期几乎废除土地登记制度，再到改革开放后，随着《土地管理法》《城镇国有土地使用权出让和转让暂行条例》《城市房地产管理法》《城镇房屋所有权登记暂行办法》《城市私有房屋管理法》《土地登记条例》等法律法规相继出台，我国不动产登记制度再度得到恢复。

因为土地登记制度在历史上所具有的财富地位，登记这种方式由单一对土地进行登记而发展到一种制度层面。突出表现为登记制度在民商法领域的发展。登记制度在私权领域经历了一个渐进的发展过程：私有制产生后，人们为了确保自己对私有财产的所有产生了以产权确认为目的的登记制度。到了中世纪，商人最初进行商事登记的目的是确认商人的身份和公开商事主体的经营信息。然而，随着商事组织形式的不断创新，商事登记由身份确认和信息公开的目的向市场准入和经济管制的目的倾斜，从而形成了现代商事登记制度，前者表现为财产权登记制度、民事身份登记制度，后者表现为商事登记制度。

---

① 王令浚：《商事登记法律制度研究》，对外经贸大学2007年博士论文。

(二) 商事登记制度核心的转变

1. 个体经营时代——为了"经营权"。在封建制背景下，西方商人的地位一如中国商人，处于社会的最底层。时至11、12世纪，由于社会生产力和商品经济的迅速发展，商事交易关系空前增多，商人逐步成为一个新兴阶层，而商人阶层的兴起，又在更大规模上促使了商事活动的蓬勃发展。然而当时森严的社会政治和经济环境制约了商业的进一步发展。于是，商人们纷纷结成集团式的社会组织，作为同盟者团结在一起，平等互助，联合起来进行斗争，以求结束旧有的封建传统秩序，建立一种新的社会秩序，使自己在建立新秩序的过程中获得某种合法的身份地位。而这种合法的身份地位最主要的就是获得一种合法的经营权，商人们抗争的最终结果导致了特许状的出现。在拥有"特许状"的"自由市"中，商人们有自由从事商业、贸易和制造业的权利，并享有一定的行政管理权。这种合法的经营权便成为中世纪商事登记的基础。商人行会通过统一的商业登记规则，不仅起到规范市场的作用，同时带有市场垄断和营业准入的目的，商事登记成为商家获得合法营业权的一种手段。

2. 团体经营时代——意在"法人主体"。商人阶层的出现及扩大，获取经营权的商人不断增多，使得中世纪的商品经济迅速发展，封建生产关系走向土崩瓦解，资本主义生产关系蓬勃兴起。荷兰、英国与欧洲大陆之间的航海运输和进出口贸易日趋繁荣，为了推行殖民政策，许多从事海外商业活动的殖民公司被赋予独立的法人地位，于是产生了以各种商业公司为核心的法人组织。特别是资本主义进入自由竞争时期之后，市场竞争越来越激烈，竞争的压力要求减少资本所有者的风险，从而推动了法人制度的发展，造就了"公司时代"的来临。在自由竞争下的商事主体所面临的问题不再是如何获得合法的经营权，而是在承担有限责任的同时如何保障债权人的利益。因此，在商业自由发展和商事主体由个体向团体转变的情况下，商事登记制度的核心也从营业登记转向了主体登记，公司法人的登记成为现代商事登记制度最主要的组成部分。

(三) 小结

制度从阙如到萌生，从萌生到发展，这样的转变必然发生，问题是如何应对在此过程中产生的问题。登记原本作为保障土地税收的单一行政管理行为，与发展成一种制度相距较远，然而一将其应用于私法领域时，从财产所有权登记到民事身份登记最后到商事登记，登记的作用得到全面的体现，这背后，离不开国家管制和市场自由这一对矛盾的影响。如何衡平二者的关系，是我们不得不面对的课题。具体到商事登记本身，转变也在发生，由商品经济发展而促发的商人阶层对经营权的热情不减，到自由资本主义时期，获取拟制法人资格变成一项重要的市场行为。如果主体资格轻易就能被获取，那么不免引起公司滥设；条件苛刻，则难免阻碍市场经济发展。这些问题也不同程度地存在于我国的商事登记制度当中，下文将具体介绍我国商事登记制度现状及问题。

三、我国当前商事登记制度现状分析

长期以来，我国在商事登记立法和商事登记执法实践中逐渐形成了以营业执照制度为中心的商事登记制度。这一制度的基本特征是营业执照在商事登记中具有绝对主导地位，其不但负担着市场主体身份的证明功能，还兼具市场主体经营权利的证明功能、市场主体经营行为的证明功能和市场主体资本信用的证明功能等多重作用。

目前企业获得市场准入的资格，必须先向审核其是否具有从事相关行业资格的部门申请资格证，取得这些部门出具的许可审批证明获得经营资格后，向工商部门申请取得"主体资格"。这种企业登记与实质经营资格相互渗透的登记制度，实际上形成"重准入、轻监管"的管理模式，也造成企业准入过程中面临重重审批关卡，甚至因为部门间的理解不同造成企业两难局面。

（一）主体资格和经营权相捆绑

我国现行的工商登记制度是以营业执照为中心，主体资格和经营资格相捆绑的登记制度。商事主体的主体资格与经营资格以营业执照为纽带相互捆绑，所有的商事主体要取得营业执照才能够具有主体资格和经营资格，但要取得营业执照，又要同时具备取得主体资格和经营资格的所有条件。商事主体要从事经营活动，无论其经营范围属于一般经营项目还是特许经营项目，都必须先将拟从事的经营范围登记在营业执照上，经营范围中含有特许经营项目的，还须在取得营业执照前先取得许可审批文件。前置行政审批程序难以逾越已成为导致市场主体难以登记取照的重要原因。据世界银行和国际金融公司联合发布的《2012 世界营商报告——在一个更加透明化的世界里经营》，我国的营商整体便利程度排在世界第 91 名，这与我国前置审批制度有直接的关系。商事主体的住所登记与经营场所登记相捆绑，商事主体登记时，需提交繁琐的场所证明文件。商事机关对住所登记的审查，实际上是对其经营场所是否符合经营条件的审查，具体生产标准涵盖了场所的所有权、使用权、建筑物法定用途、使用功能、建筑质量、环境影响、卫生条件以及是否符合经营需要等等，条件十分苛刻，且一个具体地址一般只能登记为一家商事主体的住所。这种主体资格与经营资格相捆绑的模式存在以下弊端：①

1. 主体资格和经营资格相捆绑的登记制度导致商事主体在取得主体资格前必须具备获取经营资格的条件，人为提高了取得主体资格的门槛。而商事

---

① 韦祎，郭伏男：《商事登记改革的理论剖析与实践思考》，载《中国工商管理研究》2013 年 12 月。

主体在未取得主体资格前,要先具备获取经营资格的条件,在主体身份、资金筹措、合同签订等方面均存在诸多不便。

2. 主体资格和经营资格相捆绑的登记制度赋予了营业执照确认经营资格的功能,干预了商事主体自由经营活动的权利,在实践中不适应市场快速变化的客观环境,也容易导致经核准的经营范围无法反映经营者真实信息的需要,甚至对新兴业态的发展产生制约和阻碍的作用,违背了市场经济发展的客观规律,不利于市场主体的自主经营和健康发展。尤其一般经营项目也需在营业执照中核准登记,实质是将本属于商事主体自己的权利变成了额外的资源,而行政机关变成分配这一资源的实施机关,造成商事主体经营的困惑和行政机关权力的膨胀。

3. 现行前置审批制度造成营业资格登记与商事登记之间的法律关系混乱和法律功能错位。两个属性相同、位置不同的登记通过前置审批制度联系在一起,重复登记,功能错位,耗费大量行政资源,同时也加重了商事登记机关生产和监管的负担和难度,导致很多不属于特许项目的经营项目因为"形似"而被列入特许项目,从而使商事登记陷入既无法获得前置审批又不能进行商事登记的死结。

4. 现行的登记制度将许可审批部门负责监督管理的经营资格问题通过前置审批制度与主体资格登记挂钩,将本应属于许可审批部门监管的经营资格问题通过商事登记主体登记事项的形式,也融入到商事登记主体监管中,客观上导致许可审批部门与商事登记管理部门职责不清,互相推诿。

5. 市场主体的经营场所承载了太多功能,尤其与消防、建筑质量、环境保护、卫生条件等密切相关,各种关系错综复杂。一个具体的地址只能登记为一家商事主体的住所,导致办公场所资源有限性的矛盾日益突出,也使商事主体经营成本居高不下,人为造成办证办照难。同时,城市化过程中产生的大量无法办理产权登记的历史遗留建筑物,无法作为经营场所办理证照。

6. 行业统计工作的对象是已登记的商事主体,由商事登记机关工作人员根据所核准的经营范围,在后台人工选取一个行业类别进行归类统计,这种统计方式无法准确反映有日益多元化经营趋势的商事主体的真实经营信息。同时由于现行企业登记的高门槛,导致存在大量无照经营、超范围经营等现象,使注册登记的经营范围不能全面真实反映企业的经营业态,统计数据不准确。

(二) 商事登记的社会公示功能缺失

商事登记制度的核心价值在于公示制度。充分恰当的公示,更有利于发挥商事登记的私法价值。我国现行商事登记制度下的公示,其具体的公示内容和操作程序主要规定于《企业法人登记公告管理办法》和《企业登记档案资料查询办法》之中,其原则性规定则散见于《行政许可法》《公司法》和《公司登记管理条例》等法律、行政法规之中。在实务中,登记的公示问题既困扰着工商登记管理部门,也困扰着查询人。

1. 公示内容难以满足市场查询需要。相对于全面具体的登记内容,我国商事登记的可查询内容可谓寥寥。首先,商主体信息公示包括静态和动态两种。所谓静态公示即通过营业执照、工商网络信息,在不用提交其他材料的情况下,即可使公众知晓企业信息的公示方式。从实践来看,静态公示条件下可查询信息十分有限,通过企业营业执照只能查明企业名称、住所、法定代表人姓名、注册资本、实收资本、公司类型、经营范围、成立日期、营业期限和注册号。通过工商局网络查询,可以知晓除上述信息外的邮政编码、业务标志、登记机关等信息。而与商主体权利能力和信用呈正相关的信息如公司章程、股东出资状况等,则无法通过静态公示的方式知晓。

与静态公示相对,动态公示则是在符合查询条件的情形下,依查询人申请查询企业登记信息的公示方式。动态公示模式下,查询申请人可以申请查询、复制商主体的全部书式档案,但要受到极为严格的限制。根据《企业登记档案资料查询办法》的规定,各级公安机关、检察机关、审判机关、国家安全机关、纪检监察机关,持有关公函,并出示查询人员有效证件,可以向各级工商行政管理机关进行书式档案资料查询。律师事务所代理诉讼活动,查询人员出示法院立案证明和律师证件,可以进行书式档案资料查询。书式档案资料中涉及的机密事项,须经工商行政管理机关批准方可查阅。工商行政管理机关内部审批文书,在办理涉及工商行政管理机关的案件时方可查阅。而对于企业书式档案中例如公司章程、股东出资状况等信息最为关心的交易人,却无法对这些书式档案进行查询。

对于工商登记查询管理部门而言,既要保障查询人合法行使知情权,同时也要保障企业的商业秘密。这给公示内容的设计提出了一大难题。

2. 企业信用登记与公示制度的配合不足。企业信用是市场行为中交易人最为关注的问题,由企业信誉引出的商誉本身即是企业非流动资产的重要组成部分。商誉的变化对企业特别是公司法人的资产负债表直接产生影响,其重要性可见一斑。登记制度的核心价值在于其私法价值,私法价值又是通过公示制度得以充分发挥的,而公示制度中公示内容的核心便是公示对交易有重要意义的法律事实。而这里所谓"对交易有重要意义的法律事实"应当包含两方面内容:其一在于企业信用内容的公示,包括资本状况、企业的运行规则(一般体现为公司中的章程以及合伙企业中的合伙协议等);其二在于企业基本信息的公示,其主要满足税收征管或程序法要求,一般包括经营范围、企业地址等。然而,在当前公示制度中,能够体现企业信用的内容较少,查询人只能通过是否经过年检、是否注销等项目了解相对方信用情况。因此,如何将企业信用信息有效公示也是当前登记公示制度改革的重要内容。

（三）立法庞杂，缺乏统一体系

商事登记立法主要存在三种模式，即由商法典规定商事登记制度，如德国；由商事登记专门法规定商事登记制度，如日本；由相关企业法规定，如美国。相较于国外较为统一（法律位阶相对统一）的商事登记立法，我国有关商事登记的规定则显得比较凌乱。法律位阶相同甚至彼此矛盾的规范性文件长期并存的局面，使得整个商事程序丧失了统一性。

（四）小结

我国商事登记种种缺陷与不足，很大程度上因为未准确把握现阶段市场经济下商事登记应承担何种功能。进一步说，一国对此问题的不同回答经常产生不同的政策，相应地，在此领域中政府的职能也多有差异。在"个体经营时代"，经济发展相对落后，政府对市场主体准入控制较强，市场主体的终极追求是为了经营权，所以，在当时的背景下，重准入、轻监管既有必要又显恰当。然而，在"团体经营时代"，公司这种新生代产物推动了经济空前发展，活跃市场要求更多主体参与进来，故政府的重准入将不合时宜，然而债权人保护又是无论如何都不能忽视的问题，故轻监管又力不从心。我国当下经济高速发展，需要更多主体补充市场，需要更为有效地保障债权人利益，所以重新定位商事登记的功能，秉持轻准入、重监管的思想，将是应对现阶段商事登记诸多不足的关键。

四、地方先行一步的改革——以珠海经济特区横琴新区商事登记改革为例

（一）横琴新区商事登记改革背景

2012年3月10日，国家工商总局发布《关于支持广东加快转型升级、建设幸福广东的意见》，明确规定在横琴新区作为开展统一商事登记改革的试点。2012年5月23日，珠海市政府常务会议以政府规章的形式审定通过了《珠海经济特区横琴新区商事登记管理办法》，明确了横琴商事登记制度的具体内容。2012年5月28日，横琴新区工商局挂牌成立，适用《商事登记管理办法》颁发了第一批商事登记营业执照，商事登记从制度研究正式进入实质性的操作阶段。

（二）横琴新区商事登记改革的内容

横琴新区的商事登记改革对我国商事登记中存在的问题予以回应，并创设出如有限公司公司秘书制度、取消年检而改用年报制度、确立企业除名制度等，以下逐一介绍横琴新区改革的主要内容：

1. 改革现行以营业执照为中心的商事登记制度，建立商事主体资格与经营资格相分离、审批与监管高度统一的登记制度。商事主体履行商事登记程序即取得商事主体资格，特定经营范围所要求的行政许可依法由主管部门审批（许可）、监管。个体工商户无须工商登记，凭税务登记依法经营。

2. 改革现行有限责任公司注册资本实缴登记制度，实行注册资本认缴制度。股东的出资方式、出资额、出资时间和非货币出资的缴付比例等均由股东自行约定，并记载于公司章程。股东未依公司章程规定实际缴付注册资本的，应依法律和章程规定承担民事法律责任。公司发生债务纠纷或依法解散清算时，如资不抵债，未缴足注册资本的股东应先缴足注册资本，并以其认缴的出资额为限承担民事法律责任。

3. 实行住所与经营场所各自独立的登记管理方式。商事主体以主要办事机构所在地的地址为注册住所，旨在确定商事主体的法律文件送达地址、司法和行政管辖地。商事登记机关不再审查住所和经营场所的法定用途及使用功能，依法应当取得审批方可使用的经营场所，商事主体向相关审批部门提出申请，取得批准即可使用。商事主体可以在住所以外增设经营场所，并报商事登记机关登记。

4. 改革现行企业登记年度检验制度，建立商事主体年报备案制度。由商事主体在网络平台上自助完成年报备案工作，公示其上一经营年度的主要经营活动、注册资本实际到位情况及资产负债等情况，将行政机关对商事主体的监督检查转变为商事主体对社会公众公开信息的法定义务。商事登记机关对年报相关信息向公众提供查询服务。

5. 改革现行企业退出机制，建立商事主体除名制度。对连续两年不按规定提交年报的商事主体，商事登记机关可予以除名。被除名的商事主体丧失其主体资格和对外公示的对抗效力，但不免除商事主体及其投资人、高管人员的法律责任，如有债务，仍可依法予以追索。符合条件的商事主体，可在被除名届满两年前申请恢复。

6. 改革现行商事登记公示制度，构建统一的商事主体登记许可及信用信息公示平台。将商事主体基本登记信息、基本备案信息、年报信息、注册资本实缴验资信息及其他相关信息予以集中统一公示。

7. 建立有限责任公司的公司秘书制度。公司秘书负责公司股东会议和董事会会议的筹备、文件保管以及公司股东资料的管理，负责向社会公众披露应当公开的公司信息，并接受政府行政部门查询公司的相关情况。公司的章程应当规定公司秘书制度。公司秘书的姓名及公司秘书变更应当向商事登记机关报备。

8. 改革传统的登记方式，全面推行网上登记。通过网络进行申报、受理、审查、发照、存档等登记活动，所形成的电子档案和纸质档案具有同等法律效力。推行与纸质营业执照具有同等法律效力的电子营业执照，商事主体根据需要可以申请颁发纸质营业执照。

（三）小结

横琴新区商事登记改革对我国商事登记既存问题作了回应，主要表现在：

1. 解除了主体资格与经营权的相互捆绑，新区改革废弃了先证后照而改用先照后证，只要符合主体设立的条件即可取得主体资格，无需先经历前置许可程序。主体取得资格过后，需从事许可经营项目的，可经相关行政许可机关审批而获得经营权。先照后证所带来的效果是，企业摆脱昂贵设立成本的同时，亦告别了在主体身份、资金筹措及合同签订等方面存在的诸多不便。

2. 在商事登记社会公示功能缺失的问题上，为配合年度报告制度和企业除名制度，新区对现行的商事登记公示制度予以改革，构建统一的商事主体登记许可及信用信息公示平台。将商事主体基本登记信息、基本备案信息、年报信息、注册资本实缴验资信息及其他相关信息予以集中统一公示。如此一来，先前存在的公示内容无法满足市场查询需要和企业信用登记与公示制度的配合不足这两项难题，将得到一定程度的缓和。

3. 对于立法庞杂、缺乏统一体系的问题并无改观。横琴新区出台的《珠海经济特区横琴新区商事登记管理办法》，即使在新区一级观察，此登记管理办法也无法起到统一适用各种登记行为的作用，更遑论全国。然而，解决立法庞杂的问题应该具体分析。行政法规涉及不同职权的诸多部门，社会又在不断发展变化，如同统一的行政法典难以颁布一般，商事登记的统一立法必然也困难重重。故我国商事登记立法追求并不是一部法典，而是统一的法律适用。相较于国外较为统一（法律位阶相对统一）的商事登记立法，我国有关商事登记的规定则显得比较凌乱。故应该致力于结束法律位阶相同甚至彼此矛盾的规范性文件并存的局面，使得整个商事程序不失统一性。

五、全国范围内商事登记制度改革——注册资本登记制度改革

（一）工商登记制度改革概况

1. 工商登记改革历史回顾。2013年2月，党的十八届二中全会审议通过《国务院机构改革和职能转变方案》，提出改革工商登记制度。2013年3月1日，《深圳经济特区商事登记若干规定》正式实施。当天，深圳、珠海启用新版营业执照。

2013年3月14日，十二届全国人大一次会议提出将注册资本实缴登记制改为认缴登记制，并放宽工商登记其他条件。

2013年6月，国家工商总局分别在浙江杭州和北京召开工商登记制度改革方案座谈会。

2013年9月，国家工商总局审议通过《国家工商行政管理总局关于支持中国（上海）自由贸易试验区建设的若干意见》。

2013年10月25日，国务院总理李克强主持召开国务院常务会议，部署推进公司注册资本登记制度改革，降低创业成本，激发社会投资活力。①

2013年11月12日，党的十八届三中全会通过《中共中央关于全面深化改革若干重大问题的决定》。该决定指出，推进工商注册制度便利化，削减资质认定项目，由先证后照改为先照后证，把注册资本实缴登记制逐步改为认缴登记制。

2013年11月，全国部分改革试验区企业登记管理工作座谈会在深圳召开。

2013年12月28日，十二届全国人大常委会第六次会议审议通过了关于修改《公司法》的决定。

2014年2月7日，国务院印发《注册资本登记制度改革方案》。

2014年2月14日，国家工商总局决定自2014年3月1日起正式停止企业年度检验工作。

2014年2月20日，国家工商总局召开注册资本登记制度改革工作电视电话会议。国家工商总局党组书记、局长张茅在会上作重要讲话，对实施注册资本登记制度改革进行全面部署。

2014年2月26日，国家工商总局发布新版营业执照样式，并就注册资本登记制度改革涉及的《中华人民共和国企业法人登记管理条例施行细则》《外商投资合伙企业登记管理规定》《个人独资企业登记管理办法》、《个体工商户登记管理办法》等4部规章的修改进行说明。新版营业执照于3月1日起正式启用。

2. 工商登记改革的特点。回顾改革的整个过程，大体呈现以下特点：

（1）从中央到地方再到中央。本届政府锐意革新，有志改革政府职能，在党的十八届二中全会审议通过《国务院机构改革和职能转变方案》，提出改革工商登记制度。随即批准地方试验改革措施，2013年3月1日《深圳经

---

① 本次会议明确了注册资本登记制度改革的主要内容，具体体现在宽进严管两方面。改革中的宽进主要体现在三个方面：第一，取设立公司的最低资本限制，即除法律、法规另有规定外，取消有限责任公司最低注册资本3万元、一人有限责任公司最低注册资本10万元、股份有限公司最低注册资本500万元的限制；第二，改实缴制为认缴制，在抓紧完善相关法律法规的基础上，实行由公司股东（发起人）自主约定认缴出资额、出资方式、出资期限等，并对缴纳出资情况真实性、合法性负责的制度；第三，股东或发起人首期缴纳和最后缴纳不受管制，即不再限制公司设立时股东（发起人）的首次出资比例和缴足出资的期限。公司实收资本不再作为工商登记事项。严管主要体现在：第一，改年检制度为报告制度；第二，加强诚信体系建设，即注重运用信息公示和共享等手段，将企业登记备案、年度报告、资质资格等通过市场主体信用信息系统予以公示。推行电子营业执照和全程电子化登记管理，与纸质营业执照具有同等法律效力。完善信用约束机制，将有违规行为的市场主体列入经营异常的"黑名录"，向社会公布，使其一处违规、处处受限，提高企业"失信成本"。参见：《李克强主持召开国务院常务会议部署推进公司注册资本登记制度改革降低创业成本激发社会投资活力》，载中华人民共和国政府网站：网址：http://www.gov.cn/ldhd/2013-10/27/content_2516227.htm，最后访问时间：2014年5月5日。

济特区商事登记若干规定》正式实施。2013年10月,国务院总理李克强主持召开国务院常务会议,部署推进公司注册资本登记制度改革,降低创业成本,激发社会投资活力。《公司法》修改、《注册资本登记制度改革方案》出台、《中华人民共和国企业法人登记管理条例施行细则》《外商投资合伙企业登记管理规定》《个人独资企业登记管理办法》《个体工商户登记管理办法》等4部规章的修改完成,标志着本次工商登记改革大体工作已经结束。

(2) 从政策文件到法律修改再到规章修改。为推行依法治国,改革再迫切亦须坚持法律先行,成熟的政策需要法律提供保护。在改革的过程中,《国务院机构改革和职能转变方案》《中共中央关于全面深化改革若干重大问题的决定》的要求,最后都落实到了修改的《公司法》《中华人民共和国企业法人登记管理条例施行细则》《外商投资合伙企业登记管理规定》《个人独资企业登记管理办法》《个体工商户登记管理办法》等法规之中。

(3) 本次改革是一次政府主导的修法改革。我国政府在经济建设、社会建设等事业中扮演了相当积极的角色,政府的行为往往是推动立法、修法的重要诱因。2013年10月25日,国务院总理李克强主持召开国务院常务会议,部署推进公司注册资本登记制度改革,降低创业成本,激发社会投资活力。这次会议本身几乎就决定了以后修法的大体方向和内容。因此可以说,本次改革是一次政府主导的修法改革。

(二) 工商登记制度改革内容

1. 有关市场主体准入的改革措施——宽进。

(1) 实行注册资本认缴登记制。公司股东认缴的出资总额或者发起人认购的股本总额(即公司注册资本)应当在工商行政管理机关登记。公司股东(发起人)应当对其认缴出资额、出资方式及出资期限等自主约定,并记载于公司章程。有限责任公司的股东以其认缴的出资额为限对公司承担责任,股份有限公司的股东以其认购的股份为限对公司承担责任。公司应当将股东认缴出资额或者发起人认购股份、出资方式、出资期限、缴纳情况通过市场主体信用信息公示系统向社会公示。公司股东(发起人)对缴纳出资情况的真实性、合法性负责。

(2) 放宽注册资本登记条件。除法律、行政法规以及国务院决定对特定行业注册资本最低限额另有规定的外,取消有限责任公司最低注册资本3万元、一人有限责任公司最低注册资本10万元、股份有限公司最低注册资本500万元的限制。不再限制公司设立时全体股东(发起人)的首次出资比例,不再限制公司全体股东(发起人)的货币出资金额占注册资本的比例,不再规定公司股东(发起人)缴足出资的期限。

(3) 公司实收资本不再作为工商登记事项。公司登记时,无需提交验资报告。

（4）现行法律、行政法规以及国务院决定明确规定实行注册资本实缴登记制的银行业金融机构、证券公司、期货公司、基金管理公司、保险公司、保险专业代理机构和保险经纪人、直销企业、对外劳务合作企业、融资性担保公司、募集设立的股份有限公司，以及劳务派遣企业、典当行、保险资产管理公司、小额贷款公司实行注册资本认缴登记制问题，另行研究决定。在法律、行政法规以及国务院决定未修改前，暂按现行规定执行。

（5）改革年度检验制度，将企业年度检验制度改为企业年度报告公示制度。企业应当按年度在规定的期限内，通过市场主体信用信息公示系统向工商行政管理机关报送年度报告，并向社会公示，任何单位和个人均可查询。企业年度报告的主要内容应包括公司股东（发起人）缴纳出资情况、资产状况等，企业对年度报告的真实性、合法性负责，工商行政管理机关可以对企业年度报告公示内容进行抽查。经检查发现企业年度报告隐瞒真实情况、弄虚作假的，工商行政管理机关依法予以处罚，并将企业法定代表人、负责人等信息通报公安、财政、海关、税务等有关部门。对未按规定期限公示年度报告的企业，工商行政管理机关在市场主体信用信息公示系统上将其载入经营异常名录，提醒其履行年度报告公示义务。企业在三年内履行年度报告公示义务的，可以向工商行政管理机关申请恢复正常记载状态。超过三年未履行的，工商行政管理机关将其永久载入经营异常名录，不得恢复正常记载状态，并列入严重违法企业名单（"黑名单"）。

（6）简化住所（经营场所）登记手续。申请人提交场所合法使用证明即可予以登记。对市场主体住所（经营场所）的条件，各省、自治区、直辖市人民政府根据法律法规的规定和本地区管理的实际需要，按照既方便市场主体准入，又有效保障经济社会秩序的原则，可以自行或者授权下级人民政府作出具体规定。

（7）推行电子营业执照和全程电子化登记管理。建立适应互联网环境下的工商登记数字证书管理系统，积极推行全国统一标准规范的电子营业执照，为电子政务和电子商务提供身份认证和电子签名服务保障。电子营业执照载有工商登记信息，与纸质营业执照具有同等法律效力。大力推进以电子营业执照为支撑的网上申请、网上受理、网上审核、网上公示、网上发照等全程电子化登记管理方式，提高市场主体登记管理的信息化、便利化、规范化水平。

2. 有关市场主体事后监管改革——严管。

（1）构建市场主体信用信息公示体系、完善市场主体信用信息公示制度。以企业法人国家信息资源库为基础构建市场主体信用信息公示系统，支撑社会信用体系建设。在市场主体信用信息公示系统上，工商行政管理机关公示市场主体登记、备案、监管等信息，企业按照规定报送、公示年度报告和获得资质资格的许可信息，个体工商户、农民专业合作社可以按照规定在系统上公示年度报告和获得资质资格的许可信息。公示内容作为相关部门实施行政许可、监督管理的重要依据。加强公示系统管理，建立服务保障机制，为相关单位和社会公众提供方便快捷服务。

（2）完善信用约束机制。建立经营异常名录制度，将未按规定期限公示年度报告、通过登记的住所（经营场所）无法取得联系等市场主体载入经营异常名录，并在市场主体信用信息公示系统上向社会公示。进一步推进"黑名单"管理应用，完善以企业法人法定代表人、负责人任职限制为主要内容的失信惩戒机制。建立联动响应机制，对被载入经营异常名录或"黑名单"、有其他违法记录的市场主体及其相关责任人，各有关部门要采取有针对性的信用约束措施，形成一处违法，处处受限的局面。建立健全境外追偿保障机制，将违反认缴义务、有欺诈和违规行为的境外投资者及其实际控制人列入重点监控名单，并严格审查或限制其未来可能采取的各种方式的对华投资。

（3）强化司法救济和刑事惩治。明确政府对市场主体和市场活动监督管理的行政职责，区分民事争议与行政争议的界限。尊重市场主体民事权利，工商行政管理机关对工商登记环节中的申请材料实行形式审查。股东与公司、股东与股东之间因工商登记争议引发民事纠纷时，当事人依法向人民法院提起民事诉讼，寻求司法救济。支持配合人民法院履行民事审判职能，依法审理股权纠纷、合同纠纷等经济纠纷案件，保护当事人合法权益。当事人或者利害关系人依照人民法院生效裁判文书或者协助执行通知书要求办理工商登记的，工商行政管理机关应当依法办理。充分发挥刑事司法对犯罪行为的惩治、威慑作用，相关部门要主动配合公安机关、检察机关、人民法院履行职责，依法惩处破坏社会主义市场经济秩序的犯罪行为。

（4）发挥社会组织的监督自律作用。扩大行业协会参与度，发挥行业协会的行业管理、监督、约束和职业道德建设等作用，引导市场主体履行出资义务和社会责任。积极发挥会计师事务所、公证机构等专业服务机构的作用，强化对市场主体及其行为的监督。支持行业协会、仲裁机构等组织通过调解、仲裁、裁决等方式解决市场主体之间的争议。积极培育、鼓励发展社会信用评价机构，支持开展信用评级，提供客观、公正的企业资信信息。

（5）强化企业自我管理。实行注册资本认缴登记制涉及公司基础制度的调整，公司应健全自我管理办法和机制，完善内部治理结构，发挥独立董事、监事的监督作用，强化主体责任。公司股东（发起人）应正确认识注册资本认缴的责任，理性作出认缴承诺，严格按照章程、协议约定的时间、数额履行实际出资责任。

（6）加强市场主体经营行为监管。要加强对市场主体准入和退出行为的监管，大力推进反不正当竞争与反垄断执法，加强对各类商品交易市场的规范管理，维护公平竞争的市场秩序。要强化商品质量监管，严厉打击侵犯商标专用权和销售假冒伪劣商品的违法行为，严肃查处虚假违法广告，严厉打击传销，严格规范直销，维护经营者和消费者合法权益。各部门要依法履行职能范围内的监管职责，强化部门间协调配合，形成分工明确、沟通顺畅、齐抓共管的工作格局，提升监管效能。

（7）加强市场主体住所（经营场所）管理。工商行政管理机关根据投诉举报，依法处理市场主体登记住所（经营场所）与实际情况不符的问题。对于应当具备特定条件的住所（经营场所），或者利用非法建筑、擅自改变房屋用途等从事经营活动的，由规划、建设、国土、房屋管理、公安、环保、安全监管等部门依法管理；涉及许可审批事项的，由负责许可审批的行政管理部门依法监管。

附：暂不实行注册资本认缴登记制的行业

序号	名称	依据
1	采取募集方式设立的股份有限公司	《中华人民共和国公司法》
2	商业银行	《中华人民共和国商业银行法》
3	外资银行	《中华人民共和国外资银行管理条例》
4	金融资产管理公司	《金融资产管理公司条例》
5	信托公司	《中华人民共和国银行业监督管理法》
6	财务公司	《中华人民共和国银行业监督管理法》
7	金融租赁公司	《中华人民共和国银行业监督管理法》
8	汽车金融公司	《中华人民共和国银行业监督管理法》
9	消费金融公司	《中华人民共和国银行业监督管理法》
10	货币经纪公司	《中华人民共和国银行业监督管理法》
11	村镇银行	《中华人民共和国银行业监督管理法》
12	贷款公司	《中华人民共和国银行业监督管理法》
13	农村信用合作联社	《中华人民共和国银行业监督管理法》
14	农村资金互助社	《中华人民共和国银行业监督管理法》
15	证券公司	《中华人民共和国证券法》

16	期货公司	《期货交易管理条例》
17	基金管理公司	《中华人民共和国证券投资基金法》
18	保险公司	《中华人民共和国保险法》
19	保险专业代理机构、保险经纪人	《中华人民共和国保险法》
20	外资保险公司	《中华人民共和国外资保险公司管理条例》
21	直销企业	《直销管理条例》
22	对外劳务合作企业	《对外劳务合作管理条例》
23	融资性担保公司	《融资性担保公司管理暂行办法》
24	劳务派遣企业	2013年10月25日国务院第28次常务会议决定
25	典当行	2013年10月25日国务院第28次常务会议决定
26	保险资产管理公司	2013年10月25日国务院第28次常务会议决定
27	小额贷款公司	2013年10月25日国务院第28次常务会议决定

(三) 小结

取消最低注册资本是认缴制的重要组成部分，也是认缴制的必然要求。既然认缴制把股东出资的自主权交还给公司及其股东，那么公司运作到底最少需要多少出资，以及首次认缴比例等事项完全应该由公司股东协商决定，法律不应再作强制性规定。注册资本是公司的信用基础，取消最低注册资本正是体现了"把市场可以调节的事宜交还给市场来决定"的管理理念。取消最低注册资本的限制不是鼓励公司进行无本运作，公司经营需要一定数额的资本予以保障，取消最低注册资本绝不是股东不履行出资义务的理由。本次注册资本登记改革内容主要集中在商事登记和注册资本两大方面，具体的改革措施有近20多条，看似繁多，其实主要围绕三大方面：

1. 改实缴制为认缴制。认缴制具有广泛的辐射范围，在完全的出资认缴制下法定最低资本制虽非全无必要存在，但废除之后更有益于认缴制功能的充分发挥。在认缴制下，因为认缴资金的到位时间不一，若还强制市场主体在设立时进行验资，则难于实务操作。同时，验资亦为最低资本制度的内在要求，最低资本制的废除，使其存在缺乏意义。公司实收资本不再作为工商登记事项，首次出资比例、出资方式和货币出资比例、两年缴足期限等旧制度,也必然随之废除。

2. 伴随企业信用体系建设的一系列制度:信用信息公示制度;信用约束制度,包括企业经营异常名录制度、黑名单制度以及重点监控名录制度。

3. 工商登记程序性事项:先证后照制度;简化住所(经营场所)登记手续;推行电子营业执照和全程电子化登记管理。

六、商事登记的系列改革对商事主体发展的影响

(一)商事登记创设商事主体——宽进背后的法理基础

1. 商事登记的创设效力。自然人权利能力始于出生,终于死亡,那么商事主体权利能力的源头在何处?商事登记的创设效力,也称创设力,实质通过商事登记创设出了商人,"通过商业登记就可以使其取得合法的商事登记资格,登记后即具有在法律规定和确定的范围内独立从事商事活动的主体资格。"① 有观点认为,商人主体性的取得应归功于商事登记,确认和取得商主体身份是商事登记的首要功能。此理论,同时伴随以下三种发展:第一,商事登记构成要件理论,即商事登记为商人成立之必要条件抑或对抗要件;第二,商事登记区分强制主义或任意主义时,在强制主义下,只有经过登记才获得主体资格;第三,商人主体性问题方面,既有理论将商人与商事登记挂钩时还针对不同的商人类型作出了区分,主要是商法人和商自然人,二者适用不同的成立标准。该观点认为:"公司这类商法人的法律人格的获得得益于法律的拟制,也即法人只有在满足'民事主体法'要求的设立条件与登记程序后才算成立,获得法律人格。这种确认法人资格的登记就是主体登记。对于商个人而言,由于自然人的法律身份乃是'天赋',不须登记,所以没有相应的主体登记程序。"② 这其实已经限缩了商事登记对于商人的效力,将范围缩小至商法人。即商人主体性问题实为商法人主体性问题。

商事登记的创设效力可以被适当限制,但是不应作过于严格的要求,否则有阻碍经营自由的嫌疑。

2. 过于严格的商事登记要求是对营业自由的阻碍。营业自由即营业权,学者将营业权内涵分解为:营业机会的平等享有、营业资格的自由取得、营业领域的自愿选择、营业事项的自主设定、营业方式的自我决定、经营管理的独立决策、营业侵权请求的有效救济。③ 理论上,个人组建商法人是营业自由中营业资格自由取得的要求,是个人不可剥夺的权利,国家通过严格的商事登记限制商法人主体资格的取得,有违营业自由。从实际效果看,根据

---

① 任先行主编:《商法总论》,中国林业出版社2007年版,第172页。
② 李建伟:《从小商贩的合法化途径看我国商个人体系的建构》,载《中国政法大学学报》2009年第6期。
③ 肖海军:《营业准入制度研究》,法律出版社2008年版,第63~67页。

我国商事登记现状，主体资格与经营权捆绑的主要弊病具体表现为：第一，主体资格和经营资格相捆绑的登记制度导致商事主体在取得主体资格前必须具备获取经营资格的条件，人为提高了取得主体资格的门槛；第二，主体资格和经营资格相捆绑的登记制度赋予了营业执照确认经营资格的功能，干预了商事主体自由经营活动的权利，在实践中不适应快速变化的市场环境，也容易导致经核准的经营范围无法反映经营者的真实信息，甚至对新兴业态的发展产生制约和阻碍的作用，违背了市场经济发展的客观规律，不利于市场主体的自主经营和健康发展；第三，现行前置审批制度造成营业资格登记与商事登记之间的法律关系混乱和法律功能错位；第四，现行的登记制度，将许可审批部门负责监督管理的经营资格问题通过前置审批制度与主体资格登记挂钩，将本应属于许可审批部门监管的经营资格问题通过商事登记主体登记事项的形式，也融入到商事登记主体监管中，客观上导致许可审批部门与商事登记管理部门职责不清，互相推诿。

　　由实际状况反思理论，我国当下应更强调营业自由、淡化商事登记在主体资格取得方面的限制，同时在营业自由与商事登记效力的争论中不难看出公私法博弈的痕迹，而对商事登记属性私法说逐渐占上风也可看出商人对营业自由的要求愈加强烈。[①]

　　3. 主体资格与营业资格分离的源流。在实务界，主体资格与营业资格的区分被认为始于 2000 年《企业法人登记管理条例实施细则》的修订，该细则第 37 条规定：登记主管机关核发的《企业法人营业执照》是企业法人取得法人资格和合法经营权的凭证。本条被学者引申为"法律对企业法人的主体资格和营业资格进行了明确的区分。"[②] 其后，学界形成通说，即我国未来的企业登记制度应当抛弃"统一主义"立法模式而改采"分离主义"立法模式。分离主义可分为全面分离主义和部分分离主义。全面分离主义主张核准登记视为企业取得民事主体资格的程序，而将营业执照的签发实为企业取得营业资格的程序；部分分离主义则对营业执照的签发采取有限的做法，只有特殊行业才需要取得。[③] 厘清营业资格与主体资格的动因实为批判我国现实中功能强大的营业执照，而解决的主要问题是当营业能力被否定时企业的主体资格维持问题，如企业被吊销执照后法律责任的承担问题。由上可得，商人主体资格的取得为核准登记时，从《民法通则》的立法者看来，核准登记

[①] 李政辉：《商人主体性的法律建构》，法律出版社 2003 年版，第 119 页。

[②] 马志：《企业法人营业执照性质与功能问题研究》，载《民商法论丛》（第 38 卷），法律出版社 2007 年版。

[③] 蒋大兴：《公司法的展开与评判——方法·判例·制度》，法律出版社 2001 年版，第 365 页、第 371 页。

就如一般公民的出生一样,旨在解决某一私法组织的主体资格问题。① 与此对应,商事主体经营资格的获得就交给了发照,"发照即颁发营业执照,是指登记机关向商事主体颁发的证明其具有合法的营业资格,可以对外开展经营活动的法律文件。"②

(二)改革强化了商事主体登记法的私法属性——为严管提供空间

1. 商事登记性质的两种解释路径。对于商事登记的性质,存在通常解释和功能解释两种分析角度。在通常解释上,商事登记是指申请人依法向登记机关提出申请,登记机关审查合格后,将登记事项记载于商业登记册并使之产生特定法律效力的活动。由此,通常解释又分广狭二义:狭义上的商事登记仅指登记机关办理登记事项的活动,体现了登记机关和登记申请人之间的关系,带有比较浓厚的公法色彩;广义上的商事登记分为申报、登记和公告三个主要步骤。提出登记申报是申请人的自愿行为,登记机关办理商业登记带有管理色彩,发布登记事项是登记机关的行为,却主要是为了向社会公众告知商业登记的真实状况。在功能解释上,商事登记有确认或创设商事主体资格的作用,主要作用却是通过公开企业及其营业的真实状况,维持企业的信用,保证相对人以及社会公众利益,从而体现出鲜明的司法属性③。

2. 改革之前的商事登记公法属性浓厚。我国商事登记实践,经长期发展后,形成了一套以商事登记法形式表达的行政登记程序,包括商事登记管辖权、登记事项和登记文件、审查事项和审查方法、违反登记规则的处罚规则等方面。这种登记程序主要反映了登记申请人和登记机关之间的关系,虽偶尔涉及登记机关错误登记的损害赔偿责任,却几乎完全不涉及登记申请人与登记相对人的关系。这样,搭建在登记操作规则基础上的商事登记法,保持了公法规范的特征。同时,我国学者亦多将商事登记纳入行政许可范围之内,其依据主要是《行政许可法》第 12 条,企业或者其他组织的设立等需要确定主体资格的事项,可以设定行政许可。这种语意模糊的立法,使得学者和实务界普遍认为商事登记带有行政许可的性质。

3. 商事登记主要是私法规范,同时兼有部分公法规范。

(1)从比较法的角度来看。一方面,将商事登记法归入商法或私法特别法,乃各国采用的普遍作法,私法无论采用民商合一还是民商分立,莫不承认商事登记法的私法属性。在民商分立的国家,民法为私法一般法,商法为私法特别法,商法典通常专章或专编规定了商事登记及其效力,这样,商事

---

① 蒋大兴:《公司法的展开与评判——方法·判例·制度》,法律出版社 2001 年版,第 345 页。
② 喻玲:《商事登记的公私法性质——从商事主体资格与经营资格分离的视角》,载《江西财经大学学报》2005 年第 5 期。
③ 叶林:《商事登记的法律性质》,载高在敏、王延川主编:《商法与公司法前沿问题》,法律出版社 2013 年版。

登记作为商法的重要组成部分，当然反应了商事登记法的私法或商法属性。在民商合一的国家没有商法典，却普遍制定了商事登记法。有关商事登记的规则要么写进民法或债法，如《瑞士债务法》第四编规定的"商事登记、公司名称和商业账簿"；要么单独写入商事登记法，如我国台湾地区专门制定的"商业登记法"。另一方面，在大陆法系国家，商事登记机关通常是法院或裁判所，有时民间协会也负责办理商事登记；在英美法系国家，通常由商业登记处等特设机构办理商业登记，很少直接有政府机关负责商业登记。在民间组织办理商业登记的情况下，自然无法将商事登记视为行政登记，特设机构或法院负责办理商业登记，充其量属于公法上的登记，却无法归入行政登记。

（2）商事登记的主要目的在于解释商业组织之主体和营业的事实真相，使得相对人和社会公众放心地给予其信用，并使得商业组织可以有效地从事营业。商事登记应优先考虑信用功能，不应将商事登记与国家行政管理或征收税款等作用简单挂钩。现在商事登记增加了强制登记和信息公开，甚至要求上市公司承担严格的信息披露义务，目的同样在于保护交易相对人和社会公众的利益。就此而言，保持企业信用以及保护相对人和社会公众利益，是商事登记的主要目的，国家管理是依附于信用功能的重要目的。

（3）商事登记虽是私法制度，各国立法者给予便利性的考虑，常在其中加入若干公法规范。即使在民商分立国家中，商法典也可以规定登记机关的管辖权、登记机关的自由裁量权以及对于违反登记规则行为的处罚等。然而，在商事登记法中载入部分公法规范，目的是更好地发挥私法规范的作用，而不是改变商事登记法的私法属性。

4. 改革之后我国商事登记法私法属性更加突出，更多体现了商事主体与交易相对人之间的关系，有利于发挥商事登记在保护交易安全和社会公众利益方面的积极作用。诸项改革措施中，体现商事主体与交易相对人之间关系的规定主要有：（1）企业需将注册资金、股东的认缴资金额、缴足期限、出资方式等信息公示于外，企业对公示信息的真实性负责；（2）废除年检制度而改用的年度报告制度，企业年度报告的主要内容应包括公司股东（发起人）缴纳出资情况、资产状况等，企业对年度报告的真实性、合法性负责，工商行政管理机关可以对企业年度报告公示内容进行抽查。

需说明的是，这些体现商事主体与交易相对人之间关系的改革措施，其发挥作用的基础是政府强制力。为实施这些措施政府要建立相当严格的信用约束机制，表现在三个方面：第一，建立经营异常名录制度。将未按照规定期限履行年度报告和公示义务的市场主体、通过登记的住所或者经营场所无法取得联系的市场主体载入经营异常名录，并在市场主体信用信息公示系统上向社会公示，警醒市场主体，促进市场主体改过自新的同时，提醒社会对其加以警戒。第二，建立联动响应机制。完善以企业法人、法定代表人任职限制为核心内容的失信惩戒机制，加大企业失信成本，促进企业诚信守法。对被载入经营异常名录或"黑名单"、有违法记录的市场主体及其相关责任人，各有关部门要采取有针对性的信用约束措施，形成失信企业一处违法，处处受限的局面。第三，建立健全境外追偿保障机制。将违反认缴义务、有欺诈和违规行为的境外投资者及其实际控制人列入重点监控名单，并严格审查或限制其未来可能采取的各种方式的对华投资。这些措施的建立，充分发挥了商事登记在保护交易安全和社会公众利益方面的积极作用。

(三) 商事登记改革实效——地方与全国

1. 商事登记改革在地方的短期实效。

(1) 注册资本登记制度改革首个工作日：市场主体数量明显增加。广西壮族自治区新设立企业 167 户，企业新增户数与去年同期相比增长 32%，新登记私营企业占总户数的 91%；注册资本 407 717.8 万元，同比增长 21.5 倍。

江苏省共受理名称预先核准 4398 件，市场主体设立（开业）受理登记 637 件，市场主体变更受理登记 1784 件，分别较去年日均量增长 115.8%、58.06%、88.78%。江苏省工商局有关负责人介绍，虽然放宽了注册资本限制，但认缴并不等于不缴，很多投资者持观望态度，首个工作日全省未出现零元或一元公司，申办公司认缴的最低注册资本为 1 万元，最高注册资本 3 亿元。

湖北省共发放新版营业执照 1500 份，其中个体工商户执照 1285 户，企业执照 212 户，农民专业合作社 3 户。

山东省共登记注册各类市场主体 1740 户，注册资本（金）18 亿元，与 2013 年 3 月份平均日登记注册约 1340 户、12 亿元的水平相比，分别增长 29.9% 和 50%。

(2) 深圳实施登记制度改革实效。① 2013 年 10 月 24 日，从广东省深圳市市场监督管理局历次发布的数据中，选取了 2012 年和 2013 年 1 至 9 月份的市场主体统计报表进行逐月测算。测算发现，仅从民营市场主体来看，2013 年第 4 至 9 月份，该市私营企业新登记户数、注册资本、投资者人数和从业人员，同比月均分别增长 90.6%、354.9%、66.1% 和 92%，个体工商户新登记的户数、注册资本、从业人员的增长幅度为 147.3%、238.8% 和 203.3%。而在 2012 年同一时期，该市私营企业相关指标对应数值分别为

---

① 《激发市场新活力——从个体私营业户数据变化看深圳实施登记制度改革效果》，载《中国工商报》，网址：http://www.cicn.com.cn/content/2013 - 10/25/content_ 132908.htm，最后访问时间：2014 年 5 月 5 日。

17.28%、10.12%、15.72% 和 17.28%，个体工商户对应的数值为 -18.73%、-4.32% 和 -20.82%。

两相比照，从月均增长率来看，2013 年 4 至 9 月，深圳私营企业新登记的户数是去年同期的 5.24 倍、注册资本是 35.07 倍、投资者人数是 4.2 倍、从业人员是 5.32 倍。

深圳自 2013 年 3 月 1 日实施登记制度改革后，在民营经济领跑下，市场主体数量连续 6 个月保持高速增长态势。从新登记的户数来看，4 至 9 月份中，私营企业同比月增长率最高的增长了一倍，个体工商户最高增长了近 2 倍。这些踊跃进入市场的个体私营业户，为市场带来巨量资金，其中私营企业的注册资本月增长率最高达 558.7%，个体工商户最高达 274%。这组数据令人欢欣鼓舞。

大量诞生的个体私营业户，还发挥出巨大的就业吸纳效应。2013 年 4 至 9 月份，在深圳新开业的私营企业中，股东（投资者）月增长率最高的达到了 93.5%；从业人员月增长率最高的达 106%，即使在最低的月份也增长了 72.7%。在新登记的、有"就业蓄水池"之称的个体工商户中，其吸纳就业人员增长率在最高的月份达到 268.2%。

具体人数方面，据统计，2013 年 4 至 9 月份，深圳新登记的私营企业吸纳就业 70.8 万人，个体工商户吸纳 27.3 万人。这表明，仅仅 6 个月的时间里，深圳仅新登记的个体私营业户就吸纳了 98 万多人就业。

据国家工商总局"企业发展与宏观经济发展关系研究"课题组发布的研究成果显示，企业注册资本平均每增长 1 亿元，公共财政收入增长 1490 万元。

2. 全国范围：注册资本登记改革效果。

（1）改革实施一月，企业数量和注册资本变化情况。3 月份，全国新登记市场主体 110.71 万户（平均每个工作日 5.27 万户），比上月增长 118.4%，同比增长 5.4%。其中，新登记企业 30.95 万户，同比增长 45.8%，注册资本 1.47 万亿元，增长 103.2%；个体工商户 76.40 万户，下降 5.8%，资金数额 1024.81 亿元，下降 24.4%；农民专业合作社 3.36 万户，增长 22.3%，出资总额 543.57 亿元，增长 50.4%。在新登记的企业中，内资企业 30.65 万户，增长 46.2%，注册资本（金）1.34 万亿元，增长 104.5%；外资企业 3029 户，增长 10.3%，注册资本 215.33 亿美元，增长 91.2%。工商总局将会同有关部门和地方政府完善配套制度规范，推动市场主体信用信息公示,进一步做好企业登记相关工作①。

(2)"一元企业"设立的情况。② 2014年3月1日启动的注册资本登记制度改革大幅降低了市场主体准入"门槛",被称为"一元钱也能办企业"。但国家工商行政管理总局16日发布的数据显示,3月份全国仅登记注册了59家"一元企业"。

根据国务院《注册资本登记制度改革方案》,除对特定行业注册资本最低限额另有规定外,取消有限责任公司最低注册资本3万元、一人有限责任公司最低注册资本10万元、股份有限公司最低注册资本500万元的限制。

改革启动后第一个月,全国新登记企业约30万户,平均注册资本约470多万元。注册资本主要集中在1000万元以下规模段,企业数量占比将近90%,其中注册资本最少的是1元,只占新登记企业总数的0.02%。

工商总局企业注册局分析指出,市场主体准入"门槛"降低后,社会投资较为理性,注册资本规模分布比较合理。新登记企业集聚在中小型规模段,"一元企业"占比极小,未出现大量畸高畸低出资现象。

(3)从《2013年全国市场主体发展分析》看商事登记改革效果。据《2013年全国市场主体发展分析》,去年我国市场主体发展呈现快速增长和结构优化两大特点,其中市场主体数量突破6000万户,资本总额超百万亿元。企业发展工商指数变化显示,注册资本登记制度改革有效激发了市场活力,成为宏观经济形势持续向好的重要因素。

分析指出,2013年全国工商系统积极推进注册资本登记制度改革试点,着力营造宽松平等的准入环境,促进市场主体减负发展。在宏观经济形势持续向好的环境下,投资者信心增强,市场主体增长速度显著提升,2013年全国新登记各类市场主体达到1131.54万户。同时,注册资本登记制度改革大大促进了社会投资,2013年新登记私营企业232.73万户,占新登记企业九成以上。

据统计,截至2013年12月底,全国实有各类市场主体6062.38万户,同比增长10.3%,比去年同期提高1.7个百分点。实有资本总额101.20万亿元,同比增长18.7%,比去年同期提高3.9%。

分析研究表明,2013年以来,企业发展工商指数出现企稳迹象,尤其是2013年3月份以后该指数出现了连续5个月的反弹,但到2013年8、9月份,发展指数有所放缓。随着国务院第28次常务会议部署推进注册资本登记制度

---

① 《注册资本登记制度改革实施一个月新登记企业数和注册资本大增》,载中央政府门户网站,网址:http://www.gov.cn/xinwen/2014-04/03/content_2652535.htm,最后访问时间:2014年5月5日。

② 《注册资本登记制度改革我国"一元企业"涌现》,载中央政府门户网站,网址:http://www.gov.cn/xinwen/2014-04/16/content_2660735.htm,最后访问时间:2014年5月5日。

改革,各地陆续开展登记制度改革试点,到 2013 年 12 月份企业发展工商指数回升到 50.9,比 2013 年 3 月份上升了 18.8,这也是近两年来企业发展工商指数首次回升到 50 以上。企业发展工商指数走势变化预示 2014 年上半年我国经济走势有较大可能持续向好。

此外,分析还指出,2013 年各地工商部门积极引导市场主体建立现代企业制度,推进个体工商户转型升级为企业,全国市场主体结构、产业结构持续优化,区域发展趋于平衡,市场主体户均资本规模得到提升。

(四) 全国领先的商事主体失信约束机制建设——深圳与珠海

1. 深圳市经营异常名录建设。深圳市是全国商事登记改革的试验田,我们从深圳市市场监督管理局(商事主体信用信息平台)获取了相关信用约束机制的信息。虽然深圳市商事主体信用信息平台的信用约束机制还在建设之中,但其商事主体经营异常名录建设走在全国之前,尽管黑名单制度和对外资的重点检查制度还未挂上信用平台,其整体水平已领先全国其他省市。笔者发现,北京、上海、江苏、天津等地红盾工商网上,信用约束机制的建设依然处在缺失之中。

至本书截稿,深圳市市场监督管理局(商事主体信用信息平台),已公布了 101 家经营异常的企业。2013 年被公布的企业有 24 家,2014 年被公布企业现今已有 77 家。这 101 家被公布为经营异常的企业,理由均是通过住所或经营场所无法联系,皆违反《深圳经济特区商事登记若干规定》第 31 条第 1 款的规定,即商事主体有下列情形之一的,由商事登记机关将其从商事登记簿中移出,载入经营异常名录,并纳入信用监管体系:(1) 不按时提交年度报告的;(2) 通过登记的住所或者经营场所无法联系的。同时,对商事主体载入经营异常名录负有个人责任的投资人、负责人、董事、监事、高级管理人员的信息纳入信用监管体系。商事主体载入经营异常名录未满 5 年且载入经营异常名录事由消失的,商事主体可以申请恢复记载于商事登记簿;商事登记机关审查核实后,将其从经营异常名录中移出,恢复记载于商事登记簿。商事主体有下列情形之一的,永久载入经营异常名录,不得恢复记载于商事登记簿,以注册号代替名称:(1) 载入经营异常名录满 5 年的;(2) 违反企业名称登记管理规定,经商事登记机关责令改正逾期不改的。

2. 比较深圳和珠海两家信用公示系统建设。珠海市工商局网站的企业信用建设,分为三个栏目:企业不良记录公示查询、企业黑名单公示查询和守合同重信用企业公示查询。[①] 2013 年 3 月 1 日起施行的《珠海经济特区商事登记条例》第四章规定了经营异常名录以及企业除名制度。但企业不良记录

[①] 参见珠海市工商局网站:网址:http://218.104.198.158/ssdj/CXFW/QYBLJLGS.aspx,最后访问时间:2014 年 5 月 5 日。

公示查询系统公示的企业非经营异常企业，同时，企业黑名单公示查询系统公示的企业也非为除名制度下的企业。企业不良记录公示查询系统公布的皆为其他违反商事登记法规的行为，如公司变更名称，不按规定变更登记的行为、未接受年检或在年检中违规的行为等等，而非《珠海经济特区商事登记条例》第 30 条规定的两种情形，即商事登记机关应当设置经营异常名录，经营异常名录记载的内容可供社会公众查阅、复制。商事主体有下列情形之一的，由商事登记机关将商事主体从商事登记簿中移出，载入经营异常名录：（1）不按期提交年度报告的；（2）通过住所无法联系的。企业黑名单公示查询系统公布的企业，皆因为逾期未进行年检被吊销营业执照，而被纳入黑名单，这也非新法规中的黑名单制度和除名制度。这是与深圳市企业信用信息系统差别之一。

另一点不同是，珠海市企业信用公示设有"守合同重信用企业公示查询系统"，守合同重信用企业公示活动，是指工商行政管理机关根据有关法律、法规和规章的规定，依企业申请，对符合公示条件的企业的上一年度合同签约履约信用信息以及其他信用监管信息，通过"广东省红盾信息网守合同重信用企业网上公示系统"（下称"守重公示平台"）向全社会予以公示的行政指导行为。工商部门不对企业的合同信用状况直接进行评价，而是提供一个公示平台，将企业合同信用信息向社会公开，由社会各界对企业的合同信用状况进行评价。企业需符合下列条件的方可申请：（1）领取营业执照并成立满 1 年；（2）有专门的合同管理制度；（3）能全面、实际地履行合同，除不可抗力、对方违约或双方协议解除等法律规定的情形外，合同履约率达 100%；（4）没有严重违法违规经营行为记录；（5）同意由公示监督机关将本企业申报年度的合同签订与履行情况、总产值或销售额在守重公示平台公示。

符合条件而取得守合同重信用企业称号的企业，享受相关部门特定的"优惠扶持措施"，工商行政管理部门为此类企业提供的优惠扶持措施有：（1）为"守合同重信用"公示企业提供窗口绿色通道服务；（2）对"守合同重信用"公示企业实行年检免实质性审查的优惠服务；（3）将"守合同重信用"公示企业作为创建驰名、著名商标重点培育对象，提供辅导服务，并将是否被公示为"守合同重信用"公示企业列入著名商标认定的参考指标；（4）协助"守合同重信用"公示企业建立健全合同管理制度，推广使用示范合同文本，推行"订单合同"等新型交易合同，协助企业以设备、产品、原材料等动产进行抵押融资；（5）鼓励和支持发展连锁经营和分支机构，对"守合同重信用"公示企业设立分支机构，实行优先办理政策倾斜；（6）连续 5 年被公示为"守合同重信用"公示企业的，申请冠省名的注册资金要求可降低为 500 万元人民币。

广州海关为"守重企业"提供的优惠扶持措施有：(1)对"守合同重信用"公示企业在海关管辖口岸办理进出口货物申报、查验和放行手续时优先办理；(2)对"守合同重信用"公示企业在海关办理企业注册登记、变更、换证、注销等手续时优先办理；(3)对"守合同重信用"公示企业在海关办理合同备案、核销、深加工结转等手续时优先办理；(4)对"守合同重信用"公示企业在商品归类等方面提供优先的指导和帮助。

广东出入境检验检疫局为"守重企业"提供的优惠扶持措施有：(1)把"守合同重信用"公示的进出口企业名单纳入检验检疫局"合同诚信管理"模式，在申报核查工作中对其简化办理手续；(2)将"守合同重信用"公示的进出口企业作为重点培育对象，积极扶持其创建出口免验企业以及一、二类管理企业，享受相关优惠、扶持和服务措施；(3)凭"守合同重信用"公示企业荣誉证书优先推荐纳入"绿色通道"及"直通式放行"企业管理。

这种公示守合同重信用企业，并为此类企业提供优惠扶持措施，是企业信用建设的新途径，"惩恶"与"扬善"相结合，充分发挥信用正反两方面的作用，有利于更好的净化市场环境，使更多的商事主体进入良性发展循环。

此外，2014年3月6日，上海市工商行政管理局关于印发《中国（上海）自由贸易试验区企业经营异常名录管理办法（试行）》的通知出台，但是其信用系统仍处在建设之中。

（五）注册资本改革对商事主体的影响——公司类型模糊化

1. 创设有限责任公司这一类型的初衷。有限责任公司制度并非与生俱来，而是立法者为满足中小企业的现实需要在已有的股份公司制度上进行改造而成。因更加严格的股份公司制度变得只适合于公众大公司，故有必要将原本采用股份公司制度的中小企业从中予以剥离，从而产生了与之相适应的有限责任公司形式。由此可以认为，有限责任公司只是股份有限公司的特别形式而已，两者在本质上同属一种公司类型。可是，为了保护股东及债权人不受欺诈性集资和公司管理不善之害，1884年之后德国对股份公司的管制更加严格，从而使其演变为程序复杂且成本高昂的法律形态，这给中小企业采用股份公司造成了困难与不便。[①]

2. 有限公司与股份公司的差异与融合。笔者认为两种公司类型的本质差异在于规模和公开性两方面，而这两方面的差异正在逐渐缩小。至于公司的设立方式与组织结构等制度方面的区别，则只是立法者依据以上本质区别人为制定，并非划分两者的本质性特征。

首先，规模大小主要体现在股东人数和注册资本。从比较法来看，德国并未限制有限公司的规模，至于股东人数，德国法上并无股东人数上限的规

---

① 刘小勇：《论股份有限公司与有限责任公司的统合》，载《当代法学》2012年第2期。

定,如法律对股东人数上限作武断的硬性规定,一方面,有侵犯投资者意思自治之嫌;另一方面,也给自己套上了如公司股东人数超过该规定上限时必须予以解决的枷锁,故越来越多的国家取消了股东人数上限的规定。如我国台湾地区也在2002年修订"公司法"时取消了股东人数上限为21人的规定,法国也于2004年将有限责任股东人数的上限从50人提高至100人。我国《公司法》第24条规定,有限责任公司由50个以下股东出资设立。第79条规定,设立股份有限公司,应当有2人以上200人以下为发起人,其中须有半数以上的发起人在中国境内有住所。股东人数的差别也只是形式上的,股东人数多并不能决定企业规模的大小,相反有些规模较大但是股东人数较为集中的企业却经常选择有限责任公司这一公司类型。最低注册资本的取消后,有限公司和股份公司的规模就更没有资金数目的强制要求了。

其次,既然以上排除了规模在两类公司之间的差异,那么股份有限公司与有限责任公司的本质性区别实际上只剩下募集资本的公开性与股权转让的自由性这一方面。至于出资是否可划分为等额的股份,则只不过是其表面特征而已。但即使是股份公开性上的区别,也非绝对。因为大多数国家均允许股份有限公司在章程中限制股份的自由转让,如德国、法国、日本以及韩国等国,若股份有限公司在章程中作此规定,当然也就不能公开募集股份了。故在这一点上,限制股份转让的股份有限公司与有限责任公司也不存在区别,[①] 即发起设立的股份公司与有限公司的本质上的区别几乎不存在了。

从公司设立的角度看,原来的公司实体法规定就具有这样的影响,即发起设立的股份公司与有限责任公司本来就趋同。《公司法》第23条规定了设立有限责任公司须满足的条件,与之相对应的是该法第77条关于股份有限公司的设立条件。这两条规定看似不完全相同,但仔细分析可以发现,二者的区别实际上在于股份有限公司的设立条件考虑了募集设立这一设立方式,而对于发起设立的股份有限公司,其设立条件与有限责任公司并无不同。法律将有限责任公司设立时的出资人称为股东,而在股份有限公司的设立中则引入了发起人的概念。但这一区别仅仅是形式上的,最高人民法院2010年12月6日通过的《最高人民法院关于适用〈中华人民共和国公司法〉若干问题的规定(三)》(以下简称《公司法解释三》)第1条中规定,为设立公司而签署公司章程、向公司认购出资或者股份并履行公司设立职责的人,应当认定为公司的发起人,包括有限责任公司设立时的股东。这也就将有限责任公司设立时的股东等同为股份有限公司中的发起人。

再看注册资本,修改前《公司法》第26条与81条分别规定了有限责任公司与股份有限公司的注册资本。在这两条的第一款中,除最低注册资本数

---

① 刘小勇:《论股份有限公司与有限责任公司的统合》,载《当代法学》2012年第2期。

额不同,法律对有限责任公司与发起设立的股份有限公司注册资本的概念、首次出资比例和要求缴足出资的时间限制所做出的规定是完全相同的,仅对募集设立的公司提出了特殊要求,规定其资本不得分期缴纳,必须以实收股本作为资本。注册资本改革后,取消有限公司最低注册资本3万元、股份有限公司最低注册资本500万的规定,除募集设立的公司暂停施行注册资本认缴制之外,发起设立的股份公司和有限责任公司皆施行认缴制,首次出资比例、要求缴足出资期限、货币出资比例要求等都已取消。

因此,我国发起设立股份公司与有限公司在本质上的差异原本就是模糊的,商事登记改革,特别是注册资本改革,则使这种模糊的程度变得更大了。

3. 如何看待小规模股份公司与有限公司在我国法上存在的差异。最低资本制的废止,纵使不必然引发小规模股份公司设立狂潮,也必然使小规模股份公司设立除去了资本要求这一极大障碍,由此引发的现行较为强制性的股份公司制度安排与中小企业的制度需求之冲突,是我们应当认真对待的。

有限责任公司规模较小,对社会影响较小,法律应对其预留足够的自主空间,因此法律对有限责任公司的规定应更多地采用任意性规范,即可由当事人的意志排除适用的规范。但股份有限公司的规模较大,具有社会公众性,尤其是其中的上市公司,对社会经济生活具有巨大的影响,法律需要从防范社会风险的角度制定更多的强制性规范,即不得以当事人的意志排除适用的规范。① 因此,对于股份有限公司而言,其制度安排较少采取股东自治方式,主要靠法定的机构和制度进行规范,以期在效率和公平之间寻求一种平衡。

从公司治理结构来看,由于有限责任公司规模较小,股东人数较少,完全可以将公司的决策权掌握在股东手中,通过股东会的形式直接做出经营管理决策。在公司的治理结构中,可以体现为强化股东会、弱化管理层的"股东会中心主义"。而股份有限公司相对规模较大、股东人数较多,尤其是上市公司,股东极其分散,想要通过股东大会来对公司的日常经营管理作出决策几乎是不可能的,而且也会极大降低公司的经营效率,因此,对于股份有限公司的治理结构,应采取强化管理层职权的"管理层中心主义"。反观我国《公司法》,股份有限公司股东大会的职权完全参照适用法律对于有限责任公司股东会职权的规定,相应的,股份有限公司董事会及经理的职权也完全参照适用有限责任公司的规定。这种完全相同的公司治理结构规范设计,掩盖了有限责任公司与股份有限公司的内在区别,未能对两类公司的治理提供更具参考性的法律指导。②

不妨先从法理层面分析,如前所述,人合性的公司为尊重当事人意思自

---

① 邓辉:《论公司法中的国家强制》,中国政法大学出版社2004年版,第67页。
② 李沐雨:《公司分类模式及其立法规范适用研究》,中国政法大学2012年硕士学位论文。

治和突出效率，一般不会有太多强制性的制度设计。小规模股份公司因规模小具有人合性，所以应该更加突出任意性规定而减少适用过多强制性的规定。但是，至此我们便面对一个无法回避的问题：我国区分股份有限公司及有限责任公司的实际意义究竟有多大？这恐怕要回溯到有限责任公司设立之初，先有股份公司，因为其具有开放性涉及社会利益过广，国家对股份公司监管更加严格，从而使其演变成为程序复杂且成本高昂的法律形式。这给中小企业采用股份公司造成了困难与不便。

现在的问题是，股份公司的设立门槛不复存在，但是其作为一种法律主体的运行成本依然还在。其实，当事人在设立公司之初，就应熟悉股份公司和有限公司的运行情况，在知晓的情况下，依然选择设立小规模股份公司则属于自身意思自治的范畴，差别在于选择设立有限责任公司能更客观上可能更接近"法律行为"的效力，选择设立股份公司客观上则更接近"准法律行为"的效力。因为，有限责任公司设立的最初目的就是为了弥补股份公司昂贵的运行成本，如果企业自身规模和实力尚不足以达到，那么理性的市场主体应该选择设立有限公司，当公司发展到一定阶段再行变更公司类型也未尝不可。本质上相同的事物，运用不同的运作机制，这在以意思自治为中心的私法领域不足为怪。所以，纵使发起设立的小型股份公司与有限公司有诸多模糊之处，但在当事人有选择权的情况下，这种趋同并非不可调和。

附：商事登记改革大事记（2012~2013 年）

一、地方先行试水

（一）商事登记改革最前沿：广东

1. 2012 年 3 月 10 日，国家工商总局下发《关于支持广东加快转型升级、建设幸福广东的意见》（以下简称《意见》）。

该意见明确提出：支持广东省在深圳经济特区和珠海经济特区横琴新区开展统一商事登记制度改革试点。该意见从五个方面提出 32 条措施，是迄今为止国家工商总局支持地方经济发展改革创新力度最大、涉及面最广的一份文件。

（1）宽入方面，突破现有政策、全面放权、先行先试"三管齐下"，改革创新力度大。一是突破现行法律法规，支持广东在特定区域开展商事登记制度改革试点和注册资本登记改革探索。充分考虑广东深圳、珠海横琴新区的特区立法优势、政策先行优势等，提出支持这两个地区在商事登记制度改革方面改革试点，具有重大的制度创新示范效应。支持广东省选择条件成熟的一个地市，按照公司注册资本的功能和法律原则，开展注册资本登记改革探索",为企业发展、社会信用建设提供新的动力。二是全面放权,大力提升行政效能。授予广东省工商局不含行政区划外商投资企业名称登记受理权,放宽企业登记场所条件,放宽企业名称登记条件,放宽企业集团登记条件,突破了国家工商总局对企业住所、名称、集团登记的现行规定,是对市场主体准入的一次大"松绑"。三是支持探索,从登记体制机制、登记方式方法、特定主体登记条件等方面支持广东进行改革。支持广东探索建立适应区域经济发展需求、登记权限相对集中的登记管理新体制;支持开展电子化网上登记、年检改革,实现全流程网上操作;支持文化单位转企改制沿用原名称,依法登记经有关部门确认的非货币财产出资等。允许个体工商户转为企业继续使用原名称、字号,为个体工商户及小微企业发展上规模、上水平提供有力政策支持;支持农民以土地承包经营权、林地承包经营权和林木所有权出资设立农民专业合作社,有利于农业产业化经营;简化港澳台投资者身份证明手续,免于提交公证、认证文件,有利于深化粤港澳台合作;对属广东省委、省政府文件明确的新兴行业,支持办理登记,是国家工商总局首次对某一省在新兴行业登记方面给予明确的政策指引;鼓励农民开展"农家乐"等旅游服务,鼓励农民开展家庭旅馆经营,在国家层面填补了此前存在的一定政策空白,有利于农村旅游产业发展;首次明确提出支持优势企业资产重组多项支持性、便利性措施,能有效降低企业兼并重组成本,最大限度方便企业。

(2)严管方面,从政策、资金、技术和人才等方面给予支持,市场监管体系、社会信用体系建设支持力度大。一是积极支持深圳、珠海、汕头推动特区立法,开辟市场监管体系建设的"新特区"。支持广东省结合产业政策,突出发展重点,扶持优势企业,完善监管,构建更加符合广东市场发展实际的市场监管制度体系。二是对广东省工商局开放共享国家工商总局数据中心相关数据,支持全国各地工商部门向广东公开涉粤企业监管执法信息,支持广东省对全国"黑牌"企业数据库中涉粤企业信息的修复工作。三是支持广东省研究探索流通领域商品质量监管制度改革,支持广东省建立食品安全电子追溯体系,实施食品黑名单制度。四是加大对广东省网络市场综合监管平台业务指导、技术支持和资金支持。通过以上措施有效解决制约市场监管效能的突出问题,也是国家工商总局近些年来第一次对一个地方的特别授权,对广东开展社会信用体系和市场监管体系建设有重要意义。

(3)提升区域经济发展水平方面,立足职能,突出加强商标、广告建设支持力度。一是明确总局积极向中央编办申请批准在广东省设立国家工商总局商标局派出机构。这将是全国第一个真正意义上的商标局派出机构,广东有望成为继北京之后,在商标注册、管理方面的另一个中心,将大大提升广东企业核心竞争力和区域竞争力,对广东实现由贴牌大省向品牌大省转型具有重要推动作用。二是支持具有发展潜力和引领示范效应的广告产业园区建设国家广告产业园区。支持广告业发展的改革创新措施在国家广告产业园区先行先试。支持在港澳地区从事广告业务的专业人员在广东参加全国广告专业技术职称考试。近年来，省工商局在省委省政府支持下，联合省发改委成功申报并启动的"广东现代广告创意中心"建设，在总局支持下被纳入财政部发展现代服务业支持广告产业的试点项目。"意见"的规定，将从硬件和软件特别是软件建设上推动广东广告产业园区建设，对广东加快文化产业发展，实现文化大省向文化强省转变具有积极的推动作用。

2. 2012 年 4 月，《顺德区商事登记制度改革实施方案（施行）》印发。4 月 26 日，顺德区此前向广东省申请开展商事登记制度改革得到省人民政府的正式批复，4 月 27 日下午，顺德区召开新闻发布会公布了《顺德区商事登记制度改革实施方案》（以下简称《方案》）。今后，在顺德"零首期"可成立公司，而家庭住宅也可作为登记住所。

（1）领取营业执照后即可自由经营。顺德区市场安全监管局副局长黄坚强介绍，改革前，营业执照兼具主体资格和经营资格功能，而有前置审批的企业存在登记难、申请周期长的困难，还面临一个尴尬的怪圈：申请执照以取得许可证为前提，要办许可证以聘请人员、购买设备、取得场地为前提，而聘请人员、购买设备都需要法人资格和公章，需以领取营业执照为前提，领取营业执照后方可经营。

"实行商事主体资格与经营资格相对分离，这是改革的一个最大亮点，也是难度最大的'动作'。"黄坚强解释，改革后，一般经营项目完全放开，商事主体在领取营业执照后即可自由经营；特殊许可经营项目，领取营业执照后，还需凭有关许可部门的批准文件或许可证方可经营，但无需再向登记机关办理具体经营范围登记。即从核准注册转为登记公示制，此项改革将登记职责与监管职责较好地分离，使登记机关的登记行为权责一致、审核简捷，符合国际通行商事登记制度的发展趋势。

（2）"零首期"便可成立公司。该方案第二个改革亮点是，实行注册资本认缴制和实收资本备案制。黄坚强介绍，改革前实行的是有限公司注册资本实缴制，即有限公司申请注册资本和实收资本登记时，须提交验资机构出具的《验资报告》，首次出资额不得低于注册资本的 20%，此外，对外资企业规定了投资额比例、变更调整时必须经原审批机关批准，由原登记机关核准后，办理变更登记。

实行注册资本认缴制和实收资本备案制，有限责任公司的注册资本为全体股东认缴的出资总额，商事登记机关只登记公司认缴的注册资本，不再审查公司的实收资本，也不再收取有关实收资本的验资证明文件。实收资本由审查登记制改革为备案制，公司对实收资本备案情况的真实性负责。这即意味着，今后在顺德"零首期"便可成立公司，对公司股东首次出资额不做限制或审查，从而降低创立公司的资金成本，提高非货币出资的可操作性。黄坚强还表示，此次改革还取消对鼓励和允许类外商投资项目的注册资本审批，将审批核准变为直接登记、录入系统。

（3）家庭住宅也可作为登记住所。"实行商事主体资格登记与住所（经营场所）审批相对分离，放宽住所（经营场所）登记条件，目的是帮助经营者降低场地成本，激发创业热情。"黄坚强介绍，改革前，营业执照上住所和经营场所合二为一，实行"一址一照"，要审查住所（经营场所）的法定用途和权属证明，无法提供有效房屋产权证明的，由区级主管部门出具证明。

而实行住所与经营场所相分离的登记管理方式后，将彻底放开住所的登记条件，并基本放开经营场所的登记条件，基本不审查场地的法定用途和功能，放宽权属证明限制，"经营场所可以与登记住所一致，也可以不一致，家庭住宅也可作为登记住所，实行'一址多照'和'一照多址'。"黄坚强表示，分离后，不再审查住所（经营场所）的法定用途和权属证明，申请人只需提交使用权证明，同时也放宽出具权属证明限制，无法提供有效房屋产权证明的，可由镇人民政府（街道办事处）或其房地产管理部门等机构出具同意在该场所从事经营活动的场所使用证明。

3. 2012年5月，深圳市委常委会议讨论通过了《深圳市商事登记制度改革实施方案》（下称《实施方案》）。国家工商总局早在2004年，就已经开始考虑商事登记制度改革的问题。2009年，广东省委、省政府又将商事登记制度立法纳入省委、省政府领导班子深入学习实践科学发展观活动落实方案以及珠三角改革发展规划纲要，商事登记制度改革由此成为广东地区的优先发展目标。2009年，深圳市市场监督管理局在深圳市领导的大力支持下，与深圳大学法学院紧密合作，实施了"深圳市商事登记制度改革课题调研活动"，拉开了理性改革的大幕。

2010年12月29日，深圳市市场监督管理局与深圳大学联合举办了商事登记制度的研讨会，研讨会的主题是由在商法、行政法、经济法领域具有高深造诣的国内知名学者对《关于深圳市商事登记制度改革调研报告》以及《关于深圳市商事登记制度改革实施方案》进行评述与提出建议。

2010年开始，商事登记制度改革即被纳入深圳市重点改革计划。2010年，深圳市市场监管局就实行企业年检无纸化、年检盖章常态化办公，98%的企业登记能在一小时内完成。2011年初出台的28条注册登记新规，也多集中在企业的注册登记领域。

2012年3月12日，国家工商总局出台的《国家工商行政管理总局关于支持广东加快转型升级、建设幸福广东的意见》，即明确支持广东省在深圳经济特区和珠海经济特区横琴新区开展商事登记制度改革试点。

深圳市推进商事登记制度改革，正是为了构建既与深圳地区特点相契合，又与国际商事登记惯例相适应的新型商事登记制度，也是为了发挥深圳经济特区示范窗口作用，从而为广东省乃至全国商事登记制度改革做好试点和铺垫工作。

2012年8月15日，深圳市市长许勤主持召开市政府常务会议，审议了《深圳经济特区商事登记若干规定（草案送审稿）》，要求做出修改完善后，提请市人大常委会审议。

2012年10月30日，深圳市人大常委会审议通过了《深圳经济特区商事登记若干规定》（以下简称《规定》）。该规定终于在立法支撑下，启动了建立以"营业执照"为中心，商事主体资格与经营资格相分离，审批与监管、监管与自律相统一的商事登记制度的最后法律程序。深圳市市场监督管理局对外宣告，自2013年3月1日起将实行新的商事登记制度。

3月1日上午8时20分，在市民中心行政服务大厅窗口，深圳市市场监管局发出商事登记制度改革后首张新版营业执照。国家工商行政管理总局副局长刘玉亭和深圳市委书记王荣把营业执照颁发给了深圳市前海富德能源投资控股有限公司。

据深圳市市场监督管理局相关负责人介绍，改革内容实现了八个方面的突破：（1）改革现行以"营业执照"为中心的商事登记制度，建立商事主体资格与经营资格相分离，审批与监管、监管与自律相统一的登记制度；（2）实行住所与经营场所各自独立的登记管理方式；（3）改革现行有限责任公司注册资本实缴登记制度，实行注册资本认缴登记制度；（4）改革现行个体工商登记制度，逐步实现对以自然人名义从事经营者豁免商事主体登记；（5）改革现行企业退出机制，建立商事主体除名制度；（6）改革现行企业登记年度检验制度，建立商事主体年报备案制度；（7）改革现行商事登记公示制度，构建统一的商事主体登记许可及信用公示平台；（8）全面推行网上登记，建立电子营业执照制度，探索营业执照、组织机构代码证、税务登记证"一表登记，三证合一"的登记制度。

这些改革体现了四个方面的变化：一是实现了企业主体资格与企业经营资格分离的登记制度，完善了登记证明体系，对商事登记的法律功能进行了重新定位，尊重和维护了企业自由经营的权利。二是实现了公民自由经营的权利，建立了自然人从事经营活动的商事登记豁免制度，让公民有充分依托自己的能力实现自身价值的机会。三是将行政许可的监管体制进行了改革，还权于民，让企业通过自身的经营、管理和健康发展完成自我管理，体现了企业在法制体系下充分自主管理，自觉遵守经济秩序与法律秩序。四是全面改善营商环境，通过监管与行政许可的改革，调整了市场监管的执法内容，理顺了营业准入与商事登记部门的职能，以权责明确为目标，整体提高政府的效能管理，改善了商事登记与监管的外部环境，催生了新的产业，减小了企业负担，提高了工作效率，有利于生产力的良性发展。

4. 2012年5月23日，珠海市政府常务会议以政府规章的形式审定通过了《珠海经济特区横琴新区商事登记管理办法》，明确了横琴商事登记制度的具体内容。横琴新区商事登记改革主要内容体现在八个具体方面：

（1）改革现行以营业执照为中心的商事登记制度，建立商事主体资格与经营资格相分离、审批与监管高度统一的登记制度。商事主体履行商事登记程序即取得商事主体资格，特定经营范围所要求的行政许可依法由主管部门审批（许可）、监管。个体工商户无须工商登记，凭税务登记依法经营。

（2）改革现行有限责任公司注册资本实缴登记制度，实行注册资本认缴制度。股东的出资方式、出资额、出资时间、非货币出资的缴付比例等均由股东自行约定，并记载于公司章程。股东未依公司章程规定实际缴付注册资本的，应依法律和章程规定承担民事法律责任。公司发生债务纠纷或依法解散清算时，如资不抵债，未缴足注册资本的股东应先缴足注册资本，并以其认缴的出资额为限承担民事法律责任。

（3）实行住所与经营场所各自独立的登记管理方式。商事主体以主要办事机构所在地的地址注册住所，旨在确定商事主体的法律文件送达地址、司法和行政管辖地。商事登记机关不再审查住所和经营场所的法定用途及使用功能，依法应当取得审批方可使用的经营场所，商事主体向相关审批部门提出申请，取得批准即可使用。商事主体可以在住所以外增设经营场所，并报商事登记机关登记。

（4）改革现行企业登记年度检验制度，建立商事主体年报备案制度。由商事主体在网络平台上自助完成年报备案工作，公示其上一经营年度的主要经营活动、注册资本实际到位情况及资产负债等情况，将行政机关对商事主体的监督检查转变为商事主体对社会公众公开信息的法定义务。商事登记机关对年报相关信息向公众提供查询服务。

（5）改革现行企业退出机制，建立商事主体除名制度。对连续两年不按规定提交年报的商事主体，商事登记机关可予以除名。被除名的商事主体丧失其主体资格和对外公示的对抗效力，但不免除商事主体及其投资人、高管人员的法律责任，如有债务，仍可依法予以追索。符合条件的商事主体，可在被除名届满两年前申请恢复。

（6）改革现行商事登记公示制度，构建统一的商事主体登记许可及信用信息公示平台。将商事主体基本登记信息、基本备案信息、年报信息、注册资本实缴验资信息及其他相关信息予以集中统一公示。

（7）建立有限责任公司的公司秘书制度。公司秘书负责公司股东会议和董事会会议的筹备、文件保管以及公司股东资料的管理，负责向社会公众披露应当公开的公司信息,并接受政府行政部门查询公司的相关情况。公司的章程应当规定公司秘书制度。公司秘书的姓名及公司秘书变更应当向商事登记机关报备。

(8)改革传统的登记方式,全面推行网上登记。通过网络进行申报、受理、审查、发照、存档等登记活动,所形成的电子档案和纸质档案具有同等法律效力。推行与纸质营业执照具有同等法律效力的电子营业执照,商事主体根据需要可以申请颁发纸质营业执照。

5. 2012 年 10 月,《东莞市商事登记制度改革实施方案》印发。2012 年,东莞推出《东莞市商事登记制度改革实施方案》,明确探索建立商事登记主体与经营资格许可审批相分离,审批与监管、监管与自律紧密结合的具有东莞特色的新型商事登记制度,进一步放宽市场准入管制,激发市场主体活力,为东莞加快转型升级、深化对外开放提供体制机制支撑,争取让东莞成为企业登记注册便捷、市场监管高效、公共服务优质的先行地区。改革的主要内容有:

(1)实施商事主体登记和经营资格许可审批相分离。改革现行登记注册制度,经营资格许可不再作为商事主体登记的前置条件,商事主体资格的取得应符合法定条件并按商事登记程序登记。商事主体可依据自身需要申请相应的经营项目,其营业执照经营范围按一般性经营项目与许可经营项目划分表述。从事一般性经营项目的,由经营者自主选择按照《国民经济行业分类》规范中的"门类""大类""中类"或"小类"表述,登记机关在营业执照上载明。未在营业执照上予以载明的一般性经营项目,凡法律法规允许经营的,经营者可自主经营。从事许可经营项目的,参照《国民经济行业分类》规范用语或有关许可规定表述,并在经营范围后面加注"取得许可后方可经营"字样,无需申请人提交许可证或许可批准文件。

(2)放宽住所(经营场所)的限制。放宽商事登记对住所产权证明的限制,凡经当地镇人民政府(街道办事处)、村(居)委会出具证明,同意该场所从事经营活动的,由房东和商事主体提交承诺书,分别承诺对该场所承担房屋安全和消防安全责任,免予提交经营场所的场地产权证明。

(3)实施注册资本认缴制。有限公司实施注册资本认缴制。注册资本为 50 万元(含 50 万元)以下的公司设立时,首期出资可以为"零",无需提交验资报告,登记机关在营业执照注册资本栏上载明认缴出资额,实收资本一栏载明为"零"。法律、行政法规、国务院决定对从事特定经营活动的企业注册资本有最低限额规定的,从其规定。申请人应按公司法规定承诺在 2 年内缴足注册资本(投资公司应当在 5 年内缴足),在 2 年内,申请人可选择分一次或多次缴足,并向登记机关申请变更登记,变更登记应提交由会计师事务所出具的《验资报告》,登记机关凭《验资报告》登记实收资本。对申请人设立登记时提交《验资报告》的，登记机关按《验资报告》验证金额，在实收资本一栏载明。

对实收资本累计达注册资本20%（含20%）以上，登记机关未发现其有违法违规或严重失信记录，因资金暂时紧张无法按时出资的认缴制公司，依其全体股东申请并作出相应书面承诺，允许其延长出资期限一次，但最多不超过两年。外商投资企业延长出资期限的，须经外资审批机关批准。

股东未依公司章程规定实际缴付注册资本的，应依法律法规和公司章程的规定承担相应的法律责任。公司发生债务纠纷或依法解散清算时，如资不抵债，未缴足注册资本的股东应先缴足注册资本，并以其认缴的出资额为限承担法律责任。

（4）实施商事主体年检验照备案制度。简化年检验照，实行商事主体营业执照年检验照备案制。最大限度减少商事主体年检验照提交的资料，商事主体只需每年向商事登记机关提交年度报告和备案主体资格相关事项变动情况，并对所备案年度报告的真实性、合法性负责。商事主体年检验照备案推行标准化、格式化，并在全年滚动进行。

（5）逐步推行全程电子化网上登记年检。工商部门逐步建立全程电子化网上登记年检平台，以数字证书和电子印章为基础，商事主体以电子文档形式在网上提交申请登记及年检资料，工商部门核准发放营业执照及进行年检备案。

（6）加快行政审批制度改革。各许可审批部门按精简、合并、转移的原则对行政审批事项进行清理。凡通过后续监管可以解决的，不再设置行政许可；涉及多个部门审批的，要明确牵头部门，建立信息共享和协调配合机制；对行内企业资质认定、等级评定、专业技术职称和执业资格评定、考核评估等职能，逐步、有序向社会组织转移。各部门全面推行简政放权，最大限度下放审批权限。减少审批环节，全面实施一审一核制，缩短审批时限，严格履行审批时限的承诺，接受公众和电子监察监督。

（7）打造市场监管信息共享服务平台。总结大朗试点建设企业交换信息系统的经验，建设开发全市统一的市场监管信息共享服务平台，以商事登记数据为基础，将各职能部门的许可信息、监管信息、审批时限等及时录入系统，实现许可及监管信息的实时录入、实时共享、实时监管、实时反馈，搭建商事登记改革后宽进和严管的桥梁。以此为基础，开放数据接口供公众部门查询、使用。

（8）强化商事登记后续监管。实施商事登记制度改革后，登记机关不再通过注册登记、年检验照、企业监督检查等方式对商事登记主体的相关许可审批事项进行把关。各职能部门必须按照行业管理的原则，依照行业管理分工和相关法律法规确定的监管职能，对主管行业承担起一管到底的监管责任，依法查处违法经营行为。其中，经营项目、经营场所涉及许可审批事项的，由负责许可审批的相关行政管理部门负责监管；经营项目、经营场所涉及多个许可审批部门的，各许可审批部门依据法律法规的规定，履行各自职责范围内的监管职责；应当取得而未取得许可审批擅自从事相关经营活动的，由相关许可审批部门负责依法予以查处。

2012年10月24日，东莞召开行政审批制度改革暨商事登记制度改革工作动员大会，东莞商事登记改革全市铺开。

6. 2012年10月30日，深圳市人大常委会通过《深圳经济特区商事登记若干规定》；2012年11月29日，珠海市人大常委会通过《珠海经济特区商事登记条例》。

根据《深圳经济特区商事登记若干规定》和《珠海经济特区商事登记条例》，2013年3月1日起，深圳、珠海均将在全市范围内实施商事登记改革。根据《工商总局关于同意广东省商事登记营业执照改革方案的批复》，两地自3月1日起启用《企业法人营业执照》《非法人企业营业执照》《分支机构营业执照》和《个体工商户营业执照》等4种新版营业执照，与其他非试点地区的营业执照具有同等法律效力。

2012年3月，国家工商总局下发《关于支持广东加快转型升级、建设幸福广东的意见》（以下简称《意见》），明确提出：支持广东省在深圳经济特区和珠海经济特区横琴新区开展统一商事登记制度改革试点。2012年11月，国家工商总局批复同意广东商事登记改革试点范围扩大为深圳市、珠海市、东莞市和佛山市顺德区。广东省政府也先后批复同意佛山市顺德区、东莞开展商事登记改革试点。

通过特区立法程序，2012年10月30日，深圳市人大常委会通过《深圳经济特区商事登记若干规定》；11月29日，珠海市人大常委会通过《珠海经济特区商事登记条例》，上述两部特区商事登记法规均定于2013年3月1日起施行。2013年2月20日，国家工商总局下发《工商总局关于同意广东省商事登记营业执照改革方案的批复》（工商企字〔2013〕36号），原则同意《广东省商事登记营业执照改革方案》，3月1日起在深圳、珠海两地试行改革后的营业执照

7. 2012年11月，国家工商总局批复同意广东商事登记改革试点范围扩大为深圳市、珠海市、东莞市和佛山市顺德区。国家工商总局已正式批复广东省工商局，原则同意广东省扩大商事登记改革试点地区，在深圳市、珠海市、东莞市、佛山市顺德区开展商事登记改革试点。值得一提的是，批复还同时抄送全国各省、自治区、直辖市工商局，确保广东省企业通过新登记制度拿到的营业执照不会遭受外省企业"冷遇"。国家工商总局的批复主要涉及以下两方面的内容：

（1）新制度下营业执照全国通认。2012年3月，国家工商总局在《关于支持广东加快转型升级、建设幸福广东的意见》中，支持广东在深圳、珠海横琴开展商事登记改革试点。10月份，广东省工商局根据广东省推进商事登记改革的需要，专文呈报了《关于进一步支持广东省商事登记改革有关问题的请示》，得到了国家工商总局批复支持。这是继2012年3月在全国首次批准广东省的深圳、珠海横琴开展商事登记改革试点之后，国家工商总局在广东省深化行政审批制度改革、推进商事登记改革的关键时期给予的又一重要支持。

值得注意的是，该批复文件还抄送全国各省、自治区、直辖市工商局。省工商局相关负责人介绍，国家总局向各地方工商局抄送文件，意味着认可广东省商事登记改革的做法和成果，也是让全国工商系统认同广东省新制度发出的执照，确保广东省企业通过新登记制度拿到的营业执照不会遭受外省企业"冷遇"，如外省企业如对此执照的合法性产生怀疑，可以到地方工商局去咨询，当地工商局可因此确认新执照真实有效。

（2）营业执照实收资本可零元。批复中还进一步明确，试点地区根据改革实际，可以相应调整企业营业执照"住所""实收资本""经营范围"等登记事项的登记方式。

根据国家工商总局批复，广东省商事登记改革试点地区企业营业执照的部分登记事项可作特殊调整。首先，在"住所"登记事项上，可实行"一址多照"、"一照多址"，企业可以在住所以外增设经营场所，住所和经营场所在同一登记机关辖区内的，可以不办理分支机构登记，在其营业执照"住所"栏可以载明营业场所地址，同一地址可以作为多个企业的住所。其次，在"实收资本"登记事项上，则可在栏载明"人民币零元［本地区（如珠海市）实行注册资本认缴制］"字样。而对向企业登记机关提交验资报告办理实收资本登记（备案）的，企业登记机关依法予以登记。最后，在"经营范围"登记事项上，企业登记机关可以依企业申请，参照国民经济行业分类标准的门类或者大类登记企业经营范围，"经营范围"栏统一加注"（一般经营项目可以自主经营；许可经营项目凭批准文件、证件经营）"。

8. 2013年2月20日，国家工商总局下发《工商总局关于同意广东省商事登记营业执照改革方案的批复》（以下简称《批复》）（工商企字〔2013〕36号）。该批复原则同意《广东省商事登记营业执照改革方案》，并同意2013年3月1日起在深圳、珠海两地试行改革后的营业执照。此前，2012年10月30日，深圳市人大常委会通过《深圳经济特区商事登记若干规定》（以下简称《若干规定》）；2012年11月29日，珠海市人大常委会通过《珠海经济特区商事登记条例》（以下简称《登记条例》），上述两部特区商事登记法规均定于2013年3月1日起施行。《若干规定》《登记条例》均规定，自

2013年3月1日起一年内，本地区的商事主体应向原登记机关申请换领商事主体营业执照。此次在深圳、珠海市试行的新版营业执照，是商事登记改革试点的一大亮点，也是我省商事登记改革试点成果的具体体现，主要体现在以下方面：

（1）新版营业执照种类大幅精简。目前使用的各类营业执照（登记证）达18种，营业执照的种类过多，且记载事项设置不一、规格也不尽一致，每类营业执照均对应特定的申请表格等，无论是对申请人还是企业登记机关，都造成不同程度的困扰，增加了办事成本和行政成本。营业执照样式改革后，除了特殊的农民专业合作社营业执照、企业集团登记证、外国（地区）企业常驻代表机构登记证暂不作调整以外，其余15种营业执照精简为4类，分别是《企业法人营业执照》《非法人企业营业执照》《分支机构营业执照》和《个体工商户营业执照》。

（2）新版营业执照不再记载经营范围。根据深圳和珠海的特区立法，商事主体的经营范围由章程、协议、申请书等确定。经营范围的核定是长期困扰企业及登记机关的问题。深圳、珠海经济特区商事登记立法，商事主体的经营范围不再作为登记事项（改为备案事项），确定经营范围的权利交回给了企业，体现了商事登记从"审批许可"向"核准登记"的转变。通过经营范围改革，进一步厘清政府与市场的关系，引导商事主体自主经营、诚信经营，营造诚实守信的营商环境。改革后的营业执照不再记载企业的经营范围，但社会公众可以通过政府信息公示平台查询。

（3）新版营业执照不再记载"注册资本、实收资本"。根据深圳和珠海的特区立法，有限责任公司实行注册资本认缴登记制度。此前，对注册资本的制度设计，因存在"玻璃门"现象而被经常质疑。一方面，验资手续的繁琐增加了企业负担，有关出资规定也限制了公司自治权利。另一方面，现行注册资本验资制度不能真实反映企业的资产实力，而且在某种意义上成为滋生"两虚一逃"违法行为的制度性原因，与社会主义市场经济规律和商事主体意思自治不符。注册资本改革。旨在淡化"注册资本"的信用担保功能，转变保障交易安全的管理方式。改革后的营业执照不再记载注册资本、实收资本，体现了商事登记改革的理念，也有利于引导社会公众走出注册资本误区，正确理解商事登记的实质。

（4）新版营业执照设置"重要提示"栏。重要提示栏的内容，除了重点提示商事登记经营范围和注册资本制度的改革，还注明了商事主体经营范围、出资情况、营业期限和许可审批项目、年报及监管等信息的查询方法。一方面，有利于改革的平稳衔接，强化商事主体的社会监管和部门监管；另一方面，随着营业执照记载事项的相应精简，了解商事主体基本信息的渠道不再主要依赖营业执照，而是通过查询商事主体公示信息的方式，符合现代经济社会信息化发展的趋势。

另外，深圳、珠海市企业登记机关对实施商事登记所需的有关登记申请文书表格、办理须知和办理时限等作了相应的改革配套。

（二）自贸区商事登记改革：上海

1. 2013 年 9 月 26 日，国家工商行政管理总局关于印发《国家工商行政管理总局关于支持中国（上海）自由贸易试验区建设的若干意见》（以下简称《意见》）的通知。

该意见明确，试点工商登记制度改革，优化试验区营商环境。试行注册资本认缴登记制，除法律、行政法规对公司注册资本实缴另有规定的外，其他公司试行注册资本认缴登记制。除法律、行政法规、国务院决定规定的企业登记前置许可事项外，在试验区内试行"先照后证"登记制度。试验区内试行将企业年度检验制度改为企业年度报告公示制度。试行外商投资广告企业项目备案制。

该意见指出，放宽注册资本登记条件，除法律、行政法规、国务院决定对特定行业注册资本最低限额另有规定的外，取消有限责任公司最低注册资本 3 万元、一人有限责任公司最低注册资本 10 万元、股份有限公司最低注册资本 500 万元的规定；不再限制公司设立时全体股东（发起人）的首次出资额及比例；不再限制公司全体股东（发起人）的货币出资金额占注册资本的比例；不再规定公司股东（发起人）缴足出资的期限。

该意见还提出，优化企业设立流程，提升试验区登记效能。授予试验区工商部门外资登记管理权，试验区内实行企业设立"一口受理"。试行新的营业执照样式，除《农民专业合作社法人营业执照》和《个体工商户营业执照》以外，将其他各类企业营业执照统一成一种样式。

此外，意见明确，转变市场主体监管方式，维护试验区市场秩序。建立以工商部门经济户籍库为基础的市场主体信用信息公示系统，推动社会诚信体系建设。创新市场主体监管方式，提升行政执法水平。

2. 2013 年 9 月 26 日，工商总局关于同意中国（上海）自由贸易试验区试行新的营业执照方案的批复，并颁发《中国（上海）自由贸易试验区试行新的营业执照方案》。为推进中国（上海）自由贸易试验区（以下简称"试验区"）工商登记制度改革试点，规范统一各类企业营业执照，创造公平竞争的营商环境，提升工商登记管理效能，结合试验区建设的实际需要，制定以下新营业执照试行方案。

（1）新营业执照的种类及适用范围。除《农民专业合作社法人营业执照》《个体工商户营业执照》外，将各类企业的营业执照统一成一种样式，即中国（上海）自由贸易试验区《企业营业执照》（以下简称"试验区营业执照"）。试验区营业执照适用于在试验区内登记的公司及分公司、非公司企业法人及其分支机构、个人独资企业及其分支机构、合伙企业及其分支机构、中外合作非法人企业、外国（地区）企业在中国境内从事生产经营活动。

（2）新营业执照的记载内容。①试验区营业执照正本正上方印有中华人民共和国国徽图案。②试验区营业执照名称下方显示"注册号"。注册号按照国家工商总局相关规定和标准生成，"注册号"后标注"中国（上海）自由贸易试验区"。③试验区营业执照内容区域留白，记载事项及其内容根据企业不同类型由系统自动打印生成。公司实行认缴登记制的，注册资本栏目中加注"（认缴，股东以其认缴的出资额或认购的股份为限对公司承担责任）"字样；公司实行实缴登记制的，注册资本栏目中加注"（实缴）"字样。公司营业执照上不再记载实收资本。其他各企业类型营业执照记载事项不变。④试验区营业执照右下方加盖登记机关印章；在印章下方记载"年月日"，显示企业最后一次登记日期。⑤试验区营业执照右下方统一印"中华人民共和国国家工商行政管理总局监制"字样。⑥试验区营业执照副本下方印有"须知"字样。内容为："a.《企业营业执照》是企业主体资格和合法经营的凭证。b.《企业营业执照》分为正本和副本，正本和副本具有同等法律效力。"

（3）新营业执照规格。①试验区营业执照分为正本和副本，均为竖版。正本规格为标准 A3 幅面（420×297mm），副本规格为标准 A4 幅面（297×210mm）。营业执照副本在执照名称下方加注"（副本）"字样，并增加"须知"栏，其他内容与正本相同。②试验区营业执照用防伪底纹设计，采用水印纸印制。

（4）关于其他特殊类型登记证的说明。考虑到外国（地区）企业常驻代表机构、企业集团的特殊性，上述主体或组织的登记证按照现行样式保持不变。

3. 2013 年 10 月 4 日，工商总局关于授予上海市工商行政管理局自由贸易试验区分局外商投资企业登记管理权的通知。根据《企业法人登记管理条例》《公司登记管理条例》《外商投资企业授权登记管理办法》的规定，国家工商行政管理总局对上海市工商行政管理局自由贸易试验区分局外商投资企业登记管理权的条件进行了审查，决定授予其外商投资企业登记管理权。

（1）上海市工商行政管理局自由贸易试验区分局外商投资企业登记管理范围为：①辖区内由上海市人民政府、中国（上海）自由贸易试验区管理委员会批准设立或备案的外商投资企业、外商投资企业分支机构，以及批准从事承包工程、承包或受托经营管理等生产经营活动的外国（地区）企业。②依法应当由国家工商行政管理总局登记管理而经其授权的。

（2）被授权的上海市工商行政管理局自由贸易试验区分局要认真贯彻《国家工商行政管理总局关于支持中国（上海）自由贸易试验区建设的若干

意见》的精神，进一步深化改革，加快职能转变，切实履行职责，提升登记管理效能，为试验区建设作出积极贡献。

4. 2014年3月6日，上海市工商行政管理局关于印发《中国（上海）自由贸易试验区企业年度报告公示办法（试行）》《中国（上海）自由贸易试验区企业经营异常名录管理办法（试行）》的通知。

中国（上海）自由贸易试验区企业年度报告公示办法（试行）

第一条（目的依据）

为进一步转变政府职能，推进企业信用信息公示，强化社会监督，依据《中华人民共和国公司法》《中国（上海）自由贸易试验区总体方案》《中国（上海）自由贸易试验区管理办法》和《国家工商行政管理总局关于支持中国（上海）自由贸易试验区建设的若干意见》的有关规定，结合中国（上海）自由贸易试验区（以下简称试验区）实际，制定本办法。

第二条（适用范围）

试验区内领取营业执照的企业法人、非法人企业及其分支机构（以下统称企业）的年度报告公示，适用本办法。

第三条（定义）

本办法所称企业年度报告公示，是指试验区内企业应当在每年3月1日至6月30日，通过电子身份认证登录上海市工商行政管理局门户网站（www.sgs.gov.cn）的企业信用信息公示系统向工商行政管理机关报送上一年度年度报告后，向社会公示。

当年设立登记的企业，自下一年起报送并公示年度报告。

第四条（年度报告信息公示）

企业法人的年度报告信息包括登记备案事项、注册资本缴付情况、资产状况、营运状况、企业从业人数及联系方式等。

非法人企业的年度报告信息包括登记备案事项、资产状况、营运状况、企业从业人数及联系方式等。

企业分支机构的年度报告信息包括登记备案事项、营运状况、联系方式等。

上述企业中，从事网络经营的企业还须申报网站或者网店名称、网址等信息。

第五条（审计要求）

属于下列企业之一的，还须提交会计师事务所出具的年度审计报告：

（一）上市公司；

（二）国有独资公司和国有控股公司；

（三）认缴注册资本在2000万元以上的公司；

（四）全年销售（营业）收入在2000万元以上（含2000万元）的公司；

（五）从事金融、证券、期货、保险、投资、担保、验资、评估、小额贷款、房地产开发、房地产经纪、留学中介、教育培训（咨询）、出入境中介、外派劳务中介、企业登记代理、废旧物资收购、民用爆炸物品、烟花爆竹、建筑施工等经营活动的公司制企业。

鼓励其他企业按照自愿原则提交年度审计报告。

第六条（信息公示责任）

企业对年度报告信息的真实性、合法性负责。

第七条（年报公示程序）

企业年度报告实施电子化网上报送方式，即企业使用电子身份认证实现网上提交、公示和存档，流程如下：

（一）登录。企业登录上海市工商行政管理局门户网站（www.sgs.gov.cn），凭法人一证通数字证书登录用户界面。

（二）填写。企业登录用户界面后点击"填写年度报告"按钮。网上申报系统将自动显示企业年度报告表式。年度报告由企业在线填写。

（三）报送。企业确认填写内容准确完整后点击"提交"按钮。

（四）公示。企业年度报告提交后，相关年度报告信息在企业信用信息公示系统向社会公示。

企业报送年度报告无需缴纳费用。

第八条（信息公示纠错）

企业发现其公示的年度报告信息存在错误、遗漏的，可以申请更正，更正前后内容同时公示。因信息错误、遗漏引起的法律责任由企业承担，企业对其申请更正内容的真实性、合法性负责。

企业年度报告公示信息应当在年度报告期间内修改。

第九条（信息异议处理）

任何单位和个人发现依照本办法第四条公示的信息存在隐瞒真实情况、弄虚作假情形的，可以向负责该企业登记的工商行政管理机关反映，由工商行政管理机关依法处理。

第十条（信息共享）

任何单位和个人可以通过企业信用信息公示系统，在网上查阅企业年度报告公示信息。

相关政府部门可以通过上海市法人信息共享与应用系统，信用征信机构可以通过政府公共信用信息服务平台查阅企业年度报告等相关信息。

第十一条（监督检查）

工商行政管理机关对企业年度报告公示内容进行抽查，发现企业存在隐瞒真实情况、弄虚作假情形的，应当依法处理。

抽查的具体办法由工商行政管理机关另行规定。

第十二条（法律后果）

工商行政管理机关将未按规定期限公示年度报告的企业载入经营异常名录，并在企业信用信息公示系统向社会公示。

企业自被载入经营异常名录之日起三年内履行年度报告公示义务的，可以申请恢复正常记载状态；连续三年未履行年度报告公示义务的，工商行政管理机关将其永久载入经营异常名录，不得恢复正常记载状态，并列入严重违法违规企业名单（"黑名单"）。

第十三条（信用监管）

企业被载入经营异常名录以及对此负有个人责任的法定代表人（负责人）的信息，纳入企业信用监管体系。

对被永久载入经营异常名录的企业负有个人责任的法定代表人（负责人），自企业被永久载入经营异常名录之日起三年内，不得担任其他企业的法定代表人（负责人）。该企业法定代表人（负责人）证明其不负有个人责任的除外。被永久载入经营异常名录的企业，列入严重违法违规企业名单（"黑名单"），并在企业信用信息公示系统向社会公示。

第十四条（有关用语解释）

本办法中"法定代表人（负责人）"，是指法人企业"法定代表人"、非法人企业"负责人"、合伙企业"合伙人"或"执行事务合伙人"、个人独资企业"投资人"，以及企业分支机构"负责人"。

第十五条（实施时间）

本办法自印发之日起施行。

中国（上海）自由贸易试验区企业经营异常名录管理办法（试行）

第一条（目的依据）

为进一步转变政府职能，健全市场监管体制，强化社会监督，依据《中华人民共和国公司法》、《中国（上海）自由贸易试验区总体方案》、《中国（上海）自由贸易试验区管理办法》和《国家工商行政管理总局关于支持中国（上海）自由贸易试验区建设的若干意见》的有关规定，结合中国（上海）自由贸易试验区（以下简称试验区）实际，制定本办法。

第二条（适用范围）

试验区内领取营业执照的企业法人、非法人企业及其分支机构（以下统称企业）的经营异常名录管理，适用本办法。

第三条（定义）

本办法所称企业经营异常名录，是指工商行政管理机关将企业未在规定期限内公示年度报告或通过住所（经营场所）无法与企业取得联系的情形汇集成名录，通过上海市工商行政管理局门户网站（www.sgs.gov.cn）的企业信用信息公示系统向社会予以公示。

第四条（管理机关）

工商行政管理机关记载由其登记的企业经营异常名录。

第五条（记载内容）

经营异常名录的记载内容包括企业名称、注册号、法定代表人（负责人）姓名、记载决定时间以及记载事由。

第六条（载入情形）

工商行政管理机关应当将有下列情形之一的企业载入经营异常名录：

（一）未按规定期限履行年度报告公示义务的；

（二）通过住所（经营场所）无法联系的。

第七条（住所或经营场所确认）

工商行政管理机关应当现场检查下列企业住所（经营场所），在现场未能联系到企业的，应当通过向住所（经营场所）邮寄确认函予以确认。

（一）企业新设立或者变更住所（经营场所）的；

（二）工商行政管理机关在登记管理过程中通过住所（经营场所）无法联系企业的；

（三）公民、法人或其他组织反映通过住所（经营场所）无法联系的。

第八条（邮寄送达）

自住所（经营地址）确认函挂号寄出之日起15日内，企业将法定代表人（负责人）

签收或加盖公章的住所（经营场所）确认函交回工商行政管理机关的，视为已取得联系；逾期未交回的，视为通过住所（经营场所）无法联系。

第九条（载出情形）

企业自被载入经营异常名录未满三年且符合下列情形之一的，可以向负责该企业登记的工商行政管理机关申请载出经营异常名录，恢复正常记载状态：

（一）因未按规定期限公示年度报告被载入经营异常名录，已履行公示年度报告义务的；

（二）因通过住所（经营场所）无法联系被载入经营异常名录，已办理住所（经营场所）变更登记；或向工商行政管理机关提出异议并提供证明材料，经查证属实的。

第十条（载出申请）

企业向工商行政管理机关申请载出经营异常名录，应当提交申请表及相关材料，并对申请材料内容的真实性负责。

第十一条（载出名录）

工商行政管理机关对企业提出的载出申请进行审核，符合本办法第九条所列情形的，应当将企业载出经营异常名录，恢复正常记载状态。

工商行政管理机关将企业载出经营异常名录后，载入和载出信息记录在企业信用信息公示系统予以公示。

第十二条（永久载入及告知）

企业连续三年被工商行政管理机关载入经营异常名录的，应当永久载入。

工商行政管理机关将企业永久载入经营异常名录之前，应当通过企业信用信息公示系统发布公告，告知企业拟永久载入经营异常名录的事实、理由及依据。

第十三条（载入异议）

自工商行政管理机关发布拟永久载入经营异常名录公告之日起30日内，企业有符合本办法第九条所列情形且工商行政管理机关作出决定载出经营异常名录的，不予永久载入经营异常名录。

第十四条（永久载入决定）

自工商行政管理机关发布拟作出永久载入经营异常名录公告之日起满30日，且无本办法第十三条所列情形的，工商行政管理机关应当将企业永久载入经营异常名录。

工商行政管理机关应当通过企业信用信息公示系统公示企业被永久载入经营异常名录信息。

第十五条（信用监管）

被载入经营异常名录的企业以及对此负有个人责任的法定代表人（负责人）的信息，纳入企业信用监管体系。

工商行政管理机关应当将被永久载入经营异常名录的企业列入严重违法违规企业名单（"黑名单"），并在企业信用信息公示系统向社会公示。

对被永久载入经营异常名录的企业负有个人责任的法定代表人（负责人），自企业被永久载入经营异常名录三年内，不得担任其他企业法定代表人（负责人）。

第十六条（记载撤销）

工商行政管理机关对载入经营异常名录或者永久载入经营异常名录有误的，经核实后,应当撤销载入或者撤销永久载入经营异常名录,并在企业信用信息公示系统取消记载内容和载入记录。

第十七条(法律责任)

工商行政管理机关及其工作人员在载入经营异常名录或者永久载入经营异常名录工作中滥用职权、玩忽职守、徇私舞弊的,以及利用载入经营异常名录或者永久载入经营异常名录的工作,索取或者收受他人财物或者谋取其他利益的,对直接负责的主管人员和其他责任人员,依法依纪追究相应责任。

第十八条(有关用语解释)

本办法中"住所(经营场所)",是指经依法登记并载于营业执照的法人企业"住所"、非法人企业"营业场所"、合伙企业"主要经营场所"、个人独资企业"住所",以及企业分支机构"营业场所"。

本办法中"法定代表人(负责人)",是指法人企业"法定代表人"、非法人企业"负责人"、合伙企业"合伙人"或"执行事务合伙人"、个人独资企业"投资人",以及企业分支机构"负责人"。

第十九条(实施时间)

本办法自印发之日起施行。

二、改革在全国范围铺开

1.2013年2月,党的十八届二中全会审议通过《国务院机构改革和职能转变方案》(以下简称《方案》),提出改革工商登记制度。

政府职能转变是深化行政体制改革的核心。这次国务院机构职能转变,要按照政府职能向创造良好发展环境、提供优质公共服务、维护社会公平正义转变的要求,适应加强市场监管、提供基本社会保障的需要,推进职能转移,着力解决政府与市场、政府与社会的关系问题,充分发挥市场在资源配置中的基础性作用,更好发挥社会力量在管理社会事务中的作用。推进职能下放,着力解决国务院部门管得过多过细问题,充分发挥中央和地方两个积极性。推进职能整合,着力解决职责交叉、推诿扯皮问题,提高行政效能。推进职能加强,着力解决国务院部门抓大事管宏观不够问题,改善和加强宏观管理,注重完善制度机制。通过推动职能转变,加快形成权界清晰、分工合理、权责一致、运转高效、法治保障的国务院机构职能体系,真正做到该管的管住管好,不该管的不管、不干预,切实提高政府管理科学化水平。

该方案针对国务院机构职能存在的突出问题,从六个方面提出措施,明确了职能转变的方向、原则和重点:

(1)充分发挥市场在资源配置中的基础性作用。在社会主义市场经济条件下,该由市场发挥作用的应交给市场,上项目、做投资要更多由企业自主决策。目前,市场准入和就业门槛较高,企业和个人办事难、成本高的问题比较突出。为从体制机制上最大限度地给各类市场主体松绑,激发企业和个人创业的积极性,该方案提出:一是要减少投资项目审批,最大限度地缩小审批、核准、备案范围，切实落实企业和个人投资自主权。对确需审批、核准、备案的项目，要简化程序、限时办结。同时，为避免重复投资和无序竞争，强调要加强土地使用、能源消耗、污染排放等管理，发挥法律法规、发展规划、产业政策的约束和引导作用。二是要减少生产经营活动审批事项，按照行政审批制度改革原则，最大限度地减少对生产经营活动和产品物品的许可，最大限度地减少对各类机构及其活动的认定等非许可审批。三是要减少资质资格许可，对不符合行政许可法规定的，一律予以取消；按规定需要对企业事业单位和个人进行水平评价的，改由有关行业协会、学会具体认定。四是要减少行政事业性收费，取消不合法、不合理的行政事业性收费和政府性基金项目，降低收费标准，建立健全政府非税收入管理制度。五是逐步改革工商登记制度，将"先证后照"改为"先照后证"，并将注册资本实缴登记制改为认缴登记制，放宽工商登记其他条件。改革后，各有关部门要大力推进商务诚信建设，加强对市场主体、市场活动监督管理，切实做到"宽进严管"。为严格控制新设行政审批项目，防止边减边增，今后一般不新设许可，因特殊需要确需新设的，必须严格遵守《行政许可法》的规定，加强合法性、必要性和合理性审查论证，同时抓紧规范非许可审批项目的设定和实施。

(2) 更好发挥社会力量在管理社会事务中的作用。党的十八大提出，中国特色社会主义是亿万人民自己的事业，要最广泛地动员和组织人民依法管理国家事务和社会事务、管理经济和文化事业。让人民群众通过社会组织依法实行自我管理、自我服务和参与社会事务管理，有利于更好地发挥人民的主人翁精神，推动社会和谐发展。目前，我国社会组织既培育发展不足，又规范管理不够，主要体现在成立社会组织的门槛过高，社会组织未经登记开展活动较为普遍，一些社会组织行政化倾向明显，现行管理制度不适应社会组织规范发展需要。为加快形成政社分开、权责明确、依法自治的现代社会组织体制，根据党的十八大精神和中央有关规定，该方案提出，改革社会组织管理制度：一是逐步推进行业协会商会与行政机关脱钩，引入竞争机制，探索一业多会，以改变行业协会商会行政化倾向，增强其自主性和活力。二是重点培育、优先发展行业协会商会类、科技类、公益慈善类、城乡社区服务类社会组织。成立这些社会组织，可直接向民政部门依法申请登记，不再需要业务主管单位审查同意。民政部门要依法加强登记审查和监督管理，切实履行职责。考虑到政治法律类、宗教类等社会组织以及境外非政府组织在华代表机构的情况比较复杂，成立这些社会组织，在申请登记前，仍需要经业务主管单位审查同意。三是坚持一手抓积极引导发展、一手抓严格依法管理，建立健全统一登记、各司其职、协调配合、分级负责、依法监管的社会组织管理体制，健全管理制度，推动社会组织完善内部治理结构，促进社会组织健康有序发展。

（3）充分发挥中央和地方两个积极性。我国地域辽阔，地区之间经济社会发展不平衡，国务院部门管得过多过细，既管不了管不好，又不利于地方因地制宜主动开展工作。为更好发挥地方政府贴近基层、就近管理的优势，该方案提出：一是下放投资审批事项，对已列入国家有关规划需要审批的项目，除特定情况和需要总量控制的外，在按行政审批制度改革原则减少审批后，一律由地方政府审批。对国家扶持地方的一些项目，国务院部门只确定投资方向、原则和标准，具体由地方政府安排。地方政府也要按照这一精神，大幅度减少投资项目审批，进一步优化投资环境。二是下放生产经营活动审批事项。凡直接面向基层、量大面广或由地方实施更方便有效的生产经营活动审批，一律下放地方。三是减少专项转移支付，大幅度减少、合并中央对地方专项转移支付项目，增加一般性转移支付规模和比例，将适合地方管理的专项转移支付项目审批和资金分配工作下放地方，为地方政府更好地履行职能提供财力保障。改革后，地方政府要增强大局意识，更好地肩负起严格执行国家法律法规和宏观政策的责任，国务院部门要加强监督管理，确保有令必行、有禁必止。在下放过程中，要避免发生一放就乱、一乱就收的问题。同时，依照有关法律规定，当发生严重影响国民经济正常运行的紧急情况时，国务院或者国务院授权的主管部门可以采取保障、控制等必要的应急措施。

（4）优化职能配置。目前，国务院部门职责分工不尽合理，存在不少职责交叉、分散问题，有的问题长期得不到解决，严重影响行政效率和政府权威。为进一步理顺部门职责关系，实现资源共享，最大限度地整合分散在国务院不同部门相同或相似的职责，该方案提出了三个方面的整合重点：一是按照同一件事由一个部门负责的原则，整合房屋登记、林地登记、草原登记、土地登记的职责，整合城镇职工基本医疗保险、城镇居民基本医疗保险、新型农村合作医疗的职责等，分别由一个部门承担。二是整合业务相同或相近的检验、检测、认证机构，解决这些机构过于分散、活力不强的问题。三是整合建立统一规范的公共资源交易平台、信用信息平台，推动资源共享、提高效能。对其他职责交叉、分散问题，也要按照上述原则整合解决。

（5）改善和加强宏观管理。目前，国务院部门事务性工作多，宏观管理职能还需要进一步加强。据此，该方案提出：一是强化发展规划制订、经济发展趋势研判、制度机制设计、全局性事项统筹管理、体制改革统筹协调等职能。完善宏观调控体系，强化宏观调控措施的权威性和有效性，维护法制统一、政令畅通。消除地区封锁，打破行业垄断，维护全国市场的统一开放、公平诚信、竞争有序。二是加强社会管理能力建设，创新社会管理方式。公平对待社会力量提供医疗卫生、教育、文化、群众健身、社区服务等公共服务,加大政府购买服务力度。三是国务院各部门必须加强自身改革,大力推进本系统改革。对已明确的改革职责必须坚决履行,对已确定的改革任务必须坚决完成,对已出台的改革措施必须坚决落实。至于完善体制改革协调机制问题,由于涉及经济体制、政治体制、文化体制、社会体制、生态文明体制等方方面面,需要进一步听取各方面意见后统筹考虑。

(6)加强制度建设和依法行政。建设职能科学、结构优化、廉洁高效、人民满意的服务型政府,提高政府依法行政水平,需要把治国理念转化为制度体制机制,加强事关长远的制度机制整体设计,加快法治政府建设。据此,该方案提出:一是加强基础性制度建设。建立不动产统一登记制度,以更好地落实《物权法》规定,保障不动产交易安全,有效保护不动产权利人的合法财产权。建立以公民身份证号码和组织机构代码为基础的统一社会信用代码制度,从制度上加强和创新社会管理,并为预防和惩治腐败夯实基础。二是加强依法行政。完善依法行政的制度,提高制度质量。健全科学民主依法决策机制,建立决策后评估和纠错制度。严格依照法定权限和程序履行职责,确保法律、行政法规有效执行。深化政务公开,建立健全各项监督制度,让人民监督权力。

宪法和法律是政府工作的根本准则。全面落实依法治国基本方略、推进依法行政,国务院和国务院各部门肩负着重要责任。要带头维护宪法法律权威,善于运用法治思维和法治方式深化改革、推动发展、化解矛盾、维护稳定。要以政府带头守法、严格执法,引导、教育、督促公民、法人和其他组织依法经营、依法办事。

2.2013年3月1日,《深圳经济特区商事登记若干规定》正式实施。当天,深圳、珠海启用新版营业执照。2013年2月20日,国家工商总局下发《工商总局关于同意广东省商事登记营业执照改革方案的批复》(工商企字〔2013〕36号)。该批复原则同意《广东省商事登记营业执照改革方案》,3月1日起在深圳、珠海两地试行改革后的营业执照。此前,2012年10月30日,深圳市人大常委会通过《深圳经济特区商事登记若干规定》(以下简称《若干规定》),2012年11月29日,珠海市人大常委会通过《珠海经济特区商事登记条例》(以下简称《登记条例》),上述两部特区商事登记法规均定于2013年3月1日起施行。《若干规定》《登记条例》均规定,自2013年3月1日起一年内,本地区的商事主体应向原登记机关申请换领商事主体营业执照。在深圳、珠海市试行的新版营业执照,是商事登记改革试点的一大亮点,主要体现在以下方面:

(1)新版营业执照种类大幅精简。目前使用的各类营业执照(登记证)达18种,营业执照的种类过多,且记载事项设置不一、规格也不尽一致,每类营业执照均对应特定的申请表格等,无论是对申请人还是企业登记机关,都造成不同程度的困扰,增加了办事成本和行政成本。营业执照样式改革后,除了特殊的农民专业合作社营业执照、企业集团登记证、外国(地区)企业常驻代表机构登记证暂不作调整以外,其余15种营业执照精简为4类,分别是《企业法人营业执照》《非法人企业营业执照》《分支机构营业执照》和《个体工商户营业执照》。

(2)新版营业执照不再记载经营范围。根据深圳和珠海的特区立法,商事主体的经营范围由章程、协议、申请书等确定。经营范围的核定是长期困扰企业及登记机关的问题。深圳、珠海经济特区商事登记改革中,商事主体的经营范围不再作为登记事项(改为备案事项),将确定经营范围的权利交回给企业,体现了商事登记从"审批许可"向"核准登记"的转变,以及"有限政府"的转变。通过经营范围核定制度的改革,进一步厘清政府与市场的关系,引导商事主体自主经营、诚信经营,营造诚实守信的营商环境。改革后的营业执照不再记载企业的经营范围,但社会公众可以通过政府信息公示平台查询。

(3)新版营业执照不再记载"注册资本、实收资本"。根据深圳和珠海的特区立法,有限责任公司实行注册资本认缴登记制度。此前,对注册资本的制度设计,因存在"玻璃门"现象而被经常质疑。一方面,验资手续的繁琐增加了企业负担,有关出资规定也限制了公司自治权利。另一方面,现行注册资本验资制度不能真实反映企业的资产实力,而且在某种意义上成为滋生"两虚一逃"违法行为的制度性原因,与适应社会主义市场经济规律和尊重商事主体意思自治不符。注册资本改革,旨在淡化"注册资本"的信用担保功能,转变保障交易安全的管理方式。改革后的营业执照不再记载注册资本、实收资本,体现了商事登记改革的理念,也有利于引导社会公众走出注册资本误区,正确理解商事登记的实质。

(4)新版营业执照设置"重要提示"栏。重要提示栏的内容,除了重点提示商事登记经营范围和注册资本制度的改革,还注明了商事主体经营范围、出资情况、营业期限和许可审批项目、年报及监管等信息的查询方法。一方面,有利于改革的平稳衔接,强化商事主体的社会监管和部门监管;另一方面,随着营业执照记载事项的相应精简,了解商事主体基本信息的渠道不再主要依赖营业执照,而是通过查询商事主体公示信息的方式,符合现代经济社会信息化发展的趋势。

另外,深圳、珠海市企业登记机关对实施商事登记所需的有关登记申请文书表格、办理须知和办理时限等作了相应的改革配套。

3. 2013年3月14日,十二届全国人大一次会议提出将注册资本实缴登记制改为认缴登记制,并放宽工商登记其他条件。实行注册资本认缴登记制是注册资本登记制度改革的方向。实行注册资本认缴登记制并没有改变公司股东以其认缴的出资额承担责任的规定,也没有改变承担责任的形式。股东(发起人)要按照自主约定以及公司章程的记载认缴出资额,按照约定的出资方式和出资期限向公司缴付出资,股东(发起人)未按约定实际缴付出资的,要根据法律和公司章程承担民事责任。如果股东(发起人)没有按约定缴付出资,已按时缴足出资的股东(发起人)或者公司本身都可以追究该股东的责任。如果公司发生债务纠纷或依法解散清算,没有缴足出资的股东(发起人)应先缴足出资。因此,这就要求公司的股东(发起人)在认缴出资时要充分考虑到自身所具有的投资能力,理性地作出认缴承诺,并践诺守信。

认缴金额、出资时间虽是公司股东(发起人)内部的自行约定,但也要切合实际,比如股东认缴的注册资本应当与公司规模、股东自身经济实力相匹配等。出资时间应当为固定期限,且符合公司经营实际,不得约定为无期限或超过公司的经营期限。认缴并非不缴,股东仍需依章程规定按期足额缴纳注册资本,认缴出资为货币资金的应足额存于公司账户,非货币资金应交付公司或完成过户手续。股东未按照约定实际缴付出资,是要依法承担民事责任的。工商部门也会对公司申报的出资额、出资期限等进行备案,股东实际缴纳的金额也会在年度报告时进行公示。如果股东未按期足额缴纳认缴出资的,将依法进行处理,并向社会公示。

4. 2013 年 6 月,国家工商行政管理总局(以下简称"国家工商总局")分别在浙江杭州和北京召开工商登记制度改革方案座谈会。2013 年 6 月 7 日和 8 日,国家工商总局分别在杭州和北京召开工商登记制度改革方案座谈会,与会代表就将注册资本实缴登记制改为认缴登记制等放宽工商登记条件、实行"宽进严管"等议题进行了座谈。国家工商总局党组书记、局长张茅出席座谈会并讲话。

听取代表发言后,张茅指出,十八届二中全会提出改革工商登记制度,十二届全国人大一次会议审议批准的《国务院机构改革和职能转变方案》将改革工商登记制度作为国务院机构职能转变的一项重要内容。全系统要充分认识工商登记制度改革的重大意义,在总结试点地区经验的基础上,做好工商登记制度改革方案的制订完善工作,稳步推进工商登记制度改革。

张茅强调,工商登记制度改革是一项综合改革,各地工商部门要在当地党委、政府领导下,加强与其他相关部门的沟通和协作,主动争取支持,深入研究,积极推进。改革只有进行时没有完成时,要科学认识政府与市场、政府与社会的关系,凝心聚力,扎实做好工商登记制度改革工作。

国务院作出改革工商登记制度部署后,国家工商总局党组迅速启动工商登记制度改革方案起草工作,经内部多次研讨后,提出了初步改革意见,并组织专人先后到广东、浙江、天津、福建等省市调研,深入基层广泛听取意见建议，梳理地方改革的经验做法。在汇总整理各方意见建议的基础上，国家工商总局组织召开 7 个专题论证会，邀请不同领域、部门的专家和专业人才，对改革实施方案的主要内容进行了论证。26 个省区市工商局主要负责同志参加座谈会并发言。

5. 2013 年 9 月，国家工商总局审议通过《国家工商行政管理总局关于支持中国（上海）自由贸易试验区建设的若干意见》。2013 年 9 月 16 日，国家工商总局局务会议审议通过《国家工商行政管理总局关于支持中国（上海）自由贸易试验区建设的若干意见》，并于 9 月 26 日印发给上海市工商局贯彻执行。

9 月 26 日，国家工商总局作出关于同意中国（上海）自由贸易试验区试行新的营业执照方案的批复，要求上海市工商局根据《中国（上海）自由贸易试验区总体方案》，结合试验区实际，进一步加强组织领导，完善登记规则，强化后续监管，努力营造有利于试验区内各类企业健康发展、有利于市场秩序稳定有序的市场主体准入环境，在试验区早日形成可复制、可推广的经验，高质量地服务企业健康发展，为推动试验区建设作出积极贡献。

（1）试行注册资本认缴登记制。除法律、行政法规对公司注册资本实缴另有规定的外，其他公司试行注册资本认缴登记制。试行认缴登记制后，工商部门登记公司全体股东、发起人认缴的注册资本或认购的股本总额（即公司注册资本），不登记公司实收资本。公司股东（发起人）应当对其认缴出资额、出资方式、出资期限等自主约定，并记载于公司章程。有限责任公司的股东以其认缴的出资额为限对公司承担责任，股份有限公司的股东以其认购的股份为限对公司承担责任。公司应当将股东认缴出资额或者发起人认购股份、出资方式、出资期限、缴纳情况通过市场主体信用信息公示系统向社会公示。公司股东（发起人）对缴纳出资情况的真实性、合法性负责。放宽注册资本登记条件，除法律、行政法规、国务院决定对特定行业注册资本最低限额另有规定的外，取消有限责任公司最低注册资本 3 万元、1 人有限责任公司最低注册资本 10 万元、股份有限公司最低注册资本 500 万元的规定，不再限制公司设立时全体股东（发起人）的首次出资额及比例，不再限制公司全体股东（发起人）的货币出资金额占注册资本的比例，不再规定公司股东（发起人）缴足出资的期限。

（2）试行"先照后证"登记制。除法律、行政法规、国务院决定规定的企业登记前置许可事项外，在试验区内试行"先照后证"登记制度。试验区内企业向工商部门申请登记、取得营业执照后即可从事一般生产经营活动；经营项目涉及企业登记前置许可事项的，在取得许可证或者批准文件后，向工商部门申领营业执照；申请从事其他许可经营项目的，应当在领取营业执照及许可证或者批准文件后，方可从事经营活动。

(3) 试行年度报告公示制。试验区内试行将企业年度检验制度改为企业年度报告公示制度。企业应当按年度在规定的期限内,通过市场主体信用信息公示系统向工商部门报送年度报告,并向社会公示,任何单位和个人均可查询。企业对年度报告的真实性、合法性负责。建立经营异常名录制度,通过市场主体信用信息公示系统,记载未按规定期限公示年度报告的企业。

(4) 试行外商投资广告企业项目备案制。在试验区内申请设立外商投资广告企业的,在试验区内的外商投资企业申请增加广告经营业务的,以及在试验区内的外商投资广告企业申请设立分支机构的,不再受现行《外商投资广告企业管理规定》第9~11条的限制,同时取消对试验区内外商投资广告企业的项目审批和设立分支机构的审批,改为备案制。试验区内外商投资广告企业设立后需要更换合营方或转让股权、变更广告经营范围和变更注册资本的,无须另行报批,改为备案制,可直接办理企业变更登记。

(5) 授予试验区工商部门外资登记管理权。试验区工商部门负责辖区内由上海市人民政府及其授权部门批准设立及备案的外商投资企业的登记注册和监督管理。

(6) 试验区内实行企业设立"一口受理"。支持试验区工商部门按照上海市人民政府的要求,企业设立可以通过电子数据交换或者现场办理的方式申报材料,由工商部门统一接收申请人向各职能部门提交的申请材料,统一送达许可决定、备案文书和相关证照。

(7) 试行新的营业执照样式。除农民专业合作社法人营业执照、个体工商户营业执照以外,将其他各类企业营业执照统一成一种样式。

6. 2013年10月25日,国务院总理李克强主持召开国务院常务会议,部署推进公司注册资本登记制度改革,降低创业成本,激发社会投资活力。国务院总理李克强2013年10月25日主持召开国务院常务会议,部署推进公司注册资本登记制度改革,降低创业成本,激发社会投资活力。

会议指出,改革注册资本登记制度,放宽市场主体准入,创新政府监管方式,建立高效透明公正的现代公司登记制度,是新一届政府转变职能总体部署和改革方案中又一项重要举措,目的是为了进一步简政放权,构建公平竞争的市场环境,调动社会资本力量,促进小微企业特别是创新型企业成长,带动就业,推动新兴生产力发展。将这一改革举措全面推开,十分必要。这样做不仅顺应广大市场主体的热切期盼,有利于扩大社会投资,巩固经济稳中向好的发展态势,而且符合新技术、新产业、新业态等新兴生产力发展的要求,有利于建设服务型政府,减少对市场的微观干预,保障劳动创业权利,营造良好营商环境,创造更多就业机会,使人民群众在深化改革、不断解放和发展生产力中更多受益。

会议强调,推行注册资本登记制度改革,就是要按照便捷高效、规范统

一、宽进严管的原则，创新公司登记制度，降低准入门槛，强化市场主体责任，促进形成诚信、公平、有序的市场秩序。会议明确了改革的主要内容：一是放宽注册资本登记条件。除法律、法规另有规定外，取消有限责任公司最低注册资本 3 万元、1 人有限责任公司最低注册资本 10 万元、股份有限公司最低注册资本 500 万元的限制；不再限制公司设立时股东（发起人）的首次出资比例和缴足出资的期限。公司实收资本不再作为工商登记事项。二是将企业年检制度改为年度报告制度，任何单位和个人均可查询，使企业相关信息透明化。建立公平规范的抽查制度，克服检查的随意性，提高政府管理的公平性和效能。三是按照方便注册和规范有序的原则，放宽市场主体住所（经营场所）登记条件，由地方政府具体规定。四是大力推进企业诚信制度建设。注重运用信息公示和共享等手段，将企业登记备案、年度报告、资质资格等通过市场主体信用信息系统予以公示。推行电子营业执照和全程电子化登记管理，与纸质营业执照具有同等法律效力。完善信用约束机制，将有违规行为的市场主体列入经营异常的"黑名录"，向社会公布，使其一处违规、处处受限，提高企业"失信成本"。五是推进注册资本由实缴登记制改为认缴登记制，降低开办公司成本。在抓紧完善相关法律法规的基础上，实行由公司股东（发起人）自主约定认缴出资额、出资方式、出资期限等，并对缴纳出资情况真实性、合法性负责的制度。

会议强调，改革注册资本登记制度涉及面广、政策性强，要抓紧依照法定程序推进相关法律法规的修订工作。各地区、各有关部门要密切配合，加快制定完善配套措施。各省级政府要按照统一标准和规范，抓紧建设本地区的市场主体信用信息公示系统。工商行政管理部门要优化流程、完善制度，确保改革前后管理工作平稳过渡。要强化企业自我管理、行业协会自律和社会组织监督的作用，提高市场监管水平，切实让这项改革举措"落地生根"，进一步释放改革红利，激发创业活力，催生发展新动力。

7. 2013 年 11 月 12 日，党的十八届三中全会通过《中共中央关于全面深化改革若干重大问题的决定》（以下简称《决定》）。该决定指出，推进工商注册制度便利化，削减资质认定项目，由"先证后照"改为"先照后证"，把注册资本实缴登记制逐步改为认缴登记制。

8. 2013 年 11 月，全国部分改革试验区企业登记管理工作座谈会在深圳召开。全国部分改革试验区企业登记管理工作座谈会于 2013 年 11 月 28 日至 29 日在深圳召开。国家工商总局党组副书记、副局长刘玉亭在座谈会上对改革试点地区和试验区为推进工商登记制度改革作出的贡献给予充分肯定。他强调，要认真学习、深刻理解、积极贯彻党的十八届三中全会精神，大力推进工商注册制度便利化。

刘玉亭说，部分改革试验区企业登记管理工作座谈会同前几年相比，形势和任务都发生了很大的变化。前几年是面对工商登记和工商行政管理工作出现的问题，从工商登记的社会功能作用出发，就工商登记改革的方向、目标、内容、步骤、条件等，统一思想认识，探讨方式方法，鼓励先行先试，争取各级党委、政府和社会各界的支持，积极稳妥推进。经过这些年的探索和实践，工商登记制度改革的目标越来越明确，内容越来越清晰，步伐越来越坚定，成效越来越明显，改革正在由局部地区某些方面的先行先试推向全国范围全面深化。

刘玉亭指出，在这一改革历史进程中，各个试验区特别是以广东、上海等地为代表的工商登记制度改革试点地区，科学把握工商登记的内在规律，把握工商登记制度改革的基本要求，解放思想，大胆实践，勇于开拓，敢于尝试，为激发当地市场活力、营造良好发展环境、加快政府职能转变作出了积极贡献，为全国工商登记制度改革提供了许多宝贵的、行之有效的经验。

在认真听取了广东、深圳、北京、天津、上海、江苏、福建、重庆、宁波、厦门、广州、成都、珠海、东莞、顺德等省、市、区工商局（市场监督管理局）的发言之后，刘玉亭强调指出，党的十八届三中全会作出的决定，对工商登记工作提出了明确要求。三中全会决定提出"推进工商注册制度便利化"，进一步明确了工商登记制度改革的最终目的。工商登记制度改革就是要实现注册制度的便利化。从十八届二中全会到三中全会，由政府机构的职能转变到全面深化改革，我们对工商登记制度改革的认识进一步深化，方向进一步明确，工商注册在现代市场体系建设中的重要地位进一步确立。从着眼政府职能转变拓展到更加注重良好创业氛围的形成，是实现全面深化改革总目标的必然要求。改革的总目标提出："让一切劳动、知识、技术、管理、资本的活力竞相迸发，让一切创造社会财富的源泉充分涌流。"这也是改革试点实践探索成效的提升，是市场在资源配置中起决定性作用和更好地发挥政府作用的体现。

刘玉亭强调，这一改革举措要求我们进一步转变角色，把注册便利化放在更加重要的位置。在制度安排上，怎样便利投资者就怎样改革；在工作流程上，怎样便利投资者就怎样改进；在管理权限上，怎样便利投资者就怎样划分；在技术手段上，怎样便利投资者就怎样运用。推进工商注册便利化，主要包括以下八个方面的内容：

（1）改革注册资本登记制度，把实缴登记制逐步改为认缴登记制。实行由公司股东（发起人）自主约定认缴出资额、出资方式、出资期限，并对出资情况的真实性、合法性负责。这是落实党的十八大提出的着力激发各类市场主体发展新活力的重要措施，是一项最具普遍意义的改革，涉及面最广，受惠群众最多，影响最大。这项改革将使更多的人用自己的知识、技术和智慧创新兴业，创造新市场，带动新就业。三中全会决定要求"逐步"把实缴登记制改为认缴登记制，含义深刻，表明这项改革是长期的任务，不能毕其功于一役，需要分步研究，分步实施。

（2）放宽注册资本登记条件。取消注册资本的最低限额，除法律法规另有规定外，不再限制公司设立时股东（发起人）的首次出资比例和缴足出资的期限。发挥市场在资源配置中的决定性作用，随着注册资本逐步由实缴制改为认缴制，原来的设限规定会有相当一部分失去实际意义，注册资本登记条件将进一步放宽。

（3）放宽市场主体住所（经营场所）条件。市场主体的住所（经营场所）必须进行工商注册，所做的改革是管理权限的下放。改革前实行全国统一登记条件。改革后，由地方政府按照方便注册和规范有序的原则作出具体规定。从试点地区的情况看，制定的具体规定都充分考虑了地方经济社会发展的目标和要求，特别是城市管理的需要，体现了群众的意愿。

（4）取消企业名称预先核准。工商行政管理部门把掌握的企业名称数据库对社会开放，并依法明确企业名称禁止性规定。创业者可以自己到企业名称库中查询，自己判定是否违反规定，是否与已有的公司重名、相近，会不会引起公众误解，自己决定用什么名称，直接到工商部门注册。企业叫什么名字，是企业的权利，应该由企业来行使，当然，在行使权利的同时要承担责任，并对相应的后果负责。这项改革涉及面更加广泛，对于推动工商注册便利化更具普遍意义。

（5）减少营业执照种类和文书格式。现在多种类的营业执照和文书格式是在市场经济体制建立的过程中，随着有关法律法规的陆续颁布实施而逐渐形成的，在当时是适应经济社会发展和市场监管需要的。但随着市场经济的不断发展，这种做法暴露出明显的弊端，不改变就不能适应工商注册制度便利化的要求。

（6）加快推进工商注册全程电子化和电子营业执照。这是工商注册便利化大力推进的技术保障，也是大势所趋。目前，电子营业执照与纸质营业执照都是市场主体从事经营活动的合法凭证。长远来看，电子营业执照将是市场主体从事经营活动唯一的合法凭证。电子营业执照不是纸质营业执照的电子复印件。电子营业执照与纸质营业执照相比应更方便、公示性更强、信息量更大，必须实行登记注册全程电子化，网上申请，网上发放。在发给申请人营业执照的同时通过信用信息公示系统向社会告知，申请者在领到电子营业执照的同时，其他市场主体和社会成员就可以在网上看到同一个执照，看到营业执照就可以看到持照者的基础信息和最新的应公示信息。发照单位依法吊销电子营业执照通过相应的操作，在通知持照者的同时向社会公示告知该营业执照失去法律效力，或者在网上将该执照删除。发放电子营业执照不能收费，或者不能高于纸质营业执照的收费，不能增加企业负担。建立企业信用信息公示系统更好地服务企业，是建设服务政府的内容，是政府行为。有条件的地方可以快一些；尚不具备条件的，可以创造条件、争取条件，但一开始方向、目标就必须明确。

（7）优化服务方式，提升服务水平。要经常教育窗口的工作人员，牢固树立党的宗旨意识，不断增强责任心，熟练掌握各项制度规定和工作流程，规范服务行为，优化服务方式，尽职尽责、尽心尽力为各类市场主体服务。

（8）削减资质认定项目，由"先证后照"改为"先照后证"。这项改革措施需要众多部门共同实施。开始试点的地方，要继续大胆地试，为全国制定统一的工商注册前置目录提供更多的实践依据。许可事项无论是前置还是后置，监管职责一定要明确。要从制度上为所有依法在工商部门注册的市场主体，而不是哪一类或哪几类市场主体提供便利化服务。

刘玉亭最后强调，大力推进工商注册制度便利化，必须抓住几个关键。要统一思想，深刻认识推进工商注册制度便利化改革的重大意义。要深化对市场主体信用信息公示系统的理解，抓紧抓好信用信息公示系统建设，努力把系统建设成为市场主体信用信息的公示系统和社会公共服务的重要平台。要依法有序，先立后破，在法律框架下推进改革，希望试点地区、改革试验区和其他地区互相学习，互相借鉴。要大力加强宣传工作，注重宣传引导，使改革更加深入人心，从事登记注册工作的人员要首先通过在窗口一线的工作，积极宣传工商注册制度改革的目的、意义、方式、方法，随着改革的不断推进，全国工商系统都要做好工商注册制度改革政策的宣传解读，引导社会正确认识改革的意义和市场主体的责任，广泛参与诚信体系建设，在全社会形成理解改革、关心改革、支持改革的良好氛围，确保改革顺利推进。

9. 2013年12月28日，十二届全国人大常委会第六次会议审议通过了关于修改《公司法》的决定，自2014年3月1日起施行。第十二届全国人民代表大会常务委员会第六次会议对《中华人民共和国公司法》作出的修改：

（1）删去第七条第二款中的"实收资本"。

（2）将第二十三条第二项修改为："（二）有符合公司章程规定的全体股东认缴的出资额"。

（3）将第二十六条修改为："有限责任公司的注册资本为在公司登记机关登记的全体股东认缴的出资额。

"法律、行政法规以及国务院决定对有限责任公司注册资本实缴、注册资本最低限额另有规定的，从其规定。"

（4）删去第二十七条第三款。

（5）删去第二十九条。

（6）将第三十条改为第二十九条，修改为："股东认足公司章程规定的出资后，由全体股东指定的代表或者共同委托的代理人向公司登记机关报送公司登记申请书、公司章程等文件，申请设立登记。"

（7）删去第三十三条第三款中的"及其出资额"。

（8）删去第五十九条第一款。

（9）将第七十七条改为第七十六条，并将第二项修改为："（二）有符合公司章程规定的全体发起人认购的股本总额或者募集的实收股本总额"。

（10）将第八十一条改为第八十条，并将第一款修改为："股份有限公司采取发起设立方式设立的，注册资本为在公司登记机关登记的全体发起人认购的股本总额。在发起人认购的股份缴足前，不得向他人募集股份。"

第三款修改为："法律、行政法规以及国务院决定对股份有限公司注册资本实缴、注册资本最低限额另有规定的，从其规定。"

（11）将第八十四条改为第八十三条，并将第一款修改为："以发起设立方式设立股份有限公司的，发起人应当书面认足公司章程规定其认购的股份，并按照公司章程规定缴纳出资。以非货币财产出资的，应当依法办理其财产权的转移手续。"

第三款修改为："发起人认足公司章程规定的出资后，应当选举董事会和监事会，由董事会向公司登记机关报送公司章程以及法律、行政法规规定的其他文件，申请设立登记。"

（12）删去第一百七十八条第三款。

10. 2014年2月7日，国务院印发《注册资本登记制度改革方案》。

2月7日国务院正式印发《国务院关于印发注册资本登记制度改革方案的通知》（以下简称《方案》），部署在全国范围内实施注册资本登记制度改革。改革工商登记制度，推进工商注册制度便利化，是党中央、国务院作出的重大决策。改革注册资本登记制度，是深入贯彻党的十八大和十八届二中、三中全会精神，在新形势下全面深化改革的重大举措，对加快政府职能转变、创新政府监管方式、建立公平开放透明的市场规则、保障创业创新，具有重要意义。

该方案提出，要坚持社会主义市场经济改革方向，加快政府职能转变，按照便捷高效、规范统一、宽进严管的原则，进一步放松对市场主体准入的管制，降低准入门槛，进一步转变监管方式，强化信用监管，进一步扩大社会监督，促进社会共治，激发各类市场主体创造活力，增强经济发展内生动力。

该方案从五个方面提出优化营商环境的改革措施：一是实行注册资本认缴登记制，由公司股东（发起人）自主约定认缴出资额、出资方式、出资期限等，并对缴纳出资情况真实性、合法性负责。二是放宽注册资本登记条件。除法律、法规另有规定外，取消公司注册资本最低限额，不再限制公司设立时股东（发起人）的首次出资比例和缴足出资的期限。公司登记无需提交验资报告。三是将企业年检制度改为年度报告公示制度，任何单位和个人均可查询。四是简化市场主体住所（经营场所）登记手续，由地方政府具体规定条件。五是推行电子营业执照和全程电子化登记管理。

为了维护统一开放、公平诚信、竞争有序的市场秩序，该方案提出，要调动各方面积极性，加强市场主体监管。一是构建市场主体信用信息公示体系，完善信息公示制度，以企业法人国家信息资源库为基础建设市场主体信用信息公示系统，将企业登记备案、监管、年度报告、资质资格等信息通过市场主体信用信息系统予以公示。二是大力推进企业诚信制度建设，完善信用约束机制，将有违规行为的市场主体向社会公布，使其"一处违法、处处受限"。三是行政机关配合司法机关强化司法救济，保护市场主体民事权利，强化刑事惩治，依法惩处破坏社会主义市场经济秩序的犯罪行为。四是强化社会监督，发挥行业协会、专业服务机构、信用评价机构等社会组织的监督作用。五是强化企业主体责任，健全企业自我管理机制。六是加强市场主体经营行为监管，各职能部门依法履行监管职责，强化部门间协调配合。

注册资本登记制度改革涉及面广、政策性强。国务院要求各地区、各部门加强组织领导，协调推进改革。有关部门要加快制定和完善配套监管制度，强化后续监管。加快与改革措施配套的信息化建设，充分利用信息化手段创新政府管理方式，提高服务效能。加快完善市场主体准入与监管的法律法规，开展相关规章和规范性文件的"立、改、废"工作。

全国人大常委会已对《中华人民共和国公司法》进行了修订，并自2014年3月1日起施行。对需要修改的《公司登记管理条例》等行政法规，国务院将于近期审定公布，为注册资本登记制度改革提供法制保障。

11. 2014年2月14日，国家工商总局决定自2014年3月1日起正式停止企业年度检验工作。同日，国家工商总局发出通知，要求各级工商机关抓紧做好企业年度报告公示制度等一系列新制度的实施准备工作。

通知提出，国务院发布的《注册资本登记制度改革方案》将企业年度检验制度改为企业年度报告公示制度。据此，总局决定自2014年3月1日起停止对领取营业执照的有限责任公司、股份有限公司、非公司企业法人、合伙企业、个人独资企业及其分支机构、来华从事经营活动的外国（地区）企业，以及其他经营单位的企业年度检验工作。

通知要求，各级工商机关要向社会公众广泛宣传将企业年度检验制度改为企业年度报告公示制度的意义，结合本地企业和经济发展实际，进一步加大监管力度，依法查处各类违反企业登记管理法律法规的行为，切实履行监管职责。

12. 2014年2月19日国务院发布《国务院关于废止和修改部分行政法规

的决定》。为了运用法治方式推进政府职能转变，进一步放宽市场主体准入条件，激发社会投资活力，依据 2013 年 12 月 28 日第十二届全国人民代表大会常务委员会第六次会议通过的修改《公司法》的决定，落实《注册资本登记制度改革方案》关于注册资本实缴登记改为认缴登记、年度检验验照制度改为年度报告公示制度，以及完善信用约束机制的内容，国务院对涉及的行政法规进行了清理。经过清理，国务院决定：对 2 部行政法规予以废止。对 8 部行政法规的部分条款予以修改。

国务院决定废止的行政法规：《中外合资经营企业合营各方出资的若干规定》(1987 年 12 月 30 日国务院批准，1988 年 1 月 1 日对外经济贸易部、国家工商行政管理局发布)、《〈中外合资经营企业合营各方出资的若干规定〉的补充规定》(1997 年 9 月 2 日国务院批准，1997 年 9 月 29 日对外贸易经济合作部、国家工商行政管理局发布)。国务院决定修改的行政法规：

（1）对《中华人民共和国公司登记管理条例》作出修改："（一）删去第九条第五项；将第九项改为第八项，修改为：'有限责任公司股东或者股份有限公司发起人的姓名或者名称。'（二）删去第十三条中的'和实收资本'。（三）第十四条修改为：'股东的出资方式应当符合《公司法》第二十七条的规定，但股东不得以劳务、信用、自然人姓名、商誉、特许经营权或者设定担保的财产等作价出资。'（四）删去第二十条第二款第四项、第五项和第三款。（五）删去第二十一条第二款第四项、第五项；将第三款修改为：'以募集方式设立股份有限公司的，还应当提交创立大会的会议记录以及依法设立的验资机构出具的验资证明；以募集方式设立股份有限公司公开发行股票的，还应当提交国务院证券监督管理机构的核准文件。'（六）删去第三十一条第一款、第二款、第三款、第五款；增加一款作为第一款：'公司增加注册资本的，应当自变更决议或者决定作出之日起 30 日内申请变更登记。'（七）删去第三十二条。（八）第三十五条改为第三十四条，第一款修改为：'有限责任公司变更股东的，应当自变更之日起 30 日内申请变更登记，并应当提交新股东的主体资格证明或者自然人身份证明。'（九）第五十七条改为第五十六条，修改为：'公司登记机关应当将公司登记、备案信息通过企业信用信息公示系统向社会公示。'（十）删去第九章。（十一）第十章改为第九章，标题修改为：'年度报告公示、证照和档案管理'。（十二）增加一条作为第五十八条：'公司应当于每年 1 月 1 日至 6 月 30 日，通过企业信用信息公示系统向公司登记机关报送上一年度年度报告，并向社会公示。"年度报告公示的内容以及监督检查办法由国务院制定。'（十三）第六十三条改为第五十九条，增加一款作为第二款：'国家推行电子营业执照。电子营业执照与纸质营业执照具有同等法律效力。'（十四）第六十七条改为第六十三条，修改为：'营业执照正本、副本样式，电子营业执照标准以及公司登记的有关重要文书格式或者表式，由国家工商行政管理总局统一制定。'（十五）删去第七十六条。"

（2）对《中华人民共和国企业法人登记管理条例》作出修改："（一）第八章的标题修改为：'公示和证照管理'。（二）第二十三条修改为：'登记主管机关应当将企业法人登记、备案信息通过企业信用信息公示系统向社会公示。'（三）第二十四条修改为：'企业法人应当于每年1月1日至6月30日，通过企业信用信息公示系统向登记主管机关报送上一年度年度报告，并向社会公示。'年度报告公示的内容以及监督检查办法由国务院制定。'（四）第二十五条第三款修改为：'《企业法人营业执照》、《企业法人营业执照》副本，不得伪造、涂改、出租、出借、转让或者出卖。'增加一款作为第四款：'国家推行电子营业执照。电子营业执照与纸质营业执照具有同等法律效力。'（五）删去第二十六条中的'年度检验'和'年检费'。（六）第三十条第一款第三项修改为：'不按照规定办理注销登记的'。第四项修改为：'伪造、涂改、出租、出借、转让或者出卖《企业法人营业执照》、《企业法人营业执照》副本的'。"

（3）对《中华人民共和国中外合资经营企业法实施条例》作出修改："第十三条第四项修改为：'合营企业的投资总额，注册资本，合营各方的出资额、出资比例、出资方式、出资缴付期限、股权转让的规定，利润分配和亏损分担的比例'。"

（4）对《中华人民共和国中外合作经营企业法实施细则》作出修改："第十三条第四项修改为：'合作企业的投资总额，注册资本，合作各方认缴出资额、投资或者提供合作条件的方式、期限'。"

（5）对《中华人民共和国外资企业法实施细则》作出修改："（一）第十五条第三项修改为：'投资总额、注册资本、认缴出资额、出资方式、出资期限'。（二）第二十条第二款修改为：'外资企业的注册资本与投资总额的比例应当符合中国有关规定。'（三）删去第二十七条第二款。（四）第三十条修改为：'外国投资者缴付出资的期限应当在设立外资企业申请书和外资企业章程中载明。'（五）删去第三十一条。（六）删去第三十二条。"

（6）对《中华人民共和国合伙企业登记管理办法》作出修改："（一）第六章的标题修改为：'公示和证照管理'。（二）增加一条作为第三十一条：'企业登记机关应当将合伙企业登记、备案信息通过企业信用信息公示系统向社会公示。'（三）第三十一条改为第三十二条，修改为：'合伙企业应当于每年1月1日至6月30日，通过企业信用信息公示系统向企业登记机关报送上一年度年度报告，并向社会公示。'年度报告公示的内容以及监督检查办法由国务院制定。'（四）第三十二条改为第三十三条，增加一款作为第二款:'国家推行电子营业执照。电子营业执照与纸质营业执照具有同等法律效力。'(五)删去第四十二条。(六)删去第四十三条。"

(7)对《个体工商户条例》作出修改:"(一)第九条中增加一款作为第三款:'国家推行电子营业执照。电子营业执照与纸质营业执照具有同等法律效力。'(二)第十四条修改为:'个体工商户应当于每年1月1日至6月30日,向登记机关报送年度报告。'个体工商户应当对其年度报告的真实性、合法性负责。'个体工商户年度报告办法由国务院工商行政管理部门制定。'(三)增加一条作为第十五条:'登记机关将未按照规定履行年度报告义务的个体工商户载入经营异常名录,并在企业信用信息公示系统上向社会公示。'(四)增加一条作为第十六条:'登记机关接收个体工商户年度报告和抽查不得收取任何费用。'(五)删去第二十三条。"

(8)对《农民专业合作社登记管理条例》作出修改:"(一)第十七条中增加一款作为第三款:'国家推行电子营业执照。电子营业执照与纸质营业执照具有同等法律效力。'(二)第十九条修改为:'农民专业合作社的登记文书格式,营业执照的正本、副本样式以及电子营业执照标准,由国务院工商行政管理部门制定。'(三)增加一条作为第三十二条:'建立农民专业合作社年度报告制度。农民专业合作社年度报告办法由国务院工商行政管理部门制定。'"此外,对相关行政法规的条文顺序作了相应调整。

13. 2014年2月20日,国家工商总局召开注册资本登记制度改革工作电视电话会议。国家工商总局党组书记、局长张茅在会上作重要讲话,对实施注册资本登记制度改革进行全面部署。同日,国家工商总局召开注册资本登记制度改革工作电视电话会议。总局党组书记、局长张茅在会上作重要讲话,对实施注册资本登记制度改革进行全面部署。总局党组副书记、副局长刘玉亭主持会议,对贯彻落实此次会议精神提出要求。总局在京领导马正其、何昕、刘俊臣、孙鸿志出席会议。

张茅强调,要把握总体部署,坚持依法推进注册资本登记制度改革,做到"三个坚持":一是坚持依法行政,依法改革。加快完善涉及市场主体准入与监管的地方性法规和规章,牢固树立依法行政意识,不断提高依法行政能力和水平。二是坚持依法登记,依法准入。做到放宽准入条件,坚持准入条件统一;便利准入程序,坚持准入程序统一;优化准入服务,坚持准入服务统一。同时构建市场主体提供年度报告、资质资格等信息公示平台,推行电子营业执照和全程电子化登记管理。以工商注册制度便利化为目标,加强窗口建设。三是坚持依法规范,依法监管,完善信用监管机制,强化执法联动协作机制,构建社会协同共治机制,努力营造规范有序、公平竞争的市场环境。

张茅强调,要加强组织领导,形成分工明确、各司其职、联动协作的工作机制,制定推进改革的工作方案、工作规则、具体办法和配套措施,确保工作顺利推进。要精心组织实施,明确改革的时间表、路线图,抓好培训工作,高度重视市场主体信用信息公示系统对注册资本登记制度改革的支撑作用。要强化督促检查,总局机关加强对全系统改革情况的了解把握和工作指导,省(区、市)工商局加强对所属系统改革情况的检查指导,强化改革实施成效的评估和对改革进展情况的督促检查。要营造良好环境,积极宣传注册资本登记制度改革的目的、意义、内容、要求及有关法律法规,确保改革顺利进行。

刘玉亭就全系统贯彻落实这次会议精神提出要求:一是要学习好、贯彻好张茅局长的重要讲话精神,深刻把握注册资本登记制度改革的重大意义、总体部署、目标内容、方法步骤,把力量凝聚到扎实推进改革上来。二是突出重点,依法推进,牢固树立法治思维,坚持以法治方式推进改革,确保改革落地生根。三是协同推进,形成合力,争取党政支持,及时向上级工商部门和总局报告改革进展情况,处理好改革前后新旧市场准入机制的转换关系,确保改革工作平稳过渡、紧密衔接。四是要切实加强组织领导和督促检查,确保改革取得实效。

工商行政总局各司局、直属单位主要负责同志,工商行政总局法规司、企业局、外资局、个体司、信息中心全体干部在北京主会场参会。工商行政总局行政学院负责同志及参训学员;各省、自治区、直辖市及其他地方工商局、市场监督管理局领导班子、各内设机构负责人与相关业务机构的同志在分会场参会。

14. 2014年2月20日,国家工商行政管理总局发布关于修改《中华人民共和国企业法人登记管理条例施行细则》《外商投资合伙企业登记管理规定》《个人独资企业登记管理办法》《个体工商户登记管理办法》等规章的决定。为贯彻实施国务院批准的《注册资本登记制度改革方案》,根据2013年12月28日第十二届全国人民代表大会常务委员会第六次会议通过的修改《公司法》的决定,国家工商行政管理总局决定对《中华人民共和国企业法人登记管理条例施行细则》《外商投资合伙企业登记管理规定》《个人独资企业登记管理办法》《个体工商户登记管理办法》作如下修改:

(1)《中华人民共和国企业法人登记管理条例施行细则》:"(一)将第十四条第一款第(七)项修改为:'有符合规定数额并与经营范围相适应的注册资金,国家对企业注册资金数额有专项规定的按规定执行'。(二)删去第三十二条第六款。(三)删去第三十六条第一款中的'核实开办条件'。(四)删去第五十三条第(二)项中的'并核实有关登记事项和开办条件'。删去第(五)项。(五)将第九章标题修改为:'公示和证照管理'。(六)将第五十四条修改为:'登记主管机关应当将企业法人登记、备案信息通过企业信用信息公示系统向社会公示。'(七)将第五十五条修改为:'企业法人应当于每年 1 月 1 日至 6 月 30 日，通过企业信用信息公示系统向登记主管机关报送上一年度年度报告，并向社会公示。年度报告公示的内容及监督检查按照国务院的规定执行.'（八）删去第五十六条第二款，增加一款作为第二款：'国家推行电子营业执照。电子营业执照与纸质营业执照具有同等法律效力.'（九）将第五十九条第（三）项修改为：'监督企业是否按照规定报送、公示年度报告'。（十）删去第六十三条第一款第（七）项中的'擅自复印营业执照的，收缴复印件，予以警告，处以 2000 元以下的罚款.'删去第（十）项。"

（2）《外商投资合伙企业登记管理规定》："（一）将第七章标题修改为：'年度报告公示和证照管理'。（二）将第四十七条修改为：'外商投资合伙企业应当于每年 1 月 1 日至 6 月 30 日，通过企业信用信息公示系统向企业登记机关报送上一年度年度报告，并向社会公示。'（三）删去第五十七条、第五十八条。"

（3）《个人独资企业登记管理办法》："（一）将第六章标题修改为'公示和证照管理'。（二）增加一条作为第二十九条：'登记机关应当将个人独资企业登记、备案信息通过企业信用信息公示系统向社会公示。'（三）将第二十九条修改为第三十条：'个人独资企业应当于每年 1 月 1 日至 6 月 30 日，通过企业信用信息公示系统向登记机关报送上一年度年度报告，并向社会公示。年度报告公示的内容和监督检查按照国务院的规定执行.'（四）删去第三十条、第四十条。

（4）《个体工商户登记管理办法》："（一）将第二十三条修改为：'个体工商户应当于每年 1 月 1 日至 6 月 30 日向登记机关报送上一年度年度报告，并对其年度报告的真实性、合法性负责。个体工商户年度报告、公示办法由国家工商行政管理总局另行制定.'（二）删去第三十三条第（二）项。（三）删去第三十八条。此外，对上述规章的条文顺序和部分文字做了相应调整和修改。"

本决定自 2014 年 3 月 1 日起施行。

15. 2014 年 2 月 20 日，中华人民共和国国家工商行政管理总局局务会审议通过《公司注册资本登记管理规定》，自 2014 年 3 月 1 日起施行。国家工商管理总局日前发布并实施了修改后的《公司注册资本登记管理规定》。该管理规定按公司类型及其设立方式分别对公司注册资本、实收资本、出资方式等进行了明确。

该管理规定明确，有限责任公司的注册资本为在公司登记机关依法登记的全体股东认缴的出资额。股份有限公司采取发起设立方式设立的，注册资本为在公司登记机关依法登记的全体发起人认购的股本总额。股份有限公司采取募集设立方式设立的，注册资本为在公司登记机关依法登记的实收股本总额。法律、行政法规以及国务院决定规定公司注册资本实行实缴的，注册资本为股东或者发起人实缴的出资额或者实收股本总额。

该管理规定指出，股东或者发起人可以用货币出资，也可以用实物、知识产权、土地使用权等可以用货币估价并可以依法转让的非货币财产作价出资。股东或者发起人不得以劳务、信用、自然人姓名、商誉、特许经营权或者设定担保的财产等作价出资。

按照该管理规定，公司增加注册资本的，有限责任公司股东认缴新增资本的出资和股份有限公司的股东认购新股，应当分别依照《公司法》设立有限责任公司和股份有限公司缴纳出资和缴纳股款的有关规定执行。股份有限公司以公开发行新股方式或者上市公司以非公开发行新股方式增加注册资本的，还应当提交国务院证券监督管理机构的核准文件。

该管理规定强调，有限责任公司变更为股份有限公司时，折合的实收股本总额不得高于公司净资产额。有限责任公司变更为股份有限公司，为增加资本公开发行股份时，应当依法办理。

根据该管理规定，2005年12月27日国家工商行政管理总局公布的《公司注册资本登记管理规定》、2009年1月14日国家工商行政管理总局公布的《股权出资登记管理办法》、2011年11月23日国家工商行政管理总局公布的《公司债权转股权登记管理办法》同时废止。

16. 2014年3月10日，注册资本登记制度改革一周统计数据显示：进展顺利成效初显。注册资本登记制度改革实施以来，各地改革实施工作进展顺利，推进工商注册制度便利化的各项举措初显成效。

来自国家工商总局的统计数字显示，2014年3月1日至6日，全国累计新登记市场主体14.6万户，其中新登记企业31 352户、个体工商户11.03万户、农民专业合作社4370户。在新登记企业中，内资企业31 025户，注册资本（金）合计1816.7亿元；外资企业327户，注册资本25.48亿美元。

连日来，到工商登记窗口咨询申请设立公司的人员明显增多。3月3日至5日，江西省各级工商部门共办结内资企业设立登记539户，同比增长39%；注册资本合计17.64亿元，同比增长61%；共核准企业名称2137户，同比增长112%。山东省各类市场主体登记数量、注册资本（金）同比增长43.9%、67.1%，名称核准业务量同比增长55.2%，接待咨询量大幅增加。河北省投资者创业热情高涨，咨询人员持续增多，为此各级注册大厅相应增开窗口、增加工作人员，以满足需求。很多办事人员表示，新的登记制度给资金相对短缺的中小企业带来了很大便利，节省了人力、物力、财力，从"零收费"再到"零首付"，工商部门为企业发展做了不少实事，极大地激发了社会投资创业热情。

各地工商部门进一步完善综合业务系统，发现问题及时有效解决，保障系统顺利运行，没有影响对外办公。湖北省各级窗口的硬件设施、文书表格、新版执照配备齐全，保证了正常应用。贵州省工商局及时解决系统运行中出现的问题，新版执照可以足量使用。与此同时，各地工商部门加强组织领导，加大宣传力度，有力地保障了新的登记制度顺利实施。

17. 2014年3月18日，全国企业信用信息公示系统上线。此系统上线的规模之大、覆盖之广、协同之强、步调之齐、任务之重、时间之短、要求之高史无前例。从拿到相关法规和业务文件，到系统3月1日上线运行，只用了10天时间，就完成总局与全国各地企业信用信息系统全方位的无缝对接，技术和业务广涉信息化的标准、数据、门户网站、安全等等。

自改革开放以来，经过工商信息化30多年的发展，已取得多方成效，建设了从总局通达各地工商所的网络系统，其中，综合业务系统、数据中心、总局和地方工商部门的政府门户网站以及安全防护系统均能与时俱进，不断升级完善，这都为全国企业信用信息公示系统在极短的10天内上线运行提供了坚实的保障。

18. 2014年5月14日，工商行政管理总局征求《企业公示信息抽查办法》等四部规章意见。5月12日，国家工商总局发布公告，就《企业公示信息抽查办法（征求意见稿）》《经营异常名录管理办法（征求意见稿）》《农民专业合作社年度报告办法（试行）》（征求意见稿）以及《个体工商户年度报告办法（征求意见稿）》公开征求意见。四部规章主要围绕贯彻落实国务院《注册资本登记制度改革方案》有关要求起草。

《企业公示信息抽查办法（征求意见稿）》明确了抽查的管辖分工，拟规定国家工商总局负责指导全国企业公示信息抽查工作，根据需要开展或者组织地方工商行政管理部门开展企业公示信息抽查，省级以上工商部门按照辖区内实有企业数量的3%至5%比例确定检查名单。该办法还对抽查的分类、检查方式、企业的配合责任、检查结果以及救济途径作了规定。

《经营异常名录管理办法（征求意见稿）》拟规定按照"谁登记、谁管辖"的原则，由各级工商部门对经营异常名录进行管理，并明确了经营异常名录的管辖责任、载入经营异常名录的情形、载入经营异常名录的程序、移出经营异常名录的程序、列入严重违法企业名单的程序，同时对载入、移出经营异常名录决定的异议处理作出规定。

《农民专业合作社年度报告办法（试行）》（征求意见稿）明确了年度报告的调整对象、报告时间、管理职责、报告责任、报告内容以及报告方式，拟规定由工商部门对农民专业合作社年报信息进行随机抽查，农民专业合作社公示信息接受社会监督，同时对年度报告涉及的法律责任、救济途径等其他事项作出规定。

《个体工商户年度报告办法》拟规定每年1月1日至6月30日，个体工商户应当向工商行政管理机关报送上一年度年度报告，明确了个体工商户年度报告办法的适用范围、时间、管辖分工和报告责任，以及个体工商户报送年度报告的方式和内容，对个体工商户年度报告涉及的公示、监督检查、法律责任、救济途径等作了规定。

公众可通过登录中国政府法制网、国家工商总局网站了解上述四部规章征求意见稿的具体内容及起草说明。

第二编　商事法制重大事件

【按语】 商事事件涉及商法的诸多领域，公司、证券、商业保险、银行等方面。本报告的编者在进行事件摘取时，注重事件的广度与深度，选取具有代表性、影响力的事件，力图做到对 2012 年与 2013 年两年的商法事件完成一个清晰的脉络展现与发展记录。这其中既包括商事法律领域某一法律法规的颁布，国家对于商事法律领域的政策调整，也包括重大商法案件的发展经过和影响。在编排上，编者采取了按照时间顺序对商事事件进行整理，以期读者对于事件的记录有更加清晰的直观感受。

此部分的资料收集主要来源于北大法律信息网、中国法院网、中国商事仲裁网、中国证券监督管理委员会官网、中国银行业监督管理委员会官网、中国保险监督管理委员会官网、资本法治信息网、民商法律信息网等权威网站，以及各主管部分权威机构发布的年鉴年报资料。

在进行此部分的编写时，由于能力和资源的限制，对 2012 年、2013 年的商事记录可能不尽全面，其中不当之处，敬请谅解。

借助于 2012 年与 2013 年间共计 24 个月内发生的数百起重大商事法律事件，我们得以一窥大时代背景下我国活跃的商事活动和蓬勃发展的商事法律变迁。

2012 年 1 月

一、中国银行股份有限公司汕头分行与广东发展银行股份有限公司韶关分行公司代位权纠纷案

裁判摘要：

（一）最高人民法院《关于适用〈中华人民共和国合同法〉若干问题的解释（一）》第十一条规定："债权人依照合同法第七十三条的规定提起代位权诉讼，应当符合下列条件：1. 债权人对债务人的债权合法；2. 债务人怠于行使其到期债权，对债权人造成损害；3. 债务人的债权已到期；4. 债务人的债权不是专属债务人自身的债权。"据此，债权人提起代位权诉讼，应以主债权和次债权的成立为条件。债权成立不仅指债权的内容不违反法律、法规的规定，而且要求债权的数额应当确定。债权数额的确定既可以表现为债务人、次债务人对债权的认可，也可以经人民法院判决或者仲裁机构裁决加以确认。（二）根据最高人民法院《关于审理民事案件适用诉讼时效制度若干问题的规定》第十八条的规定，债权人提起代位权诉讼的，应当认定对债权人的债权和债务人的债权均发生诉讼时效中断的效力。

二、"中国最大股权诈骗案"主嫌曾汉林一审获刑 15 年

号称"中国最大股权诈骗案"一审判决由成都市中级人民法院落槌定音,被告人曾汉林被判有期徒刑 15 年,并处罚金 200 万元人民币。66 岁的曾汉林被指控掏空旗下广东飞龙集团,以"资产重组,借壳上市"为名,利用合同诈骗成都联益(集团)有限公司持有的价值 6800 万元的联益法人股。曾汉林与家属在 1999 年年底经多米尼加潜逃到加拿大。2011 年 2 月从加拿大遣返回国后,11 月接受庭审,律师为曾汉林做无罪辩护,认为本案只是一宗普通的商业纠纷案件。

(一)认定诈骗罪成立

一审判决书显示,飞龙集团以非法占有为目的,在签订和履行合同过程中,隐瞒其负有高额债务,无力支付股权转让款的事实真相,诱骗成都联益(集团)与其签订股权转让协议。

之后,又采取先履行小部分合同,出示虚假的存款证明和汇款凭证的手段,诱骗成都联益(集团)继续履行合同,骗取其价值人民币 6800 万元的法人股权后质押贷款并占有使用。该行为已经构成合同诈骗罪,且数额特别巨大。

成都市中级人民法院一审认定,根据被告人曾汉林在单位犯罪中的地位、作用和犯罪情节,根据《中华人民共和国刑法》相关条款,判定曾汉林犯合同诈骗罪,判处有期徒刑 15 年,并处罚金 200 万元人民币。

(二)辩护意见未被采纳

此前庭审中,被告人曾汉林及其辩护律师认为,飞龙集团主观上没有占有成都联谊股权的故意,客观上没有实施具体的诈骗行为,飞龙集团不构成合同诈骗罪,曾汉林作为公司的主要负责人也不需承担刑事责任。法庭对此未予采纳。法庭审理认定,飞龙集团在签约后仅向成都联谊支付 200 万元,余下的股权转让款迟迟未予支付;飞龙集团在获得法人股并质押贷款 3500 万人民币后也仅向联谊支付了 600 万元,余下大部分被飞龙集团占有使用;获得股权后将近两年时间内,飞龙集团再未支付余下的转让款。

(三)飞龙集团债务被认定为 3000 万

辩护人出具的证据包括加拿大毕马威会计师事务所出具的审计报告中文翻译版等书证,该审计报告反映飞龙集团财务状况良好。此前,公诉机关认定该审计报告为虚假证明,成都市中级人民法院在一审判决书中认定"境外的会计师事务所对国内企业的审计没有法定效力"。此外,辩护律师的辩护意见以及曾汉林自己的辩解均未被采纳。唯一例外的是,辩护律师质疑控方所列飞龙集团当时债务计 1.2 亿元左右"仅以口头猜测为主",一审判决最终认定飞龙集团当时负债为 3000 万元。

三、中国证监会行政处罚决定书（曹伟娟）

曹伟娟和惠丰化纤共同持有"＊ST光华"股票达到该公司已发行股份的5%时未进行报告和公告的行为，违反了《证券法》第86条规定，构成了《证券法》第193条所述违法行为。曹伟娟和惠丰化纤是该违法行为的责任人，同时惠丰化纤的资金划拨、证券账户买卖都是由曹伟娟负责，曹伟娟是惠丰化纤违法行为的直接责任人员。

根据当事人违法行为的事实、性质、情节和社会危害程度，依照《证券法》第193条的规定，证监会决定：（1）对曹伟娟给予警告，并处以40万元罚款；（2）对惠丰化纤给予警告，并处以30万元罚款。

四、中国证监会行政处罚决定书（叶志刚）

叶志刚在交易上述"徐工科技"和"西飞国际"股票过程中，主观上诱使投资者买卖的意图不明显，情节较为轻微。因此，买卖该两支股票的收益不认定为违法所得。经复核，叶志刚违法所得共计325 787.19元。

叶志刚的行为违反了《证券法》第77条第1款第（4）项的规定，构成了《证券法》第203条所述"操纵证券市场"的情形。

根据当事人违法行为的事实、性质、情节与社会危害程度，依据《证券法》第203条的规定，证监会决定：没收叶志刚违法所得325 787.19元，并处以100万元罚款。

2012年2月

一、国债期货仿真交易首日全线上涨

中国金融期货交易所国债期货仿真交易2月13日启动。截至北京时间15时15分收盘，三个合约较首日基准价全线上涨。TF1203合约报收97.65元，上涨0.47元，涨幅达0.48%；TF1206合约报收98.05元，上涨0.79元，涨幅达0.81%；TF1209合约报收98.19元，上涨0.23元，涨幅达0.24%。三个合约总成交量为52164手，总持仓为14745手。

二、上海大成资产评估有限公司诉楼建华等其他与公司有关的纠纷案

裁判摘要：

（一）公司章程是公司组织及活动的基本准则。若作为特殊企业的资产评估公司章程规定股东退休时必须退股，退股时以退股月份上月为结算月份，退还其在公司享有的净资产份额，股东与公司应履行公司章程的规定。

（二）职业风险基金系会计师事务所、资产评估机构等按规定提取的用于职业风险赔偿的准备金。财政部财企〔2009〕26号《资产评估机构职业风险基金管理办法》规定：资产评估机构持续经营期间，应保证结余的职业风险基金不低于近5年评估业务收入总和的5%，在此前提下，经股东会或合伙人决议，可将已计提5年以上结存的职业风险基金转作当年可供分配利润

进行分配。所以，在资产评估公司已有相应股东会决议的情况下，股东退股时要求分配已计提5年以上结存的职业风险基金可予支持。

三、证监会修改收购办法鼓励大股东增持

证监会正式下发《关于修改〈上市公司收购管理办法〉第六十二条及第六十三条的决定》，将持股30%以上的股东每年2%自由增持股份的锁定期从12个月降至6个月，以进一步鼓励产业资本在合理价位增持股份。

为了便于大股东增持，此次修改对一些行为的行政许可予以取消。明确因持股30%以上大股东每年2%自由增持行为、持股50%以上股东增持股份行为、继承，以及上市公司实际控制人不发生变更的发行行为引发的要约收购义务豁免，不再需要履行行政许可审核程序。

根据收到的建议，证监会进一步明确了持股50%以上股东增持股份行为的披露要求，新增每1%的次日披露、每2%的当天及次日（披露当天）暂停增持的要求。

四、保监会：保险公司资金管理要实行收支两条线

保监会发布《保险公司财会工作规范》，要求建立董事长或总经理负责的内部会计监督机制，并要求保险公司的资金管理实行"收支两条线"、"集中支付"和"零现金支付"制度，以堵塞资金管理的漏洞。规范从机构人员、会计核算、财务报告、资金管理、资产管理、负债管理、预算管理、内部会计监督、财务信息系统、聘用会计师事务所、集团财务管理等方面做了系统规范。

保监会有关负责人表示，近年来，市场上出现的大案要案、恶性竞争、数据不真实的问题，从一个侧面反映出部分公司财会工作薄弱、内控不严。《规范》将从制度上防范财务造假行为，切断各类违法违规行为的资金来源，促进市场秩序的规范。还有一些公司仍然处于以规模为导向、以销售管理为核心的粗放型增长阶段，《规范》发布后将引导公司建立科学的预算指标和财务管理机制，有利于促进公司从价格、规模竞争向产品、服务和管理质量的理性竞争转变。

五、安徽设立商事调解组织，非公企业纠纷可非诉讼解决

从安徽省工商业联合会获悉，为维护非公有制企业的合法权益，安徽省设立商事调解组织，选派调解员为发生商事纠纷的非公企业提供相关法律服务，积极引导和鼓励当事人依法选择非诉讼方式解决纠纷。

据介绍，商事调解组织由安徽省各级工商联、行业商会设立，并选派公道正派、热心调解工作、具有一定政策水平和法律知识的人担任调解员。经调解后达成的具有民事权利义务内容的调解协议，经双方当事人签字或者盖章后，具有民事合同性质。

根据规定，对当事人双方是非公有制企业或工商业联合会、行业商会会

员的商事案件，人民法院立案前可以委派商事调解组织进行调解，立案后可以委托商事调解组织协助进行调解，也可以邀请商事调解组织派员与审判组织共同进行调解。接受委托的商事调解组织，应当尽快组织调解，并在指定期限内将调解结果告知人民法院。达成调解协议，当事人可以申请撤诉、申请司法确认，或者由人民法院经过审查后制作调解书。

六、中国证监会行政处罚决定书（周和华—科达机电）

周和华内幕交易的事实清楚，证据确凿，其提出的申辩事实及理由不足以排除其从事内幕交易行为的嫌疑，证监会不予采纳。根据当事人违法行为的事实、性质、情节与社会危害程度，依据《证券法》第202条的规定，证监会决定：对周和华没收违法所得73 991.92元，并处罚款147 983.84元。

七、中国证监会行政处罚决定书（ST昌鱼、蒭英海、王晓东、吴迪真等10名责任人）

根据当事人违法行为的事实、性质、情节与社会危害程度，依据《证券法》第193条的规定，证监会决定：

（1）责令＊ST昌鱼改正，给予警告，并处以30万元罚款；
（2）对蒭英海给予警告，并处以10万元罚款；
（3）对刘鸿嶽、王晓东给予警告，并分别处以5万元罚款；
（4）对熊国胜、吴迪真、贾艺坛、郭爱莲、邵运杰、崔生祥、郝法勤给予警告，并分别处以3万元罚款。

八、中国证监会行政处罚决定书（四川东合烽）

四川东合烽投资有限公司非法利用他人账户买卖证券案，四川东合烽及时任法定代表人朱艳芬、资本运营总监龚天明被处罚。四川东合烽利用张某、朱艳芬账户买卖股票的行为，违反了《证券法》第80条的规定，构成了《证券法》第208条所述的违法行为。朱艳芬是四川东合烽违法行为直接负责的主管人员，龚天明是直接责任人员。

根据当事人违法行为的事实、性质、情节与社会危害程度，依据《证券法》第208条的规定，证监会决定：（1）责令四川东合烽改正，并处以3万元罚款；（2）对朱艳芬、龚天明给予警告，并分别处以3万元罚款。

九、中国证监会行政处罚决定书（京博控股、马韵升）

山东京博控股发展有限公司违规收购案，京博控股及其时任法定代表人、董事长马韵升被处罚。证监会认定，京博控股在交易国通管业股票过程中多次未履行报告和披露义务，未向国通管业股东发出收购要约，虚假披露其持股信息，违反了多项规定，对上述行为直接负责的主管人员为京博控股时任法定代表人、董事长马韵升。证监会决定，责令京博控股改正，给予警告，并处以70万元罚款；对马韵升给予警告，并处以30万元罚款。

2012 年 3 月

一、2012 年 3 月 10 日，国家工商总局下发《关于支持广东加快转型升级、建设幸福广东的意见》（以下简称《意见》）

《意见》明确提出：支持广东省在深圳经济特区和珠海经济特区横琴新区开展统一商事登记制度改革试点。意见从五个方面提出 32 条措施，是迄今为止国家工商总局支持地方经济发展改革创新力度最大、涉及面最广的一份文件。

第一，宽入方面，突破现有政策、全面放权、先行先试"三管齐下"，改革创新力度大。一是突破现行法律法规，支持广东在特定区域开展商事登记制度改革试点和注册资本登记改革探索。二是全面放权，大力提升行政效能。三是支持探索，从登记体制机制、登记方式方法、特定主体登记条件等方面支持广东进行改革。

第二，严管方面，从政策、资金、技术和人才等方面给予支持，市场监管体系、社会信用体系建设支持力度大。一是积极支持深圳、珠海、汕头推动特区立法，开辟市场监管体系建设的"新特区"。二是对广东省工商局开放共享国家工商总局数据中心相关数据，支持全国各地工商部门向广东公开涉粤企业监管执法信息，支持广东省对全国"黑牌"企业数据库中涉粤企业信息的修复工作。三是支持广东省研究探索流通领域商品质量监管制度改革，支持广东省建立食品安全电子追溯体系，实施食品黑名单制度。四是加大对广东省网络市场综合监管平台业务指导、技术支持和资金支持。

第三，提升区域经济发展水平方面，立足职能，突出加强商标、广告建设支持力度。

二、优酷与土豆宣布以换股方式合并，土豆将退市

3 月 12 日，优酷股份有限公司（NYSE：YOKU）（"优酷"）和土豆股份有限公司（Nasdaq：TUDO）（"土豆"）共同宣布双方于 3 月 11 日签订最终协议，优酷和土豆将以 100% 换股的方式合并。根据协议条款，自合并生效日起，土豆所有已发行和流通中的 A 类普通股和 B 类普通股将退市，每股兑换成 7.177 股优酷 A 类普通股，土豆的美国存托凭证（Tudou ADS）将退市并兑换成 1.595 股优酷美国存托凭证（Youku ADS）。

每股 Tudou ADS 相当于 4 股土豆 B 类普通股，每股 Youku ADS 相当于 18 股优酷 A 类普通股。合并后，优酷股东及美国存托凭证持有者将拥有新公司约 71.5% 的股份，土豆股东及美国存托凭证持有者将拥有新公司约 28.5% 的股份。合并后的新公司将命名为优酷土豆股份有限公司（Youku Tudou Inc.）。优酷的美国存托凭证将继续在纽约证券交易所交易，代码 YOKU。

本次战略合并已获得双方公司董事会的批准，但合并完成仍取决于惯例成交条件，包括优酷和土豆双方股东的批准。双方股东在各自董事会的代表已承诺支持本次合并。本次合并预计在 2012 年第三季度完成。

三、广东千亿养老金获准由社保基金会运营

经国务院批准，全国社会保障基金理事会（下称"社保基金会"）受广东省政府委托，投资运营广东省城镇职工基本养老保险结存资金 1000 亿元。委托投资期限暂定两年，新增资金将更多配置到固定收益类产品中。

社保基金会和广东省政府以及有关方面于 19 日在北京签订了委托投资协议，资金将分批到位，委托投资期限暂定两年。社保基金会受托投资运营基本养老保险资金，将坚持更为审慎的方针，新增资金将更多配置到固定收益类产品中，确保实现基金保值增值。对此，分析人士指出，这说明养老金入市并非单指"入股市"，而是通过社保基金会专业化、市场化、多元化的分散投资来实现养老金的保值增值。

此次受托运营千亿资金的社保基金会投资经验丰富，目前披露的 2011 年业绩显示，2001 年至 2011 年共实现投资收益 2847 亿元，年均收益率为 8.41%，比同期通胀率高出 6 个百分点。目前社保基金会委托投资境内管理人共有 16 家基金公司和中金、中信两家券商。

四、《中国证券期货行业人才队伍建设发展规划 (2011~2020)》

中国证监会 22 日发布《中国证券期货行业人才队伍建设发展规划 (2011-2020)》，提出到 2020 年我国证券期货行业人才队伍建设基本接近发达国家资本市场水平，并在人才规划设计、选拔培养、使用激励等关键环节形成完善的政策制度体系。

具体到专业技术人才队伍的建设发展，规划提出，力争到 2020 年行业内入选国家工程院院士人数实现零的突破。在证券期货监管、证券发行与承销、资产管理、产品创新、风险管控、投资研究等关键业务领域，培养出 200 名左右在国际上有一定影响力的高层次专业人才。另外，规划明确，力争到 2020 年，行业内以证券期货营销人员和信息服务保障人员为主体的实用技能人才接近百万人规模。

规划还提出了推进证券期货行业人才队伍建设的人才环境优化、人才素质提高、诚信意识提升、领军人才培养、后备人才储备、人才国际交流、海外人才引进等 7 项重点工程。针对各项目标任务和重点工程，规划确定了 7 项工作机制，包括建立健全工作组织协调机制、公共服务体系、教育培训体系、考核评价机制、行业人才激励机制、投入保障体系及监督检查机制。

五、保监会：保险公司需先赔偿事故无责车主

"无责不赔"一直是车险条款中最为人所诟病的"霸王条款"，中国保监会发布车险新规通知，保险公司不得通过放弃代位求偿方式拒绝履行保险责任。

该通知规定，保险公司和投保人应当按照市场公允价格协商确定被保险机动车的实际价值，保险公司应当与投保人协商约定保险金额。而对于广受投保车主指责的"无责不赔"条款，车险新规规定，即使在交通事故中投保车主不负有任何责任，保险公司也须先行进行赔付，之后经过代位求偿的方式对第三者请求赔偿，不得拒绝履行保险责任。据悉，为了做到"无责也赔"，中国保险行业协会近年来正在建立"代位求偿"系统平台，该系统可以大大方便保险公司之间进行相互的追偿工作。

对另外一个备受争议的"责任免除"条款，保监会要求保险公司在责任免除方面必须做到向投保人明确，要求保险条款中"责任免除特别提示"放在投保单首页最显著的位置，并要用特殊字体加注进行强调。除此之外，保监会还要求保险公司必须做到让投保人充分理解责任免除提示之后要亲笔手书"本人已了解责任免除条款内容"并签字后，保单才算生效。

六、沪深300ETF等基金创新产品涌现

3月26日，嘉实沪深300ETF、华泰柏瑞沪深300ETF宣布获批发行，标志着跨市场ETF起航。6月29日，中国证监会和香港证监会批准了在上交所、深交所和港交所各设一只跨境ETF产品。今年以来，新基金成立数量、募集规模均创新高。截至12月24日，新成立基金254只，比2011年的210只增长了20.95%，总募集规模从2011年的2757.63亿元增至6413.90亿元，增长132.59%。

七、温州启动金融改革试点

3月28日，国务院常务会议决定设立温州市金融综合改革试验区。11月23日，温州金融改革实施细则出炉。6月29日发改委公布中央政府支持前海开发开放的最新政策，金融改革是其中重要内容。7月25日，《广东省建设珠江三角洲金融改革创新综合试验区总体方案》在广州发布。《福建省泉州市金融服务实体经济综合改革试验区总体方案》12月获国务院批准通过，泉州成为继温州、珠三角之后的第三个国家级金融综合改革试验区。

八、中国证监会发布《上市公司监管指引第1号》公告

3月30日，中国证监会召开新闻通气会，正式向社会公布证监会公告[2012]6号——《上市公司监管指引第1号——上市公司实施重大资产重组后存在未弥补亏损情形的监管要求》（以下简称《上市公司监管指引第1号》）。

对于上市公司因实施上述重组事项可能导致长期不能弥补亏损，进而影响公司分红和公开发行证券的情形，《监管指引》明确了监管要求：一是相关上市公司应当遵守《公司法》规定，公司的资本公积金不得用于弥补公司的亏损；二是相关上市公司不得采用资本公积金转增股本同时缩股以弥补公司亏损的方式规避上述法律规定；三是相关上市公司应当在临时公告和年报

中充分披露不能弥补亏损的风险并做出特别风险提示；四是相关上市公司在实施重大资产重组时，应当在重组报告书中充分披露全额承继亏损的影响并做出特别风险提示。

中国证监会将针对上市公司日常监管中发现的新问题、新情况，及时进行个案研判，再以"上市公司监管指引"的形式向社会公布，保持监管要求公开透明，便于市场解读和操作，同时以此指导日常监管工作，不断统一证监局和交易所的监管标准和尺度。

九、银监会：维护金融消费者合法权益

中国银监会3月31日公布《关于完善银行业金融机构客户投诉处理机制切实做好金融消费者保护工作的通知》（以下简称《通知》）。《通知》指出，银行业金融机构应当牢固树立公平对待金融消费者的观念，银行业金融机构董事会应当将关注和维护金融消费者的合法权益作为重要职责之一，并确保高级管理层有效履行。

《通知》要求，银行业金融机构应当设立或指定投诉处理部门，完善客户投诉处理、金融消费者保护机制，及时妥善解决客户投诉事项。要规范营业网点现场投诉处理程序，明确投诉处理工作人员的岗位职责，严格执行首问负责制。

十、中国证监会行政处罚决定书（上海宏盛科技、龙长生、鞠淑芝、沈哲男）

宏盛科技违反了《证券法》第63条关于"发行人、上市公司依法披露的信息，必须真实、准确、完整，不得有虚假记载、误导性陈述或者重大遗漏"的规定，构成《证券法》第193条所述"发行人、上市公司或者其他信息披露义务人未按照规定披露信息，或者所披露的信息有虚假记载、误导性陈述或者重大遗漏"的行为。

证监会拟对宏盛科技给予处罚，但宏盛科技因资不抵债，已被债权人申请并经相关人民法院裁定破产重整。因此，不再对宏盛科技给予处罚。

根据当事人违法行为的事实、性质、情节与社会危害程度，依据《证券法》第193条的规定，证监会决定：（1）对龙长生给予警告，并处以30万元罚款；（2）对鞠淑芝给予警告，并处以10万元罚款；（3）对沈哲男给予警告。

2012年4月

一、2012年4月，《顺德区商事登记制度改革实施方案（施行）》印发

4月26日，顺德区此前向广东省申请开展商事登记制度改革得到省人民政府的正式批复，4月27日下午，顺德区召开新闻发布会公布了《顺德区商事登记制度改革实施方案》（以下简称《方案》）。

（一）领取营业执照后即可自由经营

实行商事主体资格与经营资格相对分离，这是改革的一个最大亮点，也是难度最大的"动作"。

（二）"零首期"便可成立公司

《方案》第二个改革亮点是，实行注册资本认缴制和实收资本备案制。改革前实行的是有限公司注册资本实缴制，即有限公司申请注册资本和实收资本登记时，须提交验资机构出具的《验资报告》，并且首次出资额不得低于注册资本的百分之二十。

（三）家庭住宅也可作为登记住所

实行商事主体资格登记与住所（经营场所）审批相对分离，放宽住所（经营场所）登记条件，目的是帮助经营者降低场地成本，激发创业热情。改革前，营业执照上住所和经营场所合二为一，实行"一址一照"，要审查住所（经营场所）的法定用途和权属证明。

二、《证券投资基金托管业务管理办法》出台

《证券投资基金托管业务管理办法》经2013年2月17日中国证券监督管理委员会第28次主席办公会议审议通过，2013年4月2日中国证券监督管理委员会令第92号公布。该办法分为总则、基金托管机构、托管职责的履行、托管业务内部控制、监督管理与法律责任、附则，共6章42条，自2013年4月2日起施行。2004年11月29日中国证监会、中国银监会联合公布的《证券投资基金托管资格管理办法》废止。

三、最高人民法院指导案例8号：林方清诉常熟市凯莱实业有限公司、戴小明公司解散纠纷案

指导案例8号是准确适用《公司法》第183条、妥善处理公司僵局问题的典型案例，既严格限定了公司解散的条件，又依法保护了股东权利，有利于规范公司治理结构，促进市场经济健康发展。

四、最高人民法院依法裁定不核准吴英死刑

4月20日，最高人民法院依法裁定不核准吴英死刑，将案件发回浙江省高级人民法院重新审判。最高人民法院经复核认为，被告人吴英集资诈骗犯罪事实清楚，证据确实、充分，一审判决、二审裁定定性准确，审判程序合法。

最高人民法院认为，被告人吴英集资诈骗数额特别巨大，给受害人造成重大损失，同时严重破坏了国家金融管理秩序，危害特别严重，应依法惩处。吴英归案后，如实供述所犯罪行，并供述了其贿赂多名公务人员的事实，综合全案考虑，对吴英判处死刑，可不立即执行。根据《中华人民共和国刑事诉讼法》第199条和《最高人民法院关于复核死刑案件若干问题的规定》第4条的规定，裁定不核准被告人吴英死刑，发回浙江省高级人民法院重新

审判。

五、"3Q"之争上演"第二季"，互联网反垄断今后有说法

奇虎状告腾讯涉嫌垄断并索赔 1.5 亿元的案件于 2012 年 4 月 18 日在广东省高级人民法院开庭。

奇虎日前将腾讯告上法庭，请求法院判令腾讯停止滥用市场地位，并要求腾讯赔偿其经济损失 1.5 亿元。广东高院 18 日上午对该案进行一审公开审理。由于此前两家企业掀起的市场较量影响极为广泛，被网友们戏称为"3Q"大战。实际上，两大 IT 企业的交锋始于 2010 年初。稍后在 2010 年 9 月，奇虎推出 360 "隐私保护器"，目标直指腾讯 QQ。腾讯随后将对方告上法庭，要求其停止侵权。同年 11 月，腾讯向 QQ 用户发表公开信，要求用户在 QQ 软件和 360 软件之间只能二选一，此举导致两家公司矛盾公开化并最终对簿公堂。2011 年 9 月，北京市第二中级人民法院作出判决，此场诉讼以腾讯获胜告终。

六、央行明确独立人民币跨境支付系统建设启动

中国人民银行召开支付结算暨清算中心工作会议，明确了 2012 年支付结算和清算中心工作的重点任务。会议指出，今年要深化支付体系境内外交流与合作，启动建设独立的人民币跨境支付系统，继续做好 FSAP 评估的相关后续工作。

2012 年支付结算和清算中心工作的重点任务有：一是切实加强运行管理，确保各支付清算系统安全稳定运行；二是强化支付服务市场的监督管理，健全非金融机构支付业务监管机制；三是大力推进支付结算法规制度建设，完善新型支付业务管理规则；四是加大新兴支付方式在农村地区的推广应用，进一步推进农村支付服务环境改善；五是继续推进支付系统基础设施建设，按计划做好第二代支付系统、中央银行会计核算数据集中系统的上线准备工作；六是发布支付业务统计指标系列金融标准，启动支付信息统计分析系统建设；七是平稳开展全国存量个人银行账户身份信息真实性核实工作；八是推广和规范电子商业汇票、网上支付、移动支付等业务，继续加强银行卡风险管理；九是深化支付体系境内外交流与合作，启动建设独立的人民币跨境支付系统，继续做好 FSAP 评估的相关后续工作；十是加强支付数据分析和研究，积极开展支付系统宣传和业务创新工作。

七、QFII、RQFII 投资额度扩容

证监会 4 月 3 日宣布，新增合格境外机构投资者（QFII）投资额度增加 500 亿美元，总投资额度达 800 亿美元。11 月，人民币合格境外机构投资者（RQFII）总投资额度增至 2700 亿元人民币。海通中国人民币收益基金和汇添富人民币债券基金，成为首批发售的两只 RQFII 产品。

八、中国证监会行政处罚决定书（中投合拓、邹毅）

中投合拓控制"罗某"、"汇金投资"账户持有中汇医药股票超过其已发行的股份达到5%时未披露的行为，违反了《证券法》第86条关于"通过证券交易所的证券交易，投资者持有或者通过协议、其他安排与他人共同持有一个上市公司已发行的股份达到百分之五时，应当在该事实发生之日起3日内，向国务院证券监督管理机构、证券交易所作出书面报告，通知该上市公司，并予公告"的规定，构成了《证券法》第193条所述"发行人、上市公司或者其他信息披露义务人未按照规定披露信息"的行为。

根据当事人违法行为的事实、性质、情节与社会危害程度，依据《证券法》第193条的规定，证监会决定：

(1) 对中投合拓给予警告，并处以30万元罚款；

(2) 对邹毅给予警告，并处以3万元罚款。

九、中国证监会行政处罚决定书（魏辰阳）

魏辰阳通过控制"刘某兰"等5个账户在2011年3月2日至7月19日期间从事证券交易，合计持有"旭飞投资"的股份超过其已发行股份的5%，对其持股情况未予披露的行为，违反了《证券法》第86条的规定，构成《证券法》第193条所述违法行为。根据当事人违法行为的事实、性质、情节与社会危害程度，依据《证券法》第193条的规定，证监会决定：责令魏辰阳改正，给予警告，并处以50万元罚款。

十、中国证监会行政处罚决定书（紫金矿业、陈景河、罗映南等7名责任人员）

紫金矿业所属的铜矿湿法厂于7月3日发生的污水渗漏事故，严重污染了其附近汀江下游的水质，对当地环境造成了极大破坏。对于这一可能影响紫金矿业股票价格的重大事件，紫金矿业应在第一时间公之于众。但紫金矿业未能及时披露该重大事故及后续进展情况，其行为违反了《证券法》第67条的规定，构成《证券法》第193条所述的违法行为。对于紫金矿业的违法行为，陈景河、罗映南、邹来昌、刘晓初、蓝福生、黄晓东是直接负责的主管人员。紫金矿业延迟披露有一定的客观原因，并非故意隐瞒污水渗漏事故，但在对环境产生重大影响的重大事件发生后，作为一家上市公司，首先应当依法及时披露相关信息，将可能产生的后果及时告知投资者和社会公众，以利于投资者的投资决策，而不应受各种外部因素的干扰。紫金矿业未按照法律规定，在第一时间及时披露相关信息，侵害了广大投资者的知情权，理应承担相应的法律后果。虽然有关司法机关和政府部门已根据相关法律法规对紫金矿业下属企业和责任人员分别进行了处理，但不能免除紫金矿业依据《证券法》所应承担的责任。

根据当事人违法行为的事实、性质、情节与社会危害程度，依据《证券

法》第 193 条的规定，证监会决定：

（一）责令紫金矿业改正，给予警告，并处以 30 万元罚款；

（二）对陈景河给予警告，并处以 10 万元罚款；

（三）对罗映南、邹来昌给予警告，并分别处以 5 万元罚款；

（四）对刘晓初、蓝福生、黄晓东给予警告。

十一、中国证监会行政处罚决定书（山东鲁北化工、冯久田、袁金亮等 14 名责任人员）

鲁北化工的行为违反了《证券法》第 63 条关于"发行人、上市公司依法披露的信息，必须真实、准确、完整，不得有虚假记载、误导性陈述或者重大遗漏"的规定，构成了《证券法》第 193 条所述"发行人、上市公司或者其他信息披露业务人未按照规定披露信息，或者所披露的信息有虚假记载、误导性陈述或者重大遗漏"的行为。

根据当事人违法行为的事实、性质、情节与社会危害程度，依据《证券法》第 193 条的规定，证监会决定：（1）责令鲁北化工改正，给予警告，并处以 40 万元罚款；（2）对冯久田给予警告，并处以 30 万元罚款；（3）对袁金亮、吴玉瑞给予警告，并分别处以 20 万元罚款；（4）对田玉新给予警告，并处以 5 万元罚款；（5）对刘金亭、冯怡深、刘希岗、冯立田、翟洪轩给予警告，并分别处以 4 万元罚款；（6）对吴宗文、佘洪华、李德周、范本强给予警告，并分别处以 3 万元罚款。

2012 年 5 月

一、2012 年 5 月，深圳市委召开常委会议讨论通过了《深圳市商事登记制度改革实施方案》（以下简称《实施方案》）

改革内容实现了八个方面的突破：（1）改革现行以"营业执照"为中心的商事登记制度，建立商事主体资格与经营资格相分离，审批与监管、监管与自律相统一的登记制度；（2）实行住所与经营场所各自独立的登记管理方式；（3）改革现行有限责任公司注册资本实缴登记制度，实行注册资本认缴登记制度；（4）改革现行个体工商登记制度，逐步实现对以自然人名义从事经营者豁免商事主体登记；（5）改革现行企业退出机制，建立商事主体除名制度；（6）改革现行企业登记年度检验制度，建立商事主体年报备案制度；（7）改革现行商事登记公示制度，构建统一的商事主体登记许可及信用公示平台；（8）全面推行网上登记，建立电子营业执照制度，探索营业执照、组织机构代码证、税务登记证"一表登记，三证合一"的登记制度。

二、新股发行体制改革指导意见正式发布

5 月 2 日，中国证监会正式发布《关于进一步深化新股发行体制改革的指导意见》（以下简称《指导意见》），标志着酝酿许久的新股发行体制改革即将迈出重要一步。指导意见明确提出，发行人是信息披露的第一责任人，把好发行"入口关"发行人需积极履行信披义务。

《指导意见》进一步推进以信息披露为中心的发行制度建设，强化信息披露的真实性、准确性、充分性和完整性，全过程、多角度提升信息披露质量，主要有五方面的内容：其一，要修改完善相关规则，改进发行条件和信息披露要求，弱化行政审批，逐步淡化监管机构对拟上市公司盈利能力的判断，强化资本约束、市场约束和诚信约束；其二，突出了发行人作为信息披露第一责任人的地位，进一步明确各中介机构独立的主体责任，进一步强化了各参与主体的归位尽责意识，对包装和粉饰业绩，加大惩处力度；其三，进一步突出公司治理的重要性，发行人要重视公司治理的健全性，中介机构要加强核查、判断并发表意见；其四，总结预先披露提前的实施经验，进一步提前预先披露的时间，逐步实现发行申请受理后即预先披露；其五，按照国务院行政审批制度改革的精神完善发行程序，提高服务效率。

三、券商创新大会发布11条政策红利

5月7日、8日，证券公司创新发展研讨会在北京召开，提出11条推进行业创新举措。10月12日，证监会公布《券商参与区域性股权交易市场管理办法（讨论稿）》；10月18日，正式发布《证券公司客户资产管理业务试行办法》；11月12日，公布《证券公司代销金融产品管理规定》；11月16日，发布《关于调整证券公司净资本计算标准的规定（2012年修订）》，修改《关于证券自营业务投资范围及有关事项的规定》等。

四、中国央行年内二度调降存款准备金率0.5%

中国人民银行5月12日公布，从2012年5月18日起，下调存款类金融机构人民币存款准备金率0.5个百分点，为今年以来第二次调降存准。央行上一次下调存款准备基金率是在2012年2月24日。调整后，大型金融机构的存款准备金率为20.0%，中小型金融机构为16.5%。

五、《证券发行与承销管理办法》（以下简称《办法》）修订

5月22日，依据《关于进一步深化新股发行体制改革的指导意见》，中国证监会作出《关于修改〈证券发行与承销管理办法〉的决定》，着力对新股发行推介及承销过程中信息披露作出更为规范性的要求。

修订办法强调了机构投资者和公众投资者获得信息的公平性。表现在《办法》新增一条作为第15条明确规定：首次公开发行股票招股意见书刊登后，发行人及其主承销商可以向询价对象进行推介和询价，并通过互联网等方式向公众投资者进行推介。但是，发行人及其主承销商向公众投资者进行推介时，向公众投资者提供的发行人信息的内容及完整性，应当与向询价对象提供的信息保持一致。

《办法》新增一条作为第16条明确规定：发行人及其主承销商在推介过

程中不得夸大宣传，或以虚假广告等不正当手段诱导、误导投资者，不得披露除招股意向书等公开信息以外的发行人其他信息；推介资料不得存在虚假记载、误导性陈述或重大遗漏。

对于信息披露的规范性要求还体现在新股发行过程中。修订后的第53条明确，发行人和承销商在发行过程中披露的信息，应当真实准确完整，不得片面夸大优势，淡化风险，美化形象，误导投资者，不得有虚假记载、误导性陈述或重大遗漏。

《办法》加强了对违法违规行为和不当行为的监管和处罚。修订后的第62条明确规定，证券公司在承销过中，以虚假推介误导投资者，证监会可暂停证券公司最长36个月的证券承销业务。对发行人向询价对象提供除招股说明书等公开信息以外的发行人其他信息，或者在发行人股票上市前，进行虚假或误导投资者的广告，或者披露的信息有虚假记载、误导生陈述或重大遗漏，情节严重的，依修订后的第64条，除依法承担法律责任外，证监会采取责令整改、监管谈话、重大关注、出示警示函、责令公开说明、认定为不适当人选以及市场禁入等监管措施，并记入诚信档案。

六、银监会发布鼓励民资进入银行业实施意见

为贯彻落实《国务院关于鼓励和引导民间投资健康发展的若干意见》，鼓励和引导民间资本进入银行业，加强对民间投资的融资支持，银监会出台了《关于鼓励和引导民间资本进入银行业的实施意见》（以下简称《实施意见》）。

《实施意见》明确，民间资本进入银行业与其他资本遵守同等条件，支持符合银行业行政许可规章相关规定，公司治理结构完善，社会声誉、诚信记录和纳税记录良好，经营管理能力和资金实力较强，财务状况、资产状况良好，入股资金来源真实合法的民营企业投资银行业金融机构。支持民间资本参与村镇银行发起设立或增资扩股（允许小额贷款公司按规定改制设立为村镇银行），并将村镇银行主发起行的最低持股比例由20%降低到15%。

《实施意见》指出，要坚持审慎监管，促进民间资本投资的银行业金融机构稳健经营和稳步发展。民间资本进入银行业与其他各类资本同等遵守有关投资银行业金融机构的审慎规定，各银行业金融机构均应遵守《商业银行与内部人和股东关联交易管理办法》等相关规定，规范关联交易等行为，控制关联交易和其他风险。对于已经或者可能发生信用危机，或者有违法经营、经营管理不善等情形的银行业金融机构，银行业监督管理机构应当依法及时采取相应的风险处置措施。

七、5月23日，珠海市政府常务会议以政府规章的形式审定通过了《珠海经济特区横琴新区商事登记管理办法》，明确了横琴商事登记制度的具体内容

横琴新区商事登记改革主要内容体现在八个具体方面：（1）改革现行以"营业执照"为中心的商事登记制度，建立商事主体资格与经营资格相分离，审批与监管高度统一的登记制度；（2）改革现行有限责任公司注册资本实缴登记制，实行注册资本认缴制；（3）实行住所与经营场所各自独立的登记管理方式；（4）改革现行企业登记年度检验制度，建立商事主体年报备案制度；（5）改革现行企业退出机制，建立商事主体除名制度；（6）改革现行商事登记公示制度，构建统一的商事主体登记许可及信用信息公示平台；（7）建立有限责任公司的公司秘书制度；（8）改革传统的登记方式；全面推行网上登记。

八、中国证监会行政处罚决定书（刘锦荣）

2009年1月16日至7月15日期间，刘锦荣委托朱某某和王某操作"黄某某"等17个资金账户（以下简称"黄某某"账户组）买卖宁夏中银绒业股份有限公司（以下简称中银绒业）股票。在2009年3月25日至7月15日期间，"黄某某"账户组持有中银绒业股票比例共有20个交易日持股超过5%。刘锦荣利用"黄某某"账户组持有中银绒业已发行股份达5%时，未按规定在该事实发生之日起3日内向国务院证券监督管理机构、证券交易所作出书面报告，也未通知上市公司，同时在上述期限内继续买卖该股票。

刘锦荣的行为违反了《证券法》第86条第1款的规定，构成了《证券法》第193条所述的违法行为。根据当事人违法行为的事实、性质、情节与社会危害程度，依据《证券法》第193条的规定，证监会决定：对刘锦荣给予警告，并处以60万元罚款。

九、中国证监会行政处罚决定书（新亚太、李杰伟）

新亚太集中资金优势、持股优势，以连续买卖和在自己实际控制的证券账户之间交易等两种方式操纵ST洛玻股票价格，违反了《证券法》第77条关于禁止操纵证券交易价格的规定，构成《证券法》第203条所述的违法行为。

根据当事人违法行为的事实、性质、情节与社会危害程度，依据《证券法》第203条的规定，证监会决定：一、对新亚太处以50万元罚款；二、对李杰伟给予警告，并处以10万元罚款。

十、中国证监会行政处罚决定书（张涛、王东海、魏亮等6名责任人员）

张涛交易方大炭素股票的行为，违反了《证券法》第76条的规定，构成《证券法》第202条所述违法行为；张涛利用其妻王某某账户买卖股票的行为，违反了《证券法》第43条的规定，构成《证券法》第199条所述违法行为。王东海等当事人作为内幕信息知情人，其行为违反了《证券法》第76条的规定，构成《证券法》第202条所述违法行为；王东海等当事人作为证券服务机构从业人员，其行为同时违反了《证券法》第45条的规定，构成《证券法》第201条所述违法行为。

根据当事人违法行为的事实、性质、情节与社会危害程度，依据《证券法》第199条、第201~202条的规定，证监会决定：

（一）没收张涛违法所得117 704.64元，处以453 113.92元罚款，并责令张涛处理非法持有的股票；

（二）对王东海、魏亮、崔永杰、高晓卉分别处以4万元罚款；

（三）对黄成仁处以3万元罚款。

十一、中国证监会行政处罚决定书（胶南粮库、刘玉江）

2011年5月4日，胶南粮库、青岛田丰、得利斯的WT105合约交易均由刘玉江一人操作；胶南粮库、青岛田丰、得利斯在进行交易后，原有的持仓未发生变化，其交易行为明显非理性；刘玉江在证监会调查时承认，为了规避直接"对敲"，就通过青岛田丰的期货账户，从胶南粮库转移给得利斯1手持仓。证监会认定，刘玉江2011年5月4日使用胶南粮库、青岛田丰、得利斯的期货账户进行的WT105合约交易是以自己为交易对象，自买自卖，目的是操纵WT105合约交易结算价格，获得非法利益。根据当事人违法行为的事实、性质、情节与社会危害程度，依据《期货交易管理条例》第74条的规定，证监会决定：（1）对胶南粮库处以20万元罚款；（2）对刘玉江给予警告，并处以2万元罚款。

十二、中国证监会行政处罚决定书（亚星化学、陈华森、张福涛等14名责任人）

经查明，亚星化学未披露与潍坊亚星集团有限公司非经营性资金往来，未披露重大担保事项以及在定期报告中信息披露存在虚假记载及重大遗漏的行为，违反了《证券法》第63条的规定，构成了《证券法》第193条的行为。根据当事人违法行为的事实、性质、情节与社会危害程度，依据《证券法》第193条的规定，证监会决定：

（1）责令亚星化学改正，给予警告，并处以50万元罚款；

（2）对陈华森给予警告，并处以20万元罚款；

（3）对张福涛、王志峰、汪波给予警告，并分别处以5万元罚款；

（4）对周建强、唐文军、刘建平、段晓光、鄢辉、周洋、韩俊生、王维盛、陈坚给予警告，并分别处以3万元罚款。

十三、中国证监会行政处罚决定书（正源和信所、刘守堂、贺业政）

正源和信所的行为违反了《证券法》第173条关于"证券服务机构为证

券的发行、上市、交易等证券业务活动制作、出具审计报告、资产评估报告、财务顾问报告、资信评级报告或者法律意见书等文件，应当勤勉尽责，对所依据的文件资料内容的真实性、准确性、完整性进行核查和验证"的规定，构成了《证券法》第223条所述"证券服务机构未勤勉尽责，所制作、出具的文件有虚假记载、误导性陈述或者重大遗漏"的行为。刘守堂、贺业政作为亚星化学2009年年度审计报告的签字注册会计师，是正源和信所上述违法行为直接负责的主管人员。

根据当事人违法行为的事实、性质、情节与社会危害程度，依据《证券法》第223条的规定，证监会决定：（1）责令正源和信所改正，没收业务收入35万元，并处以罚款35万元；（2）对刘守堂、贺业政给予警告，并分别处以3万元罚款。

十四、中国证监会行政处罚决定书（湖南天润、赖淦锋、彭朝晖、戴浪涛、罗林雄）

ST天润于2010年10月9日用募集资金8 850万元归还银行借款，未及时披露，直接负责的主管人员为赖淦锋、彭朝辉；ST天润2010年11月30日公告称募集资金被银行强制划拨的虚假记载，直接负责的主管人员为赖淦锋，其他直接责任人员为罗林雄；ST天润对重大仲裁事项未及时披露，直接负责的主管人员为赖淦锋、彭朝辉，其他直接责任人员为罗林雄；ST天润未履行规定的审批程序，擅自改变募集资金用途，直接负责的主管人员为赖淦锋、彭朝辉，其他直接责任人员为戴浪涛。

根据当事人违法行为的事实、性质、情节与社会危害程度，依据《证券法》第193条、第194条的规定，证监会决定：

（1）责令ST天润改正违法行为，给予警告，并处以30万元罚款；

（2）对赖淦锋、彭朝辉给予警告，并分别处以10万元罚款；

（3）对戴浪涛、罗林雄给予警告，并分别处以3万元罚款。

十五、中国证监会行政处罚决定书（瀚宇投资、夏自强）

瀚宇投资利用他人账户买卖证券的行为，违反了《证券法》第80条的规定，构成了《证券法》第208条所述违法行为，夏自强为直接负责的主管人员。

根据当事人违法行为的事实、性质、情节与社会危害程度，对瀚宇投资的内幕交易行为，依据《证券法》第202条的规定，证监会决定，对瀚宇投资处以罚款5万元；对夏自强给予警告，并处以3万元罚款。

对瀚宇投资非法利用他人账户买卖证券的违法行为，依据《证券法》第208条的规定，证监会决定，责令瀚宇投资改正违法行为，没收违法所得1 390 308.65元，并处以罚款1 390 308.65元；对夏自强给予警告，并处以3万元罚款。综上，证监会决定：（1）责令瀚宇投资改正违法行为，对瀚宇投资没收违法所得1 390 308.65元,并处以1 440 308.65元罚款;(2)对夏自强给予警告,并处以6万元罚款。

十六、中国证监会行政处罚决定书(彩虹精化、陈永弟、李化春等6名责任人员)

彩虹精化未及时披露深圳绿世界与嘉星国际签订总金额共计192 000万元的《产品销售协议》可能给公司生产经营带来重大影响,违反了《证券法》第67条的规定,构成《证券法》第193条所述上市公司"未按照规定披露信息"的行为。彩虹精化2011年2月23日披露的《股票交易异常波动公告》内容与事实不符,违反了《证券法》第193条所述上市公司"所披露的信息有虚假记载"的行为。

根据当事人违法行为的事实、性质、情节与社会危害程度,依据《证券法》第193条以及《中华人民共和国行政处罚法》第27条的规定,证监会决定:(1)对彩虹精化给予警告,并处以30万元罚款;(2)对陈永弟给予警告,并处以20万元罚款;(3)对李化春给予警告,并处以10万元罚款;(4)对郭健、王明章给予警告,并分别处以5万元罚款;(5)对刘科给予警告,并处以3万元罚款。

十七、中国证监会行政处罚决定书(李绍武)

李绍武作为国信证券投行部工作人员,刻意隐瞒其与邱某和昕利科技之间的关系,利用职务便利及所获取的信息优势,安排亲属或其可以控制的公司在拟上市公司改制、增资扩股或实施管理层持股计划等关键阶段投资入股或以优惠价格入股,企图获得有关公司股票发行并上市后巨大的交易价差。这种将自身利益与拟上市公司的利益捆绑在一起的行为背离了保荐机构专业人员应具有的客观公正与独立性,构成保荐机构专业人员与所从事和服务项目业务之间的利益冲突,影响了保荐机构对拟上市公司风险的客观判断,未认真履行尽职调查职责,增加了保荐机构内控失灵与业务失败的风险,侵害了投资者全面了解信息的知情权,妨碍了投资者合理作出投资决策,破坏了证券市场秩序。同时,还增加了拟上市公司的融资成本。

根据当事人违法行为的事实、性质、情节与社会危害程度,依据《证券法》第199条的规定,证监会决定:没收李绍武违法所得10 216 215.19元,并处以600万元罚款。

十八、中国证监会行政处罚决定书(宝尔胜、黄君称)

2011年7月14日,宝尔胜利用其控制的2个期货账户以5 450元/吨的价格交易RB1107合约,致使2011年7月14日RB1107合约的交易结算价为5 450元/吨。宝尔胜通过操纵RB1107合约交割结算价格,多计增值税进项税,少纳增值税75 846.15元。宝尔胜的行为违反了《期货交易管理条例》第43条关于禁止操纵期货交易价格的规定,构成《期货交易管理条例》第

74 条所述的违法行为。黄君称为宝尔胜操纵 RB1107 合约交割结算价格行为直接负责的主管人员。

根据当事人违法行为的事实、性质、情节与社会危害程度，依据《期货交易管理条例》第 74 条的规定，证监会决定：(1) 对宝尔胜处以 20 万元罚款；(2) 对黄君称给予警告，并处以 2 万元罚款。

2012 年 6 月

一、中国证券监督管理委员会《关于修改〈证券投资基金运作管理办法〉第 6 条及第 12 条的决定》

根据该决定（一）第六条修改为：申请募集基金，拟任基金管理人、基金托管人应当具备下列条件：(1) 拟任基金管理人为依法设立的基金管理公司，拟任基金托管人为具有基金托管资格的商业银行；(2) 有符合中国证监会规定的，与管理和托管拟募集基金相适应的基金经理等业务人员；(3) 基金的投资管理、销售、登记和估值等业务环节制度健全，行为规范，不存在影响基金正常运作、损害或者可能损害基金份额持有人合法权益的情形；(4) 最近一年内没有因违法违规行为受到行政处罚或者刑事处罚；(5) 没有因违法违规行为正在被监管机构调查，或者正处于整改期间；(6) 不存在对基金运作已经造成或可能造成不良影响的重大变更事项，或者诉讼、仲裁等其他重大事项；(7) 不存在公司治理不健全、经营管理混乱、内部控制和风险管理制度无法得到有效执行、财务状况恶化等重大经营风险；(8) 中国证监会根据审慎监管原则规定的其他条件。

根据该决定（二）第十二条修改为：基金募集期限届满，募集的基金份额总额符合《证券投资基金法》第四十四条的规定，并具备下列条件之一的，基金管理人应当按照规定办理验资和基金备案手续：(1) 基金募集份额总额不少于两亿份，基金募集金额不少于两亿元人民币；基金份额持有人的人数不少于两百人；(2) 基金管理公司在募集基金时，使用公司股东资金、公司固有资金、公司高级管理人员或基金经理等人员资金认购基金的金额不少于一千万元人民币，且持有期限不少于三年；基金募集份额总额不少于五千万份，基金募集金额不少于五千万元人民币；基金份额持有人的人数不少于两百人。

二、商业银行资本管理办法（试行）

此次最新版的《商业银行资本管理办法（试行）》较之前的征求意见稿略有放松，主要变化有两点：第一，明确了达标时间延后两年，系统重要性银行和非系统重要性银行达标时间较前一版本的 2013 和 2016 年延后两年至 2015 至 2018 年，之前版本中只提到个别盈利能力较低、贷款损失准备补提较多的银行业金融机构应在 2018 年底前达标。延缓达标时间主要考虑是部分城商、农商行和农信社的资本充足率要求较目前监管要求距离较远,也延缓了银行业的融资紧迫性。第二,融资平台贷款风险权重下调至100%,与正常贷款权重相同,表明监管层对融资平台的容忍度在提升。

三、中国证监会行政处罚决定书(沈少玲)

沈少玲的行为,违反了《证券法》第73条、第76条的规定,构成《证券法》第202条所述"证券交易内幕信息的知情人或者非法获取内幕信息的人,在涉及证券发行、交易或者其他对证券的价格有重大影响的信息公开前,买卖该证券"的违法行为。

根据当事人违法行为的事实、性质、情节与社会危害程度,依据《证券法》第202条的规定,证监会决定:(1)责令沈少玲依法处理"黄某燕"等5个账户内的彩虹精化股票;如有违法所得,予以没收;(2)对沈少玲处以60万元罚款。

四、中国证监会行政处罚决定书(肖家守、朱莉丽、周晓丹、肖传健)

经查明,肖家守、肖传健存在泄露内幕信息的行为,朱莉丽、周晓丹存在利用内幕信息买卖证券的行为。根据当事人违法行为的事实、性质、情节与社会危害程度,依照《证券法》第202条的规定,证监会决定:

(1)对肖家守处以150 000元罚款;

(2)没收朱莉丽违法所得134 773.84元,并处以150 000元罚款;

(3)对肖传健处以30 000元罚款;

(4)没收周晓丹违法所得753 161.85元,并处以753 161.85元罚款。

五、中国证监会行政处罚决定书(海星科技)

海星科技未按规定披露对外重大担保、重大诉讼、参股公司经营情况重大变化以及预付账款事项的行为违反了《证券法》第63条、第65条、第66条、第67条的规定,构成了《证券法》第193条所述违法行为。

根据当事人违法行为的事实、性质、情节与社会危害程度,依据《证券法》第193条的规定,证监会决定:

(1)对荣海给予警告,并处以10万元罚款;

(2)对韩钢给予警告,并处以5万元罚款;

(3)对徐韬、雷波给予警告,并分别处以3万元罚款;

(4)对林作良、杨毅辉、刘克峰、陈文给予警告。

六、中国证监会行政处罚决定书(唐园子)

2010年4月14~15日唐园子等9个账户持有海鸥卫浴股票占该公司已发行股份的比例达到5%时,唐园子未进行报告和公告,其行为违反了《证券法》第86条的规定,构成了《证券法》第193条所述违法行为。

根据当事人违法行为的事实、性质、情节与社会危害程度,依据《证券法》第193条的规定,证监会决定:对唐园子给予警告,并处以30万元罚款。

七、中国证监会行政处罚决定书（宁波富邦、郑锦浩、华声康等 7 名责任人）

经查明，宁波富邦未及时披露重大诉讼事项，2010 年年度报告、2011 年半年度报告信息披露违法。根据当事人违法行为的事实、性质、情节与社会危害程度，依据《证券法》第 193 条的规定，证监会决定：（1）对宁波富邦给予警告，并处以 30 万元罚款；（2）对郑锦浩给予警告，并处以 10 万元罚款；（3）对华声康、宋汉心给予警告，并分别处以 5 万元罚款；（4）对岳培青、徐跃进给予警告，并分别处以 3 万元罚款；（5）对陈炜给予警告。

八、中国证监会行政处罚决定书（王国斌）

王国斌利用频繁申报和撤销申报的手段操纵 ST 波导股票价格行为违反了《证券法》第 77 条关于禁止操纵股票价格的规定，构成了《证券法》第 203 条所述的操纵股票价格行为。

根据当事人违法行为的事实、性质、情节与社会危害程度，依据《证券法》第 203 条的规定，证监会决定：对王国斌处以 30 万元罚款。

九、中国证监会行政处罚决定书（劲嘉股份、庄德智、沈海祥）

劲嘉股份相关公告虚假记载且未及时予以澄清的行为，违反了《证券法》第 63 条的规定，构成了《证券法》第 193 条所规定的违法行为。

根据当事人违法行为的事实、性质、情节与社会危害程度，依据《证券法》第 193 条的规定，证监会决定：（1）对劲嘉股份给予警告，并处以 40 万元罚款；（2）对庄德智给予警告，并处以 20 万元罚款；（3）对沈海祥给予警告，并处以 10 万元罚款。

十、中国证监会行政处罚决定书（韩偲铭）

2008 年 10 月 27 日开始，深圳劲嘉彩印集团股份有限公司（以下简称劲嘉股份）以中大正通为中介，与美国公司 Native American Tobacco & Trading, LLC 洽谈烟标合作业务。韩偲铭编造合作方为英美烟草，并编造英美烟草要到劲嘉股份考察、召开新闻发布会等虚假信息。但是，自 2008 年 10 月至 2009 年 11 月，劲嘉股份、中大正通未与英美烟草洽谈任何业务，Native American Tobacco & Trading, LLC 与英美烟草没有任何关系。韩偲铭知道劲嘉股份为上市公司，但仍借助其中介身份多次将合作方是英美烟草的信息传递给劲嘉股份，且在 2009 年 9 月 18 日劲嘉股份发布相关提示性公告后继续编造 Native American Tobacco &Trading, LLC 与英美烟草有关联的消息。韩偲铭的行为是导致劲嘉股份 2009 年 9 月 18 日发布的《深圳劲嘉彩印集团股份有限公司关于与美国英美烟草合作的提示性公告》存在虚假陈述的重要原因，并导致劲嘉股份股价出现异动。

韩偲铭编造、传播虚假信息的行为，违反了《证券法》第 78 条关于

"禁止国家工作人员、传播媒介从业人员和有关人员编造、传播虚假信息，扰乱证券市场"的规定，构成了《证券法》第206条所规定的违法行为。

十一、中国证监会行政处罚决定书（曾国波）

曾国波2009年9月2日、3日买入劲嘉股份股票的交易异常，其所述借用资金的目的与资金运作情况不吻合，其所称买入股票的理由不足以解释其巨额集中性买入股票的行为，曾国波有机会接触到该信息，属于由于所任职公司职务可以获取公司有关内幕信息的人员。上述证据足以认定曾国波利用内幕信息买卖劲嘉股份的股票，从事了内幕交易行为。

曾国波的上述行为，违反了《证券法》第76条的规定，构成了《证券法》第202条所规定的违法行为。

根据当事人违法行为的事实、性质、情节与社会危害程度，依据《证券法》第202条的规定，证监会决定：没收曾国波违法所得938 806.39元，并处以100万元罚款。

2012年7月

一、《证券期货市场诚信监督管理暂行办法》发布

中国证监会于2012年7月31日正式发布《证券期货市场诚信监督管理暂行办法》，自9月起正式施行。这不仅是我国资本市场首部专门的诚信监管规章，也是证监会加强公共信用信息管理、强化市场行为诚信约束的重要探索。

二、期货公司资产管理业务试点办法发布

证监会2012年7月31日正式发布《期货公司资产管理业务试点办法》（以下简称《办法》），按照《办法》申请资管业务试点的期货公司净资本至少要达到5亿元以上，并且最近两次分类监管评级均不低于B类B级。期货公司资管业务可以投资于期货、期权及其他金融衍生品，还包括股票、债券、证券投资基金、集合资产管理计划、央行票据、短期融资券、资产支持证券等。该办法将自9月1日正式实施。

与征求意见稿相比，《办法》最明显的变化之一是适当降低期货公司分类监管评级方面的试点资格条件。《办法》规定，申请资管业务试点的期货公司净资本要达到5亿元以上，且最近两次期货公司分类监管评级均不低于B类B级。此前的征求意见稿中要求分类监管评级均不低于B类BB级。

三、深交所发布监控指引

深交所正式发布《深圳证券交易所新股上市初期异常交易行为监控指引》（以下简称《监控指引》），相比之前的征求意见稿，《监控指引》对新股后续交易（即新股上市次日至上市第10个交易日）的监控指标，实施了等同于上市首日的措施，增加了对连续竞价期间的异常交易行为控制。此前，

深交所对于集合竞价期间的异常行为有10天的监控指标,但盘中交易(即后续交易)的异常行为指标仅限上市当日。深交所这次正式发文,实际上已是该所对新股炒作限制规则进行的第二次修改。

对于"同一证券账户或同一控制人控制的多个证券账户或涉嫌关联的证券账户"行为也分别对其在上市首日和后续交易日的"控盘"、"对敲"异常交易行为予以明确。值得关注的是,对于"同一证券账户或同一控制人控制的多个证券账户或涉嫌关联的证券账户"上市首日的异常交易行为,比此前规定有所放松。

《监控指引》显示,同一证券账户或同一控制人控制的多个证券账户或涉嫌关联的证券账户同时或在相近时间集中申报买入,且累计申报买入数量占新股实际上市流通量的1%以上或在20万股以上的,被视为异常交易行为。而此前征求意见稿的规定是,累计申报买入数量占新股上市流通量的0.5%以上或在10万股以上。

四、中国证监会行政处罚决定书(上海丰润、赵海云)

上海丰润除使用自身开设的"上海丰润"证券账户交易股票外,还通过签署"全权委托管理协议"的方式,控制了"上海杉业"、"王庆来"、"王娜影"、"张敏红"、"郑学明"、"陈光华"等6个法人、自然人证券账户的买卖决策;并通过发起设立"联华国际信托有限公司-浙江中行新股申购信托项目〈3期〉"、"中融国际信托有限公司-融裕25号"信托项目,作为投资顾问,控制了相关信托证券账户的买卖决策。上海丰润作为上述9个证券账户的交易决策者,有义务、有责任严格按照《证券法》第86条的规定,随时关注并合并计算这9个证券账户在同一时间持有同一家上市公司已发行股份的数量。当合并计算的持股比例符合法律规定的信息披露情形时,应当在法定期限内进行报告和公告。本案中,上海丰润拥有交易决策权的9个证券账户合计持有"京山轻机"、"江西长运"、"大连圣亚"、"中科英华"等4只股票的比例多次达到法律规定的信息披露情形,均未履行报告和披露义务,其行为违反了《证券法》第86条的规定,构成了《证券法》第193条的行为,上海丰润董事长赵海云是对该违法行为直接负责的主管人员。

根据当事人违法行为的事实、性质、情节与社会危害程度,依据《证券法》第193条的规定,证监会决定:(1)对上海丰润给予警告,并处以50万元罚款;(2)对赵海云给予警告,并处以25万元罚款。

五、中国证监会行政处罚决定书(易生泽)

易声泽作为上市公司高级管理人员,明知应当遵守《证券法》禁止从事短线交易的规定,但其回避使用其本人同名证券账户,转而使用他人证券账户买卖三安光电股票,从事违法行为,从中获取巨额收益,具有明显的违法主观故意,且违法行为持续时间较长,情形恶劣,依法应予惩戒。根据《证券法》第47条第1款的规定，易声泽应当将所得收益22 332 340元上缴三安光电。

根据当事人违法行为的事实、性质、情节与社会危害程度，依据《证券法》第195条的规定，证监会决定：对易声泽给予警告，并处以10万元罚款。

六、中国证监会行政处罚决定书（林科闯）

林科闯于2008年至2011年11月担任三安光电股份有限公司（以下简称"三安光电"）董事兼总经理。2010年11月至2011年2月，林科闯操作国信证券厦门湖滨北路营业部林某毅账户在6个月内买卖"三安光电"股票，根据上海证券交易所计算，获利374 842.00元。其行为违反了《证券法》第47条的规定，构成了《证券法》第195条所述违法行为。根据《证券法》第47条第1款的规定，林科闯应当将所得收益374 842.00元上缴"三安光电"。

根据当事人违法行为的事实、性质、情节与社会危害程度，依据《证券法》第195条的规定，证监会决定：对林科闯给予警告，并处以7万元罚款。

2012年8月

一、新三板试点扩容

8月3日，证监会宣布扩大非上市股份公司股份转让（俗称"新三板"）试点。除北京中关村科技园区外，首批扩大试点新增上海张江高新技术产业开发区、武汉东湖新技术产业开发区、天津滨海高新区。

二、宝钢开启近四年A股回购先例

8月27日，宝钢股份宣布拟以不超过5元/股的价格回购股票，总金额不超过50亿元，此举开启近四年A股市场回购先例。随后，上市公司回购与大股东增持行为逐渐增多。

三、证券法学研究会股权融资与上市专业委员会成立

中国证券法学研究会股权融资与上市专业委员会在深圳举行揭牌仪式。中国证券法学研究会会长郭峰表示，股权融资与上市专业委员会可以通过深圳多层次资本市场整合企业融资需求降低企业上市成本，为中小企业进入资本市场建立有效渠道。

股权融资与上市专业委员会将通过组织各界从事股权融资与上市的相关机构、个人为已上市和拟上市企业进行金融与法律知识的普及、人才培养、上市咨询、课题研究及权益维护等服务。"一站式专家服务平台"可以为企业在资本市场可持续发展、提高融资水平提供专业服务，帮助企业规范上市。

四、中国证监会行政处罚决定书（山东华阳科技股份有限公司、刘敬路、闫新华等14名责任人）

华阳科技未及时披露与关联方山东华阳农药化工集团有限公司（以下简

称华阳集团）和泰安华天化工有限公司（以下简称华天化工）的非经营性资金往来，2008 年半年度报告、2008 年年度报告、2009 年半年度报告、2009 年年度报告、2010 年半年度报告中存在虚假记载和重大遗漏行为。根据当事人违法行为的事实、性质、情节与社会危害程度，依据《证券法》第 193 条的规定，证监会决定：

（1）对华阳科技给予警告，并处以 30 万元罚款；（2）对刘敬路、闫新华给予警告，并分别处以 8 万元罚款；（3）对范伟给予警告，并处以 5 万元罚款；（4）对周忠、李德军、王开运、罗海章、高杰、李庆新、刘福军、宋东升、张辉玉、黄昌存给予警告，并分别处以 3 万元罚款。

五、中国证监会行政处罚决定书（利安达会计师事务所有限责任公司、李耀堂、黄丽华等 5 名责任人）

由于利安达对华阳科技 2008 年和 2009 年财务报表进行审计时没有按照相关审计准则执行审计程序，导致没有发现华阳科技与关联方华阳集团和华天化工的非经营性资金往来。根据当事人违法行为的事实、性质、情节与社会危害程度，依据《证券法》第 223 条的规定，证监会决定：（1）责令利安达改正，没收利安达业务收入 70 万元；（2）对李耀堂、黄丽华、孙莉、王晓波给予警告，并分别处以 3 万元罚款。

六、中国证监会行政处罚决定书（庄坚毅、王建辉、高金花等 6 名责任人员）

佛山照明动议、筹划、调研、决策与其他公司一起组建新能源项目合资企业，并以此为契机，实现从制造型生产企业向新能源开发行业延伸等情况属于《证券法》第 67 条第 1 款第（1）项所规定的"公司的经营方针和经营范围的重大变化"，构成《证券法》第 75 条第 2 款第（1）项所规定的内幕信息。庄坚毅知悉内幕信息后，在内幕信息公开前买入"粤照明 B"股票，其行为违反了《证券法》第 76 条的规定，构成《证券法》第 202 条所述违法行为。王建辉、高金花、章敏芝、周星夫知悉内幕信息后，在内幕信息公开前买入"佛山照明"股票，其行为违反了《证券法》第 76 条的规定，构成《证券法》第 202 条所述违法行为。邹建平在内幕信息公开前向章敏芝介绍佛山照明开展新能源项目的情况，并建议章敏芝买入"佛山照明"股票，其行为构成泄露内幕信息并建议他人买卖，违反了《证券法》第 76 条的规定，构成《证券法》第 202 条所述违法行为。

根据当事人违法行为的事实、性质、情节与社会危害程度，依据《证券法》第 202 条的规定，证监会决定：（1）责令庄坚毅自收到本处罚决定书之日起 7 个可交易日内，依法处理"粤照明 B"股票；如有违法所得，没收庄坚毅违法所得，并处以违法所得一倍罚款；如没有违法所得或者违法所得不足 3 万元的，对庄坚毅处以港币 20 万元罚款。（2）对邹建平处以 10 万元罚款。(3)对王建辉、章敏芝分别处以5万元罚款。(4)对高金花、周星夫分别处以3万元罚款。

七、中国证监会行政处罚决定书（嘉利恒德、胡和建、赵伟、程昌军）

嘉利恒德知悉有关股权因借款纠纷导致司法裁定转让情况，未按规定及时告知上市公司董事会并配合上市公司履行信息披露义务，致使博盈投资信息披露不及时。《信息披露违法行为行政责任认定规则》第18条规定，控股股东不告知上市公司应披露信息的，应当认定为控股股东指使从事信息披露违法。因此，嘉利恒德上述行为构成了《证券法》第193条第3款所述违法行为。

胡和建决策了嘉利恒德发生上述股权担保借款事项，并知悉相关诉讼情况，但没有向博盈投资董事会报告，也没有向博盈投资其他高级管理人员通报该事项，是对博盈投资未及时披露相关诉讼信息的行为直接负责的主管人员。

赵伟、程昌军对嘉利恒德以博盈投资股权担保向鸿福祥公司借款一事知情，二人分别担任博盈投资董事、监事长后，没有向博盈投资董事会、监事会报告有关借款事项，也没有向博盈投资其他高级管理人员通报该事项，是博盈投资未及时披露相关诉讼信息行为的其他直接责任人员。

根据当事人违法行为的事实、性质、情节与社会危害程度，依据《证券法》第193条的规定，证监会决定：(1)对嘉利恒德给予警告，并处以30万元罚款；(2)对胡和建给予警告，并处以5万元罚款；(3)对赵伟、程昌军给予警告，并分别处以3万元罚款。

八、中国证监会行政处罚决定书（浙江宋都控股有限公司）

虽然浙江宋都是俞建午一人投资设立的公司，但浙江宋都拥有独立的法人人格和完整的财产权利。本案中，办理向"王某"账户转款手续的是浙江宋都相关人员，相关行为应当视为浙江宋都的行为。基于上述事实与理由，证监会认为，浙江宋都利用"王某"账户从事证券交易的事实清楚，足以认定。

根据当事人违法行为的事实、性质、情节与社会危害程度，依据《证券法》第208条的规定，证监会决定：责令浙江宋都改正，并处以30万元罚款。

九、中国证监会行政处罚决定书（徐灵江）

2011年6月13日至11月10日，徐灵江通过借用刘某等43个账户持有普洛股份股票，超过该公司已发行股份的5%时，未向证券监督管理机构、证券交易所报告，也未及时公告，其行为违反了《证券法》第86条的规定，构成《证券法》第193条所述违法行为。

根据当事人违法行为的事实、性质、情节与社会危害程度，依据《证券

法》第 193 条的规定，证监会决定：责令徐灵江改正，给予警告，并处以 30 万元罚款。

十、中国证监会行政处罚决定书（陈玉憬）

陈玉憬通过控制 A226×××596 等 4 个证券账户，操纵相关债券交易价格，其行为违反了《证券法》第 77 条关于禁止操纵证券交易价格的规定，构成了《证券法》第 203 条所述的操纵证券交易价格的行为。

根据当事人违法行为的事实、性质、情节与社会危害程度，依据《证券法》第 203 条和《行政处罚法》第 27 条的相关规定，证监会决定：对陈玉憬处以 20 万元罚款。

十一、中国证监会行政处罚决定书（金城股份、陆剑斌、吕立、胡庆）

金城股份为金城集团 15 687 万元借款提供担保后未按规定披露信息的行为违反了《证券法》第 59 条至第 62 条、第 64 条的规定以及《证券法》第 63 条、第 65 条至第 67 条和第 70 条的规定；金城股份对涉及公司的重大诉讼未按规定披露信息的行为违反了《证券法》第 63 条、第 65~67 条和第 70 条的规定；金城股份将 57 607 万元资产进行抵押后未按规定披露信息的行为违反了《证券法》第 63 条、第 67 条和第 70 条的规定。对于金城股份未就重大诉讼事项按规定披露信息的行为，陆剑斌是直接负责的主管人员，吕立、胡庆是直接责任人员。对于金城股份将 57 607 万元资产进行抵押后未按规定披露信息的行为，陆剑斌是直接负责的主管人员，吕立是直接责任人员。

根据当事人违法行为的事实、性质、情节与社会危害程度，依据《证券法》第 193 条的规定，证监会决定：（1）对金城股份责令改正，给予警告，并处以 40 万元罚款；（2）对陆剑斌给予警告，并处 30 万元罚款；（3）对吕立给予警告，并处以 10 万元罚款；（4）对胡庆给予警告，并处以 3 万元罚款。

2012 年 9 月

一、中国证监会发布《非上市公众公司监督管理办法》

《非上市公众公司监督管理办法》经 2012 年 9 月 28 日中国证券监督管理委员会第 17 次主席办公会议审议通过。为贯彻落实"十二五"规划和全国金融工作会议的决策部署，加强对中小企业等薄弱领域的金融支持，进一步提升资本市场服务实体经济的功能，中国证监会正式发布《非上市公众公司监督管理办法》（以下简称《监管办法》），对以下几个方面的监管规定做了调整：

一是修改了公司准入条件，二是调整了定向发行对象范围和人数限制，三是修改了小额融资豁免标准，四是增加了打击内幕交易行为的监管要求，五是明确了非上市公众公司到交易所上市的要求，六是适当增加了非上市公众公司并购重组的原则性要求,七是明确本办法施行前股东超过200人的股份公司纳入监管范围。

二、最高人民法院指导案例10号:李建军诉上海佳动力环保科技有限公司公司决议撤销纠纷案

原告李建军系被告佳动力公司的股东,并担任总经理。佳动力公司股权结构为:葛永乐持股40%,李建军持股46%,王泰胜持股14%。三位股东共同组成董事会,由葛永乐担任董事长,另两人为董事。公司章程规定:董事会行使包括聘任或者解聘公司经理等职权;董事会须由2/3以上的董事出席方才有效;董事会对所议事项作出的决定应由占全体股东2/3以上的董事表决通过方才有效。2009年7月18日,佳动力公司董事长葛永乐召集并主持董事会,三位董事均出席,会议形成了"鉴于总经理李建军不经董事会同意私自动用公司资金在二级市场炒股,造成巨大损失,现免去其总经理职务,即日生效"等内容的决议。该决议由葛永乐、王泰胜及监事签名,李建军未在该决议上签名。

上海市黄浦区人民法院于2010年2月5日作出(2009)黄民二(商)初字第4569号民事判决:撤销被告佳动力公司于2009年7月18日形成的董事会决议。宣判后,佳动力公司提出上诉。上海市第二中级人民法院于2010年6月4日作出(2010)沪二中民四(商)终字第436号民事判决:(一)撤销上海市黄浦区人民法院(2009)黄民二(商)初字第4569号民事判决;(二)驳回李建军的诉讼请求。

三、中国证监会行政处罚决定书(周武秀)

周武秀通过其控制的11个证券账户,集中资金优势连续买卖成飞集成、众合机电股票,在自己实际控制的证券账户之间交易成飞集成股票,频繁操纵成飞集成股票价格,致使成飞集成股票价格升高,并在每次成飞集成股票价格升高后卖出所持有的股票。其行为违反了《证券法》第77条关于禁止操纵股票价格的规定,构成了《证券法》第203条所述操纵股票价格行为。

根据当事人违法行为的事实、性质、情节与社会危害程度,依据《证券法》第203条的规定,证监会决定:对周武秀处以100万元罚款。

四、中国证监会行政处罚决定书(岳阳兴长石化股份有限公司)

按照《证券法》第67条的规定,上市公司控股股东发生变更并被依法注销的事项,属于应予披露的信息,但岳阳兴长未及时披露,也未按规定在2007年年度报告中披露该事项。其行为构成《证券法》第193条所述违法行为。

岳阳兴长在陈述、申辩意见中提出:其一,岳阳兴长控股股东改制对上市公司并未造成实质性影响,对投资者亦未造成实质性损害。其二,对长岭炼化法人资格注销一事,公司并未刻意隐瞒,在被立案稽查前已经主动进行公告。

经证监会核查，岳阳兴长控股股东变更属实际控制人的单方面划转行为，变更后岳阳兴长控股股东的控制人没有发生变化，仍为中国石油化工集团公司；对长岭炼化法人资格注销事项，岳阳兴长确已在证监会立案前履行了披露义务。鉴此，证监会认为，岳阳兴长信息披露存在违法行为，但情节轻微，并未造成重大危害后果。

根据当事人违法行为的事实、性质、情节与社会危害程度，依据《证券法》第193条的规定，证监会决定：责令岳阳兴长改正，给予警告。

2012年10月

一、2012年10月，《东莞市商事登记制度改革实施方案》印发

2012年，东莞推出《东莞市商事登记制度改革实施方案》，改革的主要内容有：（1）实施商事主体登记和经营资格许可审批相分离；（2）放宽住所（经营场所）的限制；（3）实施注册资本认缴制；（4）实施商事主体年检验照备案制度；（5）逐步推行全程电子化网上登记年检；（6）加快行政审批制度改革；（7）打造市场监管信息共享服务平台；（8）强化商事登记后续监管。

二、2012年10月30日，深圳市人大常委会通过《深圳经济特区商事登记若干规定》；2012年11月29日，珠海市人大常委会通过《珠海经济特区商事登记条例》

通过特区立法程序，2012年10月30日，深圳市人大常委会通过《深圳经济特区商事登记若干规定》；11月29日，珠海市人大常委会通过《珠海经济特区商事登记条例》，上述两部特区商事登记法规均定于2013年3月1日起施行。

根据《深圳经济特区商事登记若干规定》《珠海经济特区商事登记条例》，3月1日起，深圳、珠海均将在全市范围内实施商事登记改革。根据《工商总局关于同意广东省商事登记营业执照改革方案的批复》，两地自3月1日起启用《企业法人营业执照》《非法人企业营业执照》《分支机构营业执照》和《个体工商户营业执照》等4种新版营业执照，与其他非试点地区的营业执照具有同等法律效力。

三、银监会重拳出击银行票据违规行为

银监会下发《关于加强银行承兑汇票业务监管的通知》，要求银行业金融机构要高度重视银行承兑汇票业务风险，认真落实有关监管要求。要加强客户授信调查，严格审查票据申请人资格、贸易背景真实性及背书流转过程合理性。要加强票据业务保证金、贴现资金划付和使用、查验和查询查复、重要空白凭证和业务印章等关键环节的管理。要完善业务流程，强化制度执行，切实防范票据业务风险。重点规制严禁银行员工成资金掮客，加强交易资金管理，防"空转"承兑汇票业务将统一授权管理。

四、证监会内设机构变动创业板获特别监管

经中央机构编制委员会办公室批复同意，证监会内设机构作出相关调整。其中，上市公司监管部更名为上市公司监管一部，设立上市公司监管二部。撤销派出机构工作协调部，其原有职能由证监会内其他相关部门承担。

据悉，创业板自2009年9月推出以来，截至今年10月9日，上市公司已达355家，总市值8691余亿元。其在推进自主创新和战略新兴产业发展等方面发挥了重要作用。由于创业板在具体定位、准入指标、运行制度和风险特征等方面与主板、中小板有所差别，因此在监管制度安排和监管方面也应该体现出差异性。

新设立的上市公司监管二部主要职责是：拟订监管创业板上市公司的规则、实施细则；督促创业板上市公司完善法人治理结构；提出创业板上市公司并购重组活动的监管意见；监督和指导证券交易所、派出机构对创业板上市公司的监管工作；监督创业板上市公司及其董事、监事、高级管理人员、主要股东履行证券法规规定的义务；协助有关部门监管创业板上市公司发行股票、债券等行为；协调有关机构处理创业板上市公司退市等重大风险。

上市公司监管部更名为上市公司监管一部，其主要职责是：拟订监管主板、中小企业板上市公司的规则、实施细则；督促主板和中小企业板上市公司完善法人治理结构；监管境内上市公司并购重组活动；督促和指导证券交易所、派出机构对主板和中小企业板上市公司的监管工作；督促主板和中小企业板上市公司及其董事、监事、高级管理人员、主要股东履行证券法规规定的义务；协助有关部门监管主板和中小企业板上市公司发行股票、债券及境外分拆上市等行为；协调有关机构处理主板和中小企业板上市公司退市等重大风险。

五、证监会4号文剑指IPO财务造假，存货和大额资产成监管重点

针对一些企业在IPO过程中的业绩造假以及在上市之后业绩迅速变脸等现象，证监会10月16日发布《会计监管风险提示第4号首次公开发行股票公司审计》，对IPO中介机构会计师事务所的相关工作提出了具体的监管关注内容，文件同时转发给各保荐机构。

重点关注以下几点：（1）关注营收与成本是否匹配。证监会在4号文中要求，审计机构应充分关注发行人的经营模式、产销量和营业收入、营业成本、应收账款、期间费用等是否能够相互匹配；发行人的产能、主要原材料及能源耗用是否与产量相匹配等信息。（2）需核查神秘客户关联关系。4号文指出，注会在审计"关联方认定及其交易"时通常仅限于查阅书面资料以获取发行人关联方关系，未实施其他必要的审计程序；忽视对发行人在申报

期内注销或非关联化的关联方及其商业实质的甄别；忽视对重大关联交易价格公允性的检查。(3) 关注不同模式收入确认。监管部门要求注会重点关注申报期内发行人在加盟、直销等不同销售模式下收入确认方式。例如，如果发行人采用经销商或加盟商模式，注册会计师应当关注发行人频繁发生经销商或加盟商加入及退出的情况，以及发行人申报期内经销商或加盟商收入的最终销售实现情况。(4) 存货和大额资产成监管重点。除了上述收入和盈利等与利润表紧密相关的重点领域外，4 号文也未放过拟上市企业资产负债表中可能存在的重大风险。案例显示，异常的资产负债表常常是发行人各类风险的"高发区"，其中，存货、货币资金与大额资产成为证监会风险监管的重中之重。

六、商务部：房地产企业股权不得作为外投企业出资

为规范涉及外商投资企业的股权出资行为，商务部 10 月 24 日对外公布《关于涉及外商投资企业股权出资的暂行规定》。该暂行规定明确，用作外商投资企业出资的股权应当权属清晰、权能完整，依法可以转让。同时房地产企业、外商投资性公司、外商投资创业（股权）投资企业的股权，不得用于外投企业出资。

不得用于外投企业出资的股权还包括：股权企业的注册资本未缴足；股权已被设立质权；股权已被依法冻结；股权企业章程（合同）约定不得转让的股权；未按规定参加或未通过上一年度外商投资企业联合年检的外商投资企业的股权；法律、行政法规或者国务院决定规定股权转让应当报经批准而未经批准；股权企业为外商投资企业的，该企业应依法批准设立，符合外商投资产业政策等多种情况。

七、取消调整 32 项证监会行政审批大松绑

国务院公布的第六批取消和调整的 314 项行政审批项目中，有 32 项涉及证监会行政审批范围，超过国务院取消和调整总数的 1/10，凸显证监会放松管制的力度。

32 个项目中包括 20 个取消项目，10 个下放项目，2 个减少审批部门项目。此次取消的行政审批项目，包括保荐代表人注册、证券公司设立集合资产管理计划、要约收购义务豁免核准的四种情形、上市公司回购股份、券商变更境内分支机构营业场所、证券公司为期货公司提供中间介绍业务资格等，期货公司变更公司形式、注册资本部分事项、变更 5% 以上股权部分事项、变更境内分支机构营业场所等事项审批一并取消，约占证监会行政审批项目总数的 30%。同时，证监会会同财政部、人民银行进行的国债承销团成员资格审批也在此次被取消。国务院第六批取消和调整的行政审批项目包括取消项目 171 项，调整项目 143 项；调整项目中又包括下放管理层级的行政审批项目 117 项、减少审批部门的行政审批项目 9 项，合并的行政审批项目

17 项。

2012 年 11 月

一、2012 年 11 月，国家工商总局批复同意广东商事登记改革试点范围扩大为深圳市、珠海市、东莞市和佛山市顺德区

国家工商总局正式批复广东省工商局，原则同意广东省扩大商事登记改革试点地区，在深圳市、珠海市、东莞市、佛山市顺德区开展商事登记改革试点。值得一提的是，批复还同时抄送全国各省、自治区、直辖市工商局，确保广东省企业通过新登记制度拿到的营业执照不会遭受外省企业"冷遇"。

二、酒鬼酒"塑化剂风波"重创白酒股

11 月 19 日，酒鬼酒被曝查出塑化剂超标 2.6 倍，股价大幅下挫。随后塑化剂风波不断发酵，白酒股板块遭受重创。8 月，张裕 A 曝出被检出农药残留，股价暴跌 9.83%，张裕 B 跌停。

三、最高人民法院对股东间"对赌条款"法律效力作出终审判决

2012 年 11 月 7 日，最高人民法院对其在再审程序中提审的"对赌条款"案件，即苏州工业园区海富投资有限公司（"海富公司"）诉甘肃世恒有色资源再利用有限公司（"世恒公司"）等增资纠纷案，作出（2012）民提字第 11 号终审判决。该判决否认了股东与公司之间损害公司及公司债权人利益的对赌条款的法律效力，但认定股东与股东之间的对赌条款合法有效。

最高人民法院认定股东与目标公司之间的"对赌条款"无效。海富公司作为企业法人，向世恒公司投资后与迪亚公司合资经营，故世恒公司为合资企业。世恒公司、海富公司、迪亚公司、陆波在《增资协议书》中约定，如果世恒公司实际净利润低于 3000 万元，则海富公司有权从世恒公司处获得补偿，并约定了计算公式。这一约定使得海富公司的投资可以取得相对固定的收益，该收益脱离了世恒公司的经营业绩，损害了公司利益和公司债权人利益，一审法院、二审法院根据《公司法》第 20 条第 1 款和《中外合资经营企业法》第 8 条的规定，认定《增资协议书》中的这部分条款无效是正确的。但二审法院认定海富公司 18 852 283 元的投资名为联营实为借贷，并判决世恒公司和迪亚公司向海富公司返还该笔投资款，没有法律依据，最高人民法院予以纠正。

最高人民法院认定股东与股东之间的"对赌条款"有效。在《增资协议书》中，迪亚公司对于海富公司的补偿承诺并不损害公司及公司债权人的利益，不违反法律法规的禁止性规定，是当事人的真实意思表示，是有效的。迪亚公司对海富公司承诺了众星公司 2008 年的净利润目标并约定了补偿金额的计算方法。在众星公司 2008 年的利润未达到约定目标的情况下，迪亚公司应当依约应海富公司的请求对其进行补偿。迪亚公司对海富公司请求的补偿金额及计算方法没有提出异议，最高院予以确认。

最高人民法院还就世恒公司、迪亚公司是否应返还投资款、陆波是否应当对海富公司进行补偿等问题作出了认定。2009年12月，海富公司向一审法院提起诉讼时的诉讼请求是请求判令世恒公司、迪亚公司、陆波向其支付协议补偿款19 982 095元并承担本案诉讼费用及其他费用，没有请求返还投资款。因此，二审判决令世恒公司、迪亚公司共同返还投资款及利息超出了海富公司的诉讼请求，是错误的。《增资协议书》中并无由陆波对海富公司进行补偿的约定，海富公司请求陆波进行补偿，没有合同依据。

基于上述认定，最高院判决撤销甘肃高院对本案的二审判决，改判迪亚公司向海富公司支付协议补偿19 982 095元，驳回海富公司其他诉讼请求。

四、中国证监会发布《关于加强与上市公司重大资产重组相关股票异常交易监管的暂行规定》

2012年11月6日，中国证监会正式发布了《关于加强与上市公司重大资产重组相关股票异常交易监管的暂行规定》（以下简称《规定》），并于2012年12月17日施行。

根据《规定》及沪深交易所配套起草的《关于加强与上市公司重大资产重组相关股票异常交易监管的通知》的要求，上市公司停牌进入重大资产重组程序后，证券交易所立即启动股票异常交易核查程序，并及时将股票异常交易信息上报证监会。同时将存在异常交易的结论告知上市公司，由上市公司自主决定是否继续推进重组。如上市公司决定继续推进重组的，应同时作出股票异常交易的风险提示。证监会对股票异常交易信息进行核查后，如认为涉嫌内幕交易决定立案稽查的，上市公司应暂停重组进程，并及时进行信息披露和风险提示。重大资产重组进程暂停后，相关方可以根据涉嫌内幕交易的主体在重大资产重组中地位和角色的不同以及法人和自然人的区别进行分类处理，如果属于《规定》中可以通过撤换或退出重组交易达到"消除影响"的，上市公司可以恢复重组进程。如果上市公司及其控股股东、实际控制人、占本次重组总交易金额的比例在20%以上的交易对方因本次重大资产重组相关的内幕交易行为被中国证监会行政处罚或者被司法机关依法追究法律责任的，上市公司应当终止重组进程，进入行政许可阶段的，中国证监会终止审核。在重大资产重组进程中，证券交易所负责督促上市公司及时进行信息披露和风险提示，强化中小投资者的知情权，保护中小投资者的合法权益。

五、《证券结算保证金管理办法》出炉

2012年11月12日，为完善结算保证金制度，中国证券登记结算公司正式发布《证券结算保证金管理办法》（以下简称《办法》），并将于2013年1月3日起实施。在中国证券市场创立之初，沪、深证券交易所分别制定了不同的结算保证金制度，两者分别设立了"清算交割准备金"和"结算互保金"。

不过，因上述制度在名称、依据、收取标准等方面均不统一，由此也增加了结算参与人的管理成本。

此次《办法》的出台，为沪、深保证金的统一管理提供了制度依据。在《办法》实施后，深圳市场的权证交收履约保证金和ETF申购赎回交收履约保证金、上海市场的权证交收价差担保品不再缴纳，中国证券登记结算公司将统一注销相关账户。上海市场的跨市场ETF代办券商交收价差保证金，将在中国证券登记结算公司总部进行TA业务（过户代理）的开放式基金及券商集合理财产品的申赎保证金仍然按照现行标准缴纳。

对于QFII托管银行而言，QFII结算业务按照《办法》及该通知规定开立结算保证金账户并计付利息。其自营结算保证金账户的缴纳标准按照《办法》执行，但其客户结算保证金账户的缴纳标准仍然按照现行相关规定执行，并可视市场风险情况适时调整。

六、两部委要求清洁发展基金不得从事股票投资

发改委和财政部印发《中国清洁发展机制基金有偿使用管理办法》（以下简称《办法》）。《办法》规定，清洁发展基金不得从事股票、股票类投资基金、房地产以及期货等金融衍生产品投资。基金有偿使用活动应当符合国家法律法规、产业政策和行业发展规划，有利于产生应对气候变化效益，并为国家应对气候变化工作提供可持续的资金支持。

根据该办法，基金有偿使用活动可采取股权投资、委托贷款和融资性担保等方式。基金有偿使用支持的对象应当为我国境内的中资企业或中资控股企业，并且从事应对气候变化相关领域业务等。办法规定，为确保基金的安全性，基金有偿使用项目的期限一般不超过3年。以股权投资、融资性担保等方式所支持的项目投资期限可适当延长。基金以股权投资方式支持项目的，不得对投资对象控股，基金所持股份一般不得超过企业总股本的25%。如需增持并使所持股份超过25%的，应当事先报请基金审核理事会审核。

投资所形成股权的退出，应按照《中国清洁发展机制基金管理办法》所规定的重大项目和非重大项目的审批权限和程序，分别由国家发改委、财政部或基金管理中心遵循公开、公平和市场化原则，确定退出方式及退出价格。对于能够产生重大应对气候变化效益的企业，基金可视地区和项目情况在预算所确定的委托贷款利率优惠幅度内，提供适当低于同期市场贷款利率水平的委托贷款。

七、中国证监会行政处罚决定书（陈宝庆、李文静）

陈宝庆在山东海龙停牌前获知内幕信息后泄露给李文静，并明示李文静买入山东海龙股票；李文静获知内幕信息后，在内幕信息价格敏感期内使用陈宝庆、李文静账户买入山东海龙股票。陈宝庆、李文静的行为违反了《证券法》第73条、第76条的规定。

根据当事人违法行为的事实、性质、情节与社会危害程度，依照《证券法》第 202 条的规定，证监会决定：责令陈宝庆、李文静依法处理所持山东海龙股票，并分别处以 5 万元罚款。

八、中国证监会行政处罚决定书（崔建胜）

ST 华光财务经理崔建胜获知内幕信息，在 ST 华光发布公告前使用崔建胜账户分 6 笔买入"ST 华光"27 600 股，成交金额 166 594 元；在 ST 华光发布公告后分 2 笔卖出"ST 华光"27 600 股，成交金额 175 260 元，扣除手续费税金等盈利 7 897.08 元。其行为违反了《证券法》第 73 条和第 76 条的规定，构成内幕交易行为。

根据当事人违法行为的事实、性质、情节与社会危害程度，依照《证券法》第 202 条的规定，证监会决定：对崔建胜处以 39 000 元罚款。

2012 年 12 月

一、西北最大证券索赔案调解结案，赔偿 1000 余万元

西安市中级人民法院 12 月 12 日通报，148 位中小投资者诉上市公司东盛科技证券虚假陈述纠纷案全部调解结案，1295 万余元执行款项全部到位，这也是西北地区最大的一起证券索赔案。

2006 年 10 月 30 日，东盛集团、东盛药业占用东盛科技资金以及未上账的银行借款，东盛科技发布股东资金占用及其解决方案和会计差错更正的提示性公告。2006 年 10 月 31 日，东盛科技存在未披露的对外担保事项，发布了对外担保补充公告。2006 年 12 月 19 日，东盛科技公告了关于大股东归还占用上市公司资金公告。

随后，以"财报揭黑"闻名资本市场的申草团队介入后，"东盛事件"迅速成为业界关注的焦点。2010 年 4 月 13 日，中国证监会对东盛科技郭家学、张斌等 15 名责任人因虚假陈述作出行政处罚决定。不久，认为东盛科技的虚假陈述行为使其在投资中遭受损失，王霞琴等来自全国各地的 148 名小股东向法院起诉赔偿。受理案件后，西安市中级人民法院在全面评估后确定了以调解为重点的工作思路。针对双方争议较大的揭露日时点、系统性风险等主要焦点问题，法官积极引导当事人作出正确的分析判断，适度平衡双方利益。经过不断调解，双方分歧逐渐缩小，全部个案逐一得以确定具体赔偿方案。

二、全国首例内幕交易民事索赔案一审宣判，股民败诉

黄光裕内幕交易案引发的两起民事赔偿案，12 月 20 日在北京市第二中级人民法院进行一审宣判。法院认定李岩等二原告要求黄光裕夫妇赔偿损失及利息等诉讼请求，缺乏事实和法律依据，作出驳回原告诉讼请求的判决。

法院认为，黄光裕、杜鹃在中关村科技控股公司拟收购鹏润地产公司股权的内幕交易信息公布前，累计购入中关村股票，进行内幕交易的违法行为，应当赔偿其他投资者由此所致的损失。但具体到本案中，李岩主张的2007年8月13日至2007年9月28日期间的损失，从其交易行为分析，买入股票75 300股，卖出股票16 100股，李岩主张交易的佣金、印花税的费用，此为进行股票交易必然产生的费用，并不是黄光裕、杜鹃的内幕交易行为所导致的损失，故对该项主张不予支持。

法院在判决中还认定，李岩主张从2008年5月7日至10月20日期间的损失，但该期间已不是黄光裕、杜鹃实施内幕交易行为的时间，且买卖股票存在盈亏风险，股票的涨跌会受到经济环境及股市大盘指数因素的影响。李岩主张"由于黄光裕、杜鹃的内幕交易行为被查处，终止了对鹏润地产公司的资金注入，导致了公司重组的失败从而导致股票下跌，产生损失"，其性质属于公司经营状况发生变化而对公司股票价格产生的作用，已不属本案内幕交易行为所导致的民事责任范围，二者之间缺乏因果关系。故对该主张亦不予支持。因李岩有关损失的主张均不能成立，其有关利息的请求不能成立。

三、中国证监会发布上市公司监管指引第2号

12月21日，中国证监会召开新闻通气会，正式发布了《上市公司监管指引第2号——上市公司募集资金管理和使用的监管要求》（以下简称《监管指引》），自发布之日起正式实施，中国证监会《关于进一步规范上市公司募集资金使用的通知》（证监公司字〔2007〕25号）同时废止。

《监管指引》主要体现了以下三方面的特点：一是重申现有规定中对募集资金管理和使用的基本要求，坚守监管底线，保证募集资金的安全；二是适当放宽资金用途，为上市公司留出空间，提高募集资金使用效率；三是进一步明确程序性规定，细化信息披露要求，强化中介机构责任。

其他变化体现在：超募资金用于永久补充流动资金时的决策程序更趋严格，要求经股东大会审议批准；统一了董事会全面核查募投项目进展情况和出具《公司募集资金存放与实际使用情况的专项报告》的时间要求。目前上交所要求每半年一次，深交所要求一年一次，监管指引统一要求为每半年一次。

四、《证券投资基金法》首次将私募基金纳入法律调整范围

2012年12月28日闭幕的十一届全国人大常委会第三十次会议，表决通过了修改后的《证券投资基金法》。2009年开始《证券投资基金法修订草案》的起草工作，今年6月26日在第十一届全国人大常委会第二十七次会议上修订草案第一次被提请审议。经过三次审议之后的15章155条新的证券投资基金法终于亮相。新法特点体现以下两方面：

1. 严防借私募基金"乱集资"。新法规定了基金管理人的注册和登记制度。要求基金管理人按照规定向基金行业协会履行登记手续，报送基本情况。

未经登记，任何单位或者个人不得使用基金或者基金管理字样或者近似名称进行证券投资活动。新法确立了合格投资者制度。规定非公开募集基金只能向合格投资者募集，合格投资者应达到规定的收入水平或者资产规模，具备相关的风险识别能力和承担能力，合格投资者累计不得超过 200 人。新法还规范了非公开募集基金的托管和基金合同必备条款。同时要求非公开募集基金，不得向合格投资者之外的单位和个人募集资金，不得通过报刊、电台、电视台、互联网等公众传播媒体或者讲座、报告会、分析会等方式向不特定对象宣传推介。

2. 设专章规定基金服务机构。着重对基金销售、基金销售支付、基金份额登记、基金估值服务、基金投资顾问、基金评价、信息技术系统服务等相关服务业务作了明确规定。要求这些服务业务应当经国务院证券监督管理机构注册或者备案，并要求基金销售机构应当向投资人充分揭示投资风险，根据基金投资人的风险承受能力销售不同风险等级的基金产品。法律还规定了基金销售机构、基金销售支付机构、基金份额登记机构应当确保基金销售结算资金、基金份额的安全、独立，禁止任何单位或者个人以任何形式挪用基金销售结算资金和基金份额。

五、A 股跑输全球主要股市，IPO 融资额缩水逾六成

12 月 4 日，沪综指盘中创出 1949.46 点年内新低。随后 A 股经历一轮反弹，沪综指重新站上 2200 点，全年涨幅为 0.80%。前 11 月共有 154 家企业 A 股市场 IPO，共融资 1034.3 亿元，较去年全年缩水逾六成。而债券市场发行规模达 57930.87 亿元，同比增长 35.7%。其中企业债、超短期融资券等品种发行规模同比增速超过 100%。

六、境内企业境外上市硬门槛取消

证监会 12 月 20 日取消此前境外上市需"净资本不少于 4 亿元、过去一年税后利润不少于 6000 万元人民币、筹资额不少于 5000 万美元"等硬门槛，进一步放宽境内企业境外发行股票和上市的条件，并简化审核程序。未来按照《公司法》设立的股份有限公司在符合境外上市地上市条件的基础上，都可以自主向证监会提出境外发行股票和上市申请。

七、中国证监会行政处罚决定书（江苏炎黄在线物流股份有限公司、王云、何为民等 5 名责任人）

炎黄在线 2006 年年度报告中未将高能控股有限公司（以下简称"高能控股"）、北京融昌泰和投资咨询有限公司（以下简称"融昌泰和"）、北京诚通兴业物流有限公司（以下简称"诚通兴业"）披露为公司关联方，未将与上述 3 家公司发生的业务披露为关联交易。2006 年年度报告通过虚增物流代理收入和债权转让收入，共虚增利润 2 498 458.48 元。王云作为炎黄在线副董事长，应对炎黄在线的违法事实承担主要责任；李世界作为炎黄在线副

总裁,应对炎黄在线的违法事实承担其他责任。

根据当事人违法行为的事实、性质、情节与社会危害程度,依据《证券法》第193条的规定,证监会决定:(1)责成炎黄在线改正其违法行为,给予警告,并处以30万元罚款;(2)对王云给予警告,并处以10万元罚款;(3)对何为民、陈晓峰、李世界给予警告,并分别处以5万元罚款。

八、中国证监会行政处罚决定书(费智、黄晓丹)

费智系法定内幕信息知情人,其以公司董事身份通过参加董事会会议取得龙源技术年度利润分配预案等内幕信息。黄晓丹是费智配偶。费智、黄晓丹两人均应遵守《证券法》关于内幕信息知情人不得利用内幕信息从事相关证券交易的禁止性规定。但本案中,黄晓丹在费智参加龙源技术董事会会议取得内幕信息同一天上午同步买入龙源技术股票,交易行为明显异常,且不能提供充分证据予以说明,因此,可以认定当事人内幕交易行为成立,当事人应依法承担相应法律责任。

根据当事人违法行为的事实、性质、情节与社会危害程度,依据《证券法》第202条的规定,证监会决定:对费智、黄晓丹共计处以5万元罚款。

九、中国证监会行政处罚决定书(深圳万基集团有限公司、陈伟东)

万基集团利用他人账户买卖证券的行为,违反了《证券法》第80条的规定,构成《证券法》第208条所述违法行为。万基集团持有"＊ST园城"占该公司已发行股份比例超过5%后未按规定履行信息披露义务的行为,违反了《证券法》第86条的规定,构成《证券法》第193条所述违法行为。

陈伟东是万基集团上述违法行为直接负责的主管人员。

根据当事人违法行为的事实、性质、情节与社会危害程度,依据《证券法》第193条、第208条的规定,证监会决定:(1)责令万基集团改正违法行为,给予警告,没收违法所得25 484 613.82元,并处以26 084 613.82元罚款;(2)对陈伟东给予警告,并处以40万元罚款。

十、中国证监会行政处罚决定书(熊绍咏、曾俊生、林溪彬)

熊绍咏知悉内幕信息后借用"崔某"股票账户买卖"金利科技",曾俊生、林溪彬知悉内幕信息后借用"杨某"股票账户买卖"金利科技",其行为违反了《证券法》第73条、第76条关于禁止内幕交易的规定,构成了《证券法》第202条所述的内幕交易行为。

根据当事人违法行为的事实、性质、情节与社会危害程度,依据《证券法》第202条的规定,证监会决定:(1)没收熊绍咏违法所得40 957元,并处以40 957元罚款;(2)没收曾俊生违法所得84 243元,并处以84 243元罚款;(3)对林溪彬处以50 000元罚款。

十一、中国证监会行政处罚决定书(秦华)

王某账户实际由秦华控制和使用,秦华利用王某账户在内幕信息尚未公开前买入"ST 天龙",其行为违反了《证券法》第 73 条、第 76 条关于禁止内幕交易的规定,构成了《证券法》第 202 条所述的内幕交易行为。

根据当事人违法行为的事实、性质、情节与社会危害程度,依据《证券法》第 202 条的规定,证监会决定:对秦华处以 36 000 元罚款。

十二、中国证监会行政处罚决定书(宝安鸿基地产集团股份有限公司、邱瑞亨、任国强等 15 名责任人)

鸿基公司 2007 年 3 月 19 日澄清公告及 2006 年至 2009 年年度报告未如实披露其"代持股"问题,违反了《证券法》第 63 条、第 66~67 条的规定,构成了《证券法》第 193 条所述违法行为。

根据当事人违法行为的事实、性质、情节与社会危害程度,依据《证券法》第 193 条的规定,证监会决定:(1)对鸿基公司责令改正,给予其警告,并处以 60 万元罚款;(2)对邱瑞亨给予警告,并处以 30 万元罚款;(3)对任国强给予警告,并处以 10 万元罚款;(4)对罗伟光、罗竣、余毓凡给予警告,并分别处以 5 万元罚款;(5)对邱圣凯、高文清、颜金辉、庄伟鑫、吕改秋、周可添、陈凤娇、何祥增、魏达志给予警告,并分别处以 3 万元罚款。

十三、中国证监会行政处罚决定书(马刚)

马刚是时任青岛城投集团总经理助理、胜通海岸董事,兼任青岛城投置地总经理,参与了胜通海岸与青岛城投集团签署《土地收回补偿协议》的过程,其明确承认知悉内幕信息并利用内幕信息买卖胜利股份股票。

根据当事人违法行为的事实、性质、情节与社会危害程度,依据《证券法》第 202 条的规定,证监会决定:对马刚处以 3 万元罚款。

十四、中国证监会行政处罚决定书(李琳杰、覃炳辉)

梧州制药和步长医药签订《产品总经销协议书》在公布前为《证券法》第 75 条所规定的内幕信息,内幕信息价格敏感期为 2010 年 11 月 3 日至 11 月 5 日。时任广西梧州中恒集团股份有限公司的李琳杰和时任梧州制药营销中心副总经理的覃炳辉,于 2010 年 11 月 5 日知悉梧州制药和步长医药签署《产品总经销协议书》,为内幕信息知情人。李琳杰、覃炳辉在敏感期内买入中恒集团股票的行为违反了《证券法》第 76 条关于禁止内幕交易的规定,构成了《证券法》第 202 条所述的内幕交易行为。

根据当事人违法行为的事实、性质、情节与社会危害程度,依据《证券法》第 202 条的相关规定,证监会决定:(1)没收李琳杰违法所得 149 345.05 元,并处以 149 345.05 元罚款;(2)没收覃炳辉违法所得 93 838.03 元,并处以 93 838.03 元罚款。

十五、中国证监会行政处罚决定书(浙江星火投资有限公司、施杭新)

施杭新长期从事证券业务,熟悉股票投资,有意愿、有能力作出大资金量的股票投资安排；施杭新与俞某明、张某坤熟悉，俞某明、张某坤出面以各自的名义联系其他人员融资借户；除账户自带资金外，星火投资、施杭新为俞某明、张某坤账户组交易东源电器股票提供了资金，施杭新批准了星火投资的资金划转，其员工办理了资金划转。综上，星火投资实际控制俞某明、张某坤账户组交易东源电器股票，在2011年1月25日合计持有东源电器股票达到公司已发行股份的5%时，以及至2011年4月27日持股比例均超过5%期间，星火投资始终未披露上述情况，违反了《证券法》第86条的规定，施杭新为直接负责的主管人员。

根据当事人违法行为的事实、性质、情节与社会危害程度，依据《证券法》第193条的规定，证监会决定：（1）对星火投资给予警告，并处以60万元罚款；（2）对施杭新给予警告，并处以15万元罚款。

十六、中国证监会行政处罚决定书（陈少忠）

2011年春节后，陈少忠指派昊创投资战略投资部经理郑某某、陈某某等人操作"陈少忠"账户、"林某某"账户、"昊创投资"账户等共计30个账户交易深圳市康达尔（集团）股份有限公司（以下简称康达尔）的股票。以上陈少忠等30个账户自2011年2月28日至2011年4月1日增持"ST康达尔"股票，最高持股占康达尔已发行股份比例达到5.878%；自2011年4月6日至2011年5月3日减持该股，最低持股占康达尔已发行股份比例为1.689%；自2011年5月4日至2011年9月22日进行第二阶段增持该股，最高持股占康达尔已发行股份比例达到5.049%；自2011年9月23日至2012年3月6日减持少部分股票，持股占康达尔已发行股份比例由4.991%降至4.305%。据统计，自2011年1月1日至2012年2月27日，以上30个账户合计持有"ST康达尔"股票数量占康达尔已发行股份比例超过5%的天数累计达88天。自2011年2月至今，陈少忠等30个账户未履行《证券法》第86条规定的报告、通知及公告程序。

陈少忠的行为违反了《证券法》第86条的规定，构成了《证券法》第193条所述的违法行为。

根据当事人违法行为的事实、性质、情节与社会危害程度，依据《证券法》第193条的规定，证监会决定：责令陈少忠改正，给予警告，并处以30万元罚款。

2013年1月

一、股息红利将差异化征税，鼓励长期投资

经国务院批准，自2013年1月1日起，对个人从公开发行和转让市场取得的上市公司股票，股息红利所得按持股时间长短实行差别化个人所得税政策。持股超过1年的，税负为5%；持股1个月至1年的，税负为10%；持股 1 个月以内的，税负为 20%。个人投资者持股时间越长，税负越低，以鼓励长期投资，抑制短期炒作，促进我国资本市场长期健康发展。

二、四部委加强地方政府融资平台管理，严禁吸收公众资金

2013 年 1 月 2 日，财政部、国家发展改革委、人民银行、银监会四部门联合发出通知，未经有关监管部门依法批准，地方各级政府不得直接或间接吸收公众资金，切实规范地方政府以回购方式举借政府性债务行为。

通知要求，地方各级政府及所属机关事业单位、社会团体等要严禁直接或间接吸收公众资金违规集资进行公益性项目建设，不得对机关事业单位职工及其他个人进行摊派集资或组织购买理财、信托产品，不得公开宣传、引导社会公众参与融资平台公司项目融资。

除法律和国务院另有规定外，地方各级政府及所属机关事业单位、社会团体等不得以委托单位建设并承担逐年回购（BT）责任等方式举借政府性债务。

地方政府对融资平台公司注资必须合法合规，不得将政府办公楼、学校、医院、公园等公益性资产作为资本注入融资平台公司。不得将储备土地作为资产注入融资平台公司，不得承诺将储备土地预期出让收入作为融资平台公司偿债资金来源，不得授权融资平台公司承担土地储备职能和进行土地储备融资，不得将土地储备贷款用于城市建设以及其他与土地储备业务无关的项目。

符合条件的融资平台公司因承担公共租赁住房、公路等公益性项目建设举借需要财政性资金偿还的债务，除法律和国务院另有规定外，不得向非金融机构和个人借款，不得通过金融机构中的财务公司、信托公司、基金公司、金融租赁公司、保险公司等直接或间接融资。

三、中国证监会部署首次公开发行（IPO）在审企业 2012 年度财务报告专项检查工作

2013 年 1 月 8 日，中国证监会在北京召开"首次公开发行（IPO）在审企业 2012 年度财务报告专项检查工作会议"，对此次专项检查工作做出动员和部署。来自证监会发行监管部、创业板发行监管部、会计部、稽查总队、各派出机构、上海、深圳专员办、上海、深圳证券交易所的有关负责同志，各保荐机构和有证券、期货从业资格的会计师事务所负责人等约 300 人参加会议。中国证监会姚刚副主席出席会议并讲话。

姚刚指出，强化财务信息的真实、准确、完整、及时是新股发行体制改革的重要内容之一，也是保障 IPO 在审企业信息披露质量的基础和前提。自 2012 年 4 月以来，证监会先后颁布了《关于进一步深化新股发行体制改革的指导意见》《关于进一步提高首次公开发行股票公司财务信息披露质量有关问题的意见》《会计监管风险提示第 4 号－首次公开发行股票公司审计》及

《关于做好首次公开发行股票公司2012年度财务报告专项检查工作的通知》等一系列制度规则，强化IPO信息披露的规范性要求，推动发行人、中介机构等市场主体归位尽责。开展此次专项检查，旨在切实进一步深化以信息披露为中心的改革精神，完善和落实信息披露责任追究机制，督促保荐机构、会计师事务所诚实守信，勤勉尽责，切实提高执业质量。

四、中国证监会首次发布《证券期货业统计指标标准指引》

为切实规范证监会统计工作，进一步夯实我国资本市场统计工作基础制度建设，根据《证券期货市场统计管理办法》（证监会令第60号），证监会制订并发布了《证券期货业统计指标标准指引》（证监会公告〔2013〕5号）（以下简称《指引》），这是自资本市场建立以来，中国证监会首次对外发布的全行业、系统性、规范化的统计指标标准指引，是重要的统计基础规范，填补了证监会系统统计指标标准的空白。

《指引》用于规范证券期货监管系统内部的统计工作。系统各单位、各部门生产、报送和发布证券期货领域的统计数据，应遵守《指引》规定的统计口径。其他市场参与主体向监管部门报送统计数据应当符合《指引》要求，除此以外可自愿使用，但不强制使用。

《指引》在层次结构上分四个层级。第一层级分为股票市场、债券市场、基金市场、期货市场、证券期货经营机构五大模块。第二层级按指标描述内容的性质，将第一层级各模块之下指标分为不同指标群。第三层级为针对统计对象共性特征，外延能涵盖某类统计对象的宽口径一级指标。第四层级为一级指标之下，根据不同种类进行细分的二级指标。以上市公司家数统计为例，第一层级为"股票市场"；第二层级为"市场规模"；第三层级为"上市公司家数"，是指统计期末其股票在沪深交易所发行上市的全部股份有限公司的数量；第四层级为按照统计维度和种类细分的指标，如"暂停上市公司家数""A股上市公司家数"等。

《指引》于2013年5月正式实施。今后，证监会将根据市场发展和产品创新情况，定期对《指引》进行修订和增补，并将组织相关力量开展配套制度建设、培训宣传等工作。

五、持牌经营，中资行专营机构监管政策落地

银监会《中资银行专营机构监管指引》（59号文）正式下发，这将填补专营机构的监管真空。

按照59号文规定，专营机构主要具有以下特征：经总行授权针对某一业务、服务对象而设立的区别于传统分支行的机构；独立面对社会公众或者交易对手开展业务；人力资源、业务管理、风险管理等独立于总行业务部门和当地分行；专营机构应当申领金融许可证，到工商税务部门办理手续。目前银行的六类业务部门其机构设置体制存在较大差距，以私人银行为例，目前开设私人银行的十多家中资行中，仅有工、农、交三大行已获得私人银行专营机构牌照。各家私人银行部门与分支机构的关系较为复杂，有些银行私人银行隶属于零售银行总部之下，有些银行则是相对独立。

六、保监会发布最低服务标准

中国保监会 21 日发布消息称，对保险专业代理、经纪、公估三类机构发布了基本服务标准，要求各机构遵守"最低服务水平"，其中明确提出，保险专业代理机构需充分考虑客户实际需要及经济能力，推荐保险产品。中国保监会发布的三个基本服务标准，分别为《保险专业代理机构基本服务标准》《保险经纪机构基本服务标准》《保险公估机构基本服务标准》，为保险消费者在购买保险产品、接受服务提供参考，也使他们对中介公司评价有了具体标准，这是监管机关加强保护消费者利益的一项具体措施。

《保险专业代理机构基本服务标准》从首次接洽客户、售前、售中、售后、协助索赔、处理投诉等流程出发，对代理机构提出诚实信用、专业胜任、勤勉尽责等要求。该标准规定，代理机构在了解客户风险状况与保险需求基础上，充分考虑其实际需要及经济能力，推荐保险产品；在客户签署保险合同前，应详细解释说明保障范围、免责条款、退保及其他费用扣除等保险合同及保险产品的基本内容。《保险经纪机构基本服务标准》和《保险公估机构基本服务标准》也对相关机构提出以客户利益最大化为服务宗旨、诚实信用、专业胜任、客观公正、勤勉尽责等要求，并对各流程、各环节的服务要求进行了细化。

基本服务标准要求保险代理、经纪、公估机构必须做到全面履行告知义务，充分披露相关信息，保守客户隐私和商业秘密。从业人员还应当具备法定的资格条件、良好的职业操守和较强的执业能力。三个基本服务标准对各流程、各环节的服务要求进行了细化。保监会要求保险中介机构对照基本服务标准制定业务操作规范，并鼓励行业协会和中介机构制定标准更高、业务范围更广泛、业务流程更细致的公司内部服务标准。

七、中国证监会行政处罚决定书（顾振其、穆彩球）

顾振其泄露内幕信息及穆彩球内幕交易"舒泰神"股票的行为违反了《证券法》第 76 条关于禁止泄露内幕信息及内幕交易的规定，构成了《证券法》第 202 条所述的违法行为。

根据当事人违法行为的事实、性质、情节与社会危害程度，依据《证券法》第 202 条的规定，证监会决定：对顾振其、穆彩球处以共计 3 万元的罚款。

八、中国证监会行政处罚决定书（李国刚、白宪慧、周富华、姚文喜）

科学城、海南信得、首一创业合资成立银泰盛达，是科学城实现从酒店业向能源开发行业延伸的重大事项，构成《证券法》第 75 条第 2 款第（1）项所规定的内幕信息。该信息敏感期自 2011 年 7 月 8 日王某某、李国刚、杨某某等人商谈并决定成立矿业投资平台公司起,至 2011 年 9 月 20 日科学城公告披露合资成立银泰盛达事项为止。科学城收购玉龙矿业股权,属于《证券法》第 75 条第 2 款第(7)项所规定的内幕信息,该内幕信息敏感期自 2011 年 11 月 7 日王某与杨某某等面谈表示可以与科学城签订有关转让玉龙矿业股权的合作意向性协议起,至 2012 年 5 月 4 日科学城公布收购玉龙矿业股权事项止。李国刚、白宪慧、周富华、姚文喜为内幕信息知情人,在敏感期内交易科学城股票。

根据当事人违法行为的事实、性质、情节与社会危害程度,依据《证券法》第 202 条的规定,证监会决定:

(1) 对李国刚处以 30 万元罚款;
(2) 没收白宪慧违法所得 332 100.06 元,并处以 332 100.06 元罚款;
(3) 没收周富华违法所得 929 279.90 元,并处以 929 279.90 元罚款;
(4) 对姚文喜处以 5 万元罚款。

九、中国证监会行政处罚决定书(潍坊亚星化学股份有限公司、陈华森、曹希波等 23 名责任人)

由于亚星化学与关联公司的业务往来未按规定披露,与控股股东亚星集团的非经营性资金往来未按规定披露,且公司 2011 年半年度报告存在虚假记载,违反了《证券法》的相关规定。根据当事人违法行为的事实、性质、情节与社会危害程度,依据《证券法》第 193 条的规定,证监会决定:(1) 对亚星化学责令改正,给予警告,并处以 40 万元罚款;(2) 对陈华森给予警告,并处以 30 万元罚款;(3) 对曹希波给予警告,并处以 20 万元罚款;(4) 对王志峰、张福涛、郝玉江给予警告,并分别处以 10 万元罚款;(5) 对汪波、唐文军给予警告,并分别处以 5 万元罚款;(6) 对周建强、鄢辉、周洋、陈坚、韩俊生、王维盛、裴延智、范铭华给予警告,并分别处以 3 万元罚款;(7) 对刘建平、董治、黄涛、林平、毕永昌、杨雷、崔焕义给予警告。

十、中国证监会行政处罚决定书(谭淑智)

云南内燃机厂国有股权有重大变动,云内动力的实际控制人将发生变更属于《证券法》第 67 条第 2 款第(8)项所称的重大事件,构成《证券法》第 75 条第 2 款第(1)项规定的内幕信息。2010 年 9 月下旬该内幕信息形成,谭淑智的丈夫李某是内幕信息知情人。2010 年 11 月中下旬开始,昆明市、云南省先后加大了对与兵装集团合作及股权问题研究的进度,李某多次参加相关会议,应当对合作进展情况知情。在 2010 年 11 月 16 日和 22 日相关会议的第二个交易日谭淑智账户分别买入云内动力股票 2 000 股和 2 300 股,交易明显异常。谭淑智上述交易行为违反了《证券法》第 73 条、第 76 条关于禁止内幕交易的规定,构成了《证券法》第 202 条所述的内幕交易行为。

根据当事人违法行为的事实、性质、情节与社会危害程度,依据《证券法》第 202 条的规定,证监会决定:对谭淑智处以 3 万元罚款。

十一、中国证监会行政处罚决定书(李凯、田斌、范群华、钟家惠)

2009 年 10 月 15 日,方向光电子公司鸿翔机械与成都沐和投资管理有限公司(以下简称成都沐和)签署《股权转让协议》,约定鸿翔机械将其控制的金鸿曲轴 100% 股权转让给成都沐和。2009 年 12 月 2 日,金鸿曲轴完成了工商变更登记。以上股权转让事项,方向光电未及时履行信息披露义务,也未在 2009 年年度报告、2010 年中期报告中予以披露。方向光电 2010 年年度报告披露了鸿翔机械于 2010 年 5 月 31 日将其子公司金鸿曲轴转让给成都沐和的情况,所披露的时间与实际转让时间不符,存在虚假记载。

鸿翔机械将金鸿曲轴股权转让给成都沐和后,仍实际控制金鸿曲轴。根据《企业会计准则》的相关规定,方向光电应将金鸿曲轴的财务数据纳入合并财务报表的合并范围,但方向光电在 2010 年年度报告中,并未将金鸿曲轴 2010 年 6 月至 12 月的财务数据纳入合并范围,造成方向光电当期营业收入少计 2 432.22 万元,存在重大遗漏。方向光电未按规定披露信息、所披露的信息存在虚假记载和重大遗漏的行为,违反了《证券法》第 63 条、67 条、68 条的规定,构成《证券法》第 193 条所述违法行为。

对于方向光电的上述行为,时任方向光电董事长李凯是直接负责的主管人员,副总经理田斌、监事范群华、财务总监钟家惠是其他直接责任人员。根据当事人违法行为的事实、性质、情节与社会危害程度,依据《证券法》第 193 条的规定,证监会决定:(1)对李凯给予警告,并处以 3 万元罚款;(2)对田斌、范群华、钟家惠给予警告。

十二、中国证监会行政处罚决定书(王瑞苹)

王瑞苹系涉案地质详查项目负责人,参与详查项目合同的签订和履行项目详查职责,并因此获取本案内幕信息。作为本单位和上市公司确认和报告的内幕信息知情人,应恪守《证券法》关于内幕信息知情人不得利用内幕信息从事相关证券交易的禁止性规定。但王瑞苹在本单位向斯米克提交相关详查地质报告的时点,买入斯米克股票,违反了法律规定,应依法承担行政责任,接受相应行政处罚。

根据当事人违法行为的事实、性质、情节与社会危害程度,依据《证券法》第 202 条的规定,证监会决定:没收王瑞苹违法所得 96 312.67 元,并处以 96 312.67 元罚款。

2013 年 2 月

一、2013 年 2 月，党的十八届二中全会审议通过《国务院机构改革和职能转变方案》（以下简称《方案》），提出改革工商登记制度

政府职能转变是深化行政体制改革的核心。这次国务院机构职能转变，要按照政府职能向创造良好发展环境、提供优质公共服务、维护社会公平正义转变的要求，适应加强市场监管、提供基本社会保障的需要，推进职能转移，着力解决政府与市场、政府与社会的关系问题，充分发挥市场在资源配置中的基础性作用，更好发挥社会力量在管理社会事务中的作用；推进职能下放，着力解决国务院部门管得过多过细问题，充分发挥中央和地方两个积极性；推进职能整合，着力解决职责交叉、推诿扯皮问题，提高行政效能；推进职能加强，着力解决国务院部门抓大事管宏观不够问题，改善和加强宏观管理，注重完善制度机制。通过推动职能转变，加快形成权界清晰、分工合理、权责一致、运转高效、法治保障的国务院机构职能体系，真正做到该管的管住管好，不该管的不管不干预，切实提高政府管理科学化水平。

《方案》针对国务院机构职能存在的突出问题，从六个方面提出措施，明确了职能转变的方向、原则和重点。(1) 充分发挥市场在资源配置中的基础性作用。在社会主义市场经济条件下，该由市场发挥作用的应交给市场，上项目、做投资要更多由企业自主决策。(2) 更好发挥社会力量在管理社会事务中的作用。(3) 充分发挥中央和地方两个积极性。(4) 优化职能配置。(5) 改善和加强宏观管理。(6) 加强制度建设和依法行政。

二、2013 年 2 月 20 日，国家工商总局下发《工商总局关于同意广东省商事登记营业执照改革方案的批复》（以下简称《批复》）（工商企字〔2013〕36 号）

《批复》原则同意《广东省商事登记营业执照改革方案》，3 月 1 日起在深圳、珠海两地试行改革后的营业执照。此前，2012 年 10 月 30 日，深圳市人大常委会通过《深圳经济特区商事登记若干规定》；2012 年 11 月 29 日，珠海市人大常委会通过《珠海经济特区商事登记条例》，上述两部特区商事登记法规均定于 2013 年 3 月 1 日起施行；均规定，自 2013 年 3 月 1 日起一年内，本地区的商事主体应向原登记机关申请换领商事主体营业执照。

三、证监会发布"新三板"管理办法

为加快推进全国中小企业股份转让系统建设，中国证监会于 2013 年 2 月 3 日公布《全国中小企业股份转让系统有限责任公司管理暂行办法》（以下简称《暂行办法》），自公布之日起实施。《暂行办法》明确规定，全国股份转让系统公司应当坚持公益优先，创造公开、公平、公正的市场环境，为各参与人提供优质、高效、灵活、低成本的金融服务。

根据《暂行办法》，全国股份转让系统公司应当为组织公平的股票转让提供保障，公布股票转让即时行情。未经全国股份转让系统公司许可，任何单位和个人不得发布、使用或传播股票转让即时行情。

《暂行办法》规定，全国股份转让系统公司的职能包括：制定和修改全国股份转让系统业务规则；接受并审查股票挂牌及其他相关业务申请，安排符合条件的公司股票挂牌；组织、监督股票转让及相关活动；对挂牌公司及其他信息披露义务人进行监管，等等。全国股份转让系统挂牌新的证券品种或采用新的转让方式，应当报中国证监会批准。据悉，《暂行办法》公布实施后，全国股份转让系统公司还将发布实施相关业务规则，全国场外市场的业务规则体系将逐步建立，为全国场外市场建设从区域性试点转为面向全国的规范运行奠定法律基础。

四、《人民币合格境外机构投资者境内证券投资试点办法》通过

《人民币合格境外机构投资者境内证券投资试点办法》（以下简称《办法》）经中国证券监督管理委员会（以下简称"中国证监会"）2013年2月17日第二十八次主席办公会议、中国人民银行2013年2月26日第二次行长办公会议、国家外汇管理局2013年2月21日第二次局长办公会议审议通过。

该《办法》规定，为规范人民币合格境外机构投资者在境内进行证券投资的行为，促进证券市场发展，保护投资者合法权益，根据有关法律和行政法规，制定本办法。本办法所称人民币合格境外机构投资者（以下简称"人民币合格投资者"），是指经中国证监会批准，并取得国家外汇管理局批准的投资额度，运用来自境外的人民币资金进行境内证券投资的境外法人。中国证监会依法对人民币合格投资者的境内证券投资实施监督管理，中国人民银行依法对人民币合格投资者在境内开立人民币银行账户进行管理，国家外汇局依法对人民币合格投资者的投资额度实施管理，中国人民银行会同国家外汇管理局依法对人民币合格投资者的资金汇出入进行监测和管理。人民币合格投资者开展境内证券投资业务，应当委托具有合格境外机构投资者托管人资格的境内商业银行负责资产托管业务，委托境内证券公司代理买卖证券。

五、中国证监会公布《证券期货业信息系统运维管理规范》等两项行业标准

为了促进证券期货市场规范发展，中国证监会正式公布《证券期货业信息系统运维管理规范》和《期货经纪合同要素》两项金融行业标准。

《证券期货业信息系统运维管理规范》对证券期货行业信息系统的运行维护管理工作进行了规范。证券期货业务的开展高度依赖于信息系统的正常运行，信息系统发生故障可能损害到投资者的合法权益，影响市场的稳定。加强运维保障，对于防范信息系统故障，及时采取应急措施，尽快恢复系统正常运行具有重要作用。《证券期货业信息系统运维管理规范》充分借鉴了国际国内先进的理念和方法，并从行业实际出发，总结了行业机构运维管理的经验，明确提出了行业信息系统运维管理的各项任务及相关要求。该行业标准的实施将有力地促进行业机构不断提高信息系统的运维保障水平。

《期货经纪合同要素》明确了期货公司与客户间期货经纪合同的必备要素。为了防范期货业务风险，保护期货经纪合同当事人的合法权益，期货公司应当与客户签订期货经纪合同，明确双方的权利义务。《期货经纪合同要素》对期货公司与客户间期货经纪合同的必备要素进行了规范和描述，并对合同中关键术语进行了定义。标准的实施有助于避免或减少期货经纪业务开展中的争议，切实保护期货投资者的合法权益。

六、期货公司将完善风险监管制度，证监会公布相关法规

中国证监会正式公布了《期货公司风险监管指标管理办法》（以下简称《办法》）及《关于期货公司风险资本准备计算标准的规定》（以下简称《规定》）。自2013年7月1日起，期货公司应按照《办法》和《规定》要求，完善以净资本为核心的风险监管指标管理制度，确保公司的稳健经营。期货公司净资本监管制度，是期货公司监管的核心制度之一，自2007年实施以来，在推动期货公司稳健经营、防范行业系统性风险方面发挥了重要作用。当前，国民经济发展对期货市场改革创新提出了更高的要求。为推动期货公司业务创新，进一步提高服务实体经济的能力，证监会重新评估了现行净资本监管制度的实施效果，分析了创新业务带来的新的资本管理需求，在借鉴金融危机后成熟市场的制度调整经验和广泛听取市场意见的基础上，经过反复论证，完成了此次修订工作。

本次《办法》修订的内容主要包括：一是适应期货公司创新业务发展需要，建立风险资本准备概念。二是在风险可控的前提下放松对期货公司的资本管制。期货公司经营境内经纪业务的，按客户境内权益总额的一定比例计算风险资本准备，基准比例为4%，与原办法的6%相比，释放了净资本，为期货公司的业务创新提供了有力支持。三是体现扶优限劣政策导向，以净资本为核心的风险监管指标与公司分类评价结果挂钩。

考虑到新旧办法衔接，需要给予期货公司一定的过渡期以便做好相关准备工作，《办法》及配套规则公布后将于2013年7月1日起正式实施。期货公司应根据自身资本结构和业务发展需要，建立与风险监管指标相适应的内部控制制度，建立动态的风险监控和资本补足机制，完善风险管理体系，全面提升行业抗风险能力。

七、中国证监会行政处罚决定书（尤利丰）

尤利丰实际控制的尤利丰等5个账户在2011年11月至2012年2月期间持续交易了"福成五丰"的股份，在2011年12月22日合计持有"福成五丰"15 735 035股，占其总股本的比例为5.63%，首次超过5%的比例；自此,直至2012年2月8日合计持有福成五丰股份比例均超过5%,其中2012年1月31日合计持股比例达到8%。根据公开信息,未发现尤利丰等人就上述账户合计持股达到规定比例事项请上市公司履行公告程序。其行为违反了《证券法》第86条关于持有上市公司已发行股份达到规定比例时应依法定程序公告的规定,构成了《证券法》第193条所述的违法行为。

根据当事人违法行为的事实、性质、情节与社会危害程度,依据《证券法》第193条第1款的规定,证监会决定:对尤利丰给予警告,并处以人民币30万元罚款。

八、中国证监会行政处罚决定书(紫光古汉集团股份有限公司、郭元林、刘箭等8名责任人)

紫光古汉2005年至2008年年度报告会计信息存在虚假记载,未如实披露与湖南景达生物工程有限公司《合资协议之补充协议》签订并实际执行相关情况。紫光古汉时任董事长郭元林、紫光古汉时任董事、总经理刘箭为2005年至2008年紫光古汉会计信息存在虚假记载行为,以及《合资协议之补充协议》的签署、实际执行情况未如实披露行为直接负责的主管人员。李筱竑为2007年至2008年紫光古汉会计信息存在虚假记载行为直接负责的主管人员。兰学军为2008年紫光古汉会计信息存在虚假记载行为直接负责的主管人员,为《合资协议之补充协议》未如实披露行为其他直接责任人员。刘炳成为2005年至2008年紫光古汉会计信息存在虚假记载行为其他直接责任人员。曾巍巍、朱开悉为2005年至2007年紫光古汉会计信息存在虚假记载行为其他直接责任人员。

紫光古汉信息披露违法违规行为持续时间较长,虚假记载及不实披露情节严重,性质恶劣,破坏了证券市场"三公"原则,依法应当予以行政处罚。

根据当事人违法行为的事实、性质、情节与社会危害程度,依据《证券法》第193条以及《行政处罚法》第27条的规定,证监会决定:(1)责令紫光古汉改正,给予警告,并处以50万元罚款;(2)对郭元林、刘箭给予警告,并分别处以15万元罚款;(3)对李筱竑、兰学军、刘炳成给予警告,并分别处以3万元罚款;(4)对曾巍巍、朱开悉给予警告。

九、中国证监会行政处罚决定书(潘广超、周立明、潘孝莲等7名责任人)

国能集团2005年年度报告、2006年年度报告以及2007年年度报告均未披露有关关联关系和关联交易,2005年年度报告、2006年年度报告和2007年年度报告中的"预付账款"存在虚假记载,2006年年度报告、临时报告及2007年年度报告中的"在建工程"存在虚假记载,2008年年度报告存在虚假记载。对国能集团2005、2006年年度报告存在虚假记载的行为,直接负责的主管人员是董事潘广超、董事长刘树元；其他直接责任人员是潘孝莲、周立明、孙文合。对于国能集团2006年5月26日发布的临时公告中存在虚假记载的行为，直接负责的主管人员是董事潘广超、董事长刘树元，其他直接责任人员是潘孝莲、周立明。对国能集团2007年年度报告存在虚假记载的行为，直接负责的主管人员是董事潘广超、董事长刘树元；其他直接责任人员是潘孝莲、周立明、冯巧根。对国能集团2008年年度报告存在虚假记载的行为，直接负责的主管人员是时任董事长周立明、时任副董事长兼总经理潘广超；其他直接责任人员是潘孝莲、张凯、冯巧根。

根据当事人违法行为的事实、性质、情节与社会危害程度，依据《证券法》第193条的规定，证监会决定：（1）对潘广超给予警告，并处以30万元罚款；（2）对周立明、潘孝莲给予警告，并分别处以20万元罚款；（3）对刘树元给予警告，并处以10万元罚款；（4）对张凯给予警告，并处以5万元罚款；（5）对孙文合、冯巧根给予警告。

2013年3月

一、2013年3月1日，《深圳经济特区商事登记若干规定》正式实施，深圳、珠海启用新版营业执照

2013年2月20日，国家工商总局下发《工商总局关于同意广东省商事登记营业执照改革方案的批复》（工商企字〔2013〕36号）。该批复原则同意《广东省商事登记营业执照改革方案》，3月1日起在深圳、珠海两地试行改革后的营业执照。此前，2012年10月30日，深圳市人大常委会通过《深圳经济特区商事登记若干规定》（以下简称《若干规定》）；2012年11月29日，珠海市人大常委会通过《珠海经济特区商事登记条例》（以下简称《登记条例》），上述两部特区商事登记法规均定于2013年3月1日起施行。《若干规定》《登记条例》均规定，自2013年3月1日起一年内，本地区的商事主体应向原登记机关申请换领商事主体营业执照。

此次在深圳、珠海市试行的新版营业执照，是商事登记改革试点的一大亮点，主要体现在以下方面：（1）新版营业执照种类大幅精简。（2）新版营业执照不再记载经营范围。（3）新版营业执照不再记载"注册资本、实收资本"。（4）新版营业执照设置"重要提示"栏。重要提示栏的内容，除了重点提示商事登记经营范围和注册资本制度的改革，还注明了商事主体经营范围、出资情况、营业期限和许可审批项目、年报及监管等信息的查询方法。一方面，有利于改革的平稳衔接，强化商事主体的社会监管和部门监管；另一方面，随着营业执照记载事项的相应精简，了解商事主体基本信息的渠道不再主要依赖营业执照，而是通过查询商事主体公示信息的方式，符合现代经济社会信息化发展的趋势。另外，深圳、珠海市企业登记机关对实施商事登记所需的有关登记申请文书表格、办理须知和办理时限等作了相应的改革配套。

二、债务融资暂行规定向社会公开征求意见

3月3日中国证监会就《证券公司债务融资工具管理暂行规定（征求意见稿）》（以下简称《暂行规定》）向社会公开征求意见。为支持证券公司拓宽融资渠道，并为投资者提供更多、更灵活的投资工具，该规定拟允许证券公司非公开地面向合格投资者发行收益凭证，合格投资者的数量不超过200人。

依据《暂行规定》，证券公司可以公开发行收益凭证，也可以非公开发行，还可以向单一客户定向发行，但非公开发行时只能面向合格投资者。券商可以根据自身和客户的需求，自行约定收益凭证的期限；收益凭证可以在证券交易所、证券公司柜台市场以及机构间报价与转让系统以及证监会认可的其他场所发行、转让。《暂行规定》还明确，基金管理公司、期货公司、证券金融公司和中国证监会负责监管的其他公司，以及商业银行、保险公司、信托公司等其他金融机构，在证券交易所、证券公司柜台、机构间报价与转让系统以及证监会认可的其他场所发行、转让债务融资工具的，参照该规定执行。

三、中国保险监督管理委员会关于修改《保险公司次级定期债务管理办法》的决定

中国保险监督管理委员会决定对《保险公司次级定期债务管理办法》作如下修改：将第5条修改为："保险集团（或控股）公司募集次级债适用本办法。"

四、证监会取消券商分支机构数量区域限制

中国证监会正式发布《证券公司分支机构监管规定》（以下简称《规定》），《规定》取消了对证券公司设立分支机构的数量和区域限制，只要经营规范、具备管理控制能力、不存在重大风险的证券公司，均可设立分支机构。《规定》自公布之日起施行。

《规定》明确，券商可设立的分支机构包括分公司、证券营业部两类。同时，证券公司设立、收购分支机构，应当具备下列条件：治理结构健全，内部管理有效，能有效控制现有和拟设分支机构的风险；最近1年各项风险控制指标持续符合规定，增加分支机构后，风险控制指标仍然符合规定；最近2年未因重大违法违规行为受到行政或刑事处罚，最近1年未被采取重大监管措施，无因与分支机构相关的活动涉嫌重大违法违规正在被立案调查的情形；信息技术系统安全稳定运行，最近1年未发生重大信息技术事故；现有分支机构管理状况良好；中国证监会规定的其他条件。

此前，《规定》征求意见稿于1月底开始公开征求意见，比对发现，主要有两处调整：一是关于证券公司设立、收购或者撤销分支机构的批准机构，在征求意见稿中由证监会授权的证券公司住所地证监局或者分支机构所在地证监局批准，《规定》则调整为由中国证监会授权的证监局批准；二是关于代为履行分支机构负责人职务者，征求意见稿中规定代为履行职务的时间不得超过1个月，而《规定》则调整为不得超过3个月，同时还增加要求"代为履行职务的人员应当熟悉相关监管规定，具备履行职责的能力，且近3年内无不良行为记录。"

此外，《规定》要求，证券公司应当健全内部控制制度，在分支机构相互存在利益冲突的业务之间，建立有效的信息隔离墙制度，防范因敏感信息的不当流动和使用而引发的利益冲突和内幕交易。

五、2013年3月14日，十二届全国人大一次会议提出将注册资本实缴登记制改为认缴登记制，并放宽工商登记其他条件

实行注册资本认缴登记制是注册资本登记制度改革的方向。实行注册资本认缴登记制并没有改变公司股东以其认缴的出资额承担责任的规定，也没有改变承担责任的形式。股东（发起人）要按照自主约定并记载于公司章程的认缴出资额、约定的出资方式和出资期限向公司缴付出资，股东（发起人）未按约定实际缴付出资的，要根据法律和公司章程承担民事责任。如果股东（发起人）没有按约定缴付出资，已按时缴足出资的股东（发起人）或者公司本身都可以追究该股东的责任。如果公司发生债务纠纷或依法解散清算，没有缴足出资的股东（发起人）应先缴足出资。因此，这就要求公司的股东（发起人）在认缴出资时要充分考虑到自身所具有的投资能力，理性地作出认缴承诺，并践诺守信。

认缴金额、出资时间虽是公司股东（发起人）内部的自行约定，但也要切合实际：比如股东认缴的注册资本应当与公司规模、股东自身经济实力相匹配等。出资时间应当为固定期限，且符合公司经营实际，不得约定为无期限或超过公司的经营期限。认缴并非不缴，股东仍需依章程规定按期足额缴纳注册资本，认缴出资为货币资金的应足额存于公司账户，非货币资金应交付公司或完成过户手续。股东未按照约定实际缴付出资，是要依法承担民事责任的。工商部门也会对公司申报的出资额、出资期限等进行备案，公司实际缴纳的金额也会在年度报告时进行公示。如果公司未按期足额缴纳认缴出资的，将依法进行处理，并向社会公示。

六、证监会修改发布《基金销售管理办法》及配套规则

2013年3月16日，中国证监会发布修改后的《证券投资基金销售管理办法》及配套规则。

2011年10月发布实施的《证券投资基金销售管理办法》（以下简称《销售办法》），在推动基金销售机构多元化、专业化发展上发挥了积极作用。截止结稿，基金销售机构涵盖了商业银行、证券公司、证券投资咨询机构和独立销售机构等四种类型机构，已有190家机构获得基金销售业务资格。随着基金行业的不断创新发展，原先《销售办法》中的部分规定相对滞后，一定程度上制约了行业的进一步发展，需要及时调整；同时，新《证券投资基金法》的颁布实施，基金代销业务资格核准行政许可事项将下放至中国证监会派出机构实施等，也对《销售办法》的修改提出了要求。此次《销售办法》修订主要表现在：一是明确和细化"重大"行政处罚的评判标准。二是推行资金监督机制，确保基金销售结算资金安全。三是建立投资者权益保护系统，防止非法销售和销售误导。随着基金销售业务向更多机构和人员放开，防止非法销售和销售误导将成为监管部门和投资者共同关注的重点。同时，证监会对发现的违法违规行为保持了高压态势，最近三年，对29家机构采取了监管措施或者行政处罚，有力地推动了基金销售业务的规范发展。在做好现场检查工作的同时，监管部门还将进一步加强非现场监管信息系统建设工作，增强对基金销售交易和资金数据的采集、整理、分析和监督能力，实现及时高效的非现场监管。

七、中国证监会行政处罚决定书（马鞍山同辉纸制品股份有限公司、王德贤）

2006年6月22日，王德贤为了调动员工积极性，改善职工福利，提出由同辉公司前身马鞍山市山鹰创业投资有限公司（以下简称创投公司）以机构和个人名义开立证券账户进行证券交易；程晓辉等6人的证券账户从开户至销户期间由王德贤进行投资交易决策。程晓辉等6个证券账户从开户至销户期间，交易证券累计亏损达2 566.51万元，6个账户资金的来源与去向主要为同辉公司及其控制的银行账户。上述行为违反了《证券法》第80条关于"禁止法人非法利用他人账户从事证券交易"的规定，构成了《证券法》第208条所述违法行为。王德贤是对上述违法行为直接负责的主管人员。

根据当事人违法行为的事实、性质、情节与社会危害程度，依据《证券法》第208条的规定，证监会决定：（1）对同辉公司处以10万元罚款；（2）对王德贤给予警告，并处以5万元罚款。

八、中国证监会行政处罚决定书（齐凯、张进才）

2012年2月27日，河南森源电气股份有限公司（以下简称森源电气）董事会决议通过并于次日公告披露了《公司2011年度报告及摘要》《公司2011年度财务决算报告》《公司2011年度利润分配及资本公积金转增股本的方案》等议案，其中关于2011年度公司利润分配及资本公积转增股本预案，即每10股送2股派现2元并转增8股的方案。该方案对森源电气股票价格具有重大影响，并涉及森源电气增资扩股的战略发展计划，属于《证券法》第75条第2款第（2）项规定的"公司分配股利或者增资的计划"，是法定内幕信息。齐凯、张进才通过楚金某知晓内幕信息。2012年1月13日,齐凯在东兴证券郑州营业部开立资金账户,办理深圳股东账户挂失补办手续,并转入800万元。2012年1月19日、20日、30日,2月6日、8日,在齐凯决策下,由张进才操作,在上述齐凯账户分次买入森源电气股票共计301 800股,成交金额人民币5 978 400元(不含税费)。至2012年2月28日,上述股票账面盈利人民币1 005 424.8元。截至本案调查终止日,该账户仅交易森源电气一只股票,且尚未卖出。

根据当事人违法行为的事实、性质、情节与社会危害程度,依据《证券法》第202条的规定,证监会决定:对齐凯和张进才分别处以30万元罚款,同时责令齐凯处理非法持有的股票,如有盈利予以没收。

2013年4月

一、中国保险监督管理委员会关于修改《保险专业代理机构监管规定》的决定

中国保险监督管理委员会决定对《保险专业代理机构监管规定》作如下修改:(1)第7条第1款修改为:设立保险专业代理公司,其注册资本的最低限额为人民币5000万元,中国保监会另有规定的除外。(2)删去第12条。本决定自发布之日起施行。《保险专业代理机构监管规定》根据本决定作相应的修改,重新发布。

二、指导案例10号《李建军诉上海佳动力环保科技有限公司决议撤销纠纷案》的理解与参照

2012年9月18日,最高人民法院发布了指导案例《李建军诉上海佳动力环保科技有限公司公司决议撤销纠纷案》。为了正确理解和准确参照适用该指导案例,最高人民法院案例指导工作办公室对其推选经过、裁判要点等有关情况进行说明。

2012年4月19日,上海市高级人民法院审判委员会经讨论决定向最高人民法院推荐该备选指导性案例。最高人民法院案例指导工作办公室经研究讨论后将该案例送最高人民法院民二庭审查和征求意见。民二庭经审查认为,该案例处理正确,明确了法院对可撤销的公司决议进行司法审查的界限,具有较强的指导意义。7月23日,最高人民法院审判委员会经讨论研究认为,该案例符合最高人民法院《关于案例指导工作的规定》第2条的有关规定,具有指导意义,同意将该案例确定为指导性案例。9月18日,最高人民法院以法〔2012〕227号文件将该案例作为第三批指导性案例予以发布。该案例涉及法院对解聘总经理职务的董事会决议如何进行审查的问题,旨在为明确公司决议撤销之诉的司法审查范围提供指导。该案例有利于强化法官的商事审判思维,鼓励公司在市场经济条件下依法自治和健康发展。

该指导案例的裁判要点确认：人民法院在审理公司决议撤销纠纷案件中应当审查以下事项：会议召集程序、表决方式是否违反法律、行政法规或者公司章程，以及决议内容是否违反公司章程。在未违反上述规定的前提下，解聘总经理职务的决议所依据的事实是否属实，理由是否成立，不属于司法审查的范围。其他需要说明的问题：（1）因解聘给对方造成损失的，除不可归责于公司的事由以外，公司应当赔偿损失。董事会无正当理由在聘任期限未届满之时解聘经理，并给经理造成损失的，被解聘的经理可以向公司请求赔偿损失。因为董事会决议是公司的意思表示，其法律后果应由公司承担。但该请求与公司决议撤销之诉是不同的法律关系，被解聘的经理可以另行主张。（2）提起公司决议撤销之诉的期限为60日。公司决议撤销之诉属形成之诉。形成之诉是依据判决使法律关系发生变动之类型的诉讼，也称为变更之诉。股东请求法院撤销公司决议的权利，即撤销权，是形成权的一种。因公司决议的撤销，对公司正常经营影响较大，为使法律关系尽早确定，必须明确撤销权的行使或存续期间，此期间为除斥期间，也是不变期间，不得展期。公司法规定了60天的除斥期间，股东自决议作出之日起60日内，可以向法院起诉，请求法院予以撤销。

三、保监会解禁保险集团发次级债

保监会公布《保险公司次级定期债务管理办法》修改决定，保险集团公司可发次级债，但不能卖给自己的控股公司或者"兄弟"公司。

次级债是指保险公司为弥补临时性或者阶段性资本不足，经批准募集、期限在5年以上（含5年），且本金和利息的清偿顺序列于保单责任和其他负债之后、先于保险公司股权资本的保险公司债务。2011年施行的《保险公司次级定期债务管理办法》禁止保险集团（或控股）公司募集次级债，只允许依照中国法律在中国境内设立的中资保险公司、中外合资保险公司和外资独资保险公司发行次级债。2013年3月28日，保监会正式公布次级债修改决定，保险集团（或控股）公司募集次级债得以解禁。

新规要求，保险公司申请募集次级债，要符合以下条件：经审计的上年度末净资产不低于人民币5亿元；募集后，累计未偿付的次级债本息额不超过上年度末经审计的净资产的50%等。新规明确，保险公司次级债应当向合格投资者募集。合格投资者是指具备购买次级债的独立分析能力和风险承受能力的境内和境外法人，但不包括：募集人控制的公司，与募集人受同一第三方控制的公司。募集人的单个股东和股东的控制方持有的次级债，不得超过单次或者累计募集额的10%，而且单次或者累计募集额的持有比例不得为最高。

四、保监会规范资产价值入账标准，完善偿付能力监管

在保险新政陆续落地后，保险公司可投资品种大幅度增加，保监会据此印发《保险公司偿付能力报告编报规则问题解答第15号：信用风险评估方法

和信用评级》等 5 项问题解答的通知，首次全方位系统详解投资不同品种计价方式和信息披露办法，规范了资产价值入账标准。

这五项规定分别是：《信用风险评估方法和信用评级》《保险公司偿付能力报告编报规则问题解答第 16 号：基础设施债权投资计划》《保险公司偿付能力报告编报规则问题解答第 17 号：非保险类金融机构发行的金融产品》《保险公司偿付能力报告编报规则问题解答第 18 号：未上市企业股权投资基金和股指期货》《保险公司偿付能力报告编报规则问题解答第 19 号：委托投资和境外投资资产》。

此次问题解答的发布，是中国保监会改革资金运用监管体制和资本监管体制的重要标志。在资金运用渠道放开放活，为保险公司创新投资产品、提高投资收益率打开空间的同时，保监会将加强偿付能力监管，守住风险底线，即放开前端，还权于市场主体，提高市场活力；管住后端，有效防范风险，确保市场稳健运行。

五、证监会修订半年报准则、季报规则

中国证监会 4 月 19 日发布修订后的《公开发行证券的公司信息披露内容与格式准则第 3 号——半年度报告的内容与格式》，以及修订后的《公开发行证券的公司信息披露编报规则第 13 号——季度报告内容与格式特别规定》。

为了回应投资者对现金分红方案落实情况的关注，修订版在涉及利润分配方案的条文中，新增了对现金分红方案执行或调整情况的披露要求。同时，为使投资者更为全面地了解公司运营情况，重要事项部分增加了对报告期内重大诉讼、仲裁的执行情况，以及破产重整和公司与关联方共同对外投资事项的披露要求。

针对以往半年报摘要与正文内容趋同问题，新版缩减了半年报摘要的篇幅，方便投资者的同时降低上市公司披露成本。修订版要求，在摘要中着重披露投资者最为关心的公司主要财务数据和股东变化、管理层讨论与分析、报告期内重要事项等内容，原则上要求不超过报纸四分之一版面。

以前的版本上市公司披露的信息庞杂、重点不突出，增加了投资者的阅读负担，因此，修订版强化索引适用、避免重复披露，在不影响披露效果的前提下，缩减报告披露内容。而且，新版还简化了财务指标，删除财务指标中通过互相替代或推导计算获得的一些会计数据，如营业利润、利润总额、每股净资产等，仅保留了"营业收入、归属于上市公司股东的净利润"等内容。对于公司简介中的一次次重复的注册地址、公司网站网址等介绍性信息，则不必再披露，改为只对该等事项的变更情况进行披露。

六、中国证监会行政处罚决定书（包维春、冯振民、吴春永）

作为宏达股份的总会计师包维春凭借对公司业务的熟悉程度，能够判断出评估的内容与天仁矿业生产的矿产有关，该评估所涉及的内容对公司股票而言将是重大利好。包维春给冯振民打电话，泄露了该内幕信息，对于吴春永打听、刺探和印证内幕信息行为未保持足够谨慎，过失泄露了该内幕信息。冯振民知悉内幕信息，利用妻子黄薇账户、操作合力创赢投资咨询有限公司账户进行内幕交易。吴春永通过包维春获知了内幕信息，用其管理的7个账户买入"宏达股份"股票。

根据当事人违法行为的事实、性质、情节与社会危害程度，依据《证券法》第202条的规定，证监会决定：（1）对包维春处以30万元罚款；（2）对冯振民给予警告，并处以30万元罚款；（3）对吴春永处以30万元罚款。

七、中国证监会行政处罚决定书（张东良）

张东良借用并操作"顾某"等12个账户合计持有"ST宝利来"达到或超过上市公司已发行股份的5%后，未按规定履行报告和公告义务的行为，违反了《证券法》第86条的规定，构成了《证券法》第193条所述违法行为。

根据当事人违法行为的事实、性质、情节与社会危害程度，依据《证券法》第193条的规定，证监会决定：责令张东良改正违法行为，给予警告，并处以30万元的罚款。

八、中国证监会行政处罚决定书（上海金瑞达资产管理股份有限公司、王敏文、刘晓霖）

上海海立（集团）股份有限公司筹划向其第一大股东上海电气（集团）总公司定向增发的事项属于《证券法》第75条第2款第（2）项规定的内幕信息。该信息形成于2010年7月23日，并于2010年8月25日公告。张建伟作为海立股份董事，属于《证券法》第74条规定的内幕信息知情人。王敏文与内幕信息知情人张建伟关系密切，且双方在内幕信息公开前联络，讨论与内幕信息高度相关的事宜。金瑞达的法人代表王某龙是王敏文的弟弟。"金瑞达"账户于2010年8月12日买入"海立股份"30万股；"张国英"账户由王敏文打电话给冷某，让其在8月10日和12日共计买入78万余股；"李茂兰"账户于8月12日和13日由王敏文亲自操作下单先后买入30万余股。上述3个账户的"海立股份"在8月25日海立股份复牌后全部卖出，交易行为明显异常，买入或者卖出行为与内幕信息的形成、变化和公开时间基本一致，高度吻合。刘晓霖是王敏文的妻子，2010年8月12日"刘晓霖"账户买入"海立股份"108 400股，成交金额1 002 114元，清算金额1 002 623.25元。2010年8月30日、9月6日、9月8日，上述股票全部卖出。该账户交易"海立股份"时间与内幕信息时点高度吻合。金瑞达、王敏文、刘晓霖的上述行为违反了《证券法》第76条的规定，构成内幕交易行为。

根据当事人违法行为的事实、性质、情节与社会危害程度，依据《证券法》第202条的规定，证监会决定：（1）对王敏文与金瑞达共同进行内幕交易的行为，没收违法所得241 525.44元，并处以241 525.44元的罚款；（2）对王敏文利用"张国英"、"李茂兰"账户进行内幕交易的行为，没收违法所得879 222.19元，并处以879 222.19元的罚款；（3）对王敏文与刘晓霖共同进行内幕交易的行为，没收违法所得41 412.79元，并处以41 412.79元的罚款。

九、中国证监会行政处罚决定书（深圳市朗科科技股份有限公司、成晓华、王全祥）

朗科科技未按规定披露签订《朗科国际存储科技产业园建设协议书》《朗科国际存储科技产业园建设补充协议书》事项，成晓华、王全祥系直接负责的主管人员。

我国《证券法》第67条与证监会发布的《上市公司信息披露管理办法》第30条规定，发生可能对上市公司证券及其衍生品交易价格产生较大影响的重要事件，投资者尚未得知时，上市公司应当"立即"披露，说明事件的起因、目前的状态和可能产生的影响。

根据当事人违法行为的事实、性质、情节与社会危害程度，依据《证券法》第193条的规定，证监会决定：（1）责令朗科科技改正，给予警告，并处以30万元罚款；（2）对成晓华、王全祥给予警告，并分别处以3万元罚款。

十、中国证监会行政处罚决定书（联合证券有限责任公司、黎海祥、李迅冬）

联合证券在绿大地欺诈发行上市时未勤勉尽责，未发现绿大地在招股说明书中编造虚假资产、虚假业务收入。由于未对土地使用权完整地进行核实，联合证券未发现绿大地在招股说明书中编造虚假资产，由于未对有关关联关系足够关注、未对绿大地提供的销售客户和供应商的工商信息完整地进行核实，联合证券未发现绿大地在招股说明书中编造虚假资产、虚假业务收入。联合证券的保荐工作不符合中国证监会《首次公开发行股票并上市管理办法》第55条关于保荐人及其保荐代表人应当对招股说明书的真实性、准确性、完整性进行核查的规定。联合证券未按规定编制、保存相关工作底稿，联合证券的上述做法不符合中国证监会《保荐人尽职调查工作准则》第7条关于工作底稿应当真实、准确、完整地反映尽职调查工作的规定。联合证券的上述行为违反了《证券法》第11条关于保荐人应当遵守业务规则和行业规范，诚实守信，勤勉尽责，对发行人的申请文件和信息披露资料进行审慎核查的规定。对上述违法行为直接负责的主管人员为在招股说明书上签字的保荐代表人黎海祥、李迅冬。

根据当事人违法行为的事实、性质、情节与社会危害程度，依据《证券法》第192条的规定，我会决定：

没收联合证券业务收入 1200 万元，并处以 1200 万元罚款。鉴于联合证券已于 2009 年与其大股东华泰证券股份有限公司进行了业务整合，已更名为华泰联合证券有限责任公司，上述罚没款由华泰联合证券有限责任公司支付。由于云南省公安厅经济犯罪侦查总队扣押了联合证券的 1200 万元收入，中国证监会在执行时扣除云南省公安厅经济犯罪侦查总队扣押的款项，如果云南省公安厅经济犯罪侦查总队发还上述款项，中国证监会将予以追缴。

对黎海祥、李迅冬给予警告，并分别处以 30 万元罚款，撤销黎海祥、李迅冬保荐代表人资格和证券从业资格。

十一、中国证监会行政处罚决定书（四川天澄门律师事务所、徐平、肖兵）

天澄门在绿大地欺诈发行上市时未勤勉尽责，未在法律意见书中说明其工作相关情况，未对绿大地相关资产的取得过程进行完整地核实。天澄门的上述做法不符合《律师事务所从事证券法律业务管理办法》第 15 条和第 20 条的规定，违反了《证券法》第 20 条关于为证券发行出具有关文件的证券服务机构和人员，必须严格履行法定职责，保证其所出具文件的真实性、准确性和完整性的规定，构成《证券法》第 223 条所述的违法行为。对上述违法行为直接负责的主管人员为在绿大地发行上市所出具的法律意见书上签字的律师徐平、肖兵。

根据当事人违法行为的事实、性质、情节与社会危害程度，依据《证券法》第 223 条的规定，证监会决定：（1）没收天澄门业务收入 58 万元，并处以 58 万元的罚款；（2）对徐平、肖兵给予警告，并分别处以 10 万元罚款。

十二、中国证监会行政处罚决定书（深圳市鹏城会计师事务所有限公司、姚国勇、廖福澍）

深圳鹏城在绿大地欺诈发行上市时未勤勉尽责，未发现绿大地为发行上市所编制的财务报表编造虚假资产、虚假业务收入，从而出具无保留意见的审计报告，发表不恰当的审计意见。深圳鹏城未勤勉尽责，未对部分银行账户进行函证、未真实完整编制工作底稿，深圳鹏城的上述做法不符合《中国注册会计师审计准则第 1301 号——审计证据》第 6 条、《中国注册会计师审计准则第 1312 号——函证》第 11 条、《中国注册会计师审计准则第 1331 号——审计工作底稿》第 4 条的规定。深圳鹏城未勤勉尽责造成其未发现绿大地在为发行上市所编制的财务报表中编造虚假资产、虚假业务收入，从而为绿大地出具无保留意见的审计报告，发表了不恰当的审计意见。深圳鹏城的上述行为违反了《证券法》第 20 条关于为证券发行出具有关文件的证券服务机构和人员，必须严格履行法定职责，保证其所出具文件的真实性、准确性和完整性的规定，构成《证券法》第 223 条所述的违法行为。

对上述违法行为直接负责的主管人员为注册会计师姚国勇、廖福澍。

根据当事人违法行为的事实、性质、情节与社会危害程度，依据《证券法》第223条的规定，证监会决定：（1）没收深圳鹏城业务收入60万元，并处以60万元的罚款；（2）对姚国勇、廖福澍给予警告并分别处以10万元罚款。

2013年5月

一、证监会开出保荐制度推出以来最严厉罚单

证监会10日表示，备受市场关注的"万福生科案"行政调查已经终结。拟责令万福生科（湖南）农业开发股份公司（以下简称万福生科）改正违法行为，并处以处罚，相关负责人已移送公安机关追究刑事责任，但公司不会触及终止上市的条件。值得关注的是，对于其保荐机构平安证券，证监会处以暂停其保荐机构资格3个月的处罚，没收该项目发行上市业务收入2555万元，并处以2倍的罚款，为保荐制度推出以来最为严厉的处罚。按照保荐办法规定，平安证券新提交的申请将暂不处理。

证监会表示，2012年9月14日对万福生科涉嫌财务造假等违法违规行为立案稽查，该案为首例创业板公司涉嫌欺诈发行股票的案件。万福生科发行上市过程中，保荐机构平安证券、审计机构中磊会计师事务所及湖南博鳌律师事务所等三家中介机构及相关责任人员涉嫌未勤勉尽责，出具的相关材料存在虚假记载，后续分别被立案调查。2013年4月，证监会将万福生科及两名涉嫌犯罪的人员移送公安机关处理。涉及行政处罚部分，现已进入行政处罚预先告知阶段。

此外，万福生科实际控制人龚永福和杨荣华承诺将承担依法应当赔偿的份额，并将3000万股万福生科股票质押给中国证券投资者保护基金有限责任公司管理，作为履行赔偿责任的保证。从目前情况看，根据《证券法》和《深圳证券交易所创业板股票上市规则》的相关规定，万福生科不会触及终止上市的条件。

二、IPO审查风暴掀出"污点律所"

5月中旬，证监会通报，湖南博鳌律师事务所为万福生科IPO提供法律服务时，出具的法律意见书存在虚假记载，违反了《证券法》等的相关规定。该律所被罚没了70万元收入，并被处以2倍的罚款，且1年内不得出具与IPO相关的法律文件，签字律师刘彦、胡筠终身禁入证券市场。这是继绿大地后，证监会对律所开出的一纸更为严厉的罚单。

上市公司与中介机构双方过于紧密的委托聘用关系，已经严重影响了中介机构监督的职能。尤其是作为最后把关的律师事务所，随着业务量飙升，但专业人才与技能的匮乏，导致法律法规赋予律所"把关"的角色形同摆设。

三、中国证监会行政处罚决定书（罗永斌）

安诺其以发行股份和支付现金相结合的方式购买丽源数码持有的湖北丽源 100% 股权事项，系《证券法》第 67 条第 2 款第（2）项规定的"公司的重大投资行为"，构成《证券法》第 75 条第 2 款第（1）项规定的内幕信息。该内幕信息最晚于 2011 年 9 月 13 日形成，于 2012 年 3 月 2 日公开。纪某等人为内幕信息知情人，知悉时间不晚于 2011 年 9 月 13 日。基于徐某是安诺其法人股东实际控制人的身份、地位及与纪某的合作关系，徐某通过与纪某的正常沟通，不晚于 2012 年 1 月 5 日知悉了内幕信息。

罗永斌在内幕信息公开前，与徐某有联络、接触，利用他人账户交易"安诺其"，交易行为明显异常：罗永斌利用"吕某"、"俞某"账户买入"安诺其"的时间与其获悉内幕信息的时间基本一致，买入和卖出"安诺其"的时间、资金变化的时间与内幕信息变化、公开时间基本一致；罗永斌交易"安诺其"不使用本人账户而是借用他人账户交易，且在内幕信息公开前转入大额资金全仓买入一只股票，该交易行为与 2010 年以来交易股票的习惯明显不同。

罗永斌的上述行为，违反了《证券法》第 76 条的规定，构成了《证券法》第 202 条所规定的内幕交易行为。根据当事人违法行为的事实、性质、情节与社会危害程度，依据《证券法》第 202 条的规定，证监会决定：没收罗永斌违法所得 2 846 631.46 元，并处以 2 846 631.46 元罚款。

四、中国证监会行政处罚决定书（郭红莲）

安诺其以发行股份和支付现金相结合的方式购买丽源数码持有的湖北丽源 100% 股权事项，系《证券法》第 67 条第 2 款第（2）项规定的"公司的重大投资行为"，构成《证券法》第 75 条第 2 款第（1）项规定的内幕信息。该内幕信息最晚于 2011 年 9 月 13 日形成，于 2012 年 3 月 2 日公开。刘某是重大投资对象实际委派参与商谈的代表，对商谈进展的具体情况知情，其知悉内幕信息的时间不晚于 2011 年 9 月 13 日。

郭红莲在内幕信息公开前，与刘某有联络、接触，其交易"安诺其"的行为与内幕信息高度吻合，其行为违反了《证券法》第 76 条的规定，构成了《证券法》第 202 条所规定的内幕交易行为。

根据当事人违法行为的事实、性质、情节与社会危害程度，依据《证券法》第 202 条的规定，证监会决定：没收郭红莲违法所得 54 632.15 元，并处以 54 632.15 元罚款。

五、中国证监会行政处罚决定书（罗明）

安诺其以发行股份和支付现金相结合的方式购买丽源数码持有的湖北丽源 100% 股权事项，系《证券法》第 67 条第 2 款第（2）项规定的"公司的重大投资行为"，构成《证券法》第 75 条第 2 款第（1）项规定的内幕信息。

该内幕信息最晚于 2011 年 9 月 13 日形成，于 2012 年 3 月 2 日公开。刘某是重大投资对象实际委派参与商谈的代表，对商谈进展的具体情况知情，其知悉内幕信息的时间不晚于 2011 年 9 月 13 日。

罗明在内幕信息公开前，与刘某有联络、接触，其交易"安诺其"的行为与内幕信息高度吻合，其行为违反了《证券法》第 76 条的规定，构成了《证券法》第 202 条所规定的内幕交易行为。

根据当事人违法行为的事实、性质、情节与社会危害程度，依据《证券法》第 202 条的规定，证监会决定：没收罗明违法所得 577 982.09 元，并处以 577 982.09 元罚款。

六、中国证监会行政处罚决定书（蒯雯瑾）

安诺其以发行股份和支付现金相结合的方式购买丽源数码持有的湖北丽源 100% 股权事项，系《证券法》第 67 条第 2 款第（2）项规定的"公司的重大投资行为"，构成《证券法》第 75 条第 2 款第（1）项规定的内幕信息。该内幕信息最晚于 2011 年 9 月 13 日形成，于 2012 年 3 月 2 日公开。纪某等人为内幕信息知情人，知悉时间不晚于 2011 年 9 月 13 日。基于徐某是安诺其法人股东实际控制人的身份、地位及与纪某的合作关系，徐某通过与纪某的正常沟通，不晚于 2012 年 1 月 5 日知悉了内幕信息。

蒯雯瑾与徐某系夫妻，共同生活且分别为安诺其法人股东的名义股东和实际控制人。"邓某"账户主要由蒯雯瑾操作，"邓某"账户在徐某知悉内幕信息后至内幕信息公开前买入安诺其股票。蒯雯瑾的行为，违反了《证券法》第 76 条的规定，构成了《证券法》第 202 条所规定的内幕交易行为。

根据当事人违法行为的事实、性质、情节与社会危害程度，依据《证券法》第 202 条的规定，证监会决定：对蒯雯瑾处以 3 万元罚款。

七、中国证监会行政处罚决定书（王周屋）

在万顺股份重组筹划期间，董事长杜某和王周屋打招呼，想在民生银行开立共管账户；2010 年 9 月中上旬，杜某给王周屋打电话说万顺股份需要融资 3 亿进行股权收购，王周屋答应帮杜某落实此事。王周屋时任民生银行汕头分行工作人员。刘某时任民生银行汕头分行办公室职员。金某系王周屋之妻。"刘某"账户由刘某本人于 2010 年 9 月 15 日开立。2010 年 9 月 28 日，该账户买入万顺股份 118 790 股，11 月 9 日买入 110 300 股，资金几乎全部来自王周屋及金某的银行账户。截至调查日，无卖出记录。同时，"金某"账户于 2010 年 9 月 17 日买入万顺股份 111 300 股，9 月 28 日买入 129 100 股。截至调查日，无卖出记录。

王周屋的有关行为，违反了《证券法》第 76 条的规定，构成了《证券法》第 202 条所述违法行为。

根据当事人违法行为的事实、性质、情节与社会危害程度，依据《证券

法》第 202 条的规定，证监会决定：责令王周屋自收到本处罚决定书之日起 7 个可交易日内，依法处理非法持有的证券；如有违法所得，没收王周屋违法所得，并处以违法所得一倍罚款；如没有违法所得或者违法所得不足 3 万元，对王周屋处以 20 万元罚款。

八、中国证监会行政处罚决定书（云南绿大地生物科技股份有限公司、赵国权、胡虹等 12 名责任人）

绿大地在招股说明书中虚增资产、虚增业务收入，在 2007 年、2008 年、2009 年年度报告中虚增资产、虚增业务收入，赵国权、胡虹等 12 人为相关责任人员。

根据当事人违法行为的事实、性质、情节与社会危害程度，依据《证券法》第 189 条、第 193 条的规定，证监会决定：（1）对绿大地在 2007 年、2008 年、2009 年年度报告中虚增资产、虚增业务收入的行为，责令绿大地改正，给予警告，并处以 60 万元罚款。由于司法机关已对绿大地在招股说明书中虚增资产、虚增业务收入的行为刑事处罚，不再行政处罚。（2）对赵国权、胡虹、黎钢、钟佳富、普乐、罗孝银、谭焕珠、毛志明、徐云葵、陈德生给予警告，并分别处以 30 万元罚款。（3）对郑亚光给予警告，并处以 10 万元罚款。

九、中国证监会、财政部行政处罚决定书（深圳市鹏城会计师事务所有限公司）

深圳鹏城在绿大地欺诈发行上市时未勤勉尽责，未发现绿大地为发行上市所编制的财务报表编造虚假资产、虚假业务收入，从而出具无保留意见的审计报告，发表不恰当的审计意见。为绿大地发行股票并上市，深圳鹏城对绿大地 2004 年、2005 年、2006 年年度财务报表和 2007 年半年度财务报表进行审计并出具无保留意见的审计报告。司法机关认定，绿大地在招股说明书中编造虚假资产、虚假业务收入。绿大地编造虚假资产、虚假业务收入的金额巨大，性质严重。

深圳鹏城未勤勉尽责，未对部分银行账户进行函证、未真实完整编制工作底稿，深圳鹏城的上述做法不符合《中国注册会计师审计准则第 1301 号——审计证据》第 6 条、《中国注册会计师审计准则第 1312 号——函证》第 11 条、《中国注册会计师审计准则第 1331 号——审计工作底稿》第 4 条的规定。深圳鹏城未勤勉尽责造成其未发现绿大地在为发行上市所编制的财务报表中编造虚假资产、虚假业务收入，从而为绿大地出具无保留意见的审计报告，发表了不恰当的审计意见。深圳鹏城的上述行为违反了《证券法》第 20 条关于为证券发行出具有关文件的证券服务机构和人员，必须严格履行法定职责，保证其所出具文件的真实性、准确性和完整性的规定，构成了《证券法》第 223 条所述的违法行为。

以上违法事实，有司法机关认定文件，审计报告，相关工作底稿，相关人员谈话笔录等证据证明，足以认定。根据当事人违法行为的事实、性质、情节与社会危害程度，依据《证券法》第 223 条的规定，中国证监会、财政部决定：撤销深圳鹏城的证券服务业务许可。

十、中国证监会行政处罚决定书（周小南、朱敏、朱敖娣、潘企康）

九鼎新材向天马集团股东发行股份购买资产暨重大资产重组事项，属于《证券法》第 75 条规定的内幕信息。周小南、朱敏、朱敖娣、潘企康知悉该内幕信息，其 4 人在信息公开前买卖九鼎新材股票的行为，违反了《证券法》第 73 条、第 76 条的规定，构成了《证券法》第 202 条所述内幕交易行为。

根据当事人违法行为的事实、性质、情节与社会危害程度，依据《证券法》第 202 条的规定，证监会决定：（1）没收周小南违法所得 89 039.88 元，并处以 89 039.88 元罚款；（2）对朱敏处以 3 万元罚款；（3）对朱敖娣处以 3 万元罚款；（4）对潘企康处以 3 万元罚款。

十一、中国证监会行政处罚决定书（吕顺龙）

莱茵置业 2010 年年度利润分派方案在公布前为《证券法》第 75 条所规定的内幕信息。莱茵置业 2010 年年度利润分配方案在 2011 年 2 月 25 日形成，2011 年 3 月 2 日公开，内幕信息价格敏感期为 2011 年 2 月 25 日至 3 月 2 日。吕顺龙于 2011 年 2 月 25 日知悉莱茵置业 2010 年年度利润分派方案，为内幕信息知情人。

2011 年 2 月 28 日，吕顺龙买入"莱茵置业"5 700 股；3 月 1 日，买入"莱茵置业"28 300 股。2011 年 3 月 2 日，吕顺龙卖出"莱茵置业"34 000 股。吕顺龙上述内幕交易莱茵置业股票获利 12 532.12 元。

根据以上事实，证监会认定，吕顺龙内幕交易莱茵置业股票。吕顺龙的行为违反了《证券法》第 76 条关于禁止内幕交易的规定，构成了《证券法》第 202 条所述的违法行为。

根据当事人违法行为的事实、性质、情节与社会危害程度，依据《证券法》第 202 条的规定，证监会决定：对吕顺龙处以 3 万元罚款。

2013 年 6 月

一、2013 年 6 月，国家工商总局分别在浙江杭州和北京召开工商登记制度改革方案座谈会

6 月 7 日和 8 日，国家工商总局分别在杭州和北京召开工商登记制度改革方案座谈会，与会代表就将注册资本实缴登记制改为认缴登记制等放宽工商登记条件、实行"宽进严管"等议题进行了座谈。国家工商总局党组书记、局长张茅出席座谈会并讲话。听取代表发言后，张茅指出，十八届二中全会提出改革工商登记制度，十二届全国人大一次会议审议批准的《国务院机构改革和职能转变方案》将改革工商登记制度作为国务院机构职能转变的一项重要内容。全系统要充分认识工商登记制度改革的重大意义，在总结试点地区经验的基础上，做好工商登记制度改革方案的制订完善工作，稳步推进工商登记制度改革。

国务院作出改革工商登记制度部署后，国家工商总局党组迅速启动工商登记制度改革方案起草工作，经内部多次研讨后，提出了初步改革意见，并组织专人先后到广东、浙江、天津、福建等省市调研，深入基层广泛听取意见建议，梳理地方改革的经验做法。在汇总整理各方意见建议的基础上，总局组织召开7个专题论证会，邀请不同领域、部门的专家和专业人才，对改革实施方案的主要内容进行了论证。26个省区市工商局主要负责同志参加座谈会并发言。

二、新基金法本月起实施基金发行门槛将降低

2013年6月起，新修订的《证券投资基金法》（以下简称《基金法》）正式施行。在新的法律环境下，基金发行准入门槛将降低，投资者可选择的管理人范围大幅增加；基民购买基金的渠道将更加多样化；此外，基民维权也将更具法律依据。新《基金法》大大地放松了对基金投资的限制，今后可供基民投资的基金品种将更为丰富，基金公司获取收益的能力也有望进一步提升。

新法取消了公募基金必须采用资产组合方式的规定，为行业基金，比如房地产基金和FOF基金等的发展奠定基础。并且，新法拓宽了基金投资范围，规定基金可以投资国务院证券监督管理机构规定其他证券及其衍生品种，为基金投资股指期货等铺平道路。此外，新《基金法》实施后，券商、保险、私募等机构皆可开展公募业务，基金行业的"围城"将被突破。

三、两部委酝酿出台《海外投资法》

近十年来，中国企业的海外投资和海外并购活动快速发展。为规范和支持中国企业的国际化经营，商务部正与国家发改委酝酿出台《海外投资法》，其主要内容是规范企业的海外投资行为，反对不正当竞争，并保护中国企业的对外投资权益。

在中国人民大学国际并购与投资研究所主办的中国企业国际化与兼并重组论坛上，商务部对外经济合作司副司长陈润云称，自2000年国家正式提出"走出去"战略以来，中国企业国际化经营取得了突飞猛进的发展，中国企业开展跨国经营合作和对外投资的步伐不断加快。2012年中国企业非金融类对外直接投资为772亿美元，与2002年的27亿美元相比，增长了近28倍，年均增长40%；2012年中国企业海外工程承包新签订的合同金额为1565亿美元，完成营业收入1166亿美元，与2002年相比都增长了10倍。截至2012

年底，中国企业累计非金融类对外直接投资存量 4346 亿美元，形成海外资产 2 万多亿美元，境外中资企业达到 2.3 万家，这些中资海外企业一年形成的销售收入超过 1 万亿美元。

陈润云表示，为支持中国企业走出去，国家及相关各部门在财税金融外汇等方面已经制定了比较完整配套的一系列政策，包括设立了支持走出去的专项基金，且还在继续研究设立海外投资基金。据介绍，中国目前已经和 130 个国家签订了双边投资保护协定。去年完成了与加拿大的双边投资保护协定谈判，今年正与美国进行双边投资保护谈判。

四、中国官方首次对上市公司再融资欺诈立案

中国证监会 21 日召开发布会表示，上市公司贤成矿业在非公开发行申请过程中，涉嫌报送虚假发行申请文件，骗取发行核准，证监会已对其正式立案。这是近年来，证监会第一次对上市公司再融资欺诈发行行为立案调查。

上述非公开发行主要涉及：2009 年 4 月 30 日，贤成矿业股东大会通过决议，拟向控股股东西宁市国新投资控股有限公司和自然人张邻非公开发行股份购买相关矿业公司股权；2011 年初，贤成矿业完成本次非公开发行，收购标的资产作价 5.01 亿元人民币。

此外，当天证监会亦通报了关于光大证券等三家中介机构因天丰节能 IPO 被立案稽查的情况。证监会表示，在天丰节能申请 IPO 过程中，保荐机构光大证券，审计机构利安达会计师事务所以及北京竞天公诚律师事务所等中介机构涉嫌未勤勉尽职，导致出具的相关文件存在虚假记载，6 月 14 日，证监会对上述 3 家中介机构立案稽查。

国信证券当天亦被点名通报。据悉，国信证券在隆基股份违法违规案中，未勤勉尽职和审核核查义务，出具了具有误导性陈述和重大遗漏的相关文件，未督促隆基股份履行信息披露义务，涉嫌违法违规，6 月 13 日，证监会已对国信证券正式立案调查。

证监会发言人表示，以上几起均是发生在 IPO 或是再融资过程中的欺诈发行类案件，给投资者造成极大伤害，严重扰乱市场秩序，违法性质恶劣。证监会今后将持续加大对发行环节违法违规行为的监管执法力度，加大对上市公司不真实披露、中介机构不履职尽责的问责力度，严惩财务造假、欺诈发行行为。

五、中国证监会公布新股发行机制改革草案

中国证券监督管理委员会公布了改革新股发行程序的计划草案，此举可能为已长久停滞的首次公开募股（IPO）交易扫清道路。

自 2012 年 10 月份以来，中国监管部门从未批准过任何 IPO 交易，主要是由于担心新股发行可能损害中国股市本已低迷的人气。不过，一些企业希望启动已被长期推迟的 IPO，并为此施加了巨大压力，这其中就包括东方证

券（Orient Securities）。根据新方案，发行人招股说明书申报稿正式受理后，即在中国证监会网站披露。这样做的目的是提高信息披露的准确性和及时性。

如果发行人上市当年营业利润较上年下降50%以上或上市当年即出现亏损，中国证监会将自确认之日起暂不受理相关保荐机构推荐的发行申请。新方案还要求申请人在募股文件中纳入上市后如何稳定股价的措施。股票发行方必须在上市文件中提出上市后五年内公司股价低于每股净资产时稳定公司股价的预案。如果拟定的发行价格的市盈率高于同行业上市公司二级市场平均市盈率，在网上申购前发行人和主承销商就应发布投资风险特别公告。申请IPO的在审企业可申请先行发行公司债。中国证监会已开始加强对IPO申请的审查，以剔除财务状况不佳的公司。截至2013年5月底，已有269家中资公司撤销了IPO申请，但仍有666家公司的上市申请在接受证监会的审查。

六、中国证监会、中国保监会发布《保险机构销售证券投资基金管理暂行规定》

2013年6月7日，中国证监会与中国保监会联合发布《保险机构销售证券投资基金管理暂行规定》（以下简称《暂行规定》）。

《暂行规定》的发布，是证监会与保监会进行监管协作的重要成果，不仅体现了证监会一贯重视拓宽基金销售渠道，鼓励更多类型机构参与基金销售业务的思路，也充分展示了保监会持续推进保险业服务能力建设，提升行业综合服务水平的努力，是一个双赢的结果。《暂行规定》明确了保险机构参与基金销售业务的具体监管要求，以及两会的监管职责和分工，有利于规范保险机构的基金销售活动，以满足投资人日益多样化的金融需求。

《暂行规定》的发布，标志着中国证监会与中国保监会之间的监管协作进入了一个新阶段，两会的工作重点将从业务规则的制定转向保险机构基金销售活动的日常行为监管，两会及派出机构将密切配合，定期沟通和交流保险机构基金销售业务监管信息，共同保障保险机构基金销售活动的规范有序，保护基金投资人的合法权益。

七、银监会启用理财产品电子登记系统，未登记不可售

银监会已于2013年6月14日下发《中国银监会办公厅关于全国银行业理财信息登记系统（一期）运行工作有关事项的通知》，同时正式启用了理财信息登记系统，今后所有理财产品只有在该系统登记后才可以发售。银监会数据显示，截至一季度末，理财资金账面余额8.2万亿元。2013年3月，银监会出台了规范理财业务的"8号文"，对理财资金投资非标准化债权资产提出了总量控制、投向管理（投资项目符合国家宏观调控政策及产业政策）和审慎风险兜底（比照自营贷款管理）等一系列监管要求。

在2013年陆家嘴金融论坛的主题演讲中，银监会主席尚福林表态称，下一步，要按照"理财与信贷业务分离、产品与项目逐一对应、单独建账管理、信息公开透明"的原则，继续规范商业银行理财业务，加强行为监管，严格风险管控。

八、中国证监会：国债期货已获国务院批准

中国证监会在一则公告中表示，这是中国为继续推进金融市场改革采取的一项举措，将有助于推动利率市场化。中国证监会没有说明国债期货将于何时开始交易，但表示，预计推出国债期货的所有准备工作将需要大约两个月时间就绪，其中包括明确金融机构参与国债期货交易的标准，以及针对投资者和市场中介机构进行培训。国债期货与5年期国债挂钩。

中国证监会还表示，已批准国债期货在中国金融期货交易所（China Financial Futures Exchange）交易，后者已完成了国债期货合同的设计以及交易系统的测试。

中国在1992年启动了国债期货市场，但在1995年受逼空丑闻影响而被叫停。自2012年2月以来，中国金融期货交易所启动了机构投资者国债期货仿真交易。

九、全国人大常委会关于修改文物保护法等十二部法律的决定（2013年6月29日第十二届全国人民代表大会常务委员会第三次会议通过）

《全国人民代表大会常务委员会关于修改〈中华人民共和国文物保护法〉等十二部法律的决定》对《中华人民共和国证券法》作出了修改，将第129条第1款修改为："证券公司设立、收购或者撤销分支机构，变更业务范围，增加注册资本且股权结构发生重大调整，减少注册资本，变更持有百分之五以上股权的股东、实际控制人，变更公司章程中的重要条款，合并、分立、停业、解散、破产，必须经国务院证券监督管理机构批准。"

十、中国证券监督管理委员会关于修改《证券公司客户资产管理业务管理办法》的决定发布

关于修改《证券公司客户资产管理业务管理办法》的决定内容如下：

1. 第1条修改为"为规范证券公司客户资产管理活动，保护投资者的合法权益，维护证券市场秩序，根据《中华人民共和国证券法》《中华人民共和国证券投资基金法》《证券公司监督管理条例》和其他相关法律、行政法规，制定本办法。"

2. 第13条修改为"证券公司为多个客户办理集合资产管理业务，应当设立集合资产管理计划，与客户签订集合资产管理合同，将客户资产交由取得基金托管业务资格的资产托管机构托管，通过专门账户为客户提供资产管理服务。"

3. 删除第14条。

4. 第15条改为第14条，修改为"证券公司为客户办理特定目的的专项资产管理业务，应当签订专项资产管理合同，针对客户的特殊要求和基础资产的具体情况，设定特定投资目标，通过专门账户为客户提供资产管理服务。

证券公司应当充分了解并向客户披露基础资产所有人或融资主体的诚信合规状况、基础资产的权属情况、有无担保安排及具体情况、投资目标的风险收益特征等相关重大事项。

证券公司可以通过设立综合性的集合资产管理计划办理专项资产管理业务。"

5. 第 20 条改为第 19 条，修改为"证券公司开展客户资产管理业务，应当依据法律、行政法规和本办法的规定，与客户签订书面资产管理合同，就双方的权利义务和相关事宜做出明确约定。资产管理合同应当包括《中华人民共和国证券投资基金法》第 93 条、第 94 条规定的必备内容。"

6. 删除第 21 条。

7. 第 24 条改为第 22 条，修改为"证券公司办理集合资产管理业务，只能接受货币资金形式的资产。"

8. 第 28 条改为第 26 条，修改为"证券公司可以自行推广集合资产管理计划，也可以委托其他证券公司、商业银行或者中国证监会认可的其他机构代为推广。

集合资产管理计划应当面向合格投资者推广，合格投资者累计不得超过 200 人。合格投资者是指具备相应风险识别能力和承担所投资集合资产管理计划风险能力且符合下列条件之一的单位和个人：

（1）个人或者家庭金融资产合计不低于 100 万元人民币；

（2）公司、企业等机构净资产不低于 1000 万元人民币。

依法设立并受监管的各类集合投资产品视为单一合格投资者。"

9. 删除第 31 条。

10. 第 32 条改为第 29 条，修改为"证券公司将其管理的客户资产投资于本公司及与本公司有关联方关系的公司发行的证券或承销期内承销的证券，或者从事其他重大关联交易的，应当遵循客户利益优先原则，事先取得客户的同意，事后告知资产托管机构和客户，同时向证券交易所报告，并采取切实有效措施，防范利益冲突，保护客户合法权益。"

11. 第 42 条改为第 39 条，修改为"证券公司及其他推广机构应当采取有效措施，并通过证券公司、中国证券业协会、中国证监会电子化信息披露平台或者中国证监会认可的其他信息披露平台，客观准确披露资产管理计划批准或者备案信息、风险收益特征、投诉电话等，使客户详尽了解资产管理计划的特性、风险等情况及客户的权利、义务，但不得通过广播、电视、报刊、互联网及其他公共媒体推广资产管理计划。"

12. 第 47 条改为第 44 条，修改为"证券公司办理集合资产管理业务，应当将集合资产管理计划资产交由取得基金托管业务资格的资产托管机构托管。

证券公司、资产托管机构应当为集合资产管理计划单独开立证券账户、资金账户等相关账户。证券账户名称应当注明证券公司、集合资产管理计划名称等内容。"

13. 第58条改为第55条，修改为"中国证监会及其派出机构对证券公司、资产托管机构从事客户资产管理业务的情况，进行定期或者不定期的检查，证券公司和资产托管机构应当予以配合。"

14. 第59条改为第56条，修改为"证券公司、资产托管机构、推广机构的高级管理人员、直接负责的主管人员和其他直接责任人员违反本办法规定的，中国证监会及其派出机构根据不同情况，对其采取监管谈话、责令停止职权、认定为不适当人选等行政监管措施。

证券公司、资产托管机构、推广机构及其高级管理人员、直接负责的主管人员和其他直接责任人员从事客户资产管理业务，损害客户合法权益的，应当依法承担民事责任。"

15. 第60条改为第57条，修改为"证券公司、资产托管机构、推广机构违反本办法规定的，根据不同情况，依法采取责令改正、责令增加内部合规检查的次数、责令处分有关人员、暂停业务等行政监管措施。"

16. 第61条改为第58条，修改为"证券公司、资产托管机构、推广机构及其高级管理人员、直接负责的主管人员和其他直接责任人员违反法律、法规规定的，按照《中华人民共和国证券法》《中华人民共和国证券投资基金法》《证券公司监督管理条例》的有关规定，进行行政处罚。"

17. 第62条改为第59条，修改为"证券公司、资产托管机构、推广机构及其高级管理人员、直接负责的主管人员和其他直接责任人员涉嫌犯罪的，依法移送司法机关，追究刑事责任。"

18. 删除第63条。

2013 年 7 月

一、"金十条"出台扩大民资进入金融业

2013年7月5号国务院发布的《金融支持经济结构调整和转型升级的指导意见》（以下简称"金十条"）通过了十条措施，目的就是为了促进经济结构调整及转型升级。国务院表示，当前，我国经济运行总体平稳，但是结构性矛盾依然突出。金融运行总体是稳健的，但资金分布不合理的问题仍然存在，与经济结构调整和转型升级的要求不相适应。现阶段资金分布不合理现象仍然存在，部分领域融资难、融资贵的问题尚未解决。要实现经济持续健康发展，提高经济发展质量和效益，必须着力解决经济结构战略性调整问题，推动经济转型升级。

"金十条"鼓励民间资本投资入股金融机构和参与金融机构重组改造。允许发展成熟、经营稳健的村镇银行在最低股比要求内,调整主发起行与其他股东持股比例。随后,银监会发文对"金十条"进行解读(《银监会解读金融支持经济结构调整和转型升级指导意见》),称民间资本进入金融业,对于动员社会资金进入实体经济,促进金融机构股权结构多元化,激发金融机构市场活力具有重要意义。银监会表示,将尝试由民间资本发起设立自担风险的民营金融机构,之所以强调投资者要自担风险,主要是为了防范道德风险,防止金融机构经营失败的风险外溢。

"金十条"提出,将"逐步推进信贷资产证券化常规化发展",盘活存量资金。"金十条"中,第一条即强调,中国将继续执行稳健的货币政策,合理保持货币信贷总量。其中强调"盘活存量资金,用好增量资金,加快资金周转速度,提高资金使用效率"。为盘活存量银监会将采取包括充分发挥货币政策工具的引导作用、创新外汇储备的运用、探索发行企业优先股、定向开展重组企业的并购贷款、探索发展并购投资基金、扩大银行贷款的自主权、逐步扩大资产证券化的常规化发展、拓宽保险资金的运用、引导银行理财产品对接实体经济项目以及扩大民间资本进入金融业等在内的十大措施。

二、银监会发布商业银行公司治理指引强化银行风险管理及内部控制

2013年7月29日,中国银监会发布《商业银行公司治理指引》(以下简称《指引》)。这是在整合此前颁布的有关国有商业银行、中小商业银行、外资银行法人机构、股份制商业银行等各种公司治理基础之上,针对我国银行业金融机构公司治理中存在的问题,发布的全新《指引》。其突出特点是,强调商业银行有关风险管理与内部控制及社会责任等方面的内容。

为保障商业银行稳健运行,《指引》专设一章"风险管理与内部控制"。明确商业银行董事会而非董事长对银行风险管理承担最终责任。要求商业银行董事会及其风险管理委员会,应当定期听取高级管理层关于商业银行风险状况的专题报告,对商业银行风险水平、风险管理状况、风险承受能力进行评估,并提出全面风险管理意见。同时,对商业银行首席风险官的职责、聘任及解聘等做了明确规定。另外,为确保《指引》与国际最佳实践同步,《指引》提出了利益相关者的概念,即银行的公司治理应履行对存款人、雇员等的权利保护责任等。

三、央行:全面放开金融机构贷款利率管制

经国务院批准,中国人民银行决定,自2013年7月20日起全面放开金融机构贷款利率管制。

1. 取消金融机构贷款利率0.7倍的下限,由金融机构根据商业原则自主确定贷款利率水平。

2. 取消票据贴现利率管制,改变贴现利率在再贴现利率基础上加点确定的方式，由金融机构自主确定。

3. 对农村信用社贷款利率不再设立上限。

4. 为继续严格执行差别化的住房信贷政策，促进房地产市场健康发展，个人住房贷款利率浮动区间暂不作调整。

全面放开贷款利率管制后，金融机构与客户协商定价的空间将进一步扩大，有利于促进金融机构采取差异化的定价策略，降低企业融资成本；有利于金融机构不断提高自主定价能力，转变经营模式，提升服务水平，加大对企业、居民的金融支持力度；有利于优化金融资源配置，更好地发挥金融支持实体经济的作用，更有力地支持经济结构调整和转型升级。

四、保监会成立中资保险法人机构准入审核委员会

为了健全保险市场准入退出机制、提高审核工作的质量和透明度，保监会正式成立中资保险法人机构准入审核委员会（以下简称"委员会"），并制定了相关工作规程。

委员会作为保监会的部门间集体审议机制，主要审核中资保险法人机构的筹建事项。除依法不予受理、暂缓受理和发起人主动撤回申请的情况外，所有有效的中资保险法人机构准入申请均提交委员会审议，以投票方式进行表决，并提出许可或不予许可的审核意见。

委员会的审核对象为中资保险集团（控股）公司和中资保险法人机构，包括财产保险公司、人身保险公司、相互保险公司、专属保险公司、再保险公司以及保险资产管理公司。

2013 年 8 月

一、中金所发布《中国金融期货交易所指定存管银行管理办法》

2013年8月17日中国金融期货交易所正式对外发布了《中国金融期货交易所指定存管银行管理办法》（以下简称《管理办法》），要求申请从事期货保证金存管业务的银行业金融机构，应当符合证监会和银监会的相关监管要求，并对申请行的总资产规模、净资产规模、营业网点匹配度等做了具体规定。与此同时，为满足合格境外机构投资者的需求，《管理办法》规定，合格境外机构投资者的托管银行申请仅为其所托管的合格境外机构投资者开展期货保证金存管业务的，可以豁免总资产规模、净资产规模、营业网点匹配度等方面的要求。

2012年10月，国务院取消了银行业金融机构从事期货保证金存管资格认定的行政审批项目。为做好后续衔接工作，中国金融期货交易所根据证监会有关要求，在广泛征求业界建议和意见的基础上，制定了《管理办法》。《管理办法》建立了期货保证金存管资格的准入标准，细化了期货保证金存管在业务和技术上的要求，完善了期货保证金存管业务应急处理机制，明确了交易所对存管银行的监督机制。

二、中国证监会行政处罚决定书（朱建峰）

朱建峰以其本人账户和他所控制的"白某秀"账户利用内幕信息交易领先科技股票的行为，违反了《证券法》第 73 条的规定。

根据当事人违法行为的事实、性质、情节与社会危害程度，依据《证券法》第 202 条的规定，证监会决定：没收朱建峰违法所得 737 731.49 元，并处以 737 731.49 元罚款。

2013 年 9 月

一、2013 年 9 月，国家工商总局审议通过《国家工商行政管理总局关于支持中国（上海）自由贸易试验区建设的若干意见》

2013 年 9 月 16 日，国家工商总局局务会议审议通过《国家工商行政管理总局关于支持中国（上海）自由贸易试验区建设的若干意见》，并于 9 月 26 日印发给上海市工商局贯彻执行。

1. 试行注册资本认缴登记制。除法律、行政法规对公司注册资本实缴另有规定的外，其他公司试行注册资本认缴登记制。

试行认缴登记制后，工商部门登记公司全体股东、发起人认缴的注册资本或认购的股本总额（即公司注册资本），不登记公司实收资本。公司股东（发起人）应当对其认缴出资额、出资方式、出资期限等自主约定，并记载于公司章程。有限责任公司的股东以其认缴的出资额为限对公司承担责任；股份有限公司的股东以其认购的股份为限对公司承担责任。公司应当将股东认缴出资额或者发起人认购股份、出资方式、出资期限、缴纳情况通过市场主体信用信息公示系统向社会公示。公司股东（发起人）对缴纳出资情况的真实性、合法性负责。

放宽注册资本登记条件，除法律、行政法规、国务院决定对特定行业注册资本最低限额另有规定的外，取消有限责任公司最低注册资本 3 万元、1 人有限责任公司最低注册资本 10 万元、股份有限公司最低注册资本 500 万元的规定，不再限制公司设立时全体股东（发起人）的首次出资额及比例，不再限制公司全体股东（发起人）的货币出资金额占注册资本的比例，不再规定公司股东（发起人）缴足出资的期限。

2. 试行"先照后证"登记制。除法律、行政法规、国务院决定规定的企业登记前置许可事项外，在试验区内试行"先照后证"登记制度。试验区内企业向工商部门申请登记、取得营业执照后即可从事一般生产经营活动；经营项目涉及企业登记前置许可事项的，在取得许可证或者批准文件后，向工商部门申领营业执照；申请从事其他许可经营项目的，应当在领取营业执照及许可证或者批准文件后，方可从事经营活动。

3. 试行年度报告公示制。试验区内试行将企业年度检验制度改为企业年度报告公示制度。企业应当按年度在规定的期限内，通过市场主体信用信息公示系统向工商部门报送年度报告，并向社会公示，任何单位和个人均可查询。企业对年度报告的真实性、合法性负责。建立经营异常名录制度，通过市场主体信用信息公示系统，记载未按规定期限公示年度报告的企业。

4. 试行外商投资广告企业项目备案制。在试验区内申请设立外商投资广告企业的，在试验区内的外商投资企业申请增加广告经营业务的，以及在试验区内的外商投资广告企业申请设立分支机构的，不再受现行《外商投资广告企业管理规定》第9条、第10条和第11条的限制，同时取消对试验区内外商投资广告企业的项目审批和设立分支机构的审批，改为备案制；试验区内外商投资广告企业设立后需要更换合营方或转让股权、变更广告经营范围和变更注册资本的，无须另行报批，改为备案制，可直接办理企业变更登记。

5. 授予试验区工商部门外资登记管理权。试验区工商部门负责辖区内由上海市人民政府及其授权部门批准设立及备案的外商投资企业的登记注册和监督管理。

6. 试验区内实行企业设立"一口受理"。支持试验区工商部门按照上海市人民政府的要求，企业设立可以通过电子数据交换或者现场办理的方式申报材料，由工商部门统一接收申请人向各职能部门提交的申请材料，统一送达许可决定、备案文书和相关证照。

7. 试行新的营业执照样式。除《农民专业合作社法人营业执照》《个体工商户营业执照》以外，将其他各类企业营业执照统一成一种样式。

8. 强化信用信息公示，完善信用约束机制。建立以工商部门经济户籍库为基础的市场主体信用信息公示系统，推动社会诚信体系建设。工商部门通过系统公示市场主体登记、备案、监管信息。企业按照规定通过系统公示年度报告、获得资质资格的许可信息，工商部门可以对年度报告公示内容进行抽查。对被载入经营异常名录的企业、有违法记录的市场主体及其相关责任人，工商部门采取有针对性的信用监管措施。

9. 创新市场主体监管方式，提升行政执法水平。强化工商部门市场监管和行政执法的职能作用，探索建立与国际高标准投资和贸易规则体系相适应的市场主体监管方式。强化部门间协调配合，形成监管部门分工明确、沟通顺畅、齐抓共管的工作格局，增强监管合力，提升监管效能，共同营造统一开放、公平诚信、竞争有序的市场环境。

二、工商总局关于同意中国（上海）自由贸易试验区试行新的营业执照方案的批复，并颁发《中国（上海）自由贸易试验区试行新的营业执照方案》

为推进中国（上海）自由贸易试验区（以下简称"试验区"）工商登记

制度改革试点，规范统一各类企业营业执照，创造公平竞争的营商环境，提升工商登记管理效能，结合试验区建设的实际需要，制定以下新营业执照试行方案。

1. 新营业执照的种类及适用范围。除《农民专业合作社法人营业执照》《个体工商户营业执照》外，将各类企业的营业执照统一成一种样式，即中国（上海）自由贸易试验区《企业营业执照》（以下简称"试验区营业执照"）。

试验区营业执照适用于在试验区内登记的公司及分公司、非公司企业法人及其分支机构、个人独资企业及其分支机构、合伙企业及其分支机构、中外合作非法人企业、外国（地区）企业在中国境内从事生产经营活动。

2. 新营业执照的记载内容。

（1）试验区营业执照正本正上方印有中华人民共和国国徽图案。

（2）试验区营业执照名称下方显示"注册号"。注册号按照国家工商总局相关规定和标准生成，"注册号"后标注"中国（上海）自由贸易试验区"。

（3）试验区营业执照内容区域留白，记载事项及其内容根据企业不同类型由系统自动打印生成。公司实行认缴登记制的，注册资本栏目中加注"（认缴，股东以其认缴的出资额或认购的股份为限对公司承担责任）"字样；公司实行实缴登记制的，注册资本栏目中加注"（实缴）"字样。公司营业执照上不再记载实收资本。其他各企业类型营业执照记载事项不变。

（4）试验区营业执照右下方加盖登记机关印章；在印章下方记载"年月日"，显示企业最后一次登记日期。

（5）试验区营业执照右下方统一印"中华人民共和国国家工商行政管理总局监制"字样。

（6）试验区营业执照副本下方印有"须知"字样。内容为："①《企业营业执照》是企业主体资格和合法经营的凭证。②《企业营业执照》分为正本和副本，正本和副本具有同等法律效力。"

3. 新营业执照规格。

（1）试验区营业执照分为正本和副本，均为竖版。正本规格为标准A3幅面（420×297mm），副本规格为标准A4幅面（297×210mm）。营业执照副本在执照名称下方加注"（副本）"字样，并增加"须知"栏，其他内容与正本相同。

（2）试验区营业执照用防伪底纹设计，采用水印纸印制。

4. 关于其他特殊类型登记证的说明。考虑到外国（地区）企业常驻代表机构、企业集团的特殊性，上述主体或组织的登记证按照现行样式保持不变。

三、证监会向光大证券亮剑

证监系统以最快的速度在了解事件原委后经过专家论证,对光大证券履行行政处罚告知程序,认定其行为构成内幕交易、信息误导、违反证券公司内控管理规定,拟没收光大证券违法所得8700余万元,并处最高五倍罚款,罚没总计5亿余元,对直接责任人徐浩明等分别处以罚款并被采取终身禁入证券市场措施,责令光大证券进行整改。

8月16日11时05分,光大证券在进行ETF申赎套利交易时,因程序错误,其所使用的策略交易系统以234亿元巨量申购180ETF成份股,实际成交72.7亿元。证监会新闻发言人披露称,当时光大证券因为程序错误,连交易员也不知道,他当时实际提交的申购量是600多亿,最后仅234亿订单进入上交所交易系统。当日上午,交易员进行了三组180ETF申赎套利,前两组顺利完成。11时02分,交易员发起第三组交易。11时05分08秒,交易员想尝试使用"重下"功能对第三组交易涉及的171只权重股票买入订单中未能成交的24只股票进行自动补单,便向程序员请教,程序员在交易员的电脑上演示并按下"重下"按钮,存在严重错误的程序于是被启动,补单买入24只股票被执行为"买入24组ETF一篮子股票",并报送到订单执行系统。错误生成的订单中先后有234亿元订单陆续通过校验进入上交所系统等待成交。在进入上交所系统的234亿元市价委托订单中,有72.7亿元实际成交,其余161.3亿元订单被上交所交易系统根据预先设定的"最优五档即时成交剩余撤销"的规则,自动取消。证监会查证,光大证券策略投资部自营业务使用的策略交易系统,包括订单生成系统和订单执行系统两个部分,均存在严重的程序设计错误。其中,订单生成系统中ETF套利模块的"重下"功能,在设计时错误地将"买入个股函数"写成"买入ETF一篮子股票函数"。正是这一错误,导致事件发生。

根据证券法及《期货交易管理条例》和《证券市场禁入规定》等相关规定,证监会拟对光大证券和相关责任人员做出行政处罚和行政监管、市场禁入措施:没收光大证券违法所得约8721万元,并处以5倍罚款,罚没款总计5.23余亿元;对徐浩明、杨赤忠、沈诗光、杨剑波分别给予警告,罚款60万元并采取终身的证券市场禁入措施,宣布上述四人为期货市场禁止进入者;对梅键责令改正并处以罚款20万元;停止光大证券从事证券自营业务(固定收益证券除外),暂停审批光大证券新业务,责令光大证券整改并处分有关责任人员,并将整改情况和处理结果报告证监会。

四、上海自贸区正式挂牌成立

2013年9月29日上午,上海自贸区正式挂牌,自贸区管委会向自贸区企业和机构代表颁发证照,其中36家首批入驻企业名单公布。在入住的36家企业中,有工行、中行、农行、建行、交行、招行、浦发银行和上海银行

8家中资银行，花旗、星展2家外资银行，交银金融租赁1家金融租赁公司。上述8家中资银行自贸区分行的设立，多数为自贸区内现有银行网点或机构的升级。原来的网点是支行，升级为分行之后，与上海分行同一级别。业内人士指出，自由贸易区分支机构将和境外银行享有同等待遇，对银行而言意味着更多的机遇。

今年8月，国务院正式批准设立总面积为28.78平方公里的中国（上海）自由贸易试验区，试验区范围涵盖上海市外高桥保税区、外高桥保税物流园区、洋山保税港区和上海浦东机场综合保税区等4个海关特殊监管区域。

而9月27日中午，国务院在中央政府网正式对外发布《中国（上海）自由贸易试验区总体方案》。该方案对自贸区成立后在政府职能转变、扩大投资领域开放、推进贸易发展方式转变、深化金融领域开放创新、完善法制领域制度保障五方面提出了任务和措施，并对金融服务、航运服务、商贸服务、专业服务、文化服务和社会服务领域提出了详细的扩大开放措施。

五、中国证监会行政处罚决定书（王建森）

王建森有操纵ST中冠A股价的故意并实施了操纵行为，操纵行为对ST中冠A股价有一定的影响力。同时，王建森的交易行为对"ST中冠A"的成交量和股价产生了影响。王建森于2012年9月10日至9月28日期间利用资金或持股优势连续买卖、虚假申报、反向交易并自成交等方式交易"ST中冠A"，影响该股价格的行为构成《证券法》第77条规定所述的情形。

根据《证券法》第203条的规定，操纵证券市场没有违法所得或者违法所得不足30万元的，证监会可处以30万元以上300万元以下的罚款。王建森操纵ST中冠A股票，亏损325 340.37元，依法可以处以30至300万元罚款。考虑到王建森调查期间较配合，能比较坦白地交代自己的违法行为及动机，认识到自己给市场造成异常波动的后果并感到后悔，已酌情从轻处罚。

据此，依照《证券法》第203条之规定，证监会决定：对王建森处以60万元的罚款。

六、中国证监会行政处罚决定书（张庆瑞）

ST北人于2012年4月9日停牌筹划置入京城控股旗下气体储运资产事项，属于重大资产重组，根据《证券法》第75条第2款第（8）项的规定，在公开前属于内幕信息，该内幕信息形成时间不晚于2012年3月29日下午。"张庆瑞"证券账户从2012年4月6日至2013年1月22日仅交易过"ST北人"一只股票。2012年4月6日上午9时33分至14时06分，该账户累计买入"ST北人"股票53.8289万股，交易金额270.96万元。2012年7月13日至8月1日，该证券账户又陆续买入"ST北人"股票0.18万股。2012年10月15日至2013年1月7日，该证券账户陆续全部卖出"ST北人"股票。张庆瑞2012年4月6日买入"ST北人"股票的实际获利为542712.12元。

张庆瑞2012年4月6日购买"ST北人"股票的行为违反了《证券法》第76条关于"证券交易内幕信息的知情人和非法获取内幕信息的人,在内幕信息公开前,不得买卖该公司的证券"的规定,构成了《证券法》第202条所述的内幕交易行为。根据《证券法》第202条的规定,证监会决定:没收张庆瑞违法所得542 712.12元,并处以542 712.12元罚款。

七、中国证监会行政处罚决定书(平安证券有限责任公司、吴文浩、何涛等7名责任人)

平安证券在推荐万福生科IPO过程中,未能勤勉尽责地履行法定职责,出具的保荐书存在虚假记载。其行为违反了《证券法》第11条的规定,构成了《证券法》第192条所述"保荐人出具有虚假记载、误导性陈述或者重大遗漏的保荐书,或者不履行其他法定职责"的行为。对平安证券的上述违法行为,吴文浩、何涛是直接负责的主管人员,薛荣年、曾年生、崔岭、汤德智是其他直接责任人员。

根据当事人违法行为的事实、性质、情节与社会危害程度,依据《证券法》第192条的规定,证监会决定:(1)责令平安证券改正违法行为,给予警告,没收业务收入2,555万元,并处以5,110万元罚款,暂停保荐业务许可3个月;(2)对吴文浩、何涛、薛荣年、曾年生、崔岭给予警告,并分别处以30万元罚款,撤销证券从业资格;(3)对汤德智给予警告,并处以10万元罚款,撤销证券从业资格。

八、中国证监会行政处罚决定书(山西天能科技股份有限公司、秦海滨、曾坚强等15名责任人)

天能科技虚增2011年1~9月营业收入和利润,天能科技在应县道路亮化工程项目、金沙植物园太阳能照明工程项目及和谐小区太阳能照明工程项目的财务账册中有虚假记载。以上违法行为,秦海滨、曾坚强、陈守法、刘俊奕为直接负责的主管人员,张德利、张红超、任小军、陈涌海、刘正、郑庆华、王永平、张新梅、高文新、张志成为其他直接责任人员。

根据当事人违法行为的事实、性质、情节与社会危害程度,依据《证券法》第193条的规定,证监会决定:(1)对天能科技给予警告,并处以60万元罚款;(2)对秦海滨、曾坚强、刘俊奕和陈守法给予警告,并分别处以30万元罚款;(3)对任小军、张德利、张红超、陈涌海、刘正、郑庆华、王永平、张新梅、高文新、张志成给予警告,并分别处以10万元罚款。

九、中国证监会行政处罚决定书(民生证券股份有限公司、邓德兵、刘小群)

民生证券对于天能科技的应县道路亮化照明工程项目、金沙植物园太阳能照明工程项目,以及和谐小区太阳能照明工程项目的真实性和合同履行情况未尽职核查。其未勤勉尽责的行为违反了《证券法》第11条的规定,构成《证券法》第192条所述行为。对民生证券上述违法行为,邓德兵、刘小群是直接负责的主管人员。

根据当事人违法行为的事实、性质、情节与社会危害程度,依据《证券法》第192条的规定,证监会决定:(1)对民生证券给予警告,没收民生证券该业务收入100万元,并处以200万元罚款;(2)对邓德兵、刘小群给予警告,并分别处以15万元罚款。

十、中国证监会行政处罚决定书(大信会计师事务所、胡小黑、吴国民)

大信所在天能科技IPO审计过程中取得的部分审计证据相互矛盾,在天能科技IPO审计过程中,未对所发出的询证函汇总并进行有效控制,在天能科技IPO审计过程中部分审计证据相互矛盾、相关资金流转异常,以及政府招投标程序缺失等情况,大信所未予关注并追加必要的审计程序。大信所上述未勤勉尽责行为,违反了《证券法》第20条的规定,构成《证券法》第223条所述违法行为。对大信所的上述违法行为,胡小黑为直接负责的主管人员,吴国民为其他直接责任人员。

根据当事人违法行为的事实、性质、情节与社会危害程度,依据《证券法》第223条的规定,证监会决定:(1)没收大信所业务收入60万元,并处以120万元罚款;(2)对胡小黑给予警告,并处以10万元罚款;(3)对吴国民给予警告,并处以5万元罚款。

十一、中国证监会行政处罚决定书(北京市君泽君律师事务所、许迪、王祺)

君泽君律所在为天能科技公开发行股票提供法律服务过程中,未注意到天能科技三个工程项目是属于政府市政工程项目必须进行招标的事实,未进行相应的尽职调查工作;对于相关工程合同是否得到适当履行,对于天能科技重大债权债务的真实性、合法性和法律风险,未给予适当注意和采取适当的尽职调查措施。君泽君律所未对合同进行审查和风险提示,未对发行人的重大债权债务事项进行查验和风险提示,违反了《证券法》第20条的规定,构成《证券法》第223条所述违法行为。对君泽君律所的上述违法行为,许迪、王祺是直接负责的主管人员。

根据当事人违法行为的事实、性质、情节与社会危害程度,依据《证券法》第223条的规定,证监会决定:(1)没收君泽君律所业务收入60万元,并处以120万元罚款;(2)对许迪、王祺给予警告,并分别处以5万元罚款。

十二、中国证监会行政处罚决定书(刘绍军、李小燕)

刘绍军作为内幕信息知情人,在内幕信息敏感期内买卖了博云新材股票,其行为违反了《证券法》第73条与第76条的规定,构成内幕交易行为。李小燕是内幕信息知情人苏某的妻子,对苏某的工作情况有条件知情。李小燕在苏某前往美国的当天即 2012 年 2 月 16 日买入博云新材股票并在内幕信息公开后迅速卖出，其交易行为明显异常。李小燕作为非法获取内幕信息的人员，在内幕信息敏感期内买卖博云新材股票，其行为违反了《证券法》第 73 条和第 76 条的规定，构成内幕交易行为。

根据当事人违法行为的事实、性质、情节与社会危害程度，依据《证券法》第 202 条的规定，证监会决定：对刘绍军、李小燕各处以 3 万元罚款。

2013 年 10 月

一、2013 年 10 月 4 日，工商总局关于授予上海市工商行政管理局自由贸易试验区分局外商投资企业登记管理权的通知

该通知的主要内容包括：根据《企业法人登记管理条例》《公司登记管理条例》《外商投资企业授权登记管理办法》的规定，国家工商行政管理总局对你局自由贸易试验区分局外商投资企业登记管理权的条件进行了审查，决定授予其外商投资企业登记管理权。现将有关问题通知如下：

1. 上海市工商行政管理局自由贸易试验区分局外商投资企业登记管理范围为：

（1）辖区内由上海市人民政府、中国（上海）自由贸易试验区管理委员会批准设立或备案的外商投资企业、外商投资企业分支机构，以及批准从事承包工程、承包或受托经营管理等生产经营活动的外国（地区）企业。

（2）依法应当由国家工商行政管理总局登记管理而经其授权的。

2. 被授权的上海市工商行政管理局自由贸易试验区分局要认真贯彻《国家工商行政管理总局关于支持中国（上海）自由贸易试验区建设的若干意见》的精神，进一步深化改革，加快职能转变，切实履行职责，提升登记管理效能，为试验区建设作出积极贡献。

二、国务院部署推进公司注册资本登记制度改革

国务院总理李克强 10 月 25 日主持召开国务院常务会议，部署推进公司注册资本登记制度改革，降低创业成本，激发社会投资活力。

会议指出，改革注册资本登记制度，放宽市场主体准入，创新政府监管方式，建立高效透明公正的现代公司登记制度，是新一届政府转变职能总体部署和改革方案中又一项重要举措，目的是为了进一步简政放权，构建公平竞争的市场环境，调动社会资本力量，促进小微企业特别是创新型企业成长，带动就业，推动新兴生产力发展。将这一改革举措全面推开，十分必要。这样做不仅顺应广大市场主体的热切期盼，有利于扩大社会投资，巩固经济稳中向好的发展态势，而且符合新技术、新产业、新业态等新兴生产力发展的要求，有利于建设服务型政府，减少对市场的微观干预，保障劳动创业权利，营造良好营商环境，创造更多就业机会，使人民群众在深化改革、不断解放和发展生产力中更多受益。

会议强调,推行注册资本登记制度改革,就是要按照便捷高效、规范统一、宽进严管的原则,创新公司登记制度,降低准入门槛,强化市场主体责任,促进形成诚信、公平、有序的市场秩序。会议明确了改革的主要内容:一是放宽注册资本登记条件。除法律、法规另有规定外,取消有限责任公司最低注册资本3万元、一人有限责任公司最低注册资本10万元、股份有限公司最低注册资本500万元的限制;不再限制公司设立时股东(发起人)的首次出资比例和缴足出资的期限。公司实收资本不再作为工商登记事项。二是将企业年检制度改为年度报告制度,任何单位和个人均可查询,使企业相关信息透明化。建立公平规范的抽查制度,克服检查的随意性,提高政府管理的公平性和效能。三是按照方便注册和规范有序的原则,放宽市场主体住所(经营场所)登记条件,由地方政府具体规定。四是大力推进企业诚信制度建设。注重运用信息公示和共享等手段,将企业登记备案、年度报告、资质资格等通过市场主体信用信息系统予以公示。推行电子营业执照和全程电子化登记管理,与纸质营业执照具有同等法律效力。完善信用约束机制,将有违规行为的市场主体列入经营异常的"黑名录",向社会公布,使其"一处违规、处处受限",提高企业"失信成本"。五是推进注册资本由实缴登记制改为认缴登记制,降低开办公司成本。在抓紧完善相关法律法规的基础上,实行由公司股东(发起人)自主约定认缴出资额、出资方式、出资期限等,并对缴纳出资情况真实性、合法性负责的制度。

会议强调,改革注册资本登记制度涉及面广、政策性强,要抓紧依照法定程序推进相关法律法规的修订工作。各地区、各有关部门要密切配合,加快制定完善配套措施。各省级政府要按照统一标准和规范,抓紧建设本地区的市场主体信用信息公示系统。工商行政管理部门要优化流程、完善制度,确保改革前后管理工作平稳过渡。要强化企业自我管理、行业协会自律和社会组织监督的作用,提高市场监管水平,切实让这项改革举措"落地生根",进一步释放改革红利,激发创业活力,催生发展新动力。

三、中国证监会行政处罚决定书(中磊会计师事务所有限责任公司)

中磊会计师事务所及其注册会计师在评价万福生科舞弊风险时,认为其管理层为满足上市要求和借款融资需求,有粉饰财务报表的动机和压力。在已识别出包括营业收入、应收账款、预付账款等在内的重大错报风险领域的情况下,中磊所及其注册会计师未实施有效的进一步审计程序。

中磊所及其注册会计师的上述行为,违反了《中国注册会计师审计准则第1231号——针对评估的重大错报风险实施的程序》的相关规定。

中磊所未按照行业标准履行勤勉尽责义务,导致其所出具的审计报告有虚假记载,其行为构成《证券法》第223条所述情形。

根据当事人上述违法行为的事实、性质、情节与社会危害程度，依据《证券法》第 223 条的规定，中国证监会、财政部决定：撤销中磊所证券服务业务许可。

四、中国证监会行政处罚决定书（广东新大地生物科技股份有限公司、黄运江、凌梅兰等 16 名责任人）

新大地在 2012 年 4 月 12 日预披露的招股说明书申报稿以及上会稿中存在重大遗漏，且在 2009 年至 2011 年年度报告中虚假记载。其行为违反了《证券法》第 13 条、第 20 条第 1 款、第 63 条的规定，构成了《证券法》第 193 条第 1 款和第 2 款的行为。上述违法行为直接负责的主管人员是黄运江和凌梅兰，其他直接责任人员是凌洪、黄鲜露、赵罡、樊和平、邱礼鸿、支晓强、何日胜、奚如春、马建华、陈增湘、林明华、李明、何敏。

根据当事人违法行为的事实、性质、情节与社会危害程度，依据《证券法》第 193 条第 1 款、第 2 款规定，证监会决定：（1）对新大地给予警告，并处以 60 万元罚款；（2）对黄运江、凌梅兰给予警告，并分别处以 30 万元罚款；（3）对凌洪、黄鲜露、赵罡给予警告，并分别处以 20 万元罚款；（4）对樊和平、邱礼鸿、支晓强、何日胜、奚如春、马建华、陈增湘、林明华、李明、何敏给予警告，并分别处以 15 万元罚款。

五、中国证监会行政处罚决定书（大华会计师事务所有限公司、王海滨、刘春奎）

大华会计师事务所及其注册会计师在为新大地 IPO 提供审计鉴证服务过程中，未能勤勉尽责，出具的审计报告、核查意见等文件存在虚假记载。大华所未按照行业标准履行勤勉尽责义务，其做法不符合《中国注册会计师审计准则（2006 年）第 1313 号——分析程序》《中国注册会计师审计准则（2010 年）第 1313 号——分析程序》等相关规定，所出具的审计报告、核查意见等文件有虚假记载，违反了《证券法》第 20 条第 2 款、第 173 条的规定，构成《证券法》第 223 条所述违法行为。对大华所的上述违法行为直接负责的主管人员为王海滨、刘春奎。

根据当事人违法行为的事实、性质、情节与社会危害程度，依据《证券法》第二百二十三条的规定，证监会决定：（1）没收大华所业务收入 90 万元，并处以 90 万元的罚款；（2）对王海滨给予警告，并处以 10 万元的罚款；（3）对刘春奎给予警告，并处以 5 万元的罚款。

六、中国证监会行政处罚决定书（北京市大成律师事务所、丘远良、申林平等 5 名责任人）

大成所在为新大地 IPO 提供相关法律服务时，未能勤勉尽责地开展核查验证，其出具的法律意见书等文件存在虚假记载。大成所未按照行业的执业标准履行勤勉尽责的义务，所出具的文件有虚假记载，其行为违反了《证券法》第 20 条第 2 款、第 173 条的规定，构成《证券法》第 223 条所述的行为。对此直接负责的主管人员为丘远良、申林平、刘军、刘韬。

根据当事人违法行为的事实、性质、情节与社会危害程度，依据《证券法》第 223 条的规定，证监会决定：（1）没收大成所业务收入 50 万元，并处以 100 万元的罚款；（2）对丘远良、刘军给予警告，并分别处以 10 万元的罚款；（3）对申林平给予警告，并处以 5 万元的罚款；（4）对刘韬给予警告，并处以 3 万元的罚款。

七、中国证监会行政处罚决定书（南京证券有限责任公司、胡冰、廖建华）

2011 年 6 月至 2012 年 6 月，南京证券出具《关于广东新大地生物科技股份有限公司首次公开发行股票并在创业板上市发行保荐书》以及对上市申请文件反馈意见的回复、对有关举报问题的专项核查意见等文件，经查明，南京证券在推荐新大地 IPO 过程中，违反了《证券法》第 11 条第 2 款的规定，构成了《证券法》第 192 条所述"保荐人出具有虚假记载、误导性陈述或者重大遗漏的保荐书，或者不履行其他法定职责"的情形，对此直接负责的主管人员为胡冰、廖建华。

根据当事人违法行为的事实、性质、情节与社会危害程度，依据《证券法》第 192 条的规定，证监会决定：（1）对南京证券给予警告，因其未取得业务收入，不再给予罚款处罚；（2）对胡冰、廖建华给予警告，并分别处以 15 万元的罚款。

八、中国证监会行政处罚决定书（方振颖、方振韶）

广晟酒店重组春晖股份事项，属于《证券法》第 75 条规定的内幕信息。方振颖全程参与了春晖股份的重组过程，是内幕信息知情人。方振韶使用其妻弟"谢振辉"账户，于内幕信息公开前累计买入"春晖股份"309 700 股，扣除相关交易费用，亏损 226 863.76 元。综合考量方振韶与方振颖之间的固有关系以及二人 2011 年 9 月至 2012 年 1 月期间存在比较频繁的手机通话记录，方振韶买入"春晖股份"的时点与买入量明显异常、交易模式明显异常，买入时点与内幕信息所涉及事项的进展情况大体一致，当事人关于交易理由的解释可信度不高等情况，认定方振颖泄露内幕信息，方振韶从方振颖处获知内幕信息后实施了内幕交易。方振颖、方振韶的行为，违反了《证券法》第 73 条、第 76 条的规定，构成了《证券法》第 202 条所述内幕交易行为。

根据当事人违法行为的事实、性质、情节与社会危害程度，依据《证券法》第 202 条的规定，证监会决定：对方振颖、方振韶分别处以 3 万元罚款。

九、中国证监会行政处罚决定书（江逢灿、罗建荣、詹嘉绮）

广晟酒店重组春晖股份事项，属于《证券法》第 75 条规定的内幕信息。

江逢灿参与了春晖股份重组事项的沟通、谈判与决策，是内幕信息知情人。综合考量罗建荣与江逢灿之间的固有关系、惯常联系、买入时点与罗建荣、江逢灿通话时点大体吻合，三个账户在买入"春晖股份"期间均亏损卖出其他股票、詹嘉绮提前支取定期存单并全部购买"春晖股份"，现有证据不支持当事人关于交易理由的解释等情况，认定江逢灿涉嫌泄露内幕信息，罗建荣、詹嘉绮从江逢灿处获知内幕信息后实施了内幕交易。江逢灿、罗建荣、詹嘉绮的行为，违反了《证券法》第73条、第76条的规定，构成了《证券法》第202条所述内幕交易行为。

根据当事人违法行为的事实、性质、情节与社会危害程度，依据《证券法》第202条的规定，证监会决定：(1) 对江逢灿处以3万元罚款；(2) 对罗建荣、詹嘉绮合并处以3万元罚款。

2013年11月

一、证监会银监会规范商行发行公司债

据中国证监会新闻发言人介绍，中国银监会和中国证监会日前联合发布《关于商业银行发行公司债券补充资本的指导意见》（以下简称《指导意见》），允许符合条件的商业银行公司债券，补充资本金。该《指导意见》自11月6日起施行。

依据《指导意见》，符合条件的商业银行，包括在上海、深圳证券交易所上市的商业银行，发行境外上市外资股的境内商业银行，申请在境内首次公开发行股票的在审商业银行即拟上市商业银行。发行的公司债券包括一般公司债券以及具有减记条款的公司债券。《指导意见》要求，加强减记债风险管理，规定证券交易所应当按照发行人资产规模和信用水平，对公开发行的减记债的交易机制实行差异化管理，并建立相应的投资者适当性管理制度，健全风险控制机制和措施。

鉴于公司债券作为资本工具的特殊属性，特别是减记条款带来一定投资风险，《指导意见》规定发行人应当在募集说明书中充分披露减记债作为资本工具的特殊属性和风险事项，在募集说明书的显著位置对减记条款及其触发事件进行特别提示，并对是否约定补偿条款及其对投资者权益的影响等风险事项作出充分说明。同时，鉴于非公开发行限于具备相应的风险识别和承担能力的合格投资者，《指导意见》明确非公开发行不设行政许可，由证券交易所备案管理。具体授权证券交易所依照相关法律法规和《指导意见》另行规定非公开发行的备案程序、信息披露要求、交易机制安排和投资者适当性管理要求，报中国证监会批准。

二、2013 年 11 月，全国部分改革试验区企业登记管理工作座谈会在深圳召开

全国部分改革试验区企业登记管理工作座谈会 11 月 28 日至 29 日在深圳召开。国家工商总局党组副书记、副局长刘玉亭在座谈会上对改革试点地区和试验区为推进工商登记制度改革作出的贡献给予充分肯定。他强调，要认真学习、深刻理解、积极贯彻党的十八届三中全会精神，大力推进工商注册制度便利化。推进工商注册便利化，主要包括八个方面的内容：一是改革注册资本登记制度，把实缴登记制逐步改为认缴登记制，实行由公司股东（发起人）自主约定认缴出资额、出资方式、出资期限，并对出资情况的真实性、合法性负责；二是放宽注册资本登记条件，取消注册资本的最低限额，除法律法规另有规定外，不再限制公司设立时股东（发起人）的首次出资比例和缴足出资的期限；三是放宽市场主体住所（经营场所）条件；四是取消企业名称预先核准；五是减少营业执照种类和文书格式；六是加快推进工商注册全程电子化和电子营业执照；七是优化服务方式，提升服务水平；八是削减资质认定项目，由先证后照改为先照后证。

总局法规司、企业局、外资局、个体司、信息中心、工商报社和部分改革试验区省、市工商局有关负责人及业务骨干参加座谈会。

三、我国第一部民间融资地方性法规问世

浙江省十二届人大常委会第六次会议表决通过了《温州市民间融资管理条例》，该条例将于 2014 年 3 月 1 日起施行。这意味着我国第一部规范民间借贷的地方性法规首先在浙江问世。

四、《商品现货市场交易特别规定（试行）》发布

商务部、中国人民银行、中国证券监督管理委员会联合发布了《商品现货市场交易特别规定（试行）》（以下简称《规定》），该规定自 2014 年 1 月 1 日起施行。该规定确立了商务部、人民银行和证监会对商品现货市场交易的联合监管机制，明确了监管职责，将在加强商品现货市场行业管理、规范商品现货市场交易对象和方式、创造良好市场秩序等方面发挥积极作用。

《规定》明确，商品现货市场是指依法设立的，由买卖双方进行公开的、经常性的或定期性的商品现货交易活动，具有信息、物流等配套服务功能的场所或互联网交易平台。商品现货市场交易可以采用协议交易、单向竞价交易以及省级人民政府依法规定的其他交易方式。协议交易是指买卖双方以实物商品交收为目的，采用协商等方式达成一致，约定立即交收或者在一定期限内交收的交易方式。单向竞价交易是指一个买方（卖方）向市场提出申请，市场预先公告交易对象，多个卖方（买方）按照规定加价或者减价，在约定交易时间内达成一致并成交的交易方式。

根据《规定》，商品现货市场经营者采用现代信息化技术开展交易活动

的，应当实时记录商品仓储、交易、交收、结算、支付等相关信息，采取措施保证相关信息的完整和安全，并保存五年以上。市场经营者不得开展法律法规以及《国务院关于清理整顿各类交易场所切实防范金融风险的决定》禁止的交易活动，不得以集中交易方式进行标准化合约交易。三部门联合监管机制，创立现货交易新时代。这意味着，电子交易市场定位明确，回归到以现货交易为主。

五、征信机构管理办法发布

为加强对征信机构的监督管理，促进征信业健康发展，根据《中国人民银行法》《征信业管理条例》等法律法规，中国人民银行制定了《征信机构管理办法》，经2013年9月18日第14次行长办公会议通过。该办法所称征信机构，是指依法设立、主要经营征信业务的机构。中国人民银行依法履行对征信机构的监督管理职责。中国人民银行分支机构在总行的授权范围内，履行对辖区内征信机构的监督管理职责。征信机构应当遵守法律、行政法规和中国人民银行的规定，诚信经营，不得损害国家利益、社会公共利益，不得侵犯他人合法权益。

六、中国证监会行政处罚决定书（光大证券股份有限公司、徐浩明、杨赤忠等5名责任人）

2013年8月16日11时05分，光大证券在进行交易型开放式指数基金（以下简称ETF）申赎套利交易时，因程序错误，其所使用的策略交易系统以234亿元的巨量资金申购180ETF成份股，实际成交72.7亿元。经测算，180ETF与沪深300指数在2013年1月4日至8月21日期间的相关系数达99.82%，即巨量申购和成交180ETF成份股对沪深300指数、180ETF、50ETF和股指期货合约价格均产生重大影响。同时，巨量申购和成交可能对投资者判断产生重大影响，从而对沪深300指数、180ETF、50ETF和股指期货合约价格产生重大影响。根据《证券法》第75条第2款第（8）项和《期货交易管理条例》第82条第（11）项的规定，"光大证券在进行ETF套利交易时，因程序错误，其所使用的策略交易系统以234亿元的巨量资金申购180ETF成份股，实际成交72.7亿元"为内幕信息。光大证券是《证券法》第202条和《期货交易管理条例》第70条所规定的内幕信息知情人。光大证券在内幕信息公开前将所持股票转换为ETF卖出和卖出股指期货空头合约的交易，构成《证券法》第202条和《期货交易管理条例》第70条所述内幕交易行为。徐浩明为直接负责的主管人员，杨赤忠、沈诗光、杨剑波为其他直接责任人员。

根据《证券法》第202条和《期货交易管理条例》第七十条的规定，证监会决定：（1）没收光大证券ETF内幕交易违法所得13 070 806.63元，并处以违法所得5倍的罚款；没收光大证券股指期货内幕交易违法所得

74 143 471.45 元，并处以违法所得 5 倍的罚款。上述两项罚没款共计 523 285 668.48 元。（2）对光大证券 ETF 内幕交易直接负责的主管人员徐浩明给予警告，并处以 30 万元罚款；对光大证券股指期货内幕交易直接负责的主管人员徐浩明给予警告，并处以 30 万元罚款。上述两项罚款合计 60 万元。（3）对光大证券 ETF 内幕交易的其他直接责任人员杨赤忠给予警告，并处以 30 万元罚款；对光大证券股指期货内幕交易的其他直接责任人员杨赤忠给予警告，并处以 30 万元罚款。上述两项罚款合计 60 万元。（4）对光大证券 ETF 内幕交易的其他直接责任人员沈诗光给予警告，并处以 30 万元罚款；对光大证券股指期货内幕交易的其他直接责任人员沈诗光给予警告，并处以 30 万元罚款。上述两项罚款合计 60 万元。（5）对光大证券 ETF 内幕交易的其他直接责任人员杨剑波给予警告，并处以 30 万元罚款；对光大证券股指期货内幕交易的其他直接责任人员杨剑波给予警告，并处以 30 万元罚款。上述两项罚款合计 60 万元。

七、中国证监会行政处罚决定书（梅键）

2013 年 8 月 16 日 11 时 05 分，光大证券在进行交易型开放式指数基金（以下简称 ETF）申赎套利交易时，因程序错误，其所使用的策略交易系统以 234 亿元的巨量资金申购 180ETF 成份股，实际成交 72.7 亿元。11 时 59 分左右光大证券董事会秘书梅键在与大智慧记者高欣通话时否认了市场上"光大证券自营盘 70 亿元乌龙指"的传闻，而此时梅键对相关情况并不知悉。随后，高欣发布《光大证券就自营盘 70 亿乌龙传闻回应：子虚乌有》一文。12 时 13 分，梅键向高欣表示需进一步核查情况，要求删除文章。但此时该文已无法撤回，于 12 时 47 分发布并被其他各大互联网门户网站转载。梅键的相关行为违反了《证券法》第 78 条第 2 款关于禁止信息误导的规定。

根据《证券法》第 207 条的规定，证监会决定：责令梅键改正，并处以 20 万元罚款。

八、中国证监会行政处罚决定书（逢奉建、王利民、张志鸿等 18 名责任人）

山东海龙未披露对外担保事项，未披露关联方及关联交易。其行为违反了《证券法》第 63 条及第 65～67 条关于半年度报告、年度报告及临时报告披露的规定，构成了《证券法》第 193 条的行为。逢奉建组织、策划和决策担保事项，王利民组织、策划和参与担保事项，张志鸿参与组织担保事项，上述三人是对山东海龙违法行为直接负责的主管人员。史乐堂、李月刚、任国威、陈学俭、袁明哲、郑植艺、韩光亭、刘俊峰、郑恩泮、王文涛、宗海省、李玉波、王兴华、辛青、刘金智等人是对山东海龙违法行为负责的其他直接责任人员。根据当事人违法行为的事实、性质、情节与社会危害程度，依据《证券法》第 193 条的规定，证监会决定：（1）对逢奉建给予警告，并处以 30 万元罚款；（2）对王利民、张志鸿给予警告，并分别处以 15 万元罚款；（3）对史乐堂、李月刚、任国威、辛青给予警告，并分别处以 5 万元罚款；（4）对陈学俭、刘俊峰、郑恩洋、刘金智给予警告，并分别处以 3 万元罚款；（5）对袁明哲、郑植艺、韩光亭、王文涛、宗海省、李玉波、王兴华给予警告。

九、中国证监会行政处罚决定书（成都海天鸿实业发展有限公司、曾林）

综合考量内幕信息知情人赵某与曾林之间的固有关系与惯常联系，涉案人员在内幕信息公开前多次通话时点与"汉昆投资"账户买入"中航重机"时点高度吻合，以及"汉昆投资"账户买入"中航重机"的交易异常等情况，海天鸿 2010 年 9 月 10 日通过"汉昆投资"账户买入"中航重机"构成内幕交易，曾林是涉案交易的决策者。

上述行为，违反了《证券法》第 76 条的规定，构成了《证券法》第 202 条所述违法行为。根据当事人违法行为的事实、性质、情节与社会危害程度，依据《证券法》第 202 条的规定，证监会决定：（1）没收海天鸿违法所得 4 244 849.10 元，并处以 4 244 849.10 元罚款；（2）对曾林给予警告，并处以 10 万元罚款。

十、中国证监会行政处罚决定书（赵玉春、孙速、赵同仁等 7 名责任人）

赵玉春、曲延辉知悉内幕信息，并使用本人或他人账户在内幕信息敏感期内交易中捷股份股票的行为违反《证券法》第 76 条关于"禁止内幕交易"的规定，构成内幕交易行为；赵明知悉内幕信息，在内幕信息敏感期内向他人泄露未公开信息，其行为违反《证券法》第 76 条关于"禁止泄露内幕信息"的规定；孙速、赵同仁、曲欣欣、董雪枫获知内幕信息后，利用其本人或他人证券账户在内幕信息敏感期内交易"中捷股份"，其行为违反《证券法》第 76 条关于"禁止内幕交易"的规定，构成内幕交易行为。

根据当事人违法行为的事实、性质、情节与社会危害程度，依据《证券法》第 202 条的规定，证监会决定：（1）没收赵玉春违法所得 89 910.88 元，并处以 89 910.88 元罚款；没收曲延辉违法所得 89 853.05 元，并处以 89 853.05 元罚款；没收曲欣欣、董雪枫违法所得 111 465.65 元，并处以 111 465.65 元罚款；（2）对孙速处以 37 000 元罚款，对赵明处以 30 000 元罚款；（3）责令赵同仁自收到本处罚决定书之日起 7 个可交易日内，依法处理非法持有的证券；如有违法所得，没收违法所得，并处以违法所得一倍罚款；如没有违法所得或者违法所得不足 30 000 元，处以 50 000 元罚款。

十一、中国证监会行政处罚决定书（张玉屏）

上海建工 2011 年度利润分配方案在公告前属于《证券法》第 75 条第 2

款第（2）项规定的内幕信息。内幕信息于 2012 年 3 月 19 日形成，3 月 27 日上海建工发布公告时公开。张某某不迟于 3 月 24 日知悉上述内幕信息，张玉屏为张某某的女儿，经常回张某某家，父女二人也经常联系。张玉屏在张某某知悉本案内幕信息后的 3 月 26 日集中大量买入上海建工股票，交易行为明显异常。根据《证券法》第 76 条的规定，张玉屏 2012 年 3 月 26 日买入上海建工股票构成内幕交易行为。

根据《证券法》第 202 条的规定，证监会决定：没收张玉屏违法所得 108 945.63 元，并处以 108 945.63 元罚款。

十二、中国证监会行政处罚决定书（杨国章）

杨国章与内幕信息知情人胡某在内幕信息敏感期内有电话联系，之后集中大量买入金自天正股票，交易行为明显异常。根据《证券法》第 76 条的规定，杨国章 2012 年 2 月 27 日买入金自天正股票的行为构成内幕交易。

根据《证券法》第 202 条的规定，证监会决定：没收杨国章违法所得 91 102.46 元，并处以 91 102.46 元的罚款。

十三、中国证监会行政处罚决定书（方福全）

方福全利用其控制的 9 个账户组在 2009 年 7 月 9 日至 13 日买入 "ST 雄震" 累计 4 373 522 股，持股数量超过 "ST 雄震" 总股本的 5%；2009 年 9 月 11 日持股 7 413 310 股，持股比例达到最高，占总股本比例 9.33%。方福全未按规定向中国证券监督管理委员会、上海证券交易所作出书面报告，未通知厦门雄震矿业集团股份有限公司、并予公告，且此后继续交易 "ST 雄震"。

根据当事人的违法事实、性质、情节与社会危害程度，依据《证券法》第 193 条的规定，证监会决定：对方福全给予警告，责令改正，并处以 60 万元罚款。

2013 年 12 月

一、证监会发布《上市公司监管指引第 3 号——上市公司现金分红》

为进一步推进现金分红工作，证监会对现行现金分红制度实施效果进行了梳理评估，结合监管实践进一步修改、补充和完善，制定了《上市公司监管指引第 3 号——上市公司现金分红》。多年来，证监会立足资本市场实情，从保护投资者合法权益、培育市场长期投资理念出发，多措并举引导上市公司完善现金分红机制，强化回报意识。一是要求上市公司在章程中明确现金分红政策，健全分红决策程序和机制，并予以充分披露。二是督促公司严格执行现金分红政策，规范现金分红行为，强化其现金分红承诺与执行的一致性。三是配合财政部、税务总局实施新的上市公司股息红利税收政策，按照投资者持股期限实行差别化税率，从健全政策机制入手，培育长期投资理念。

随着各项政策推进，我国上市公司现金分红的稳定性、持续性有所改善。2010年至2012年，境内实施现金分红的上市公司家数占比分别为50%、58%、68%，现金分红比例分别为18%、20%、24%。

上市公司现金分红是资本市场的一项基础性制度，也是属于公司自治范畴的事项。从金融理论和监管实践看，分红制度能有效增强资本市场投资功能和吸引力。现金分红作为投资者回报的重要方式，在成熟市场中往往占据主导地位。我国上市公司现金分红因受经济、体制、金融环境等多方面因素影响，仍存在现金分红高度集中于少数优质公司、分红的连续性和稳定性不足、成长性企业分红水平总体高于成熟企业、分红回报方式较为单一、结构不够合理等问题。为此，证监会始终紧紧围绕保护中小投资者合法权益的工作重心，在充分尊重公司自治的基础上，结合上市公司规范运作水平，将现金分红作为资本市场一项重要基础制度建设，常抓不懈。此次发布关于现金分红的监管指引，重点从以下几方面加强上市公司现金分红监管工作：一是督促上市公司规范和完善利润分配的内部决策程序和机制，增强现金分红的透明度。督促上市公司进一步强化现金分红政策的合理性、稳定性和透明度，形成稳定回报预期。二是支持上市公司采取差异化、多元化方式回报投资者。鼓励上市公司依法通过发行优先股、回购股份等方式多渠道回报投资者，支持上市公司在其股价低于每股净资产的情况下回购股份。三是完善分红监管规定，加强监督检查力度。加大对未按章程规定分红和有能力但长期不分红公司的监管约束，依法采取相应监管措施。

二、证监会《关于进一步推进新股发行体制改革的意见》发布

证监会经深入调研、广泛听取意见，制定并发布《关于进一步推进新股发行体制改革的意见》（以下简称《意见》），这是逐步推进股票发行从核准制向注册制过渡的重要步骤。《意见》坚持市场化、法制化取向，突出以信息披露为中心的监管理念，加大信息公开力度，审核标准更加透明，审核进度同步公开，通过提高新股发行各层面、各环节的透明度，努力实现公众的全过程监督。监管部门对新股发行的审核重在合规性审查，企业价值和风险由投资者和市场自主判断。经审核后，新股何时发、怎么发，将由市场自我约束、自主决定，发行价格将更加真实地反映供求关系。《意见》以保护中小投资者合法权益为宗旨，着力保护中小投资者的知情权、参与权、监督权、求偿权。调整新股配售机制，更加尊重中小投资者申购意愿。约束发行人定高价，抑制投资者报高价，遏制股票上市后"炒新"行为。

《意见》进一步明确了发行人和保荐机构、会计师事务所、律师事务所、资产评估师等证券服务机构及人员在发行过程中的独立主体责任，规定发行人信息披露存在重大违法行为给投资者造成损失的，发行人及相关中介机构必须依法赔偿投资者损失。对中介机构的诚信记录、执业情况将按规定予以公示。

新股发行体制改革并不意味着监管放松,而是在完善事前审核的同时,更加突出事中加强监管、事后严格执法。对发行人、大股东、中介机构等,一旦发现违法违规线索,及时采取中止审核、立案稽查、移交司法机关等措施,强化责任追究,加大处罚力度,切实维护市场公开、公平、公正。

三、央行出台自贸区 30 条意见自贸区金融改革框架拼图完成

中国人民银行日前出台了《关于金融支持中国(上海)自由贸易试验区建设的意见》(以下简称《意见》),分四大项 30 条界定了上海自贸区金融改革的各项内容。

央行《意见》在支持自贸区建设方面共分为四个方面,涉及投融资便利化、扩大人民币跨境使用、利率市场化和外汇管理改革。央行表示,《意见》的具体改革条款将"成熟一项、推动一项"。《意见》中最大的看点之一是关于个人跨境投资方面,放开了境内、外个人的跨境投资限制。简单地说,就是在自贸区内符合条件的个人可进行证券等境外投资,区内个体工商户可向境外放款;同时,境外企业或个人也可以有条件的开展包括证券投资在内的各类境内投资。在《意见》中,另一个备受瞩目的方面是区内利率市场化改革,《意见》明确,将区内符合条件的金融机构纳入优先发行大额可转让存单的机构范围,在区内实现大额可转让存单发行的先行先试;同时,在条件成熟时,放开区内一般账户小额外币存款利率上限。

四、《金融租赁公司管理办法》征求意见拟放宽金融租赁准入

银监会网站近日发布《金融租赁公司管理办法(征求意见稿)》(以下简称"意见稿"),向全社会公开征求意见。与颁布于 2007 年的原稿相比,该意见稿在金融租赁的准入条件、业务范围、经营规则和监督管理等方面进行了修订完善。

该意见稿还在丰富完善经营规则和审慎监管方面作出多项具体规定,引导金融租赁公司提升风险管控能力,强化股东风险责任意识。该意见稿加强了融资租赁权属管理、价值评估、租赁物未担保余值的估值管理和限额管理等,对加强租赁物管理、购置租赁物的前提条件和风险限额等做出具体规定,要求持续监测租赁物价值对租赁债权的风险覆盖水平。该意见稿还强化资本管理,要求金融租赁公司建立系统全面的资本管理框架;完善集中度监管,增加单一集团客户融资集中度监管指标和相关要求;对金融租赁公司与其境内保税地区项目公司之间业务往来的监管要求做出特殊安排;增加单一股东关联度监管指标,对股东关联交易加强监督管理。意见稿要求发起人出具书面承诺,更好保护利益相关方的合法权益,促进公司持续稳健经营。

五、2014 年施行的最新公司法修正案

12 月 28 日,十二届全国人大常委会第六次会议审议并通过了《公司法》

的修正案草案，修改了现行公司法的12个条款。全国人大常委会表示，对公司法所作的修改，自2014年3月1日起施行。

这次公司法修改主要涉及三个方面：首先，将注册资本实缴登记制改为认缴登记制。也就是，除法律、行政法规以及国务院决定对公司注册资本实缴有另行规定的以外，取消了关于公司股东（发起人）应自公司成立之日起两年内缴足出资，投资公司在五年内缴足出资的规定；取消了一人有限责任公司股东应一次足额缴纳出资的规定。转而采取公司股东（发起人）自主约定认缴出资额、出资方式、出资期限等，并记载于公司章程的方式。其次，放宽注册资本登记条件，除对公司注册资本最低限额有另行规定的以外，取消了有限责任公司、一人有限责任公司、股份有限公司最低注册资本分别应达3万元、10万元、500万元的限制；不再限制公司设立时股东（发起人）的首次出资比例以及货币出资比例。第三，简化登记事项和登记文件。有限责任公司股东认缴出资额、公司实收资本不再作为登记事项。公司登记时，不需要提交验资报告。

此次修法为推进注册资本登记制度改革提供了法制基础和保障。下一步，工商总局将研究并提出修改公司登记管理条例等行政法规的建议，同时积极构建市场主体信用信息公示体系，并完善文书格式规范和登记管理信息化系统。

六、为深入贯彻落实国务院决定，证监会发布各项配套规则

为贯彻落实《国务院关于全国中小企业股份转让系统有关问题的决定》（国发〔2013〕49号，以下简称《国务院决定》），证监会发布了《关于修改〈非上市公众公司监督管理办法〉的决定》《股东人数超过200人的未上市股份有限公司申请行政许可有关问题的审核指引》《公开转让说明书》《公开转让股票申请文件》《定向发行说明书和发行情况报告书》《定向发行申请文件》以及证监会关于实施行政许可工作的公告等7项配套规则。在这些配套规则的制定过程中，证监会始终坚持以"简便、透明、快捷、高效"为原则，力求制度设计适合公司和投资者的实际需求。这些配套规则的主要内容包括以下几个方面：

1. 修改《非上市公众公司监督管理办法》。《国务院决定》发布后，需要按照《国务院决定》对《非上市公众公司监督管理办法》进行必要的调整和补充。12月16日证监会已就修改《非上市公众公司监督管理办法》公开向社会征求意见。征求意见期间，共收到57条意见和建议，主要包括历史上股东人数已经超过200人的公司的处理建议、公众公司加强并购重组监管的建议等，其中一些意见和建议，已经在7项配套规则中吸收采纳，其他一些不涉及本次修改内容的意见和建议，证监会将在下一步工作中继续深入研究，待积累一定经验后，再对《非上市公众公司监督管理办法》进行系统修订。

据此，证监会正式发布了《关于修改〈非上市公众公司监督管理办法〉的决定》，主要是按照《国务院决定》对公开转让、登记托管、定期报告披露时间、行政许可时限等内容进行准确界定和表述，并相应调整修改了有关条款。

2. 明确审核要求，解决历史遗留事项。在我国改革开放和股份制企业探索的历史演进过程中逐步形成了大量股东人数已经超过200人的未上市股份公司（以下简称200人公司），这些公司具有特殊的时代背景和法律政策环境，类型多样，情况不一。为了推动这类公司规范后依法进入资本市场健康发展，证监会制定了《股东人数超过200人的未上市股份有限公司申请行政许可有关问题的审核指引》，将200人公司问题的解决与证监会现有行政许可项目结合，在审核标准上提出要求。提出申请的公司，应当依法设立并合法存续，不违反当时法律的禁止性规定；股权结构清晰；经营规范；公司治理与信息披露制度健全。申请IPO的公司，股份确权数量应当达到90%，申请在全国股份转让系统挂牌的公司，股份确权数量应达到80%。股份公司股权结构中存在工会持股、职工持股会持股、委托持股、信托持股等股份代持关系，或者以"持股平台"间接持股以致实际股东超过200人的，应当将代持股份还原至实际股东，将间接持股转为直接持股，并依法履行相应的法律程序。这不仅是探索合理解决我国企业股份制改革遗留事项的一项必要举措，也是金融支持和服务实体经济发展的一项重要措施。

3. 明确行政许可流程。按照《国务院决定》关于"证监会应当建立简便、快捷、高效的行政许可方式，简化审核流程，提高审核效率"的要求，对于股东人数超过200人的公司申请股票挂牌公开转让、定向发行证券等行政许可事项，证监会制定了实施行政许可工作的公告以及非上市公众公司行政许可事项审核工作流程、行政许可项目说明等相关文件，明确了非上市公众公司行政许可工作安排：一是简化程序，在20个工作日内作出核准、中止审核、终止审核或不予核准的决定；二是减少审核环节，不设发审委或发审委性质的专门委员会；三是内部审核会议安排视具体情况而定，不把反馈会、初审会等设定为必经程序；四是明确了行政许可名称、依据、条件等。在实际工作中，证监会将简化"事前"审核，提高审核效率，加强"事中、事后"监管，充分发挥市场在资源配置中的作用。

4. 明确信息披露和申报文件。按照适度披露、客观披露和弹性披露的原则，证监会制定了《公开转让说明书》《公开转让股票申请文件》《定向发行说明书和发行情况报告书》《定向发行申请文件》等4个非上市公众公司信息披露内容与格式准则，明确了公开转让说明书、定向发行说明书和发行情况报告书的披露要求，以及公开转让与定向发行的申请文件要求，在满足投资者基本需求的基础上，突出重点信息的披露要求，强调客观信息的披露，尽可能降低公司纳入监管的成本，并设置一些自愿性要求，由公司根据自身

七、中国证监会行政处罚决定书（海南大印集团有限公司、海南龙盘园农业投资有限公司、海南万嘉实业有限公司等6名责任人）

海南龙盘园与海南万嘉以自买自卖、互为对手方交易、虚假申报等方式操纵天然橡胶RU1010期货合约结算价格，海南大印借天然橡胶RU1010期货合约结算价格被操纵虚高之机卖出仓单获利。海南大印、海南龙盘园、海南万嘉的上述行为违反了《期货交易管理条例》第74条的规定，构成《期货交易管理条例》第74条所述操纵期货市场的情形。

根据当事人违法行为的事实、性质、情节与社会危害程度，依据《期货交易管理条例》第七十四条的规定，证监会决定：（1）责令海南大印改正违法行为，没收违法所得241 410元，并处以违法所得2倍罚款；（2）责令海南龙盘园改正违法行为，没收违法所得289 200元，并处以违法所得2倍罚款；（3）责令海南万嘉改正违法行为，没收违法所得221 475元，并处以违法所得2倍罚款；（4）对王棒给予警告，并处以10万元罚款；（5）对莫翠萍给予警告，并处以3万元罚款；（6）对陈道荣给予警告，并处以2万元罚款。

八、中国证监会行政处罚决定书（柳宏）

柳宏2011年6月2日至2011年7月13日操作"柳宏"等18个账户交易北京捷成世纪科技股份有限公司股票的行为构成操纵市场。

根据当事人违法行为的事实、性质、情节与社会危害程度，依据《证券法》第203条的规定，证监会决定：对柳宏处以150万元罚款。

九、中国证监会行政处罚决定书（宋辉东）

捷成股份收购冠华荣信部分股权事项属于《证券法》第67条第2款第（2）项所规定的重大事件，在公开披露前属于内幕信息，该信息最迟不晚于2011年5月中旬形成，公开于2011年8月18日。宋辉东为内幕信息知情人。2011年6月28日，宋辉东利用其配偶"尚某某"账户买入捷成股份6 052股，8月29日全部卖出，获利48 388.03元。宋辉东不晚于5月中旬知悉捷成股份收购冠华荣信股权事项的内幕信息，他控制管理的"尚某某"账户在信息敏感期交易捷成股份并获利，宋辉东的行为构成内幕交易。

当事人宋辉东的上述行为违反了《证券法》第73条以及第76条的规定，构成《证券法》第202条所述的情形。

根据当事人违法行为的事实、性质、情节与社会危害程度，依据《证券法》第202条的规定，证监会决定：没收宋辉东违法所得48 388.03元，并处以48 388.03元罚款。

十、中国证监会行政处罚决定书（吴晓佳）

吴晓佳作为证券公司的从业人员，在任期内借用他人账户买卖、持有股票的行为，违反了《证券法》第 43 条的规定，构成了《证券法》第 199 条所述"法律、行政法规规定禁止参与股票交易的人员，直接或者以化名、借他人名义持有、买卖股票"的行为。

根据当事人违法行为的事实、性质、情节与社会危害程度，依据《证券法》第 199 条的规定，证监会决定：责令吴晓佳依法处理非法持有的股票，并处以 30 万元罚款。

十一、中国证监会行政处罚决定书（杭州天目山药业股份有限公司、章鹏飞、范建国等 4 名责任人）

2012 年 3 月 30 日，天目药业与誉振科技、保健品公司、铁皮石斛公司签订《补充协议》。《补充协议》中有天目药业应收账款清收等内容，属于《上市公司信息披露管理办法》第 30 条第 2 款第（3）项"公司订立重要合同，可能对公司的资产、负债、权益和经营成果产生重要影响"的重大事件，应立即披露，而天目药业 2012 年 7 月 26 日才对此协议进行披露，违反了《上市公司信息披露管理办法》第 30 条第 1 款和《证券法》第 63 条、第 67 条的规定。时为天目药业实际控制人章鹏飞对天目药业未及时披露《补充协议》负有责任，时任天目药业董事长范建国为天目药业未及时披露《补充协议》直接负责的主管人员，时任天目药业总经理朱容稼为其他直接责任人员。

根据《证券法》第 193 条的规定，证监会决定：（1）对天目药业给予警告，并处以 30 万元罚款；（2）对章鹏飞给予警告，并处以 20 万元罚款；（3）对范建国给予警告，并处以 5 万元罚款；（4）对朱容稼给予警告，并处以 5 万元罚款。

十二、中国证监会行政处罚决定书（丁国军、潘卫标）

丁国军、潘卫标知悉内幕信息且在内幕信息公开前交易向日葵股票，违反了《证券法》第 73 条、第 76 条的规定，构成《证券法》第 202 条所述内幕交易行为。

根据当事人违法行为的事实、性质、情节与社会危害程度，依据《证券法》第 202 条的规定，证监会决定：（1）没收丁国军违法所得 895,698.10 元，并处以 895 698.10 元罚款；（2）没收潘卫标违法所得 120 869.58 元，并处以 120 869.58 元罚款。

十三、中国证监会行政处罚决定书（四川省华谊实业有限责任公司、余华、余明）

华谊实业、余华、余明存在利用他人账户交易股票行为，其行为违反了《证券法》第 80 条的规定，余华、余明是直接负责的主管人员。

根据当事人违法行为的事实、性质、情节与社会危害程度，依照《证券法》第 208 条的规定，证监会决定：（1）对华谊实业"利用他人账户买卖证券"的行为责令改正,并处以 5 万元罚款;(2)对余华、余明分别给予警告,并分别处以 5 万元罚款。

十四、中国证监会行政处罚决定书(汉王科技股份有限公司、刘迎建、张学军)

汉王科技未披露其与北京汉王信息技术开发有限公司关联关系及关联交易,其行为违反了《证券法》第 63 条关于上市公司依法披露的信息,必须真实、准确和完整,不得有虚假记载、误导性陈述或者重大遗漏的规定,构成了《证券法》第 193 条所述的上市公司报送的报告有虚假记载、误导性陈述或者重大遗漏的违法行为。对汉王科技的上述违法行为直接负责的主管人员为刘迎建和张学军。

根据当事人违法行为的事实、性质、情节与社会危害程度,依据《证券法》第 193 条的规定,证监会决定:(1)责令汉王科技改正上述违法行为,给予汉王科技警告,并处以 30 万元罚款;(2)给予刘迎建和张学军警告,并分别处以 5 万元罚款。

十五、中国证监会行政处罚决定书(吴伟、谢霞琴)

从 2006 年 11 月起,浙江杭萧钢构股份有限公司开始与中国国际基金有限公司接触,商讨安哥拉住宅项目合作事项。2007 年 1 月中旬杭萧钢构与中基公司开始正式谈判。2007 年 2 月 8 日,双方就该项目的合同价格、数量、付款方式、工期等内容基本达成一致意见,主要参与谈判人员杭萧钢构董事长单某、总裁周某于当晚返回杭州。2007 年 2 月 15 日,杭萧钢构发布股票异常波动公告称:正与有关业主洽谈一境外建设项目,整体涉及总金额折合人民币 300 亿元。2007 年 3 月 13 日,杭萧钢构发布了签订该项目合同的公告。

吴伟系职业股民;谢霞琴系时任杭萧钢构总裁周某之妻,吴伟前妻樊某的朋友。吴伟的行为构成知悉内幕信息后买卖股票的内幕交易行为,谢霞琴的行为构成泄露内幕信息、知悉内幕信息后买卖股票的内幕交易行为。违反了《证券法》第 76 条的规定,构成了《证券法》第 202 条所述违法行为。

根据当事人违法行为的事实、性质、情节与社会危害程度,依据《证券法》第 202 条的规定,证监会决定:(1)没收吴伟违法所得 748.42 万元,并处以 748.42 万元罚款;(2)没收谢霞琴违法所得 50 万元,并处以 50 万元罚款。

十六、中国证监会行政处罚决定书(王永进)

王永进作为内幕信息的知情人,在内幕信息敏感期内传递内幕信息给杨某尧、操作"王某青"账户买卖"爱仕达",其行为构成内幕交易,违反《证券法》第 73 条和第 76 条的规定,构成《证券法》第 202 条所述行为。

根据当事人的违法事实、性质、情节与社会危害程度,依据《证券法》

第 202 条的规定，证监会决定：没收王永进违法所得 42 571.80 元，并处以 127 715 元罚款。

十七、中国证监会行政处罚决定书（米兴平、冯喜利）

米兴平为内幕信息知情人，与冯喜利系亲属关系。冯喜利所控制的账户在涉案期内交易"蓝色光标"明显异常，且与内幕信息高度吻合。冯喜利所控制的账户部分资金来自米兴平。敏感期内米兴平和冯喜利联系较多且异于平常。综合上述因素，足以认定米兴平向冯喜利泄露内幕信息。米兴平泄露内幕信息，冯喜利知悉内幕信息后买卖股票的行为，违反了《证券法》第 76 条的规定，构成《证券法》第 202 条所述内幕交易行为。

根据当事人违法行为的事实、性质、情节与社会危害程度，依据《证券法》第 202 条的规定，证监会决定：（1）对米兴平处以 3 万元罚款；（2）没收冯喜利违法所得 46 888.99 元，并处以 140 666.97 元罚款。

第三编 商事法学研究发展

第一章 商事法研究综述

【按语】 无论对于商事立法还是商事司法，商法学者笔耕不辍的理论努力都始终起着不可或缺的助推和指导作用。本章搜集学者们 2012～2013 年两年中在法学核心期刊①发表的相关论文 180 余篇，依其内容分别按商法总论、公司法、证券法、破产法、票据法、保险法、海商法、信托法、投资基金法、外商投资企业法共十个板块对所涉问题及主要观点进行综述，力求反映两年中我国商法学者在商法领域中的研究概貌。由于资料范围所限，且遴选标准难免参杂主观偏好，如留遗珠之恨，尚希读者诸君见谅。

一、商法总论

一般认为，我国近现代意义上的商法肇始于清末变法。清光绪帝力推新政，将商法典视为振兴工商业之国策，先后制定多部商事法律。从清末直至新中国建立，我国商事立法多借鉴德国、日本，具有浓厚的大陆法色彩。新中国成立后，在很长一段时期内，由于国家实行计划经济，商法在国民经济中的重要地位被忽视。1993 年之前，除《海商法》等少数商事法律之外，我国在商事立法方面几近空白。此后，应社会主义市场经济体制的现实需要，全国人大常委会陆续制定了《公司法》《票据法》《合伙企业法》《保险法》《商业银行法》《证券法》《信托法》《企业破产法》等商事部门法。至此，商法作为一个独立的法律部门在我国已经初步形成，而这一时期的商事立法兼容并蓄，借鉴姿态更为开放，且以英美法为主。但是，不得不承认，与民法相比，商法的研究基础仍然较为薄弱，其中尤以商法总论为最。究其原因，一方面，在于商法本身具有更强的实践性，抽象理论较为欠缺，或者至少不受重视；另一方面，在于我国商事单行法多借鉴域外尤其是英美立法，尚未来得及根据中国实际梳理作为商法一般理论的商法总论知识体系。当然，随着近年来越来越多的学者将研究兴趣转向商法总论，商法总论的研究水平得到了空前的提高。2012～2013 年的两年中，学者们共计在法学核心期刊发表商法总论方面的论文 23 篇，现对其中所涉主要问题及观点进行整理，综述如下：

---

① 纳入研究的法学核心期刊有：《中国法学》《法学研究》《现代法学》《法制与社会发展》《法学评论》《政法论坛》《法学家》《法学》《中外法学》《法律科学》《法商研究》《政治与法律》《比较法研究》《清华法学》《环球法律评论》《当代法学》《中国政法大学学报》17 种。

(一) 商法总论基本问题

将商法作为一个整体对象予以宏观研究而形成的系统性知识和理论，可以称为商法总论中的基本问题。这些基本问题关涉商法本身的属性，是商法作为一个独立法律部门赖以不断成熟的根基。从学者们的研究内容来看，主要有以下几个方面的问题，分述如次：

1. 商法的独立性。确立商法的独立地位是实现民商分立的关键。有学者以商事审判独立化为基础构建商法的独立王国。该学者认为商事审判独立化既是商法独立性的必然要求和主要标志，同时也是实现商法独立性的重要保障，没有商事审判的独立化就没有真正意义上的商法独立。而实现商事审判独立化的关键在于确立独立的商事审判理念，这些理念主要包括重效率的审判理念、侧重动态保护和强调利益均衡的审判理念、尊重当事人意思自治的审判理念及促进商事交易效率与安全并重的理念等。在商事审判程序的具体设计上，应当在充分把握商事审判特殊性的基础上，建立独立的法官队伍并对法官的自由裁量权作出必要限制，注重法院司法能动性的发挥，确立商事惯例和商事判例作为法律渊源的地位和作用，注意发挥诉讼替代程序在商事纠纷争议解决中的作用，强化诚信原则在商事裁判中的独特作用，充分尊重国际惯例在商事审判中的作用。① 总之，商事审判的独立化就是实现商事案件司法过程中法律渊源、救济手段、审判程序等的特殊价值，从而促进商法独立地位的建立与巩固。

2. 商事通则立法模式。针对我国民商法的立法模式，多数商法学界呼吁超越传统民商分立和民商合一的藩篱，主张大刀阔斧开展制定"商事通则"这一商事总纲性规范以统摄各商事单行法。然而反对之声亦不甘示弱，与之隔岸相辩。有学者从商法形式理性的角度出发表明自己反对"商事通则"的立场，其理由可以归结为：（1）商法典并非商法形式理性的必然产物；（2）反对形式主义，《美国统一商法典》的启示；（3）"商事通则"并未超越民商分立的立法模式，实际上属于"实质商法主义的民商分立"。他指出，当下有关"商事通则"立法的研究很大程度上是因为商法学者们对商法的主观感情而引发的，缺乏理性思考和对现实情况的客观、冷静分析。而主张打破学科界限，树立广义的商法观，秉持实质主义的民商分立原则，将研究重心聚焦于那些直接影响商事交易活动的单行法律法规。②

3. 不同视角下的商事法律制度。我国坚持走中国特色社会主义道路，建设社会主义市场经济、民主政治、先进文化、和谐社会、生态文明的社会主

---

① 参见赵万一：《商法的独立性与商事审判的独立化》，载《法律科学》2012 年第 1 期。
② 参见赵磊：《反思〈商事通则〉立法——从商法形式理性出发》，载《法律科学》2013 年第 4 期。

义现代化国家。这有赖于完善的法律体系的保障，因此经济、政治、文化各领域的法制构建是建设社会主义现代化和社会主义法治国家的重要战略举措。其中，商事法律制度在中国特色社会主义社会及经济、文化的发展中发挥着重要的推动作用。

中国特色社会主义商法学理论随着中国改革开放和市场经济的发展逐渐发展壮大。它主要包括以商法独立性为内核的商法基础理论、以商事通则为统率的商事单行立法模式理论、以建立现代企业制度为核心的彰显自治的公司法理论、以市场导向与政府监管并蓄为线索的证券法理论、以企业再生为主导目标的破产法理论和以保险人利益保护为中心的保险法理论。①

现代市场经济立法主要表现为商事立法，没有健全的商法制度，就没有完备的社会主义市场经济法律体系。在经济危机频繁爆发的当今世界，我国商事法律制度的建设依然任重而道远，需要理性面对法律部门功能纯化、法律移植合理化和商事习惯法律化等问题。就未来大方向而言，首先，应当处理好商法、民法与经济法的关系，最大限度地纯化各法律部门的功能；其次，应当协调好国外先进商法制度与我国本土条件的适应关系，充分考虑国内外制度实施的背景，实事求是地进行法律移植；再次，应当尊重商事习惯，秉承"实践先行"的理念，通过总结、提炼适时吸收商事习惯进入制定法，并且根据客观经济社会环境的变化不断调整更新相关具体制度。②

社会主义文化产业是我国新的经济增长点。文化产业持续、健康、稳定发展需要良好的法治环境。如何通过健全和完善相关民商事法律体系，从而保护和促进文化产业持续、健康、稳定发展，振兴文化产业，实现文化强国的目标，值得深入思考和研究。由于该研究领域的重要性实为初现，相关研究较为匮乏，在17种核心期刊上仅见1篇。该学者从民事主体、投资融资、交易监管、知识产权保护等方面系统研究与文化产业相关的民商事法律制度，具有重要的理论和实践意义，在文化产业方面的商事法律制度研究过程中起到了点拨与促进作用。③

4. 商法国际化。全球经济一体化时代，商法在调整国内市场商事活动的同时，越来越多调整跨越国界的商事关系及与此相关的其他关系，这对中国商法的国际化提出了更高要求。然而，我国市场经济起步不久，商事领域的法律体系虽初具规模，但具体规范尚有许多缺失，与国际惯例接轨尚有待时日，导致国际商事贸易争端不断。这些争端给法律领域敲响了一个警钟，在

---

① 参见于莹：《中国特色的社会主义商法学理论研究》，载《当代法学》2013年第4期。
② 参见赵万一、赵吟：《论商法在中国社会主义市场经济法律体系中的地位和作用》，载《现代法学》2012年第4期。
③ 参见郑维炜：《社会主义文化产业发展中的民商事法律制度研究》，载《中国法学》2012年第3期。

跨国商事交易和争端如此频繁的今天,解决国际经济冲突,不能仅仅停留在贸易冲突法领域,更应从中国商法中寻找引发争端的企业机制和市场规则等深层次问题,在理论上探寻中国商法国际化的路径,在吸收国际条约和国际惯例的基础上,结合我国国情完善中国商法。同时积极参与国际立法,在国际商事制度设计中发出贸易大国声音,将中国商法的新理念灌输到具体的国际规则之中,使之更好地维护我国的商事利益。在制度设计上,公司治理结构的借鉴无疑是最为频繁的。《公司法》不仅引入了德国的监事会制度,还吸收了美国的独立董事制度,然而实际考察公司监督效果,却会发现,情况并不乐观。为了改进公司治理结构"貌合神离"的现状,有必要推进商法的国际化。①

(二) 商事主体

自实行改革开放政策以来,我国立法机关高度重视市场主体立法,取得了世人瞩目的立法成就。现行法律大量采用"企业"的术语,以"企业"命名的法律法规众多,企业已成为嵌入我国市场主体立法的重要概念,由此构成的法律体系几乎可称为企业法或企业法体系,"商法企业法化"的现象凸显。"企业",在西方法律中被视为法律客体,在我国却被规定为"法律主体",用逻辑上的"属概念"之"企业"替代"种概念"之"商人"作为商事主体概念是我国公众的选择。自此以后,当我们试图从多种企业中抽象出"企业"的一般范畴,再将其替代"商人"的范畴以后,"企业"就延续了商人的主体性。尤其是我国学术界在接受"企业"的术语后,却不习惯于接受"企业主"的术语,这就加剧了"企业"的主体色彩,"企业"的客体性丧失殆尽。我国最终实现了企业从法律客体向法律主体的转变,成就了我国独具特色的主体性企业立法。②

关于企业形态,纵观国外风起云涌的公司法改革及企业形态创新,"去规范化"成为其不约而同的共识,有学者对我国长期固守的"企业形态法定主义"是否还要坚守进行了深刻的拷问。该学者认为摒弃企业形态法定主义、尊重市场、解放市场主体自身所具有的天生的创造性,对我国市场经济的发展将会有益无害。当然,摒弃企业形态法定主义也并不是要在企业形态方面实行完全的自由主义,符合市场发展规律、能够保护市场主体创新积极性的法律限制也是必要和合理的。我国在企业型态创新的路径上,既应当关注西方成功的经验,又应当更加注重我国民间力量的培养、注重现实的需求,

---

① 参见范健:《中国商法国际化问题刍议——从美国对华"双反"调查等案例引发的理论思考》,载《当代法学》2013年第2期。

② 参见叶林:《企业的商法意义及"企业进入商法"的新趋势》,载《中国法学》2012年第4期。

根植于中国的现实社会。①

在商个人体系的构架内,个人独资企业向下面临与个体工商户的制度竞争,向上面临与一人公司的制度竞争,在现行《公司法》承认一人公司与2011年《个体工商户条例》出台之后,个人独资企业法律制度的再思考与再完善非常必要。有学者主张个人独资企业制度进化的基本方向,应该是回归业主制企业本身,放松管制,鼓励与方便投资,专注于促进小微企业、中小企业的发展。②

(三) 商事活动

1. 商行为。在我国,对于商行为的界定可谓众说纷纭。一味地将商行为作为抽象概念看待,很难实现抽象概念应有的稳定性和确定性。类型作为法学方法论能够弥补概念法学抽象涵摄方法的不足。商行为可以被界定为:商行为即含有商事要素的行为类型,商事要素指商人、营业及营利动机等。商行为构成要素的灵动性使商行为的边界具有了相当大的开放性。例如,尽管我们将主体的商人性作为商行为的构成要素,但是"非商人"也有可能从事商行为并适用商行为的具体规则,"有关商行为规则向特定非商人类型的扩展"是商行为必须面对的事实。同理,营业是商行为的重要构成要素,但是何谓营业的解释也具有开放性。对于一个自然人商人,在判断什么是"属于经营商事营业"的行为时,就必须注意到属于经营商事营业的不仅有对此典型和通常的行为,还包括所有"仅仅和商事营业有间接关系,即和它有着疏远、松散的联系的行为",诸如附属行为、辅助行为、准备行为和清算行为等,都属于经营商事营业。故将商行为作为类型而非抽象概念,不仅符合商行为的本貌,更矫正了我们长久以来将私法的法学方法单纯限于概念法学的思维窠臼。这对于实现商行为与民法法律行为制度的协同以及商行为体系的逻辑自足具有重要意义。③

2. 商事营业。商事关系、商主体或商行为都以营业为其核心构成。营业也是商行为与民事行为的分水岭。各国商法典几乎都明确地使用了"营业"这一词语,甚至将其作为界定商主体或商行为的基础概念。客观主义的商法以强调客观意义的营业为中心,主观主义的商法以强调主观意义的营业为中心,折中主义的商法则强调主观意义的营业与客观意义的营业的并重。中国应于商事通则的层面确立营业自由的基本原则,采用主观意义的营业及客观意义的营业分别规制的二元结构的进路,以"营业"一词指代主观意义的营

---

① 参见王妍:《超越规范:当代企业形态及企业法理论的祛魅与创新》,载《比较法研究》2012年第6期。

② 参见李建伟:《个人独资企业法律制度的完善与商个人体系的重建》,载《政法论坛》2012年第5期。

③ 参见程淑娟:《商行为:一种类型化方法的诠释》,载《法制与社会发展》2013年第3期。

业，同时，构建"营业资产"这一概念，以此指代客观意义的营业，克服"营业"在解释上的困惑与冲突。①

"营业转让"所说的"营业"，即被转让的客体，指的是在经营活动中所使用的物、权利、技术秘密、商业信誉、客户关系等共同构成的有机整体，是为实现一定的营业目的而组织化了的、被作为有机一体的机能性财产。正是营业转让客体的这种独特性，使得民商法需要对其发展出独特的规则。有学者专门就营业转让合同的性质、瑕疵的判断、已有债务的处理、劳动者保护、出让人的竞业禁止义务等方面进行深入研究。该学者认为，首先，营业转让合同是单一的合同，这是毋庸置疑的。在营业转让合同所移转的财产涉及多宗不动产物权以及其他依法需要办理变更登记的权利时，营业转让的手续比较繁琐，交易成本较高；此时，若能采用投资人权益转让（如股权转让）的方式，手续可能要简单得多，交易成本相应会少很多。其次，作为营业转让客体的营业财产的瑕疵，与作为营业财产组成部分的单个个体财产的瑕疵，应分别观察，不能混为一谈。再次，出让人的债务除双方约定或者沿用原商号继续营业以致形成了足以使外部人认为出让人仍继续对所转让的营业财产进行经营的外观外仍应由出让人自行承担。最次，劳动者或者工会、职工代表与出让人所订立的劳动合同应当继续有效。另外，营业转让后，原则上出让人应负竞业禁止义务。②

3. 商事担保。在商事交易活动中，担保机制对于保护债权人利益、维护商事交易安全起着非常重要的作用。但现存立法遵循民商合一的思路，并未给予商事担保特别的关注。在涉及《公司法》第 16 条有关公司对外担保效力及其法律适用问题时，便体现出民法与商法两种理念间的强烈冲突。商事担保作为一项重要的商事活动，其概念、特征和运行机制都亟待加以分辨、明晰。不少学者对此作出了相关法理阐释，具体内容总结如下：其一，关于商事担保的概念。有学者将其定义为商人以营利为目的提供的或为商行为提供的担保，法律另有规定的除外。③ 该定义的关键词是商人的担保人地位。另有学者认为以营利为目的的担保活动属于商事担保，商事担保作为一种典型的商行为，其显著特征是营利性。④ 其二，关于民事担保和商事担保的分水岭。有学者专门就民商分立视野下的传统担保方式和现代担保方式进行细分以明确民事担保和商事担保的适用差异。⑤ 其三，关于担保责任的承担。

---

① 参见徐喜荣：《营业：商法构建之脊梁——域外立法及学说对中国的启示》，载《政治与法律》2012 年第 11 期。
② 参见王文胜：《论营业转让的界定与规制》，载《法学家》2012 年第 4 期。
③ 参见周林彬：《商事担保概念初探》，载《法学》2013 年第 3 期。
④ 参见范健：《商事担保的构成与责任特殊性》，载《法学》2013 年第 3 期。
⑤ 参见曾大鹏：《商事担保立法理念的重塑》，载《法学》2013 年第 3 期。

有学者建议参照我国现行《担保法》及《担保法解释》的既有规定，鉴于商事担保行为的营利性特质，在责任的承担上应予适当的加重。第一，主合同有效而担保合同无效，债权人无过错的，商事担保人对主合同债权人的经济损失，承担连带赔偿责任；债权人、商事担保人有过错的，商事担保人承担责任的部分，不超过债务人未能清偿部分的 2/3。第二，主合同无效而导致担保合同无效，商事担保人无过错的，商事担保人承担责任的部分，不超过债务人不能清偿部分的 1/3；商事担保人有过错的，商事担保人承担民事责任的部分，不超过债务人不能清偿部分的 1/2。①

（四）商事营利性

随着社会的发展与商事活动的多样化，商事营利性理论得到不断拓展和革新。传统理论认为，商事营利性是指法人谋求超出投资以上的利益并将其分配于成员的法律属性。然而这种界定难以统摄传统商主体之目的扩张，也不能容纳现代商主体的服务宗旨。适用现代商事营利性理论的三个基本条件是判断营利性的最低标准而非传统理论所认为的最高标准：一是传统商主体之主体化。将传统商主体——企业作为一个主体去看待，抛弃先前那种将企业作为客体，投资人将企业作为赚钱的工具的观点。企业不仅要为投资人创造利润，还要为职工、政府、消费者等谋福利。二是现代商主体之独立化。现代商主体摆脱公权羁绊，逐步融入市场，实现自主经营。三是营利内涵扩张。现代商事理论将营利界定为谋求利润，超越了目的与手段的区分。这显然大大矫正了传统弊端。有学者总结现代营业性理论区分了互益法人与公益法人，为现代商事营利性理论圈出一道清晰的边界。这道界圈的核心为营利法人，边缘为互益法人，其与公益法人接邻。据此描述，我们便可识别哪些属于商人与非商人，哪些属于营利性与非营利性。②

（五）商事司法解释

当代中国私法进程是私法秩序重构的过程，私法秩序的重构既包括私法制度的构建和私法精神的弘扬，也包括司法本身，即民商事案件的裁判。在当代中国私法进程中，司法解释在上述两方面均起着重要的作用。从解释功能来看，司法解释在充实私法制度的同时，其本身也成为私法制度的组成部分。例如，关于股东抽逃出资，《公司法》第 35 条③规定股东不得抽逃出资，但关于如何界定"抽逃出资"，需要作进一步的规定。最高人民法院《关于适用〈中华人民共和国公司法〉若干问题的规定（三）》（以下简称《公司法

---

① 参见范健：《商事担保的构成与责任特殊性》，载《法学》2013 年第 3 期。
② 参见郑景元：《商事营利性理论的新发展——从传统到现代》，载《比较法研究》2013 年第 1 期。
③ 2005 年《公司法》第 36 条 2013 年《公司法》修改后该条款改序为第 35 条。——编者注。

司法解释（三）》）第 12 条对其进行了细化规定：公司成立后，公司、股东或者公司债权人以相关股东的行为符合下列情形之一且损害公司权益为由，请求认定该股东抽逃出资的，人民法院应予支持：（1）将出资款项转入公司账户验资后又转出；（2）通过虚构债权债务关系将其出资转出；（3）制作虚假财务会计报表虚增利润进行分配；（4）利用关联交易将出资转出；（5）其他未经法定程序将出资抽回的行为。这一规定为界定"股东抽逃出资"行为提供了具体的标准。该司法解释第 14 条进而对抽逃出资的股东以及协助其抽逃出资的其他股东等人员应负的责任作了规定，使得有关股东抽逃出资的制度更加健全。① 从形成机制来看，基于推理启动具体的司法解释形成过程，先创设"立法政策"然后顺此制定司法解释，会超越其本身的权限与能力。所以应基于审判经验启动具体司法解释的形成过程，以顺应立法政策作为具体司法解释的政策取向原则，以实现法律的技术完善作为具体司法解释的建构重心，从而使司法解释能够准确反映客观实际并发挥其应有功能。②

二、公司法

作为以公司这一重要商主体为规范中心的法律部门，公司法在整个商法中占据着举足轻重的地位，称其为商法的龙头部门丝毫不为过。2012～2013 年的两年中，我国公司法学者立足于以往的成绩继续辛勤钻研，取得了丰硕的研究成果，其中在法学核心期刊发表的公司法论文共计 73 篇，现对其所涉主要问题及观点作出整理，综述如下：

（一）公司法基本理论

1. 公司立法。公司法是规范基本商事主体的主要法律。公司立法对基本商事主体规范的方式不同，反映了不同的公司法理念，同时也深刻影响了商事主体体系的构建。大陆法系国家和英美法系国家对此分别采用了合并式立法模式和分离式立法模式，前者充满责任形式和社团性核心特征，后者凸显独立人格和财产运作方式核心理念。我国对基本商事主体的立法，既深受大陆法系商事主体立法理念的影响，又有英美法系对商事主体规范的某些影子。一方面，在商事主体立法的理念上，我国法律将公司与合伙的区别标准主要定位在对外承担责任形式方面，这显然体现了大陆法系商事主体理念；另一方面，我国法律将公司与合伙分别由公司法和合伙企业法予以规范，并只赋予公司独立的法人资格，而将合伙划为非法人的商事主体范畴，在此可以看到英美法系的分离式立法模式的影子。显然，我国对基本商事主体的立法不想拘泥于两大法系采用的分离式立法模式或合并式立法模式的束缚，试图在

---

① 参见柳经纬：《当代中国私法进程中的民商事司法解释》，载《法学家》2012 第 2 期。
② 参见陈甦：《司法解释的建构理念分析——以商事司法解释为例》，载《法学研究》2012 年第 2 期。

立法中注入我国自己的商事主体理念，构建适合我国国情的基本商事主体的体系框架。对于我国公司立法，有学者认为我国应当坚持分离式立法模式，重新审视公司运作的法理基础，突出不同种类公司的核心特征，注重疏通不同种类的公司之间及其与合伙企业之间转换的法律路径。①

有一些学者注意到按照法律回应力的分析工具，最佳的公司法模式是有很强回应性的公司法。全球公司法的回应力模型可以区分为私人方向的回应模型和公共方向的回应模型，中国大体居于一种中间主义的状态。这些学者认为，公司法的回应力取决于利益主体的识别、利益机制的设计以及回应成本、回应时机的考量。按照法律分工的模式，中国公司法的回应力应更集中于公司、股东以及董事、高管的利益调整，淡化其他的回应需求；要细分不同利益主体的利益层次；在回应成本和回应时机上进行改良，强化立法性、民间性、司法性回应机制，成立公司法改革检讨委员会、承认公司内部解决纠纷的能力、成立专门的公司法审判庭或者商事法院、促使裁判文书公共化。不同的公司法回应力政策会产生不同的系统性效应，导致不同的"习惯性沉淀"。要使沉淀的"法律资本"有用武之地，公司法必须持续保持其回应力，即更多、更好地回应社会需求。②

投资者革命和股东积极主义不仅重塑了公司法的制度环境，而且催醒了股东民主意识，使公司法的传统制度安排面临挑战。有学者认为，为顺应时代发展潮流和强化公司法的时代适应性品格，我国应当在股权结构、控制权结构、股东表决权方式等问题上进行相应的理念更新和制度调适，大力发展机构投资者并将其吸收到公司治理当中，鼓励和引导网络环境下的股东积极主义行为，进一步弘扬股东民主和股东主权理念，加强和改善机构投资者的公司治理，不断强化其外部监管。③

2. 公司类型的转化与变革。大陆法系公司法将股东承担有限责任的公司分为股份有限公司与有限责任公司，可这种公司类型的划分并非绝对，也不尽合理，故有些国家另以规模大小区分公司类型，有的国家甚至另创设了新的公司形式以弥补其缺陷与不足。日本对公司类型划分进行了彻底的变革，将两者合二为一，并以股份流动性及规模为标准对公司类型进行了精确地区分。我国《公司法》规定了有限责任公司与股份有限公司两种公司类型。有学者认为这种分类的实践意义不大：首先，虽然《公司法》要求股份有限公司的注册资本必须在 500 万元之上，但并未限制有限责任公司的规模，而由

---

① 参见沈贵明：《基本商事主体规范与公司立法》，载《法学》2012 年第 12 期。
② 参见蒋大兴、谢飘：《公司法规则的回应力——一个政策性的边缘理解》，载《法制与社会发展》2012 年第 3 期。
③ 参见冯果、李安安：《投资者革命、股东积极主义与公司法的结构性变革》，载《法律科学》2012 年第 2 期。

于我国历史及体制上的原因,很多有限责任公司成立之初就是大规模公司。而且,纯粹以资本金规模为标准也有其局限性。其次,除非是上市公司,我国很多股份有限公司的股东人数实际上少于 50 人。最后,我国《公司法》并未明文禁止股份有限公司的章程不得对股份转让作出限制,而有判例则承认在一定条件下公司也可以章程限制股份的转让。另外,我国《公司法》原则上未另行依据公司规模大小对公司类型进行明确的区分,但在某些规定上也体现出依据公司规模大小进行差别对待的立法理念,如能将两种公司类型合二为一,并辅之以股份的实质流动性及规模为标准在其内部划分公司类型,则可自然消除股份公司与有限公司的交集现象导致的法律适用混乱。①

在中国目前法律实践中,有限公司如欲成为上市公司或行使公开融资的权利,需先透过"公司改制"环节,成为股份公司,再以股份公司身份申请公开发行。显然,目前公开融资的权利是根据企业组织形态来进行配置的。有学者注意到,无论是理论界还是实务界,都很少仔细思考——企业公开融资的权利到底应当如何配置?在中国,有限公司占据公司数量的绝对多数,目前盛行的"先改制,后发行上市"的法律安排,存在诸如引发上市包装、导致纠纷隐藏、引发 PE 腐败、不当增加企业融资成本等弊端。"改制上市"并未有效地改观公司治理,反而无谓地增加了企业融资困扰,影响了企业的公平发展权。无论是从资金融出方还是融入方观察,公司组织形态都不是配置融资权利的核心要素,融资权利的配置应当交给投资者,主要根据是否有合适的项目去判断。现行的企业改制发行方案,无疑在一定程度上隐藏了企业真实状况,极易推动形成融资骗局。因此,该学者主张修改《公司法》《证券法》相关规定,摒弃改制上市的习规,让有限公司乃至合伙企业等各种企业组织形式可以直接公开发行上市,在公开发行成功之后,直接变更或转换为股份公司。根据好项目,而非好的公司组织形态配置融资权利,可以节省企业融资成本,加快融资过程,公平地实现企业的发展权。②

3. 法人人格否认制度。我国《公司法》第 20 条第 3 款规定,公司股东滥用公司法人独立地位和股东有限责任,逃避债务,严重损害公司债权人利益的,应当对公司债务承担连带责任。同时,该法第 63 条又针对一人有限责任公司的股东连带责任情形作了专门的规定。由此,我国《公司法》明确规定了公司人格否认制度。通过成文法的形式确立这一制度是我国《公司法》的首创,无论是英美法中的揭开公司面纱制度,还是德国法中的责任直索制

---

① 参见刘小勇:《论股份有限公司与有限责任公司的统合——日本及其他外国法关于公司类型的变革及启示》,载《当代法学》2012 年第 2 期。
② 参见蒋大兴:《公司组织形态与证券(融资)权利——摒弃有限公司"改制上市"的法律习规》,载《现代法学》2013 年第 1 期。

度，都是通过一系列判例确立起来的。我国《公司法》的规定为我国法院审理相关案件提供了充分而明确的法律依据，对于规范我国股东的行为、维护公司债权人利益也具有重大的积极作用。但是，在我国法学界和实务界，对我国《公司法》第20条第3款是否剥夺了相关公司的法人地位还有不同的看法。有些学者认为，在公司人格否认案中公司被剥夺了独立的法人资格，股东也因此应该对公司债务承担连带清偿责任。但相当数量的学者并不认同这种观点，他们认为，在适用《公司法》第20条第3款的案例中该条款并没有否定公司的法人资格，相反，它仅仅剥夺了相关公司股东享有的有限责任特权。有学者通过对英美德三国的相关概念和判例进行探究，分析得出在公司人格否认案中，不仅剥夺了股东的有限责任特权，而且还同时否认了股东所在公司的法人资格。无论是从法理上还是从司法实践角度进行分析，这一观点均是成立的。在我国是如此，在英国、美国、德国也是如此。相反的，那种认为在不否认公司法人资格的前提下就可追究股东个人责任的观点是不成立的，是没有法律依据的。① 有学者对我国法院在《公司法》修订后的公司法人格否认案例进行实证研究，同时与国外相关实证研究进行比较，发现我国的"公司面纱刺破率"明显高于国外，而且呈现逐年上升的态势。很多案件发生在经济欠发达地区，而且这些地区的刺破率整体上高于经济发达地区。目前所有公司法人格否认案件都针对股东数量很少的有限责任公司提起，而且股东人数越少，刺破率越高，涉及一人公司的面纱刺破率高达100%。与理论预测不同，我国涉及合同之债和侵权之债的案件在刺破率上并没有明显不同，而且在公司集团场合的刺破率不高反低。混同是最为常见的刺破理由，其中财产混同又适用最多，导致的刺破率也最高。该学者同时指出由于我国公司法人格否认制度的历史还很短，其适用范围不宜过宽，而应采取循序渐进、逐步扩大的策略。②

4. 公司信用。公司信用的论题最早源于江平教授1997年的文章《现代企业的核心是资本企业》。文中首次对公司信用的内涵进行了界定，将之归结为资本信用、资产信用和信用破产三个方面。国内学界长期以资本信用及资产信用为范畴，对公司信用进行探讨。有学者认为这种仅仅从狭义角度界定公司信用的分析框架存在很大局限，限制了研究者的视野。实际上，公司信用是一种综合性的现象，与多种因素相关。当代企业理论表明，公司本身是制约机会主义的制度性工具，公司信用在某种程度上是公司法规范效应的

---

① 参见高旭军：《论"公司人格否认制度"中之"法人人格否认"》，载《比较法研究》2012年第6期。

② 参见黄辉：《中国公司法人格否认制度实证研究》，载《法学研究》2012年第1期。

体现，主要依赖于公司治理中法律管制与自治之间的平衡。①

5. 公司社会责任。传统公司法认为，公司存续之目的乃为全体股东利益的最大化。伴随着"个人本位"向"社会本位"法理念的转化，现代公司法强调公司功能的多元化，在公司需要承担社会责任这一观念上达成了基本的共识。但是，对于公司社会责任的概念及其具体内涵、公司社会责任的实现以及公司社会责任条款的法律适用等问题上，仍然是仁者见仁、智者见智。此外，学者对于公司社会责任如何适用于环境保护、公益捐赠等场合的具体问题亦作了较多有益探讨。

首先，企业环境责任是当前我国经济建设中的一个重要课题。我国企业作为环境污染的主体，是环境污染治理的主要规制对象。其中，中小企业、困境中企业、跨国企业三类特殊防治主体的环境责任倍受关注，成为我国企业环境责任研究的新视角。在企业环境责任新发展的形势下，我国有关部门应当按照防治主体的不同特点，创设和完善法律制度，同时企业自身也应当积极参与企业环境责任的承担。②

其次，参加社会捐赠事业亦是公司承担社会责任的方式之一，是值得法律设置相应的专门规则加以推进的事业。有学者认为，在保护捐赠人捐赠权利的同时，要注意上市公司的开放性特点、营利性宗旨使其参加捐赠事业与其他捐赠人的区别，对上市公司的捐赠应当有更完善的内在约束规则和外在法律规制，其在参加社会捐赠事业的同时，协调好公司、股东、管理层、债权人和社会公众的不同利益，完善信息披露机制，完善捐赠程序和行为，使捐赠额度符合上市公司的经营判断规则，使捐赠更符合社会公益目的。该学者建议借鉴国外的上市公司在社会捐赠方面的成功做法，设立独立于上市公司的公司基金会，资金来源是经上市公司股东会表决同意的用于公益慈善事业的营利的公司捐赠，但公司的基金会按照国家的捐赠法律独立运作，不受公司的控制，与公司的债权债务分离，公司基金会的业务、资金与公司的业务、资金是严格区分的。③

鉴于国有企业的特殊性，有学者认为现代民法上的法人制度包含了为公司制度发展量身定做的"完人化"标准。公司制度借与法人制度融合获得了广义财产与基本权利，扭转了公司在传统社会组织身份格局中的不利地位，形成了对其他企业类型的制度竞争优势，但也带来巨大风险：公司异化为新身份格局中的"公司帝国"。法人制度在我国具有主要服务国有企业改革的

---

① 参见王坤：《公司信用重释》，载《政法论坛》2012年第3期。

② 参见郑佳宁：《新形势下企业环境责任的法律规制——以我国的特殊防治主体为研究视角》，载《中国政法大学学报》2013年第4期。

③ 参见周贤日：《营利、责任与公益：上市公司社会捐赠研究——由十家上市公司2010、2011年度报告和社会责任报告切入》，载《中国政法大学学报》2013年第1期。

功能狭隘性，加之官商传统潜移默化，产生了更为复杂的"官商公司帝国"，妨碍了国有企业实现公共利益。针对性地而言，该学者主张祛除法人制度的极端功利主义成分，重建国有企业承载公共利益的法人制度支持，并有力地论证了该做法的可行性。①

6. 信息披露。随着企业的迅猛扩大与发展，对环境的破坏也愈来愈严重，学者们更加重视企业环境责任的承担，尤其关注环境事件发生后公司的信息披露义务。有学者以紫金矿业环境污染事件为例对环境事件中公司的信息披露义务进行探讨，该学者认为由于突发环境事件中的信息具有难以获取性、有限性、不确定性和时效性特质，它决定了上市公司信息披露内容的真实具有相对性。这种相对性的信息披露，一方面，需要以政府发布的信息为依据，结合自身掌握的环境信息；另一方面，需要在政府应急处置过程中不间断地弥补和纠正客观上可能并不真实的环境信息。对于突发环境事件应急处置过程中的各类谣言、谣传，如果能够影响到上市公司投资者的投资判断，那么上市公司有义务予以澄清，但上市公司在履行澄清义务之时，需要与政府澄清责任加以区分。②还有学者对肇始于2011年6月4日的蓬莱19-3油田漏油污染事件进行深入研究，该学者认为该漏油事件经济损失巨大，海洋生态环境损坏严重，其根本原因在于漏油事件中的相关责任主体未能及时地、全面地、真实地依法履行法律规定的信息公开义务，贻误最佳事件处理时机。同时，立法中缺失强有力的责任追究机制和公众参与机制、现行体制中政府与企业之间的法定权利、义务与责任界限不清也客观地掣肘了对本次事故的有效处理。破解之法既依赖于立法对于责任机制的明晰和强化，保障公众有序参与，更依赖于相关责任主体守法意识的增强。③

（二）股东协议

近年来，股东间协议在公司和公司法实践中大量涌现，甚至出现了"协议替代治理"现象。有学者认为究其根本原因，是我国公司法上公司观念的落后和对股东会、董事会定位的不合理。在将公司视为股东手臂的延伸的公司观念支配下，对股东间协议的司法审查视角主要是合同自由、广泛适用民法原则和维护行政管理等，而忽视了公司及其治理的内在要求。从公司法视角，对股东间协议的司法审查应考量股东固有权利，考量公司独立和公司利益，考量其他股东、债权人、劳动者等利益攸关者。随着公司联合、并购在

---

① 参见张力：《法人与公司制度融合风险的法律控制——兼论实现国家公司公益性的法人制度支持》，载《现代法学》2013年第2期。
② 参见朱谦：《上市公司突发环境事件信息披露的真实性探讨——以紫金矿业环境污染事件为例》，载《法学评论》2012年第6期。
③ 参见方堃、万美：《海洋污染事件中肇事企业的信息公开义务与责任——对蓬莱19-3油田漏油案的法规范分析》，载《法学评论》2012年第5期。

中国的增加,随着董事会作为公司利益的看护者,而股东间协议非常可能侵犯到公司权力的集中,侵犯到公司固有的内部民主和股东平等原则,此类的纠纷已经开始不断涌现,进入司法审查的视野,进而对中国法院系统的司法实践构成挑战。该学者建议我国法院对股东间协议的审查,应当注重公司法规则本身的理解,尊重公司独立、程式和集体利益,而非简单地运用合同、财产和规制规则来作出裁判。①

（三）公司的组织过程

1. 公司登记。《公司法》第198条规定,对于当事人提交虚假材料或者采取其他欺诈手段隐瞒重要事实取得的公司登记,行政机关可以撤销登记或者吊销营业执照。该规定既不符合行政法的基本原理,也与《行政许可法》第69条的规定直接冲突,甚至还可能使登记机关在实践中陷于无法操作的境地。从公司设立登记、变更登记、注销登记的法律效果来看,在登记有瑕疵时,通过撤销登记不仅符合公司维持原则,而且简便易行,并且有助于保护第三人的合法权益。《公司法》与《行政许可法》在登记瑕疵处理方式上的冲突,为我们反思行政许可设定范围提供了一个契机:"企业或者其他组织的设立等"作为可以设定行政许可的事项未必是科学的。②

2. 公司合并。日渐活跃的企业并购在给我国上市公司带来发展繁荣的同时,亦为控股股东的自利性行为提供了新的媒介和手段,其往往通过与上市公司之间股权、资产的移转来实现利益输送,不断侵蚀中小股东的利益,掏空上市公司,而立法上的缺漏和监管上的匮乏却对此捉襟见肘。有学者认为,面对屡见不鲜的控股股东自利性并购,法律的不完备性日渐显现,使得私法诉讼难以成为有效的利益输送阻遏手段,而建立有效的证券监管体制和自律机制将能有效补充司法处理的短板。这些学者主张,针对控股股东愈渐隐蔽化的自利性并购行为,应该以"分而治之"的思路建构全景式的三维法律治理方案,从司法救济、证券监管和上市公司治理结构优化等制度维度进行全面治理,特别是通过优化证券监管职权配置和明确控股股东信义义务来增强阻吓频度与力度,最终有效阻遏控股股东的利益输送行为,促进我国上市公司与国民经济的健康发展。③

随着贸易与经济的全球化,跨国并购日益成为企业扩张和全球化战略的主要方式。对于外资并购,东道国实施何种政策、采取何种立法态度对其国

---

① 参见陈群峰:《认真对待公司法:基于股东间协议的司法实践的考察》,载《中外法学》2013年第4期。

② 参见王太高:《公司登记瑕疵制度研究——基于行政法的视角》,载《政治与法律》2012年第10期。

③ 参见赵骏、吕成龙:《上市公司控股股东自利性并购的隧道阻遏研究》,载《现代法学》2012年第4期。

内企业乃至整个国家经济的发展具有重要意义。有学者对我国和美国的外资并购立法宗旨进行了比较，发现二者在并购前提、利益保护范围、保护力度和措施以及政府作为义务等方面存在很大差异。这些学者主张：我国外资并购立法宗旨应立足于国家、企业、职工的长远利益和根本利益，把"鼓励外资并购"改为"限制外资并购"；其次，对外资并购进行严格审查以"确保国家安全"和维持目标企业职工已有就业并增加新就业；设立外资并购联合审查委员会；还应赋予目标企业职工听证权和参与并购决策权。① 有学者从国家安全角度研究外资并购相关问题，通过分析我国外资并购、国家安全审查制度，并借鉴美国相关制度，学者们指出国家安全审查制度的前提是欢迎外资，其目标是要把握对外开放与国家安全的平衡。在外资并购国家安全审查制度中，审查对象是首要解决的问题，因为它决定了哪些并购行为应进入该程序。审查时应考虑的因素对国家安全审查的决策具有重要作用，因此应谨慎分析。②

（四）公司资本制度

有学者认为最高人民法院发布的《公司法司法解释（三）》为设立公司、确认出资、划分股权等提供了重要规则。但是，其在诸如发起人的定义方式和范围、对违法出资的处理、合同义务的承继、债权人对公司股东的请求权基础、"善意"、"实缴"等概念的诠释、排除诉讼时效限制等方面在发展我国公司资本制度的同时也带来了新的疑问，该学者对其进行全面、客观的解读。③ 有学者研习《公司法司法解释（三）》第 19 条，认为其第 1 款规定未考量瑕疵出资股权转让过程中的不对称信息环境，其区分责任的原则性规定在举证责任分配上对受让人明显不利。该学者进一步提出，有限责任公司股东未履行或者未全面履行其对公司的出资义务而转让该股权，其对公司未履行或者未完全履行之出资义务仍须履行，由此而产生的对公司的资本填补责任、对公司债权人的补充清偿责任亦不能当然转移至受让人；公司成立时的其他股东、对该瑕疵出资知情的受让人和公司增资时的董事、高级管理人员亦须对此承担连带责任。④ 2005 年《日本公司法》在取消最低注册资本的行政管制后建立了设立时董事制度，这里的"设立时董事"是指在公司设立之时成为公司董事的人，该制度以设立时董事义务及其民事责任为支撑对公司

---

① 参见陈业宏、夏芸芸：《中美外资并购立法宗旨之比较》，载《法学评论》2012 年第 3 期。
② 参见丁丁、潘方方：《对我国的外资并购国家安全审查制度的分析及建议》，载《当代法学》2012 年第 3 期。
③ 参见郭雳：《论我国公司资本制度的最新发展——<公司法司法解释（三）>之解读》，载《法商研究》2012 年第 4 期。
④ 参见肖海军：《论瑕疵出资股权转让后承担补充清偿责任之主体范围——评<公司法司法解释（三）>第 19 条第 1 款》，载《法商研究》2012 年第 4 期。

设立时发起人、股东的出资行为发挥着重要的监管功能。有学者借鉴该制度，就董事的调查义务、催缴义务和报告义务以及民事赔偿责任、履行职责必要判断标准的构建提出了建议，为推进我国公司法关于发起人、股东出资义务履行制度的完善进而更好地推进公司设立阶段的资本监管及公司债权人保护提供了新路径。①

（五）股东权利

1. 股东资格认定。有限责任公司隐名出资涉及到隐名出资人与名义出资人、隐名出资人与公司以及隐名出资人与第三人之间不同的法律关系，容易引发隐名出资人与名义出资人之间的股权权益归属纠纷、隐名出资人股东资格确认纠纷、名义股东股权处分行为效力纠纷以及出资瑕疵责任纠纷，具有相当的复杂性。《公司法司法解释（三）》总结了司法实践中的经验，对有限责任公司隐名出资的法律问题进行了规定，具有重要的理论意义和实践意义。有学者总结，对于隐名出资人与名义出资人之间的股权权益纠纷，依据双方的隐名投资合同进行处理；对于隐名出资人的股东资格确认纠纷，不仅要考察隐名出资人是否有真正出资，还要看其他股东对其身份是否接受或者认可；对于善意第三人来说，工商登记的记载具有公示公信力，不论隐名出资人的股东身份是否在公司内部得到了认可，均以登记显示的名义股东为真正股东，其股权处分行为当然有效，当然，对于知晓股权真实情况的公司债权人，应该允许名义股东提出不承担出资瑕疵补充赔偿责任的抗辩。②

2. 股权的转让与善意取得。有限责任公司股权转让时其他股东同意权之规定，对于体现公司的人合性内在要求、维持公司既有内部权力格局、保护公司及股东的合法权益具有重要意义。基此，有学者主张该规定一体适用于股权内部转让与外部转让两种情形。股权转让时通知对象、通知方式及通知内容，以及其他股东同意权行使的方式及效力等立法设计应进一步科学化，以提升可操作性。无论自有限责任公司人合性角度考虑，还是从我国现行立法条文分析，应赋予公司章程更大的自治空间与效力范围，同时给相关股东及第三方应有的保护。③ 公司章程是公司自治的重要体现，《公司法》相关任意性规定赋予了公司章程对某些事项的变通效力，但是由于规定的不明确性产生了不少分歧意见。我国《公司法》第 71 条第 4 款规定：公司章程对股权转让另有规定的，从其规定。在司法实践中，对违反公司章程"另有规定"的股权转让合同的效力存在较大的争议。有学者认为《公司法》笼统地

---

① 参见赵树文：《日本公司设立时董事制度及其借鉴》，载《法商研究》2013 年第 4 期。

② 参见胡晓静、崔志伟：《有限责任公司隐名出资法律问题研究——对〈公司法解释（三）〉的解读》，载《当代法学》，2012 年第 4 期。

③ 参见段威：《有限责任公司股权转让时"其他股东同意权"制度研究》，载《法律科学》2013 年第 3 期。

规定了公司章程对股权转让可以"另有规定",忽视了这种"另有规定"产生效力应遵循的法理基础。该学者主张,公司章程对股权转让的"另有规定"应分为股权转让的程序性规定和股权处分权的规定两类。初始章程既有公司自治规范的性质,又具有合同的性质,可以对股权转让的程序和股权处分权作出"另有规定";但章程修订除全体股东一致同意外,仅具有公司自治规范的性质,对股权转让的程序可以"另有规定",但对股权处分权除依法定程序予以限制或剥夺外,应当尊重当事人的意思。① 有学者认为,股权转让改变了股东与股东的关系,也改变了股东与公司之间的关系,必然影响到公司和其他股东的利益,而非转让双方的私事。其他股东可以依法行使优先购买权,公司依照公司章程、信托关系以及团体法理论,也有权介入股权转让,从而成为特殊权利义务的承受者,并影响到股权转让协议的最终效力。②

善意取得制度,本质上是在原所有权人利益和善意买受人利益之间寻找钟摆的均衡点。《公司法司法解释(三)》第 25～28 条规定了名义股东处分其名下股权对善意第三人的法律效果,似乎已经支持了善意取得制度类推适用到股权上。但有学者认为目前的规范没有给出股权的善意取得制度的合理性依据,登记对抗主义下公信力的强度与登记生效主义有别,股权变动方式又有别于物权变动。针对股权转让中出现的纠纷,法院应该综合考虑各方风险和注意义务的分配选择合适的请求权基础,以纠正善意取得制度内部的不和谐和适用结果的不公平,在维护公平性和效率目标的平衡下达到理论体系的解释一致性。可预测规则的事后司法裁决可以配合完善的事前的登记制度,提升登记质量,促进市场交易在系统成本最低环境下顺畅进行。③ 关于有限责任公司股权善意取得,有学者结合司法实践形成的判断和德国法的新发展,在这两条之外的登记错误场合,应肯定善意取得的参照适用。中国法上,股权善意取得以具备交易行为特征且合同有效为前提。善意的判断应根据第三人是公司内部人抑或外部人作区分对待;合理价格应采客观标准,注意专业资产评估结论的运用,且不以实际支付为必要。不宜从司法层面将真实权利人的可归责性确立为影响善意取得成立的独立构成规范,而应依靠立法加以补充;但在个案中作利益衡量时,可归责性因素并非毫无意义。相比股权转让场合,股权质权的善意取得在信赖基础、消极信赖保护等方面有其特殊性。④

---

① 参见钱玉林:《公司章程对股权转让限制的效力》,载《法学》2012 年第 10 期。
② 参见叶林:《公司在股权转让中的法律地位》,载《当代法学》2013 年第 2 期。
③ 参见张笑滔:《股权善意取得之修正——以＜公司法＞司法解释(三)为例》,载《政法论坛》2013 年第 6 期。
④ 参见姚明斌:《有限公司股权善意取得的法律构成》,载《政治与法律》2012 年第 8 期。

3. 知情权。自《公司法》1994 年施行，尤其修订后的《公司法》自 2006 年施行以来，股东知情权诉讼逐渐发展成为司法实践中一种非常活跃的公司诉讼类型，同时也是一直存在诸多争议点的公司诉讼类型。争议既存在于理论界与审判实务界之间，也存在于审判实务界内部的不同法院之间。有学者通过对各地法院在 2006 年至 2011 年间的 192 份股东知情权诉讼裁决样本的统计分析，分类检验与评估股东知情权诉讼的争议焦点，观察存在法律疏漏的法律文本规定最终获致司法实现的过程，探知我国商事法律、司法解释、司法政策文本与司法个案裁决在此过程中的互动关系，进而尝试为相关框架机制的完善提出建议。该学者认为，长远来看，要在庞大的商法体系和丰富的商业实践中充分发挥商事审判的效能，法官必须基于充足的商事审判经验进行符合商事法律理念的价值判断，这从根本上说，只能寄希望于通过长期司法实践推进司法审判人员法律素养的努力提高与经验积累。① 有学者针对有限公司股东的会计账簿查阅权问题进行深入研究，通过选取 2005 年至 2012 年间 156 件会计账簿查阅权的裁判文书，发现起诉理由主要集中于不了解公司经营情况和财务制度混乱（约占总样本的 85%）的情形，该学者主张将会计账簿查阅权扩大至会计凭证，但对会计账簿查阅权的正当性要规定一定的限定条件。可以委托律师或会计师行使代理查阅权，逐步建立法院选派检查人制度，完善会计档案制度及法律责任制度，特别是对在法院判决允许股东行使查阅权，但公司无法提供财务会计账簿和会计凭证的情况下，按照《会计法》《税法》及《刑法》规定进行处理，实现股东利益和公司利益的平衡。②

4. 股利分配请求权。有学者认为，我国股利分配失衡问题归根究底在于公司内部缺乏适当的权利制衡机制，存在内部人特别是控制股东侵害小股东合法利益的问题，这是公司治理机制不完善不健全的结果。我国与再融资行为相挂钩的上市公司现金分红制度具固有缺陷。依据股利代理成本理论，公司现金分红是小股东利益保护机制的结果，只有小股东利益保护机制得以有效执行，我国上市公司的股利分配失衡问题才能迎刃而解。应当尊重公司自治原则，通过契约设计和制度创新来增强公司股东对现金分红决策的参与度，对大股东权利的行使形成有效的制衡；同时，强化特定情形下控制股东的诚信义务，发展股东强制股利分配之诉，对上市公司控制股东滥用控制权侵害小股东利益的行为进行责任追究是我国解决股利分配失衡问题的必然出路。③

---

① 参见李建伟：《股东知情权诉讼研究》，载《中国法学》2013 年第 2 期。
② 参见李美云：《有限责任公司股东会计账簿查阅权问题研究——兼对〈公司法司法解释四（征求意见稿）〉评析》，载《中国政法大学学报》2013 年第 4 期。
③ 参见朱芸阳、王保树：《上市公司现金分红制度的自治与强制——以股利代理成本理论为逻辑基础》，载《现代法学》2013 年第 2 期。

5. 股份回购请求权。有学者指出：我国现行公司法规定的有限责任公司和股份有限公司股东回购请求权适用条件不一致；适用情形不适合中小股东在其利益受公司股权及其他重大变动影响时以公允的股权价格退出公司；回购业务主体单一，也不利于中小股东利益保护。该学者主张构建法定化保证小股东以公允的股权价值退出公司的现金选择权制度来取代现行公司法上的股东回购请求权，有利于中小股东公允价值现金退出和监管利益冲突行为双重功能实现，从"一补一阻"两个方面实现对中小股东利益的有效保护。现金选择权制度的权利主体是对公司普通股或者优先股享有法律上或者实质上商业利益的人，义务主体为公司。合并、股权互换、公司所有的资产的实质销售、对任何股东的权利会产生不利影响的公司章程的修改等是现金选择权产生的条件。如果不存在经营者或控股股东与公司之间的利益冲突交易，则不产生现金选择权。应明确规定以"第三方价格"定价方法来指导定价。①

6. 优先购买权。关于优先购买权相关问题是公司法研究中一个经久不衰的论题，近两年学者们在优先购买权问题研究上又有了新的突破，对于优先购买权的性质、行使要件以及行使过程中遇到的困难进行了更加深入地研究与阐释。关于优先购买权的性质与效力，有学者认为在"期待权说""请求权说""形成权说"等代表性学说中，形成权的定性与有限公司的人合性高度吻合，是更值得采纳的主张。对于因优先购买权行使而形成的"一股多卖"行为的效力，"无效说""附法定生效条件说""效力待定说"和"可撤销说"都存在理论和实务上的缺陷和不足，而"有效说"只否定向第三人实际转让股权的效果而不否定股权转让合同本身的效力，既实现了股东优先购买权，又最大限度地保护了第三人利益，是更为可取的选择。面对因优先购买权产生的利益冲突，在保护善意第三人利益与保护股东优先购买权之间，法律的天平应向后者倾斜。② 关于行使要件，有学者综合中外经验，在形成权说的框架下，指出先买权的行使应符合行使主体适格、基础事实具备、符合同等条件、没有抗辩障碍等四个要件。概括说来，可以把符合上述条件的先买权行使表述如下：在转让人与第三人自由设定的有偿转让行为有效成立后，在先买权及其指向的标的存续的前提下，具备完全行为能力且符合其他资格要求的先买权人，愿意承担与第三人相同的对待给付义务的，在接到转让人或第三人通知后的法定期间，或在知道转让行为发生后的合理期限内，向转让人发出明确的行使先买权的意思表示。一旦行使先买权的意思表示到达转让人，基于先买权的形成权特性，先买权人与转让人之间就成立买卖合

---

① 参见李文莉：《公司股东现金选择权制度构建探析》，载《政治与法律》2012 年第 5 期。
② 参见赵旭东：《股东优先购买权的性质和效力》，载《当代法学》2013 年第 5 期。

同。① 但是，有学者反对将优先购买权视为形成权而是倾向于将其视为请求权。该学者认为无论是从《合同法》《公司法》的相关规定，还是从股权转让时的利益衡量、价格形成机制而言，赋予转让股东在其他股东行使优先购买权时以"反悔权"（可以撤销转让股权的意思表示或者解除与公司外部第三人之间已成立的股权转让合同），都是利大于弊的。从文义解释的角度而言，我国《公司法》第 71 条并未将优先购买权设计为绝对形成权，相关司法解释也已突破了所谓绝对形成权的立场，甚至倾向于请求权说。承认转让股东"反悔权"的最大功效在于，转让股东"反悔权"之行使，实际上在外部受让人与公司其他股东之间形成了一种价格竞争机制，这有利于最大限度地实现转让股东的价格利益，又不至于损害其他股东的既得利益。②

7. 公司解散请求权。我国《公司法》第 182 条关于公司解散请求权的规定，让饱受压榨的中小股东获得了对抗大股东的杀手锏。但有学者认为，与发达国家的公司立法相比，我国《公司法》对小股东权益的保障仍然存在着一定的缺陷。有鉴于此，他试图通过对我国《公司法》中关于公司解散请求权的规定与《英国公司法》中关于"不公平妨碍"诉讼制度（UnfairPrejudice）之间的比较研究，指出我国《公司法》在保护和救济小股东权益的制度和措施中存在的不足之处，主张借鉴《英国公司法》中的"不公平妨碍"诉讼制度，吸取其中的合理之处，以加强我国《公司法》对有限责任公司小股东权益的保护和救济。③

8. 股东权利救济。关于股东直接诉讼，有学者认为我国现行《公司法》很大程度上完善了股东直接诉讼制度，撤销决议之诉、损害赔偿之诉、查阅权行使不能之诉、回购请求权之诉、司法解散公司之诉已具雏形，然而作为股东诉讼制度两翼之一的股东直接诉讼制度，在规则架构上尚有许多不足。于是，在借鉴相关国家和地区的立法、司法经验基础上学者们针对以上问题逐一提出了自己的完善建议。④ 有学者重点研究了决议撤销之诉相关问题，该学者认为我国《公司法》第 22 条规定的股东（大）会决议撤销之诉承袭了大陆法系国家立法，学界和司法界也多受大陆法系主流观点的影响将该诉讼定位于带有"公益性"的决议合法性控制手段，并赋予股东超越个体利益保护之上的、仅以股东资格为条件的撤销权。这种将其作为公司内部"公益

---

① 参见常鹏翱：《论优先购买权的行使要件》，载《当代法学》2013 年第 6 期。

② 参见蒋大兴：《股东优先购买权行使中被忽略的价格形成机制》，载《法学》，2012 年第 6 期。

③ 参见赵渊：《我国公司解散请求权与英国"不公平妨碍"诉讼之比较》，载《法学评论》2012 年第 4 期。

④ 参见张国平、汪亚菲：《论我国股东直接诉讼规则的不足与完善》，载《政治与法律》2012 年第 9 期。

之诉"的功能定位颇值商榷，他主张回归决议撤销之诉维护原告股东个体权利的制度宗旨。①

关于股东代表诉讼，有学者认为法院主导下的公司对派生诉讼成本的承担和对诉讼实质意义上的司法许可是两个紧密联接的股东派生诉讼核心制度安排：只有公司承担原告股东的派生诉讼成本，诉讼才有可能被股东提起；诉讼司法许可不仅使法院有机会事先甄别、剔除无益诉讼，而且公司承担股东诉讼成本也才具有正当性。这两个制度安排相互配合、相互照应，旨在鼓励有益诉讼、给予股东正当司法救济途径，和抑制无益诉讼、保护公司经营自由防止股东不当干涉之间取得大概的平衡。该学者建议我国《公司法》第151条的修改方向是一方面给予法院阻止股东任意和无理由诉讼的司法许可权力；另一方面，如果派生诉讼案件经法院审查后允许进入诉讼程序，公司就应承担原告股东案件的诉讼费用，无论股东最后胜诉与否。② 还有学者从法经济学的角度对这一问题进行研究，该学者认为法经济学中"理性经济人"的基本假设和成本收益分析范式作为一种简单可取的解释路径，能够合理解释股东派生诉讼制度在不同国家实施效果迥异的现象。作为"理性经济人"的原告股东往往应用成本收益分析法来衡量是否提起股东派生诉讼，股东派生诉讼在某一国家是否活跃，在很大程度上取决于该国股东派生诉讼的成本风险分担规则和激励机制能否起到鼓励或者抑制诉讼的作用。该学者进一步提出针对我国上市公司股东派生诉讼案件鲜有发生的现状，我国在完善股东派生诉讼规则时，应当充分利用法经济学的理论基础和分析工具，重视法律规则在诉讼成本存在时的效率作用，并采取适当的激励机制以发挥股东派生诉讼制度的积极作用。③ 有学者认为，诉讼和解在股东代表诉讼中亦可以发挥积极作用，允许原告股东与被告之间进行诉讼和解，有助于发挥诉讼和解制度及时解决纠纷的功能，是民诉法中的处分原则在股东代表诉讼中的具体体现，亦是美、日等国的普遍做法。由于原告股东对诉讼标的并无完全的处分权，基于程序公正等原因，公司应对诉讼和解享有异议权，并应设置相应的程序来保障和规范该权利的行使。该学者强调，为了避免股东代表诉讼制度的功能被弱化，公司不应享有单独与被告进行诉讼和解的权利。④

9. 国外法律借鉴。关于股东权利，美国《2010年华尔街改革和消费者保

---

① 参见丁勇：《股东大会决议撤销之诉功能反思》，载《法学》2013年第7期。
② 参见耿利航：《论我国股东派生诉讼的成本承担和司法许可》，载《法律科学》2013年第1期。
③ 参见朱芸阳：《论股东派生诉讼的实现——以"理性经济人"为假设的法经济学解释》，载《清华法学》2012年第6期。
④ 参见胡宜奎：《论股东代表诉讼中的"诉讼和解"——比较法的观察与我国的实践》，载《政治与法律》2012年第12期。

护法案》赋予上市公司股东薪酬建议权，即股东有权在公司的股东年会上对公司在上一年度支付给高管的薪酬进行建议性投票，意在控制高管薪酬的绝对数量并且增强薪酬与公司业绩之间的联系，英国经验为此提供了依据。反对意见认为薪酬建议权侵害了州和董事会的正当权力，并产生了"绑定"和投票顾问"过大影响力"等问题。学者们提出了改变薪酬建议权事后性、让股东选择适用以及规定薪酬建议权仅适用于大型公司等改进建议。① 有学者从实证的角度观察，股东咨询性投票制度作为近年来在欧美各国新兴的法律制度，的确在抑制管理层薪酬的增长趋势等方面，发挥了积极的作用。该制度下的股东话语权之扩张，由于表决结果的"咨询性"，保证了公司法理论中固有的权力分配格局在形式上并没有改变。而股东对管理层薪酬方案能够作出理性判断是建立在对该方案充分了解的基础上，因此，相关信息的披露是不可或缺的。而在该制度法律移植的过程中，则应充分考虑到我国上市公司"一股独大"的特殊情况，通过分别计票等方式，确保机构投资者股东以及中小股东能表达出自己的声音。②

关于股东权益救济，有学者深入研究了长期困扰德国公司法理论和实践的公司决议瑕疵诉讼滥用问题，在全面分析滥用成因及总结现有应对措施的基础上，指出滥用问题的症结在于诉讼提起即可阻碍决议执行的"登记障碍"制度，而我国正在制定中的《公司法司法解释（四）》中的相关规定极有可能形成类似制度而重蹈德国覆辙。该学者提出应当遵循和回归民事诉讼的基本原理，以我国民诉法新确立的行为保全制度及规则来调整诉讼提起与决议执行的关系，合理平衡原被告双方在中止决议执行问题上的利益冲突，从而从根本上消除滥用可能。③ 还有学者借鉴美国公司法律实践中以小股东权益为中心来界定压制行为而创设和发展的以股东合理期待为基础的股东权益救济制度，以及逐渐形成的较为成熟的合理期待认定标准。合理期待（Reasonable Expectations）是指公司股东间相互负有的以真诚、公平、符合理性的方式营运公司的义务以及股东间、股东与公司间最初具有和后来建立起来的良好企盼和愿望。该学者认为我国《公司法》只规定了信息查询制度、累计投票制度等较少的事前救济制度来保护持份较少的投资人在公司中的弱势地位，大股东利用自身在公司的控制地位通过形式合法的程序排除小股东的表决权、回报取得权是完全有可能的，此时，我国公司法的救济制度显得苍白无力。我国《公司法》所规定的代位诉讼、撤销之诉等事后救济制度发

---

① 参见樊健：《美国上市公司股东的薪酬建议权初探》，载《环球法律评论》2012年第6期。
② 参见郑观：《上市公司管理层薪酬制定中的股东话语权——股东咨询性投票制度及对我国的借鉴意义》，载《当代法学》2012年第4期。
③ 参见丁勇：《德国公司决议瑕疵诉讼滥用问题研究及启示》，载《比较法研究》2013年第4期。

挥的作用也是有限的。代位诉讼本质是通过保护公司利益减损的方式间接保护股东在公司的利益；撤销之诉首先在行使上就受到了一定的限制，而且需要提供担保和经历漫长的法院诉讼，即使法院撤销了股东会、股东大会、董事会的决议，可能也是迟来的正义。因此，我国有必要借鉴美国公司法中的合理期待原则来完善股东遭受压制、合理期望落空时的权益救济制度。①

（六）公司担保制度

公司担保实践至少可以分为对内担保与对外担保。对内担保是公司为正常开展经营所采取的一种融资方式，法律自无干涉必要。而对外担保则对公司、股东、甚至债权人都利益攸关，法律的精神是公平与正义，良性的法律制度应很好地平衡各方参与主体的利益。我国《公司法》第16条即是公司对外担保的法律依据，公司法学者们对公司担保制度的研究都是紧紧围绕该条款展开的。有学者认为，根据该条款在我国《公司法》中所处的位置，可以推断出其立法本意是作为公司法的一般性条款，将其作为总则的内容具有普遍适用性。这一规定是对公司本身的规范，而不单单是对董事、经理的规范，同时也是对所有公司，包括有限责任公司、股份有限公司和一人公司的规范。② 有学者认为第16条究竟为任意性规范抑或强制性规范，或者效力性强制性规范还是非效力性强制性规范，并不能直接成为认定公司与第三人之间法律行为效力的裁判依据，而应视具体情形认定担保合同的效力。担保权人应善尽合理注意义务查阅公司章程，并在形式上审查公司担保决策机构相关决议的合法性，否则越权担保对公司不生效力。在公司章程未就公司担保事项做出决定时，公司仍然具有担保能力，但此时应由股东（大）会就公司担保问题做出决议。③ 有学者从价值和司法实践角度对该条进行解读，通过对近年来公司担保案件的实证分析发现，法院倾向于判定违背公司章程的担保有效，即便少数案件判处担保无效，担保人也要承担债务清偿责任。这种偏重交易效率。

追求司法便利的价值观，强化了市场主体的滥权和机会主义心理，忽视了股东、雇员、其他债权人等多元法益的保护。该学者认为，《公司法》第16条第1款应当为赋权性与强制性相结合的条款，一旦公司担保程序由公司内部要求提升为法律规定，即具有推定公知的属性，担保权人须承担合理的审查义务，否则应承担不利之后果。公司担保属于处分公司资产的行为，法院须本着审慎保守之立场，方能倒逼担保权人细为审查公司章程和相关决议。

---

① 参见杨署东：《合理期待原则下的美国股东权益救济制度及其启示》，载《法律科学》2012年第2期。

② 参见朱晓娟：《论我国公司担保制度的规范属性与司法适用——对公司法第16条规定的解析与适用》，载《中国政法大学学报》2012年第5期。

③ 参见高圣平：《公司担保相关法律问题研究》，载《中国法学》2013年第2期。

一方面，可以减少争端、降低讼累；另一方面，则可渐次形成诚实守信与醇厚善良的商业文化，久而久之将降低社会交易成本，增进社会福祉。① 还有学者对此分别进行规范分析与价值分析：规范分析的结论是，要承认公司决议的法定化和公司内部决议效力在特定条件下的外部化，确保公司对外的商事担保合同能真实的反映股东意思；价值分析的结论是，该条款的立法价值在于保护公司财产安全和股东利益。在此前提下再来合理界定债权人对于担保合同的效力负担的最低限度的注意义务。该学者主张如果债权人被判断为善意，即使公司决议确实存在效力上的瑕疵，也应切断被撤销、被宣告无效的决议的溯及力，以确保担保合同继续有效，保护善意债权人的权益。② 有学者对相对人的审查义务进行深入分析，该学者认为结合《合同法》第50条的规定，公司担保合同的相对人应当对公司章程与相关决议进行形式审查。但是从促进交易的角度出发，公司担保合同相对人的形式审查义务可以适度从宽解释。③ 有学者提出了不同的观点，该学者从立法原意出发，认为司法实践将《公司法》第16条作为认定公司担保合同效力的裁判依据是对《公司法》的一种误读。其调整对象是公司内部法律关系，本质上是认定董事会或股东（大）会决议效力的裁判依据，而不能直接成为认定公司担保合同效力的裁判依据。违反《公司法》第16条规定的直接后果是董事会或股东（大）会决议的效力问题，即违反《公司法》第16条第1款规定所作的决议属于违反公司章程的决议，其属于《公司法》第22条规定的可撤销的决议；违反《公司法》第16条第2款规定所作的决议属于违反公司法的决议，其应属无效决议。只不过公司违反《公司法》第16条规定的决定程序对外提供的担保行为中，由于存在行为人的越权行为，从而对公司担保合同的效力产生了间接的影响。④

（七）公司治理

1. 公司治理的概念。关于公司治理，有学者认为公司是由不同利益主体组成的人的团体，公司治理的核心是要解决集体行动的困境与合作问题。长期以来，产权配置进路的公司治理"技术解"造成了人们对现代公司和公司治理理解的偏差，屏蔽了现代公司所应有的社会民主内涵，以及现代公司治理对社会建构的价值和意义。将现代公司治理还原为解决社会合作的"契约解"，能够帮助理解股东权利与制度环境的相互关系。公司目的与公司社会责任的契合，以及公司治理本身如何实现合法性与正当性。对于公共性问题

---

① 参见罗培新：《公司担保法律规则的价值冲突与司法考量》，载《中外法学》2012年第6期。
② 参见李建伟：《公司非关联性商事担保的规范适用分析》，载《当代法学》2013年第3期。
③ 参见梁上上：《公司担保合同的相对人审查义务》，载《法学》2013年第3期。
④ 参见钱玉林：《寻找公司担保的裁判规范》，载《法学》2013年第3期。

来说，只有首先达成"契约解"，"技术解"才有可能发挥其功能。在立法文件和公司章程所设置的公司治理基础规则框架内，社会民主协商机制能够通过"契约解"有效地解决社会合作和集体行动问题。①

2. 公司治理结构。有学者认为公司财产权利结构"股权—所有权"说是古老物权思维的产物，不仅不合法理和逻辑，而且也没有现行法上的依据。该学者主张在现代物权思维的指导下对公司财产权利结构作出新的解读：首先认定企业的投资或出资是股东财产形态的转换而非所有权的移转；其次他认为将股权定性为独立民事权利是一种武断解释，股权不仅是所有权，而且是地地道道的按份共有；最后他认为由于"一物"的相对性导致公司财产权利的结构具有多重性，即体现为股东与公司的"所有权—经营权"基本结构、股东会与董事会的"所有权—经营权"内部结构、公司与第三人的"所有权—非物权"外部结构。如此界定，简单明晰且符合法理和中国的宪政体制。②

公司治理结构是公司制的核心，而公司治理结构实质上是由股权结构决定的，当前各国公司的股权结构以提高公司治理效率为导向正在向"相对控股"趋同。有学者认为我国国有股权高度集中是国有公司股权结构的基本特征，虽然股权集中在某种程度上有其优势，但我国国有股权的过于集中会损害公司治理的效率。因此，在分散化原则的基础上体现适度集中——即"相对控股"——同样应当成为我国国有公司股权结构的选择模式。该学者提出要实现这一目标只能通过国有股的减持，包括国有股绝对量的减持、国有股相对量的减持和国有股限制性减持三种形式。无论哪种形式，在我国当前都需要法律的配套。③ 目前，我国对交叉持股制度的立法基本上处于空白状态，但近年来实务中出现了越来越多公司交叉持股的情形。交叉持股具有"双刃剑效应"，一方面，其具有稳固企业经营权、抵制敌意收购、促进企业之间的策略联盟、方便资金筹措等正面功能；另一方面，又容易导致虚增公司资本、公司易遭内部人控制、联盟的公司之间容易形成垄断等弊端。有学者通过对国外交叉持股相关规定的考察，建议我国构建交叉持股的法律规范体系：其一，在公司法层面，应着力限制公司交叉持股的股份之表决权，阻止公司经营者不正当支配公司的现象出现；其二，在证券法层面，应强调上市公司交叉持股的信息披露，促进交叉持股的透明化；其三，在反垄断法层面，应禁止公司之间通过交叉持股形成垄断、妨碍竞争；其四，在税法上，应防范

---

① 参见赵忠龙：《论公司治理的概念与实现》，载《法学家》2013 年第 3 期。
② 参见胡吕银：《现代物权思维下对公司财产权利结构的新解析》，载《法学》2012 年第 2 期。
③ 参见蒋建湘：《我国国有公司股权结构及其法律改革——以公司治理效率为主要视角》，载《法律科学》2012 年第 6 期。

交叉持股的公司规避税法，逃脱税负。① 另有学者认为公司治理是由"治理问题"和"治理结构（体制或模式）"组成的体系，公司治理问题的产生与公司制度的结构具有直接的关联，这种关联不仅造就了不同国家公司治理问题的同质性，而且表明了公司治理问题对公司治理结构（体制或模式）的决定性意义：作为解决公司治理问题的制度构建，公司治理措施的运用乃至公司治理结构（体制或者模式）的确定只能取决于对公司治理问题的分析和评估，一国对他国公司治理制度或模式的借鉴也只能取决于解决自身公司治理问题的需求。② 还有学者以国企利润分配为视角进行研究，他认为在我国政策和立法已明确国企向国家分配利润且分配比例将不断提高的背景下，国企的公司治理必须相应地改进，否则，内部人的利润转移行为可能使公司治理恶化并导致利润总额的下降。基于此，我国国企公司治理的改善应以防控内部人转移利润为核心，包括建立社会化的董事会制度、审计委员会制度，以及强化出资人代表防控利润转移的职责。③

2001 年，哈佛大学的哈斯曼（Hansmann）教授与耶鲁大学的卡曼（Kraakman）教授在名为《公司法的历史已终结》的论文中提出了公司法形式融合的理论。他们宣称，美国式的以股东权利为导向的公司治理模式将成为不同法域公司治理模式的范式。近 15 年来，在西方法学界，公司治理融合理论（Convergence of Corporate Governance）成为了一个非常重要的研究课题。学者们围绕着不同法域中公司治理模式中法律规则与制度的差异及其在全球化背景下的发展方向，展开了一系列讨论。我国有学者首次明确、清晰地解析了中国公司治理的法律规则发展路径在现阶段的不可逆转性。在这种情况下，公司法学者需要去研究与充实。

本土化已经被移植到中国公司治理规则体系中的西方法律规则与制度。④ 有学者从中国公司法发展的新视角去审视公司法一体化这一宏大命题，并将这一命题细分为四个子课题：公司法是否正在一体化，公司法是否会一体化，公司法一体化的路径有哪些，公司法一体化对我国有何启示。该学者从法学的角度批判了 LLSV 关于投资者保护法律与资本市场发展之间关系的经济研究，并提出公司法的一体化不是公司法的某国化，不只是法条的一体化，而且也不是公司法的单一化，以指导我国公司法未来的发展方向和模式选择。⑤ 还有学者从制度发生学的角度观察，从结构融资的角度展开，强调公司治理

---

① 参见李晓春：《论公司交叉持股法律规范体系构建》，载《政治与法律》2013 年第 6 期。
② 参见徐晓松：《公司治理："结构"抑或"问题"》，载《政法论坛》2013 年第 6 期。
③ 参见蒋建湘：《国企利润分配、公司治理及改进》，载《政法论坛》2013 年第 2 期。
④ 参见周天舒：《中国公司治理法律规则发展模式的再探讨：一个路径依赖的视角》，载《中国法学》2013 年第 4 期。
⑤ 参见黄辉：《略论公司法一体化：中国视角及启示》，载《比较法研究》2013 年第 5 期。

一体化走向的出现是结构融资等制度要素合力作用的必然结果，属于进化理性主义而不是建构理性主义的产物。该学者以结构融资为中心探讨了公司治理一体化的制度动因、现实图景与未来走向主张我国应在加强金融监管的前提下鼓励、培育和引导结构融资，而不是因噎废食地抑制、阻却甚至扼杀结构融资。公司法应当积极回应结构融资的制度诉求，进行规则的调适与变革，进而强化其时代适应性品格。①

有学者从调整公司控制权结构的角度分析了优先股在消除国有股控权负面影响上的作用。该学者认为优先股可将表决权与股份分离，在不改变公司股权结构的前提下调整公司控制结构，制约公司大股东控制权，从根本上缓解国有股控权带来的负面价值效应。他同时指出，将部分国有股转为优先股以后，国有持股人失去了集中持股这一自我保护屏障，因此法律必须提高对国有持股人的保护水平，建立以保障优先股股东权益为中心的制度。②

3. 公司会议决议。近年来，随着公司法理论研究的深入，将民法基本理论与公司法具体制度相结合的研究取得了不小的进步，其中公司会议决议的效力问题便是一例。各国公司法理论普遍有将法律行为效力理论适用于公司会议决议的效力认定的趋势，我国 2005 年《公司法》第 22 条也首次将公司会议决议效力分为可撤销和不可撤销、有效和无效这两种类型，理论上称"二分法"。有学者提出了"三分法"的观点，即在无效、可撤销之外，增加决议不成立这种类型。有学者认为，二分法、三分法对公司会议决议效力的类型化有着积极意义，但都不完整，因为法律行为的效力状态除了成立与不成立、有效与无效、可撤销和不可撤销之外，还有生效和未生效这种状态，从而形成四种形态。于是，该学者在对"二分法"和"三分法"的理论基础及其缺陷进行分析的基础上，就公司会议决议的效力类型提出"四分法"的观点：决议成立与不成立、生效与未生效、可撤销与不可撤销以及有效和无效等形态，以实现理论上之周延并满足公司法实务之需要。③

4. 董事会、董事忠实义务与对第三人责任。有学者总结，董事会处于公司治理的核心地位，在公司从公到私的不同历史进化阶段，以及不同的立法例中，分别存在着立法者、司法者、监督者、战略管理、关系投资者战略联盟以及制约霸权等不同的定位和职能。而中国现行公司法中的董事会角色和定位，受制于股东本位的倾向，在法律规范的表述中呈现出定位不明，角色不清，并且其职能相比之下被股东会和经理侵蚀。但是在对董事责任的追究

---

① 参见冯果、李安安：《公司治理一体化走向的制度发生学解释——以结构融资为中心展开》，载《现代法学》2012 年第 1 期。
② 参见龚博：《以优先股制约国有股控权的制度设计》，载《法学》2012 年第 10 期。
③ 参见张旭荣：《法律行为视角下公司会议决议效力形态分析》，载《比较法研究》2013 年第 6 期。

上却与之相矛盾，同时，在具体运作上也呈现出与应有的合议方式不相符的行为模式。中国模式的围绕着股东中心构建起来的权力分配方式，已然在实践中造成了诸多的问题，亟需改进。尽管规则改进的方案并不复杂，甚至可以说确立起现代模式的董事会中心主义的规则体系，非常简单。但制约不仅来自于知识和时间，更来自于社会和政治现实。在这种沉重的压力下，扭转人们对公司的认识，道路还会非常漫长。①

"禁止篡夺公司机会原则"作为英美判例法形成的一项关于董事忠实义务的具体原则，为2005年修订后的《公司法》所引进。由于该法条规定比较简单，对公司机会、公司机会的合理利用、该原则与竞业禁止的关系等问题并没有给出判断标准，致使实践中困难重重。有学者从公司机会的含义、公司机会合理利用的边界、"禁止篡夺公司机会原则"与竞业禁止的关系等方面对"禁止篡夺公司机会原则"作出合理阐释。②

在对公司机会原则与董事和高级管理者对公司负有的忠诚义务的研究中，有不少学者对国外相关规定进行研究。其中，有学者通过对1995年美国缅因州最高法院做出的东北海岸高尔夫俱乐部诉哈里斯案件的研究，较为全面地总结和概括了美国法院和学界关于公司机会的判断标准，以探究美国公司法中公司机会原则的丰富内涵。该学者认为商业机会若是董事或高级管理者利用公司资产、信息或者职务因素而发现的，那么这个商业机会就应当被认定为公司机会，另外，如果商业机会是因董事或高级管理者依靠自己的能力发现的，只有在这个商业机会与公司经营活动密切相关时，才会被定为公司机会。③

商业判断规则是英美国家司法实践中在公司股权分散、所有权与经营权相分离的背景下发展起来的一项重要的法律规则，其具有董事责任避风港的价值功效，能够有效抵御甚或是攻击股东诉讼。有不少学者认为，它绝非仅仅对公开公司才有适用的必要，即使是闭锁公司里的经营决策也能触发其适用。可是，当其同等适用于有限责任公司时，其不仅面临有限责任公司异质性导致的诸多限制，甚至可能成为股东压迫的工具。学者进一步指出，合理预期标准作为一种判定股东压迫是否存在的新型司法规则，能够有效地完善商业判断规则在有限责任公司中的适用。我国可选择以商业判断规则为主、合理预期标准为辅来重构商业判断规则的适用标准，以期实现股东利益与董

---

① 参见邓峰：《中国法上董事会的角色、职能及思想渊源：实证法的考察》，载《中国法学》2013年第3期。

② 参见侯怀霞：《我国"禁止篡夺公司机会原则"司法适用研究》，载《法商研究》2012年第4期。

③ 参见杨川仪：《美国公司法公司机会原则探析——以美国缅因州东北海岸高尔夫俱乐部诉哈里斯案为例》，载《当代法学》2013年第3期。

事裁量自由之间的衡平。①

作为忠实义务的一部分,《公司法》还规定了公司董事等高级管理人员的法定竞业禁止义务。为保护用人单位商业秘密需要,《劳动合同法》规定了用人单位与劳动者可以订立离职后竞业限制条款的规定,通过限制离职后劳动者的竞业行为来保护用人单位的商业秘密。由于公司法和劳动法立法目的有别,各自领域的竞业禁止规定亦存在不同。对两种不同法域的竞业禁止规定的厘清,有助于司法实践在处理相关问题时,正确地选择实体法和程序法,使之能够符合立法目的,有效平衡各方主体的利益,真正实现公司法与劳动法的不同价值目标。有学者认为劳动法和公司法分属于不同的法律部门,有着不同的纠纷解决方式,应当以两者具有的不同性质为出发点,具体分析单位人员的不同情况,将其竞业问题分别划归《公司法》上董事的竞业禁止和《劳动合同法》上的竞业限制,并由此确定适用不同的纠纷解决方式。②

追究董事对第三人的责任,目的在于保护债权人的利益。我国公司法在这方面还未完善,为了完善董事责任追究机制以及债权人保护制度,有学者认为,我国可以借鉴在这方面规定较详细并有判例积累的《日本公司法》的规定,引进追究董事对第三人的责任制度,通过对《日本公司法》学界和实务界对董事第三人责任以及第三人的认定、适用中发生的与其他保护债权人规范的竞合、新公司法中引进的内部控制体系的构建与董事对第三人责任的认定等进行探讨,③ 为我们正确认识该制度提供了宝贵的资源。

4. 监事制度。关于监事制度,有学者创新地提出了建立全新的法人监事制度:通过切断法人监事与公司、股东、董事之间的关联关系,确保法人监事的独立性;借助法人监事在财务领域的专业性,提升监督水平与效率;利用法人监事的可靠性,使其成为以超然的立场,监督企业经营的有效机制。同时,通过强化法人监事的职权及其行使、优化法人监事的薪酬、明确义务责任等激励与约束措施,进一步完善监事会制度。他认为,法人具有担任监事的抽象权利能力,且相较于自然人,法人具备有效履行监督职责的现实基础,更适合充任公司监事,因此融入了法人监事制度的中国监事会制度,将能够适应市场竞争和现代企业制度的需要,独立为公司的健康发展提供可靠、高效的保障。④

5. 法定代表人的代表行为。在规范法人代表机关或代表人的越权代表行

---

① 参见常健、张强:《商业判断规则:发展趋势、适用限制及完善——以有限责任公司股利分配为视角》,载《法商研究》2013 年第 3 期。

② 参见王林清:《公司法与劳动法语境下竞业禁止之比较》,载《政法论坛》2013 年第 16 期。

③ 参见陈景善:《论董事对第三人责任的认定与适用中的问题点——以日本法规定为中心》,载《比较法研究》2013 年第 5 期。

④ 参见周龙杰:《论法人监事的引入》,载《当代法学》2012 年第 3 期。

为上,近半个世纪以来,世界各国的立法与学说显现了明确的趋同之势,《合同法》第 50 条顺应此种趋势确立了代表权对善意相对人不存在任何限制的规则。这一规则的理论基础不是权利外观理论,而是法人内部关系与外部关系的区分理论。有学者指出,在具体理解第 50 条时须知,"法人"应限缩解释为企业法人或营利法人;"超越权限",不仅指超越了对代表权的限制,而且指超越了法人的经营范围;"知道"不包括推定知道,"应当知道"在判断上应采用重大过失不知的标准。①

6. 股东除名制度。2011 年 2 月 16 日实施的《公司法司法解释(三)》专门针对法院在审理公司设立、出资、股权确认等纠纷时如何适用法律的问题进行了规定。其中,第 18 条被认为确立了股东资格解除规则,但有学者认为,此规则从目的、功能以及适用条件等角度而言,应属失权规则而非除名规则,且从适用条件角度而言,其极大地缩限了失权规则的适用空间;从适用程序角度而言,在我国公司法体系下亦存在诸多障碍。该学者主张从除名规则及失权规则之来源即德国民商法中追寻其含义,在德国公司法上适用时进行正本清源的考察并辨析两者关系。在此基础上主要基于目的、功能之区别以及我国公司及公司法实践之现状,从公司法体系理性、法律规范特点等角度对除名规则与失权规则进行不同的制度设计以实现各自法律调整之目的,进而完善我国的相关公司法制。②

7. 高管薪酬制度。有学者对美国高管薪酬问题进行研究,该学者认为公司高管薪酬积弊重重,其核心问题并不在于薪酬之高,而在于薪酬与公司绩效之间关联度低下,而且缺乏有效的程序来制约董事会的恣意。另外,过高的薪酬吸引着大量有天赋的人才涌入商学院,未能从事其他社会价值更高的行业,从而减损了社会福利。然而,市场自身力量理论、最优合同理论、管理层权力理论等均无法全面解释高管薪酬之高企。事实上,公司的自我拉抬偏差、商业判断原则对高管薪酬安排之庇护、法院因无力对高管薪酬的妥当性予以事后裁断而不愿介入相关纷争。谋求政治资本最大化的立法者的机会主义心理,以及有关公司法律的"信任型"特征,均使公司高管薪酬的制约力量极度弱化。由于诸多因素极不确定,以确定性和规范性为特征的法律在这些方面做出应对,其限度至为明显。③

三、证券法

中国资本市场建立 20 余年来,其坎坷的发展历程不断促使证券法制在立

---

① 参见朱广新:《法定代表人的越权代表行为》,载《中外法学》2012 年第 3 期。
② 参见凤建军:《公司股东的"除名"与"失权":从概念到规范》,载《法律科学》2013 年第 2 期。
③ 参见罗培新:《司高管薪酬:制度积弊及法律应对之限度——以美国经验为分析视角》,载《法学》2012 年第 12 期。

足本国实际并充分借鉴域外先进立法的基础上走向完善，证券法理论研究也不断因应证券市场的实践需求，在深度和广度两方面均取得了长足的进步。2012~2013年的两年中，证券法学者共计在法学核心期刊发表证券法论文25篇，其中论述内幕交易相关问题的论文多达8篇，现对其中所涉主要问题及观点进行整理，综述如下：

（一）证券法基础理论

大陆法系国家与普通法系国家的一项重要差异在于，前者有着通过主动干预来限制、取代市场机制发挥作用的偏好，特别是在经济运行出现问题时。这种法系之间的差异有着深刻的历史和意识形态根源，也在现实中产生了多方面的影响。但是，大陆法系国家过多的国家干预不利于财产安全和合同自由的实现，从而不利于经济增长。有学者指出，对于证券市场而言，国家的高度干预既不利于争议解决，也容易带来金融资源的损失。我国的公司法和证券法虽然大量借鉴了美国法，但从国家对证券市场干预偏好的角度看，其明显保持着大陆法系的风格：行政机关较为主动，司法机关较为边缘化。因此，该学者建议我国对证券市场的治理也应减少过度的国家干预，而应加强市场机制的作用，但同时必须保持应有的监管和执法。①

在证券立法中存在两种截然不同的基本理念：公开主义与实质主义，前者将信息披露制度作为规制证券市场的基本方式和核心手段，后者强调对发行人、上市公司、投资者等市场主体的行为作直接的、实质性的干预。相比较而言，各国似乎更加青睐公开主义，不过，公开主义也有其弊端。为更好地保护投资者的合法权益，更好地维护和促进证券市场的公平、效率和透明，有学者认为就我国证券立法而言，可以采取"公开主义为主、实质主义为辅"的理念，即一方面要确立和坚守公开主义，另一方面可在必要限度内、特定领域中采取实质主义。②

对于现行证券法的修改，可以沿两种思路展开：一种是以技术完善为主导的集中力量"打制度补丁"的修改方式，另一种是在立法理念转换的基础上进行制度重构的修订方式。有学者通过对现行证券法功效的分析与主要修订方案的论证，展示并倡导后一种修订思路的必要性与可行性。具体而言，在探讨证券法的建构理念是证券法的效能先导的基础上，从科学确定应当由证券法规制的证券市场边界、证券市场法律关系结构的完备化与合理化以及证券监管机制的理念转换与功能再造三个方面对我国具体证券法律制度的重

---

① 参见缪因知：《国家干预的法系差异——以证券市场为重心的考察》，载《法商研究》2012年第1期。

② 参见周珺：《公开主义与实质主义：我国证券法基本理念的选择及其运用——以域外相关经验为借鉴》，载《政治与法律》2013年第5期。

构展开论述,以裨益我国相关立法。①

有学者从证券市场看证券立法的发展,他们认为证券市场是经济社会发展变化最快的领域之一,容错、试错、纠错,是证券法发展的常态。证券市场的"错法"主要表现为法不能包容创新,立法理念与现实脱节。证券市场应对的"错法"实践可以归纳为市场主体推动和监管机构主导两个方面。应当从法与政策相融合这一视角审视与解读证券市场"错法"纠正机制,并在概括授权加自由裁量加究责的三段式问责制框架内,将证券监管及证券市场"错法"纠正纳入法治的轨道。②

(二) 证券行为

1. 证券交易场内化。场外交易市场存在的合理性在于构筑了多层次的交易结构,能为多类型企业提供融资平台。但有学者指出,多层次资本市场不仅只有一种发展模式,"内化于交易所中"的多层次资本市场也是其中一个十分重要的发展模式。我国未来场外交易市场的发展趋势与其重复其他国家因历史原因而形成的交易所发展路径,即"先地方性分散市场——再转为交易所集中——再进行交易所全球并购",不如运用后发优势,直接做大一两家"全球性"的交易所。这样既能节约交易成本,又有利于我国交易所参与国际竞争。该学者进一步指出,当前,在多层次资本市场设计鼓动下趋于热烈的地方性场外交易市场的竞争是基于地方利益而产生的非理性选择,证监会应该坚持"集中型交易所"的传统,在统一的证券交易所内部实现多层次资本市场的区分,以节省交易成本,控制交易风险。③

2. 错误交易。证券交易可能因交易系统技术故障或者指令输入错误而在价格、数量、交易对象等方面发生错误,形成错误交易,以明显偏离市场的价格达成交易是典型的错误交易。错误交易不仅直接影响交易参与人的利益,更对证券市场正常交易赖以实现的交易信息的准确性产生影响,使得市场信息无法反映市场的真实情况,对市场其他参与者形成误导,甚至影响其他相关市场的正常运行。有学者对错误交易及其认定以及撤销权问题进行研究,该学者认为为了维护证券市场的公平、诚信和交易所集中交易功能的正常发挥,交易所可以依职权或依申请撤销错误交易,撤销交易应遵循公开性、及时性与整体性原则。交易参与人不得以因撤销交易而遭受损害为由向交易所或相对人主张损害赔偿。④

---

① 参见陈甦、陈洁:《证券法的功效分析与重构思路》,载《环球法律评论》2012 年第 5 期。
② 参见史际春、张悦、毛小婉:《从证券市场看"错法"及其纠正机制》,载《政治与法律》2013 年第 1 期。
③ 参见蒋大兴:《论场外交易市场的场内化——非理性地方竞争对证券交易场所的负影响》,载《法学》2013 年第 6 期。
④ 参见王东光:《证券错误交易撤销权研究》,载《法学评论》2013 年第 2 期。

3. 内幕交易。基于反欺诈理念和市场诚信理念所建构的禁止内幕交易法律制度存在根本区别，前者注重保护投资者个人利益，后者则着眼于证券市场诚信的维护，进而导致二者在行为构成要件和法律责任设置等核心规则方面的重大差异。有学者认为，随着证券市场实践的深入发展，反欺诈立法难以克服的功能障碍和结构缺陷日益凸显，造成禁止内幕交易执法和司法实践面临诸多困境，故此逐渐为世界主要经济体所抛弃。顺应国际趋势，以市场诚信维护作为禁止内幕交易制度的立法理念并依此重构制度体系，或能实现逻辑自洽与体系完整，似为提升我国证券市场核心竞争力的应然选择：首先，对于任何人不当使用内幕信息的行为皆可认定为内幕交易，而与其身份特征、主观意图以及实际证券买卖结果无关，主体要件和主观要件应予废止；当然，在追究刑事责任时仍需证明主观故意的存在。其次，对于客观归责可能导致打击面过宽的顾虑，可以通过增加法定豁免情形的方式予以消除。最后，在提高刑事责任和行政责任处罚力度情况下，引入惩罚性民事赔偿显无必要。对于一般性民事赔偿，应严格按照侵权责任法的规定，由原告承担因果关系的举证责任，而不宜直接推定其存在。①

内幕信息的确定性在我国现行证券立法中未予规范，但在理论和实践中均成为争议的焦点。有学者从立法演变、理论学说和实践情况的综合视角对域外内幕信息确定性的考量经验进行了分析和归纳研究，重点通过对"单独考量模式"和"并入考量模式"的形成原因、实施效果和法律逻辑的比较分析，阐明了两种模式的不同特点和相对优劣。该学者建议我国应当采取"并入考量模式"，将内幕信息的确定性问题合并到重大性中进行考量，这样既可以实现确定性要素所承载的使命，而且更加经济高效，避免争议。②

关于内幕交易人员的范围，有一些学者强烈反对我国现行"禁止证券从业人员买卖股票"的规定。他们认为，此规定不仅在现行法律规范体系内与更高位阶的法律规范构成矛盾，并且已与社会经济发展的客观情况不相适应。反观其他国家和地区证券从业人员买卖股票制度，均不禁止证券从业人员买卖股票，而是有禁止和防范内幕交易和利益冲突交易的规制，重在"疏"不在"堵"。在证监会对《证券法》实施效果的立法后评估的过程中，有必要重新审视禁止证券从业人员股票买卖等法律规定的合理性。接着，学者们建议我国逐步健全证券从业人员买卖股票的内幕交易规制机制，确立利益冲突交易限制机制，建立个人交易报告和信息披露制度，完善行政、民事、刑事的多层次责任追究体系与监管体系，在此前提下，考虑逐步放开或不再禁止

---

① 参见傅穹、曹理：《禁止内幕交易立法理念转换及其体系效应——从反欺诈到市场诚信》，载《法律科学》2013年第6期。

② 参见肖伟：《内幕信息确定性考量模式之选择》，载《环球法律评论》2012年第5期。

证券从业人员买卖股票。从而实现有疏有堵、放而不乱，从而实现促进证券市场稳定健康发展的目标。① 另外还有学者就我国《证券法》第47条短线归入制度进行深入研究，通过文义解释、扩张解释和目的解释等法律解释方法对该法律规范进行分析后发现，该法条立法疏漏明显，不仅无法实现其立法目的，而且缺乏法律规范应当具备的严谨性、合理性和公正性，所以他建议废止该项意图作为内幕交易之补充规则的短线交易归入制度，让内幕交易人及其他证券不当行为人回归内幕交易制度或其他相应法律规范的规制，以严肃证券法制，还市场一个公开、公平、公正的环境。②

对于证券内幕交易行为的处罚，主要是民事责任、行政责任和刑事责任。有学者通过对2007年到2011年对证券内幕交易行为处罚的实际情况进行分析认为，这三种责任之间尚缺乏必要的协调，因内幕交易而导致的民事赔偿纠纷案件相对较少，而行政处罚与刑事处罚案件却呈快速上升态势。对证券内幕交易行为的处罚也主要是以行政处罚和刑事处罚为主，但二者之间的界限却又相对比较模糊。而这已成为通过法律手段管控我国证券资本市场所必须给予关注的问题。该学者认为应该重视并逐步解决以下三个方面的问题：首先，要解除对内幕交易者追究民事赔偿责任的限制。其次，应协调民事赔偿、行政责任、刑事责任三者之间的关系。最后，需警惕刑事责任被过度消费。③

4. 操纵市场。有学者从股份回购与操纵市场的关联关系入手对操纵市场行为进行研究。该学者认为从连续交易和蛊惑交易视角来看，对于股份回购操作是否构成操纵市场，皆有肯定论、否定论与折中论三种不同学说。相对而言，折中论更为符合配套制度设计的需要。为妥善规制股份回购中的操纵市场问题，宜分三个地带，即黑色地带、白色地带和灰色地带，分别设计相关制度，包括责任制度、安全港制度、隔离带制度、信息披露制度等。既要完善"安全港"制度，又要充实隔离期、信息披露等规则；既要让善意的行为人放心进行回购操作并获得"安全港"的庇护，又要防止恶意操纵者利用此项制度轻易取得"免罪金牌"，从而对股份回购的操纵市场防范建立起完整的制度体系。④

（三）证券行为刑事责任

1. 内幕交易罪。内幕交易犯罪已逐渐成为我国证券领域内的主要犯罪，

---

① 参见郭文英、丁海筠：《中外证券从业人员买卖股票制度之比较研究》，载《环球法律评论》2012年第3期。

② 参见曾洋：《修补还是废止？——解释论视野下的〈证券法〉第47条》，载《环球法律评论》2012年第5期。

③ 参见张心向：《我国证券内幕交易行为之处罚现状分析》，载《当代法学》2013年第4期。

④ 参见朱庆：《论股份回购与操纵市场的关联及其规制》，载《法律科学》2012年第3期。

呈现易发、多发的态势，对资本市场体系运行的"三公原则"造成了极大的冲击。针对我国内幕交易犯罪易发多发的现状以及对其规制难的问题，有学者提出宜将内幕交易罪主体规定为一般主体，并运用刑事推定对被追诉人的主观方面进行认定；允许被追诉人对推定提出"不构成内幕信息"、"并非利用"等反驳；在内幕信息"偶然获知"或"二次转手"等场合，如果行为人之间没有可识别的关系，可成立有责性的例外。①

还有一些学者从司法解释的角度阐释了内幕交易犯罪的认定和规制。有学者认为司法解释应当明确证券内幕信息知情人员的实质特征是基于职务可获取证券内幕信息，同时对期货内幕信息知情人员规定类型化的判断规则。以财产继承关系为标准对内幕信息知情人员的近亲属范围进行限定，能够充分地与内幕交易犯罪利用内幕信息从资本市场交易中非法获取利润的实质相契合。根据明显异常交易事实推定相关交易行为与内幕信息互为关联，具有充分的合法性与合理性基础。有必要以是否告知被建议者内幕信息内容为标准区分明示与暗示他人从事交易活动。司法解释应进一步优化内幕交易犯罪情节严重的数额标准下限与犯罪数额的具体认定规则。② 最高人民法院、最高人民检察院于2012年5月22日联合发布《关于办理内幕交易、泄露内幕信息刑事案件具体应用法律若干问题的解释》（以下简称《内幕交易犯罪解释》）。作为我国首部证券期货犯罪司法解释，《内幕交易犯罪解释》对内幕信息知清人员、非法获取内幕信息人员、内幕信息敏感期、内幕交易、泄露内幕信息定罪处罚标准等证券期货犯罪刑法理论与实践中长期存在争议的刑法适用疑难问题进行了规定。对该内幕交易司法解释，有学者认为其中某些条款存在实质性缺陷，并在深度反思的基础上提出了规则优化建议。该学者认为司法解释应采取差异化模式建构证券与期货内幕交易犯罪司法认定规则；应通过原则性规范与类型化规则相结合方式制定内幕信息形成时间判断规则，并通过指导性案例对例外情形进行调适。异常交易行为与内幕信息之间客观存在基本一致（吻合）与高度一致（吻合）的实质可区分关系，内幕知情人员近亲属、关系密切人与敏感期内的内幕知情人员联络、接触人应适用不同判断标准。司法解释应细化排除内幕交易犯罪行为属性的预设交易计划抗辩事由的规范要素。③

2. 操纵市场罪。操纵证券、期货市场违法犯罪行为的新型化发展趋势，突显我国《刑法》第182条明示的操纵证券、期货市场犯罪类型难以充分应

---

① 参见缪劲翔：《证券内幕交易罪的认定——基于刑事推定的展开》，载《比较法研究》2013年第4期。
② 参见刘宪权：《论内幕交易犯罪最新司法解释及法律适用》，载《法学家》2012年第5期。
③ 参见谢杰：《最新内幕交易犯罪司法解释的缺陷与规则优化》，载《法学》2012年第10期。

对实践挑战。证券期货市场中的"抢帽子交易"通常是指，证券期货公司、证券期货咨询机构、专业中介机构以及相关投资咨询专业人员买卖或者持有相关证券、期货合约，并对相关证券、上市公司、期货合约及其标的资产等公开评价、预测或者提出投资建议、研究报告，通过期待的市场反应获取经济利益的行为。操纵证券、期货市场罪业已历经多次刑法修正，继续频繁通过修改法条的方式逐步将"抢帽子交易"等新型操纵市场犯罪纳入刑法规制范围，成本过高且周期过长。有学者对操纵证券、期货市场罪实质内涵进行深入探究，认为通过司法解释对《刑法》第182条"兜底条款"具体内容进行符合罪刑法定原则的填充，既可保持证券期货犯罪刑法条文的相对稳定，也能对新型操纵市场违法犯罪行为进行有效的规范震慑。①

（四）证券监管

有学者指出，我国《证券法》的证券概念主要以股票、债券为原型，其适用范围显然不足以应对金融创新的新发展。该学者认为我国《证券法》应当借鉴美日等国的立法经验，引入"投资合同"概念作为判断证券属性的实质性标准，以扩张证券的适用范围。投资合同是投入某项共同事业的金钱投资，依赖他人努力而获得收益的行为；其被定义为证券是为避免投资行为中的信息不对称及投资者能力不足，以保护金融投资者。引入投资合同概念在规范商品交易所规则、公司债权融资、金融衍生品类别理财产品的监管和金融消费者保护等诸多领域具有广泛的适用前景。具体认定证券属性的权力，应当由立法授权给中国证监会。②

面对股指期货市场固有的风险和我国新兴加转轨的特殊市场环境，我国尚无健全的风险控制和监管机制，亦无成熟有效的市场运行机制。如何顺应形势发展需要，加强股指期货法律法规建设，已成为股指期货风险监控的重大课题。对此，有学者认为应根据股指期货固有制度风险和我国特殊市场环境，找准风险监控难点；应完善监管法制，坚持监管法治化、严控风险、保护投资者权益、促进适度创新的监管理念；应以强化功能监管和市场约束为导向，明确政府、行业协会、交易所的监管职责；应加强跨部门监管协调和合作，健全跨股市、股指期货市场的监管机制；应优化以专业性为核心分类依据的投资者适当性制度，加强对股指期货交易行为的规范。③

证券的公募要经过监管部门的核准（注册），受到严格监管，符合条件的私募可以豁免注册，这是各国证券法通行的规则。美国私募注册豁免制度经历

---

① 参见刘宪权：《操纵证券、期货市场罪"兜底条款"解释规则的建构与应用抢帽子交易刑法属性辨正》，载《中外法学》2013年第6期。
② 参见姚海放：《论证券概念的扩大及对金融监管的意义》，载《政治与法律》2012年第8期。
③ 参见朱大旗：《完善我国股指期货市场监管机制的法律思考》，载《政治与法律》2012年第8期。

了从刻板的"人数"标准到立法目的主义之下的"需求保护"标准,再到严苛的"关系要件"标准,直至"分离检验"标准的历史演变过程;而后经过美国证券交易委员会的努力,美国私募注册豁免制度又历经了美国证券交易委员会《146 规则》《D 条例》以及新近的《创业企业融资法案》的不断修正,形成了日臻成熟的以合格投资者制度为核心的私募注册豁免制度。我国的私募注册豁免制度长期存在规则真空。2012 年 12 月 28 日修订通过的《证券投资基金法》虽然首次在法律层面对私募进行规范,但也只是停留在概念上,对私募注册豁免制度未作规定。因此,有学者认为我国应该借鉴美国的立法经验构建以合格投资者制度为核心的私募注册豁免制度。①

在跨国证券融资法律监管中,保护东道国投资者利益与控制境外证券发行人融资成本是一对相互对立但又密切联系的监管目标。前者与东道国证券市场秩序和国家金融安全休戚相关,后者关涉东道国证券市场竞争力和对境外发行人的持续吸引力。美国在跨国证券融资法律监管中的大量"水分"规则和《萨班斯法案》的实施效果,以及德国、巴西等证券市场的现实监管经验和市场建设情况都充分表明,在跨国证券融资法律监管中,过度重视保护东道国投资者利益,将影响东道国证券市场的国际竞争力;过度强调境外证券发行人融资成本的控制,又可能将东道国投资者的权益置于较危险的境地。适度监管应成为跨国证券融资法律监管的核心原则。因此,有学者主张我国在对上海证券交易所"国际板"交易市场进行立法和监管规则制定时,总体上应坚持安全目标与效率目标的统一,应通过限定监管领域和对境外发行人进行差异化监管等方式在保护东道国投资者利益与控制境外发行人融资成本之间取得合理的平衡。②

(五) 小股东保护机制

强制要约收购制度是收购监管制度中存在巨大争议的制度。现有的理论争议表明它不能有效地保护小股东在收购中的利益,相反,它抑制收购,降低效率,在股权相对集中的法域这一问题更加突出。有学者通过对该制度在我国的历史演变和 874 宗触发强制要约收购义务的收购进行实证研究,发现在我国近二十年来的立法调整和实践中,出于对效率的追求,该制度的强制力已经大大的削弱了。该学者认为要保护上市公司控制权转移时小股东的利益,需要完善各种相关的制度,而非通过强制要约收购制度。强化信息披露以取代该制度是一种可以研究的制度安排。③

---

① 参见梁清华:《美国私募注册豁免制度的演变及其启示——兼论中国合格投资者制度的构建》,载《法商研究》2013 年第 5 期。

② 参见蒋辉宇:《跨国证券融资法律监管目标的合理选择》,载《法学》2013 年第 2 期。

③ 参见蔡伟:《强制要约收购制度的再审视效率视角下的实证分析》,载《中外法学》2013 年第 4 期。

(六) 投资者保护制度

有学者提出将证券投资服务的金融消费者视为一个独立的法律概念，是对证券投资服务的消费者保护法制独立发展的回应。根据美国、英国、欧盟金融服务法中对"金融消费者"的法律定义和对"证券投资服务"的法律定义，证券投资服务的金融消费者可被定义为以非营业之目的接受证券经纪、证券咨询推介和证券投资资产管理服务的自然人。投资者是证券投资服务的金融消费者之另一个身份，但二者所表彰的法律关系有本质上的不同。为法律适用之意义，证券投资服务的金融消费者可被进一步定位为欧盟金融工具指令中的"零售客户"以及美国证券法中的"无经验投资者"，且通过"专业客户"和"成熟投资者"的确立被间接定义。该学者借鉴上述定义，建议在立法中正式推出"零售客户"或"无经验投资者"的概念，确立鉴别专业客户与零售客户、无经验投资者与成熟投资者的要素体系，特别是要合理化认定专业客户与成熟投资者的"财富与收入"标准，最终使证券投资服务的消费者概念在现行法制中找到真正的立足点。①

在我国资本市场创新发展以及场外市场的建设过程中，投资者与证券公司的基础法律关系正在发生变化，这种变化导致证券公司与投资者之间的法律地位逐渐不平等，致证券投资者适当性制度的现实需求凸显。有些学者认为，投资者适当性是在证券销售和推荐领域平衡投资者和证券公司之间权利义务关系的一项投资者保护制度，是资本市场创新的一个"安全阀"、"减振器"。作为证券公司的一项合同义务，适用于投资者对证券公司存在专业信赖的领域；也是一项投资者利益保护制度，是对投资者进行分类保护，而非合格投资者制度；还是一项证券监督管理制度，而不是对投资者的管理制度。他们建议我国加快建立基于投资者适当性的、方便投资者的、成本较低的、公平而快速的纠纷解决机制（如仲裁机制）。当投资者利益受到损害时，可以合同违约提起诉讼，亦可请求自律监管机构专门建立的纠纷解决机制予以快速解决，还可请求证券监管机构应加强监管和查处。②

权利受到侵害的投资者最直接的反应是寻求救济，有学者认为，较事前的宣传教育、事中的交易监管而言，投资者参与和感知程度更高的是事后的纠纷解决，因此探索兼具公正性、高效性的证券纠纷解决机制是保护投资者合法权益，提高投资者信赖感，促进证券市场健康发展的一项重要工作。该学者进一步建议在我国构建以金融消费者保护为核心的多元化金融纠纷解决机制的统合体系，导入金融 FOS 制度，分阶段分步骤实现金融纠纷处理机制的统合。具体而言，我国应当从现实出发，在对英国、澳大利亚、加拿大、

---

① 参见郑青：《论证券投资服务消费者的法律地位》，载《清华法学》2013 年第 2 期。
② 参见张付标、李玫：《论证券投资者适当性的法律性质》，载《法学》2013 年第 10 期。

日本、新加坡、我国台湾地区等金融市场发达的国家和地区已经广泛适用的金融申诉专员制度比较考察和类型化分析的基础上借鉴其经验，分阶段进行纠纷解决机制的创新发展。首先以调解协议的效力创新为突破口，由证券公司发布单个承诺或共同发布会员自律公约，自觉履行小额证券纠纷调解协议义务。然后是立法层面的创新，在《证券法》中规定证券申诉专员制度，在证券领域率先设置独立的申诉专员中心，以充分发挥投资者在纠纷解决过程中的主导性。最后在条件成熟时建立起统一的金融申诉专员制度，以实现金融纠纷一体化解决机制的构建，伴随着金融业统一监管的实现而实现纠纷解决机制的统合，亦即构建中国式的 FOS 机制。[①]

有学者注意到随着证券市场国际化的发展，跨国证券交易产生的民商事法律关系也日益发达，涉外证券欺诈诉讼随之大量增加。在各类涉外证券欺诈诉讼中，美国将其中的一类称为"F 立方"（F - cubed）诉讼。"F 立方"诉讼是指在外国证券交易所购买证券的外国投资者在本国法院所提起的针对外国证券发行人的诉讼。"F 立方"证券欺诈诉讼近年来在美国呈迅速增长态势，在美国证券立法框架下，此类诉讼的管辖权主要涉及 1934 年《证券交易法》中"10b 规则"的性质及域外适用问题。2010 年联邦最高法院对"莫里森诉澳大利亚国家银行案"的判决，使得"F 立方"诉讼管辖权规则开始由"行为"和"效果"标准向"交易标准"转变。而该案之后《华尔街改革和消费者保护法》的出台，以及美国联邦地区法院对"交易标准"的适用与发展，丰富了"F 立方"诉讼管辖权的规则内容。通过回顾美国"F 立方"诉讼管辖权规则的发展，该学者提出在我国目前的证券诉讼制度基础上，探索建立合适的私人证券欺诈诉讼机制。[②]

四、破产法

1986 年，《中华人民共和国企业破产法（试行）》（以下简称《企业破产法（试行）》）颁布实施，该法的目的在于为当时国有企业的"优胜劣汰"提供法律途径，因此仅适用于国有企业。1991 年，修改后的《民事诉讼法》中加入了"企业法人破产还债程序"一章，其中规定了所有具有法人资格的企业共同适用的破产程序，但国有企业则作为适用例外。直至 2006 年 8 月 27 日，十届全国人大常委会第二十三次会议通过了《中华人民共和国企业破产法》（以下简称现行《破产法》），我国的企业破产法制在适用主体方面终于实现了统一。现行《破产法》颁布以来，相关法律规范基本适应我国企业破

[①] 参见杨东：《论我国证券纠纷解决机制的发展创新——证券申诉专员制度之构建》，载《比较法研究》2013 年第 3 期。

[②] 参见刘仁山、李婷：《美国"F 立方"证券欺诈诉讼管辖权规则及其晚近发展》，载《法学家》2012 年第 3 期。

产的实践需求，但仍有诸多问题尚待解决，立法本身的一些缺陷也开始显现出来，为因应立法与实践中的问题，破产法理论在众多破产法学者的辛勤耕耘下得以不断进步。2012～2013 年的两年中，破产法学者共计在法学核心期刊发表破产法论文 19 篇，现对其中所涉主要问题及观点进行整理，综述如下：

（一）破产法体系

从 1986 年我国出台第一部《企业破产法（试行）》到 20 年后颁布《企业破产法》，破产法在市场经济领域发挥的重要作用越来越受到人们的关注。破产法成为我国构建社会主义市场经济法律体系必不可少的组成部分，然而对于破产法与市场经济之间的关系，例如破产法运行的经济环境和市场经济发展对破产法功能发挥所起的反作用关注较少。有学者注意到破产法的市场依赖特性，认为商品交易市场、人力资本市场和破产管理人市场的构建和完善对破产法功能发挥至关重要。破产立法与司法应当充分认识破产法运行的市场经济背景，并且一方面积极地将市场机制编织到破产法体系的功能体系构建中，另一方面在客观评价市场机制发达水平的基础上，对市场机制的不足与失灵的情况适当的运用公权力介入模拟和补充。[1]

（二）破产的界限

最高人民法院于 2011 年 8 月通过了《关于适用〈中华人民共和国企业破产法〉若干问题的规定（一）》（以下简称《规定（一）》）。该司法解释不仅对"不能清偿到期债务""资产不足以清偿全部债务"及"明显缺乏清偿能力"等涉及破产界限的诸多范畴首次或者重新进行了界定，而且对强制破产的申请界限与受理界限作出了区分，最为重要的是，还建立了强制申请的破产界限推定规则。对破产界限问题，有学者提出自己的认识：其一，破产界限的功能或仅限于保障当事人及时便利获取破产救济并防范当事人对破产申请的不当使用，破产申请动因的不足本来就是破产制度的"痼疾"；其二，对于自愿申请，不对破产界限进行审查而"自动受理"的模式要比我国破产法一直采纳的"审查受理"模式更符合保障当事人及时、便利获取破产救济的目标；其三，对于强制申请，破产界限的推定规则虽能大大减轻债权人的举证责任，却容易忽略强制申请的不当使用问题。在这些方面，《美国破产法》的经验可资借鉴。[2] 有学者关于隐性破产规则的研究补充了破产边界的认定。该学者认为隐性破产规则是指那些存在于显性（法典意义上）破产法

---

[1] 参见齐明、焦杨：《破产法体系构建的功能主义指向及其市场依赖》，载《当代法学》2012 年第 5 期。

[2] 参见韩长印、何欢：《破产界限的立法功能问题——兼评〈企业破产法〉司法解释〈规定（一）〉的实际功效》，载《政治与法律》2013 年第 2 期。

规范之外，却又实际调整或涉及破产事项的非破产法规则。根据其是专门针对还是可能涉及破产临界或事实破产问题，可以将隐性破产规则分为特别隐性规则和一般隐性规则。对两种规则进行破产法检视所采用的具体标准及所涉效力并不相同。前者若不是破产中立的，对其正当性及其特别创设的权利不应予以承认；对于后者，破产法不否认其正当性，但可根据破产程序的特别需要，在提供替代保护的基站上限制其普适性权利的行使。①

（三）破产财产

关于债务人财产的认定，我国《破产法》及相关规定较为完备。但仍有学者发现其中的各种缺陷，对其理由进行了详细阐释并提出了相关修改与完善建议。有学者对融资租赁中的破产进行研究，该学者认为融资租赁的认定依形式主义与实质主义有所不同。形式主义依照表象认定融资租赁；实质主义从经济实质入手，将融资租赁区分为一般租赁与动产担保两种样态。与形式主义立法任由出租人的管理人行使解除权不同，在被确认为动产担保的融资租赁中，融资租赁协议不再适用待履行合同的相关规定。在形式主义立法下，出租人可以行使租赁物的取回权，而实质主义立法则增加了租赁物归属承租人的可能性。该学者在出租人破产和承租人破产两种情形中批驳了形式主义的弊端，主张在破产法司法解释中纳入实质主义，并在租赁物登记与法官专业性等方面配合实质主义的实践。②

（四）债务人义务

1. 信息披露义务。在我国司法实践中，债务人假借破产欺诈逃债、损害债权人利益的现象十分严重，尤其是在原《企业破产法（试行）》实施期间。有学者通过实证分析认为这种现象产生的重要原因之一，是在破产程序中缺少必要、健全的信息披露制度。该学者进一步建议通过体系化、制度化的立法路径做出制度构建，并进行一系列的规则创设与改进。立法应当适当扩大信息披露义务主体的范围，采取概括加列举的模式规定信息披露的内容范围，确定真实、准确、充分、完整的披露程度要求，引入听证会等公开质询制度，有限度地适用公开调查制度，并进一步完善信息披露义务人的法律责任制度。③

2. 债务清偿责任。我国现行《企业破产法》对破产债权的清偿顺序有规定，但是学者们认为这些规定亦有不合理之处并提出了调整建议。有学者认为在一般破产债权中，税收债权从其不可调节的属性看应予特殊保护，但从

---

① 参见韩长印、何欢：《隐性破产规则的正当性分析——以公司法相关司法解释为分析对象》，载《法学》2013年第11期。
② 参见张钦昱：《论融资租赁中的破产》，载《政法论坛》2013年第5期。
③ 参见王欣新、丁燕：《论破产法上信息披露制度的构建与完善》，载《政治与法律》2012年第2期。

企业破产财团有限、破产税收征收成本过高等角度出发,未来将其降为普通破产债权中的一般债权亦不乏依据;侵权债权在企业破产法上并无特殊保护的必要;未来可考虑以社会保障替代劳动债权的破产保护。在后顺位破产债权中,《企业破产法》第46条应作目的性限缩解释,以保护普通债权在破产程序期间的利息;应明确将惩罚性赔偿、行政罚款、刑事罚金降为后顺位债权;应在破产法中确立股东债权的劣后清偿规则。①

随着社会上新型侵权案件如三鹿奶粉破产案件的发生,已有的规定在解决实际问题时仍显不足,甚至有失公平。大规模人身侵权债权的清偿涉及社会上广大弱势群体的利益,影响到社会稳定与和谐,需要对其破产分配顺序问题进行深入研究。有学者建议通过采用固定比例优先权规则的破产分配方案,将物权担保债权中的部分债权额转化为普通债权,其相应财产优先用于对人身侵权债权的清偿,而其他担保债权额仍作为有物权担保的债权优先清偿。在对大规模人身侵权债权优先清偿时,要明确优先清偿债权的范围,充分兼顾效率与公平的合理尺度,并通过其他社会机制如设立赔偿基金等,使大规模人身侵权债权在法律的框架中和社会的支持下得到妥善解决。有学者基于"整体主义"的视角、语境及进路,在整体考量经济、社会和法治情势基础上寻求合理的制度变迁,以实现改革在理念、规范和技术等诸维度上的平衡,该学者主张在保障担保物权优先受偿的基础上,整合企业、政府和社会的力量建立赔偿基金并予专业管理和监管,从而在大规模侵权导致责任企业破产时尽力增加对受害人的赔偿。②

另外,有学者另辟蹊径,从历史考察的角度回溯中国法律史上破产债务清偿责任衍进之脉络,发现固有法中负债应偿的债务清偿理念与域外继受而来的破产免责制度,在近代中国一直处于一种胶合对峙状态。该学者呼吁完善破产立法,建立破产免责制度。③

(五) 管理人权利

1. 合同解除权。破产程序开始后,债务人的财产管理与处分权由法院指定的破产管理人享有,并且为公平起见,破产法特别赋予管理人对尚未履行或者尚未履行完毕的双务合同一种特别的权利——继续履行或者解除的选择权。而这种选择权行使的标准在许多国家的破产法中并没有明确规定,尤其是我国《企业破产法》更是没有规定,我国的司法解释与判例也没有提供相应的确定的标准。我国学者通过研习美国判例中适用"商业判断标准"确定

---

① 参见许德风:《论破产债权的顺序》,载《当代法学》2013年第2期。
② 参见冯辉:《破产债权受偿顺序的整体主义解释》,载《法学家》2013年第2期。
③ 参见蔡晓荣:《从负债应偿到破产免责:破产债务清偿责任衍进的中国法律史叙事》,载《法学家》2013年第6期。

破产管理人合同解除权的行使边界，主张管理人的合同解除权应当在特殊情况下受到限制，特别是我国《物权法》已经规定了"预告登记"制度的情况下，无疑这种登记是具有对抗第三人的物权效力的，当然也可以对抗出卖人。当出卖人破产时，其破产管理人显然不能具有合同解除权。至于所有权保留的买卖合同能否解除，则要看是从实质上还是从形式上理解所有权保留的性质。①

2. 撤销权。破产撤销权是指破产管理人拥有的对债务人临近破产程序开始的期间内实施的有害于债权人利益的行为，在破产程序开始后予以撤销并将撤销利益复归破产财团的权利。《中华人民共和国企业破产法》（以下简称《企业破产法》）第31条、第32条、第34条对破产撤销权的行使要件、行使对象、行使方式等作了规定。但是，无论是从规范分析还是从实务操作的角度看，破产撤销权制度运作中都存在许多较为复杂的理论和司法难题。有学者就其中的三个疑难问题提出建议：其一，该学者认为《企业破产法》第34条将破产撤销权的行使主体确定为破产管理人只适用于一般情况，对于破产重整等特殊情况中，当债务人自行管理财产和营业事务之后，撤销权应归于债务人。其二，抵押担保权撤销后的撤销利益应采次序固定主义模式。其三，对到期债务个别清偿中"债务人财产受益除外"这一抗辩规则应结合不同情势加以分析和判断。②还有学者认为在破产撤销制度中，无偿行为的撤销有重要的地位并就该问题进行深入研究。该学者认为破产中无偿行为的撤销，须满足四个要件：存在可撤销的行为；行为具有无偿性；行为损害债权人的利益；行为发生在破产临界期内。另外，从法教义学强调体系和逻辑的层面上看，针对债务人的可撤销行为，债权人或破产管理人撤销权的行使，应仅限于使依该行为转移的财产回复到作为债权实现之一般担保的状态，而不能否定债务人与撤销相对人之间行为的效力。③

（六）破产重整

"破产重整程序被誉为破产程序现代化的标志。"2007年6月1日开始施行的《企业破产法》正式确立了破产重整制度。有学者认为我国上市公司重整中对债权人强裁使用"清算价值标准"，这是对重整制度的误读。所谓强裁，是指法院不顾某一类别组请求权人的反对而强制批准重整计划。法院在对债权人进行强裁时，依照"批准重整计划时如果清算，按照清算程序债权人可能分配的价值"作为判断标准来考察重整计划对异议债权人是否公平，这种强裁的标准称为"清算价值标准"。清算价值仅仅是对债权人保护的底

---

① 参见李永军：《论破产管理人合同解除权的限制》，载《中国政法大学学报》2012年第6期。
② 参见韩长印：《破产撤销权行使问题研究》，载《法商研究》2013年第1期。
③ 参见许德风：《论破产中无偿行为的撤销》，载《法商研究》2012年第1期。

线,债权人有权以其债权额为基础参与重整营运价值剩余的分配。① 因此,该学者主张上市公司重整中对债权人强裁必须遵循公平原则,从两个方面确保对债权人的公平待遇,一方面要保证债权人得到清算价值,另一方面要赋予债权人充分的权利参与重整营运价值的分配。有学者认为对破产重整中"未按期申报债权"的处置问题,《企业破产法》和司法解释均没有详细规定,从而导致司法实践中出现不统一甚至截然相反的做法,对我国以上市公司为代表的众多破产企业的健康发展带来法律障碍。该学者认为对逾期申报的债权应当区别不同情况给予不同对待,既不可一概将未按期申报的债权作失权处理,也不能不予以任何制裁。申言之,应当引入"重大过错"或"恶意"这个要素,即凡是故意或因重大过失而逾期申报债权的,应遭受失权的制裁;相反,对因不可归咎于自身过错的原因而逾期申报的,其后续的分配请求权不受影响;对普通过失导致逾期申报的,其受偿比例应当酌减。对于未来《企业破产法》的修订提出了完善建议:其一,规定破产重整程序中补充申报债权的期间,将其限定在破产重整计划执行完毕之前;在破产重整计划执行程序转入破产清算程序的情况下,应当将其限定在破产财产最终分配之前。其二,区分债权未按期申报的原因而设定不同的法律效果。其三,规定在破产重整计划草案表决通过之前补充申报并被法院确认的未按期申报债权人的地位。其四,规定重整计划不得对未按期申报债权预留偿债资金。②

随着公司的复杂性演变,破产重整实践中不断涌现出特殊情况。有学者注意到我国的上市公司重整实践涉及公司集团重整的特别问题。他主张在公司集团破产程序的设计中,在程序上要考虑联合申请问题、不同法院之间程序协调问题以及破产程序中止的效力范围;在公司集团的资产处置上,会涉及实质合并、债权居次、摊付令、公司集团内部融资等问题。对于公司集团破产应有特别的救济措施:撤销集团内部交易;使集团内部借贷排序居次;将外部债务责任延及集团非破产成员、高级管理人员和股东;摊付令;集中或者实质性合并令。③

随着世界经济的不断融合,中国社会主义市场经济体制与改革开放政策使得其境内设立了众多的跨国公司,市场经济的规则就是在遵循经济规律的前提下优胜劣汰,跨国破产问题日益引起人们的关注。在跨国破产的情况下,它不仅涉及债权人与债权人之间、债权人与债务人之间以及与其他利益主体之间的利益平衡关系,而且还会影响到国家关系的发展和国际民商事秩序的

---

① 参见王佐发:《上市公司重整中对债权人强裁的公平原则》,载《政治与法律》2013 年第 2 期。
② 参见郗伟明:《论破产重整中未按期申报债权之处置》,载《法商研究》2012 年第 6 期。
③ 参见贺丹:《上市公司重整中的公司集团破产问题》,载《政治与法律》2012 年第 2 期。

稳定。首先，有学者对立法模式进行研究，在跨国企业集团破产问题的解决上，一直以来都有两种传统的立法模式：普遍主义（universalism）和属地主义（territorialism），在国际立法趋势上，都倾向于采取普遍主义、修正的普遍主义来解决跨国破产问题，立法模式上的选择也决定了跨国破产的管辖权、法律适用及破产裁决的承认与执行的相关制度。我国在此问题上应顺应国际立法发展趋势，逐步向普遍主义发展，以更加平等、包容的态度对待跨国企业集团破产问题，不断完善我国的跨国破产法律体系。① 由于跨国企业破产的特殊性，难免与国际商事仲裁出现冲突，有学者对二者的冲突和弥合作了深入、细致的研究，论述了跨国破产的域外效力与国际商事仲裁协议的相对优先性以及跨国破产与国际商事仲裁的尝试性弥合的切入点——仲裁合同主义。② 随着中国社会主义市场经济体制的不断完善与世界经济的不断融合，中国也将面临着越来越多的跨国破产案件。《企业破产法》第 5 条专门就跨国破产做出了特殊规定，但细细考究该条款，跨国破产问题的解决方法仍存在许多有待完善的地方。因此，有学者主张借鉴国际经验，构建符合本国国情并与世界接轨的跨国破产法律体系。③ 有学者以具体案件为视角对破产重整前沿问题之一的关联公司合并破产重整问题进行了研究，从实体合并破产重整的模式选择、实体合并破产重整的提起主体、实体合并破产重整的举证责任、实体合并的审查范围以及实体合并后管理人的指定五个方面总结出一套公司合并破产重整的程序设计。④

五、票据法

票据法是规定票据的种类、形式和内容，明确票据当事人之间的权利义务，调整因票据而发生的各种社会关系，即规范和调整票据关系的法律规范的总称。自 2004 年《中华人民共和国票据法》修改以来，我国票据法学者在推进票据立法与理论进一步完善的过程中作出了重要贡献。通过相关文献的收集可以看出，学者们的视野主要集中在票据法的基本原则，《票据法》尤其是第 10 条的修改与完善，票据行为等理论的研究上。2012 - 2013 年的两年中，破产法学者共计在法学核心期刊发表破产法论文 7 篇，现对其中所涉主要问题及观点进行整理，综述如下：

（一）票据法的私法本性

票据法是公法还是私法，属于我国票据法修订方向性的问题。从法律文本角度而言，我国票据法具有浓厚的行政管理色彩，几近公法。然而，不管

---

① 参见邓瑾：《跨国企业集团破产的立法模式研究》，载《政治与法律》2013 年第 5 期。
② 参见杜新丽：《跨国破产与国际商事仲裁的冲突与弥合》，载《比较法研究》2012 年第 1 期。
③ 参见郑维炜：《中国应对跨国破产法律问题的策略选择》，载《当代法学》2012 年第 1 期。
④ 参见陶蛟龙、史和新：《关联公司合并破产重整若干法律问题研究——以纵横集团"1 + 5"公司合并重整案件为视角》，载《政治与法律》2012 年第 2 期。

是国内立法还是国际公约，抑或境外立法，票据权利皆是财产权、私权，票据法是私法。当下，我国已经实现了由高度集权的计划经济向市场经济的转型，脱胎于计划经济的票据法应回归其私法本性，因此，修订其立法宗旨、删除不必要的监督管理条款，重构票据法的具体规则已迫在眉睫。在重构票据法具体规则上，学者们提出了自己的相关见解。有学者认为票据法为了保障票据的安全性，照顾市场经济发展初期的票据实践的不成熟性，将票据的本质属性——流通性加以过度的限制，导致很多票据被简单地认定为无效，不承认交付可以转让票据，不承认空白授权票据和空白背书，不合理地限制票据的流通性，行政色彩过浓。该学者同时建议，首先，修改《票据法》第10条，增加"但书"不以基础交易关系的真实有效为条件；其次，不因票据金额问题轻易否定票据的效力；再次，承认免担保背书的效力；最后，越权代理的代理人承担全额责任。①

（二）票据的无因性

我国《票据法》第10条规定：票据的签发、取得和转让，应当遵循诚实信用的原则，具有真实的交易关系和债权债务关系。票据的取得，必须给付对价，即应当给付票据双方当事人认可的相对应的代价。该条规定因被认为与票据无因性原则相悖，在《票据法》颁布之初，即受到众多学者的批评，产生存废之争。有学者从考察《票据法》第10条的规范性质出发，分析其管制性公法规范性质，并对其公法、私法效力作出区隔。该学者认为《票据法》第10条在性质上属于管制性公法规范，对其公法效力和私法效力应作区隔。其公法效力从历史考察，禁止在没有真实交易关系为基础时作出票据行为，其私法效力从维护整体票据制度的客观目的出发，不能将其解释为是对票据行为生效要件的规定，因此该条规定和票据无因性原则并不矛盾。关于《票据法》第10条的完善，该学者建议增加违反《票据法》第10条的行政处罚的规定以实现其强制性规范功能。同时从票据市场未来发展着眼，应该为融资性票据预留空间。②

（三）票据行为的无因性

中国两岸学者的票据法论著以及日本学者的观点，绝大多数称票据行为的要件包括实质要件和形式要件，并且实质要件一般包括票据能力和意思表示真实。少数学者坚决反对这种实质要件理论，有学者认为票据能力和意思表示若具有实质要件意义，则与票据行为的要式性、文义性、无因性、独立性等特征相矛盾，也与促进票据流通的票据法理念相冲突。该学者质疑两个

---

① 参见吴京辉：《〈票据法〉修订：私法本性的回归》，载《法商研究》2013年第3期。
② 参见殷志刚：《〈中华人民共和国票据法〉第10条存废之探讨——以公法规范的公法、私法效力区隔为视角》，载《法商研究》2013年第2期。

实质要件的意义。首先，法人实施票据行为，不存在其无票据能力的判断，票据能力没有导致票据行为无效的可能。自然人无票据能力产生物的抗辩，但也只是一个抗辩事实而非票据行为的要件。其次，更赞同意思表示瑕疵不影响票据行为的有效成立。总之，从票据法及票据行为的个性考虑，票据能力欠缺和意思表示瑕疵仅能作为一种抗辩事实，而不能以此否定票据行为的效力，即票据行为上根本不存在所谓的实质要件。①

关于票据行为的无因性，传统视域下的票据行为无因性理论在构造上和适用上存在着较大的模糊性与混乱性。近年来，以前田庸为代表的日本学者提出了票据行为二阶段说，将票据行为区分为债务负担行为和权利移转行为，进而将前者定位于无因行为，后者界定为有因行为。从票据权利移转行为有因论的立场出发，在背书的原因关系无效的情况下，票据上的权利没有移转给被背书人，背书后，在原因关系消失的情况下，暂时移转到被背书人手中的票据上的权利又回到了背书人手中。无论何种情况，被背书人（票据所有人）即使占有票据，也仍然是无权利人，出票人和票据债务人能够拒绝被背书人的票据金请求。②

（四）票据效力的确认

有学者认定票据效力的确定，首先要明晰票据关系的独特属性，是与原因关系相独立的以金钱支付为标的的抽象的债权与证券相结合并辗转流通的法律关系，这是票据效力确认的起源；其次，票据上形式真实高于实质真实，票据外观解释、客观解释和有效解释都是票据效力确认的基本规则③。

（五）见索即付保函

1. 独立保函的独立性和单据化。独立保函，又称"见索即付保函"，是国际商事实践中普遍采用的独立担保方式之一。剖析国际商会于 2010 年修订通过的《见索即付保函统一规则》（URDG758）可以发现，通过一系列的补充完善和创新规定使独立保函的独立特性以及建立在独立性基础上的单据化交易更为凸显。这里的独立保函中的单据是指受益人向担保行提交的除索赔书以外的能够证明付款条件成就的一系列声明。审查受益人提交的单据是否系担保项下的相符交单是担保行履行付款义务的前提。因此，有学者认为独立性原则是保函充分发挥独立担保功能的根本灵魂，也是构建一个完整的独立保函制度所不可或缺的基础，而单据化的交易方式正是保函独立性的实现途径和必然结果。该学者同时主张为充分发挥独立保函在国际贸易中的担保

---

① 参见董惠江：《票据行为实质要件之否定》，载《环球法律评论》2012 年第 1 期。
② 参见贾海洋：《"二阶段说"视域下的票据行为无因性理论》，载《当代法学》2012 年第 6 期。
③ 参见王艳梅：《票据效力确认的起源、原则与外在表达》，载《当代法学》2012 年第 6 期。

功能，我国应顺应国际规则的发展趋势，在肯定独立保函独立性原则的同时以更具化的规定强化其单据化的交易规则，惟有如此，独立保函的独立担保功能才能更好发挥，整个独立担保制度也籍此获得更为持久的生命力。①

2. 见索即付担保风险及防控。随着我国在中东、北非等地区国际工程承包项目的增多，包含不延期即付款条款的见索即付保函被大量使用。见索即付保函作为一种独立担保虽然为国际债权人提供了高效快捷的担保，但其独立性付款特征和复杂的政治法律环境等因素使担保人面临更大的风险。有学者进行了如下总结：其一，因复杂的保函法律关系引发的风险；其二，绝对的无条件付款责任下的信用风险；其三，保函金额不确定或者过高的风险；其四，保函延期风险。面对以上风险压力，担保人自然不能坐以待毙，而应采取积极措施尽力将风险降至最低。该学者认为担保人可以采取的防控措施有：(1) 毫不迟延地向申请人发出付款通知；(2) 明确保函的有效期以限制受益人滥用索款权；(3) 应防范欺诈风险的发生；(4) 应合理适用免责条款等等。对于国家整体而言，为有效规避见索即付保函产生的担保风险，我们应当把握联合国《独立担保和备用信用证公约》和国际商会《见索即付保函统一规则》对见索即付保函确立的适用要点，并建立起包括银行自主防范、立法机关加快缔约和国内立法进程、司法机关严审受益人的付款请求、政府部门协助在内的一整套风险防控体系。②

六、保险法

1995 年，《中华人民共和国保险法》（以下简称《保险法》）颁布实施。在此之后，我国保险业得到了迅猛的发展，为因应实践需求，在充分借鉴域外先进保险立法的基础上，我国先后于 2002 年和 2009 年对《保险法》进行了两次修订，保险法的基本理念得以更新。成熟的立法离不开发达的法学理论研究的支持，保险立法也不例外。近年来，我国保险法研究始终贴近行业发展，以推动立法为目标，在保险业实践与保险立法之间起到了中介与桥梁的作用。2012—2013 年的两年中，保险法学者共计在法学核心期刊发表保险法论文 17 篇，现对其中所涉主要问题及观点进行整理，综述如下：

（一）保险不利解释原则

对处于缔约弱势又饱受危险煎熬之苦的投保人一方，"锄强扶弱"以实现公平，是法院审理保险案件的主要思路。于是，保险人说明义务、不利解释原则等倾斜性限制保险人的系列规则就成为法院进行裁判的首要依据。有

---

① 参见李燕：《独立保函单据化的逻辑解释与我国立法之选择》，载《政法论坛》2013 年第 4 期。

② 参见郭德香：《见索即付保函的担保风险及其防控对策——由"利比亚银行保函延期事件"引发的思考》，载《法商研究》2012 年第 5 期。

学者通过案例实证分析注意到，在这种裁判思路中，不利解释原则面临着被任意扩张或非合理缩限的危险。因此，该学者主张从顶层设计的高度去定位和优化不利解释原则，使其能够在实现惩罚条款设计过失的规范性价值的同时，也能够有效实现缓冲保险人说明义务的机制性价值。在具体适用中应坚持合理扩张与严格限定的二维路径，以尽可能地避免条款无效、解决条款模糊难题。①

（二）复保险人损失分摊原则

复保险是与单保险相对应的一个概念，保险学理上又称为多数保险，即数保险人对被保险人的同一损失负补偿责任。2009年修订的《保险法》第56条第2款是为损失分摊原则所设之专门规定：重复保险的各保险人赔偿保险金的总和不得超过保险价值。除合同另有约定外，各保险人按照其保险金额与保险金额总和的比例承担赔偿保险金的责任。有学者认为我国《保险法》损失分摊原则有亟待完善之处：其一，各保险人对被保险人之外部损失补偿关系应从比例分担主义转向连带主义；其二，各保险人间之内部分摊关系应从最大责任制转向独立责任制；其三，复保险之构成要件应当统摄积极性财产保险和消极性财产保险。②

（三）保险合同

1. 保险惯例。保险惯例，是保险行业的通用习惯做法，它以成文化保险条款为载体，对保险双方配置了具体的权利和义务。有学者以商业车险为例评价保险惯例，该学者认为保险惯例作为保险交易行为中存在的客观事实，存在善恶之别。对保险惯例进行评判，要综合衡量投保人、保险人和保险业三方面利益，以实现利益分配、价值维护最优为目标，进行取舍。在保险惯例的审查过程中，过于倾向任何一方都不利于社会整体利益的增长或维护。法院对于保险惯例的评断应给出充分的说理，既不草率地否定良性保险惯例，又不轻易地肯定恶性保险惯例。保险人应充分利用其专业优势和技术优势，细致、缜密地从事保险惯例的论证工作，为法院对保险惯例形成合乎保险技术的司法解释提供智力资源。③

2. 保险合同效力。我国保险法理论研究与司法实践中，对投保人告知义务履行、保险单出具及保险费交纳与保险合同效力的关系等诸多问题的理解一直存有分歧，不仅给保险经营及监管带来了困难，而且导致当事人双方纠纷频繁发生。有学者立足于保险实务，结合保险原理及我国《保险法》对上述问题给出自己的对策。首先，在要求投保人善尽告知的同时，发展出对保

---

① 参见曹兴权：《保险不利解释原则适用的二维视域——弱者保护与技术维护之衡平》，载《现代法学》2013年第4期。

② 参见樊启荣：《复保险中损失分摊原则之现代整合——兼论〈中华人民共和国保险法〉第56条第2、4款之完善》，载《法商研究》2012年第6期。

③ 参见方志平：《论保险惯例以商业车险条款为中心》，载《中外法学》2012年第3期。

险人加以弃权与禁止反言的规定。亦有其他不少学者赞成对投保人未尽如实告知义务的保险合同可争议权利进行不断限缩。在这一过程中，可争议规范的强行法功能、法定的可争议事由、可争议期间以及可利用的保险弃权制度，在限制保险人的合同解除权方面扮演着十分重要的角色。① 其次，该学者反对保险合同要式说，主张以当事人意思表示为成立要件。最后，关于担保费交纳对保险合同效力的影响，对财产保险来说，视合同约定情况而定；对人寿保险来说，预交保险费且符合承保条件的应当认定保险合同有效成立。②

3. 财产保险合同。近两年，学者们对财产保险的研究较多，尤其是责任保险。财产保险（Property Insurance）是指投保人根据合同约定，向保险人交付保险费，保险人按保险合同的约定对所承保的财产及其有关利益因自然灾害或意外事故造成的损失承担赔偿责任的保险合同。财产保险合同，包括财产保险、农业保险、责任保险、保证保险、信用保险等以财产或利益为保险标的的各种保险合同。有学者专就定值保险的合法性进行研究，对《保险法》第55条第1、2款提出了完善性建议。③ 在责任保险合同中存在保险合同关系与侵权责任关系的交集，在责任保险制度中，二者相互影响，呈现出"相对分离"的状态，产生许多责任保险制度特有的现象。如被保险人请求权受限制，保险人获得参与权，第三者在特定情形下享有直接请求权等。④ 鉴于该类保险合同的特殊性，引起了学者们的极大研究兴趣。有学者认为，在通常情况下责任保险人并不是侵权诉讼的当事人，但它会积极参与到侵权诉讼中，进而控制侵权诉讼的抗辩与和解。责任保险会对侵权责任的认定产生事实上的影响，并且会对当事人的诉讼策略产生影响。正如我们理解侵权诉讼时，必须要将其置于责任保险的背景下，我们在评价责任保险的合同安排时，也必须将其置于侵权诉讼的背景下。我们在承认保险人的合理诉求的同时，也应对其施以相应的义务，以防止其滥用诉讼控制权。在处理责任保险纠纷时，一方面，我们应当尊重合同当事人的意志，另一方面，需要我国的立法或司法机关，在当事人合同约定之外另行制定一套法定规则，来纠正当事人之间的利益失衡，以维护被保险人的利益。⑤ 还有学者认为我国保险立法未能规定责任保险人的抗辩义务，没有要求保险人在负担被保险人抗辩

---

① 参见常敏：《保险合同可争议制度研究》，载《环球法律评论》2012年第2期。
② 参见孙积禄：《保险合同效力研究》，载《政法论坛》2012年第3期。
③ 参见樊启荣：《论定值保险之合法性及其边界——以〈中华人民共和国保险法〉第55条第1、2款为中心》，载《法商研究》2013年第6期。
④ 参见温世扬：《"相对分离原则"下的保险合同与侵权责任》，载《当代法学》2012年第5期。
⑤ 参见周学峰：《侵权诉讼与责任保险的纠结——从两方对抗到三方博弈》，载《清华法学》2012年第2期。

费用的同时也要实施抗辩行为，无疑是一项重大的制度缺漏。非强制类的责任保险制度在我国很不发达，其中一个很重要的因素就是责任保险产品在设计上有先天缺陷，即半拉子的诉讼保险。仅有损失风险填补功能的责任保险对潜在的投保人并无多少吸引力。因此，该学者极力主张责任保险人负担积极协助被保险人在第三人的赔偿请求中为抗辩、和解，使被保险人能从第三人的权利主张中摆脱出来的义务。在立法论上，我国需要对《保险法》第65条和第66条进行完善，将抗辩义务确立为与损失填补义务并列的责任保险人的主给付义务，明确规定抗辩义务的主要内容、成立条件、履行中利益冲突的处置方式和违反的法律后果。①

（四）保险人权利与义务

1. 保险人权利。

（1）代位求偿权。保险代位素有"社会工程的工具"之美誉，其旨在协调由保险人、被保险人以及第三人所构成的"三面关系"中所生之权义冲突，以避免被保险人不当得利、维持第三人之损害赔偿义务以及确定保险人之保险金给付义务。有学者认为保险代位求偿的一般法律程序，根据保险赔付数额与被保险人损失数额之间的关系，可以进一步区分为两种情形，其一是保险赔付完全补偿被保险人后的代位求偿，其二是保险赔付补偿被保险人不足后的代位求偿。②保险人的代位求偿之路并非总是一帆风顺的，可能会遇到各种障碍：首先，由于保险人所代位者原本为被保险人之权利，故如果被保险人放弃该权利，保险人则无可代位之标的，保险代位制度的规范目的势必落空。此种情形即保险法理上所谓之妨碍代位，如何对其加以规范向来是保险代位立法的重要议题。有学者认为未来完善之道应在坚守"区分说"及其立法例的前提下，对不同时点的妨碍代位规范予以细化。对被保险人在"保险合同缔结前"与"保险合同缔结后、保险事故发生前"的免除行为，应分别适用"告知义务"与"危险程度增加通知义务"之法理予以规范，以填补现行法的漏洞；对被保险人在"保险事故发生后、保险理赔前"的放弃或和解，应舍现行法所采"免除保险给付义务"之立法政策，改采"依妨碍之程度减轻责任"之立法政策，以符公平正义之法谛；对被保险人在保险理赔后的放弃或和解，在禁止妨碍代位的同时，须强化被保险人积极协助代位的义务，以使保险人的代位权得以顺利行使。③其次，当保险金额小于保险价值，存在保险范围外损失或自负额（率）时，保险人代位求偿权与被保险

---

① 参见武亦文：《论责任保险人的抗辩义务》，载《法商研究》2013年第4期。

② 参见武亦文：《我国保险代位求偿困局的破解——以法律程序构造的改进为中心》，载《政治与法律》2013年第12期。

③ 参见樊启荣、康雷闪：《我国〈保险法〉妨碍代位规范之完善》，载《法学评论》2013年第4期。

人对第三人的损害赔偿请求权之间，会因第三人清偿能力不足而发生冲突。对此，在保险法理论与实务上，虽有禁止保险人在被保险人的损失得到完全赔偿前行使代位权的规则存在，但多数皆承认此两种权利的竞合，并在竞合时采取四种不同处理方法。有学者认为，在认可权利竞合的背景下，比例分配法更加符合风险分配原则但该方法的适用以责任免除条款的存在为前提，并将间接免除保险人的责任，因而仅在保险合同对此种风险作出明确规定，且保险人履行了说明义务后方可适用，否则应适用被保险人优先受偿法。①

关于保险代位求偿的对象，有学者以特殊主体为研究对象进行了类型化分析。如果第三人是投保人或国家，其仍可以作为保险代位求偿的对象。如果第三人是被保险人或被保险人的利益一致人，则一般不得作为保险代位求偿的对象，不过在汽车强制责任保险中，被保险人本人和被保险人的连带赔偿责任人例外地可以成为保险代位权的行使对象。②

保险代位求偿制度的初衷是防止被保险人不当得利。为此大陆与英美两大法系发展出法定的债权移转与权利法定代位两种不同的制度安排。有学者认为不真正连带债务理论有局限，法定的债权移转无法有效地防止被保险人的不当得利，而权利法定代位则有助于克服前者所面临的困境，并以此成为一个相对优化的制度选择。具体说来，即只赋予保险人处于被保险人之地位而向第三人主张请求权的权利，而并非将被保险人对于第三人之请求权法定地移转给保险人。③

（2）保险资金运用权。保险资金的有效运用，业已成为保险公司利润的主要来源，是保险经营的生命线。我国保险法律规范对保险资金运用进行了较为严格的限制，以防范保险资金运用的风险。相比于世界发达国家和地区的保险资金运用的法律规则，我国在保险资金运用的范围和比例上的限制过于苛刻，禁锢了保险资金的运用的空间和效益。在风险控制的制度范围内，应逐步放宽投资范围和取消比例的限制，以达致保险资金运用的有效性。④

2. 保险人义务。《保险法》从立法上明确保险人在订立合同时的免责条款说明义务，这在保险立法史上尚属首次，此举是保险立法的一大进步，属我国的创新之作。查外国立法，未见有此规定者。可见，免责条款明确说明义务在我国保险业实践操作中的重要性。有学者归纳实践中保险商品的售卖

---

① 参见马宁：《论保险人代位求偿权与被保险人损害赔偿请求权的冲突》，载《法学家》2013年第2期。

② 参见武亦文：《保险代位求偿对象的类型化分析——以特殊主体为研究对象》，载《法学评论》2013年第3期。

③ 参见黄丽娟：《法定的债权移转之下的保险代位权制度的困境与选择》，载《现代法学》2012年第3期。

④ 参加祝杰：《我国保险资金运用法律规则的审视与优化》，载《当代法学》2013年第3期。

方式以及对免责条款明确说明义务的履行方式,揭示争议的缘由。解决问题的向度包括:统一法律规定的"免除保险人责任条款"和保险合同中包含的"责任免除"条款的范围,要求保险人在合同中以足以引起投保人注意的方式标明;保险人履行免责条款明确说明义务应当在确定保险合同之前进行;判断是否"明确"的标准应当根据具体的交易情景做出;实行举证责任倒置,由保险人举证对免责条款进行了明确说明;理顺保险代理人销售保险商品的利益驱动力,投保人应对保险合同内容主动获知;强化投保人"保险人已经对免责条款对我进行了明确说明"复写及签字的做法。①

因果关系是保险责任的重要构成要件,直接关乎保险人与保险消费者切身利益的现实问题。在我国,由于保险法对此未作规定,加之该问题本身的复杂性使然,导致司法实践中对保险因果关系是否成立,以及与此相关的保险责任的有无与大小的判定表现出相当程度的混乱与不一致。于是,有学者以保险业最为发达的北美地区(美国和加拿大)和英国作为比较法上的参照,对因果关系判定方法、反多因除外责任条款的效力等问题进行探讨,并尝试对我国相关问题的解决提出建议。当多个原因连续发生呈完整链条状时,宜采取比例分配规则;当多个原因彼此间相互独立且同时发生时,若其中一个原因是损害结果的充分条件,且其属于承保事项,保险人应承担全部责任;否则,保险人不承担责任;若多个原因都是损害结果的必要条件,应采取"帕特里奇规则",若独立的多个原因连续发生,应视最先发生原因是否属于承保事项来决定保险人的责任,但后续原因造成新的损害的除外。②

七、海商法

海商法作为商事法律制度的重要组成部分,调整海上运输关系和船舶关系。我国作为海运大国,海商法扮演着越来越重要的作用,海商法的法学研究也日渐繁荣。海商法具有鲜明的涉外性强、技术性强、风险特殊、法律制度特殊等特点。这也就决定了海商法学的研究要更多的关注国际公约、国际习惯,更多研究制度的特殊性。但是2012—2013年的两年,海商法研究积极性似乎不如往年那么强烈,学者们在法学核心期刊发表相关论文较少,现对所收集到的为数不多的论文提到的主要问题及观点进行整理,综述如下:

(一)国际海商事公约的效力基础

关于国际法的效力基础,有多种学说,诸如:"共同同意说"、"自我限制说"、"共同意志说"、"基本权利说"、"连带关系说"、"条约神圣说"、"社会需要说"等等。在国际法中,实效原则起着巨大的作用。但是有学者

---

① 参见潘红艳:《论保险人的免责条款明确说明义务——以对保险行业的实践考察为基础》,载《当代法学》2013年第2期。

② 参见马宁:《保险法因果关系论》,载《中外法学》2013年第4期。

反对实证主义,他认为实证主义遵循的是自然法则,其基本形式是因果律(自然科学据以描述其对象的原则就是因果性),条件就是"原因",后果就是"结果";而正义的判断是主观的价值,不能在客观上验证,所以,在法律科学中无容身之地。在国际海上货物运输法律确立的现实中,在实用主义和在计算功利的基础上相结合的民主立法原则,就意味着把多数国家的目标和价值强加于少数国家,大多数国家无权以侵害少数国家利益的方式对待少数国家,即允许多数国家的利益凌驾于少数国家的权利和法定的利益之上。①

(二)《鹿特丹规则》及其影响

2008年12月11日,在纽约举行的联合国大会上,《联合国全程或部分海上国际货物运输合同公约》正式得到通过,并且大会决定在2009年9月23日于荷兰鹿特丹举行签字仪式,因而该公约又被命名为《鹿特丹公约》。该公约最引人注目的地方就是提高了海运企业的赔偿责任限额,并扩大了公约的适用范围,使港口营运商历史性地首次需要遵守国际海运强制性公约。新规则一旦获得生效,将会对船东、港口营运商等相关各方带来重大影响,并预示着调整国际货物运输国际立法结束"海牙时代",开启一个新的"鹿特丹时代"。

关于《鹿特丹规则》,在基本内容上,体系庞大,内容丰富,范围广泛。《鹿特丹规则》共有18章96条,主要是围绕船货双方的权利义务、争议解决及公约的加入与退出等作出了一系列详细规定,可以称得上是一部海运法典、教科书式的国际海上货物运输公约。在公约调整的地域范围、承运人的责任(carrier's liability)、托运人的义务(shipper's obligations)、运输单证类型、海运履约方(maritime performing party)、批量合同(volume contract)、货物交付(delivery of goods)、控制权概念的引入(rights of the controlling party)、权利转让(transfer of rights)等方面作出了进一步的补充和变化。在创新方面,制度设计更具有实用性与可操作性。其一,它特别规定了"发货人""单证托运人",并将其与托运人区别开来;其二,规定了"无单放货"内容;其三,解决了承运人的识别问题。

不论《鹿特丹规则》生效与否,它对国际航运立法带来的影响将是重大而深远的。不少学者对完善我国《海商法》提出了自己的见解,现归纳如下:其一,将沿海货物运输合同规定纳入《海商法》第四章,取消目前的双轨制,实现沿海运输与国际运输法律制度的统一;其二,以2002年《雅典公约》为蓝本修改旅客运输合同中的承运人赔偿责任基础,相应地提高赔偿责任限额和推行强制保险制度;其三,由于海上人身伤亡损害赔偿具有一定的特殊性,可考虑增设海上人身伤亡、船舶污染损害赔偿制度;其四,创设

---

① 参见胡绪雨:《国际海商事公约的效力基础》,载《政法论坛》2012年第2期。

"实际托运人"概念及明确其法律地位,可以把将货物交给与海上货物运输合同有关的承运人的人定义为实际托运人,同时基于其将货物交给承运人的行为,为其设定权利义务,如中途停运权等。①

(三) 其他

有学者专门就船舶溢油污染海洋的法律问责制进行研究。首先对我国民事赔偿、行政问责和刑事问责作出反思:其一,船舶溢油污染损害赔偿民事法律规范政出多头,船舶溢油损害民事问责缺乏技术性的依据;其二,船舶污染海洋的最高行政罚款额度仅为10万元,此行政处罚额度与船舶污染海洋的社会危害性存在严重的失调,违法成本过低起不到预防和警示教育作用;其三,犯罪构成和罪名适用的理论难题尚未解决,刑事立案标准难以确定,刑事司法程序难以启动。对此,他们提出我国在立法方面可以借鉴现行《俄罗斯联邦刑法典》第252条专门设置"污染海洋罪"和台湾地区"刑法"191-1条设置"流放毒物罪"的模式,在执法队伍建设和执法程序等问题上,借鉴日本的海上保安厅、美国的海岸警卫队制度,完善对船舶海洋污染的问责机制。②

八、信托法

2001年4月28日,第九届全国人大常委会第21次会议,审议通过《中华人民共和国信托法》(以下简称《信托法》)。自此,信托制度得以在中国大陆正式确立,信托公司的活动有了基本法。进入21世纪以来,信托业飞速发展,截止2013年3月,信托资产的规模已经高达87 302.23亿元。但是,信托知识的普及和信托观念的树立远远落后于信托实践的发展。不仅是普通投资者,即使是信托从业人员,也大多对信托的本质缺乏正确的理解,关于信托的不少疑难问题亟待厘清和解决。在探索与借鉴的漫漫研究之路上,学者们为信托法制的发展作出了不可磨灭的贡献。通过对2012~2013年的两年间信托法学者在17种法学核心期刊发表的信托法论文进行整理,综述如下:

(一) 国内研究进展

1. 受托人。有学者认为受托人是信托制度的核心,信托法的完善很大程度上是受托人制度的完善。而受托人法律地位又是受托人制度的核心,它决定着信托财产的归属、决定着委托人之原始目的可否达成、决定着受益人利益是否可以实现等信托关系中最为重要之问题。首先,对于受托人,该学者认为信托财产是信托关系的基础,受托人在信托关系中的一切行为都是围绕

---

① 参见李光辉:《海上货物运输公约的新发展——〈鹿特丹规则〉之评析》,载《比较法研究》2012年第3期。

② 参见赵微、王慧:《船舶溢油污染海洋的法律问责制研究》,载《比较法研究》2012年第6期。

信托财产实施的。因此，该学者主张委托人是否对其意欲设立信托的财产享有所有权，是受托人身份取得的唯一判断标准。其次，对于受托人资格，根据《信托法》第24条第1款规定：受托人应当是具有完全民事行为能力的自然人、法人。这是对担任受托人积极资格的要求。该学者认为还应补充消极资格的规定，例如对于法人而言，规定：如果法人被吊销营业执照、被清算或者被申请破产的，不得担任受托人。另外，该学者从忠实义务出发总结了违反受托人信义义务的判断标准以及在受托人违反信托义务的不同情形中对受益人的救济方式。①

2. 特殊信托。当下，如何解决保障性住房融资问题，已成为中央和地方政府及业界关注的焦点。目前，我国的廉租房建设资金缺口较大。而20世纪60年代发端于美国且在我国香港特别行政区得到推行的廉租房房地产投资信托制度在廉租房建设融资中具有多重优势，因此，有学者主张在我国将房地产投资信托引入廉租房建设融资之中。美国经验主要有：（1）税收优惠"特别法"；（2）投资组合多样化；（3）融资渠道多元化。香港经验主要可以总结为：（1）投资组合"散、集、广"；（2）资产管理"两分类"；（3）收益分配"稳中升"。它山之石可以攻玉，该学者认为，借鉴美国和我国香港特别行政区的成功经验，我国廉租房房地产投资信托制度之构建应从设立方式、运行模式、风险监督模式、准入和退出机制等方面进行构建。②

（二）国外经验借鉴

有日本学者围绕梳理日本信托法及相关法制这一主线，试图明确民事信托及商事信托的定义及区分标准，强调民事信托发展的应然及所面临的问题。首先，以八大标准尝试划分民事信托与商事信托：第一，从受托人是否收取信托报酬角度衡量是否存在有偿性；第二，从受益人是否有偿取得受益权的角度衡量是否存在有偿性；第三，着眼于行为，受托行为是否为适用商行为法的营业性商行为；第四，着眼于主体，即是否是提供连续性、反复性信托业务的信托业者受托的信托；第五，存在多数受益人，并且认定受益人间存在集团性，即是否是所谓的集团信托；第六，着眼于信托类型，即是否为发行受益证券信托或者限定责任信托；第七，信托目的是否包含取得营利目的；第八，着眼于受托人的作用或者信托本身的功能。其次，通过对民事信托与商事信托的区别以推出更合理的解释论。比如，自我信托的设定与利用，如果属于商事信托的类型，在美国事业信托或者法定信托的大部分都是利用信托宣言，实质上有关当事人按照市场原理采取行动，进行交涉确定信托的内容，可以说这种情形并不少见。在此种情况下，被视为自我信托弊端的相当

---

① 参见赵磊：《信托受托人的角色定位及其制度实现》，载《中国法学》2013年第4期。
② 参见李智：《廉租房房地产投资信托的域外经验及借鉴》，载《法商研究》2012年第3期。

一部分问题可能会得到缓解和消除。另外,该学者强调受托人的能力性创新是信托现代发展的原动力。理想的状态是,受托人特别是以信托为业的专业主体即信托业者积极地推进有利于社会的信托,对于违反社会公平正义的信托,应尽量引导其转入符合社会公正的方向。①

九、投资基金法

《中华人民共和国证券投资基金法》(以下简称《证券投资基金法》)经2003年10月28日十届全国人大常委会第5次会议通过,2012年12月28第十一届全国人大常委会第30次会议修订,新《证券投资基金法》是对旧有规定的修订、补充和完善,尤其是承认了非公开募集方式的合法地位。投资基金法的理论研究也随之偏重于此方面的扩充和发展。在2012–2013年的两年中,学者们共计在法学核心期刊发表相关论文9篇,现对其中所涉主要问题及观点进行整理,综述如下:

(一)私募基金

19世纪20年代起源于美国的私募股权投资基金,又称私募股权基金(Private Equity Fund,简称PE),作为一种资本市场的金融创新工具,在全球范围迅速发展,已经成为仅次于银行贷款和公开发行股票的第三大企业融资渠道。由于私募股权投资基金最初主要投资于高新技术企业和中小企业,对社会经济发展具有积极和正向的贡献,各国对私募股权投资基金的监管基本持宽松态度。于私募股权投资基金在我国尚处初级发展阶段,相关法律规范缺乏,管理层对私募股权投资基金的监管思路至今尚不明确。但是,随着私募股权投资基金在我国资本市场的逐步发展壮大,如何对之进行有效监管以平衡融资便利与投资者保护,是一个不容回避的问题。尤其是全球金融危机之后,各国对私募股权投资基金的监管思路已经发生了变化,普遍存在加强监管的趋向,相应地,学者们对私募基金的研究趋向于监督和管制方面。有学者分析了我国私募基金的监管现状并提出了相应的监管建议。该学者认为对私募股权投资基金进行监管主要是基于投资者保护的需要,因此重点是建立以保护投资者为核心的监管制度:投资人限制制度、基金管理人规范制度、广告宣传限制制度和信息披露规范制度,从而将投资者限定在具有相应投资经验和风险识别能力、能够进行自我保护的群体之内,将高风险与一般社会公众隔离开。②还有学者借鉴私募基金发源地——美国的相关监管经验,究

---

① 参见神作裕之:《日本信托法及信托相关法律的最新发展与课题》,载《中国政法大学学报》2012年第5期。

② 参见王荣芳:《论我国私募股权投资基金监管制度之构建》,载《比较法研究》2012年第1期。

其监管制度利弊，以便寻求适合我国私募基金发展现状的监管之路。①

(二) 主权财富基金 (SWF)

目前，关于何谓主权财富基金并无统一定义，一些国际组织（如 IMF、OECD 等）、政府机构（如美国财政部）、商业机构（如 Deutsche Bank、McKinsey Global Institute、Morgan Stanley 等）纷纷提出了自己的定义。总体上，这些定义主要从资金来源、投资目标及投资策略等三个方面界定 SWF。有学者认为，作为国家所有的投资工具，SWF 对资本市场的深度介入必然引发如此疑问，即这些跨境投资行为是否会干扰接受国国内市场功能的正常发挥？实际上，正是这一疑问构成了所有关于 SWF 争议的理论焦点，至今未有定论。SWF 面临着国内私法的规制不足与公法的过度规制的困境。无论是以"国家安全"为名限制 SWF 的投资，还是以"投资自由"为名限制"国家安全审查"的适用，均有可能因过于偏重市场自由或政府管制而最终损害一国经济的发展和资本的最优配置。对此，我们的选择似乎只能是审慎平衡。②

关于主权财富基金的治理，有学者从主权财富基金治理的特殊性、重心和透明度的作用三个方面进行分析。首先，公私融合的身份属性、当下国际关系的结构转型这一背景和多维的双重治理架构决定了主权财富基金的治理的特殊性。其次，"去主权化"不应作为主权财富基金治理的重心，因为将私人投资者作为主权财富基金的行为模板在逻辑上和实践中都是有问题的，而且这将导致忽视主权财富基金成立和运营的经济逻辑和治理的其他向度。最后，在获得国内和国际合法性、商业优势，对成员的声誉产生积极影响，协助成员与利益相关者沟通方面，透明度对主权财富基金的治理发挥了不同程度的作用。但是，透明度依然是一个自我实施的问题，透明度要求不应违背平等和适度原则，透明度与基金投资的经济动机没有直接的逻辑关联。③

(三) 集合投资计划

近年来，我国商业银行、证券公司、信托投资公司、基金管理公司等金融机构都在积极推出各类形态不同的集合理财产品，私募基金以及温州等地的民间金融也出现大量集合投资性质的融资形态。有学者主张对我国目前各类活跃的理财产品、私募基金、民间集资等"市场型间接金融"进行统合规制，使其更好活络经济血脉，实现从偏重间接金融到间接金融和直接金融并重的转变，使其更好地服务于经济的发展。而集合投资计划是对市场型间接金融进行法律应对的最佳路径。该学者将集合投资计划定义为：由该计划的

---

① 参见毛海栋：《通过豁免的规制——美国私募基金规制政策的变迁和启示》，载《法学评论》2013 年第 1 期。

② 参见易在成：《主权财富基金：界定、争议及对策探讨》，载《比较法研究》2012 年第 1 期。

③ 参见周晓虹：《关于主权财富基金治理的三重追问》，载《当代法学》2012 年第 6 期。

参与人以金钱出资形成集合性资产,由资产管理人将其开展事业,并将由此产生的收益分配给参与人的,包括但不限于以公司、信托、合伙等组织形态的各类公、私募基金等金融产品,具体由金融监管部门列举指定。并指出,借鉴英、日、韩等国的集合投资计划的最宽泛、兜底性、体系化三种统合规制模式的经验,我国当前无法实现英国式的最宽泛规制模式或韩国式体系化统合规制模式,相对而言,日本式的兜底性的抽象概括规制模式比较符合我国国情。为了适应金融创新,我国还需借鉴英、日、韩三国都采取的抽象概括与具体列举相结合、法律规定与行政执法相结合、硬法与软法相结合的层次化金融服务法规制体系。① 另有学者关注了《日本金融商品交易法》在"有价证券"的范围中导入"集合投资计划"概念以规制各类投资基金的情形。该学者建议在我国《证券投资基金法》修订之际,从切实保护投资者权益的角度出发,在目前没有分散型法律法规规制的情况下,只有对各种花样翻新的融资安排(集合投资计划)采用统一型法律加以调整,并尽可能地将各种类型的投资基金进行一揽子、整合性的规范,才能避免实践中随时可能出现的"无法可依"的状态,也才能真正践行《证券投资基金法》保护投资者权益之立法精神。总之,日本对集合投资计划从组成到运营进行横向覆盖的制度规范殊值得我们借鉴。②

(四) 其他

投资基金的组织形式主要有合伙型、公司型、契约型三种。其中,合伙型之有限合伙基金采取有限合伙企业的组织形式设立,由普通合伙人和有限合伙人组成,其中的普通合伙人由有良好投资技能的专业管理机构或个人担任,行使合伙事务的执行权,根据基金管理协议负责合伙企业的经营管理,对基金的债务承担无限连带责任;有限合伙人则作为资金的投入方,不直接参与基金的经营管理,根据基金合伙协议享受合伙收益,以其认缴的出资额为限对基金的债务承担有限责任。有学者对于有限合伙人的"安全港"规则提出了突破性见解,主张拓宽有限合伙人的经营管理权,可以通过引入"信赖检验规则"明确有限责任的隔离并建立有限责任扩张后被滥用的防范机制。该学者进一步提出构建明确的私募股权投资基金单行立法,并辅以一系列成套并内在一致的多元产业经济组织法与行为法以及相应的司法解释的解决路径。③

---

① 参见杨东:《市场型间接金融:集合投资计划统合规制论》,载《中国法学》2013 年第 2 期。
② 参见陈洁:《日本〈金融商品交易法〉中的集合投资计划》,载《法学》2012 年第 10 期。
③ 参见范晓娟:《论有限合伙基金的"安全港"规则的突破》,载《政治与法律》2013 年第 5 期。

第二章　商法学学术会议概览

一、中国法学会商法学研究会（或学科分会）年会及其他研讨会

（一）中国法学会商法学研究会 2012 年年会

主办：中国法学会商法学研究会

承办：重庆大学法学院

时间：2012 年 6 月 23 日至 24 日

地点：重庆

2012 年 6 月 23 日至 24 日，由中国商法学研究会主办、重庆大学法学院承办的中国商法学研究会 2012 年年会在重庆市召开。与会学者围绕"改善民生与商法发展"这一主题展开了热烈讨论。

　　1. 我国商事纠纷解决过程中存在的问题及其解决思路。随着我国经济的高速发展，商事纠纷也与日俱增。能否快速有效地解决商事纠纷，不仅关系到我国经济能否持续增长，也关系到我国社会能否和谐发展。学者们对商事纠纷解决过程中暴露出的问题给予了密切关注。南京大学范健教授指出，不同的商事行为在商法研究中有不同的理解，因而商事纠纷的解决机制和途径应有所不同，但目前我国法院在审理商事案件过程中存在的问题主要是缺乏法律的明确规定。中国人民大学叶林教授指出，我国商事纠纷的调解制度相对比较落后，多元化纠纷解决机制只停留在理论层面，在实践中的应用相对较少；在引入法经济学分析方法解决商事纠纷时需要以一种易于被学者接受的方式进行，因为法经济学分析方法引入我国需要一个漫长的过程。学者们一致认为，目前我国在解决商事纠纷时没有对商人的利益给予充分的保护。中国政法大学李建伟教授指出，在解决商事纠纷时应该支持商人的正当利益诉求，但目前我国对商人的正当利益诉求的支持不够。中山大学周林彬教授剖析了产生这一现象的原因，并指出对商人正当利益诉求予以支持的正当性在于保护交易习惯和交易安全，当下我国商事纠纷解决机制主要存在三个问题：商会和行业协会的缺失、交易习惯的缺失及商法理念的缺失。

　　中南财经政法大学雷兴虎教授指出，在我国商法理论体系尚不足以支撑商法制度建设和指导司法实践的当下，总结商事审判实践经验，探寻商法理念，有助于商事司法改革的发展。中央财经大学胡晓珂副教授赞同雷兴虎教授的观点，认为探索商法理念是做好商事裁判的基础和关键，并提出外观主义理念无论是直接适用于具体案件还是间接指导案件的裁判，均起着举足轻重的作用。范健教授认为，每个国家的商事立法对商事行为的具体规制都各不相同，我国商事立法对商人正当利益的保护比较滞后，因此我国应该进一步完善商事实体法规范，统一立法，充分发挥行业协会的作用。李政辉教授也认为，对商人正当利益的保护在立法上应当回应商人的制度诉求，在司法上应当对尊重商人自由的原理进行探讨。她指出，我国现在还不是高福利国家，没有完善的福利体系解决大规模侵权问题。责任保险作为大规模侵权责任社会救济的重要手段，在实现侵权人与受害人、侵权人与社会之间的利益平衡上无疑将起到巨大的保证作用。兰州大学胡珀副教授认为，我国环境责任保险中存在保险的公益性与保险人的营利性相冲突等问题，他提出实行环境责任强制保险、由政府和保险公司共建保险基金等兼顾保险责任的公益性和保险人的营利性的解决方法。保险索赔时效问题在保险纠纷中占据着重要位置。大连海事大学魏国军副教授认为，2009年修订的《保险法》第26条将保险索赔时效定性为"诉讼时效"，加剧了审判实践中对"保险事故"和"保险索赔时效起算日"判断的困惑，因此将保险索赔时效定性为除斥期间更为合理，并建议在此基础上对《保险法》中的保险索赔时效制度进行梳理和完善。

2. 破产法。破产重整制度为处于困境中的企业提供了东山再起的机会，但在破产实践中该制度暴露出诸多不足。山东财经大学王建敏教授认为，我国破产重整启动阶段的债权人利益保护问题体现在对债权人破产重整申请权的规定过于笼统、破产重整原因不够全面、法院行使审查权的专业性有所欠缺等方面。她指出职工债权人的破产重整申请应当通过职工代表大会以整体债权人的身份提出。她认为担保物权只是赋予债权人以优先受偿权，破产重整有可能更好地实现担保债权人的利益，因而应当允许担保债权人享有破产重整申请权。破产欺诈与破产制度相伴而生。对此，吉林大学齐明副教授指出，破产欺诈的发生与破产程序准入机制不严格、破产法本身特殊的内部机制及外部效力有关。在破产法体系中，关于破产原因的立法应当发挥破产原因条款的接纳功能和破产程序准入条款的严格筛选功能。《企业破产法》第2条的规定过于简单，致使破产原因立法的反欺诈功能难以发挥，应当强化破产原因立法的反破产欺诈功能，建立健全破产原因立法功能发挥的配套法律法规和评估机制，并赋予法官相应的自由裁量权。在公司清算以及清算人选任问题上，中南财经政法大学陈晓星副教授认为，有限责任公司的清算人由公司股东以及股东大会确立的人员组成是没有法理依据的，公司解散后公司人格仍然存在，而公司人格不同于股东人格。最高人民法院法官曹守晔指出，在当前的司法实践中，某些资不抵债的公司往往不愿意申请破产，这极大地损害了债权人的利益，因此最高人民法院鼓励各级人民法院积极受理破产案件。

3. 《票据法》《证券投资基金法》的修订。

(1) 《票据法》的修订。1995 年制定的《票据法》已明显不适应我国经济发展的需要,其修订引起学界的特别关注。黑龙江大学董惠江教授认为,根据现行票据理论,以票据行为契约说为前提,辅以权利外观理论对解决第三人的保护问题是个不错的选择。目前中国没有日内瓦法系诸国国际法义务上的限制,把权利外观理化为具体票据制度,完全可能使中国票据法在世界处于领先地位。

关于饱受诟病的《票据法》第 10 条,宁波大学赵意奋副教授认为,融资性票据在融资中的作用正逐渐在实践中得到验证,成为投资者新的投资工具,很好地满足了融资和投资的双向需要。融资性票据的发行是为了融资而不是为了交易,因此我国应该对《票据法》第 10 条进行修订,明确其适用范围。

(2) 证券投资基金法的修订。关于《证券投资基金法》的修订,学者们相对集中地讨论了基金投资主体资格问题。天津工业大学薛智胜教授认为,合格投资者是私募股权投资基金投资者的准入门槛,也是发展私募股权投资基金的核心规则,明确合格投资者的标准,对于保护投资者权益,促进私募基金投资市场的健康发展具有重要意义。规定合格投资者的范围应从界定合格投资者的必要性出发,在借鉴有关国家成熟立法经验的基础上,主要从认定主体、认定标准和认定程序三方面对私募股权投资基金合格投资者进行界定,厘清私募股权投资与非法集资的界限。天津大学李士萍副教授认为,私募基金作为特殊的金融产品,要求其投资者应是占有较大资金量且有一定风险承受能力的特定人群,但法律对投资者的具体准入条件未作规定,出现了私募基金向社会公众募集资金的不规范现象,不仅影响了私募基金自身的健康发展,也容易导致非法集资等社会问题。从法律上明确规定私募基金投资者的资格、人数及其计算方法、规范私募基金的募集对象是私募基金投资者准入制度的主要内容。

关于场外金融衍生产品交易问题,上海国家会计学院颜延教授对场外金融衍生产品交易中买者自负原则进行了分析。他认为即使在传统的商品买卖法中,买者自负原则也正逐渐淡去,而卖方有责原则则随着消费者保护潮流迅速成为主导法律原则。场外金融衍生产品定价复杂、透明度低、集中度高,买方一般都必须依赖卖方之推荐进行交易,只有践行卖方有责原则方能保护投资者利益。金融危机之后,欧美国家法院在涉及场外金融衍生产品交易纠纷的案件中正在将卖方有责作为一项主导的裁判理念,以加强对投资者的保护。我国法院目前秉承的所谓买者自负原则并不是金融法的一项主导原则。

4. 民间借贷和金融秩序的商法规制。近年来,全国各地发生了一系列与民间借贷相关的社会事件,严重影响了我国的经济发展和社会稳定,民间借贷问题也因此引起了与会学者的高度关注。学者们一致认为，民间借贷一直游离于我国正规金融体制之外，作为正规金融的有益补充，为我国经济的发展发挥着独特的作用。宁波大学郑曙光教授从浙江温州金融改革的价值取向及地方样本特征两个方面分析了温州成为全国金融改革试验区的原因。他认为，应当引导民间金融从"地下"转至"地上"以实现借贷行为控制的制度创新，使民间资本投入合法、正规渠道，发挥民间资本对经济发展的作用。小额贷款公司、村镇银行、农村资金互助社的建立有利于金融市场和金融组织制度创新，也为民间资本的引入创造了机会，但如何在试点的基础上实现长足发展还需要在政策上为其提供生存和发展空间，在法律制度上予以有效的促进和规范。北京工商大学王亦平教授指出，民间资本作为一种融资渠道，若对其加以合理、明确的规范和有效地控制，对满足经济对资金的需求、稳定经济社会生活具有重要的意义。他指出，规范民间借贷的关键在于明确民间借贷合法与非法的边界，而这又包涵以下三个判断标准：（1）借贷双方签订的借款协议是否系自愿达成，（2）企业是否以公告的形式向外部不特定的主体筹集资金，（3）企业借款的用途是否符合国家的产业政策。宁波大学何松明教授对浙江丽水金融改革与温州金融改革做了比较，并对民间借贷登记中心的设置理由做了如下总结：（1）登记有利于民间借贷的公开化、阳光化；（2）登记有利于借贷利益的市场化及借贷利率的透明化；（3）登记有利于潜在债权人了解债务人的情况，从而减少借贷风险。河海大学王建文教授指出，民间借贷的存在具有其现实依据，应当从三个方面进行商法上的考察：（1）对民间借贷的合法性予以充分肯定，将民间借贷逐渐纳入正规金融体制之中；（2）区别对待合法借贷行为与非法借贷行为，对于合法借贷行为予以充分肯定与保护，同时对非法集资及转贷牟利等非法借贷行为予以坚决打击；（3）对于利率的合法性判断，应坚持以超过银行贷款利率4倍以上作为非法的标准。福建省莆田市人民检察院检察官蔡福华对我国现行规制民间借贷法律的条文进行了梳理，提出了几点建议：（1）民间借贷法律应统一由全国人民代表大会常务委员会制定；（2）增加商业银行在边远农村地区的分支机构；（3）在一定区域内支持设立私人商业银行，尽快制定《自然人放贷法》和《典当管理法》等。西北政法大学王莹莹副教授认为，民间借贷危机暴露出我国商事立法背离商法传统所引起的经济发展与制度供给之间的不平衡，打破这种不平衡的局面最终需要依靠我国商事立法摆脱政策性影响和法律父爱主义的影响，回归商法传统。国家检察官学院赵玉博士指出，中小企业融资难问题在我国不是一个新问题，而是一个长期存在的问题，只要这个问题存在，民间融资就必然存在。她提出三点建议：（1）在自然人放贷方面，引进类似于合格投资人的准入制度；（2）加强对放贷机构的监管；（3）在司法保护方面，应更多地强调民事责任和行政责任，并建议在司法解释中明确规定自然人与自然人、自然与企业、企业与企业之间借贷的权利义务。江西财经大学熊进光教授对金融刑法与民商法适用的先后关系进行了探讨，他主张民商法先行，尤其是在金融案件审判过程中应坚持刑法的二次性评价原则。

（二）中国法学会商法学研究会 2013 年年会

主办：中国法学会商法学研究会

承办：湖南大学法学院

时间：2013 年 10 月 12 日至 13 日

地点：湖南长沙

2013 年年会于 10 月 12 日至 13 日在湖南省长沙市召开。本届年会由中国商法学研究会主办，湖南大学法学院承办。与会者围绕"法治国家建设中的商法思维与商法实践"这一主题展开了热烈的讨论。现综述如下：

1. 商法思维的基本范畴。清华大学法学院王保树教授认为，商法思维是指商法领域的法律职业者，包括商事立法者、法官、仲裁员、检察官、律师的特定从业思维方式，是法律职业者在从事商法职业的决策过程中按照商法的逻辑思考、分析、解决问题的思维模式。他还认为，商法思维的外延包括：强调商人营利利益的保护；尊重商人的营业自由、自主决策和商业判断；促进交易，方便交易；注重外观主义的适用，保护善意第三人的利益；促成企业设立，重视企业维持。他还指出，实践中要求商人"合法经营"的说法值得探讨。商事交易种类繁多，不可能由法律一一列明，不可能要求商人每项经营都有法律依据。商人营业只要不违反强制性法律规范，就可以自由地进行。广东财经大学法学院袁碧华教授也认为，商法思维是受商法特性和本质影响的一种法律思维，是从商法的本质和特征出发进行思考的思维方式。华东政法大学经济法学院沈贵明教授从三个维度定义商法思维。第一，商法思维是公平、正义价值取向与营利相结合的评判思维。第二，商法思维是法律规范与商事惯例相兼顾的逻辑思维。第三，商法思维是法学知识与商事知识相交融的综合专业思维。南京大学法学院范健教授将商法思维具体化为一种方法，认为商法思维是一种商事思想以及运用商事思想处理商事活动的方法的统称。烟台大学法学院姜一春教授提出，商法思维是从商人共同体的经验和需求逐步总结而来，是反映商事活动实践的一种理念，属实践性思维，并不单纯是一种思想成果，具有非理性、非纯粹逻辑推理、实践导向性强的特征。天津师范大学法学院郝磊教授提出从三个不同维度理解商法思维：商法特有的营利与效率观念是支撑商法思维的深层要素，商法特有的概念、原理、商法规则、实践经验等商法知识系统是形成商法思维的基础性要素，商法特有的思维方法和与之相适应的思维程序是商法思维的工具性要素。宁波大学法学院郑曙光教授等人提出，基于商事安全价值的考量，司法裁判中应根据违法货币出资的来源分别判断其对股东资格的影响。对于出资来源于毒品犯罪、黑社会性质的组织犯罪、走私犯罪，出资目的为洗钱的，按出资人没有实际出资处理；对于一般犯罪所得货币出资的，根据公司法的资本充实原则，出资即取得股东资格，出资来源违法不影响股权，不应为惩罚犯罪而否定其股东资格，从而影响商事安全价值与商主体稳定。

2. 商法思维与商法总则制度。

（1）商主体的认可。以商法思维为指导，吉林大学法学院胡晓静副教授等人提出了认定商主体的三个标准。一是商主体只能是从事商事营业的主体。我国应借鉴德国商法典上小营业经营者的概念，如果个体工商户和个人独资企业因经营规模达不到商事营业标准，那么不将其归入商主体，由其自由选择是否通过商事登记取得商主体身份，适用商法特别规范；如果其经营规模达到了商事营业标准，那么直接取得商人身份。二是商主体不以登记为要件。我国应区分商事登记和普通的工商登记，商事登记只针对商主体，普通工商登记针对全部经营活动主体。三是商主体界定应当坚持个人本位主义。

（2）商事代理。王建文教授认为，司法实践中应对表见代理制度作民商区分，既应考察相关当事人是否商主体，又应根据商主体是否是企业，而对其主观过错或可归责性作具体判断。在第三人系商主体时，只要其违背与其能力和要求相匹配的注意义务，即使过失较轻，也不能成立善意无过失，从而使表见代理无法成立。在此种情形下，无须考虑本人的可归责性要件。在第三人系普通民事主体时，因其不具备商主体应有的判断能力，对其注意义务要求不应过高，只在其有重大过失时才使善意不成立，从而使表见代理易于成立。在此种情形下，若本人系商主体，则第三人的可归责性判断标准较为宽松，只要其无重大过失即可使表见代理成立；若本人同样系普通民事主体，则其可归责性判断标准较为严格，只有第三人无任何过失才能使表见代理成立。

（3）商事登记。兰州商学院史正保教授认为，我国商事登记审查制度应遵循保障交易安全和提高交易效率的基本价值取向，并主张商事登记的审查应为形式审查。构建形式审查制度可采取三个措施：一是立法直接确立商事登记的形式审查形式；二是明确规定形式审查的内容和要求，其核心是对申请材料仅作合法性审查，即审查申请人提交的材料以及其中记载的事项是否齐全、是否符合法律规定；三是完善与之相关的法律制度，如公司设立无效或撤销制度、加重发起人的虚假登记责任等。四川省社会科学院周友苏研究员等人认为，我国行政管理领域开始的"先照后证"改革表明政府及管理层尊重商人自治，反映了商法理念正由学者思维层面向实务操作层面不断渗透和直接运用的可喜变化。"先照后证"贯彻了鼓励投资的基本思想，是对交易效率与交易安全平衡关系的重构，体现了商人自治和营业自由的理念，能促进商事登记和相关制度深化改革的联动效应。

3. 商法思维与商事单行法。

（1）商法思维与公司法。河北大学政法学院赵金龙教授提出，我国应当因循网络技术发展和保障营利、交易安全迅捷的商法思维，完善和创新公司法律制度，包括完善股东网络投票制度、创新网络委托书征集制度、虚拟股东大会会议制度以及电子股东论坛规则制度。华东政法大学经济法学院胡改蓉副教授等人提出，应根据商事理念对我国公司股东出资形式制度进行检讨。严苛的资本制度不能很好地保护交易安全及债权人利益，反而抑制了资本的自由逐利空间，也与国际公司法制日趋宽松、灵活的趋势相悖。因此，有必要从商事理念出发，对公司股东出资形式进行具体制度构建，促进公司出资形式制度由追求安全向追求效率转变，由强调国家强制向强调私法自治转变，由保障债权人利益向保障股东利益转变。郑州大学法学院王艳华副教授认为，公司法以营利性为其最终目的，公司在履行社会责任的同时不能违背营利性思维损害公司营利，公司法不以公司社会责任为立法目标，公司社会责任的具体尺度以及责任形式应体现在公司法之外的社会法中。

《公司法》第16条第1款规定了公司对外担保的内部决策程序，对于未经此程序而签订的对外担保合同的效力，学者们提出了不同的观点。延安大学政法学院刘向林副教授认为，《公司法》第16条的适用应考量公司的不同类型。对于股票在证券市场进行交易的股份有限公司，《公司法》第16条和第122条的规定可解释为效力性强制性规定，未经公司章程授权或者未经公司董事会和股东大会决议，公司对外签订的担保合同属于无效合同。对于股票不公开交易的股份有限公司或有限责任公司，未经公司章程授权或者未经公司董事会和股东（大）会决议，该规定可解释为管理性强制性规范，公司对外签订的担保合同有效。台湾大学法律学院王文宇教授则认为，涉及公司对外担保的担保权利人是否"应当知道公司代表人越权"的判断不宜机械地套用民法概念，认定上应较一般民事关系更为严格。《公司法》第16条的规定属于法律明文要求，具有"应当知道"的公示效果，除非担保权利人已尽审查义务，以具体事证表明代表人确实获得公司章程授权，否则该担保合同如在未经公司追认则对公司不生效力，应由越权代表人自行承担责任。如果允许担保权利人随意以"善意"为由进行抗辩，那么将间接架空公司法就公司内部权限的分权设计。

关于公司股权纠纷，肖海军教授认为，根据效力认定的文义原则和权利认定的外观主义原则，在涉及股权转让协议的案件中，应按照如下基本思路裁判：股权转让协议一经签订即产生法律效力，股权转让协议签订后，当事人应严格履行合同。在受让人已支付对价的情形下，出让人、公司和公司其他股东应履行股东名册、章程变更与登记义务。是否完成股权或股东名册变更登记，并不影响股权转让协议的有效性，在一股多卖的情形下，应本着是否已完成股权登记、是否已实际履行以及签约时序等标准对买受人进行保护。

对于公司僵局的司法救济应适用哪些理念作为指导,郑州大学法学院宁金成教授认为,公司僵局的司法救济不得违背尊重商主体自治即公司自治原则,只能是公司自治的一种例外。司法对公司治理内部事务的介入应遵循效益原则,可采强制公司分立、任命临时董事、强制股份收购等措施,以维持公司存续。公司僵局司法救济的启动应尊重公司自治,以《公司法》第183条规定的"经营管理发生严重困难"为启动要件不够恰当,纯粹商业意义上的经营困难不能请求司法救济。为了避免歧义,法律应明确规定只有在公司治理出现僵局即公司组织机构长期不能正常运行,致使公司日常决策、执行不能正常进行时,股东才能请求司法救济。中南大学法学院博士研究生李依伦通过对2006～2012年间268起公司僵局诉讼进行了实证分析,认为我国司法救济公司僵局目前存在三个问题:一是纠纷替代解决机制缺失,二是单纯调解效果欠佳,三是司法解散效率低下。从105份判决公司解散的判决书看,判决的核心根据为公司"经营管理发生严重困难",即只要法庭采信的证据包括公司处于事实上的歇业、停业状态或者生产停滞,就立即认定公司处于僵局,而未能证明公司处于生产经营停滞状态的案件则几乎全部被驳回诉讼请求。可见,人民法院大多是将《公司法》第183条"经营管理发生严重困难"的规定视为实体判决标准。

(2)商法思维与保险法。中国保险监督管理委员会博士后工作站博士后研究人员高宇认为,在保险标的因买卖合同转让时,附着于该保险标的之上的保险合同同时转让给受让人,并同时辅以保险人和受让人对保险合同的终止权,这样的保险立法符合追求效率的商法思维。王艳华副教授认为,作为商业保险机制,保险事故发生时是否赔偿要依据保险合同的约定,如过分适用民法的公平原则,让保险公司承担赔偿责任,那么就忽视了商业保险法的商法性质。河南省人民检察院乔志华检察官等人也认为,即使交强险有社会保障功能,其本质上也是一种商行为,应在保障当事人双方合法权益的同时,保障交易快捷和安全。

(3)商法思维与票据法。大连海事大学法学院朱莉讲师认为,应坚持保护交易安全便捷的商法思维,为保护善意第三人的利益,维护票据行为的独立性与文义性,我国立法不应规定票据行为成立的实质要件,而应严格奉行票据行为的外观主义。由于后手不可能从票据的形式和文义上作出有效判断,因此只要票据持有人在受让该票据时是善意的并且符合法律的规定,法律就应认可其享有完整的票据权利。

(三)第二届海峡两岸商法论坛

主办:中国法学会商法学研究会、公益信托台湾财政金融法学研究基金、台湾政治大学法学院财经法中心

协办：台湾证券交易所股份有限公司、裕元教育基金会

时间：2012年6月3日

地点：台湾政治大学

2012年6月3日，"第二届海峡两岸商法论坛"在台湾地区政治大学召开。本次论坛由台湾地区的政治大学承办，论坛主题是"股东权保护之法律问题"。

本次论坛云集了大陆和台湾地区的重要公司法专家，大陆地区王保树、朱慈蕴、范健、赵旭东、叶林等共计19位教授参会，分别来自清华大学、南京大学、中国政法大学、西南政法大学、中国人民大学、中山大学、复旦大学、四川大学、吉林大学、中南大学、西南财经大学、河海大学、深圳大学、暨南大学、扬州大学等高校及四川省社科院；台湾地区赖英照、赖源河、刘连煜、王文宇、林国全、方嘉麟、王志诚、廖大颖等著名学者参加了论坛，分别来自台湾政治大学、台湾大学、台北大学、东吴大学、中正大学、文化大学、成功大学等高校。

（四）第三届海峡两岸商法论坛

主办：中国法学会商法学研究会、公益信托台湾财政金融法学研究基金

协办：宁波大学

时间：2013年7月6日

地点：浙江宁波

2013年7月6日，海峡两岸第三届商法论坛顺利召开。此次论坛由中国商法学研究会主办，宁波大学法学院承办，主题为"企业集团的法律问题"。宁波大学副校长冯志敏教授、中国商法学研究会会长王保树教授、台湾政治大学法学院刘连煜教授等嘉宾应邀出席并致辞，来自海峡两岸三地的80余位代表参加了本届论坛。本届论坛由中国商法学研究会副会长兼秘书长朱慈蕴教授主持。

论坛分为"企业集团形态的法律比较""企业集团法与小股东的保护""企业集团法对债权人的保护""企业集团立法与完善"四个专题进行研讨。政治大学法学院林国全教授、清华大学法学院朱慈蕴教授做会议总结。林国全教授指出两岸学者关心的问题基本一致，在已成为经济现实的关联企业的经营模式之下，针对如何保护小股东、债权人的利益等问题，学者们探讨了种种方法，进行种种考虑。报告花费了很多的心力，收益良多。朱慈蕴教授指出两岸发言人、评议人、自由发言人都贡献了很多精彩的体会。未来，以下几个问题需重点关注：第一，在关联企业中，企业跟企业之间的关系；在集团公司下，关联交易方面；关联企业间的信息规则。第二，如何判断关联企业、描述控制关系。

（五）中国证券法学研究会 2012 年年会

主办：中国证券法学研究会

承办：四川省政府金融办公室、四川省社会科学院

时间：2012 年 6 月 14 日至 16 日

地点：四川成都

2012 年 6 月 14 日至 16 日，由中国证券法学研究会主办，四川省政府金融办公室、四川省社会科学院共同承办的"国际化视野下的金融创新、金融监管与西部金融中心建设"研讨会暨中国证券法学研究会 2012 年年会在四川省成都市召开。

开幕式总结了中国证券法学研究会成立以来所作的工作以及所面临的问题，为今后的发展指明了方向。开幕式后，四川省社科院研究员周友苏、中央财经大学法学院教授曾筱清、深圳证券交易所法律合规部总监付彦、上海财经大学副校长周仲飞、北京大学法学院教授刘燕、中国金融期货交易所行政部总监李明良，中国证券登记结算公司法律部总监牛文婕、西南联合产权交易所董事长景平先后发言。年会围绕"国际化视野下的金融创新、金融监管与西部金融中心建设"的主题进行了四组平行论坛的讨论与交流。第一组主题为混业经营背景下的金融创新与风险控制；第二组主题为国际金融监管新趋势与我国金融监管改革；第三组主题为中国资本市场的制度改革与《证券法》修改；第四组主题为西部大开发国家战略下的区域性金融中心建设。

（六）中国证券法学研究会 2013 年年会

主办：中国证券法学研究会

时间：2013 年 4 月 22 日

地点：北京

本次年会旨在纪念国务院颁布实施《股票发行与交易管理暂行条例》20 周年，全面回顾中国资本市场法治化的伟大成就和经验，深入讨论和分析资本市场法治建设的平静和困难，理性思考和展望中国资本市场法治化的未来道路和趋向，并同时庆祝中国证券法学研究会成立 5 周年。

论坛分为上下午两场共七个单元。上午进行第一、二单元的开幕式及主旨演讲，下午围绕"《股票条例》20 周年：资本市场法治建设的基本经验与伟大成就""资本市场改革的顶层设计""投资者保护""全球化背景下的资本市场法制建设"四个主题展开第三至六单元的分组讨论，最后进行本次论坛闭幕式及征文颁奖仪式。

论坛开幕式由北京大学法学院院长张守文教授主持，北京大学常务副校长吴志攀教授、中国政法大学江平教授，中国法学会周成奎教授分别发表致辞。吴志攀教授讨论了中国股民的受教育程度和投资结构、收益的关系问题，提到如今尚没有成熟有效的理论来正确解释我国的证券市场，我国学者仍然

需要探索符合中国实践的经验和规律。江平教授指出目前证券民事责任滞后于刑事责任和行政责任，如何处理中国证券刑事责任、行政责任和民事责任之间的关系，如何优先保护投资者利益是道难题，基于此，他提出了行政和解制度和建立赔偿基金制度的建设性意见。周成奎教授指出目前广大居民投资渠道狭窄、货币不断贬值，提升中国股市的信心对增加居民的财产性收入意义巨大，应完善金融监管，推进金融创新，提高中国证券行业国际竞争力。

在主旨演讲环节，最高人民法院奚晓明副院长的演讲围绕为增强投资者信心需要完善的民事责任法律制度的主题展开。他指出，投资者对证券市场信心不足是导致投资者选择离场的最主要原因。证券刑事责任、行政责任和民事责任之间的相互关系和诉讼政策考量是重要问题，奚院长同意取消对上市公司提起民事诉讼的前置程序，但同时强调要有相应制度设计来防止滥诉。中国证监会法律部主任黄炜、深圳证券交易所总经理宋丽萍、中国证监会法律部副主任程合红、华夏时报总编辑水皮、中国证券登记结算公司总经理助理刘肃毅、中国社科院俞飞教授和上海证券交易所总经理助理夏建亭也分别发表了主旨演讲。

（七）中国场外交易市场立法与实践专题研讨会

主办：中国证券法学研究会

承办：天津股权交易所、滨海产权研究院

协办：南开大学法学院、南开大学经济研究所、天津市商法学会

时间：2012 年 9 月 25 日

地点：天津

2012 年 9 月 25 日，中国场外交易市场立法与实践专题研讨会在天津市滨海新区隆重举行。主办机构为中国证券法学研究会，承办机构为天津股权交易所、滨海产权研究院，协办机构为南开大学法学院、南开大学经济研究所、天津市商法学会。

中国场外交易市场立法与实践专题研讨会由中央财经大学法学院教授、中国证券法学研究会会长郭锋主持开幕。天交所董事长以及南开大学法学院院长左海聪、国务院发展研究中心金融研究所所长张承惠、最高人民检察院副厅长文先保、最高人民法院应用法学研究所副所长曹守晔、温州市中小企业发展促进会会长周德文先后致辞。

研讨会部分由四川省社会科学院周友苏教授主持。天交所执行总裁钟冠华介绍天交所市场发展情况，浙江大学光华法学院李有星教授、四川省社会科学院法学所郑鈜副所长、南开大学法学院万国华教授相继进行专题演讲；西南政法大学经济法学院院长盛学军教授、中央财经大学法学院曾筱清教授、西北政法大学经济法学院院长强力教授、厦门大学法学院肖伟教授进行点评，现场还有数十位来自全国各地的法学、经济专家和企业人士互动交流。

(八) 2013 中国上市公司风险管理高峰论坛

主办：北京大学中国企业法律风险管理研究中心、北京大学企业与公司法研究中心、《华夏时报》、中国证券法学研究会、中央电视台财经频道、上海财经大学法学院

时间：2013 年 7 月 20 日

地点：上海

为了探讨变革时代下的企业管控之道，更好地推进上市公司风险管理进程，由北京大学中国企业法律风险管理研究中心和华夏时报社主办，中国证券法学研究会、北京大学企业与公司法研究中心联合主办，并由上海财经大学承办的第四届"中国上市公司风险管理高峰论坛"于 7 月 20 日在上海举行。

此次论坛主题为"变革时代企业管控之道"。活动形式以主题演讲、热点对话、专家激辩、企业案例剖析、资本市场走势及舆情监测与应对为主，分为：自媒体/网络时代与上市公司危机管理策略，信誉危机与上市公司品牌风险管理界限，IPO 排队与发审委机制、证监会及交易所的权力变革，中国上市公司风险管理机制重构等四大议题。

(九) 中国保险法学研究会 2013 年年会

主办：中国保险法学研究会

承办：大连海事大学法学院

时间：2013 年 10 月 12 日至 13 日

地点：辽宁大连

2013 年 10 月 12 日上午，中国保险法学研究会 2013 年学术年会在大连海事大学中远报告厅举行。本届年会主题为"新形势下中国保险业与保险法的改革与发展"。本次年会共设"新形势下中国保险法的发展""交强险法律问题研究""海上保险法律与实务""人身保险及其他保险法律问题思考"等研讨议题。

二、各地方法学会（民）商法学研究会年会及其他研讨会

(一) 上海市法学会商法学研究会 2012 年年会

主办：上海市法学会商法学研究会

承办：上海财经大学法学院

协办：华东政法大学经济法律研究院

时间：2012 年 6 月 9 日

地点：北京

2012 年 6 月 9 日，由上海市法学会商法学研究会主办、上海财经大学法学院承办、华东政法大学经济法律研究院协办的"上海市法学会商法学研究会 2012 年年会"在上海财经大学举行。本次年会以"民间金融与商法制度

创新"为主题,邀请了上海市各高校法学院、法院、上海证券交易所、上海社科院法学所的代表共 50 多人参加。会议交流分为"民间金融的形态和问题"和"民间金融的规制与政策选择"两个议题。

(二)上海市法学会商法学研究会 2013 年年会

主办:上海市法学会商法学研究会

承办:华东政法大学经济法律研究院

时间:2013 年 10 月 19 日

地点:上海

2013 年 10 月 19 日,以"政府职能转变中的商法变革 – 以中国(上海)自由贸易试验区建立为背景"为主题的上海市法学会商法研究会 2013 年年会在上海巴黎春天新世界酒店举行,会议由商法研究会会长顾功耘教授主持。来自上海各高校和实务部门的专家、学者围绕上海自贸区建设与现阶段的商法变革进行了专题报告并开展了热烈讨论。其中,上海市人大法工委主任丁伟首先向会议作了"自贸区建设中的疑难问题"报告。

在分项报告中,上海市商委法规处申卫华处长、复旦大学法学院胡鸿高教授、华东政法大学罗培新教授、上海财经大学法学院刘水林教授分别就自贸区建设中的投资法制、法律制度创新、公司登记制度变革以及政府监管方式变革与参会嘉宾进行了汇报、交流。

(三)广东省法学会民商法学研究会 2012 年年会

主办:广东省法学会民商法学研究会、暨南大学法学院

时间:2012 年 12 月 8 日

地点:广东广州

2012 年 12 月 8 日,由广东省法学会民商法学研究会主办,暨南大学法学院承办的"广东省法学会民商法学研究会 2012 年年会暨换届选举大会"在暨南大学成功举办。省法院、省检察院、省法学会、省社会科学院、中国人民大学、香港中文大学、澳门大学、中山大学等单位的资深法官、检察官、法学专家和律师共 160 余人参加了研讨会。

中国人民大学副校长、中国法学会副会长王利明教授、中国国际经济贸易法学研究会会长、上海大学法学院院长沈四宝教授、中山大学法学院于海涌教授以及暨南大学法学院李健男教授出席会议并分别做了精彩的专题演讲。学术专题研讨会分为民法和商法两个分会场,并分别针对"人格权法"和"商法制度与资本市场发展"两大主题进行专题讨论。

在研讨"商事立法、商事司法与资本市场发展"阶段,共有 12 名来自内地和香港的专家学者作主题演讲和发言。其中,中国国际经济贸易法学研究会会长、上海大学法学院院长沈四宝教授在主题演讲中,对公司独立董事的有关法律规定和实践中热点难点问题作了全面、详尽的介绍。广东商学院

法学院袁碧华教授作了题为《后金融危机时代美国金融监管改革对中国金融改革的启示》的主题发言；广东金融学院法律系吴国平教授作了题为《构建金融消费者在贷款征信活动中的权利体系》的主题发言，等等。

（四）广东省法学会民商法学研究会2013年年会

主办：广东省法学会民商法学研究会、华南师范大学法学院

时间：2013年12月8日

地点：广东广州

广东省法学会民商法学研究会2013年年会暨学术研讨会于2013年12月8日在华南师范大学举行，研讨会主题为"我国合同法与商事营业制度理论与实践的完善"。广东省法学会专职副会长兼秘书长陈瑞光在致辞中指出，"我国合同法与商事营业制度理论与实践的完善"在落实贯彻《中共中央关于全面深化改革若干重大问题的决定》中具有重大意义，对建设法治化营商环境具有重要的指导性和应用性。他希望民商法学研究会今后能着眼于经济社会发展大势，提高法学研究的针对性，努力构建为政府立法和司法提供智力支持建立咨询意见的平台及理论界与实务界结合良性互动的平台。

广东省高级人民法院副院长谭玲介绍了近年广东省民商事审判的概况，列举了广东省民商事案件结案率及在全国的比例，说明广东省的民商事审判为民商法理论研究提供了大量典型样本，而广东省民商法理论研究的深入开展也推动了审判实务工作的进步。她建议广东省民商法理论界与实务界今后持续开展交流探讨，保持良性互动，为实现广东省"三个定位、两个率先"服务。

中国法学会民法学研究会副会长、清华大学法学院博士生导师崔建远教授就合同违约金条款是否排除违约损害赔偿制度的适用发表了自己的观点。他认为这种观点是将意思表示功能不适当的扩张，将分属于不同制度的违约金责任与合意相混淆，在法无明文规定的哪一种权利优先的情况下，应由权利人行使选择权。暨南大学法学院李莉教授论证了《合同法》第122条的规定并非单纯的违约与侵权责任竞合，呼应了崔建远教授主题讲演的观点，提出了统一损害赔偿的制度新构想。在自由讨论环节中，部分与会学者表示出对这一观点的认同，从理论支持、制度构建等方面进行了交流探讨。最高人民法院中国应用法学研究所所长、研究室副主任、中国审判理论研究会秘书处负责人孙佑海从解读《中共中央关于全面深化改革若干重大问题的决定》入手，分析了当前我国民商事审判工作面临的机遇与挑战。

（五）湖北省法学会商法研究会2012年年会暨学术研讨会

主办：湖北省法学会商法研究会

协办：湖北经济学院承办，湖北山河律师事务所

时间：2012年11月17日

地点：湖北武汉

2012 年 11 月 17 日，湖北省法学会商法研究会 2012 年年会暨学术研讨会在湖北经济学院顺利召开。本次研讨会以"诚信体系建设与商事法的完善"为主题，共分为三个单元进行了研讨。

第一单元由中南财经政法大学法学院雷兴虎教授主持。湖北省高级人民法院法官董俊武博士、中南财经政法大学吴京辉副教授、湖北经济学院罗昆副教授等 7 位发言人围绕商法总论中的商事诚信法律制度的建构，分别就商事审判中的疑难问题、票据法中的诚信问题、商事诚信与我国违约金的司法调整等问题作了主题演讲。中南民族大学法学院院长王瑞龙教授、襄阳市中级人民法院副院长雷涌泉博士分别从理论和实务的维度对本单元的发言作了深入而独到的评议。第二单元由武汉大学法学院民商法教研室主任张里安教授主持，湖北经济学院法学院张焰副教授、湖北经济学院民商法专业印通博士等 6 位发言人围绕公司法、证券法中的商事诚信法律问题作了主题发言。湖北省高级人民法院民二庭庭长、湖北经济学院兼职教授武星，华中科技大学法学院王天习副教授分别从诚信主体、诚信对象等角度对本单元的发言一一作了精彩点评。第三单元由华中师范大学法学院彭真明教授主持，湖北山河律师事务所主任张杰博士、武汉市中级人民法院法官张亚琼博士等 5 位发言人就首席仲裁员实现和谐仲裁价值追求应具备的办案能力、商事审判制度的构建等问题作了主题发言。武汉海事法院副院长徐少林博士、中南民族大学法学院副教授孙光焰博士分别就本单元的发言作了富有见地的评议。

（六）湖北省商法学研究会 2013 年年会暨学术研讨会

主办：湖北省商法学研究会

时间：2013 年 10 月 26 日

地点：湖北襄樊

2013 年 10 月 26 日，湖北省法学会商法研究会 2013 年年会暨学术研讨会在湖北襄阳隆重召开。本次研讨会以"商法的解释及适用"为主题，分三个单元进行。

第一单元由武汉大学法学院张里安教授主持。中南财经政法大学法学院柯昌辉教授、武汉大学法学院经济法专业袁康博士等 7 位发言人围绕商法的基础理论问题，分别就现代商法基础的重构、商法思维与商事法律解释等问题作了主题演讲。湖北省高级人民法院副院长李群星博士、湖北省高级人民法院民二庭庭长武星博士分别从不同的维度对本单元的发言作了深入而独到的评议。第二单元由中南财经政法大学法学院雷兴虎教授主持，武汉市中级人民法院杨玲法官、枣阳市人民法院沈黎明法官等 6 位发言人围绕公司法中的疑难问题，分别就有限责任公司股东合意退股的效力、股东对公司债权人的出资补充责任等问题作了主题演讲。襄阳市中级人民法院副院长雷涌泉博士、副院长李志宇对本单元的发言——作了精彩点评。第三单元由华中师范大学法学院彭真明教授主持，襄阳市中级人民法院董海州法官、武汉大学法学院经济法专业杨为程博士、民商法专业杨信博士等6位发言人围绕证券法、保险法、破产法、票据法中的疑难问题，分别就证券公司资产管理合同中担保条款的效力、基于绿色证券的环境信息披露、票据背书连续的内涵及法律效力等问题作了主题演讲。汉江中级人民法院副院长徐水清、襄阳市中级人民法院党组成员谢新胜博士对本单元的发言作了富有见地的评议。

（七）天津市法学会商法学分会2012年年会暨私募股权规范发展与适度监管研讨会

主办：天津市法学会商法学分会、天津滨海新区人民法院、天津市律师协会

时间：2012年12月25日

地点：天津

2012年12月25日，天津市法学会商法学分会2012年年会暨私募股权规范发展与适度监管研讨会在滨海新区召开。本次会议由天津滨海新区人民法院，天津市律师协会及天津市法学会商法学分会共同主办。市滨海新区法院院长韩津和、市法学会常务副会长刘建国、市司法局副局长傅立英出席研讨会。

（八）天津市法学会商法学分会2013年年会暨我国公司法适用中的法律问题研讨会

主办：天津市法学会商法学分会

承办：天津商业大学

时间：2013年11月16日

地点：天津

天津市法学会商法学分会2013年年会暨我国公司法适用中的法律问题研讨会于2013年11月16日在天津商业大学成功召开。天津市法学会常务副会长刘建国，天津市商法学分会会长、南开大学万国华教授，天津商业大学法学院院长齐恩平教授，天津商法学分会副会长、天津师范大学郝磊教授，天津商法学分会副会长、天津工业大学文法学院薛智胜教授，天津商法学分会副会长兼秘书长、天津大学李士萍副教授，天津商法学会副会长、天津商业大学法学院孙学亮教授出席会议。参与会议的还有天津市各大高校教师、学生代表以及实务界同仁。

（九）浙江省法学会商法学研究会2012年年会

主办：浙江省法学会商法学研究会

时间：2012年12月1日

地点：浙江杭州

2012年12月1日下午，浙江省法学会商法学研究会2012年年会在杭州举行。本次年会的主题是企业融资与法律调整。来自高校、法院、检察院、律师、工商行政等四十余位专家、学者、实务部门工作人员参加了本次年会。会议开幕式由会长浙江大学钱弘道教授主持，浙江省法学会副会长牛太升作了学术主旨发言。专题研讨设上下两场分别由商法研究会副会长、浙江星韵律师事务所副主任唐炳洪律师和中国计量学院邢造宇教授主持。浙江大学陈信勇教授、浙江星韵律师事务所周建伟律师、浙江大学陈昆福教授、台州市工商行政管理局杨财标局长、杭州师范大学余永祥教授、浙江大学赵骏教授、浙江万里学院易凌教授、温州市检察院林越坚副检察长等先后作了专题发言，浙江大学吴勇敏教授点评。

（十）第五届鲁豫皖民商法学研究会年会暨论坛

主办：鲁豫皖三省民商法学研究会

承办：山东政法学院和山东大学法学院

时间：2012年10月27日至28日

地点：山东济南

2012年10月27日至28日，由山东、河南、安徽三省法学会民商法学研究会主办，山东政法学院和山东大学法学院承办的鲁豫皖民商法学研究会2012年年会暨论坛在山东济南召开。河南省法学会专职副会长兼秘书长杨文杰出席会议并讲话，山东省法学会民商法学研究会会长、北京航空航天大学法学院副院长刘保玉教授，河南省法学会副会长、省法学会民商法学研究会会长、郑州大学法学院院长田土城教授，安徽省法学会民商法学研究会副会长、省高级人民法院民二庭庭长李令新出席会议，我国著名民法学家梁慧星教授、郭明瑞教授分别作学术报告，山东政法学院院长李玉福教授、山东大学法学院副院长林明教授到会致辞，来自三省民商法学领域的专家学者共110余人参加会议。

此次论坛以民法典体系结构、民法典总则、继承法修改、商事通则以及票据法修改等为主要议题。与会代表分别围绕民法、继承法、商法进行了分组讨论和交流发言。

（十一）第六届鲁豫皖民商法学研究会年会暨论坛

主办：鲁豫皖三省民商法学研究会

承办：安徽财经大学法学院

协办：蚌埠市中级人民法院

时间：2013年10月26日至27日

地点：安徽蚌埠

2013年10月26日至27日，由鲁豫皖三省民商法学研究会主办，安徽财经大学法学院承办，蚌埠市中级人民法院协办的第六届鲁豫皖民商法学研究会年会暨论坛在安徽蚌埠召开。来自山东、河南、安徽三省的民商法学理论界及实务界人士共80余人参加会议。安徽省法学会民商法学研究会会长、省高级人民法院副院长汪利民，省法学会副会长、安徽财经大学党委副书记陈年红，省法学会秘书长孙荣传以及山东、河南两省法学会负责人出席论坛并致辞。

本次论坛围绕当前理论及实务界关注的民商法热点、难点问题展开，涉及民法典总则、民间金融法律问题、侵权责任法实施问题、公司法实施问题以及农村土地法律问题等内容。与会人员就会议确定的主题进行了广泛深入、热烈坦诚的讨论，形成了思想交锋和智慧碰撞。

三、各法学院校、科研院所办的（民）商法学研讨会

（一）2012年两岸四地海商法论坛

主办：中国政法大学国际法学院

时间：2012年4月7日

地点：北京

2012年4月7日，由中国政法大学国际法学院、海商法研究中心主办的"两岸四地海商法研讨交流会"在北邮科技大厦召开。来自两岸四地的各高校和研究机构的学者、官员、律师、企业代表、协会代表、学生等一百多人参加了本次会议。交流会分上下午共安排一个主题报告和四个议题。

1. 主题报告："最高法院新近司法解释及热点"。最高人民法院民四庭审判长王淑梅法官，以"最高法院新近司法解释及热点"为主题为大家做了精彩的主题报告。报告分为两部分，分别涉及海事赔偿责任限制和货代问题。

主题报告一：2010年9月15日实施的《最高人民法院关于审理海事赔偿责任限制相关纠纷案件的若干规定》。概括了该司法解释解决的几个主要问题：

第一，关于集中管辖，该司法解释规定了由设立基金的法院管辖，以免出现"静水泉"轮案，出现几个法院管辖，而且判决结果不同的情况。

第二，关于设立基金的后果，设立责任限制基金后，对限制性债权人不能再行使扣船的措施，但对非限制性债权人则没有影响，依然可以申请扣押船舶、查封财产。

第三，关于责任限制的主体，该司法解释第一次对船舶经营人进行了定义。澄清了几个误区：（1）承运人是否可以享受海事赔偿责任限制。应区分单位责任限制和海事赔偿责任限制，承运人不当然是享受海事赔偿责任限制，前者涉及的是"经营运输"，后者涉及的是"经营船舶"，既是船舶所有人，又是船舶经营人，则可选享受第四章的单位责任限制，再享受第九章的海事赔偿责任限制，但如果不是"经营船舶"的，则不享受第九章的责任限制。（2）无船承运人不属于船舶经营人，也不是海事赔偿责任限制的主体。（3）

该司法解释没有涉及船舶承租人，对此争议比较大。《海商法》规定了"承租人"可以限制，但这个承租人是什么含义？航次承租人应当属于经营运输的人，不是经营船舶的，因此，定期租船，光船租船才是海事赔偿责任限制的主体。

第四，海事赔偿责任限制的性质。关于该责任限制的性质是有争议的，2003年最高法院一个信函中认为其是抗辩权，不是形成权。由于海事赔偿请求属于抗辩权，因此，以当事人在诉讼中提出抗辩为适用的前提。

主题报告二：2012年5月1将实施的《关于审理海上货运代理纠纷案件若干问题的规定》。关于货代的该司法解释主要解决了下列的问题：

第一，界定了海上货运代理纠纷，该司法解释规定的海上货运代理纠纷是国际海上运输中发生的纠纷，不解决国内的货运代理问题。

第二，明确了货运代理纠纷的法律适用。

第三，强调了此类案子的管辖权，明确了此类案件由海事法院专门管辖。

第四，海上货运代理合同关系的认定。此类关系的认定分下列几个步骤：（1）当事人之间的具体约定，即有约定从约定；（2）单证的签发，即通过单证的签发来判断委托关系；（3）报酬的取得方式，即通过收费方式来判断；（4）交易习惯；（5）严格掌握转委托的认定。

第五，关于扣单扣货的问题。在双方有约定的情况下，当货代企业已履行了其职责，要求对方支付时，如果对方拒绝，货代企业有权拒绝交单。如双方无约定，则货代可以扣提单以外的单证，包括核销单，但不能扣提单。

第六、规定了一些新概念。该司法解释规定了实际托运人请求交付提单的权利，这也考虑到了中国的具体情况，中国货主出口常常使用FOB价，提单上托运人一栏常是"买方"，提单上没有卖方。我们认为向交付货物的实际托运人交提单是承运人的义务。海商法规定了两种托运人，作为出口方的实际托运人，有权向货代要提单，保护出口方的权利，这是海商法的一个突破。

第七，货代企业的责任。该司法解释采取过错推定原则。例如不当选任无船承运人的责任，货代找的是无资质的无船承运人签发提单的，货代应与无船承运人一起承担连带责任。

总之，该司法解释在调研的基础上，针对中国的具体情况进行了规定，对弥补法律不足指导海事司法实践有着非常重要的意义。

议题一：《鹿特丹规则》问题。议题一涉及的是《鹿特丹规则》，由中远集团前董秘张永坚先生担任本议题的主持人。山东大学王肖卿教授、中国民航管理干部学院教授、交通运输部法律专员咨询委员会委员刘伟民先生、大连海事大学法学院郭萍教授、中国对外贸易经济合作业协会法律顾问、北京市盈科律师事务所合伙人律师张晓霖先生分别阐述了自己的观点。点评人大连海事大学司玉琢教授作为中国代表团团长给大家介绍了一些在鹿特丹规则议题谈判过程中的背景,对大家更好的理解鹿特丹规则十分有益。最后点评人张玉卿律师通过对中国货主和外国货主和学界对鹿特丹规则不同态度的分析,大胆提出中国可以尝试改变 FOB 出口模式并鼓励企业多采取 CIF 等术语。

议题二:海事争议解决中的法律问题。本议题由台湾玄奘大学法学院院长赖来焜教授担任本议题主持人。清华大学法学院党委书记傅廷中教授、厦门大学法学院何丽新教授、台湾开南大学法律学系吴光平教授、上海社科院海商法研究中心主任李小年教授、敬海律师事务所王洪宇律师、香港律师李连君、大连海事邵帅博士分别就此问题作主题演讲。最后中国海事仲裁委员会秘书长陈波结合海事仲裁实践状况对海事争议解决的法律问题进行了精彩点评。

议题三:油污问题。"油污问题"由上海海事大学海商法研究中心胡正良教授担任本议题主持人。大连海事大学韩立新教授、台湾国际法律事务所负责人邱锦添先生、华东政法大学国际航运法律学院郑雷博士分别就此问题提出了自己的观点。点评人上海海事大学尹东年教授,对各位发言人精彩的演讲进行了一一点评,并对相关主张提出了自己的建议。最后主持人胡正良教授作为向康菲公司索赔律师团首席律师应邀对油污问题表达了自己的观点。

议题四:海盗问题。"海盗问题"由敬海律师事务所主任、管理合伙人王敬律师担任本议题主持人。李连君律师、华东政法大学国际航运法律学院陈琦博士、广东敬海律师事务所北京分所主任宋迪煌律师应邀对此问题发表了自己的观点。点评人澳门大学法学院院长莫世健教授提出对于如何解决新问题,中国是否有能力建立新规则尝试开拓性指导性的工作等疑问。

(二) 第二届公司法司法适用高端论坛

主办:中国政法大学民商经济法学院

时间:2012 年 5 月 5 日

地点:北京

2012 年 5 月 5 日,最高人民法院民二庭与中国法学会商法学研究会、中国政法大学民商经济法学院联合举办第二届公司法司法适用高端论坛。民二庭庭长宋晓明、副庭长张勇健出席论坛。最高人民法院民四庭庭长刘贵祥,审监庭副庭长虞政平及来自全国各高校与科研单位的王保树、赵旭东、施天涛、郭锋、朱慈蕴、刘俊海、叶林等知名专家学者、相关业务部门人员以及全国部分法院商事审判法官共百余人参加了此次活动。

宋晓明庭长在论坛中就矿山、房地产等特殊行业中股权转让与行政许可问题发表演讲,引发了与会人员的热切关注与深入探讨。民四庭庭长刘贵祥就股权转让合同效力问题作主题发言。民二庭副庭长张勇健的主题发言从评析审判实务中的两个具体案例出发，就股东优先购买权的法律属性及行使问题展开深入论述。审监庭副庭长虞政平则对股东优先购买权制度进行了深入探析，通过对不同国家立法模式及我国传统与现实国情的考量，阐述了优先购买权的权利属性与制度价值。

与会代表围绕公司股权转让的一般问题研究、公司股权转让合同的效力认定、公司股权转让的权利变动研究及公司股权转让的优先购买权保护等四个专题展开深入充分的研讨与交流。代表们针对实务及理论界广泛关注的股权转让合同的效力认定、行政审批与登记对股权转让合同效力的影响、股权的善意取得、公司章程对股权转让的限制与司法审查、股权变动模式、股权变动的法律要件、股权转让中的利益转移与风险承担以及股权转让中优先购买权的性质、行使程序保障、在强制执行程序中的适用、对股权转让合同效力的影响等诸多问题进行了充分热烈且富有建设性的探讨，取得了良好效果。

（三）2013 年首届中国法治经济论坛

主办：中国政法大学商学院与《经济研究》编辑部

时间：2013 年 4 月 20 日

地点：北京

2013 年 4 月 20 日，首届"中国法治经济论坛"在北京会议中心举行，针对我国市场经济运行与法治国家建设及其相互关系进行了研讨和交流，本次论坛的重点话题是"市场秩序"。

中国政法大学副校长、中国行政法研究会会长马怀德教授，中国人民大学高德步教授，中国政法大学李曙光教授，山东大学黄少安教授作主题演讲。与会专家还就"公司社会责任的法律分析""创新型国家需要系统激励和法律保障""警惕市场变异与改革悖论"等重要的法治建设和市场环境问题发表了自己的看法。

（四）"21 世纪商法论坛"第十二届国际学术会议

主办：清华大学商法研究中心

时间：2012 年 10 月 27 日至 28 日

地点：北京

2012 年 10 月 27 日至 28 日，由清华大学商法研究中心主办、富士康科技集团支持的"21 世纪商法论坛"第十二届国际学术会议在法学院模拟法庭举行。来自美国、澳大利亚、俄罗斯、新西兰、日本、韩国，以及中国大陆、香港地区、台湾地区的知名高校、科研机构、立法、行政和司法机关的专家、学者等 120 余位代表出席了本次会议。

本次论坛围绕"资本市场的创新发展与公司制度的深化改革"这一中心议题，集中讨论了"公司组织形态""公司融资多元化""资本市场发展视角下的公司治理"和"资本市场的发展与适度管制"等几个热点问题。

美国密歇根大学法学院教授 Nicholas C. Howson、澳大利亚悉尼大学法学院教授 Jennifer Hill、俄罗斯国立大学法学院教授 Shitkina Irina、新西兰奥克兰大学法学院教授 John Farrar、韩国汉阳大学李哲松教授、香港城市大学法律学院副院长顾敏康教授、台湾大学、台湾政治大学等大学的八位教授、清华大学、北京大学、中国人民大学、中国政法大学等高校的四十多名教授以及来自人民法院的法官、中国证监会和上海交易所的监管者都发表了演讲或者评议，讨论主旨涉及公司组织形态之选择、公司多样化融资对公司法的挑战、完善公司内部治理中的控制股东义务、董事责任和高管薪酬、证券内部交易和衍生性金融产品的监管等等理论和现实中的热点问题。

（五）"21 世纪商法论坛"第十三届国际学术会议

主办：清华大学商法研究中心

时间：2013 年 10 月 26 日至 27 日

地点：北京

2013 年 10 月 26 日至 27 日，清华大学商法研究中心主办、富士康科技集团与健坤基金协办的"21 世纪商法论坛"第十三届国际学术会议，在北京清华大学法学院明理楼召开。来自美国、俄罗斯、德国、日本、澳大利亚、新加坡、韩国等七个国家与台湾地区、香港地区，以及国内著名的公司法学者、全国人大、最高人民法院、证监会、中国社科院、北京市经济法学会、著名律师事务所等单位的人士，总计约一百人参加了此次会议。本届国际学术会议的中心议题为"公司自治与政府管制"，参会人士围绕以下四个方向予以探讨：（1）公司创制章程条文的自由与限制；（2）有限公司的充分自治；（3）上市公司政府管制的边界；（4）国有公司的治理。

（六）第五届中国破产法论坛

主办：最高人民法院民二庭、中华全国律师协会破产与重组专业委员会、中国人民大学破产法研究中心等单位

时间：2012 年 11 月 17 日至 18 日

地点：北京

第五届中国破产法论坛于 2012 年 11 月 17 日至 18 日在北京举行。此次论坛由最高人民法院民二庭、中华全国律师协会、中国人民大学破产法研究中心主办，北京市高级人民法院、北京市破产法学会承办，北京市炜衡律师事务所等协办。破产法学界的众多专家学者围绕破产财产、合并破产、企业重整、破产程序与执行程序的衔接等破产法理论与实务问题进行了深入研讨，并借此为最高人民法院新破产法司法解释制定工作提供完善意见。

（七）第六届中国破产法论坛

主办：最高人民法院民二庭、中华全国律师协会破产与重组专业委员会、中国人民大学破产法研究中心、北京市破产法学会

时间：2013 年 11 月 30 日

地点：北京

2013 年 11 月 30 日，由最高人民法院民二庭、中华全国律师协会破产与重组专业委员会、中国人民大学破产法研究中心、北京市破产法学会主办的第六届中国破产法论坛在北京世纪金源大饭店隆重举行，与会代表包括最高人民法院、全国各地各级人民法院的法官和诸多研究破产法的学者、律师。

本次研讨会包括四个单元的专题。第一单元的专题为："完善企业破产立法，协调与民事执行、税收等部门法律的关系"；第二单元的专题为："地方法院不愿受理破产案件的原因与应对"；第三单元的专题为："从债务人、债权人、从业者等不同视角，探讨破产案件数量下降问题的解决"；第四单元的专题为："破产程序繁复、社会成本高、操作周期长等问题的解决。"

（八）2013 年中国资本市场法治论坛

主办：中国人民大学商法研究所

时间：2013 年 9 月 7 日

地点：北京

2013 年 9 月 7 日，由中国人民大学商法研究所主办、德恒律师事务所协办的"2013 年中国资本市场法治论坛：公司法与证券法联动修改的前沿问题"在中国人民大学明德法学楼 601 国际学术报告厅隆重召开。此次中国人民大学商法研究所举办的两法修改研讨会，对于推动两法的修改进程和繁荣法学研究十分有益，反映了商法经济法的理论研究与我国市场经济法治建设需求之间的紧密结合。

来自全国人大法工委、全国人大财经委、国务院法制办、最高人民法院、国家工商行政管理总局、中国证监会、中国证券登记结算有限责任公司、上海证券交易所、中国国际经济贸易仲裁委员会、北京仲裁委员会、上海市高级人民法院、广东省高级人民法院、北京市司法局等相关部门的领导和来自中国人民大学、北京大学、清华大学、中国政法大学、北京师范大学、对外经济贸易大学、首都经贸大学、北京工商大学、华东政法大学、四川省社会科学院等国内知名高校和科研机构的专家学者以及来自德恒律师事务所等法律界的相关代表共 180 余名嘉宾出席了论坛。

与会代表一致认为，《公司法》和《证券法》应当联动修改，并正确处理好中国国情和国际惯例之间的辩证关系，妥善处理好局部制度设计和整体制度设计之间的关系，妥善处理好公平与效率之间的关系，构建一个各方利益主体多赢共享、各行其道、各得其利的投资者友好型法律体系。

（九）中国企业法治论坛

主办：中国航天科工集团公司、中国人民大学民商事法律科学研究中心、企业法治研究所

时间：2013年10月20日

地点：北京

中国航天科工集团公司、中国人民大学民商事法律科学研究中心、企业法治研究所共同举办的"中国企业法治论坛（2013）"，于10月20日上午在中国人民大学法学院拉开帷幕。本次论坛的主题为"创新发展与企业法治"，旨在通过对中国企业法治发展的理论与实践问题进行探讨，共同思考企业法治发展所面临的挑战与未来走向。受邀请的有来自国资委、司法部、国务院发展研究中心、中国航空集团公司、中国钢研科技集团公司等部分国企法务负责人、法学界专家、律师和有关领导总共80多位嘉宾参加了本届论坛。

与会代表一致认为，法治在企业创新发展当中发挥的作用越来越明显，要进一步强化法治在企业经营中的地位。本次论坛，通过企业界与法学界加强合作，释放了法治精神的正能量，能有效联合各界共同推进企业法治进程，推动国家法治建设。

（十）中国人民大学第三届法学博士后学术论坛

主办：中国人民大学法学院，人民大学法学院博士后流动站

时间：2013年10月24日

地点：北京

2013年10月24日，由人大法学院博士后发起组织的"中国人民大学第三届全国法学博士后学术论坛"在明法601报告厅举行。本次论坛的主题为"法律适用中的形式理性与实质正义"。来自国内外数十所高校和科研院所的共70余名博士后共同参加了论坛。

论坛第一单元"法律解释中的形式理性和实质正义"由车浩副教授主持。程雪阳博士以"如何解释'城市土地属于国家所有'——基于法教义学的分析"为主题首先进行报告，马荣春教授以"刑事案件事实认定的常识、常理、常情化"做主题报告，邓江源博士以"股东压制视野中的股东会决议效力——以公司法第22条、20条的解释为中心"为题做主题报告。在点评阶段和自由讨论阶段，点评人董新义博士、王涛博士、赵亮博士和王俊博博士进行了点评，几位博士还对法律解释方法如何保证形式上的理性和实质正义等问题进行了讨论。

论坛第二单元"司法过程与司法方法中的形式理性与实质正义"由高圣平教授主持。彭中礼副教授首先以"论习惯进入司法的方法"做主题报告，樊纪伟博士以"姐妹公司扩张适用公司人格否认之检讨——兼评最高法院指导案例15号"做主题报告，魏倩博士以"法律适用中的形式理性与实质理性——以反残疾就业歧视的法律机制为视角"为题做主题报告。在点评和自由讨论阶段，点评人刘阳博士、吴锦宇博士、钟莉博士和左宁博士进行了点评，随后其他几位博士对于司法过程中如何处理形式理性与实质正义等问题

进行了讨论。

之后，论坛第三单元"合法性判定与形式理性的价值"、论坛第四单元"法社会学与后果评价：寻求实质正义的标准"以及论坛第五单元"法哲学视野下的形式正义与实质理性"对其他法律适用问题进行了深入探讨。

（十一）中国破产法论坛——2013年专题研讨会

主办：最高人民法院民二庭、中华全国律师协会破产与重组专业委员会、中国人民大学破产法研究中心和北京市破产法学会

时间：2013年11月30日

地点：北京

2013年11月30日，中国破产法论坛2013年专题研讨会在京成功举行。本次研讨会主题为"中国破产法的困境与出路——破产案件数量下降的成因及应对"，由最高人民法院民二庭、中华律协破产与重组专业委员会、中国人民大学破产法研究中心和北京市破产法学会等单位共同主办。来自最高人民法院以及全国各地各级法院的法官，来自中国人民大学、北京大学、中国政法大学、上海交通大学等高校的学者以及律师事务所、会计师事务所的实务人士，共计80余人出席了本次研讨会。

在第一单元的研讨中，最高人民法院立案庭副庭长钱晓晨法官担任主持人，研讨话题为"完善企业破产立法，协调与民事执行、税收等部门法律的关系"。广西自治区高级人民法院蒋太仁副庭长、柳州市中级人民法院陈愿庭长、深圳市中级人民法院慈云西副庭长、厦门市中级人民法院叶炳坤庭长、浙江省高级人民法院章恒筑庭长、北京市高级人民法院执行局张美欣局长、北京市高级人民法院民二庭原庭长刘兰芳法官、中伦（深圳）律师事务所合伙人许胜锋律师以及中国人民大学破产法研究中心主任王欣新教授、中国政法大学民商经济法学院李永军教授、中国人民大学破产法研究中心副主任徐阳光副教授等嘉宾先后进行了发言，介绍了近年来各地破产案件受理的基本情况，探讨了破产案件受理过程中存在的问题。其中，执行程序与破产程序如何有效衔接，破产申请受理后原有保全措施如何解除，破产程序中税法与破产法的冲突如何协调等问题成为了与会嘉宾关注的重点。在讨论过程中，钱晓晨庭长、王欣新教授、李永军教授对与会嘉宾提出的问题进行了有针对性的回应。

在第二单元的研讨中，中国政法大学李永军教授担任主持人，研讨话题为"地方法院不愿受理破产案件的原因及应对"。太原市中级人民法院张玉根庭长、广西自治区高级人民法院周家开法官、南京市中级人民法院赵屹庭长、北京市高级人民法院陈海鸥庭长、容红法官、太原市中级人民法院任有会副院长、浙江省高级人民法院章恒筑庭长以及信永中和会计师事务所邓中华会计师、大成（南京）律师事务所合伙人杨荣进律师、四川豪诚企业清算

事务所有限公司曹爱武先生等嘉宾先后发言,全面、深入地探究了地方法院不愿受理破产案件的原因,其中包括法官队伍缺乏保障、法官考核机制不合理、无产可破案件缺乏专项基金、职工安置存在困难、破产法与刑法等相关法律不衔接等各方面的原因。

在第三单元的研讨中,原北京市高级人民法院民二庭庭长、北京市破产法学会副会长刘兰芳担任主持人,研讨话题为"从债务人、债权人、从业者等不同视角探讨破产案件数量"。北京市国资委尹义省副主任、北京市第三中级人民法院周荆庭长、北京清算事务所韩长胜先生、中国政法大学胡利玲教授、北京市炜衡律师事务所尹正友律师、青岛大学法学院丁燕讲师、深圳市中级人民法院民二庭审判长池伟宏法官、中国人民大学法学院王欣新教授、上海交通大学法学院韩长印教授等嘉宾先后发言,探讨了债务人申请破产的动因不够、债权人欠缺积极性、从业者不愿意申请破产等深层次问题,强调破产现象应当通过破产程序来解决,隐性和显性的破产法规范应当有效衔接。

在第四单元的研讨中,最高人民法院民二庭审判长刘敏法官担任主持人,研讨话题为"破产程序反复、社会成本高、操作周期长等问题的解决"。中国人民大学法学院汤维建教授、广西自治区高级人民法院蒋太仁庭长、惠州市中级人民法院郭志文庭长、上海交通大学法学院韩长印教授、浙江省高级人民法院章恒筑庭长、深圳市中级人民法院慈云西庭长、炜衡律师事务所尹正友律师等嘉宾先后发言,既谈到了地方尝试解决程序繁复、破产成本高、操作周期长的创新做法,也提出了需要立法和司法解释来解决的问题。在研讨过程中,刘敏审判长对嘉宾提出的破产文化等问题进行了回应,并就"市场在资源配置中起决定性作用"发表了自己的看法;王欣新教授就司法解释如何在这方面有所作为提出了具体的思路和建议。

(十二) 第三届上证法治论坛

主办:上海证券交易所、北京大学、中国人民大学、华东政法大学

时间:2012年12月8日

地点:上海

2012年12月8日,由上海证券交易所主办,北京大学、中国人民大学和华东政法大学联合举办,以"资本市场诚信与法治建设"为主题的第三届"上证法治论坛"在上海举行。中国证监会主席郭树清、最高人民法院副院长奚晓明、国务院法制办副主任安建、上海市副市长屠光绍、上海证券交易所理事长桂敏杰出席会议并讲话。来自立法、司法、执法部门和高校、研究机构的专家学者以及市场专业人士80余人参加会议。

在主旨发言环节,北京大学吴志攀教授、清华大学王保树教授、中央财经大学郭锋教授、华东政法大学顾功耘教授、上海证券交易所徐明副总经理等知名法学专家发表了精彩的主旨演讲。在专题研讨环节,与会专家、学者

和证券公司、基金管理公司、上市公司、律师事务所、会计师事务所等市场机构人士,展开了热烈而富有成效的讨论。与会专家指出,进一步推进资本市场诚信与法治建设,需要立法、执法和司法工作形成合力、整体推进。在立法方面,应根据市场发展的新特点,将《证券法》的再次修订提上议事日程,进一步为引导守法诚信和查处违法失信行为提供法律支撑。在执法方面,可以借鉴境外监管机构针对虚假上市、包装上市,所采取的冻结募集资金、高额罚款、惩罚保荐人和保荐机构等措施。在司法方面,建议加快推进证券侵权民事赔偿司法解释的修改完善工作,完善证券侵权民事赔偿制度。

(十三)第四届上证法治论坛

主办:上海证券交易所主办,由北京大学、中国人民大学、华东政法大学

时间:2013年11月28日

地点:北京

2013年11月28日,由上海证券交易所主办,由北京大学、中国人民大学、华东政法大学联合举办的"打造升级版的证券法,促进资本市场改革创新"第四届上证法治论坛在北京大学凯原楼成功举行。

主旨演讲环节由中国证监会首席律师、法律部主任黄炜主持,中国民法学研究会会长、中国人民大学副校长王利明,华东政法大学副校长顾功耘,上海证券交易所副总经理徐明,中国商法学研究会会长、清华大学法学院教授王保树,中国证券法学研究会会长、原中央财经大学法学院院长郭锋和北京大学法学院院长张守文均发表了精彩的演讲。

主题为"多层次资本市场建设与证券发行、上市和交易制度的完善"的分论坛在凯原楼学术报告厅进行。第一环节主题为"证券发行制度",由全国人大财经委法案室主任龚繁荣主持。中国证监会发行监管部副主任陆文山、国浩律师事务所首席执行合伙人吕红兵、北京大学法学院彭冰教授、华东政法大学程金华教授和北京大学法学院唐应茂副教授纷纷表达了自己的观点并提出了对证券法修改的建议。第二环节主题为"证券上市与多层次证券交易场所制度",由北京大学法学院甘培忠教授主持。北京大学法学院蒋大兴教授、中央财经大学法学院邢会强副教授、中国人民大学法学院杨东副教授、深圳证券交易所法律部总监付彦和全国中小企业股转系统法律部总监伍云就证券上市制度、证券交易场所制度以及非上市公众公司监管制度发表了自己的看法。

主题为"完善基础性制度,推进证券行业创新"的分论坛在凯原楼303室进行。第一环节主题为"证券市场基础性制度"。在中国人民大学法学院叶林教授的主持下,中国社科院法学所陈洁研究员、北京大学法学院刘燕教授、华东政法大学罗培新教授、河北大学政法学院赵金龙教授和浙江大学光

华法学院李有星教授展开了热烈的讨论。第二环节主题为"证券行业监管制度"。中国政法大学赵旭东教授、西北政法大学赵学安教授、中国证券登记结算公司上海分公司副总经理牛文婕、中国金融期货交易所法律部总监李明良和华安基金管理公司督察长从不同角度发表了自己的看法。

主题为"强化证券监管执法，加强投资者保护"的分论坛在凯原楼307室进行。在"证券市场监管执法"环节，中国政法大学李东方教授、厦门大学法学院肖伟教授、北京大学法学院郭雳教授、中国证券登记结算公司法律部总监孙红兵和上海证券交易所法律部总监卢文道在中国证监会法律部副主任程合红的主持下发表了自己的看法。在"中小投资者保护制度"环节中，上海一中院副院长、中国人民大学法学院刘俊海教授，武汉大学法学院冯果教授，北京证监局法制工作处处长，清华大学法学院汤欣副教授就中小投资者保护制度提出了自己的建议。

（十四）2012年公司法律论坛

主办：华东政法大学经济法律研究院

时间：2012年11月2日

地点：上海

2012年11月2日下午，"2012年公司法律论坛：股东出资的理论与实务"在华东政法大学长宁校区交谊楼报告厅举行。会议由华东政法大学副校长顾功耘教授主持，特邀清华大学法学院王保树教授、清华大学法学院朱慈蕴教授、台湾大学法学院王文宇教授、中国人民大学法学院叶林教授、最高人民法院法官虞政平为主讲人。

（十五）"商事担保法律制度的确立与完善"研讨会

主办：华东政法大学经济法律研究院

时间：2012年11月3日

地点：上海

2012年11月3日华东政法大学经济法律研究院主办的"商事担保法律制度的确立与完善"研讨会于2012年11月3日在上海巴黎春天新世界酒店举行。研讨会共分三个单元：第一单元的主题是"商事担保理念的确立"，华东政法大学顾功耘教授、台湾大学王文宇教授、中山大学周林彬教授、南京大学范健教授、华东政法大学高福平教授以及福建省高院法官刘炳荣分别进行了主题发言。第二单元的主题是"具体制度设计中民商事担保的区别"，华东政法大学杨忠孝教授、沈贵明教授以及台湾大学王文宇教授、上海对外经贸学院倪受彬教授、中国人民大学叶林教授、中国政法大学李建伟教授分别进行了主题发言。第三单元的主题是"公司担保的能力与效力"，中国人民大学叶林教授、中国政法大学赵旭东教授和李建伟教授、扬州大学钱玉林教授分别进行了主题发言。

(十六) 第五届经济法律高峰论坛：市场监管法律制度的改革与完善研讨会

主办：华东政法大学经济法律研究院

时间：2013 年 7 月 22 日

地点：上海

2013 年 7 月 22 日，第五届经济法律高峰论坛——市场监管法律制度的改革与完善研讨会在上海举行。本次会议由华东政法大学经济法律研究院和上海市法学会经济法学研究会共同举办，旨在对我国现行的市场监管法律制度进行反思，并不断深化理论研究，为真正建立起以有效性为核心的市场监管法律制度，实现市场的公平、公正和有序建言献策。论坛邀请了来自北京大学、中国社会科学院法学所、中央财经大学、南京大学、复旦大学、厦门大学、中山大学、中南大学等 24 所大学和科研机构的近 60 名经济法领域的知名学者参加。同时，为加强与实践部门的交流，促进理论研究与实践的紧密结合，论坛还特别邀请了来自深圳市市场监督管理局、上海市金融服务办公室以及恒泰律师事务所等政府与实务部门的多名专家参与。

与会专家紧紧围绕"市场监管的法律实践及面临的困境"、"市场监管法律制度完善的理论支撑"、"多元监管体系的制度构建"和"金融监管法律制度的改革与走向"四个部分展开专题讨论。尤其是对市场监管法的概念及法理基础、社会转型下政府市场监管的除旧与立新、政府职能转变与市场监管存在的问题、政府监管权的合理配置、市场监管中的柔性监管机制、行业自律组织的监管、市场监管中的公众参与机制以及金融监管的实践与理论探索等进行了深度探讨。

(十七) 2013 年公司法律论坛

主办：华东政法大学经济法律研究院

时间：2013 年 12 月 6 日

地点：上海

2013 年 12 月 6 日下午，"公司登记制度改革与《公司法》修改 - 2013 年公司法律论坛"于华东政法大学长宁校区交谊楼报告厅举行。本次论坛邀请了中国政法大学赵旭东教授，南京大学范健教授，四川省社会科学院周友苏教授于华政园共商公司登记改革，就改革的整体趋势和各项具体制度变革展开讨论，以求用权威视角，辩改革方略。会议由华东政法大学副校长顾功耘教授主持。

赵旭东教授介绍了其对"公司最低注册资本之存废"的独到见解，其以"从资本信用到资产信用"的理论视角介绍了最低注册资本制度改革所需的理论依托和后续制度建设的内容。范健教授就"注册资本认缴制度之利弊"和"先照后证管理体制之透析"这两个专题进行了报告，深刻地为在场师生分析了不同公司登记方式背后的历史背景和制度渊源。周友苏教授针对"企业信用评价体系之培育"以及"年检制度改革完善之进路"这两个板块在结合实地考察中国（上海）自贸区实践经验的基础上进行了专业评析，将理论与实践发展紧密结合。

（十八）第三届企业破产法实务论坛

主办：上海交通大学凯原法学院、上海市法学会商法学研究会、上海市高级人民法院民二庭

协办：上海市方达律师事务所

时间：2013 年 6 月 1 日

地点：上海

第三届企业破产法实务论坛于 2013 年 6 月 1 日在上海交通大学徐汇校区凯原法学楼隆重举行。本届论坛由上海交大凯原法学院、上海市法学会商法学研究会、上海市高级人民法院民二庭主办，上海市方达律师事务所承办，同济大学法学院经济政策与法律研究中心协办。来自海峡两岸知名高校、法学会、法院、律师事务所、会计师事务所、清算事务所、公司法务等单位的领导嘉宾和凯原法学院部分师生共聚一堂，就《企业破产法》所存在的实务问题进行了深入的交流。

论坛分四个单元进行专题讨论。第一单元的主题是"新破产法的司法实践概况"。由上海市高级人民法院民二庭庭长俞秋玮担任主持及评议人。最高人民法院理论办副主任曹守晔以"加大破产法实施力度，促进经济结构战略调整"为题，做主题发言。第二单元的主题是"破产法基本问题"，由华东政法大学教授、副校长、上海市法学会商法学研究会会长顾功耘主持。中国人民大学法学院教授、北京市破产法学会会长王欣新以"企业预重整制度研究"为题，主要介绍了法庭之外的重组，提出这作为新型的辅助模式，是一种简易重整模式。第三单元的主题是"破产重整的理论和实务"，由南京大学法学院教授、中国商法学研究会副会长范健主持。台湾中央大学产业经济研究所所长郑有为以"两岸企业破产重整法治探索"为题，介绍了台湾近些年在破产法立法方面的最近进展。第四单元的主题是"跨境破产及其它实务问题"，由中国人民大学法学院教授、北京市破产法学会会长王欣新主持。北京大学法学院副教授许德风以"破产撤销权相关问题"为题，从实例出发，对破产撤销权中的两个问题进行了阐述。

（十九）"两岸保险法前沿"工作坊

主办：上海交通大学凯原法学院

时间：2013 年 12 月 12 日

地点：上海

2013 年 12 月 12 日上午，著名保险法专家、台湾铭传大学法律学院林勋

发教授、台湾金融监督管委会专任委员、政治大学风险管理与保险学系林建智副教授、台湾政治大学风险管理与保险学系叶启洲副教授、台湾大学法律学院汪信君副教授以及台湾政治大学法学院张冠群副教授，各自围绕两岸保险法前沿议题，为法学院师生带来了一场精彩的学术工作坊。本次工作坊由韩长印教授主持，彭诚信教授、上海高院保险法领域资深法官董庶以及部分博士生、硕士生、本科生参加了此次活动。

（二十）中国公司法务年会（上海）

主办：上海交大凯原法学院、法制日报社法人杂志

时间：2013 年 12 月 18 日

地点：上海

由法制日报社法人杂志与上海交通大学凯原法学院共同主办的 2013 中国公司法务年会（上海）于 2013 年 12 月 18 日在上海成功举办。年会主题为"中国（上海）自由贸易试验区倒逼下的企业法务新挑战与应对"，序属中国公司法务系列年会第三届。教育部长江学者特聘教授、上海交通大学凯原法学院院长季卫东教授，法制日报社副总编辑李群出席年会并分别代表主办方致辞。

会场上，来自中国东方航空、平安集团、广厦控股、日本住友化学株式会社、日本三菱商事株式会社、华南国际贸易仲裁委员会等国内外知名企业的法务部负责人和学术界代表发表了主题和各类专题演讲，200 多位嘉宾参与讨论。

（二十一）第四届全国民商法博士生论坛

主办：中南财经政法大学民商法研究中心

协办：中南财经政法大学《法商研究》杂志社、中南财经政法大学《私法研究》杂志社

承办：中南财经政法大学民商法典研究所

时间：2013 年 5 月 18 日

地点：湖北武汉

第四届全国民商法博士生论坛于 2013 年 5 月 18 日在中南财经政法大学举行，主题为"社会转型与民商法发展问题研究"。中南财经政法大学研究生院副院长王良圣、法学院副院长麻昌华教授、张红副教授、民商法系孟令志副教授、高飞副教授、耿卓副教授、张作华副教授、陈晓敏老师、宋敏老师、陆剑老师以及来自中国社会科学院法学所的渠涛教授、浙江大学的张谷教授等嘉宾出席了论坛。

论坛的专题研讨会分四大节进行，中国社会科学研究院朱涛博士后、厦门大学赵毅博士、复旦大学魏永博士、西南政法大学龙柯宇博士后、中南财经政法大学肖新喜博士、陈晋博士、高海博士等十五位博士做了精彩的主题

发言，发言内容涉及民法总则以及债法、物权法、商法专论。中国人民大学顾长河博士、武汉大学印通博士、吉林大学陈朝晖博士等十五位博士就主题发言作了中肯的点评。

(二十二) 全国公司上市与法律服务学术研讨会

主办：中国行为法学会、樟树市人民政府

协办：江西财经大学法学院

时间：2013年10月6日

地点：江西宜春

2013年10月6日，由中国行为法学会和江西省樟树市人民政府主办，中国行为法学会金融法律行为研究会承办的"全国公司上市与法律服务研讨会"在江西省樟树市隆重召开。中国行为法学会副会长、国务院法制办原副主任张穹，中国行为法学会副会长、公安大学原副校长李文燕教授，最高人民检察院申诉厅副厅长罗庆东，中共江西省樟树市委书记刘安安等领导出席会议并在开幕式上发表重要讲话。中国行为法学会及金融法律行为研究会理事，来自全国的金融、法律专家教授，政府相关部门负责人及优秀企业代表40余人参会。

此次会议围绕"公司上市"与"法律服务"两大主题分上下午两个单元进行研讨。第一单元的研讨中，中华东政法大学夏吉先教授、海南人本投资董事长刘法铮、河南焦作万方股份有限公司副总经理贾东焰、深圳证券交易所经济学博士彭兴庭、江西财经大学熊进光教授、江西财经大学巫文勇副教授、广发证券股份有限公司运营部总经理康福华发表主题演讲。西南政法大学李永升教授、中南财大法学院董邦俊教授作了专家点评。

第二单元的演讲嘉宾为：最高人民检察院侦监厅办公室主任周惠永、西南财经大学胡启忠教授、荣获2012年度"十大精英律师"的上海李小华律师事务所主任李小华高级律师、江西财经大学杨峰教授、广东省中山市人民检察院苏本茂检察员。李小华高级律师作题为《公司上市融资过程中的金融犯罪防范及思考》的演讲，海南大学法学院童伟华教授、广东金融学院张长龙教授作精彩点评。

第三章　商事法学术专著简介

【按语】 学术专著是学者们学术思想的集中表达形式，其数量和质量能总体反映某一学术领域的发展状况。本章纳入 2012 年至 2013 年两年中中国大陆境内各出版社出版的商法学术专著共计 163 部，并按照商法总论、公司法与企业法、证券法与投资基金法、破产法、保险法与票据法、国际商法和海商法、信托法七个板块分节对基本内容进行简述。虽然我们尽力搜集并多方努力，但资料搜集能力相比卷帙浩繁的法学专著还是有其局限性，选材难免有所遗珠，望读者海涵。

一、商法总论

（一）《中国企业立法体系改革：历史、反思与重构》

作者：李建伟

出版社：法律出版社

出版时间：2012 - 06 - 01

ISBN：978 - 7 - 5118 - 3568 - 0

【简介】 本书包括了计划经济体制时期的企业立法；现行企业立法体系的整体评价；企业立法体系的比较法考察；政策促进类企业立法的再完善；所有制企业立法体系的存与废等数章内容。本书适合从事相关研究工作的人员参考阅读。

（二）《商法学》（第 2 版）

作者：赵旭东

出版社：高等教育出版社

出版时间：2012 - 03 - 01

ISBN：978 - 7 - 0403 - 2595 - 9

【简介】 本书是中国政法大学本科教材之一，是商法教学的最新教材。中国的商法理论正在发展之中，商法教学的内容、范围以及课时安排都在不断的探索和尝试之中，由此决定国内各类商法教材在体系、结构和内容上存在相当大的差异，这是本教材编写的现实背景，也是难度所在，同时也为本教材的突破和创新留下了广阔的空间。

在总结和比较研究现有教材的基础上，在坚持教材的通说性和规范性的前提下，本书的内容和体系都有明显的发展和创新。在内容上，本书突出其先进性，吸收和反映了商法领域的最新成果。在体系结构上，本书进行创新，使其更具学理性，更接近课堂教学的实际情况和需要。为开拓学生的理论视野，并为学生进一步的研究和提高给予指引，本书在每章或每节专设"本章前沿问题"栏目介绍理论热点或突出的实际问题。本书还在每章特设了"导语"、"思考练习题"栏目，并在本书之后设"参考文献"部分，加强了教材应有的导学、助学功能。

（三）《商法研究》（2011年卷）

作者：徐学鹿、吕来明主编

出版社：法律出版社

出版时间：2012-03-01

ISBN：978-7-5118-2767-8

【简介】《商法研究（2011年卷）》是《商法研究》2011年卷。2010年卷出版后，得到了学界同仁的关注与支持。2011年卷继续以弘扬商法理念、反映商法实践成果、促进商法理论研究为宗旨。设置包括基础理论、商事组织法、金融交易法、疑案探究、热点问题评论等栏目，为了鼓励在校研究生从事学术研究，从2011年卷开始，特设研究生学术专栏，选登在校研究生商法学研究的学术论文。

（四）《经济转型背景下的中小企业促进法研究》

丛书名：经济法文库

作者：刘庆飞

出版社：北京大学出版社

出版时间：2012-03-01

ISBN：978-7-3011-9423-2

【简介】《经济转型背景下的中小企业促进法研究》主要内容为：政府对中小企业进行促进，首先必须界定什么是"中小企业"。但是，目前我国"中小企业"的立法界定标准存在诸多缺陷，如行业的覆盖面过于粗略、口径太大等。对此，我们在界定"中小企业"时可适当多包括一些企业，但要建立一个"逐步实施"或者"逐步淘汰"的体制，即依据中小企业的规模大小，逐步减少扶持，这样将会更加公平。政府为什么要促进中小企业？考虑到中小企业大多为私营经济组织，运用政府资金促进它们，只有在促进能够给社会带来效益的情况下才具有合理性。中小企业能够创造更多经济效益，这只是政府促进立法的初步价值；而克服市场失灵、政府失灵尤其是经济转型造成的成长障碍，才是政府促进立法的根本价值。"市场充分竞争理论"等反对政府促进中小企业立法的观点是不成立的。政府对中小企业进行促进，必须以中小企业的促进需求为基础。在"创业""成长"与"衰退与关闭"三个不同阶段，中小企业的需求是不同的。中小企业的需求也具有层次性，当更多的专业性中小企业在国际市场中经营时，促进需求将会增加和日益多样化。在历史上，政府促进中小企业立法的目标经历了从"促进就业公平"到"推动经济增长与市场竞争"的演变。在确定了长期目标如"增加社会财富"、"创造就业机会"、"提高市场竞争"等后，政府还应该确立阶段性目标，用以衡量立法的发展进度。政府促进中小企业的领域可以分为宏观和微观两种。宏观的促进领域为企业的经营环境，包括国民经济状况、技术、公共服务设施、管理、财政政策和社会态度。微观的促进领域为个人及其企业，具体表现为社会创业精神、创业和中小企业成长的限制因素。促进以填补空缺为原则，因而其形式通常为向中小企业提供各种服务。不同的促进措施适用于企业的不同成长阶段，所以政府通常不是单独地选择这项措施或者那项措施，而是要在全部措施中挑选出一组能够相互配合的措施。同时，为了应对经济全球化，促进措施应注重地方文化。最后，政府促进中小企业立法应该富于效益和效率。为此，我们需要设计严格、统一的立法实施效果评估标准和方法，并根据评估结果分析实施中存在的问题，以甄选更为有效的促进措施。

（五）《商事法论集》（总第 20 卷）

作者：王保树主编

出版社：法律出版社

出版时间：2012 - 04 - 01

ISBN：978 - 7 - 5118 - 3190 - 3

【简介】本书立足于中国商法的发展与完善，广泛借鉴和吸收国外商法的发展经验与判例学说，追踪国外商法的发展趋势，推动商法专题研究，促进商法学的学科建设，进而为商事立法和审判实践服务。

（六）《民商法论丛》（第 50 卷）

作者：梁慧星主编

出版社：法律出版社

出版时间：2012 - 04 - 01

ISBN：978 - 7 - 5118 - 3169 - 9

【简介】《民商法论丛》（第 50 卷）收集了十余篇文章，涉及民法基本理论、判解研究、专题研究、立法问题；以及域外法，其中包括非洲法、欧洲法和英美法的相关论文和译文。本书为我国民商事理论的现代化和审判实务的科学化提供科学的法理基础，旨在提升我国民商法理论水准，培养民商法理论人才。

（七）《商事物权与商事债权制度研究：兼议商法通则立法》

作者：曾大鹏

出版社：中国法制出版社

出版时间：2012 - 06 - 01

ISBN：978-7-5093-3669-4

【简介】本书第一编在肯定物权法定原则之基础上，挖掘出土地与建筑物的动态交易关系、商法上的善意取得、商事留置权、票据质权、营业质权以及营业抵押权等方面的特殊规则。第二编梳理了商事债权合同领域中应否以及如何运用显失公平规则、如何健全清理企业三角债的债权人代位权制度、企业出售中的"债务跟着资产走"原则的妥当性、商事代理异于民事代理等方面的特殊规则。第三编在辨析民商分立与民商合一这两种传统立法模式的基础上，讨论了商事立法的"第三条道路"－商法通则立法模式。与此同时，本编的两则书评进一步论证了制定商法通则的必要性和可行性。最后，在阐明合伙异于自然人、法人的独特性之后，分析了民事合伙与商事合伙的区分观念。

（八）《传统商理念与当代商事立法》

作者：刘云㛑

出版社：知识产权出版社

出版时间：2012-06-01

ISBN：978-7-5130-1183-9

【简介】本书分为四章，前两章重在考察古文献中反映出的传统商理念。第三章则以近代工商业的发展和西方商理念的东进为背景，主要从近代立法和官方文件中寻找信息。探讨传统商理念西化的表现。最后一章则讨论我国当代商事立法问题，主要针对学者们关于法律上的商人、商事的不同观点进行介绍和评价，从理论上对我国未来商事立法中有关商人、商行为的内涵和外延的表述，提出了一些设想。

（九）《商事法论集》（2012总第21卷）

作者：王保树

出版社：法律出版社

出版时间：2012-06-01

ISBN：978-7-5118-3512-3

【简介】《商事法论集》（2012总第21卷）立足于中国商法的发展与完善，广泛借鉴和吸收国外商法的发展经验与判例学说，追踪国外商法的发展趋势，推动商法专题研究，促进商法学的学科建设，进而为商事立法和审判实践服务。

（十）《财产、契约与企业：商事信用形成的法理分析》

作者：王坤

出版社：法律出版社

出版时间：2012-06-01

ISBN：978-7-5118-3679-3

【简介】从历史来看，人类所有的文明都是密切协作的产物，文明的进步标志着人类合作能力的提高，合作能力的提高又说明商事信用关系在进步。我们真正需要认识的问题是：信用关系是怎样形成的？在现实商业交往中，良好商事信用关系的培育、形成是一系列复杂制度的产物，是一个远比信用权复杂得多的问题。在此，《南岭法学学术文库·财产契约与企业－商事信用形成的法理分析》作者王坤将竭力在"什么是你的贡献"拷问下去展开这一研究。

（十一）《晚清商事立法研究》

作者：任满军

出版社：光明日报出版社

出版时间：2012－08－01

ISBN：978－7－5112－2751－5

【简介】中国私法意义上的商法及其商法典起始于晚清时期。晚清商事立法成果集中地体现在曾颁行有效的《钦定大清商律》这一商法典和"志田案"、《商法调查案》《改订大清商律草案》3 部法典草案上。而且这些商法成果均是在初步成熟的商法以及独立法典思想指导下以及诸多社会条件的合力推动下，政府实力主导、商民积极参与方才取得的。除绪言外，任满军编著的《晚清商事立法研究》的主体部分共有 10 章。《晚清商事立法研究》第一章为晚清时期催生中国近代商法的多元性因素。第二章为晚清商法思想的成熟和商法典的立法规划。第三章为《钦定大清商律》的制度构成。第四章为《破产律》和《钦定大清商律》配套法规。第五章为晚清商法的施行及其社会适应性考证。第六章为志田钾太郎《大清商律草案》。第七章为商人阶层的商法构想和《商法调查案》。第八章为农工商部《改订大清商律草案》。第九章为晚清官方商事习惯调查及其商法价值。第十章为历史经验，中国当代商法及其法典建设。

（十二）《商事法论集》（总第 22 卷）

作者：王保树主编

出版社：法律出版社

出版时间：2012－12－01

ISBN：978－7－5118－4177－3

【简介】本书立足于中国商法的发展与完善，广泛借鉴和吸收国外商法的发展经验与判例学说，追踪国外商法的发展趋势，推动商法专题研究，促进商法学的学科建设，进而为商事立法和审判实践服务。

（十三）《商法基本问题研究》（第 2 版）

作者：赵万一

出版社：法律出版社

出版时间：2013-03-01

ISBN：978-7-5118-4412-5

【简介】本书是有关商法学中一些基本问题的研究。内容上不仅涵盖了市民社会与民商法的关系问题，商法的概念、性质与特征问题，商法与经济法的关系问题，商法与市场经济的关系问题等宏观性、基础性的问题，还包括商主体制度、商行为制度、商业名称制度以及商法的实施等具体的制度研究。

（十四）《商法独立与独立的商法：商法精神与商法制度管窥》

作者：赵万一

出版社：法律出版社

出版时间：2013-03-01

ISBN：978-7-5118-4413-2

【简介】商法的独立性可以从以下几个方面加以理解：其一，从商法本体来讲，商法的独立性意味着商法具有独立存在的社会经济基础和作用，主要体现为商法精神的独立性、商法价值取向的独立性、商法存在基础的独立性以及商法作用的独立性和独特性。其二，从商法的规范结构和内容上来讲，商法的独立性表现为商法内在构成的独立性，包括商法基本原则的独立性、商法调整对象的独立性、商法制度设计上的独立性等。其三，从外部关系上来讲，商法的独立性意味着商法与其他类似法律在本质上和表现形式上的区别和差异性，即商法与民法、经济法、劳动法甚至行政法的相互独立，特别是商法与民法和经济法的区别。

（十五）《商事代理法律制度论》

丛书名：商事法专题研究文库

作者：刘文科

出版社：法律出版社

出版时间：2013-06-01

ISBN：978-7-5118-4856-7

【简介】在我国商法中，虽有经理的设置，但经理的地位如何？经理制度如何构建？当经理不是法人代表时，经理和法人代表（如董事长）是什么关系？这些问题并未完全解决。作者刘文科在《商事代理法律制度论》中充分注意到了这些问题。提出民事代理制度在代理权的授予、代理权的范围、代理权的存续与表见代理等方面存在制度性的局限。认为这些局限，并不是民法的缺陷，而是民法的界限。这些调整商事活动的功能，仍然要交给商法来完成。该书用"断臂的经理"形容和阐明我国商法中有关经理权的制度存在结构上的缺失，统一的经理制度的缺少也导致商法存在体系上的空白，其原因在于我国民法商法立法的体制性弊端。

(十六)《现代商法:理论基点与规范体系》

丛书名:国家社科基金后期资助项目

作者:郑曙光、胡新建

出版社:中国人民大学出版社

出版时间:2013-06-01

ISBN:978-7-3001-7629-1

【简介】商法学在我国是一个既熟悉又陌生的法学领域。说熟悉,是因为我们每天都或多或少、直接或间接地接触到商事法律规范;说陌生,是因为我们未曾真切地触摸到承载着商法特有价值和规范的学科体系。1999年,《商法学》作为高等教育法学课程中14门核心课程之一已被国家教育部所确认。翻开商法教科书,商法学者们不厌其烦地解释分析、追根溯源,以寻求商法所承载的社会价值,其目的无非是想论证商法在经济活动中发挥着重大作用且具有独立于民法的法域体系,但是这种解释、分析至今尚未成为学者们的共识,甚至一直被众多学者所怀疑和争论。我国民法学者认为商法作为商人职业法是历史的产物,也只能作为历史的遗产;经济法学者主张"商"回归"民"又溢出"民"之后,溢出的部分即为公法化了的商法,应当划入经济法。商法学者们自己也在进行着辩论,争论的实质问题是在当今世界经济全球化、文化多元化的潮流席卷之下,商法学的源与流、合与分、兴与衰。

(十七)《商事法论集》(2013总第23卷)

作者:王保树主编

出版社:法律出版社

出版时间:2013-08-01

ISBN:978-7-5118-4986-1

【简介】本书立足于中国商法的发展与完善,广泛借鉴和吸收国外商法的发展经验与判例学说,追踪国外商法的发展趋势,推动商法专题研究,促进商法学的学科建设,进而为商事立法和审判实践服务。

(十八)《商法总则基本问题研究》

丛书名:中国当代法学文库-研究生教学参考书

作者:刘宏渭

出版社:华中科技大学出版社

出版时间:2013-08-01

ISBN:978-7-5609-8788-0

【简介】《商法总则基本问题研究》阐述了债的发生、债的类型、债的效力、债的担保、债的移转、债的消灭等债法总论的主要问题,并就合同之债和法定之债展开了较为深入的论述。

(十九)《商法研究》(2012 年卷)

作者:徐学鹿、吕来明主编

出版社:法律出版社

出版时间:2013-09-01

ISBN:978-7-5118-5282-3

【简介】本卷是《商法研究》2012 年卷。2011 年卷出版后,得到了学界同仁的关注与支持。2012 年卷继续以弘扬商法理念、反映商法实践成果、促进商法理论研究为宗旨。设置包括基础理论、热点问题评论、疑案探究、商事组织法、金融服务法、商事贸易法等栏目,为了鼓励在校研究生从事学术研究,2012 年卷继续设研究生学术专栏,选登在校研究生从事商法学研究方面的学术论文。

(二十)《中国商法通则理论与立法研究》

丛书名:经济法律文库

作者:曾大鹏

出版社:法律出版社

出版时间:2013-09-01

ISBN:978-7-5118-5399-8

【简介】本书在借鉴法国、德国、日本、西班牙、韩国等国家以及澳门地区商法典的立法结晶、司法经验及学术成果的基础上,主要讨论我国大陆制定"商法通则"的必要性与可行性,并分析了由当代中国学者提出的三个"商法通则"(或"商事通则")草案建议稿的条文。

本书的基本内容包括未来"商法通则"的总则制度、商人制度、商事登记制度、商号制度、营业财产制度、商业账簿制度以及商行为制度,在整体上对商法总论的传统理论体系有一定的突破。其中提出了一系列重要的观点和建议,例如:公平不是商法的基本原则;商事人格权体系亟待建构;营业转让时宜实行"债务不跟着资产走"原则;应详细规定商事物权和商事债权,尤其是商事留置权、商事担保、商铺租赁及商事代理等方面的规则。

本书的读者对象为法学本科生及研究生、商事立法机关及司法实务者,将对既有的《深圳经济特区商事条例》《深圳经济特区商事登记若干规定》和未来的"商法通则"立法产生积极的影响。

(二十一)《中国商法年刊:法治国家建设中的商法思维与商法实践》

作者:王保树主编

出版社:法律出版社

出版时间:2013-10-01

ISBN:978-7-5118-5420-9

【简介】2013 年年会的中心学术议题是"法治国家建设中的商法思维与

商法实践",年刊的内容也是商法思维问题。今年年刊的任务不是揭示法律思维的共性,而是解释商法思维的个性。可以说,特殊的商法思维是商法的财富,商法的法律职业者要加倍珍惜它,而加倍珍惜商法思维,就是重视运用它。

(二十二)《商事责任研究》

作者:李春

出版社:中国法制出版社

出版时间:2013-11-01

ISBN:978-7-5093-4405-7

【简介】《商事责任研究》是论证商事责任的独特存在,通过部分原理、原则的揭示,理清人们对其的模糊看法,同时,反过来也对民、商区分作出一定说明。

(二十三)《商法:会社商行为》

作者:(日)志田钾太郎口述,熊元襄、熊仕昌编,徐奕斐点校

出版社:上海人民出版社

出版时间:2013-12-01

ISBN:978-7-2081-1985-7

【简介】《商法(会社商行为)》分为会社法和商行为法两部分,会社即我们现在所说的"公司"。上部的会社法属于商法中的第二编,共七章。重点在第二章至第六章,作者按照对会社的分类,分别介绍了合名会社、合资会社、株式会社、株式合资会社、以及外国会社的法律制度。其后介绍这些不同会社的时候,作者一般是按照该种类会社的意义、沿革、名称、法律上性质、内外关系、社员资格的得失以及该会社的设立、变更、合并及解散的顺序进行介绍的。下部是商行为法,属于商法的第三编,分为六章。介绍了仲立营业、取次营业,即问屋契约和运送取扱契约等。

(二十四)《商法总则》

作者:(日)志田钾太郎口述,熊元楷编,何佳馨点校

出版社:上海人民出版社

出版时间:2013-12-01

ISBN:978-7-2081-1910-9

【简介】《商法总则》由绪论和五编正文组成,绪论有六章,依次是商法之意义、商法法典存在之当否、商法之沿革、商法上文明诸国之分类、商法之适用和商法之著书。其后介绍了商行为、商业等三章;其后介绍了会社(即公司),包括总论、合名会社、合资会社、株式会社、株式合资会社、外国会社、罚则等七章;随后介绍了商行为,分总论、仲立(经纪)营业、取次(代销)营业、运送契约、寄托契约、保险契约等六章;接着介绍了有价

证券，涉及总论、无记名证券、指图证券和记名证券四章；最后介绍了船舶，论述了总论、船舶物权、船舶债权等内容。

（二十五）《商法有价证券船舶》

丛书名：清末民国法律史料丛刊 - 京师法律学堂笔记

作者：（日）志田钾太郎口述，熊元楷等编

出版社：上海人民出版社

出版时间：2013 - 12 - 01

ISBN：978 - 7 - 2081 - 1876 - 8

【简介】《清末民国法律史料丛刊·京师法律学堂笔记·商法：有价证券·船舶》由会社、商行为、有价证券和船舶四大部分组成。会社部分主要论述了会社的意义、沿革、分类、内外关系、变更与解散；商行为主要论述交互计算、匿名组合、仲立营业、取次营业、运送契约、寄托契约、保险契约等；有价证券部分论述了有价证券的分类、无记名证券种类以及指图证券、记名证券等；船舶部分论述了船舶种类、船舶的港籍、船舶之登记、计量测度，以及船舶物权与船舶债权等。

二、公司法与企业法

（一）《公司并购实务操作》

作者：张远堂

出版社：中国法制出版社

出版时间：2012 - 01 - 01

ISBN：978 - 7 - 5093 - 2592 - 6

【简介】公司投资并购是一项系统性、综合性、复杂性、风险性极高的工作，涉及公司法、证券法、合同法等多领域法规，触及股东、公司、高管、员工、政府、社会、关联方等多方的切身利益，做好公司投资并购工作，对任何一个公司、任何一位人士都是极富挑战的。本书主要是给律师和法律顾问展示一个并购项目总体工作程序、内容和处理具体问题的方法。相信本书对那些想作大、作强的公司，以及在中国大陆从事公司投资并购工作的律师和法律顾问们会有所帮助。

（二）《公司法适用与审判实务》（第2版）

丛书名：法律适用与审判实务丛书

作者：张海棠主编

出版社：中国法制出版社

出版时间：2012 - 02 - 01

ISBN：978 - 7 - 5093 - 3297 - 9

【简介】自2009年第一次出版以来，《公司法适用与审判实务》得到了广大法律实务工作者的肯定与好评。结合《公司法司法解释三》，对本书进

行全面修订，希望能够为您提供更多的信息和帮助，把握关键问题，解决实践难题。《公司法适用与审判实务》根据公司法条文顺序，辅以条文精解、典型案例、疑难问题等，结合《公司法司法解释（三）》，丰富了公司设立、股东权利、股权转让和法律责任等相关内容。

（三）《公司法律裁判》

作者：胡田野

出版社：法律出版社

出版时间：2012－02－01

ISBN：978－7－5118－2944－3

【简介】《公司法律裁判》是以实践中公司裁判的疑难问题为基础而写成的。作者试图以法学理论和法学研究方法对司法实践中的疑难问题进行解答、进行法学理论研究以及与法律实务问题的沟通与嫁接，既关注本土问题，也考察公司裁判中的普遍观传性。因此本书的写作，也采用了比较法研究、法社会学分析等研究方法，既不是对实践问题的简答，也不是纯粹的理论研究，而是以问题为导向的裁判中的公司法研究，试图给公司法实务工作着以简明的公司法手册。

（四）《公司法任意性与强行性规范研究》

作者：胡田野

出版社：法律出版社

出版时间：2012－02－01

ISBN：978－7－5118－2932－0

【简介】《公司法任意性与强行性规范研究》共五个章节，内容包括任意性和强行性规范基本理论与公司法、任意性和强行性规范在公司法上的宏观考察，任意性和强行性规范在公司法上的微观考察，公司法中强行性规范淡化之基础、我国公司法任意性与强行性规范问题解决之方案。

（五）《公司法人治理法律实务》

作者：闫玉新

出版社：法律出版社

出版时间：2012－02－01

ISBN：978－7－5118－2985－6

【简介】闫玉新编著的《公司法人治理法律实务》以公司法人治理结构问题中的经典案例为切入点，对各个案例发生的背景、过程、结果、影响、启示以及背后的公司法理论等作了详细的阐述。在分析实务案例的同时，将相关法律条文和两大法系的公司法理论贯穿其中，论述深入浅出，较为系统、全面地探讨了公司法人治理中的典型、疑难问题。

（六）《公司股东大会决议问题研究——团体法的视角》

作者：李志刚

出版社：中国法制出版社

出版时间：2012-03-01

ISBN：978-7-5093-3498-0

【简介】《公司股东大会决议问题研究——团体法的视角》认为，传统民法以个人法为原型，法律行为理论以个人内心意思的外化为基础，而公司法是团体法，决议是典型的团体法现象，本质上是团体意志的形成，不宜适用民法上的法律行为理论。在对团体法的权利结构、价值取向、法律本位进行初创性建构的基础上，本书对股东大会决议所涉法律问题进行了全新的透视，并给出了合理的解释，既具有学术上的前瞻性，又有实务上的指引性，对公司法研究和公司纠纷的处理有较大参考价值。

（七）《公司法学》

作者：李东方

出版社：中国政法大学出版社

出版时间：2012-03-01

ISBN：978-7-5620-4192-4

【简介】《公司法学》，本书共分为十二章，从公司与公司法的基础理论知识入手，详细地分析公司的种类、公司的设立、公司的人格与能力、公司的资本制度、公司债、股票与股权、公司的组织机构、公司的财务会计制度、公司的合并与分立、解散与清算、外国公司分支机构等内容。

（八）《企业涉外经营管理法律问题研究》

作者：刘弓强

出版社：知识产权出版社

出版时间：2012-03-01

ISBN：978-7-5130-1109-9

【简介】本书适用于法学学生和相关实务工作人员。本书在充分考虑当今国际经贸活动实务的基础上，从我国企业参与国际经贸活动的角度出发，对该领域所适用的法律以及各形态的企业经营管理活动进行了系统的剖析。该书除可以作为研究人员把握涉外经营管理法律体系的引导书外，也可以作为相关实务工作人员研究该领域的向导书籍。

（九）《赢略：跨国公司在华公司诉讼应对策略与法律实务》

作者：张保生，夏东霞，周伟主编

出版社：北京大学出版社

出版时间：2012-03-01

ISBN：978-7-3012-0166-4

【简介】《赢略：跨国公司在华公司诉讼应对策略与法律实务》专题针对性强，专业性突出，编排由浅入深，体系性强，便于读者系统、全方位掌握专业知识。全书分上中下三篇，上中篇先介绍了此类业务涉及的中国法律背景和目前中国跨国公司诉讼的整体情况，为读者做好此类业务打好专业知识基础；下篇具体讲解了跨国诉讼双方应对此类诉讼的详细策略，进而对几类具体的诉讼从法律角度逐一具体分析和讲解，并单列专章对近几年国内主要发生的重要案例进行分析。在讲解诉讼攻守策略时，《赢略：跨国公司在华公司诉讼应对策略与法律实务》从诉方和被诉方角度根据其立场分别讲解，视野立体，适用面广。内容均为作者多年执业经验积累，案例均为经典实例，参考价值高。

《赢略：跨国公司在华公司诉讼应对策略与法律实务》作者均为国内顶级律所—金杜律师事务所资深律师。写作均结合作者自身多年实践，其中的各项策略与技巧是作者执业多年的宝贵积累。诸多详细案例均为作者亲历，且多为有社会影响力的知名案件，从案情概要到客户目标，再到策略与方案、最后的裁判及其分析，都极具实务参考价值。

（十）《公司金融法律原理》
丛书名：公司·金融·法律译丛
作者：〔英〕费伦，罗培新 译
出版社：北京大学出版社
出版时间：2012-03-01
ISBN：978-7-3012-0167-1

【简介】法律与公司金融的关系如何？公司金融理论试图解读的是，对于影响着公司制企业投资决定的种种财务约束条件，它们是如何解决的。这些财务约束条件运用了花样繁多的金融工具，这些金融工具的持有人对于公司资产享有不同的权利。该领域近期的研究文献一方面准确地揭示了法律机制是如何影响着公司金融，另一方面则对金融市场的发展演变予以了精确的梳理。在解释公司作出的与资本结构相关的选择时，法律环境显得尤为重要。

本书研究了与英国的公司金融相关的法律环境的核心要素，后者历经了一场旷日持久的、深刻的变革。这场变革的驱动力部分源于英国政府现代化其国内公司立法的愿望，部分则源于欧盟层面的诸多政策选择，后者深深地依赖于颁布新的法规以推动欧洲金融市场更为紧密的一体化进程。

（十一）《法院审理股权转让案件观点集成》
作者：贾明军、韩璐主编
出版社：中国法制出版社
出版时间：2012-04-01
ISBN：978-7-5093-3560-4

【简介】本书收集了 2005 年《公司法》修订后的千余个股权转让纠纷案例,对其进行了归纳和排列整理,并结合司法审判中法官的评析,从而编著了这部百余件案例汇集的评析书籍,供法律人借鉴和参考。《法院审理股权转让案件观点集成》通过整理、归纳全国各级法院已生效的股权转让纠纷案件的裁判,总结、归纳出具体的裁判经验、思路和尺度,以及认定事实、适用法律的方法,并结合最高人民法院司法解释、司法政策精神、审判业务意见以及最高人民法院专家法官著述、目前审判实务中的主流观点等进行了评析。

(十二)《公司派生诉讼论:理论基础与制度构造》

作者:王丹

出版社:中国法制出版社

出版时间:2012 - 04 - 01

ISBN:978 - 7 - 5093 - 3606 - 9

【简介】《公司派生诉讼论:理论基础与制度构造》从所有权与控制权分离的角度入手,来讨论现代公司中的人格理论与派生诉讼的关系。在对派生诉讼理论基础进行证立之后,本书还从多个角度来为派生诉讼划定合理的边界,以说明派生诉讼与独立人格制度的调和。本书在制度构造方面的讨论,不是面面俱到,而是致力于解决派生诉讼本身难以回避的矛盾。本书在最后一部分,对我国司法实践中的案例进行梳理和归纳,分析我国派生诉讼立法和司法的特点。并在此基础上,提出一个既具有针对性又具有操作性的制度模型。《公司派生诉讼论:理论基础与制度构造》对公司派生诉讼的理论基础和制度构造进行了深入、系统的研究,并将二者有机连接起来,使派生诉讼的理论基础为制度构造提供宏观指导,而制度构造又证明理论基础对派生诉讼的准确定位。在此基础上,《公司派生诉讼论:理论基础与制度构造》作者王丹从数量、规模、特点、实践效果等方面总结了我国相关的立法及派生诉讼司法实践,论证了制度再造的必要性,并为解决派生诉讼的基本问题构建了一个具有实用性和针对性的模型。

(十三)《企业员工持股法律问题研究》

作者:梁慧瑜

出版社:法律出版社

出版时间:2012 - 04 - 01

ISBN:978 - 7 - 5118 - 3340 - 2

【简介】本书从人力资本的法律地位展开,分析论证了我国发展员工持股的必要性和可行性,在此基础上,对涉及员工持股的法律问题进行了深入研究。通过对员工持股理论及实践的分析,指出确认员工持股的法律规制路径十分必要,且不能因企业性质的不同而厚此薄彼。我国目前过分关注国有企业员工持股问题，而忽视民营企业员工持股的做法不利于员工持股的发展。应针对员工持股涉及的法律问题进行统一规制。

（十四）《公司登记疑难案例解析》
作者：梁上上主编
出版社：中国政法大学出版社
出版时间：2012 – 05 – 01
ISBN：978 – 7 – 5620 – 4269 – 3

【简介】随着我国市场经济的发展，公司作为最主要的市场主体也蓬勃地发展起来。浙江省是市场经济较为发达的地区，特别是民营经济取得了很大成就，温州模式更是闻名于世。但是市场越是发达，遇到法律问题也越多越复杂，越让人觉得难办。公司登记工作中遇到的法律问题也是如此。《公司登记疑难案例解析》的出版希望能解决一些公司登记中遇到的真实的疑难问题。

（十五）《企业与公司法学》（第6版）
丛书名：21世纪法学规划教材
作者：甘培忠
出版社：北京大学出版社
出版时间：2012 – 05 – 01
ISBN：978 – 7 – 3012 – 0575 – 4

【简介】《企业与公司法学》（第6版）于1998年第1版出版以来，至今已是第六版。其为北京大学法学院本科学生相关课程的指定教科书。《企业与公司法学》（第6版）以企业法律形式为主线，贯通民法学、商法学、经济法学的学术分野，以个人投资开办企业为原点，渐进导入企业组织形式、企业法律地位、投资者义务和风险责任（合无限责任、连带责任和有限责任等）、公司资本、公司治理、董事义务、商业判断规则、股权转让、关联交易、公司并购与分立、企业解散与清算、企业重整、企业破产、各类企业公司纠纷的司法处理规则阐释等范畴领域，结构严谨有序，知识体系健全完备。本教材主要系甘培忠教授一人独立完成，系统性很强，不存在内容重复或者遗漏现象。本教材深受全国其他高校的法律院系师生的垂青和关爱，成为该领域的经典教材。本教材于2003年获司法部优秀法学教材奖，2005年获北京高等教育精品教材称号。

（十六）《公司法学》（第2版）
丛书名：法学精品课程系列教材
作者：雷兴虎主编
出版社：北京大学出版社
出版时间：2012 – 05 – 01

ISBN：978 - 7 - 3011 - 9532 - 1

【简介】《公司法学》借鉴和吸收了国外公司立法的成功经验及学术研究的最新成果，并全面、系统地梳理和总结了我国公司立法最新进展及近几年的学术研究成果，在完整、准确地阐述公司法学基本概念、基本理论和基本制度的基础上，探讨了我国新修订后的《公司法》的基本理念与价值取向。本书注重知识性、理论性和实践性的统一，并考虑了国家统一司法考试对教学、教材的导向性影响。在体例等方面，本书也有所创新：章前有内容提要和关键词，章后附有重点问题提示和思考题，方便读者理解和思考。

（十七）《公司法的制度解析》

作者：张舫

出版社：重庆大学出版社

出版时间：2012 - 06 - 01

ISBN：978 - 7 - 5624 - 6756 - 4

【简介】《公司法的制度解析》从理论上对我国公司法的主要制度进行了解读，并对我国公司法存在的问题提出自己的完善建议。全书分为三大部分，共七章。《公司法的制度解析》第一部分从公司法的发展、公司基本要素的角度，对我国公司法总则部分进行解析；第二部分对有限责任公司制度进行解析；第三部分，从公司治理的角度对股份公司制度进行解析。

（十八）《企业法律风险管理的理论与实践》

作者：张继昕

出版社：法律出版社

出版时间：2012 - 06 - 01

ISBN：978 - 7 - 5118 - 3528 - 4

【简介】本书是一名律师从法律服务的角度，紧密结合律师事务所和企业的实际工作，真正做到了理论和实践的高度统一，有自己深切的体会和独到的见解，值得一读，希望能给企业高管、律师以及关注企业法律风险防控的人士一些启发和借鉴。

（十九）《最高人民法院指导性案例裁判规则理解与适用·公司卷》

作者：江必新等

出版社：中国法制出版社

出版时间：2012 - 07 - 01

ISBN：978 - 7 - 5093 - 3476 - 8

【简介】《最高人民法院指导性案例裁判规则理解与适用·公司卷》分特殊的公司主体；揭开公司面纱；股东出资和公司资本；股东权利；股东会、董事会决议；公司担保；股权转让；产权变动与清算；中外合资、合作经营企业合作；合伙；企业挂靠；资产评估机构的法律责任，共十二章，深入、系统的阐述了公司法领域的典型案例裁判规则及实务应用难题，是法官、检察官、律师等实务工作人员学习工作必备参考。

（二十）《公司法原理精解、案例与运用》

作者：时建中主编

出版社：中国法制出版社

出版时间：2012－08－01

ISBN：978－7－5093－3850－6

【简介】《公司法原理精解案例与运用》内容既涉及法学原理与前沿理论的探讨，又包括大量对法律实务操作难题的细致论述。这就使得本套丛书不仅可以作为学者研究的参考素材，而且可以作为研究生的教材教参，更适合作为商业领域法律实务工作者的从业指导读物。

（二十一）《公司企业法》（第2版）

作者：徐新意编著

出版社：华东理工大学出版社

出版时间：2012－09－01

ISBN：978－7－5628－3365－9

【简介】《公司企业法学》是一部系统介绍新公司法和其他企业法律知识的、将公司企业法理论与实践相结合的专著性教材，全书分为13章，包含了公司与公司法概述、公司的设立、公司资本制度、公司债券、股东及股东的权利、公司治理结构、公司的财务会计制度、公司变更、公司的解散与清算、外国公司的分支机构、个人独资企业法、合伙企业法、企业与企业法等内容。本书是作者多年从事公司企业法教学经验的结晶，是多年律师实践经验的总结，也是对我国新公司法律制度进行深入研究的成果。本书中，作者通过对新中华人民共和国公司法和外商投资企业法等相关企业法律制度的对比分析，指导人们如何选择企业形式，如何使用公司企业法。本书的最大特点是知识"新"、体系"新"。本书适用于法律院校作为相关专业的本科生、研究生教材，也可作为企业家、法律工作者等的参考读物。

（二十二）《公开公司法论》

作者：森田章，黄晓林编译

出版社：中国政法大学出版社

出版时间：2012－09－01

ISBN：978－7－5620－4459－8

【简介】《公开公司法论》的基本内容框架以公开公司为中心，在阐述说明公司法诸原理的同时，列举论述适用于公开公司的金融商品交易法中的相关制度与原理。本书是旨在向股东、潜在的投资者、董事、监事、会计监查人、法律顾问、证券业者、监督机构等公司专家全面而立体介绍公开公司法制的著作。此外，法学入门者、法学院校的学生通过本书的学习，也可以体会到公开公司法学习中的乐趣。

（二十三）《中国公司治理法律制度的形成与价值》

作者：〔日〕佐藤孝弘

出版社：中国法制出版社

出版时间：2012-10-01

ISBN：978-7-5093-3933-6

【简介】《中国公司治理法律制度的形成与价值》从更侧重于社会的角度进行公司治理问题的探讨。本书采用了组织社会学的制度主义理论探讨了公司治理制度形成问题。制度主义关注的问题为社会拥有的角色期待、法律制度等合法性概念如何对作为社会性存在的公司产生影响，以及其形态如何变化等问题。本书把制度主义的合法性概念分为两种，一种为社会对公司的角色期待，另一种为公司认知其社会期待而形成的社会责任概念。本书从合法性概念对公司的组织结构、治理形态产生的影响方面进行了探讨。《中国公司治理法律制度的形成与价值》前半部分主要论述了公司治理制度的形成与价值的理论问题，并以这些理论为基础，对美国、德国、日本的合法性概念对各国公司治理制度的影响进行论证，而后半部分论述了中国公司治理制度的形成与价值问题。

（二十四）《完善公司人格否认制度研究》

作者：黄来纪、陈学军、李志强主编

出版社：中国民主法制出版社

出版时间：2012-10-01

ISBN：978-7-5162-0172-5

【简介】《完善公司人格否认制度研究》记载了公司人格否认制度的立法构想，解读了公司人格否认制度的具体内容，分析了公司人格否认制度的实施状况，提出了公司人格否认制度完善的建议，选编了中外公司人格否认制度的理论和精典案例。为便于大家结合法律规定和具体案例较好地适用公司人格否认制度，本书既选编了公司人格被否认的案例，也选编了公司人格未被否认的案例。

（二十五）《公司法律制度比较研究》

作者：黄来纪

出版社：法律出版社

出版时间：2012-10-01

ISBN：978-7-5118-3828-5

【简介】《公司法律制度比较研究》是《祖国大陆与香港、澳门、台湾地区法律比较研究丛书》之一。欲求通过历史与现实、理论与立法的结合上，研究祖国大陆与香港和澳门特区及台湾地区公司法律制度的历史渊源、最新内容、各自特点和相互的联系及异同,为四地进一步完善各自的公司法律制度作一些理论梳理。

(二十六)《企业并购反垄断审查制度的理论与实践》

作者:吴振国

出版社:法律出版社

出版时间:2012-10-01

ISBN:978-7-5118-3515-4

【简介】本书从操作指引和对策分析角度重点研究企业并购反垄断审查实体标准,同时兼顾企业并购反垄断审查程序,研究内容几乎涵盖了企业并购控制制度的所有方面,可以说本书的选题应该是一项崭新的课题。本书以笔者从事反垄断立法与企业并购反垄断审查的实际工作为基础,尝试改变国内现有的仅限于宏观上泛泛研究的做法,聚焦于企业并购的反垄断审查实体标准与审查程序,并对美国、欧盟等发达国家的反垄断法中的企业并购控制制度进行深入的比较研究,总结其成功的经验和发展趋势,为我国反垄断执法机构今后制定企业并购指南和做好企业并购反垄断审查工作提出政策建议。

(二十七)《民商法的法律适用:物权法与公司法探析》

作者:钟明霞、叶港组织编写

出版社:中国法制出版社

出版时间:2012-11-01

ISBN:978-7-5093-4042-4

【简介】《民商法的法律适用:物权法与公司法探析》分为物权法专题和公司法专题,本书在物权法与公司法具体条文的法律适用方面,结合司法实践,讨论相关前沿理论与疑难案例,形成了侧重法律适用问题研究的特色。

(二十八)《理论与实践中的新公司治理模式》

丛书名:法律与金融译丛

作者:[美]斯蒂芬·M·贝恩布里奇,赵渊译

出版社:法律出版社

出版时间:2012-11-01

ISBN:978-7-5118-3883-4

【简介】作者围绕最近美国公司治理争论中一些非常重要的问题给予了澄清说明,列举了历史、理论和实务中的诸多理由,来解释为什么公司治理的核心角色一直以来总是被分配给董事会以及为什么应当继续如此安排。

(二十九)《上市被否企业案例分析》(2010~2011年度)

作者:汪祖伟等编著

出版社:中国金融出版社

出版时间：2012－11－01

ISBN：978－7－5049－6473－1

【简介】《上市被否企业案例分析（2010－2011 年度）》结合企业在改制上市过程中的法律要点及中国证监会的审核要点，将 2010 年度全部被否决企业和 2011 年度部分被否决企业的上市失败原因逐一作了简单的分析，希望能为广大的拟上市企业以及从事企业上市工作的人士提供一些帮助。

（三十）《企业道德风险的法律防治》

作者：李玉梅等

出版社：中国金融出版社

出版时间：2012－11－01

ISBN：978－7－5049－6612－4

【简介】企业的虚伪和欺骗，使这个原本和谐而又五光十色的社会在很多时候变得令人不安。为探究其中的原因，十年前我们开始关注企业、企业家的道德和责任，最终把视线聚焦到了企业道德风险这一为经济学家们津津乐道的话题上。与他们不同的是，《企业道德风险的法律防治》的编者李玉梅等是以法学工作者的身份，从法的视角来审视这一现象的，并把观察思考的心得以此书的形式奉献给大家。

（三十一）《公司法剖析：比较与功能的视角》（第 2 版）

丛书名：法律与金融译丛

作者：〔美〕莱纳·克拉克曼，〔美〕亨利·汉斯曼等，罗培新译

出版社：法律出版社

出版时间：2012－12－01

ISBN：978－7－5118－4037－0

【简介】本书是来自六个国家的九位作者长期合作的结晶。阐述了所有核心国家频频上演的公司法的近期变革。与第一版相比，作者团队对第一版所有的分析、评论加以重新审视，内容超过原来版本的 70%。本书更具有国际性、功能性、中立性并足够精炼。

（三十二）《公司法律评论》（2012 年卷）

作者：顾功耘主编

出版社：上海人民出版社

出版时间：2012－12－01

ISBN：978－7－2081－1123－3

【简介】《公司法律评论（2012 年卷·总第 12 卷）》将为您就我国 2011 年证券市场的法制建设进行全面、深入的解读和分析。本书的"理论综述"和"公司法律论坛"栏目还是一如既往地将过去一年国内学界有关公司法、证券法、破产法的研究成果进行归纳，对华东政法大学经济法律研究院每年

一度的"公司法律论坛"的专家发言予以整理,以便读者全面了解该领域的最新动态,掌握最新学术前沿。

(三十三)《跨国公司跨境并购法律问题研究》

作者:王仁荣

出版社:法律出版社

出版时间:2012-12-01

ISBN:978-7-5118-4123-0

【简介】本书从跨国公司跨境并购的现实状况及其发展趋势的科学考察入手,征引大量外文第一手资料,通过理论研究和实证分析,令人信服地论证了跨国公司跨境并购正反向影响力及其对传统法理和法律的挑战,深入剖析了跨国公司跨境并购的新动向、新方式和新特点,以及与之相关的法学前沿课题,娴熟运用比较研究方法,系统探讨了跨国公司跨境并购的法律规制体系,提出了构建中国跨国公司海外并购风险防范制度的可操作性建议。

(三十四)《比较公司法学》

作者:汪振江

出版社:中国社会科学出版社

出版时间:2012-12-01

ISBN:978-7-5161-1932-7

【简介】《比较公司法学》注重吸收公司法学前沿性研究成果,以比较法为研究视角,综合比较研究中外公司法的历史发展、规律,比较典型国家公司法的理念、体例、基本架构、治理结构,以及世界范围内公司法发达国家公司法改革的效果、发展趋势、成败经验和优劣得失。关注发达国家公司法的异同。衡量不同国家、法系之间公司法的良好程度。采用跨学科的研究方法,引入经济学研究方法,促进公司法研究的价值。此书可供从事公司法理论研究的学者、立法机构和实务工作者使用,并可作为法律专业的本科生和研究生的教学参考书。

(三十五)《公司司法干预机理研究——以法经济学为视角》

丛书名:中南法学文库

作者:王永强

出版社:北京大学出版社

出版时间:2012-12-01

ISBN:978-7-3012-1585-2

【简介】《公司司法干预机理研究——以法经济学为视角》除导论和结语两部分外,共分为六章。导论主要是对选题依据、文献综述、主要内容、创新点和框架进行了介绍,结语部分得出了本书的初步结论,并对不足之处和研究展望做了说明。各章的研究脉络如下:第一章,公司法的经济学分析。

公司法与法经济学的联姻，简单介绍了法经济学的发展过程和一些基本知识，并就学者们对公司法进行经济分析所取得的一些成果进行评述，为下文运用法经济学的方法对公司司法干预制度进行分析提供理论支撑和分析框架。第二章，公司自治、国家管制与司法干预的关系，主要运用经济学的方法对公司法的三重属性：公司自治性、国家管制性和司法干预性进行了比较详细的探讨，并厘清公司司法干预的宏观层面的机制和理念。第三章，公司司法干预机理宏观层面的法经济学分析。公司诉讼是司法权对公司事务予以干预的主要形式，我们可以从公司诉讼的发展中寻觅到这种发展的历程。第四章，公司司法干预机理微观层面的法经济学分析，主要针对公司司法干预的主要载体——公司诉讼——进行成本和收益分析。第五章，法经济学视野下我国公司司法干预制度的现状与原因分析，从理论、立法和实践三个方面总结了我国公司司法干预的现状以及存在的问题，并运用法经济学的方法分析了其中的原因。第六章，我国公司司法干预相关制度的完善对策。

（三十六）《合伙人的有限责任：以美国有限责任合伙为范本》

作者：何新容

出版社：法律出版社

出版时间：2013－01－01

ISBN：978－7－5118－4381－4

【简介】本书是我国出版的第一部系统研究美国有限责任合伙的合伙人的有限责任制度的学术专著，填补了我国法学界关于合伙制度研究的一项空白，并丰富了我国的合伙法理论。对于推动我国合伙法理论研究与商事理论研究的深入，必将起到较大的作用。本书考察了美国各州有限责任合伙的立法与实践状况，论证了有限责任合伙产生的法理基础，剖析了美国有限责任合伙的合伙人的有限责任的范围与限制以外有关"刺破有限责任面纱"制度的内容，并结合我国特殊普通合伙制度的立法和实践，提出了完善我国相关法律制度的具体建议。

（三十七）《公司法学》（第2版）

丛书名：面向21世纪课程教材

作者：刘俊海

出版社：北京大学出版社

出版时间：2013－01－01

ISBN：978－7－3012－1664－4

【简介】如果说宪法是国家政治生活中的根本大法，是治国安邦的总章程，那么，公司法堪称公司经济生活中的根本大法，是投资兴业的总章程。完善的公司法治是增强民族经济竞争力的必要条件，是衡量一国资本市场现代化和法治化的试金石，更是构建和谐社会的重要法律基础。《面向21世纪课程教材：公司法学（第 2 版）》从介绍公司法的基础理论入手，结合作者多年公司法研究的学术成果及其参与 2005 年《公司法》修改的立法经验，对公司从设立到终止的生命周期中的基本原理、基本制度、基本概念和基本法律关系进行了深入剖析和权威诠释。《面向 21 世纪课程教材：公司法学（第 2 版）》以《公司法》的制度设计为主线，兼及其他国家和地区的公司法，并关注到《公司法》颁布和实施以来的新生法律问题。第二版修订将 2008 年后出台的主要立法文件和司法解释以及新兴法律问题囊括其中。全书结构合理，逻辑清晰，主题鲜明，学术性与实务性并重，是法学院系和财经院系学生学习公司法的权威教科书。

（三十八）《企业和公司法》（第 3 版）

作者：史际春

出版社：中国人民大学出版社

出版时间：2013－01－01

ISBN：978－7－3001－6092－4

【简介】《企业和公司法》（第 3 版）是一部系统介绍、探讨企业和公司法的专著性教材，在论述中将公司与企业、"公"（法）与"私"（法）、历史与现实、实践性与研究性融为一体。全书共 15 章，分别为：企业和公司法概论，企业法的沿革，企业登记管理，企业法人财产权问题，公司法概述，有限责任公司，股份有限公司，国有企业法，合作制暨集体所有制企业法，关联企业，公司债和企业债券，合伙企业法，个人独资企业法，企业财务、会计，违反企业法的法律责任。

（三十九）《公司章程自治研究》

作者：王毓莹

出版社：法律出版社

出版时间：2013－03－01

ISBN：978－7－5118－4631－0

【简介】《公司章程自治研究》以公司章程为切入点，梳理了公司章程自治的旧有理论及历史脉络，指出了自由主义是公司章程自治的人文支撑，市场经济是公司章程自治的经济根源，民主政治是公司章程自治的政治基础，公司契约理论是公司章程自治的法学依据。其细化了公司章程自治范围的标准，提出了公司内部的自治要宽于公司外部的自治、有限责任公司的自治要宽于股份有限公司的自治、公司订立章程的自治要宽于公司章程修改的自治这些相对比较确定的标准。同时，其剖析了公司章程自治理念在我国遭遇困境的深层次原因，并通过对公司治理结构、有限公司股份转让、公司利润分配等问题的探讨给予公司章程自治理念以实证法上的支撑。更为难能可贵的是《公司章程自治研究》还对公司章程自治理念在新形势下面临的挑战给予高度的关注,并一一给予回应。

(四十)《公司·商人·经济人》

作者:赵万一

出版社:法律出版社

出版时间:2013-03-01

ISBN:978-7-5118-4410-1

【简介】市场经济必须是平衡发展的经济和协调发展的经济。它要求每一市场主体都必须在法律划定的界线之内进行活动,也就是卢梭所说的人是生而自由的,但却无时不在枷锁之中。市场经济和其他任何经济形态一样,都不是靠每个人的肆意妄为就能建成,而是必须靠市场主体的诚信、守法、进取、协作行为才能真正实现。

(四十一)《公司经理与经理权》

作者:赵万一主编

出版社:法律出版社

出版时间:2013-03-01

ISBN:978-7-5118-4411-8

【简介】时至今日,在经济全球化浪潮的冲击下,市场风云变幻莫测,能否及时而有效地把握瞬息万变的商业机会在很多情况下会成为企业生死存亡的关键。因此当务之急是高度重视掌握专业管理知识和技能的经理在公司治理中的作用,并从立法层面对公司经理的权力、义务和职责做出明确规定,唯有此才能真正使公司经理的作用得到有效发挥。

(四十二)《有限责任公司股权纠纷司法实务精解》

作者:王旭光主编

出版社:中国法制出版社

出版时间:2013-05-01

ISBN:978-7-5093-4486-6

【简介】《有限责任公司股权纠纷司法实务精解》主要内容包括:公司股权纠纷与司法概述、公司股权纠纷的产生、现代公司与公司治理、公司股权纠纷产生的原因、公司股权纠纷的界定、公司股权纠纷的内涵与外延、公司股权纠纷的特点、国外公司股权诉讼的理论与实践、中国公司股权诉讼的理论与实践等。

(四十三)《论股东资格确认:以有限责任公司为视角》

作者:李晓霖

出版社:中国社会科学出版社

出版时间:2013-06-01

ISBN:978-7-5161-1347-9

【简介】关于股东资格确认，表征资格的证据效力及效力等级是关键问题。理论上，《论股东资格确认：以有限责任公司为视角》从宏观角度论证"形式要件优先适用、实质要件个别适用"应成为一般原则；微观角度，股东名册具有优先效力，公司章程对确认发起人的股东资格具有证明力，工商登记的效力仅及于公司外的善意第三人。就前瞻性而言，股东名册更适合成为法定登记方式。实践中，对争议较大的瑕疵出资、隐名出资、股权转让情形如何运用前述原则、规则确认股东进行检验和修正。

（四十四）《公司法的理念》

作者：[日]神田秀树，朱大明译

出版社：法律出版社

出版时间：2013-07-01

ISBN：978-7-5118-4941-0

【简介】本书是站在全球经济发展和全世界公司法发展的大潮中对日本公司法进行讨论的。公司法理念虽然抽象，但作者却深入浅出地向我们揭示了它的精义。他在本书中认为，公司法是公司的基本法，公司法制定有关股东出资和公司根据该出资决定运营并进行经营活动等方面的规则。同时认为，公司法就是规定与公司相关的"关系人"的权利义务关系的"私法"规则。

（四十五）《有限责任公司股东退出机制》

作者：段威

出版社：中央民族大学出版社

出版时间：2013-08-01

ISBN：978-7-5660-0472-7

【简介】本书综合运用历史与逻辑分析、比较法分析、社会学分析、实证分析等研究方法，在研究有限责任公司鲜明的人合性经济实质内涵、严格的资合性法律形式要求等本质特征基础上，借鉴国内外相关研究成果并结合我国司法实践案例，集中探究了有限责任公司股东退出机制问题，并对我国2005年《公司法》及司法解释的相关规定进行了相应评析。

（四十六）《冲突与衡平－契约视角下股东不公平损害问题研究》

作者：王月、刘倚源

出版社：中国政法大学出版社

出版时间：2013-08-01

ISBN：978-7-5620-4884-8

【简介】《冲突与衡平－契约视角下股东不公平损害问题研究》以契约理论为研究切入点，以股东不公平损害现象为研究具体模型，深入研究股东不公平损害发生的契约原因，不公平损害具体现象背后的契约特质，在此基础上为最大限度地避免和纠正股东不公平损害设计了事先的契约预防机制，与法定的事后救济措施互为补充，共同构成预防和规制股东不公平损害的有机系统。

（四十七）《离岸公司的应用与法律规制：基于我国公司集团的实证研究》

作者：马更新

出版社：法律出版社

出版时间：2013-08-01

ISBN：978-7-5118-5223-6

【简介】本书结合读者熟悉的一些著名公司偶见报端的案例，对离岸公司在公司集团当中的各种运用进行了实证考察和分析，对离岸公司可能涉及的法律问题尽可能细化，提出规制路径，期冀能够为治理和规范离岸公司的合法运行提供有益的经验参考和立法建议，促使其为我国的经济发展发挥作用。

（四十八）《有限责任公司股权转让法律问题研究》

作者：夏建三

出版社：法律出版社

出版时间：2013-09-01

ISBN：978-7-5118-5323-3

【简介】本书对股权转让概念到股权转让的一般理论进行了分析，并对股权对内对外转让制度和特殊情况下的股权转让制度的现状及前沿问题进行了调研、收集、归纳和整理，对若干在实践中容易产生疑难和争议的问题单列章节作了研究，并借鉴国外有关法律制度，提出了一些个人的见解，以期更好地解决股权转让中的实际问题，并对我国公司法的完善提出了立法建议。

（四十九）公司高管薪酬法律规制研究

作者：李荣

出版社：经济管理出版社

出版时间：2013-10-01

ISBN：978-7-5096-2606-1

【简介】本书以建构我国公司高管薪酬普适性法律规制体系为出发点，融高管薪酬规制的基本理论与立法实践为一体，在肯定法律约束高管薪酬作用的基础上，运用法经济学等研究方法，论证法律规制高管薪酬的正当性、立法价值取向与模式、立法规制和司法介入问题，系统分析两大法系相关国家的规制措施演进趋势和最新立法动向，梳理我国法律规制历程，总结当前法律规制存在的问题，探讨普适性法律规制体系的构建。

（五十）《非公允关联交易的监管制度研究：以上市公司并购为中心》

丛书名：经济法律文库

作者：李文莉

出版社：法律出版社

出版时间：2013－10－01

ISBN：978－7－5118－5461－2

【简介】本书主要讲述了上市公司并购中的非公允关联交易的监管难题，即交易主体的利益冲突性、交易双方的信息不对称性、欺诈性以及定价的非公允性。本书提出的主要观点是，针对这种利益冲突的交易，必须使其类似于"正常交易"或"臂长交易"的特性。上市公司并购中的非公允关联交易的监管制度上的设计，本书从以下几个原则入手：一是微观上制度设计要注重精细化、科学化，宏观上要基于效率与公平、成本与效益的考量。无论并购监管还是非公允关联交易的监管，利益的平衡既要保障公平又要促进并购的效率，如为促进并购效率同时，法律可配置给小股东相应地事后司法救济；信息披露设定不同的门槛等。二是建议采用公共执法与私人诉讼双轮驱动的监管模式，监管与诉讼并举，惩戒与救济通彰。三是原则性监管与类型化思考并重，保障监管制度体系的闭合性与开放性的互动。

（五十一）《公司法律评论》（2013年卷）

作者：顾功耘编

出版社：上海人民出版社

出版时间：2013－11－01

ISBN：978－7－2081－1849－2

【简介】《公司法律评论（2013年卷·总第13卷）》结合2012年资本市场发展及其法制建设的情况选取了诸多热点、焦点问题加以研究与分析，为理顺政府与市场的关系，放活资本市场进行了可贵的探索。

（五十二）《公司章程效力研究》

丛书名：法官博士文库

作者：孙英

出版社：法律出版社

出版时间：2013－12－01

ISBN：978－7－5118－5889－4

【简介】本书对章程自治进行了系统研究，梳理了章程无效、章程约束力的不同情形，论述了章程无效的法律救济和公司、股东、董事和高级管理人员违反章程的法律后果，提出了独到的见解。全书以我国《公司法》的法律适用为出发点，着力为解决章程实践中的法律问题提供法律解释和理论依据。在使公司法"从法条跃入实践"的同时，也放眼于立法的完善，提出相应的公司法完善建议。

三、证券法与投资基金法

（一）《中国证券投资基金管理人公司治理问题研究》

丛书名：南京师范大学法学文丛

作者：奚庆

出版社：法律出版社

出版时间：2012-01-01

ISBN：978-7-5118-2651-0

【简介】本书主要探讨了证券投资基金管理人公司治理方面的相关内容，除概述部分阐明相关概念与研究范畴外，主要包括基金管理人公司治理在基金法制体系中的价值与定位、基金管理人公司治理的原则、方法以及基金管理人公司治理中股东（股权结构、股东资格）、独立董事（与监事会、督察长）、基金经理（经营层）相关问题的研究与分析。

（二）《我国企业年金法律制度研究》

作者：张新生

出版社：经济科学出版社

出版时间：2012-06-01

ISBN：978-7-5141-1848-3

【简介】《我国企业年金法律制度研究》针对我国实际情况，提出对策：第一，完善我国企业与职工的劳动法律关系和我国企业年金计划合同法律制度。第二，完善我国企业年金信托法律制度和企业年金委托代理法律制度：受托人履行企业年金信托中的信赖义务。加强企业年金信托的监管，健全受托人与代理人之间的委托代理法律关系，重视和规范委托人、受托人、代理人、受益人与中介机构之间的委托代理法律关系，完善法人受托人制度。第三，完善我国企业年金的税收优惠法律制度：确定享受税收优惠的主体资格，个人缴纳企业年金免征个人所得税；给予企业年金基金运营税收优惠，减征企业年金个人所得税，合理把握税收优惠尺度。第四，从资格准入监管、年金赋益权保障监管、税收监管、基金投资监管、信息披露监管入手，完善我国企业年金政府监管的法律制度。最后，重视中小企业年金的法律制度的完善，推进我国企业年金的发展。

（三）《私募股权基金的募集与运作：法律实务与案例》

作者：邹菁

出版社：法律出版社

出版时间：2012-01-01

ISBN：978-7-5118-2867-5

【简介】推出本书的主要目的是为投资经理和私募律师在私募股权基金

的募集设立过程中的一系列法律操作提供指引。因此，本书着重介绍了公司制、有限合伙制和信托制三种私募股权基金的募集设立方式，以及包括各种设立模式下募集方式和内部治理的比较，也包括外资基金募集人民币基金的路径，同时重点论述了私募股权基金整个投资流程中体现核心投资策略的 Termsheet 和退出架构设计，尤其是分析了在 10 号文出台之后接受外资私募股权基金投资的中国民营企业如何进行海外上市前的重组，以大量案例的形式将私募股权基金从设立到投资再到退出的各个环节中前人的经验和教训展现给读者。最后，本书还简要介绍了私募股权基金中的律师实务，并在其中穿插了大量我们在实践中总结并使用的法律文本供读者使用参考。

（四）《中国私募证券法律规制研究》

作者：杨柏国

出版社：中国法制出版社

出版时间：2012－03－01

ISBN：978－7－5093－3460－7

【简介】鉴于金融压抑与管制的普遍存在，在中国，风生水起的私募融资在过去十年里一直游走于事实与规范之间。法律作为一项制度安排，必须回应来自社会和市场的"呼唤"。就私募证券而言，则需在融资需求、市场效率和投资者保护之间找寻均衡点。本书是国内首次从制度背景、发行、转售、法律责任等方面对中国私募证券法律规制进行的系统性研究。

（五）《证券公司退出机制的法律研究》

作者：杨宏芹

出版社：经济管理出版社

出版时间：2012－03－01

ISBN：978－7－5096－1785－4

【简介】《证券公司退出机制的法律研究》在总结我国证券公司经营失败教训的基础上，对证券公司退出机制进行了法律设计，研究了责令关闭（或撤销）、托管、行政接管、停业整顿、吊销证券经营资格（撤销证券业务许可）、并购和破产等退出方式，探讨了证券公司退出的预防机制、"善后"机制和监管机制。《证券公司退出机制的法律研究》认为应该建立主动式市场退出为主、行政指导为辅的证券公司退出机制。本书的研究旨在总结证券公司经营失败的教训，防范证券公司违法违规经营产生的经营风险，提升证券公司的核心竞争力，实现证券公司的可持续发展，并为证券公司未来的经营和发展提供理论和现实指导。

（六）《证券法苑》（第 6 卷）

作者：张育军、徐明主编

出版社：法律出版社

出版时间：2012-06-01

ISBN：978-7-5118-3519-2

【简介】《证券法苑》由上海证券交易所主办，由法律出版社面向国内外公开连续出版发行，每年出版两卷，目前已出版六卷（九册），是目前金融、证券法律领域出刊最规范、最稳定、覆盖面最广的学术集刊。本刊坚持学术性与实践性并重、现实性和前瞻性兼顾，紧紧围绕我国资本市场的改革发展，密切关注资本市场法治动态，集中研究资本市场立法、监管执法和司法等法治活动，深入剖析资本市场法律制度和法律关系，积极探讨资本市场法治建设中的重点、难点、热点问题。选题范围包括：证券法、公司法、金融法等的法理研究，资本市场法治发展动态研究，资本市场监管的法律研究，资本市场创新的法律研究，资本市场典型法律案例研究，境外资本市场法律制度研究等。

（七）《我国证券市场法律监管的多维透析——后金融危机时代的思考与重构》

作者：陈斌彬

出版社：合肥工业大学出版社

出版时间：2012-06-01

ISBN：978-7-5650-0762-0

【简介】《我国证券市场法律监管的多维透析——后金融危机时代的思考与重构》综合运用法学、经济学理论，采用比较分析、规则分析、经济分析、实证分析和规范分析等方法，从证券监管主体属性出发，以"公平"和"效率"为价值尺度，从证券行政监管、证券自律监管与证券司法监管三个维度对我国当前的证券监管法律制度展开全面、详尽的透析，并结合2008年国际金融危机的教训及后危机时代各国金融监管的变革趋势，提出在我国重构一个以证券行政监管为中心，上承司法监管，下接自律监管，相互协调又制衡的层次多级化与主体多元化的监管架构。本书语言风格简练，逻辑清晰，图表并茂，适合证券监管机构工作人员，证券、基金等金融机构的从业人员，法院、检察院、公安等司法机关工作人员，法律类、财经类等高等院校师生以及其他对证券监管感兴趣的人员阅读和参考。

（八）《证券交易所自律管理的正当程序研究》

作者：吴伟央

出版社：中国法制出版社

出版时间：2012-07-01

ISBN：978-7-5093-3814-8

【简介】《证券交易所自律管理的正当程序研究》对证券交易所自律管理正当程序进行了详细的理论论证，提出了有限适用原则。对境外主要证券交易所在自律规则制定、异常交易情况处置、强制退市、纪律处分、调解仲裁和内外权力运行关系等典型制度的正当程序进行了详细的比较研究，本书对我国证券交易所 20 多年来关于自律管理程序的正当性进行了梳理和归纳，并有针对性的提出了我国证券交易所自律管理正当程序的完善措施。

（九）《证券市场有效监管的制度选择》

作者：郑彧

出版社：法律出版社

出版时间：2012 - 07 - 01

ISBN：978 - 7 - 5118 - 3506 - 2

【简介】长期以来，在对证券市场"优化资源配置"作用的片面理解下，我国证券监管制度供给始终是以"优化资源配置"为导向，忽视（甚至否定）证券市场零和博弈的本质。因此，我国证券监管制度并非针对"彼之所得为己之所失"的零和博弈而展开。正是基于这种误解，使得我们现有监管体制的本质不能体现政府、交易所、市场参与主体各方之间应有的博弈关系与监管关系，相反，政府亲自参与到市场的博弈之中，成为身兼教练员、运动员与裁判员三位一体的"全能监管者"。基于这些监管认识与监管定位问题的存在，本书希望以证券市场零和博弈的特性和零和博弈监管需求的论证为基础，对如何具体构建我国证券市场的监管制度提出自己反思与看法。

（十）《证券法苑》（第七卷上、下）

作者：黄红元主编

出版社：法律出版社

出版时间：2012 - 11 - 01

ISBN：978 - 7 - 5118 - 4239 - 8

【简介】本卷为总第七卷。理论前沿收录五篇论文，包括《证券市场诚信机制的运行逻辑与制度建构》《公司诚信人格论》《数据保护与信息公开的平衡——论诚信制度构建的法律基础》《内部治理结构：高管薪酬》《投票权价购问题之检讨》。专题研究收录八篇论文，分为"上市公司诚信"和"'看门人'机制与中介机构诚信"两个专题。"上市公司诚信"专题收录四篇论文，为"从财务造假到会计争议——我国证券市场中上市公司财务信息监管的新视城"、"从上市公司再犯现象看诚信建设的重要性"、"对上市公司的公开谴责有效吗 - 基于上海市场 2006~2011 年监管案例的研究"、"再融资、储架发行和上市公司的诚信建设"。"看门人，机制与申介机构诚信"专题收录四篇论文，为"中国证券律师业的职责与前景"、"证券市场监管与投资银行的诚信规范"、"证券公司诚信义务：范围、责任和控制"、"信用评级机构诚信规范外部监管制度研究——美国法的考察和中国借鉴"。

(十一)《期货违法违规行为的认定与责任研究》

作者：彭真明等

出版社：中国社会科学出版社

出版时间：2012－12－01

ISBN：978－7－5161－1793－4

【简介】《期货违法违规行为的认定与责任研究》采取比较研究与实证研究的方法，在比较研究国外相关立法的基础上，结合我国期货市场实践，对期货违法违规行为的特点、性质与分类、几种典型期货违法违规行为的认定、期货违法规行为的民事责任与刑事责任等问题进行了系统研究，并对我国期货立法中如何设计期货违法违规行为及其法律责任提出立法建议稿，阐述其立法建议理由。

(十二)《证券公司业务风险与防范》

作者：朋兴明

出版社：法律出版社

出版时间：2013－03－01

ISBN：978－7－5118－4503－0

【简介】本书从国内证券公司风险管理现状入手，介绍国内证券公司业务风险类别及风险管理现状；随后就证券公司目前已经开展的各项业务的主要风险点进行了深入研究和分析，涵盖了证券经纪业务、投资银行业务、证券自营业务、资产管理业务、研究报告业务、投资顾问业务、融资融券业务、直投业务以及其他业务；并结合作者个人多年对证券公司风险管理、稽核审计的研究成果，详细阐述了证券公司各项业务风险的具体防范措施；同时引入了大量具体案例进行点评分析，以便读者更加直观理解相关内容。

(十三)《证券信息披露标准比较研究－以"重大性"为主要视角》

作者：赵威、孟翔

出版社：中国政法大学出版社

出版时间：2013－06－01

ISBN：978－7－5620－4819－0

【简介】信息披露标准是信息披露制度应有价值理念的最重要的体现之一，尤其是其中的"重大性"标准更是基础性标准，存在于信息披露制度的各个方面。要保证社会公众对证券发行和交易市场充满信心，首要的是必须让所有投资者尤其是处于信息获取劣势的中小投资者都能及时、公平、准确地获得与发行人有关的重大信息。显然，很好地确立"重大性："标准自然成为题中应有之义，没有哪个国家和地区要求发行人披露所有信息，而只有对投资者的投资决策或者对证券的市场价格构成有显著影响的"重大"信息才要求披露。本文以"重大性"为主要视角，对证券信息披露标准问题进行了较全面的研究。

(十四)《证券市场国际化法律制度研究》

作者：邱润根

出版社：法律出版社

出版时间：2013-06-01

ISBN：978-7-5118-4814-7

【简介】全书从证券市场国际化的理论基础、证券市场国际化的国内法制、证券市场国际化的国际统一规则、证券市场国际化法律制度的历史分析、证券市场国际化法律制度的经济分析、我国证券市场国际化法律制度构建的基础和我国证券市场国际化法律制度的具体设计七个方面对证券市场国际化法律制度进行了全面系统地研究。整个研究选取了构成证券市场法律关系的外国发行人和国际投资者这两个视角，以比较的研究方法系统研究了证券市场国际化的法律制度，并综合运用历史和经济分析方法阐释了证券市场国际化法律制度形成和演进的原因，在结合我国的人民币国际化的货币政策，考虑我国证券市场的承受能力和现有法律的对接基础上，回答了我国证券市场国际化法律制度构建的方式应该是渐进式的，并从证券市场国际化的准人制度、运行制度和法律适用制度提出了符合我国国情的具体制度设计。

(十五)《融资融券交易监管法律制度研究》

丛书名：上海财经大学法学院博士文库

作者：齐萌

出版社：法律出版社

出版时间：2013-07-01

ISBN：978-7-5118-5054-6

【简介】本书以金融危机后全球金融监管改革为背景，以融资融券交易监管为研究对象，以我国融资融券交易监管的路径选择与立法完善为落脚点，对融资融券交易监管的法律问题进行了全面、系统的研究。并从构建防范危机的长效机制出发，提出市场准入监管、断路器规则、严格的结算制度以及重大空头头寸的信息披露制度的组合可以作为融资融券交易监管的长效机制。

(十六)《我国私募股权投资基金法律制度研究》

作者：赵玉

出版社：中国政法大学出版社

出版时间：2013-08-01

ISBN：978-7-5620-4952-4

【简介】本书从私募股权投资基金的概念入手，追溯了域外私募股权投资基金类型化的发展历程，剖析其法理属性，提出私募股权投资基金系内涵统一、外延不断拓展、演化的开放性制度体系。本书旨在构建有限多层次监管与基石性制度相结合的私募股权投资基金法律制度，提供明确法律路径的同时，为金融市场及金融产品的快速发展预留空间，清晰政府与市场两股基本力量的边界和定位，以期推进私募股权投资基金本土化、成熟化，促进该产业在我国快速、稳定发展。

（十七）《中国证券法精要——原理与案例》

丛书名：21世纪法学系列教材

作者：刘新民

出版社：北京大学出版社

出版时间：2013-09-01

ISBN：978-7-3012-3121-0

【简介】本书提炼出"证券法原理性制度""证券法律行为制度""证券违法行为及其规制"三大主题，分别构成本书的三编。其中第一编是本书的纲领，界定了"证券"这一核心概念的内涵与外延，勾勒出了证券活动的"信息披露"和"立体监管"两大框架，帮助读者从宏观上领会证券法律制度的"社会本位"而不是"国家本位"与"政府本位"，亦不同于民事法律的"权利本位"、商事法律的"效率本位"。第二编客观描述了整个证券活动的动态过程，深入探讨了支撑证券发行、上市、交易等各个环节的法制环境，力图使读者在了解证券活动实践的基础上深刻掌握证券法律法规甚至有关政策，做到既能够"知其然"更能够懂得"所以然"。第三编主要研讨了实践中常见的五类违法证券活动，即虚假陈述、欺诈客户、内幕交易、操纵市场和短线交易，结合成熟市场经济国家或地区的立法规定和司法实践，分析并探讨我国现行的法律制度与市场实践。

（十八）《证券法苑》（第九卷上下）

作者：黄红元主编

出版社：法律出版社

出版时间：2013-11-01

ISBN：978-7-5118-5642-5

【简介】《证券法苑》是由上海证券交易所主办的法学学术集刊。本卷为总第九卷，包括如下栏目：理论前沿、热点追踪、市场观察、制度评析、市场监管、证券司法、域外法制。

（十九）《美国证券法判例和解释》

丛书名：比较法学文库

作者：朱伟一编著

出版社：中国政法大学出版社

出版时间：2013-11-01

ISBN: 978 - 7 - 5620 - 5099 - 5

【简介】《美国证券法判例和解析/比较法学文库》是"英美法双语教材系列丛书"中的一本,作为一套法律双语教材,它在语言风格上尽量讲求简单准确,以便读者能够结合判例法的原文语境迅速学习掌握英美宪法法律学科。该书结合我国读者对于学习英美法的现实需求,涵盖中英文两个部分,中文导论的部分将以精炼的语言综述或点评美国证券法的基本原理与核心规则,英文部分则选取最具代表性的美国证券法判例,通过法官原汁原味的精彩阐述而展现美国证券法相关法律规则的具体适用与发展。

(二十)《证券市场投资者利益保护法律制度研究》

作者:赵万一主编

出版社:法律出版社

出版时间:2013 - 12 - 01

ISBN: 978 - 7 - 5118 - 4408 - 8

【简介】《证券市场投资者利益保护法律制度研究》讲述了我们之所以要善待市场投资者,首要的原因在于只有善待投资者才能坚定投资者的投资信念,而良好的投资者信心是保持中国政权市场持续稳定健康发展的前提。另一个原因则在于,保护证据投资者是证券市场建立和发展的根本目的。证券市场固然有帮助企业实现社会融资的功能,但任何国家的证券市场都不能也不应该将融资作为制度设计的根本目的甚至是唯一目的,更不能将证券沦为企业圈钱的场所和工具。只有真正体现保护和善待投资者的证券法才能称之为良法,也只有真正满足了投资者利益要求的证券法才会具有鲜活的生命力。

(二十一)《中国证券法:案例与规则 (Chinese Securities Law, Cases and Rules)》(英文版)

作者:袁达松编著

出版社:对外经贸大学出版社

出版时间:2013 - 12 - 01

ISBN: 978 - 7 - 5663 - 0923 - 5

【Synopsis】This book is drafted in a style of common law textbook, just like those using in the law schools of U. S. A. , but with typical Chinese securities cases and laws. It covers the general introduction of Chinese securities laws on securities issuance, transactions, institutions, regulatory and legal liabilities for illegal practices. In each section, after the introductions of specific rules and rationales, a case is followed with summary of facts, ruling of the courts. So the readers may have an oversight to Chinese securities laws and the students can learn therelevant laws through cases method.

四、破产法

（一）《公司重整法律评论》（第 2 卷）

作者：李曙光、郑志斌主编

出版社：法律出版社

出版时间：2012 - 04 - 01

ISBN：978 - 7 - 5118 - 3155 - 2

【简介】中国新破产法实施已经四年有余，继续反思破产法实施效果是破产学界与业界永远的使命。《公司重整法律评论（2012 第 2 卷）》提供了三篇精彩的案例研究作为本卷开始，从案例中提炼出来的原理和规则对我国破产法未来的立法和实践都有重要的借鉴意义。其次，从法官的角度解读破产法的实施、重整中的公司治理、金融背景与公司破产重组的关联等等，每篇论文都给我们提供了可资借鉴的重要思路。

（二）《新企业破产法疑难问题与实务》

作者：曲冬梅主编

出版社：法律出版社

出版时间：2012 - 06 - 01

ISBN：978 - 7 - 5118 - 3497 - 3

【简介】《新企业破产法疑难问题与实务》最大特点是理论与实践的结合，编写人员主要由来自高校的理论研究人员和具有丰富的企业破产法实务经验的山东德义君达律师事务所的部分律师组成。为避免理论与实践两张皮，在写作过程中首先由该所律师提出在新破产法实施过程中遇到的疑难问题、困惑以及处理经验，然后组织该领域有研究基础的人员围绕实践中的问题和律师共同编写，以体现本书的综合性实用性和理论创新性。

（三）《构建我国破产企业环境法律责任制度研究》

作者：朱晓燕

出版社：中国法制出版社

出版时间：2012 - 10 - 01

ISBN：978 - 7 - 5093 - 3994 - 7

【简介】《上海政法学院学术文库·环境资源法学丛书：构建我国破产企业环境法律责任制度研究》从破产企业环境法律责任理论、国内外破产企业环境责任法律法规比较、各国跨国公司子公司破产后追究母公司环境责任法律法规比较、我国立法缺陷和确立破产企业环境法律责任紧迫性、企业破产前后相关配套措施的完善、企业破产后追究机制的完善等方面对如何构建我国破产企业环境法律责任制度进行详细论证，并在此基础上提出相关建议，以期能够有效规制破产企业的环境损害行为，使受害者能够及时、充分地得到相关赔偿，并为促进我国市场经济的良性发展添砖加瓦。

(四)《俄罗斯企业重整制度研究》
丛书名：黑龙江大学法学文丛
作者：李连祺
出版社：法律出版社
出版时间：2013－02－01
ISBN：978－7－5118－4376－0

【简介】本书全面系统地研究了新形势下俄罗斯企业工整制度的内容、理论基础及其经验教训，全面阐释了现行俄罗斯破产重整制度的程序结构、组织结构、特殊企业重整，深刻分析了俄罗斯企业重整制度的形成与发展，在学术上充实了中国破产法学和比较民商法学知识体系，在实践上为人们正确理解现行俄罗斯企业重整制度提供了有价值的理论支撑。

(五)《破产法的转型：李曙光破产法文选》
作者：李曙光
出版社：法律出版社
出版时间：2013－02－01
ISBN：978－7－5118－4180－3

【简介】本书是作者参与中国破产法制度建设二十余年思考的汇总，凝聚了作者参与立法实践、学术研究、个案分析时的创见。作者身为国有企业破产政策制定的参与者和2006年中国新破产法的主要起草人，直面立法与破产实践的相关问题，不断扩展破产法律制度边界，丰富破产法律制度内容。本书收录的文章既有立法建言、新法阐释、制度研究，又有实施分析、案例意见和专家报告。同时，作者丰富的社会经历使得本书收录的文章以破产法为基点，辐射面很广，触及了中国社会经济转型与法律转型的诸多热点问题。

(六)《公司重整法律评论》(第三卷)
作者：李曙光、郑志斌主编
出版社：法律出版社
出版时间：2013－06－01
ISBN：978－7－5118－4879－6

【简介】本期首先关注我国上市公司重整与清算问题。这部分包括四篇论文。中国上市公司重整实践中出现了许多问题，比如频繁的强裁，债权人和中小股东的权益保护等。针对这些问题的解决已经出现相当多的论述和观点。但是，"头痛医头，脚痛医脚"式的解决办法显然不给力。中国政法大学破产法与企业重组研究中心凯恩克劳斯项目课题组结合理论和实践的优势从上市公司重整管理人制度人手，揭示了导致我国上市公司重整中许多问题的制度性原因。本文的信息量和论证逻辑都值得读者细细品味。上市公司重整中的股东权益调整一直是司法与实务界关注的焦点问题之一。本期推出学者和法官从不同角度论述的两篇论文，为读者提供关于上市公司重整中股东权益问题的立体画面。金杜律师事务所的两位学者型律师对上市公司破产清算中的特殊问题做了细致的讨论。

（七）《中国上市公司重整的内在逻辑与制度选择》
作者：李成文
出版社：中国法制出版社
出版时间：2012-01-01
ISBN：978-7-5093-2764-7

【简介】本书以我国上市公司重整制度作为研究对象，先行就重整制度及其适用于上市公司的理论依据进行阐释之后，分别从上市公司重整程序的启动、重整机构与管理形式的选择、重整债权、重整计划等微观层面对具体的制度设计予以分析，同时，针对重整与资产重组的衔接等事项亦作出了较有深度的阐述。在论述过程中，本书结合破产法实施以来的所有真实案例，能够使读者了解到上市公司重整的方方面面。

（八）《变革中的破产法：理论与实证》
作者：吴长波
出版社：知识产权出版社
出版时间：2012-08-01
ISBN：978-7-5130-1383-3

【简介】近年来，破产法的基础理论仍然存在诸多争议、立法还存在不足之处，从而对司法实务带来了诸多困惑，带着对这些问题的疑惑，作者对破产法中的基本制度进行了深入的思考和广泛的讨论。为更系统地对这些问题进行研究分析，《变革中的破产法：理论与实证》在对我国现行《破产法》立法框架和作者授课讲义框架整合的基础上而展开，结合国外破产法研究成果和立法经验以及我国两部《破产法》的具体制度进行理论方面的深入探究和实例层面的充分论证，从而为完善我国破产法的具体制度献言进策。

（九）《破产法论坛》（第七辑）
作者：王欣新、尹正友主编
出版社：法律出版社
出版时间：2012-11-01
ISBN：978-7-5118-3957-2

【简介】本辑文集是对第四届"中国破产法论坛"研究成果的集优选粹。第四届"中国破产法论坛"召开时，编入会议论文集的论文共有127篇。

（十）《公司重整制度的契约分析》
作者：王佐发
出版社：中国政法大学出版社

出版时间：2013-05-01

ISBN：978-7-5620-4633-2

【简介】公司重整制度涉及的当事人众多，经济利益经常变动，法律关系错综复杂，必须找到一条贯穿重整程序始终的主线。本书抓住契约这条主线，运用法与经济学的基本分析思路，从契约角度研究公司重整。《公司重整制度的契约分析》的基本命题是：重整制度设计的目的就是对重整中涉及的大量复杂的契约进行法律经济分析，做出符合公平效率的契约安排。立法的原则和规则设计以及法官对法律的解读和适用都围绕这个基本命题展开。

（十一）《破产程序中管理人制度实证研究》

作者：姚彬、孟伟

出版社：中国法制出版社

出版时间：2013-05-01

ISBN：978-7-5093-4497-2

【简介】《破产程序中管理人制度实证研究》在充分研究各国破产法管理人制度的基础上，对我国管理人制度中的重大理论与实践问题进行了较为深入的探讨。尤为可贵的是，本书是在结合近几年来具体的司法案例和不同人民法院实际做法的基础上，较为全面和深入地研究了管理人制度在理论上存在的争议以及在司法实践中遇到的各种问题，提出了不同的解决方案设想，为破产程序中的不同主体，尤其是为人民法院与管理人解决目前实践中的一些难题提供了思路。本书较为全面、系统地分析了与破产程序中管理人制度相关的基本法律问题，既有抽象的深层次理论探讨，又有具体的案例实证分析；既指出实践中存在的问题，又分析了问题的解决方法，具有一定的学术价值，对破产实务工作具有示范性的指导意义。

（十二）《强制要约收购制度批判研究-兼论我国收购制度模式的选择》

作者：邱灼松

出版社：中国法制出版社

出版时间：2013-05-01

ISBN：978-7-5093-4592-4

【简介】我国现行收购立法既具有英国模式的部分特征，又具有美国模式的部分特征。但这种糅合立法模式无法有效实现上市公司收购的规制目标。为此，有必要在学习借鉴各种既有模式有益做法的基础上，探索属于我国自己的真正有效的收购制度模式。

（十三）《比较破产法》

丛书名：民国·比较法文丛

作者：吴传颐编著

出版社：商务印书馆

出版时间：2013 - 09 - 01

ISBN：978 - 7 - 1000 - 9333 - 0

【简介】本书为"民国比较法文丛"之一，主要是针对破产法这个领域，对民国时期中外各国的相关立法做一梳理、介绍与比较。

(十四)《破产法学：基本原理与立法规范》

作者：齐明

出版社：华中科技大学出版社

出版时间：2013 - 09 - 01

ISBN：978 - 7 - 5609 - 9347 - 8

【简介】本书是从事法学教学研究多年硕士生、博士生导师（副教授以上），将自己多年在法学（法律）研究生教学中积累的学术研究成果、经验，按照研究生教学体系与要求，以专题形式撰写而成，将研究生教学中的重点问题、难点问题、前沿问题等阐释清楚，强调体系化、前沿性、信息量。

(十五)《破产法论坛》(第八辑)

作者：王欣新等主编

出版社：法律出版社

出版时间：2013 - 12 - 01

ISBN：978 - 7 - 5118 - 5595 - 4

【简介】《破产法论坛》（第八辑）共分七部分，包括第一部分"破产程序启动"、第二部分"破产管理人"、第三部分"破产财产"、第四部分"破产债权"、第五部分"破产重整"、第六部分"破产法其他问题"、第七部分"调研报告"等专题。此外，文集还收录了第五届破产法论坛的会议综述与会议记录。

(十六)《破产法》

作者：熊元楷、熊仕昌

出版社：上海人民出版社

出版时间：2013 - 12 - 01

ISBN：978 - 7 - 2081 - 1940 - 6

【简介】《清末民国法律史料丛刊·京师法律学堂笔记：破产法》主要论述了破产关系的成立和消灭，破产债权、破产财团、破产之效力。具体解析了破产团体与个人的相关手续，以及破产法则、破产国际法与时际法。

五、保险法与票据法

(一)《保险法评论》(第4卷)

作者：谢宪主编

出版社：法律出版社

出版时间：2012 - 03 - 01

ISBN：978-7-5118-2959-7

【简介】针对司法实践亟待成熟的保险法理论支持、而理论研究亟待深化之现状，中国保险监督管理委员会江苏监管局与南京大学法学院共同筹划，力邀国内外著名保险法学者及司法界、保险监管部门以及保险实务界的专家学者担任编辑委员，组织出版了《保险法评论》丛书，希望能为保险法理论的深入研究提供一个共同参与、多方互动的平台。本评论欲以理论研究为基础，以为司法实践提供可操作性解决路径为目的，在文章的甄选上偏重于对司法实践疑难问题解决具有参考价值的论文，以期办成具有鲜明法解释论色彩的、引领国内保险法学理论研究的学术权威平台。

（二）《人身保险法律实务解析》

作者：刘振宇主编

出版社：法律出版社

出版时间：2012-03-01

ISBN：978-7-5118-3088-3

【简介】本书从保险公司经营实践和司法审判两个角度对人身保险法律操作实务活动进行了论述，书各章节的编排以保险活动的内在逻辑为依据，将具体的保险问题、法律规定和相关案例科学有机地结合在一起，体例比较新颖，论述深入浅出，既有益于保险业从业人员深入理解保险业务，也能够为处理保险案件的司法人员提供一种新的判案角度，还能为普通民众初步了解保险领域提供一些有益的帮助。

（三）《美国保险法原理与实务》

丛书名：中国青少年必读名家经典文库

作者：[美]肯尼斯·S·亚伯拉罕，韩长印等译

出版社：中国政法大学出版社

出版时间：2012-03-01

ISBN：978-7-5620-4056-9

【简介】本书多是直奔案例，把要说明的问题通过案例的介绍和对法官意见的引用，融进案例本身或者案例之后的问题之中，并且常常不给出问题的答案。至于对这些问题所在的语境和背景知识的介绍，以及相关问题的分析思路和参考答案，大多留给教师或者学生自己在教材之外加以解决。这种教材编写方式对阅读和使用教材本身不啻为一种极富难度的挑战，需要读者花相当长的时间去适应。

（四）《保险法的人文精神》

作者：周波等

出版社：法律出版社

出版时间：2012-03-01

ISBN：978-7-5118-3074-6

【简介】本书以保险法的人文精神为主线，在具体个案或具体法律问题的论述之中表达保险法的人文精神，关注人的生存、尊严与幸福。本书主要从分析具体案件着手，分析了保单未附保险条款的法律后果、借用身份证投保的法律关系、受益人变更的法律效果等；在制度构建方面，本书深刻论述了疫苗不良反应损害救济制度、铁路旅客意外伤害保险制度、环境责任保险制度等涉及群众切身利益的保险制度；同时，从保险营销、保险产品创新、保险服务保障、保险利益认定、保险理赔等角度对这些制度的贯彻与履行也进行了有益的探讨。

（五）《保险法判例与制度研究》

丛书名：法学研究生教育判例研究丛书

作者：董彪

出版社：法律出版社

出版时间：2012-06-01

ISBN：978-7-5118-3435-5

【简介】《法学研究教育判例研究丛书：保险法判例与制度研究》的特色是：（1）案例素材全部来自我国各级法院裁决的真实判例，援引案件事实、争议焦点、裁判理由全部来自真实的裁判文书。（2）判例所涉及的问题是相关问题在理论中有争议的案例，基本反映该领域的典型问题、疑难问题以及司法机关适用相关法律的基本态度。（3）判例的选择以法律最新修改后的判例为主，同时兼顾时间较长的案件，反映法院对某类问题认识的变迁情况。（4）每一本著作的判例研究形成一个相关领域内比较完备的体系。（5）在判例研究的基础上，以我国相关制度适用为主，针对争鸣问题深入探讨，提出理论思考。丛书体例为：每一部著作分为若干章，章下设若干专题，每一专题分为理论概说与争鸣问题、案件事实、争议焦点、裁判理由与判决结果、判例解析、制度适用研究等部分。

（六）《社会保险基金法律制度研究》

作者：王显勇

出版社：中国政法大学出版社

出版时间：2012-07-01

ISBN：978-7-5620-4396-6

【简介】本书分析了在人口老龄化背景下我国社会保险基金所面临的重大挑战以及现行制度存在的主要问题，系统地探讨了社会保险基金法律制度基本理论、社会保险基金筹集法律制度、社会保险基金管理运营法律制度、社会保险基金监管法律制度、社会保险基金法律责任制度，力图沿着问题—理论—实际—制度构建的基本思路对社会保险基金法律制度进行全面而深入的研究，并对现行制度的完善提出对策和建议。

（七）《社会保险权：理念、思辨与实践》

作者：李志明

出版社：知识产权出版社

出版时间：2012－08－01

ISBN：978－7－5130－1404－5

【简介】社会保险权是工业文明的产物，致力于治疗工业国家中不可避免的社会弊病——社会风险致国民未来收入的持续出现不确定性而生的经济不安全。从社会保险的内容和形式出发，社会保险权是指公民在登记参保并缴纳社会保险费后，在因遭遇特定社会风险而暂时或永久失去劳动能力或劳动机会、部分或全部丧失生活自理能力时，或者非参保公民在其参保缴费的亲属死亡而失去经济依靠时，在符合法定要件的情况下向社会保险制度主张并获得保险给付以补偿他们因社会风险而造成的经济不安全，进而维持有尊严的基本生活水平的权利。本书是从法学视角，或者说是从法定权利视角对社会保险权进行了历史之维、价值之维、质性之维、结构之维、保障之维等多维度、立体式讨论，具有较强的理论研究性。

（八）《保险法典型案例与审判思路》

作者：刘建勋

出版社：法律出版社

出版时间：2012－10－01

ISBN：978－7－5118－3638－0

【简介】本书精选司法实践中具有代表性的典型案例，基本覆盖保险案件的常见类型，全面展示保险法典型案件的裁判思路和审理结果。对法官裁判的思路进行深入剖析，对案件审判中的关键问题进行详细阐释，理论性与实践性并重，为类似案的审判实践提供参考

（九）《海商法保险法评论（第五卷）》

作者：贾林青等主编

出版社：知识产权出版社

出版时间：2012－10－01

ISBN：978－7－5130－1559－2

【简介】鉴于近年来不断发生的食品安全事件，引发了理论界有关食品安全保险的话题，也使得责任保险在我国的适用现状和发展成为中国保险业可持续发展趋势的焦点。为此，中国人民大学法学院海商法保险法研究所与中国保险法学研究会共同在北京召开"责任保险在我国的适用和发展－暨食品安全责任保险研讨会"针对责任保险的理论构建，机动车第三者责任保险与交强险、食品安全责任保险、环境污染责任保险于其他保险等专题展开研

讨,《海商法保险法评论(第五卷):责任保险在我国的适用与发展暨食品安全责任保险研讨会专辑》将与会学者、专家的论文编辑成专集,以求加速我国责任保险制度的发展和完善,并提升我国保险法律制度体系的调整水平。

(十)《保险法前沿》

作者:尹田主编

出版社:法律出版社

出版时间:2012－12－01

ISBN:978－7－5118－4172－8

【简介】本书由中国保险法学研究会主办,立足于保险法学,兼及侵权法、保险学等其他相关学科,旨在对保险法学领域的重大理论、实务前沿问题展开深入、及时、敏锐、多角度的分析,全面推进中国保险法制研究工作。

(十一)《保险业法制年度报告》(2011)

作者:杨华柏主编

出版社:法律出版社

出版时间:2013－01－01

ISBN:978－7－5118－4009－7

【简介】《保险业法制年度报告》是一部由中国保监会法规部和国内主要保险公司、保险院校研究所合作编写的反应保险业法制研究最新成果的著作。它立足于我国保险业法制建设大局,从多个不同的角度,以立法评述、司法解释、判例点评等方式,本着尊重法治、求真务实的原则。客观描述和评价保险业面临的重大法律问题,并对加强和完善保险业法制提出建设性的意见和建议。本书是保险业法制年度报告2011年度汇编。

(十二)《社会保险法制的理论重构与制度创新研究》

丛书名:辽宁大学法学学术文库

作者:郑莹主编

出版社:法律出版社

出版时间:2013－04－01

ISBN:978－7－5118－4650－1

【简介】《辽宁大学法学学术文库:社会保险法制的理论重构与制度创新研究》本着理论研究服务于实践的要求,研究突破传统理论研究的局限,在对社会保险立法和社会保险制度实施情况进行综合分析的基础上集中研究以下五个方面内容:第一,社会保险法制基本理论思辨;第二,城市社会保险法制的深化;第三,农村社会保险法制的创新;第四,社会保险基金筹集与监管法律制度的重塑;第五,社会保险实施的法律保障。

(十三)《美国健康保险立法研究》

丛书名:复旦法学博士文丛

作者：何佳馨
出版社：法律出版社
出版时间：2013－05－01
ISBN：978－7－5118－4768－3

【简介】在西方发达国家中，我们对欧洲和日本的医疗保险法制介绍的比较多，而对美国的健康保险制度介绍的不多，尤其是美国的政府主导作用、多元化筹资渠道、多形式的保险体制、强有力的法律保障和法律监管，以及追求健康保险中的互济、公平、公正、和谐等的价值，对中国都有着巨大的吸引力和借鉴价值，这些就是《美国健康保险立法研究》研究的历史背景与意义所在。

（十四）《论保险代位权制度的建构：以权利法定代位的制度选择为中心》
丛书名：光华法学文丛
作者：黄丽娟
出版社：法律出版社
出版时间：2013－06－01
ISBN：978－7－5118－4126－1

【简介】保险代位权制度是一个致力于贯彻彻保险法损失补偿原则的制度，根据这一原则，被保险人应当获得充分的补偿，但绝不应获得超额补偿。这一目标指引意味着保险代位权制度的规范机制从本质上而言将是一个以防止被保险人不当得利为核心的救济制度。然而，在这一统的主旨之下，大陆与英美两大法系却呈现出法定的债权移转与权利法定代位两种相对迥异的安排格局。基于我国以法定的债权移转来安排保险代位权制度的现状，有必要充分了解英美法系所采用的权利法定代位的制度安排，通过对两种制度从理论到规则层面的全面比较，从中寻找出一个相对理想的规范机制，并将之作为构建保险代位权制度的基础，以促进这制度实现防止被保险人不当得利这一核心价值。

（十五）《保险法理论与司法适用：新保险法实施以来热点问题研究》
作者：王林清
出版社：法律出版社
出版时间：2013－07－01
ISBN：978－7－5118－5046－1

【简介】本书凝结作者在最高人民法院审判研究和工作总结的保险法理论与实务经验，内容涵盖新保险法实施以来的诸多热点法律问题，其中包括最高人民法院《关于适用〈中华人民共和国保险法〉若干问题的解释（一）》《关于适用〈中华人民共和国保险法〉若干问题的解释（二）》《关于审理道路交通事故损害赔偿案件适用法律若干问题的解释》等最新司法解释的理解与适用。

（十六）《"保险空白期"的成因与治理规则比较研究》

作者：史卫进

出版社：法律出版社

出版时间：2013-08-01

ISBN：978-7-5118-5198-7

【简介】本书是以保险实务、保险立法和保险司法相结合的视角，对深受社会垢病的"保险空白期"问题，以投保人投保后至保险人承保前期间内发生的保险事故的处理问题为核心，在借鉴国外保险法理论研究、立法和司法成果的基础上，进行了系统的理论研究和探索。其主要内容包括：一是通过对营业中的保险单销售的阐述，展现保险人在营业中是如何通过保险一单销售业务流程完成保险合同的订立，研究了"保险空白期"的实践成因；二是对保险合同的成立、保险合同的生效和保险责任的开始等制度和理论的研究，探究"保险空白期"的理论成因；三是通过对保证续保、暂保单、追溯保险和预约保险等制度和理论的比较、研究，探究在意思自治原则下对"保险空白期"内的投保人、被保险人或受益人的保障方式；四是通过对保险合同推定成立和强制临时保险和被保险人期待利益原则等制度和理沧的研究，探究在司法干预立场下，强制保险人对"保险空白期"发生的保险事故承担保险责任的保险消费者权益保障方式。

（十七）《保险代位的制度构造研究》

丛书名：商事法专题研究文库

作者：武亦文

出版社：法律出版社

出版时间：2013-10-01

ISBN：978-7-5118-5456-8

【简介】本书尝试解决以下问题：第一，基于法定债券与理论来构建保险代位权各项子制度的基本框架，但不拘泥于法定债权与理论的细节处理，在围观层面充分吸取程序代位理论的合理成分。第二，立足于提供可行性方案的目的，提出保险代位权在原保险中适用范围的近期处理方式和远期调整目标。第三，结合诉讼法知识，详细设计了保险代位权的行使规则和行使方式。第四，为保险代位权和被保险人剩余请求权并存时的受偿顺序问题、妨碍代位问题提供系统性的解决方案。

（十八）《保险法评论》（第五卷）

作者：宋志华主编

出版社：法律出版社

出版时间：2013-11-01

ISBN：978-7-5118-5409-4

【简介】针对司法实践亟待成熟的保险法理论支持、而理论研究亟待深化之现状，中国保险监督管理委员会江苏监管局与南京大学法学院共同筹划，力邀国内外著名保险法学者及司法界、保险监管部门以及保险实务界的专家学者担任编辑委员，组织出版了《保险法评论》丛书，希望能为保险法理论的深入研究提供一个共同参与、多方互动的平台。本评论欲以理论研究为基础，以为司法实践提供可操作性解决路径为目的，在文章的甄选上偏重于对司法实践疑难问题解决具有参考价值的论文，以期办成具有鲜明法解释论色彩的、引领国内保险法学理论研究的学术权威平台。

（十九）《日本票据法原理与实务》

作者：张凝、[日]末永敏和

出版社：中国法制出版社

出版时间：2013-08-01

ISBN：978-7-5093-3904-6

【简介】《日本票据法原理与实务》是由中日两国商法学者共同执笔，向中国读者推出的一部力求准确、全面并且有深度的权威日本票据法专著。其特点在于，以制度、理论与司法判例紧密结合的方式立体解读日本当代票据制度，是两位作者长期从事票据研究的综合成果。张凝和末永敏和合著的《日本票据法原理与实务》对丰富中国票据理论、健全充实票据制度乃至在此基础上构建新的金融支付、信用制度具有重大借鉴价值，为票据法研究者、相关司法工作者、银行实务工作者以及法学专业学生深入理解票据制度的必读之作。

（二十）《票据抗辩理论研究》

丛书名：哈工大法学文丛

作者：郑宇

出版时间：2012-11-01

出版社：法律出版社

ISBN：978-7-5118-3849-0

【简介】《哈工大法学文丛：票据抗辩理论研究》以票据抗辩的分类构成为中心，对抗辩理论的相关内容进行了分析。首先，概括介绍票据抗辩的基本内容，明确其内涵、特性与理念等问题。此外，对票据抗辩分类的必要性进行分析。其次，对传统抗辩理论、新抗辩理论进行分析检讨，指出其问题之所在。再次，在票据行为二阶段说的基础上，以票据权利行使的前提要件为形式基础，以票据法的理念即保护交易安全和促进票据流通为实质基准，将票据抗辩划分为四类：物的抗辩、有效性抗辩、无权利抗辩与人的抗辩。最后，深入考察每一类抗辩，明确其各自的适用范围、法律效果以及被排除的理论根据等问题。

(二十一)《比较票据法》

丛书名：民国·比较法文丛

作者：乐俊伟

出版社：商务印书馆

出版时间：2013-04-01

ISBN：978-7-1000-9266-1

【简介】票据法学家乐俊伟所著《比较票据法》一书，为民国时期比较商法的重要著作。乐俊伟编著的《比较票据法》是民国时期首部冠以"比较"书名的票据法著作，全书由总则、汇票、本票和支票四章组成，着力于对各国票据法的比较研究，其特点为：第一，参考各国票据法文献比较丰富；第二，在介绍和评述各国票据法规定的同时，不时发表对中国票据法规定的得失评判以及未来的立法完善建议。《比较票据法》在国际票据立法和票据法研究的宽阔视野下解读民国政府的票据法，从而使其在中国现代票据法学发展史上占有独特地位。

(二十二)《票据行为无因性研究：以票据行为二阶段说为理论基点》

作者：贾海洋

出版社：中国社会科学出版社

出版日期：2013-11-01

ISBN：978-7-5161-3531-0

【简介】《票据行为无因性研究：以票据行为二阶段说为理论基点》在选题和策划上，偏重法学领域中实践意义重大且学界较少探讨的具体问题；在内容上，较为侧重对具体问题的深入分析和制度的合理构建。

(二十三)《票据法判例与制度研究》

丛书名：法学研究生教育判例研究丛书

作者：吕来明

出版社：法律出版社

出版时间：2012-06-01

ISBN：978-7-5118-3395-2

【简介】《法学研究生教育判例研究丛书：票据法判例与制度研究》的特色是：(1) 案例素材全部来自我国各级法院裁决的真实判例，援引案件事实、争议焦点、裁判理由全部来自真实的裁判文书。(2) 判例所涉及的问题是相关问题在理论中有争议的案例，基本反映该领域的典型问题、疑难问题以及司法机关适用相关法律的基本态度。(3) 判例的选择以法律最新修改后的判例为主，同时兼顾时间较长的案件，反映法院对某类问题认识的变迁情况。(4) 每一本著作的判例研究形成一个相关领域内比较完备的体系。(5)

在判例研究的基础上,以我国相关制度适用为主,针对争鸣问题深入探讨,提出理论思考。

(二十四)《中国票据法原理》

作者:李绍章

出版社:中国法制出版社

出版时间:2012-08-01

ISBN:978-7-5093-3939-8

【简介】票据是现代经济领域中最为常用的词汇,但是人们在日常社会中所使用的"票据"一词,并不是在严格意义上使用的。人们通常把用来证明一定事实或者设定一定权利而作成某种凭证如发票、车船票、收据等称为票据。《中国票据法原理》分总论和分论两部分,结合票据实务和票据理论对我国的票据制度进行了深入的分析,体现了作者李绍章独到的见解。主要介绍了票据行为、票据权利、汇票、本票与支票等内容。

(二十五)《比较票据法案例选评》

丛书名:国际商法经典案例丛书

作者:王秉乾编著

出版社:对外经贸大学出版社

出版时间:2013-09-07

ISBN:978-7-5663-0760-6

【简介】票据法是商法的重要组成部分,在支付、信用、金融等方面发挥着基础性作用。票据法有两大体系,即日内瓦公约体系与英美法系,而中国票据法也有自身的特点。这种情况就需要从比较法的角度来学习与研究票据法,不仅要重视基础理论,还要研究相关判例。《比较票据法案例选评》即从理论与实践相结合的角度来阐述票据法原理与各国判例,反映了票据法领域的典型问题,疑难问题以及司法判例的基本态度。

六、国际商法和海商法

(一)《海商法教程》

作者:郭瑜

出版社:北京大学出版社

出版时间:2012-03-01

ISBN:978-7-3012-0311-8

【简介】本书主要内容包括:海商法概述、海商法的概念和主要内容、海商法的历史发展、海商法的萌芽时期、中世纪三大海法、海商法的国内化时期、海商法的国际统一立法时期、海商法在法律体系中的地位等。

(二)《中国海事审判》(2011)

作者:刘年夫主编

出版社：广东人民出版社

出版时间：2012-01-01

ISBN：978-7-2180-7537-2

【简介】《中国海事审判》（2011）其前身是《海事审判》季刊，创刊于1989年，1999年改为年刊。刊物以其务实和探索精神，致力于总结海事审判经验，交流海事审判信息，探索海商法理论和海事审判实践中的问题，深受海商法界的欢迎，成为国内较有影响的海事诉讼专业刊物。

（三）《海商法案例教程》

作者：袁发强主编

出版社：北京大学出版社

出版时间：2012-05-01

ISBN：978-7-3012-0412-2

【简介】本书开设海商法案例教程的目的在于，通过案例培养学生对海商法知识的兴趣，同时锻炼学生分析问题、提炼法律争议点的能力；在对有关问题进行分析解答的同时，进一步提出思考问题，介绍有关参考书目和参考文献。本书在每章节后还附有相关法规的条文，以方便课堂讨论时学生对有关法条的掌握。本书在体例上设置了"本章知识要点""基础知识介绍""案情介绍""事实提炼""争议问题提炼""案件分析""相关评论和理论争议、分歧介绍""思考问题""阅读延伸""本案涉及法条"等多个栏目。

（四）《海商法》（第3版）

作者：司玉琢主编

出版社：法律出版社

出版时间：2012-09-01

ISBN：978-7-5118-3947-3

【简介】本教材自2007年出版第2版以来，国际国内海事立法或者与海事立法相关的立法又有了较大的变化。为适应本学科相关理论和国民经济的新发展，满足课堂教学和自学的新需求，我们对本教材进行了修订与完善。本次修订，除了补充新的理论或制度，剔除已过时或不妥的理论和制度外，为了便于学习，在写作形式上也作了改进：每章前增加"学习目的"栏目，指出本章的学习目标、效果和重点；每章后增设"案例练习"，启发学生思路，巩固所讲授内容的应用性和可操作性，并提出需讨论的法律问题；在本书的最后推荐若干"网络资源"，方便学生拓展阅读，获取有用信息和资料。

（五）《中国海事审判》（2012）

作者：钟健平编

出版社：广东人民出版社

出版时间：2013-02-01

ISBN：978-7-2180-8545-6

【简介】《中国海事审判》（2012）由广州海事法院主办，其前身是《海事审判》季刊，创刊于1989年，1999年改为年刊。刊物以其务实和探索精神，致力于总结海事审判经验，交流海事审判信息，探索海商法理论和海事审判实践中的问题，深受海商法界的欢迎，成为国内较有影响的海事诉讼专业刊物。

（六）《海事冲突法新论》

作者：屈广清等

出版社：人民出版社

出版时间：2013-11-01

ISBN：978-7-0101-2788-0

【简介】《海事冲突法新论》以海事冲突法为研究视角，以国际海事法律关系为研究对象，紧密结合国际国内的最新理论与司法实践，重点研究了船舶物权、海事债权、海事赔偿责任限制等领域存在的法律问题。

由于目前我国海事冲突法立法总体模式是专章式立法，内容集中体现在1992年的《中华人民共和国海商法》第14章中，该章只有9条内容，且真正属于海事冲突法的只有6条。如何在这样的情况下正确理解与适用法律，维护国家、集体、公民、法人的利益，《海事冲突法新论》也进行了积极的探讨，具有较强的理论意义与实际应用价值。

七、信托法

（一）《信托登记制度研究》

丛书名：法律科学文库

作者：孟台

出版社：中国人民大学出版社

出版时间：2012-04-01

ISBN：978-7-3001-5752-8

【简介】《信托登记制度研究》是对信托登记制度的一个制度性分析，作者从理论探讨和制度构建两个层面对我国信托登记制度的设立进行了较为系统的研究。本书首先探讨了信托制度在世界范围内的起源与发展，然后从理论上对信托财产的独立性、信托登记的功能和效力、信托登记与财产权变动登记的关系等基础问题展开了深入的分析，随后结合我国现有信托法制度的实际，从宏观上提出了未来我国信托登记立法的可能模式，并对我国信托登记制度的具体构建如信托登记的内容、登记机构的设置、登记的申请与审查以及登记的电子化、登记错误的赔偿等问题提出了切实可行的建议。这些研究富有理论性和针对性，以期为将来的立法提供有价值的参考。

(二)《英国信托法：成文法汇编》

作者：葛伟军编译

出版社：法律出版社

出版时间：2012-05-01

ISBN：978-7-5118-3177-4

【简介】本书除以精确的专业术语，传神地翻译英国与信托直接相关的十部制定法、筛选数十个经典的信托法判例以介绍其案例事实及判决理由外，还摘译与信托制度的运用及实践密切相关的《1925年财产法》《1993年慈善法》及《2006年慈善法》，充分掌握法律体系相当复杂的英国信托法制，实为各界研究英国信托法必备的工具书。

(三)《信托财产独立性及其担保功能》

作者：宋刚

出版社：北京师范大学出版社

出版时间：2012-05-01

ISBN：978-7-3031-4156-2

【简介】《信托财产独立性及其担保功能》主要内容包括：引言、信托制度概述、信托的本质、信托财产独立性、信托财产独立之法律构造、信托财产与责任客体的财产等。担保在本质上是改变其责任财产的法律地位，把担保物排除在债务人的一般责任财产之外，为所担保的特定债务负责。通过信托财产独立性原理，把担保物设定为信托财产，使其作为受托人的责任财产，从而可以实现有效担保。

(四)《信托原理在民商事法律实务中的应用》

作者：刘韶华

出版社：法律出版社

出版时间：2012-06-01

ISBN：978-7-5118-3437-9

【简介】本书主要介绍了信托原理在民商事法律实务中的应用。全书共分三编，内容包括：有限责任公司隐名出资问题的信托法解析、证券投资基金受益人的信托法保护、信托法的中国化发展进路。本书内容丰富，讲解通俗易懂，具有很强的可读性和实用性。本书适用于法学专业人员。

(五)《信托法专题研究》

作者：文杰

出版社：中国社会科学出版社

出版时间：2012-06-01

ISBN：978-7-5161-1040-9

【简介】《信托法专题研究》综合运用比较研究法、历史分析法等研究方法,对信托法的基本原理、信托法律关系的构造、信托制度在民商事领域的运用、公益信托的法律问题、信托公司的法律规制等专题进行了研究。重点探讨了信托法强行性与任意性之界定、信托财产权在我国面临的困境及其出路、信托公示的理论基础与制度设计、诉讼信托的正当性与立法构建、受托人的谨慎投资义务标准、受托人违反信托的民事赔偿责任、土地承包经营权信托、知识产权信托、证券投资信托、环境信托、教育信托、公益信托监察人法律制度等问题。通过考察、评析其他国家和地区的信托立法以及相关学术观点,对完善我国的信托立法和信托法理论提出了自己的建议,供立法者、学术界与实务界参考。

(六)《信托制度：法理与实务》

作者：周小明

出版社：中国法制出版社

出版时间：2012-08-01

ISBN：978-7-5093-3848-3

【简介】本书的作者为学术界的中坚力量,不仅具有扎实的学术功底,而且具有丰富的实务经验。写作的内容既涉及法学原理与前沿理论的探讨,又包括大量对法律实务操作难题的细致论述。这就使得本书不仅可以作为学者研究的参考素材,而且可以作为研究生的教材教参,更适合作为商业领域法律实务工作者的从业指导读物。

(七)《慈善宣言信托制度构建研究》

作者：徐卫

出版社：法律出版社

出版时间：2012-10-01

ISBN：978-7-5118-3510-9

【简介】当前的主流慈善机制是第三者管理慈善资金的模式,这种模式在实践中存在相应的管理风险,导致慈善信任危机时常发生。为避免第三者管理慈善的风险,慈善行为者常向被救助者亲自捐赠慈善资金实施慈善,但此模式也具有持续性差、保障力弱等诸多局限。鉴于此,本书以特殊的信托制度(宣言信托)设计解决慈善中的特殊问题,试图通过宣言信托与慈善的结合提出慈善宣言信托的概念,进而提出其制度建构的基本逻辑和规则,从而为中国慈善事业发展寻求一种新的路径。

(八)《我国集合投资信托的法律性质分析》

作者：郭敦

出版社：法律出版社

出版时间：2012-11-01

ISBN：978-7-5118-4199-5

【简介】本书以信托制度的移植为出发点,以我国信托业的健全发展为目标,从集合投资信托赖以建构的基础关系即信托的性质出发,对集合投资信托的法律性质进行了研究,认为我国集合投资信托具有商事主体的性质,集合投资信托关系中委托人或受益人与受托人之间的关系属于投资与经营管理的关系,并结合商事组织法与信托法对集合投资信托各方当事人之间的权利义务进行了分析,为理解集合投资信托的法律定位提供了另一种思路。

(九)《信托公司治理法律问题研究》
丛书名:上海政法学院学术文库
作者:沈吉利
出版社:上海社会科学院出版社
出版时间:2012-12-01
ISBN:978-7-5520-0196-9

【简介】《上海政法学院学术文库:信托公司治理法律问题研究》论述的中心问题是如何针对信托公司进行治理,如何在治理中体现信托公司的特殊性:其一,信托公司治理的目标是什么。包括信托公司治理的特殊涵义,信托公司治理的特殊性与利益相关者公司治理理论的选择,信托治理与信托监管对信托公司治理的影响等基础理论问题。其二,信托公司治理的理想模式是什么。这是信托公司治理理论与治理制度的结合部,包括治理模式的要素与实现方式、各国信托公司治理原则和模式的实践、中国信托公司治理原则和模式的现实选择等问题。其三,信托公司治理的具体内容是什么。包括信托公司治理制度的法律概念、价值、原则、体系和内容等一般问题和信托公司治理的具体制度安排,后者包括信托公司治理结构、治理机制和董事、高级管理人员、监事与股东等内容,此外还涉及信托当事人参与信托公司治理的相关问题。

(十)《信托法原理与判例——英国法研究三部曲》
丛书名:英国法研究三部曲
作者:何宝玉
出版社:中国法制出版社
出版时间:2013-04-01
ISBN:978-7-5093-4351-7

【简介】本书为何宝玉老师的"英国法研究三部曲"之一,系根据2001年的《英国信托法原理与判例》修订而来,原版即是信托法研究和实务领域有口皆碑的经典之作。本次修订更新了信托法发展的新的内容,使得更能全面地了解英国信托法的概括以及最新的理论与判例。

(十一)《中国信托法特色论》
丛书名:南京大学法学文丛

作者：张淳
出版社：法律出版社
出版时间：2013－06－01
ISBN：978－7－5118－4962－5

【简介】2001年4月出台并于当年10月起施行了《中华人民共和国信托法》，本书的研究不仅涉及到对这部法律在内容方面的特色的研究，还涉及到对该法在立法背景方面的特色与在适用方面的特色的研究，故在研究的范围上有所扩大。所谓进一步的研究在对这部法律的内容特色方面则体现为：第一，这本书的研究系在选择基础上只针对存在于这部法律中的八项重要的、理论价值或实务价值较大的创造性规定进行，其中有两项创造性规定在前述两篇论文中还没有被提到；第二，这本书的研究在比较法观察的范围方面大大扩展。

（十二）《英美信托法的现代化》
作者：陈颐
出版社：上海人民出版社
出版时间：2013－08－01
ISBN：978－7－2081－1523－1

【简介】当前对信托的诸多争议均与19世纪英美对信托法的塑造有着直接关联。一方面，19世纪信托法的转变体现为受托人的重要性在信托制度大幅增长，仅仅依据信义展开对受托人的规制已经难以适应社会需要，对受托人的规制日益制定法化，最终无关乎信义；另一方面，19世纪古典法学将受益权最终界定为对物权，这尽管很好地保障了受益人的权益，促进了财产的流动，但也在受托人已经全然职业化的今日限制了受托人的对财产的处分。信托制度在20世纪的扩张也导致了信托法在当下的离散状态。因此，在当前英美信托法面临重整的背景下，重新回顾英美信托法在19世纪的现代化的历程，不无意义。《英美信托法的现代化》对此进行了积极的探索。

（十三）《社会保障基金信托法律问题研究》
作者：彭丽萍
出版社：法律出版社
出版时间：2013－08－01
ISBN：978－7－5118－5183－3

【简介】设计一套适合本国国情的社会保障基金管理体制，选择独立、适合、胜任的社会保障基金管理人，创建安全、有效的社会保障基金管理运作规范，以实现对社会保障基金的安全、规范、有效的管理，促进和保障社会制度受益人受益权的实现，促进社会和谐进步，是各国社会保障基金管理面临的共性问题。当前，我国逐渐步入老龄化时代，同时还伴以同伙膨胀的压力,这对社会保障制度提出了更为复杂的要求,社会保障基金的安全性、流动性、保值增值等方面的重要性日益凸显。

(十四)《特定目的信托法律规制研究》
丛书名:西南政法大学经济法学系列
作者:李昌麒、张怡编
出版社:厦门大学出版社
出版时间:2013-11-01
ISBN:978-7-5615-4838-7

【简介】2005年我国开始的资产证券化实践在立法层面选择了特定目的信托作为资产证券化特殊目的载体的唯一形式。很多国内学者结合信托理论、资产证券化理论对我国刚起步的资产证券化实践进行了分析,指出了我国资产证券化理论及实践中存在的诸多问题。在此背景下,本书通过相关问题的研究来探索特定目的信托法律规制的完善。本书共六章。第一章是对特定目的信托的概述,重点研究了特定目的信托的界定、法律主体地位与风险隔离功能。第二章主要集中于特定目的信托的设立规制。该章首先探讨了一般信托的设立方式、设立条件与生效条件,进而研究了成文法商业信托设立的法律规制。第三章主要研究了特定目的信托证券发行的相关问题。第四章研究了特定目的信托信息披露法律规制。第五章研究了特定目的信托税收法律规制。第六章主要集中于我国特定目的信托法律规制的完善。

第四编 商事审判发展

第一章　法院系统商事法制调研报告索引及主要内容

【按语】商事审判经验的总结与理论的升华，一直受到各级人民法院尤其是高级人民法院、中级人民法院的重视，对商事审判实践具有重要的影响和指导作用。每年都会有一些具有理论意义与实务价值的商事审判调研报告的出台，发表在公开刊物上或作为内部资料使用。本报告一直关注这些调研报告，本编收集了九篇 2012~2013 年间公开发表的商事审判调研报告，择其主要内容摘录予以介绍。由于受收集能力所限，可能有所遗漏，敬请谅解。

一、关于小额贷款公司、担保公司涉诉情况的调研报告/浙江省湖州市中级人民法院课题组/（载《人民司法》2012 年第 1 期）

【主要内容】湖州市中级人民法院总结了 2008 年至 2011 年 6 月间全市法院审结的涉及小额贷款公司、担保公司的 161 个一审案件，指出湖州市小额贷款公司和担保公司虽总体涉案率较低，但重复涉案率高，担保公司放贷案件较多，涉高利贷现象严重，该类案件缺席判决率高，自动履行率低。案件审理中发现小额贷款公司、担保公司经营过程中存在的问题有：担保公司超范围经营现象较为普遍；公司以个人名义放贷、担保较多；社会资金通过担保公司介入高利贷，金融风险较大；追偿手段有时违法，引发刑事犯罪。在法院对该类案件的审判和执行中，存在由于法律法规不完善导致的裁判依据不明问题，以及违法放贷隐蔽性强，案件事实认定困难的问题。为促进小额贷款公司、担保公司健康发展，妥善处理该类问题，首先应健全法律法规，完善监管体系，改变现行多头监管缺乏细致分工带来的盲目监管问题；第二，加大扶植力度，尊重小额贷款公司、担保公司的自主经营权，促进其健康有序发展；第三，严格遵循借贷利率超过银行同类贷款利率四倍的不予保护的法律规定，强化司法审查，调节过高利率；第四，正确区分担保公司放贷行为的正当性和合法性，对转贷、委贷等行为做出准确认定，支持金融创新；最后，加强法院与政府相关主管部门的沟通交流，建立典型案例年度通报制度，定期通报小额贷款公司、担保公司涉诉案件。

二、依法强化司法保障职能，积极服务小微企业新类型融资担保/江苏省苏州市中级人民法院课题组/（载《人民司法》2012 年第 1 期）

【主要内容】商铺经营者以商铺权利作为担保向银行贷款，已成为专业市场内小微企业重要的融资渠道之一。具体模式为：银行与大型专业市场的商铺所有者（管理者）合作，根据大型市场内各个具体商铺所经营的产品、地理位置、人气状况等因素进行评估后向商铺经营者发放短期贷款。银行与商铺经营者、商铺所有者（管理者）签订三方协议，限制商铺租赁人即商户将商铺租赁权以任何形式转让、转租或重复质押，并在商铺所有者处进行登记或到公证部门办理公证，约定若经营者不能偿还到期贷款，直接由商铺所有者（管理者）对经营者所承租的商铺进行拍卖处置，拍卖处置款在扣除相关费用后优先归还银行贷款。此类担保方式成功运作的原因在于，大型专业市场的商铺所有者往往是市场的管理者，为担保提供监管平台。目前，开展此项业务的银行正逐年增加，成为新类型担保方式之一，受惠的小微企业户数也逐年上升，贷款总数稳步增长。但是，由于对此项担保的权利范围、公示方式、登记方式、实现手段、清偿规则等均处于无法可依的状态，该类权利担保的性质以及相关登记行为的性质均为确定，加上银行内部对该业务的定性不一，业务操作存在混乱，使得该项贷款存在内生性缺陷，该项业务也可能面临随时被银行叫停的危险。对此，司法机关应充分肯定该项贷款业务对于满足小微企业融资需要的积极作用，并从解释论层面寻求法律规范的支持，协调其与物权法、担保法中对可质押权利规定的关系，并提出规范、引导的方案，探讨降低、化解金融风险的对策。具体而言，应通过个案对该种新类型担保方式加以确认，认定担保的性质为商铺租赁权质押，并参考权利质押的规定来明确此类担保的生效要件。此外，还应积极协助银行的风险控制，并制定规范小微企业合法融资担保行为的相关法律法规，以保障此类担保业务的健康发展。

三、不当履行清算义务案件审判实务若干问题探析——以常州市两级法院的审理情况为研究基础/江苏省常州市中院民二庭课题组/（载《法律适用》2012年第7期）

【主要内容】《公司法》及最高人民法院《关于适用〈中华人民共和国公司法〉若干问题的规定（二）》中确立了清算义务人不当履行清算义务给公司或债权人造成损失时的民事责任。近年来，由于不当履行清算义务而引发的诉讼日益增多。常州市中院民二庭课题组梳理了2008-2011年间常州市两级法院受理的42件不当履行清算义务纠纷案件，并从案件数量、原被告身份及诉讼请求几个方面总结了案件的一般性特点，对清算义务人承担民事责任的性质、方式和范围，诉讼主体的确立，清算程序前置性及该类案件中诉讼证据规则的适用四个审判疑难问题进行了深入剖析，并在此基础上提出以下几个完善建议：第一，允许公司章程约定或股东大会来确定一人或数人为清算义务人，以此允许将中小股东排除在公司的清算义务人之外，完善对中小股东合法权益的保护；第二，建立公司解散登记制度，以保障交易相对人的知情权和交易安全；第三，完善公司清算义务人的其他相关制度，例如明确举证责任倒置原则，保护利害关系人诉权等。

四、宏观经济形势下无锡地区民间借贷纠纷的调研报告/江苏省无锡市中级人民法院课题组/（载《人民司法》2012年第11期）

【主要内容】由于受到宏观经济形势变化的影响，一些中小企业经营者资金紧张，民间融资规模膨胀，近几年来无锡两级法院受理的民间借贷纠纷案件出现案件数量逐年增加、案件涉案金额逐年增长和民间借贷案件占借款合同案件总数的比例逐年上升的现象，并呈现出如下特点：某些债权人以放贷为业的同时，一些债务人向公众吸收存款的趋势也逐步显现；专业人员参与其中，民间借贷逐步向规模化、专业化方向发展；民间借贷与其他金融类纠纷交错，法律关系趋于复杂化。民间借贷的无序化发展带来了大量社会问题和司法难题，究其原因，主要在于企业融资困难和民间资本投资渠道有限。为此，人民法院应当在规制民间借贷市场秩序、保护民间借贷市场健康成长方面营造良好的法制环境。首先，应加强立案审查，防范虚假诉讼，对存在资金链断裂风险但仍正常运转的企业灵活采取财产保全措施，保护合法债权的同时遏止高利贷化倾向，妥善处理民间借贷纠纷案件；其二，深入调研各种新类型的民间借贷渠道和方式，强化对新类型借贷方式的司法应对，统一司法认识，统一行为定性和裁判尺度，引领和规制民间借贷行为；其三，加强对民间借贷的法制宣传，搭建司法服务平台并建立民间借贷风险预警机制，积极参与民间借贷市场社会管理创新。

五、当前涉及企业民间融资纠纷的现状分析与司法应对/上海市高级人民法院课题组/（载《法律适用》2013年第9期）

【主要内容】近年来，受国际国内整体经济形势变化等多种因素的影响，与民间融资相关的债务不能清偿、债务人下落不明、中小企业倒闭等事件时有发生，对地方经济发展和社会稳定造成了一定的冲击。上海市高级人民法院总结了近几年来上海法院审理的企业民间融资纠纷案件，就其特点，对审理中遇到的疑难问题及其产生的原因进行了分析和研究，并在此基础上提出相应的司法对策。调研指出，2009年以来的企业民间融资纠纷案件具有案件诉讼标的额上升较快，融资关系中出借人以自然人居多，借款企业行业特征明显、抗风险能力较弱，高利贷现象普遍，担保行为不规范等特点。当前涉及企业民间融资纠纷的审理难点：在案件事实认定方面，一些借款案件中出现借款人与资金实际使用人不一致的现象，导致实际借贷主体认定困难；很多借款案件为现金交付，除借条外可能没有其他证据，且高利贷手段较为隐蔽，导致借款事实认定困难；一些案件名义上为货物买卖、融资租赁、股权转让、咨询服务等法律关系，而又约定了贷款、管理费、调查费、违约金等对价，导致对真实法律关系的认定上存在一定难度。在裁判标准方面，各法院对于企业民间融资纠纷案件在民刑交叉案的处理方式、事实审查的指导思想、关联案件的处理结果、逾期利息的处理结果以及案由的划分方面均存在不统一之处,加大了对该类案件的审理难度。在对于该类纠纷的成因分析上,调研指出了三方面的原因:从经济环境方面看,金融政策和经济形势直接引发了民间融资及相关纠纷;从法律制度方面看,调整民间融资的法律法规滞后,导致纠纷中的新问题难以解决;从行政监管方面看,监管主体不明和监管措施不力难以预防民间借贷风险的产生。最后,调研提出了解决涉及企业民间融资纠纷的若干思路与对策,首先应认真梳理已有的各类涉及民间融资的规范性文件,出台统一的专门规范民间融资的法律法规,科学界定合法借贷与非法借贷行为,以统一行政执法和司法裁判;第二,重新思考企业间融资行为的效力,实践中许多企业采取主体规避等方式完全可以通过合法民间借贷达到融资目的,企业之间借款无效的禁止性规定无法规制,因此,可以考虑将一些企业间为临时性调换头寸而拆借资金的行为放宽认定为有效,以求在维护金融秩序与解决中小企业融资难题之间取得平衡;第三,在事实认定方面注意把握证据规则与职权调查的关系,将督促当事人举证与法院依职权调查结合起来;第四,对于涉嫌非法吸收公众存款、集资诈骗以及其他相关犯罪行为的涉及企业民间借贷纠纷,应坚持先刑后民和刑民分立原则;最后,对于债务人资不抵债或者弃企逃债引发的群体性纠纷,应改变以前成立政府工作组进行行政处置的做法,重视通过破产程序处理解决债务纠纷,使债权人公平受偿。

六、关于涉钢贸市场金融纠纷的调研——以盐城法院审理的涉钢贸企业案件为素材/江苏省盐城市中级人民法院课题组/(载《人民司法》2013年第19期)

【主要内容】受上海、苏南等地区钢贸市场信贷危机的影响,江苏省盐城市涉钢贸市场金融纠纷案件于2012年开始迅速增加,2013年上半年更是呈现出井喷态势,已显现出形成为区域性信贷风险的苗头。为预防金融风险扩散蔓延,回应经济社会发展对审判工作的司法需求,盐城中院梳理了自2009年至2013年6月盐城市两级法院受理的涉钢贸市场金融纠纷案件,指出该类案件存在如下特点:纠纷持续高发,风险尚未见底;农商行涉诉比例高,企业主来源地集中;借款金额较大,担保方式单一;债务人下落不明,审判执行周期长。并提出目前涉钢贸市场金融纠纷中大多存在如下问题:贷款发放管理粗放,"周宁模式"风险凸显;信贷规模过度扩张,钢贸商户经营失范;钢贸市场发展失序,社会稳定问题隐现。对于规范钢贸市场金融秩序,课题组提出应当建立涉钢贸市场金融纠纷案件专项处理机制,规范钢贸行业融资监管机制,规范政府部门的招商引资行为,以及严格金融机构的风险管控机制。

七、关于司法服务和保障金融业健康发展的调研报告——以苏州地区钢贸市场为视角/江苏省苏州市中级人民法院课题组/(载《人民司法》2013年第19期)

【主要内容】随着2011年以来钢材价格持续走低,苏州地区一些钢贸商出现资金链断裂，融资困难等问题，引发涉钢贸市场的借款纠纷、保证合同纠纷、担保追偿权纠纷、信用卡纠纷等金融类纠纷案件。为妥善解决该类案件，苏州中院对苏州市两级人民法院截止 2013 年 6 月累计受理的 1477 件涉钢贸市场金融纠纷案件进行了分析和总结，指出该类案件在审理中存在如下几个司法难题：案件数量多、当事人多、保全多、送达难；存在同一笔钢材涉及多重法律关系、权属不明的情况；存在对担保公司名下保证金的扣划行为认定有争议的情况；存在刑民交叉案件多样化和复杂化的情况，同时提出如下司法应对措施：首先，构建涉钢贸金融风险司法应对工作机制，例如成立专门的案件处理和维稳处置工作指导小组，及时出台指导意见，对案件立案、审理、保全等进行细化分解等；第二，明确目标，即维护钢贸市场稳定、维护金融安全和确保社会稳定，准确定位涉钢贸民商事案件审理导向；第三，提高审判效率，成立专业合议庭，创新审判工作方法；第四，多方组织论证，定期下发商事审判业务指导，有效破解涉钢贸法律难题；最后，加强指导，及时提示经营和金融风险，指导审核牵头银行制定总体方案和诉讼计划，公布涉钢贸企业典型案件，引导市场及经营户诚信守法经营。

八、关于物流运输合同纠纷若干疑难问题的调研报告/福建省泉州市中级人民法院民二庭课题组/（载《人民司法》2013 年第 21 期）

【主要内容】根据我国现行法律规定，物流运输合同主要分为公路、铁路、水路、航空、多式联运运输合同，而对于铁路和水路运输又有专属管辖的规定。鉴于泉州地区所处的地域特点，物流运输合同纠纷主要集中在公路货物运输合同纠纷。泉州市中级人民法院通过对 2009 年以来审结的公路货物运输合同纠纷的调研和梳理，指出引发该类纠纷的主要原因在于运输合同订立形式不规范，内容不够具体、明确，货物签收手续不规范，运输货物交接检验不及时，合同双方风险意识较淡漠以及涉货物运输事故处理的职能部门之间未能有效衔接。调研分别就：合同中承运人免除或限制其赔偿责任条款的效力认定问题、货物毁损灭失的价值认定问题、当事人主体资格和法律关系的确定问题、以及该类案件的涉及公路货物运输合同纠纷疑难问题进行了深入剖析，最后提出了促进物流运输行业健康发展的意见和建议：规范双方之间的合同行为，树立证据意识；建立健全相应的运输法律制度；尽快出台规范物流运输行为的有关法律法规。

九、宏观调控政策对房地产审判的影响和对策——以浙江法院 2003 年至 2012 年房地产审判为蓝本/浙江省高级人民法院课题组/（载《人民司法》2013 年第 23 期）

【主要内容】浙江省高级人民法院课题组梳理了 2003 年至 2012 年浙江房地产审判的基本情况，指出房地产案件的案件数量、纠纷事由均受到宏观调控政策的较大影响，案件呈现出群体性特征，处理难度较大。在房地产纠纷的成因方面，调研指出政策变化影响着各方的利益预期，导致规避调控政策的行为暗藏着纠纷隐患，加上相关行政部门的不规范行为以及法律规范的滞后性，均会间接诱发纠纷。因此，调研着重分析总结了宏观调控政策下房地产审判的法律适用及裁判思路。对于调控政策对合同效力的影响问题，调研指出对于违反调控政策的购房合同应尽量维护合同关系的稳定性，除法定情形外不轻易认定合同无效，对于借名购房合同基于借名购房对宏观调控政策釜底抽薪的影响，法院在审判中不宜直接认定无效，而是采取间接方式对实际购房人提起的确认之诉原则上不予支持。对于调控政策是否构成不可抗力或情势变更，调研指出宏观调控政策不应认定为不可抗力，而对于是否构成情势变更，应区分不同的政策内容和调控对象进行分析，确需适用情势变更的，应层报高级法院甚至最高法院审核。对于违反调控政策的购房合同的解除问题，违反限购政策的，实践一般以商品房买卖合同司法解释第4条、第23条规定的"不可归责于当事人双方的事由"来处理，对当事人解除合同的请求予以支持；违反限贷政策的，若买受人举证证明其确因首付款比例提高、不能办理按揭贷款等导致无法继续履行而请求解除合同的应予以支持。该调研还指出了在宏观调控政策下房地产纠纷案件数量仍会保持上升、新类型案件会增多、群体性纠纷会继续增长、开发商的破产或兼并案件可能出现的趋势，因此，应继续加强审判调研指导，统一裁判思路，构建房地产纠纷联动化解机制，为房地产市场发展提供有力的司法保障。

第二章　地方高级人民法院主要商事审判指导意见

【按语】 法律不可避免地会存在立法空白，司法审判中的裁判规则不足会造成审判在诉讼的基本层面上面临争议，也造成不同法院的裁决立场的差异。审判机关对此一直在进行体系内的弥补，这种努力主要表现为三条路径：最高人民法院颁布司法解释、高级人民法院发布司法政策文本以及个案审判法官的创造性适用法律的裁判活动。在有疏漏的法律文本规定获致司法实现的过程中，这三条路径各自扮演的角色以及相互间的互动关系，可以通过对各地高级人民法院近年来颁布的商事审判司法政策文本的解读中得以观察与总结。近年来越来越多的地方高级人民法院颁布的各种形式的审判指导意见，在各省、自治区、直辖市境内对于中级人民法院、基层人民法院的审判活动发挥着举足轻重的影响。为此，本报告收集了发布于2012～2013年间各地高级人民法院的商事审判司法政策文本，并将在之后的报告中持续关注后续发布的该类司法政策文本。

广东省高级人民法院关于为中小微企业融资提供司法保障的通知

（2012年4月13日）

去年以来，受国际金融危机持续影响，在国家宏观调控政策收紧、企业生产经营成本上涨以及中小微企业融资渠道不畅等经济、货币环境影响下，中小微企业生存发展面临严峻形势，其中尤以中小微企业融资难问题为突出。为充分发挥人民法院司法保障我省中小微企业融资的职能作用，依照国务院《关于进一步促进中小企业发展的若干意见》、最高人民法院《关于为维护国家金融安全和经济全面协调可持续发展提供司法保障和法律服务的若干意见》《关于人民法院为防范化解金融风险和推进金融改革发展提供司法保障的指导意见》、广东省《关于支持中小微企业融资的若干意见》等规范性文件的要求，就为中小微企业提供司法保障工作相关事宜通知如下：

一、充分认识为中小微企业融资提供司法保障的重要意义

中小微企业是我省经济和社会发展的重要力量，中小微企业的健康持续发展，是我省长期位居全国经济龙头地位的重要支撑。为中小微企业融资提供司法保障既是人民法院服务大局、能动司法的重要体现，也是人民法院积极参与社会管理创新的重要内容。面对遏制中小微企业生存发展的"融资难、融资贵、担保难"问题，各级法院要充分认识司法工作在积极支持中小微企业应对生产经营困难，积极配合我省金融改革发展、积极参与金融风险防范化解中的重要性和紧迫性，不断增强为中小微企业融资提供司法保障的责任感，要通过涉中小微企业融资案件的审理、执行工作以及在审理该类案件中司法延伸职能作用的充分发挥，主动为引导、规范中小微企业解决融资难问题上创造良好的外部环境。

二、司法保障中小微企业融资的指导思想和基本原则

各级法院在审理、执行涉中小微企业融资案件中，要紧紧围绕中央、省委、最高人民法院关于保障扶持中小微企业发展的各项措施，以优化中小微企业融资环境为目标，强化为中小微企业融资解困减压理念，坚持以能动司法、服务大局的指导思想。实践中具体要遵循以下原则：

（一）依法保障原则。在为中小微企业融资提供司法保障工作中，应以不违反法律、法规的禁止性规定，不损害公共利益、不损害他人合法权益为原则，在现有法律框架下开展司法保障中小微企业融资的相关工作。

（二）能动保障原则。在审理、执行涉中小微企业的相关案件中，应当充分发挥人民法院能动服务、能动保障的司法职能作用，要在案件的处理和应对工作中积极主动地为中小微企业融资解困减压提供司法保障。

（三）及时保障原则。要强化司法保障中小微企业融资工作的时效性，及时有效地为中小微企业融资排困解忧，确保中小微企业不因司法保障工作的滞后性加剧融资难问题并直接影响企业生存发展机遇。

（四）全面保障原则。在为中小微企业提供司法保障工作中，要注意从审判、执行工作中的各个环节着手缓解中小微企业融资压力；要注意既要促进中小微企业融资渠道的畅通，同时也要积极防范系统性金融风险的发生。

三、依法支持中小微企业融资渠道的多元化创新

各级法院要按照《广东省关于支持中小微企业融资的若干意见》中关于促进银行业金融机构、证券期货机构、保险机构科学发展、增强对中小微企业融资服务能力；鼓励银行业金融机构加大对中小微企业间接融资的支持力度；拓宽中小企业直接融资渠道；积极发展小额贷款公司、稳健发展融资性担保机构等政策性规定，在司法工作中积极配合上述促进中小微企业融资政策的落实。在司法实践中，对于以农村合作金融机构、村镇银行、农民资金互助社、小额贷款公司、担保公司、典当行等非传统金融服务机构参与融资引发的纠纷案件，要坚持依法从宽掌握的标准和原则，在认真听取金融监管机构意见的情况下，正确确认合同效力，妥善审理金融创新涉诉案件，依法支持非传统金融服务机构的发展壮大和金融产品创新。在法律没有明确禁止性规定的情况下，依法支持合法民间资本参与农村信用社、城市信用社改制，参与或者是发起设立小额贷款公司、信用担保公司等非传统金融服务机构设立，以解决非传统金融服务机构信贷资金来源不足的问题，促进融资渠道畅通。

四、依法确认涉中小微企业融资担保行为的效力

各级法院要按照《广东省关于支持中小微企业融资的若干意见》中关于增强对中小微企业融资服务能力的规定，围绕涉中小微企业融资担保行为的效力问题，加大对新类型融资担保行为引发纠纷案件的调研指导工作，引导和规范融资担保服务方式的多元化发展。对于中小微企业融资担保业务实践中出现的股权质押、仓单质押、知识产权质押等担保方式，各级法院要在认真审查担保行为法律构成要件的基础上，依法确认其担保

行为效力,大力促进传统融资担保方式发挥更大的融资担保功能。对于实践中出现的以应收账款质押、以企业生产订单做担保,以机器设备、厂房、商铺等转租权、继租权用作质押、以农村集体经济组织中村民分红权作质押等非典型的融资担保方式,各级法院要从畅通和创新中小微企业融资担保渠道的目标出发,在审查用以质押的权利具有可让与性、具有交换价值的条件下,依法确认其法律效力,不宜简单否定融资担保方式的创新,鼓励、引导和规范非典型融资担保方式的发展壮大。要按照国家七部委联合下发的《融资担保性公司管理暂行办法》的规定,研究确认融资性担保公司在融资担保、诉讼保全担保领域的法律效力,对于融资性担保公司收取费率标准以不超过银行同期贷款利率四倍为宜。对于实践中出现的关联中小微企业联保、个人联保、独立保函、行业协会、商会联保等新型信用担保方式,应加强调研指导,在充分论证其法律效力的基础上予以确认推广。探索试行在中小微企业涉财务风险纠纷案件进入执行程序后引入执行担保机制,由第三方为涉诉中小微企业提供担保同时解除执行强制措施,维系企业正常生产经营,助推企业走出暂时性融资困境。

五、正确审理与中小微企业民间融资行为相关的纠纷案件

各级法院在审理与中小微企业民间融资行为相关的纠纷案件中,要正确把握和处理促进中小微企业融资渠道畅通与维护正常金融经营秩序的关系。对于企业与个人之间的民间借贷行为,应依法确认其法律效力,但对其超出法律和司法解释规定的利率范围的利息不应予以保护。对于企业间借贷行为,要按照最高人民法院《关于为加快经济发展方式转变提供司法保障和服务的若干意见》(法发〔2010〕18号)中关于正确认定非金融借贷合同效力的规定,认真区分企业间借贷行为的具体情形,稳妥审理涉中小微企业间借贷合同纠纷案件,对于企业间以自有资金为资金来源,以缓解临时性资金周转困难、维系企业正常生产经营为目的、约定利率又不过高的短期借贷行为,要依法支持当事人的合理诉求,充分保护合法的民间借贷和企业间融资行为,拓宽企业融资渠道。尤其是对于危困中小微企业为主体的民间融资行为,更宜审慎认定借贷合同的效力,保障和促进企业生存发展。

六、积极参与防范中小微企业融资系统风险

各级法院在审理、执行涉中小微企业融资纠纷案件中,要增强防范和化解金融风险、维系金融稳定安全的意识,正确处理支持金融创新与防范化解金融风险之间的关系。在审理该类案件中,要认真查清资金来源、数额、融资期限长短、融资行为目的、融资行为性质、融资利率等融资行为的具体情形,对相关融资行为做出妥善认定和处理,鼓励合法融资,坚决遏制民间借贷向高利贷化和投机化发展,金融传销、非法集资、农民资金互助组织变相吸收公众存款,融资担保公司面向社会变相集资甚至发放高利贷、插手民间借贷金融活动的黑社会性质的组织犯罪等违法活动,防范融资和融资担保风险向金融风险的转化。对涉及违法行为的,要及时向相关部门通报情况。发现有犯罪线索的,应依法及时向侦查机关报告、移送。同时,应严格区分正常融资行为与非法集资、非法吸收公众存款等犯罪行为的界限,避免将正常的融资行为以犯罪论处。

七、积极配合优化中小微企业融资环境

各级法院要在审判实践中及时总结金融机构及金融服务机构监管工作的漏洞及不足,及时总结融资和融资服务方式创新中出现的新情况、新问题,及时向相关金融机构及其监管部门提出司法建议，引导建立合法规范的金融创新体系。要加强与金融监管部门的联系沟通，以实地走访、召开座谈会、联席会议等形式，共同加强对解决中小微企业融资难问题的研判预测，提升相关金融和司法决策的科学性。要以定期发布典型案例的形式统一中小微企业融资纠纷案件的裁判规则和尺度，加强对司法保障中小微企业融资的新类型案例的宣传，充分发挥司法工作的指引导向功能，为中小微企业融资行为提供规范的市场预期和指引。

广东省高级人民法院关于印发《全省部分法院破产审判业务座谈会纪要》的通知

2012 年 7 月 2 日　　　　　　　　　　　　　　　　粤高法〔2012〕255 号

为更好地适用《中华人民共和国企业破产法》（以下简称《企业破产法》）及其司法解释的规定，妥善受理、审理破产案件，更加充分地发挥《企业破产法》在调整市场经济中的重要作用，广东省高级人民法院在广泛调研的基础上，于 2012 年 4 月 18 日在东莞市召开了全省部分法院破产审判业务座谈会。与会同志经认真讨论，就破产审判工作所涉的部分问题达成了共识。现纪要如下：

一、申请和受理问题

1. 各级法院要紧密配合中央关于加快转变经济发展方式、调整经济结构的战略思路，积极、能动为我省经济转型升级服务，统一思想、提高认识，树立依法受理破产案件的观念，充分认识并发挥《企业破产法》在优化社会资源配置、完善优胜劣汰竞争机制及拯救危困企业等方面的积极作用，对当事人提出的符合受理条件的破产申请，应当依法予以受理，而不应以不符合法律、司法解释规定的理由不予受理。

2. 人民法院在受理破产案件前，原则上应组织申请人、被申请人及主要债权人进行听证，听取各方关于应否受理破产申请的意见，充分了解债务人的资产、负债、经营、职工等相关情况，依法审查决定是否受理。

3. 各级法院在受理按照最高法院和省法院规定应逐级审批的破产案件时，应按照要求履行审批、备案手续。广东省高级人民法院《关于加强破产审判管理指导监督工作的通知》［粤高法明传（2005）114 号］要求中级法院受理前须报省法院审批的申报债权数额标准由原来的"3000 万元以上"调整为"1 亿元以上"，基层法院受理前须报中级法院审批的申报债权数额标准由各中级法院根据各地实际情况自行规定，其他备案、报批标准仍按上述通知执行。

4. 上一级人民法院依照最高人民法院《关于适用〈企业破产法〉若干问题的规定（一）》第九条责令下级人民法院在一定期限内作出是否受理破产案件的裁定的，下级人民法院应当将处理结果及时书面报告上一级人民法院。

二、人民法院审查破产申请期间债务人财产的保全问题

5. 人民法院审查破产申请期间，破产申请人及其他利害关系人如认为债务人可能通过转移财产、恶意清偿债务等方式损害其合法权益的，可依照《中华人民共和国民事诉讼法》第九十二条的规定，向接收破产申请的人民法院就债务人财产提出财产保全申请，

人民法院经审查符合要求的应予准许，并采取必要的财产保全措施。人民法院经审查认为有必要的，可以要求财产保全的申请人提供相应担保。

6. 当事人提出财产保全申请的，应当按照《诉讼费用交纳办法》的相关规定预交保全费，破产案件受理后上述费用纳入破产费用范畴，以破产财产优先清偿。

三、关联企业破产问题

7. 各级法院应当积极探索关联企业合并破产问题，在充分尊重法人人格独立和股东有限责任的基础上，对于关联企业成员存在法人人格、财产高度混同、利用关联关系损害债权人利益等情形的，可依据管理人或债权人的申请采取关联企业合并破产方式。本条所称关联企业包括相互之间存在控制与从属关系或者其他重大影响关系的企业。

8. 关联企业合并破产案件应报经有权决定管辖的上级法院批准后受理，一般由控制企业所在地或主要财产所在地法院管辖；关联企业的个别成员已经进入破产程序的，由已受理该成员破产案件的人民法院管辖；关联企业的成员已分别在不同人民法院进入破产程序，报请共同上级法院指定管辖法院。

9. 为减少不同程序间的协调成本、保障破产程序公平有序进行，对尚不符合合并破产条件的关联企业成员破产案件，如确属必要，可报经有权决定管辖的上级法院批准，由控制企业所在地或主要财产所在地法院集中审理。

四、对债务人下落不明、无产可破、缺少账册的破产案件处理问题

10. 人民法院受理债务人下落不明、无产可破、缺少账册等破产案件后，应当及时指定管理人并督促管理人找寻债务人财产并运用法律手段予以追收，尽可能保障债权人的合法权益。

11. 因债务人的出资人怠于履行义务，导致债务人的主要财产、账册、重要文件等灭失而无法清算或者无法依法全面清算的，人民法院在所发现和追收的财产进行分配后，可以无法清算或无法依法清算为由裁定终结债务人破产程序，并告知相关权利人可依据相关法律规定另行向债务人的出资人等主张权利。

五、对管理人编制的债权表的审查问题

12. 对于《企业破产法》第五十八条第二款规定的债务人、债权人均无异议并经债权人会议依法确认的债权表记载的债权，人民法院可根据管理人的申请径行作出裁定予以确认。

六、管理人的选定及管理人队伍培育问题

13. 各级法院应依照《企业破产法》及最高人民法院《关于审理企业破产案件指定管理人的规定》的相关规定，根据案件的具体情况采取适当方式指定合适的管理人，原则上应采用随机方式在已制定的管理人候选名册中选定管理人；对于金融机构、上市公司或者其他法律关系复杂、影响重大、可能影响社会稳定不宜采用随机方式选定管理人的破产案件，已经成立清算组的可指定清算组为管理人，未成立清算组的可采取竞争方式在已制定的管理人候选名册中选定管理人。破产审判部门决定以随机方式或者竞争方式产生管理人的，其具体操作程序应交由司法技术辅助部门或相关部门主持进行。

14. 为加快培育成熟的管理人队伍，各级法院应当积极探索有效的管理人管理机制，通过定期召开管理人座谈会等方式深入了解管理人工作中存在的问题和困难，及时研究、解决或向有关部门反映，要注重加强对已制定的管理人名册中的候选管理人的培训工作。

七、破产审判中相关法院之间的工作配合问题

15. 破产管理人持审理破产案件的法院作出的生效法律文书，请求省内其他法院配合解除有关债务人的财产保全措施、中止执行程序或实施其他配合工作时，各级法院应依照《企业破产法》的规定积极予以配合，执行中如遇到障碍，相关法院可报请共同上级法院协调解决。破产管理人持生效法律文书请求外省法院配合工作时如遇到障碍，可逐级上报省法院协调解决。

八、破产重整问题

16. 人民法院受理重整申请后，应结合听证情况对重整申请的合法性、可行性进行实质审查。审查过程中，人民法院可以征询银行等金融机构或工商、证券、国资、税务等行政管理部门的意见。

17. 对于虽然已经出现破产原因或者丧失清偿能力可能，但符合国家产业结构调整政策、具备发展前景的企业，人民法院应充分发挥破产重整制度的功能，对其进行积极挽救。

九、破产审判中的边控问题

18. 人民法院在审理破产案件过程中，可依法对债务人的法定代表人及其他相关人员采取限制出境、扣留证件、司法拘留等强制措施。如需边检部门协助执行，应将裁定书、决定书、边控申请表等资料一并逐级报送省法院协调边控部门办理边控手续。

十、破产审判队伍建设问题

19. 各中级法院要认真领会、贯彻最高人民法院《关于正确适用＜企业破产法＞若干问题的规定（一）充分发挥人民法院审理企业破产案件司法职能作用的通知》的精神，进一步加强破产审判队伍建设，尽快设立破产审判专业合议庭，有条件的法院可根据实际情况建立专门的破产审判庭。

十一、破产衍生诉讼归口审理问题

20. 为深化破产审判机制改革，优化司法资源配置，充分发挥由破产审判业务庭审理破产衍生诉讼案件的优势，破产案件受理后提起的破产衍生诉讼案件（除劳动争议、知识产权、海事海商等类型案件外），原则上统一由破产审判业务庭（包括审理破产案件的专门破产审判庭、商事审判庭或其他审判业务庭）审理（按省法院粤高法明传〔2012〕172号文执行）。

十二、破产案件绩效考核管理问题

21. 破产案件在工作量、工作性质、案件流程上与普通民商事案件存在明显差异，这在客观上决定了对破产案件的绩效考评和审判管理都应区别于普通民商事案件。各级法院应根据辖区实际情况，积极探索能够全面客观反映审理破产案件工作量的科学考评标准，对破产案件施行科学绩效考评。

上海市高级人民法院民事审判第五庭关于印发《关于审理保险代位求偿权纠纷案件若干问题的解答（一）》的通知

2012 年 9 月 19 日 沪高法民五〔2010〕2 号

一、在医疗费用保险中，保险人能否向第三者行使保险代位求偿权？

答：根据中国保险监督管理委员会《健康保险管理办法》第二条、第四条的规定，医疗费用保险可以分为补偿性医疗保险（亦称费用补偿型医疗保险）和非补偿性医疗保险（亦称定额给付型医疗保险）。补偿性医疗保险适用补偿原则和保险代位制度，非补偿性医疗保险不适用补偿原则和保险代位制度。

在保险代位求偿权纠纷中，法院应根据保险合同的约定，确定系争保险是否属于补偿性医疗保险。

保险合同明确约定本保险适用补偿原则、"以实际支出医疗费作为赔付依据"等内容的，保险人在向被保险人支付保险赔偿金后，有权向第三者行使保险代位求偿权。

保险合同明确约定本保险为定额给付保险或不适用补偿原则等内容的，保险人在向被保险人支付保险赔偿金后，无权向第三者行使保险代位求偿权。

医疗费用保险合同对是否适用补偿原则未作约定或约定不明的，视为非补偿性医疗保险，保险人无权向第三者行使保险代位求偿权。

二、交强险保险人承担保险赔偿责任后，能否依据《保险法》第六十条的规定向第三者行使保险代位求偿权？

答：根据《侵权责任法》第四十八条、《道路交通安全法》第七十六条的规定，机动车发生交通事故致人身伤亡、财产损失的，交强险保险人在责任限额内予以赔偿，不足部分由机动车一方依法承担赔偿责任。因此，保险人所承担的赔偿责任是法定责任、终局性责任，而机动车一方承担的是补充赔偿责任。交强险保险人支付保险赔偿金后，依据《保险法》第六十条的规定向第三者行使保险代位求偿权的，法院不予支持。

三、保险人能否就已经投保再保险的部分，一并向第三者行使保险代位求偿权？在保险代位求偿权纠纷中，是否应当审查再保险合同的签订和履行情况？

答：再保险又称保险的保险，是指保险人将其对危险的承保责任，基于再保险合同关系，一部或全部转移给其他保险人。原保险和再保险之间，虽有关联，但在法律关系上各自独立。

根据合同相对性原则，保险人投保再保险的，保险人对第三者的保险代位求偿权不因此受到影响。保险人可以就全部金额向第三者行使保险代位求偿权，获得赔偿后按再保险合同分摊给再保险人。

在保险代位求偿权纠纷中，因再保险人无权向第三者行使保险代位求偿权，故法院无需审查再保险合同的签订和履行情况。

四、《保险法》第六十条的赔偿请求权是否限于《侵权责任法》上的赔偿请求权？

答：保险代位制度的立法目的在于防止被保险人籍由保险合同获得超出实际损失以外的不当利益。当被保险人就其损失既可以向保险人主张保险赔偿金请求权，又可以向第三者主张任何一种赔偿请求权的，就有通过保险事故获得双重赔付的可能，也就应当适用保险代位制度。

故当被保险人因侵权、违约等对第三者享有请求权的，保险人均可以行使保险代位求偿权。具体而言，《保险法》第六十条的赔偿请求权不仅包括侵权行为所产生的损害赔偿请求权，也包括违约赔偿请求权，还包括不当得利返还请求权、所有物返还请求权、占有物返还请求权、连带责任的内部追偿权等。

五、就保险事故所致损失，被保险人对同一第三者享有数个竞合的赔偿请求权，保险人在承担保险赔偿责任后提起保险代位求偿权诉讼的，如何处理？

答：被保险人因同一法律事实，依据不同法律规定，可以向同一第三者主张两个以上请求权，而这些不同的请求权又不能同时得到满足的，属于请求权竞合。

根据《合同法》第一百二十二条、《最高人民法院关于适用〈中华人民共和国合同法〉若干问题的解释（一）》第三十条的规定，保险人依据保险代位制度行使原属被保险人的上述竞合的请求权时，法院应当予以释明，要求保险人进行选择。

保险人经法院释明后作出明确选择的，法院按照保险人确定的请求权进行审理。释明后，保险人未作选择的，法院应根据最有利于纠纷解决的原则依职权确定。

六、就保险事故所致损失，被保险人对多个第三者同时享有给付目的一致的赔偿请求权，保险人在承担保险赔偿责任后提起保险代位求偿权纠纷诉讼的，如何处理？

答：就保险事故所致损失，被保险人基于不同法律关系对多个第三者享有赔偿请求权，但给付目的一致的，属于不真正连带之债。例如，甲投保财产险，并委托乙保管一台彩电，乙在保管期间借给丙使用，丙使用时不小心损毁。甲对乙的违约损害赔偿请求权与甲对丙的侵权损害赔偿请求权即构成不真正连带之债。

不真正连带之债的各债务人对同一债权人负有以同一给付为目的的数个债务，因一个债务人的履行而使全体债务均归于消灭。各请求权所依据的法律关系和债务人均不相同，故属于不同的诉讼标的，债权人有权分别起诉。债权人同时起诉数个债务人的，属于普通共同诉讼。对普通共同诉讼，法院应根据便利人民群众诉讼、便利法院审判案件的"两便"原则，确定案件是否合并审理。

保险人向被保险人支付保险赔偿金后，即取代被保险人，有权基于不同的法律关系，对数个第三者分别提起保险代位求偿权诉讼，也可以提起共同诉讼。

七、对受害人的损失，商业责任保险的被保险人与其他侵权人承担连带赔偿责任时，保险人的保险赔偿责任范围如何确定？商业责任保险的保险人承担保险赔偿责任后，如何行使保险代位求偿权？

答：商业责任保险中，保险人的赔偿范围应当根据保险合同的约定予以确定。

保险合同对赔偿范围有明确约定的，保险人应按照约定承担保险赔偿责任。但保险人为部分或者全部免除其保险赔偿责任，在其提供的格式合同中规定"按驾驶人在事故中所负事故责任比例，保险人承担相应赔偿责任"、免赔率，免赔额等条款，法院应当认定为《保险法》第十七条第二款规定的免除保险人责任的条款。保险人未履行提示和明确说明义务的，上述条款不产生效力。

如上述条款有效，但保险人与被保险人对该条款含义有争议的，法院应当根据《合同法》第一百二十五条、《保险法》第三十条的规定进行解释。保险合同仅约定"对因由被保险人承担的赔偿责任，保险人负责赔偿"的，一般可以解释为保险人对被保险人所负的全部赔偿责任承担保险赔偿责任，包括对外的连带责任。

《侵权责任法》第十四条规定，支付超出自己赔偿数额的连带责任人，有权向其他连带责任人追偿，如保险人对被保险人给付的保险赔偿金已超出被保险人依法应自行承担部分的，保险人有权向其他连带责任人就超出部分行使保险代位求偿权。

八、保险人能否对第三者的保证人行使保险代位求偿权？

答：根据《担保法》第二十二条、《物权法》第一百九十二条的规定，让与主债权时，该债权的保证债权、抵押权一并转移给受让人，但法律另有规定或者当事人另有约定的除外。

赔偿请求权因保险代位求偿权转让给保险人时，被保险人对第三者的保证债权、抵押权等从权利一并转移给保险人，保险人可以对保证人、抵押人行使保险代位求偿权，但法律另有规定或者当事人另有约定的除外。

九、在保险理赔程序中，保险人为查明和确定保险事故的性质、原因和损失程度所支付的公估费、鉴定费等必要费用，能否在保险代位求偿权纠纷中要求第三者赔偿？

答：保险人向投保人收取的保险费（亦称毛保费）由两部分构成，一是纯保费，对应于每个单位保额的可能损失额；二是附加保费，即保险人就每单位保额支出的经营费用，包括保险公司的手续费、佣金和固定成本等各种费用。查明和确定保险事故的性质、原因和损失程度是保险人理赔工作的一部分，是理赔必须支出的费用，属于附加保费的范畴。

《保险法》第六十四条规定，在理赔程序中支出的公估费等必要费用，由保险人承担。保险人支出的公估费不属于《保险法》第六十条规定的保险赔偿金，在保险代位求偿权纠纷中，保险人要求第三者赔偿公估费的，法院不予支持。

十、保险人能否向投保人行使保险代位求偿权？

答：《保险法》第六十条规定的第三者是指保险人和被保险人以外的第三方，但被保险人的家庭成员或者其组成人员除外。

投保人和被保险人为同一人的，保险人不得对该投保人行使保险代位求偿权。

投保人和被保险人不是同一人的，因财产保险的保障对象是被保险人，投保人不在保险保障的范围内，故保险人可以根据《保险法》第六十条的规定对投保人行使保险代位求偿权，但合同另有约定的除外。

十一、如何理解《保险法》第六十二条规定的家庭成员？

答：《保险法》禁止保险人对"家庭成员"行使保险代位求偿权的原因在于，家庭成员与被保险人有共同生活关系，利害一致。若准许保险人对家庭成员行使保险代位求偿权，无异于使被保险人获得的保险赔偿金"左手进、右手出"，实际仍由被保险人承担了损失。共同生活是表象，利害一致是实质。判断"家庭成员"范围，不应拘泥于共同居住时间的长短，而应着重审查第三者与被保险人是否因共同生活或法定义务建立了共同的、经济上的利害关系。

《保险法》第六十二条规定的家庭成员，指与被保险人共同生活的近亲属及其他与被保险人有抚养、赡养、扶养关系的人。具体包括：

（一）保险事故发生时，与被保险人共同生活的配偶、父母、子女、兄弟姐妹、祖父母、外祖父母、孙子女、外孙子女；

（二）虽然不符合前项情形，但与被保险人有抚养、瞻养、扶养关系的人。

十二、保险人根据保险合同的约定，仅就被保险人所受损失中的特定项目承担保险赔偿责任后，能否就其他赔偿项目向第三者行使保险代位求偿权？

答：保险代位求偿权的内容，必须与保险人填补损失的内容具有一致性，保险人才能代位行使。

当被保险人有多项损失，而保险人依据保险合同的约定仅就其中部分项目的损失予以赔付的，被保险人可以就未获赔付的损失项目，向第三者行使赔偿请求权。保险人则只能就已经给付保险赔偿金的损失项目行使保险代位求偿权。

比如在补偿性医疗费用保险中，被保险人因侵害产生医疗费用、误工费、护理费等损失。保险人仅就医疗费用损失承担保险赔偿责任后，被保险人可以就其他损失继续向侵权人主张赔偿请求权，保险人则只能就医疗费用行使保险代位求偿权。

江苏省高级人民法院、江苏省工商业联合会关于印发《关于建立商事矛盾纠纷诉调对接工作机制的意见》的通知

2012年12月3日　　　　　　　　　　　　　　　苏高法〔2012〕456号

为进一步加大商事矛盾纠纷化解力度，提高商事矛盾纠纷化解成效，促进商事活动更加规范有序，共建和谐诚信市场经济秩序，促进全省经济社会又好又快发展，经江苏省高级人民法院（以下简称省法院）和江苏省工商业联合会（以下简称省工商联）协商一致，就建立商事矛盾纠纷诉调对接工作机制，制定本意见。

一、成立商事矛盾纠纷诉调对接工作组织机构

1. 双方共同建立商事矛盾纠纷诉调对接工作联席会议，作为诉调对接工作的领导机构。联席会议成员分别为省法院和省工商联。主要负责研究制定诉调对接工作规划、方案和目标；研究决定有关诉调对接工作的重大事项；推进、督促、检查和指导诉调对接工作；总结和推广诉调对接工作经验。

2. 联席会议下设办公室，作为诉调对接工作的执行机构。成员分别为省法院民事审判第二庭，省工商联法律维权处。具体负责贯彻执行联席会议通过的各项决定；交换诉调对接工作情况和信息；分析研究诉调对接工作中存在的问题和解决对策；指导和协调具体商事矛盾纠纷调解工作的开展，以及其他组织协调和联络工作。

3. 双方共同推动在全省各级法院和各市、县、区工商业联合会建立联系制度。逐步推动在各类商会建立"企业家商事调解中心"，具体承接诉调对接工作。可在省级行业商会先行试点，由省法院指定法官作为行业商会的工作联系人，定期进行工作指导或法律培训。

4. 双方联合推出"企业家商事特邀调解员制度"。聘请在商界具有较高知名度和威望的企业家为特邀调解员，独立开展商事矛盾纠纷诉前调解，或者经法庭授权，在案件双方当事人同意的情况下主持案件调解，达到通过调解服务企业的目的。

二、建立商事矛盾纠纷诉调对接工作制度

5. 定期召开会议。经双方协商一致，可定期召开联席会议，每年至少召开一次例会。有需要时，经双方协商也可以随时召开。联席会议办公室可以不定期举行会议，及时交流沟通商事矛盾纠纷信息，分析研判商事纠纷动态，提出诉调工作对策建议，总结和统一商事纠纷裁判尺度，协调组织相关商事矛盾纠纷化解工作。

6. 诉前调解。双方鼓励和倡导商事主体通过诉前调解化解矛盾纠纷，尽可能减少进入诉讼的商事矛盾纠纷。工商联和商会着力加强诉前调解工作，通过"企业家商事调解中心"独立开展诉前调解，充分利用商界资源做好矛盾双方的工作，积极运用商事特有方式化解矛盾纠纷，增强矛盾纠纷化解的成效。

7. 诉讼调解。对于涉诉商事矛盾纠纷，省法院可根据具体案情和当事人需求，委托"企业家商事调解中心"进行调解；也可以邀请省工商联和相关商会及人员协助调解。省工商联认为必要时，可向省法院提议就具体个案进行调解，或者请求参与调解。具体联络协调事宜由联席会议办公室负责安排落实。

8. 法律咨询。省工商联需要时，可以就商事矛盾纠纷司法尺度向省法院进行法律咨询。省工商联需要对除商事矛盾纠纷之外的其他非涉诉纠纷进行咨询时，可由联席会议办公室协调省法院其他部门进行指导，但法院指派人员只对有关法律规定和司法尺度提供咨询意见，不对纠纷本身及其处理发表意见。

9. 联合调研。双方均可以向对方提出建议，就商事纠纷中反映出来的关于商业活动以及市场经济发展中带有阶段性、地区性、苗头性或者趋势性的问题，联合开展全省性、地区性或者行业性的调研活动，从法律角度提出有针对性的意见和建议，供相关商事主体和领导决策参考，并可以采用典型案例、常见法律问题等形式向相关行业、地区和商事主体作出有针对性的风险提示。

10. 开展培训。省法院在开展相关法律业务培训时，省工商联可以指派有关人员参加。省工商联认为需要时，也可以邀请省法院相关人员就法律业务进行集中培训或讲座。

三、其他

11. 诉调对接具体工作程序由双方另行商定。
12. 双方应就诉调对接工作事宜各自建立相应的工作台账和档案。
13. 双方应为诉调对接工作提供必要的物质和经费保障。
14. 诉调对接工作机制运行中的其他问题，由双方协商解决。
15. 本意见自发布之日起施行。

江苏省高级人民法院、中国保险监督管理委员会江苏监管局关于印发《关于加强保险纠纷案件诉调对接工作机制建设的意见》的通知

2012年12月5日   苏高法〔2012〕461号

为及时预防和有效化解保险纠纷，充分发挥保险行业协会在处理保险纠纷案件中的自身优势，切实维护当事人的合法权益，进一步延伸人民法院的审判职能，促进保险行

业健康发展，根据《中华人民共和国民事诉讼法》、最高人民法院《关于建立健全诉讼与非诉讼相衔接的矛盾纠纷解决机制的若干意见》、江苏省高级人民法院《关于深入推进诉调对接工作的实施意见》，结合江苏保险行业发展状况以及保险纠纷案件审判工作实际，江苏高级人民法院（以下简称省法院）、中国保险监督管理委员会江苏监管局（以下简称江苏保监局）共同制定以下工作意见。

一、基本规定

1. 保险纠纷化解工作需要审判机关与保险监管部门以及保险行业协会的共同努力与相互配合。

2. 人民法院可以根据审理案件的需要，委托保险行业协会纠纷调处组织调解案件或邀请保险行业协会协助调解案件。

3. 保险行业协会受人民法院委托，在调解保险纠纷的过程中应当遵循合法、自愿的原则。

4. 调解适用以下类型的保险纠纷案件：

（1）投保人、被保险人或受益人与保险公司发生的保险合同纠纷；

（2）涉及被保险人、保险公司的道路交通事故损害赔偿纠纷；

（3）涉及保险公司的其他纠纷。

接受人民法院委托调解的案件不受保险监管部门关于保险行业协会受理保险合同纠纷受案条件的限制。

5. 省法院、江苏保监局共同推动全省各级人民法院与全省各地市保险行业协会建立保险纠纷案件诉调对接工作机制。

二、工作平台

6. 省法院、江苏保监局共同建立保险纠纷案件诉调对接工作联席会议制度，共同推进保险诉调对接工作。

7. 各保险行业协会受人民法院委托进行保险纠纷调解的，应当从保险行业协会已经聘任的纠纷调处人员中择优指定。

可以受托从事调解工作的调解员的任职条件由省法院、江苏保监局规定。各保险行业协会选聘的具备受托调解资格的人员应当报经当地中级人民法院审核同意，并由当地中级人民法院颁发聘书。江苏省保险行业协会可以同时接受省法院和南京市中级人民法院的委托开展调解工作。

三、工作方式

8. 保险纠纷案件诉调对接工作联席会议工作内容包括：

（1）省法院、江苏保监局交流各自工作情况；

（2）省法院就保险纠纷领域案件的司法裁判尺度征求江苏保监局意见和建议；

（3）就保险纠纷案件调解工作进行沟通与协调；

（4）其他与保险纠纷案件诉调对接工作相关的议题。

各地市中级人民法院、各地市保险行业协会可以参照上述规定建立本地区保险纠纷案件诉调对接工作联席会议。

9. 案件调解分为诉前调解和诉中调解。

诉前调解。对起诉到人民法院的保险纠纷，经当事人同意后，人民法院可以将案件移交保险行业协会保险纠纷调处组织先行调解。

诉中调解。已经进入诉讼程序的保险纠纷案件，人民法院相关审判庭可以在取得当事人同意后，委托保险行业协会调解案件，或者邀请保险行业协会的调解员协助调解案件。

四、工作机制

10. 保险纠纷案件诉调对接工作联席会议一般由人民法院负责邀请组织，根据会议需要，联席会议可以邀请其他有关部门、保险机构负责人和专家参加会议。

11. 人民法院委托调解案件，应当征得各方当事人的同意，并向保险行业协会出具委托函，人民法院应当及时将诉状及证据材料的复印件送交保险行业协会。

保险行业协会接受委托函后，应当在3个工作日内确定调解人员及调解日程并通知人民法院。

12. 对于诉前调解，保险行业协会应及时组织调解员进行调解，二十天内达成调解协议的，应当出具调解协议书，督促保险公司尽快履行义务，同时将调解笔录、调解协议书等书面材料移交人民法院；双方当事人申请人民法院司法确认的，按照相关法律和省法院规定执行。二十天内达不成调解协议的，应当将调解笔录、调解工作相关情况及双方当事人的调解意见等书面材料移交人民法院。

13. 对于诉中调解，保险行业协会在接受委托后，应按诉前调解的工作要求开展工作；保险行业协会接受邀请协助调解的，应派出调解员按照通知的时间、地点参加调解工作。

14. 调解期间，保险行业协会就调解工作中出现的问题应及时与人民法院案件承办部门和承办法官联系沟通，防止矛盾激化。

15. 人民法院、保险行业协会应当就保险纠纷案件诉调对接工作各自建立相应台账与档案。

五、人民法院对保险行业协会纠纷调处组织的指导和支持

16. 各级人民法院应当加强对当地保险行业协会纠纷调处组织的业务指导。各保险行业协会可以就保险纠纷调处中所涉及的法律适用问题咨询人民法院。相关人民法院应当及时予以指导和答复。

17. 保险行业协会纠纷调处组织主持保险合同纠纷各方当事人达成的调解协议，具有民事合同性质。

18. 保险行业协会纠纷调处组织按照会员公司授权，采取裁决方式处理保险合同纠纷，裁决决定做出之前可以就法律适用问题咨询人民法院意见，相关人民法院应当给予指导和帮助。

依据会员公司事先授权所做出的对保险机构具有单方约束力的裁决决定，被保险人、受益人或其他依法享有保险金请求权的人无异议的，具有民事合同性质。

六、其他

19. 在保险诉调对接工作中产生的问题，由省法院、江苏保监局通过联席会议共同协商解决。

20. 本意见由省法院、江苏保监局负责解释。

21. 本意见自发布之日起施行。

北京市高级人民法院关于计付迟延履行利息、迟延履行金若干问题的解答

2012 年 12 月 10 日　　　　　　　　　　　　　　京高法发〔2012〕384 号

为统一执行工作的司法尺度,规范执行行为,切实保护当事人的合法权益,依照《中华人民共和国民事诉讼法》及相关司法解释的规定,就迟延履行利息、迟延履行金计付中的有关问题解答如下。

1. 计付迟延履行利息、迟延履行金应当遵循的指导思想是什么?

答:迟延履行利息、迟延履行金属于申请执行人的民事权利,其有权予以处分。迟延履行利息、迟延履行金的计付,依法可由当事人协商解决;协商不成的,适用本解答的相关意见。

2. 如何确定计付迟延履行利息、迟延履行金的起算日?

答:被执行人迟延履行的,迟延履行利息或迟延履行金自执行依据指定的履行期间届满的次日起计算;执行依据未指定履行期间的,迟延履行利息或迟延履行金自执行依据生效之日的次日起计算。执行依据确定分期履行义务的,对每一期的迟延履行利息或迟延履行金分别予以计算。

3. 如何确定计付迟延履行利息、迟延履行金的截止日?

答:执行过程中,若执行的财产为货币类财产,计算迟延履行利息截至案款到达执行法院账户之日,但因可归责于被执行人的原因而未发还案款的除外;若执行的财产为非货币类财产,需对该财产予以拍卖、变卖或以其他方式变价的,计算迟延履行利息截至拍卖、变卖裁定送达买受人之日或以物抵债裁定送达申请执行人之日。

执行中需要进行案款分配的,计算迟延履行利息截至分配方案确定之日。分配方案确定之日,以分配方案最终核准人的核准时间为准。

计算迟延履行金截至行为义务履行完毕之日。

4. 执行依据生效后、申请执行前,被执行人主动要求履行执行依据所确定的给付义务而申请执行人拒绝受领的,如何确定计付迟延履行利息的截止日?

答:执行依据生效后、申请执行前,被执行人主动要求履行执行依据确定的给付义务并作出实际履行行为,有证据表明申请执行人无正当理由拒绝受领的,计算迟延履行利息截至被执行人作出实际履行行为之日。

5. 诉讼前、诉讼中已对被执行人的财产采取保全措施的,执行依据生效后如何计算迟延履行利息?

答:诉讼前、诉讼中已足额保全财产,执行依据生效后未申请执行的,若被保全的为货币类财产,不计算迟延履行利息。若被保全的为非货币类财产,计算迟延履行利息截至拍卖、变卖裁定送达买受人之日或以物抵债裁定送达申请执行人之日;被执行人在判决生效后向申请执行人表示愿以被保全的财产履行债务并催促申请执行人及时申请执行,申请执行人不及时申请执行的,自被执行人向申请执行人作出催促申请执行的意思表示之日至申请执行之日,不计算迟延履行利息。

诉讼前、诉讼中已保全财产但未足额,执行依据生效后未申请执行的,对已保全财

产的债务部分，参照上述意见计算迟延履行利息。

6. 哪些情形下可以扣除迟延履行利息、迟延履行金的计付期间？

答：非因可归责于被执行人的原因而暂缓执行或中止执行的，暂缓执行或中止执行期间不计算迟延履行利息或迟延履行金。

当事人达成和解协议后，因被执行人不履行和解协议导致恢复执行的，和解协议履行期间计算迟延履行利息或迟延履行金。

被执行财产拍卖成交后，买受人迟延支付拍卖价款但法院未决定重新拍卖的，该迟延支付拍卖价款期间的迟延履行利息由买受人承担。

被执行人申请不予执行公证债权文书被驳回的，申请不予执行公证债权文书案件的审查期间计算迟延履行利息或迟延履行金。

7. 如何确定迟延履行利息的计算基数？

答：迟延履行利息的计算基数包括执行依据确定的主债务本金、利息、违约金（罚息、滞纳金）。对于案件受理费、申请保全费、评估费、鉴定费、公告费、仲裁费等因诉讼或仲裁所支出的费用，执行依据的主文未确定由一方当事人向另一方当事人支付的，不计算迟延履行利息；执行依据的主文确定由一方当事人向另一方当事人支付的，计算迟延履行利息。

执行依据确定的为外币给付义务，执行时以人民币给付的，迟延履行利息的基数以被执行人实际履行义务之日该种外币的汇率兑换为人民币的金额计算。

8. 如何确定计算迟延履行利息的利率？

答：被执行人迟延履行执行依据确定的金钱给付义务的，应当按照中国人民银行公布的同期贷款基准利率的双倍计算迟延履行利息。

计算迟延履行利息所依据的利率档次，按照迟延履行期间的长短与对应的中国人民银行规定的同期贷款基准利率的档次确定。迟延履行期间，中国人民银行公布的同期贷款基准利率发生变化的，根据该利率的变化分段计算迟延履行利息。

迟延履行期间逾 1 年的，每整年的迟延履行利息按照同期贷款基准利率的年利率计算，剩余期间的迟延履行利息按照同期贷款基准利率的日利率计算。日利率按照同期贷款基准利率的年利率除以 365 天计算。

9. 执行案款不足的，如何确定本金、迟延履行利息及因诉讼或仲裁所支出费用的清偿顺序？

答：执行案款不足的，应当先行扣除案件受理费、申请保全费、申请执行费、评估费、鉴定费、公告费、仲裁费等因诉讼或仲裁所支出的费用，剩余部分按照《最高人民法院关于在执行工作中如何计算迟延履行期间的债务利息等问题的批复》规定的本息并还原则办理。

10. 能否要求执行担保人或被变更、追加后的被执行人承担给付迟延履行利息、迟延履行金的义务？

答：案外人在执行过程中为被执行人提供担保，若无特别约定的，担保责任的范围包括迟延履行利息或迟延履行金。

变更或追加被执行人的，被变更或追加后的被执行人承受原被执行人给付迟延履行利息或迟延履行金的义务，法律、司法解释另有规定的除外。

11. 应当通过什么程序来确定迟延履行利息、迟延履行金？

答：申请执行人主张迟延履行利息或迟延履行金的，应当由其提供计算迟延履行利息或迟延履行金的方法及结果，被执行人对此没有异议或者虽有异议但经协商后与申请执行人达成一致的，经执行实施机构审查确认后即可认定迟延履行利息或迟延履行金的数额。当事人对迟延履行利息或迟延履行金的计算无法达成一致的，由执行实施机构作出书面决定。

12. 迟延履行金的数额如何确定？

答：被执行人迟延履行非金钱给付义务，给申请执行人造成损失的，应当双倍补偿申请执行人的损失。申请执行人提出有损失并要求双倍补偿其损失的，其在主张迟延履行金时应当列明所受损失的具体数额，并提供相应证据。

被执行人迟延履行非金钱给付义务，未给申请执行人造成损失或者申请执行人未主张有损失的，应当综合迟延履行的原因、迟延履行期间的长短、迟延履行给申请执行人造成的影响等因素酌定迟延履行金的数额。

13. 申请执行人在执行立案时或执行过程中未明确表示放弃迟延履行利息或迟延履行金的，执行标的额是否包括迟延履行利息、迟延履行金？

答：申请执行人在执行立案时或执行过程中未明确表示放弃迟延履行利息或迟延履行金的，执行标的额包括迟延履行利息、迟延履行金。执行法院可以根据被执行人可能要承担的迟延履行利息或迟延履行金数额，对相应价值的被执行人财产采取控制性措施。

14. 债权人能否就支付迟延履行利息或迟延履行金单独申请执行？

答：执行依据生效后申请执行前，债务人已自动履行完毕执行依据确定的主债务，债权人认为债务人未支付迟延履行利息或迟延履行金而就此单独申请执行的，执行法院应予受理。

执行案件实体性结案后（即执行依据确定的债权债务消灭），但迟延履行利息、迟延履行金未执行或未全部执行，申请执行人认可结案，其再就计付迟延履行利息、迟延履行金单独申请执行的，执行法院不予受理；申请执行人未认可结案，其就计付迟延履行利息、迟延履行金主张继续执行的，执行法院应予执行。

15. 执行财产刑案件、行政非诉案件，是否计付迟延履行利息或迟延履行金？

答：执行财产刑案件、行政非诉案件，不计付迟延履行利息或迟延履行金。

16. 不履行调解协议的当事人承担了该协议约定的民事责任后，是否还要承担迟延履行利息或迟延履行金？

答：根据《最高人民法院关于人民法院民事调解工作若干问题的规定》第十条、第十九条的规定，调解协议约定了一方不履行该协议应当承担的民事责任，且不履行该协议的当事人已承担了该民事责任，对方当事人又要求其给付迟延履行利息或迟延履行金的，执行法院不予支持。

17. 当事人就迟延履行利息、迟延履行金的计算提出异议的，应当如何处理？

答：当事人对执行法院就迟延履行利息、迟延履行金的计算作出的书面决定提出异议，执行审查机构经审查发现迟延履行利息、迟延履行金的计算确有错误的，可以交由执行实施机构自行纠正，也可以裁定撤销该执行行为，由执行实施机构重新计算。

北京市高级人民法院关于印发《北京市高级人民法院关于审理电子商务侵害知识产权纠纷案件若干问题的解答》的通知

2012 年 12 月 28 日　　　　　　　　　　　　　　京高法发〔2013〕23 号

1. 什么是电子商务、电子商务平台经营者和网络卖家？

本解答所述的电子商务是指根据信息网络公开传播的商品或服务的交易信息进行交易的活动。以信息网络作为交流通道、支付通道或交付通道，但交易信息不在信息网络公开传播的交易活动不属于本解答所述的电子商务。

电子商务平台经营者，是指为电子商务提供交易平台，即为交易信息的公开传播提供网络中间服务的网络服务提供者。

网络卖家，是指利用电子商务平台经营者提供的网络服务提供商品或服务的交易方。

2. 审理电子商务侵害知识产权纠纷案件的基本原则是什么？

审理电子商务侵害知识产权纠纷案件，在依法行使裁量权时，应当兼顾权利人、电子商务平台经营者、网络卖家、社会公众的利益。

电子商务平台经营者应当承担必要的、合理的知识产权合法性注意义务。能够以更低的成本预防和制止侵权行为的权利人或电子商务平台经营者应当主动、及时采取必要措施，否则应当承担不利后果。

3. 如何认定自营型电子商务平台经营者的侵权责任？

电子商务平台经营者以自己的名义向公众提供被控侵权交易信息或从事相应交易行为侵害他人知识产权的，应当承担赔偿损失等侵权责任。

电子商务平台经营者未明确标示被控侵权交易信息或相应交易行为由他人利用其网络服务提供或从事的，推定由其提供或从事。

4. 电子商务平台经营者承担赔偿责任的条件是什么？

网络卖家利用电子商务平台经营者的网络服务提供被控侵权交易信息或从事相应交易行为侵害他人知识产权的，应当依法承担赔偿损失等侵权责任。

电子商务平台经营者知道网络卖家利用其网络服务侵害他人知识产权，但未及时采取必要措施的，应当对知道之后产生的损害与网络卖家承担连带赔偿责任。

5. 如何认定电子商务平台经营者知道？

知道包括明知和应知。明知指电子商务平台经营者实际知道侵权行为存在；应知是指按照利益平衡原则和合理预防原则的要求，电子商务平台经营者在某些情况下应当注意到侵权行为存在。

电子商务平台经营者对利用其网络服务公开传播的交易信息一般没有主动监控义务。不能仅因电子商务平台经营者按照相关管理要求进行交易信息合法性的事前监控，或者客观上存在网络卖家利用其网络服务侵害他人知识产权的行为，就当然认定电子商务平台经营者知道侵权行为存在。

6. 认定电子商务平台经营者"知道网络卖家利用其网络服务侵害他人知识产权"的要件是什么？

同时符合以下情形的，可以认定电子商务平台经营者知道网络卖家利用其网络服务侵害他人知识产权：

（1）明知或应知被控侵权交易信息通过其网络服务进行传播；

（2）明知或应知被控侵权交易信息或相应交易行为侵害他人知识产权。

7. 如何认定特定信息公开传播前电子商务平台经营者"知道网络卖家利用其网络服务侵害他人知识产权"？

符合以下情形之一的，可以推定电子商务平台经营者在被控侵权交易信息公开传播前"明知或应知被控侵权交易信息通过其网络服务进行传播"：

（1）电子商务平台经营者与提供被控侵权交易信息的网络用户合作经营，且应当知道被控侵权交易信息通过其网络服务进行传播；

（2）电子商务平台经营者从被控侵权交易信息的网络传播或相应交易行为中直接获得经济利益，且应当知道被控侵权交易信息通过其网络服务进行传播；

（3）商务交易平台经营者在交易信息公开传播前明知或应知被控侵权交易信息通过其网络服务进行传播的其他情形。

在上述情形中，如被控侵权交易信息或相应交易行为侵害他人知识产权，推定电子商务平台经营者"知道网络卖家利用其网络服务侵害他人知识产权"。

8. 如何认定交易信息公开传播后电子商务平台经营者"明知或应知被控侵权交易信息通过其网络服务进行传播"？

符合以下情形之一的，可以推定电子商务平台经营者在被控侵权交易信息公开传播后"明知或应知被控侵权交易信息通过其网络服务进行传播"：

（1）被控侵权交易信息位于网站的首页、各栏目的首页或网站的其他主要页面等明显可见的位置；

（2）电子商务平台经营者对被控侵权交易信息进行了人工编辑、选择或推荐；

（3）权利人的通知足以使电子商务平台经营者知道被控侵权交易信息通过其网络服务进行传播；

（4）电子商务平台经营者在交易信息公开传播后明知或应知被控侵权交易信息通过其网络服务进行传播的其他情形。

9. 如何认定交易信息公开传播后电子商务平台经营者"明知或应知被控侵权交易信息或相应交易行为侵害他人知识产权"？

符合以下情形之一的，可以推定电子商务平台经营者在被控侵权交易信息公开传播后"明知或应知被控侵权交易信息或相应交易行为侵害他人知识产权"：

（1）交易信息中存在明确表明未经权利人许可的自认，足以使人相信侵权的可能性较大；

（2）知名商品或者服务以明显不合理的价格出售，足以使人相信侵权的可能性较大；

（3）权利人的通知足以使人相信侵权的可能性较大；

（4）电子商务平台经营者在交易信息公开传播后明知或应知被控侵权交易信息或相应交易行为侵害他人知识产权的其他情形。

10. 联系信息不明导致权利人无法通知应如何处理？

电子商务平台经营者未公开其名称、联系方式等信息，或公开的信息有误，导致权利人在发现侵权行为后无法发送通知的，电子商务平台经营者对因此导致的损害扩大部分承担连带赔偿责任。

11. 对权利人的通知有何要求？

权利人认为网络卖家利用电子商务平台经营者提供的网络服务侵害其知识产权的，有权以书信、传真、电子邮件等方式通知电子商务平台经营者采取删除、屏蔽、断开链接等必要措施。通知应当包含下列内容：

（1）权利人的姓名（名称）、联系方式和地址等信息；

（2）足以准确定位被控侵权交易信息的具体信息；

（3）证明权利归属、侵权成立等相关情况的证据材料；

（4）权利人对通知的真实性负责的承诺。

权利人发送的通知不符合上述条件的，视为未发出通知。

12. 权利人提交通知时是否需要提交实际交易情况的相关证据？

根据公开传播的交易信息足以对侵权与否进行判断的，权利人可以不提交实际交易的商品或服务的相关证据。

根据公开传播的交易信息不足以对侵权与否进行判断的，或者权利人主张交易信息与实际交易的商品或服务不一致的，权利人可以提交实际交易的商品或服务的相关证据。

13. 电子商务平台经营者如何处理通知？

权利人的通知及所附证据能够证明被控侵权交易信息的侵权可能性较大的，电子商务平台经营者应当及时采取必要措施，否则认定其有过错。

必要措施应当合理，应当与侵权情节相适应，否则电子商务平台经营者应当依法承担法律责任。

电子商务平台经营者在采取必要措施后，应当及时将通知及所采取措施的情况告知网络卖家，并及时将所采取措施的相关情况告知权利人。网络卖家联系方式不清楚导致无法通知的，电子商务平台经营者应当在网络上公告通知的内容。

14. 网络卖家是否可以提交反通知？

网络卖家可以在电子商务平台经营者告知的合理期限内提出要求恢复被删除的内容，或者恢复被屏蔽、被断开的链接的反通知。逾期不提出反通知的，视为认可电子商务平台经营者采取的必要措施。

反通知应当包含下列内容：

（1）网络卖家的真实姓名（名称）、联系方式和地址；

（2）足以准确定位交易信息的具体信息；

（3）不构成侵权的证明材料；

（4）网络卖家对反通知真实性负责的承诺。

网络卖家发送的反通知不符合上述条件的，视为未发出反通知。

15. 电子商务平台经营者应当如何处理反通知？

电子商务平台经营者收到网络卖家发送的反通知后，应当将网络卖家的反通知转送给权利人，并告知权利人在合理期限内对侵权是否成立进行确认。

权利人在合理期限内撤回本次通知，或者未对侵权是否成立进行确认的，电子商务平台经营者应当及时取消必要措施，恢复被删除的内容或者恢复被屏蔽、被断开的链接。

权利人在合理期限内确认侵权成立，且网络卖家提供的证据不能充分证明电子商务平台经营者采取的措施是错误的，电子商务平台经营者不必取消所采取的措施。

16. 如何确定错误通知或错误采取措施的法律责任？

权利人因错误发送通知，或者在接到反通知后错误确认侵权，损害网络卖家的合法权益的，应当依法承担赔偿责任。

电子商务平台经营者错误采取措施，或采取措施不合理，或错误取消必要措施，损害权利人或网络卖家的合法权益的，应当依法承担赔偿责任。

电子商务平台经营者因为权利人或网络卖家的错误行为而承担了赔偿责任后，有权依法向权利人或网络卖家追偿。

北京市高级人民法院关于印发《北京市高级人民法院国内商事仲裁裁决司法审查工作要点》的通知

2013 年 3 月 7 日　　　　　　　　　　　　　　京高法发〔2013〕65 号

1. 对审查范围的规定

法院一般应当依照当事人申请的理由及其提交的证据进行审查，不应主动扩大审查范围。但是涉及仲裁裁决违反社会公共利益或者仲裁委员会无权仲裁情形的，法院可以依职权进行审查。

法院不得以仲裁裁决实体错误作为撤销理由，不得针对仲裁裁决关于举证责任分配、证据的认证、事实的认定等实体处理内容进行审查。

说明：

《仲裁法》第五十八条第一款规定："当事人提出证据证明裁决有下列情形之一的，可以向仲裁委员会所在地的中级人民法院申请撤销裁决：（一）没有仲裁协议的；（二）裁决的事项不属于仲裁协议的范围或者仲裁委员会无权仲裁的；（三）仲裁庭的组成或者仲裁的程序违反法定程序的；（四）裁决所根据的证据是伪造的；（五）对方当事人隐瞒了足以影响公正裁决的证据的；（六）仲裁员在仲裁该案时有索贿受贿，徇私舞弊，枉法裁决行为的。"该款规定的六项撤销事项，应以当事人的申请和证明为前提，法院司法审查的启动和范围应以当事人的申请为限。在当事人未提出申请的情况下，法院一般不得主动介入对仲裁裁决的司法审查。

《仲裁法》第五十八条第三款规定："人民法院认定该裁决违背社会公共利益的，应当裁定撤销。"较第一款规定，该款特点在于强调法院的主动性，即不需要当事人申请，法院可以直接根据法律规定依职权主动审查和适用。在征求意见过程中，一中院的法官建议将"争议事项的可仲裁性"作为法院主动审查的事项之一，即将"仲裁机构无权仲裁"与"公共利益"共同作为法院有权主动审查的内容。其理由是：争议事项的可仲裁性实质是国家出于对公共秩序的考虑而对可仲裁事项进行的限制，将处理某些争议的权力只授予法院，而不许仲裁介入。我国现行法律虽对此未作明确规定，但《承认及执行外国仲裁裁决公约》（《纽约公约》）第五条第二款规定："倘声请承认及执行地所在国之主管机关认定有下列情形之一，亦得拒不承认及执行仲裁裁决：（甲）依该国法律，争议事项系不能以仲裁解决者。"因此，似可借鉴公约规定制定国内裁决的审查标准。

争议事项是否具有可仲裁性，是指根据应适用的法律，该争议是否可以通过仲裁方式解决。不具有可仲裁性，就是争议事项不能以仲裁方式解决。如果仲裁协议约定的仲裁事项超出法律规定的范围时，便不再具有强制执行力，依据这种仲裁协议作出的仲裁裁决不仅可以被撤销，而且可以被拒绝承认和执行。一般认为，争议事项的可仲裁性构成了公共政策一般概念的一部分，而涉及公共政策的事项不允许提交仲裁。这是国际司法实践的通行做法。"国家对仲裁进行这种限制主要有下述考虑：第一，发生纠纷事项属于横向的法律关系范畴，凡属纵向法律关系的事项不能仲裁；第二，仲裁在本质上是当事人解决争议的一种合同性安排，因此，只有当事人可以自由处分的事项，当事人才有权选择解决争议的方式；对于当事人无权自由处分的事项，自然不能选择解决争议的方式；第三，一些事项仅涉及当事人双方的利益或者主要牵涉双方当事人的权益，另外一些事项则在很大程度上对他人或者社会公众产生影响，对于前者，当事人约定通过仲裁方式解决的，国家能够承认，对于后者，涉及他人和公共利益的保障，他人和社会公众不是仲裁协议的当事人，这类争议应由法院、有时甚至是专门法院来处理，通过仲裁解决是不适宜的，仲裁员也难堪此任。一般而言，非商事争议事项往往由法院解决，大部分商事争执可以交付仲裁，少数商事争执仍由法院处理。"《纽约公约》虽然是针对承认及执行外国仲裁裁决而形成的国际公约，与撤销仲裁裁决的司法审查工作不同，但其对法院审查方式及事项的规定可以予以借鉴。根据《纽约公约》第五条的规定，拒绝承认与执行仲裁裁决的理由可分为两类：一是由反对承认和执行仲裁裁决的一方当事人申请并加以证明的理由，具体包括：当事人无行为能力或仲裁协议无效，违反法定程序，仲裁员越权，仲裁庭的组成或仲裁程序违反当事人的协议或仲裁地法；裁决尚无约束力以及裁决已经被撤销或停止执行。二是法院依职权主动审查并直接适用的拒绝承认和执行的理由，主要有两项：争议事项不具有可制裁性，承认和执行裁决将违反法院地的社会公共利益。《纽约公约》第五条第二款规定："倘声请承认及执行地所在国之主管机关认定有下列情形之一，亦得拒不承认及执行仲裁裁决：（甲）依该国法律，争议事项系不能以仲裁解决者；（乙）承认或执行裁决有违该国公共政策者。"我国加入《纽约公约》时作了两项保留，即互惠保留和商事保留。根据商事保留声明，我国仅对按照我国法律属于契约性和非契约性的商事法律关系所引起的争议适用该公约。所谓"契约性和非契约性商事法律关系"，具体是指由于合同、侵权或者有关法律规定而产生的经济上的权利义务关系，例如货物买卖、财产租赁、工程承包、加工承揽、技术转让、合资经营、合作经营、勘探开发自然资源、保险、代理、信贷、运输以及产品责任、环境污染、海上事故和所有权争议等，但不包括外国投资者与东道国政府之间的争端。在国内立法方面，《仲裁法》第二条、第三条对可仲裁性问题作出了具体规定。《仲裁法》第二条规定："平等主体的公民、法人和其他组织之间发生的合同纠纷和其他财产权益纠纷，可以仲裁。"第三条规定："下列纠纷不能仲裁：（一）婚姻、收养、监护、扶养、继承纠纷；（二）依法应当由行政机关处理的行政纠纷。"由此可见，我国仲裁法在确定争议事项的可仲裁性时，确定了如下标准：1. 发生纠纷的当事人应当是属于平等主体的当事人；2. 仲裁的事项，应当是当事人有权处分的；3. 仲裁范围主要是合同纠纷，也包括一些非合同的经济纠纷。

从我国对《纽约公约》所作出的商事保留以及《仲裁法》对仲裁范围作出的规定可以看出，我国法律对争议事项的可仲裁性已经作出了明确的限制性规定，超出该范围签订的仲裁协议应属无效，仲裁庭也无权对该类争议事项进行裁决。但是，在《仲裁法》第五十八条的规定中，将仲裁委员会无权仲裁列入第一款，即属于当事人申请并加以证明的范围，而仅将仲裁裁决违背社会公共利益作为法院主动审查的范围。这样，出现的问题是，法院就仲裁裁决的撤销进行司法审查时，如果当事人并未就仲裁事项的可仲裁性提出异议，而裁决事项确属《仲裁法》第三条规定的情形，法院能否主动审查进而做出撤销裁定？如果法院不进行审查并确认仲裁裁决的效力，其结果是承认了仲裁委员会有权裁决其本无权裁决的事项，违反了《仲裁法》的规定。而法院主动对仲裁事项的可仲裁性进行审查，则无法从《仲裁法》第五十八条第三款中找到法律依据。

对此，我们的意见是：根据《纽约公约》的规定以及各国立法实践，对法院主动审查争议事项的可仲裁性在认识是一致的。法律规定法院主动审查争议事项的可仲裁性，是基于仲裁员是受雇于当事人以实现当事人之间的正义，但公共权利不属于当事人，而是属于整个社会，仲裁结果不能影响仲裁双方之外的其他社会成员这一考虑，其本质是从维护公共秩序、公共利益的角度出发，国家将处理部分争议的权利只授予法院，而不允许仲裁介入。《仲裁法》第二条、第三条规定了可以仲裁的范围和不能提交仲裁的范围，应属强制性规定。因此，尽管《仲裁法》第五十八条第三款并未将争议事项的可仲裁性作为法院主动审查事项加以规定，但法院依职权主动对此进行审查符合《仲裁法》的立法目的，且不违反《仲裁法》的强制性规定。《仲裁法》第五十八条第一款第（二）项规定，裁决的事项不属于仲裁协议的范围或者仲裁委员会无权仲裁的，当事人可以申请撤销，其中的"仲裁委员会无权仲裁"与争议事项的不可仲裁性在含义和范围上并无实质区别。因此，如果法院认为裁决事项具有不可仲裁性，在法律适用上，仍应援引《仲裁法》第五十八条第一款第（二）项中关于仲裁委员会无权仲裁的规定。

另外，我国现行法律和司法解释规定了法院在行使司法审查权时可以在一定限度内对裁决进行实体审查。而对当事人之间实体权利义务的认定应当在当事人进行充分、对等的阐述、辩论的基础上，通过当事人举证、质证和审理者的分析认证，结合法律作出判断。而在这一过程中，显然仲裁程序较法院司法审查程序更加全面和完整。因此，法院在对实体问题进行审查时应当更加谨慎。根据《仲裁法》第五十八条的规定，司法审查直接涉及实体事项的包括裁决所依据的证据是伪造的，对方当事人隐瞒了足以影响公正裁决的证据的，以及裁决违反社会公共利益三种情形。我们认为，在涉及实体审查的问题上，除裁决违反社会公共利益的情形外，审查程序应当是：法院应首先依据当事人的申请及证据审查是否存在伪造证据或者隐瞒证据的情形，如果存在，再判断是否对裁决的公正性构成影响。法院不能超出法律规定的范围针对仲裁裁决中举证责任分配、证据的认证、事实的认定等实体处理内容进行审查，避免过度干预仲裁裁决的处理结果。

2. 对当事人放弃异议权规则的适用

当事人对仲裁案件管辖权有异议、知道或应当知道仲裁规则或仲裁协议中规定的事项未被遵守，但仍继续参加仲裁程序且未按照仲裁规则规定的方式、期限提出异议的，视为其承认仲裁委员会对仲裁案件的管辖权或者放弃提出异议的权利。当事人以上述理由申请撤销仲裁裁决的，法院不予支持。

说明：

默示放弃异议权是指，如果当事人在仲裁程序进行期间本能提出异议但未提出，在裁决撤销阶段法院将不再支持这些异议理由。当事人默示放弃申请撤销裁决理由的情形包括关于仲裁协议效力瑕疵或仲裁庭无管辖权的抗辩、关于仲裁程序违反当事人约定或法律规定的抗辩。

我国法律及司法解释仅针对仲裁协议效力异议的提出作出规定，但根据默示放弃异议权的理论及范围，在司法审查中，有关仲裁协议效力、仲裁庭管辖权、仲裁程序的默示放弃异议均可以被适用。当事人既已发现了仲裁协议无效、仲裁庭无管辖权、仲裁程序不当等情事，但仍继续参加仲裁程序并且未提出异议，实际上认可了仲裁协议的效力、仲裁庭的管辖权和仲裁程序，此后再提出反对属于自反前言，不符合诚实信用和善意原则。实践中，当事人立即提出异议，便于仲裁庭及时审查处理。相反，若留待裁决作出后提出异议，可能导致仲裁程序无效进行，造成不必要的时间和金钱的浪费。仲裁程序即使存在瑕疵，如果当事人未在仲裁程序中提出异议，应视为其接受了该程序瑕疵，并认可该瑕疵并未对其权利产生实质影响。

在仲裁机构的仲裁规则中，一般均对当事人放弃异议权进行了规定，而仲裁规则是当事人共同选择的结果，对各方均具有约束力，在法院司法审查过程中，法院应当充分尊重当事人的意思自治。因此，当事人以此为由申请撤销仲裁裁决，法院应当认定该理由不能构成撤销仲裁裁决的依据。

3. 对违反法定程序的认定

仲裁法司法解释第二十条规定的"违反法定程序"应包括仲裁违反了仲裁法的强制性规定或者当事人约定的仲裁程序或者其他仲裁程序，且实质性影响正确裁决的情形。

说明：

有的学者提出，法定程序仅应包括《仲裁法》规定的仲裁程序和当事人选择的仲裁规则。实践中，仲裁程序往往更加复杂，涉及范围更广。

《仲裁法》第五十八条第一款第（三）项规定，"仲裁庭的组成或者仲裁的程序违反法定程序的"，当事人可以申请法院撤销仲裁裁决。仲裁法司法解释第二十条规定："仲裁法第五十八条规定的'违反法定程序'"，是指违反仲裁法规定的仲裁程序和当事人选择的仲裁规则可能影响案件正确裁决的情形。

《最高人民法院仲裁法司法解释的理解与适用》一书中的观点认为，"可能影响案件正确裁决"的情形（或者说是仲裁程序违法构成撤销的判断标准）包括：1. 违反了《仲裁法》的强制性规定。(如《仲裁法》第二十四条、第二十五条、第三十三条等，可以认定为强制性规定。) 2. 违反了当事人约定的仲裁程序（在仲裁法强制性规定之外，当事人可以就仲裁庭的人数、委任方式、仲裁地点、仲裁程序等事项进行约定，或者直接指定适用的仲裁规则），且严重影响仲裁当事人的权利。3. 违反了其他仲裁程序（A 仲裁法的任意性规定：在仲裁法没有强制性规定，当事人也没有特别约定的情况下，仲裁庭可以按照仲裁法的任意性规定进行仲裁；B 由仲裁庭自由裁量：在《仲裁法》没有规定，当事人也没有约定的情况下，仲裁庭可以在不违反最低正当程序要求下自由决定仲裁的程序和决定的方式），且实质性影响到仲裁裁决公正的。该书例举了仲裁庭的组成和仲裁程序违反法定程序的一些情形包括：

（1）仲裁员选任违反法定程序的主要情形

A 违反仲裁协议关于仲裁庭人数组成的约定。

B 未给当事人选定或者共同选定仲裁员的机会。
C 仲裁员应当回避而没有回避。
（2）仲裁程序违反法定程序的主要情形
A 没有在法律规定或者仲裁规则规定的期限内向被申请人送达仲裁申请书副本、仲裁规则和仲裁员名册。
B 没有给被申请人仲裁规则中规定的答辩期间的。
C 当事人约定开庭审理而未开庭审理的。
D 未以适当方式通知当事人参加庭审的。
E 当事人有正当理由申请延期开庭而未予准许，当事人未能出庭的。
F 证据未向对方当事人展示的，但证据由其提供者除外。
G 未给予当事人陈述和辩论的机会的。
H 仲裁庭未形成多数意见时未按照首席仲裁员的意见裁决的。

北仲和贸仲意见：《仲裁法》中哪些属于强制性条款应予以甄别并慎重适用。根据仲裁程序当事人意思自治的特点，应当允许通过默示放弃异议权的适用、当事人自行约定仲裁程序等方式使仲裁程序更加灵活。

我们认为：仲裁程序强调当事人意思自治，如果简单地认为仲裁程序违反法律强制性规定均一概被认定为无效，则使仲裁程序丧失了自治空间。因此，在判断是否存在"违反仲裁法规定的仲裁程序和当事人选择的仲裁规则可能影响案件正确裁决的情形"时，应当以违反法定程序达到严重影响当事人程序权利且实质性影响案件正确裁决为标准。在违反法律强制性规定的判断上，应当基于尊重当事人意思自治和仲裁程序的特点，对于当事人根据仲裁规则自行约定的程序，或经仲裁庭明示征得当事人同意变更的程序，一般不宜认定为违反法律强制性规定。

综合上述内容，我们认为，违反法定程序应当包括以下三种情形：（1）违反《仲裁法》的强制性规定，且实质性影响正确裁决的；（2）违反当事人约定的仲裁程序，且实质性影响正确裁决的；（3）违反其他仲裁程序，且实质性影响正确裁决的。其中，第（3）所指违反其他仲裁程序，可以理解为仲裁庭所进行的程序违反了最低正当程序要求。所谓最低正当程序，英国《仲裁法》第33条规定："1. 仲裁庭应：A. 公平及公正地对待当事人，给予各方当事人合理的机会陈述案件并抗辩对方当事人的陈述；B. 根据特定案件的具体情况采取合适的程序，避免不必要的延误和开支，以对待决事项提供公平的解决方式。2. 仲裁庭应在进行程序过程中、在对其程序和证据事项的决定中以及在行使授予它的所有其他权力时，都应遵守该一般义务。"学者都以之为经典的关于仲裁最低正当程序的规范。

4. 对审理方式和出示证据的规定

仲裁应当开庭进行，证据应当在开庭时出示。但下列情形除外：
（1）当事人协议不开庭的；
（2）开庭审理的案件，当事人同意不当庭出示证据的；
（3）在开庭前仲裁庭已经组织双方当事人交换证据，当事人在证据交换过程中已经认可并记录在卷的证据，经仲裁庭在庭审中说明情况且当事人未提出异议的，该证据可以不当庭出示；

（4）在开庭前仲裁庭已经组织双方当事人交换证据，在开庭时证据虽未出示，但仲裁庭组织当事人对证据逐一发表质证意见，且当事人对此未提出异议的，应当视为该证据在开庭时出示。

说明：

《仲裁法》第三十九条规定："仲裁应当开庭进行"，第四十五条规定："证据应当开庭出示，当事人可以质证"，而《北京仲裁委员会仲裁规则》第三十四条第（二）项规定："对于当事人当庭或者开庭后提交的证据材料，仲裁庭决定接受但不再开庭审理的，可以要求当事人在一定期限内提交书面质证意见。"仲裁规则与法律规定存在冲突。一般情况下，法律强制性规定应优先适用。

但是，根据仲裁程序的特点，从支持仲裁的角度出发，可以区分不同情况进行相应的变通。首先，审理应当开庭进行，证据应当在开庭时出示。当事人在开庭时或者开庭后提交的证据，仲裁庭仍应开庭进行出示、质证。除非当事人有明确相反的意思表示。同时，对于仲裁庭在开庭前已经组织双方当事人交换证据，当事人认可并记录在卷的，说明当事人对某一事实不存在争议，证据已无开庭出示、质证的必要，经过仲裁庭在庭审中释明不再当庭出示、质证且当事人未提出异议的，说明当事人放弃了在庭审中质证的权利，因此，证据可以不经开庭出示，直接作为认定案件事实的依据。仲裁庭在开庭前已经组织双方当事人交换证据，在开庭时证据虽未出示，但仲裁庭组织当事人对证据逐一发表质证意见，且当事人对此未提出异议的，说明当事人认为证据在未开庭出示的情况下能够对证据发表质证意见，并不影响其权利的行使，其效果与当庭出示证据是一致的。

5. 对仲裁规则的适用

法院应当将当事人选择适用的仲裁规则作为判断仲裁是否违反法定程序的依据之一。

当事人以仲裁庭依据法律或者仲裁规则的任意性、授权性规定就仲裁程序作出的决定违反法定程序为由申请撤销仲裁裁决的，法院不予支持，但属于本工作要点第 3 条规定情形的除外。

说明：

该条第一款目的在于强调仲裁规则的重要性。当事人选择适用的仲裁规则对其具有约束力。法官亦应当尊重当事人的意思自治。

该条第二款主要是针对第 3 条中所指违反其他仲裁程序的情形而做出的规定。在一般情况下，仲裁庭依据法律及仲裁规则的任意性、授权性规定对仲裁程序作出的决定并不存在直接违反法律规定、仲裁规则的问题。任意性、授权性规定不同于强制性规定，其属于仲裁庭自由裁量权的范围。因此，对仲裁庭依据法律及仲裁规则的任意性、授权性规定就仲裁程序作出的决定，法院一般不应以该程序违反法定程序为由撤销仲裁裁决。但是，如果该仲裁程序对当事人明显不公，违反了最低正当程序要求，则可能影响裁决的公正性、正确性。因此，在当事人认为该程序存在影响其陈述权利等违反了最低程序要求的情形，并向仲裁庭提出异议，且该仲裁程序的进行确实对裁决的公正性、正确性造成实质影响的，则可以认定为违反法定程序。

6. 对企业公司制改造后原仲裁条款效力的认定

企业公司制改造、企业股份合作制改造后，仲裁协议对其权利义务的继受人有效，但当事人订立仲裁协议时另有约定的除外。

说明：

《仲裁法解释》第八条规定："当事人订立仲裁协议后合并、分立的，仲裁协议对其权利义务的继受人有效。当事人订立仲裁协议后死亡的，仲裁协议对承继其仲裁事项中的权利义务的继承人有效。前两款规定的情形，当事人订立仲裁协议时另有约定的除外。"第九条规定："债权债务全部或者部分转让的，仲裁协议对受让人有效，但当事人另有约定、在受让债权债务时受让人明确反对或者不知道有单独仲裁协议的除外。

企业改制的情形主要包括：企业公司制改造（企业整体改造为有限责任公司、企业以其部分财产和相应债务与他人组建新公司、企业以其优质资产与他人组建新公司将债务留在原企业等）；企业股份合作制改造；企业分立；企业兼并等。在企业改制过程中，通过对原企业资产的重新规制形成新的权利义务承担者，一般均会伴随企业分立、合并、债权债务的转让等法律行为，与《仲裁法解释》第八条、第九条规定的情形十分类似。因此，我们认为，因企业改制而引发的仲裁条款的适用问题可以参照上述规定进行处理。但是，鉴于企业改制情况较为复杂，在遵循上述原则处理的前提下，还需进一步调研论证。

7. 对以填空方式选择仲裁的协议效力的认定

当事人在解决合同争议方式及解决争议的仲裁机构选择上采用填空形式的，当事人仅在解决争议的仲裁机构的空格中以手写或打印方式填写了具体仲裁机构名称而其他空格未填，应当认定当事人选择了明确的仲裁机构，仲裁协议有效，但当事人同时选择了向法院起诉的除外。

说明：

本条规定源于一件案件引发的法院与仲裁的争论。北京京开公司与江苏盐阜公司于2002年11月22日签订《建设工程施工合同》，双方在合同争议条款中进行了如下约定：本合同在履行过程中发生争议，由双方当事人协商解决，协商不成的，按下列第＿种方式解决：（一）提交北京（注：手写）仲裁委员会仲裁；（二）依法向人民法院起诉。在合同签订时，双方未对争议的解决方式作出明确的选择。

此问题存在两种意见：

第一种意见：在双方当事人对合同的意思表示有不同解释时，应当探究双方当事人在缔结合同时的真实意思表示。双方在合同条款第37.1条"（一）提交＿仲裁委员会仲裁"中的空白处以手写填写的"北京"两字是给予认可的，明确表明了本案合同双方当事人对争议解决进行仲裁的约定。因为：其一，本案合同中的"（一）提交＿仲裁委员会仲裁；（二）依法向人民法院起诉。"的内容，体现了法律所确认的当事人享有的两个层面的选择权：第一层的选择权是允许当事人在仲裁与诉讼两种争议解决方式中进行自主选择；第二层面的选择权是在当事人选择仲裁的情况下，允许当事人自主选择具体解决争议的仲裁委员会。本案中双方当事人以手写体的方式选择了"北京仲裁委员会仲裁"，表明双方当事人在缔结本案合同时已经将法律确认的当事人在两个层面上的选择权行使完毕。其二，对本案合同专用条款第37.1条进行整体分析，可以做出的判断是，"按第＿种方式解决"的空白处的填写，仅是对当事人行使上述两个层面选择权的意思表示的再确认，但是如果没有这一再确认，并不会影响双方当事人已经做出选择的意思表示的明确性。因为如果当事人没有在"（一）提交＿仲裁委员会仲裁"的空白处进行填写，则即使在"按第＿种方式解决"中填写了"（一）"，也不会有任何的法律效力。相反，以本案当事人手书而成的意思表示，其实质已经涵盖了对解决争议方式的（一）的选择，足以表明了双方当事人的明确选择与约定。另外，本案合同是行政主管部门为便于当事人之间签订合同而实现印刷拟制而成的文本，其中的相关条款只有经双方当事人共同援引或者修改纳入合同，才能成为合同的一部分。双方当事人在本合同第37条中以手写"北京"二字所确定的个别商议条款，显然已经修改并完善了原合同文本中待选择或不确定事项。当原印刷文本条款与手写条款的解释不一致时，以后者为据，即确定手写形成的个别商议条款优先适用，更符合双方当事人签订合同时的真意。

第二种意见：双方虽约定如采用"仲裁"的方式解决争议时提交北京仲裁委员会仲裁，但未就发生争议时以"仲裁"或"诉讼"的方式解决纠纷作出选择，即双方并没有就以仲裁方式解决纠纷形成合意，因此，双方没有达成仲裁协议。在合同第37.1条中有两处空白需要填写，一是按第　种方式解决争议（即仲裁或诉讼），二是提交　仲裁委员会仲裁。两个空白的填写具有不同作用。前者确定诉讼方式，后者确定仲裁机构，二者关系并列，缺一不可。双方手写确定北京仲裁委员会，只能表明双方在选择以仲裁方式解决可能发生的争议时，仲裁机构为北京仲裁委员会，排除了向北京仲裁委员会之外的其他仲裁机构仲裁，不能当然地表明或认为签约当事人已就争议解决的方式达成合意并作出了明确的选择。否则，该条中"（一）"就失去了存在的意义。所以，双方的意思表示应当理解为，在发生争议时，双方可以选择到北京仲裁委员会仲裁或向人民法院起诉。如果未能协商选择，则属于仲裁条款约定不明，仲裁庭对本案没有管辖权。

本院于2006年5月30日印发《关于印发〈仲裁及司法审查工作协调会纪要〉及其说明的通知》（京高法发［175］号），其中对上述问题已经予以明确。该纪要第四条规定："双方当事人在解决合同争议方式及解决争议的仲裁机构选择上采用填空形式的，当事人仅在解决争议的仲裁机构的空格中填了'北京'（手工或打印）而其他空格未填，即'本合同在履行过程中发生的争议，由双方当事人协商解决，协商解决不成的，按下列第　种方式解决：（一）提交北京仲裁委员会仲裁；（二）依法向人民法院起诉'，应认定当事人选择了北京仲裁委员会仲裁，仲裁协议有效，但当事人同时选择了向法院起诉的除外。"鉴于此，本工作要点直接采纳该结论并予以援引。

北京市高级人民法院关于对撤销国内商事仲裁裁决案件进行上报审查的通知（试行）

2013年4月2日　　　　　　　　　　　　　　京高法发［2013］96号

为严格执行《中华人民共和国仲裁法》，保障对申请撤销国内商事仲裁裁决案件的司法审查标准的统一性，慎重采用撤销仲裁裁决的处理方式，现决定对我市法院撤销国内商事仲裁裁决建立报告制度，为此，特通知如下：

（一）凡一方当事人按照《中华人民共和国仲裁法》的规定向人民法院申请撤销我国国内商事仲裁裁决，如果人民法院经审查认为仲裁裁决具有《中华人民共和国仲裁法》第五十八条规定的情形之一的，在裁定撤销裁决或者通知仲裁庭重新仲裁之前，须报请市高级人民法院进行审查。

（二）受理撤销裁决的人民法院如认为应予撤销裁决或者通知仲裁庭重新仲裁的，应在受理申请后三十日内报请市高级人民法院审查。

江苏省高级人民法院、中国保险监督管理委员会江苏监管局关于印发《保险合同纠纷案件诉调对接工作办法》的通知

2013年6月13日　　　　　　　　　　　　　　　苏高法〔2013〕169号

第一章　总　则

第一条　为贯彻落实江苏高级人民法院、中国保监会江苏监管局共同制定的《关于加强保险纠纷案件诉调对接工作机制的意见》，充分发挥保险行业协会纠纷调处机构在协助人民法院化解涉诉保险纠纷中的优势，促进社会和谐，制定本办法。

第二条　本办法所称调解，是指保险行业协会纠纷调处机构接受人民法院委托或者邀请，在诉前、诉中对涉诉保险纠纷案件进行的调解。

第三条　保险行业协会纠纷调处机构开展诉调对接应遵循以下原则：

（一）尊重当事人意思自治，平等保护当事人合法权益；

（二）不违背法律、法规和保险监管政策；

（三）尊重商业惯例。

第四条　保险行业协会开展诉调对接工作接受人民法院的业务指导。

第五条　各地市保险行业协会应当与当地中级人民法院建立保险纠纷案件诉调对接工作联席会议制度，积极与法院协调共同推进保险纠纷案件诉调对接工作。

第二章　工作机构

第六条　各保险行业协会应当指定负责消费者保护的工作部门作为诉调对接的日常办事机构。

尚未专门设立消费者保护工作部门的保险行业协会应当按照江苏保监局的有关要求，根据协会章程适时单独设立消费者保护工作部门，负责承办投诉处理、保险合同纠纷快速处理、诉调对接等涉及消费者保护的相关工作。

第七条　保险行业协会消费者保护工作部门在办理诉调对接工作时具体承担以下职责：

（一）负责与人民法院的日常联络与协调；

（二）负责调解员的选聘、日常管理和解聘；

（三）组织调解员开展调解；

（四）接受保监局和人民法院的指导，组织调解员培训工作；

（五）负责诉调对接工作相关的材料数据汇总分析报告、档案管理工作；

（六）其他需要协调处理的工作。

第八条　各保险行业协会应当加强与当地中级人民法院的沟通，根据本协会纠纷调

处组织的调解能力，协商确定调解的案件类型及数量。

第三章 调解员

第九条 承担诉调对接工作任务的调解员由保险行业协会纠纷调处组织从现有的裁决员、调解员中选择，经保险行业协会和当地中级人民法院核定后共同聘任。

承担诉调对接工作任务的调解员应具备下列资格条件之一：

（一）从事保险核保、理赔实务工作5年以上的。

（二）曾在各级政府消费者保护部门任职5年以上的。

（三）曾任大专院校法律、金融、保险等相关专业教师1年以上的。

（四）有从事人民调解、消费者保护2年以上从业经验的。

（五）有执业律师、仲裁员等法律职业从业经历1年以上的。

调解员名单应当报省法院和江苏保监局备案。

第十条 保险行业协会应当定期对调解员进行业务培训。

第十一条 调解员在调解工作中有下列行为之一的，由保险行业协会给予批评教育、通报所属单位，情节严重的，商地方中级人民法院予以解聘，被解聘后不得再行聘任：

（一）偏袒一方当事人的；

（二）索取、收受财物或者牟取其他不正当利益的；

（三）泄露当事人的个人隐私、保险公司商业秘密的；

（四）其他不当行为，造成不良后果的。

第十二条 调解员从事调解工作，可以给予适当的办案补贴。补贴标准由保险行业协会根据财务管理的相关规定确定。

第十三条 调解员在承担诉调对接工作任务时，应当遵守本保险行业协会纠纷调处组织章程中关于回避的相关规定。

第四章 工作流程

第一节 诉前调解

第十四条 保险行业协会收到人民法院诉前调解委托函及诉状、证据材料的复印件后，应当在3个工作日内确定调解员，并告知各方当事人。

调解员自接到调解任务后，应当在5个工作日内了解案情，确定调解日程安排，并将日程安排通知各方当事人和有关人民法院。

第十五条 调解开始前应当核对调解参与人的身份。

非当事人本人参与调解的，调解员应当核对其委托授权状况，如系无权委托的，调解中止，责令其在2个工作日内补办授权委托后恢复调解程序。逾期不办理授权委托手续的，调解终结。

第十六条 保险行业协会接受各方当事人调解申请后，应当在20个工作日内完成调解程序。调解期满未达成调解协议的，移送人民法院立案审理。

第十七条 保险行业协会进行调解，应当制作调解笔录，简要记录各方当事人的主张、事实、理由以及调解过程。

调解笔录应当交由当事人签字。

第十八条 当事人达成调解协议的，应当制作协议书并交由各方当事人签字确认。

调解协议应当载明下列事项：

（一）各方当事人基本情况；

（二）纠纷简要事实、争议事项；

（三）协议内容；

（四）履行协议的方式、地点、期限；

（五）当事人签名，调解主持人签名，保险行业协会纠纷解决机构印章。

调解协议的内容不得具有以下情形：

（一）违反法律、法规的禁止性规定；

（二）违背社会公共利益，不得违反社会公共道德；

（三）损害国家、集体和他人的合法权益；

（四）利用合法形式掩盖非法目的。

第十九条 具有下列情形之一的，调解程序终结：

（一）各方当事人就争议事项达成调解协议的；

（二）当事人一方拒绝接受调解的；

（三）在调解期限内各方当事人未就争议事项达成一致意见的。

经调解未能达成调解协议的，调解员应及时终止调解，填写《终止调解程序回复函》，注明调解不成的原因，并在3个工作日内将相关材料移送人民法院。

第二十条 达成调解协议，当事人不要求人民法院出具民事调解书的，保险行业协会应当将调解协议原件送交相关人民法院。

达成调解协议，当事人要求人民法院出具民事调解书的，保险行业协会应当在3个工作日内将当事人书面申请及调解材料一并移交人民法院立案部门处理。

人民法院审查认为调解协议具有无效或可撤销情形，但当事人同意继续由保险行业协会调解的，保险行业协会可以继续调解。

第二十一条 经当事人或经其授权委托代理人签字确认的调解协议具有民事合同性质。一方当事人不履行的，其他当事人可持调解协议书向人民法院起诉。

第二十二条 保险公司不主动履行已经达成的调解协议的，保险行业协会应当根据自律公约对其进行谴责、公开曝光，并将相关情况报告江苏保监局。

第二节 诉中委托与协助调解

第二十三条 保险行业协会收到人民法院诉中委托调解委托函及诉状、证据材料的复印件后，应当依照本办法第十四条、第十五条、第十六条、第十七条、第十八条、第十九条第一款第（一）项第（二）项、第十九条第二款的规定开展调解工作。

第二十四条 诉中委托调解结束后，保险行业协会应当出具《委托调解回复函》，连同调解笔录、调解协议等材料一并移送相关人民法院。

第二十五条 诉中调解期限由委托的人民法院根据《江苏省高级人民法院关于深入推进诉调对接工作的实施意见》第十八条指定。

第二十六条 保险行业协会收到人民法院邀请协助调解的，应当根据人民法院的要求及时选定调解员，根据人民法院的要求协助审判人员开展调解、协调工作。

第二十七条 保险行业协会应当将受邀参与案件调解的情况（包括案件当事人、争议性质、涉案金额、调解成功与否等）纳入保险合同纠纷快速处理的统计范围。

第五章 其他规定

第二十八条 保险行业协会开展诉调对接工作，不适用业内裁决模式。

第二十九条 在调解过程中，当事人为促成调解协议达成所作出的妥协，不作为在其后的诉讼程序中对其不利的证据。

第三十条 保险行业协会进行保险纠纷案件调解，不收取原起诉人的费用。

保险行业协会承担诉调对接工作所需经费，纳入保险合同纠纷快速处理机制经费筹措渠道，具体筹措方法由各保险行业协会根据江苏保监局的规定制定。

第六章 附 则

第三十一条 本办法由省法院、江苏保监局解释。

第三十二条 本办法自印发之日起实施。

北京市高级人民法院关于印发《北京市高级人民法院企业破产案件审理规程》的通知

2013 年 7 月 22 日　　　　　　　　　　　　　　京高法发〔2013〕242 号

为公平公正审理企业破产案件，进一步规范破产案件审判工作，根据《中华人民共和国企业破产法》（以下简称企业破产法）、《中华人民共和国民事诉讼法》、国务院《证券公司风险处置条例》、最高人民法院《关于审理企业破产案件指定管理人的规定》、《关于审理企业破产案件确定管理人报酬的规定》、《关于＜企业破产法＞施行时尚未审结的企业破产案件适用法律若干问题的规定》、《关于适用＜企业破产法＞若干问题的规定（一）》等法律、行政法规和司法解释，结合我市破产案件审判工作的实践，制定本规程。

第一章 申请和受理

第一节 破产申请的受理审查事项

（一）管辖问题审查

1.（地域管辖）破产案件由债务人住所地人民法院管辖。债务人住所地指债务人的主要办事机构所在地。债务人主要办事机构所在地难以确定的，由债务人注册登记地人民法院管辖。

2.（级别管辖）基层人民法院管辖县、区级工商行政管理机关核准登记企业的破产案件。

中级人民法院管辖市级以上工商行政管理机关核准登记企业的破产案件。

纳入国家计划调整的企业破产案件，由中级人民法院管辖。

金融机构、上市公司破产案件，由中级人民法院管辖。

3.（管辖权异议）债权人提出破产申请，债务人对法院管辖权有异议的，应当依据企业破产法第十条第一款的规定，自收到人民法院的通知之日起七日内向人民法院提出。

4.（管辖调整）中级人民法院对其管辖的企业规模较小、债权债务关系简单的破产案件，可交由该企业住所地的基层人民法院审理，但应当报请高级人民法院批准。

下级人民法院对其管辖的破产案件，认为需要由上级人民法院审理的，可以报请上级人民法院审理。

（二）债务人破产能力审查

5.（破产能力的一般规定）被申请破产的企业应具有企业法人资格。

实缴出资情况即出资是否到位不影响企业法人的破产能力。

6.（企业法人以外的组织的破产能力问题）其他法律规定企业法人以外的组织的清算，属于破产清算的，参照适用企业破产法规定的程序。目前，合伙企业、民办学校、农民专业合作社、个人独资企业可参照适用破产清算程序。

7.（独立法人单独破产原则及例外）债务人投资的全资公司、控股的公司等具有独立法人资格的关联企业不能清偿到期债务，需要进行破产还债的，原则上应当分别提出破产申请。

关联企业不当利用关联关系，导致关联企业成员之间法人人格高度混同，损害债权人公平受偿利益的，关联企业成员、关联企业成员的债权人、关联企业成员的清算义务人、已经进入破产程序的关联企业成员的管理人，可以向人民法院提出对关联企业进行合并破产的申请。

（三）债权人申请人资格审查

8.（债权人申请破产的积极条件）债权符合下列情形的，债权人可以向人民法院申请债务人破产：

（1）债权为具有金钱或财产给付内容的到期债权；

（2）债权合法、有效，且未超过诉讼时效或者申请执行时效。

9.（职工的申请权）债务人出现企业破产法第二条规定的情形，经职工代表大会或者全体职工三分之二以上多数同意，债务人职工可以以企业破产法第一百一十三条第一款第（一）项规定的债权申请债务人破产清算。

10.（税务机关、社会保险费管理部门的申请权）债务人出现企业破产法第二条规定的情形，欠缴税款、企业应缴部分社会保险费用（不包括滞纳金、罚款）的，税务机关、社会保险费用管理部门可以向人民法院申请债务人破产清算。

（四）破产申请书和有关证据材料审查

11.（不同破产程序的申请主体）债务人可以申请本企业破产清算、和解或者重整。

债权人可以申请债务人破产清算或者重整。

对企业依法负有清算责任的人可以申请清算中法人破产清算。

12.（申请人应当明确所申请的具体破产程序）申请人向人民法院申请债务人破产，未明确具体破产程序的，人民法院应当告知申请人根据企业破产法第七条之规定，择一提出重整、和解或者破产清算的申请。

人民法院受理案件之前又有其他申请人提出不同类型的破产申请的，人民法院应当召开听证会，组织各申请人协商确定具体的破产程序。协商不成的，人民法院应当根据债务人的实际情况，依法受理相应的破产申请。

召开听证会的时间不计入受理期限。

13.（破产申请书）向人民法院提出破产申请，应当提交破产申请书。

破产申请书应当载明下列事项：

（1）申请人、被申请人的基本情况，包括：名称或姓名、住所地、法定代表人姓名及职务。申请人为债务人时，只需列出申请人的基本情况；

（2）申请目的，即申请重整、和解还是破产清算；

（3）申请的事实和理由，主要指债务人有企业破产法第二条规定的情形；

（4）人民法院认为应当载明的其他事项，主要指特殊主体破产申请中的特别事项，如金融机构申请破产的，申请书中还应载明主管机关的批准文件、个人债务的兑付情况、证券类资产的处置情况等。

14.（债务人申请破产时应当提交的材料）债务人申请破产，除应当提交破产申请书以外，还应当向人民法院提交下列材料：

（1）债务人主体资格证明，即工商行政管理机关颁发的企业法人营业执照，及债务人最近一个年度的工商年检材料；

（2）债务人股东会或股东大会、董事会（外商投资企业）、职工股东大会或者其他依法履行出资义务的人同意申请破产的文件；

债务人为国有独资企业、国有独资公司的，还应当提交对债务人履行出资人职责的机构同意申请破产的文件；

（3）债务人法定代表人或者主要负责人名单、联系方式，及债务人董事、监事、高级管理人员和其他管理部门负责人名单、联系方式；

（4）财产状况说明，包括有形资产、无形资产、对外投资情况、资金账户情况等；

（5）债务清册，列明债权人名称、住所、联系方式、债权数额、有无担保、债权形成时间和被催讨情况；

（6）债权清册，列明债务人的债务人名称、住所、联系方式、债务数额、有无担保、债务形成时间和催讨偿还情况；

（7）有关财务会计报告；

（8）债务人涉及的诉讼、仲裁、执行情况；

（9）企业职工情况和安置预案，列明债务人解除职工劳动关系后依法对职工的补偿方案；债务人为国家出资企业的，职工安置预案应列明拟安置职工基本情况、安置障碍及主要解决方案等。职工安置预案报对债务人履行出资人职责的机构备案；

（10）职工、高管人员工资的支付和社会保险费用、住房公积金的缴纳情况；

（11）债务人为国家出资企业的，应提交企业工会或职工代表大会对企业申请破产的意见；

（12）债务人申请重整的，应提交重整的必要性和可行性评估材料；

（13）债务人申请和解的，应提交和解协议草案。

15.（债权人申请破产时应当提交的材料）债权人申请债务人破产，除应当提交破产申请书以外，还应当向人民法院提交下列材料：

（1）债权人及债务人的主体资格证明；

（2）债权发生的事实及债权性质、数额、有无担保，并附证据；

（3）债务人不能清偿到期债务的证据；

（4）申请债务人重整的，应提交重整的必要性和可行性评估报告。

16. （清算责任人申请债务人破产清算时应当提交的材料）清算责任人申请债务人破产清算，除应当提交破产申请书以外，还应当向人民法院提交下列材料：

（1）债务人主体资格证明；

（2）清算责任人的基本情况或者清算组成立的文件；

（3）债务人解散的证明材料；

（4）债务人未清算的，债务人资产不足以清偿全部债务的财务报告；

（5）债务人经过清算的，债务人资产不足以清偿全部债务的清算报告；

（6）债务清册，列明债权人名称、住所、联系方式、债权数额、有无担保、债权形成时间和被催讨情况；

（7）债权清册，列明债务人的债人名称、住所、联系方式、债务数额、有无担保、债务形成时间和催讨偿还情况；

（8）债务人涉及的诉讼、仲裁、执行情况；

（9）企业职工情况和安置预案，列明债务人解除职工劳动关系后依法对职工的补偿方案；债务人为国家出资企业的，职工安置预案应列明拟安置职工基本情况、安置障碍及主要解决方案等。职工安置预案报对债务人履行出资人职责的机构备案；

（10）职工、高管人员工资的支付和社会保险费用、住房公积金的缴纳情况。

17. （更正、补充材料）申请人向人民法院提出破产申请，应当按企业破产法及本规程的规定提交破产申请书和申请材料。申请人提交的材料不符合规定的，人民法院应当自收到破产申请之日起五日内告知申请人需要更正、补充的材料，并指定提交期限。

申请人更正、补充有关申请材料的时间，不计入企业破产法第十条规定的人民法院对破产申请的受理审查期限。

申请人未在人民法院指定的期限内更正、补充材料的，人民法院不予受理其申请。

（五）破产原因审查

18. （破产原因）债务人具有下列情形之一的，为发生破产原因：

（1）不能清偿到期债务，并且资产不足以清偿全部债务；

（2）不能清偿到期债务，并且明显缺乏清偿能力。

对债务人具备破产原因的判断，不以对其债务负有连带责任的主体也丧失清偿能力为条件。

19. （"不能清偿到期债务"的认定）"不能清偿到期债务"是指同时满足下列条件：

（1）债权债务关系依法成立；

（2）债务履行期限已经届满；

（3）债务人未完全清偿债务。

20. （"资产不足以清偿全部债务"的认定）债务人的资产负债表，或者审计报告、资产评估报告等显示其全部资产不足以偿付全部负债的，人民法院应当认定债务人"资产不足以清偿全部债务"。但有相反证据足以证明债务人资产能够偿付全部负债的除外。

21. （"明显缺乏清偿能力"的认定）债务人账面资产虽大于负债，但存在下列情形之一的，人民法院应当认定其"明显缺乏清偿能力"：

（1）因资金严重不足或者财产不能变现等原因，无法清偿债务；

（2）法定代表人下落不明且无其他人员负责管理财产，无法清偿债务；

（3）经人民法院强制执行，仍不能清偿生效法律文书确定的债务；

（4）长期亏损且经营扭亏困难，无法清偿债务；

（5）导致债务人丧失清偿能力的其他情形。

人民法院裁定"终结本次执行程序"的，亦属于强制执行后不能履行的情形。

22. （债务人提出破产申请时关于破产原因的举证责任）

债务人自行申请破产的，应当提交其不能清偿到期债务，并且资产不足以清偿全部债务或者明显缺乏清偿能力的相关证据。

23. （债权人提出破产申请时关于破产原因的举证责任）

债权人申请债务人破产的，应当提交债务人不能清偿到期债务的相关证据。

24. （清算责任人提出破产申请时关于破产原因的举证责任）债务人已解散但未清算或者未清算完毕，依法负有清算责任的人申请债务人破产的，应当提交债务人"资不抵债"的相关证据。

（六）受理审查中的几种特殊情况

25. （借用外国政府和国际金融机构贷款或转贷款）自 2007 年 6 月 1 日起，借用国际金融组织和外国政府贷款或转贷款的有关企业申请或者被申请破产的，人民法院应依照企业破产法的有关规定依法受理。

上述企业在 2007 年 6 月 1 日之前已签署转贷协议但偿还任务尚未落实的，暂不受理其破产申请，也暂不受理债权人申请其破产的案件。

26. （撤回申请）人民法院受理破产申请前，申请人可以请求撤回申请。人民法院应于收到请求之日起七日内做出是否准许撤回申请的裁定，并送达申请人和被申请人。

人民法院准许申请人撤回破产申请的，破产申请撤回前已经发生的费用由申请人负担。

27. （债务人下落不明或财产状况不清不构成受理障碍）

债权人对人员下落不明或者财产状况不清的债务人申请破产清算，符合企业破产法规定的，人民法院应依法予以受理。债务人能否依据企业破产法第十一条第二款的规定向人民法院提交财产状况说明、债权债务清册等相关材料，并不影响对债权人申请的受理。

28. （惟一债权人不影响受理）人民法院审查破产申请时，根据债权人和债务人提供的材料，仅能确定一个适格债权人的，不得因债权人仅为一人而裁定不予受理。

第二节 破产申请的审查受理程序

29. （分工及案号）破产案件的立案工作由人民法院立案庭与负责审理破产案件的审判庭共同完成。审判庭负责破产申请的审查工作，立案庭负责案件立案的程序工作。

立案庭收到破产申请人提交的破产申请书和相关材料后，经形式审查，符合本规程第 13 条、14 条、15 条、16 条规定的，应立案号，案号为"（××××）×破（预）字第×号"。之后，立案庭应将申请人提交的申请等有关材料移交审理破产案件的审判庭审查，并由审判庭依法作出是否受理破产申请的裁定。

破产申请受理前人民法院制作的各类法律文书，以及审判业务庭作出的不予受理或受理民事裁定书，均按前款规定确定文号。

审判业务庭裁定受理破产申请后，立案庭应以"（××××）×破字第×号"确定案号。

30.（破产程序中的文书应编排序号）人民法院在审理一个破产案件中作出的各类文书应编排序号。如：民事裁定书应当分别以"（××××）×破字第×-1号"民事裁定书、"（××××）×破字第×-2号"民事裁定书、"（××××）×破字第×-3号"民事裁定书……依次编号；决定书应当分别以"（××××）×破字第×-1号"决定书、"（××××）×破字第×-2号"决定书、"（××××）×破字第×-3号"决定书……依次编号，等等。

31.（破产案件的审判组织形式）人民法院审查受理破产申请以及审理破产案件，应当组成合议庭。

32.（受理审查期间）债权人、对企业依法负有清算责任的人提出破产申请的，人民法院应当自立案号（"破预字"）之日起五日内通知债务人。债务人对申请有异议的，应当自收到人民法院通知之日起七日内向人民法院提出。人民法院应当自异议期满之日起十日内裁定是否受理。

除前款规定的情形外，人民法院应当自立案号（"破预字"）之日起十五日内裁定是否受理。

有特殊情况需要延长前两款规定的裁定受理期限的，经上一级人民法院批准，可以延长十五日。

33.（债权人、清算责任人申请时破产申请书的送达）债权人、对债务人依法负有清算责任的人提出破产申请的，人民法院应当在通知债务人的同时，向债务人送达破产申请书及申请材料的副本。

上述送达不适用公告送达方式，即使债务人人员下落不明。

34.（破产申请审查期间的保全措施）在人民法院受理破产申请前的受理审查期间，发现债务人财产、印章和账簿、文书等可能被隐匿、转移、处分或者销毁的，破产申请人可以向人民法院申请对债务人财产、印章和账簿、文书等采取保全措施。

破产申请人申请对债务人财产采取保全措施的，人民法院可以责令申请人提供相应担保。

35.（债务人的异议权）债务人对债权人、依法对其负有清算责任的人提出的破产申请有异议的，可以自收到人民法院的通知之日起七日内，就发出通知的人民法院对本案是否具有管辖权、申请人与被申请人的主体资格、申请人债权的真实性及合法性、以及债务人是否发生破产原因等向人民法院提出书面异议，并应当提交相关的证据材料。

人民法院认为有必要的，可以组织破产申请人、债务人对破产申请应否受理进行听证。与破产申请存在利害关系的人员可以申请参加。

人民法院组织听证的时间不计入破产申请的受理审查期间。

36.（对债务人异议的处理）债务人对法院管辖权提出异议，人民法院经审查异议成立的，裁定不予受理破产申请。

债务人对申请人的主体资格或自身的破产能力提出异议，人民法院经审查异议成立的，裁定不予受理破产申请。

债权人提出破产申请，债务人对申请人债权的真实性及数额提出异议，但债权人申请所依据的债权已得到生效裁判文书、仲裁裁决书等可强制执行的法律文书的确认且在申请执行时效内的，人民法院应认定债务人的该项异议不成立；如果申请人的债权未得到生效的可强制执行的法律文书的确认，且债务人的异议具有合理理由，人民法院应裁定不予受理破产申请，并告知债权人向有管辖权的人民法院提起民事诉讼。

债权人提出破产申请，债务人对申请人债权的真实性及数额无异议，但对不能清偿到期债务的事实提出异议的，债务人应实际清偿债务，或者与申请人达成债务清偿协议。否则，人民法院应认定债务人的该项异议不成立。

债权人提出破产申请，债务人对不能清偿到期债务的事实无异议，但对其发生破产原因提出异议的，应当证明其并非"资不抵债"且并非"明显缺乏清偿能力"。否则，人民法院应认定债务人的该项异议不成立。

依法负有清算责任的人提出破产申请，债务人提出异议的，应当证明其未解散或者并非"资不抵债"。否则，人民法院应认定债务人的异议不成立。

37.（法院违反受理规定的救济程序）申请人向人民法院提出破产申请，人民法院未在本规程第32条规定的期限内作出是否受理的裁定的，申请人可以向上一级人民法院提出破产申请。

上一级人民法院接到破产申请后，应当责令下级人民法院依法审查并及时作出是否受理的裁定；下级人民法院仍不作出是否受理裁定的，上一级人民法院可以径行作出裁定。

上一级人民法院裁定受理破产申请的，可以同时指令下级人民法院审理该案件。

38.（裁定受理）人民法院受理破产申请的，受理裁定自作出之日起生效。

受理裁定应当自作出之日起五日内送达申请人和被申请人。

债权人提出申请的，债务人应当自裁定送达之日起十五日内，向人民法院提交财产状况说明、债务清册、债权清册、有关财务会计报告以及职工、高管人员工资的支付和社会保险费用、住房公积金的缴纳情况。

39.（受理的同时应指定管理人）人民法院裁定受理破产申请的，应当同时指定管理人。法院确定管理人的时间不计入审查受理期间。

40.（裁定不予受理）人民法院裁定不予受理破产申请的，应当自裁定作出之日起五日内送达申请人和被申请人。申请人对裁定不服的，可以自裁定送达之日起十日内向上一级人民法院提起上诉。

上一级人民法院应当自上诉受理之日起三十日内作出裁定。申请人上诉理由成立的，裁定撤销原裁定，指令下级人民法院受理破产申请。

41.（裁定驳回破产清算申请）人民法院受理破产清算申请后至破产宣告前，经审查发现债务人不符合企业破产法第二条规定情形的，可以裁定驳回申请。申请人对裁定不服的，可以自裁定送达之日起十日内向上一级人民法院提起上诉。

上一级人民法院应当自上诉受理之日起三十日内作出裁定。申请人上诉理由成立的，裁定撤销原裁定，指令下级人民法院继续审理。

第三节 受理破产申请后的工作

（一）对债权人的相关工作

42.（通知已知债权人并予以公告）人民法院受理破产申请后，应当自受理裁定或者上级人民法院指令受理裁定作出之日起二十五日内，自行或委托管理人向已知债权人发出书面受理通知，法院并应在人民法院报上予以公告。涉及境外已知债权人的，可通过邮寄、传真、电子邮件等能够确认收悉的适当方式通知。

通知和公告应当载明下列事项：

（1）申请人、被申请人的名称或者姓名；
（2）人民法院受理破产申请的时间；
（3）申报债权的期限、地点和注意事项；
（4）管理人名称或者姓名及其处理事务的地址；
（5）债务人的债务人或者财产持有人应当向管理人清偿债务或者交付财产的要求；
（6）第一次债权人会议召开的时间和地点；
（7）人民法院认为应当通知和公告的其他事项。

已知债权人的范围可以根据债务人提交的债务清册，或者清算责任人提交的财务报告或清算报告确定。

按照债务清册、财务报告或清算报告的记载，无法与债权人取得联系的，该债权人视为未知债权人。

43.（申报债权的期限）人民法院确定的债权申报期限自人民法院发布受理破产申请公告之日起计算，最短不得少于三十日，最长不得超过三个月。

（二）对债务人的相关工作

44.（通知债务人停止清偿债务）人民法院受理破产申请后，应立即通知债务人停止向债权人清偿债务。债务人的日常开支和其他必要开支由管理人审查批准。

人民法院受理破产申请后，债务人对个别债权人的债务清偿无效。

45.（告知债务人或有关人员应承担的义务）人民法院受理破产案件后，应告知债务人的法定代表人、（必要时）债务人的财务管理人员和其他经营管理人员在破产程序终结前承担以下义务：

（1）在管理人接管之前，妥善保管其占有和管理的财产、印章和账簿、文书等资料；
（2）根据人民法院、管理人的要求进行工作，并如实回答询问；
（3）列席债权人会议并如实回答债权人的询问；
（4）未经人民法院许可，不得离开住所地；
（5）不得新任其他企业的董事、监事、高级管理人员。

人民法院受理破产申请后，债务人的有关人员未经人民法院许可或者管理人同意，擅自以债务人名义对外从事经营活动的行为无效，造成债务人或者相对人损失的，管理人或者相对人请求债务人的有关人员承担民事责任的，人民法院应当依法支持。

（三）对有关部门的相关工作

46.（通知银行停止结算）人民法院裁定受理破产清算申请后，应当立即通知债务人的开户银行停止债务人的账户支出，债务人的日常开支和其他必要开支由管理人审查批准并通知银行。

债务人的开户银行收到人民法院的通知后，不得扣划债务人的既存款和汇入款抵还贷款及利息。扣划的无效，应当退还扣划的款项。

47.（通知工商管理部门）人民法院应将受理破产申请的裁定送达债务人注册登记的工商行政管理部门，并告知需要其配合工作的有关事项。

48.（通知公安部门刻制管理人用章）人民法院受理破产案件后，应书面通知公安部门为管理人刻制管理人公章［印文为"×××（债务人名称）管理人"］和财务专用章，以便管理人设立管理人账户及开展相关工作。

（四）管理人的相关工作

49.（接管债务人财产）人民法院指定管理人后，管理人应当及时接管债务人的财产、印章和账簿、文书等资料。

管理人接管债务人的财产，一般应当自管理人被指定之日起二个月内完成。确因客观原因无法在二个月内完成接管的，经人民法院许可，接管期限可相应延长。

50.（决定债务人是否停止营业）人民法院受理破产申请时债务人处于营业中的，管理人应在第一次债权人会议召开前，及时决定继续或者停止债务人的营业，并应经人民法院许可。

51.（处分债务人财产）在第一次债权人会议召开前，管理人对易损、易腐、跌价、保管费用较高以及其他必须及时处置的财产予以处置，须经法院许可。

52.（管理人对未履行完毕合同的处理）人民法院受理破产申请后，管理人对破产申请受理之前成立而债务人和对方当事人均未履行完毕的合同，应当根据最有利于债务人财产利益的原则，及时决定解除或者继续履行，并书面通知对方当事人。

管理人自破产申请受理之日起二个月内未通知对方当事人，或者自收到对方当事人催告之日起三十日内未答复的，视为解除合同。

53.（管理人为继续履行合同提供担保）管理人决定继续履行合同的，对方当事人应当履行；但对方当事人有权要求管理人为继续履行合同提供担保。管理人不提供担保的，视为解除合同。

（五）解除财产保全措施、中止执行程序

54.（解除财产保全措施）自受理破产申请裁定作出之日起，除因破产程序需要对债务人财产采取保全措施外，人民法院及行政机关不得对债务人的财产采取新的保全措施。

债务人财产在破产申请受理前已被采取保全措施的，管理人应当向采取保全措施的人民法院或行政机关发出解除保全措施的通知，并附破产申请受理裁定。采取保全措施的人民法院或行政机关接到通知后，应当及时解除保全措施，同时通知管理人，并将财产移交管理人接管。

55.（中止执行程序）自人民法院作出受理破产申请裁定之日起，有关人民法院或者行政机关不得执行债务人的财产。

破产申请受理之前已经开始但尚未完毕的针对债务人财产的执行程序应当中止，管理人应当向相关人民法院或行政机关发出中止执行程序的通知，并附破产申请受理裁定。执行法院或行政机关接到通知后，应当及时中止执行。

人民法院裁定宣告债务人破产，或者裁定批准重整计划或和解协议后，因破产受理而中止的对债务人财产的执行程序终结。

56. （保全措施与执行程序的恢复）人民法院在受理破产申请后至破产宣告前裁定驳回破产申请，或者在破产宣告前依据企业破产法第一百零八条的规定裁定终结破产程序的，管理人应当及时通知原有关保全或者执行债务人财产的人民法院或者行政机关按照原保全顺位恢复相关保全或者恢复执行，并移交已接管的保全财产或执行财产。

（六）有关债务人民事诉讼的审理问题

57. （未结民事诉讼或仲裁的中止与恢复）人民法院受理破产申请后，已经开始而尚未终结的有关债务人的民事诉讼或者仲裁应当中止，等待管理人接管债务人财产。管理人应当向审理民事诉讼的人民法院或者进行仲裁的仲裁机关发送中止审理程序通知，并附破产申请受理裁定。

管理人接管债务人的财产后，应当通知相关人民法院或者仲裁机关恢复已中止的诉讼或者仲裁。

58. （尚未终结的给付之诉的处理问题）人民法院受理破产申请后，已经开始而尚未终结的请求债务人为给付的民事诉讼或者仲裁，受理法院或者仲裁庭应当将债务人已进入破产程序的事实告知该案的债权人，并直接作出是否确认当事人之间债权债务的裁判，而不应作出以给付为内容的裁判。

59. （新发生的有关债务人民事案件的集中管辖）人民法院受理破产申请后，以债务人为原告、被告或者第三人的新提起的第一审民事诉讼，由受理破产申请的人民法院管辖，不受民事诉讼法、海事特别诉讼法及有关司法解释关于地域管辖、级别管辖和专属管辖规定的限制。但确认仲裁条款效力、申请撤销仲裁裁决的案件除外。

上述由受理破产申请的人民法院管辖的第一审民事案件，在受理法院内部根据案件类型和法院内部分工由相关审判庭进行审理。

人民法院受理破产申请后，与债务人相关的民事权利义务争议，如果当事人双方就解决争议约定有明确有效的仲裁条款，则应当按照约定通过仲裁方式解决。

60. （有关债务人诉讼的当事人问题）人民法院受理破产申请后，有关债务人的民事诉讼（包括破产申请受理时已经开始而尚未终结的民事诉讼，以及破产申请受理后新提起的民事诉讼），由债务人作为诉讼主体，管理人负责人作为诉讼代表人代表债务人参加诉讼；管理人为个人的，由该人员作为债务人的诉讼代表人。

管理人依企业破产法第三十一条、第三十二条提起的破产撤销权诉讼，以及依企业破产法第三十三条提起的确认债务人行为无效之诉，应由管理人作为原告，不适用前款关于诉讼主体的规定。

第二章 管理人

第一节 一般规定

61. （管理人职责）人民法院监督管理人履行下列职责：
（1）接管债务人的财产、印章和账簿、文书等材料；
（2）调查债务人财产状况，制作财产状况报告；
（3）决定债务人的内部管理事务；
（4）决定债务人的日常开支和其他必要开支；
（5）在第一次债权人会议召开之前，决定继续或者停止债务人的营业；

（6）管理和处分债务人的财产；

（7）代表债务人参加诉讼、仲裁或者其他法律程序；

（8）提议召开债权人会议；

（9）人民法院认为管理人应当履行的其他职责。

62.（不得转委托）管理人一经指定，不得以任何形式将管理人应当履行的职责全部或者部分转给其他社会中介机构或者个人。

63.（须经法院许可的行为）在第一次债权人会议召开之前，管理人决定继续或者停止债务人的营业，或者有企业破产法第六十九条规定行为之一的，应当经人民法院许可。

64.（聘用工作人员）管理人经人民法院许可，聘用必要的审计、评估、拍卖等社会中介机构的，可以通过市高级人民法院委托司法鉴定和拍卖工作办公室，从相关名册中随机确定聘用的中介机构，并由管理人出具委托手续；亦可以由管理人制定其他选任方案报债权人会议决定。债权人会议授权管理人自行确定或者授权债权人委员会决定的，依债权人会议授权处理。

65.（管理人报告义务）人民法院根据破产案件的情况，可以要求管理人就其工作进展情况定期向人民法院出具报告。

第二节　管理人的指定

66.（指定管理人的时间）人民法院裁定受理破产申请的，应当同时指定管理人。

67.（指定管理人的法律文书）受理破产案件的人民法院指定管理人应当制作决定书，并向被指定为管理人的社会中介机构或者个人以及破产申请人、债务人、债务人的注册登记机关送达。

指定管理人决定书应与受理破产申请的民事裁定书一并公告。

68.（管理人负责人的指定）人民法院指定社会中介机构或者清算组担任管理人的，应当同时指定管理人负责人。

社会中介机构或者清算组需要变更管理人负责人的，应当向人民法院提出申请。

69.（指定中介机构或者个人）一般应指定管理人名册中的社会中介机构担任管理人。

对于事实清楚、债权债务关系简单、债务人财产相对集中的企业破产案件，人民法院可以指定管理人名册中的个人担任管理人。

70.（指定清算组）有下列情形之一的，人民法院可以指定清算组为管理人：

（1）破产申请受理前，根据有关规定已经成立清算组（包括金融机构的行政清理组、公司强制清算程序中法院指定成立的清算组），且人民法院认为符合最高人民法院《关于审理企业破产案件指定管理人的规定》第十九条规定的；

（2）审理企业破产法第一百三十三条规定的政策性破产案件的；

（3）人民法院认为可以指定清算组为管理人的其他情形。

71.（清算组成员构成）清算组为管理人的，人民法院可以从政府有关部门、编入管理人名册的社会中介机构、金融资产管理公司中指定清算组成员，人民银行及金融监督管理机构可以按照有关法律和行政法规的规定派人参加清算组。

72.（强制清算转破产的管理人指定）公司强制清算转入破产清算的，如原强制清算中的清算组由管理人名册中的中介机构或者个人组成或者参加，该中介机构或者个人亦不存在与本案有利害关系等不宜担任管理人或者管理人成员的情形的，人民法院可以指定该中介机构或者个人作为破产案件的管理人，或者吸收该中介机构作为新成立的清算组管理人的成员。

上述中介机构或者个人不宜担任破产清算中的管理人或者管理人的成员的，人民法院应当根据企业破产法和有关司法解释的规定，及时指定管理人。

73.（摇号方式指定）人民法院一般应当采取随机摇号方式从本市管理人名册中公开指定管理人。具体步骤是：受理破产案件的人民法院向市高级人民法院委托司法鉴定和拍卖工作办公室提出随机确定管理人的申请，并明确所需管理人的类别（机构管理人，或个人管理人）；市高级人民法院委托司法鉴定和拍卖工作办公室召集选定管理人会议，进行摇号，并将选定结果书面通知受理破产案件的人民法院；受理法院依该通知制作指定管理人决定书。

74.（竞争方式指定）商业银行、证券公司、保险公司等金融机构或者在全国范围有重大影响、法律关系复杂、债务人财产分散的企业破产案件，人民法院可以采取公告的方式，邀请编入各地人民法院管理人名册中的社会中介机构参与竞争，从参与竞争的社会中介机构中指定管理人。参与竞争的社会中介机构不得少于三家。

75.（竞争方式中的评审）采取竞争方式指定管理人的，人民法院应当组成专门的评审委员会。评审委员会由审理破产案件审判庭的人员、人民法院司法技术辅助工作部门人员、相关审判委员会委员、人民法院监察部门人员组成。

评审委员会应当结合案件的特点，综合考量社会中介机构的专业水准、经验、机构规模、初步报价等因素，从参与竞争的社会中介机构中择优指定管理人。被指定为管理人的社会中介机构应经评审委员会成员二分之一以上通过。

采取竞争方式指定管理人的，人民法院应当确定一至两名备选社会中介机构，作为需要更换管理人时的接替人选。

76.（接受推荐方式指定）对于经过行政清理、行政清算的商业银行、证券公司、保险公司等金融机构的破产案件，人民法院除了可以指定清算组担任管理人外，也可以在金融监督管理机构推荐的已编入管理人名册的社会中介机构中指定管理人。

77.（利害关系回避）在进入指定管理人程序后，社会中介机构或者个人发现本人与本案有利害关系，符合最高人民法院《关于审理企业破产案件指定管理人的规定》第二十三条、第二十四条规定的情形的，应主动申请回避并向人民法院书面说明情况。人民法院查证属实的，不应指定该社会中介机构或者个人为本案管理人。

78.（不宜指定的其他情形）社会中介机构或者个人有重大债务纠纷，或者因涉嫌违法行为正被相关部门调查的，人民法院不应指定该社会中介机构或者个人为本案管理人。

79.（拒绝指定）管理人无正当理由，不得拒绝人民法院的指定。

80.（管理人印章）管理人持人民法院受理破产申请裁定书、指定管理人决定书和刻制印章通知书，到公安机关刻制管理人印章，印文为"×××（债务人名称）管理人"。管理人印章交人民法院封样备案后启用。

管理人印章只能用于所涉破产事务。管理人根据企业破产法第一百二十二条规定终止执行职务后，应当将管理人印章交公安机关销毁，并将销毁证明送交法院。公安机关不予办理的,交人民法院销毁,人民法院应制作销毁笔录。

81. (指定材料入卷)受理破产案件的人民法院应当将指定管理人过程中形成的材料存入破产案件卷宗,债权人会议或者债权人委员会有权查阅。

第三节 管理人的更换

82. (债权人会议申请更换)债权人会议认为管理人不能依法、公正执行职务或者有其他不能胜任职务情形,形成债权人会议决议并书面申请更换管理人的,人民法院应通知管理人在二日内作出书面说明,并且在收到管理人书面说明之日起十日内作出是否更换管理人的决定。

83. (更换机构管理人)社会中介机构管理人有下列情形之一的,人民法院可以根据债权人会议的申请或者依职权径行决定更换管理人:
(1) 执业许可证或者营业执照被吊销或者注销;
(2) 出现解散、破产事由或者丧失承担执业责任风险的能力;
(3) 依据最高人民法院《关于审理企业破产案件指定管理人的规定》第二十三条能够认定与本案有利害关系;
(4) 履行职务时,因故意或者重大过失导致债权人利益受到损害;
(5) 有重大债务纠纷,或者因涉嫌违法行为正被相关部门调查;
(6) 拒绝接受人民法院、债权人会议、债权人委员会的监督,经批评教育仍不改正;
(7) 违反法律、司法解释和本规程规定私自收费;
(8) 缺乏担任管理人所应具备的专业能力。
清算组成员参照适用前款规定。

84. (更换个人管理人)个人管理人有下列情形之一的,人民法院可以根据债权人会议的申请或者依职权径行决定更换管理人:
(1) 执业资格被取消、吊销;
(2) 依据最高人民法院《关于审理企业破产案件指定管理人的规定》第二十四条能够认定与本案有利害关系;
(3) 履行职务时,因故意或者重大过失导致债权人利益受到损害;
(4) 失踪、死亡或者丧失民事行为能力;
(5) 因健康原因无法履行职务;
(6) 执业责任保险失效;
(7) 有重大债务纠纷,或者因涉嫌违法行为正被相关部门调查;
(8) 拒绝接受人民法院、债权人会议、债权人委员会的监督,经批评教育仍不改正;
(9) 违反法律、司法解释和本规程规定私自收费;
(10) 缺乏担任管理人所应具备的专业能力。
清算组成员的派出人员、社会中介机构的派出人员参照适用前款规定。

85. (管理人辞职)管理人无正当理由申请辞去职务的,人民法院不予许可。正当理由的认定,可参照适用最高人民法院《关于审理企业破产案件指定管理人的规定》及本规程关于更换管理人事由的规定。

人民法院对管理人申请辞去职务未予许可,管理人仍坚持辞去职务并不再履行管理人职责的，人民法院应当决定更换管理人。

86.（更换管理人决定书）人民法院决定更换管理人的，应将决定书送达原管理人、新任管理人、破产申请人、债务人以及债务人的注册登记机关，并予公告。

87.（新旧管理人交接）人民法院决定更换管理人的，原管理人应当自收到决定书之次日起，在人民法院监督下向新任管理人移交全部资料、财产、营业事务及管理人印章，并及时向新任管理人书面说明工作进展情况。

原管理人不履行上述职责的，新任管理人可以直接接管相关事务。

在破产程序终结前，原管理人应当随时接受新任管理人、债权人会议、人民法院关于其履行管理人职责情况的询问。

88.（罚款）管理人申请辞去职务未获人民法院许可，但仍坚持辞职并不再履行管理人职责，或者人民法院决定更换管理人后，原管理人拒不向新任管理人移交相关事务，人民法院可以根据企业破产法第一百三十条的规定和具体情况，决定对原管理人罚款。对社会中介机构为管理人的罚款 5 万元至 20 万元人民币，对个人为管理人的罚款 1 万元至 5 万元人民币。

罚款必须经院长批准，并制作决定书。

89.（对罚款的复议及其处理）管理人不服罚款决定的，可以向上一级人民法院申请复议，上级人民法院应在收到复议申请后五日内作出决定，并将复议结果通知下级人民法院和当事人。

90.（除名）管理人有本规程第 88 条规定的行为或者无正当理由拒绝人民法院指定的，市高级人民法院可以决定停止其担任管理人一年至三年，或者将其从管理人名册中除名。

第四节　管理人报酬

91.（报酬的计算方法）人民法院应根据债务人最终清偿的财产价值总额，在以下比例限制范围内分段确定管理人报酬：

（1）不超过一百万元（含本数，下同）的，在 12% 以下确定；

（2）超过一百万元至五百万元的部分，在 10% 以下确定；

（3）超过五百万元至一千万元的部分，在 8% 以下确定；

（4）超过一千万元至五千万元的部分，在 6% 以下确定；

（5）超过五千万元至一亿元的部分，在 3% 以下确定；

（6）超过一亿元至五亿元的部分，在 1% 以下确定；

（7）超过五亿元的部分，在 0.5% 以下确定。

担保权人优先受偿的担保物价值，不计入前款规定的财产价值总额。

92.（报酬方案）人民法院受理破产申请后，应当对债务人可供清偿的财产价值和管理人的工作量作出预测，初步确定管理人报酬方案。报酬方案包括管理人报酬比例和收取时间。

人民法院可以根据破产案件的实际情况，确定管理人分期或者最后一次性收取报酬。

93.（竞争方式的报酬）人民法院采取公开竞争方式指定管理人的，可以根据社会中介机构提出的报价确定管理人报酬方案，但报酬比例不得超出本规程第 91 条规定的限制范围。

上述报酬方案一般不予调整，但债权人会议异议成立的除外。

94.（报酬方案告知）人民法院应当自确定管理人报酬方案之日起三日内，书面通知管理人。

管理人应当在第一次债权人会议上报告管理人报酬方案内容。

95.（管理人与债权人会议协商）管理人和债权人会议对管理人报酬方案有意见的，可以进行协商。双方就调整管理人报酬方案内容协商一致的，管理人应向人民法院书面提出具体的请求和理由，并附相应的债权人会议决议。

人民法院经审查认为上述请求和理由不违反法律和行政法规强制性规定，且不损害他人合法权益的，应当按照双方协商的结果调整管理人报酬方案。

96.（报酬方案调整）人民法院确定管理人报酬方案后，可以根据破产案件和管理人履行职责的实际情况进行调整。

人民法院应当自调整管理人报酬方案之日起三日内，书面通知管理人。管理人应当自收到上述通知之日起三日内，向债权人委员会或者债权人会议主席报告管理人报酬方案调整内容。

97.（影响报酬的因素）人民法院确定或者调整管理人报酬方案时，应当考虑以下因素：

（1）破产案件的复杂性；

（2）管理人的勤勉程度；

（3）管理人为重整、和解工作做出的实际贡献；

（4）管理人承担的风险和责任；

（5）债务人住所地居民可支配收入及物价水平；

（6）其他影响管理人报酬的情况。

前期的公司清算工作和行政处置工作减轻管理人工作负担的，人民法院应当根据管理人的实际工作确定和调整管理人报酬。

98.（报酬的收取）管理人收取报酬，应当向人民法院提出书面申请。人民法院应当自收到上述申请书之日起十日内，确定支付管理人的报酬数额。

99.（禁止重复报酬）律师事务所、会计师事务所通过聘请本专业的其他社会中介机构或者人员协助履行管理人职责的，所需费用从其报酬中支付。

经人民法院许可，律师事务所、会计师事务所通过聘请非本专业的其他社会中介机构或者人员协助履行管理人职责的，所需费用作为破产费用从债务人财产中支付。

破产清算事务所通过聘请其他社会中介机构或者人员协助履行管理人职责的，所需费用从其报酬中支付。

100.（清算组的报酬）清算组中有关政府部门派出的工作人员不收取报酬。其他机构或人员的报酬根据其履行职责的情况确定。

101.（管理人变更情形的报酬）管理人发生更换的，人民法院应当根据其履职情况分别确定更换前后的管理人报酬。其报酬比例总和不得超出本规程第91条规定的限制范围。

102.（担保物管理的报酬）管理人对担保物的维护、变现、交付等管理工作付出合理劳动的，有权向担保权人收取适当的报酬。管理人与担保权人就上述报酬数额不能协商一致的，人民法院应当参照本规程第91条规定的方法确定，但报酬比例不得超出该条规定限制范围的10%。

103. （债权人会议异议权）债权人会议对管理人报酬有异议的，应当向人民法院书面提出具体的请求和理由。异议书应当附相应的债权人会议决议。

104. （债权人会议异议的处理）人民法院应当自收到债权人会议异议书之日起三日内通知管理人。管理人应当自收到通知之日起三日内作出书面说明。人民法院认为有必要的，可以举行听证会，听取当事人意见。

人民法院应当自收到债权人会议异议书之日起十日内，就是否调整管理人报酬问题书面通知管理人、债权人委员会或者债权人会议主席。

第三章 债务人财产

第一节 债务人财产总述

105. （债务人财产的范围）破产申请受理时属于债务人的全部财产，以及破产申请受理后至破产程序终结前债务人取得的财产，为债务人财产。

在破产重整程序和破产和解程序中，破产程序的终结指裁定批准重整计划或和解协议时，但是破产重整程序或破产和解程序转入破产清算程序的除外。

债务人财产的范围不以债务人是否实际占有为认定条件。

106. （已设定担保的财产）债务人为自己或他人的债务以自己的财产设定担保的，该财产为债务人财产。

该财产优先清偿担保权人，剩余部分的价款向其他债权人清偿。不足以清偿担保权人的，担保权人以不足部分申报债权。

设定担保权的财产毁损、灭失的，因担保物毁损、灭失而产生的保险金、补偿金和赔偿金等代偿物，仍然属于担保财产。

107. （共有财产）债务人与他人共有的物、债权、知识产权等财产或财产权益，应当在破产中予以分割，债务人分割所得属于债务人财产；共有财产不能分割的，应当就其应得部分转让，转让所得属于债务人财产。转让时共有人有优先购买权。

108. （债务人的对外投资）债务人的对外投资及其收益属于债务人财产。管理人在清理债务人对外投资时，不得以该投资价值为负或为零而不予清理。

109. （与执行相关的财产）自人民法院作出受理破产申请裁定之日，有关债务人财产的执行程序中止；执行机关对债务人财产尚未执行完毕的剩余部分为债务人财产，由管理人从执行法院或者其他执行机关接管。因错误执行应当执行回转的财产，在执行回转后列入债务人财产。

执行法院对债务人的动产作出拍卖成交裁定或者以物抵债裁定，且该动产已交付给买受人或者债权人的，视为执行完毕。

执行法院对债务人的不动产、有登记的特定动产或者其他财产权作出拍卖成交裁定或者以物抵债裁定，且该裁定已经送达买受人或者债权人的，视为执行完毕。

执行机关扣划债务人的账户资金，该资金已脱离债务人的实际控制，视为该次执行已完毕。

110. （债务人的债务人清偿债务）人民法院受理破产申请后，债务人的债务人或者财产持有人应当向管理人清偿债务或者交付财产。

故意违反前款规定向债务人清偿债务或者交付财产，使债权人受到损失的，不免除其清偿债务或者交付财产的义务。

111. （支付令）管理人向债务人的债务人追收债权时，可以以债务人的名义向受理破产案件的基层人民法院，或者向受理破产案件的中级人民法院下属的基层人民法院申请支付令。

112. （追收未缴出资）管理人应当及时向债务人的出资人追缴未缴出资。未缴出资包括应缴未缴的出资，以及破产申请受理时缴纳期限尚未届满的出资。管理人应当向出资人发出追缴出资的通知，并指定缴纳期限。指定的缴纳期限届满后出资人仍未缴纳出资的，管理人有权以债务人的名义、以出资人为被告向人民法院提起诉讼请求缴纳。出资人以出资期限尚未届满或者超过诉讼时效等理由抗辩的，人民法院不予支持。

债务人的出资人有抽逃出资行为的，管理人应要求该出资人返还抽逃的出资，比照前款规定处理。

113. （董、监、高非正常收入和侵占财产的追回）债务人的董事、监事和高级管理人员利用职权从企业获取的非正常收入和侵占的企业财产，管理人应当追回。

债务人出现破产原因，在拖欠其他职工工资的情况下，董事、监事和高级管理人员获取的高于职工平均工资的收入，属于前款所称的"非正常收入"。

114. （管理人取回质物、留置物）人民法院受理破产申请后，管理人可以通过清偿债务或者提供为债权人接受的担保，取回质物、留置物。

前款规定的债务清偿或者替代担保，在质物或者留置物的价值低于被担保的债权额时，以该质物或者留置物当时的市场价值为限。

第二节 破产撤销权和无效行为

115. （破产撤销权诉讼）管理人发现债务人存在企业破产法第三十一条或第三十二条规定的行为之一的，有权以自己的名义，以受益人为被告，向受理破产案件的人民法院提起破产撤销权诉讼。

116. （破产撤销权的行使）行使破产撤销权是管理人的职责，无须债权人会议表决或者授权。

管理人发现债务人存在企业破产法第三十一条或三十二条规定的行为，但认为可以不提起破产撤销诉讼的，应当向债权人会议通报并说明理由，由债权人会议决议是否不提起诉讼。

117. （得撤销的个别清偿的范围）企业破产法第三十二条规定的得撤销的个别清偿是指对无财产担保债权的个别清偿，不包括债务人对有财产担保债权的个别清偿，但对于超出担保财产市价部分的担保债权的个别清偿仍属于撤销范围。

118. （必要的个别清偿）债务人有企业破产法第三十二条规定的个别清偿情形，而该个别清偿系基于维系债务人正常生产经营需要而必须进行的支出的，不应予以撤销。该类支出主要指水、电、气、煤等费用。

119. （银行自行抵扣到期债权的的撤销）人民法院受理破产申请前六个月内，债权银行明知债务人已出现破产原因，仍然自行扣划债务人的银行存款清偿债务人对其负有的到期债务的，属于企业破产法第三十二条规定的应撤销的行为。

120.（不可撤销赠与合同的例外）人民法院受理破产申请前一年内，债务人在已经发生破产原因的情况下签订的救灾、扶贫等社会公益、道德义务性质的赠与合同或者经过公证的赠与合同，管理人可以依据企业破产法第三十一条的规定行使破产撤销权，但债务人已经实际完成赠与的除外。

121.（债务人无效行为）管理人发现债务人为逃避债务隐匿、转移财产的，应当依法追回相关财产。基于无效行为的财产占有人不予返还的，管理人有权以自己的名义、以该财产占有人为被告提起诉讼，请求返还。追回的财产归入债务人财产。

债务人虚构债务或者承认不真实债务的，管理人有权以自己的名义、以行为相对人为被告提起诉讼，请求确认该行为无效。追回的财产归入债务人财产。

第三节 取回权

122.（一般取回权）人民法院受理破产申请后，债务人占有的不属于债务人的财产之权利人向管理人主张取回该财产，管理人经审查予以认可的，可将该财产返还取回人，并及时报告债权人委员会。未成立债权人委员会的，应当报告债权人会议；管理人不予认可的，权利人可以以债务人为被告向人民法院提起诉讼，请求行使取回权。

123.（破产申请受理前取回物被转让时取回权的行使）在破产申请受理前取回物被转让的，如果受让人支付了相应合理的对价，且该对价与债务人的其他财产不发生混同的，取回权人可就该对价行使取回权；如果该对价与债务人的其他财产发生混同的，取回权人以该物价申报债权。

在破产申请受理前取回物被转让的，如果受让人并未支付对价或支付的对价明显低于物价的，在符合破产撤销权规定情形下，按照破产撤销权的相关规定处理，因撤销而追回的物，由权利人按照一般取回权的规定取回；在不符合破产撤销权规定情形时，按照前款规定处理。

124.（取回物毁损、灭失时取回权的行使）取回物因自然原因或者第三人原因毁损、灭失的，权利人向管理人主张对相应保险金、赔偿金或代偿物行使取回权的，人民法院应予支持。

125.（所有权保留买卖合同下的取回权）以债务人为买受人的买卖合同中约定未付清全部价款前所有权属于出卖人的，如债务人未付清全款即进入破产程序，则债务人支付价款的期限于受理破产案件之日加速到期，管理人决定继续履行该合同的，应付清全部价款，取得买卖标的物的所有权；管理人决定不继续履行合同或不支付剩余款项的，则出卖人在返还债务人已付价款的前提下，有权行使对买卖标的物的取回权。

126.（运输途中标的物的取回）破产申请受理时，出卖人已将买卖标的物向作为买受人的债务人发运，债务人尚未收到且未付清全部价款、标的物所有权仍为出卖人所有的，出卖人可以通过通知承运人中止运输、返还货物、变更到达地或者将货物交给其他收货人等方式行使对该在运途中标的物的取回权。但是，管理人可以支付全部价款，请求出卖人交付标的物。

127.（取回权与对待给付义务的同时履行）权利人行使取回权时应当对待给付的，管理人有权主张权利人先交付法定或者约定的取回物之加工费、保管费、托运费、委托费、代销费、维护费等费用后再行取回相应财产。管理人可以权利人未履行上述对待给付义务为由拒绝取回权的行使。

128.（特别约定下取回权的行使）权利人与债务人对债务人合法占有的权利人的财产的取回有特别约定的，在破产清算和和解申请受理后，权利人可不受原约定条件的限制，行使取回权。

债务人重整期间，权利人主张取回债务人合法占有的权利人的财产，应当符合双方事先约定的条件。

第四节　破产抵销

129.（破产抵销的基本含义）债权人在破产申请受理前对债务人负有债务的，可以向管理人主张抵销。

130.（抵销权的行使主体）破产抵销权只能由债权人行使。管理人不得主动提出。

131.（破产抵销权的行使时间）债权人行使破产抵销权，应当在破产财产分配方案提交债权人会议表决之前、或者和解协议或重整计划草案提交债权人会议表决之前行使。

132.（破产抵销权的行使）债权人行使破产抵销权，应当向管理人提出抵销申请。管理人经审查予以认可的，可抵销该债权债务，并及时报告债权人委员会。未成立债权人委员会的，应当报告债权人会议；管理人不予认可的，债权人可以以债务人为被告，向人民法院提起破产抵销权诉讼。

133.（抵销债权的条件）债权人用以抵销的债权应当同时满足以下条件：

（1）已依据企业破产法的规定进行申报；

（2）经债权人会议核查无异议；

（3）债权债务关系无争议；

（4）未超过诉讼时效或者申请执行时效；

（5）不属于企业破产法第四十条第（一）、（三）项规定的债权。

134.（不同种类标的物债权的抵销）与债务人互负债务的标的物种类、品质不同但均可折合为货币的，债权人主张行使破产抵销权，应当允许。

135.（约定排除抵销权）债权人与债务人在合同中约定放弃一般民法上的抵销权的，在破产程序中仍可主张行使破产抵销权。

136.（破产抵销权的禁止）债权人的以下债权不得与对债务人的债务进行破产抵销：

（1）债务人的债务人在破产申请受理后，取得他人对债务人的债权的；

（2）债权人已知债务人有不能清偿到期债务或者破产申请的事实，对债务人负担债务的；但是，债权人因为法律规定或者有破产申请一年前所发生的原因而负担债务的除外；

（3）债务人的债务人已知债务人有不能清偿到期债务或者破产申请的事实，对债务人取得债权的；但是，债务人的债务人因为法律规定或者有破产申请一年前所发生的原因而取得债权的除外；

（4）债务人股东的债权不得与其因欠缴公司的出资或抽逃出资形成的债务抵销；

（5）债权人因侵权行为对债务人负有的债务不得与其享有的债权抵销；

（6）滥用股东权利损害公司或者其他股东利益的债务人股东对公司享有的债权不得

抵销；

（7）清偿顺序在普通债权之后的劣后债权不得与对债务人的债务抵销，如行政、刑事罚款、罚金和没收违法所得等债权。

第四章 破产费用和共益债务

137.（破产费用）人民法院受理破产申请后发生的，为全体债权人的共同利益、保障破产程序顺利进行所必需的程序上的费用，为破产费用。包括：

（1）破产案件的申请费；

（2）管理、变价和分配债务人财产的费用；

（3）管理人执行职务的费用、报酬和聘用工作人员的费用。

138.（破产案件申请费）破产案件申请费依据破产财产总额计算，按照《诉讼费用交纳办法》规定的财产案件受理费标准减半交纳，但是，最高不超过30万元。

破产案件申请费不预交，从破产财产中拨付。

139.（管理、变价和分配债务人财产的费用）管理、变价和分配债务人财产的费用包括：

（1）破产企业留守人员工资；

（2）破产程序期间债务人财产、设施的保管、维护、仓储、运输、保险等费用；

（3）催收破产企业债权所需费用及诉讼中发生的费用；

（4）审计、评估、拍卖、变卖债务人财产的费用。

140.（债权人会议费用）召开债权人会议所必需的会场租赁、材料、通讯等费用应列入破产费用。

债权人参加破产程序的费用不列入破产费用。

141.（债权人委员会的费用）债权人委员会及其成员履行职责所必需的费用，经债权人会议同意或者授权，可以列入破产费用。

142.（破产前的清算费用）在债务人破产案件受理前，尚未支付的公司强制清算费用，符合本规程关于破产费用范围的规定的，可以列入破产费用。

债务人为金融机构的，经国务院金融监督管理机构核准而尚未支付的行政处置费用，可以列入破产费用。

143.（共益债务）共益债务是指人民法院受理破产申请后，为全体债权人的共同利益而由债务人财产负担的债务。包括：

（1）因管理人或者债务人请求对方当事人履行双方均未履行完毕的合同所产生的债务；

（2）债务人财产受无因管理所产生的债务；

（3）因债务人不当得利所产生的债务；

（4）为债务人继续营业而应支付的劳动报酬和社会保险费用以及由此产生的其他债务；

（5）管理人或者相关人员执行职务致人损害所产生的债务；

（6）债务人财产致人损害所产生的债务。

144.（破产费用和共益债务的清偿）破产费用和共益债务由债务人财产随时清偿。

债务人财产不足以清偿所有破产费用和共益债务的，先行清偿破产费用。

债务人财产不足以清偿欠付的破产费用或者共益债务的，按照比例清偿。

145.（清偿的执行主体）破产费用的支付和共益债务的清偿，由管理人执行。

管理人应将清偿的项目、时间、数额等列清单记明，并定期向人民法院通报。

146.（审查申请费用的垫付）债权人为破产申请人的，案件受理前人民法院审查申请所发生的通知债务人等必要的费用，由债权人垫付。

147.（债务人财产不足以清偿破产费用）债务人财产不足以清偿破产费用的，管理人应当提请人民法院宣告债务人破产并终结破产程序。即使债权申报期未届满，亦可申请。

债权人、管理人、债务人的出资人或者其他利害关系人愿意垫付破产费用的，破产程序可以继续进行。垫付款项作为破产费用，从债务人财产中向垫付人随时清偿。

148.（税费的交纳）人民法院受理破产申请后，因变价和分配债务人财产而发生债务人土地使用权、房屋所有权、有价证券等转移的，债务人依税法规定交纳应由其承担的税费。

149.（控制破产成本）破产程序中应尽量降低破产成本。各种破产费用的支出要按照保证工作需要的最低标准支付。

第五章 债权申报

第一节 债权申报

150.（债权申报期限和补充申报）人民法院受理破产申请时对债务人享有债权的债权人，应当在人民法院受理破产申请通知书和公告中确定的债权申报期限内向管理人申报债权。

在人民法院确定的债权申报期限内，债权人未申报债权的，可以在最后一次破产分配方案提交债权人会议表决之前、或者和解协议或重整计划草案提交债权人会议表决之前补充申报。但此前已进行的分配不再对其补充分配。为审查和确认补充申报债权的费用，由补充申报人承担。

债权人未依照企业破产法规定申报债权的，不得依照企业破产法规定的程序行使权利。

151.（破产受理后禁止对债务人提起给付之诉）人民法院受理破产申请后，债务人的债权人只能申报债权，不得就该债权对债务人提起新的给付之诉。

人民法院对此类起诉应不予受理；已经受理的，应裁定驳回债权人的起诉，并告知债权人向债务人的管理人申报债权。

152.（未申报债权即提起确认之诉的处理）人民法院受理破产申请后，债权人未申报债权而直接提起诉讼请求确认债权的，人民法院应当告知其向管理人申报债权，对其起诉应不予受理；已经受理的，应当驳回起诉。

153.（向管理人申报债权）债权人应向管理人申报债权。向受理破产案件的人民法院提交债权申报文件的，不具有债权申报的效力。

154.（职工债权无需申报、职工债权登记及异议处理）企业破产法第一百一十三条第一款第（一）项规定的职工债权，不必申报。管理人应当在第一次债权人会议召开前十五日内完成调查并列出详情清单，在债务人公告栏或者其他显著地方进行公示，或者向职工送达。债务人职工人数众多、确无法在上述期限内完成的，管理人可报人民法院延长期限，并应将延长期限的情形公示。

职工对清单记载有异议的（包括对是否具有职工身份、债权数额、债权性质等有异议），应当在管理人作出职工债权清单公示后十五日内申请管理人更正，并提出要求更正的具体请求和理由。管理人不予更正的，应当作出不予更正决定，并说明理由。异议职工不服该决定的，无需申请劳动争议仲裁，可在收到该决定之日起十五日内以债务人为被告直接向受理破产申请的法院提起诉讼，请求确认债权。逾期不提起诉讼的，视为同意。

债务人所欠职工的住房公积金、住房补贴，属于企业破产法第一百一十三条第一款第（一）项规定的职工债权。

155.（税收、社会保险等债权的申报）税收、社会保险费、住房公积金债权，由有关征管机关向管理人申报。

156.（债权申报的内容）债权人应以书面形式申报债权。

债权申报文件应包含以下主要内容：债权人基本情况、债权的形成过程、债权的数额（本金数额、截至破产受理之日的孳息数额、利息计算方法和利息清单）、有无财产担保、是否属于连带债权、债权的到期日、申报时间，并应附相关证据。

申报债权时，债权人应填写联系电话、邮寄地址及联系人或收件人。破产程序中，按照以上地址发出的通知，如该债权人未实际收到的，视为收到。

157.（未到期债权、附利息债权和含违约金的债权申报）未到期的债权，在破产申请受理时视为到期。可以申报，但应扣除未到期期间的利息。

计息的债权，其利息计算至破产申请受理之日。

破产申请受理前已产生违约金的，该违约金计算至破产申请受理之日。

158.（附条件债权和诉讼、仲裁未决债权的申报）附条件的债权和诉讼、仲裁未决的债权，可以申报。

159.（外汇债权的申报）申报的债权为外币结算的，应以破产申请受理日公布的同一币种的汇率折算为人民币计算债权额，进行申报。

160.（解除合同赔偿的申报）管理人或者债务人因债务人进入破产程序而解除合同的，对方当事人以因合同解除所产生的损害赔偿请求权申报债权。

损害赔偿额的计算以实际损失为原则，不能以合同约定的违约金申报债权。

债务人收取定金的，合同相对方可以双倍定金申报债权。

161.（连带债权人的申报）连带债权人可以由其中一人代表全体连带债权人申报债权，也可以共同申报债权。共同申报的，申报总额不得超过该债权额。

162.（债务人之保证人、连带债务人的申报）债务人的保证人或者其他连带债务人已经代替债务人清偿债务的，以其对债务人的求偿权申报债权；

尚未代替债务人清偿债务的，以其对债务人的将来求偿权申报债权。但债权人已向管理人申报全部债权的除外。

163.（连带债务人破产时权人的申报）连带债务人中的一人或数人进入破产程序的，债权人既可以向破产的连带债务人申报债权，也可以向未破产的连带债务人要求清偿。

连带债务人数人被裁定进入破产程序的，债权人有权就全部债权分别在各破产案件中申报债权。

164.（保证人破产时的债权申报）人民法院受理保证人破产案件时，保证债权未到期的，在保证人破产申请受理时视为到期，且承担一般保证责任的保证人不享有先诉抗辩权。

债权人可以向保证人申报保证债权。债权人未在保证人破产程序中申报债权的，保证人的保证义务自其破产清算程序终结时终止；在保证人破产程序为和解或重整程序时，按照和解债权、重整债权受偿规定受偿。

保证人被确定应承担保证责任的，保证人的管理人可以就保证人应承担的保证责任份额向主债务人行使求偿权。

165.（主债务人、保证人同时破产时的债权申报）主债务人、保证人同时破产的，债权人可以向主债务人、保证人申报全额保证债权。

在保证人提供一般保证情形，如债权人先获得主债务人清偿的，应相应削减其对保证人的债权额；如债权人先行从保证人获得清偿的，应先提存，待确定债权人从主债务人获得清偿数额后，按保证人实际应承担保证责任数额受偿。保证人履行保证责任后不再享有求偿权。

在保证人提供连带责任保证情形下，如债权人先获得主债务人清偿的，应相应削减其对保证人的债权额；如债权人先从保证人获得清偿的，保证人的管理人可以根据企业破产法第五十一条第一款规定向主债务人行使求偿权，要求主债务人将债权人应得清偿部分转付给保证人。

166.（受托人的申报）债务人是委托合同的委托人，被裁定受理破产后，债务人未将其进入破产程序的事实告知受托人，导致受托人不知该事实，继续处理委托事务的，受托人以由此产生的请求权申报债权。

167.（票据付款人的申报）债务人是票据的出票人，被裁定受理破产后，该票据的付款人继续付款或者承兑的，付款人以由此产生的请求权申报债权。

第二节 债权登记和审查

168.（债权申报的登记）管理人应当对所有债权申报进行登记造册，详尽记载申报人的姓名、单位、代理人、申报债权额、债权性质、担保情况、证据、联系方式等事项，形成债权申报登记册。

同一债权人申报多笔债权的，应当分别登记。

169.（债权申报的审查）管理人应当在第一次债权人会议之前对债权进行实质审查，确定债权的性质、数额、担保财产、是否超过诉讼时效、是否超过申请执行时效等情况。

170.（编制债权表）管理人应当根据审查情况，分别编制应予确认债权的债权表和不应予确认债权的债权表，提交第一次债权人会议核查。

应予确认债权的债权表，应当按照债权的清偿顺序分类登记。

债权表、债权申报登记册和债权申报材料在破产程序终结前由管理人保管，供债权人、债务人、债务人职工及其他利害关系人查阅。

171.（对有名债权的审查）管理人应当将生效法律文书确定的债权记载于应予确认

债权的债权表。但超过申请执行时效的债权除外。

在债权审查中，管理人发现债权人据以申报债权的生效法律文书所确定的债权有错误，或者有证据证实债权人与债务人恶意通过诉讼、仲裁或者公证机关赋予强制执行力公证文书等形式虚构债权债务的，管理人应当依照相关法律规定申请再审，或者提起第三人撤销之诉，或者申请撤销仲裁裁决或不予执行。但在再审、撤销或者不予执行程序作出结论前，该债权人在破产程序中的权利不受影响。

第三节 债权核查与异议债权确认诉讼

172.（债权核查的时间）管理人编制的债权表应当提交第一次债权人会议核查。

因特殊原因无法在第一次债权人会议核查，且第一次债权人会议无必须表决事项的，可以在以后的债权人会议上核查，但是不得迟于待表决事项进行表决之时。

173.（无异议债权）债务人、债权人均对债权表记载的债权无异议的，由人民法院裁定确认。

债务人是否有异议的意思表示，由债务人的原法定代表人作出。债务人的原法定代表人未参加债权人会议，亦未委托代理人参加债权人会议的，视为债务人无异议。

债权人未参加债权人会议，亦未委托代理人参加债权人会议的，视为该债权人对债权表记载的本人的债权以及其他债权人的债权无异议。

174.（有异议债权的处理）债务人、债权人对债权表记载的债权有异议的，应当说明理由和法律依据。经管理人解释或者调整后，仍有异议的，按照以下原则处理：

（1）债务人、对他人债权有异议的债权人，可以在核查债权之债权人会议结束后十五日内，向受理破产案件的人民法院提起债权确认诉讼。逾期未起诉的，该债权确定；

（2）对本人债权有异议的债权人，可以向受理破产案件的人民法院提起债权确认诉讼。人民法院可以依照企业破产法第五十九条第二款之规定，为其行使表决权而临时确定债权额。破产财产分配时，该债权确认诉讼案件尚未作出生效裁判的，应当根据该债权人申报债权额和破产案件清偿率计算其分配额并提存。

对于债权人会议核查的债权，如该债权有担保人的，管理人应将审查情况书面告知担保人。担保人有异议的，可以要求管理人更正。管理人不予更正的，担保人可以在收到不予更正决定之日起十五日内，向受理破产案件的人民法院提起债权确认诉讼。逾期未起诉的，该债权确定。

175.（异议债权确认诉讼的诉讼费）异议债权确认诉讼的案件受理费按照《诉讼费用交纳办法》规定的财产案件受理费标准收取。对债权数额无异议，但对债权的清偿顺序或者是否具有优先权有争议而提起的诉讼，应按照争议涉及的金额计算案件受理费。

第六章 债权人会议

第一节 债权人会议的召开

176.（会议成员）依法申报债权的债权人为债权人会议的成员，有权参加债权人会议，享有表决权。

债权人可以委托代理人出席债权人会议，行使表决权以及行使债权人所享有的其他民事权利。代理人应当向人民法院或者债权人会议主席提交债权人的授权委托书。

177.（职工和工会的代表）债权人会议应当有债务人的职工和工会的代表参加，由债务人职工大会和工会推选产生,代表人数不得超过三人。

参加债权人会议的职工和工会的代表,可以就与职工利益相关的事项发表意见,不参与表决。

178.(列席人员)依照企业破产法第二十三条第二款的规定,管理人应当列席债权人会议,向债权人会议报告职务执行情况,并回答询问。

依照企业破产法第十五条第一款第(三)项、第二款的规定,债务人的法定代表人以及经人民法院决定的财务负责人和其他经营管理人员应当列席债权人会议,并如实回答债权人的询问。拒绝列席的,人民法院可依据企业破产法一百二十六条的规定,对其拘传并罚款。

管理人聘用的审计、评估等中介机构可以列席债权人会议。

必要时,可以通知债务人的出资人和政府相关部门派员列席债权人会议。

179.(债权人会议主席)债权人会议设主席一人,由人民法院在第一次债权人会议上,从有表决权的债权人中指定。

债权人会议主席为单位的,应指派固定的代表人员负责履行职责。代表人员未经人民法院同意不得更换。

债权人会议主席和债权人委员会成员应当根据法律规定和人民法院的指令履行职责。不正确履行职责、妨碍破产程序的,人民法院可以予以告诫、罚款,或者依照法定程序予以更换。

经人民法院准许,债权人会议主席可辞去职务。

180.(债权人会议的召集与主持)第一次债权人会议由人民法院召集并主持,自债权申报期限届满之日起十五日内召开。

以后的债权人会议,在人民法院认为必要时召开,或者在管理人、债权人委员会、占债权总额四分之一以上的债权人向债权人会议主席提议时召开。债权人会议由债权人会议主席召集并主持,管理人协助筹备会议。人民法院应当参加会议。

181.(会议通知)召开债权人会议,管理人应当提前十五日,将会议的时间、地点、议题等事项通知已知债权人。

182.(第一次债权人会议准备工作)人民法院召集第一次债权人会议前,应做好以下准备工作:

(1)确定会议议题,拟定会议议程;

(2)提前十五天向债权申报人发出会议通知;

(3)通知债务人的法定代表人和法院认为必要的债务人的其他管理人员,要求其必须到会;

(4)通知管理人列席会议;

(5)通知其他相关人员列席会议;

(6)拟定债权人会议主席候选名单;

(7)准备会场;

(8)准备会议文件(督促管理人准备文件)。

会议文件一般包括:

(1)程序类:参会须知、会议议程、债权人签到表、列会人员签到表、表决票、表决票统计表等；

（2）报告类：管理人执行职务报告、债务人财产状况报告、债权审查报告及债权表、管理人报酬方案等；

（3）议案类：债务人财产管理方案、债权人会议主席候选名单、破产财产变价方案等。

183.（第一次债权人会议议程）第一次债权人会议一般包括如下议题议程，可以根据实际情况进行调整：

（1）人民法院宣布会议纪律要求、合议庭组成人员和书记员、申报债权人的到会情况；

（2）人民法院宣布债权人会议职权；

（3）人民法院介绍破产申请受理及指定管理人的情况；

（4）管理人作执行职务报告和债务人财产状况报告；

（5）核查债权；

（6）人民法院宣布债权人会议主席的职责；指定债权人会议主席；

（7）人民法院宣布债权人委员会的职责；债权人会议以表决的方式决定是否设置债权人委员会；选举债权人委员会成员，通过对债权人委员会职权的授权范围和债权人委员会议事规则；

（8）以表决的方式决定继续或者停止债务人的营业；

（9）通过债务人财产管理方案等；

（10）管理人向债权人会议报告管理人报酬方案；

（11）管理人、债务人的法定代表人等接受债权人的询问。

184.（会议记录）债权人会议应当对所议事项的决议作成会议记录。

第二节 债权人会议决议

185.（表决资格）债权人依据债权人会议核查后确定的债权额或者人民法院临时确定的债权额，对需要表决的事项行使表决权。

186.（临时债权额的确定）债权尚未确定的债权人，可以申请人民法院为其行使表决权而临时确定其债权额。

人民法院应当根据申请人提交的证据材料进行形式审查，确定申请人的临时债权额。

187.（有财产担保债权人的表决限制）对债务人的特定财产享有担保权的债权人，未放弃优先受偿权利的，在被担保债权的份额范围内，对企业破产法第六十一条第一款第七项、第十项规定的事项（即通过和解协议、通过破产财产分配方案）不享有表决权。

188.（表决方式）债权人会议采取现场由债权人填写表决票的方式，或者其他便于记录和统计表决债权额和表决结果的方式进行表决。

除现场表决外，还可以由管理人将相关决议事项告知债权人，采取通信、网络投票等非现场方式进行表决。

债权人在表决相关事项时放弃投票表决的，不视为同意。

管理人应当根据表决结果协助人民法院或者债权人会议主席形成债权人会议的书面决议。采取非现场方式表决的，管理人应当在债权人会议决议通过后的三日内，以信函、电子邮件等方式告知参与表决的债权人。

189．（表决通过）债权人会议的决议，除企业破产法另有规定外，由出席会议的有表决权的债权人过半数通过，并且其所代表的债权额占对该决议有表决权的债权总额的二分之一以上。

190．（同一债权人的多笔债权）同一债权人对债务人享有一笔以上的债权时，其表决时代表的债权额为其债权总和，但按一家债权人计数。

191．（决议的效力）债权人会议决议对在相关决议事项上有表决权的全体债权人均有约束力，包括出席债权人会议但投反对或者弃权票的债权人、未出席债权人会议的债权人和以后补充申报的债权人。

192．（申请撤销决议）债权人认为债权人会议的决议违反法律规定、损害其利益，依据企业破产法第六十四条第二款的规定申请人民法院裁定撤销债权人会议决议的，应在债权人会议决议作出之日起十五日内向人民法院提出书面申请。债权人会议采取非现场方式表决的，债权人申请撤销债权人会议决议，应自收到管理人决议通知之日起十五日内向人民法院提出书面申请。

193．（决议撤销事由）债权人会议的决议具有以下情形之一的，人民法院应裁定撤销：

（1）债权人会议的召开违反法定程序，导致影响债权人行使权利的；

（2）债权人会议的决议表决违反法定程序，导致影响债权人行使权利的；

（3）债权人会议的决议内容违法，或者剥夺少数债权人合法权益和平等受偿机会；

（4）债权人会议的决议内容损害国家和社会公共利益，或者违背公序良俗。

人民法院裁定撤销债权人会议决议的，应当责令债权人会议就相关事项依法重新作出决议。

194．（需法院裁定的未通过事项1）企业破产法第六十一条第一款第八项、第九项所列事项（即债务人财产的管理方案、破产财产的变价方案），经债权人会议表决未通过的，由人民法院裁定。该裁定人民法院可以在债权人会议上宣布，也可另行通知债权人。

债权人不服裁定的，可以自裁定宣布之日起或者收到通知之日起十五日内向作出裁定的人民法院申请复议。复议期间不停止裁定的执行。

195．（需法院裁定的未通过事项2）企业破产法第六十一条第一款第十项所列事项（即破产财产的分配方案），经债权人会议二次表决仍未通过的，由人民法院裁定。该裁定人民法院可以在债权人会议上宣布，也可另行通知债权人。

债权额占无财产担保债权总额二分之一以上的债权人不服裁定的，可以自裁定宣布之日起或者收到通知之日起十五日内向作出裁定的人民法院申请复议。复议期间不停止裁定的执行。

第三节　债权人委员会

196．（债权人委员会成员）债权人会议可以根据实际情况决定是否设立债权人委员会。决定设立的，债权人委员会的成员人数应当为单数，并不得超过九人。

债务人职工大会或者工会推选一名代表参加债权人委员会；其他成员由债权人会议从债权人中推选。

债权人委员会成员应当经人民法院书面决定认可。人民法院认为有关代表不适宜担任债权人委员会成员的，可以不予认可，建议债权人会议或职工大会和工会予以调整人选。

197.（债权人委员会的职权）债权人委员会行使下列职权：

（1）监督债务人财产的管理和处分；

（2）监督破产财产分配；

（3）提议召开债权人会议；

（4）受债权人会议委托，审查管理人费用和报酬、监督管理人等。

债权人委员会不得要求债权人会议对其作出概括性授权，行使债权人会议所有职权。

198.（债权人委员会议事规则）债权人委员会表决实行一人一票，所议事项应获得全体成员过半数通过，并制作议事记录。债权人委员会成员对所议事项的决议有不同意见的，应当在记录中载明。

债权人委员会行使职权应当接受债权人会议的监督，对债权人会议负责，以适当的方式向债权人会议及时汇报工作。

199.（管理人财产处分行为的报告制度）管理人实施企业破产法第六十九条规定的财产处分行为，应当提前十日书面报告债权人委员会。未设债权人委员会的，报告人民法院。

债权人委员会可以依照企业破产法第六十八条第二款、第三款的规定，要求管理人对处分行为作出相应说明或者提供有关文件依据。债权人委员会认为管理人实施财产处分行为不当的，可以请求人民法院作出是否准许管理人实施该处分行为的决定。人民法院应当在五日内作出决定。

未设立债权人委员会，人民法院认为管理人实施财产处分行为不当的，可以责令管理人停止财产处分行为。

200.（保密义务）债权人委员会执行职务时，有权要求管理人、债务人的有关人员对其职权范围内的事务作出说明或者提供有关文件。对其中涉及的商业秘密或其他保护相关利益人合法权益而应当保密的内容，债权人委员会成员应承担保密义务。

第七章　重　整

第一节　重整申请和重整期间

201.（重整申请主体）债务人或者债权人可以依据企业破产法的相关规定，直接向人民法院申请对债务人进行重整；

债权人申请对债务人进行破产清算，在人民法院受理该申请后、宣告债务人破产前，债务人以及单独或者合计出资额占债务人注册资本十分之一以上的出资人，可以向人民法院申请重整。

202.（提交重整可行性报告）债务人申请重整的，除提交本规程第13、14条规定的材料外，还应当提交债务人通过重整程序企业能够持续经营，获得经济收益和摆脱困境的重整可行性报告。

重整可行性报告一般应包括以下内容：

（1）债务人在重整申请之前一年内的资金周转状况；

（2）重整如获得批准后的资金筹措方案；

（3）重整如获得批准后的资金运行周转方案；
（4）重整如获得批准后的生产经营方案；
（5）重整如获得批准后债务人收取经营利润的可能性说明。

203.（裁定受理）人民法院经审查认为重整申请符合企业破产法规定的，应当裁定债务人重整，并予以公告。

自人民法院裁定债务人重整之日起至重整程序终止，为重整期间。

204.（财产管理和营业事务）重整期间，既可以由管理人负责管理财产和营业事务，也可以经人民法院批准，由债务人在管理人监督下自行负责。

205.（债务人自行管理的条件）重整期间，债务人符合下列条件的，经债务人申请，人民法院可以批准债务人在管理人的监督下自行管理财产和营业事务：
（1）未发现债务人有企业破产法第三十一条、第三十三条规定的行为；
（2）债务人的内部治理结构足以使企业正常运转；
（3）出资人对债务人自行管理财产和营业事务有实际可行的支持措施。

债务人自行管理的，依照企业破产法及本规程规定已接管债务人财产和营业事务的管理人应当向债务人移交财产和营业事务，企业破产法及本规程规定的管理人的职权由债务人行使。

206.（管理人聘任债务人有关人员的费用）重整期间，管理人负责管理财产和营业事务的，可以聘任债务人的经营管理人员负责营业事务。

聘用的债务人经营管理人员的工资根据经营情况确定，作为破产费用从债务人财产中支付。

207.（对出资人和董、监、高的限制）重整期间，债务人的出资人不得请求投资收益分配。

重整期间，债务人的董事、监事、高级管理人员不得向第三人转让其持有的债务人的股权，但是，经人民法院同意的除外。

208.（对别除权和取回权人的限制）在重整期间，对债务人的特定财产享有的担保权暂停行使。但担保物有损坏或者价值明显减少的可能，足以危害担保权人权利的，担保权人可以向管理人申请恢复行使担保权。

债务人合法占有的他人财产，该财产的权利人在重整期间要求取回的，应当符合事先约定的条件。

取回物被转让或者毁损、灭失，权利人行使代偿取回权的，不受前款限制。

209.（重整程序转为破产清算）在重整期间，有下列情形之一的，经管理人或者利害关系人请求，人民法院应当裁定终止重整程序，并宣告债务人破产：
（1）债务人的经营状况和财产状况继续恶化，缺乏挽救的可能性；
（2）债务人有欺诈、恶意减少债务人财产或者其他显著不利于债权人的行为；
（3）由于债务人的行为致使管理人无法执行职务。

第二节 重整计划的制定和批准

210.（重整计划草案的提出主体）债务人自行管理财产和营业事务的，由债务人制作重整计划草案；管理人负责管理财产和营业事务的，由管理人制作重整计划草案；债权人、债务人出资人、新出资人等利害关系人均可就重整计划草案向债务人或管理人提出建议。

211.（重整计划草案的提交时间）债务人或者管理人应当自人民法院裁定债务人重整之日起六个月内，向人民法院和债权人会议提交重整计划草案。

前款规定的期限届满，经债务人或者管理人请求，有正当理由的，人民法院可以裁定延期三个月。

提交期限届满未提出重整计划草案，或者重整计划草案明显不符合企业破产法及本规程相关规定的，人民法院应当裁定终止重整程序，并宣告债务人破产。

212.（重整计划草案的必要记载事项）重整计划草案应当包括以下内容：

（1）债务人的经营方案，包括债务人的经营管理方案、融资方案、裁员减薪方案、营利模式、资产与业务重组方案等重整的具体措施；

（2）债权分类；

（3）债权调整方案；

（4）债权受偿方案；

（5）清偿率的说明，包括该草案被提请批准时普通债权依破产清算程序所能获得的清偿比率的计算依据，以及依重整计划草案普通债权所能获得清偿比率计算依据的详细说明；

（6）重整计划的执行期限；

（7）重整计划执行的监督期限。

重整涉及债务人的出资人权益调整的，重整计划草案还应当包括出资人权益调整方案。

如有第三方为重整计划的执行提供担保，重整计划草案应载明相应的担保条款。

213.（交付表决前的说明义务）重整计划草案提交债权人会议表决前，草案制作人应通过会议、电话、信件、传真、电子邮件或其他有效方式向债权人等利害关系人就草案作出详尽说明。

214.（召开债权人会议）人民法院应当自收到重整计划草案之日起三十日内召开债权人会议，对重整计划草案进行表决。

重整计划草案不涉及出资人权益调整事项的，管理人应当通知债务人的出资人，由其决定是否派代表列席债权人会议。

重整计划草案涉及出资人权益调整事项的，管理人应当在债权人会议召开前十五日通知出资人参加会议进行表决；通知对出资人权益进行查封或者享有股权质押权的出资人之债权人等利害关系人列席会议。

根据案件实际需要，人民法院也可以决定出资人组的表决不与债权人组的表决同时进行。

215.（分组方法）债权人依照企业破产法第八十二条第一款的规定，按债权性质的不同进行分组表决。持有不同性质债权的债权人不得分至同一组。

必要时，人民法院可以决定对普通债权人按债权额大小、清偿比例的不同等标准增加分组。同一清偿额度的债权人不应另行拆分。

重整计划草案涉及出资人权益调整事项的，应当设出资人组，对该事项进行表决。

216.（社保债权人不参加表决）重整计划不得规定减免债务人欠缴的企业破产法第八十二条第一款第二项规定以外的社会保险费用；该项费用的债权人不参加重整计划草案的表决。

217.（表决通过）出席债权人会议的同一表决组的债权人过半数同意重整计划草案，并且其所代表的债权额占该组债权总额的三分之二以上的，即为该组通过重整计划草案。

出资人组对重整计划草案中涉及出资人权益调整事项进行表决，同意重整计划草案的出资人的出资额占债务人注册资本三分之二以上的，即为该组通过重整计划草案。

各表决组均通过重整计划草案时，重整计划即为通过。

218.（未通过后的再次表决）部分表决组未通过重整计划草案的，债务人或管理人可以同该表决组协商。该表决组可以在协商后再表决一次。双方协商的结果不得损害其他表决组的利益。

再次表决应当在第一次表决后的三个月内完成。

未通过重整计划草案的表决组就是否再次表决进行程序表决时，过半数的成员或者代表表决权额三分之二以上的表决权人反对再次表决；或者在指定的时间不参加再次表决会议；或者以书面形式明确表示不接受债务人或者管理人再次表决的建议的，视为该表决组拒绝再次表决重整计划草案。

219.（申请批准、申请强制批准）自重整计划通过之日起十日内，债务人或者管理人应当向人民法院提出批准重整计划的申请。

未通过重整计划草案的表决组拒绝再次表决，或者再次表决仍未通过重整计划草案，但重整计划草案符合企业破产第八十七条第二款规定条件的，债务人或者管理人可以申请人民法院强制批准该重整计划草案。

220.（批准和强制批准）人民法院经审查认为重整计划草案符合下列条件的，应当自收到债务人或管理人提请批准或者强制批准重整计划草案的申请之日起三十日内裁定批准，终止重整程序，并公告：

（1）重整计划草案的表决程序符合企业破产法和本规程的规定；

（2）重整计划草案的内容符合企业破产法第八十七条第二款规定的条件；

（3）重整计划草案涉及行政许可事项的，债务人或管理人已取得相关行政机关许可相关事项的书面意见。

经人民法院审查发现重整计划草案内容违反法律、行政法规强制性规定或损害国家、集体、第三人利益、公共利益的，不应予以批准。

221.（因重整计划未通过或未批准而转入破产清算）重整计划草案未通过且未获得强制批准，或者虽已通过但未获批准的，人民法院应当裁定终止重整程序，并宣告债务人破产。

第三节 重整计划的执行

222.（重整计划的执行与监督）重整计划由债务人执行，由管理人在重整计划规定的监督期内监督执行。

在监督期内，债务人应当向管理人报告重整计划执行情况和财务状况。

监督期届满时，管理人应当向人民法院提交监督报告。自监督报告提交之日起，管理的监督职责终止。

经管理人申请,人民法院可以裁定延长监督期。

223.(出资人权益调整事项的执行)重整计划涉及出资人权益调整事项的,出资人权益登记机关应当根据人民法院批准重整计划的裁定办理该权益的变动登记。

224.(未申报债权的处理)经人民法院裁定批准的重整计划,对全体债权人均有约束力。

债权人未依照企业破产法及本规程规定申报债权的,在重整计划执行期间不得行使权利;重整计划执行完毕后,可以按照重整计划规定的同类债权的清偿条件行使权利(但有证据证明债权人已收到债权申报的书面通知或通过除公告以外的其他方式明知债权申报事实而故意不申报的情形除外)。

225.(债务人保证人的权利义务)债权人对债务人的保证人和其他连带债务人所享有的权利,不受重整计划的影响,也不受该债权人表决情况的影响。后者仍应依原合同约定的金额和期限履行担保责任或者清偿义务。

226.(行政审批问题)重整计划未获正式的行政许可,致使重整目的不能实现的,人民法院可以依管理人、债务人和其他利害关系人的申请,裁定终止重整计划的执行,并宣告债务人破产。

227.(终止重整计划执行)重整计划不具有强制执行力。债务人不能执行或者不执行重整计划的,人民法院经管理人或者利害关系人请求,应当裁定终止重整计划的执行,并宣告债务人破产。

自人民法院作出上述裁定之日起,债权人在重整计划中作出的债权调整的承诺失去效力。债权人因执行重整计划所受的清偿仍然有效,债权未受清偿的部分作为破产清算程序中的破产债权,在其他同顺位债权人同自己所受的清偿达到同一比例时,才能继续接受分配。

228.(终止执行后执行担保继续有效)重整计划终止执行的,为重整计划的执行提供的担保继续有效。

229.(重整计划执行完毕的效力)重整计划执行完毕的,按照重整计划减免的债务,债务人不再承担清偿责任。

第八章 和 解

230.(申请人)只有债务人享有和解申请权。

231.(申请的提出)债务人已经发生破产原因的,可以直接向人民法院申请和解;也可以在人民法院受理破产申请后、宣告债务人破产前,向人民法院申请和解。

232.(和解协议草案的内容)债务人提出和解申请时,应当同时提交和解协议草案,供债权人会议讨论审查并表决。

和解协议草案一般包括下列内容:

(1)债务人的财产状况;

(2)清偿债务的比例、期限及财产来源;

(3)破产费用、共益债务的种类、数额及支付期限。

债务人可以在和解协议草案中为和解协议的执行设定担保。

和解协议草案中可以规定监督条款，设置和解协议执行的监督人。

233.（法院审查受理）人民法院经审查认为债务人已经发生破产原因，其申请符合企业破产法规定的，应当裁定受理和解申请，予以公告，并召集债权人会议讨论和解议草案。

234.（别除权的行使）对债务人的特定财产享有担保权的债权人，自人民法院裁定受理和解申请之日起，可以行使权利。

235.（债权人会议表决）债权人会议通过和解协议的决议，须由出席会议的有表决权的债权人过半数同意，且其所代表的债权额占无财产担保债权总额的三分之二以上。

债权人会议表决结果符合前款规定的条件之一，债务人申请二次表决的，人民法院应当准许。

二次表决应在首次表决后的三十日内进行。

236.（申请法院裁定认可）债权人会议通过和解协议满十五日，无债权人依据企业破产法第六十四条第二款之规定请求撤销债权人会议决议的，管理人应当向人民法院提出认可和解协议的申请。

237.（法院裁定认可）人民法院经审查认为和解协议符合下列条件的，应当自收到管理人申请之日起三十日内裁定认可和解协议：

（1）和解协议的表决程序符合企业破产法的规定；

（2）不违反公平清偿原则，和解条件对于同一性质的债权平等，或者受到不平等对待的不利益者自愿接受；

（3）债务人申请和解的目的正当，无破产欺诈行为。

经人民法院审查发现和解协议内容违反法律、行政法规强制性规定，或损害国家、集体、第三人利益、公共利益的，不应予以认可。

238.（终止和解程序情形1：表决通过并法院认可）人民法院裁定认可债权人会议通过的和解协议的，应当同时裁定终止和解程序，并公告。管理人应当向债务人移交财产和营业事务，并向人民法院提交执行职务的报告。

239.（终止和解程序情形2：表决未通过或法院未认可）

和解协议草案经债权人会议表决未获得通过，或者债权人会议通过的和解协议未获得人民法院认可的，人民法院应当裁定终止和解程序，宣告债务人破产，并公告。

240.（终止和解程序情形3：法院认可前撤回申请）在人民法院作出是否认可和解协议的裁定之前，债务人撤回和解申请的，人民法院应当裁定终止和解程序，宣告债务人破产，并公告。

241.（未申报债权的处理）经人民法院裁定认可的和解协议，对和解债权人，即人民法院受理破产申请时对债务人享有无财产担保债权的人，均有约束力，而无论其是否申报债权、是否参加债权人会议、表决时是否同意。

和解债权人未依照企业破产法规定申报债权的，在和解协议执行期间不得行使权利；和解协议执行完毕后，可以按照和解协议规定的清偿条件行使权利。

242.（债务人保证人的权利义务）和解协议中，和解债权人对债务人所作的债务减免或延期偿还的让步，效力不及于债务人的保证人或者连带债务人，其仍应依原合同约定的金额和期限履行担保责任或者清偿义务。

243.（和解协议的无效）因债务人的欺诈或者其他违法行为而成立的和解协议，人民法院应裁定和解协议无效，并宣告债务人破产。

和解债权人因执行和解协议所受的清偿，在其他债权人所受清偿同等比例的范围内，不予返还；超过部分，应当返还，作为破产财产按照破产清算程序分配。

244.（终止和解协议的执行）和解协议不具有强制执行力。债务人不能执行或者不执行和解协议的，人民法院经和解债权人申请，应当裁定终止和解协议的执行，并宣告债务人破产。

和解协议终止执行的，和解债权人在和解协议中所作的债权调整的承诺失去效力。

和解债权人因执行和解协议所受的清偿仍然有效，和解债权未受清偿的部分作为破产清算程序中的破产债权，在其他债权人同自己所受的清偿达到同一比例时，才能继续接受分配。

245.（终止执行后执行担保继续有效）和解协议终止执行的，为和解协议的执行提供的担保继续有效。

246.（和解协议执行完毕的效力）债务人完全履行和解协议后，按照和解协议减免的债务，自和解协议执行完毕时起，债务人不再承担清偿责任。

247.（自行和解）人民法院受理破产申请后，债务人与全体债权人就债权债务的处理自行达成协议的，可以请求人民法院裁定认可，并终结破产程序。

第九章　破产清算

第一节　破产宣告

248.（宣告破产的时间）第一次债权人会议召开之后，无人提出重整或和解申请，债务人符合企业破产法规定的宣告破产条件的，管理人应当申请人民法院裁定宣告债务人破产。管理人不申请的，人民法院依职权宣告破产。

破产申请受理后，债务人财产不足以清偿破产费用，且无人代为清偿或予以垫付的，经管理人申请，人民法院应当宣告债务人破产，并裁定终结破产程序。宣告债务人破产的时间不受前款规定限制。

249.（宣破裁定的送达和公告）宣告债务人破产的裁定，应自作出之日起五日内送达债务人和管理人，自作出之日起十日内通知已知债权人，并公告。

250.（资产交接）由债务人自行管理的重整程序经破产宣告转为清算程序的，或者和解协议生效后经破产宣告转为破产清算的，债务人应当立即向管理人办理财产和事务的移交。

251.（宣告破产前裁定终结破产程序的情形）宣告破产前，有下列情形之一的，人民法院应当裁定终结破产程序，并公告：

（1）第三人为债务人的全部债务提供足额担保，包括到期债务，以及因破产受理而视为到期的未到期债务，且为债权人所接受；

（2）债务人已清偿全部债务，包括到期债务，以及因破产受理而视为到期的未到期债务。

252.（别除权的行使）在人民法院对债务人裁定宣告破产后，对债务人特定财产享有担保权的债权人可以就该特定财产行使优先受偿权。

担保债权人在占有担保物的情况下，应遵循物权法、担保法等有关规定行使其优先受偿权。在管理人占有担保物的情况下,管理人应当在通知担保债权人之后,依法定程序处置担保物;担保债权人亦可向管理人要求就该特定财产行使优先受偿权。管理人根据案件情况在十五日内决定是否同意其立即行使权利,并与之协商确定权利实现期限和实现方式。担保债权人对管理人的决定有异议,或者不能协商一致的,可以向受理破产案件的人民法院提起诉讼。

对债务人特定财产享有担保权的债权人行使优先受偿权未能完全受偿的,其未受偿的债权作为普通债权;放弃优先受偿权利的,其债权作为普通债权。

253. (建设工程价款优先受偿权) 破产人为建设工程发包人时,就该工程折价或者拍卖的价款,承包人的建设工程价款债权优先于抵押权受偿。

建设工程承包人行使优先权的期限为六个月,自建设工程竣工之日或者建设工程合同约定的竣工之日起计算。

254. (国家对划拨土地使用权出让金的优先受偿权) 以划拨方式取得的国有土地使用权及其地上建筑物设定抵押的,就该抵押物拍卖的价款,应优先缴纳国家收取的土地使用权出让金。

第二节 变价和分配

255. (破产财产变价方案) 管理人应当及时拟订破产财产变价方案,提交债权人会议讨论,并按照通过的方案适时变价出售破产财产。

破产财产变价方案一般应包括以下内容:
(1) 拟变价的破产财产范围、形态、类别;
(2) 拟变价的财产评估情况;
(3) 各类财产的变价方式;
(4) 财产变价的时间与进度安排;
(5) 财产变价的预计费用;
(6) 委托评估、拍卖机构的情况。

256. (破产财产的评估) 处理破产财产前,管理人可以确定有相应评估资质的评估机构对破产财产进行评估。债权人会议对破产财产的变现底价无异议的,可以不进行评估。

破产企业为国有性质的,其资产的评估应按照国有资产评估的规定办理。但国有资产管理部门和债权人会议均同意不评估的除外。

257. (拍卖变现及其例外情形) 破产财产的变现应当以拍卖方式为原则,但拍卖所得预计不足以支付评估、拍卖费用,或者债权人会议另有决议的除外。

依前款不进行拍卖或者拍卖不成的破产财产,可以作价变卖,或者进行实物分配。变卖或者实物分配方案应当提交债权人会议表决。

258. (有优先购买权的拍卖) 拍卖的破产财产上存在优先购买权的,拍卖过程中,有最高应价时,优先购买权人可以表示以该最高价买受,如无更高应价,则拍归优先购买权人;如有更高应价,而优先购买权人不作表示的,则拍归该应价最高的竞买人。

顺序相同的多个优先购买权人同时表示买受的,以抽签方式决定买受人。

259. (变价方式不得违反强制性规定) 法律、行政法规明确规定了财产转让方式的,应当从其规定，债权人会议不得以决议排除其适用。

依法属于限制流通的破产财产，应当由国家指定的部门收购或者按照有关法律规定处理。

260.（成套设备的变价）破产财产中的成套设备，一般应当整体出售。

261.（对外投资的收回）破产企业的对外投资应当通过拍卖或者协议转让股权的方式予以收回。

管理人拍卖或者协议转让债务人持有的有限责任公司股权的，应当依法通知公司及全体股东；管理人拍卖或者协议转让债务人投资的股份有限公司股权的，应当依法通知公司。

262.（公益福利性设施的处置）国有企业、集体企业债务人的幼儿园、学校、医院等公益福利性设施，继续开办的，按有关规定移交政府有关部门管理，不作为破产财产分配；不继续开办的，作为破产财产变价分配。

263.（债权追收以及直接分配债权）管理人应当向破产企业的债务人追收债权。

债权追收成本过高的，经债权人会议决议，可以放弃债权，亦可以选择拍卖债权。拍卖不成的，可以分配债权。

债权人会议决议直接分配债权的，可以进行债权分配。由管理人向债权人出具债权分配书，债权人可以凭债权分配书向债务人的债务人要求履行。

264.（债务人债权的诉讼时效）债务人享有的债权，其诉讼时效自人民法院受理破产申请之日起，适用《中华人民共和国民法通则》第一百四十条关于诉讼时效中断的规定。

管理人不能及时提起诉讼的，应当及时向债务人的债务人提出履行要求；已经取得胜诉裁判的，管理人应当及时向相关人民法院申请强制执行。

265.（分配方式）破产财产的分配应当以货币分配方式进行。但债权人会议另有决议的除外。

266.（破产财产分配方案）管理人应当及时拟订破产财产分配方案，提交债权人会议讨论。债权人会议通过后，由管理人将该方案提请人民法院裁定认可。

破产财产分配方案应当载明下列事项：

（1）参加分配的债权人的名称或者姓名、住所；

（2）参加分配的债权额；

（3）可供分配的破产财产数额；

（4）破产财产分配的顺序、比例及数额；

（5）实施破产财产分配的方法。

267.（法定清偿顺序）依照企业破产法第一百一十三条之规定，破产财产在优先清偿破产费用和共益债务后，按下列顺序清偿：

（1）破产人所欠职工的工资和医疗、伤残补助、抚恤费用，所欠的应当划入职工个人账户的基本养老保险、基本医疗保险费用，以及法律、行政法规规定应当支付给职工的补偿金；

（2）破产人欠缴的除前项规定以外的社会保险费用和破产人所欠税款；

（3）普通破产债权。

破产财产不足以清偿同一顺序的清偿要求的，按照比例分配。

268. （法律、法规规定的补偿金）企业破产法第一百一十三条第一款第（一）项中的"法律、行政法规规定应当支付给职工的补偿金"包括：企业因破产解除、终止劳动合同，依据《劳动合同法》第四十六条、第四十七条、《劳动合同法实施条例》第二十七条应向职工支付的解除劳动合同补偿金；依据《劳动合同实施条例》第二十三条应向工伤职工一次性支付的工伤医疗补助金和伤残就业补助金。

解除劳动合同补偿金，按劳动者在破产企业工作的年限，每满一年支付一个月工资的标准向劳动者支付。六个月以上不满一年的，按一年计算；不满六个月的，向劳动者支付半个月工资的经济补偿。支付解除劳动合同补偿金的年限最高不超过十二年。

劳动者月工资高于北京市公布的本市上年度职工月平均工资三倍的，向其支付经济补偿的标准按职工月平均工资三倍的数额支付；劳动者月工资低于本市最低工资标准的，按照本市最低工资标准计算。

本条所称月工资是指劳动者在劳动合同解除或者终止前十二个月的平均工资。劳动者工作不满12个月的，按照实际工作的月数计算平均工资。月工资按照劳动者应得工资计算，包括计时工资或者计件工资以及奖金、津贴和补贴等货币性收入。

269. （第二顺位中"社保费"的理解）企业破产法第一百一十三条第一款第（二）项中的"除前款规定以外的社会保险费用"是指基本养老保险和基本医疗保险中的社会统筹部分，以及除基本养老保险和基本医疗保险以外的其他依法设置的失业保险、工伤保险和生育保险等社会保险。

社会保险债权计算截止日为劳动合同解除之日。

270. （高管人员的工资债权计算）破产企业的董事、监事和高级管理人员的工资按照破产企业职工的平均工资计算，即按照破产企业职工同期的平均工资确定对董事、监事和高级管理人员的工资支付标准，并且按照破产企业拖欠职工工资的平均期间确定按上述标准支付上述人员工资的期间，但上述人员被拖欠工资的期间长于职工被拖欠工资平均期间的除外。

271. （住房公积金债权的清偿顺序）债务人根据《住房公积金管理条例》的规定应为职工缴存而未缴存的住房公积金部分，视为债务人拖欠职工工资。按企业破产法第一百一十三条第一款第（一）项规定的第一顺序清偿。

272. （人身侵权债权的优先受偿）因债务人侵权行为造成的人身损害赔偿，参照企业破产法第一百一十三条第一款第（一）项规定的顺序清偿。

273. （股东的投资权益作为劣后债权）破产企业的股权、股票持有人在股权、股票上的权利，在普通债权完全受偿后清偿。

274. （多次分配）管理人按照破产财产分配方案实施多次分配的，应当公告本次分配的财产额和债权额。

管理人实施最后分配的，应当在公告中指明，并依企业破产法第一百一十七条第二款载明对附条件债权的处理。

275. （附条件债权的分配）对于附生效条件或者解除条件的债权，管理人应当将其分配额提存。

在最后分配公告日，生效条件未成就或者解除条件成就的，应当将提存的分配额分配给其他债权人；在最后分配公告日，生效条件成就或者解除条件未成就的，应当将提存的分配额交付给债权人。

276.（破产分配的受领）债权人未受领的破产财产分配额，管理人应当提存。债权人自最后分配公告日起满二个月仍不领取的，视为放弃受领分配的权利，管理人或者人民法院应当将提存的分配额分配给其他债权人。

277.（诉讼未决债权的分配）破产财产分配时，对于诉讼或者仲裁未决的债权，管理人应当将其分配额提存。自破产程序终结之日起满二年仍不能受领的，人民法院应当将提存的分配额分配给其他债权人。

第三节 破产程序的终结

278.（因分配完毕而终结）管理人在破产财产最后分配完结后，应当及时向人民法院提交破产财产分配报告，并申请人民法院终结破产程序。

279.（因无财产分配而终结）破产人无财产可供分配的，管理人应当申请人民法院裁定终结破产程序。

280.（裁定终结）人民法院应当自收到管理人终结破产程序的申请之日起十五日内，作出是否终结破产程序的裁定。

裁定终结的，应当予以公告。

281.（办理注销手续）管理人应当自破产程序终结之日起十日内，持人民法院终结破产程序的裁定，向破产人的原登记机关办理注销登记。

管理人到破产人的原登记机关办理注销登记前，应当先办理税务注销。对于有特殊资质的破产人，管理人还应当到相应的特殊资质管理部门办理注销手续。

282.（管理人终止执行职务）管理人办理完破产人注销登记手续后，应向人民法院报告。并于注销完毕的次日终止执行职务。

管理人终止执行职务后，应当将管理人印章交回公安机关或者法院销毁。

存在诉讼或者仲裁未决情况的，管理人自诉讼或者仲裁程序所涉事项全部办理完毕之次日终止执行职务。

283.（终结二年内的追加分配）自破产清算程序终结之日起二年内，有下列情形之一的，债权人可以请求人民法院依照破产财产分配方案进行追加分配：

（1）发现有企业破产法第三十一条、第三十二条、第三十三条、第三十六条规定应当追回的财产的；

（2）因纠正破产程序中错误支出的款项或错误认可的债务而追回的款项；

（3）破产程序终结后发现破产人有应当供分配的其他财产的。

有前款规定情形，但财产数量不足以支付分配费用的，不再进行追加分配，由人民法院将其上交国库。

284.（追加分配的程序）追加分配应由债权人向人民法院提出申请，人民法院做出追加分配的裁定。

必要时，人民法院可依职权直接做出追加分配的裁定。

追加分配涉及的资产变现和具体分配工作，应当由管理人办理。管理人已经停止执行本案职务的，由人民法院通知管理人恢复职务。因客观原因原管理人无法继续履行职务的，人民法院可以重新指定管理人，或者由人民法院进行追加分配工作。

债务人财产不足以清偿破产费用而终结破产程序后二年内又追回财产的，原破产程序已完成债权确认程序的，由管理人依照企业破产法的规定进行分配；原破产程序未完成债权确认程序的，则管理人或者债权人可以申请人民法院恢复破产程序。恢复破产程序的，应当重新立案号。

285. （提前终结破产程序）同时符合下列条件的，管理人可以申请人民法院提前终结破产清算程序：

（1）对债务人占有的财产已经处分完毕，并已向债权人分配完毕；

（2）尚有小额财产未追回，但债务人为此已经提起诉讼或者申请仲裁；

（3）人民法院已经裁定认可的破产财产分配方案对该尚未追回财产的分配有明确规定。

人民法院应当严格把握前款提前终结破产清算程序的条件。

人民法院裁定提前终结破产程序时，债务人清收财产的诉讼或仲裁尚未终结的，最终追回的财产不属于本规程第283条规定的财产，应按照破产财产分配方案的规定，向债权人补充分配，不受破产清算程序终结后二年期限的限制。

286. （档案保管）破产程序终结后，破产企业的帐册、文书等材料由管理人移交档案部门保存，保管费用比照破产费用由管理人在破产财产分配时预留。

第十章 证券公司破产案件审理程序特别规定

第一节 申 请

287. （国务院证券监督管理机构申请证券公司破产）证券公司被依法撤销、关闭时，有企业破产法第二条规定情形的，行政清理工作完成后，国务院证券监督管理机构或者其委托的行政清理组依照企业破产法的有关规定，可以向人民法院申请被撤销、关闭的证券公司破产清算。

288. （证券公司或者其债权人申请证券公司破产）证券公司或者其债权人依照企业破产法的有关规定，可以向人民法院申请证券公司破产清算或者重整，但应当依照《中华人民共和国证券法》第一百二十九条之规定报经国务院证券监督管理机构批准。

289. （破产申请提交的证据）国务院证券监督管理机构或者其委托的行政清理组向人民法院提出证券公司破产申请的，应当向人民法院提交以下证据：

（1）破产申请书；

（2）证券公司资产、负债清查情况的专项审计报告；

（3）国务院证券监督管理机构批准证券公司进入司法破产清算程序的相关审批文件；

（4）国务院证券监督管理机构同意证券类资产处置方案的相关审批文件；

（5）证券类资产已根据本款第四项审批文件之要求处置完毕的书面证据；

（6）国务院证券监督管理机构及行政清理组按照国家规定甄别确认和收购（或者处置）已登记的个人债权等相关债权的债权登记通知、债权确认及具体处置结果的书面证据；

（7）行政清理组处置证券公司的关联公司的情况或者处置方案等的书面证据；

（8）职工安置方案或者具体安置结果的书面证据；

（9）中介机构或者其他有关机构向人民法院出具的在行政清理期间，证券公司或者行政清理组没有不当处置资产情况的法律意见书等书面证据；

（10）行政清理组向人民法院出具的有关刑事侦查机关查收的资产、账簿已处于可随时向管理人移交状态或者不存在此类情况的书面承诺或者说明；

（11）地方政府有关部门向人民法院出具的证券公司进入破产清算程序期间突发事件应急处置工作预案；

（12）依据企业破产法及相关行政法规、规定，应当提交的其他证据。

证券公司或者其债权人向人民法院提出证券公司破产申请的，应当向人民法院提交破产申请书、国务院证券监督管理机构批准证券公司进入司法破产清算程序的相关审批文件，并应当尽可能地向人民法院提交本条第一款所列证据。

第二节 受理审查

290.（受理审查）人民法院应当自收到申请之日起，及时对证券公司破产申请进行审查。

291.（受理条件）人民法院受理国务院证券监督管理机构或者其委托的行政清理组申请证券公司破产的案件，应当符合下列条件：

（1）国务院证券监督管理机构已批准证券公司进入司法破产清算程序；

（2）国务院证券监督管理机构已同意证券类资产处置方案，且证券类资产已处置完毕；

（3）国务院证券监督管理机构及行政清理组对已登记的个人债权等相关债权的甄别确认及收购（或者处置）工作已基本完成；

（4）行政清理组对证券公司关联公司的处置工作已基本完成或者相关处置方案切实可行；

（5）职工安置工作已基本结束，或者职工安置方案切实可行，并能够在短期内落实；

（6）证券公司或者行政清理组在行政清理期间没有不当处置资产的情况；

（7）有关刑事侦查机关查收的资产、账簿已处于可随时向破产管理人移交的状态，或者不存在此类情况；

（8）地方政府有关部门已制定出证券公司破产清算期间突发事件应急处置工作预案，或者维护社会稳定的方案。

292.（中级人民法院审核）中级人民法院经审查认为证券公司破产申请符合本规程第291条所列条件的，应当及时向市高级人民法院报送书面立案受理请示报告，并将证券公司破产申请及所附全部证据一并予以报送。

293.（高级人民法院审核）市高级人民法院收到中级人民法院书面立案受理请示报告及相关证据后，应及时进行审核。经审核认为符合本规程第291条所列条件的，应当及时向最高人民法院报送书面立案受理请示报告，并将证券公司破产申请及所附全部证据一并予以报送。

294.（补充审查）经最高人民法院或者市高级人民法院审核，认为尚需进行补充审查或者补充相关证据的，负责审查的中级人民法院应当自收到相关通知之日起尽快进行补充审查。补充审查完成后，应当及时向最高人民法院或者市高级人民法院报送书面补充审查报告，并将补充的相关证据一并予以报送。

295.（审查批复）最高人民法院批准受理证券公司破产申请的，市高级人民法院应当自收到最高人民法院复函之日起，及时向负责审查的中级人民法院转发最高人民法院复函。

第三节 受理及破产宣告

296.（立案受理）负责受理审查的中级人民法院收到市高级人民法院转发的最高人民法院批准受理证券公司破产申请的复函后，应当依照企业破产法之规定，立案受理证券公司破产案件。

297.（破产申请的不可逆转）国务院证券监督管理机构依照《证券公司风险处置条例》第二章、第三章之规定，对证券公司进行处置的，证券公司破产申请受理的理由应当以证券公司被行政撤销、关闭时的情况进行确认。即使因金融市场变动，导致证券公司在经行政清理后申请破产时出现资产大于负债的情形，人民法院仍应受理证券公司破产申请。

298.（受理申请的同时宣告破产）人民法院经审查符合企业破产法、相关司法解释、相关法规政策之规定的，可以在受理证券公司破产申请的同时，宣告该证券公司破产。

第四节 管理人

299.（指定管理人）人民法院可以采取下列方式指定管理人：

（1）依据最高人民法院《关于审理企业破产案件指定管理人的规定》第十八条之规定，直接指定行政清理组为管理人；

（2）重新指定清算组为管理人。

人民法院认为可以指定清算组为管理人的，可以从政府有关部门、编入管理人名册的社会中介机构、证券类资产管理公司中指定清算组成员，中国人民银行及国家金融监督管理机构可以按照有关法律和行政法规之规定派人参加清算组。

人民法院重新指定的清算组成员中，一般应当包括行政清理组的成员；

（3）在国务院证券监督管理机构推荐的已编入管理人名册的社会中介机构中指定管理人；

（4）采取公告方式，邀请编入各地人民法院管理人名册中的社会中介机构参与竞争，从参与竞争的社会中介机构中指定管理人。参与竞争的社会中介机构不得少于三家。

300.（管理人的免回避）人民法院采取本规程第299条第（1）项、第（2）项规定的方式指定管理人的，当事人依据最高人民法院《关于审理企业破产案件指定管理人的规定》第二十三条、第二十四条之规定，以行政清理组或其成员存在企业破产法第二十四条第三款第（三）项规定的利害关系为由，主张其回避的，人民法院应不予支持。

301.（行政清理组与管理人的衔接）在人民法院受理证券公司破产申请后、指定管理人之前，行政清理组仍应在人民法院的监督、指导下，负责保管证券公司的财产，为全体债权人利益进行必要的经营活动，支付人民法院许可的必要支出，以及人民法院许可的其他工作，保证证券公司行政处置程序与司法破产清算程序的顺利衔接。

人民法院指定管理人后，行政清理组仍须保留一段时间，负责行政清理后续事宜，配合管理人做好后续工作。

行政清理组被撤销后,个别确需处理的后续问题,人民法院可商请国务院证券监督管理机构协调解决。

第五节 债权申报及确认

302.(债权申报材料审查)在进入破产清算程序之前,行政清理组已进行债权申报、登记、审核工作的,进入破产清算程序后,行政清理组应当将纳入破产清算的债权申报材料直接交付管理人。管理人应当对申报材料进行审查。

行政清理时已进行登记,但不符合国家收购规定的申报债权,管理人可以直接予以登记。

债权申报材料符合法律规定的,管理人应当书面通知相关债权人,其向行政清理组申报的债权已作为破产清算程序的债权申报。

债权申报材料不符合法律规定的,管理人应当书面通知申报人补充申报材料。

303.(债权申报主体)对于已纳入国家收购范围的个人债权等相关债权,其对应的权利由国家相关政策规定的中国人民银行、中国证券投资者保护基金公司和提供收购资金的地方政府等收购主体取得,在证券公司破产清算程序中,应当由收购主体向管理人申报债权。

对于不应纳入国家收购范围的权利申请,经国务院证券监督管理机构作出结论并告知相关权利人后,该权利人可以在证券公司破产清算程序中向管理人申报债权。

304.(对被收购人的债权申报不予确认)个人债权人已经选择行政收购的,不得再选择参与破产清算。被收购人在证券公司破产清算程序中再行申报债权的,管理人应不予确认。

305.(对个人债权行政甄别、确认、收购等结果提出异议的,不予立案受理)当事人对国务院证券监督管理机构或者行政清理组等相关组织在行政清理程序中作出的关于个人债权等相关债权的甄别、确认、收购等结果存在异议,以上述相关组织为被告,向人民法院提起诉讼的,人民法院应不予受理,并应告知其向国务院证券监督管理机构提出相关异议。

306.(逾期债权收购的行政确认)进入破产清算程序后,对于确属应当收购的债权,当事人有合理的理由未能在规定期间内向本规程第303条规定中的相关组织要求收购,而在破产清算程序中向管理人申报债权,并要求优先受偿的,管理人应当告知其向保留的行政清理组申报债权,并由国务院证券监督管理机构确认其债权是否应当纳入国家收购范围。

应当纳入国家收购范围的债权,由国务院证券监督管理机构在预留的收购资金中予以收购。

国务院证券监督管理机构认为债权不属于国家收购范围的,权利人在破产清算程序中申报的权利性质,由管理人予以确认。对不属于法定优先权的债权,管理人应当按照普通债权确认。

307.(对行政清理中债权申报的核查)管理人对行政清理程序中已申报的债权应当进行核查。

管理人经核查认为债权不应予以确认的,需在债权表中注明,并提交第一次债权人会议核查。

当事人对该债权确认结论有异议的，管理人可与其进行再次核对。经管理人与当事人双方再次核对后，当事人对该债权确认结论仍有异议的，管理人应当书面告知其可以向受理证券公司破产申请的人民法院提起诉讼，同时告知不及时提起诉讼可能承担的法律后果。

第六节 证券公司财产保护

308.（涉案资产保护）在行政清理期间，有关刑事侦查机关冻结证券公司涉案资产的，人民法院在受理证券公司破产申请后，应当通知该刑事侦查机关立即依法将证券公司相关涉案资产移送给受理破产案件的人民法院。

309.（客户资产保护）在行政清理期间，有关司法机关或者其他国家机关冻结证券公司客户交易结算资金的，人民法院在受理证券公司破产申请后，应当通知立即解除保全措施。

以证券公司的客户为被执行人、证券公司为协助执行人的相关执行案件，对于客户资产未被证券公司挪用，与证券公司及其他客户资产有明显区分，能够独立识别和处理的，证券公司作为协助执行人应当履行协助执行义务；对于客户资产已被证券公司挪用，或者与证券公司的自有资产混同，不能独立识别和处理的，管理人应当将财产混同情况向负责执行的人民法院进行书面说明。

证券公司进入破产清算后，被申请执行的证券公司客户已申报债权的，管理人应当以该客户获得分配的财产协助相关人民法院执行；客户未申报债权的，申请执行人可作为该客户的债权人，根据已生效的裁判文书向管理人申报债权，进行代位求偿。

310.（债权清收）最高人民法院对于以进入行政清理程序的证券公司及其附属机构、关联企业为被告、第三人、协助执行人的民商事案件实施的暂缓受理、暂缓审理、暂缓执行的政策，不约束行政清理组或者管理人对证券公司债权的清收。

管理人应当通过诉讼、强制执行等手段尽可能实现证券公司的债权。债权清收的诉讼时效自最高人民法院对于以进入行政清理程序的证券公司及其附属机构、关联企业为被告、第三人、协助执行人的民商事案件实施暂缓受理、暂缓审理、暂缓执行政策之日起重新计算。

管理人不能及时提起诉讼的，应当及时向债务人提出履行要求；已经取得胜诉判决的，管理人应当及时向相关人民法院申请强制执行。

311.（债权债务关系存续）证券公司被国务院证券监督管理机构责令停业整顿、托管、接管、行政重组、撤销的，其债权债务关系不因相关行政处置决定而发生变化。

证券公司的债务自证券公司被撤销之日起，停止计算利息。

312.（对行政清理中资产处置的认可）在行政清理程序中，行政清理组不得转让证券类资产以外的资产，但经国务院证券监督管理机构批准，易贬损并可能遭受损失的资产或者确为保护客户和债权人利益的其他情形除外。

在破产清算程序中，人民法院对于行政清理组等相关组织在行政清理期间，依照法律和其他相关规定，并经国务院证券监督管理机构批准，对证券类资产及其他财产的处置行为和处置结果，应当予以认可。

313.（破产撤销权）最高人民法院对于以进入行政清理程序的证券公司及其附属机构、关联企业为被告、第三人、协助执行人的民商事案件实施暂缓受理、暂缓审理、暂缓执行政策之日前一年内，涉及该证券公司财产的下列行为的，进入破产清算程序后，管理人有权依据企业破产法第三十一条之规定，请求人民法院予以撤销：

（1）无偿转让财产的；

（2）以明显不合理的价格进行交易的；

（3）对没有财产担保的债务提供财产担保的；

（4）对未到期的债务提前清偿的；

（5）放弃债权的。

314.（债权个别清偿的撤销）最高人民法院对于以进入行政清理程序的证券公司及其附属机构、关联企业为被告、第三人、协助执行人的民商事案件实施暂缓受理、暂缓审理、暂缓执行政策之日前六个月内，该证券公司有企业破产法第二条第一款规定的情形，仍对个别债权人进行清偿的，进入破产清算程序后，管理人有权依据企业破产法第三十二条之规定，请求人民法院予以撤销。但是，个别清偿使该证券公司财产受益的除外。

第七节 重 整

315.（国务院证券监督管理机构申请证券公司重整）证券公司有企业破产法第二条规定情形的，国务院证券监督管理机构可以直接向人民法院申请对该证券公司进行重整。

316.（提交重整计划草案）人民法院裁定证券公司重整的，证券公司或者管理人应当同时向债权人会议、国务院证券监督管理机构和人民法院提交重整计划草案。

317.（申请批准重整计划）自债权人会议各表决组通过重整计划草案之日起十日内，证券公司或者管理人应当向人民法院提出批准重整计划的申请。重整计划涉及《中华人民共和国证券法》第一百二十九条之规定的，证券公司或者管理人应当同时向国务院证券监督管理机构提出批准相关事项的申请。

债权人会议部分表决组未通过重整计划草案，但重整计划草案符合企业破产法第八十七条第二款之规定的，证券公司或者管理人可以申请人民法院强制批准重整计划草案。重整计划草案涉及《中华人民共和国证券法》第一百二十九条之规定的，证券公司或者管理人应当同时向国务院证券监督管理机构提出批准相关事项的申请。

318.（重整计划的监督执行）经批准的重整计划由证券公司执行，管理人负责监督。监督期届满，管理人应当向人民法院和国务院证券监督管理机构提交监督报告。

319.（终止重整程序）证券公司重整计划的相关事项未获国务院证券监督管理机构批准，或者重整计划未获人民法院批准的，人民法院应当裁定终止重整程序，并宣告证券公司破产。

320.（恢复行政清算程序）重整程序终止，人民法院宣告证券公司破产的，国务院证券监督管理机构应当对证券公司做出撤销决定，人民法院依照企业破产法之规定，组织证券公司破产清算。

人民法院认为应当对证券公司进行行政清理的，国务院证券监督管理机构比照《证券公司风险处置条例》第三章之规定，成立行政清理组，负责清理账户、协助甄别确认、收购符合国家规定的债权,协助证券投资者保护基金管理机构弥补客户的交易结算资金,转让证券类资产等。

第八节 破产清算

321.(证券资产的变现)对于证券公司证券资产的变现,是采取变现分配货币还是直接分配证券等方式进行清偿,应当在破产清算程序中由债权人会议决议决定。

债权人会议决议分配现金的,债权人会议还应当就变现、操作方式等事项作出决议;债权人会议决定分配证券的,应当由管理人提出证券价格确定方法,交由债权人会议一并作出决议,并应当经国务院证券监督管理机构批准后,进行证券分配的非交易过户。

322.(股权处置)证券公司财产中包括相关法律、法规或者其他国家政策对出资人资格有特殊要求的企业股权的,应当采取拍卖方式将该股权进行变现。但参与竞买人和竞买后的权利人均应当具备可以作为上述企业股东的法定资格。

323.(关联公司资产处置)经人民法院确认证券公司与其设立或者实际控制的关联公司之间存在融资自营平台性质的关联关系,或者依据《证券公司风险处置条例》第二十五条之规定,经国务院证券监督管理机构审查批准,证券公司的关联公司被纳入行政清理范围的,应当将证券公司存于该关联公司名下的用于融资经营炒作的相关财产和款项取回,并作为证券公司破产财产参加变价和分配。

324.(劳动债权认定)对于应纳入第一顺序的劳动债权,在经甄别确认及债权人会议审查确认后,人民法院应尽快予以偿付。

对属于职工工资构成的奖金,人民法院应当依法予以支付。

对确实存在合理的与业绩挂钩的职工奖金,人民法院可以作为普通债权予以认定。

对证券公司被处置负有责任,并受过相关刑事处罚或者取消从业资格、市场禁入以上行政处罚的证券公司管理人员主张与业绩挂钩奖金的,人民法院应不予支持。

325.(收购债权的清偿顺位)再贷款主体、中国证券投资者保护基金公司及地方政府等相关收购主体在破产清算中因收购债权而产生的代位权利,应当按照已收购债权的性质认定清偿顺位。

326.(侵权之债的清偿顺位)未纳入国家收购范围的证券公司名义下的个人债权,以及因证券公司存在行政违法、违规、甚至触犯刑律的行为形成的侵权之债,在破产清算中,人民法院应当认定为第三顺序债权进行清偿。

327.(罚金或者没收财产的清偿顺位)证券公司因存在行政违法、违规、甚至触犯刑律的行为而被科以行政处罚或刑事处罚的罚金或者没收的财产,人民法院应当认定为劣后于普通债权,在债权人得到全部清偿后支付。

328.(剩余资产分配)证券公司的债务金额清偿后,仍有剩余资产的,应当按照股东持股比例进行分配。

329.(高管人员工资标准认定)对于证券公司的高管人员,特别是对证券公司被处置负有责任,并受过刑事处罚或取消从业资格、市场禁入以上行政处罚的证券公司管理人员的工资,应当重新进行核定。其标准应当比照管理人的聘用人员的工资标准确定。

经确认属于证券公司高管人员工资的债权,可以依照企业破产法第一百一十三条之规定,作为第一顺序债权优先受偿。

经确认属于证券公司高管人员合理的与业绩挂钩的奖金的，可以作为普通债权进行受偿。

对证券公司被处置负有责任，并受过刑事处罚或取消从业资格、市场禁入以上行政处罚的证券公司管理人员主张与业绩挂钩奖金的，人民法院应不予支持。

330.（税收事项）行政清理期间，被处置证券公司免缴行政性收费和增值税、营业税等行政法规规定的税收。

人民法院宣告证券公司破产后，涉及证券公司税收事项的，应当依照企业破产法、税收征收管理法以及税收征收管理法实施细则第十五条第一款、第五十条之规定执行。

331.（破产费用）行政清理费用经国务院证券监督管理机构审核后尚未支付的，进入破产清算后可以列入破产费用。

前款所称行政清理费用，是指行政清理组管理、转让证券公司财产所需的费用，行政清理组履行职务和聘用专业机构的费用等。

破产清算期间，行政清理组配合破产清算的费用开支，从破产费用中列支。

332.（证券类资产买受人的免追索）债权人不得因破产证券公司的证券类资产在行政清理程序中已转移给买受人，而将买受人作为证券公司债务的连带或者赔偿义务人进行追索。但买受人以明显不合理低价购买证券类资产的除外。

333.（托管机构的免追索）有关权利人仅以托管为由向人民法院提起诉讼，请求判令托管机构承担被托管证券公司债务的，人民法院不予受理。

334.（违法违规涉嫌犯罪行为处理）管理人在破产清算中，要继续协助配合有关刑事侦查机关、行政稽查部门等做好责任追究工作。发现违法违规线索的，要及时移交国务院证券监督管理机构进行查处。涉嫌犯罪的，要移送有关刑事侦查机关统一查处。

第十一章　附　　则

335.（条文适用）重整、和解、证券公司破产程序中涉及的受理审查、管理人指定、破产费用、债权申报与确认、债权人会议召开、债务人财产清收、破产撤销、破产抵销等问题，本规程第七章、第八章、第十章未规定的，适用企业破产法和本规程其他相关章节的规定。

336.（施行时间）本规程自2013年7月22日起施行，2004年《北京市高级人民法院审理企业破产案件操作规程》同时废止。

重庆市高级人民法院印发《关于审理涉及小额贷款公司、担保公司、典当行商事案件若干问题的解答》的通知

2013年10月9日　　　　　　　　　　　　　　渝高法〔2013〕245号

1. 小额贷款公司向企业发放贷款的效力如何认定？

中国银行业监督管理委员会、中国人民银行《关于小额贷款公司试点的指导意见》〔银监发（2008）23号〕第一条规定："小额贷款公司是由自然人、企业法人与其他社会组织投资设立，不吸收公众存款，经营小额贷款业务的有限责任公司或股份有限公司。"

《重庆市小额贷款公司试点管理暂行办法》[渝办法（2008）239号]第二条规定："本办法所称小额贷款公司是依照本办法在重庆行政区域内设立的不吸收公众存款、可经营小额贷款业务，并经工商登记注册取得营业执照的有限责任公司或股份有限公司。"据此，小额贷款公司是有权经营贷款业务的公司，故小额贷款公司向企业发放贷款，和企业与企业之间借款性质不同，不属于企业拆借。借款人以其与小额贷款公司签订的借款合同系企业拆借为由请求确认或抗辩借款合同无效的，人民法院不予支持。

2. 小额贷款公司开展批复文件列明范围以外的金融业务效力如何认定？

因金融业务关系到国家金融秩序、金融安全和金融发展，故国家对金融业务实行限制经营、特许经营。《中华人民共和国商业银行法》第十一条第二款规定："未经银行业监督管理机构批准，任何单位和个人不得开展吸收公众存款等商业银行业务，任何单位不得在名称中使用'银行'字样"。《重庆市小额贷款公司试点管理暂行办法》第二十条规定："经市政府金融办批准，小额贷款公司可经营下列业务：办理贷款、票据贴现、资产转让。小额贷款公司不得进行任何形式的非法集资、变相吸收公众存款。未经市政府金融办同意，小额贷款公司不得经营批复文件列明的经营范围以外的业务。"上述规定即为国家对金融业务实行限制经营、特许经营的具体规定。《最高人民法院关于适用〈中华人民共和国合同法〉若干问题的解释（一）》第十条规定："当事人超越经营范围订立合同，人民法院不因此认定合同无效。但违反国家限制经营、特许经营以及法律、行政法规禁止经营规定的除外。"据此，小额贷款公司违反《重庆市小额贷款公司试点管理暂行办法》第二十条的规定，非法集资、变相吸收公众存款或开展办理贷款、票据贴现、资产转让以外的金融业务，不仅违反了行政管理规定，而且严重扰乱国家金融秩序，人民法院应当认定超越经营范围的经营行为无效。

3. 小额贷款公司违反《重庆市小额贷款公司试点管理暂行办法》第二十四条、第二十五条、第三十三条关于额度、利率及区域的规定发放贷款的行为效力如何认定？

小额贷款公司违反《重庆市小额贷款公司试点管理暂行办法》第二十四条、第二十五条、第三十三条关于额度、利率及区域的规定发放贷款，人民法院一般应当认定有效。小额贷款公司不能超额度、超基准利率、超区域发放贷款之规定的目的是为了有效进行行政管理和控制小额贷款公司行业风险，并不涉及平等民事主体间的私法关系，故小额贷款公司违反相关管理规定超额度、超利率、超区域经营贷款业务，属于违反行政管理规定的行为，依法应当承担相应的行政责任，但是行政责任的承担并不影响借款合同的效力。小额贷款公司发放贷款的利率超过中国人民银行公布的同期贷款基准利率4倍，或者借款合同约定的逾期利息、违约金之和超过按照合同期内利率上浮50%计算出的部分，或者借款人未按合同约定用途使用借款的罚息、违约金之和超过按照借款合同载明的贷款利率100%计算出的部分，小额贷款公司对超过部分请求给付的，人民法院不予保护；借款合同履行完毕后，借款人以合同无效为由请求返还超出部分的，人民法院不予支持；借款合同尚未履行完毕，借款人主张以超出部分冲抵借款本息的，人民法院应予支持。

4. 小额贷款公司向他人融资效力如何认定？

《重庆市小额贷款公司融资监管暂行办法》第四条规定："小额贷款公司可以开展以下方式融资，并接受市金融办的监管：（一）从银行业金融机构融资；（二）通过金融资产交易平台（包括银行机构、资产管理公司、信托投资公司和专门从事金融资产交易的机构等，下同）开展回购方式的资产转让业务；（三）向主要股东定向借款；（四）小额贷款公司的同业资金借款；（五）经批准的其他方式融资。"前述规定对小额贷款公司融资经营的方式进行了限制。小额贷款公司违反前述规定进行融资的，不仅违反了行政管理规定，而且严重扰乱国家金融秩序，人民法院应当根据《最高人民法院关于适用〈中华人民共和国合同法〉若干问题的解释（一）》第十条的规定，认定其融资行为无效。

5. 小额贷款公司与借款人约定收取担保物管理费或咨询费、调查费等类似性质费用的，如何处理？

小额贷款公司与借款人对应否按照借款合同的约定给付担保物管理费有争议的，人民法院应当根据小额贷款公司履行担保物管理义务的情况予以处理。如果小额贷款公司举证证明其实际履行了担保物管理义务并产生了相应费用，人民法院应当在证据证明的范围内支持小额贷款公司主张的担保物管理费；如果小额贷款公司不能举证证明，则人民法院对小额贷款公司主张的担保物管理费不予支持。为签订借款合同，小额贷款公司向借款人收取的咨询费、调查费或类似性质费用，实质为小额贷款公司收取的利息，前述费用与合同约定的利息之和最高不得超过中国人民银行公布的同期同类贷款基准利率的4倍，超过部分人民法院不予保护。对于小额贷款公司通过咨询费、调查费等方式变相收取利息的，人民法院应当根据具体案情，注意审查是否存在预扣利息、利息收取是否超过法律保护的范围、利息冲抵顺序是否符合法律和司法解释的规定等。

6. 小额贷款公司以外的其他人与借款人签订合同收取担保物管理费或咨询费、调查费等类似性质费用的，如何处理？

为了向小额贷款公司借款，借款人与小额贷款公司以外的其他人签订合同，约定向小额贷款公司以外的其他人支付担保物管理费或咨询费、调查费等类似性质费用，借款人主张以前述费用抵扣借款本金或利息的，人民法院不予支持。借款人依据该合同另案起诉合同相对方的，人民法院应当依法予以受理，并根据相对方举证证明的其履行咨询、调查、担保物管理义务和发生费用的实际情况予以处理。

7. 担保公司发放贷款的效力如何认定？

《融资性担保公司管理暂行办法》第二十一条明确规定，"融资性担保公司不得从事吸收存款、发放贷款、受托发放贷款、受托投资和监管部门规定不得从事的其他活动"，故融资性担保公司发放贷款的，因其超出经营范围且影响金融秩序稳定，根据《最高人民法院关于适用〈中华人民共和国合同法＞若干问题的解释（一）》第十条之规定，人民法院应认定借款合同无效。非融资性担保公司发放贷款的，人民法院应当比照融资性担保公司之规定，认定借款合同无效。担保公司将自有资金委托银行或其他有发放贷款资格的金融机构发放贷款，符合中国人民银行《贷款通则》规定的，人民法院应当认定借款合同有效。

8. 小额贷款公司指定担保公司的，担保合同效力如何认定？担保费用能否冲抵借款本息？

在签订借款合同时，小额贷款公司要求借款人以其指定的担保公司为借款提供保证。担保公司在与借款人签订的委托担保合同中约定收取担保费用的，借款人以担保公司为小额贷款公司指定而非其自主选择为由，主张担保公司与小额贷款公司签订的担保合同无效的，人民法院不予支持。借款人主张以其支付给担保公司的担保费用冲抵借款本息的，因借款人和担保公司签订的委托担保合同与借款人和小额贷款公司签订的借款合同并非同一法律关系，人民法院不予支持。

9. 担保合同中对担保公司迟延履行担保义务约定违约金的，如何认定该约定的效力？担保公司承担该违约金后可否向借款人追偿？

小额贷款公司与担保公司、借款人在担保合同中约定，在担保公司不及时履行担保义务时，担保公司除对主债务承担担保责任外，还需对迟延履行担保责任支付违约金。小额贷款公司在诉讼中依该约定向担保公司主张该违约金的，在不违反法律禁止性规定的情形下，人民法院应当予以支持。由于该违约金系担保公司因自身违约行为承担的合同责任，并非从属于主债务的担保责任，故担保公司在承担上述违约金后向借款人追偿的，人民法院不予支持。担保公司与借款人之间另有约定的除外。

10. 以农村土地承包经营权、农村居民房屋、林权抵押方式设定反担保的效力如何认定？

担保公司为农户向金融机构借款提供担保，农户依照《关于加快推进农村金融服务改革创新的意见》（渝府发〔2010〕115号）、《重庆市土地承包经营权抵押登记实施细则（试行）》（渝金发〔2011〕4号）、《重庆市农村居民房屋抵押登记实施细则（试行）》（渝国土房管发〔2011〕23号）、《重庆市林权抵押融资登记管理实施细则（试行）》（渝府发〔2010〕115号）的规定，以农村土地承包经营权、农村居民房屋、林权设定抵押权，向担保公司提供反担保的，人民法院应当认定该反担保有效。

11. 典当行预扣利息或综合费的，如何认定当金数额？

典当行向当户支付当金时预先扣除利息或综合费的，由于典当行未足额支付当金，实际减少了当户用资金额，当户主张以实际支付的金额确定当金数额的，人民法院应予支持。

12. "当期届满后不赎当，当物归典当行享有"的约定效力如何认定？

典当行与当户在典当合同中约定"当期届满后不赎当的，当物的所有权由典当行享有"，人民法院应依据《典当管理办法》的规定区分以下情形认定该约定的效力：（一）当物价值在不足3万元的，由于《典当管理办法》第四十三条第（二）项明确规定，"可自行变卖或折价处理，损溢自负"，故该约定有效。（二）当物价值在3万元以上的，由于担保法明确否定流质条款的效力，且《典当管理办法》对此未作特别规定，故该约定无效。

13. 典当行请求当户给付绝当后的利息、综合费的，如何处理？

典当行请求当户给付绝当后的利息、综合费的，人民法院应当结合绝当物的估价金额分别予以处理：（一）绝当物估价金额不足3万元的，根据《典当管理办法》第四十三条第（二）项的规定，典当行"可自行变卖或者折价处理，损溢自负"。因此，典当行请求当户给付绝当后的利息、综合费的，人民法院不予支持。（二）当物估价金额在3万元以上的，根据《典当管理办法》第四十三条第（一）项的规定，典当行"可以按照《中华人民共和国担保法》的有关规定处理，也可以双方事先约定绝当后由典当行委托拍卖行公开拍卖。拍卖收入在扣除拍卖费用及当金本息后，剩余部分应当退还当户，不足部分向当户追索。"因绝当后处置当物既是典当行的权利也是其义务，故典当行应当及时处置当物。如果典当行在绝当后六个月内提起诉讼，主张绝当后的利息及综合费的，且当事人约定的利急及综合费之和未超出中国人民银行公布的同期贷款利率4倍的，人民法院应予支持，超出部分人民法院不予支持。如果典当行在绝当后超出六个月提起诉讼，主张绝当后的利急及综合费的，人民法院不予支持，但可以按照中国人民银行同期贷款利率，从绝当期满后次日起至款项付清之日止支持资金占用损失。《重庆市高级人民法院印发〈关于审理合同纠纷案件若干问题的指导意见（一）〉（试行）的通知》（渝高法〔2011〕358号）第12条的规定不再执行。

14. 典当行提供信用借款的效力如何确定？

典当行向当户提供借款，当户未提供当物的，应当认定典当行向当户发放信用贷款，该典当合同无效。当户以动产作为当物，必须将当物交付典当行占有。以动产抵押为典当借款提供担保的，人民法院应当认定典当行发放信用借款，典当合同无效。典当行与当户在典当合同中约定由当户继续占有该动产，质权并未设立，该典当合同无效。典当行提供借款应当依法办理抵押、质押手续，典当行在未依法办理抵押、质押手续的情况下提供借款，应当认定典当行向借款人发放信用贷款，但因登记机构未及时办理登记等非因当事人原因导致典当行未依法取得抵押权、质押权的除外。

第五编　商事立法发展

【按语】社会在进步，我国的法律体系也在不断的完善，尤其是与人们生活、经济交易息息相关的商事法律，从近年颁布的法律（广义）可以看出。商事法律体系由法律及法律解释（狭义）、行政法规、地方性法规、部门规章、地方政府规章以及相关司法解释组成，共同形成了有中国特色的社会主义商事法律体系。本编收集了颁布于2012年至2014年2月间的有关商事发展的各类法律、行政法规、司法解释、地方性法规、部门规章以及地方政府规章等文件，以此来表明我国立法结合时代背景、解决实际问题，突出了商事立法工作的重要性，集中展示了此期间我国商法立法工作的新进展，特别是注册资本制度、商事登记制度的改革以及中国（上海）自由贸易区相关制度的制定。特色部分是在本编最后，总结了2001~2014年我国历次行政审批项目改革的文件，可以一揽我国对于进一步简政放权促进创业就业的重大决心。

法律及法律解释

全国人民代表大会常务委员会关于修改《中华人民共和国公司法》等七部法律的决定

（2013年12月28日第十二届全国人民代表大会常务委员会第六次会议通过 2013年12月28日主席令第八号公布 自2013年12月28日实施）

（一）删去第七条第二款中的"实收资本"。

（二）将第二十三条第二项修改为："（二）有符合公司章程规定的全体股东认缴的出资额"。

（三）将第二十六条修改为："有限责任公司的注册资本为在公司登记机关登记的全体股东认缴的出资额。

法律、行政法规以及国务院决定对有限责任公司注册资本实缴、注册资本最低限额另有规定的，从其规定。"

（四）删去第二十七条第三款。

（五）删去第二十九条。

（六）将第三十条改为第二十九条，修改为："股东认足公司章程规定的出资后，由全体股东指定的代表或者共同委托的代理人向公司登记机关报送公司登记申请书、公司章程等文件，申请设立登记。"

（七）删去第三十三条第三款中的"及其出资额"。

（八）删去第五十九条第一款。

（九）将第七十七条改为第七十六条，并将第二项修改为："（二）有符合公司章程规定的全体发起人认购的股本总额或者募集的实收股本总额"。

（十）将第八十一条改为第八十条，并将第一款修改为："股份有限公司采取发起设立方式设立的，注册资本为在公司登记机关登记的全体发起人认购的股本总额。在发起人认购的股份缴足前，不得向他人募集股份。"

第三款修改为："法律、行政法规以及国务院决定对股份有限公司注册资本实缴、注册资本最低限额另有规定的，从其规定。"

（十一）将第八十四条改为第八十三条，并将第一款修改为："以发起设立方式设立股份有限公司的，发起人应当书面认足公司章程规定其认购的股份，并按照公司章程规定缴纳出资。以非货币财产出资的，应当依法办理其财产权的转移手续。"

第三款修改为："发起人认足公司章程规定的出资后，应当选举董事会和监事会，由董事会向公司登记机关报送公司章程以及法律、行政法规规定的其他文件，申请设立登记。"

（十二）删去第一百七十八条第三款。

此外，对条文顺序作相应调整。

全国人民代表大会常务委员会关于《中华人民共和国刑法》第三十条的解释

（2014年4月24日第十二届全国人民代表大会常务委员会第八次会议通过）

全国人民代表大会常务委员会根据司法实践中遇到的情况，讨论了刑法第三十条的含义及公司、企业、事业单位、机关、团体等单位实施刑法规定的危害社会的行为，法律未规定追究单位的刑事责任的，如何适用刑法有关规定的问题，解释如下：

公司、企业、事业单位、机关、团体等单位实施刑法规定的危害社会的行为，刑法分则和其他法律未规定追究单位的刑事责任的，对组织、策划、实施该危害社会行为的人依法追究刑事责任。

现予公告。

全国人大常委会关于《中华人民共和国刑法》第一百五十八条、第一百五十九条的解释

（2014年4月24日第十二届全国人民代表大会常务委员会第八次会议通过）

全国人民代表大会常务委员会讨论了公司法修改后刑法第一百五十八条、第一百五十九条对实行注册资本实缴登记制、认缴登记制的公司的适用范围问题，解释如下：

刑法第一百五十八条、第一百五十九条的规定，只适用于依法实行注册资本实缴登记制的公司。

现予公告。

中华人民共和国军人保险法

(2012 年 4 月 27 日第十一届全国人民代表大会常务委员会第二十六次会议通过)

目 录

第一章 总则
第二章 军人伤亡保险
第三章 退役养老保险
第四章 退役医疗保险
第五章 随军未就业的军人配偶保险
第六章 军人保险基金
第七章 保险经办与监督
第八章 法律责任
第九章 附则

第一章 总 则

第一条 为了规范军人保险关系,维护军人合法权益,促进国防和军队建设,制定本法。

第二条 国家建立军人保险制度。

军人伤亡保险、退役养老保险、退役医疗保险和随军未就业的军人配偶保险的建立、缴费和转移接续等适用本法。

第三条 军人保险制度应当体现军人职业特点,与社会保险制度相衔接,与经济社会发展水平相适应。

国家根据社会保险制度的发展,适时补充完善军人保险制度。

第四条 国家促进军人保险事业的发展,为军人保险提供财政拨款和政策支持。

第五条 中国人民解放军军人保险主管部门负责全军的军人保险工作。国务院社会保险行政部门、财政部门和军队其他有关部门在各自职责范围内负责有关的军人保险工作。

军队后勤(联勤)机关财务部门负责承办军人保险登记、个人权益记录、军人保险待遇支付等工作。

军队后勤(联勤)机关财务部门和地方社会保险经办机构,按照各自职责办理军人保险与社会保险关系转移接续手续。

第六条 军人依法参加军人保险并享受相应的保险待遇。

军人有权查询、核对个人缴费记录和个人权益记录,要求军队后勤(联勤)机关财务部门和地方社会保险经办机构依法办理养老、医疗等保险关系转移接续手续,提供军人保险和社会保险咨询等相关服务。

第二章 军人伤亡保险

第七条 军人因战、因公死亡的，按照认定的死亡性质和相应的保险金标准，给付军人死亡保险金。

第八条 军人因战、因公、因病致残的，按照评定的残疾等级和相应的保险金标准，给付军人残疾保险金。

第九条 军人死亡和残疾的性质认定、残疾等级评定和相应的保险金标准，按照国家和军队有关规定执行。

第十条 军人因下列情形之一死亡或者致残的，不享受军人伤亡保险待遇：

（一）故意犯罪的；

（二）醉酒或者吸毒的；

（三）自残或者自杀的；

（四）法律、行政法规和军事法规规定的其他情形。

第十一条 已经评定残疾等级的因战、因公致残的军人退出现役参加工作后旧伤复发的，依法享受相应的工伤待遇。

第十二条 军人伤亡保险所需资金由国家承担，个人不缴纳保险费。

第三章 退役养老保险

第十三条 军人退出现役参加基本养老保险的，国家给予退役养老保险补助。

第十四条 军人退役养老保险补助标准，由中国人民解放军总后勤部会同国务院有关部门，按照国家规定的基本养老保险缴费标准、军人工资水平等因素拟订，报国务院、中央军事委员会批准。

第十五条 军人入伍前已经参加基本养老保险的，由地方社会保险经办机构和军队后勤（联勤）机关财务部门办理基本养老保险关系转移接续手续。

第十六条 军人退出现役后参加职工基本养老保险的，由军队后勤（联勤）机关财务部门将军人退役养老保险关系和相应资金转入地方社会保险经办机构，地方社会保险经办机构办理相应的转移接续手续。

军人服现役年限与入伍前和退出现役后参加职工基本养老保险的缴费年限合并计算。

第十七条 军人退出现役后参加新型农村社会养老保险或者城镇居民社会养老保险的，按照国家有关规定办理转移接续手续。

第十八条 军人退出现役到公务员岗位或者参照公务员法管理的工作人员岗位的，以及现役军官、文职干部退出现役自主择业的，其养老保险办法按照国家有关规定执行。

第十九条 军人退出现役采取退休方式安置的，其养老办法按照国务院和中央军事委员会的有关规定执行。

第四章 退役医疗保险

第二十条 参加军人退役医疗保险的军官、文职干部和士官应当缴纳军人退役医疗保险费，国家按照个人缴纳的军人退役医疗保险费的同等数额给予补助。

义务兵和供给制学员不缴纳军人退役医疗保险费，国家按照规定的标准给予军人退役医疗保险补助。

第二十一条 军人退役医疗保险个人缴费标准和国家补助标准，由中国人民解放军总后勤部会同国务院有关部门,按照国家规定的缴费比例、军人工资水平等因素确定。

第二十二条 军人入伍前已经参加基本医疗保险的,由地方社会保险经办机构和军队后勤(联勤)机关财务部门办理基本医疗保险关系转移接续手续。

第二十三条 军人退出现役后参加职工基本医疗保险的,由军队后勤(联勤)机关财务部门将军人退役医疗保险关系和相应资金转入地方社会保险经办机构,地方社会保险经办机构办理相应的转移接续手续。

军人服现役年限视同职工基本医疗保险缴费年限,与入伍前和退出现役后参加职工基本医疗保险的缴费年限合并计算。

第二十四条 军人退出现役后参加新型农村合作医疗或者城镇居民基本医疗保险的,按照国家有关规定办理。

第五章 随军未就业的军人配偶保险

第二十五条 国家为随军未就业的军人配偶建立养老保险、医疗保险等。随军未就业的军人配偶参加保险,应当缴纳养老保险费和医疗保险费,国家给予相应的补助。

随军未就业的军人配偶保险个人缴费标准和国家补助标准,按照国家有关规定执行。

第二十六条 随军未就业的军人配偶随军前已经参加社会保险的,由地方社会保险经办机构和军队后勤(联勤)机关财务部门办理保险关系转移接续手续。

第二十七条 随军未就业的军人配偶实现就业或者军人退出现役时,由军队后勤(联勤)机关财务部门将其养老保险、医疗保险关系和相应资金转入地方社会保险经办机构,地方社会保险经办机构办理相应的转移接续手续。

军人配偶在随军未就业期间的养老保险、医疗保险缴费年限与其在地方参加职工基本养老保险、职工基本医疗保险的缴费年限合并计算。

第二十八条 随军未就业的军人配偶达到国家规定的退休年龄时,按照国家有关规定确定退休地,由军队后勤(联勤)机关财务部门将其养老保险关系和相应资金转入退休地社会保险经办机构,享受相应的基本养老保险待遇。

第二十九条 地方人民政府和有关部门应当为随军未就业的军人配偶提供就业指导、培训等方面的服务。

随军未就业的军人配偶无正当理由拒不接受当地人民政府就业安置,或者无正当理由拒不接受当地人民政府指定部门、机构介绍的适当工作、提供的就业培训的,停止给予保险缴费补助。

第六章 军人保险基金

第三十条 军人保险基金包括军人伤亡保险基金、军人退役养老保险基金、军人退役医疗保险基金和随军未就业的军人配偶保险基金。各项军人保险基金按照军人保险险种分别建账,分账核算,执行军队的会计制度。

第三十一条 军人保险基金由个人缴费、中央财政负担的军人保险资金以及利息收入等资金构成。

第三十二条 军人应当缴纳的保险费,由其所在单位代扣代缴。

随军未就业的军人配偶应当缴纳的保险费,由军人所在单位代扣代缴。

第三十三条 中央财政负担的军人保险资金,由国务院财政部门纳入年度国防费预算。

第三十四条 军人保险基金按照国家和军队的预算管理制度,实行预算、决算管理。

第三十五条　军人保险基金实行专户存储，具体管理办法按照国家和军队有关规定执行。

第三十六条　军人保险基金由中国人民解放军总后勤部军人保险基金管理机构集中管理。

军人保险基金管理机构应当严格管理军人保险基金，保证基金安全。

第三十七条　军人保险基金应当专款专用，按照规定的项目、范围和标准支出，任何单位和个人不得贪污、侵占、挪用，不得变更支出项目、扩大支出范围或者改变支出标准。

第七章　保险经办与监督

第三十八条　军队后勤（联勤）机关财务部门和地方社会保险经办机构应当建立健全军人保险经办管理制度。

军队后勤（联勤）机关财务部门应当按时足额支付军人保险金。

军队后勤（联勤）机关财务部门和地方社会保险经办机构应当及时办理军人保险和社会保险关系转移接续手续。

第三十九条　军队后勤（联勤）机关财务部门应当为军人及随军未就业的军人配偶建立保险档案，及时、完整、准确地记录其个人缴费和国家补助，以及享受军人保险待遇等个人权益记录，并定期将个人权益记录单送达本人。

军队后勤（联勤）机关财务部门和地方社会保险经办机构应当为军人及随军未就业的军人配偶提供军人保险和社会保险咨询等相关服务。

第四十条　军人保险信息系统由中国人民解放军总后勤部负责统一建设。

第四十一条　中国人民解放军总后勤部财务部门和中国人民解放军审计机关按照各自职责，对军人保险基金的收支和管理情况实施监督。

第四十二条　军队后勤（联勤）机关、地方社会保险行政部门，应当对单位和个人遵守本法的情况进行监督检查。

军队后勤（联勤）机关、地方社会保险行政部门实施监督检查时，被检查单位和个人应当如实提供与军人保险有关的资料，不得拒绝检查或者谎报、瞒报。

第四十三条　军队后勤（联勤）机关财务部门和地方社会保险经办机构及其工作人员，应当依法为军队单位和军人的信息保密，不得以任何形式泄露。

第四十四条　任何单位或者个人有权对违反本法规定的行为进行举报、投诉。

军队和地方有关部门、机构对属于职责范围内的举报、投诉，应当依法处理；对不属于本部门、本机构职责范围的，应当书面通知并移交有权处理的部门、机构处理。有权处理的部门、机构应当及时处理，不得推诿。

第八章　法律责任

第四十五条　军队后勤（联勤）机关财务部门、社会保险经办机构，有下列情形之一的，由军队后勤（联勤）机关或者社会保险行政部门责令改正；对直接负责的主管人员和其他直接责任人员依法给予处分；造成损失的，依法承担赔偿责任：

（一）不按照规定建立、转移接续军人保险关系的；

（二）不按照规定收缴、上缴个人缴纳的保险费的；

（三）不按照规定给付军人保险金的；

（四）篡改或者丢失个人缴费记录等军人保险档案资料的；

（五）泄露军队单位和军人的信息的；
（六）违反规定划拨、存储军人保险基金的；
（七）有违反法律、法规损害军人保险权益的其他行为的。

第四十六条 贪污、侵占、挪用军人保险基金的，由军队后勤（联勤）机关责令限期退回，对直接负责的主管人员和其他直接责任人员依法给予处分。

第四十七条 以欺诈、伪造证明材料等手段骗取军人保险待遇的，由军队后勤（联勤）机关和社会保险行政部门责令限期退回，并依法给予处分。

第四十八条 违反本法规定，构成犯罪的，依法追究刑事责任。

第九章 附　则

第四十九条 军人退出现役后参加失业保险的，其服现役年限视同失业保险缴费年限，与入伍前和退出现役后参加失业保险的缴费年限合并计算。

第五十条 本法关于军人保险权益和义务的规定，适用于人民武装警察；中国人民武装警察部队保险基金管理，按照中国人民武装警察部队资金管理体制执行。

第五十一条 本法自 2012 年 7 月 1 日起施行。

全国人民代表大会常务委员会关于修改《中华人民共和国证券法》的决定

（2013 年 6 月 29 日第十二届全国人民代表大会常务委员会第三次会议通过）

将第一百二十九条第一款修改为："证券公司设立、收购或者撤销分支机构，变更业务范围，增加注册资本且股权结构发生重大调整，减少注册资本，变更持有百分之五以上股权的股东、实际控制人，变更公司章程中的重要条款，合并、分立、停业、解散、破产，必须经国务院证券监督管理机构批准。"

中华人民共和国证券投资基金法

（2012 年 12 月 28 日第十一届全国人民代表大会常务委员会第三十次会议修订）

目　录

第一章　总　则
第二章　基金管理人
第三章　基金托管人
第四章　基金的运作方式和组织
第五章　基金的公开募集
第六章　公开募集基金的基金份额的交易、申购与赎回
第七章　公开募集基金的投资与信息披露

第八章　公开募集基金的基金合同的变更、终止与基金财产清算

第九章　公开募集基金的基金份额持有人权利行使

第十章　非公开募集基金

第十一章　基金服务机构

第十二章　基金行业协会

第十三章　监督管理

第十四章　法律责任

第十五章　附　则

第一章　总　则

第一条　为了规范证券投资基金活动，保护投资人及相关当事人的合法权益，促进证券投资基金和资本市场的健康发展，制定本法。

第二条　在中华人民共和国境内，公开或者非公开募集资金设立证券投资基金（以下简称基金），由基金管理人管理，基金托管人托管，为基金份额持有人的利益，进行证券投资活动，适用本法；本法未规定的，适用《中华人民共和国信托法》、《中华人民共和国证券法》和其他有关法律、行政法规的规定。

第三条　基金管理人、基金托管人和基金份额持有人的权利、义务，依照本法在基金合同中约定。

基金管理人、基金托管人依照本法和基金合同的约定，履行受托职责。

通过公开募集方式设立的基金（以下简称公开募集基金）的基金份额持有人按其所持基金份额享受收益和承担风险，通过非公开募集方式设立的基金（以下简称非公开募集基金）的收益分配和风险承担由基金合同约定。

第四条　从事证券投资基金活动，应当遵循自愿、公平、诚实信用的原则，不得损害国家利益和社会公共利益。

第五条　基金财产的债务由基金财产本身承担，基金份额持有人以其出资为限对基金财产的债务承担责任。但基金合同依照本法另有约定的，从其约定。

基金财产独立于基金管理人、基金托管人的固有财产。基金管理人、基金托管人不得将基金财产归入其固有财产。

基金管理人、基金托管人因基金财产的管理、运用或者其他情形而取得的财产和收益，归入基金财产。

基金管理人、基金托管人因依法解散、被依法撤销或者被依法宣告破产等原因进行清算的，基金财产不属于其清算财产。

第六条　基金财产的债权，不得与基金管理人、基金托管人固有财产的债务相抵销；不同基金财产的债权债务，不得相互抵销。

第七条　非因基金财产本身承担的债务，不得对基金财产强制执行。

第八条　基金财产投资的相关税收，由基金份额持有人承担，基金管理人或者其他扣缴义务人按照国家有关税收征收的规定代扣代缴。

第九条　基金管理人、基金托管人管理、运用基金财产，基金服务机构从事基金服务活动，应当恪尽职守，履行诚实信用、谨慎勤勉的义务。

基金管理人运用基金财产进行证券投资，应当遵守审慎经营规则，制定科学合理的

投资策略和风险管理制度，有效防范和控制风险。

基金从业人员应当具备基金从业资格，遵守法律、行政法规，恪守职业道德和行为规范。

第十条 基金管理人、基金托管人和基金服务机构，应当依照本法成立证券投资基金行业协会（以下简称基金行业协会），进行行业自律，协调行业关系，提供行业服务，促进行业发展。

第十一条 国务院证券监督管理机构依法对证券投资基金活动实施监督管理；其派出机构依照授权履行职责。

第二章 基金管理人

第十二条 基金管理人由依法设立的公司或者合伙企业担任。

公开募集基金的基金管理人，由基金管理公司或者经国务院证券监督管理机构按照规定核准的其他机构担任。

第十三条 设立管理公开募集基金的基金管理公司，应当具备下列条件，并经国务院证券监督管理机构批准：

（一）有符合本法和《中华人民共和国公司法》规定的章程；

（二）注册资本不低于一亿元人民币，且必须为实缴货币资本；

（三）主要股东应当具有经营金融业务或者管理金融机构的良好业绩、良好的财务状况和社会信誉，资产规模达到国务院规定的标准，最近三年没有违法记录；

（四）取得基金从业资格的人员达到法定人数；

（五）董事、监事、高级管理人员具备相应的任职条件；

（六）有符合要求的营业场所、安全防范设施和与基金管理业务有关的其他设施；

（七）有良好的内部治理结构、完善的内部稽核监控制度、风险控制制度；

（八）法律、行政法规规定的和经国务院批准的国务院证券监督管理机构规定的其他条件。

第十四条 国务院证券监督管理机构应当自受理基金管理公司设立申请之日起六个月内依照本法第十三条规定的条件和审慎监管原则进行审查，作出批准或者不予批准的决定，并通知申请人；不予批准的，应当说明理由。

基金管理公司变更持有百分之五以上股权的股东，变更公司的实际控制人，或者变更其他重大事项，应当报经国务院证券监督管理机构批准。国务院证券监督管理机构应当自受理申请之日起六十日内作出批准或者不予批准的决定，并通知申请人；不予批准的，应当说明理由。

第十五条 有下列情形之一的，不得担任公开募集基金的基金管理人的董事、监事、高级管理人员和其他从业人员：

（一）因犯有贪污贿赂、渎职、侵犯财产罪或者破坏社会主义市场经济秩序罪，被判处刑罚的；

（二）对所任职的公司、企业因经营不善破产清算或者因违法被吊销营业执照负有个人责任的董事、监事、厂长、高级管理人员，自该公司、企业破产清算终结或者被吊销营业执照之日起未逾五年的；

（三）个人所负债务数额较大，到期未清偿的；

（四）因违法行为被开除的基金管理人、基金托管人、证券交易所、证券公司、证券登记结算机构、期货交易所、期货公司及其他机构的从业人员和国家机关工作人员；

（五）因违法行为被吊销执业证书或者被取消资格的律师、注册会计师和资产评估机构、验证机构的从业人员、投资咨询从业人员；

（六）法律、行政法规规定不得从事基金业务的其他人员。

第十六条 公开募集基金的基金管理人的董事、监事和高级管理人员，应当熟悉证券投资方面的法律、行政法规，具有三年以上与其所任职务相关的工作经历；高级管理人员还应当具备基金从业资格。

第十七条 公开募集基金的基金管理人的法定代表人、经营管理主要负责人和从事合规监管的负责人的选任或者改任，应当报经国务院证券监督管理机构依照本法和其他有关法律、行政法规规定的任职条件进行审核。

第十八条 公开募集基金的基金管理人的董事、监事、高级管理人员和其他从业人员，其本人、配偶、利害关系人进行证券投资，应当事先向基金管理人申报，并不得与基金份额持有人发生利益冲突。

公开募集基金的基金管理人应当建立前款规定人员进行证券投资的申报、登记、审查、处置等管理制度，并报国务院证券监督管理机构备案。

第十九条 公开募集基金的基金管理人的董事、监事、高级管理人员和其他从业人员，不得担任基金托管人或者其他基金管理人的任何职务，不得从事损害基金财产和基金份额持有人利益的证券交易及其他活动。

第二十条 公开募集基金的基金管理人应当履行下列职责：

（一）依法募集资金，办理基金份额的发售和登记事宜；

（二）办理基金备案手续；

（三）对所管理的不同基金财产分别管理、分别记账，进行证券投资；

（四）按照基金合同的约定确定基金收益分配方案，及时向基金份额持有人分配收益；

（五）进行基金会计核算并编制基金财务会计报告；

（六）编制中期和年度基金报告；

（七）计算并公告基金资产净值，确定基金份额申购、赎回价格；

（八）办理与基金财产管理业务活动有关的信息披露事项；

（九）按照规定召集基金份额持有人大会；

（十）保存基金财产管理业务活动的记录、账册、报表和其他相关资料；

（十一）以基金管理人名义，代表基金份额持有人利益行使诉讼权利或者实施其他法律行为；

（十二）国务院证券监督管理机构规定的其他职责。

第二十一条 公开募集基金的基金管理人及其董事、监事、高级管理人员和其他从业人员不得有下列行为：

（一）将其固有财产或者他人财产混同于基金财产从事证券投资；

（二）不公平地对待其管理的不同基金财产；

（三）利用基金财产或者职务之便为基金份额持有人以外的人牟取利益；

（四）向基金份额持有人违规承诺收益或者承担损失；
（五）侵占、挪用基金财产；
（六）泄露因职务便利获取的未公开信息、利用该信息从事或者明示、暗示他人从事相关的交易活动；
（七）玩忽职守，不按照规定履行职责；
（八）法律、行政法规和国务院证券监督管理机构规定禁止的其他行为。

第二十二条 公开募集基金的基金管理人应当建立良好的内部治理结构，明确股东会、董事会、监事会和高级管理人员的职责权限，确保基金管理人独立运作。

公开募集基金的基金管理人可以实行专业人士持股计划，建立长效激励约束机制。

公开募集基金的基金管理人的股东、董事、监事和高级管理人员在行使权利或者履行职责时，应当遵循基金份额持有人利益优先的原则。

第二十三条 公开募集基金的基金管理人应当从管理基金的报酬中计提风险准备金。

公开募集基金的基金管理人因违法违规、违反基金合同等原因给基金财产或者基金份额持有人合法权益造成损失，应当承担赔偿责任的，可以优先使用风险准备金予以赔偿。

第二十四条 公开募集基金的基金管理人的股东、实际控制人应当按照国务院证券监督管理机构的规定及时履行重大事项报告义务，并不得有下列行为：

（一）虚假出资或者抽逃出资；
（二）未依法经股东会或者董事会决议擅自干预基金管理人的基金经营活动；
（三）要求基金管理人利用基金财产为自己或者他人牟取利益，损害基金份额持有人利益；
（四）国务院证券监督管理机构规定禁止的其他行为。

公开募集基金的基金管理人的股东、实际控制人有前款行为或者股东不再符合法定条件的，国务院证券监督管理机构应当责令其限期改正，并可视情节责令其转让所持有或者控制的基金管理人的股权。

在前款规定的股东、实际控制人按照要求改正违法行为、转让所持有或者控制的基金管理人的股权前，国务院证券监督管理机构可以限制有关股东行使股东权利。

第二十五条 公开募集基金的基金管理人违法违规，或者其内部治理结构、稽核监控和风险控制管理不符合规定的，国务院证券监督管理机构应当责令其限期改正；逾期未改正，或者其行为严重危及该基金管理人的稳健运行、损害基金份额持有人合法权益的，国务院证券监督管理机构可以区别情形，对其采取下列措施：

（一）限制业务活动，责令暂停部分或者全部业务；
（二）限制分配红利，限制向董事、监事、高级管理人员支付报酬、提供福利；
（三）限制转让固有财产或者在固有财产上设定其他权利；
（四）责令更换董事、监事、高级管理人员或者限制其权利；
（五）责令有关股东转让股权或者限制有关股东行使股东权利。

公开募集基金的基金管理人整改后，应当向国务院证券监督管理机构提交报告。国务院证券监督管理机构经验收，符合有关要求的，应当自验收完毕之日起三日内解除对其采取的有关措施。

第二十六条 公开募集基金的基金管理人的董事、监事、高级管理人员未能勤勉尽责，致使基金管理人存在重大违法违规行为或者重大风险的，国务院证券监督管理机构可以责令更换。

第二十七条 公开募集基金的基金管理人违法经营或者出现重大风险，严重危害证券市场秩序、损害基金份额持有人利益的，国务院证券监督管理机构可以对该基金管理人采取责令停业整顿、指定其他机构托管、接管、取消基金管理资格或者撤销等监管措施。

第二十八条 在公开募集基金的基金管理人被责令停业整顿、被依法指定托管、接管或者清算期间，或者出现重大风险时，经国务院证券监督管理机构批准，可以对该基金管理人直接负责的董事、监事、高级管理人员和其他直接责任人员采取下列措施：

（一）通知出境管理机关依法阻止其出境；

（二）申请司法机关禁止其转移、转让或者以其他方式处分财产，或者在财产上设定其他权利。

第二十九条 有下列情形之一的，公开募集基金的基金管理人职责终止：

（一）被依法取消基金管理资格；

（二）被基金份额持有人大会解任；

（三）依法解散、被依法撤销或者被依法宣告破产；

（四）基金合同约定的其他情形。

第三十条 公开募集基金的基金管理人职责终止的，基金份额持有人大会应当在六个月内选任新基金管理人；新基金管理人产生前，由国务院证券监督管理机构指定临时基金管理人。

第三十一条 公开募集基金的基金管理人职责终止的，应当按照规定聘请会计师事务所对基金财产进行审计，并将审计结果予以公告，同时报国务院证券监督管理机构备案。

第三十二条 对非公开募集基金的基金管理人进行规范的具体办法，由国务院金融监督管理机构依照本章的原则制定。

第三章 基金托管人

第三十三条 基金托管人由依法设立的商业银行或者其他金融机构担任。

商业银行担任基金托管人的，由国务院证券监督管理机构会同国务院银行业监督管理机构核准；其他金融机构担任基金托管人的，由国务院证券监督管理机构核准。

第三十四条 担任基金托管人，应当具备下列条件：

（一）净资产和风险控制指标符合有关规定；

（二）设有专门的基金托管部门；

（三）取得基金从业资格的专职人员达到法定人数；

（四）有安全保管基金财产的条件；

（五）有安全高效的清算、交割系统；

（六）有符合要求的营业场所、安全防范设施和与基金托管业务有关的其他设施；

（七）有完善的内部稽核监控制度和风险控制制度；

（八）法律、行政法规规定的和经国务院批准的国务院证券监督管理机构、国务院银行业监督管理机构规定的其他条件。

第三十五条 本法第十五条、第十八条、第十九条的规定，适用于基金托管人的专门基金托管部门的高级管理人员和其他从业人员。

本法第十六条的规定,适用于基金托管人的专门基金托管部门的高级管理人员。

第三十六条 基金托管人与基金管理人不得为同一机构,不得相互出资或者持有股份。

第三十七条 基金托管人应当履行下列职责:

(一)安全保管基金财产;

(二)按照规定开设基金财产的资金账户和证券账户;

(三)对所托管的不同基金财产分别设置账户,确保基金财产的完整与独立;

(四)保存基金托管业务活动的记录、账册、报表和其他相关资料;

(五)按照基金合同的约定,根据基金管理人的投资指令,及时办理清算、交割事宜;

(六)办理与基金托管业务活动有关的信息披露事项;

(七)对基金财务会计报告、中期和年度基金报告出具意见;

(八)复核、审查基金管理人计算的基金资产净值和基金份额申购、赎回价格;

(九)按照规定召集基金份额持有人大会;

(十)按照规定监督基金管理人的投资运作;

(十一)国务院证券监督管理机构规定的其他职责。

第三十八条 基金托管人发现基金管理人的投资指令违反法律、行政法规和其他有关规定,或者违反基金合同约定的,应当拒绝执行,立即通知基金管理人,并及时向国务院证券监督管理机构报告。

基金托管人发现基金管理人依据交易程序已经生效的投资指令违反法律、行政法规和其他有关规定,或者违反基金合同约定的,应当立即通知基金管理人,并及时向国务院证券监督管理机构报告。

第三十九条 本法第二十一条、第二十三条的规定,适用于基金托管人。

第四十条 基金托管人不再具备本法规定的条件,或者未能勤勉尽责,在履行本法规定的职责时存在重大失误的,国务院证券监督管理机构、国务院银行业监督管理机构应当责令其改正;逾期未改正,或者其行为严重影响所托管基金的稳健运行、损害基金份额持有人利益的,国务院证券监督管理机构、国务院银行业监督管理机构可以区别情形,对其采取下列措施:

(一)限制业务活动,责令暂停办理新的基金托管业务;

(二)责令更换负有责任的专门基金托管部门的高级管理人员。

基金托管人整改后,应当向国务院证券监督管理机构、国务院银行业监督管理机构提交报告;经验收,符合有关要求的,应当自验收完毕之日起三日内解除对其采取的有关措施。

第四十一条 国务院证券监督管理机构、国务院银行业监督管理机构对有下列情形之一的基金托管人,可以取消其基金托管资格:

(一)连续三年没有开展基金托管业务的;

(二)违反本法规定,情节严重的;

(三)法律、行政法规规定的其他情形。

第四十二条 有下列情形之一的,基金托管人职责终止:

(一)被依法取消基金托管资格;

（二）被基金份额持有人大会解任；
（三）依法解散、被依法撤销或者被依法宣告破产；
（四）基金合同约定的其他情形。

第四十三条 基金托管人职责终止的，基金份额持有人大会应当在六个月内选任新基金托管人；新基金托管人产生前，由国务院证券监督管理机构指定临时基金托管人。

基金托管人职责终止的，应当妥善保管基金财产和基金托管业务资料，及时办理基金财产和基金托管业务的移交手续，新基金托管人或者临时基金托管人应当及时接收。

第四十四条 基金托管人职责终止的，应当按照规定聘请会计师事务所对基金财产进行审计，并将审计结果予以公告，同时报国务院证券监督管理机构备案。

第四章 基金的运作方式和组织

第四十五条 基金合同应当约定基金的运作方式。

第四十六条 基金的运作方式可以采用封闭式、开放式或者其他方式。

采用封闭式运作方式的基金（以下简称封闭式基金），是指基金份额总额在基金合同期限内固定不变，基金份额持有人不得申请赎回的基金；采用开放式运作方式的基金（以下简称开放式基金），是指基金份额总额不固定，基金份额可以在基金合同约定的时间和场所申购或者赎回的基金。

采用其他运作方式的基金的基金份额发售、交易、申购、赎回的办法，由国务院证券监督管理机构另行规定。

第四十七条 基金份额持有人享有下列权利：
（一）分享基金财产收益；
（二）参与分配清算后的剩余基金财产；
（三）依法转让或者申请赎回其持有的基金份额；
（四）按照规定要求召开基金份额持有人大会或者召集基金份额持有人大会；
（五）对基金份额持有人大会审议事项行使表决权；
（六）对基金管理人、基金托管人、基金服务机构损害其合法权益的行为依法提起诉讼；
（七）基金合同约定的其他权利。

公开募集基金的基金份额持有人有权查阅或者复制公开披露的基金信息资料；非公开募集基金的基金份额持有人对涉及自身利益的情况，有权查阅基金的财务会计账簿等财务资料。

第四十八条 基金份额持有人大会由全体基金份额持有人组成，行使下列职权：
（一）决定基金扩募或者延长基金合同期限；
（二）决定修改基金合同的重要内容或者提前终止基金合同；
（三）决定更换基金管理人、基金托管人；
（四）决定调整基金管理人、基金托管人的报酬标准；
（五）基金合同约定的其他职权。

第四十九条 按照基金合同约定，基金份额持有人大会可以设立日常机构，行使下列职权：
（一）召集基金份额持有人大会；

（二）提请更换基金管理人、基金托管人；
（三）监督基金管理人的投资运作、基金托管人的托管活动；
（四）提请调整基金管理人、基金托管人的报酬标准；
（五）基金合同约定的其他职权。

前款规定的日常机构，由基金份额持有人大会选举产生的人员组成；其议事规则，由基金合同约定。

第五十条 基金份额持有人大会及其日常机构不得直接参与或者干涉基金的投资管理活动。

第五章 基金的公开募集

第五十一条 公开募集基金，应当经国务院证券监督管理机构注册。未经注册，不得公开或者变相公开募集基金。

前款所称公开募集基金，包括向不特定对象募集资金、向特定对象募集资金累计超过二百人，以及法律、行政法规规定的其他情形。

公开募集基金应当由基金管理人管理，基金托管人托管。

第五十二条 注册公开募集基金，由拟任基金管理人向国务院证券监督管理机构提交下列文件：
（一）申请报告；
（二）基金合同草案；
（三）基金托管协议草案；
（四）招募说明书草案；
（五）律师事务所出具的法律意见书；
（六）国务院证券监督管理机构规定提交的其他文件。

第五十三条 公开募集基金的基金合同应当包括下列内容：
（一）募集基金的目的和基金名称；
（二）基金管理人、基金托管人的名称和住所；
（三）基金的运作方式；
（四）封闭式基金的基金份额总额和基金合同期限，或者开放式基金的最低募集份额总额；
（五）确定基金份额发售日期、价格和费用的原则；
（六）基金份额持有人、基金管理人和基金托管人的权利、义务；
（七）基金份额持有人大会召集、议事及表决的程序和规则；
（八）基金份额发售、交易、申购、赎回的程序、时间、地点、费用计算方式，以及给付赎回款项的时间和方式；
（九）基金收益分配原则、执行方式；
（十）基金管理人、基金托管人报酬的提取、支付方式与比例；
（十一）与基金财产管理、运用有关的其他费用的提取、支付方式；
（十二）基金财产的投资方向和投资限制；
（十三）基金资产净值的计算方法和公告方式；
（十四）基金募集未达到法定要求的处理方式；

（十五）基金合同解除和终止的事由、程序以及基金财产清算方式；
（十六）争议解决方式；
（十七）当事人约定的其他事项。

第五十四条 公开募集基金的基金招募说明书应当包括下列内容：
（一）基金募集申请的准予注册文件名称和注册日期；
（二）基金管理人、基金托管人的基本情况；
（三）基金合同和基金托管协议的内容摘要；
（四）基金份额的发售日期、价格、费用和期限；
（五）基金份额的发售方式、发售机构及登记机构名称；
（六）出具法律意见书的律师事务所和审计基金财产的会计师事务所的名称和住所；
（七）基金管理人、基金托管人报酬及其他有关费用的提取、支付方式与比例；
（八）风险警示内容；
（九）国务院证券监督管理机构规定的其他内容。

第五十五条 国务院证券监督管理机构应当自受理公开募集基金的募集注册申请之日起六个月内依照法律、行政法规及国务院证券监督管理机构的规定进行审查，作出注册或者不予注册的决定，并通知申请人；不予注册的，应当说明理由。

第五十六条 基金募集申请经注册后，方可发售基金份额。
基金份额的发售，由基金管理人或者其委托的基金销售机构办理。

第五十七条 基金管理人应当在基金份额发售的三日前公布招募说明书、基金合同及其他有关文件。
前款规定的文件应当真实、准确、完整。
对基金募集所进行的宣传推介活动，应当符合有关法律、行政法规的规定，不得有本法第七十八条所列行为。

第五十八条 基金管理人应当自收到准予注册文件之日起六个月内进行基金募集。超过六个月开始募集，原注册的事项未发生实质性变化的，应当报国务院证券监督管理机构备案；发生实质性变化的，应当向国务院证券监督管理机构重新提交注册申请。
基金募集不得超过国务院证券监督管理机构准予注册的基金募集期限。基金募集期限自基金份额发售之日起计算。

第五十九条 基金募集期限届满，封闭式基金募集的基金份额总额达到准予注册规模的百分之八十以上，开放式基金募集的基金份额总额超过准予注册的最低募集份额总额，并且基金份额持有人人数符合国务院证券监督管理机构规定的，基金管理人应当自募集期限届满之日起十日内聘请法定验资机构验资，自收到验资报告之日起十日内，向国务院证券监督管理机构提交验资报告，办理基金备案手续，并予以公告。

第六十条 基金募集期间募集的资金应当存入专门账户，在基金募集行为结束前，任何人不得动用。

第六十一条 投资人交纳认购的基金份额的款项时，基金合同成立；基金管理人依照本法第五十九条的规定向国务院证券监督管理机构办理基金备案手续，基金合同生效。
基金募集期限届满，不能满足本法第五十九条规定的条件的，基金管理人应当承担下列责任：

（一）以其固有财产承担因募集行为而产生的债务和费用；

（二）在基金募集期限届满后三十日内返还投资人已交纳的款项，并加计银行同期存款利息。

第六章 公开募集基金的基金份额的交易、申购与赎回

第六十二条 申请基金份额上市交易，基金管理人应当向证券交易所提出申请，证券交易所依法审核同意的，双方应当签订上市协议。

第六十三条 基金份额上市交易，应当符合下列条件：

（一）基金的募集符合本法规定；

（二）基金合同期限为五年以上；

（三）基金募集金额不低于二亿元人民币；

（四）基金份额持有人不少于一千人；

（五）基金份额上市交易规则规定的其他条件。

第六十四条 基金份额上市交易规则由证券交易所制定，报国务院证券监督管理机构批准。

第六十五条 基金份额上市交易后，有下列情形之一的，由证券交易所终止其上市交易，并报国务院证券监督管理机构备案：

（一）不再具备本法第六十三条规定的上市交易条件；

（二）基金合同期限届满；

（三）基金份额持有人大会决定提前终止上市交易；

（四）基金合同约定的或者基金份额上市交易规则规定的终止上市交易的其他情形。

第六十六条 开放式基金的基金份额的申购、赎回、登记，由基金管理人或者其委托的基金服务机构办理。

第六十七条 基金管理人应当在每个工作日办理基金份额的申购、赎回业务；基金合同另有约定的，从其约定。

投资人交付申购款项，申购成立；基金份额登记机构确认基金份额时，申购生效。

基金份额持有人递交赎回申请，赎回成立；基金份额登记机构确认赎回时，赎回生效。

第六十八条 基金管理人应当按时支付赎回款项，但是下列情形除外：

（一）因不可抗力导致基金管理人不能支付赎回款项；

（二）证券交易场所依法决定临时停市，导致基金管理人无法计算当日基金资产净值；

（三）基金合同约定的其他特殊情形。

发生上述情形之一的，基金管理人应当在当日报国务院证券监督管理机构备案。

本条第一款规定的情形消失后，基金管理人应当及时支付赎回款项。

第六十九条 开放式基金应当保持足够的现金或者政府债券，以备支付基金份额持有人的赎回款项。基金财产中应当保持的现金或者政府债券的具体比例，由国务院证券监督管理机构规定。

第七十条 基金份额的申购、赎回价格，依据申购、赎回日基金份额净值加、减有关费用计算。

第七十一条 基金份额净值计价出现错误时，基金管理人应当立即纠正，并采取合

理的措施防止损失进一步扩大。计价错误达到基金份额净值百分之零点五时，基金管理人应当公告，并报国务院证券监督管理机构备案。

因基金份额净值计价错误造成基金份额持有人损失的，基金份额持有人有权要求基金管理人、基金托管人予以赔偿。

第七章 公开募集基金的投资与信息披露

第七十二条 基金管理人运用基金财产进行证券投资，除国务院证券监督管理机构另有规定外，应当采用资产组合的方式。

资产组合的具体方式和投资比例，依照本法和国务院证券监督管理机构的规定在基金合同中约定。

第七十三条 基金财产应当用于下列投资：

（一）上市交易的股票、债券；

（二）国务院证券监督管理机构规定的其他证券及其衍生品种。

第七十四条 基金财产不得用于下列投资或者活动：

（一）承销证券；

（二）违反规定向他人贷款或者提供担保；

（三）从事承担无限责任的投资；

（四）买卖其他基金份额，但是国务院证券监督管理机构另有规定的除外；

（五）向基金管理人、基金托管人出资；

（六）从事内幕交易、操纵证券交易价格及其他不正当的证券交易活动；

（七）法律、行政法规和国务院证券监督管理机构规定禁止的其他活动。

运用基金财产买卖基金管理人、基金托管人及其控股股东、实际控制人或者与其有其他重大利害关系的公司发行的证券或承销期内承销的证券，或者从事其他重大关联交易的，应当遵循基金份额持有人利益优先的原则，防范利益冲突，符合国务院证券监督管理机构的规定，并履行信息披露义务。

第七十五条 基金管理人、基金托管人和其他基金信息披露义务人应当依法披露基金信息，并保证所披露信息的真实性、准确性和完整性。

第七十六条 基金信息披露义务人应当确保应予披露的基金信息在国务院证券监督管理机构规定时间内披露，并保证投资人能够按照基金合同约定的时间和方式查阅或者复制公开披露的信息资料。

第七十七条 公开披露的基金信息包括：

（一）基金招募说明书、基金合同、基金托管协议；

（二）基金募集情况；

（三）基金份额上市交易公告书；

（四）基金资产净值、基金份额净值；

（五）基金份额申购、赎回价格；

（六）基金财产的资产组合季度报告、财务会计报告及中期和年度基金报告；

（七）临时报告；

（八）基金份额持有人大会决议；

（九）基金管理人、基金托管人的专门基金托管部门的重大人事变动；

（十）涉及基金财产、基金管理业务、基金托管业务的诉讼或者仲裁；
（十一）国务院证券监督管理机构规定应予披露的其他信息。

第七十八条 公开披露基金信息，不得有下列行为：
（一）虚假记载、误导性陈述或者重大遗漏；
（二）对证券投资业绩进行预测；
（三）违规承诺收益或者承担损失；
（四）诋毁其他基金管理人、基金托管人或者基金销售机构；
（五）法律、行政法规和国务院证券监督管理机构规定禁止的其他行为。

第八章 公开募集基金的基金合同的变更、终止与基金财产清算

第七十九条 按照基金合同的约定或者基金份额持有人大会的决议，基金可以转换运作方式或者与其他基金合并。

第八十条 封闭式基金扩募或者延长基金合同期限，应当符合下列条件，并报国务院证券监督管理机构备案：
（一）基金运营业绩良好；
（二）基金管理人最近二年内没有因违法违规行为受到行政处罚或者刑事处罚；
（三）基金份额持有人大会决议通过；
（四）本法规定的其他条件。

第八十一条 有下列情形之一的，基金合同终止：
（一）基金合同期限届满而未延期；
（二）基金份额持有人大会决定终止；
（三）基金管理人、基金托管人职责终止，在六个月内没有新基金管理人、新基金托管人承接；
（四）基金合同约定的其他情形。

第八十二条 基金合同终止时，基金管理人应当组织清算组对基金财产进行清算。
清算组由基金管理人、基金托管人以及相关的中介服务机构组成。
清算组作出的清算报告经会计师事务所审计、律师事务所出具法律意见书后，报国务院证券监督管理机构备案并公告。

第八十三条 清算后的剩余基金财产，应当按照基金份额持有人所持份额比例进行分配。

第九章 公开募集基金的基金份额持有人权利行使

第八十四条 基金份额持有人大会由基金管理人召集。基金份额持有人大会设立日常机构的，由该日常机构召集；该日常机构未召集的，由基金管理人召集。基金管理人未按规定召集或者不能召开的，由基金托管人召集。
代表基金份额百分之十以上的基金份额持有人就同一事项要求召开基金份额持有人大会，而基金份额持有人大会的日常机构、基金管理人、基金托管人都不召集的，代表基金份额百分之十以上的基金份额持有人有权自行召集，并报国务院证券监督管理机构备案。

第八十五条 召开基金份额持有人大会，召集人应当至少提前三十日公告基金份额持有人大会的召开时间、会议形式、审议事项、议事程序和表决方式等事项。
基金份额持有人大会不得就未经公告的事项进行表决。

第八十六条　基金份额持有人大会可以采取现场方式召开，也可以采取通讯等方式召开。

每一基金份额具有一票表决权，基金份额持有人可以委托代理人出席基金份额持有人大会并行使表决权。

第八十七条　基金份额持有人大会应当有代表二分之一以上基金份额的持有人参加，方可召开。

参加基金份额持有人大会的持有人的基金份额低于前款规定比例的，召集人可以在原公告的基金份额持有人大会召开时间的三个月以后、六个月以内，就原定审议事项重新召集基金份额持有人大会。重新召集的基金份额持有人大会应当有代表三分之一以上基金份额的持有人参加，方可召开。

基金份额持有人大会就审议事项作出决定，应当经参加大会的基金份额持有人所持表决权的二分之一以上通过；但是，转换基金的运作方式、更换基金管理人或者基金托管人、提前终止基金合同、与其他基金合并，应当经参加大会的基金份额持有人所持表决权的三分之二以上通过。

基金份额持有人大会决定的事项，应当依法报国务院证券监督管理机构备案，并予以公告。

第十章　非公开募集基金

第八十八条　非公开募集基金应当向合格投资者募集，合格投资者累计不得超过二百人。

前款所称合格投资者，是指达到规定资产规模或者收入水平，并且具备相应的风险识别能力和风险承担能力、其基金份额认购金额不低于规定限额的单位和个人。

合格投资者的具体标准由国务院证券监督管理机构规定。

第八十九条　除基金合同另有约定外，非公开募集基金应当由基金托管人托管。

第九十条　担任非公开募集基金的基金管理人，应当按照规定向基金行业协会履行登记手续，报送基本情况。

第九十一条　未经登记，任何单位或者个人不得使用"基金"或者"基金管理"字样或者近似名称进行证券投资活动；但是，法律、行政法规另有规定的除外。

第九十二条　非公开募集基金，不得向合格投资者之外的单位和个人募集资金，不得通过报刊、电台、电视台、互联网等公众传播媒体或者讲座、报告会、分析会等方式向不特定对象宣传推介。

第九十三条　非公开募集基金，应当制定并签订基金合同。基金合同应当包括下列内容：

（一）基金份额持有人、基金管理人、基金托管人的权利、义务；

（二）基金的运作方式；

（三）基金的出资方式、数额和认缴期限；

（四）基金的投资范围、投资策略和投资限制；

（五）基金收益分配原则、执行方式；

（六）基金承担的有关费用；

（七）基金信息提供的内容、方式；

（八）基金份额的认购、赎回或者转让的程序和方式；
（九）基金合同变更、解除和终止的事由、程序；
（十）基金财产清算方式；
（十一）当事人约定的其他事项。

基金份额持有人转让基金份额的，应当符合本法第八十八条、第九十二条的规定。

第九十四条 按照基金合同约定，非公开募集基金可以由部分基金份额持有人作为基金管理人负责基金的投资管理活动，并在基金财产不足以清偿其债务时对基金财产的债务承担无限连带责任。

前款规定的非公开募集基金，其基金合同还应载明：

（一）承担无限连带责任的基金份额持有人和其他基金份额持有人的姓名或者名称、住所；
（二）承担无限连带责任的基金份额持有人的除名条件和更换程序；
（三）基金份额持有人增加、退出的条件、程序以及相关责任；
（四）承担无限连带责任的基金份额持有人和其他基金份额持有人的转换程序。

第九十五条 非公开募集基金募集完毕，基金管理人应当向基金行业协会备案。对募集的资金总额或者基金份额持有人的人数达到规定标准的基金，基金行业协会应当向国务院证券监督管理机构报告。

非公开募集基金财产的证券投资，包括买卖公开发行的股份有限公司股票、债券、基金份额，以及国务院证券监督管理机构规定的其他证券及其衍生品种。

第九十六条 基金管理人、基金托管人应当按照基金合同的约定，向基金份额持有人提供基金信息。

第九十七条 专门从事非公开募集基金管理业务的基金管理人，其股东、高级管理人员、经营期限、管理的基金资产规模等符合规定条件的，经国务院证券监督管理机构核准，可以从事公开募集基金管理业务。

第十一章　基金服务机构

第九十八条 从事公开募集基金的销售、销售支付、份额登记、估值、投资顾问、评价、信息技术系统服务等基金服务业务的机构，应当按照国务院证券监督管理机构的规定进行注册或者备案。

第九十九条 基金销售机构应当向投资人充分揭示投资风险，并根据投资人的风险承担能力销售不同风险等级的基金产品。

第一百条 基金销售支付机构应当按照规定办理基金销售结算资金的划付，确保基金销售结算资金安全、及时划付。

第一百零一条 基金销售结算资金、基金份额独立于基金销售机构、基金销售支付机构或者基金份额登记机构的自有财产。基金销售机构、基金销售支付机构或者基金份额登记机构破产或者清算时，基金销售结算资金、基金份额不属于其破产财产或者清算财产。非因投资人本身的债务或者法律规定的其他情形，不得查封、冻结、扣划或者强制执行基金销售结算资金、基金份额。

基金销售机构、基金销售支付机构、基金份额登记机构应当确保基金销售结算资金、基金份额的安全、独立，禁止任何单位或者个人以任何形式挪用基金销售结算资金、基金份额。

第一百零二条 基金管理人可以委托基金服务机构代为办理基金的份额登记、核算、估值、投资顾问等事项,基金托管人可以委托基金服务机构代为办理基金的核算、估值、复核等事项,但基金管理人、基金托管人依法应当承担的责任不因委托而免除。

第一百零三条 基金份额登记机构以电子介质登记的数据,是基金份额持有人权利归属的根据。基金份额持有人以基金份额出质的,质权自基金份额登记机构办理出质登记时设立。

基金份额登记机构应当妥善保存登记数据,并将基金份额持有人名称、身份信息及基金份额明细等数据备份至国务院证券监督管理机构认定的机构。其保存期限自基金账户销户之日起不得少于二十年。

基金份额登记机构应当保证登记数据的真实、准确、完整,不得隐匿、伪造、篡改或者毁损。

第一百零四条 基金投资顾问机构及其从业人员提供基金投资顾问服务,应当具有合理的依据,对其服务能力和经营业绩进行如实陈述,不得以任何方式承诺或者保证投资收益,不得损害服务对象的合法权益。

第一百零五条 基金评价机构及其从业人员应当客观公正,按照依法制定的业务规则开展基金评价业务,禁止误导投资人,防范可能发生的利益冲突。

第一百零六条 基金管理人、基金托管人、基金服务机构的信息技术系统,应当符合规定的要求。国务院证券监督管理机构可以要求信息技术系统服务机构提供该信息技术系统的相关资料。

第一百零七条 律师事务所、会计师事务所接受基金管理人、基金托管人的委托,为有关基金业务活动出具法律意见书、审计报告、内部控制评价报告等文件,应当勤勉尽责,对所依据的文件资料内容的真实性、准确性、完整性进行核查和验证。其制作、出具的文件有虚假记载、误导性陈述或者重大遗漏,给他人财产造成损失的,应当与委托人承担连带赔偿责任。

第一百零八条 基金服务机构应当勤勉尽责、恪尽职守,建立应急等风险管理制度和灾难备份系统,不得泄露与基金份额持有人、基金投资运作相关的非公开信息。

第十二章 基金行业协会

第一百零九条 基金行业协会是证券投资基金行业的自律性组织,是社会团体法人。基金管理人、基金托管人应当加入基金行业协会,基金服务机构可以加入基金行业协会。

第一百一十条 基金行业协会的权力机构为全体会员组成的会员大会。

基金行业协会设理事会。理事会成员依章程的规定由选举产生。

第一百一十一条 基金行业协会章程由会员大会制定,并报国务院证券监督管理机构备案。

第一百一十二条 基金行业协会履行下列职责:

(一)教育和组织会员遵守有关证券投资的法律、行政法规,维护投资人合法权益;

(二)依法维护会员的合法权益,反映会员的建议和要求;

(三)制定和实施行业自律规则,监督、检查会员及其从业人员的执业行为,对违反自律规则和协会章程的,按照规定给予纪律处分;

(四)制定行业执业标准和业务规范,组织基金从业人员的从业考试、资质管理和业务培训；

（五）提供会员服务，组织行业交流，推动行业创新，开展行业宣传和投资人教育活动；

（六）对会员之间、会员与客户之间发生的基金业务纠纷进行调解；

（七）依法办理非公开募集基金的登记、备案；

（八）协会章程规定的其他职责。

第十三章　监督管理

第一百一十三条　国务院证券监督管理机构依法履行下列职责：

（一）制定有关证券投资基金活动监督管理的规章、规则，并行使审批、核准或者注册权；

（二）办理基金备案；

（三）对基金管理人、基金托管人及其他机构从事证券投资基金活动进行监督管理，对违法行为进行查处，并予以公告；

（四）制定基金从业人员的资格标准和行为准则，并监督实施；

（五）监督检查基金信息的披露情况；

（六）指导和监督基金行业协会的活动；

（七）法律、行政法规规定的其他职责。

第一百一十四条　国务院证券监督管理机构依法履行职责，有权采取下列措施：

（一）对基金管理人、基金托管人、基金服务机构进行现场检查，并要求其报送有关的业务资料；

（二）进入涉嫌违法行为发生场所调查取证；

（三）询问当事人和与被调查事件有关的单位和个人，要求其对与被调查事件有关的事项作出说明；

（四）查阅、复制与被调查事件有关的财产权登记、通讯记录等资料；

（五）查阅、复制当事人和与被调查事件有关的单位和个人的证券交易记录、登记过户记录、财务会计资料及其他相关文件和资料；对可能被转移、隐匿或者毁损的文件和资料，可以予以封存；

（六）查询当事人和与被调查事件有关的单位和个人的资金账户、证券账户和银行账户；对有证据证明已经或者可能转移或者隐匿违法资金、证券等涉案财产或者隐匿、伪造、毁损重要证据的，经国务院证券监督管理机构主要负责人批准，可以冻结或者查封；

（七）在调查操纵证券市场、内幕交易等重大证券违法行为时，经国务院证券监督管理机构主要负责人批准，可以限制被调查事件当事人的证券买卖，但限制的期限不得超过十五个交易日；案情复杂的，可以延长十五个交易日。

第一百一十五条　国务院证券监督管理机构工作人员依法履行职责，进行调查或者检查时，不得少于二人，并应当出示合法证件；对调查或者检查中知悉的商业秘密负有保密的义务。

第一百一十六条　国务院证券监督管理机构工作人员应当忠于职守，依法办事，公正廉洁，接受监督，不得利用职务牟取私利。

第一百一十七条　国务院证券监督管理机构依法履行职责时，被调查、检查的单位和个人应当配合，如实提供有关文件和资料，不得拒绝、阻碍和隐瞒。

第一百一十八条 国务院证券监督管理机构依法履行职责，发现违法行为涉嫌犯罪的，应当将案件移送司法机关处理。

第一百一十九条 国务院证券监督管理机构工作人员在任职期间，或者离职后在《中华人民共和国公务员法》规定的期限内，不得在被监管的机构中担任职务。

第十四章 法律责任

第一百二十条 违反本法规定，未经批准擅自设立基金管理公司或者未经核准从事公开募集基金管理业务的，由证券监督管理机构予以取缔或者责令改正，没收违法所得，并处违法所得一倍以上五倍以下罚款；没有违法所得或者违法所得不足一百万元的，并处十万元以上一百万元以下罚款。对直接负责的主管人员和其他直接责任人员给予警告，并处三万元以上三十万元以下罚款。

基金管理公司违反本法规定，擅自变更持有百分之五以上股权的股东、实际控制人或者其他重大事项的，责令改正，没收违法所得，并处违法所得一倍以上五倍以下罚款；没有违法所得或者违法所得不足五十万元的，并处五万元以上五十万元以下罚款。对直接负责的主管人员给予警告，并处三万元以上十万元以下罚款。

第一百二十一条 基金管理人的董事、监事、高级管理人员和其他从业人员，基金托管人的专门基金托管部门的高级管理人员和其他从业人员，未按照本法第十八条第一款规定申报的，责令改正，处三万元以上十万元以下罚款。

基金管理人、基金托管人违反本法第十八条第二款规定的，责令改正，处十万元以上一百万元以下罚款；对直接负责的主管人员和其他直接责任人员给予警告，暂停或者撤销基金从业资格，并处三万元以上三十万元以下罚款。

第一百二十二条 基金管理人的董事、监事、高级管理人员和其他从业人员，基金托管人的专门基金托管部门的高级管理人员和其他从业人员违反本法第十九条规定的，责令改正，没收违法所得，并处违法所得一倍以上五倍以下罚款；没有违法所得或者违法所得不足一百万元的，并处十万元以上一百万元以下罚款；情节严重的，撤销基金从业资格。

第一百二十三条 基金管理人、基金托管人违反本法规定，未对基金财产实行分别管理或者分账保管，责令改正，处五万元以上五十万元以下罚款；对直接负责的主管人员和其他直接责任人员给予警告，暂停或者撤销基金从业资格，并处三万元以上三十万元以下罚款。

第一百二十四条 基金管理人、基金托管人及其董事、监事、高级管理人员和其他从业人员有本法第二十一条所列行为之一的，责令改正，没收违法所得，并处违法所得一倍以上五倍以下罚款；没有违法所得或者违法所得不足一百万元的，并处十万元以上一百万元以下罚款；基金管理人、基金托管人有上述行为的，还应当对其直接负责的主管人员和其他直接责任人员给予警告，暂停或者撤销基金从业资格，并处三万元以上三十万元以下罚款。

基金管理人、基金托管人及其董事、监事、高级管理人员和其他从业人员侵占、挪用基金财产而取得的财产和收益，归入基金财产。但是，法律、行政法规另有规定的，依照其规定。

第一百二十五条 基金管理人的股东、实际控制人违反本法第二十四条规定的，责令改正，没收违法所得，并处违法所得一倍以上五倍以下罚款；没有违法所得或者违法所得不足一百万元的，并处十万元以上一百万元以下罚款；对直接负责的主管人员和其他直接责任人员给予警告，暂停或者撤销基金或证券从业资格，并处三万元以上三十万元以下罚款。

第一百二十六条　未经核准，擅自从事基金托管业务的，责令停止，没收违法所得，并处违法所得一倍以上五倍以下罚款；没有违法所得或者违法所得不足一百万元的，并处十万元以上一百万元以下罚款；对直接负责的主管人员和其他直接责任人员给予警告，并处三万元以上三十万元以下罚款。

第一百二十七条　基金管理人、基金托管人违反本法规定，相互出资或者持有股份的，责令改正，可以处十万元以下罚款。

第一百二十八条　违反本法规定，擅自公开或者变相公开募集基金的，责令停止，返还所募资金和加计的银行同期存款利息，没收违法所得，并处所募资金金额百分之一以上百分之五以下罚款。对直接负责的主管人员和其他直接责任人员给予警告，并处五万元以上五十万元以下罚款。

第一百二十九条　违反本法第六十条规定，动用募集的资金的，责令返还，没收违法所得，并处违法所得一倍以上五倍以下罚款；没有违法所得或者违法所得不足五十万元的，并处五万元以上五十万元以下罚款；对直接负责的主管人员和其他直接责任人员给予警告，并处三万元以上三十万元以下罚款。

第一百三十条　基金管理人、基金托管人有本法第七十四条第一款第一项至第五项和第七项所列行为之一，或者违反本法第七十四条第二款规定的，责令改正，处十万元以上一百万元以下罚款；对直接负责的主管人员和其他直接责任人员给予警告，暂停或者撤销基金从业资格，并处三万元以上三十万元以下罚款。

基金管理人、基金托管人有前款行为，运用基金财产而取得的财产和收益，归入基金财产。但是，法律、行政法规另有规定的，依照其规定。

第一百三十一条　基金管理人、基金托管人有本法第七十四条第一款第六项规定行为的，除依照《中华人民共和国证券法》的有关规定处罚外，对直接负责的主管人员和其他直接责任人员暂停或者撤销基金从业资格。

第一百三十二条　基金信息披露义务人不依法披露基金信息或者披露的信息有虚假记载、误导性陈述或者重大遗漏的，责令改正，没收违法所得，并处十万元以上一百万元以下罚款；对直接负责的主管人员和其他直接责任人员给予警告，暂停或者撤销基金从业资格，并处三万元以上三十万元以下罚款。

第一百三十三条　基金管理人或者基金托管人不按照规定召集基金份额持有人大会的，责令改正，可以处五万元以下罚款；对直接负责的主管人员和其他直接责任人员给予警告，暂停或者撤销基金从业资格。

第一百三十四条　违反本法规定，未经登记，使用"基金"或者"基金管理"字样或者近似名称进行证券投资活动的，没收违法所得，并处违法所得一倍以上五倍以下罚款；没有违法所得或者违法所得不足一百万元的，并处十万元以上一百万元以下罚款。对直接负责的主管人员和其他直接责任人员给予警告，并处三万元以上三十万元以下罚款。

第一百三十五条　违反本法规定，非公开募集基金募集完毕，基金管理人未备案的，处十万元以上三十万元以下罚款。对直接负责的主管人员和其他直接责任人员给予警告，并处三万元以上十万元以下罚款。

第一百三十六条　违反本法规定，向合格投资者之外的单位或者个人非公开募集资金或者转让基金份额的，没收违法所得，并处违法所得一倍以上五倍以下罚款；没有违法所得或者违法所得不足一百万元的，并处十万元以上一百万元以下罚款。对直接负责的主管人员和其他直接责任人员给予警告，并处三万元以上三十万元以下罚款。

第一百三十七条　违反本法规定，擅自从事公开募集基金的基金服务业务的，责令改正，没收违法所得，并处违法所得一倍以上五倍以下罚款；没有违法所得或者违法所得不足三十万元的，并处十万元以上三十万元以下罚款。对直接负责的主管人员和其他直接责任人员给予警告，并处三万元以上十万元以下罚款。

第一百三十八条　基金销售机构未向投资人充分揭示投资风险并误导其购买与其风险承担能力不相当的基金产品的，处十万元以上三十万元以下罚款；情节严重的，责令其停止基金服务业务。对直接负责的主管人员和其他直接责任人员给予警告，撤销基金从业资格，并处三万元以上十万元以下罚款。

第一百三十九条　基金销售支付机构未按照规定划付基金销售结算资金的，处十万元以上三十万元以下罚款；情节严重的，责令其停止基金服务业务。对直接负责的主管人员和其他直接责任人员给予警告，撤销基金从业资格，并处三万元以上十万元以下罚款。

第一百四十条　挪用基金销售结算资金或者基金份额的，责令改正，没收违法所得，并处违法所得一倍以上五倍以下罚款；没有违法所得或者违法所得不足一百万元的，并处十万元以上一百万元以下罚款。对直接负责的主管人员和其他直接责任人员给予警告，并处三万元以上三十万元以下罚款。

第一百四十一条　基金份额登记机构未妥善保存或者备份基金份额登记数据的，责令改正，给予警告，并处十万元以上三十万元以下罚款；情节严重的，责令其停止基金服务业务。对直接负责的主管人员和其他直接责任人员给予警告，撤销基金从业资格，并处三万元以上十万元以下罚款。

基金份额登记机构隐匿、伪造、篡改、毁损基金份额登记数据的，责令改正，处十万元以上一百万元以下罚款，并责令其停止基金服务业务。对直接负责的主管人员和其他直接责任人员给予警告，撤销基金从业资格，并处三万元以上三十万元以下罚款。

第一百四十二条　基金投资顾问机构、基金评价机构及其从业人员违反本法规定开展投资顾问、基金评价服务的，处十万元以上三十万元以下罚款；情节严重的，责令其停止基金服务业务。对直接负责的主管人员和其他直接责任人员给予警告，撤销基金从业资格，并处三万元以上十万元以下罚款。

第一百四十三条　信息技术系统服务机构未按照规定向国务院证券监督管理机构提供相关信息技术系统资料，或者提供的信息技术系统资料虚假、有重大遗漏的，责令改正，处三万元以上十万元以下罚款。对直接负责的主管人员和其他直接责任人员给予警告，并处一万元以上三万元以下罚款。

第一百四十四条　会计师事务所、律师事务所未勤勉尽责，所出具的文件有虚假记载、误导性陈述或者重大遗漏的，责令改正，没收业务收入，暂停或者撤销相关业务许可，并处业务收入一倍以上五倍以下罚款。对直接负责的主管人员和其他直接责任人员给予警告,并处三万元以上十万元以下罚款。

第一百四十五条 基金服务机构未建立应急等风险管理制度和灾难备份系统,或者泄露与基金份额持有人、基金投资运作相关的非公开信息的,处十万元以上三十万元以下罚款;情节严重的,责令其停止基金服务业务。对直接负责的主管人员和其他直接责任人员给予警告,撤销基金从业资格,并处三万元以上十万元以下罚款。

第一百四十六条 违反本法规定,给基金财产、基金份额持有人或者投资人造成损害的,依法承担赔偿责任。

基金管理人、基金托管人在履行各自职责的过程中,违反本法规定或者基金合同约定,给基金财产或者基金份额持有人造成损害的,应当分别对各自的行为依法承担赔偿责任;因共同行为给基金财产或者基金份额持有人造成损害的,应当承担连带赔偿责任。

第一百四十七条 证券监督管理机构工作人员玩忽职守、滥用职权、徇私舞弊或者利用职务上的便利索取或者收受他人财物的,依法给予行政处分。

第一百四十八条 拒绝、阻碍证券监督管理机构及其工作人员依法行使监督检查、调查职权未使用暴力、威胁方法的,依法给予治安管理处罚。

第一百四十九条 违反法律、行政法规或者国务院证券监督管理机构的有关规定,情节严重的,国务院证券监督管理机构可以对有关责任人员采取证券市场禁入的措施。

第一百五十条 违反本法规定,构成犯罪的,依法追究刑事责任。

第一百五十一条 违反本法规定,应当承担民事赔偿责任和缴纳罚款、罚金,其财产不足以同时支付时,先承担民事赔偿责任。

第一百五十二条 依照本法规定,基金管理人、基金托管人、基金服务机构应当承担的民事赔偿责任和缴纳的罚款、罚金,由基金管理人、基金托管人、基金服务机构以其固有财产承担。

依法收缴的罚款、罚金和没收的违法所得,应当全部上缴国库。

第十五章 附 则

第一百五十三条 在中华人民共和国境内募集投资境外证券的基金,以及合格境外投资者在境内进行证券投资,应当经国务院证券监督管理机构批准,具体办法由国务院证券监督管理机构会同国务院有关部门规定,报国务院批准。

第一百五十四条 公开或者非公开募集资金,以进行证券投资活动为目的设立的公司或者合伙企业,资产由基金管理人或者普通合伙人管理的,其证券投资活动适用本法。

第一百五十五条 本法自 2013 年 6 月 1 日起施行。

全国人民代表大会常务委员会关于授权国务院在中国 (上海) 自由贸易试验区暂时调整有关法律规定的 行政审批的决定

(2013 年 8 月 30 日第十二届全国人民代表大会常务委员会第四次会议通过)

为加快政府职能转变,创新对外开放模式,进一步探索深化改革开放的经验,第十二届全国人民代表大会常务委员会第四次会议决定：授权国务院在上海外高桥保税区、上海外高桥保税物流园区、洋山保税港区和上海浦东机场综合保税区基础上设立的中国（上海）自由贸易试验区内，对国家规定实施准入特别管理措施之外的外商投资，暂时调整《中华人民共和国外资企业法》《中华人民共和国中外合资经营企业法》和《中华人民共和国中外合作经营企业法》规定的有关行政审批（目录附后）。上述行政审批的调整在三年内试行，对实践证明可行的，应当修改完善有关法律；对实践证明不宜调整的，恢复施行有关法律规定。

本决定自 2013 年 10 月 1 日起施行。

授权国务院在中国（上海）自由贸易试验区暂时调整有关法律规定的行政审批目录

序号：1 名称：外资企业设立审批法律规定：《中华人民共和国外资企业法》第六条："设立外资企业的申请，由国务院对外经济贸易主管部门或者国务院授权的机关审查批准。审查批准机关应当在接到申请之日起九十天内决定批准或者不批准。"内容：暂时停止实施该项行政审批，改为备案管理

序号：2 名称：外资企业分立、合并或者其他重要事项变更审批法律规定：《中华人民共和国外资企业法》第十条："外资企业分立、合并或者其他重要事项变更，应当报审查批准机关批准，并向工商行政管理机关办理变更登记手续。"内容：暂时停止实施该项行政审批，改为备案管理

序号：3 名称：外资企业经营期限审批法律规定：《中华人民共和国外资企业法》第二十条："外资企业的经营期限由外国投资者申报，由审查批准机关批准。期满需要延长的，应当在期满一百八十天以前向审查批准机关提出申请。审查批准机关应当在接到申请之日起三十天内决定批准或者不批准。"内容：暂时停止实施该项行政审批，改为备案管理

序号：4 名称：中外合资经营企业设立审批法律规定：《中华人民共和国中外合资经营企业法》第三条："合营各方签订的合营协议、合同、章程，应报国家对外经济贸易主管部门（以下称审查批准机关）审查批准。审查批准机关应在三个月内决定批准或不批准。合营企业经批准后，向国家工商行政管理主管部门登记，领取营业执照，开始营业。"内容：暂时停止实施该项行政审批，改为备案管理

序号：5 名称：中外合资经营企业延长合营期限审批法律规定：《中华人民共和国中外合资经营企业法》第十三条："合营企业的合营期限，按不同行业、不同情况，作不同的约定。有的行业的合营企业，应当约定合营期限；有的行业的合营企业，可以约定合营期限，也可以不约定合营期限。约定合营期限的合营企业，合营各方同意延长合营期限的，应在距合营期满六个月前向审查批准机关提出申请。审查批准机关应自接到申请之日起一个月内决定批准或不批准。"内容：暂时停止实施该项行政审批，改为备案管理

序号：6 名称：中外合资经营企业解散审批法律规定：《中华人民共和国中外合资经营企业法》第十四条："合营企业如发生严重亏损、一方不履行合同和章程规定的义务、不可抗力等，经合营各方协商同意，报请审查批准机关批准，并向国家工商行政管理主管部门登记，可终止合同。如果因违反合同而造成损失的，应由违反合同的一方承担经济责任。"内容：暂时停止实施该项行政审批，改为备案管理

序号：7 名称：中外合作经营企业设立审批法律规定：《中华人民共和国中外合作经营企业法》第五条："申请设立合作企业，应当将中外合作者签订的协议、合同、章程等

文件报国务院对外经济贸易主管部门或者国务院授权的部门和地方政府（以下简称审查批准机关）审查批准。审查批准机关应当自接到申请之日起四十五天内决定批准或者不批准。"内容：暂时停止实施该项行政审批，改为备案管理

序号：8 名称：中外合作经营企业协议、合同、章程重大变更审批法律规定：《中华人民共和国中外合作经营企业法》第七条："中外合作者在合作期限内协商同意对合作企业合同作重大变更的，应当报审查批准机关批准；变更内容涉及法定工商登记项目、税务登记项目的，应当向工商行政管理机关、税务机关办理变更登记手续。"内容：暂时停止实施该项行政审批，改为备案管理

序号：9 名称：中外合作经营企业转让合作企业合同权利、义务审批法律规定：《中华人民共和国中外合作经营企业法》第十条："中外合作者的一方转让其在合作企业合同中的全部或者部分权利、义务的，必须经他方同意，并报审查批准机关批准。"内容：暂时停止实施该项行政审批，改为备案管理

序号：10 名称：中外合作经营企业委托他人经营管理审批法律规定：《中华人民共和国中外合作经营企业法》第十二条第二款："合作企业成立后改为委托中外合作者以外的他人经营管理的，必须经董事会或者联合管理机构一致同意，报审查批准机关批准，并向工商行政管理机关办理变更登记手续。"内容：暂时停止实施该项行政审批，改为备案管理

序号：11 名称：中外合作经营企业延长合作期限审批法律规定：《中华人民共和国中外合作经营企业法》第二十四条："合作企业的合作期限由中外合作者协商并在合作企业合同中订明。中外合作者同意延长合作期限的，应当在距合作期满一百八十天前向审查批准机关提出申请。审查批准机关应当自接到申请之日起三十天内决定批准或者不批准。"内容：暂时停止实施该项行政审批，改为备案管理

行政法规

国务院关于废止和修改部分行政法规的决定

2014年2月19日公布　　　　　　　　　　　　　　　　国务院令第648号

为了运用法治方式推进政府职能转变，进一步放宽市场主体准入条件，激发社会投资活力，依据2013年12月28日第十二届全国人民代表大会常务委员会第六次会议通过的修改公司法的决定，落实《注册资本登记制度改革方案》关于注册资本实缴登记改为认缴登记、年度检验验照制度改为年度报告公示制度，以及完善信用约束机制的内容，国务院对涉及的行政法规进行了清理。经过清理，国务院决定：

本决定自2014年3月1日起施行。

附件：1. 国务院决定废止的行政法规
　　　2. 国务院决定修改的行政法规

附件1

国务院决定废止的行政法规

一、《中外合资经营企业合营各方出资的若干规定》（1987年12月30日国务院批准，1988年1月1日对外经济贸易部、国家工商行政管理局发布）

二、《〈中外合资经营企业合营各方出资的若干规定〉的补充规定》（1997年9月2日国务院批准，1997年9月29日对外贸易经济合作部、国家工商行政管理局发布）

附件2

国务院决定修改的行政法规

一、对《中华人民共和国公司登记管理条例》作出修改

1. 删去第九条第五项；将第九项改为第八项，修改为："有限责任公司股东或者股份有限公司发起人的姓名或者名称。"

2. 删去第十三条中的"和实收资本"。

3. 第十四条修改为："股东的出资方式应当符合《公司法》第二十七条的规定，但股东不得以劳务、信用、自然人姓名、商誉、特许经营权或者设定担保的财产等作价出资。"

4. 删去第二十条第二款第四项、第五项和第三款。

5. 删去第二十一条第二款第四项、第五项；将第三款修改为："以募集方式设立股份有限公司的，还应当提交创立大会的会议记录以及依法设立的验资机构出具的验资证明；以募集方式设立股份有限公司公开发行股票的，还应当提交国务院证券监督管理机构的核准文件。"

6. 删去第三十一条第一款、第二款、第三款、第五款；增加一款作为第一款："公司增加注册资本的，应当自变更决议或者决定作出之日起30日内申请变更登记。"

7. 删去第三十二条。

8. 第三十五条改为第三十四条，第一款修改为："有限责任公司变更股东的，应当自变更之日起 30 日内申请变更登记，并应当提交新股东的主体资格证明或者自然人身份证明。"

9. 第五十七条改为第五十六条，修改为："公司登记机关应当将公司登记、备案信息通过企业信用信息公示系统向社会公示。"

10. 删去第九章。

11. 第十章改为第九章，标题修改为："年度报告公示、证照和档案管理"。

12. 增加一条作为第五十八条："公司应当于每年 1 月 1 日至 6 月 30 日，通过企业信用信息公示系统向公司登记机关报送上一年度年度报告，并向社会公示。

"年度报告公示的内容以及监督检查办法由国务院制定。"

13. 第六十三条改为第五十九条，增加一款作为第二款："国家推行电子营业执照。电子营业执照与纸质营业执照具有同等法律效力。"

14. 第六十七条改为第六十三条，修改为："营业执照正本、副本样式，电子营业执照标准以及公司登记的有关重要文书格式或者表式，由国家工商行政管理总局统一制定。"

15. 删去第七十六条。

二、对《中华人民共和国企业法人登记管理条例》作出修改

1. 第八章的标题修改为："公示和证照管理"。

2. 第二十三条修改为："登记主管机关应当将企业法人登记、备案信息通过企业信用信息公示系统向社会公示。"

3. 第二十四条修改为："企业法人应当于每年 1 月 1 日至 6 月 30 日，通过企业信用信息公示系统向登记主管机关报送上一年度年度报告，并向社会公示。

"年度报告公示的内容以及监督检查办法由国务院制定。"

4. 第二十五条第三款修改为："《企业法人营业执照》、《企业法人营业执照》副本，不得伪造、涂改、出租、出借、转让或者出卖。"增加一款作为第四款："国家推行电子营业执照。电子营业执照与纸质营业执照具有同等法律效力。"

5. 删去第二十六条中的"年度检验"和"年检费"。

6. 第三十条第一款第三项修改为："不按照规定办理注销登记的"。第四项修改为："伪造、涂改、出租、出借、转让或者出卖《企业法人营业执照》、《企业法人营业执照》副本的"。

三、对《中华人民共和国中外合资经营企业法实施条例》作出修改

第十三条第四项修改为："合营企业的投资总额，注册资本，合营各方的出资额、出资比例、出资方式、出资缴付期限、股权转让的规定，利润分配和亏损分担的比例"。

四、对《中华人民共和国中外合作经营企业法实施细则》作出修改

第十三条第四项修改为："合作企业的投资总额，注册资本，合作各方认缴出资额、投资或者提供合作条件的方式、期限"。

五、对《中华人民共和国外资企业法实施细则》作出修改

1. 第十五条第三项修改为："投资总额、注册资本、认缴出资额、出资方式、出资期限"。

2. 第二十条第二款修改为:"外资企业的注册资本与投资总额的比例应当符合中国有关规定。"

3. 删去第二十七条第二款。

4. 第三十条修改为:"外国投资者缴付出资的期限应当在设立外资企业申请书和外资企业章程中载明。"

5. 删去第三十一条。

6. 删去第三十二条。

六、对《中华人民共和国合伙企业登记管理办法》作出修改

1. 第六章的标题修改为:"公示和证照管理"。

2. 增加一条作为第三十一条:"企业登记机关应当将合伙企业登记、备案信息通过企业信用信息公示系统向社会公示。"

3. 第三十一条改为第三十二条,修改为:"合伙企业应当于每年1月1日至6月30日,通过企业信用信息公示系统向企业登记机关报送上一年度年度报告,并向社会公示。

"年度报告公示的内容以及监督检查办法由国务院制定。"

4. 第三十二条改为第三十三条,增加一款作为第二款:"国家推行电子营业执照。电子营业执照与纸质营业执照具有同等法律效力。"

5. 删去第四十二条。

6. 删去第四十三条。

七、对《个体工商户条例》作出修改

1. 第九条中增加一款作为第三款:"国家推行电子营业执照。电子营业执照与纸质营业执照具有同等法律效力。"

2. 第十四条修改为:"个体工商户应当于每年1月1日至6月30日,向登记机关报送年度报告。

"个体工商户应当对其年度报告的真实性、合法性负责。

"个体工商户年度报告办法由国务院工商行政管理部门制定。"

3. 增加一条作为第十五条:"登记机关将未按照规定履行年度报告义务的个体工商户载入经营异常名录,并在企业信用信息公示系统上向社会公示。"

4. 增加一条作为第十六条:"登记机关接收个体工商户年度报告和抽查不得收取任何费用。"

5. 删去第二十三条。

八、对《农民专业合作社登记管理条例》作出修改

1. 第十七条中增加一款作为第三款:"国家推行电子营业执照。电子营业执照与纸质营业执照具有同等法律效力。"

2. 第十九条修改为:"农民专业合作社的登记文书格式,营业执照的正本、副本样式以及电子营业执照标准,由国务院工商行政管理部门制定。"

3. 增加一条作为第三十二条:"建立农民专业合作社年度报告制度。农民专业合作社年度报告办法由国务院工商行政管理部门制定。"

此外,对相关行政法规的条文顺序作了相应调整。

农民专业合作社登记管理条例

2007年5月28日　　　　　　　　　　　　　　　　　　国务院令第498号

第一章　总　则

第一条　为了确认农民专业合作社的法人资格，规范农民专业合作社登记行为，依据《中华人民共和国农民专业合作社法》，制定本条例。

第二条　农民专业合作社的设立、变更和注销，应当依照《中华人民共和国农民专业合作社法》和本条例的规定办理登记。

申请办理农民专业合作社登记，申请人应当对申请材料的真实性负责。

第三条　农民专业合作社经登记机关依法登记，领取农民专业合作社法人营业执照（以下简称营业执照），取得法人资格。未经依法登记，不得以农民专业合作社名义从事经营活动。

第四条　工商行政管理部门是农民专业合作社登记机关。国务院工商行政管理部门负责全国的农民专业合作社登记管理工作。

农民专业合作社由所在地的县（市）、区工商行政管理部门登记。

国务院工商行政管理部门可以对规模较大或者跨地区的农民专业合作社的登记管辖做出特别规定。

第二章　登记事项

第五条　农民专业合作社的登记事项包括：

（一）名称；

（二）住所；

（三）成员出资总额；

（四）业务范围；

（五）法定代表人姓名。

第六条　农民专业合作社的名称应当含有"专业合作社"字样，并符合国家有关企业名称登记管理的规定。

第七条　农民专业合作社的住所是其主要办事机构所在地。

第八条　农民专业合作社成员可以用货币出资，也可以用实物、知识产权等能够用货币估价并可以依法转让的非货币财产作价出资。成员以非货币财产出资的，由全体成员评估作价。成员不得以劳务、信用、自然人姓名、商誉、特许经营权或者设定担保的财产等作价出资。

成员的出资额以及出资总额应当以人民币表示。成员出资额之和为成员出资总额。

第九条　农民专业合作社以其成员为主要服务对象，业务范围可以有农业生产资料购买，农产品销售、加工、运输、贮藏以及与农业生产经营有关的技术、信息等服务。

农民专业合作社的业务范围由其章程规定。

第十条　农民专业合作社理事长为农民专业合作社的法定代表人。

第三章 设立登记

第十一条 申请设立农民专业合作社，应当由全体设立人指定的代表或者委托的代理人向登记机关提交下列文件：

（一）设立登记申请书；

（二）全体设立人签名、盖章的设立大会纪要；

（三）全体设立人签名、盖章的章程；

（四）法定代表人、理事的任职文件和身份证明；

（五）载明成员的姓名或者名称、出资方式、出资额以及成员出资总额，并经全体出资成员签名、盖章予以确认的出资清单；

（六）载明成员的姓名或者名称、公民身份号码或者登记证书号码和住所的成员名册，以及成员身份证明；

（七）能够证明农民专业合作社对其住所享有使用权的住所使用证明；

（八）全体设立人指定代表或者委托代理人的证明。

农民专业合作社的业务范围有属于法律、行政法规或者国务院规定在登记前须经批准的项目的，应当提交有关批准文件。

第十二条 农民专业合作社章程含有违反《中华人民共和国农民专业合作社法》以及有关法律、行政法规规定的内容的，登记机关应当要求农民专业合作社做相应修改。

第十三条 具有民事行为能力的公民，以及从事与农民专业合作社业务直接有关的生产经营活动的企业、事业单位或者社会团体，能够利用农民专业合作社提供的服务，承认并遵守农民专业合作社章程，履行章程规定的入社手续的，可以成为农民专业合作社的成员。但是，具有管理公共事务职能的单位不得加入农民专业合作社。

第十四条 农民专业合作社应当有 5 名以上的成员，其中农民至少应当占成员总数的 80%。

成员总数 20 人以下的，可以有 1 个企业、事业单位或者社会团体成员；成员总数超过 20 人的，企业、事业单位和社会团体成员不得超过成员总数的 5%。

第十五条 农民专业合作社的成员为农民的，成员身份证明为农业人口户口簿；无农业人口户口簿的，成员身份证明为居民身份证和土地承包经营权证或者村民委员会（居民委员会）出具的身份证明。

农民专业合作社的成员不属于农民的，成员身份证明为居民身份证。

农民专业合作社的成员为企业、事业单位或者社会团体的，成员身份证明为企业法人营业执照或者其他登记证书。

第十六条 申请人提交的登记申请材料齐全、符合法定形式，登记机关能够当场登记的，应予当场登记，发给营业执照。

除前款规定情形外，登记机关应当自受理申请之日起 20 日内，做出是否登记的决定。予以登记的，发给营业执照；不予登记的，应当给予书面答复，并说明理由。

营业执照签发日期为农民专业合作社成立日期。

第十七条 营业执照分为正本和副本，正本和副本具有同等法律效力。

营业执照正本应当置于农民专业合作社住所的醒目位置。

国家推行电子营业执照。电子营业执照与纸质营业执照具有同等法律效力。

第十八条 营业执照遗失或者毁坏的，农民专业合作社应当申请补领。

任何单位和个人不得伪造、变造、出租、出借、转让营业执照。

第十九条 农民专业合作社的登记文书格式、营业执照的正本、副本样式以及电子营业执照标准，由国务院工商行政管理部门制定。

第四章 变更登记和注销登记

第二十条 农民专业合作社的名称、住所、成员出资总额、业务范围、法定代表人姓名发生变更的，应当自做出变更决定之日起30日内向原登记机关申请变更登记，并提交下列文件：

（一）法定代表人签署的变更登记申请书；

（二）成员大会或者成员代表大会做出的变更决议；

（三）法定代表人签署的修改后的章程或者章程修正案；

（四）法定代表人指定代表或者委托代理人的证明。

第二十一条 农民专业合作社变更业务范围涉及法律、行政法规或者国务院规定须经批准的项目的，应当自批准之日起30日内申请变更登记，并提交有关批准文件。

农民专业合作社的业务范围属于法律、行政法规或者国务院规定在登记前须经批准的项目有下列情形之一的，应当自事由发生之日起30日内申请变更登记或者依照本条例的规定办理注销登记：

（一）许可证或者其他批准文件被吊销、撤销的；

（二）许可证或者其他批准文件有效期届满的。

第二十二条 农民专业合作社成员发生变更的，应当自本财务年度终了之日起30日内，将法定代表人签署的修改后的成员名册报送登记机关备案。其中，新成员入社的还应当提交新成员的身份证明。

农民专业合作社因成员发生变更，使农民成员低于法定比例的，应当自事由发生之日起6个月内采取吸收新的农民成员入社等方式使农民成员达到法定比例。

第二十三条 农民专业合作社修改章程未涉及登记事项的，应当自做出修改决定之日起30日内，将法定代表人签署的修改后的章程或者章程修正案报送登记机关备案。

第二十四条 变更登记事项涉及营业执照变更的，登记机关应当换发营业执照。

第二十五条 成立清算组的农民专业合作社应当自清算结束之日起30日内，由清算组全体成员指定的代表或者委托的代理人向原登记机关申请注销登记，并提交下列文件：

（一）清算组负责人签署的注销登记申请书；

（二）农民专业合作社依法做出的解散决议，农民专业合作社依法被吊销营业执照或者被撤销的文件，人民法院的破产裁定、解散裁判文书；

（三）成员大会、成员代表大会或者人民法院确认的清算报告；

（四）营业执照；

（五）清算组全体成员指定代表或者委托代理人的证明。

因合并、分立而解散的农民专业合作社，应当自做出解散决议之日起30日内，向原登记机关申请注销登记，并提交法定代表人签署的注销登记申请书、成员大会或者成员代表大会做出的解散决议以及债务清偿或者债务担保情况的说明、营业执照和法定代表人指定代表或者委托代理人的证明。

经登记机关注销登记，农民专业合作社终止。

第五章 法律责任

第二十六条 提交虚假材料或者采取其他欺诈手段取得农民专业合作社登记的，由登记机关责令改正；情节严重的，撤销农民专业合作社登记。

第二十七条 农民专业合作社有下列行为之一的，由登记机关责令改正；情节严重的，吊销营业执照：

（一）登记事项发生变更，未申请变更登记的；

（二）因成员发生变更，使农民成员低于法定比例满6个月的；

（三）从事业务范围以外的经营活动的；

（四）变造、出租、出借、转让营业执照的。

第二十八条 农民专业合作社有下列行为之一的，由登记机关责令改正：

（一）未依法将修改后的成员名册报送登记机关备案的；

（二）未依法将修改后的章程或者章程修正案报送登记机关备案的。

第二十九条 登记机关对不符合规定条件的农民专业合作社登记申请予以登记，或者对符合规定条件的登记申请不予登记的，对直接负责的主管人员和其他直接责任人员，依法给予处分。

第六章 附 则

第三十条 农民专业合作社可以设立分支机构，并比照本条例有关农民专业合作社登记的规定，向分支机构所在地登记机关申请办理登记。农民专业合作社分支机构不具有法人资格。

农民专业合作社分支机构有违法行为的，适用本条例的规定进行处罚。

第三十一条 登记机关办理农民专业合作社登记不得收费。

第三十二条 建立农民专业合作社年度报告制度。农民专业合作社年度报告办法由国务院工商行政管理部门制定。

第三十三条 本条例施行前设立的农民专业合作社，应当自本条例施行之日起1年内依法办理登记。

第三十四条 本条例自2007年7月1日起施行。

机动车交通事故责任强制保险条例

（2006年3月21日中华人民共和国国务院令第462号公布 根据2012年3月30日《国务院关于修改〈机动车交通事故责任强制保险条例〉的决定》第一次修订 根据2012年12月17日《国务院关于修改〈机动车交通事故责任强制保险条例〉的决定》第二次修订）

第一章 总 则

第一条 为了保障机动车道路交通事故受害人依法得到赔偿，促进道路交通安全，根据《中华人民共和国道路交通安全法》、《中华人民共和国保险法》，制定本条例。

第二条 在中华人民共和国境内道路上行驶的机动车的所有人或者管理人,应当依照《中华人民共和国道路交通安全法》的规定投保机动车交通事故责任强制保险。

机动车交通事故责任强制保险的投保、赔偿和监督管理,适用本条例。

第三条 本条例所称机动车交通事故责任强制保险,是指由保险公司对被保险机动车发生道路交通事故造成本车人员、被保险人以外的受害人的人身伤亡、财产损失,在责任限额内予以赔偿的强制性责任保险。

第四条 国务院保险监督管理机构(以下称保监会)依法对保险公司的机动车交通事故责任强制保险业务实施监督管理。

公安机关交通管理部门、农业(农业机械)主管部门(以下统称机动车管理部门)应当依法对机动车参加机动车交通事故责任强制保险的情况实施监督检查。对未参加机动车交通事故责任强制保险的机动车,机动车管理部门不得予以登记,机动车安全技术检验机构不得予以检验。

公安机关交通管理部门及其交通警察在调查处理道路交通安全违法行为和道路交通事故时,应当依法检查机动车交通事故责任强制保险的保险标志。

第二章 投 保

第五条 保险公司经保监会批准,可以从事机动车交通事故责任强制保险业务。

为了保证机动车交通事故责任强制保险制度的实行,保监会有权要求保险公司从事机动车交通事故责任强制保险业务。

未经保监会批准,任何单位或者个人不得从事机动车交通事故责任强制保险业务。

第六条 机动车交通事故责任强制保险实行统一的保险条款和基础保险费率。保监会按照机动车交通事故责任强制保险业务总体上不盈利不亏损的原则审批保险费率。

保监会在审批保险费率时,可以聘请有关专业机构进行评估,可以举行听证会听取公众意见。

第七条 保险公司的机动车交通事故责任强制保险业务,应当与其他保险业务分开管理,单独核算。

保监会应当每年对保险公司的机动车交通事故责任强制保险业务情况进行核查,并向社会公布;根据保险公司机动车交通事故责任强制保险业务的总体盈利或者亏损情况,可以要求或者允许保险公司相应调整保险费率。

调整保险费率的幅度较大的,保监会应当进行听证。

第八条 被保险机动车没有发生道路交通安全违法行为和道路交通事故的,保险公司应当在下一年度降低其保险费率。在此后的年度内,被保险机动车仍然没有发生道路交通安全违法行为和道路交通事故的,保险公司应当继续降低其保险费率,直至最低标准。被保险机动车发生道路交通安全违法行为或者道路交通事故的,保险公司应当在下一年度提高其保险费率。多次发生道路交通安全违法行为、道路交通事故,或者发生重大道路交通事故的,保险公司应当加大提高其保险费率的幅度。在道路交通事故中被保险人没有过错的,不提高其保险费率。降低或者提高保险费率的标准,由保监会会同国务院公安部门制定。

第九条 保监会、国务院公安部门、国务院农业主管部门以及其他有关部门应当逐步建立有关机动车交通事故责任强制保险、道路交通安全违法行为和道路交通事故的信息共享机制。

第十条 投保人在投保时应当选择具备从事机动车交通事故责任强制保险业务资格的保险公司，被选择的保险公司不得拒绝或者拖延承保。

保监会应当将具备从事机动车交通事故责任强制保险业务资格的保险公司向社会公示。

第十一条 投保人投保时，应当向保险公司如实告知重要事项。

重要事项包括机动车的种类、厂牌型号、识别代码、牌照号码、使用性质和机动车所有人或者管理人的姓名（名称）、性别、年龄、住所、身份证或者驾驶证号码（组织机构代码）、续保前该机动车发生事故的情况以及保监会规定的其他事项。

第十二条 签订机动车交通事故责任强制保险合同时，投保人应当一次支付全部保险费；保险公司应当向投保人签发保险单、保险标志。保险单、保险标志应当注明保险单号码、车牌号码、保险期限、保险公司的名称、地址和理赔电话号码。

被保险人应当在被保险机动车上放置保险标志。

保险标志式样全国统一。保险单、保险标志由保监会监制。任何单位或者个人不得伪造、变造或者使用伪造、变造的保险单、保险标志。

第十三条 签订机动车交通事故责任强制保险合同时，投保人不得在保险条款和保险费率之外，向保险公司提出附加其他条件的要求。

签订机动车交通事故责任强制保险合同时，保险公司不得强制投保人订立商业保险合同以及提出附加其他条件的要求。

第十四条 保险公司不得解除机动车交通事故责任强制保险合同；但是，投保人对重要事项未履行如实告知义务的除外。

投保人对重要事项未履行如实告知义务，保险公司解除合同前，应当书面通知投保人，投保人应当自收到通知之日起5日内履行如实告知义务；投保人在上述期限内履行如实告知义务的，保险公司不得解除合同。

第十五条 保险公司解除机动车交通事故责任强制保险合同的，应当收回保险单和保险标志，并书面通知机动车管理部门。

第十六条 投保人不得解除机动车交通事故责任强制保险合同，但有下列情形之一的除外：

（一）被保险机动车被依法注销登记的；

（二）被保险机动车办理停驶的；

（三）被保险机动车经公安机关证实丢失的。

第十七条 机动车交通事故责任强制保险合同解除前，保险公司应当按照合同承担保险责任。

合同解除时，保险公司可以收取自保险责任开始之日起至合同解除之日止的保险费，剩余部分的保险费退还投保人。

第十八条 被保险机动车所有权转移的，应当办理机动车交通事故责任强制保险合同变更手续。

第十九条 机动车交通事故责任强制保险合同期满，投保人应当及时续保，并提供上一年度的保险单。

第二十条 机动车交通事故责任强制保险的保险期间为1年，但有下列情形之一的，投保人可以投保短期机动车交通事故责任强制保险：

（一）境外机动车临时入境的；

（二）机动车临时上道路行驶的；

（三）机动车距规定的报废期限不足1年的；

（四）保监会规定的其他情形。

第三章 赔 偿

第二十一条 被保险机动车发生道路交通事故造成本车人员、被保险人以外的受害人人身伤亡、财产损失的，由保险公司依法在机动车交通事故责任强制保险责任限额范围内予以赔偿。

道路交通事故的损失是由受害人故意造成的，保险公司不予赔偿。

第二十二条 有下列情形之一的，保险公司在机动车交通事故责任强制保险责任限额范围内垫付抢救费用，并有权向致害人追偿：

（一）驾驶人未取得驾驶资格或者醉酒的；

（二）被保险机动车被盗抢期间肇事的；

（三）被保险人故意制造道路交通事故的。

有前款所列情形之一，发生道路交通事故的，造成受害人的财产损失，保险公司不承担赔偿责任。

第二十三条 机动车交通事故责任强制保险在全国范围内实行统一的责任限额。责任限额分为死亡伤残赔偿限额、医疗费用赔偿限额、财产损失赔偿限额以及被保险人在道路交通事故中无责任的赔偿限额。

机动车交通事故责任强制保险责任限额由保监会会同国务院公安部门、国务院卫生主管部门、国务院农业主管部门规定。

第二十四条 国家设立道路交通事故社会救助基金（以下简称救助基金）。有下列情形之一时，道路交通事故中受害人人身伤亡的丧葬费用、部分或者全部抢救费用，由救助基金先行垫付，救助基金管理机构有权向道路交通事故责任人追偿：

（一）抢救费用超过机动车交通事故责任强制保险责任限额的；

（二）肇事机动车未参加机动车交通事故责任强制保险的；

（三）机动车肇事后逃逸的。

第二十五条 救助基金的来源包括：

（一）按照机动车交通事故责任强制保险的保险费的一定比例提取的资金；

（二）对未按照规定投保机动车交通事故责任强制保险的机动车的所有人、管理人的罚款；

（三）救助基金管理机构依法向道路交通事故责任人追偿的资金；

（四）救助基金孳息；

（五）其他资金。

第二十六条 救助基金的具体管理办法，由国务院财政部门会同保监会、国务院公安部门、国务院卫生主管部门、国务院农业主管部门制定试行。

第二十七条 被保险机动车发生道路交通事故，被保险人或者受害人通知保险公司的,保险公司应当立即给予答复,告知被保险人或者受害人具体的赔偿程序等有关事项。

第二十八条 被保险机动车发生道路交通事故的,由被保险人向保险公司申请赔偿保险金。保险公司应当自收到赔偿申请之日起 1 日内,书面告知被保险人需要向保险公司提供的与赔偿有关的证明和资料。

第二十九条 保险公司应当自收到被保险人提供的证明和资料之日起 5 日内,对是否属于保险责任作出核定,并将结果通知被保险人;对不属于保险责任的,应当书面说明理由;对属于保险责任的,在与被保险人达成赔偿保险金的协议后 10 日内,赔偿保险金。

第三十条 被保险人与保险公司对赔偿有争议的,可以依法申请仲裁或者向人民法院提起诉讼。

第三十一条 保险公司可以向被保险人赔偿保险金,也可以直接向受害人赔偿保险金。但是,因抢救受伤人员需要保险公司支付或者垫付抢救费用的,保险公司在接到公安机关交通管理部门通知后,经核对应当及时向医疗机构支付或者垫付抢救费用。

因抢救受伤人员需要救助基金管理机构垫付抢救费用的,救助基金管理机构在接到公安机关交通管理部门通知后,经核对应当及时向医疗机构垫付抢救费用。

第三十二条 医疗机构应当参照国务院卫生主管部门组织制定的有关临床诊疗指南,抢救、治疗道路交通事故中的受伤人员。

第三十三条 保险公司赔偿保险金或者垫付抢救费用,救助基金管理机构垫付抢救费用,需要向有关部门、医疗机构核实有关情况的,有关部门、医疗机构应当予以配合。

第三十四条 保险公司、救助基金管理机构的工作人员对当事人的个人隐私应当保密。

第三十五条 道路交通事故损害赔偿项目和标准依照有关法律的规定执行。

第四章 罚 则

第三十六条 未经保监会批准,非法从事机动车交通事故责任强制保险业务的,由保监会予以取缔;构成犯罪的,依法追究刑事责任;尚不构成犯罪的,由保监会没收违法所得,违法所得 20 万元以上的,并处违法所得 1 倍以上 5 倍以下罚款;没有违法所得或者违法所得不足 20 万元的,处 20 万元以上 100 万元以下罚款。

第三十七条 保险公司未经保监会批准从事机动车交通事故责任强制保险业务的,由保监会责令改正,责令退还收取的保险费,没收违法所得,违法所得 10 万元以上的,并处违法所得 1 倍以上 5 倍以下罚款;没有违法所得或者违法所得不足 10 万元的,处 10 万元以上 50 万元以下罚款;逾期不改正或者造成严重后果的,责令停业整顿或者吊销经营保险业务许可证。

第三十八条 保险公司违反本条例规定,有下列行为之一的,由保监会责令改正,处 5 万元以上 30 万元以下罚款;情节严重的,可以限制业务范围、责令停止接受新业务或者吊销经营保险业务许可证:

(一)拒绝或者拖延承保机动车交通事故责任强制保险的;

(二)未按照统一的保险条款和基础保险费率从事机动车交通事故责任强制保险业务的;

(三)未将机动车交通事故责任强制保险业务和其他保险业务分开管理,单独核算的;

（四）强制投保人订立商业保险合同的；
（五）违反规定解除机动车交通事故责任强制保险合同的；
（六）拒不履行约定的赔偿保险金义务的；
（七）未按照规定及时支付或者垫付抢救费用的。

第三十九条 机动车所有人、管理人未按照规定投保机动车交通事故责任强制保险的，由公安机关交通管理部门扣留机动车，通知机动车所有人、管理人依照规定投保，处依照规定投保最低责任限额应缴纳的保险费的2倍罚款。

机动车所有人、管理人依照规定补办机动车交通事故责任强制保险的，应当及时退还机动车。

第四十条 上道路行驶的机动车未放置保险标志的，公安机关交通管理部门应当扣留机动车，通知当事人提供保险标志或者补办相应手续，可以处警告或者20元以上200元以下罚款。

当事人提供保险标志或者补办相应手续的，应当及时退还机动车。

第四十一条 伪造、变造或者使用伪造、变造的保险标志，或者使用其他机动车的保险标志，由公安机关交通管理部门予以收缴，扣留该机动车，处200元以上2000元以下罚款；构成犯罪的，依法追究刑事责任。

当事人提供相应的合法证明或者补办相应手续的，应当及时退还机动车。

第五章 附 则

第四十二条 本条例下列用语的含义：

（一）投保人，是指与保险公司订立机动车交通事故责任强制保险合同，并按照合同负有支付保险费义务的机动车的所有人、管理人。

（二）被保险人，是指投保人及其允许的合法驾驶人。

（三）抢救费用，是指机动车发生道路交通事故导致人员受伤时，医疗机构参照国务院卫生主管部门组织制定的有关临床诊疗指南，对生命体征不平稳和虽然生命体征平稳但如果不采取处理措施会产生生命危险，或者导致残疾、器官功能障碍，或者导致病程明显延长的受伤人员，采取必要的处理措施所发生的医疗费用。

第四十三条 挂车不投保机动车交通事故责任强制保险。发生道路交通事故造成人身伤亡、财产损失的，由牵引车投保的保险公司在机动车交通事故责任强制保险责任限额范围内予以赔偿；不足的部分，由牵引车方和挂车方依照法律规定承担赔偿责任。

第四十四条 机动车在道路以外的地方通行时发生事故，造成人身伤亡、财产损失的赔偿，比照适用本条例。

第四十五条 中国人民解放军和中国人民武装警察部队在编机动车参加机动车交通事故责任强制保险的办法，由中国人民解放军和中国人民武装警察部队另行规定。

第四十六条 机动车所有人、管理人自本条例施行之日起3个月内投保机动车交通事故责任强制保险；本条例施行前已经投保商业性机动车第三者责任保险的，保险期满，应当投保机动车交通事故责任强制保险。

第四十七条 本条例自2006年7月1日起施行。

农业保险条例

2012 年 11 月 12 日　　　　　　　　　　　　　　　国务院令第 629 号

第一章　总　则

第一条　为了规范农业保险活动，保护农业保险活动当事人的合法权益，提高农业生产抗风险能力，促进农业保险事业健康发展，根据《中华人民共和国保险法》、《中华人民共和国农业法》等法律，制定本条例。

第二条　本条例所称农业保险，是指保险机构根据农业保险合同，对被保险人在种植业、林业、畜牧业和渔业生产中因保险标的遭受约定的自然灾害、意外事故、疫病、疾病等保险事故所造成的财产损失，承担赔偿保险金责任的保险活动。

本条例所称保险机构，是指保险公司以及依法设立的农业互助保险等保险组织。

第三条　国家支持发展多种形式的农业保险，健全政策性农业保险制度。

农业保险实行政府引导、市场运作、自主自愿和协同推进的原则。

省、自治区、直辖市人民政府可以确定适合本地区实际的农业保险经营模式。

任何单位和个人不得利用行政权力、职务或者职业便利以及其他方式强迫、限制农民或者农业生产经营组织参加农业保险。

第四条　国务院保险监督管理机构对农业保险业务实施监督管理。国务院财政、农业、林业、发展改革、税务、民政等有关部门按照各自的职责，负责农业保险推进、管理的相关工作。

财政、保险监督管理、国土资源、农业、林业、气象等有关部门、机构应当建立农业保险相关信息的共享机制。

第五条　县级以上地方人民政府统一领导、组织、协调本行政区域的农业保险工作，建立健全推进农业保险发展的工作机制。县级以上地方人民政府有关部门按照本级人民政府规定的职责，负责本行政区域农业保险推进、管理的相关工作。

第六条　国务院有关部门、机构和地方各级人民政府及其有关部门应当采取多种形式，加强对农业保险的宣传，提高农民和农业生产经营组织的保险意识，组织引导农民和农业生产经营组织积极参加农业保险。

第七条　农民或者农业生产经营组织投保的农业保险标的属于财政给予保险费补贴范围的，由财政部门按照规定给予保险费补贴，具体办法由国务院财政部门商国务院农业、林业主管部门和保险监督管理机构制定。

国家鼓励地方人民政府采取由地方财政给予保险费补贴等措施，支持发展农业保险。

第八条　国家建立财政支持的农业保险大灾风险分散机制，具体办法由国务院财政部门会同国务院有关部门制定。

国家鼓励地方人民政府建立地方财政支持的农业保险大灾风险分散机制。

第九条　保险机构经营农业保险业务依法享受税收优惠。

国家支持保险机构建立适应农业保险业务发展需要的基层服务体系。

国家鼓励金融机构对投保农业保险的农民和农业生产经营组织加大信贷支持力度。

第二章 农业保险合同

第十条 农业保险可以由农民、农业生产经营组织自行投保，也可以由农业生产经营组织、村民委员会等单位组织农民投保。

由农业生产经营组织、村民委员会等单位组织农民投保的，保险机构应当在订立农业保险合同时，制定投保清单，详细列明被保险人的投保信息，并由被保险人签字确认。保险机构应当将承保情况予以公示。

第十一条 在农业保险合同有效期内，合同当事人不得因保险标的的危险程度发生变化增加保险费或者解除农业保险合同。

第十二条 保险机构接到发生保险事故的通知后，应当及时进行现场查勘，会同被保险人核定保险标的的受损情况。由农业生产经营组织、村民委员会等单位组织农民投保的，保险机构应当将查勘定损结果予以公示。

保险机构按照农业保险合同约定，可以采取抽样方式或者其他方式核定保险标的的损失程度。采用抽样方式核定损失程度的，应当符合有关部门规定的抽样技术规范。

第十三条 法律、行政法规对受损的农业保险标的的处理有规定的，理赔时应当取得受损保险标的已依法处理的证据或者证明材料。

保险机构不得主张对受损的保险标的的残余价值的权利，农业保险合同另有约定的除外。

第十四条 保险机构应当在与被保险人达成赔偿协议后10日内，将应赔偿的保险金支付给被保险人。农业保险合同对赔偿保险金的期限有约定的，保险机构应当按照约定履行赔偿保险金义务。

第十五条 保险机构应当按照农业保险合同约定，根据核定的保险标的的损失程度足额支付应赔偿的保险金。

任何单位和个人不得非法干预保险机构履行赔偿保险金的义务，不得限制被保险人取得保险金的权利。

农业生产经营组织、村民委员会等单位组织农民投保的，理赔清单应当由被保险人签字确认，保险机构应当将理赔结果予以公示。

第十六条 本条例对农业保险合同未作规定的，参照适用《中华人民共和国保险法》中保险合同的有关规定。

第三章 经营规则

第十七条 保险机构经营农业保险业务，应当符合下列条件，并经国务院保险监督管理机构依法批准：

（一）有完善的基层服务网络；

（二）有专门的农业保险经营部门并配备相应的专业人员；

（三）有完善的农业保险内控制度；

（四）有稳健的农业再保险和大灾风险安排以及风险应对预案；

（五）偿付能力符合国务院保险监督管理机构的规定；

（六）国务院保险监督管理机构规定的其他条件。

未经依法批准，任何单位和个人不得经营农业保险业务。

第十八条 保险机构经营农业保险业务，实行自主经营、自负盈亏。

保险机构经营农业保险业务,应当与其他保险业务分开管理,单独核算损益。

第十九条 保险机构应当公平、合理地拟订农业保险条款和保险费率。属于财政给予保险费补贴的险种的保险条款和保险费率,保险机构应当在充分听取省、自治区、直辖市人民政府财政、农业、林业部门和农民代表意见的基础上拟订。

农业保险条款和保险费率应当依法报保险监督管理机构审批或者备案。

第二十条 保险机构经营农业保险业务的准备金评估和偿付能力报告的编制,应当符合国务院保险监督管理机构的规定。

农业保险业务的财务管理和会计核算需要采取特殊原则和方法的,由国务院财政部门制定具体办法。

第二十一条 保险机构可以委托基层农业技术推广等机构协助办理农业保险业务。保险机构应当与被委托协助办理农业保险业务的机构签订书面合同,明确双方权利义务,约定费用支付,并对协助办理农业保险业务的机构进行业务指导。

第二十二条 保险机构应当按照国务院保险监督管理机构的规定妥善保存农业保险查勘定损的原始资料。

禁止任何单位和个人涂改、伪造、隐匿或者违反规定销毁查勘定损的原始资料。

第二十三条 保险费补贴的取得和使用,应当遵守依照本条例第七条制定的具体办法的规定。

禁止以下列方式或者其他任何方式骗取农业保险的保险费补贴:

(一)虚构或者虚增保险标的或者以同一保险标的进行多次投保;

(二)以虚假理赔、虚列费用、虚假退保或者截留、挪用保险金、挪用经营费用等方式冲销投保人应缴的保险费或者财政给予的保险费补贴。

第二十四条 禁止任何单位和个人挪用、截留、侵占保险机构应当赔偿被保险人的保险金。

第二十五条 本条例对农业保险经营规则未作规定的,适用《中华人民共和国保险法》中保险经营规则及监督管理的有关规定。

第四章 法律责任

第二十六条 保险机构未经批准经营农业保险业务的,由保险监督管理机构责令改正,没收违法所得,并处违法所得1倍以上5倍以下的罚款;没有违法所得或者违法所得不足10万元的,处10万元以上50万元以下的罚款;逾期不改正或者造成严重后果的,责令停业整顿或者吊销经营保险业务许可证。

保险机构以外的其他组织或者个人非法经营农业保险业务的,由保险监督管理机构予以取缔,没收违法所得,并处违法所得1倍以上5倍以下的罚款;没有违法所得或者违法所得不足20万元的,处20万元以上100万元以下的罚款。

第二十七条 保险机构经营农业保险业务,有下列行为之一的,由保险监督管理机构责令改正,处10万元以上50万元以下的罚款;情节严重的,可以限制其业务范围、责令停止接受新业务或者取消经营农业保险业务资格:

(一)编制或者提供虚假的报告、报表、文件、资料;

(二)拒绝或者妨碍依法监督检查;

(三)未按照规定使用经批准或者备案的农业保险条款、保险费率。

第二十八条　保险机构经营农业保险业务，违反本条例规定，有下列行为之一的，由保险监督管理机构责令改正，处5万元以上30万元以下的罚款；情节严重的，可以限制其业务范围、责令停止接受新业务或者取消经营农业保险业务资格：

（一）未按照规定将农业保险业务与其他保险业务分开管理，单独核算损益；

（二）利用开展农业保险业务为其他机构或者个人牟取不正当利益；

（三）未按照规定申请批准农业保险条款、保险费率。

保险机构经营农业保险业务，未按照规定报送农业保险条款、保险费率备案的，由保险监督管理机构责令限期改正；逾期不改正的，处1万元以上10万元以下的罚款。

第二十九条　保险机构违反本条例规定，保险监督管理机构除依照本条例的规定给予处罚外，对其直接负责的主管人员和其他直接责任人员给予警告，并处1万元以上10万元以下的罚款；情节严重的，对取得任职资格或者从业资格的人员撤销其相应资格。

第三十条　违反本条例第二十三条规定，骗取保险费补贴的，由财政部门依照《财政违法行为处罚处分条例》的有关规定予以处理；构成犯罪的，依法追究刑事责任。

违反本条例第二十四条规定，挪用、截留、侵占保险金的，由有关部门依法处理；构成犯罪的，依法追究刑事责任。

第三十一条　保险机构违反本条例规定的法律责任，本条例未作规定的，适用《中华人民共和国保险法》的有关规定。

第五章　附　则

第三十二条　保险机构经营有政策支持的涉农保险，参照适用本条例有关规定。

涉农保险是指农业保险以外、为农民在农业生产生活中提供保险保障的保险，包括农房、农机具、渔船等财产保险，涉及农民的生命和身体等方面的短期意外伤害保险。

第三十三条　本条例自2013年3月1日起施行。

国务院关于管理公开募集基金的基金管理公司有关问题的批复

2013年12月10日　　　　　　　　　　　　　　　国函〔2013〕132号

中国证券监督管理委员会：

你会关于贯彻实施修订后的《中华人民共和国证券投资基金法》有关问题的请示收悉。现批复如下：

（一）根据《中华人民共和国证券投资基金法》第十三条规定，国务院同意你会对管理公开募集基金的基金管理公司（以下简称基金管理公司）主要股东的条件作如下规定：

1. 主要股东为法人或者其他组织的，净资产不低于2亿元人民币；

2. 主要股东为自然人的，个人金融资产不低于3000万元人民币，在境内外资产管理行业从业10年以上。

（二）根据《中华人民共和国证券投资基金法》第十三条规定，国务院同意你会对基金管理公司持有5%以上股权的非主要股东的条件作如下规定：

1. 非主要股东为法人或者其他组织的，净资产不低于5000万元人民币，资产质量良好，内部监控制度完善；

2. 非主要股东为自然人的,个人金融资产不低于1000万元人民币,在境内外资产管理行业从业5年以上;

3. 最近3年没有因违法违规行为受到行政处罚或者刑事处罚;

4. 没有挪用客户资产等损害客户利益的行为;

5. 没有因违法违规行为正在被监管机构调查,或者正处于整改期间;

6. 具有良好的社会信誉,最近3年在税务、工商等行政机关以及金融监管、自律管理、商业银行等机构无不良记录。

(三)根据《中华人民共和国证券投资基金法》第十三条规定,国务院同意你会对中外合资基金管理公司境内外股东的条件作如下规定:

1. 出资比例最高的境内股东应当具备基金管理公司主要股东的条件;其他境内股东应当具备基金管理公司非主要股东的条件。

2. 境外股东应当具备下列条件:

(1)依所在国家或者地区法律设立、合法存续并具有金融资产管理经验的金融机构,财务稳健,资信良好,最近3年没有受到监管机构或者司法机关的处罚;

(2)所在国家或者地区具有完善的证券法律和监管制度,其证券监管机构已与中国证券监督管理委员会或者中国证券监督管理委员会认可的其他机构签订证券监管合作谅解备忘录,并保持有效的监管合作关系;

(3)净资产不低于2亿元人民币的等值可自由兑换货币;

(4)经国务院批准的中国证券监督管理委员会规定的其他条件。

香港特别行政区、澳门特别行政区和台湾地区的金融机构在内地投资基金管理公司,比照适用前款规定。

(四)根据《中华人民共和国证券投资基金法》第十三条规定,国务院同意你会对不得成为基金管理公司实际控制人的情形作如下规定:

1. 因故意犯罪被判处刑罚,刑罚执行完毕未逾3年;

2. 净资产低于实收资本的50%,或者或有负债达到净资产的50%;

3. 不能清偿到期债务。

国务院关于印发注册资本登记制度改革方案的通知

2014年2月7日　　　　　　　　　　　　　　　　国发〔2014〕7号

各省、自治区、直辖市人民政府,国务院各部委、各直属机构:

国务院批准《注册资本登记制度改革方案》(以下简称《方案》),现予印发。

(一)改革工商登记制度,推进工商注册制度便利化,是党中央、国务院作出的重大决策。改革注册资本登记制度,是深入贯彻党的十八大和十八届二中、三中全会精神,在新形势下全面深化改革的重大举措,对加快政府职能转变、创新政府监管方式、建立公平开放透明的市场规则、保障创业创新,具有重要意义。

(二)改革注册资本登记制度涉及面广、政策性强,各级人民政府要加强组织领导,统筹协调解决改革中的具体问题。各地区、各部门要密切配合,加快制定完善配套措施。

工商行政管理机关要优化流程、完善制度，确保改革前后管理工作平稳过渡。要强化企业自我管理、行业协会自律和社会组织监督的作用，提高市场监管水平，切实让这项改革举措"落地生根"，进一步释放改革红利，激发创业活力，催生发展新动力。

（三）根据全国人民代表大会常务委员会关于修改公司法的决定和《方案》，相应修改有关行政法规和国务院决定。具体由国务院另行公布。

《方案》实施中的重大问题，工商总局要及时向国务院请示报告。

国务院
2014 年 2 月 7 日

（此件公开发布）

注册资本登记制度改革方案

根据《国务院机构改革和职能转变方案》，为积极稳妥推进注册资本登记制度改革，制定本方案。

（一）指导思想、总体目标和基本原则

1. 指导思想。

高举中国特色社会主义伟大旗帜，以邓小平理论、"三个代表"重要思想、科学发展观为指导，坚持社会主义市场经济改革方向，按照加快政府职能转变、建设服务型政府的要求，推进公司注册资本及其他登记事项改革，推进配套监管制度改革，健全完善现代企业制度，服务经济社会持续健康发展。

2. 总体目标。

通过改革公司注册资本及其他登记事项，进一步放松对市场主体准入的管制，降低准入门槛，优化营商环境，促进市场主体加快发展；通过改革监管制度，进一步转变监管方式，强化信用监管，促进协同监管，提高监管效能；通过加强市场主体信息公示，进一步扩大社会监督，促进社会共治，激发各类市场主体创造活力，增强经济发展内生动力。

3. 基本原则。

（1）便捷高效。按照条件适当、程序简便、成本低廉的要求，方便申请人办理市场主体登记注册。鼓励投资创业，创新服务方式，提高登记效率。

（2）规范统一。对各类市场主体实行统一的登记程序、登记要求和基本等同的登记事项，规范登记条件、登记材料，减少对市场主体自治事项的干预。

（3）宽进严管。在放宽注册资本等准入条件的同时，进一步强化市场主体责任，健全完善配套监管制度，加强对市场主体的监督管理，促进社会诚信体系建设，维护宽松准入、公平竞争的市场秩序。

（二）放松市场主体准入管制，切实优化营商环境

1. 实行注册资本认缴登记制。公司股东认缴的出资总额或者发起人认购的股本总额（即公司注册资本）应当在工商行政管理机关登记。公司股东（发起人）应当对其认缴出资额、出资方式、出资期限等自主约定，并记载于公司章程。有限责任公司的股东以其

认缴的出资额为限对公司承担责任,股份有限公司的股东以其认购的股份为限对公司承担责任。公司应当将股东认缴出资额或者发起人认购股份、出资方式、出资期限、缴纳情况通过市场主体信用信息公示系统向社会公示。公司股东(发起人)对缴纳出资情况的真实性、合法性负责。

放宽注册资本登记条件。除法律、行政法规以及国务院决定对特定行业注册资本最低限额另有规定的外,取消有限责任公司最低注册资本3万元、一人有限责任公司最低注册资本10万元、股份有限公司最低注册资本500万元的限制。不再限制公司设立时全体股东(发起人)的首次出资比例,不再限制公司全体股东(发起人)的货币出资金额占注册资本的比例,不再规定公司股东(发起人)缴足出资的期限。

公司实收资本不再作为工商登记事项。公司登记时,无需提交验资报告。

现行法律、行政法规以及国务院决定明确规定实行注册资本实缴登记制的银行业金融机构、证券公司、期货公司、基金管理公司、保险公司、保险专业代理机构和保险经纪人、直销企业、对外劳务合作企业、融资性担保公司、募集设立的股份有限公司,以及劳务派遣企业、典当行、保险资产管理公司、小额贷款公司实行注册资本认缴登记制问题,另行研究决定。在法律、行政法规以及国务院决定未修改前,暂按现行规定执行。

已经实行申报(认缴)出资登记的个人独资企业、合伙企业、农民专业合作社仍按现行规定执行。

鼓励、引导、支持国有企业、集体企业等非公司制企业法人实施规范的公司制改革,实行注册资本认缴登记制。

积极研究探索新型市场主体的工商登记。

2. 改革年度检验验照制度。将企业年度检验制度改为企业年度报告公示制度。企业应当按年度在规定的期限内,通过市场主体信用信息公示系统向工商行政管理机关报送年度报告,并向社会公示,任何单位和个人均可查询。企业年度报告的主要内容应包括公司股东(发起人)缴纳出资情况、资产状况等,企业对年度报告的真实性、合法性负责,工商行政管理机关可以对企业年度报告公示内容进行抽查。经检查发现企业年度报告隐瞒真实情况、弄虚作假的,工商行政管理机关依法予以处罚,并将企业法定代表人、负责人等信息通报公安、财政、海关、税务等有关部门。对未按规定期限公示年度报告的企业,工商行政管理机关在市场主体信用信息公示系统上将其载入经营异常名录,提醒其履行年度报告公示义务。企业在三年内履行年度报告公示义务的,可以向工商行政管理机关申请恢复正常记载状态;超过三年未履行的,工商行政管理机关将其永久载入经营异常名录,不得恢复正常记载状态,并列入严重违法企业名单("黑名单")。

改革个体工商户验照制度,建立符合个体工商户特点的年度报告制度。

探索实施农民专业合作社年度报告制度。

3. 简化住所(经营场所)登记手续。申请人提交场所合法使用证明即可予以登记。对市场主体住所(经营场所)的条件,各省、自治区、直辖市人民政府根据法律法规的规定和本地区管理的实际需要,按照既方便市场主体准入,又有效保障经济社会秩序的原则,可以自行或者授权下级人民政府作出具体规定。

4. 推行电子营业执照和全程电子化登记管理。建立适应互联网环境下的工商登记数字证书管理系统,积极推行全国统一标准规范的电子营业执照,为电子政务和电子商务提供身份认证和电子签名服务保障。电子营业执照载有工商登记信息，与纸质营业执照具有同等法律效力。大力推进以电子营业执照为支撑的网上申请、网上受理、网上审核、网上公示、网上发照等全程电子化登记管理方式，提高市场主体登记管理的信息化、便利化、规范化水平。

（三）严格市场主体监督管理，依法维护市场秩序

1. 构建市场主体信用信息公示体系。完善市场主体信用信息公示制度。以企业法人国家信息资源库为基础构建市场主体信用信息公示系统，支撑社会信用体系建设。在市场主体信用信息公示系统上，工商行政管理机关公示市场主体登记、备案、监管等信息；企业按照规定报送、公示年度报告和获得资质资格的许可信息；个体工商户、农民专业合作社的年度报告和获得资质资格的许可信息可以按照规定在系统上公示。公示内容作为相关部门实施行政许可、监督管理的重要依据。加强公示系统管理，建立服务保障机制，为相关单位和社会公众提供方便快捷服务。

2. 完善信用约束机制。建立经营异常名录制度，将未按规定期限公示年度报告、通过登记的住所（经营场所）无法取得联系等的市场主体载入经营异常名录，并在市场主体信用信息公示系统上向社会公示。进一步推进"黑名单"管理应用，完善以企业法人法定代表人、负责人任职限制为主要内容的失信惩戒机制。建立联动响应机制，对被载入经营异常名录或"黑名单"、有其他违法记录的市场主体及其相关责任人，各有关部门要采取有针对性的信用约束措施，形成"一处违法，处处受限"的局面。建立健全境外追偿保障机制，将违反认缴义务、有欺诈和违规行为的境外投资者及其实际控制人列入"重点监控名单"，并严格审查或限制其未来可能采取的各种方式的对华投资。

3. 强化司法救济和刑事惩治。明确政府对市场主体和市场活动监督管理的行政职责，区分民事争议与行政争议的界限。尊重市场主体民事权利，工商行政管理机关对工商登记环节中的申请材料实行形式审查。股东与公司、股东与股东之间因工商登记争议引发民事纠纷时，当事人依法向人民法院提起民事诉讼，寻求司法救济。支持配合人民法院履行民事审判职能，依法审理股权纠纷、合同纠纷等经济纠纷案件，保护当事人合法权益。当事人或者利害关系人依照人民法院生效裁判文书或者协助执行通知书要求办理工商登记的，工商行政管理机关应当依法办理。充分发挥刑事司法对犯罪行为的惩治、威慑作用，相关部门要主动配合公安机关、检察机关、人民法院履行职责，依法惩处破坏社会主义市场经济秩序的犯罪行为。

4. 发挥社会组织的监督自律作用。扩大行业协会参与度，发挥行业协会的行业管理、监督、约束和职业道德建设等作用，引导市场主体履行出资义务和社会责任。积极发挥会计师事务所、公证机构等专业服务机构的作用，强化对市场主体及其行为的监督。支持行业协会、仲裁机构等组织通过调解、仲裁、裁决等方式解决市场主体之间的争议。积极培育、鼓励发展社会信用评价机构，支持开展信用评级，提供客观、公正的企业资信信息。

5. 强化企业自我管理。实行注册资本认缴登记制，涉及公司基础制度的调整，公司应健全自我管理办法和机制，完善内部治理结构，发挥独立董事、监事的监督作用，强化主体责任。公司股东（发起人）应正确认识注册资本认缴的责任，理性作出认缴承诺，严格按照章程、协议约定的时间、数额等履行实际出资责任。

6. 加强市场主体经营行为监管。要加强对市场主体准入和退出行为的监管，大力推进反不正当竞争与反垄断执法，加强对各类商品交易市场的规范管理，维护公平竞争的市场秩序。要强化商品质量监管，严厉打击侵犯商标专用权和销售假冒伪劣商品的违法行为，严肃查处虚假违法广告，严厉打击传销，严格规范直销，维护经营者和消费者合法权益。各部门要依法履行职能范围内的监管职责，强化部门间协调配合，形成分工明确、沟通顺畅、齐抓共管的工作格局，提升监管效能。

7. 加强市场主体住所（经营场所）管理。工商行政管理机关根据投诉举报，依法处理市场主体登记住所（经营场所）与实际情况不符的问题。对于应当具备特定条件的住所（经营场所），或者利用非法建筑、擅自改变房屋用途等从事经营活动的，由规划、建设、国土、房屋管理、公安、环保、安全监管等部门依法管理；涉及许可审批事项的，由负责许可审批的行政管理部门依法监管。

（四）保障措施

1. 加强组织领导。注册资本登记制度改革，涉及部门多、牵涉面广、政策性强。按照国务院的统一部署，地方各级人民政府要健全政府统一领导、部门各司其职、相互配合，集中各方力量协调推进改革的工作机制。调剂充实一线登记窗口人员力量，保障便捷高效登记。有关部门要加快制定和完善配套监管制度，统筹推进，同步实施，强化后续监管。建立健全部门间信息沟通共享机制、信用信息披露机制和案件协查移送机制，强化协同监管。上级部门要加强指导、监督，及时研究解决改革中遇到的问题，协调联动推进改革。

2. 加快信息化建设。充分利用信息化手段提升市场主体基础信息和信用信息的采集、整合、服务能力。要按照"物理分散、逻辑集中、差异屏蔽"的原则，加快建设统一规范的市场主体信用信息公示系统。各省、自治区、直辖市要将建成本地区集中统一的市场主体信用信息公示系统，作为本地区实施改革的前提条件。工商行政管理机关要优化完善工商登记管理信息化系统，确保改革前后工商登记管理业务的平稳过渡。有关部门要积极推进政务服务创新，建立面向市场主体的部门协同办理政务事项的工作机制和技术环境，提高政务服务综合效能。各级人民政府要加大投入，为构建市场主体信用信息公示系统、推行电子营业执照等信息化建设提供必要的人员、设施、资金保障。

3. 完善法制保障。积极推进统一的商事登记立法，加快完善市场主体准入与监管的法律法规，建立市场主体信用信息公示和管理制度，防范市场风险，保障交易安全。各地区、各部门要根据法律法规修订情况，按照国务院部署开展相关规章和规范性文件的"立、改、废"工作。

4. 注重宣传引导。坚持正确的舆论导向，充分利用各种媒介，做好注册资本登记制度改革政策的宣传解读，及时解答和回应社会关注的热点问题，引导社会正确认识注册资本认缴登记制的意义和股东出资责任、全面了解市场主体信用信息公示制度的作用，广泛参与诚信体系建设，在全社会形成理解改革、关心改革、支持改革的良好氛围，确保改革顺利推进。

附件：暂不实行注册资本认缴登记制的行业

序号	名　　称	依　　据
1	采取募集方式设立的股份有限公司	《中华人民共和国公司法》
2	商业银行	《中华人民共和国商业银行法》
3	外资银行	《中华人民共和国外资银行管理条例》
4	金融资产管理公司	《金融资产管理公司条例》
5	信托公司	《中华人民共和国银行业监督管理法》
6	财务公司	《中华人民共和国银行业监督管理法》
7	金融租赁公司	《中华人民共和国银行业监督管理法》
8	汽车金融公司	《中华人民共和国银行业监督管理法》
9	消费金融公司	《中华人民共和国银行业监督管理法》
10	货币经纪公司	《中华人民共和国银行业监督管理法》
11	村镇银行	《中华人民共和国银行业监督管理法》
12	贷款公司	《中华人民共和国银行业监督管理法》
13	农村信用合作联社	《中华人民共和国银行业监督管理法》
14	农村资金互助社	《中华人民共和国银行业监督管理法》
15	证券公司	《中华人民共和国证券法》
16	期货公司	《期货交易管理条例》
17	基金管理公司	《中华人民共和国证券投资基金法》
18	保险公司	《中华人民共和国保险法》
19	保险专业代理机构、保险经纪人	《中华人民共和国保险法》
20	外资保险公司	《中华人民共和国外资保险公司管理条例》
21	直销企业	《直销管理条例》
22	对外劳务合作企业	《对外劳务合作管理条例》
23	融资性担保公司	《融资性担保公司管理暂行办法》

续上表

24	劳务派遣企业	2013年10月25日国务院第28次常务会议决定
25	典当行	2013年10月25日国务院第28次常务会议决定
26	保险资产管理公司	2013年10月25日国务院第28次常务会议决定
27	小额贷款公司	2013年10月25日国务院第28次常务会议决定

国务院对《中华人民共和国公司登记管理条例》作出修改

2014年2月19日　　　　　　　　　　　　　　国务院令第648号

（一）删去第九条第五项；将第九项改为第八项，修改为："有限责任公司股东或者股份有限公司发起人的姓名或者名称。"

（二）删去第十三条中的"和实收资本"。

（三）第十四条修改为："股东的出资方式应当符合《公司法》第二十七条的规定，但股东不得以劳务、信用、自然人姓名、商誉、特许经营权或者设定担保的财产等作价出资。"

（四）删去第二十条第二款第四项、第五项和第三款。

（五）删去第二十一条第二款第四项、第五项；将第三款修改为："以募集方式设立股份有限公司的，还应当提交创立大会的会议记录以及依法设立的验资机构出具的验资证明；以募集方式设立股份有限公司公开发行股票的，还应当提交国务院证券监督管理机构的核准文件。"

（六）删去第三十一条第一款、第二款、第三款、第五款；增加一款作为第一款："公司增加注册资本的，应当自变更决议或者决定作出之日起30日内申请变更登记。"

（七）删去第三十二条。

（八）第三十五条改为第三十四条，第一款修改为："有限责任公司变更股东的，应当自变更之日起30日内申请变更登记，并应当提交新股东的主体资格证明或者自然人身份证明。"

（九）第五十七条改为第五十六条，修改为："公司登记机关应当将公司登记、备案信息通过企业信用信息公示系统向社会公示。"

（十）删去第九章。

（十一）第十章改为第九章，标题修改为："年度报告公示、证照和档案管理"。

（十二）增加一条作为第五十八条："公司应当于每年1月1日至6月30日，通过企业信用信息公示系统向公司登记机关报送上一年度年度报告，并向社会公示。

年度报告公示的内容以及监督检查办法由国务院制定。"

（十三）六十三条改为第五十九条，增加一款作为二款："国家推行电子营业执照。电子营业执照与纸质营业执照具有同等法律效力。"

（十四）第六十七条改为第六十三条，修改为："营业执照正本、副本样式，电子营业执照标准以及公司登记的有关重要文书格式或者表式，由国家工商行政管理总局统一制定。"

（十五）删去第七十六条。

中华人民共和国外资保险公司管理条例

（2001年12月12日中华人民共和国国务院令第336号公布　根据2013年5月30日《国务院关于修改〈中华人民共和国外资保险公司管理条例〉的决定》修订）

第一章　总　则

第一条　为了适应对外开放和经济发展的需要，加强和完善对外资保险公司的监督管理，促进保险业的健康发展，制定本条例。

第二条　本条例所称外资保险公司，是指依照中华人民共和国有关法律、行政法规的规定，经批准在中国境内设立和营业的下列保险公司：

（一）外国保险公司同中国的公司、企业在中国境内合资经营的保险公司（以下简称合资保险公司）；

（二）外国保险公司在中国境内投资经营的外国资本保险公司（以下简称独资保险公司）；

（三）外国保险公司在中国境内的分公司（以下简称外国保险公司分公司）。

第三条　外资保险公司必须遵守中国法律、法规，不得损害中国的社会公共利益。

外资保险公司的正当业务活动和合法权益受中国法律保护。

第四条　中国保险监督管理委员会（以下简称中国保监会）负责对外资保险公司实施监督管理。中国保监会的派出机构根据中国保监会的授权，对本辖区的外资保险公司进行日常监督管理。

第二章　设立与登记

第五条　设立外资保险公司，应当经中国保监会批准。

设立外资保险公司的地区，由中国保监会按照有关规定确定。

第六条　设立经营人身保险业务的外资保险公司和经营财产保险业务的外资保险公司，其设立形式、外资比例由中国保监会按照有关规定确定。

第七条　合资保险公司、独资保险公司的注册资本最低限额为2亿元人民币或者等值的自由兑换货币；其注册资本最低限额必须为实缴货币资本。

外国保险公司分公司应当由其总公司无偿拨给不少于2亿元人民币或者等值的自由兑换货币的营运资金。

中国保监会根据外资保险公司业务范围、经营规模，可以提高前两款规定的外资保险公司注册资本或者营运资金的最低限额。

第八条 申请设立外资保险公司的外国保险公司，应当具备下列条件：

（一）经营保险业务 30 年以上；

（二）在中国境内已经设立代表机构 2 年以上；

（三）提出设立申请前 1 年年末总资产不少于 50 亿美元；

（四）所在国家或者地区有完善的保险监管制度，并且该外国保险公司已经受到所在国家或者地区有关主管当局的有效监管；

（五）符合所在国家或者地区偿付能力标准；

（六）所在国家或者地区有关主管当局同意其申请；

（七）中国保监会规定的其他审慎性条件。

第九条 设立外资保险公司，申请人应当向中国保监会提出书面申请，并提交下列资料：

（一）申请人法定代表人签署的申请书，其中设立合资保险公司的，申请书由合资各方法定代表人共同签署；

（二）外国申请人所在国家或者地区有关主管当局核发的营业执照（副本）、对其符合偿付能力标准的证明及对其申请的意见书；

（三）外国申请人的公司章程、最近 3 年的年报；

（四）设立合资保险公司的，中国申请人的有关资料；

（五）拟设公司的可行性研究报告及筹建方案；

（六）拟设公司的筹建负责人员名单、简历和任职资格证明；

（七）中国保监会规定提供的其他资料。

第十条 中国保监会应当对设立外资保险公司的申请进行初步审查，自收到完整的申请文件之日起 6 个月内作出受理或者不受理的决定。决定受理的，发给正式申请表；决定不受理的，应当书面通知申请人并说明理由。

第十一条 申请人应当自接到正式申请表之日起 1 年内完成筹建工作；在规定的期限内未完成筹建工作，有正当理由的，经中国保监会批准，可以延长 3 个月。在延长期内仍未完成筹建工作的，中国保监会作出的受理决定自动失效。筹建工作完成后，申请人应当将填写好的申请表连同下列文件报中国保监会审批：

（一）筹建报告；

（二）拟设公司的章程；

（三）拟设公司的出资人及其出资额；

（四）法定验资机构出具的验资证明；

（五）对拟任该公司主要负责人的授权书；

（六）拟设公司的高级管理人员名单、简历和任职资格证明；

（七）拟设公司未来 3 年的经营规划和分保方案；

（八）拟在中国境内开办保险险种的保险条款、保险费率及责任准备金的计算说明书；

（九）拟设公司的营业场所和与业务有关的其他设施的资料；

（十）设立外国保险公司分公司的，其总公司对该分公司承担税务、债务的责任担保书；

（十一）设立合资保险公司的，其合资经营合同；

（十二）中国保监会规定提供的其他文件。

第十二条 中国保监会应当自收到设立外资保险公司完整的正式申请文件之日起60日内，作出批准或者不批准的决定。决定批准的，颁发经营保险业务许可证；决定不批准的，应当书面通知申请人并说明理由。

经批准设立外资保险公司的，申请人凭经营保险业务许可证向工商行政管理机关办理登记，领取营业执照。

第十三条 外资保险公司成立后，应当按照其注册资本或者营运资金总额的20%提取保证金，存入中国保监会指定的银行；保证金除外资保险公司清算时用于清偿债务外，不得动用。

第十四条 外资保险公司在中国境内设立分支机构，由中国保监会按照有关规定审核批准。

第三章 业务范围

第十五条 外资保险公司按照中国保监会核定的业务范围，可以全部或者部分依法经营下列种类的保险业务：

（一）财产保险业务，包括财产损失保险、责任保险、信用保险等保险业务；

（二）人身保险业务，包括人寿保险、健康保险、意外伤害保险等保险业务。

外资保险公司经中国保监会按照有关规定核定，可以在核定的范围内经营大型商业风险保险业务、统括保单保险业务。

第十六条 同一外资保险公司不得同时兼营财产保险业务和人身保险业务。

第十七条 外资保险公司可以依法经营本条例第十五条规定的保险业务的下列再保险业务：

（一）分出保险；

（二）分入保险。

第十八条 外资保险公司的具体业务范围、业务地域范围和服务对象范围，由中国保监会按照有关规定核定。外资保险公司只能在核定的范围内从事保险业务活动。

第四章 监督管理

第十九条 中国保监会有权检查外资保险公司的业务状况、财务状况及资金运用状况，有权要求外资保险公司在规定的期限内提供有关文件、资料和书面报告，有权对违法违规行为依法进行处罚、处理。

外资保险公司应当接受中国保监会依法进行的监督检查，如实提供有关文件、资料和书面报告，不得拒绝、阻碍、隐瞒。

第二十条 除经中国保监会批准外，外资保险公司不得与其关联企业从事下列交易活动：

（一）再保险的分出或者分入业务；

（二）资产买卖或者其他交易。

前款所称关联企业，是指与外资保险公司有下列关系之一的企业：

（一）在股份、出资方面存在控制关系；

（二）在股份、出资方面同为第三人所控制；
（三）在利益上具有其他相关联的关系。

第二十一条 外国保险公司分公司应当于每一会计年度终了后 3 个月内，将该分公司及其总公司上一年度的财务会计报告报送中国保监会，并予公布。

第二十二条 外国保险公司分公司的总公司有下列情形之一的，该分公司应当自各该情形发生之日起 10 日内，将有关情况向中国保监会提交书面报告：
（一）变更名称、主要负责人或者注册地；
（二）变更资本金；
（三）变更持有资本总额或者股份总额 10% 以上的股东；
（四）调整业务范围；
（五）受到所在国家或者地区有关主管当局处罚；
（六）发生重大亏损；
（七）分立、合并、解散、依法被撤销或者被宣告破产；
（八）中国保监会规定的其他情形。

第二十三条 外国保险公司分公司的总公司解散、依法被撤销或者被宣告破产的，中国保监会应当停止该分公司开展新业务。

第二十四条 外资保险公司经营外汇保险业务的，应当遵守国家有关外汇管理的规定。

除经国家外汇管理机关批准外，外资保险公司在中国境内经营保险业务的，应当以人民币计价结算。

第二十五条 本条例规定向中国保监会提交、报送文件、资料和书面报告的，应当提供中文本。

第五章 终止与清算

第二十六条 外资保险公司因分立、合并或者公司章程规定的解散事由出现，经中国保监会批准后解散。外资保险公司解散的，应当依法成立清算组，进行清算。

经营人寿保险业务的外资保险公司，除分立、合并外，不得解散。

第二十七条 外资保险公司违反法律、行政法规，被中国保监会吊销经营保险业务许可证的，依法撤销，由中国保监会依法及时组织成立清算组进行清算。

第二十八条 外资保险公司因解散、依法被撤销而清算的，应当自清算组成立之日起 60 日内在报纸上至少公告 3 次。公告内容应当经中国保监会核准。

第二十九条 外资保险公司不能支付到期债务，经中国保监会同意，由人民法院依法宣告破产。外资保险公司被宣告破产的，由人民法院组织中国保监会等有关部门和有关人员成立清算组，进行清算。

第三十条 外资保险公司解散、依法被撤销或者被宣告破产的，未清偿债务前，不得将其财产转移至中国境外。

第六章 法律责任

第三十一条 违反本条例规定，擅自设立外资保险公司或者非法从事保险业务活动的，由中国保监会予以取缔；依照刑法关于擅自设立金融机构罪、非法经营罪或者其他罪的规定，依法追究刑事责任；尚不够刑事处罚的，由中国保监会没收违法所得，并处违法所得 1 倍以上 5 倍以下的罚款，没有违法所得或者违法所得不足 20 万元的，处 20 万元以上 100 万元以下的罚款。

第三十二条 外资保险公司违反本条例规定，超出核定的业务范围、业务地域范围或者服务对象范围从事保险业务活动的，依照刑法关于非法经营罪或者其他罪的规定，依法追究刑事责任；尚不够刑事处罚的，由中国保监会责令改正，责令退还收取的保险费，没收违法所得，并处违法所得 1 倍以上 5 倍以下的罚款，没有违法所得或者违法所得不足 10 万元的，处 10 万元以上 50 万元以下的罚款；逾期不改正或者造成严重后果的，责令限期停业或者吊销经营保险业务许可证。

第三十三条 外资保险公司违反本条例规定，有下列行为之一的，由中国保监会责令改正，处 5 万元以上 30 万元以下的罚款；情节严重的，可以责令停止接受新业务或者吊销经营保险业务许可证：

（一）未按照规定提存保证金或者违反规定动用保证金的；

（二）违反规定与其关联企业从事交易活动的；

（三）未按照规定补足注册资本或者营运资金的。

第三十四条 外资保险公司违反本条例规定，有下列行为之一的，由中国保监会责令限期改正；逾期不改正的，处 1 万元以上 10 万元以下的罚款：

（一）未按照规定提交、报送有关文件、资料和书面报告的；

（二）未按照规定公告的。

第三十五条 外资保险公司违反本条例规定，有下列行为之一的，由中国保监会处 10 万元以上 50 万元以下的罚款：

（一）提供虚假的文件、资料和书面报告的；

（二）拒绝或者阻碍依法监督检查的。

第三十六条 外资保险公司违反本条例规定，将其财产转移至中国境外的，由中国保监会责令转回转移的财产，处转移财产金额 20% 以上等值以下的罚款。

第三十七条 外资保险公司违反中国有关法律、行政法规和本条例规定的，中国保监会可以取消该外资保险公司高级管理人员一定期限直至终身在中国的任职资格。

第七章 附 则

第三十八条 对外资保险公司的管理，本条例未作规定的，适用《中华人民共和国保险法》和其他有关法律、行政法规和国家其他有关规定。

第三十九条 香港特别行政区、澳门特别行政区和台湾地区的保险公司在内地设立和营业的保险公司，比照适用本条例。

第四十条 本条例自 2002 年 2 月 1 日起施行。

国务院办公厅关于金融支持小微企业发展的实施意见

2013 年 8 月 8 日　　　　　　　　　　　　　　　　　国办发〔2013〕87 号

各省、自治区、直辖市人民政府，国务院各部委、各直属机构：

小微企业是国民经济发展的生力军，在稳定增长、扩大就业、促进创新、繁荣市场和满足人民群众需求等方面，发挥着极为重要的作用。加强小微企业金融服务，是金融支持实体经济和稳定就业、鼓励创业的重要内容，事关经济社会发展全局，具有十分重要的战略意义。为进一步做好小微企业金融服务工作，全力支持小微企业良性发展，经国务院同意，现提出以下意见。

（一）确保实现小微企业贷款增速和增量"两个不低于"的目标

继续坚持"两个不低于"的小微企业金融服务目标，在风险总体可控的前提下，确保小微企业贷款增速不低于各项贷款平均水平、增量不低于上年同期水平。在继续实施稳健的货币政策、合理保持全年货币信贷总量的前提下，优化信贷结构，腾挪信贷资源，在盘活存量中扩大小微企业融资增量，在新增信贷中增加小微企业贷款份额。充分发挥再贷款、再贴现和差别准备金动态调整机制的引导作用，对中小金融机构继续实施较低的存款准备金率。进一步细化"两个不低于"的考核措施，对银行业金融机构的小微企业贷款比例、贷款覆盖率、服务覆盖率和申贷获得率等指标，定期考核，按月通报。要求各银行业金融机构在商业可持续和有效控制风险的前提下，单列小微企业信贷计划，合理分解任务，优化绩效考核机制，并由主要负责人推动层层落实。（人民银行、银监会按职责分工负责）

（二）加快丰富和创新小微企业金融服务方式

增强服务功能、转变服务方式、创新服务产品，是丰富和创新小微企业金融服务方式的重点内容。进一步引导金融机构增强支小助微的服务理念，动员更多营业网点参与小微企业金融服务，扩大业务范围，加大创新力度，增强服务功能；牢固树立以客户为中心的经营理念，针对不同类型、不同发展阶段小微企业的特点，不断开发特色产品，为小微企业提供量身定做的金融产品和服务。积极鼓励金融机构为小微企业全面提供开户、结算、理财、咨询等基础性、综合性金融服务；大力发展产业链融资、商业圈融资和企业群融资，积极开展知识产权质押、应收账款质押、动产质押、股权质押、订单质押、仓单质押、保单质押等抵质押贷款业务；推动开办商业保理、金融租赁和定向信托等融资服务。鼓励保险机构创新资金运用安排，通过投资企业股权、基金、债权、资产支持计划等多种形式，为小微企业发展提供资金支持。充分利用互联网等新技术、新工具，不断创新网络金融服务模式。（人民银行、银监会、证监会、保监会按职责分工负责）

（三）着力强化对小微企业的增信服务和信息服务

加快建立"小微企业－信息和增信服务机构－商业银行"利益共享、风险共担新机制，是破解小微企业缺信息、缺信用导致融资难的关键举措。积极搭建小微企业综合信息共享平台，整合注册登记、生产经营、人才及技术、纳税缴费、劳动用工、用水用电、节能环保等信息资源。加快建立小微企业信用征集体系、评级发布制度和信息通报制度，引导银行业金融机构注重用好人才、技术等"软信息"，建立针对小微企业的信用评审机制。建立健全主要为小微企业服务的融资担保体系，由地方人民政府参股和控股部分担保公司，以省（区、市）为单位建立政府主导的再担保公司，创设小微企业信贷风险补偿基金。指导相关行业协会推进联合增信，加强本行业小微企业的合作互助。充分挖掘保险工具的增信作用，大力发展贷款保证保险和信用保险业务，稳步扩大出口信用保险对小微企业的服务范围。（发展改革委、工业和信息化部、财政部、商务部、人民银行、工商总局、银监会、证监会、保监会等按职责分工负责）

（四）积极发展小型金融机构

积极发展小型金融机构，打通民间资本进入金融业的通道，建立广覆盖、差异化、高效率的小微企业金融服务机构体系，是增加小微企业金融服务有效供给、促进竞争的有效途径。进一步丰富小微企业金融服务机构种类，支持在小微企业集中的地区设立村镇银行、贷款公司等小型金融机构，推动尝试由民间资本发起设立自担风险的民营银行、金融租赁公司和消费金融公司等金融机构。引导地方金融机构坚持立足当地、服务小微的市场定位，向县域和乡镇等小微企业集中的地区延伸网点和业务，进一步做深、做实小微企业金融服务。鼓励大中型银行加快小微企业专营机构建设和向下延伸服务网点，提高小微企业金融服务的批量化、规模化、标准化水平。（银监会牵头）

（五）大力拓展小微企业直接融资渠道

加快发展多层次资本市场，是解决小微企业直接融资比例过低、渠道过窄的必由之路。进一步优化中小企业板、创业板市场的制度安排，完善发行、定价、并购重组等方面的政策和措施。适当放宽创业板市场对创新型、成长型企业的财务准入标准，尽快启动上市小微企业再融资。建立完善全国中小企业股份转让系统（以下称"新三板"），加大产品创新力度，增加适合小微企业的融资品种。进一步扩大中小企业私募债券试点，逐步扩大中小企业集合债券和小微企业增信集合债券发行规模，在创业板、"新三板"、公司债、私募债等市场建立服务小微企业的小额、快速、灵活的融资机制。在清理整顿各类交易场所基础上，将区域性股权市场纳入多层次资本市场体系，促进小微企业改制、挂牌、定向转让股份和融资，支持证券公司通过区域性股权市场为小微企业提供挂牌公司推荐、股权代理买卖等服务。进一步建立健全非上市公众公司监管制度，适时出台定向发行、并购重组等具体规定，支持小微企业股本融资、股份转让、资产重组等活动。探索发展并购投资基金，积极引导私募股权投资基金、创业投资企业投资于小微企业，支持符合条件的创业投资企业、股权投资企业等发行企业债券，专项用于投资小微企业，促进创新型、创业型小微企业融资发展。（证监会、发展改革委、科技部等按职责分工负责）

（六）切实降低小微企业融资成本

进一步清理规范各类不合理收费，是切实降低小微企业综合融资成本的必然要求。继续对小微企业免征管理类、登记类、证照类行政事业性收费。规范担保公司等中介机构的收费定价行为，通过财政补贴和风险补偿等方式合理降低费率。继续治理金融机构不合理收费和高收费行为，开展对金融机构落实收费政策情况的专项检查，对落实不到位的金融机构要严肃处理。（发展改革委、工业和信息化部、财政部、人民银行、银监会等按职责分工负责）

（七）加大对小微企业金融服务的政策支持力度

对小微企业金融服务予以政策倾斜，是做好小微企业金融服务、防范金融风险的必要条件。进一步完善和细化小微企业划型标准，引导各类金融机构和支持政策更好地聚焦小微企业。充分发挥支持性财税政策的引导作用，强化对小微企业金融服务的正向激励；在简化程序、扩大金融机构自主核销权等方面，对小微企业不良贷款核销给予支持。建立科技金融服务体系，进一步细化科技型小微企业标准，完善对各类科技成果的评价机制。在银行业金融机构的业务准入、风险资产权重、存贷比考核等方面实施差异化监管。继续支持符合条件的银行发行小微企业专项金融债,用所募集资金发放的小微企业贷款不纳入存贷比考核。逐步推进信贷资产证券化常规化发展,引导金融机构将盘活的资金主要用于小微企业贷款。鼓励银行业金融机构适度提高小微企业不良贷款容忍度,相应调整绩效考核机制。继续鼓励担保机构加大对小微企业的服务力度,推进完善有关扶持政策。积极争取将保险服务纳入小微企业产业引导政策,不断完善小微企业风险补偿机制。(发展改革委、科技部、工业和信息化部、财政部、人民银行、税务总局、统计局、银监会、证监会、保监会等按职责分工负责)

(八)全面营造良好的小微金融发展环境

推进金融环境建设,营造良好的金融环境,是促进小微金融发展的重要基础。地方人民政府要在健全法治、改善公共服务、预警提示风险、完善抵质押登记、宣传普及金融知识等方面,抓紧研究制定支持小微企业金融服务的政策措施;切实落实融资性担保公司、小额贷款公司、典当行、投资(咨询)公司、股权投资企业等机构的监管和风险处置责任,加大对非法集资等非法金融活动的打击惩处力度;减少对金融机构正常经营活动的干预,帮助维护银行债权,打击逃废银行债务行为;化解金融风险,切实维护地方金融市场秩序。有关部门要研究采取有效措施,积极引导小微企业提高自身素质,改善经营管理,健全财务制度,增强信用意识。(发展改革委、工业和信息化部、公安部、财政部、商务部、人民银行、税务总局、工商总局、银监会、证监会、保监会等按职责分工负责)

各地区、各有关部门和各金融机构要按照国务院的统一部署,进一步提高对小微企业金融服务重要性的认识,明确分工,落实责任,形成合力,真正帮助小微企业解决现实难题。银监会要牵头组织实施督促检查工作,确保各项政策措施落实到位。从2014年开始,各省级人民政府、人民银行、银监会、证监会和保监会要将本地区或本领域上一年度小微企业金融服务的情况、成效、问题、下一步打算及政策建议,于每年1月底前专题报告国务院。各银行业金融机构有关落实情况及下一步工作和建议,由银监会汇总后报国务院。

国务院办公厅

2013年8月8日

国务院关于全国中小企业股份转让系统有关问题的决定

2013年12月13日　　　　　　　　　　　　　　　　　　国发〔2013〕49号

各省、自治区、直辖市人民政府,国务院各部委、各直属机构:

为更好地发挥金融对经济结构调整和转型升级的支持作用,进一步拓展民间投资渠道,充分发挥全国中小企业股份转让系统(以下简称全国股份转让系统)的功能,缓解中小微企业融资难,按照党的十八大、十八届三中全会关于多层次资本市场发展的精神和国务院第13次常务会议的有关要求,现就全国股份转让系统有关问题作出如下决定。

（一）充分发挥全国股份转让系统服务中小微企业发展的功能

全国股份转让系统是经国务院批准，依据证券法设立的全国性证券交易场所，主要为创新型、创业型、成长型中小微企业发展服务。境内符合条件的股份公司均可通过主办券商申请在全国股份转让系统挂牌，公开转让股份，进行股权融资、债权融资、资产重组等。申请挂牌的公司应当业务明确、产权清晰、依法规范经营、公司治理健全，可以尚未盈利，但须履行信息披露义务，所披露的信息应当真实、准确、完整。

（二）建立不同层次市场间的有机联系

在全国股份转让系统挂牌的公司，达到股票上市条件的，可以直接向证券交易所申请上市交易。在符合《国务院关于清理整顿各类交易场所切实防范金融风险的决定》（国发〔2011〕38号）要求的区域性股权转让市场进行股权非公开转让的公司，符合挂牌条件的，可以申请在全国股份转让系统挂牌公开转让股份。

（三）简化行政许可程序

挂牌公司依法纳入非上市公众公司监管，股东人数可以超过200人。股东人数未超过200人的股份公司申请在全国股份转让系统挂牌，证监会豁免核准。挂牌公司向特定对象发行证券，且发行后证券持有人累计不超过200人的，证监会豁免核准。依法需要核准的行政许可事项，证监会应当建立简便、快捷、高效的行政许可方式，简化审核流程，提高审核效率，无需再提交证监会发行审核委员会审核。

（四）建立和完善投资者适当性管理制度

建立与投资者风险识别和承受能力相适应的投资者适当性管理制度。中小微企业具有业绩波动大、风险较高的特点，应当严格自然人投资者的准入条件。积极培育和发展机构投资者队伍，鼓励证券公司、保险公司、证券投资基金、私募股权投资基金、风险投资基金、合格境外机构投资者、企业年金等机构投资者参与市场，逐步将全国股份转让系统建成以机构投资者为主体的证券交易场所。

（五）加强事中、事后监管，保障投资者合法权益

证监会应当比照证券法关于市场主体法律责任的相关规定，严格执法，对虚假披露、内幕交易、操纵市场等违法违规行为采取监管措施，实施行政处罚。全国股份转让系统要制定并完善业务规则体系，建立市场监控系统，完善风险管理制度和设施，保障技术系统和信息安全，切实履行自律监管职责。

（六）加强协调配合，为挂牌公司健康发展创造良好环境

国务院有关部门应当加强统筹协调，为中小微企业利用全国股份转让系统发展创造良好的制度环境。市场建设中涉及税收政策的，原则上比照上市公司投资者的税收政策处理；涉及外资政策的，原则上比照交易所市场及上市公司相关规定办理；涉及国有股权监管事项的，应当同时遵守国有资产管理的相关规定。各省（区、市）人民政府要加强组织领导和协调，建立健全挂牌公司风险处置机制，切实维护社会稳定。

企业名称登记管理规定

（1991年5月6日国务院批准 1991年7月22日国家工商行政管理局令第7号发布 根据2012年11月9日《国务院关于修改和废止部分行政法规的决定》修订）

第一条 为了加强企业名称管理，保护企业的合法权益，维护社会经济秩序，制定本规定。

第二条 本规定适用于中国境内具备法人条件的企业及其他依法需要办理登记注册的企业。

第三条 企业名称在企业申请登记时，由企业名称的登记主管机关核定。企业名称经核准登记注册后方可使用，在规定的范围内享有专用权。

第四条 企业名称的登记主管机关（以下简称登记主管机关）是国家工商行政管理局和地方各级工商行政管理局。登记主管机关核准或者驳回企业名称登记申请，监督管理企业名称的使用，保护企业名称专用权。

登记主管机关依照《中华人民共和国企业法人登记管理条例》，对企业名称实行分级登记管理。外商投资企业名称由国家工商行政管理局核定。

第五条 登记主管机关有权纠正已登记注册的不适宜的企业名称，上级登记主管机关有权纠正下级登记主管机关已登记注册的不适宜的企业名称。

对已登记注册的不适宜的企业名称，任何单位和个人可以要求登记主管机关予以纠正。

第六条 企业只准使用一个名称，在登记主管机关辖区内不得与已登记注册的同行业企业名称相同或者近似。

确有特殊需要的，经省级以上登记主管机关核准，企业可以在规定的范围内使用一个从属名称。

第七条 企业名称应当由以下部分依次组成：字号（或者商号，下同）、行业或者经营特点、组织形式。

企业名称应当冠以企业所在地省（包括自治区、直辖市，下同）或者市（包括州，下同）或者县（包括市辖区，下同）行政区划名称。

经国家工商行政管理局核准，下列企业的企业名称可以不冠以企业所在地行政区划名称：

（一）本规定第十三条所列企业；
（二）历史悠久、字号驰名的企业；
（三）外商投资企业。

第八条 企业名称应当使用汉字，民族自治地方的企业名称可以同时使用本民族自治地方通用的民族文字。

企业使用外文名称的，其外文名称应当与中文名称相一致，并报登记主管机关登记注册。

第九条 企业名称不得含有下列内容和文字：

（一）有损于国家、社会公共利益的；

（二）可能对公众造成欺骗或者误解的；

（三）外国国家（地区）名称、国际组织名称；

（四）政党名称、党政军机关名称、群众组织名称、社会团体名称及部队番号；

（五）汉语拼音字母（外文名称中使用的除外）、数字；

（六）其他法律、行政法规规定禁止的。

第十条 企业可以选择字号。字号应当由两个以上的字组成。

企业有正当理由可以使用本地或者异地地名作字号，但不得使用县以上行政区划名称作字号。

私营企业可以使用投资人姓名作字号。

第十一条 企业应当根据其主营业务，依照国家行业分类标准划分的类别，在企业名称中标明所属行业或者经营特点。

第十二条 企业应当根据其组织结构或者责任形式，在企业名称中标明组织形式。所标明的组织形式必须明确易懂。

第十三条 下列企业，可以申请在企业名称中使用"中国"、"中华"或者冠以"国际"字词：

（一）全国性公司；

（二）国务院或其授权的机关批准的大型进出口企业；

（三）国务院或其授权的机关批准的大型企业集团；

（四）国家工商行政管理局规定的其他企业。

第十四条 企业设立分支机构的，企业及其分支机构的企业名称应当符合下列规定：

（一）在企业名称中使用"总"字的，必须下设三个以上分支机构；

（二）不能独立承担民事责任的分支机构，其企业名称应当冠以其所从属企业的名称，缀以"分公司"、"分厂"、"分店"等字词，并标明该分支机构的行业和所在地行政区划名称或者地名，但其行业与其所从属的企业一致的，可以从略；

（三）能够独立承担民事责任的分支机构，应当使用独立的企业名称，并可以使用其所从属企业的企业名称中的字号；

（四）能够独立承担民事责任的分支机构再设立分支机构的，所设立的分支机构不得在其企业名称中使用总机构的名称。

第十五条 联营企业的企业名称可以使用联营成员的字号，但不得使用联营成员的企业名称。联营企业应当在其企业名称中标明"联营"或者"联合"字词。

第十六条 企业有特殊原因的，可以在开业登记前预先单独申请企业名称登记注册。预先单独申请企业名称登记注册时，应当提交企业组建负责人签署的申请书、章程草案和主管部门或者审批机关的批准文件。

第十七条 外商投资企业应当在项目建议书和可行性研究报告批准后，合同、章程批准之前，预先单独申请企业名称登记注册。外商投资企业预先单独申请企业名称登记注册时，应当提交企业组建负责人签署的申请书、项目建议书、可行性研究报告的批准文件，以及投资者所在国（地区）主管当局出具的合法开业证明。

第十八条 登记主管机关应当在收到企业提交的预先单独申请企业名称登记注册的全部材料之日起，10 日内作出核准或者驳回的决定。

登记主管机关核准预先单独申请登记注册的企业名称后，核发《企业名称登记证书》。

第十九条 预先单独申请登记注册的企业名称经核准后，保留期为 1 年。经批准有筹建期的，企业名称保留到筹建终止。在保留期内不得用于从事生产经营活动。

保留期届满不办理企业开业登记的，其企业名称自动失效，企业应当在期限届满之日起 10 日内将《企业名称登记证书》交回登记主管机关。

第二十条 企业的印章、银行账户、牌匾、信笺所使用的名称应当与登记注册的企业名称相同。从事商业、公共饮食、服务等行业的企业名称牌匾可适当简化，但应当报登记主管机关备案。

第二十一条 申请登记注册的企业名称与下列情况的企业名称相同或者近似的，登记主管机关不予核准：

（一）企业被撤销未满 3 年的；

（二）企业营业执照被吊销未满 3 年的；

（三）企业因本条第（一）、（二）项所列情况以外的原因办理注销登记未满 1 年的。

第二十二条 企业名称经核准登记注册后，无特殊原因在 1 年内不得申请变更。

第二十三条 企业名称可以随企业或者企业的一部分一并转让。

企业名称只能转让给一户企业。企业名称的转让方与受让方应当签订书面合同或者协议，报原登记主管机关核准。

企业名称转让后，转让方不得继续使用已转让的企业名称。

第二十四条 两个以上企业向同一登记主管机关申请相同的符合规定的企业名称，登记主管机关依照申请在先原则核定。属于同一天申请的，应当由企业协商解决；协商不成的，由登记主管机关作出裁决。

两个以上企业向不同登记主管机关申请相同的企业名称，登记主管机关依照受理在先原则核定。属于同一天受理的，应当由企业协商解决；协商不成的，由各该登记主管机关报共同的上级登记主管机关作出裁决。

第二十五条 两个以上的企业因已登记注册的企业名称相同或者近似而发生争议时，登记主管机关依照注册在先原则处理。

中国企业的企业名称与外国（地区）企业的企业名称在中国境内发生争议并向登记主管机关申请裁决时，由国家工商行政管理局依据我国缔结或者参加的国际条约的规定的原则或者本规定处理。

第二十六条 违反本规定的下列行为，由登记主管机关区别情节，予以处罚：

（一）使用未经核准登记注册的企业名称从事生产经营活动的，责令停止经营活动，没收非法所得或者处以 2000 元以上、2 万元以下罚款，情节严重的，可以并处；

（二）擅自改变企业名称的，予以警告或者处以 1000 元以上、1 万元以下罚款，并限期办理变更登记；

（三）擅自转让或者出租自己的企业名称的，没收非法所得并处以 1000 元以上、1 万元以下罚款；

（四）使用保留期内的企业名称从事生产经营活动或者保留期届满不按期将《企业名称登记证书》交回登记主管机关的，予以警告或者处以 500 元以上、5000 元以下罚款；

（五）违反本规定第二十条规定的，予以警告并处以 500 元以上、5000 元以下罚款。

第二十七条　擅自使用他人已经登记注册的企业名称或者有其他侵犯他人企业名称专用权行为的，被侵权人可以向侵权人所在地登记主管机关要求处理。登记主管机关有权责令侵权人停止侵权行为，赔偿被侵权人因该侵权行为所遭受的损失，没收非法所得并处以 5000 元以上、5 万元以下罚款。

对侵犯他人企业名称专用权的，被侵权人也可以直接向人民法院起诉。

第二十八条　对登记主管机关根据本规定作出的具体行政行为不服的，当事人可以在收到通知之日起 15 日内向上一级登记主管机关申请复议。上级登记主管机关应当在收到复议申请之日起 30 日内作出复议决定。对复议决定不服的，可以依法向人民法院起诉。

逾期不申请复议，或者复议后拒不执行复议决定，又不起诉的，登记主管机关可以强制更改企业名称，扣缴企业营业执照。

第二十九条　外国（地区）企业可以在中国境内申请企业名称登记注册。

外国（地区）企业应当向国家工商行政管理局提出企业名称登记注册的申请，并提交外国（地区）企业法定代表人签署的申请书、外国（地区）企业章程和企业所在国（地区）主管当局出具的合法开业证明。登记主管机关应当在收到外国（地区）企业申请名称登记注册的全部材料之日起 30 日内作出初步审查，通过初审的，予以公告。外国（地区）企业名称的公告期为 6 个月，在此期间无异议或者异议不成立的，予以核准登记注册，企业名称保留期为 5 年。登记主管机关核准登记注册外国（地区）企业名称后，应当核发《企业名称登记证书》。外国（地区）企业名称登记注册后需要变更或者保留期届满要求续展的，应重新申请登记注册。

第三十条　在登记主管机关登记注册的事业单位及事业单位开办的经营单位的名称和个体工商户的名称登记管理，参照本规定执行。

第三十一条　本规定施行前已经核准登记注册的企业名称，准予继续使用，但严重不符合本规定的，应予纠正。

第三十二条　《企业名称登记证书》由国家工商行政管理局统一印制。

第三十三条　本规定由国家工商行政管理局负责解释。

第三十四条　本规定自 1991 年 9 月 1 日起施行。1985 年 5 月 23 日国务院批准，1985 年 6 月 15 日国家工商行政管理局公布的《工商企业名称登记管理暂行规定》同时废止。

国务院对《中华人民共和国企业法人登记管理条例》作出修改

2014 年 2 月 19 日　　　　　　　　　　　　　　　　国务院令第 648 号

（一）第八章的标题修改为："公示和证照管理"。

（二）第二十三条修改为："登记主管机关应当将企业法人登记、备案信息通过企业信用信息公示系统向社会公示。"

（三）第二十四条修改为："企业法人应当于每年1月1日至6月30日，通过企业信用信息公示系统向登记主管机关报送上一年度年度报告，并向社会公示。

年度报告公示的内容以及监督检查办法由国务院制定。"

（四）第二十五条第三款修改为："《企业法人营业执照》、《企业法人营业执照》副本，不得伪造、涂改、出租、出借、转让或者出卖。"增加一款作为第四款："国家推行电子营业执照。电子营业执照与纸质营业执照具有同等法律效力。"

（五）删去第二十六条中的"年度检验"和"年检费"。

（六）第三十条第一款第三项修改为："不按照规定办理注销登记的"。第四项修改为："伪造、涂改、出租、出借、转让或者出卖《企业法人营业执照》、《企业法人营业执照》副本的"。

国务院关于印发中国（上海）自由贸易试验区总体方案的通知

2013年9月18日　　　　　　　　　　　　　　　　　国发〔2013〕38号

各省、自治区、直辖市人民政府，国务院各部委、各直属机构：

国务院批准《中国（上海）自由贸易试验区总体方案》（以下简称《方案》），现予印发。

（一）建立中国（上海）自由贸易试验区，是党中央、国务院作出的重大决策，是深入贯彻党的十八大精神，在新形势下推进改革开放的重大举措，对加快政府职能转变、积极探索管理模式创新、促进贸易和投资便利化，为全面深化改革和扩大开放探索新途径、积累新经验，具有重要意义。

（二）上海市人民政府要精心组织好《方案》的实施工作。要探索建立投资准入前国民待遇和负面清单管理模式，深化行政审批制度改革，加快转变政府职能，全面提升事中、事后监管水平。要扩大服务业开放、推进金融领域开放创新，建设具有国际水准的投资贸易便利、监管高效便捷、法制环境规范的自由贸易试验区，使之成为推进改革和提高开放型经济水平的"试验田"，形成可复制、可推广的经验，发挥示范带动、服务全国的积极作用，促进各地区共同发展。有关部门要大力支持，做好协调配合、指导评估等工作。

（三）根据《全国人民代表大会常务委员会关于授权国务院在中国（上海）自由贸易试验区暂时调整有关法律规定的行政审批的决定》，相应暂时调整有关行政法规和国务院文件的部分规定。具体由国务院另行印发。

《方案》实施中的重大问题，上海市人民政府要及时向国务院请示报告。

中国（上海）自由贸易试验区总体方案

建立中国（上海）自由贸易试验区（以下简称试验区）是党中央、国务院作出的重大决策，是深入贯彻党的十八大精神，在新形势下推进改革开放的重大举措。为全面有效推进试验区工作，制定本方案。

（一）总体要求

试验区肩负着我国在新时期加快政府职能转变、积极探索管理模式创新、促进贸易和投资便利化，为全面深化改革和扩大开放探索新途径、积累新经验的重要使命，是国家战略需要。

1. 指导思想。

高举中国特色社会主义伟大旗帜，以邓小平理论、"三个代表"重要思想、科学发展观为指导，紧紧围绕国家战略，进一步解放思想，坚持先行先试，以开放促改革、促发展，率先建立符合国际化和法治化要求的跨境投资和贸易规则体系，使试验区成为我国进一步融入经济全球化的重要载体，打造中国经济升级版，为实现中华民族伟大复兴的中国梦作出贡献。

2. 总体目标。

经过两至三年的改革试验，加快转变政府职能，积极推进服务业扩大开放和外商投资管理体制改革，大力发展总部经济和新型贸易业态，加快探索资本项目可兑换和金融服务业全面开放，探索建立货物状态分类监管模式，努力形成促进投资和创新的政策支持体系，着力培育国际化和法治化的营商环境，力争建设成为具有国际水准的投资贸易便利、货币兑换自由、监管高效便捷、法制环境规范的自由贸易试验区，为我国扩大开放和深化改革探索新思路和新途径，更好地为全国服务。

3. 实施范围。

试验区的范围涵盖上海外高桥保税区、上海外高桥保税物流园区、洋山保税港区和上海浦东机场综合保税区等4个海关特殊监管区域，并根据先行先试推进情况以及产业发展和辐射带动需要，逐步拓展实施范围和试点政策范围，形成与上海国际经济、金融、贸易、航运中心建设的联动机制。

（二）主要任务和措施

紧紧围绕面向世界、服务全国的战略要求和上海"四个中心"建设的战略任务，按照先行先试、风险可控、分步推进、逐步完善的方式，把扩大开放与体制改革相结合、把培育功能与政策创新相结合，形成与国际投资、贸易通行规则相衔接的基本制度框架。

1. 加快政府职能转变。

（1）深化行政管理体制改革。加快转变政府职能，改革创新政府管理方式，按照国际化、法治化的要求，积极探索建立与国际高标准投资和贸易规则体系相适应的行政管理体系，推进政府管理由注重事先审批转为注重事中、事后监管。建立一口受理、综合审批和高效运作的服务模式，完善信息网络平台，实现不同部门的协同管理机制。建立行业信息跟踪、监管和归集的综合性评估机制，加强对试验区内企业在区外经营活动全过程的跟踪、管理和监督。建立集中统一的市场监管综合执法体系，在质量技术监督、食品药品监管、知识产权、工商、税务等管理领域，实现高效监管，积极鼓励社会力量参与市场监督。提高行政透明度，完善体现投资者参与、符合国际规则的信息公开机制。完善投资者权益有效保障机制，实现各类投资主体的公平竞争，允许符合条件的外国投资者自由转移其投资收益。建立知识产权纠纷调解、援助等解决机制。

2. 扩大投资领域的开放。

（2）扩大服务业开放。选择金融服务、航运服务、商贸服务、专业服务、文化服务以及社会服务领域扩大开放（具体开放清单见附件），暂停或取消投资者资质要求、股比限制、经营范围限制等准入限制措施（银行业机构、信息通信服务除外），营造有利于各类投资者平等准入的市场环境。

（3）探索建立负面清单管理模式。借鉴国际通行规则，对外商投资试行准入前国民待遇，研究制订试验区外商投资与国民待遇等不符的负面清单，改革外商投资管理模式。对负面清单之外的领域，按照内外资一致的原则，将外商投资项目由核准制改为备案制（国务院规定对国内投资项目保留核准的除外），由上海市负责办理；将外商投资企业合同章程审批改为由上海市负责备案管理，备案后按国家有关规定办理相关手续；工商登记与商事登记制度改革相衔接，逐步优化登记流程；完善国家安全审查制度，在试验区内试点开展涉及外资的国家安全审查，构建安全高效的开放型经济体系。在总结试点经验的基础上，逐步形成与国际接轨的外商投资管理制度。

（4）构筑对外投资服务促进体系。改革境外投资管理方式，对境外投资开办企业实行以备案制为主的管理方式，对境外投资一般项目实行备案制，由上海市负责备案管理，提高境外投资便利化程度。创新投资服务促进机制，加强境外投资事后管理和服务，形成多部门共享的信息监测平台，做好对外直接投资统计和年检工作。支持试验区内各类投资主体开展多种形式的境外投资。鼓励在试验区设立专业从事境外股权投资的项目公司，支持有条件的投资者设立境外投资股权投资母基金。

3. 推进贸易发展方式转变。

（5）推动贸易转型升级。积极培育贸易新型业态和功能，形成以技术、品牌、质量、服务为核心的外贸竞争新优势，加快提升我国在全球贸易价值链中的地位。鼓励跨国公司建立亚太地区总部，建立整合贸易、物流、结算等功能的营运中心。深化国际贸易结算中心试点，拓展专用账户的服务贸易跨境收付和融资功能。支持试验区内企业发展离岸业务。鼓励企业统筹开展国际国内贸易，实现内外贸一体化发展。探索在试验区内设立国际大宗商品交易和资源配置平台，开展能源产品、基本工业原料和大宗农产品的国际贸易。扩大完善期货保税交割试点，拓展仓单质押融资等功能。加快对外文化贸易基地建设。推动生物医药、软件信息、管理咨询、数据服务等外包业务发展。允许和支持各类融资租赁公司在试验区内设立项目子公司并开展境内外租赁服务。鼓励设立第三方检验鉴定机构，按照国际标准采信其检测结果。试点开展境内外高技术、高附加值的维修业务。加快培育跨境电子商务服务功能，试点建立与之相适应的海关监管、检验检疫、退税、跨境支付、物流等支撑系统。

（6）提升国际航运服务能级。积极发挥外高桥港、洋山深水港、浦东空港国际枢纽港的联动作用，探索形成具有国际竞争力的航运发展制度和运作模式。积极发展航运金融、国际船舶运输、国际船舶管理、国际航运经纪等产业。加快发展航运运价指数衍生品交易业务。推动中转集拼业务发展，允许中资公司拥有或控股拥有的非五星旗船，先行先试外贸进出口集装箱在国内沿海港口和上海港之间的沿海捎带业务。支持浦东机场增加国际中转货运航班。充分发挥上海的区域优势，利用中资"方便旗"船税收优惠政策，促进符合条件的船舶在上海落户登记。在试验区实行已在天津试点的国际船舶登记政策。简化国际船舶运输经营许可流程，形成高效率的船籍登记制度。

4. 深化金融领域的开放创新。

（7）加快金融制度创新。在风险可控前提下，可在试验区内对人民币资本项目可兑换、金融市场利率市场化、人民币跨境使用等方面创造条件进行先行先试。在试验区内实现金融机构资产方价格实行市场化定价。探索面向国际的外汇管理改革试点，建立与自由贸易试验区相适应的外汇管理体制，全面实现贸易投资便利化。鼓励企业充分利用境内外两种资源、两个市场，实现跨境融资自由化。深化外债管理方式改革，促进跨境融资便利化。深化跨国公司总部外汇资金集中运营管理试点，促进跨国公司设立区域性或全球性资金管理中心。建立试验区金融改革创新与上海国际金融中心建设的联动机制。

（8）增强金融服务功能。推动金融服务业对符合条件的民营资本和外资金融机构全面开放，支持在试验区内设立外资银行和中外合资银行。允许金融市场在试验区内建立面向国际的交易平台。逐步允许境外企业参与商品期货交易。鼓励金融市场产品创新。支持股权托管交易机构在试验区内建立综合金融服务平台。支持开展人民币跨境再保险业务，培育发展再保险市场。

5. 完善法制领域的制度保障。

（9）完善法制保障。加快形成符合试验区发展需要的高标准投资和贸易规则体系。针对试点内容，需要停止实施有关行政法规和国务院文件的部分规定的，按规定程序办理。其中，经全国人民代表大会常务委员会授权，暂时调整《中华人民共和国外资企业法》、《中华人民共和国中外合资经营企业法》和《中华人民共和国中外合作经营企业法》规定的有关行政审批，自 2013 年 10 月 1 日起在三年内试行。各部门要支持试验区在服务业扩大开放、实施准入前国民待遇和负面清单管理模式等方面深化改革试点，及时解决试点过程中的制度保障问题。上海市要通过地方立法，建立与试点要求相适应的试验区管理制度。

（三）营造相应的监管和税收制度环境

适应建立国际高水平投资和贸易服务体系的需要，创新监管模式，促进试验区内货物、服务等各类要素自由流动，推动服务业扩大开放和货物贸易深入发展，形成公开、透明的管理制度。同时，在维护现行税制公平、统一、规范的前提下，以培育功能为导向，完善相关政策。

1. 创新监管服务模式。

（1）推进实施"一线放开"。允许企业凭进口舱单将货物直接入区，再凭进境货物备案清单向主管海关办理申报手续，探索简化进出境备案清单，简化国际中转、集拼和分拨等业务进出境手续；实行"进境检疫，适当放宽进出口检验"模式，创新监管技术和方法。探索构建相对独立的以贸易便利化为主的货物贸易区域和以扩大服务领域开放为主的服务贸易区域。在确保有效监管的前提下，探索建立货物状态分类监管模式。深化功能拓展，在严格执行货物进出口税收政策的前提下，允许在特定区域设立保税展示交易平台。

（2）坚决实施"二线安全高效管住"。优化卡口管理，加强电子信息联网，通过进出境清单比对、账册管理、卡口实货核注、风险分析等加强监管，促进二线监管模式与一线监管模式相衔接，推行"方便进出，严密防范质量安全风险"的检验检疫监管模式。加强电子账册管理，推动试验区内货物在各海关特殊监管区域之间和跨关区便捷流转。试验区内企业原则上不受地域限制，可到区外再投资或开展业务，如有专项规定要求办理相关手续，仍应按照专项规定办理。推进企业运营信息与监管系统对接。通过风险监控、第三方管理、保证金要求等方式实行有效监管，充分发挥上海市诚信体系建设的作用，加快形成企业商务诚信管理和经营活动专属管辖制度。

（3）进一步强化监管协作。以切实维护国家安全和市场公平竞争为原则，加强各有关部门与上海市政府的协同，提高维护经济社会安全的服务保障能力。试验区配合国务院有关部门严格实施经营者集中反垄断审查。加强海关、质检、工商、税务、外汇等管理部门的协作。加快完善一体化监管方式，推进组建统一高效的口岸监管机构。探索试验区统一电子围网管理，建立风险可控的海关监管机制。

2. 探索与试验区相配套的税收政策。

（4）实施促进投资的税收政策。注册在试验区内的企业或个人股东，因非货币性资产对外投资等资产重组行为而产生的资产评估增值部分，可在不超过 5 年期限内，分期缴纳所得税。对试验区内企业以股份或出资比例等股权形式给予企业高端人才和紧缺人才的奖励，实行已在中关村等地区试点的股权激励个人所得税分期纳税政策。

（5）实施促进贸易的税收政策。将试验区内注册的融资租赁企业或金融租赁公司在试验区内设立的项目子公司纳入融资租赁出口退税试点范围。对试验区内注册的国内租赁公司或租赁公司设立的项目子公司，经国家有关部门批准从境外购买空载重量在 25 吨以上并租赁给国内航空公司使用的飞机，享受相关进口环节增值税优惠政策。对设在试验区内的企业生产、加工并经"二线"销往内地的货物照章征收进口环节增值税、消费税。根据企业申请，试行对该内销货物按其对应进口料件或按实际报验状态征收关税的政策。在现行政策框架下，对试验区内生产企业和生产性服务业企业进口所需的机器、设备等货物予以免税，但生活性服务业等企业进口的货物以及法律、行政法规和相关规定明确不予免税的货物除外。完善启运港退税试点政策，适时研究扩大启运地、承运企业和运输工具等试点范围。

此外，在符合税制改革方向和国际惯例，以及不导致利润转移和税基侵蚀的前提下，积极研究完善适应境外股权投资和离岸业务发展的税收政策。

（四）扎实做好组织实施

国务院统筹领导和协调试验区推进工作。上海市要精心组织实施，完善工作机制，落实工作责任，根据《方案》明确的目标定位和先行先试任务，按照"成熟的可先做，再逐步完善"的要求，形成可操作的具体计划，抓紧推进实施，并在推进过程中认真研究新情况、解决新问题，重大问题要及时向国务院请示报告。各有关部门要大力支持，积极做好协调配合、指导评估等工作，共同推进相关体制机制和政策创新，把试验区建设好、管理好。

附件：中国（上海）自由贸易试验区服务业扩大开放措施
（一）金融服务领域

1. 银行服务（国民经济行业分类：J 金融业-6620 货币银行服务）	
开放措施	（1）允许符合条件的外资金融机构设立外资银行，符合条件的民营资本与外资金融机构共同设立中外合资银行。在条件具备时，适时在试验区内试点设立有限牌照银行。 （2）在完善相关管理办法，加强有效监管的前提下，允许试验区内符合条件的中资银行开办离岸业务。
2. 专业健康医疗保险（国民经济行业分类：J 金融业-6812 健康和意外保险）	
开放措施	试点设立外资专业健康医疗保险机构。
3. 融资租赁（国民经济行业分类：J 金融业-6631 金融租赁服务）	
开放措施	（1）融资租赁公司在试验区内设立的单机、单船子公司不设最低注册资本限制。 （2）允许融资租赁公司兼营与主营业务有关的商业保理业务。

（二）航运服务领域

4. 远洋货物运输（国民经济行业分类：G 交通运输、仓储和邮政业-5521 远洋货物运输）	
开放措施	（1）放宽中外合资、中外合作国际船舶运输企业的外资股比限制，由国务院交通运输主管部门制定相关管理试行办法。 （2）允许中资公司拥有或控股拥有的非五星旗船，先行先试外贸进出口集装箱在国内沿海港口和上海港之间的沿海捎带业务。
5. 国际船舶管理（国民经济行业分类：G 交通运输、仓储和邮政业-5539 其他水上运输辅助服务）	
开放措施	允许设立外商独资国际船舶管理企业。

（三）商贸服务领域

6. 增值电信（国民经济行业分类：I 信息传输、软件和信息技术服务业-6319 其他电信业务，6420 互联网信息服务，6540 数据处理和存储服务，6592 呼叫中心）	
开放措施	在保障网络信息安全的前提下，允许外资企业经营特定形式的部分增值电信业务，如涉及突破行政法规，须国务院批准同意。

续上表

7. 游戏机、游艺机销售及服务（国民经济行业分类：F 批发和零售业－5179 其他机械及电子商品批发）	
开放措施	允许外资企业从事游戏游艺设备的生产和销售，通过文化主管部门内容审查的游戏游艺设备可面向国内市场销售。

（四）专业服务领域

8. 律师服务（国民经济行业分类：L 租赁和商务服务业－7221 律师及相关法律服务）	
开放措施	探索密切中国律师事务所与外国（港澳台地区）律师事务所业务合作的方式和机制。
9. 资信调查（国民经济行业分类：L 租赁和商务服务业－7295 信用服务）	
开放措施	允许设立外商投资资信调查公司。
10. 旅行社（国民经济行业分类：L 赁和商务服务业－7271 旅行社服务）	
开放措施	允许在试验区内注册的符合条件的中外合资旅行社，从事除台湾地区以外的出境旅游业务。
11. 人才中介服务（国民经济行业分类：L 租赁和商务服务业－7262 职业中介服务）	
开放措施	（1）允许设立中外合资人才中介机构，外方合资者可以拥有不超过70%的股权；允许港澳服务提供者设立独资人才中介机构。 （2）外资人才中介机构最低注册资本金要求由 30 万美元降低至 12.5 万美元。
12. 投资管理（国民经济行业分类：L 租赁和商务服务业－7211 企业总部管理）	
开放措施	允许设立股份制外资投资性公司。
13. 工程设计（国民经济行业分类：M 科学研究与技术服务企业－7482 工程勘察设计）	
开放措施	对试验区内为上海市提供服务的外资工程设计（不包括工程勘察）企业，取消首次申请资质时对投资者的工程设计业绩要求。
14. 建筑服务（国民经济行业分类：E 建筑业－47 房屋建筑业，48 土木工程建筑业，49 建筑安装业， 50 建筑装饰和其他建筑业）	

续上表

开放措施	对试验区内的外商独资建筑企业承揽上海市的中外联合建设项目时，不受建设项目的中外方投资比例限制。

（五）文化服务领域

15. 演出经纪（国民经济行业分类：R 文化、体育和娱乐业－8941 文化娱乐经纪人）	
开放措施	取消外资演出经纪机构的股比限制，允许设立外商独资演出经纪机构，为上海市提供服务。

16. 娱乐场所（国民经济行业分类：R 化、体育和娱乐业－8911 歌舞厅娱乐活动）	
开放措施	允许设立外商独资的娱乐场所，在试验区内提供服务。

（六）社会服务领域

17. 教育培训、职业技能培训（国民经济行业分类：P 育－8291 职业技能培训）	
开放措施	（1）允许举办中外合作经营性教育培训机构。 （2）允许举办中外合作经营性职业技能培训机构。

18. 医疗服务（国民经济行业分类：Q 卫生和社会工作－8311 综合医院，8315 专科医院，8330 门诊部〔所〕）	
开放措施	允许设立外商独资医疗机构。

注：以上各项开放措施只适用于注册在中国（上海）自由贸易试验区内的企业。

国务院关于在中国（上海）自由贸易试验区内暂时调整有关行政法规和国务院文件规定的行政审批或者准入特别管理措施的决定

2013 年 12 月 21 日　　　　　　　　　　　　　　国发〔2013〕51 号

各省、自治区、直辖市人民政府，国务院各部委、各直属机构：

为加快政府职能转变，创新对外开放模式，进一步探索深化改革开放的经验，根据《全国人民代表大会常务委员会关于授权国务院在中国（上海）自由贸易试验区暂时调整有关法律规定的行政审批的决定》和《中国（上海）自由贸易试验区总体方案》的规定，国务院决定在中国（上海）自由贸易试验区内暂时调整下列行政法规和国务院文件规定的行政审批或者准入特别管理措施：

（一）改革外商投资管理模式，对国家规定实施准入特别管理措施之外的外商投资，暂时调整《中华人民共和国外资企业法实施细则》、《中华人民共和国中外合资经营企业法实施条例》、《中华人民共和国中外合作经营企业法实施细则》、《指导外商投资方向规定》、《外国企业或者个人在中国境内设立合伙企业管理办法》、《中外合资经营企业合营期限暂行规定》、《中外合资经营企业合营各方出资的若干规定》、《〈中外合资经营企业合营各方出资的若干规定〉的补充规定》、《国务院关于投资体制改革的决定》、《国务院关于进一步做好利用外资工作的若干意见》规定的有关行政审批。

（二）扩大服务业开放，暂时调整《中华人民共和国船舶登记条例》、《中华人民共和国国际海运条例》、《征信业管理条例》、《营业性演出管理条例》、《娱乐场所管理条例》、《中华人民共和国中外合作办学条例》、《外商投资电信企业管理规定》、《国务院办公厅转发文化部等部门关于开展电子游戏经营场所专项治理意见的通知》规定的有关行政审批以及有关资质要求、股比限制、经营范围限制等准入特别管理措施。

国务院有关部门、上海市人民政府要根据法律、行政法规和国务院文件调整情况，及时对本部门、本市制定的规章和规范性文件作相应调整，建立与试点要求相适应的管理制度。

根据《全国人民代表大会常务委员会关于授权国务院在中国（上海）自由贸易试验区暂时调整有关法律规定的行政审批的决定》和试验区改革开放措施的试验情况，本决定内容适时进行调整。

附件①

---

① 注：附件内容略。

司 法 解 释

最高人民法院、最高人民检察院、公安部关于办理非法集资刑事案件适用法律若干问题的意见

(2014年3月25日)

各省、自治区、直辖市高级人民法院，人民检察院，公安厅、局，解放军军事法院、军事检察院，新疆维吾尔自治区高级人民法院生产建设兵团分院，新疆生产建设兵团人民检察院、公安局：

为解决近年来公安机关、人民检察院、人民法院在办理非法集资刑事案件中遇到的问题，依法惩治非法吸收公众存款、集资诈骗等犯罪，根据刑法、刑事诉讼法的规定，结合司法实践，现就办理非法集资刑事案件适用法律问题提出以下意见：

(一) 关于行政认定的问题

行政部门对于非法集资的性质认定，不是非法集资刑事案件进入刑事诉讼程序的必经程序。行政部门未对非法集资作出性质认定的，不影响非法集资刑事案件的侦查、起诉和审判。

公安机关、人民检察院、人民法院应当依法认定案件事实的性质，对于案情复杂、性质认定疑难的案件，可参考有关部门的认定意见，根据案件事实和法律规定作出性质认定。

(二) 关于"向社会公开宣传"的认定问题

《最高人民法院关于审理非法集资刑事案件具体应用法律若干问题的解释》第一条第一款第二项中的"向社会公开宣传"，包括以各种途径向社会公众传播吸收资金的信息，以及明知吸收资金的信息向社会公众扩散而予以放任等情形。

(三) 关于"社会公众"的认定问题

下列情形不属于《最高人民法院关于审理非法集资刑事案件具体应用法律若干问题的解释》第一条第二款规定的"针对特定对象吸收资金"的行为，应当认定为向社会公众吸收资金：

1. 在向亲友或者单位内部人员吸收资金的过程中，明知亲友或者单位内部人员向不特定对象吸收资金而予以放任的；

2. 以吸收资金为目的，将社会人员吸收为单位内部人员，并向其吸收资金的。

(四) 关于共同犯罪的处理问题

为他人向社会公众非法吸收资金提供帮助，从中收取代理费、好处费、返点费、佣金、提成等费用，构成非法集资共同犯罪的，应当依法追究刑事责任。能够及时退缴上述费用的，可依法从轻处罚；其中情节轻微的，可以免除处罚；情节显著轻微、危害不大的，不作为犯罪处理。

（五）关于涉案财物的追缴和处置问题

向社会公众非法吸收的资金属于违法所得。以吸收的资金向集资参与人支付的利息、分红等回报，以及向帮助吸收资金人员支付的代理费、好处费、返点费、佣金、提成等费用，应当依法追缴。集资参与人本金尚未归还的，所支付的回报可予折抵本金。

将非法吸收的资金及其转换财物用于清偿债务或者转让给他人，有下列情形之一的，应当依法追缴：

1. 他人明知是上述资金及财物而收取的；
2. 他人无偿取得上述资金及财物的；
3. 他人以明显低于市场的价格取得上述资金及财物的；
4. 他人取得上述资金及财物系源于非法债务或者违法犯罪活动的；
5. 其他依法应当追缴的情形。

查封、扣押、冻结的易贬值及保管、养护成本较高的涉案财物，可以在诉讼终结前依照有关规定变卖、拍卖。所得价款由查封、扣押、冻结机关予以保管，待诉讼终结后一并处置。

查封、扣押、冻结的涉案财物，一般应在诉讼终结后，返还集资参与人。涉案财物不足全部返还的，按照集资参与人的集资额比例返还。

（六）关于证据的收集问题

办理非法集资刑事案件中，确因客观条件的限制无法逐一收集集资参与人的言词证据的，可结合已收集的集资参与人的言词证据和依法收集并查证属实的书面合同、银行账户交易记录、会计凭证及会计账簿、资金收付凭证、审计报告、互联网电子数据等证据，综合认定非法集资对象人数和吸收资金数额等犯罪事实。

（七）关于涉及民事案件的处理问题

对于公安机关、人民检察院、人民法院正在侦查、起诉、审理的非法集资刑事案件，有关单位或者个人就同一事实向人民法院提起民事诉讼或者申请执行涉案财物的，人民法院应当不予受理，并将有关材料移送公安机关或者检察机关。

人民法院在审理民事案件或者执行过程中，发现有非法集资犯罪嫌疑的，应当裁定驳回起诉或者中止执行，并及时将有关材料移送公安机关或者检察机关。

公安机关、人民检察院、人民法院在侦查、起诉、审理非法集资刑事案件中，发现与人民法院正在审理的民事案件属同一事实，或者被申请执行的财物属涉案财物的，应当及时通报相关人民法院。人民法院经审查认为确属涉嫌犯罪的，依照前款规定处理。

（八）关于跨区域案件的处理问题

跨区域非法集资刑事案件，在查清犯罪事实的基础上，可以由不同地区的公安机关、人民检察院、人民法院分别处理。

对于分别处理的跨区域非法集资刑事案件，应当按照统一制定的方案处置涉案财物。

国家机关工作人员违反规定处置涉案财物，构成渎职等犯罪的，应当依法追究刑事责任。

最高人民法院关于适用《中华人民共和国保险法》若干问题的解释（二）

(2013年5月6日最高人民法院审判委员会第1577次会议通过)

法释〔2013〕14号

为正确审理保险合同纠纷案件，切实维护当事人的合法权益，根据《中华人民共和国保险法》《中华人民共和国合同法》《中华人民共和国民事诉讼法》等法律规定，结合审判实践，就保险法中关于保险合同一般规定部分有关法律适用问题解释如下：

第一条 财产保险中，不同投保人就同一保险标的分别投保，保险事故发生后，被保险人在其保险利益范围内依据保险合同主张保险赔偿的，人民法院应予支持。

第二条 人身保险中，因投保人对被保险人不具有保险利益导致保险合同无效，投保人主张保险人退还扣减相应手续费后的保险费的，人民法院应予支持。

第三条 投保人或者投保人的代理人订立保险合同时没有亲自签字或者盖章，而由保险人或者保险人的代理人代为签字或者盖章的，对投保人不生效。但投保人已经交纳保险费的，视为其对代签字或者盖章行为的追认。

保险人或者保险人的代理人代为填写保险单证后经投保人签字或者盖章确认的，代为填写的内容视为投保人的真实意思表示。但有证据证明保险人或者保险人的代理人存在保险法第一百一十六条、第一百三十一条相关规定情形的除外。

第四条 保险人接受了投保人提交的投保单并收取了保险费，尚未作出是否承保的意思表示，发生保险事故，被保险人或者受益人请求保险人按照保险合同承担赔偿或者给付保险金责任，符合承保条件的，人民法院应予支持；不符合承保条件的，保险人不承担保险责任，但应当退还已经收取的保险费。

保险人主张不符合承保条件的，应承担举证责任。

第五条 保险合同订立时，投保人明知的与保险标的或者被保险人有关的情况，属于保险法第十六条第一款规定的投保人"应当如实告知"的内容。

第六条 投保人的告知义务限于保险人询问的范围和内容。当事人对询问范围及内容有争议的，保险人负举证责任。

保险人以投保人违反了对投保单询问表中所列概括性条款的如实告知义务为由请求解除合同的，人民法院不予支持。但该概括性条款有具体内容的除外。

第七条 保险人在保险合同成立后知道或者应当知道投保人未履行如实告知义务，仍然收取保险费，又依照保险法第十六条第二款的规定主张解除合同的，人民法院不予支持。

第八条 保险人未行使合同解除权，直接以存在保险法第十六条第四款、第五款规定的情形为由拒绝赔偿的，人民法院不予支持。但当事人就拒绝赔偿事宜及保险合同存续另行达成一致的情况除外。

第九条 保险人提供的格式合同文本中的责任免除条款、免赔额、免赔率、比例赔付或者给付等免除或者减轻保险人责任的条款，可以认定为保险法第十七条第二款规定的"免除保险人责任的条款"。

保险人因投保人、被保险人违反法定或者约定义务,享有解除合同权利的条款,不属于保险法第十七条第二款规定的"免除保险人责任的条款"。

第十条 保险人将法律、行政法规中的禁止性规定情形作为保险合同免责条款的免责事由,保险人对该条款作出提示后,投保人、被保险人或者受益人以保险人未履行明确说明义务为由主张该条款不生效的,人民法院不予支持。

第十一条 保险合同订立时,保险人在投保单或者保险单等其他保险凭证上,对保险合同中免除保险人责任的条款,以足以引起投保人注意的文字、字体、符号或者其他明显标志作出提示的,人民法院应当认定其履行了保险法第十七条第二款规定的提示义务。

保险人对保险合同中有关免除保险人责任条款的概念、内容及其法律后果以书面或者口头形式向投保人作出常人能够理解的解释说明的,人民法院应当认定保险人履行了保险法第十七条第二款规定的明确说明义务。

第十二条 通过网络、电话等方式订立的保险合同,保险人以网页、音频、视频等形式对免除保险人责任条款予以提示和明确说明的,人民法院可以认定其履行了提示和明确说明义务。

第十三条 保险人对其履行了明确说明义务负举证责任。

投保人对保险人履行了符合本解释第十一条第二款要求的明确说明义务在相关文书上签字、盖章或者以其他形式予以确认的,应当认定保险人履行了该项义务。但另有证据证明保险人未履行明确说明义务的除外。

第十四条 保险合同中记载的内容不一致的,按照下列规则认定:

(一)投保单与保险单或者其他保险凭证不一致的,以投保单为准。但不一致的情形系经保险人说明并经投保人同意的,以投保人签收的保险单或者其他保险凭证载明的内容为准;

(二)非格式条款与格式条款不一致的,以非格式条款为准;

(三)保险凭证记载的时间不同的,以形成时间在后的为准;

(四)保险凭证存在手写和打印两种方式的,以双方签字、盖章的手写部分的内容为准。

第十五条 保险法第二十三条规定的三十日核定期间,应自保险人初次收到索赔请求及投保人、被保险人或者受益人提供的有关证明和资料之日起算。

保险人主张扣除投保人、被保险人或者受益人补充提供有关证明和资料期间的,人民法院应予支持。扣除期间自保险人根据保险法第二十二条规定作出的通知到达投保人、被保险人或者受益人之日起,至投保人、被保险人或者受益人按照通知要求补充提供的有关证明和资料到达保险人之日止。

第十六条 保险人应以自己的名义行使保险代位求偿权。

根据保险法第六十条第一款的规定,保险人代位求偿权的诉讼时效期间应自其取得代位求偿权之日起算。

第十七条 保险人在其提供的保险合同格式条款中对非保险术语所作的解释符合专业意义,或者虽不符合专业意义,但有利于投保人、被保险人或者受益人的,人民法院应予认可。

第十八条 行政管理部门依据法律规定制作的交通事故认定书、火灾事故认定书等，人民法院应当依法审查并确认其相应的证明力，但有相反证据能够推翻的除外。

第十九条 保险事故发生后，被保险人或者受益人起诉保险人，保险人以被保险人或者受益人未要求第三者承担责任为由抗辩不承担保险责任的，人民法院不予支持。

财产保险事故发生后，被保险人就其所受损失从第三者取得赔偿后的不足部分提起诉讼，请求保险人赔偿的，人民法院应予依法受理。

第二十条 保险公司依法设立并取得营业执照的分支机构属于《中华人民共和国民事诉讼法》第四十八条规定的其他组织，可以作为保险合同纠纷案件的当事人参加诉讼。

第二十一条 本解释施行后尚未终审的保险合同纠纷案件，适用本解释；本解释施行前已经终审，当事人申请再审或者按照审判监督程序决定再审的案件，不适用本解释。

最高人民法院办公厅关于印发《关于审理公司登记行政案件若干问题的座谈会纪要》的通知

法办〔2012〕62号

各省、自治区、直辖市高级人民法院，新疆维吾尔自治区高级人民法院生产建设兵团分院：

现将《关于审理公司登记行政案件若干问题的座谈会纪要》印发给你们，请结合审判工作实际参照执行。执行中遇到问题，请及时报告我院。

二〇一二年三月七日

关于审理公司登记行政案件若干问题的座谈会纪要

为进一步规范公司登记行政案件的审理，维护正常的市场主体登记管理秩序，保护公司、股东以及利害关系人的合法权益，最高人民法院对公司登记行政案件中存在的有关问题进行了专题调研，并征求了有关部门的意见。2011年10月15日，最高人民法院在广东东莞与部分地方法院和相关部门召开座谈会，根据《中华人民共和国行政诉讼法》、《中华人民共和国公司法》等相关法律规定，对审理公司登记行政案件中亟需解决的若干问题如何处理形成共识。现将有关内容纪要如下：

（一）以虚假材料获取公司登记的问题

因申请人隐瞒有关情况或者提供虚假材料导致登记错误的，登记机关可以在诉讼中依法予以更正。登记机关依法予以更正且在登记时已尽到审慎审查义务，原告不申请撤诉的，人民法院应当驳回其诉讼请求。原告对错误登记无过错的，应当退还其预交的案件受理费。登记机关拒不更正的，人民法院可以根据具体情况判决撤销登记行为、确认登记行为违法或者判决登记机关履行更正职责。

公司法定代表人、股东等以申请材料不是其本人签字或者盖章为由，请求确认登记行为违法或者撤销登记行为的，人民法院原则上应按照本条第一款规定处理，但能够证明原告此前已明知该情况却未提出异议，并在此基础上从事过相关管理和经营活动的，人民法院对原告的诉讼请求一般不予支持。

因申请人隐瞒有关情况或者提供虚假材料导致登记错误引起行政赔偿诉讼，登记机关与申请人恶意串通的，与申请人承担连带责任；登记机关未尽审慎审查义务的，应当根据其过错程度及其在损害发生中所起作用承担相应的赔偿责任；登记机关已尽审慎审查义务的，不承担赔偿责任。

（二）登记机关进一步核实申请材料的问题

登记机关无法确认申请材料中签字或者盖章的真伪，要求申请人进一步提供证据或者相关人员到场确认，申请人在规定期限内未补充证据或者相关人员未到场确认，导致无法核实相关材料真实性，登记机关根据有关规定作出不予登记决定，申请人请求判决登记机关履行登记职责的，人民法院不予支持。

（三）公司登记涉及民事法律关系的问题

利害关系人以作为公司登记行为之基础的民事行为无效或者应当撤销为由，对登记行为提起行政诉讼的，人民法院经审查可以作出如下处理：对民事行为的真实性问题，可以根据有效证据在行政诉讼中予以认定；对涉及真实性以外的民事争议，可以告知通过民事诉讼等方式解决。

（四）备案行为的受理问题

备案申请人或者备案事项涉及的董事、监事、经理、分公司和清算组等备案关系人，认为登记机关公开的备案信息与申请备案事项内容不一致，要求登记机关予以更正，登记机关拒绝更正或者不予答复，因此提起行政诉讼的，人民法院应予受理。

备案申请人以外的人对登记机关的备案事项与备案申请人之间存在争议，要求登记机关变更备案内容，登记机关不予变更，因此提起行政诉讼的，人民法院不予受理，可以告知通过民事诉讼等方式解决。

（五）执行生效裁判和仲裁裁决的问题

对登记机关根据生效裁判、仲裁裁决或者人民法院协助执行通知书确定的内容作出的变更、撤销等登记行为，利害关系人不服提起行政诉讼的，人民法院不予受理，但登记行为与文书内容不一致的除外。

公司登记依据的生效裁判、仲裁裁决被依法撤销，利害关系人申请登记机关重新作出登记行为，登记机关拒绝办理，利害关系人不服提起行政诉讼的，人民法院应予受理。

多份生效裁判、仲裁裁决或者人民法院协助执行通知书涉及同一登记事项且内容相互冲突，登记机关拒绝办理登记，利害关系人提起行政诉讼的，人民法院经审理应当判决驳回原告的诉讼请求，同时建议有关法院或者仲裁机关依法妥善处理。

最高人民法院关于修改关于适用《中华人民共和国公司法》若干问题的规定的决定

法释〔2014〕2号

《最高人民法院关于修改关于适用〈中华人民共和国公司法〉若干问题的规定的决定》已于2014年2月17日由最高人民法院审判委员会第1607次会议通过，现予公布，自2014年3月1日起施行。

最高人民法院
2014年2月20日

最高人民法院关于修改关于适用《中华人民共和国公司法》若干问题的规定的决定

(2014年2月17日最高人民法院审判委员会第1607次会议通过)

根据2013年12月28日第十二届全国人民代表大会常务委员会第六次会议的决定和修改后重新公布的《中华人民共和国公司法》，最高人民法院审判委员会第1607次会议决定：

（一）《最高人民法院关于适用〈中华人民共和国公司法〉若干问题的规定（一）》（法释〔2006〕3号，以下简称《规定（一）》）第三条中的"第七十五条"修改为"第七十四条"。

（二）《规定（一）》第四条中的"第一百五十二条"修改为"第一百五十一条"。

（三）《最高人民法院关于适用〈中华人民共和国公司法〉若干问题的规定（二）》（法释〔2008〕6号，以下简称《规定（二）》）第一条第一款中的"第一百八十三条"修改为"第一百八十二条"。

（四）《规定（二）》第二条、第七条第一款中的"第一百八十四条"修改为"第一百八十三条"。

（五）《规定（二）》第十一条中的"第一百八十六条"修改为"第一百八十五条"。

（六）《规定（二）》第二十二条第一款中的"第八十一条"修改为"第八十条"。

（七）《规定（二）》第二十三条第二款、第三款中的"第一百五十二条"修改为"一百五十一条"。

（八）删去《最高人民法院关于适用〈中华人民共和国公司法〉若干问题的规定（三）》（法释〔2011〕3号，以下简称《规定（三）》）第十二条第一项，并将该条修改为："公司成立后，公司、股东或者公司债权人以相关股东的行为符合下列情形之一且损害公司权益为由，请求认定该股东抽逃出资的，人民法院应予支持：（一）制作虚假财务会计报表虚增利润进行分配；（二）通过虚构债权债务关系将其出资转出；（三）利用关联交易将出资转出；（四）其他未经法定程序将出资抽回的行为。"

（九）《规定（三）》第十三条第四款中的"第一百四十八条"修改为"第一百四十七条"。

（十）删去《规定（三）》第十五条。

（十一）《规定（三）》第二十四条改为第二十三条。该条中的"第三十二条、第三十三条"修改为"第三十一条、第三十二条"。

（十二）对《规定（三）》条文顺序作相应调整。

（十三）本决定施行后尚未终审的股东出资相关纠纷案件，适用本决定；本决定施行前已经终审的，当事人申请再审或者按照审判监督程序决定再审的，不适用本决定。

《规定（一）》《规定（二）》《规定（三）》根据本决定作相应修改，重新公布。

最高人民法院印发《关于审理上市公司破产重整案件工作座谈会纪要》的通知

（法〔2012〕261号）

各省、自治区、直辖市高级人民法院，解放军军事法院，新疆维吾尔自治区高级人民法院生产建设兵团分院：

现将最高人民法院《关于审理上市公司破产重整案件工作座谈会纪要》印发给你们，请结合审判工作实际，遵照执行。

2012年10月29日

关于审理上市公司破产重整案件工作座谈会纪要

（2012年10月29日）

《企业破产法》施行以来，人民法院依法审理了部分上市公司破产重整案件，最大限度地减少了因上市公司破产清算给社会造成的不良影响，实现了法律效果和社会效果的统一。上市公司破产重整案件的审理不仅涉及到《企业破产法》《证券法》《公司法》等法律的适用，还涉及司法程序与行政程序的衔接问题，有必要进一步明确该类案件的审理原则，细化有关程序和实体规定，更好地规范相关主体的权利义务，以充分保护债权人、广大投资者和上市公司的合法权益，优化配置社会资源，促进资本市场健康发展。为此，最高人民法院会同中国证券监督管理委员会，于2012年3月22日在海南省万宁市召开了审理上市公司破产重整案件工作座谈会。与会同志通过认真讨论，就审理上市公司破产重整案件的若干重要问题取得了共识。现纪要如下：

（一）关于上市公司破产重整案件的审理原则

会议认为，上市公司破产重整案件事关资本市场的健康发展，事关广大投资者的利益保护，事关职工权益保障和社会稳定。因此，人民法院应当高度重视此类案件，并在

审理中注意坚持以下原则:

1. 依法公正审理原则。上市公司破产重整案件参与主体众多,涉及利益关系复杂,人民法院审理上市公司破产重整案件,既要有利于化解上市公司的债务和经营危机,提高上市公司质量,保护债权人和投资者的合法权益,维护证券市场和社会的稳定,又要防止没有再生希望的上市公司利用破产重整程序逃废债务,滥用司法资源和社会资源;既要保护债权人利益,又要兼顾职工利益、出资人利益和社会利益,妥善处理好各方利益的冲突。上市公司重整计划草案未获批准或重整计划执行不能的,人民法院应当及时宣告债务人破产清算。

2. 挽救危困企业原则。充分发挥上市公司破产重整制度的作用,为尚有挽救希望的危困企业提供获得新生的机会,有利于上市公司、债权人、出资人、关联企业等各方主体实现共赢,有利于社会资源的有效利用。对于具有重整可能的企业,努力推动重整成功,可以促进就业、优化资源配置,促进产业结构的调整和升级换代,减少上市公司破产清算对社会带来的不利影响。

3. 维护社会稳定原则。上市公司进入破产重整程序后,因涉及债权人、上市公司、出资人、企业职工等相关当事人的利益,各方矛盾比较集中和突出,如果处理不当,极易引发群体性、突发性事件,影响社会稳定。人民法院审理上市公司破产重整案件,要充分发挥地方政府的风险预警、部门联动、资金保障等协调机制的作用,积极配合政府做好上市公司重整中的维稳工作,并根据上市公司的特点,加强与证券监管机构的沟通协调。

(二)关于上市公司破产重整案件的管辖

会议认为,上市公司破产重整案件应当由上市公司住所地的人民法院,即上市公司主要办事机构所在地法院管辖;上市公司主要办事机构所在地不明确、存在争议的,由上市公司注册登记地人民法院管辖。由于上市公司破产重整案件涉及法律关系复杂,影响面广,对专业知识和综合能力要求较高,人力物力投入较多,上市公司破产重整案件一般应由中级人民法院管辖。

(三)关于上市公司破产重整的申请

会议认为,上市公司不能清偿到期债务,并且资产不足以清偿全部债务或者明显缺乏清偿能力,或者有明显丧失清偿能力可能的,上市公司或者上市公司的债权人、出资额占上市公司注册资本十分之一以上的出资人可以向人民法院申请对上市公司进行破产重整。

申请人申请上市公司破产重整的,除提交《企业破产法》第八条规定的材料外,还应当提交关于上市公司具有重整可行性的报告、上市公司住所地省级人民政府向证券监督管理部门的通报情况材料以及证券监督管理部门的意见、上市公司住所地人民政府出具的维稳预案等。上市公司自行申请破产重整的,还应当提交切实可行的职工安置方案。

(四)关于对上市公司破产重整申请的审查

会议认为,债权人提出重整申请,上市公司在法律规定的时间内提出异议,或者债权人、上市公司、出资人分别向人民法院提出破产清算申请和重整申请的,人民法院应当组织召开听证会。

人民法院召开听证会的,应当于听证会召开前通知申请人、被申请人,并送达相关申请材料。公司债权人、出资人、实际控制人等利害关系人申请参加听证的,人民法院应当予以准许。人民法院应当就申请人是否具备申请资格、上市公司是否已经发生重整事由、上市公司是否具有重整可行性等内容进行听证。

鉴于上市公司破产重整案件较为敏感,不仅涉及企业职工和二级市场众多投资者的利益安排,还涉及与地方政府和证券监管机构的沟通协调。因此,目前人民法院在裁定受理上市公司破产重整申请前,应当将相关材料逐级报送最高人民法院审查。

(五)关于对破产重整上市公司的信息保密和披露

会议认为,对于股票仍在正常交易的上市公司,在上市公司破产重整申请相关信息披露前,上市公司及其债权人、出资人等利害关系人应当按照法律、行政法规、证券监管机构的部门规章及证券交易所上市规则做好信息保密工作。

上市公司的债权人提出破产重整申请的,人民法院应当要求债权人提供其已就此告知上市公司的有关证据。上市公司应当按照相关规则及时履行信息披露义务。

上市公司进入破产重整程序后,由管理人履行相关法律、行政法规、部门规章和公司章程规定的原上市公司董事会、董事和高级管理人员承担的职责和义务,上市公司自行管理财产和营业事务的除外。管理人在上市公司破产重整程序中存在信息披露违法违规行为的,应当依法承担相应的责任。

(六)关于上市公司破产重整计划草案的制定

会议认为,上市公司或者管理人制定的上市公司重整计划草案应当包括详细的经营方案。有关经营方案涉及并购重组等行政许可审批事项的,上市公司或管理人应当聘请经证券监管机构核准的财务顾问机构、律师事务所以及具有证券期货业务资格的会计师事务所、资产评估机构等证券服务机构按照证券监管机构的有关要求及格式编制相关材料,并作为重整计划草案及其经营方案的必备文件。

控股股东、实际控制人及其关联方在上市公司破产重整程序前因违规占用、担保等行为对上市公司造成损害的,制定重整计划草案时应当根据其过错对控股股东及实际控制人支配的股东的股权作相应调整。

(七)关于上市公司破产重整中出资人组的表决

会议认为,出资人组对重整计划草案中涉及出资人权益调整事项的表决,经参与表决的出资人所持表决权三分之二以上通过的,即为该组通过重整计划草案。

考虑到出席表决会议需要耗费一定的人力物力,一些中小投资者可能放弃参加表决会议的权利。为最大限度地保护中小投资者的合法权益,上市公司或者管理人应当提供网络表决的方式,为出资人行使表决权提供便利。关于网络表决权行使的具体方式,可以参照适用中国证券监督管理委员会发布的有关规定。

(八)关于上市公司重整计划草案的会商机制

会议认为,重整计划草案涉及证券监管机构行政许可事项的,受理案件的人民法院应当通过最高人民法院,启动与中国证券监督管理委员会的会商机制。即由最高人民法院将有关材料函送中国证券监督管理委员会,中国证券监督管理委员会安排并购重组专家咨询委员会对会商案件进行研究。并购重组专家咨询委员会应当按照与并购重组审核委员会相同的审核标准,对提起会商的行政许可事项进行研究并出具专家咨询意见。人民法院应当参考专家咨询意见，作出是否批准重整计划草案的裁定。

（九）关于上市公司重整计划涉及行政许可部分的执行

会议认为，人民法院裁定批准重整计划后，重整计划内容涉及证券监管机构并购重组行政许可事项的，上市公司应当按照相关规定履行行政许可核准程序。重整计划草案提交出资人组表决且经人民法院裁定批准后，上市公司无须再行召开股东大会，可以直接向证券监管机构提交出资人组表决结果及人民法院裁定书，以申请并购重组许可申请。并购重组审核委员会审核工作应当充分考虑并购重组专家咨询委员会提交的专家咨询意见。并购重组申请事项获得证券监管机构行政许可后，应当在重整计划的执行期限内实施完成。

会议还认为，鉴于上市公司破产重整案件涉及的法律关系复杂，利益主体众多，社会影响较大，人民法院对于审判实践中发现的新情况、新问题，要及时上报。上级人民法院要加强对此类案件的监督指导，加强调查研究，及时总结审判经验，确保依法妥善审理好此类案件。

最高人民法院关于适用《中华人民共和国企业破产法》若干问题的规定（二）

（2013年7月29日最高人民法院审判委员会第1586次会议通过）

根据《中华人民共和国企业破产法》《中华人民共和国物权法》《中华人民共和国合同法》等相关法律，结合审判实践，就人民法院审理企业破产案件中认定债务人财产相关的法律适用问题，制定本规定。

第一条 除债务人所有的货币、实物外，债务人依法享有的可以用货币估价并可以依法转让的债权、股权、知识产权、用益物权等财产和财产权益，人民法院均应认定为债务人财产。

第二条 下列财产不应认定为债务人财产：

（一）债务人基于仓储、保管、承揽、代销、借用、寄存、租赁等合同或者其他法律关系占有、使用的他人财产；

（二）债务人在所有权保留买卖中尚未取得所有权的财产；

（三）所有权专属于国家且不得转让的财产；

（四）其他依照法律、行政法规不属于债务人的财产。

第三条 债务人已依法设定担保物权的特定财产，人民法院应当认定为债务人财产。

对债务人的特定财产在担保物权消灭或者实现担保物权后的剩余部分，在破产程序中可用以清偿破产费用、共益债务和其他破产债权。

第四条 债务人对按份享有所有权的共有财产的相关份额，或者共同享有所有权的共有财产的相应财产权利，以及依法分割共有财产所得部分，人民法院均应认定为债务人财产。

人民法院宣告债务人破产清算，属于共有财产分割的法定事由。人民法院裁定债务人重整或者和解的，共有财产的分割应当依据物权法第九十九条的规定进行；基于重整或者和解的需要必须分割共有财产，管理人请求分割的，人民法院应予准许。

因分割共有财产导致其他共有人损害产生的债务，其他共有人请求作为共益债务清偿的，人民法院应予支持。

第五条　破产申请受理后，有关债务人财产的执行程序未依照企业破产法第十九条的规定中止的，采取执行措施的相关单位应当依法予以纠正。依法执行回转的财产，人民法院应当认定为债务人财产。

第六条　破产申请受理后，对于可能因有关利益相关人的行为或者其他原因，影响破产程序依法进行的，受理破产申请的人民法院可以根据管理人的申请或者依职权，对债务人的全部或者部分财产采取保全措施。

第七条　对债务人财产已采取保全措施的相关单位，在知悉人民法院已裁定受理有关债务人的破产申请后，应当依照企业破产法第十九条的规定及时解除对债务人财产的保全措施。

第八条　人民法院受理破产申请后至破产宣告前裁定驳回破产申请，或者依据企业破产法第一百零八条的规定裁定终结破产程序的，应当及时通知原已采取保全措施并已依法解除保全措施的单位按照原保全顺位恢复相关保全措施。

在已依法解除保全的单位恢复保全措施或者表示不再恢复之前，受理破产申请的人民法院不得解除对债务人财产的保全措施。

第九条　管理人依据企业破产法第三十一条和第三十二条的规定提起诉讼，请求撤销涉及债务人财产的相关行为并由相对人返还债务人财产的，人民法院应予支持。

管理人因过错未依法行使撤销权导致债务人财产不当减损，债权人提起诉讼主张管理人对其损失承担相应赔偿责任的，人民法院应予支持。

第十条　债务人经过行政清理程序转入破产程序的，企业破产法第三十一条和第三十二条规定的可撤销行为的起算点，为行政监管机构作出撤销决定之日。

债务人经过强制清算程序转入破产程序的，企业破产法第三十一条和第三十二条规定的可撤销行为的起算点，为人民法院裁定受理强制清算申请之日。

第十一条　人民法院根据管理人的请求撤销涉及债务人财产的以明显不合理价格进行的交易的，买卖双方应当依法返还从对方获取的财产或者价款。

因撤销该交易，对于债务人应返还受让人已支付价款所产生的债务，受让人请求作为共益债务清偿的，人民法院应予支持。

第十二条　破产申请受理前一年内债务人提前清偿的未到期债务，在破产申请受理前已经到期，管理人请求撤销该清偿行为的，人民法院不予支持。但是，该清偿行为发生在破产申请受理前六个月内且债务人有企业破产法第二条第一款规定情形的除外。

第十三条　破产申请受理后，管理人未依据企业破产法第三十一条的规定请求撤销债务人无偿转让财产、以明显不合理价格交易、放弃债权行为的，债权人依据合同法第七十四条等规定提起诉讼，请求撤销债务人上述行为并将因此追回的财产归入债务人财产的，人民法院应予受理。

相对人以债权人行使撤销权的范围超出债权人的债权抗辩的，人民法院不予支持。

第十四条　债务人对以自有财产设定担保物权的债权进行的个别清偿，管理人依据企业破产法第三十二条的规定请求撤销的，人民法院不予支持。但是，债务清偿时担保财产的价值低于债权额的除外。

第十五条 债务人经诉讼、仲裁、执行程序对债权人进行的个别清偿，管理人依据企业破产法第三十二条的规定请求撤销的，人民法院不予支持。但是，债务人与债权人恶意串通损害其他债权人利益的除外。

第十六条 债务人对债权人进行的以下个别清偿，管理人依据企业破产法第三十二条的规定请求撤销的，人民法院不予支持：

（一）债务人为维系基本生产需要而支付水费、电费等的；

（二）债务人支付劳动报酬、人身损害赔偿金的；

（三）使债务人财产受益的其他个别清偿。

第十七条 管理人依据企业破产法第三十三条的规定提起诉讼，主张被隐匿、转移财产的实际占有人返还债务人财产，或者主张债务人虚构债务或者承认不真实债务的行为无效并返还债务人财产的，人民法院应予支持。

第十八条 管理人代表债务人依据企业破产法第一百二十八条的规定，以债务人的法定代表人和其他直接责任人员对所涉债务人财产的相关行为存在故意或者重大过失，造成债务人财产损失为由提起诉讼，主张上述责任人员承担相应赔偿责任的，人民法院应予支持。

第十九条 债务人对外享有债权的诉讼时效，自人民法院受理破产申请之日起中断。

债务人无正当理由未对其到期债权及时行使权利，导致其对外债权在破产申请受理前一年内超过诉讼时效期间的，人民法院受理破产申请之日起重新计算上述债权的诉讼时效期间。

第二十条 管理人代表债务人提起诉讼，主张出资人向债务人依法缴付未履行的出资或者返还抽逃的出资本息，出资人以认缴出资尚未届至公司章程规定的缴纳期限或者违反出资义务已经超过诉讼时效为由抗辩的，人民法院不予支持。

管理人依据公司法的相关规定代表债务人提起诉讼，主张公司的发起人和负有监督股东履行出资义务的董事、高级管理人员，或者协助抽逃出资的其他股东、董事、高级管理人员、实际控制人等，对股东违反出资义务或者抽逃出资承担相应责任，并将财产归入债务人财产的，人民法院应予支持。

第二十一条 破产申请受理前，债权人就债务人财产提起下列诉讼，破产申请受理时案件尚未审结的，人民法院应当中止审理：

（一）主张次债务人代替债务人直接向其偿还债务的；

（二）主张债务人的出资人、发起人和负有监督股东履行出资义务的董事、高级管理人员，或者协助抽逃出资的其他股东、董事、高级管理人员、实际控制人等直接向其承担出资不实或者抽逃出资责任的；

（三）以债务人的股东与债务人法人人格严重混同为由，主张债务人的股东直接向其偿还债务人对其所负债务的；

（四）其他就债务人财产提起的个别清偿诉讼。

债务人破产宣告后，人民法院应当依照企业破产法第四十四条的规定判决驳回债权人的诉讼请求。但是，债权人一审中变更其诉讼请求为追收的相关财产归入债务人财产的除外。

债务人破产宣告前，人民法院依据企业破产法第十二条或者第一百零八条的规定裁定驳回破产申请或者终结破产程序的，上述中止审理的案件应当依法恢复审理。

第二十二条 破产申请受理前，债权人就债务人财产向人民法院提起本规定第二十一条第一款所列诉讼，人民法院已经作出生效民事判决书或者调解书但尚未执行完毕的，破产申请受理后，相关执行行为应当依据企业破产法第十九条的规定中止，债权人应当依法向管理人申报相关债权。

第二十三条 破产申请受理后，债权人就债务人财产向人民法院提起本规定第二十一条第一款所列诉讼的，人民法院不予受理。

债权人通过债权人会议或者债权人委员会，要求管理人依法向次债务人、债务人的出资人等追收债务人财产，管理人无正当理由拒绝追收，债权人会议依据企业破产法第二十二条的规定，申请人民法院更换管理人的，人民法院应予支持。

管理人不予追收，个别债权人代表全体债权人提起相关诉讼，主张次债务人或者债务人的出资人等向债务人清偿或者返还债务人财产，或者依法申请合并破产的，人民法院应予受理。

第二十四条 债务人有企业破产法第二条第一款规定的情形时，债务人的董事、监事和高级管理人员利用职权获取的以下收入，人民法院应当认定为企业破产法第三十六条规定的非正常收入：

（一）绩效奖金；

（二）普遍拖欠职工工资情况下获取的工资性收入；

（三）其他非正常收入。

债务人的董事、监事和高级管理人员拒不向管理人返还上述债务人财产，管理人主张上述人员予以返还的，人民法院应予支持。

债务人的董事、监事和高级管理人员因返还第一款第（一）项、第（三）项非正常收入形成的债权，可以作为普通破产债权清偿。因返还第一款第（二）项非正常收入形成的债权，依据企业破产法第一百一十三条第三款的规定，按照该企业职工平均工资计算的部分作为拖欠职工工资清偿；高出该企业职工平均工资计算的部分，可以作为普通破产债权清偿。

第二十五条 管理人拟通过清偿债务或者提供担保取回质物、留置物，或者与质权人、留置权人协议以质物、留置物折价清偿债务等方式，进行对债权人利益有重大影响的财产处分行为的，应当及时报告债权人委员会。未设立债权人委员会的，管理人应当及时报告人民法院。

第二十六条 权利人依据企业破产法第三十八条的规定行使取回权，应当在破产财产变价方案或者和解协议、重整计划草案提交债权人会议表决前向管理人提出。权利人在上述期限后主张取回相关财产的，应当承担延迟行使取回权增加的相关费用。

第二十七条 权利人依据企业破产法第三十八条的规定向管理人主张取回相关财产，管理人不予认可，权利人以债务人为被告向人民法院提起诉讼请求行使取回权的，人民法院应予受理。

权利人依据人民法院或者仲裁机关的相关生效法律文书向管理人主张取回所涉争议财产，管理人以生效法律文书错误为由拒绝其行使取回权的，人民法院不予支持。

第二十八条 权利人行使取回权时未依法向管理人支付相关的加工费、保管费、托运费、委托费、代销费等费用，管理人拒绝其取回相关财产的，人民法院应予支持。

第二十九条 对债务人占有的权属不清的鲜活易腐等不易保管的财产或者不及时变现价值将严重贬损的财产，管理人及时变价并提存变价款后，有关权利人就该变价款行使取回权的，人民法院应予支持。

第三十条 债务人占有的他人财产被违法转让给第三人，依据物权法第一百零六条的规定第三人已善意取得财产所有权，原权利人无法取回该财产的，人民法院应当按照以下规定处理：

（一）转让行为发生在破产申请受理前的，原权利人因财产损失形成的债权，作为普通破产债权清偿；

（二）转让行为发生在破产申请受理后的，因管理人或者相关人员执行职务导致原权利人损害产生的债务，作为共益债务清偿。

第三十一条 债务人占有的他人财产被违法转让给第三人，第三人已向债务人支付了转让价款，但依据物权法第一百零六条的规定未取得财产所有权，原权利人依法追回转让财产的，对因第三人已支付对价而产生的债务，人民法院应当按照以下规定处理：

（一）转让行为发生在破产申请受理前的，作为普通破产债权清偿；

（二）转让行为发生在破产申请受理后的，作为共益债务清偿。

第三十二条 债务人占有的他人财产毁损、灭失，因此获得的保险金、赔偿金、代偿物尚未交付给债务人，或者代偿物虽已交付给债务人但能与债务人财产予以区分的，权利人主张取回就此获得的保险金、赔偿金、代偿物的，人民法院应予支持。

保险金、赔偿金已经交付给债务人，或者代偿物已经交付给债务人且不能与债务人财产予以区分的，人民法院应当按照以下规定处理：

（一）财产毁损、灭失发生在破产申请受理前的，权利人因财产损失形成的债权，作为普通破产债权清偿；

（二）财产毁损、灭失发生在破产申请受理后的，因管理人或者相关人员执行职务导致权利人损害产生的债务，作为共益债务清偿。

债务人占有的他人财产毁损、灭失，没有获得相应的保险金、赔偿金、代偿物，或者保险金、赔偿物、代偿物不足以弥补其损失的部分，人民法院应当按照本条第二款的规定处理。

第三十三条 管理人或者相关人员在执行职务过程中，因故意或者重大过失不当转让他人财产或者造成他人财产毁损、灭失，导致他人损害产生的债务作为共益债务，由债务人财产随时清偿不足弥补损失，权利人向管理人或者相关人员主张承担补充赔偿责任的，人民法院应予支持。

上述债务作为共益债务由债务人财产随时清偿后，债权人以管理人或者相关人员执行职务不当导致债务人财产减少并对其造成损失为由提起诉讼，主张管理人或者相关人员承担相应赔偿责任的，人民法院应予支持。

第三十四条 买卖合同双方当事人在合同中约定标的物所有权保留，在标的物所有权未依法转移给买受人前,一方当事人破产的,该买卖合同属于双方均未履行完毕的合同,管理人有权依据企业破产法第十八条的规定决定解除或者继续履行合同。

第三十五条 出卖人破产,其管理人决定继续履行所有权保留买卖合同的,买受人应当按照原买卖合同的约定支付价款或者履行其他义务。

买受人未依约支付价款或者履行完毕其他义务,或者将标的物出卖、出质或者作出其他不当处分,给出卖人造成损害,出卖人管理人依法主张取回标的物的,人民法院应予支持。但是,买受人已经支付标的物总价款百分之七十五以上或者第三人善意取得标的物所有权或者其他物权的除外。

因本条第二款规定未能取回标的物,出卖人管理人依法主张买受人继续支付价款、履行完毕其他义务,以及承担相应赔偿责任的,人民法院应予支持。

第三十六条 出卖人破产,其管理人决定解除所有权保留买卖合同,并依据企业破产法第十七条的规定要求买受人向其交付买卖标的物的,人民法院应予支持。

买受人以其不存在未依约支付价款或者履行完毕其他义务,或者将标的物出卖、出质或者作出其他不当处分情形抗辩的,人民法院不予支持。

买受人依法履行合同义务并依据本条第一款将买卖标的物交付出卖人管理人后,买受人已支付价款损失形成的债权作为共益债务清偿。但是,买受人违反合同约定,出卖人管理人主张上述债权作为普通破产债权清偿的,人民法院应予支持。

第三十七条 买受人破产,其管理人决定继续履行所有权保留买卖合同的,原买卖合同中约定的买受人支付价款或者履行其他义务的期限在破产申请受理时视为到期,买受人管理人应当及时向出卖人支付价款或者履行其他义务。

买受人管理人无正当理由未及时支付价款或者履行完毕其他义务,或者将标的物出卖、出质或者作出其他不当处分,给出卖人造成损害,出卖人依据合同法第一百三十四条等规定主张取回标的物的,人民法院应予支持。但是,买受人已支付标的物总价款百分之七十五以上或者第三人善意取得标的物所有权或者其他物权的除外。

因本条第二款规定未能取回标的物,出卖人依法主张买受人继续支付价款、履行完毕其他义务,以及承担相应赔偿责任的,人民法院应予支持。对因买受人未支付价款或者未履行完毕其他义务,以及买受人管理人将标的物出卖、出质或者作出其他不当处分导致出卖人损害产生的债务,出卖人主张作为共益债务清偿的,人民法院应予支持。

第三十八条 买受人破产,其管理人决定解除所有权保留买卖合同,出卖人依据企业破产法第三十八条的规定主张取回买卖标的物的,人民法院应予支持。

出卖人取回买卖标的物,买受人管理人主张出卖人返还已支付价款的,人民法院应予支持。取回的标的物价值明显减少给出卖人造成损失的,出卖人可从买受人已支付价款中优先予以抵扣后,将剩余部分返还给买受人;对买受人已支付价款不足以弥补出卖人标的物价值减损失形成的债权,出卖人主张作为共益债务清偿的,人民法院应予支持。

第三十九条 出卖人依据企业破产法第三十九条的规定,通过通知承运人或者实际占有人中止运输、返还货物、变更到达地,或者将货物交给其他收货人等方式,对在运途中标的物主张了取回权但未能实现,或者在货物未达管理人前已向管理人主张取回在运途中标的物,在买卖标的物到达管理人后,出卖人向管理人主张取回的,管理人应予准许。

出卖人对在运途中标的物未及时行使取回权,在买卖标的物到达管理人后向管理人行使在运途中标的物取回权的,管理人不应准许。

第四十条 债务人重整期间,权利人要求取回债务人合法占有的权利人的财产,不符合双方事先约定条件的,人民法院不予支持。但是,因管理人或者自行管理的债务人违反约定,可能导致取回物被转让、毁损、灭失或者价值明显减少的除外。

第四十一条 债权人依据企业破产法第四十条的规定行使抵销权,应当向管理人提出抵销主张。

管理人不得主动抵销债务人与债权人的互负债务,但抵销使债务人财产受益的除外。

第四十二条 管理人收到债权人提出的主张债务抵销的通知后,经审查无异议的,抵销自管理人收到通知之日起生效。

管理人对抵销主张有异议的,应当在约定的异议期限内或者自收到主张债务抵销的通知之日起三个月内向人民法院提起诉讼。无正当理由逾期提起的,人民法院不予支持。

人民法院判决驳回管理人提起的抵销无效诉讼请求的,该抵销自管理人收到主张债务抵销的通知之日起生效。

第四十三条 债权人主张抵销,管理人以下列理由提出异议的,人民法院不予支持:

(一)破产申请受理时,债务人对债权人负有的债务尚未到期;

(二)破产申请受理时,债权人对债务人负有的债务尚未到期;

(三)双方互负债务标的物种类、品质不同。

第四十四条 破产申请受理前六个月内,债务人有企业破产法第二条第一款规定的情形,债务人与个别债权人以抵销方式对个别债权人清偿,其抵销的债权债务属于企业破产法第四十条第(二)、(三)项规定的情形之一,管理人在破产申请受理之日起三个月内向人民法院提起诉讼,主张该抵销无效的,人民法院应予支持。

第四十五条 企业破产法第四十条所列不得抵销情形的债权人,主张以其对债务人特定财产享有优先受偿权的债权,与债务人对其不享有优先受偿权的债权抵销,债务人管理人以抵销存在企业破产法第四十条规定的情形提出异议的,人民法院不予支持。但是,用以抵销的债权大于债权人享有优先受偿权财产价值的除外。

第四十六条 债务人的股东主张以下列债务与债务人对其负有的债务抵销,债务人管理人提出异议的,人民法院应予支持:

(一)债务人股东因欠缴债务人的出资或者抽逃出资对债务人所负的债务;

(二)债务人股东滥用股东权利或者关联关系损害公司利益对债务人所负的债务。

第四十七条 人民法院受理破产申请后,当事人提起的有关债务人的民事诉讼案件,应当依据企业破产法第二十一条的规定,由受理破产申请的人民法院管辖。

受理破产申请的人民法院管辖的有关债务人的第一审民事案件,可以依据民事诉讼法第三十八条的规定,由上级人民法院提审,或者报请上级人民法院批准后交下级人民法院审理。

受理破产申请的人民法院,如对有关债务人的海事纠纷、专利纠纷、证券市场因虚假陈述引发的民事赔偿纠纷等案件不能行使管辖权的,可以依据民事诉讼法第三十七条的规定,由上级人民法院指定管辖。

第四十八条 本规定施行前本院发布的有关企业破产的司法解释,与本规定相抵触的,自本规定施行之日起不再适用。

最高人民法院关于税务机关就破产企业欠缴税款产生的滞纳金提起的债权确认之诉应否受理问题的批复

法释〔2012〕16号

《最高人民法院关于税务机关就破产企业欠缴税款产生的滞纳金提起的债权确认之诉应否受理问题的批复》已于2012年6月4日由最高人民法院审判委员会第1548次会议通过,现予公布,自2012年7月12日起施行。

最高人民法院
2012年6月26日

最高人民法院关于税务机关就破产企业欠缴税款产生的滞纳金提起的债权确认之诉应否受理问题的批复

(2012年6月4日最高人民法院审判委员会第1548次会议通过)

青海省高级人民法院:

你院《关于税务机关就税款滞纳金提起债权确认之诉应否受理问题的请示》(青民他字〔2011〕1号)收悉。经研究,答复如下:

税务机关就破产企业欠缴税款产生的滞纳金提起的债权确认之诉,人民法院应依法受理。依照企业破产法、税收征收管理法的有关规定,破产企业在破产案件受理前因欠缴税款产生的滞纳金属于普通破产债权。对于破产案件受理后因欠缴税款产生的滞纳金,人民法院应当依照最高人民法院《关于审理企业破产案件若干问题的规定》第六十一条规定处理。

此复。

最高人民法院关于个人独资企业清算是否可以参照适用企业破产法规定的破产清算程序的批复

(2012年12月10日 最高人民法院审判委员会第1563次会议通过)

法释〔2012〕16号9号

贵州省高级人民法院:

你院《关于个人独资企业清算是否可以参照适用破产清算程序的请示》(〔2012〕黔高研请字第2号)收悉。经研究,批复如下:

根据《中华人民共和国企业破产法》第一百三十五条的规定,在个人独资企业不能清偿到期债务,并且资产不足以清偿全部债务或者明显缺乏清偿能力的情况下,可以参照适用企业破产法规定的破产清算程序进行清算。

根据《中华人民共和国个人独资企业法》第三十一条的规定,人民法院参照适用破产清算程序裁定终结个人独资企业的清算程序后,个人独资企业的债权人仍然可以就其未获清偿的部分向投资人主张权利。

地 方 性 法 规

上海市人民代表大会常务委员会关于在中国（上海）自由贸易试验区暂时调整实施本市有关地方性法规规定的决定

（2013年9月26日上海市第十四届人民代表大会常务委员会第八次会议通过）

为加快政府职能转变，创新对外开放模式，进一步探索深化改革开放的经验，依法推进中国（上海）自由贸易试验区建设，上海市第十四届人民代表大会常务委员会第八次会议决定：

（一）根据《全国人民代表大会常务委员会关于授权国务院在中国（上海）自由贸易试验区暂时调整有关法律规定的行政审批的决定》的规定，在中国（上海）自由贸易试验区内，对国家规定实施准入特别管理措施之外的外商投资，停止实施《上海市外商投资企业审批条例》。

凡法律、行政法规在中国（上海）自由贸易试验区调整实施有关内容的，本市有关地方性法规作相应调整实施。

（二）本市其他有关地方性法规中的规定，凡与《中国（上海）自由贸易试验区总体方案》不一致的，调整实施。

（三）上述有关地方性法规的调整实施在三年内试行。

本决定自2013年10月1日起施行。

深圳市人民代表大会常务委员会关于废止《深圳经济特区企业破产条例》等3项特区法规的决定

（2012年4月27日深圳市第五届人民代表大会常务委员会第十五次会议通过）

深圳市第五届人民代表大会常务委员会第十五次会议审议了深圳市人民政府提出的关于提请审议《深圳市人民代表大会常务委员会关于废止〈深圳经济特区企业破产条例〉等3项特区法规的决定（草案）》的议案，决定废止下列特区法规：

（一）《深圳经济特区企业破产条例》（1993年11月10日深圳市第一届人民代表大会常务委员会第十九次会议通过）

（二）《深圳经济特区合伙条例》（1994年3月2日深圳市第一届人民代表大会常务委员会第二十一次会议通过）

（三）《深圳经济特区财产拍卖条例》（1993年5月28日深圳市第一届人民代表大会常务委员会第十六次会议通过，1998年5月15日深圳市第二届人民代表大会常务委

员会第二十二次会议修正）

本决定自通过之日起生效。

厦门经济特区商事登记条例

（2013年12月27日厦门市第十四届人民代表大会常务委员会第十四次会议通过）

第一章 总 则

第一条 为了规范商事登记行为，加强市场监管，转变政府职能，激发市场活力，促进经济社会发展，遵循有关法律、行政法规的基本原则，结合厦门经济特区实际，制定本条例。

第二条 本条例适用于本经济特区内的商事登记及其监管活动。

第三条 本条例所称商事登记，是指申请人为设立、注销商事主体的资格及变更相关事项，向商事登记机关提出申请，由商事登记机关将申请事项记载于商事登记簿，并按照规定予以公示的行为。

商事主体，是指依法登记，从事经营活动的自然人、法人和其他组织。

商事登记机关，是指市、区工商行政管理部门。

第四条 商事登记及其监管实行规范统一、便捷高效、宽进严管、公开透明的原则。

市人民政府应当推动完善商事主体诚信体系建设，强化信用约束，引导商事主体诚信自律。

第五条 商事登记机关负责商事登记及其监管工作。

其他行政许可机关、监管部门在各自职责范围内负责有关监管工作。

市人民政府按照谁许可谁监管的原则，明确相关行政部门对商事主体从事行政许可事项活动情况的监管职责。

第六条 市人民政府应当按照统一的标准和规范，建立统一的商事主体登记及信用信息公示平台（以下简称信息平台）、行政审批信息管理平台，实行商事登记机关、有关行政许可机关、监管部门以及有关单位信息共享，健全信息公示制度。

第二章 商事登记簿

第七条 实行商事登记簿制度。

商事登记簿由商事登记机关设置，专门用于记载商事主体的登记事项和备案事项。

第八条 商事主体登记事项包括：

（一）名称；

（二）住所；

（三）类型；

（四）法定代表人或者负责人；

（五）投资人及其认缴出资额；

（六）认缴出资总额。

前款第三项所称类型包括法人商事主体和非法人商事主体。

商事登记机关应当根据本条第一款的规定，按照商事主体的类型分别规定商事主体登记事项的具体内容。

第九条 商事主体备案事项包括：

（一）章程、协议或者申请书；

（二）经营范围；

（三）经营场所；

（四）董事、监事、高级管理人员；

（五）联络人；

（六）分支机构；

（七）其他事项。

前款第五项所称联络人，是指受商事主体指派或者委托，依照本条例负责披露应当公开的该商事主体信息，接受有关行政机关询问调查的人员。

商事登记机关应当根据本条第一款的规定，按照商事主体的类型分别规定应当备案事项和可以备案事项，报市人民政府批准后予以公布。应当备案的事项，申请人应当按照规定的时间向商事登记机关备案。可以备案的事项，由申请人自行向商事登记机关申请备案。

第十条 商事登记簿记载的登记事项，商事登记机关应当向社会公开。商事登记簿记载的应当备案事项，由商事登记机关按照规定向社会公开。

商事登记簿记载的备案事项，其利害关系人有权向商事登记机关申请查询。

第十一条 商事登记簿是商事登记的法定载体。其他登记证明记载的内容，应当与商事登记簿一致。记载不一致的，除有证据证明商事登记簿确有错误外，以商事登记簿记载的为准。

未在商事登记簿登记或者变更登记的，不得对抗第三人。

第三章 商事主体登记

第十二条 设立、注销商事主体的资格及变更相关事项的，申请人应当依照本条例向商事登记机关申请登记。

商事登记机关应当制定并公布申请人申请商事主体登记需要提交的申请材料目录、格式以及申请登记的办理流程和时限。商事登记不收取登记费用。

第十三条 申请设立商事主体的，申请人应当依法向商事登记机关申请名称预先核准。

第十四条 商事登记机关对申请人提交的申请登记材料进行形式审查。对申请人提交的申请商事主体登记材料齐全，符合法定形式的，商事登记机关应当受理，并自受理之日起三个工作日内予以登记并公示。

申请人应当对其提交的申请登记材料的真实性、合法性负责，不得采取提供虚假材料或者其他欺诈手段骗取商事登记。

第十五条 商事登记机关应当向经登记的商事主体出具商事主体登记证明或者颁发营业执照。

第十六条 商事登记推行网上申报、受理、登记、发照、存档。电子档案以及电子营业执照与相应的纸质材料具有同等法律效力。

第十七条　申请人办理住所登记或者经营场所备案的，应当向商事登记机关提交住所或者经营场所的使用权证明文件。无法提供使用权证明文件的，属于个体工商户的应当提供由辖区居（村）委会、市场开办单位、物业管理公司出具的相关证明，同意作为商事登记主体住所登记或者经营场所备案；其他商事主体应当提交由所在地开发区管委会、镇人民政府（街道办事处）等出具的同意作为商事主体住所登记或者经营场所备案的证明文件。申请人对住所或者经营场所的真实性、合法性负责。

商事主体的住所为法律文书送达地址。同一地址可以作为多家商事主体的住所。经营场所与住所不一致的，在同一商事登记机关管辖范围内，申请人应当向商事登记机关备案；不在同一商事登记机关管辖范围内，申请人应当向有管辖权的商事登记机关申请分支机构登记。

第十八条　商事主体经营项目涉及的经营场所，依照法律、法规应当取得规划、环保、公安、消防、文化、卫生和其他相关行政许可机关批准的，应当依法向相关行政许可机关提出申请，经批准后方可开展相应的经营活动。

市人民政府按照方便市场主体准入和有效保障经济社会秩序的原则，制定经营场所监管制度。市人民政府应当公布经营场所禁设区域目录，商事主体不得以禁设区域目录所列的场所作为经营场所申请备案，商事登记机关对列入禁设区域目录范围内的场所不予备案。

相关行政许可机关发现经备案的商事主体经营场所属于禁设区域的，应当由行政许可机关抄告商事登记机关，商事登记机关应当取消备案。

第十九条　法人商事主体实行注册资本认缴登记制。募集设立的股份有限公司和法律、行政法规对特定行业注册资本实缴登记另有规定的除外。

采取募集方式设立股份有限公司的，应当依法提交验资证明。

法人商事主体可以向商事登记机关申请实收资本备案。

第二十条　投资人的认缴出资额、出资方式、出资期限以及首次出资额比例、货币出资额占注册资本比例等内容由其在章程、协议中自行规定。

法人商事主体的投资人以其认缴的出资额或者认购的股份为限对法人商事主体承担责任。

第二十一条　商事主体应当在章程、协议或者申请书中明确其经营范围。经营范围分为一般经营项目和行政许可经营项目。

对一般经营项目，经登记的商事主体可以直接从事经营活动。

对行政许可经营项目，经登记的商事主体应当依照法律、法规取得有关行政许可机关批准后，方可开展相应的经营活动。商事登记机关应当自商事登记完成之日起二个工作日内，将商事主体登记信息通过行政审批信息管理平台抄送行政许可机关和有关执法部门；有关行政许可机关应当自许可决定作出之日起二个工作日内，将行政许可文件通过行政审批信息管理平台抄送商事登记机关，并在信息平台公示。

第二十二条　行政许可项目不作为商事主体设立登记的前置条件。但经市人民政府公布与商事主体资格相关的涉及国家安全、人民群众生命财产安全以及设立特定商事主体的行政许可项目除外。市人民政府应当公布本市商事主体登记实施前置行政许可项目的目录。

第二十三条 商事主体变更登记和应当备案事项的，应当自变更决议或者决定作出之日起三十日内向商事登记机关申请变更登记或者备案。

逾期变更登记和应当备案事项的，商事主体需向商事登记机关出具相应事项继续有效的证明。

第二十四条 有下列情形之一的，商事主体应当向商事登记机关申请注销登记：

（一）章程或者协议规定的解散事由出现的；

（二）根据依法作出的决议或者决定解散的；

（三）因合并、分立解散的；

（四）被依法予以解散的；

（五）被依法宣告破产的；

（六）被依法责令关闭的；

（七）法律、法规规定的其他情形。

第四章 年度报告及经营异常名录

第二十五条 实行商事主体年度报告制度。

商事主体应当按照商事登记机关规定的格式和时间，通过信息平台如实公示其上一年年度报告。年度报告包括投资人缴纳出资情况、资产负债、登记及备案事项变化情况等内容。

商事主体对其提交公示的年度报告的真实性、合法性负责。

商事登记机关无需对商事主体进行年度检验。

第二十六条 商事主体不得擅自修改已公示的年度报告。确需修改的，应当按照商事登记机关规定的条件、时限、格式修改。年度报告修改前后的内容应当采取对照的方式向社会公开。

第二十七条 实行商事主体经营异常名录制度。

商事登记机关对商事主体不按期公示年度报告或者通过住所无法联系的，应当将其从商事登记簿中移出，载入经营异常名录，并向社会公开。

第二十八条 载入经营异常名录未满三年，载入经营异常名录的事由消失的，商事主体可以向商事登记机关提出恢复记载于商事登记簿的申请，商事登记机关经核实后，应当将其移回商事登记簿。

商事主体载入经营异常名录期间，其名称依法受到保护，其他商事主体申请登记的名称不得与其名称相同。

第二十九条 载入经营异常名录满三年的，由商事登记机关剔除商事主体的名称，且不得恢复记载于商事登记簿。

商事主体名称被剔除的，其名称使用不受保护，经营异常名录中以商事主体注册号替代其名称。名称被剔除的，商事主体应当向商事登记机关办理注销登记。

商事主体名称被剔除的，商事登记机关应当将负有个人责任的负责人、董事、监事、高级管理人员相关信息纳入信用监管体系。

第三十条 商事登记机关在作出载入经营异常名录决定和名称剔除决定之前三十日，应当通过信息平台告知商事主体作出决定的事实、理由及依据，并告知其依法享有的权利。

商事主体对商事登记机关作出载入经营异常名录和名称剔除决定不服的，可以依法申请行政复议或者提起行政诉讼。

第五章 监督管理

第三十一条 商事登记机关负责查处下列违法行为：

（一）未经商事登记机关设立登记，擅自以商事主体名义从事一般经营项目的；

（二）商事登记、备案事项发生变化，未按规定办理变更登记、备案的；

（三）采取提交虚假文件或者其他欺诈手段骗取商事登记的。

第三十二条 商事登记机关应当按照公平、规范的规则，对商事主体公布的年度报告内容进行抽查。

任何单位和个人发现商事主体经信息平台公示的年度报告不实的，可以向商事登记机关举报，商事登记机关应当依法处理。

对未如实公示年度报告的商事主体，商事登记机关经核实后按照规定将其纳入信用监管体系。

第三十三条 有关行政许可机关、监管部门负责查处下列违法行为：

（一）依法应当取得行政许可而未取得，从事行政许可经营项目的；

（二）超出行政许可核定的范围从事行政许可经营项目的；

（三）行政许可有效期届满或者被依法吊销、撤销、注销后，继续从事该行政许可经营项目的；

（四）法律法规规定应当查处的其他违法行为。

第三十四条 商事登记机关、有关行政许可机关和监管部门应当建立监管联动机制。对在商事主体监管中发现的违法行为不属于本部门职责查处的，应当及时告知有关部门，有关部门应当依法予以查处。

第三十五条 商事登记机关、有关行政许可机关和监管部门、有关单位应当及时通过信息平台公示商事登记以及与商事主体相关的行政许可、监管以及其他信息。

第三十六条 建立违法商事主体名单制度。

对商事主体的违法行为，商事登记机关、有关行政许可机关和监管部门以及有关单位应当将其纳入违法商事主体名单，通过信息平台向社会公示，并采取相应的信用监管措施。

第六章 法律责任

第三十七条 违反本条例第九条第三款规定商事主体应当备案而未备案的，违反本条例第二十三条第一款规定商事主体应当变更登记或者备案而未变更登记或者备案的，由商事登记机关责令限期改正；逾期未改正的，对自然人处以五千元罚款，对法人或者其他组织处以二万元罚款。

第三十八条 违反本条例第十四条第二款规定，采取提供虚假材料或者其他欺诈手段骗取商事登记的，由商事登记机关责令限期改正，对自然人处以五千元以上二万元以下罚款，对法人或者其他组织处以五万元以上二十万元以下罚款；情节严重的，并处撤销登记。

第三十九条 违反本条例第二十五条规定，商事主体未如实公示年度报告的，由商事登记机关对自然人处以五千元以上二万元以下罚款，对法人或者其他组织处以二万元以上十万元以下罚款；情节严重的，对自然人处以二万元以上十万元以下罚款，对法人或者其他组织处以十万元以上三十万元以下罚款。

第四十条 商事登记机关、有关行政许可机关和监管部门及其工作人员不履行或者不正确履行本条例规定职责的，对单位由其上级主管机关或者监察机关监督问责，并依法追究相应的责任；对直接负责的主管人员和其他直接责任人员，按照规定给予行政处分。

第七章 附 则

第四十一条 市人民政府应当根据本条例制定实施办法。

第四十二条 本条例自 2014 年 1 月 1 日起施行。《厦门经济特区企业登记管理条例》同时废止。

深圳经济特区商事登记若干规定

（2012 年 10 月 30 日深圳市第五届人民代表大会常务委员会第十八次会议通过）

第一条 为了完善商事登记制度，健全市场监管体制，促进经济发展，根据法律、行政法规的基本原则，结合深圳经济特区（以下简称特区）实际，制定本规定。

第二条 本规定适用于特区内商事登记及其监督管理活动；未作规定的，依照有关法律、法规执行。

第三条 本规定所称商事登记，是指申请人向商事登记机关提出申请，由商事登记机关将商事主体的设立、变更或者注销事项登记于商事登记簿予以公示的行为。

本规定所称商事主体，是指经依法登记，以营利为目的从事经营活动的自然人、法人和其他经济组织。

第四条 深圳市人民政府（以下简称市政府）应当完善商事主体诚信体系，强化信用约束，推动商事主体自律自治。

第五条 市政府市场监督管理部门是商事登记机关，依照本规定负责商事登记工作以及商事登记事项监督管理工作。

第六条 商事登记机关应当设置商事登记簿作为法定载体，记载商事主体登记事项和备案事项，供社会公众查阅、复制。

第七条 商事主体登记事项包括：

（一）名称；

（二）住所或者经营场所；

（三）类型；

（四）负责人；

（五）出资总额；

（六）营业期限；

（七）投资人姓名或者名称及其出资额。

商事登记机关应当根据前款规定，按照商事主体类型，分别规定商事主体登记事项的具体内容。

第八条 商事主体备案事项包括：

（一）章程或者协议；

（二）经营范围；

（三）董事、监事、高级管理人员姓名；

（四）清算组成员及负责人；

（五）商事主体特区外子公司或者分支机构登记情况。

第九条 设立商事主体，应当向商事登记机关提交下列材料：

（一）设立登记申请书；

（二）章程或者协议；

（三）名称预先核准通知书；

（四）住所或者经营场所信息材料；

（五）投资主体资格证明；

（六）负责人、高级管理人员等相关成员的任职文件及身份证明；

（七）商事登记机关规定的其他材料。

设立银行、证券公司、保险公司、外商投资企业、会计师事务所等商事主体，法律、行政法规规定应当经有关部门批准的，还需提交相关许可审批文件。

申请人应当对其提交的申请材料内容的真实性负责。

第十条 商事登记机关应当依法制定商事主体设立、变更、注销登记需要提交的材料目录并向社会公布。

第十一条 商事登记机关对申请人提交的材料进行形式审查。

申请材料不齐全或者不符合法定形式的，商事登记机关应当自收到材料之日起一个工作日内一次性告知申请人需要补正的材料，并说明要求。

申请材料齐全，符合法定形式的，商事登记机关应当受理，并自受理之日起三个工作日内予以登记并颁发营业执照。

商事登记机关在三个工作日内不能完成登记的，经商事登记机关负责人批准，可以延长三个工作日。

商事登记机关办理商事登记不得收取费用。

第十二条 商事主体领取营业执照后，依法开展经营活动。商事主体的经营范围中属于法律、法规规定应当经批准的项目，取得许可审批文件后方可开展相关经营活动。

第十三条 设立商事主体的，申请人应当申报住所或者经营场所信息材料。

申请人对住所或者经营场所的合法性、真实性负责。

第十四条 商事主体的经营场所属于法律、法规规定应当经规划、环保、消防、文化、卫生等有关部门批准的，取得许可审批文件后方可开展相关经营活动。

第十五条 商事主体的经营范围由章程、协议、申请书等确定。

商事登记机关应当参照国民经济行业分类标准制定经营范围分类目录，为申请者提供指引。

第十六条 有限责任公司实行注册资本认缴登记制度。

申请人申请有限责任公司设立登记时，商事登记机关登记其全体股东认缴的注册资本总额，无需登记实收资本，申请人无需提交验资证明文件。

第十七条　有限责任公司的股东应当对出资额、出资时间、出资方式和非货币出资缴付比例进行约定，并记载于章程。

股东缴纳出资的，有限责任公司应当向股东出具出资证明书。出资证明书应当由全体股东签字，未签字的应当注明理由。

股东对注册资本缴付情况的真实性负责。

第十八条　有限责任公司可以向商事登记机关申请实收资本备案，并对实收资本缴付情况的真实性负责。

第十九条　营业执照签发日期为商事主体成立日期。

依法设立的公司和非公司企业法人，由商事登记机关发给法人企业营业执照；依法设立的合伙企业、个人独资企业，由商事登记机关发给非法人企业营业执照；依法设立的企业分支机构，由商事登记机关发给分支机构营业执照；依法设立的个体工商户，由商事登记机关发给个体工商户营业执照。

第二十条　营业执照记载的事项应当分别包括：

（一）法人企业营业执照：企业名称、法定代表人、住所、成立日期；

（二）非法人企业营业执照：企业名称、经营场所、投资人或者执行事务合伙人、成立日期；

（三）分支机构营业执照：分支机构名称、负责人、经营场所、成立日期；

（四）个体工商户营业执照：个体工商户名称、经营者、经营场所、成立日期。

营业执照应当设置提示栏，标明商事主体经营范围、出资情况、营业期限和许可审批项目等有关事项的查询方法。商事登记机关应当根据商事主体的申请，就上述事项出具书面证明。

营业执照的式样由商事登记机关发布。

第二十一条　商事主体设立分支机构的，分支机构经营场所与商事主体住所不一致且在特区内跨区的，商事主体应当办理分支机构登记；分支机构经营场所和商事主体住所不一致但在特区内不跨区的，商事主体应当选择办理分支机构登记或者将分支机构经营场所信息登记于其隶属的商事主体营业执照内。

第二十二条　商事主体登记事项发生变化的，商事主体应当自变更决议或者决定作出之日起三十日内向商事登记机关申请变更登记；未经变更登记的，商事主体不得擅自改变商事登记事项。

商事主体备案事项发生变化的，商事主体应当向商事登记机关申请备案。

第二十三条　推行营业执照、组织机构代码证和税务登记证三证合一的登记制度，具体办法由市政府另行制定。

第二十四条　商事登记推行网上申报、受理、审查、发照和存档。电子档案、电子营业执照与纸质形式具有同等法律效力。

商事主体可以向商事登记机关申请颁发纸质营业执照。

第二十五条　市政府应当深化审批制度改革，按照审批与监管相适应的原则，科学界定和调整相关部门对商事主体及审批事项的监管职责，创新和健全商事主体监管体制。

第二十六条 下列事项由商事登记机关负责监管并依法查处：

（一）应当取得而未取得营业执照，擅自以商事主体名义从事经营活动的；

（二）提交虚假登记文件或者采取其他欺诈手段隐瞒重要事实取得商事登记的；

（三）未按规定变更登记事项的。

第二十七条 有下列情形之一的，由有关行政许可审批部门依法负责查处：

（一）依法应当取得而未取得许可证或者其他批准文件，擅自从事经营活动的；

（二）依照法律、法规规定，无须办理营业执照，但应当取得许可证或者其他批准文件而未取得，擅自从事经营活动的；

（三）许可证或者其他批准文件有效期届满或者被依法吊销、撤销、注销，擅自继续从事经营活动的。

第二十八条 商事登记机关和有关部门应当根据市政府规定，建立商事主体监管联动机制；对监管中发现的不属于本部门职责范围的违法行为，应当及时告知有关部门，有关部门应当依法查处；涉嫌犯罪的，依法移送司法机关处理。

第二十九条 实行商事主体年度报告制度。

商事主体应当按照本规定向商事登记机关提交年度报告，无需进行年度检验。

年度报告包括商事主体的登记事项、备案事项、注册资本实缴情况、年度资产负债表和损益表。

商事主体对年度报告内容的真实性负责。

第三十条 商事主体应当按照商事登记机关规定的时间提交年度报告。

当年设立的商事主体，自下年度起提交年度报告。

商事登记机关可以对商事主体提交的年度报告进行监督检查。

第三十一条 实行经营异常名录制度。

商事主体有下列情形之一的，由商事登记机关将其从商事登记簿中移出，载入经营异常名录，并纳入信用监管体系：

（一）不按时提交年度报告的；

（二）通过登记的住所或者经营场所无法联系的。

商事登记机关在作出载入经营异常名录决定之前，应当通过本规定第三十六条规定的信息平台告知商事主体作出载入经营异常名录决定的事实、理由及依据，并告知其依法享有的权利。

对商事主体载入经营异常名录负有个人责任的投资人、负责人、董事、监事、高级管理人员的信息纳入信用监管体系。

第三十二条 商事主体载入经营异常名录未满五年且载入经营异常名录事由消失的，商事主体可以申请恢复记载于商事登记簿；商事登记机关审查核实后，将其从经营异常名录中移出，恢复记载于商事登记簿。

第三十三条 商事主体有下列情形之一的，永久载入经营异常名录，不得恢复记载于商事登记簿，以注册号代替名称：

（一）载入经营异常名录满五年的；

（二）违反企业名称登记管理规定，经商事登记机关责令改正逾期不改的。

第三十四条 永久载入经营异常名录的，商事主体及其投资人、负责人、董事、监事、高级管理人员仍应当依法承担相关法律责任。

第三十五条　商事主体对商事登记机关作出的载入经营异常名录、永久载入经营异常名录决定不服的，可以依法申请行政复议或者提起行政诉讼。

载入经营异常名录或者永久载入经营异常名录错误的，商事登记机关应当撤销载入或者永久载入经营异常名录决定，将商事主体恢复记载于商事登记簿。

第三十六条　市政府应当通过政务信息资源共享电子监察系统建立统一的商事主体登记及许可审批信用信息公示平台（简称信息平台），用于发布商事登记、许可审批事项及其监管信息。

市政府相关部门应当按照需求导向、供方响应、协商确认、统一标准、保障安全、无偿共享的原则实现信息互通、共享。

第三十七条　商事登记机关应当通过信息平台公示下列信息：

（一）商事主体登记信息；

（二）商事主体备案信息；

（三）商事主体年度报告提交信息；

（四）商事主体载入或者永久载入经营异常名录信息；

（五）商事主体监管信息。

市政府相关部门应当通过信息平台公示下列信息：

（一）许可审批事项信息；

（二）许可审批监管信息。

第三十八条　商事主体应当对申报内容和提交材料的真实性作出承诺；弄虚作假的，纳入信用监管体系。

商事主体有违反本规定行为的，由商事登记机关、行政许可审批部门或者其他有关部门依照本规定和相关法律、法规的规定予以查处。

第三十九条　商事登记机关、行政许可审批部门或者其他有关部门及其工作人员违反本规定未履行职责的，对于直接负责的主管人员和其他直接责任人员依法给予处分；涉嫌犯罪的，依法移送司法机关处理。

第四十条　商事主体应当自本规定施行之日起一年内向商事登记机关申请换发营业执照，具体办法由商事登记机关另行制定，并与本规定同时施行。

第四十一条　本规定所称的区，包含光明、坪山、龙华、和大鹏新区等管理区。

第四十二条　市政府可以依据本规定制定实施细则。

第四十三条　本规定自 2013 年 3 月 1 日起实施。

珠海经济特区横琴新区条例

（2011 年 11 月 24 日珠海市第七届人民代表大会常务委员会第四十三次会议通过）

第一章　总　则

第一条　为高标准、创造性地开发横琴新区，根据法律、行政法规的基本原则和《横琴总体发展规划》，制定本条例。

第二条　本条例适用于珠海经济特区横琴新区。

第三条　充分发挥横琴新区毗邻港澳的区位优势，推进与港澳紧密合作、融合发展，把横琴新区逐步建设成为带动珠三角、服务港澳、率先发展的粤港澳紧密合作示范区。

第四条　珠海市是横琴新区的开发主体。

第五条　横琴新区的开发坚持面向世界、优先港澳、政府主导、市场运作的模式。

第六条　横琴新区的开发坚持生态优先，建设人口均衡型、资源节约型、环境友好型社会，实现经济与社会协调发展、人与自然和谐相处。

第七条　支持澳门全面参与横琴新区开发，加强与香港交流合作，为珠中江一体化、珠江口西岸地区创新发展以及西江流域对外开放提供平台。

第八条　横琴新区重点发展商务服务、金融服务、休闲旅游、文化创意、科教研发、高新技术和中医药等现代服务业。

第九条　鼓励、支持和保护横琴新区进行行政管理体制、经济管理体制、城市管理体制和社会管理体制创新活动。

第十条　本市国家机关和横琴新区管理机构应当借鉴港澳地区先进的治理经验以及在市场运行规则方面的国际通行规则和国际惯例，发挥职能作用，将横琴新区建设成为公平正义、诚实信用、廉洁高效的法治之区。

第二章　管理体制

第十一条　[决委会的地位及组成] 设立横琴新区发展决策委员会（以下简称决委会），决定横琴新区发展中的重大事项。

决委会由市、横琴新区和市人民政府相关部门的负责人组成。

第十二条　[管委会] 横琴新区管理委员会（以下简称管委会）是横琴新区的行政管理机关，在决委会的领导下依法管理横琴新区的经济和社会事务。

管委会应当每年向决委会报告工作，并将工作报告向社会公布。

第十三条　[决委会的职责] 决委会负责审议决定下列事项：

（一）横琴新区的经济社会发展规划、产业发展、重大改革举措；

（二）横琴新区的重大政府投资项目以及与港澳合作开发项目；

（三）管委会提请的需与省、市人民政府及其职能部门协调的事项；

（四）决委会认为应当由其决定的其他事项。

第十四条　[咨委会] 决委会设立横琴新区发展咨询委员会（以下简称咨委会），作为横琴新区发展的咨询机构。

咨委会由十三至十九人组成，每届任期三年，成员包括专家学者、港澳人士、行业代表等。咨委会成员由决委会聘请。咨委会的咨议方式、工作程序和运作经费由章程规定。

咨委会的运作经费由市财政予以保障。咨委会设秘书处，负责会务工作，秘书处的办公场所由管委会提供。

第十五条　[咨委会之咨议] 决委会认为决策事项需要听取咨委会意见的，由管委会将有关资料送交咨委会秘书处。咨委会按章程规定提交咨议意见。

管委会应当每年向咨委会通报横琴新区的开发建设情况。

第十六条 [咨委会之监督] 咨委会可以对提出咨议意见的决策事项的执行情况进行监督，开展调查活动、要求管委会作专项工作报告或者说明有关情况。

咨委会应当将监督情况向决委会报告。

第十七条 [市级行政管理权的行使] 管委会依法行使部分市一级行政管理权，由管委会以自己的名义作出相关行政决定，并承担相应的法律责任。

管委会按照精简、统一、效能的原则设立工作机构。管委会的工作机构行使市一级人民政府工作部门的行政管理权限。

第十八条 [管委会负责审核事项] 法律、行政法规和广东省地方性法规明确规定由市人民政府或者有关行政管理部门先行审核，再上报省级以上人民政府及其组成部门许可或者审批的事项，由管委会负责审核，并上报相关材料，市人民政府有关行政管理部门应当提供程序上的便利和支持。

第十九条 [分支机构] 市人民政府工作部门一般不在横琴新区设立分支机构。确需设立的，分支机构的领导成员在任免前应当书面征求管委会的意见。

第二十条 [自主人事权] 在市人民政府确定的机构编制的条件下，横琴新区可以自主决定科级及以下公务员的职务任免、调动，事业单位人员的招聘，建立新型的人事薪酬制度。

第二十一条 [自主财权] 横琴新区实行市一级财政管理。横琴新区征收的各项税费收入中留存市财政部分，自本条例施行之日起至2020年，全额返还横琴新区。但是，对从本市其他区域迁移到横琴新区登记的企业等的税费收入归属划分，市人民政府另有规定的，按相关规定执行。自2021年起各项税费收入的归属划分，由市人民政府确定。

第二十二条 [土地管理] 管委会负责横琴新区范围内的土地管理，行使市一级管理权限。横琴新区的土地收益，自本条例施行之日起至2020年，全额留存横琴新区，用于横琴新区的土地开发、基础设施建设和融资信用保障。自2021年起土地收益的归属划分，由市人民政府确定。

第二十三条 [规划保障] 横琴新区的城市总体规划由管委会组织编制，报市人民政府批准后实施。横琴新区周边区域的城市规划应当与横琴新区总体规划相协调。

根据城市总体规划编制的控制性详细规划和专项规划由管委会工作机构组织编制，报管委会审批，并报市规划主管部门备案。

第二十四条 [公共服务职责] 横琴新区应当探索提供教育、医疗、卫生、文化、体育、法律事务与治安等公共服务的有效方式和途径，提供优质的公共服务。

第二十五条 [开发运营公司] 横琴新区的投资建设、资源配置及使用采用市场化运作。

横琴新区设立开发运营公司作为投资建设管理机构。开发运营公司由管委会管理，经管委会授权，负责融资、投资、基础设施建设、国有资产经营、土地一级开发和城市特许经营等招商引资、投资建设事项。

管委会对开发运营公司履行出资人责任，对公司负责人进行业绩考核，对公司资产经营情况进行审计。

第二十六条 [部门支持] 市有关行政管理部门对横琴新区报请的重大项目的相关审批事项，应当优先办理。

市人民政府各工作部门应当协助和支持横琴新区依法高效开展工作。市有关单位对横琴新区的相关责任制考核由市统一组织，每年进行一次综合考核。

第三章　区域合作

第二十七条　[交通一体化] 琴新区应当以交通基础设施建设为重点，加强与邻近区域交通基础设施的对接，推进珠港澳交通协调发展。

第二十八条　[人才、资金合作] 横琴新区应当充分发挥珠港澳三地在人才、技术、市场和管理体制方面的优势，促进区域间人员、物资、资金和信息的高效集聚和合理流动，采取措施，积极吸引和支持香港、澳门的产业、资金和人才参与横琴开发。

第二十九条　[商务合作] 横琴新区应当创造条件，吸引港澳的商务服务业向横琴拓展，重点发展信息服务、外包服务、商贸服务产业。

横琴新区应当加强与港澳金融机构合作，鼓励港澳金融机构进驻横琴；创新信息化管理模式，推动与港澳在通信、互联网等领域的合作。

第三十条　[旅游合作] 琴新区应当深化与港澳在休闲旅游、商务旅游、文化旅游、生态旅游等领域的合作，开辟共同市场，互享国际客源，把横琴新区建设成为与港澳配套的国际知名旅游度假目的地。

第三十一条　[科教研发合作] 横琴新区应当加强与港澳的科技合作和交流，重点发展研发设计、教育培训、文化创意等产业，将横琴新区建设成为服务港澳的区域创新平台。

积极引进港澳及国际先进的文化创意和管理公司，开发具有国际竞争力的动漫、影视、广告等文化作品。

第三十二条　[公共服务合作] 横琴新区应当在医疗服务、公共卫生、环境保护、民生福利等方面与港澳开展合作，为港澳人士到横琴新区工作和生活提供便利。

港澳人士到横琴新区工作的，可以选择在珠海参加社会保险。

第三十三条　[鼓励民间交流] 横琴新区应当采取有效措施，鼓励本地工商企业界、专业服务界、学术界、传媒界等民间团体加强与港澳同业间的互动交流。

第三十四条　[粤澳合作产业园] 横琴新区应当支持粤澳合作产业园的开发建设，在《粤澳合作框架协议》下重点发展中医药、文化创意、教育、培训等产业，促进澳门产业的适度多元发展。

第三十五条　[通关便利] 横琴岛与澳门之间的口岸设定为"一线"管理，横琴岛与内地之间设定为"二线"管理，按照"一线"放宽、"二线"管住、人货分离、分类管理的原则实施分线管理。

横琴新区应当争取国家支持，实行特殊通关政策，简化出入境手续，实现横琴口岸二十四小时通关，为港澳充分参与横琴开发创造条件。

第三十六条　[直接沟通机制] 在具体合作项目上，横琴新区可以与澳门特区政府有关部门直接沟通。

第三十七条　[带动珠江口西岸] 充分发挥横琴新区的辐射、服务和带动功能，创新合作机制，优化资源配置，促进横琴新区与珠江口西岸地区、西江流域资源共享、优势互补、协调发展、互利共赢。

第四章 产业促进

第三十八条 [产业准入] 入驻横琴新区的企业应当符合一定的条件，具体条件由管委会制定并予以公布。管委会应当根据《横琴总体发展规划》和国家批准的横琴产业准入目录，结合开发建设的实际需要，及时向国家有关部门提出调整产业准入目录的建议。

第三十九条 [环境保护] 横琴新区开发坚持保护优先、预防为主、防治结合、源头治理与末端治理相结合的原则，科学划定环境功能分区。

不得批准能耗高、环境污染严重、资源消耗大、不符合横琴产业政策的建设项目。

第四十条 [工商登记改革] 横琴新区可以在企业登记制度上进行改革创新，实行以下登记制度：

（一）企业主体资格登记与经营项目许可相分离的登记制度。企业可以自主选择经营项目，经营项目许可不作为企业主体资格登记的前置条件，属于一般经营项目的，由工商部门直接登记，属于许可经营项目的，凭审批许可部门审批文件或者许可证件经营；

（二）有限责任公司注册资本认缴制度。有限责任公司登记时，可以提交认缴出资的证明，按照公司法的规定确定出资方式和出资时间，无需提交验资证明；

（三）企业主体资格登记与住所或者经营场所审批相分离的登记制度。企业登记时，只需提交对住所或者经营场所享有使用权的证明，登记机关不再审查场地的法定用途及使用功能，企业还可以在住所登记后办理增设经营场所登记；

（四）其他有利于构建法治化、国际化营商环境的企业登记改革制度。

第四十一条 [信息公示及信用评级] 横琴新区应当加强企业信用制度建设，建立起市场主体信息公示制度，对市场主体基本登记信息、备案信息、许可审批和监管信息、银行信用信息进行公示，并构建市场主体信用评级系统。

第四十二条 [节约利用土地] 横琴新区应当坚持节约集约利用土地。

各级国家机关用地统一规划，集中安排，不单独供地。

产业项目的用地规模和供给时序应当根据项目投资强度、产出效益和建设时限确定。

第四十三条 [税收优惠] 琴新区实行以下税收优惠政策：

（一）除相关规定明确不予免税或者保税的货物外，对从境外进入横琴新区与生产有关的货物实行备案管理，给予免税或者保税；

（二）除相关规定明确不予退税的货物外，内地与生产有关的货物销往横琴新区视同出口，按规定实行退税；

（三）对横琴新区企业之间货物交易免征增值税和消费税；

（四）在制定产业准入及优惠目录的基础上，对横琴新区符合条件的企业减按百分之十五的税率征收企业所得税；

（五）国家和省批准的其他税收优惠政策。

第四十四条 [基础设施] 鼓励国内外投资者在横琴新区参与基础设施建设。

第四十五条 [人才政策] 横琴新区应当创新人才管理服务机制，制定有利于人才引进的优惠政策，创新户籍管理制度，完善配套措施，创造有利于人才集聚的社会环境。

第四十六条 [社会服务及中介培育] 横琴新区采取购买服务等方式，鼓励和吸引民间资本或者其他社会力量提供公共服务。培育发展社团、行业组织、社会中介组织、志愿团体等各类社会服务机构和组织。

鼓励境内外从事金融、保险、律师、会计、信息咨询、风险投资、研究开发的组织和个人，在横琴新区设立机构，依法开展业务活动。

第五章 法制保障

第四十七条 [港澳法律问题专家小组] 管委会可以设立港澳法律问题专家小组，研究涉及港澳的法律问题。

第四十八条 [立法转化] 本市可以借鉴香港、澳门法律中有关经济贸易、劳动就业、食品安全和产品质量等方面的法律制度，依法制定相关经济特区法规，适用于横琴新区。

第四十九条 [本地法规和规章的特别规定] 本市制定的地方性法规不适应横琴新区实际情况的，市人民政府可以提请市人民代表大会及其常务委员会就其在横琴新区的适用作出相应规定；本市制定的规章不适应横琴新区实际情况的，管委会可以建议市人民政府就适用问题作出决定。

第五十条 [招投标标准调整] 管委会可以根据横琴新区开发建设的实际需要，设定适当的政府投资项目招投标、政府采购的标准。

第五十一条 [行政许可制度创新] 管委会应当通过相对集中行使行政许可权，组织相关部门联合办理、集中办理行政许可，建立重大项目优先办理等方式，精简行政许可程序、缩短行政许可周期。

第五十二条 [行政处罚制度创新] 横琴新区内的行政处罚权可以依法相对集中行使，由管委会相关行政执法部门负责实施。

第五十三条 [警务合作] 横琴新区公安部门负责横琴新区内的治安工作。

横琴新区公安部门应当在粤澳警务交流合作机制框架下加强与澳门警务部门的交流与合作，共同打击横琴新区内的跨境犯罪行为。

第五十四条 [仲裁选择] 横琴新区内涉港澳合同或者涉港澳财产权益纠纷的当事人，可以用书面协议选择香港或者澳门地区仲裁机构进行仲裁。

鼓励香港、澳门的仲裁机构在横琴新区设立联络点，为当事人提供民商事仲裁咨询服务。

第五十五条 [仲裁机构及仲裁员借用] 珠海仲裁委员会以及在珠海的其他仲裁机构可以依法从具有经济贸易、科学技术、港澳法律等专门知识的港澳人士中聘任仲裁员。涉港澳的民商事案件，可以由当事人自行确定仲裁员。涉港澳的商事案件当事人还可以选择适用港澳实体法律进行仲裁。

第五十六条 [民商事审判法庭] 依法在横琴新区设立民商事审判机构，审理有关民商事案件。

第五十七条 [港澳人民陪审员] 香港、澳门永久性居民中年满二十三周岁的中国公民可以经依法任命，作为人民陪审员参与横琴新区涉港澳民商事案件的审理。

第五十八条 [选择港澳法律] 涉港澳合同的当事人可以明示选择港澳法律处理合同争议，但法律另有规定的除外。

第五十九条　[选择港澳管辖]　横琴新区内涉港澳合同或者涉港澳财产权益纠纷的当事人，可以用书面协议选择与争议有实际联系的香港或者澳门地区审判机关进行管辖，但法律另有规定的除外。

第六十条　[裁决及判决的互认与执行]　港澳地区的仲裁裁决与民商事判决需要执行，被执行人住所地或者财产所在地在横琴新区范围内的，当事人可以根据内地与港澳签署的相互认可和执行仲裁裁决、民商事判决等法律文件，申请珠海审判机关予以执行。

第六十一条　[法律监督]　市人民检察院在横琴新区设立廉政检察机构，依法对横琴新区内的职务犯罪行为进行法律监督。

横琴新区廉政检察机构可以聘任港澳籍人员担任人民监督员，依照相关规定对职务犯罪案件的查办实施监督。

第六十二条　[审计和监察监督]　市审计部门应当依法对管委会、横琴开发运营公司进行审计监督，审计结果应当向社会公开。监察机关应当依法对管委会进行监督。

第六十三条　[创新免责条款]　在横琴新区所进行的创新活动，创新方案的制定和实施程序未违反法律规定，个人和所在单位没有牟取私利，未与其他单位和个人恶意串通，损害公共利益的，免于追究相关人员责任。

第六章　附　则

第六十四条　管委会可以根据本条例制定相关具体实施办法。

第六十五条　本条例自 2012 年 1 月 1 日起施行。

珠海经济特区商事登记条例

（2012 年 11 月 29 日珠海市第八届人民代表大会常务委员会第七次会议通过）

第一章　总　则

第一条　为推进商事登记制度改革，转变政府职能，创建服务型政府，促进市场经济发展，根据法律、行政法规的基本原则，结合珠海经济特区实际，制定本条例。

第二条　本条例适用于珠海经济特区内的商事登记以及相关的监督管理活动。

第三条　本条例所称商事登记，是指申请人向商事登记机关提出申请，由商事登记机关将商事主体的设立、变更或者注销事项登记于商事登记簿并予以公示的行为。

本条例所称商事主体，是指经依法登记，以营利为目的从事经营活动的自然人、企业法人和其他经济组织，包括个体工商户、个人独资企业、合伙企业、公司、企业分支机构等。

本条例所称商事登记机关，是指各级工商行政管理部门。

第四条　市人民政府应当建立健全社会信用体系和市场监管体系，强化信用约束和激励机制，建立公平、规范、诚信的市场经济秩序。

第五条　实施商事登记，应当遵循便民的原则，提高办事效率，提供优质服务。

第六条　商事登记机关负责商事登记工作以及商事登记事项监督管理工作。

有关行政许可审批部门依法在各自职责范围内,查处未依法取得经营项目行政许可的经营行为。

各级人民政府应当加强领导,组织和督促商事登记机关及有关行政许可审批部门共同做好查处工作,建立健全监管查处工作机制。

第二章 设立、变更、注销登记

第七条 商事登记机关应当设置商事登记簿作为法定载体,记载商事主体登记事项和备案事项。

商事登记簿上记载的事项具有法律效力。

商事登记簿记载的内容可供查阅、复制。

第八条 商事登记事项包括:

(一)名称;

(二)住所、经营场所;

(三)商事主体类型;

(四)法定代表人或者其他商事主体负责人姓名;

(五)商事主体的出资额;

(六)投资人姓名及其出资额。

商事登记机关应当根据商事主体类型分别规定商事登记事项内容并予以公布。

第九条 商事备案事项包括:

(一)章程(协议);

(二)董事、监事、高级管理人员姓名;

(三)分支机构登记情况;

(四)公司秘书的姓名。

商事主体备案事项发生变化的,商事主体应当自变更决议或者决定作出之日起三十日内向商事登记机关申请变更备案。

第十条 设立银行、证券公司、保险公司、外商投资企业、会计师事务所等商事主体,法律、行政法规规定经有关部门批准后方能申请设立登记的,申请人应当在申请商事主体设立登记前办理相关批准手续。

第十一条 商事登记机关应当制定并公布商事主体设立、变更、注销登记及备案需要提交的全部申请材料目录。

第十二条 商事登记机关对申请人提交的材料进行形式审查,申请材料不齐全或者不符合法定形式的,应当当场一次性告知申请人需要补正的材料,并说明要求;申请材料齐全,符合法定形式的,应当受理,并自受理之日起在一个工作日内予以登记;一个工作日内不能完成登记的,经商事登记机关负责人批准,可以延长三个工作日。商事登记机关办理商事登记,不收取登记费用。

申请人应当对其提交的申请材料内容的真实性负责。

第十三条 依法设立的公司和非公司企业法人,由商事登记机关颁发法人企业营业执照;依法设立的个人独资企业、合伙企业,由商事登记机关颁发非法人企业营业执照;依法设立的企业分支机构,由商事登记机关颁发分支机构营业执照;依法设立的个体工商户,由商事登记机关颁发个体工商户营业执照。

香港特别行政区、澳门特别行政区永久性居民中的中国公民,台湾地区居民可以按照国家有关规定,申请登记为个体工商户。

第十四条 营业执照签发日期为商事主体成立日期。

第十五条 营业执照记载事项与商事登记簿不一致时,以商事登记簿记载的内容为准。

营业执照的式样和记载内容由商事登记机关发布。

第十六条 申请商事登记的,申请人应当申报住所或者经营场所。

商事主体以其主要办事机构所在地为住所,作为商事主体的法定地址。

商事主体的经营场所是其从事经营活动的营业场所,经营场所可以与住所不一致。经营场所和住所不一致的,可以办理分支机构登记,也可以向商事登记机关申请备案。

商事主体可以在商事主体登记许可及信用信息公示平台上公示经营场所。

第十七条 商事主体申请住所和经营场所登记时,只需提交对住所和经营场所享有使用权的证明,商事登记机关不审查住所和经营场所的法定用途及使用功能。申请人对住所或者经营场所的合法性负责。

根据商事主体的经营项目,其经营场所依法应当取得规划、环保、消防、文化或者卫生等相关行政许可审批部门批准的,商事主体应当依法向相关部门提出申请,经批准后方可开展经营活动。

第十八条 在珠海经济特区的办公区域内,经市人民政府相关部门出具住所使用证明的,同一地址可以作为多家商事主体的住所。

第十九条 有限责任公司实行注册资本认缴登记制度,其登记的注册资本为全体股东认缴的出资额。商事登记机关不登记有限责任公司的实收资本,申请人无需提交验资证明文件。

第二十条 有限责任公司股东的姓名或者名称、认缴和实缴的出资额、出资时间、出资方式、非货币出资的缴付比例等出资事项由股东约定,并记载于公司章程。

股东缴纳出资的,公司应当向股东出具出资证明书。公司可以向商事登记机关申请实收资本备案,申请备案的,应当提交验资证明文件。

注册资本缴付情况的真实性由公司及其股东负责。

第二十一条 申请人办理商事登记,可以自行选择是否申请名称预先核准。

本市实行有利于商事主体开展经营活动的商事主体名称登记制度改革,具体办法由市人民政府制定。

第二十二条 经营范围由商事主体通过章程载明。商事主体章程中记载的经营范围,应当符合国民经济行业分类。商事登记机关应当根据国民经济行业分类为商事主体提供指引。

商事主体的经营范围分为一般经营项目和许可经营项目。

一般经营项目是指不需批准,商事主体可以自主经营的项目。商事主体领取营业执照后,凭营业执照经营一般经营项目。

许可经营项目是指法律、法规规定须经有关部门批准后方可开展相关经营活动的项目。经营资格许可不作为商事登记的前置条件。

第二十三条 商事主体登记事项发生变化的,商事主体应当自变更决议或者决定作出之日起三十日内向商事登记机关申请变更登记；未经变更登记的，商事主体不得擅自改变商事登记事项。

第二十四条 有下列情形之一的，商事主体应当向商事登记机关申请注销登记：

（一）章程规定的解散事由出现的；

（二）根据依法作出的决议或者决定解散的；

（三）因合并、分立解散的；

（四）被依法予以解散的；

（五）被依法宣告破产的；

（六）被依法责令关闭的；

（七）法律、行政法规规定的其他情形。

第二十五条 商事登记推行网上申报、受理、审查、发照、存档的登记模式。电子档案和纸质档案具有同等法律效力。

商事登记机关推行电子营业执照，电子营业执照与纸质营业执照具有同等法律效力。商事主体根据需要，可以申请商事登记机关颁发纸质营业执照。

第二十六条 推行营业执照、组织机构代码证和税务登记证合一的登记制度。

第三章 年度报告

第二十七条 商事登记实行商事主体年度报告制度，不实行年检验照制度。

第二十八条 商事主体应当在每年的成立周年之日起两个月内提交上一年度报告。商事登记机关应当为商事主体按时提交年度报告提供提示服务。

第二十九条 商事主体提交年度报告时，应提交商事登记机关指明格式的周年申报表，并附资金平衡表或者资产负债表。

第四章 经营异常名录

第三十条 商事登记机关应当设置经营异常名录，经营异常名录记载的内容可供社会公众查阅、复制。

商事主体有下列情形之一的，由商事登记机关将商事主体从商事登记簿中移出，载入经营异常名录：

（一）不按期提交年度报告的；

（二）通过住所无法联系的。

商事主体被载入经营异常名录的，可以继续经营。

被载入经营异常名录的商事主体及其负有个人责任的法定代表人、董事、监事、高级管理人员、公司秘书涉及经营行为的相关违法信息纳入信用监管体系。

第三十一条 商事主体被载入经营异常名录未满三年的，其名称仍受保护，其他商事主体申请登记的名称不得与其名称相同。

第三十二条 商事主体被载入经营异常名录未满三年，且载入经营异常名录事由不存在或者消失的，商事主体可以提出恢复申请，由商事登记机关审查核实后，从经营异常名录中删除，重新记载于商事登记簿。

第三十三条 被载入经营异常名录满三年的商事主体，剔除其企业名称，不得恢复记载于商事登记簿。

企业名称被剔除的，其名称不受保护，企业以注册号作为企业名称。

第三十四条　载入经营异常名录或者剔除名称错误的，商事登记机关应当撤销决定，将商事主体恢复记载于商事登记簿。

商事主体对商事登记机关作出的载入经营异常名录或者剔除名称决定不服的，可以依法申请行政复议或者提起行政诉讼。

第五章　监　管

第三十五条　有下列情形之一的，由商事登记机关依法查处，有关行政许可审批部门依法在职责范围内予以配合：

（一）未依法进行商事登记，从事经营行为的；

（二）办理注销登记后，继续从事经营活动的；

（三）借用、租用、受让他人营业执照从事经营活动的；

（四）持伪造的营业执照从事经营活动的；

（五）法律、法规规定的其他无照经营行为。

有关行政许可审批部门查处违法行为时，发现当事人涉嫌上述行为的，应当及时通报或者移送商事登记机关；发现当事人涉嫌犯罪的，依法移送司法机关。

第三十六条　有下列情形之一的，由有关行政许可审批部门依法负责查处，商事登记机关依法在职责范围内予以配合：

（一）依法应当取得而未取得行政许可，擅自从事经营活动的；

（二）依法无需办理商事登记，但应当取得行政许可而未取得，擅自从事许可范围内的经营活动的；

（三）行政许可被依法吊销、撤销、注销以及有效期届满后，未按规定重新办理行政许可手续，擅自继续从事许可范围内的经营活动的。

行政许可审批部门查处违法行为时，对不属于本行政机关查处职责范围的，应当及时移送具有行政管理职责的行政机关查处；发现当事人有多个违法行为的，应当知会相关部门及时查处或者共同查处；发现当事人涉嫌犯罪的，依法移送司法机关。

第三十七条　商事登记机关和行政许可审批部门应当采取建议、劝告、辅导、告诫等行政指导行为，加强对商事主体的服务，引导其合法守信经营。

第六章　信息公示

第三十八条　市人民政府应当建立统一的商事主体登记许可及信用信息公示平台。相关部门应当通过信息公示平台实现信息互通，并将信息予以公示。

登记许可及信用信息公示范围应当包括商事主体的登记信息、备案信息、年报信息、载入异常经营名录信息、行政许可审批和监管信息、诉讼信息、商事主体及其法定代表人、董事、监事、高级管理人员、公司秘书涉及经营行为的违法违规记录及其他信用信息。

第三十九条　市人民政府应当公示本经济特区内的行政许可经营项目目录。

第四十条　商事登记机关应当公示下列信息：

（一）商事登记簿的登记事项及备案信息；

（二）商事主体提交年度报告的有关情况；

（三）经营异常名录；

（四）商事主体被查处情况；

（五）商事主体注销情况；

（六）其他应当予以公示的事项。

利害关系人可以凭起诉受理通知书、判决书、裁定书、仲裁决定等有效法律文书向商事登记机关申请，将相关信息登记在商事登记簿中所涉及的商事主体项下。

第四十一条　行政许可审批部门及有关单位应当通过商事主体登记许可及信用信息公示平台公示与商事主体相关的行政许可审批及监管情况等信用信息。

第四十二条　商事主体应当及时在信息平台如实公示其章程、经营范围、注册资本缴付和经营场所等信息及其变动情况。

章程应当载明法律、行政法规规定的事项，制定或修订章程应当符合法定程序。

第四十三条　有限责任公司实行公司秘书制度，公司秘书负责向社会公众披露依法应当公开的公司信息，并接受政府行政部门查询公司的相关情况。

公司秘书制度应当在章程中规定。

商事登记机关应当制定并公布依法应当公开的信息项目。

第七章　法律责任

第四十四条　违反本条例规定，提交虚假材料或者采取其他欺诈手段隐瞒事实取得商事登记的，由商事登记机关责令改正，并处以下罚款：

（一）个体工商户有上述行为的，处以四千元以下的罚款，情节严重的，并处撤销商事登记；

（二）个人独资企业有上述行为的，处以五千元以下的罚款，情节严重的，并处撤销商事登记；

（三）合伙企业有上述行为的，处以五千元以上五万元以下的罚款，情节严重的，处以五万元以上二十万元以下的罚款，并处撤销商事登记；

（四）公司有上述行为的，处以五万元以上十万元以下的罚款，情节严重的，处以十万元以上二十万元以下的罚款，并处撤销商事登记。

第四十五条　有下列情形之一的，由商事登记机关责令限期改正；逾期未改正的，处以五千元罚款：

（一）违反本条例第九条规定，未办理备案的；

（二）违反本条例第四十三条规定，公司秘书不履行职责的。

第四十六条　有下列情形之一的，由商事登记机关责令改正，并对商事主体处以三万元以下的罚款：

（一）违反本条例第二十三条规定，未办理变更登记的；

（二）违反本条例第二十八条、第二十九条规定，未按规定提交年度报告的。

第四十七条　违反本条例第三十五条规定，无照经营的，由商事登记机关责令停止经营，没收违法所得，并处以下罚款：

（一）对以公司名义从事无照经营的，处以一万元以上十万元以下罚款；对以合伙企业名义从事无照经营的，处以五千元以上五万元以下罚款；对以个人独资企业名义从事无照经营的，处以五百元以上三千元以下罚款；其他未依法进行商事登记从事经营行为的，处以五百元以上一万元以下罚款；

（二）被责令停止经营活动或者被查处后继续从事违法经营的，没收其直接用于无照经营的物品、工具、设备。

对非法持有的营业执照、有关证明、合同文本、发票、印章、招牌等，予以收缴。收缴的发票应当移交税务部门依法处理。

第四十八条 有关行政许可审批部门查处未依法取得经营项目许可从事经营行为时，依照《中华人民共和国行政许可法》、《中华人民共和国行政处罚法》、《中华人民共和国行政强制法》等法律、法规规定行使有关职权。

第四十九条 商事登记机关、税务登记机关、行政许可审批部门及有关单位，未按照本条例第四十条和第四十一条的规定公示信用信息，情节严重的，依法追究相关责任。

第五十条 行政机关工作人员在商事登记管理活动中，滥用职权、玩忽职守、徇私舞弊，对直接负责的主管人员和其他直接责任人员依法给予处分；构成犯罪的，依法追究刑事责任。

<h3 style="text-align:center">第八章　附　则</h3>

第五十一条 市人民政府可以根据本条例制定相关具体实施办法。

第五十二条 本条例实施前已领取营业执照的商事主体，应当在规定期限内向商事登记机关申请换发商事主体营业执照。具体期限由商事登记机关确定并公布。

第五十三条 本条例自 2013 年 3 月 1 日起施行。

地方政府规章

珠海市社区股份合作公司规范和监管暂行办法

(2012年6月28日八届6次市政府常务会议审议通过)

第一章 总 则

第一条 为进一步规范本市社区股份合作公司运营和管理,加强监督,保护公司、股东和债权人的合法权益,促进社区股份合作经济的发展,结合本市实际,制定本办法。

第二条 本市从原农村集体经济组织改制成立的社区股份合作公司(以下简称股份合作公司)的运营、管理和监督适用本办法。

第三条 区人民政府(横琴新区、经济功能区管委会)社区集体经济管理部门和镇人民政府、街道办事处负责指导和监督股份合作公司运作,确保本办法的实施。

第四条 市、区人民政府(横琴新区、经济功能区管委会)通过财政支持和金融、科技、人才的扶持以及产业政策引导等措施,促进股份合作公司的发展和转型升级。

股份合作公司享有法律、法规为集体所有制企业规定的权利,享受法律、法规和政策为集体所有制企业和农村集体经济组织规定的优惠待遇。

第五条 区人民政府(横琴新区、经济功能区管委会)社区集体经济管理部门和镇人民政府、街道办事处根据有关法律、法规和政策,对股份合作公司进行监督和管理,履行以下职责:

(一)监督和检查股份合作公司对有关法律、法规、政策和公司章程的执行情况,纠正违反法律、法规和政策的行为。

(二)落实有关股份合作公司改革、发展和集体资产管理的政策措施。

(三)监督和指导股份合作公司的清产核资、产权界定和产权登记工作,受理和调解股份合作公司的产权纠纷以及股份权益纠纷,监管股份合作公司的资产评估、产权变更及产权交易。

(四)监督和指导股份合作公司建立健全财务会计制度,督促完成财务、统计报表的编制及汇总,定期组织股份合作公司的财务检查。

(五)监督和指导股份合作公司的经营管理工作,组织培训股份合作公司经营管理人员。

(六)完成市、区人民政府(横琴新区、经济功能区管委会)交办的有关股份合作公司的其他事项。

第六条 股份合作公司应当自觉开展和接受审计监督,定期自行聘请中介机构对相关事项进行审计,接受股东监督。

区人民政府(横琴新区、经济功能区管委会)社区集体经济管理部门和镇人民政府、街道办事处可以根据实际需要对相关事项进行审计。

第七条 股份合作公司的控股股东、董事、监事和经营管理人员不得利用其职权损害股份合作公司利益。

违反前款规定，给股份合作公司造成损失的，行为人应当承担赔偿责任。

第八条 股份合作公司股东大会、股东代表会或董事会的决议违反法律、法规和本办法的无效。

股东认为股东大会、股东代表会或董事会的召集程序、表决方式或决议内容违反法律、法规、本办法以及公司章程的，可以自决议作出之日起六十日内提请镇人民政府、街道办事处依法处理并纠正违法行为。

第九条 股份合作公司召开股东大会、股东代表会、董事会和监事会，应当指定专人负责会议签到、记录、收集整理相关会议资料等会务工作，并建档保存。

第二章 股东及股份管理

第十条 股份合作公司应当制定公司章程。公司章程应当经集体经济组织全体成员三分之二以上同意，并报镇人民政府、街道办事处审核，镇人民政府、街道办事处应当将审核结果抄送区人民政府（横琴新区、经济功能区管委会）社区集体经济管理部门。公司章程违反法律、法规以及本办法规定的，应当予以修改。

公司章程应当载明下列事项：

（一）公司的名称和住所。

（二）公司的宗旨和经营范围。

（三）公司的设立方式。

（四）公司注册资金、股权分配及管理办法、股份总额、每股金额。

（五）确认或变更公司股东资格的管理办法。

（六）需要股东大会决定的公司重大资产处置以及其他重大事项范围。

（七）股权的流转条件、转让范围和继承办法。

（八）股东的权利和义务。

（九）股东代表的产生及其权利、义务。

（十）股东大会及股东代表会的职权和议事规则。

（十一）董事会的组成、职权、议事规则及董事任期。

（十二）监事会的组成、职权、议事规则及监事任期。

（十三）法定代表人及其职权。

（十四）利润分配办法，公积金、公益金提取及使用。

（十五）财务、会计制度。

（十六）公司章程的修改办法。

（十七）解散与清算。

（十八）通知和公告方式。

（十九）订立章程的日期。

（二十）其他需要明确的事项。

第十一条 股份合作公司应当建立股东名册。

股东名册应当记载股东的姓名或名称、身份证号码、住所、股份数额、股权证编号、取得股份的日期等事项。

股权证是股东持有股份的书面凭证，加盖股份合作公司公章后生效。

第十二条 股份合作公司股份可依法继承，并可在股东间依法转让，但不得对外转让。

第十三条 股东享有下列权利：

（一）出席或依法委托代理人出席股东大会、股东代表会并按公司章程规定行使表决权。

（二）查阅公司股东名册、公司章程、股东大会和股东代表会会议记录及决议、董事会和监事会决议，提出建议和质询。

（三）查阅公司会计账簿和财务会计报告，提出建议和质询。

（四）按其股份取得股利。

（五）依照本办法规定转让股份。

（六）公司解散后依法参与公司剩余财产分配。

（七）公司章程规定的其他权利。

第十四条 股东履行下列义务：

（一）依照法律、法规、规章和公司章程行使股东权利，自觉按本办法接受监督。

（二）不得滥用股东权利损害公司或其他股东的利益。

（三）保守公司商业秘密。

（四）公司章程规定的其他义务。

第三章 股东大会

第十五条 股东大会是股份合作公司的权力机构，由股份合作公司全体股东组成，行使下列职权：

（一）决定公司的经营方针和投资计划。

（二）决定对董事会成员、监事会成员和经营管理人员的考核奖惩办法。

（三）选举、更换股东代表、董事和监事。

（四）决定董事、监事的薪酬。

（五）审议批准董事会和监事会的报告。

（六）决定公司重大事项。

（七）审议通过公司的年度财务预算方案和决算方案。

（八）审议通过公司的利润分配方案和弥补亏损方案。

（九）审议批准任意盈余公积金提取比例。

（十）决定公司增加或减少注册资金。

（十一）决定公司解散、清算或变更公司形式。

（十二）决定授权股东代表会行使股东大会的职权范围事项和否决股东代表会决议。

（十三）修改公司章程。

（十四）公司章程规定的其他职权。

前款第六项关于公司重大事项中涉及转让土地使用权（含以土地使用权为条件进行合营合作建房）的，应当按规定在土地交易机构公开进行交易，并接受所在镇人民政府、街道办事处的监管。

第十六条　股东大会每年至少召开一次，由董事会召集。董事会不履行职责的，由监事会召集；监事会不履行职责的，合并持有股份合作公司十分之一以上股份的股东可联名召集。

第十七条　股东大会召集人应当在会议召开三日前将会议时间、地点、召集人、主持人、审议事项及议程等事项通知全体股东。

第十八条　董事会召集股东大会的，由董事长主持，董事长不能或不履行职责的，由半数以上董事共同推选一名董事主持。

监事会召集股东大会的，由监事召集人主持，监事召集人不能或不履行职责的，由半数以上监事共同推选一名监事主持。

由联名股东召集股东大会的，股东大会可由联名股东推选一名股东主持。

第十九条　全体股东均有权出席股东大会，并可书面委托代理人出席会议和参加表决。委托代理人出席的，代理人应当提交由委托人签名的授权委托书。授权委托书应当载明代理人的姓名、代理事项、权限和期限。

股份合作公司董事、监事、经营管理人员和独立董事应当出席股东大会，听取股东对审议事项的审核意见和解答股东质询。

第二十条　董事会、监事会、合并持有股份合作公司十分之一以上股份的股东联名，有权向股东大会提出议案。

第二十一条　股东大会采取现场记名或现场不记名投票表决方式，股东享有与其所持公司股份比例相同的表决权。

召集人在会前应当严格按照股份合作公司股份数量制作表决票。表决票加盖股份合作公司公章后生效。

第二十二条　股东大会表决本办法第十五条第一款第一项至第五项和第十四项规定的事项，须经半数以上股东出席会议，合计持有股份合作公司半数以上股份的股东同意方可通过。

股东大会表决本办法第十五条第一款第六项至第十三项规定的事项，须经三分之二以上股东出席会议，合计持有股份合作公司三分之二以上股份的股东同意方可通过。

第四章　股东代表会

第二十三条　股东代表会是依据股东大会授权行使职权的权力机构，由全体股东代表组成。

股东代表推选和产生的办法由公司章程规定。董事会和监事会成员是当然的股东代表。股东代表的任期由公司章程规定，但每届任期不得超过五年。

股份合作公司应当向股东代表颁发股东代表证书，作为其行使相关权利的凭证。

第二十四条　股东代表会经股东大会授权，可行使除本办法第十五条第一款第十项至第十三项之外的股东大会职权。

股东代表会表决通过的事项应当公示五天。合并持有股份合作公司十分之一以上股份的股东对股东代表会通过的决议事项提出异议的，该事项应当提交股东大会表决。

第二十五条　股东代表会由董事会召集，董事长主持。董事长不能或不履行职责的，由半数以上董事共同推选一名董事主持。

董事会不履行职责的，五分之一以上的股东代表可以联名召集，并推选一名股东代表主持。

第二十六条　股东代表会召集人应当在会议召开三日前将会议时间、地点、召集人、主持人、审议事项及议程等事项通知全体股东代表。

第二十七条　出席股东代表会的股东代表人数不足三分之二时，股东代表会作出的决议无效。

出席股东代表会的股东代表一人一票，股东代表会表决事项，由出席会议三分之二以上的股东代表同意方可通过。

第五章　董　事　会

第二十八条　股份合作公司设董事会。董事会成员由股东大会在股东中选举产生，人数原则上为五至十一人间的单数，并可另设独立董事一名。

董事会设董事长一名，由董事推选或根据公司选举办法产生。董事长为公司法定代表人。

第二十九条　独立董事由所在地镇人民政府、街道办事处委派。独立董事负责股份合作公司与政府相关部门以及镇人民政府、街道办事处的沟通协调，监督股份合作公司运营，对董事会违反公司章程的行为有权提出质询，必要时经所在地镇人民政府、街道办事处批准，可召集股东代表会或股东大会。

独立董事不参与股份合作公司的具体运营管理工作，无表决权，不向股份合作公司领取报酬。

第三十条　董事的任期由公司章程规定，但每届任期不得超过五年。董事任期届满，可连选连任。

董事任期届满未及时改选，或在任期内辞职未及时补选导致董事会成员低于法定人数的，在改选或补选出的董事就任前，原董事应当继续履行董事职务。

第三十一条　董事会对股东大会和股东代表会负责，在监事会的监督下行使下列职权：

（一）召集股东大会、股东代表会，并向股东大会、股东代表会报告工作。

（二）根据公司章程确认公司股东资格。

（三）执行股东大会、股东代表会决议。

（四）制订公司的经营计划和投资方案。

（五）制订公司的年度财务预算方案和决算方案。

（六）制订公司的利润分配方案和弥补亏损方案。

（七）制订公司增加或减少注册资金的方案。

（八）拟订公司解散、清算或变更公司形式的方案。

（九）决定聘任或解聘公司经理及其薪酬，并根据公司经理的提名决定聘任或解聘公司副经理、财务负责人及其薪酬。

（十）制定公司的基本管理制度。

（十一）公司章程规定的其他职权。

第三十二条　董事会会议由董事长召集和主持；董事长不能或不履行职责的，由半数以上董事共同推选一名董事召集和主持。

第三十三条　董事会会议应当由董事本人出席。董事会会议应当有半数以上董事出席方可举行。

出席董事会会议的董事一人一票，董事会决议须经全体董事半数以上表决通过方为有效。

第三十四条 董事会决议内容，应当在会议结束之日起三日内在社区或股份合作公司所在地公告。

第六章 监事会

第三十五条 监事会由股东大会在股东中选举产生，人数为三至五人间的单数。

监事的任期由公司章程规定，但每届任期不得超过五年。监事任期届满，可连选连任。

监事会设监事召集人一名，由监事推选产生或根据公司选举办法产生。

董事、经营管理人员不得兼任监事。

第三十六条 监事会行使下列职权：

（一）指派不少于两名监事列席董事会会议，并对董事会决议事项提出质询或建议。

（二）对董事和经营管理人员的职务行为进行监督。

（三）向股东大会、股东代表会提出提案。

（四）在董事会不履行召集股东大会、股东代表会职责时，召集股东大会、股东代表会。

（五）发现股份合作公司经营情况或财务收支出现异常时，可以提出质询，并要求股份合作公司经营管理人员作出说明。经所在地镇人民政府、街道办事处同意，可以聘请中介机构进行审计，费用由被审计公司承担。

（六）执行公司考核制度，组织对董事、监事及经营管理人员的考核，并根据考核结果建议股东大会或股东代表会采取扣减报酬、罢免等方式追究相关人员的责任。

（七）公司章程及股东大会、股东代表会授予的其他职权。

第三十七条 监事召集人负责召集和主持监事会会议；监事召集人不能或不履行职责的，由半数以上监事共同推选一名监事召集和主持。

第三十八条 监事会会议应当由监事本人出席。监事会会议应当有半数以上的监事出席方可举行。

出席监事会会议的监事一人一票，决议须经全体监事半数以上表决通过方为有效。

第三十九条 监事会决议内容，应当在会议结束之日起三日内在社区或公司所在地公告。

第七章 董事、监事和经营管理人员

第四十条 有下列情形之一的，不得担任股份合作公司的董事、监事和经营管理人员。

（一）无民事行为能力或限制民事行为能力。

（二）因贪污、贿赂、侵占财产、挪用财产或破坏社会主义市场经济秩序，被判处刑罚，执行期满未逾五年，或因犯罪被剥夺政治权利，执行期满未逾五年。

（三）担任破产清算的公司、企业的董事或厂长、经理，对该公司、企业的破产负有个人责任的，自该公司、企业破产清算完结之日起未逾三年。

（四）担任因违法被吊销营业执照、责令关闭的公司、企业的法定代表人，并负有个人责任的，自该公司、企业被吊销营业执照或责令关闭之日起未逾三年。

（五）个人所负数额较大的债务到期未清偿。

股份合作公司违反前款规定选举、委派董事、监事或聘任经营管理人员的，该选举、委派或聘任无效。董事、监事、经营管理人员在任职期间出现前款任何一项所列情形的，股份合作公司应当解除其职务。

董事会成员之间、监事会成员之间、董事会成员和监事会成员之间不得有夫妻关系或直系血亲关系。

第四十一条 董事、监事和经营管理人员不得有下列行为：

（一）挪用股份合作公司资金。

（二）违反公司章程的规定或未经股东大会、股东代表会或董事会同意，将公司资金借贷给他人或以公司财产为他人提供担保。

（三）违反公司章程的规定或未经股东大会、股东代表会同意，擅自与他人签订合同，与本公司订立合同或进行交易。

（四）擅自使用公司公章，给公司造成损失或严重后果。

（五）未经股东大会或股东代表会同意，利用职务便利为自己或他人谋取属于公司的商业机会，自营或为他人经营与所任职公司同类的业务。

（六）接受他人与公司交易的佣金归为己有。

（七）擅自披露公司的商业秘密。

（八）违反对公司忠实和勤勉义务的其他行为。

董事、监事和经营管理人员违反前款规定所得的收入应当归股份合作公司所有，给股份合作公司造成损失的，应当承担赔偿责任。情节严重的，移交有关部门处理。

第四十二条 董事、监事和经营管理人员有本办法第四十一条第一款规定情形的，股东可以要求股份合作公司调查处理，股份合作公司应当在收到申请后三十日内调查处理并作出答复。股份合作公司逾期不答复或未依法处理的，股东可以提请镇人民政府、街道办事处或区人民政府（横琴新区、经济功能区管委会）社区集体经济管理部门依法处理并纠正违法行为。

董事、监事的上述违法行为被确认后，应当召开股东大会决定是否予以罢免。经营管理人员的上述违法行为被确认后，应当予以解聘。

第八章 财务和会计

第四十三条 股份合作公司应当按规定建立本公司的财务、会计制度。

股份合作公司应当在每一会计年度编制财务会计报告。财务会计报告应当按规定制作。

第四十四条 除法定的会计账簿外，股份合作公司不得擅自设立会计账簿。对股份合作公司资金，不得以任何个人名义开立账户存储。

第四十五条 董事会应当在召开股东大会十日前，将股份合作公司的年度财务会计文件提供股东查阅。

第四十六条 股份合作公司的税后利润经弥补亏损、提取公积金和公益金后方能分配。

股份合作公司当年无盈余时，不得分配。

第四十七条　股份合作公司公积金分为法定盈余公积金和任意盈余公积金。

股份合作公司分配当年税后利润时，应当提取利润的百分之十列入股份合作公司法定公积金。股份合作公司提取的法定公积金累计额达到公司注册资金的百分之五十以上的，可以不再提取。

任意盈余公积金按照公司章程规定、股东大会或股东代表会决议提取和使用。

公益金按公司章程规定提取。

第四十八条　法定盈余公积金按照下列用途使用：

（一）弥补亏损。

（二）增加注册资金。

（三）法律、法规规定的其他用途。

第九章　解散和清算

第四十九条　股份合作公司有下列情形之一的，可以解散：

（一）公司章程规定的营业期限届满或公司章程规定的其他解散事由出现。

（二）股东大会决议解散。

（三）依法被吊销营业执照、责令关闭或被撤销。

第五十条　股份合作公司解散的，应当在解散事由出现之日起十五日内成立清算组，开始清算。清算组由股东组成。逾期不成立清算组进行清算的，债权人可以申请所在地镇人民政府、街道办事处指定有关人员组成清算组进行清算。

第五十一条　清算组在清算期间行使下列职权：

（一）清理公司财产，编制资产负债表、财产目录和债权、债务清单。

（二）处理公司未了结的业务。

（三）要求公司的债务人清偿债务。

（四）按照法律规定的还债程序清偿公司的各项债务。

（五）分配公司清偿债务后的剩余财产。

（六）代表公司参加诉讼或仲裁。

第五十二条　清算组将股份合作公司财产优先拨付清算费用后，按下列顺序清偿：

（一）员工工资和社会保险费。

（二）税款及其滞纳金。

（三）公司债务。

公司清偿债务后，清算组应当按照公司章程规定将剩余财产按比例分配给股东。

第五十三条　清算结束，清算组应当提出清算报告，并造具清算期内收支报表和各种财务帐册，报股东大会确认。

第五十四条　清算组在清理公司财产、编制资产负债表和财产目录后，发现公司财产不足以清偿债务的，应当依法向人民法院申请破产宣告。

公司依法被宣告破产的，按照有关法律、法规规定进行清算。

第十章　法律责任

第五十五条　股份合作公司违反本办法规定，拒绝、阻碍区人民政府（横琴新区、经济功能区管委会）社区集体经济管理部门或镇人民政府、街道办事处检查、监督的，或拒绝、拖延提供与其审计事项有关资料或作假的，区人民政府（横琴新区、经济功能区管委会）社区集体经济管理部门或镇人民政府、街道办事处可以责令改正，通报批评或给予警告；拒不改正的，对负有直接责任的主管人员和其他直接责任人员依照本办法予以罢免或解聘职务。

第五十六条　股份合作公司董事、监事和经营管理人员有损害公司或股东合法权益行为的，由区人民政府（横琴新区、经济功能区管委会）社区集体经济管理部门或镇人民政府、街道办事处依照本办法予以罢免或解聘职务；造成损失的，责令其依法承担赔偿责任。

第十一章　附　则

第五十七条　经股东大会决议批准，股份合作公司可以依照有关法律、法规规定改组为有限责任公司或股份有限公司。

第五十八条　本市由原农村集体经济组织改制成立的其他社区经济组织的运营、管理和监督参照本办法执行。

第五十九条　本办法自2012年9月1日起施行。

东莞市商事登记制度改革试点工作实施方案

2012年5月16日　　　　　　　　　　　　　　　　东府〔2012〕66号

为进一步深化行政审批制度改革，加快推动政府职能转变，充分发挥市场配置资源的基础性作用，构建规范化、国际化的营商环境，再造东莞体制改革新优势，推动区域经济的繁荣发展，以大朗镇为试点，在我市推行商事登记制度改革，特制定本方案。

本方案中"商事主体"是指商事法律行为的主体，即依照有关规定设立的，以营利为目的而参与商事法律关系，享有权利并承担义务的自然人、法人及其他组织；"商事登记"是指商事主体或商事主体的筹办人，为了设立、变更或终止商事主体资格，按照有关规定提出申请，工商行政管理部门进行登记并予以公示的法律行为。"许可审批部门"是指具有行政许可审批权的行政机关。

（一）指导思想

适应市场经济运行客观规律，借鉴香港商事登记的经验，与国际市场准入惯例接轨，探索建立商事主体资格与经营资格相分离，审批与监管、监管与自律紧密结合的具有东莞特色的新型商事登记制度，进一步放宽市场准入管制，激发市场主体活力，为东莞加快转型升级、深化对外开放提供体制机制支撑，力争使东莞成为企业登记注册最容易、市场监管最有效、公共服务最优的先行地区。

（二）基本原则

1. 解放思想，先行先试。坚持自我革命，大胆实践，冲破旧有审批思维模式，突破传统监管观念束缚，用前瞻性眼光和创新性思路开辟商事登记新模式，努力营造我市体制机制新优势。

2. 以民为本，规范服务。以公众满意度作为评价改革成效的第一标准，既要凸显审批制度革新，又要重视服务细节优化，积极构建标准化、规范化的服务体系，不断提高服务的质量和效能，让广大企业切实感受到商事登记服务带来的便捷和实惠，增强改革的生命力和执行力。

3. 部门联动，宽进严管。积极降低登记门槛，简化准入程序，下放审批权限，从源头上消灭不合理的行政干预和权力寻租，营造宽松的准入环境，并通过实施分工监管、行业监管、协作监管，有效克服监管职能重叠、交叉问题，严厉打击违法、失信行为，实现商事登记监管总体效能的全面提升。

4. 总体设计，稳步推进。以大朗镇为试点，按照系统性和延续性要求率先铺开改革，及时做好试点评估工作，总结试点经验和存在问题，并逐步调整完善。

（三）实施内容

1. 取消前置审批许可，简化营业执照功能，建立具有东莞特色的商事登记模式

通过改革，实现主体资格与经营资格相分离，营业执照作为商事主体资格证明，经营资格许可不再作为商事主体登记的前置条件。

（1）一般性经营项目全部放开。对于现行法律、行政法规和国务院决定规定无需许可即可经营的一般性经营项目，商事主体从事一般性经营项目经营的，直接到工商部门申办营业执照取得主体资格后即可自主经营。

（2）许可经营项目涉及的许可审批一律改为后置。对于现行法律、行政法规和国务院决定规定申领执照前需先取得许可的经营项目，一律将前置审批许可改为后置审批许可。商事主体从事许可经营项目经营的，先到工商部门申领营业执照。其执照经营范围表述简化为两方面内容：一是主营业务类型。主营业务的表述由企业自主选择，按照国民经济行业分类规范中的"门类"或"大类"表述，"门类"如：制造业、批发和零售业等；"大类"如：食品制造业、家具制造业、塑料制品业、金属制品业等。二是规范说明。在主营业务之后统一给出规范说明，即："法律、法规和国务院决定禁止的，不得经营；应经许可的，凭有效许可证或批准文件经营；法律、法规和国务院决定未规定许可的，自主选择经营项目"。商事主体在章程中载明具体经营项目，涉及相应许可审批的，凭执照及申请材料到各许可审批部门办理相应许可，取得相应许可证、批准文件后方可开展许可项目的经营。

2. 精简后置审批许可事项

由市政府统筹各许可审批部门，对需办理后置审批的许可经营项目予以精简，凡属东莞事权范围内的尽量精简；属省事权范围内的，争取省委、省政府支持变通，或从立法层面予以解决；属国家事权层面的，提请省政府协调解决。各许可审批部门应积极争取上级支持，按照"减并、变通"的原则，对许可审批事项进行精简压缩，将不影响国家安全、社会公共利益的许可审批事项予以取消，涉及多个部门、多项审批的要归并为单个部门、单项审批。

3. 简化商事主体登记事项

对现行企业登记注册中涉及的登记事项进行大幅简化，只保留商事主体名称、住所、法定代表人（负责人）姓名和商事主体类型等与商事主体资格相关的必要法律事项，对注册资本、实收资本、营业场所、经营范围、经营期限、股东信息等经营资格登记事项进行取消或优化。

4. 取消新设外资项目合同章程审批

对新设鼓励类和允许类外商投资企业，商事主体将新设项目资料提交工商部门，办

理工商登记，领取营业执照，由工商部门告知外经贸部门，外经贸部门凭营业执照向投资者核发外商投资企业批准证书，取消合同章程审批。

5. 取消企业登记的住所产权证明

放宽商事登记对住所产权证明的限制，凡经当地镇政府（街道办事处）、村（居）委会出具同意该场所从事经营活动的，由房东和商事主体提交承诺书，分别承诺对该场所承担房屋安全和消防安全责任，免予提交经营场所的场地产权证明。

6. 实施注册资本认缴制度和实收资本备案制度

（1）对有限公司实施注册资本认缴制，不对验资审计作强制性要求。公司在设立登记时提交经全体股东签名的认缴出资证明和承诺书，承诺按相关法律法规及章程规定缴足注册资本，无需提交《验资报告》，工商部门仅进行形式审查并予以登记。股东未依公司章程规定实际缴付注册资本的，应依法律法规规章和公司章程的规定承担民事法律责任。公司发生债务纠纷或依法解散清算时，如资不抵债，未缴足注册资本的股东应先缴足注册资本，并以其认缴的出资额为限承担民事法律责任。

（2）对有限公司实施实收资本备案制度。有限公司股东实缴资本时，公司应凭验资证明，向工商部门申报实收资本缴付情况备案，由工商部门通过企业公共信用信息平台公示，公司对实收资本备案情况的真实性负责。

7. 推行全程电子化网上登记年检，建立年检申报备案制，取消个体户验照

（1）工商部门建立全程电子化网上登记年检平台，以数字证书和电子印章为基础，商事主体以电子文档形式在网上提交申请资料，工商部门网上核准发放电子营业执照。通过网上登记设立的企业，在领取电子营业执照的同时，工商部门利用邮政"双向快递"对其发放纸质营业执照，商事主体可凭电子营业执照直接从事经营活动。

（2）改革现行年检验照制度，因应商事主体类型，对非公司法人分支机构、外国企业常驻代表机构实行年度申报，对企业法人实行年报备案，取消个体户验照。申报和备案时间实行滚动制，根据不同商事主体具体的登记核准日期在每年对应时间内办理，商事主体可在工商部门所建立的网上登记年检平台上自助完成年检申报。

8. 加快审批改革，实施并联审批

对需要许可的经营项目，由政府统筹许可审批部门，实行并联审批和一站式服务。各许可审批部门独立完成本部门的许可，在审批时不得以其他部门的许可审批作为本部门许可的前提要件。商事主体凭营业执照和申请材料到大朗镇行政办事中心向相关许可审批部门提交申请。许可审批部门在承诺时限内完成审批并核发许可证书或批准文件。商事主体取得许可证书或批准文件后，依商事主体意愿，可凭许可证书和批准文件到工商部门办理执照经营范围的变更手续。

9. 全面推进简政放权，提升行政审批效能

按市对松山湖国家级高新技术产业开发区的审批权限标准，各许可审批部门全面推行简政放权，最大限度将审批权限下放到大朗镇；减少审批环节，全面实施一审一核制；压减审批时限，向社会公布，严格履行承诺的审批时限，接受公众和电子监察监督。

10. 打造公共信用信息平台，促进企业信用体系建设

由市政府统筹建设各部门开放共享的企业公共信用信息平台，完善工作机制，建立

工作队伍，分类采集、归类、整合与诚信体系建设有关的信息，建立完整、准确、动态的企业信用信息和基础信息数据库，向社会公众开放，促进社会信用体系建设。

11. 明确部门许可监管职责，建立宽进严管的市场监管体系

实施商事登记制度改革后，各部门无论是否需要许可，都必须按照行业管理的原则，依照行业管理分工以及相关法律法规确定的监管职能，对主管行业承担起一管到底的监管职责，依法查处违法经营行为。对未经许可擅自经营的，依法作出处罚，处罚结果限期纳入公共信用信息平台。企业因违法行为受到一个部门的行政处罚，其他部门视其违法行为的关联性对其许可业务进行限制。

（四）组织实施

1. 加强组织领导。为加强对商事登记制度改革工作的领导，市成立商事登记制度改革试点工作领导小组，由市主要领导任组长，分管领导为副组长，各职能部门、大朗镇府为成员，统筹推进商事登记制度改革试点工作，协调改革过程中的重大问题。

2. 加强职责落实。各有关单位要树立责任意识，按照商事登记试点制度改革市场监管方案要求，积极履行后续监管责任。要积极落实问责制，通过行政效能电子监察系统对各部门履行许可审批承诺时限进行监察，加强对各部门落实后续监管职责的监督。纪检监察部门、检察机关、法院部门要对各有关部门在改革过程中具有创新性的履职行为予以支持配合，共同推进改革。改革启动后，由市商事登记制度改革试点工作领导小组建立督查机制，定期对改革工作情况进行检查、评估，及时解决、推动改革各项目标、任务顺利完成。

3. 加强服务保障。市政府统筹敦促各许可审批部门相应权限的下放和服务的提速，加强对试点镇的人力物力资源配置，强化对工作人员的业务指导培训，严格对服务窗口的日常管理，制定和完善窗口办事指南，探索建立标准化、流程化的服务体系。

4. 稳步推进改革。按照"有效衔接，稳步推进"，经营主体可以自由选择按传统登记模式或试行的商事登记模式进行登记，按传统模式登记的经营主体，仍执行试点改革前的登记依据和标准，变更登记时仍沿用原有登记模式。对原已核发的旧版营业执照不作强制性变换，仍按原登记模式进行管理。在"企业公共信用信息平台"建设完善前，营业执照上"实收资本"一栏登记公司备案的具体数额。

5. 加强宣传引导。市政府统筹开展商事登记制度改革试点的宣传工作，各部门和大朗试点镇要相应加大对商事登记制度改革试点的宣传力度，充分利用各种渠道、各种方式，展开广泛宣传，深入细致地做好教育引导，为改革营造良好的推进氛围。

广州市商事登记暂行办法

（2014年4月8日市政府第14届109次常务会议讨论通过）

第一章 总 则

第一条 为推进本市商事登记制度改革，健全市场监管体制，促进经济发展，根据国家关于工商登记制度改革的要求和有关法律、法规规定，结合本市实际，制定本办法。

第二条 本办法所称商事登记,是指申请人向商事登记机关提出申请,由商事登记机关将商事主体的设立、变更、注销事项予以登记并公示的行为。

本办法所称商事主体,是指经依法登记,以营利为目的从事经营活动的自然人、法人及其他经济组织。

第三条 本市行政区域内的商事登记及其相关的监督管理活动,适用本办法。

第四条 工商行政管理部门是本市商事登记机关,负责商事主体的登记及其相关监督管理工作,并负责组织实施本办法。

其他相关行政管理部门在各自职责范围内,负责商事主体相关经营项目的行政许可及其监督管理工作。

第五条 实施商事登记,应当遵循市场主导、主体自治、便捷高效的原则。

第二章 登记和备案

第六条 商事主体的登记事项包括:

(一)名称;

(二)企业法人的住所、个人独资企业的企业住所、合伙企业的主要经营场所、分公司的营业场所、分支机构的地址或者经营场所、经营单位的地址、个体工商户的经营场所;

(三)类型;

(四)法定代表人或者其他商事主体负责人;

(五)出资总额;

(六)营业期限;

(七)投资人姓名(名称)。

第七条 商事主体的备案事项包括:

(一)章程或者协议;

(二)经营范围;

(三)董事、监事、高级管理人员;

(四)清算组成员及负责人;

(五)本办法第六条第(二)项规定之外的其他经营场所。

第八条 商事主体的类型包括企业法人、非法人企业、企业分支机构和个体工商户,具体分类按照国家工商行政管理总局规定的标准确定。

第九条 商事主体的名称应当符合法律、行政法规规定,并反映其行业或者经营特征。商事主体从事的经营活动涉及多个行业的,应当以其经营范围的第一项经营项目,作为名称中的行业或者经营特点的表述。

商事主体向商事登记机关申请名称预先核准的,预先核准的名称有效期为6个月,有效期届满后自动失效。预先核准的名称在有效期内,不得用于经营活动,不得转让。

商事主体经商事登记机关登记后,方可使用其名称,享有名称专用权。

第十条 经营范围由商事主体通过章程或者协议等文件规定,用语表述应当符合国民经济行业分类标准。

商事登记机关应当根据经济发展需要,结合国民经济行业分类,及时调整经营范围的标准表述,为商事主体提供指引。

第十一条 商事登记机关应当编制商事登记前置审批事项目录和商事登记前置改后置审批事项目录，经市人民政府批准后实施，并向社会公布。

经营项目属于商事主体资格审批且直接涉及国家安全、生态安全和人身安全的，编入商事登记前置审批事项目录，其他项目编入商事登记前置改后置审批事项目录。

第十二条 商事主体的经营范围涉及商事登记前置改后置审批事项的，商事登记机关应当在出具核准登记通知书或者出具商事主体变更经营范围的备案回执时，书面告知商事主体应当取得有关行政许可审批部门的许可或者批准文件后方可经营。

前款规定的商事主体自办理商事登记或者经营范围变更备案之日起超过90日未取得有关行政许可审批部门核发的许可或者批准文件的，商事登记机关应当通过商事主体信息公示平台向社会公示。

第十三条 有限责任公司和发起设立的股份有限公司实行注册资本认缴登记制度。商事登记机关登记全体股东、发起人认缴的注册资本或者认购的股份，不登记实收资本。

有限责任公司和发起设立的股份有限公司注册资本不设最低限额，但不得为零。

募集设立的股份有限公司的注册资本和实收资本的登记管理，按照有关法律、法规的规定执行。

法律、行政法规以及国务院决定对有限责任公司和股份有限公司注册资本实缴、注册资本最低限额另有规定的，从其规定。

第十四条 有限责任公司股东和发起设立的股份有限公司发起人，应当对出资额、出资方式、非货币出资缴付比例和出资期限进行约定，并记载于公司章程。

出资期限不得约定为无期限，不得超出公司章程规定的营业期限。

股东、发起人对注册资本缴付情况的真实性负责。

第十五条 商事主体的住所和经营场所，应当是固定场所。商事主体向商事登记机关申请办理登记时，应当提交住所或者经营场所使用证明。

符合以下情形之一的商事主体，可将同一地址作为本办法第六条第（二）项规定的住所或者经营场所，向商事登记机关申请办理登记：

（一）有投资关联关系的企业；

（二）在区、县级市以上人民政府批准设立的工业园、科技园等专业园区内的企业。

第十六条 商事主体在住所所属区、县级市内增设经营场所，不需申请办理分支机构设立登记，但应当向商事登记机关备案。

商事主体在住所所属区、县级市之外增设经营场所，应当申请办理分支机构设立登记。

第十七条 商事登记机关应当制定办理商事主体登记和备案需要提交的材料规范，并向社会公布。

第十八条 申请人申请办理商事主体登记或者备案，应当按照商事登记机关公布的规范要求提交材料，并对其真实性负责。

申请设立外商投资企业，申请人应当经外经贸行政管理部门批准后，向商事登记机关申请登记。

第十九条 商事登记机关收到商事主体登记申请人提交的申请材料后，应当根据下列情况分别作出处理：

（一）材料不齐全或者不符合法定形式的，应当自收到材料之日起 1 个工作日内一次性告知申请人需要补正的材料，逾期未告知的，视为受理申请；材料存在可以当场更正的错误的，应该允许申请人当场更正。

（二）材料齐全、符合法定形式的，商事登记机关应当受理，并自受理之日起 3 个工作日内予以登记。商事登记机关在 3 个工作日内不能作出是否准予登记决定的，经商事登记机关负责人批准，可以延长 3 个工作日。

第二十条　商事登记机关收到商事主体备案报送人提交的备案材料后，应当根据下列情况分别作出处理：

（一）材料不齐全或者不符合法定形式的，应当自收到材料之日起 1 个工作日内一次性告知备案报送人需要补正的材料，逾期未告知的，视为受理；材料存在可以当场更正的错误的，应该允许报送人当场更正。

（二）材料齐全、符合法定形式的，商事登记机关应当受理。备案报送人以现场方式报送材料的，商事登记机关应当当场出具备案回执；备案报送人以信函、传真、电子数据交换和电子邮件等方式报送材料的，商事登记机关自受理之日起 3 个工作日内出具备案回执。

第二十一条　商事主体的登记事项或者备案事项发生变化时，商事主体应当自变更决议或者决定作出之日起 30 日内，向商事登记机关办理变更登记或者变更备案手续。

第二十二条　商事主体营业执照设置重要提示栏，载明商事主体的经营范围、注册资本、出资方式、出资期限、经营场所、营业期限、年度报告、许可审批等情况，以及相关信息的查询方法。

第三章　年度报告和经营异常名录

第二十三条　本市实行商事主体年度报告制度。

商事主体应当在每年 1 月 1 日至 6 月 30 日向商事登记机关提交上一年度报告。

当年设立的商事主体自下一年起提交年度报告。

第二十四条　商事主体提交年度报告时，企业应当填写基本情况信息表，附资产负债表、利润表，属于外商投资企业的还需提交现金流量表；分支机构、个体工商户仅填写基本情况信息表。

商事主体对年度报告内容的真实性负责。

第二十五条　商事登记机关应当自收到商事主体提交的年度报告之日起 15 个工作日内，向社会公示商事主体提交的年度报告，并设立年度报告抽查制度。

第二十六条　商事主体被吊销营业执照或者被撤销设立登记后，应当及时办理注销登记，无需再向商事登记机关提交年度报告。

第二十七条　商事登记机关应当设置商事主体经营异常名录，将存在下列情形之一的商事主体，载入经营异常名录，并通过商事主体信息公示平台发布：

（一）连续两年未提交年度报告的；

（二）商事登记机关查实商事主体未在核准住所从事经营活动的。

商事登记机关应当将被载入经营异常名录的商事主体及其法定代表人、投资人的相关信息，纳入信用监管体系。

第二十八条 商事登记机关将商事主体载入经营异常名录前，应当通过商事主体信息公示平台告知商事主体有关事实、理由和依据，以及商事主体享有陈述和申辩的权利。

商事登记机关未履行告知义务的，其载入经营异常名录的行为无效。

第二十九条 商事主体被载入经营异常名录未满3年，且已纠正被载入经营异常名录事由的，可以向商事登记机关申请从经营异常名录中移出。商事登记机关应当在收到申请之日起10个工作日内作出决定并书面通知申请人。

商事主体被载入经营异常名录超过3年的，不得从经营异常名录中移出。

第四章 商事主体信息管理和公示平台

第三十条 本市建立统一的商事登记管理信息平台和商事主体信息公示平台。

市人民政府政务管理机构负责建设、管理商事登记管理信息平台和商事主体信息公示平台；市信息化行政管理部门负责基础平台技术支撑与维护。

第三十一条 商事登记机关及其他相关行政管理部门应当通过商事登记管理信息平台上传、接收、反馈商事主体登记、备案、行政许可审批和确认、年度报告、行政处罚等信息，实现信息共享，并通过商事主体信息公示平台及时向社会公示。

第三十二条 商事登记机关应当在出具准予登记通知书、备案回执之日起3个工作日内，将登记和备案事项的信息上传至商事登记管理信息平台。

市级其他相关行政管理部门应在1个工作日内通过商事登记管理信息平台接收信息，并按照管理权限及时将信息分发至区、县级市相关行政管理部门。

第三十三条 本市各级行政许可审批部门作出行政许可审批或者确认后，应当在3个工作日内，将行政许可审批或者确认事项信息上传至商事登记管理信息平台。

国家、省级行政许可审批部门作出行政许可审批或者确认的，商事主体可申请市级对应管理部门将许可审批或者确认事项信息上传至商事登记管理信息平台；市级没有对应管理部门的，由商事登记机关负责依申请录入上传。

第三十四条 商事登记机关应当通过商事主体信息公示平台公示下列信息：

（一）办理商事登记和备案的依据、程序和期限；

（二）办理商事登记和备案提交的材料规范、表格；

（三）商事主体的登记和备案信息；

（四）商事主体提交年度报告的情况；

（五）商事主体被载入经营异常名录的信息；

（六）市级以上商事登记机关授予商事主体荣誉称号的信息；

（七）商事登记机关对商事主体实施的行政处罚信息；

（八）其他应当公示的信息。

第三十五条 行政许可审批等其他相关行政管理部门应当通过商事主体信息公示平台公示下列信息：

（一）办理行政许可审批和确认事项的依据、程序和期限；

（二）办理行政许可审批和确认事项提交的材料规范、表格；

（三）行政许可审批和确认事项信息；

（四）市级人民政府、市级以上行政机关授予商事主体荣誉称号的信息；

（五）本部门对商事主体实施的行政处罚信息；

（六）其他应当公示的信息。

第三十六条 商事登记机关及其他相关行政管理部门公示商事主体获得荣誉称号的信息，应当包含授予机关、具体内容、有效期限等信息。

商事登记机关及其他相关行政管理部门公示商事主体的行政处罚信息，应当包含当事人名称、违法行为定性、处罚依据、处罚种类、处罚机关、作出处罚决定的时间等信息，公示期为3年。

第三十七条 商事登记机关及其他相关行政管理部门应当建立信息纠错机制，对其上传至商事登记管理信息平台和商事主体信息公示平台的信息准确性负责，发现上传的信息存在遗漏、错误的，应当在发现之日起2个工作日内纠正。

第五章 法律责任

第三十八条 有下列情形之一的，由商事登记机关依据《广东省查处无照经营行为条例》和相关法律、法规查处，有关行政许可审批部门在法定职责范围内予以配合：

（一）未领取营业执照擅自从事无需经过审批的生产经营活动的；

（二）办理注销登记后，继续从事经营活动的；

（三）借用、租用、受让他人营业执照从事经营活动的；

（四）持伪造的营业执照从事经营活动的；

（五）法律、法规规定的其他无照经营行为。

有关行政许可审批部门查处违法行为时，发现当事人涉嫌从事上述无照经营的，应当及时通报或者移送商事登记机关；发现当事人涉嫌犯罪的，依法移送司法机关。

第三十九条 有下列情形之一的，由有关行政许可审批部门依据《广东省查处无照经营行为条例》和相关法律、法规查处，商事登记机关在法定职责范围内予以配合：

（一）依法应当取得而未取得行政许可，擅自从事经营活动的；

（二）依法无需办理商事登记，但应当取得行政许可而未取得，擅自从事许可范围内的经营活动的；

（三）行政许可被依法吊销、撤销、注销以及有效期届满后，未按规定重新办理行政许可手续，擅自继续从事许可范围内的经营活动的。

行政许可审批部门查处违法行为时，对不属于本部门职责范围的，应当及时移送具有行政管理职责的行政管理部门查处；发现当事人有多个违法行为的，应当知会相关行政管理部门及时查处或者共同查处；发现当事人涉嫌犯罪的，依法移送司法机关。

第四十条 商事主体有下列行为之一的，由商事登记机关及其他相关行政管理部门依照相关法律、法规的规定实施行政处罚，并将该不良行为信息纳入信用监管体系，通过商事主体信息公示平台予以公示；法律、法规没有规定行政处罚的，对企业法人处2万元以上5万元以下罚款，对个体工商户处500元以上1000元以下罚款，对其他商事主体处1万元以上3万元以下罚款：

（一）提交虚假材料或者采取其他欺诈手段隐瞒重要事实，办理登记、备案或者许可审批手续的；

（二）提交虚假证明材料申请公示许可审批事项的。

第四十一条 商事主体违反本办法第二十一条规定，未按规定申请办理变更登记或者变更备案手续的，由商事登记机关依照相关法律、法规的规定实施行政处罚；法律、法规没有规定行政处罚的，由商事登记机关按照以下规定处理：

（一）未按规定申请办理变更登记手续的，责令限期改正；逾期未改正的，对个体工商户处500元以上1000元以下罚款，对其他商事主体处1万元以上3万元以下罚款。

（二）未按规定申请办理变更备案手续的，责令限期改正；逾期未改正的，对个体工商户处200元以上500元以下罚款，对其他商事主体处2000元以上5000元以下罚款。

第四十二条 商事主体违反本办法第二十三条规定，未按规定提交年度报告的，由商事登记机关责令限期改正；逾期未改正的，对个体工商户处500元以上1000元以下罚款，对其他商事主体处1000元以上5000元以下罚款。

第四十三条 商事主体违反本办法第二十四条规定，提交虚假年度报告材料的，对企业法人处2万元以上5万元以下罚款，对个体工商户处500元以上1000元以下罚款，对其他商事主体处1万元以上3万元以下罚款。

第四十四条 商事登记机关、行政许可审批等行政管理部门及其工作人员在商事主体登记以及相关监督管理工作中，存在滥用职权、玩忽职守、徇私舞弊行为的，由其任免机关或者监察机关依法按照管理权限对有关责任人给予处分；构成犯罪的，依法追究刑事责任。

第六章 附 则

第四十五条 商事主体因在外地从事经营活动，需要商事登记机关证明其具体经营范围的，商事登记机关应当根据商事主体的申请出具相应的证明文件。

第四十六条 商事登记机关及其他有关行政管理部门应当根据本办法规定，制定与本办法相配套的监管实施办法。

第四十七条 本办法自2014年6月1日起实施。

平潭综合实验区商事登记管理办法

（2013年11月26日省人民政府第13次常务会议通过）

第一章 总 则

第一条 为了促进平潭综合实验区的开放开发，营造优良便捷投资创业环境，根据有关法律、法规及《福建省人民代表大会常务委员会关于加快推进平潭综合实验区开放开发的决定》，结合平潭综合实验区实际，制定本办法。

第二条 本办法适用于平潭综合实验区内的商事登记以及相关监督管理活动。本办法未作规定的，按照有关法律、法规的规定执行。

第三条 平潭综合实验区内的工商行政管理部门（以下统称商事登记机关）依照本办法负责商事登记工作及商事登记事项监督管理工作。

其他负责行政许可审批的行政管理部门（以下统称许可审批部门）依照法律、法规、规章规定，在职责范围内对商事主体从事须经许可审批的经营行为实施监督管理，依法查处未取得许可审批的经营行为。

第四条 申请人向商事登记机关申请办理商事登记应当遵循诚实信用的原则，其提交的申请材料应当真实、合法、有效。

商事登记机关实施商事登记应当遵循公平、公正、公开的原则，对申请人提交的材料进行形式审查。

第五条 商事登记机关应当设置商事登记簿，记载商事主体登记事项和备案事项。

第六条 商事登记机关实行注册官核准制度，由注册官依法依职权核准商事登记。

省人民政府工商行政管理部门应当会同公务员管理部门建立健全平潭综合实验区商事登记注册官录用、评级、待遇、奖惩等配套制度，完善工作机制，提高登记效能。

第二章 商事主体的登记及证照管理

第七条 依法登记的商事主体分为企业法人、非法人企业、企业分支机构和个体工商户四大类，由商事登记机关颁发相应营业执照。

企业法人、非法人企业、企业分支机构和个体工商户的具体类型，按照国务院工商行政管理部门规定的分类标准确定。

香港特别行政区、澳门特别行政区永久性居民中的中国公民，台湾地区居民可以按照国家有关规定，申请登记为个体工商户。

第八条 商事登记事项主要包括：

（一）名称；

（二）法人主体的住所及经营场所，非法人主体的经营场所；

（三）法定代表人（负责人）；

（四）认缴出资总额；

（五）经营范围；

（六）经营期限；

（七）商事主体类型；

（八）投资人姓名或者名称，及其认缴或者申报的出资额。

第九条 设立商事主体，应当向商事登记机关提交下列材料：

（一）申请书；

（二）章程或者协议；

（三）住所或者经营场所信息材料；

（四）投资主体资格证明；

（五）负责人、高级管理人员等相关成员的任职文件及身份证明；

（六）商事登记机关规定的其他材料。

申请设立需要取得前置行政许可的商事主体，还应当提交名称核准通知书。

商事登记机关应当依法制定商事主体变更、注销登记需要提交的材料目录并向社会公布。

第十条 使用"平潭"字样的商事主体名称，申请人可以自主选择名称中的字号和行业特征，并申请登记，但不得损害国家利益、社会公共利益或者违反社会公序良俗。产生名称纠纷的，由当事人协商解决；协商不成的，可以依法提起民事诉讼。

第十一条 商事主体实行直接登记制，但涉及国家安全、公民生命财产安全等需要取得前置行政许可的除外。具体前置行政许可审批目录由平潭综合实验区管委会编制，报省人民政府批准后公布施行。

商事主体领取营业执照后,即可开展不需许可审批经营项目的经营活动。

商事主体从事应当报经有关部门许可审批经营项目经营活动的,应当在领取营业执照后,依法向许可审批部门提出申请,经许可批准后方可开展相关经营活动。

第十二条 商事主体的经营范围由其自主选择,但法律、法规和国务院决定禁止的除外。

商事主体在章程或者协议中应当如实载明具体经营项目。

第十三条 商事主体以其主要办事机构所在地的地址或者联络地址为住所。

第十四条 商事主体可以在住所以外增设经营场所。商事主体的经营场所不在其商事登记机关辖区内的,应当办理分支机构登记;经营场所在其商事登记机关辖区内的,应当选择办理分支机构登记或者将经营场所信息报商事登记机关备案。

商事主体的住所、经营场所依法应当取得规划、环保、消防及食品安全、药品安全、卫生等相关许可审批部门批准的,应当依法向相关部门提出申请,经批准后方可开展经营活动。

第十五条 申请人申请商事登记时,应当提交对住所、经营场所享有使用权的证明,商事登记机关不审查住所、经营场所的法定用途及使用功能,申请人对住所、经营场所的真实性、合法性、安全性负责。

第十六条 有限责任公司和发起设立的股份有限公司实行注册资本认缴登记制,股东或者发起人以其认缴的出资额或者认购的股份为限对公司承担责任,募集设立的股份有限公司不适用认缴登记制。申请设立登记时,商事登记机关登记其全体股东或者发起人认缴的注册资本总额,申请人无需提交验资证明文件。

股东或者发起人的姓名或者名称以及认缴的出资额、出资期限、出资方式及出资责任等事项由股东或者发起人约定,并记载于章程。股东或者发起人实际缴纳出资的,由公司向其签发出资证明书或者交付股票。注册资本缴付情况的真实性、合法性由公司股东或者发起人负责。

公司实收资本不再作为公司的登记事项,由公司凭依法设立的验资机构出具的实收资本验资证明向商事登记机关办理备案,备案实收资本作为备注事项记载于营业执照。

法律、行政法规对公司注册资本实缴登记另有规定的,从其规定。

第十七条 营业执照的样式由商事登记机关制定并发布。依法设立的商事主体,其营业执照签发日期为商事主体成立日期。商事主体凭营业执照刻制印章,申报办理税务登记,开立银行账户等事项。

第十八条 商事主体变更登记事项,应当向商事登记机关申请变更登记。未经变更登记的,商事主体不得擅自改变登记事项。

第十九条 有下列情形之一的,商事主体应当向商事登记机关办理备案:

(一)章程或者协议修改、变更的;

(二)公司实收资本变化的;

(三)董事、监事及高级管理人员变动的;

(四)增设或者减少分支机构的;

(五)设立清算组及清算组成员和负责人变动的。

第二十条　有下列情形之一的，商事主体应当向商事登记机关申请注销登记：
（一）章程规定或者协议约定的营业期限届满或者其他解散事由出现的；
（二）根据依法作出的决议或者决定解散的；
（三）因合并、分立解散的；
（四）人民法院依法予以解散的；
（五）被依法宣告破产的；
（六）被依法责令关闭的；
（七）法律、法规规定的其他解散情形。
经商事登记机关注销登记，商事主体终止。

第二十一条　申请商事主体登记，申请人可以到商事登记机关提交申请，也可以通过信函、电报、电传、传真、电子数据交换和电子邮件等方式提出申请，或者通过商事登记机关的网上服务平台直接申报。

第二十二条　对申请材料不齐全或者不符合法定形式的，商事登记机关应当自收到材料之日起1个工作日内一次性告知申请人需要补正的材料，并将申请材料退回申请人。

对申请材料齐全，符合法定形式的，商事登记机关应当受理，除可以当场作出商事登记决定的外，商事登记机关应当在3个工作日内予以登记并颁发营业执照。

对不属于商事登记范畴或者不属于本机关登记管辖范围的事项，应当即时决定不予受理，并告知申请人向有关行政管理部门申请。

商事登记机关在3个工作日内不能完成登记的，经商事登记机关负责人批准，可以相应延长。

第二十三条　商事主体营业执照分为正本和副本，正本和副本具有同等法律效力。商事主体可以根据业务需要向商事登记机关申请核发营业执照若干副本。

推行电子营业执照和全程电子化登记管理。商事登记机关可以核发各类型商事主体电子营业执照，与纸质营业执照具有同等法律效力。

第二十四条　任何单位和个人不得伪造、涂改、出租、出借、转让营业执照。

营业执照遗失或者毁坏的，商事主体应当在省级以上的报刊上声明作废，申请补领。

第三章　监督管理

第二十五条　平潭综合实验区管委会应当建设统一商事主体信用信息公示平台（以下简称信息平台），利用信息平台征集、发布与商事主体相关的行政许可审批和信用信息，对商事主体进行信用教育、评级、警示。

许可审批部门及有关单位应当将其有关行政许可审批及监管情况等信息及时、准确、完整地汇入信息平台。

第二十六条　商事登记实行年度报告制度。

每年3月1日至6月30日，商事主体应当通过信息平台向商事登记机关提交年度报告，并向社会公示。当年设立登记的商事主体，自下一年起提交上一年度的年度报告。

商事主体通过网上报送电子档年度报告的，电子档的年度报告同纸质档具有同等法律效力。

第二十七条 商事主体提交的年度报告内容必须真实、合法、有效。年度报告内容应当包括商事主体登记事项和备案事项的变化情况、出资缴纳情况、取得经营项目许可审批情况、主要从事的经营项目和资产负债及损益等资产状况情况。

商事登记机关对商事主体的年度报告实行抽查的监督制度。

第二十八条 实行经营异常名录制度。

商事主体有下列情形之一的，由商事登记机关将其从商事登记簿中移出，载入经营异常名录，并纳入信用监管体系：

（一）不按时提交年度报告的；

（二）通过登记的住所或者经营场所无法联系的。

商事登记机关在作出载入经营异常名录决定之前，应当通过本办法规定的信息平台告知商事主体作出载入经营异常名录决定的事实、理由及依据，并告知其依法享有的权利。

对商事主体载入经营异常名录负有个人责任的投资人、负责人、董事、监事、高级管理人员的信息纳入信用监管体系。

第二十九条 商事主体载入经营异常名录未满3年且载入经营异常名录事由消失的，商事主体可以申请恢复记载于商事登记簿；商事登记机关审查核实后，将其从经营异常名录中移出，恢复记载于商事登记簿。

第三十条 商事主体有下列情形之一的，永久载入经营异常名录，不得恢复记载于商事登记簿，以注册号代替名称：

（一）载入经营异常名录满3年的；

（二）违反企业名称登记管理规定，经商事登记机关责令改正逾期不改的。

第三十一条 永久载入经营异常名录的，商事主体及其投资人、负责人、董事、监事、高级管理人员仍应当依法承担相关法律责任。

第三十二条 载入经营异常名录错误的，商事登记机关应当撤销决定，恢复商事主体原登记簿记载事项，并予以公示。

第三十三条 下列行为由商事登记机关负责监管并予以查处：

（一）应当取得而未取得营业执照，擅自从事一般经营项目经营活动的；

（二）已经取得许可审批，依法应当取得但未取得营业执照，擅自以商事主体名义从事许可经营项目经营活动的；

（三）提交虚假材料或者采取其他欺诈手段取得商事登记和备案的；

（四）未按规定办理变更登记的；

（五）未按规定办理备案的；

（六）未按规定提交年度报告和隐瞒真实情况、提交虚假年度报告的；

（七）伪造、涂改、出租、出借、转让营业执照的；

（八）法律、法规规定的其他情形。

第三十四条 商事主体的经营范围、住所、经营场所涉及许可审批事项的，由负责许可审批的相关行政管理部门依照法定职责负责监管。

应当取得而未取得许可审批从事相关经营活动的，由相关许可审批部门予以查处。

第三十五条 商事登记机关和许可审批部门可视情况采取指导、劝告、建议等行政指导行为,加强对商事主体的监管,引导其合法守信经营。

第四章 法律责任

第三十六条 违反本办法第四条第一款、第三十三条第(三)项、第(六)项规定,有下列行为之一的,由商事登记机关责令限期改正;逾期不改正的,处 3000 元以上 3 万元以下的罚款:

(一)申请人未提交真实、合法、有效申请材料的;

(二)商事主体提交虚假材料或者采取其他欺诈手段备案的;

(三)商事主体未按规定提交年度报告或者隐瞒真实情况、提交虚假年度报告的。

第三十七条 违反本办法第三十三条第(五)项规定的,商事主体未按规定办理备案的,由商事登记机关责令限期改正;逾期不改正的,处 2000 元以上 2 万元以下的罚款。

第三十八条 商事主体有违反本办法规定行为的,由商事登记机关、许可审批部门或者其他有关部门依照本办法和有关法律、法规的规定予以查处。

第三十九条 商事登记机关、许可审批部门及有关单位,未按照本办法第二十五条的规定公示信用信息的,由监察机关责令改正,通报批评,情节严重的,追究有关责任人的行政责任。

第四十条 相关部门工作人员在商事登记管理活动中,滥用职权、玩忽职守、徇私舞弊的,依法给予行政处分;构成犯罪的,依法追究刑事责任。

第五章 附 则

第四十一条 本办法所称商事登记,是指申请人向商事登记机关提出申请,由商事登记机关将商事主体的设立、变更或者注销事项登记于商事登记簿并予以公示的行为。

本办法所称商事主体,是指经依法登记,以营利为目的从事经营活动的自然人、法人和其他组织。

第四十二条 本办法实施前已领取的营业执照继续有效。

商事主体应当自本办法实施之日起 1 年内向商事登记机关申请换发营业执照。换照的具体办法由商事登记机关制定。

第四十三条 本办法自公布之日起施行。

顺德区商事登记制度改革实施办法(试行)

(2012 年 5 月 1 日起施行)

第一章 总 则

第一条 为进一步转变政府职能,深化行政审批制度改革,构建规范化、国际化的营商环境,根据法律法规的基本原则及《珠江三角洲地区改革发展规划纲要》和省政府《关于同意开展商事登记制度改革试点工作的批复》等文件精神,结合顺德区实际,制定本办法。

第二条 本办法所称商事登记是指商事主体或商事主体的筹办人,为了设立、变更或终止商事主体资格，按照有关规定提出申请，商事登记机关进行登记并予以公示的行为。

本办法所称商事主体是指依照有关规定设立的，以营利为目的而从事经营活动，享有权利并承担义务的个体工商户、法人及其他组织。

本办法适用于顺德辖区内除股份有限公司以外的所有类型的商事主体。

第三条 本办法的商事登记机关是指佛山市顺德区市场安全监管部门，商务主管部门是指佛山市顺德区经济和科技促进部门，有关许可审批部门是指根据各自职能对许可经营项目实施许可审批和监督管理的部门。

第四条 申请人申请商事登记应当按规定提交材料，并对材料的真实性负责。

商事登记机关对申请人提交的材料进行形式审查，对材料齐全、符合法定形式的，予以登记。

第二章 登 记

第五条 商事登记实行商事主体资格与经营资格相对分离的登记制度。

第六条 商事登记事项分为主体资格登记事项和经营资格登记事项。

主体资格登记事项包括：

（一）名称；

（二）住所；

（三）法定代表人（负责人、执行合伙人）姓名；

（四）商事主体类型。

经营资格登记事项包括：

（一）注册资本；

（二）实收资本；

（三）经营场所；

（四）经营范围；

（五）经营期限；

（六）股东信息；

（七）商事登记机关认为需要登记的其他事项。

商事登记机关可根据实际情况对经营资格登记事项进行优化或取消。

商事主体变更登记事项，应当向商事登记机关申请变更登记或备案登记。

第七条 有限责任公司章程应当载明的事项应符合《公司法》第二十五条的规定，但有限责任公司的住所与经营场所不一致的，章程还应载明经营场所。

外商投资企业公司章程还需载明以下事项：

（一）股东国籍（注册地）；

（二）投资总额；

（三）资金用途；

（四）出资期限；

（五）经营期限。

第八条 商事主体的经营项目分为许可经营项目和一般经营项目。

许可经营项目是指根据法律、行政法规和国务院决定规定应当取得许可证或者其他批准文件方可从事的经营项目。

一般经营项目是指许可经营项目之外的经营项目。

第九条 商事主体领取营业执照后取得主体资格和一般经营项目的经营资格。

商事主体需从事许可经营项目的，应在领取营业执照后另行向有关许可审批部门申请许可经营项目的经营资格，取得许可证或批准文件后方可经营许可项目，但无需再向商事登记机关申请具体经营范围的登记。

第十条 营业执照不再记载详细的经营范围，商事主体在申请登记时需申报主营业务，主营业务应与商事主体名称记载的行业特征保持一致。

经营范围的表述包括主营业务类型及规范说明两部分。

主营业务类型由商事主体自主选择，按照《国民经济行业分类》中的门类或大类表述。

在主营业务之后统一作出规范说明：经营范围涉及法律、行政法规和国务院决定禁止的，不得经营；应经许可的，凭有效许可证或批准文件经营；法律、行政法规和国务院决定未规定许可的，自主选择经营项目。

商事主体申请的经营范围涉及许可经营项目的，商事登记机关直接登记主营业务类型，不审查相应的许可证或批准文件。

第十一条 有限责任公司实行注册资本认缴制和实收资本备案制。

商事登记机关不限制和审查有限责任公司全体股东的首次实缴出资额，股东的首次实缴出资额可以为零。

第十二条 注册资本认缴制是指拟成立有限责任公司的全体股东或已成立的有限责任公司向商事登记机关提交经全体股东签名确认的认缴出资证明或认缴增资证明后，由商事登记机关对全体股东认缴的出资总额予以登记的制度。

有限责任公司的股东可自行约定股东的出资额、出资方式、出资时间、非货币出资的缴付比例等，并记载于公司章程中，其中一人有限责任公司认缴的注册资本不得低于人民币十万元，其他有限责任公司认缴的注册资本不得低于人民币三万元。

商事登记机关只登记有限责任公司认缴的注册资本，不审查有限责任公司的实收资本，不再收取有关实收资本的验资证明文件。

注册资本缴付情况的真实性由有限责任公司及其股东负责。

第十三条 实收资本备案制是指已成立的有限责任公司在其股东实际缴纳出资并取得合法验资机构出具的验资证明后，向商事登记机关申报实收资本缴付情况备案的制度。

有限责任公司在其股东实际缴付出资额并经验资后，应向该股东出具《出资证明书》，并向商事登记机关申报备案；商事登记机关将有限责任公司实收资本缴付情况录入商事主体信息公示平台进行网上公示，有限责任公司对本公司实收资本备案情况的真实性负责。

第十四条 商事主体登记的住所与经营场所可不一致。

商事主体的住所是其主要办事机构所在地的地址，其功能是公示送达法律文件和确定商事主体司法及行政管辖的地址。

第十五条 商事主体在住所登记后，可增设经营场所。

经营场所地址与住所地址不一致的，商事主体应向商事登记机关申请备案或者按分支机构的有关规定申请登记。

经营场所变更的，商事主体应向商事登记机关申请备案或者按分支机构的有关规定申请登记。

以备案方式增设经营场所或变更经营场所的，商事登记机关应换发营业执照，将增设或变更的经营场所记载于营业执照上。

第十六条　商事主体进行住所（经营场所）登记时，商事登记机关不审查场所的法定用途及使用功能。

依法应当取得规划、环保、消防、文化、卫生等相关部门许可审批方可经营的经营场所，商事主体应当依法向有关许可审批部门提出申请，经许可审批后凭许可审批文件经营。

住宅不能作为经营场所，但符合《中华人民共和国物权法》相关规定的除外。

放宽对住所（经营场所）权属证明的限制，对无法提供有效房产证明文件的房屋，镇人民政府（街道办事处）或其有关部门、各类经济功能区管委会（如工业园区、科技园区管委会）、居（村）委会等机构可出具场所使用证明，申请人凭该证明可直接办理商事主体的住所或经营场所的登记或备案。

本条第四款的场所使用证明内容须包括：

（一）场所的具体地址；

（二）场所的权属主体；

（三）出具场所证明的机构对属于经营场所的明确同意该场所用于经营用途；

（四）出具场所证明的机构对其出具的证明的真实性负责，否则依法承担相关法律责任。

申请人无法提供有效房产证明文件但持本条规定的场所使用证明的，应向商事登记机关书面承诺对使用场所的法定用途及使用功能的合法性和真实性负责，并承诺不提出拆迁补偿要求。

申请人提交商事登记机关办理商事登记的场所证明文件不作为房屋拆迁补偿的依据；如该场所涉及政府依法征用或拆迁，商事主体应主动办理住所（经营场所）的变更或注销登记。

第十七条　对从事一般经营项目的商事主体，同一地址可登记为多户商事主体的住所或经营场所；商事主体进行住所登记后，可以备案方式增设若干经营场所。

第十八条　申请人申请办理《外商投资产业指导目录》中鼓励和允许类外商投资项目设立、变更事项的，由商事登记机关直接登记，并同时将申请人登记信息通过区一体化审批系统发送区商务主管部门备案。

商务主管部门收到登记信息后应将外商投资企业的经营范围、投资总额、注册资本等资料录入国家外商投资统计系统，并出具《外商投资企业批准证书》。

第十九条　外汇管理部门应根据外商投资企业批准证书及相关文件的内容审查企业外汇进出，海关和税务部门应参照对内资企业的管理方式统一管理内外资企业，区商务主管部门应为外商投资企业提供日常管理和服务。

第二十条　实行双轨制登记服务。

商事主体因自身经营需要，需要证明其具体经营范围的，商事登记机关根据商事主体提交的记载具体经营范围的章程和已取得的批准文件或许可证等备案材料提供信息证明服务。

商事主体因自身经营需要，申请对已简化的登记事项予以详细记载的，商事登记机关应提供特别登记服务，根据商事主体的备案情况为商事主体换发营业执照，将相关的登记事项详细记载于新换发的营业执照上。

外商投资企业需出具外商投资企业设立或变更文件的，商务主管部门应提供证明或特别登记服务。

第三章　年度报告备案

第二十一条　优化企业年检（个体工商户验照），实行商事主体年报备案制度。

商事主体年报备案是商事主体对社会公众公开年报备案内容的义务，不作为行政机关对商事主体进行的监督检查措施。

第二十二条　商事主体自其设立年的次年起，每年3月1日至6月30日期间通过区商事主体信息公示平台填报年度报告，年度报告的内容包括商事主体上一经营年度的主要经营活动、注册资本实际到位情况、资产负债情况、相关批准文件或许可证信息等内容。

第二十三条　商事登记机关不审查商事主体备案的年度报告，商事主体完成年度报告备案后，商事登记机关将年度报告的内容向社会公众公示。

第二十四条　商事主体对备案年度报告内容的真实性、合法性负责，不得虚构备案年度报告内容。

第四章　审批系统和信用体系

第二十五条　建立由商事登记机关、区行政服务中心（区审改办）牵头的统一受理、抄告相关、同步审批、限时完成的并联审批制度，对涉及多部门的审批服务事项，全面实行并联、协同审批。

第二十六条　商事登记机关通过广东省工商行政管理业务信息系统进行商事登记，区各有关部门通过区一体化审批系统协同审批和对外公示信息，两个系统的数据共享，业务协同。

第二十七条　试行三种证照同发的登记制度，该制度指申请人可以一次性提交营业执照、组织机构代码证、税务登记证的申请材料，通过并联审批系统审核后，在统一窗口同时领取营业执照、组织机构代码证、税务登记证。

第二十八条　建立统一的区商事主体信息公示平台，通过区商事主体信息公示平台向社会公开商事主体基本登记信息、备案信息、年报信息、许可审批和监管信息、注册资本实缴信息、商事主体及其相关人员违法违规记录等信用信息。

第二十九条　加强企业信用体系建设，构建顺德区企业信用信息系统，不断完善企业信用监管体系、信用评价体系、企业信用风险防范体系、企业信用信息披露体系、信用激励体系。

以人民银行征信系统为基础，商事主体登记信息为依托，政府职能部门日常监管收集的企业信用信息为重点，企业自愿申报信用信息为补充，由相关职能部门、金融机构对所涉及的企业信用信息进行整理并按统一的信息目录、技术标准将相关数据信息汇总到企业信用信息系统，共同构建企业信用平台。

第三十条 加强个人信用体系建设，以法定代表人信用管理为切入点，对违法经营者、中介人员、相关业主、投资人、公司高管等建立涉及税务、银行、保险、进出口贸易、出入境等各方面的约束制度，推进个人信用管理模式的建立，形成个人征信评估、风险预警、风险管理的个人信用制度，逐步建立面向个人的信用管理体系。

第五章　监督管理

第三十一条 建立权责一致、审批与监管相统一的监督管理机制。依照各部门职责，按照谁许可审批、谁监管的原则，有关许可审批部门按照各自职能履行监管职责，并将有关处理或处罚结果录入区商事主体信息公示平台和区一体化审批系统。

对商事登记制度改革前已登记注册的商事主体，按照从新兼从宽的原则进行监管。

第三十二条 商事主体的经营范围、经营场所等经营事项涉及许可审批事项的，由有关许可审批部门履行监管职责；经营事项涉及多个许可审批部门的，各许可审批部门应当在各自职责范围内履行监管职责。

商事主体应当取得而未取得许可审批，擅自从事相关经营活动的，由有关许可审批部门负责依法予以查处。

第三十三条 不涉及许可审批的一般经营项目，由有关职能部门依各自职责进行日常监管；应当取得而未取得营业执照，擅自以商事主体名义从事经营活动的，由商事登记机关依法予以查处。

第三十四条 商事主体因违法行为受到一个部门行政处罚的，其他部门可视其违法行为的关联性依法对其办理相关许可审批业务进行限制。

第三十五条 商事登记机关和有关许可审批部门应当采取建议、辅导、提醒、规劝、示范、警示、告诫、公示、公开等行政指导行为，加强对商事主体的监管，引导其合法守信经营。

第三十六条 在审计、验资等许可或审批中需由专业机构进行认定的领域，逐步将相应实质性审查职能转移给社会组织，区各行业主管部门依职能对社会组织及其从业人员的资质、从业规范等情况进行监管。

第六章　法律责任

第三十七条 未取得商事主体资格而从事经营或者未经许可擅自从事特殊经营项目的，由有关职能部门根据《无照经营查处取缔办法》等相关法律、法规、规章的规定予以处理。

第三十八条 商事主体提交虚假材料或采取其他欺骗手段取得商事登记的，商事登记机关根据《行政许可法》、《中华人民共和国公司法》、《中华人民共和国合伙企业法》、《中华人民共和国个人独资企业法》、《个体工商户条例》等规定予以处理。

第三十九条 商事主体的登记事项发生变更时，未按规定办理登记的，商事登记机关根据《中华人民共和国公司法》、《中华人民共和国公司登记管理条例》、《中华人民共和国合伙企业法》、《中华人民共和国个人独资企业法》、《个体工商户条例》等有关规定予以处理。

第四十条 有限责任公司章程修改未涉及登记事项的，公司应当将修改后的章程或者公司章程修正案送商事登记机关备案，否则商事登记机关根据《中华人民共和国公司登记管理条例》第七十三条第二款予以处罚。

第四十一条 有限责任公司虚报实收资本缴付情况的，商事登记机关根据《中华人民共和国公司法》第一百九十九条的规定予以处理；

有限责任公司股东未缴纳所认缴出资额而骗取实收资本备案的，商事登记机关根据《中华人民共和国公司法》第二百条的规定处理。

第四十二条 有限责任公司以其全部财产对公司的债务承担责任，有限责任公司的股东以其认缴的出资额为限对公司承担责任。

股东未依公司章程规定实际缴付注册资本的，应依法律法规和公司章程的规定承担民事法律责任。

有限责任公司发生债务纠纷或依法清算时，如资不抵债，未缴足注册资本的股东应先缴足注册资本，并以其认缴的出资额为限承担民事法律责任。

第四十三条 有限责任公司变更注册资本或股东的，应清理公司债权债务，完成权利义务的承接工作，并分情形申请登记或备案。因有限责任公司未公示或未清理好债权债务而产生的后果，由该公司及其股东承担法律责任。

第四十四条 实行商事主体除名制度。

除名是指商事登记机关在区商事主体信息公示平台上对违反本办法有关规定但尚未构成行政处罚的商事主体进行信息屏蔽的措施；被除名的商事主体在区商事主体信息公示平台上仅显示其名称并注明已除名，不再显示其他任何信息。

被除名的商事主体及时纠正违规行为的，商事登记机关应解除除名。

第四十五条 逾期未完成年报备案而被除名的商事主体，自被除名之日起1年内未纠正违规行为的，商事登记机关根据《企业年度检验办法》、《个体工商户条例》的规定予以行政处罚。

第四十六条 商事主体在年度报告备案中隐瞒真实情况、弄虚作假的，商事登记机关先作除名处理，并根据《企业年度检验办法》、《个体工商户条例》、《个体工商户验照办法》等有关规定予以处理。

第七章 附 则

第四十七条 本办法实施以前核发的营业执照，商事登记机关不作强制变换，商事主体可自主选择申请依照本办法换发营业执照。

第四十八条 在本办法实施后，商事登记机关沿用国家工商行政管理总局制定的营业执照样式，但按照本办法规定进行登记。

第四十九条 在商事主体信息公示平台建设完善之前，营业执照上实收资本登记为有限责任公司已备案的具体数额。

第五十条 根据商事主体的实际需要，商事登记机关可按照本办法实施前的操作予以登记。

第五十一条 本办法由顺德区市场安全监管局负责解释。

区有关许可审批部门应根据各自职能制定相关操作指引、办事指南和监管措施。

第五十二条 顺德区人民政府负责全面推行商事登记制度改革。

顺德区各级政府及有关部门对商事登记制度改革过程中突破有关法律法规限制的具有创新性的履职行为予以保护；对改革过程中，未牟取私利或非故意损害公共利益的有关单位和个人，免于追究责任。

第五十三条 本办法未作规定的，适用其他法律、法规、规章的规定；规范性文件与本办法规定不一致的，以本办法为准。

第五十四条 顺德区人民政府可以依据本办法制定实施细则。

第五十五条 本办法自 2012 年 5 月 1 日起施行。

珠海经济特区横琴新区商事登记管理办法

(2012 年 5 月 23 日八届 4 次市政府常务会议审议通过)

第一章 总 则

第一条 为构建法治化、国际化营商环境，根据《珠海经济特区横琴新区条例》及有关法律、行政法规规定，结合珠海经济特区实际，制定本办法。

第二条 在珠海经济特区横琴新区内的商事登记以及相关的监督管理适用本办法。本办法未作规定的，适用有关法律、法规的规定。

第三条 商事登记是指申请人为设立、变更或者终止商事主体资格，向商事登记机关提出申请，由商事登记机关予以登记的行为。

商事主体是指公司、非公司企业法人及其分支机构。

第四条 珠海市横琴新区工商行政管理部门是横琴新区的商事登记机关。

第五条 申请人申请商事登记，应当按规定提交申请材料，一并出具书面承诺书，声明申请材料真实。

申请商事登记所需提交的材料，由商事登记机关予以公示。

商事登记机关对申请人提交的材料进行形式审查，对材料齐全、符合法定形式的，准予登记。

第六条 横琴新区实行个体工商户豁免登记制度。自然人从事经营活动的，无需办理个体工商户登记，直接办理税务登记。涉及许可经营项目的，经许可批准后凭许可审批文件经营。

第二章 商事主体资格

第七条 商事主体资格登记事项包括：

（一）名称；

（二）住所、经营场所；

（三）法定代表人（负责人）姓名；

（四）注册资本；

（五）商事主体类型；

（六）有限责任公司股东或股份有限公司发起人的姓名或者名称，及其认缴的出资额。

商事登记机关应当将登记事项记载于商事登记簿上。

第八条 商事登记推行网上申报、受理、审查、发照、存档的登记模式。电子档案和纸质档案具有同等法律效力。

商事登记机关推行电子营业执照，电子营业执照与纸质营业执照具有同等法律效力。商事主体根据需要，可以申请商事登记机关颁发纸质营业执照。

第九条 申请人办理商事登记，可以不申请名称预先核准。

第十条 商事主体设立前依法应当报经批准的以及国家规定的专营专卖行业，申请登记时应当向商事登记机关提交相关批准文件。

第十一条 商事主体的经营范围分为一般经营项目和许可经营项目。

经营范围由商事主体通过章程载明。章程中载明的经营范围参照《国民经济行业分类》及有关规定的类别表述。

第十二条 一般经营项目是指不需批准，商事主体可以自主经营的项目。商事主体领取营业执照后，凭营业执照经营一般经营项目。

商事登记机关在营业执照经营范围栏加注"一般经营项目自主经营"。

第十三条 许可经营项目是指依法应当报经有关部门批准的项目。

许可经营项目应当依法向许可审批部门提出申请，经许可批准后凭许可审批文件经营。

经许可的经营项目不需向商事登记机关申请登记。商事登记机关在营业执照经营范围栏加注"许可经营项目凭许可审批文件或者许可证件经营"。

第十四条 商事主体以其主要办事机构所在地为住所，经营场所是其从事经营活动的营业场所。

商事主体的经营场所可以与住所不一致。

第十五条 商事主体申请住所和经营场所登记时，只需提交对住所和经营场所享有使用权的证明，商事登记机关不审查住所和经营场所的法定用途及使用功能。

依法应当取得相关部门许可审批方可经营的经营场所，商事主体应当依法向相关许可审批部门提出申请，经许可批准后凭许可审批文件经营。

第十六条 商事主体可以在住所以外增设经营场所，并报商事登记机关登记。

商事主体的经营场所不在其商事登记机关辖区内的，应当申请设立分支机构。

第十七条 在横琴新区的办公区域内，经横琴新区管委会相关部门出具住所使用证明的，同一地址可以作为多家商事主体的住所。

第十八条 有限责任公司实行注册资本认缴制，其注册资本为全体股东认缴的出资额。股东以其认缴的出资额为限对公司承担责任，公司以其全部财产对公司的债务承担责任。

商事登记机关不登记有限责任公司的实收资本，不收取验资证明文件。商事登记机关在营业执照实收资本栏加注"横琴新区实行注册资本认缴制，不登记实收资本"。法律、行政法规和国务院决定对特定主体的实收资本另有规定的，从其规定。

第十九条 有限责任公司可以向商事登记机关申请实收资本备案。申请备案的，应当提交验资报告。

第二十条 有限责任公司股东的姓名或者名称、以及认缴和实缴的出资额、出资时间及出资方式等出资事项由股东约定，并记载于公司章程。股东实际缴付出资后，由公司向股东出具《出资证明书》。

注册资本缴付情况的真实性由公司及其股东负责。

第三章 年度报告

第二十一条 商事登记实行商事主体年度报告制度，不实行年检验照制度。

商事主体应当每年向商事登记机关提交年度报告。

第二十二条 商事主体提交年度报告的时间为每年3月1日至6月30日。

当年设立登记的商事主体，自下一年起提交年度报告。

第二十三条 年度报告内容应当包括商事主体登记事项的变化情况、注册资本的实缴情况、取得经营项目许可审批的情况、主要从事的经营项目和资产负债及损益情况。

第二十四条 商事主体通过网上报送年度报告，一并提交承诺书，声明年度报告内容真实。

第二十五条 商事主体未按规定提交年度报告的，商事登记机关应当记入商事登记簿。

第四章 商事主体除名

第二十六条 商事主体连续两年未按规定提交年度报告的，商事登记机关将其从商事登记簿中除名，记入商事主体除名名录。

第二十七条 商事主体被除名未满两年，且符合以下条件之一的，可提出恢复申请，由商事登记机关审查核实后，从商事主体除名名录中删除，重新记载于商事登记簿：

（一）证明除名事由不存在的；

（二）按规定补交年度报告的。

第五章 商事登记监管

第二十八条 商事主体的经营范围、经营场所涉及许可审批事项的，由负责许可审批的相关行政管理部门负责监管；应当取得而未取得许可审批从事相关经营活动的，由相关许可审批部门负责依法予以查处。

一般经营项目由相关职能部门依职责进行日常监管，其中应取得而未取得营业执照，擅自以商事主体从事经营活动的，由商事登记机关依法予以查处。

许可经营项目由许可审批部门履行监管职责；许可经营项目涉及多个许可审批部门的，各许可审批部门依据法律、法规的规定，履行各自职责范围内的监管职责；相关行政管理部门对一般经营项目及许可经营项目应当在职责范围内履行监管职责。

第二十九条 商事登记机关和许可审批部门应当采取建议、辅导、提醒、规劝、示范、警示、告诫、公示公开等行政指导行为，加强对商事主体的监管，引导其合法守信经营。

第六章 信息公示

第三十条 横琴新区管委会应当建立统一的商事主体信息公示平台。相关部门应当通过信息公示平台实现商事主体、许可审批和监管信息互通，并将信息予以公示。

第三十一条 横琴新区管委会应当公示辖区内的许可经营项目目录。

第三十二条 商事登记机关应当公示下列信息：

（一）商事登记簿的登记事项及备案信息；

（二）商事主体提交年度报告的有关情况；

（三）商事主体除名名录；
（四）商事主体被查处情况；
（五）商事主体注销情况；
（六）其他应当予以公示的事项。

第三十三条 许可审批部门及有关单位应当公示与商事主体相关的行政许可审批及监管情况等信用信息。

第三十四条 商事主体应当及时在信息平台如实公示其章程、经营范围、注册资本缴付和经营场所等信息及其变动情况。

章程应当载明法律、行政法规规定的事项，制定或修订章程应当符合法定程序。

第三十五条 有限责任公司应当设公司秘书，负责公司股东会议和董事会会议的筹备、文件保管以及公司股东资料的管理，向社会公众披露应当公开的公司信息，并接受政府行政部门查询公司的相关情况。

公司秘书制度应当在章程中规定，并向社会公示。

公司秘书的姓名及公司秘书变更情况，公司应当向商事登记机关备案。

第三十六条 商事主体的信息涉及国家秘密、商业秘密和个人隐私的不得对外公示。

第七章 法律责任

第三十七条 商事主体不公示或不如实公示本办法第三十四条和第三十五条规定的内容的，由商事登记机关责令限期改正，可以并处3万元以下的罚款。

商事主体违反本办法第五条第一款和第二十四条的规定，提交的材料（年度报告）与其声明不符的，由商事登记机关责令限期改正，可以并处3万元以下的罚款；法律、法规另有规定的，从其规定。

第三十八条 相关部门违反本办法规定的，依法追究相关责任。

第三十九条 商事登记机关、许可审批部门及有关单位，未按照本办法第三十二条和第三十三条的规定公示信用信息的，由横琴新区管委会协调处理，情节严重的，追究相关责任。

第八章 附 则

第四十条 本办法实施前已领取营业执照的企业，适用本办法进行监管。

企业可依照本办法向商事登记机关申请换发商事主体营业执照。

第四十一条 个人独资企业和合伙企业参照本办法执行。

第四十二条 本办法自2012年5月24日起施行。

中国（上海）自由贸易试验区管理办法

（2013年9月22日市政府第24次常务会议通过）

第一章 总 则

第一条 （目的和依据）

为了推进中国（上海）自由贸易试验区建设，根据《全国人民代表大会常务委员会关于授权国务院在中国（上海）自由贸易试验区暂时调整有关法律规定的行政审批的决定》、《中国（上海）自由贸易试验区总体方案》和有关法律、法规，制定本办法。

第二条 （适用范围）

本办法适用于经国务院批准设立的中国（上海）自由贸易试验区（以下简称"自贸试验区"）。自贸试验区涵盖上海外高桥保税区、上海外高桥保税物流园区、洋山保税港区和上海浦东机场综合保税区，总面积28.78平方公里。

第三条 （区域功能）

自贸试验区推进服务业扩大开放和投资管理体制改革，推动贸易转型升级，深化金融领域开放，创新监管服务模式，探索建立与国际投资和贸易规则体系相适应的行政管理体系，培育国际化、法治化的营商环境，发挥示范带动、服务全国的积极作用。

第二章 管理机构

第四条 （管理机构）

本市成立中国（上海）自由贸易试验区管理委员会（以下简称"管委会"）。管委会为市政府派出机构，具体落实自贸试验区改革任务，统筹管理和协调自贸试验区有关行政事务。

市有关部门和浦东新区等区县政府应当加强协作，支持管委会的各项工作。

第五条 （机构职责）

管委会依照本办法履行以下职责：

（一）负责推进落实自贸试验区各项改革试点任务，研究提出并组织实施自贸试验区发展规划和政策措施，制定自贸试验区有关行政管理制度。

（二）负责自贸试验区内投资、贸易、金融服务、规划国土、建设、绿化市容、环境保护、劳动人事、食品药品监管、知识产权、文化、卫生、统计等方面的行政管理工作。

（三）领导工商、质监、税务、公安等部门在自贸试验区内的行政管理工作；协调海关、检验检疫、海事、金融等部门在自贸试验区内的行政管理工作。

（四）承担安全审查、反垄断审查相关工作。

（五）负责自贸试验区内综合执法工作，组织开展自贸试验区内城市管理、文化等领域行政执法。

（六）负责自贸试验区内综合服务工作，为自贸试验区内企业和相关机构提供指导、咨询和服务。

（七）负责自贸试验区内信息化建设工作，组织建立自贸试验区监管信息共享机制和平台，及时发布公共信息。

（八）统筹指导自贸试验区内产业布局和开发建设活动，协调推进自贸试验区内重大投资项目建设。

（九）市政府赋予的其他职责。

原由上海外高桥保税区管理委员会、洋山保税港区管理委员会、上海综合保税区管理委员会分别负责的有关行政事务，统一由管委会承担。

第六条 （综合执法）

管委会综合执法机构依法履行以下职责：

（一）集中行使城市管理领域、文化领域的行政处罚权，以及与行政处罚权有关的行政强制措施权和行政检查权。

（二）集中行使原由本市规划国土、建设、住房保障房屋管理、环境保护、民防、人力资源社会保障、知识产权、食品药品监管、统计部门依据法律、法规和规章行使的行政处罚权，以及与行政处罚权有关的行政强制措施权和行政检查权。

（三）市政府决定由管委会综合执法机构行使的其他行政处罚权。

第七条 （集中服务场所）

管委会应当依据自贸试验区的区域布局和企业需求，设立集中办理行政服务和管理事项的场所。

第八条 （驻区机构）

海关、检验检疫、海事、工商、质监、税务、公安等部门设立自贸试验区办事机构，依法履行自贸试验区有关监管和行政管理职责。

第九条 （其他行政事务）

市有关部门和浦东新区政府按照各自职责，承担自贸试验区其他行政事务。

第三章 投资管理

第十条 （服务业扩大开放）

自贸试验区根据《中国（上海）自由贸易试验区总体方案》，在金融服务、航运服务、商贸服务、专业服务、文化服务和社会服务等领域扩大开放，暂停或者取消投资者资质要求、股比限制、经营范围限制等准入限制措施。

自贸试验区根据先行先试推进情况以及产业发展需要，不断探索扩大开放的领域、试点内容及相应的制度创新措施。

第十一条 （负面清单管理模式）

自贸试验区实行外商投资准入前国民待遇，实施外商投资准入特别管理措施（负面清单）管理模式。

对外商投资准入特别管理措施（负面清单）之外的领域，按照内外资一致的原则，将外商投资项目由核准制改为备案制，但国务院规定对国内投资项目保留核准的除外；将外商投资企业合同章程审批改为备案管理。

自贸试验区外商投资准入特别管理措施（负面清单），由市政府公布。外商投资项目和外商投资企业备案办法，由市政府制定。

第十二条 （境外投资备案制）

自贸试验区内企业到境外投资开办企业，实行以备案制为主的管理方式，对境外投资一般项目实行备案制。

境外投资开办企业和境外投资项目备案办法，由市政府制定。

第十三条 （注册资本认缴登记制）

自贸试验区实行注册资本认缴登记制，公司股东（发起人）对其认缴出资额、出资方式、出资期限等自主约定并记载于公司章程，但法律、行政法规对特定企业注册资本登记另有规定的除外。

公司股东（发起人）对缴纳出资情况的真实性、合法性负责，并以其认缴的出资额或者认购的股份为限对公司承担责任。

第十四条 （营业执照与经营许可）

自贸试验区内取得营业执照的企业即可从事一般生产经营活动；从事需要许可的生产经营活动的，可以在取得营业执照后，向主管部门申请办理。

法律、行政法规规定设立企业必须报经批准的，应当在申请办理营业执照前依法办理批准手续。

第四章 贸易发展和便利化

第十五条 （贸易转型升级）

自贸试验区积极发展总部经济，鼓励跨国公司在自贸试验区内设立亚太地区总部，建立整合贸易、物流、结算等功能的营运中心。

自贸试验区推动国际贸易、仓储物流、加工制造等基础业务转型升级，发展离岸贸易、国际贸易结算、国际大宗商品交易、融资租赁、期货保税交割、跨境电子商务等新型贸易业务。

鼓励自贸试验区内企业统筹开展国际国内贸易，实现内外贸一体化发展。

第十六条 （航运枢纽功能）

自贸试验区发挥与外高桥港、洋山深水港、浦东空港枢纽的联动作用，加强与自贸试验区外航运产业集聚区的协同发展。

自贸试验区发展航运金融、国际船舶运输、国际船舶管理、国际船员管理、国际航运经纪等产业，发展航运运价指数衍生品交易业务。自贸试验区发展航空货邮国际中转，加大航线、航权开放力度。

自贸试验区实行具有竞争力的国际船舶登记政策，建立高效率的船籍登记制度。自贸试验区内企业可以将"中国洋山港"作为船籍港进行船舶登记，从事国际航运业务。

第十七条 （进出境监管制度创新）

对自贸试验区和境外之间进出货物，允许自贸试验区内企业凭进口舱单信息将货物先行提运入区，再办理进境备案手续。对自贸试验区和境内区外之间进出货物，实行智能化卡口、电子信息联网管理模式，完善清单比对、账册管理、卡口实货核注的监管制度。

允许自贸试验区内企业在货物出区前自行选择时间申请检验。

自贸试验区推进货物状态分类监管模式。对自贸试验区内的保税仓储、加工等货物，按照保税货物状态监管；对通过自贸试验区口岸进出口或国际中转的货物，按照口岸货物状态监管；对进入自贸试验区内特定的国内贸易货物，按照非保税货物状态监管。

第十八条 （进出境监管服务便利化）

自贸试验区推进新型业务监管创新试点，建立与服务贸易、离岸贸易和新型贸易业务发展需求相适应的监管模式。

自贸试验区积极发展国际中转、集拼和分拨业务。推行"一次申报、一次查验、一次放行"模式。

简化自贸试验区内货物流转手续，按照"集中申报、自行运输"的方式，推进自贸试验区内企业间货物流转。

鼓励设立进出口商品检验鉴定机构。建立对第三方检验鉴定机构检测结果的采信机制。

第五章 金融创新与风险防范

第十九条 （金融创新）

在自贸试验区开展金融领域制度创新、先行先试，建立自贸试验区金融改革创新与上海国际金融中心建设的联动机制。

第二十条 （资本项目可兑换）

在自贸试验区实行资本项目可兑换，在风险可控的前提下，通过分账核算方式，创新业务和管理模式。

第二十一条 （利率市场化）

在自贸试验区培育与实体经济发展相适应的金融机构自主定价机制，逐步推进利率市场化改革。

第二十二条 （人民币跨境使用）

自贸试验区内机构跨境人民币结算业务与前置核准环节脱钩。自贸试验区内企业可以根据自身经营需要，开展跨境人民币创新业务，实现人民币跨境使用便利化。

第二十三条 （外汇管理）

建立与自贸试验区发展需求相适应的外汇管理体制，推进贸易投资便利化。

第二十四条 （金融主体发展）

根据自贸试验区需要，经国家金融管理部门批准，允许不同层级、不同功能、不同类型的金融机构进入自贸试验区，允许金融市场在自贸试验区内建立面向国际的交易平台，提供多层次、全方位的金融服务。

第二十五条 （风险防范）

本市加强与国家金融管理部门的协调，配合国家金融管理部门在自贸试验区建立与金融业务发展相适应的监管和风险防范机制。

第六章 综合管理和服务

第二十六条 （优化管理）

自贸试验区按照国际化、法治化的要求，建立高效便捷的管理和服务模式，促进投资和贸易便利化。

第二十七条 （管理信息公开）

管委会和有关部门在履职过程中制作或者获取的政策内容、管理规定、办事程序及规则等信息应当公开、透明，方便企业查询。

自贸试验区有关政策措施、制度规范在制定和调整过程中，应当主动征求自贸试验区内企业意见。

第二十八条 （一口受理机制）

自贸试验区工商部门会同税务、质监等部门和管委会建立外商投资项目核准（备案）以及企业设立（变更）"一表申报、一口受理"工作机制。工商部门统一接收申请人提交的申请材料，统一向申请人送达有关文书。

管委会建立自贸试验区内企业境外投资备案"一表申报、一口受理"工作机制，统一接收申请人提交的申请材料，统一向申请人送达有关文书。

第二十九条 （完善监管）

管委会和有关部门应当按照自贸试验区改革需求，实行以事中、事后监管为主的动态监管，优化管理流程和管理制度。

自贸试验区执法检查情况，应当依法及时公开。涉及食品药品安全、公共卫生、环境保护、安全生产的，还应当公开处理进展情况，并发布必要的警示、预防建议等信息。

第三十条 （安全审查和反垄断审查）

自贸试验区建立安全审查和反垄断审查的相关工作机制。

投资项目或者企业属于安全审查、反垄断审查范围的，管委会应当及时提请开展安全审查、反垄断审查。

第三十一条 （知识产权保护）

加强自贸试验区知识产权保护，鼓励和支持专业机构提供知识产权调解、维权援助等服务。

管委会负责自贸试验区内专利纠纷的行政调解和处理。

第三十二条 （企业年度报告公示）

实行自贸试验区内企业年度报告公示制度。自贸试验区内企业应当向工商部门报送年度报告。年度报告应当向社会公示，涉及商业秘密内容的除外。企业对年度报告的真实性、合法性负责。

自贸试验区内企业年度报告公示办法另行制定。

第三十三条 （信用信息制度）

建立自贸试验区内企业信用信息记录、公开、共享和使用制度，推行守信激励和失信惩戒联动机制。

第三十四条 （监管信息共享）

管委会组织建立自贸试验区监管信息共享机制和平台，实现海关、检验检疫、海事、金融、发展改革、商务、工商、质监、财政、税务、环境保护、安全生产监管、港口航运等部门监管信息的互通、交换和共享，为优化管理流程、提供高效便捷服务、加强事中事后监管提供支撑。

第三十五条 （综合性评估）

本市在自贸试验区建立行业信息跟踪、监管和归集的综合性评估机制。

市发展改革部门会同市有关部门和管委会建立工作机制，开展行业整体、行业企业试点实施情况和风险防范的综合性评估，提出有关评估报告，推进完善扩大开放领域、试点内容和制度创新措施。

第三十六条 （行政复议和诉讼）

当事人对管委会或者有关部门的具体行政行为不服的，可以依照《中华人民共和国行政复议法》或者《中华人民共和国行政诉讼法》的规定，申请行政复议或者提起行政诉讼。

第三十七条 （商事纠纷解决）

自贸试验区内企业发生商事纠纷的，可以向人民法院起诉，也可以按照约定，申请仲裁或者商事调解。

支持本市仲裁机构依据法律、法规和国际惯例，完善仲裁规则，提高自贸试验区商事纠纷仲裁专业水平和国际化程度。

支持各类商事纠纷专业调解机构依照国际惯例，采取多种形式，解决自贸试验区商事纠纷。

第七章　附　则

第三十八条　（附件）

管委会承担的行政审批事项、具体管理事务和管委会综合执法机构集中行使的行政处罚权，由本办法附件予以明确。

第三十九条　（施行日期）

本办法自2013年10月1日起施行。

附件：

（一）管委会承担的行政审批事项

1. 投资管理部门委托的企业投资项目的核准。

2. 商务管理部门委托的外商投资企业设立和变更审批，境外投资开办企业审批。

3. 规划管理部门委托的建设项目选址意见书、核定规划条件、建设用地规划许可证、建设工程规划设计方案、建设工程规划许可证的审批，建设工程竣工规划验收。

4. 除新增建设用地外，土地管理部门委托的国有土地使用权划拨、出让等建设项目用地预审。

5. 建设管理部门委托的建设项目报建许可，建设项目初步设计审批，建设工程施工许可，占用城市道路人行道设置各类设施许可，临时占路及公路用地许可，桥梁安全保护区域内施工许可，掘路许可，道路用地范围内埋设管线和管线穿越、跨越道路审批，增设改建平面交叉道口许可，超限运输车辆行驶许可，外商投资企业首次申请建设工程设计和建筑业企业资质许可。

6. 绿化市容管理部门委托的建设项目配套绿化方案审批及竣工验收、临时使用绿地许可（含公共绿地），迁移、砍伐树木（古树名木除外）许可，调整公共绿地内部布局、服务设施设置许可，户外广告设施设置或者宣传品、标语的张贴、悬挂许可，户外非广告设施设置审批，配套建设的环境卫生设施规划、设计方案的审批和竣工验收。

7. 环境保护管理部门委托的建设项目环境影响评价、试生产、竣工验收的审批，建筑工地夜间施工审批，污染物处理设施闲置、拆除的审批。

8. 民防管理部门委托的结建民防工程审批和施工图审查，民防工程建设费的收取和减免审核，民防工程竣工验收，民防工程的拆除审批。

9. 科技管理部门委托的高新技术企业认定初审。

10. 人力资源社会保障管理部门委托的企业实行其他工作时间审批，外国人来沪的就业审批，台港澳人员来沪就业审批，定居国外中国人在沪就业核准，外国专家来沪工作许可，办理《上海市居住证》B证。

11. 水务管理部门委托的临时停止供水或者降低水压审批，排水许可证核发。

12. 知识产权管理部门委托的专利代理机构申报初审和专利广告出证，境外图书出版合同登记，复制境外音像制品著作权授权合同登记，进口图书在沪印制备案。

13. 文化管理部门委托的演出经纪机构在自贸试验区内举办演出活动的审批。

14. 卫生计生管理部门委托的建设项目预防性卫生审查。

15. 食品药品监管部门委托的药品零售企业开办、变更许可，餐饮服务许可，互联网药品交易企业审批。

（二）管委会承担的具体管理事务

1. 编制区域内控制性详细规划、土地出让计划及各专项规划并按法定程序报批，审批区域内产业用地控制性详细规划指标的调整，负责区域内土地利用监管等。

2. 建设工程招标投标备案，设计文件审查，建设工程规划开工放样验收，基础建设（正负零零）及结构封顶备案，建设项目规划参数调整（包括小于2.0容积率，绿化率，建筑密度，建筑高度，工业、仓储、研发用地相互转换、拆分及合并），建设工程质量安全监督检查、竣工备案、建设工程档案验收等建设工程管理工作。

3. 建筑垃圾和工程渣土处置申报管理，生活垃圾分类及处置申报管理，绿化专业工程安全质量监督申报、现场监督管理，绿地范围控制线划定及调整。

4. 民防建设工程安全质量监督申报、监督检查管理，民防工程的维护管理和安全使用管理的监督检查，地下空间安全使用管理的综合协调。

5. 编制区域规划环评及其跟踪评价，并按规定程序报批；组织区域环境、污染源的监测和监督管理，负责污染事故应急处理。

6. 安全生产监督检查。

7. 演出经纪机构、文化娱乐场所和游戏游艺设备生产企业的日常监管。

8. 食品、药品、医疗器械、保健食品和化妆品生产经营活动的日常监管。

9. 统计管理、协调和监督检查。

（三）管委会综合执法机构集中行使的行政处罚权

1. 《上海市城市管理相对集中行政处罚权暂行办法》、《上海市人民政府关于扩大浦东新区城市管理领域相对集中行政处罚权范围的决定》和《上海市文化领域相对集中行政处罚权办法》规定的行政处罚权。

2. 规划国土管理部门依据法律、法规和规章，对规划和土地方面的违法行为行使的行政处罚权。

3. 建设管理部门依据法律、法规和规章，对建设方面的违法行为行使的行政处罚权。

4. 住房保障房屋管理部门依据法律、法规和规章，对住房保障和房屋方面的违法行为行使的行政处罚权。

5. 环境保护管理部门依据法律、法规和规章，对环境保护方面的违法行为行使的行政处罚权。

6. 民防管理部门依据法律、法规和规章，对民防和地下空间使用方面的违法行为行使的行政处罚权。

7. 人力资源社会保障管理部门依据法律、法规和规章，对劳动保障方面的违法行为行使的行政处罚权。

8. 知识产权管理部门依据法律、法规和规章，对著作权、专利权方面的违法行为行使的行政处罚权。

9. 食品药品监管部门依据法律、法规和规章，对食品、药品、医疗器械、保健食品和化妆品监管方面的违法行为行使的行政处罚权。

10. 统计管理部门依据法律、法规和规章，对统计方面的违法行为行使的行政处罚权。

地方规范性文件

上海市人民政府关于公布《中国（上海）自由贸易试验区外商投资准入特别管理措施（负面清单）（2013年）》的公告

沪府发〔2013〕75号

根据外商投资法律法规、《中国（上海）自由贸易试验区总体方案》、《外商投资产业指导目录（2011年修订）》，现予公布《中国（上海）自由贸易试验区外商投资准入特别管理措施（负面清单）（2013年）》。

特此公告。

附件：中国（上海）自由贸易试验区外商投资准入特别管理措施（负面清单）（2013年）

上海市人民政府
2013年9月29日

附件：

中国（上海）自由贸易试验区外商投资准入特别管理措施（负面清单）（2013年）

上海市人民政府
说明

《中国（上海）自由贸易试验区外商投资准入特别管理措施（负面清单）（2013年）》（以下简称"负面清单"），以外商投资法律法规、《中国（上海）自由贸易试验区总体方案》、《外商投资产业指导目录（2011年修订）》等为依据，列明中国（上海）自由贸易试验区（以下简称"自贸试验区"）内对外商投资项目和设立外商投资企业采取的与国民待遇等不符的准入措施。负面清单按照《国民经济行业分类及代码》（2011年版）分类编制，包括18个行业门类。S公共管理、社会保障和社会组织、T国际组织2个行业门类不适用负面清单。

对负面清单之外的领域，将外商投资项目由核准制改为备案制（国务院规定对国内投资项目保留核准的除外）；将外商投资企业合同章程审批改为备案管理。

除列明的外商投资准入特别管理措施，禁止（限制）外商投资国家以及中国缔结或者参加的国际条约规定禁止（限制）的产业，禁止外商投资危害国家安全和社会安全的项目，禁止从事损害社会公共利益的经营活动。

自贸试验区内的外资并购、外国投资者对上市公司的战略投资、境外投资者以其持有的中国境内企业股权出资,应当符合相关规定要求;涉及国家安全审查、反垄断审查的,按照相关规定办理。

香港特别行政区、澳门特别行政区、台湾地区投资者在自贸试验区内投资参照负面清单执行。内地与香港特别行政区、澳门特别行政区《关于建立更紧密经贸关系的安排》及其补充协议、《海峡两岸经济合作框架协议》及其后续《海峡两岸服务贸易协议》、我国签署的自贸协定中适用于自贸试验区并对符合条件的投资者有更优惠的开放措施的,按照相关协议或协定的规定执行。

根据外商投资法律法规和自贸试验区发展需要,负面清单将适时进行调整。

上海市人民政府关于印发《中国(上海)自由贸易试验区境外投资开办企业备案管理办法》的通知

沪府发〔2013〕74号

各区、县人民政府,市政府各委、办、局:

现将《中国(上海)自由贸易试验区境外投资开办企业备案管理办法》印发给你们,请认真按照执行。

上海市人民政府
2013年9月29日

中国(上海)自由贸易试验区境外投资开办企业备案管理办法

第一条 (目的和依据)

为进一步扩大开放,推进境外投资管理体制改革,营造国际化、法治化投资环境,根据《中国(上海)自由贸易试验区总体方案》,制定本办法。

第二条 (适用范围)

注册地在中国(上海)自由贸易试验区内的企业(以下简称"企业")境外投资,适用本办法。

本办法所称境外投资,是指企业通过新设、并购等方式,在境外设立非金融企业或取得既有非金融企业的所有权、控制权、经营管理权等权益的行为。

第三条 (备案机构)

中国(上海)自由贸易试验区管理委员会(以下称"备案机构")负责权限内企业境外投资备案管理。

第四条 (备案权限)

备案机构对境外投资实行备案管理。

涉及与我国未建交国家(地区)的境外投资、特定国家(地区)的境外投资、涉及多国(地区)利益的境外投资、设立境外特殊目的公司、能源矿产类境外投资,需在国内招商的境外投资等，仍按照《境外投资管理办法》执行。

企业境外投资不得有以下情形：

（一）危害我国国家主权、安全和社会公共利益，或违反我国法律法规；

（二）损害我国与有关国家（地区）关系；

（三）可能违反我国对外缔结的国际条约；

（四）涉及我国禁止出口的技术和货物。

第五条 （备案材料）

企业申请境外投资备案的，应向备案机构提交以下材料：

（一）境外投资备案申请表；

（二）投资主体法人身份证明文件；

（三）特殊情况下，提交备案机构要求的其他材料。

第六条 （备案时限）

备案机构应在企业交齐本办法第五条所规定的材料，并确认材料符合规定形式后5个工作日内，完成备案并制发《企业境外投资证书》（以下简称《证书》）。

企业提交备案材料不齐全或不符合规定形式的，备案机构应在收到备案申请材料后1个工作日内，一次告知企业。

第七条 （变更和终止）

根据本办法设立的境外投资企业发生投资主体、投资金额、股权比例、资金来源结构、经营范围、经营期限等变更情形的，应向备案机构申请变更备案。

终止已设立境外投资企业的，应向备案机构申请终止备案。

变更和终止备案的程序，参照本办法第五、第六条执行。

第八条 （证书效力）

企业境外投资备案后，持《证书》办理外汇、海关、外事等相关手续，并可按照规定，申请国家有关政策支持。

第九条 （证书有效期）

企业自领取《证书》两年内，未在投资目的国（地区）完成有关法律手续或未办理本办法第八条所列境内有关手续的，《证书》自动失效。如需再开展境外投资，应按照本办法规定重新办理备案。

第十条 （诚信管理）

备案机构对境外投资主体实行诚信管理。企业应保证全部申报事项和报送材料的真实性，并按照国家法律、法规规定，开展境外投资。

第十一条 （事中事后监管）

企业境外投资行为规范，参照《境外投资管理办法》规定执行。备案机构负责事中事后监管，督促企业办理再投资备案，向驻外使（领）馆报到登记，接受驻外使（领）馆的指导，按时报送统计和年检资料，履行企业社会责任，落实各项人员和财产安全防范措施，建立突发事件预警机制和应急预案，及时处置境外突发事件等。

第十二条 （罚则）

企业提供虚假申请材料，不如实填报境外投资备案申请表，或以其他不正当手段获得境外投资备案的，备案机构应撤销《证书》，并将该信息记入企业诚信档案，该企业三年内不得享受国家有关政策支持。

第十三条 （附则）

企业赴香港特别行政区、澳门特别行政区投资参照本办法执行，赴台湾地区投资按照国家发展改革委、商务部和国台办《关于印发〈大陆企业赴台湾地区投资管理办法〉的通知》（发改外资〔2010〕2661号）执行。

事业单位法人开展境外投资、企业在境外设立非法人企业、企业控股的境外企业境外再投资参照本办法执行。

第十四条 （施行日期）

本办法自2013年10月1日起施行。

上海市人民政府关于印发《中国（上海）自由贸易试验区境外投资项目备案管理办法》的通知

沪府发〔2013〕72号

各区、县人民政府，市政府各委、办、局：

现将《中国（上海）自由贸易试验区境外投资项目备案管理办法》印发给你们，请认真按照执行。

上海市人民政府
2013年9月29日

中国（上海）自由贸易试验区境外投资项目备案管理办法

第一章 总则

第一条 为进一步改革境外投资管理方式，切实提高境外投资便利化程度，根据《中国（上海）自由贸易试验区总体方案》，制定本办法。

第二条 中国（上海）自由贸易试验区管理委员会（以下称"项目备案机构"）对注册在中国（上海）自由贸易试验区（以下简称"自贸试验区"）的地方企业实施的本市权限内的境外投资一般项目，实行备案制管理。

第三条 前往未建交、受国际制裁国家，发生战争、动乱等国家和地区，或国家发展改革委认定的其他敏感国家和地区投资的项目；涉及基础电信运营，跨界水资源开发利用，大规模土地开发，输电干线、电网，新闻传媒，或国家发展改革委认定的其他敏感行业的境外投资项目，不分限额，由市发展改革委初审后报国家发展改革委核准，或由国家发展改革委提出审核意见后报国务院核准。

第二章 项目备案程序

第四条 符合条件的境外投资项目备案申请人（以下简称"备案申请人"）须填写

并上报自贸试验区境外投资备案表,同时向项目备案机构提交下列材料:

(一) 备案申请人营业执照、公司章程或合伙协议、公司董事会决议或相关的出资决议;

(二) 证明中方及合作外方资产、经营和资信情况的文件;

(三) 投标、购并或合资合作项目,中外方签署的意向书或框架协议等文件;

(四) 根据有关规定,应提交的其他相关材料。

第五条 备案申请人对所提交的申请材料内容的真实性负责。

第六条 项目备案机构应在收到申请材料之日起 5 个工作日内,向备案申请人出具自贸试验区境外投资项目备案意见(以下简称"备案意见")。

对不属于自贸试验区备案范围,不符合国家法律法规和产业政策,危害国家主权、安全和公共利益的境外投资项目,项目备案机构不予备案,并向备案申请人说明理由。

第七条 境外竞标或收购项目,备案申请人应按照有关规定,在投标或对外正式开展商务活动前,向国家发展改革委报送书面信息报告。

对需要向国家发展改革委登记的地方重大境外投资项目,应按程序报国家发展改革委登记。

第三章 备案的变更

第八条 予以备案的境外投资项目出现下列情形之一的,应向项目备案机构申请变更:

(一) 投资方或股权发生变化;

(二) 投资地点、项目主要内容发生变化;

(三) 中方投资超过原备案的中方投资额 20% 及以上。

变更备案的程序,按照本办法第二章相关规定执行。

第四章 项目备案的效力

第九条 予以备案的境外投资项目,备案申请人可凭备案意见,向商务、外汇管理、海关、税务等部门办理相关手续。

第十条 项目备案文件有效期为 2 年,自备案之日起计算。

第五章 监督管理和法律责任

第十一条 项目备案机构应依托自贸试验区监管信息共享机制和平台等,加强境外投资项目事中、事后监管。项目备案机构可以对投资主体执行项目情况进行监督检查。

以虚假材料骗取备案文件的,由项目备案机构撤销其备案文件,将相关情况纳入企业诚信记录,从严审查其后续开展的境外投资,并告知相关部门,依法追究有关企业和人员的责任。

第六章 附 则

第十二条 前往香港特别行政区、澳门特别行政区的投资项目,适用本办法;前往台湾地区的投资项目,按照国家发展改革委、商务部和国台办《关于印发〈大陆企业赴台湾地区投资管理办法〉的通知》(发改外资〔2010〕2661 号)执行。

第十三条 本办法自 2013 年 10 月 1 日起施行。

上海市人民政府关于印发《中国（上海）自由贸易试验区外商投资企业备案管理办法》的通知

沪府发〔2013〕73号

各区、县人民政府，市政府各委、办、局：

现将《中国（上海）自由贸易试验区外商投资企业备案管理办法》印发给你们，请认真按照执行。

上海市人民政府
2013年9月29日

中国（上海）自由贸易试验区外商投资企业备案管理办法

第一条 （目的和依据）

为进一步扩大开放，推进外商投资管理体制改革，营造中国（上海）自由贸易试验区（以下简称"自贸试验区"）国际化、法治化投资环境，根据《全国人大常委会关于授权国务院在中国（上海）自由贸易试验区暂时调整有关法律规定的行政审批的决定》、《中国（上海）自由贸易试验区总体方案》和相关法律、法规，制定本办法。

第二条 （适用范围）

对自贸试验区外商投资准入特别管理措施（负面清单）之外的外商投资企业设立和变更，适用本办法。法律、法规另有规定的，从其规定。

第三条 （备案机构）

中国（上海）自由贸易试验区管理委员会（以下称"备案机构"）负责权限内的外商投资企业备案管理。

第四条 （企业设立备案）

投资者在自贸试验区内设立外商投资企业的，应在取得企业名称预先核准后，登陆自贸试验区外商投资一口受理平台（以下简称"受理平台"）在线填报，并对备案告知事项作出承诺。

第五条 （变更备案事项）

根据本办法第四条设立的外商投资企业，出现下列情形之一的，应通过受理平台，办理变更备案手续：

（一）注册资本变更（增资、减资）；

（二）股权或合作权益转让；

（三）股权质押；

（四）合并、分立；

（五）经营期限变更；

（六）提前终止；

（七）出资方式、出资期限变更；

（八）中外合作企业外国合作者先行收回投资。

其中，依照相关法律、法规规定应当予以公告的，应当依法办理公告手续。

第六条 （存续企业变更备案）

本办法实施之前，在自贸试验区内设立的外商投资企业发生变更，或自贸试验区外的外商投资企业迁入的，且变更后属于本办法第二条规定的备案范围的，应通过受理平台办理变更备案手续，并向备案机构缴销批准证书。

第七条 （备案程序）

投资者（或外商投资企业）在线完成申报后，备案机构应在1个工作日内予以备案，并将《中国（上海）自由贸易试验区外商/港澳台侨投资企业备案证明》（以下简称《备案证明》）在线发送至投资者（或外商投资企业）和相关部门。

投资者（或外商投资企业）在办理备案后，按国家有关规定办理相关手续。

第八条 （备案信息管理）

受理平台应保留外商投资企业备案信息，但投资者或外商投资企业自备案之日起30日内未完成登记的，应重新填报相关信息。

第九条 （备案转为审批）

备案管理的外商投资企业发生需审批的变更事项，应按照现行外商投资管理的相关规定办理审批手续。

第十条 （告知承诺）

外商投资企业备案实行告知承诺制。外国投资者或外商投资企业不得损害中国国家主权或社会公共利益、危害中国国家安全、损害环境，或存在其他违反中国法律、法规的情形。涉及国家安全审查和反垄断审查的，按照国家有关规定办理。

第十一条 （信息公开）

备案机构应将备案证明的信息予以公开。

第十二条 （诚信管理）

投资者（或外商投资企业）应按照告知承诺，如实提供备案信息，备案信息应与向注册登记机关提供的信息相一致。

第十三条 （事中事后监管）

备案机构应定期对投资者（或外商投资企业）的承诺事项进行检查。发现投资者（或外商投资企业）实际情况与承诺内容不符的，备案机构应以书面通知形式令其改正，并限期整改；情节严重的，应取消备案，将该信息记入外国投资者诚信档案，将该企业列入虚假陈述企业名录，并告知相关部门，公示处理结果。

第十四条 （港澳台投资者）

香港特别行政区、澳门特别行政区、台湾地区的投资者在自贸试验区内投资设立企业的备案管理，参照本办法。

第十五条 （施行日期和有效期）

本办法自2013年10月1日起施行，有效期为3年。

上海市人民政府关于印发《中国(上海)自由贸易试验区外商投资项目备案管理办法》的通知

沪府发〔2013〕71号

各区、县人民政府,市政府各委、办、局:

现将《中国(上海)自由贸易试验区外商投资项目备案管理办法》印发给你们,请认真按照执行。

上海市人民政府
2013年9月29日

中国(上海)自由贸易试验区外商投资项目备案管理办法

第一章 总 则

第一条 为规范中国(上海)自由贸易试验区(以下简称"自贸试验区")外商投资项目管理制度,根据《中国(上海)自由贸易试验区总体方案》,制定本办法。

第二条 本办法适用于自贸试验区内实行备案制管理的外商投资项目。

自贸试验区项目备案管理范围包括:自贸试验区外商投资准入特别管理措施(负面清单)之外的中外合资、中外合作、外商独资、外商投资合伙、外国投资者并购境内企业、外商投资企业增资等各类外商投资项目(国务院规定对国内投资项目保留核准的除外)。

法律、法规另有规定的,从其规定。

第三条 属于国家安全审查范围的外商投资项目,需按照有关规定进行安全审查。

第四条 自贸试验区管理委员会为自贸试验区外商投资项目备案机构(以下称"项目备案机构"),负责自贸试验区外商投资项目备案和监督管理。

第二章 项目备案程序

第五条 自贸试验区项目备案管理范围内的外商投资项目申请人(以下称"备案申请人")填写并上报自贸试验区外商投资项目备案表相关信息,同时向项目备案机构提交下列材料:

(一)中外投资各方的企业注册证(营业执照)、商务登记证(个人投资者提供个人身份证明);

(二)投资各方签署的投资意向书、增资、并购项目的公司董事会决议或相关出资决议;

(三)房地产权证,或土地中标通知书(或土地成交确认书、或国有建设用地使用权出让合同),或租赁协议;

(四)根据有关法律法规,应提交的其他相关材料。

备案申请人对所提交申请材料内容的真实性负责。

同步申报项目备案和企业设立（变更）的，按照自贸试验区"一表申报、一口受理"机制办理。

第六条 项目备案机构应在收到申请材料之日起 10 个工作日内，向备案申请人出具自贸试验区外商投资项目备案意见（以下简称"项目备案意见"）。

对不违反法律、法规，符合国家产业政策规定，属于自贸试验区外商投资项目备案管理范围的外商投资项目，项目备案机构应予以备案。不予备案的，应在项目备案意见中说明理由。

第七条 予以备案的外商投资项目，备案申请人可凭项目备案意见，办理规划、用地、环评、建设等审批手续；申请使用政府补助、转贷、贴息等优惠政策的，可凭项目备案意见，向相关部门提交资金申请报告；申请进口设备减免税等优惠政策的，可凭项目备案意见，向国家或市发展改革部门申请办理相关手续。

第八条 项目备案机构在出具项目备案意见的同时，应将项目备案基本信息及备案文件文本等抄送相关部门。

第三章 备案的变更

第九条 予以备案的外商投资项目出现下列情形之一的，视为重大变更，应向项目备案机构申请变更：

（一）投资方或者股权发生变化；

（二）项目地点发生变化；

（三）项目主要内容发生变化；

（四）总投资超过原备案投资额 20% 及以上；

（五）有关法律法规和产业政策规定需要变更的其他情况。

备案变更程序，按照本办法第二章相关规定执行。

第十条 予以备案的外商投资项目发生变更，如变更后不属于自贸试验区外商投资项目备案管理范围的，应按照外商投资项目核准相关规定，向有权核准的机关申请办理核准手续，且自核准文件出具之日起，原项目备案文件自动失效。

已核准的外商投资项目发生变更，若变更后属于自贸试验区外商投资项目备案管理范围的，应按照本办法相关规定，向项目备案机构申请办理备案手续，且自备案文件出具之日起，原项目核准文件自动失效。

第十一条 予以备案项目如停止实施，备案申请人应及时书面告知项目备案机构。

予以备案项目如迁出自贸试验区外，应按照区外有关外商投资项目管理规定办理手续，并及时书面告知项目备案机构。

第四章 监督管理和法律责任

第十二条 项目备案机构应加强对自贸试验区外商投资备案项目事中、事后监管，可通过自贸试验区监管信息共享机制和平台、企业年报制度等，对项目实施情况进行核查。

第十三条 项目备案机构工作人员在项目备案过程中滥用职权、玩忽职守、徇私舞弊、索贿受贿的，依法给予行政处分；构成犯罪的，依法追究刑事责任。

第十四条 有下列情形之一的外商投资项目，项目备案机构应当依法责令停止投资建设，视情形补办相关手续，并依法追究有关企业和人员的责任，相关情况纳入企业诚信记录：

（一）拆分项目的；

（二）提供虚假材料的；

（三）未予以备案擅自开工建设的；

（四）不按照备案内容进行投资建设的。

第五章　附　则

第十五条　项目备案文件有效期为 2 年，自备案之日起计算。

第十六条　香港特别行政区、澳门特别行政区和台湾地区的投资者在自贸试验区投资的项目，参照本办法执行。

第十七条　本办法自 2013 年 10 月 1 日起施行。

部门规章

国家工商行政管理总局关于修改《中华人民共和国企业法人登记管理条例施行细则》《外商投资合伙企业登记管理规定》《个人独资企业登记管理办法》《个体工商户登记管理办法》等规章的决定

（2014年2月20日国家工商行政管理总局令第63号公布）

为贯彻实施国务院批准的《注册资本登记制度改革方案》，根据2013年12月28日第十二届全国人民代表大会常务委员会第六次会议通过的修改公司法的决定，国家工商行政管理总局决定对《中华人民共和国企业法人登记管理条例施行细则》《外商投资合伙企业登记管理规定》《个人独资企业登记管理办法》《个体工商户登记管理办法》作如下修改：

（一）中华人民共和国企业法人登记管理条例施行细则

1. 将第十四条第一款第（七）项修改为："有符合规定数额并与经营范围相适应的注册资金，国家对企业注册资金数额有专项规定的按规定执行"。

2. 删去第三十二条第六款。

3. 删去第三十六条第一款中的"核实开办条件"。

4. 删去第五十三条第（二）项中的"并核实有关登记事项和开办条件"。

删去第（五）项。

5. 将第九章标题修改为："公示和证照管理"。

6. 将第五十四条修改为："登记主管机关应当将企业法人登记、备案信息通过企业信用信息公示系统向社会公示。"

7. 将第五十五条修改为："企业法人应当于每年1月1日至6月30日，通过企业信用信息公示系统向登记主管机关报送上一年度年度报告，并向社会公示。

年度报告公示的内容及监督检查按照国务院的规定执行。"

8. 删去第五十六条第二款，增加一款作为第二款："国家推行电子营业执照。电子营业执照与纸质营业执照具有同等法律效力。"

9. 将第五十九条第（三）项修改为："监督企业是否按照规定报送、公示年度报告"。

10. 删去第六十三条第一款第（七）项中的"擅自复印营业执照的，收缴复印件，予以警告，处以2000元以下的罚款。"

删去第（十）项。

（二）外商投资合伙企业登记管理规定

1. 将第七章标题修改为："年度报告公示和证照管理"。

2. 将第四十七条修改为:"外商投资合伙企业应当于每年1月1日至6月30日,通过企业信用信息公示系统向企业登记机关报送上一年度年度报告,并向社会公示。"

3. 删去第五十七条、第五十八条。

(三) 个人独资企业登记管理办法

1. 将第六章标题修改为"公示和证照管理"。

2. 增加一条作为第二十九条:"登记机关应当将个人独资企业登记、备案信息通过企业信用信息公示系统向社会公示。"

3. 将第二十九条修改为第三十条:"个人独资企业应当于每年1月1日至6月30日,通过企业信用信息公示系统向登记机关报送上一年度年度报告,并向社会公示。

年度报告公示的内容和监督检查按照国务院的规定执行。"

4. 删去第三十条、第四十条。

(四) 个体工商户登记管理办法

1. 将第二十三条修改为:"个体工商户应当于每年1月1日至6月30日向登记机关报送上一年度年度报告,并对其年度报告的真实性、合法性负责。

个体工商户年度报告、公示办法由国家工商行政管理总局另行制定。"

2. 删去第三十三条第(二) 项。

3. 删去第三十八条。

此外,对上述规章的条文顺序和部分文字做了相应调整和修改。

本决定自2014年3月1日起施行。

资本市场支持促进中国 (上海) 自由贸易试验区若干政策措施

(2013年9月29日中国证券监督管理委员会公布)

按照党中央、国务院关于建设中国 (上海) 自由贸易试验区 (以下简称自贸区) 的重要战略部署,证监会将深化资本市场改革,扩大对外开放,加大对自贸区建设的金融支持力度。具体措施包括:

(一) 拟同意上海期货交易所在自贸区内筹建上海国际能源交易中心股份有限公司,具体承担推进国际原油期货平台筹建工作。依托这一平台,全面引入境外投资者参与境内期货交易。以此为契机,扩大中国期货市场对外开放程度。

(二) 我会支持自贸区内符合一定条件的单位和个人按照规定双向投资于境内外证券期货市场。区内金融机构和企业可按照规定进入上海地区的证券和期货交易所进行投资和交易;在区内就业并符合条件的境外个人可按规定在区内证券期货经营机构开立非居民个人境内投资专户,开展境内证券期货投资;允许符合条件的区内金融机构和企业按照规定开展境外证券期货投资;在区内就业并符合条件的个人可按规定开展境外证券期货投资。

(三) 区内企业的境外母公司可按规定在境内市场发行人民币债券。根据市场需要,探索在区内开展国际金融资产交易等。

(四) 我会支持证券期货经营机构在区内注册成立专业子公司。目前,海通期货、宏源期货、广发期货、申万期货和华安基金等机构正在设立或准备设立风险管理子公司和资产管理子公司。

（五）我会支持区内证券期货经营机构开展面向境内客户的大宗商品和金融衍生品的柜台交易。

保险公司董事、监事和高级管理人员任职资格管理规定

保监会令 2014 年第 1 号

现发布《中国保险监督管理委员会关于修改〈保险公司董事、监事和高级管理人员任职资格管理规定〉的决定》，自发布之日起施行。

主　席　项俊波
2014 年 1 月 23 日

中国保险监督管理委员会关于修改《保险公司董事、监事和高级管理人员任职资格管理规定》的决定

中国保险监督管理委员会决定对《保险公司董事、监事和高级管理人员任职资格管理规定》作如下修改：

（一）将第二条第二款修改为："中国保监会的派出机构根据授权负责辖区内保险公司分支机构高级管理人员任职资格的监督管理，但中资再保险公司分公司和境外保险公司分公司除外。"

（二）第十二条增加一款，作为第三款："保险公司在计划单列市设立的行使省级分公司管理职责的分公司，其高级管理人员的任职条件参照适用前两款规定。"

（三）将第十八条修改为："境外保险公司分公司高级管理人员任职资格核准，适用本规定保险公司总公司高级管理人员的有关规定。"

本决定自发布之日起施行。

《保险公司董事、监事和高级管理人员任职资格管理规定》根据本决定作相应的修改，重新发布。

保险公司董事、监事和高级管理人员任职资格管理规定

第一章　总　则

第一条　为了加强和完善对保险公司董事、监事和高级管理人员的管理，保障保险公司稳健经营，促进保险业健康发展，根据《中华人民共和国保险法》（以下简称《保险法》）和有关法律、行政法规，制定本规定。

第二条　中国保险监督管理委员会（以下简称中国保监会）根据法律和国务院授权，对保险公司董事、监事和高级管理人员任职资格实行统一监督管理。

中国保监会的派出机构根据授权负责辖区内保险公司分支机构高级管理人员任职资格的监督管理，但中资再保险公司分公司和境外保险公司分公司除外。

第三条 本规定所称保险公司，是指经保险监督管理机构批准设立，并依法登记注册的商业保险公司。

本规定所称保险公司分支机构，是指经保险监督管理机构批准，保险公司依法设立的分公司、中心支公司、支公司、营业部和营销服务部以及各类专属机构。

专属机构高级管理人员任职资格管理和营销服务部负责人的任职管理，由中国保监会另行规定。

本规定所称保险机构，是指保险公司及其分支机构。

第四条 本规定所称高级管理人员，是指对保险机构经营管理活动和风险控制具有决策权或者重大影响的下列人员：

（一）总公司总经理、副总经理和总经理助理；

（二）总公司董事会秘书、合规负责人、总精算师、财务负责人和审计责任人；

（三）分公司、中心支公司总经理、副总经理和总经理助理；

（四）支公司、营业部经理；

（五）与上述高级管理人员具有相同职权的管理人员。

第五条 保险机构董事、监事和高级管理人员，应当在任职前取得中国保监会核准的任职资格。

第二章　任职资格条件

第六条 保险机构董事、监事和高级管理人员应当遵守法律、行政法规和中国保监会的有关规定，遵守保险公司章程。

第七条 保险机构董事、监事和高级管理人员应当具有诚实信用的品行、良好的合规经营意识和履行职务必需的经营管理能力。

第八条 保险机构董事、监事和高级管理人员应当通过中国保监会认可的保险法规及相关知识测试。

第九条 保险公司董事长应当具有金融工作5年以上或者经济工作10年以上工作经历。

保险公司董事和监事应当具有5年以上与其履行职责相适应的工作经历。

第十条 保险公司董事会秘书应当具有大学本科以上学历以及5年以上与其履行职责相适应的工作经历。

第十一条 保险公司总经理、副总经理和总经理助理应当具有下列条件：

（一）大学本科以上学历或者学士以上学位；

（二）从事金融工作8年以上或者经济工作10年以上。

保险公司总经理除具有前款规定条件外，还应当具有下列任职经历之一：

（一）担任保险公司分公司总经理以上职务高级管理人员5年以上；

（二）担任保险公司部门负责人5年以上；

（三）担任金融监管机构相当管理职务5年以上；

（四）其它足以证明其具有拟任职务所需知识、能力、经验的职业资历。

第十二条 保险公司省级分公司总经理、副总经理和总经理助理应当具有下列条件：

（一）大学本科以上学历或者学士以上学位；

（二）从事金融工作5年以上或者经济工作8年以上。

保险公司省级分公司总经理除具有前款规定条件外，还应当具有下列任职经历之一：

（一）担任保险公司中心支公司总经理以上职务高级管理人员3年以上；

（二）担任保险公司省级分公司部门负责人以上职务3年以上；

（三）担任其他金融机构高级管理人员3年以上；

（四）担任国家机关、大中型企业相当管理职务5年以上；

（五）其他足以证明其具有拟任职务所需知识、能力、经验的职业资历。

保险公司在计划单列市设立的行使省级分公司管理职责的分公司，其高级管理人员的任职条件参照适用前两款规定。

第十三条 保险公司分公司、中心支公司总经理、副总经理和总经理助理应当具有下列条件：

（一）大学本科以上学历或者学士以上学位；

（二）从事金融工作3年以上或者从事经济工作5年以上。

保险公司分公司、中心支公司总经理除具有前款规定条件外，还应当具有下列任职经历之一：

（一）担任保险机构高级管理人员2年以上；

（二）担任保险公司分公司、中心支公司部门负责人以上职务2年以上；

（三）担任其他金融机构高级管理人员2年以上；

（四）担任国家机关、大中型企业相当管理职务3年以上；

（五）其他足以证明其具有拟任职务所需知识、能力、经验的职业资历。

第十四条 保险公司支公司、营业部经理应当具有保险工作3年以上或者经济工作5年以上的工作经历。

第十五条 保险机构拟任董事长和高级管理人员具有硕士以上学位的，其任职条件中从事金融工作或者经济工作的年限可以减少2年。

第十六条 保险机构拟任高级管理人员符合下列条件之一的，其任职条件中的学历要求可以放宽至大学专科：

（一）从事保险工作8年以上；

（二）从事法律、会计或者审计工作8年以上；

（三）在金融机构、大中型企业或者国家机关担任管理职务8年以上；

（四）取得注册会计师、法律职业资格或者中国保监会认可的其它专业资格；

（五）在申报任职资格前3年内，个人在经营管理方面受到保险公司表彰；

（六）在申报任职资格前5年内，个人获得中国保监会或者地市级以上政府表彰；

（七）拟任艰苦边远地区高级管理人员。

第十七条 保险机构主持工作的副总经理或者其它高级管理人员任职资格核准，适用本规定同级机构总经理的有关规定。

第十八条 境外保险公司分公司高级管理人员任职资格核准，适用本规定保险公司总公司高级管理人员的有关规定。

第十九条 保险机构应当与高级管理人员建立劳动关系，订立书面劳动合同。

第二十条 保险机构高级管理人员兼任其它经营管理职务应当遵循下列规定：

（一）不得违反《中华人民共和国公司法》（以下简称《公司法》）等国家有关规定；

（二）不得兼任存在利益冲突的职务；

（三）具有必要的时间履行职务。

第二十一条 保险机构拟任董事、监事或者高级管理人员有下列情形之一的，中国保监会不予核准其任职资格：

（一）无民事行为能力或者限制民事行为能力；

（二）贪污、贿赂、侵占财产、挪用财产或者破坏社会主义市场经济秩序，被判处刑罚，执行期满未逾5年，或者因犯罪被剥夺政治权利，执行期满未逾5年；

（三）被判处其它刑罚，执行期满未逾3年；

（四）被金融监管部门取消、撤销任职资格，自被取消或者撤销任职资格之日起未逾5年；

（五）被金融监管部门禁止进入市场，期满未逾5年；

（六）被国家机关开除公职，自作出处分决定之日起未逾5年；

（七）因违法行为或者违纪行为被吊销执业资格的律师、注册会计师或者资产评估机构、验证机构等机构的专业人员，自被吊销执业资格之日起未逾5年；

（八）担任破产清算的公司、企业的董事或者厂长、经理，对该公司、企业的破产负有个人责任的，自该公司、企业破产清算完结之日起未逾3年；

（九）担任因违法被吊销营业执照、责令关闭的公司、企业的法定代表人，并负有个人责任的，自该公司、企业被吊销营业执照之日起未逾3年；

（十）个人所负数额较大的债务到期未清偿；

（十一）申请前1年内受到中国保监会警告或者罚款的行政处罚；

（十二）因涉嫌从事严重违法活动，被中国保监会立案调查尚未作出处理结论；

（十三）受到其它行政管理部门重大行政处罚未逾2年；

（十四）在香港、澳门、台湾地区或者中国境外被判处刑罚，执行期满未逾5年，或者因严重违法行为受到行政处罚，执行期满未逾3年；

（十五）中国保监会规定的其他情形。

第二十二条 在被整顿、接管的保险公司担任董事、监事或者高级管理人员，对被整顿、接管负有直接责任的，在被整顿、接管期间，不得到其他保险机构担任董事、监事或者高级管理人员。

第三章 任职资格核准

第二十三条 保险机构董事、监事和高级管理人员的任职资格核准申请和本规定要求的相关报告，应当由保险公司、省级分公司或者根据《保险公司管理规定》指定的计划单列市分支机构负责提交。

第二十四条 保险机构董事、监事和高级管理人员，应当在任职前向中国保监会提交下列书面材料一式三份，并同时提交有关电子文档：

（一）拟任董事、监事和高级管理人员任职资格核准申请书；

（二）中国保监会统一制作的董事、监事和高级管理人员任职资格申请表；

（三）拟任董事、监事或者高级管理人员身份证、学历证书等有关证书的复印件，有护照的应当同时提供护照复印件；

（四）对拟任董事、监事或者高级管理人员品行、专业知识、业务能力、工作业绩等方面的综合鉴定；

（五）拟任高级管理人员劳动合同签章页复印件；

（六）中国保监会规定的其他材料。

保险机构应当如实提交前款规定的材料。保险机构以及拟任董事、监事和高级管理人员应当对材料的真实性、完整性负责，不得有虚假记载、误导性陈述和重大遗漏。

第二十五条　保险机构拟任高级管理人员频繁更换保险公司任职的，应当由本人提交两年内工作情况的书面说明，并解释更换任职的原因。

第二十六条　中国保监会在核准保险机构拟任董事、监事或者高级管理人员的任职资格前，可以向原任职机构核实其工作的基本情况。

第二十七条　中国保监会可以对保险机构拟任董事、监事或者高级管理人员进行任职考察谈话，包括下列内容：

（一）了解拟任人员的基本情况；

（二）对拟任人员需要重点关注的问题进行提示；

（三）中国保监会认为应当考察的其他内容。

任职考察谈话应当制作书面记录，由考察人和拟任人员签字。

第二十八条　中国保监会应当自受理任职资格核准申请之日起 20 日内，作出核准或者不予核准的决定。20 日内不能作出决定的，经本机关负责人批准，可以延长 10 日，并应当将延长期限的理由告知申请人。

决定核准任职资格的，应当颁发核准文件；决定不予核准的，应当作出书面决定并说明理由。

第二十九条　已核准任职资格的保险机构高级管理人员，在同一保险机构内调任、兼任同级或者下级高级管理人员职务，无须重新核准其任职资格，但中国保监会对拟任职务的资格条件有特别规定的除外。

保险机构董事、监事调任或者兼任高级管理人员，应当重新报经中国保监会核准任职资格。

第三十条　保险机构董事、监事或者高级管理人员有下列情形之一的，其任职资格自动失效：

（一）获得核准任职资格后，保险机构超过 2 个月未任命；

（二）从该保险公司离职；

（三）受到中国保监会禁止进入保险业的行政处罚；

（四）出现《公司法》第一百四十七条第一款或者《保险法》第八十二条规定的情形。

第四章　监督管理

第三十一条　除本规定第二十九条第一款规定的情形外，未经中国保监会核准任职资格，保险机构不得以任何形式任命董事、监事或者高级管理人员。

第三十二条　保险机构出现下列情形之一，可以指定临时负责人，但临时负责时间不得超过3个月：

（一）原负责人辞职或者被撤职；

（二）原负责人因疾病、意外事故等原因无法正常履行工作职责；

（三）中国保监会认可的其他特殊情况。

临时负责人应当具有与履行职责相当的能力，并不得有本规定禁止担任高级管理人员的情形。

第三十三条　保险机构应当自下列决定作出之日起10日内，向中国保监会报告：

（一）董事、监事或者高级管理人员的任职、免职或者批准其辞职的决定；

（二）对高级管理人员作出的撤职或者开除的处分决定；

（三）根据撤销任职资格的行政处罚，解除董事、监事或者高级管理人员职务的决定；

（四）根据禁止进入保险业的行政处罚，解除董事、监事或者高级管理人员职务、终止劳动关系的决定；

（五）指定或者撤销临时负责人的决定；

（六）根据本规定第四十条、第四十一条规定，暂停职务的决定。

第三十四条　保险机构董事、监事和高级管理人员应当按照中国保监会的规定参加培训。

第三十五条　保险机构应当按照中国保监会的规定对董事长和高级管理人员实施审计。

第三十六条　保险机构董事、监事或者高级管理人员在任职期间犯罪或者受到其他机关重大行政处罚的，保险机构应当自知道或者应当知道判决或者行政处罚决定之日起10日内，向中国保监会报告。

第三十七条　保险机构出现下列情形之一的，中国保监会可以对直接负责的董事、监事或者高级管理人员出示重大风险提示函，进行监管谈话，要求其就相关事项作出说明，并可以视情形责令限期整改：

（一）在业务经营、资金运用、公司治理结构或者内控制度等方面出现重大隐患的；

（二）董事、监事或者高级管理人员违背《公司法》规定的忠实和勤勉义务，严重危害保险公司业务经营的；

（三）中国保监会规定的其他情形。

第三十八条　保险机构频繁变更高级管理人员，对经营造成不利影响的，中国保监会可以采取下列监管措施：

（一）要求其上级机构作出书面说明；

（二）出示重大风险提示函；

（三）对有关人员进行监管谈话；

（四）依法采取的其他措施。

第三十九条　中国保监会建立和完善保险机构董事、监事和高级管理人员管理信息系统。

保险机构董事、监事和高级管理人员管理信息系统记录下列内容：

（一）任职资格申请材料的基本内容；

（二）职务变更情况；

（三）与该人员相关的风险提示函和监管谈话记录；

（四）离任审计报告；

（五）刑罚和行政处罚；

（六）中国保监会规定的其他内容。

第四十条 保险机构董事、监事或者高级管理人员涉嫌重大违法犯罪，被行政机关立案调查或者司法机关立案侦查的，保险机构应当暂停相关人员的职务。

第四十一条 保险机构出现下列情形之一的，中国保监会可以在调查期间责令其暂停与被调查事件相关的董事、监事或者高级管理人员的职务：

（一）偿付能力严重不足；

（二）涉嫌严重损害被保险人的合法权益；

（三）未按照规定提取或者结转各项责任准备金；

（四）未按照规定办理再保险；

（五）未按照规定运用保险资金。

第四十二条 保险机构在整顿、接管、撤销清算期间，或者出现重大风险时，中国保监会可以对该机构直接负责的董事、监事或者高级管理人员采取以下措施：

（一）通知出境管理机关依法阻止其出境；

（二）申请司法机关禁止其转移、转让或者以其他方式处分财产，或者在财产上设定其他权利。

第五章 法律责任

第四十三条 隐瞒有关情况或者提供虚假材料申请任职资格的机构或者个人，中国保监会不予受理或者不予核准任职资格申请，并在1年内不再受理对该拟任董事、监事或者高级管理人员的任职资格申请。

第四十四条 以欺骗、贿赂等不正当手段取得任职资格的，由中国保监会撤销该董事、监事或者高级管理人员的任职资格，并在3年内不再受理其任职资格的申请。

第四十五条 保险机构违反《保险法》规定，中国保监会依照《保险法》除对该机构给予处罚外，对其直接负责的主管人员和其他直接责任人员给予警告，并处1万元以上10万元以下的罚款；情节严重的，撤销任职资格或者从业资格。

第四十六条 保险机构或者其从业人员违反本规定，由中国保监会依照法律、行政法规进行处罚；法律、行政法规没有规定的，由中国保监会责令改正，给予警告，对有违法所得的处以违法所得1倍以上3倍以下罚款，但最高不超过3万元，对没有违法所得的处以1万元以下罚款；涉嫌犯罪的，依法移交司法机构追究刑事责任。

第六章 附 则

第四十七条 保险集团公司、保险控股公司董事、监事和高级管理人员任职资格管理适用本规定，法律、行政法规和中国保监会另有规定的，适用其规定。

第四十八条 外资独资保险公司、中外合资保险公司董事、监事和高级管理人员任职资格管理适用本规定，法律、行政法规和中国保监会另有规定的，适用其规定。

第四十九条 中国保监会对保险公司的独立董事、财务负责人、总精算师、合规负责人以及审计责任人的任职资格管理另有规定的，适用其规定。

第五十条 保险机构依照本规定报送的任职资格审查材料和其他文件资料，应当用中文书写。原件是外文的，应当附经中国公证机构公证的中文译本。

第五十一条 本规定所称日，是指工作日，不包括法定节假日。

第五十二条 本规定由中国保监会负责解释。

第五十三条 本规定自2010年4月1日起施行；中国保监会2006年7月12日发布的《保险公司董事和高级管理人员任职资格管理规定》（保监会令〔2006〕4号）同时废止。

保险公司股权管理办法

（2010年5月4日中国保险监督管理委员会令2010年第6号发布；

根据2014年4月15日中国保险监督管理委员会令2014年第4号《中国保险监督管理委员会关于修改〈保险公司股权管理办法〉的决定》修订）

第一章 总 则

第一条 为保持保险公司经营稳定，保护投资人和被保险人的合法权益，加强保险公司股权监管，根据《中华人民共和国公司法》《中华人民共和国保险法》等法律、行政法规，制定本办法。

第二条 本办法所称保险公司，是指经中国保险监督管理委员会（以下简称"中国保监会"）批准设立，并依法登记注册的外资股东出资或者持股比例占公司注册资本不足25%的保险公司。

第三条 中国保监会根据有关法律、行政法规，对保险公司股权实施监督管理。

第二章 投资入股

第一节 一般规定

第四条 保险公司单个股东（包括关联方）出资或者持股比例不得超过保险公司注册资本的20%。

中国保监会根据坚持战略投资、优化治理结构、避免同业竞争、维护稳健发展的原则，对于满足本办法第十五条规定的主要股东，经批准，其持股比例不受前款规定的限制。

第五条 两个以上的保险公司受同一机构控制或者存在控制关系的，不得经营存在利益冲突或者竞争关系的同类保险业务，中国保监会另有规定的除外。

第六条 保险公司的股东应当用货币出资，不得用实物、知识产权、土地使用权等非货币财产作价出资。

保险公司股东的出资，应当经会计师事务所验资并出具证明。

第七条 股东应当以来源合法的自有资金向保险公司投资，不得用银行贷款及其他形式的非自有资金向保险公司投资，中国保监会另有规定的除外。

第八条 任何单位或者个人不得委托他人或者接受他人委托持有保险公司的股权，中国保监会另有规定的除外。

第九条 保险公司应当以中国保监会核准的文件和在中国保监会备案的文件为依据，对股东进行登记，并办理工商登记手续。

保险公司应当确保公司章程、股东名册及工商登记文件所载有关股东的内容与其实际情况一致。

第十条 股东应当向保险公司如实告知其控股股东、实际控制人及其变更情况，并就其与保险公司其他股东、其他股东的实际控制人之间是否存在以及存在何种关联关系向保险公司做出书面说明。

保险公司应当及时将公司股东的控股股东、实际控制人及其变更情况和股东之间的关联关系报告中国保监会。

第十一条 保险公司股东和实际控制人不得利用关联交易损害公司的利益。

股东利用关联交易严重损害保险公司利益，危及公司偿付能力的，由中国保监会责令改正。在按照要求改正前，中国保监会可以限制其股东权利；拒不改正的，可以责令其转让所持的保险公司股权。

第二节 股东资格

第十二条 向保险公司投资入股，应当为符合本办法规定条件的中华人民共和国境内企业法人、境外金融机构，但通过证券交易所购买上市保险公司股票的除外。

中国保监会对投资入股另有规定的，从其规定。

第十三条 境内企业法人向保险公司投资入股，应当符合以下条件：

（一）财务状况良好稳定，且有盈利；
（二）具有良好的诚信记录和纳税记录；
（三）最近三年内无重大违法违规记录；
（四）投资人为金融机构的，应当符合相应金融监管机构的审慎监管指标要求；
（五）法律、行政法规及中国保监会规定的其他条件。

第十四条 境外金融机构向保险公司投资入股，应当符合以下条件：

（一）财务状况良好稳定，最近三个会计年度连续盈利；
（二）最近一年年末总资产不少于20亿美元；
（三）国际评级机构最近三年对其长期信用评级为A级以上；
（四）最近三年内无重大违法违规记录；
（五）符合所在地金融监管机构的审慎监管指标要求；
（六）法律、行政法规及中国保监会规定的其他条件。

第十五条 持有保险公司股权15%以上，或者不足15%但直接或者间接控制该保险公司的主要股东，还应当符合以下条件：

（一）具有持续出资能力，最近三个会计年度连续盈利；
（二）具有较强的资金实力，净资产不低于人民币2亿元；
（三）信誉良好，在本行业内处于领先地位。

第三章 股权变更

第十六条 保险公司变更出资额占有限责任公司注册资本 5% 以上的股东，或者变更持有股份有限公司股份 5% 以上的股东，应当经中国保监会批准。

第十七条 投资人通过证券交易所持有上市保险公司已发行的股份达到 5% 以上，应当在该事实发生之日起 5 日内，由保险公司报中国保监会批准。中国保监会有权要求不符合本办法规定资格条件的投资人转让所持有的股份。

第十八条 保险公司变更出资或者持股比例不足注册资本 5% 的股东，应当在股权转让协议书签署后的 15 日内，就股权变更报中国保监会备案，上市保险公司除外。

第十九条 保险公司股权转让获中国保监会批准或者向中国保监会备案后 3 个月内未完成工商变更登记的，保险公司应当及时向中国保监会书面报告。

第二十条 保险公司首次公开发行股票或者上市后再融资的，应当取得中国保监会的监管意见。

第二十一条 保险公司首次公开发行股票或者上市后再融资的，应当符合以下条件：

（一）治理结构完善；

（二）最近三年内无重大违法违规行为；

（三）内控体系健全，具备较高的风险管理水平；

（四）法律、行政法规及中国保监会规定的其他条件。

第二十二条 保险公司应当自知悉其股东发生以下情况之日起 15 日内向中国保监会书面报告：

（一）所持保险公司股权被采取诉讼保全措施或者被强制执行；

（二）质押或者解质押所持有的保险公司股权；

（三）变更名称；

（四）发生合并、分立；

（五）解散、破产、关闭、被接管；

（六）其他可能导致所持保险公司股权发生变化的情况。

第二十三条 保险公司股权采取拍卖方式进行处分的，保险公司应当于拍卖前向拍卖人告知本办法的有关规定。投资人通过拍卖竞得保险公司股权的，应当符合本办法规定的资格条件，并依照本办法的规定报中国保监会批准或者备案。

第二十四条 股东质押其持有的保险公司股权，应当签订股权质押合同，且不得损害其他股东和保险公司的利益。

第二十五条 保险公司应当加强对股权质押和解质押的管理，在股东名册上记载质押相关信息，并及时协助股东向有关机构办理出质登记。

第二十六条 保险公司股权质权人受让保险公司股权，应当符合本办法规定的资格条件，并依照本办法的规定报中国保监会批准或者备案。

第四章 材料申报

第二十七条 申请人提交申请材料必须真实、准确、完整。

第二十八条 申请设立保险公司，应当向中国保监会提出书面申请，并提交投资人的以下材料：

（一）投资人的基本情况，包括营业执照复印件、经营范围、组织管理架构、在行业中所处的地位、投资资金来源、对外投资、自身及关联机构投资入股其他金融机构的情况；

（二）投资人经会计师事务所审计的上一年度财务会计报告，投资人为境外金融机构或者主要股东的，应当提交经会计师事务所审计的最近三年的财务会计报告；

（三）投资人最近三年的纳税证明和由征信机构出具的投资人征信记录；

（四）投资人的主要股东、实际控制人及其与保险公司其他投资人之间关联关系的情况说明，不存在关联关系的应当提交无关联关系情况的声明；

（五）投资人的出资协议书或者股份认购协议书及投资人的股东会、股东大会或者董事会同意其投资的证明材料，有主管机构的，还需提交主管机构同意其投资的证明材料；

（六）投资人为金融机构的，应当提交审慎监管指标报告和所在地金融监管机构出具的监管意见；

（七）投资人最近三年无重大违法违规记录的声明；

（八）中国保监会规定的其他材料。

第二十九条　保险公司变更注册资本，应当向中国保监会提出书面申请，并提交以下材料：

（一）公司股东会或者股东大会通过的增加或者减少注册资本的决议；

（二）增加或者减少注册资本的方案和可行性研究报告；

（三）增加或者减少注册资本后的股权结构；

（四）验资报告和股东出资或者减资证明；

（五）退出股东的名称、基本情况及减资金额；

（六）新增股东应当提交本办法第二十八条规定的有关材料；

（七）中国保监会规定的其他材料。

第三十条　股东转让保险公司的股权，受让方出资或者持股比例达到保险公司注册资本5%以上的，保险公司应当向中国保监会提出书面申请，并提交股权转让协议，但通过证券交易所购买上市保险公司股票的除外。

受让方为新增股东的，还应当提交本办法第二十八条规定的有关材料。

第三十一条　股东转让保险公司的股权，受让方出资或者持股比例不足保险公司注册资本5%的，保险公司应当向中国保监会提交股权转让报告和股权转让协议，但通过证券交易所购买上市保险公司股票的除外。

受让方为新增股东的，还应当提交本办法第二十八条规定的有关材料。

第三十二条　保险公司首次公开发行股票或者上市后再融资的，应当提交以下材料：

（一）公司股东大会通过的首次公开发行股票或者上市后再融资的决议，以及授权董事会处理有关事宜的决议；

（二）首次公开发行股票或者上市后再融资的方案；

（三）首次公开发行股票或者上市后再融资以后的股权结构；

（四）偿付能力与公司治理状况说明；

（五）经营业绩与财务状况说明；

（六）中国保监会规定的其他材料。

第五章 附 则

第三十三条 全部外资股东出资或者持股比例占公司注册资本25%以上的，适用外资保险公司管理的有关规定，中国保监会另有规定的除外。

第三十四条 保险集团（控股）公司、保险资产管理公司的股权管理适用本办法，法律、行政法规或者中国保监会另有规定的，从其规定。

第三十五条 保险公司违反本办法，擅自增（减）注册资本、变更股东、调整股权结构的，由中国保监会根据有关规定予以处罚。

第三十六条 本办法由中国保监会负责解释。

第三十七条 本办法自2010年6月10日起施行。中国保监会2000年4月1日颁布的《向保险公司投资入股暂行规定》（保监发〔2000〕49号）以及2001年6月19日发布的《关于规范中资保险公司吸收外资参股有关事项的通知》（保监发〔2001〕126号）同时废止。

保险公司控股股东管理办法

（2012年7月10日中国保险监督管理委员会主席办公会审议通过）

第一章 总 则

第一条 为了加强保险公司治理监管，规范保险公司控股股东行为，保护保险公司、投保人、被保险人和受益人的合法权益，根据《中华人民共和国保险法》《中华人民共和国公司法》等法律、行政法规制定本办法。

第二条 本办法所称保险公司，是指经中国保险监督管理委员会（以下简称中国保监会）批准设立，并依法登记注册的商业保险公司。

第三条 本办法所称保险公司控股股东，是指其出资额占保险公司资本总额百分之五十以上或者其持有的股份占保险公司股本总额百分之五十以上的股东；出资额或者持有股份的比例虽然不足百分之五十，但依其出资额或者持有的股份所享有的表决权已足以对股东会、股东大会的决议产生重大影响的股东。

第四条 中国保监会根据法律、行政法规以及本办法的规定，对保险公司控股股东实施监督管理。

第二章 行为及义务

第一节 控制行为

第五条 保险公司控股股东应当善意行使对保险公司的控制权，依法对保险公司实施有效监督，防范保险公司经营风险，不得利用控制权损害保险公司、投保人、被保险人和受益人的合法权益。

第六条 保险公司控股股东应当审慎行使对保险公司董事、监事的提名权，提名人选应当符合中国保监会规定的条件。

保险公司控股股东应当依法加强对其提名的保险公司董事、监事的履职监督，对不能有效履职的人员应当按照法律和保险公司章程的规定及时进行调整。

第七条 保险公司控股股东应当对同时在控股股东和保险公司任职的人员进行有效管理，防范利益冲突。

保险公司控股股东的工作人员不得兼任保险公司的执行董事和高级管理人员。

保险公司控股股东的董事长不受本条第二款规定的限制。

第八条 保险公司控股股东应当支持保险公司建立独立、完善、健全的公司治理结构，维护保险公司的独立运作，不得对保险公司董事会、监事会和管理层行使职权进行不正当限制或者施加其他不正当影响。

第九条 保险公司控股股东不得指使保险公司董事、监事、高级管理人员以及其他在保险公司任职的人员作出损害保险公司、保险公司其他股东、投保人、被保险人和受益人合法权益的决策或者行为。

第十条 保险公司控股股东提名的保险公司董事，应当审慎提名保险公司高级管理人员，提名人选应当符合中国保监会规定的条件。

保险公司控股股东提名的保险公司董事，应当以维护保险公司整体利益最大化为原则进行独立、公正决策，对所作决策依法承担责任，不得因直接或者间接为控股股东谋取利益导致保险公司、投保人、被保险人和受益人的合法权益受到损害。

保险公司董事会决策违反法律、行政法规和中国保监会规定的，中国保监会将依法追究董事的法律责任，经证明在表决时曾表明异议并记载于会议记录的董事除外。

第十一条 保险公司控股股东应当维护保险公司财务和资产独立，不得对保险公司的财务核算、资金调动、资产管理和费用管理等进行非法干预，不得通过借款、担保等方式占用保险公司资金。

第二节 交易行为

第十二条 保险公司控股股东应当确保与保险公司进行交易的透明性和公允性，不得无偿或者以明显不公平的条件要求保险公司为其提供资金或者其他重大利益。

第十三条 保险公司控股股东与保险公司之间的关联交易应当严格遵守《保险公司关联交易管理暂行办法》等中国保监会的规定。

保险公司控股股东不得利用关联交易、利润分配、资产重组、对外投资等任何方式损害保险公司的合法权益。

第十四条 保险公司控股股东不得利用其对保险公司的控制地位，谋取属于保险公司的商业机会。

第十五条 保险公司控股股东不得向保险公司出售其非公开发行的债券。保险公司控股股东公开发行债券的，应当采取必要措施，确保保险公司购买的债券不得超过该次发行债券总额的百分之十。

第十六条 保险公司控股股东不得要求保险公司代其偿还债务，不得要求保险公司为其支付或者垫支工资、福利、保险、广告等费用。

第三节 资本协助

第十七条 保险公司控股股东应当恪守对保险公司作出的资本协助承诺，不得擅自变更或者解除。

第十八条 保险公司控股股东应当保持财务状况良好稳定，具有较强的资本实力和持续的出资能力。

对偿付能力不足的保险公司，保监会依法责令其增加资本金时，保险公司控股股东应当积极协调保险公司其他股东或者采取其他有效措施，促使保险公司资本金达到保险监管的要求。

第十九条 保险公司控股股东应当根据保险公司的发展战略、业务发展计划以及风险状况，指导保险公司编制资本中期规划和长期规划，促进保险公司资本需求与资本补充能力相匹配。

第二十条 保险公司控股股东的财务状况、资本补充能力和信用状况发生重大不利变化的，应当依法及时向中国保监会报告。

第二十一条 保险公司控股股东不得接受其控制的保险公司以及该保险公司控制的子公司的投资入股。

第四节 信息披露和保密

第二十二条 保险公司控股股东应当严格按照国家有关规定履行信息披露义务，并保证披露信息的及时、真实、准确、完整，不得有虚假记载、误导性陈述或者重大遗漏。

第二十三条 保险公司控股股东应当建立信息披露管理制度，明确规定涉及保险公司重大信息的范围、保密措施、报告和披露等事项。

第二十四条 保险公司控股股东与保险公司之间进行重大关联交易，保险公司按照《保险公司信息披露管理办法》的要求，披露保险公司全体独立董事就该交易公允性出具的书面意见以及其他相关信息，保险公司控股股东应当积极配合。

第二十五条 保险公司控股股东应当恪守对保险公司的保密义务，不得违法使用保险公司的客户信息和其他信息。

第二十六条 公共传媒上出现与保险公司控股股东有关的、对保险公司可能产生重大影响的报道或者传闻，保险公司控股股东应当及时就有关报道或者传闻所涉及事项向保险公司通报。

第五节 监管配合

第二十七条 保险公司控股股东应当及时了解中国保监会的相关规定、政策，根据中国保监会对保险公司的监管意见，督促保险公司依法合规经营。

保险公司控股股东认为必要时，可以向中国保监会反映保险公司的业务经营和风险管理等情况。

第二十八条 保险公司控股股东对保险公司的股权投资策略和发展战略作出重大调整的，应当及时向中国保监会报告。

第二十九条 保险公司控股股东应当积极配合中国保监会对保险公司进行风险处置，并按照中国保监会的要求提供有关信息资料或者采取其他措施。

第三十条 保险公司控股股东转让股权导致或者有可能导致保险公司控制权变更

的，应当在转让期间与受让方和保险公司共同制定控制权交接计划，确保保险公司经营管理稳定，维护投保人、被保险人和受益人的合法权益。

控制权交接计划应当对转让过程中可能出现的违法违规或者违反承诺的行为约定处理措施。

第三章　监督管理

第三十一条　中国保监会建立保险公司控股股东信息档案，记录和管理保险公司控股股东的相关信息。

第三十二条　因股权转让导致保险公司控制权变更的，保险公司在向中国保监会提交股权变更审批申请时，应当提交本办法第三十条规定的控制权交接计划并说明相关情况。

第三十三条　中国保监会有权要求保险公司控股股东在指定的期限内提供下列信息和资料：

（一）法定代表人或者主要负责人情况；

（二）股权控制关系结构图；

（三）经审计的财务报告；

（四）其他有关信息和资料。

保险公司控股股东股权控制关系结构图应当包括其持股百分之五以上股东的基本情况、持股目的和持股情况，并应当逐级披露至享有最终控制权的自然人、法人或者机构。

第三十四条　保险公司出现严重亏损、偿付能力不足、多次重大违规或者其他重大风险隐患的，中国保监会可以对保险公司控股股东的董事、监事和高级管理人员进行监管谈话。

第三十五条　保险公司控股股东利用关联交易严重损害保险公司利益，危及公司偿付能力的，由中国保监会责令改正。在按照要求改正前，中国保监会可以限制其享有的资产收益、参与重大决策和选择管理者等股东权利；拒不改正的，可以责令其在一定期限内转让所持的部分或者全部保险公司股权。

第三十六条　保险公司控股股东有其他违反本办法规定行为的，由中国保监会责令改正，并可以依法采取相应的监管措施。

第四章　附　则

第三十七条　保险集团公司控股股东参照适用本办法。

第三十八条　国务院财政部门、国务院授权投资机构以及《保险集团公司管理办法（试行）》规定的保险集团公司是保险公司控股股东的，不适用本办法。

第三十九条　外资保险公司控股股东不适用本办法第七条第二款的规定；中国保监会另有规定的，适用其规定。

第四十条　本办法由中国保监会负责解释。

第四十一条　本办法自 2012 年 10 月 1 日起施行。

非上市公众公司监督管理办法

(2013年12月2日中国证券监督管理委员会第15次主席办公会议审议通过)

第一章 总 则

第一条 为了规范非上市公众公司股票转让和发行行为,保护投资者合法权益,维护社会公共利益,根据《证券法》《公司法》及相关法律法规的规定,制定本办法。

第二条 本办法所称非上市公众公司(以下简称公众公司)是指有下列情形之一且其股票未在证券交易所上市交易的股份有限公司:

(一)股票向特定对象发行或者转让导致股东累计超过200人;

(二)股票公开转让。

第三条 公众公司应当按照法律、行政法规、本办法和公司章程的规定,做到股权明晰,合法规范经营,公司治理机制健全,履行信息披露义务。

第四条 公众公司公开转让股票应当在全国中小企业股份转让系统进行,公开转让的公众公司股票应当在中国证券登记结算公司集中登记存管。

第五条 公众公司可以依法进行股权融资、债权融资、资产重组等。

公众公司发行优先股等证券品种,应当遵守法律、行政法规和中国证券监督管理委员会(以下简称中国证监会)的相关规定。

第六条 为公司出具专项文件的证券公司、律师事务所、会计师事务所及其他证券服务机构,应当勤勉尽责、诚实守信,认真履行审慎核查义务,按照依法制定的业务规则、行业执业规范和职业道德准则发表专业意见,保证所出具文件的真实性、准确性和完整性,并接受中国证监会的监管。

第二章 公司治理

第七条 公众公司应当依法制定公司章程。

中国证监会依法对公众公司章程必备条款作出具体规定,规范公司章程的制定和修改。

第八条 公众公司应当建立兼顾公司特点和公司治理机制基本要求的股东大会、董事会、监事会制度,明晰职责和议事规则。

第九条 公众公司的治理结构应当确保所有股东,特别是中小股东充分行使法律、行政法规和公司章程规定的合法权利。

股东对法律、行政法规和公司章程规定的公司重大事项,享有知情权和参与权。

公众公司应当建立健全投资者关系管理,保护投资者的合法权益。

第十条 公众公司股东大会、董事会、监事会的召集、提案审议、通知时间、召开程序、授权委托、表决和决议等应当符合法律、行政法规和公司章程的规定;会议记录应当完整并安全保存。

股东大会的提案审议应当符合程序,保障股东的知情权、参与权、质询权和表决权;董事会应当在职权范围和股东大会授权范围内对审议事项作出决议,不得代替股东大会对超出董事会职权范围和授权范围的事项进行决议。

第十一条 公众公司董事会应当对公司的治理机制是否给所有的股东提供合适的保护和平等权利等情况进行充分讨论、评估。

第十二条 公众公司应当强化内部管理，按照相关规定建立会计核算体系、财务管理和风险控制等制度，确保公司财务报告真实可靠及行为合法合规。

第十三条 公众公司进行关联交易应当遵循平等、自愿、等价、有偿的原则，保证交易公平、公允，维护公司的合法权益，根据法律、行政法规、中国证监会的规定和公司章程，履行相应的审议程序。

第十四条 公众公司应当采取有效措施防止股东及其关联方以各种形式占用或者转移公司的资金、资产及其他资源。

第十五条 公众公司实施并购重组行为，应当按照法律、行政法规、中国证监会的规定和公司章程，履行相应的决策程序并聘请证券公司和相关证券服务机构出具专业意见。

任何单位和个人不得利用并购重组损害公众公司及其股东的合法权益。

第十六条 进行公众公司收购，收购人或者其实际控制人应当具有健全的公司治理机制和良好的诚信记录。收购人不得以任何形式从被收购公司获得财务资助，不得利用收购活动损害被收购公司及其股东的合法权益。

在公众公司收购中，收购人持有的被收购公司的股份，在收购完成后 12 个月内不得转让。

第十七条 公众公司实施重大资产重组，重组的相关资产应当权属清晰、定价公允，重组后的公众公司治理机制健全，不得损害公众公司和股东的合法权益。

第十八条 公众公司应当按照法律的规定，同时结合公司的实际情况在章程中约定建立表决权回避制度。

第十九条 公众公司应当在章程中约定纠纷解决机制。股东有权按照法律、行政法规和公司章程的规定，通过仲裁、民事诉讼或者其他法律手段保护其合法权益。

第三章　信息披露

第二十条 公司及其他信息披露义务人应当按照法律、行政法规和中国证监会的规定，真实、准确、完整、及时地披露信息，不得有虚假记载、误导性陈述或者重大遗漏。公司及其他信息披露义务人应当向所有投资者同时公开披露信息。

公司的董事、监事、高级管理人员应当忠实、勤勉地履行职责，保证公司披露信息的真实、准确、完整、及时。

第二十一条 信息披露文件主要包括公开转让说明书、定向转让说明书、定向发行说明书、发行情况报告书、定期报告和临时报告等。具体的内容与格式、编制规则及披露要求，由中国证监会另行制定。

第二十二条 股票公开转让与定向发行的公众公司应当披露半年度报告、年度报告。年度报告中的财务会计报告应当经具有证券期货相关业务资格的会计师事务所审计。

股票向特定对象转让导致股东累计超过 200 人的公众公司，应当披露年度报告。年度报告中的财务会计报告应当经会计师事务所审计。

第二十三条 公众公司董事、高级管理人员应当对定期报告签署书面确认意见；对报告内容有异议的，应当单独陈述理由，并与定期报告同时披露。公众公司不得以董事、高级管理人员对定期报告内容有异议为由不按时披露定期报告。

公众公司监事会应当对董事会编制的定期报告进行审核并提出书面审核意见，说明董事会对定期报告的编制和审核程序是否符合法律、行政法规、中国证监会的规定和公司章程，报告的内容是否能够真实、准确、完整地反映公司实际情况。

第二十四条 证券公司、律师事务所、会计师事务所及其他证券服务机构出具的文件和其他有关的重要文件应当作为备查文件，予以披露。

第二十五条 发生可能对股票价格产生较大影响的重大事件，投资者尚未得知时，公众公司应当立即将有关该重大事件的情况报送临时报告，并予以公告，说明事件的起因、目前的状态和可能产生的后果。

第二十六条 公众公司实施并购重组的，相关信息披露义务人应当依法严格履行公告义务，并及时准确地向公众公司通报有关信息，配合公众公司及时、准确、完整地进行披露。

参与并购重组的相关单位和人员，在并购重组的信息依法披露前负有保密义务，禁止利用该信息进行内幕交易。

第二十七条 公众公司应当制定信息披露事务管理制度并指定具有相关专业知识的人员负责信息披露事务。

第二十八条 除监事会公告外，公众公司披露的信息应当以董事会公告的形式发布。董事、监事、高级管理人员非经董事会书面授权，不得对外发布未披露的信息。

第二十九条 公司及其他信息披露义务人依法披露的信息，应当在中国证监会指定的信息披露平台公布。公司及其他信息披露义务人可在公司网站或者其他公众媒体上刊登依本办法必须披露的信息，但披露的内容应当完全一致，且不得早于在中国证监会指定的信息披露平台披露的时间。

股票向特定对象转让导致股东累计超过200人的公众公司可以在公司章程中约定其他信息披露方式；在中国证监会指定的信息披露平台披露相关信息的，应当符合本条第一款的要求。

第三十条 公司及其他信息披露义务人应当将信息披露公告文稿和相关备查文件置备于公司住所供社会公众查阅。

第三十一条 公司应当配合为其提供服务的证券公司及律师事务所、会计师事务所等证券服务机构的工作，按要求提供所需资料，不得要求证券公司、证券服务机构出具与客观事实不符的文件或者阻碍其工作。

第四章 股票转让

第三十二条 股票向特定对象转让导致股东累计超过200人的股份有限公司，应当自上述行为发生之日起3个月内，按照中国证监会有关规定制作申请文件，申请文件应当包括但不限于：定向转让说明书、律师事务所出具的法律意见书、会计师事务所出具的审计报告。股份有限公司持申请文件向中国证监会申请核准。在提交申请文件前，股份有限公司应当将相关情况通知所有股东。

在3个月内股东人数降至200人以内的，可以不提出申请。

股票向特定对象转让应当以非公开方式协议转让。申请股票公开转让的，按照本办法第三十三条、第三十四条的规定办理。

第三十三条 公司申请其股票公开转让的，董事会应当依法就股票公开转让的具体方案作出决议，并提请股东大会批准，股东大会决议必须经出席会议的股东所持表决权的 2/3 以上通过。

董事会和股东大会决议中还应当包括以下内容：

（一）按照中国证监会的相关规定修改公司章程；

（二）按照法律、行政法规和公司章程的规定建立健全公司治理机制；

（三）履行信息披露义务，按照相关规定披露公开转让说明书、年度报告、半年度报告及其他信息披露内容。

第三十四条 股东人数超过 200 人的公司申请其股票公开转让，应当按照中国证监会有关规定制作公开转让的申请文件，申请文件应当包括但不限于：公开转让说明书、律师事务所出具的法律意见书、具有证券期货相关业务资格的会计师事务所出具的审计报告、证券公司出具的推荐文件。公司持申请文件向中国证监会申请核准。

公开转让说明书应当在公开转让前披露。

第三十五条 中国证监会受理申请文件后，依法对公司治理和信息披露进行审核，在 20 个工作日内作出核准、中止审核、终止审核、不予核准的决定。

第三十六条 股东人数未超过 200 人的公司申请其股票公开转让，中国证监会豁免核准，由全国中小企业股份转让系统进行审查。

第三十七条 公司及其董事、监事、高级管理人员，应当对公开转让说明书、定向转让说明书签署书面确认意见，保证所披露的信息真实、准确、完整。

第三十八条 本办法施行前股东人数超过 200 人的股份有限公司，符合条件的，可以申请在全国中小企业股份转让系统挂牌公开转让股票、首次公开发行并在证券交易所上市。

第五章 定向发行

第三十九条 本办法所称定向发行包括向特定对象发行股票导致股东累计超过 200 人，以及股东人数超过 200 人的公众公司向特定对象发行股票两种情形。

前款所称特定对象的范围包括下列机构或者自然人：

（一）公司股东；

（二）公司的董事、监事、高级管理人员、核心员工；

（三）符合投资者适当性管理规定的自然人投资者、法人投资者及其他经济组织。

公司确定发行对象时，符合本条第二款第（二）项、第（三）项规定的投资者合计不得超过 35 名。

核心员工的认定，应当由公司董事会提名，并向全体员工公示和征求意见，由监事会发表明确意见后，经股东大会审议批准。

投资者适当性管理规定由中国证监会另行制定。

第四十条 公司应当对发行对象的身份进行确认，有充分理由确信发行对象符合本办法和公司的相关规定。

公司应当与发行对象签订包含风险揭示条款的认购协议。

第四十一条　公司董事会应当依法就本次股票发行的具体方案作出决议，并提请股东大会批准，股东大会决议必须经出席会议的股东所持表决权的 2/3 以上通过。

申请向特定对象发行股票导致股东累计超过 200 人的股份有限公司，董事会和股东大会决议中还应当包括以下内容：

（一）按照中国证监会的相关规定修改公司章程；

（二）按照法律、行政法规和公司章程的规定建立健全公司治理机制；

（三）履行信息披露义务，按照相关规定披露定向发行说明书、发行情况报告书、年度报告、半年度报告及其他信息披露内容。

第四十二条　公司应当按照中国证监会有关规定制作定向发行的申请文件，申请文件应当包括但不限于：定向发行说明书、律师事务所出具的法律意见书、具有证券期货相关业务资格的会计师事务所出具的审计报告、证券公司出具的推荐文件。公司持申请文件向中国证监会申请核准。

第四十三条　中国证监会受理申请文件后，依法对公司治理和信息披露以及发行对象情况进行审核，在 20 个工作日内作出核准、中止审核、终止审核、不予核准的决定。

第四十四条　公司申请定向发行股票，可申请一次核准，分期发行。自中国证监会予以核准之日起，公司应当在 3 个月内首期发行，剩余数量应当在 12 个月内发行完毕。超过核准文件限定的有效期未发行的，须重新经中国证监会核准后方可发行。首期发行数量应当不少于总发行数量的 50%，剩余各期发行的数量由公司自行确定，每期发行后 5 个工作日内将发行情况报中国证监会备案。

第四十五条　在全国中小企业股份转让系统挂牌公开转让股票的公众公司向特定对象发行股票后股东累计不超过 200 人的，中国证监会豁免核准，由全国中小企业股份转让系统自律管理，但发行对象应当符合本办法第三十九条的规定。

第四十六条　股票发行结束后，公众公司应当按照中国证监会的有关要求编制并披露发行情况报告书。申请分期发行的公众公司应在每期发行后按照中国证监会的有关要求进行披露，并在全部发行结束或者超过核准文件有效期后按照中国证监会的有关要求编制并披露发行情况报告书。

豁免向中国证监会申请核准定向发行的公众公司，应当在发行结束后按照中国证监会的有关要求编制并披露发行情况报告书。

第四十七条　公司及其董事、监事、高级管理人员，应当对定向发行说明书、发行情况报告书签署书面确认意见，保证所披露的信息真实、准确、完整。

第四十八条　公众公司定向发行股票购买资产的，按照本章有关规定办理。

第六章　监督管理

第四十九条　中国证监会会同国务院有关部门、地方人民政府，依照法律法规和国务院有关规定，各司其职，分工协作，对公众公司进行持续监管，防范风险，维护证券市场秩序。

第五十条　中国证监会依法履行对公司股票转让、定向发行、信息披露的监管职责，有权对公司、证券公司、证券服务机构采取《证券法》第一百八十条规定的措施。

第五十一条　全国中小企业股份转让系统应当发挥自律管理作用，对在全国中小企业股份转让系统公开转让股票的公众公司及相关信息披露义务人披露信息进行监督，督促其依法及时、准确地披露信息。发现公开转让股票的公众公司及相关信息披露义务人有违反法律、行政法规和中国证监会相关规定的行为，应当向中国证监会报告，并采取自律管理措施。

第五十二条 中国证券业协会应当发挥自律管理作用，对从事公司股票转让和定向发行业务的证券公司进行监督，督促其勤勉尽责地履行尽职调查和督导职责。发现证券公司有违反法律、行政法规和中国证监会相关规定的行为，应当向中国证监会报告，并采取自律管理措施。

第五十三条 中国证监会可以要求公司及其他信息披露义务人或者其董事、监事、高级管理人员对有关信息披露问题作出解释、说明或者提供相关资料，并要求公司提供证券公司或者证券服务机构的专业意见。

中国证监会对证券公司和证券服务机构出具文件的真实性、准确性、完整性有疑义的，可以要求相关机构作出解释、补充，并调阅其工作底稿。

第五十四条 证券公司在从事股票转让、定向发行等业务活动中，应当按照中国证监会的有关规定勤勉尽责地进行尽职调查，规范履行内核程序，认真编制相关文件，并持续督导所推荐公司及时履行信息披露义务、完善公司治理。

第五十五条 证券服务机构为公司的股票转让、定向发行等活动出具审计报告、资产评估报告或者法律意见书等文件的，应当严格履行法定职责，遵循勤勉尽责和诚实信用原则，对公司的主体资格、股本情况、规范运作、财务状况、公司治理、信息披露等内容的真实性、准确性、完整性进行充分的核查和验证，并保证其出具的文件不存在虚假记载、误导性陈述或者重大遗漏。

第五十六条 中国证监会依法对公司进行监督检查或者调查，公司有义务提供相关文件资料。对于发现问题的公司，中国证监会可以采取责令改正、监管谈话、责令公开说明、出具警示函等监管措施，并记入诚信档案；涉嫌违法、犯罪的，应当立案调查或者移送司法机关。

第七章 法律责任

第五十七条 公司以欺骗手段骗取核准的，公司报送的报告有虚假记载、误导性陈述或者重大遗漏的，除依照《证券法》有关规定进行处罚外，中国证监会可以采取终止审核并自确认之日起在36个月内不受理公司的股票转让和定向发行申请的监管措施。

第五十八条 公司未按照本办法第三十二条、第三十四条、第四十二条规定，擅自转让或者发行股票的，按照《证券法》第一百八十八条的规定进行处罚。

第五十九条 证券公司、证券服务机构出具的文件有虚假记载、误导性陈述或者重大遗漏的，除依照《证券法》及相关法律法规的规定处罚外，中国证监会可视情节轻重，自确认之日起采取3个月至12个月内不接受该机构出具的相关专项文件，36个月内不接受相关签字人员出具的专项文件的监管措施。

第六十条 公司及其他信息披露义务人未按照规定披露信息，或者所披露的信息有虚假记载、误导性陈述或者重大遗漏的，依照《证券法》第一百九十三条的规定进行处罚。

第六十一条 公司向不符合本办法规定条件的投资者发行股票的,中国证监会可以责令改正,并可以自确认之日起在36个月内不受理其申请。

第六十二条 信息披露义务人及其董事、监事、高级管理人员,公司控股股东、实际控制人,为信息披露义务人出具专项文件的证券公司、证券服务机构及其工作人员,违反《证券法》、行政法规和中国证监会相关规定的,中国证监会可以采取责令改正、监管谈话、出具警示函、认定为不适当人选等监管措施,并记入诚信档案;情节严重的,中国证监会可以对有关责任人员采取证券市场禁入的措施。

第六十三条 公众公司内幕信息知情人或非法获取内幕信息的人,在对公众公司股票价格有重大影响的信息公开前,泄露该信息、买卖或者建议他人买卖该股票的,依照《证券法》第二百零二条的规定进行处罚。

第八章 附 则

第六十四条 公众公司向不特定对象公开发行股票的,应当遵守《证券法》和中国证监会的相关规定。

公众公司申请在证券交易所上市的,应当遵守中国证监会和证券交易所的相关规定。

第六十五条 本办法施行前股东人数超过200人的股份有限公司,不在全国中小企业股份转让系统挂牌公开转让股票或证券交易所上市的,应当按相关要求规范后申请纳入非上市公众公司监管。

第六十六条 本办法所称股份有限公司是指首次申请股票转让或定向发行的股份有限公司;所称公司包括非上市公众公司和首次申请股票转让或定向发行的股份有限公司。

第六十七条 本办法自2013年1月1日起施行。

公司注册资本登记管理规定

(2014年2月20日中华人民共和国国家工商行政
管理总局局务会审议通过,予以公布)

第一条 为规范公司注册资本登记管理,根据《中华人民共和国公司法》(以下简称《公司法》)《中华人民共和国公司登记管理条例》(以下简称《公司登记管理条例》)等有关规定,制定本规定。

第二条 有限责任公司的注册资本为在公司登记机关依法登记的全体股东认缴的出资额。

股份有限公司采取发起设立方式设立的,注册资本为在公司登记机关依法登记的全体发起人认购的股本总额。

股份有限公司采取募集设立方式设立的,注册资本为在公司登记机关依法登记的实收股本总额。

法律、行政法规以及国务院决定规定公司注册资本实行实缴的,注册资本为股东或者发起人实缴的出资额或者实收股本总额。

第三条 公司登记机关依据法律、行政法规和国家有关规定登记公司的注册资本，对符合规定的，予以登记；对不符合规定的，不予登记。

第四条 公司注册资本数额、股东或者发起人的出资时间及出资方式应当符合法律、行政法规的有关规定。

第五条 股东或者发起人可以用货币出资，也可以用实物、知识产权、土地使用权等可以用货币估价并可以依法转让的非货币财产作价出资。

股东或者发起人不得以劳务、信用、自然人姓名、商誉、特许经营权或者设定担保的财产等作价出资。

第六条 股东或者发起人可以以其持有的在中国境内设立的公司（以下称股权所在公司）股权出资。

以股权出资的，该股权应当权属清楚、权能完整、依法可以转让。

具有下列情形的股权不得用作出资：

（一）已被设立质权；

（二）股权所在公司章程约定不得转让；

（三）法律、行政法规或者国务院决定规定，股权所在公司股东转让股权应当报经批准而未经批准；

（四）法律、行政法规或者国务院决定规定不得转让的其他情形。

第七条 债权人可以将其依法享有的对在中国境内设立的公司的债权，转为公司股权。

转为公司股权的债权应当符合下列情形之一：

（一）债权人已经履行债权所对应的合同义务，且不违反法律、行政法规、国务院决定或者公司章程的禁止性规定；

（二）经人民法院生效裁判或者仲裁机构裁决确认；

（三）公司破产重整或者和解期间，列入经人民法院批准的重整计划或者裁定认可的和解协议。

用以转为公司股权的债权有两个以上债权人的，债权人对债权应当已经作出分割。

债权转为公司股权的，公司应当增加注册资本。

第八条 股东或者发起人应当以自己的名义出资。

第九条 公司的注册资本由公司章程规定，登记机关按照公司章程规定予以登记。

以募集方式设立的股份有限公司的注册资本应当经验资机构验资。

公司注册资本发生变化，应当修改公司章程并向公司登记机关依法申请办理变更登记。

第十条 公司增加注册资本的，有限责任公司股东认缴新增资本的出资和股份有限公司的股东认购新股，应当分别依照《公司法》设立有限责任公司和股份有限公司缴纳出资和缴纳股款的有关规定执行。股份有限公司以公开发行新股方式或者上市公司以非公开发行新股方式增加注册资本的，还应当提交国务院证券监督管理机构的核准文件。

第十一条 公司减少注册资本，应当符合《公司法》规定的程序。

法律、行政法规以及国务院决定规定公司注册资本有最低限额的，减少后的注册资本应当不少于最低限额。

第十二条 有限责任公司依据《公司法》第七十四条的规定收购其股东的股权

的，应当依法申请减少注册资本的变更登记。

第十三条 有限责任公司变更为股份有限公司时，折合的实收股本总额不得高于公司净资产额。有限责任公司变更为股份有限公司，为增加资本公开发行股份时，应当依法办理。

第十四条 股东出资额或者发起人认购股份、出资时间及方式由公司章程规定。发生变化的，应当修改公司章程并向公司登记机关依法申请办理公司章程或者公司章程修正案备案。

第十五条 法律、行政法规以及国务院决定规定公司注册资本实缴的公司虚报注册资本，取得公司登记的，由公司登记机关依照《公司登记管理条例》的相关规定予以处理。

第十六条 法律、行政法规以及国务院决定规定公司注册资本实缴的，其股东或者发起人虚假出资，未交付作为出资的货币或者非货币财产的，由公司登记机关依照《公司登记管理条例》的相关规定予以处理。

第十七条 法律、行政法规以及国务院决定规定公司注册资本实缴的，其股东或者发起人在公司成立后抽逃其出资的，由公司登记机关依照《公司登记管理条例》的相关规定予以处理。

第十八条 公司注册资本发生变动，公司未按规定办理变更登记的，由公司登记机关依照《公司登记管理条例》的相关规定予以处理。

第十九条 验资机构、资产评估机构出具虚假证明文件的，公司登记机关应当依照《公司登记管理条例》的相关规定予以处理。

第二十条 公司未按规定办理公司章程备案的，由公司登记机关依照《公司登记管理条例》的相关规定予以处理。

第二十一条 撤销公司变更登记涉及公司注册资本变动的，由公司登记机关恢复公司该次登记前的登记状态，并予以公示。

对涉及变动内容不属于登记事项的，公司应当通过企业信用信息公示系统公示。

第二十二条 外商投资的公司注册资本的登记管理适用本规定，法律另有规定的除外。

第二十三条 本规定自 2014 年 3 月 1 日起施行。2005 年 12 月 27 日国家工商行政管理总局公布的《公司注册资本登记管理规定》、2009 年 1 月 14 日国家工商行政管理总局公布的《股权出资登记管理办法》、2011 年 11 月 23 日国家工商行政管理总局公布的《公司债权转股权登记管理办法》同时废止。

全国中小企业股份转让系统有限责任公司管理暂行办法

(2013 年 1 月 18 日中国证券监督管理委员会第 27 次主席办公会审议通过)

第一章 总 则

第一条 为加强对全国中小企业股份转让系统有限责任公司（以下简称全国股份转让系统公司）的管理，明确其职权与责任，维护股票挂牌转让及相关活动的正常秩序，根据《公司法》《证券法》等法律、行政法规，制定本办法。

第二条 全国中小企业股份转让系统（以下简称全国股份转让系统）是经国务院批准设立的全国性证券交易场所。

第三条 股票在全国股份转让系统挂牌的公司（以下简称挂牌公司）为非上市公众公司，股东人数可以超过200人，接受中国证券监督管理委员会（以下简称中国证监会）的统一监督管理。

第四条 全国股份转让系统公司负责组织和监督挂牌公司的股票转让及相关活动，实行自律管理。

第五条 全国股份转让系统公司应当坚持公益优先的原则，维护公开、公平、公正的市场环境，保证全国股份转让系统的正常运行，为全国股份转让系统各参与人提供优质、高效、低成本的金融服务。

第六条 全国股份转让系统的股票挂牌转让及相关活动，必须遵守法律、行政法规和各项规章规定，禁止欺诈、内幕交易、操纵市场等违法违规行为。

第七条 中国证监会依法对全国股份转让系统公司、全国股份转让系统的各项业务活动及各参与人实行统一监督管理，维护全国股份转让系统运行秩序，依法查处违法违规行为。

第二章　全国股份转让系统公司的职能

第八条 全国股份转让系统公司的职能包括：

（一）建立、维护和完善股票转让相关技术系统和设施；

（二）制定和修改全国股份转让系统业务规则；

（三）接受并审查股票挂牌及其他相关业务申请，安排符合条件的公司股票挂牌；

（四）组织、监督股票转让及相关活动；

（五）对主办券商等全国股份转让系统参与人进行监管；

（六）对挂牌公司及其他信息披露义务人进行监管；

（七）管理和公布全国股份转让系统相关信息；

（八）中国证监会批准的其他职能。

第九条 全国股份转让系统公司应当就股票挂牌、股票转让、主办券商管理、挂牌公司管理、投资者适当性管理等依法制定基本业务规则。

全国股份转让系统公司制定与修改基本业务规则，应当经中国证监会批准。制定与修改其他业务规则，应当报中国证监会备案。

第十条 全国股份转让系统挂牌新的证券品种或采用新的转让方式，应当报中国证监会批准。

第十一条 全国股份转让系统公司应当为组织公平的股票转让提供保障，公布股票转让即时行情。未经全国股份转让系统公司许可，任何单位和个人不得发布、使用或传播股票转让即时行情。

第十二条 全国股份转让系统公司收取的资金和费用应当符合有关主管部门的规定，并优先用于维护和完善相关技术系统和设施。

全国股份转让系统公司应当制定专项财务管理规则，并报中国证监会备案。

第十三条 全国股份转让系统公司应当从其收取的费用中提取一定比例的金额设

立风险基金。风险基金提取和使用的具体办法，由中国证监会另行制定。

第十四条 全国股份转让系统的登记结算业务由中国证券登记结算有限责任公司负责。全国股份转让系统公司应当与其签订业务协议，并报中国证监会备案。

第三章 全国股份转让系统公司的组织结构

第十五条 全国股份转让系统公司应当按照《公司法》等法律、行政法规和中国证监会的规定，制定公司章程，明确股东会、董事会、监事会和经理层之间的职责划分，建立健全内部组织机构，完善公司治理。

全国股份转让系统公司章程的制定和修改，应当经中国证监会批准。

第十六条 全国股份转让系统公司的股东应当具备法律、行政法规和中国证监会规定的资格条件，股东持股比例应当符合中国证监会的有关规定。

全国股份转让系统公司新增股东或原股东转让所持股份的，应当报中国证监会批准。

第十七条 全国股份转让系统公司董事会、监事会的组成及议事规则应当符合有关法律、行政法规和中国证监会的规定，并报中国证监会备案。

第十八条 全国股份转让系统公司董事长、副董事长、监事会主席及高级管理人员由中国证监会提名，任免程序和任期遵守《公司法》和全国股份转让系统公司章程的有关规定。

前款所述高级管理人员的范围，由全国股份转让系统公司章程规定。

第十九条 全国股份转让系统公司应当根据需要设立专门委员会。各专门委员会的组成及议事规则报中国证监会备案。

第四章 全国股份转让系统公司的自律监管

第二十条 全国股份转让系统实行主办券商制度。在全国股份转让系统从事主办券商业务的证券公司称为主办券商。

主办券商业务包括推荐股份公司股票挂牌，对挂牌公司进行持续督导，代理投资者买卖挂牌公司股票，为股票转让提供做市服务及其他全国股份转让系统公司规定的业务。

第二十一条 全国股份转让系统公司依法对股份公司股票挂牌、定向发行等申请及主办券商推荐文件进行审查，出具审查意见。

全国股份转让系统公司应当与符合条件的股份公司签署挂牌协议，确定双方的权利义务关系。

第二十二条 全国股份转让系统公司应当督促申请股票挂牌的股份公司、挂牌公司及其他信息披露义务人，依法履行信息披露义务，真实、准确、完整、及时地披露信息，不得有虚假记载、误导性陈述或者重大遗漏。

第二十三条 挂牌公司应当符合全国股份转让系统持续挂牌条件，不符合持续挂牌条件的，全国股份转让系统公司应当及时作出股票暂停或终止挂牌的决定，及时公告，并报中国证监会备案。

第二十四条 挂牌股票转让可以采取做市方式、协议方式、竞价方式或证监会批准的其他转让方式。

第二十五条 全国股份转让系统实行投资者适当性管理制度。参与股票转让的投资者应当具备一定的证券投资经验和相应的风险识别和承担能力，了解熟悉相关业务规则。

第二十六条 因突发性事件而影响股票转让的正常进行时，全国股份转让系统公司可以采取技术性停牌措施；因不可抗力的突发性事件或者为维护股票转让的正常秩序，可以决定临时停市。

全国股份转让系统公司采取技术性停牌或者决定临时停市，应当及时报告中国证监会。

第二十七条 全国股份转让系统公司应当建立市场监控制度及相应技术系统，配备专门市场监察人员，依法对股票转让实行监控，及时发现、及时制止内幕交易、市场操纵等异常转让行为。

对违反法律法规及业务规则的，全国股份转让系统公司应当及时采取自律监管措施，并视情节轻重或根据监管要求，及时向中国证监会报告。

第二十八条 全国股份转让系统公司应当督促主办券商、律师事务所、会计师事务所等为挂牌转让等相关业务提供服务的证券服务机构和人员，诚实守信、勤勉尽责，严格履行法定职责，遵守法律法规和行业规范，并对出具文件的真实性、准确性、完整性负责。

第二十九条 全国股份转让系统公司发现相关当事人违反法律法规及业务规则的，可以依法采取自律监管措施，并报中国证监会备案。依法应当由中国证监会进行查处的，全国股份转让系统公司应当向中国证监会提出查处建议。

第五章 监督管理

第三十条 全国股份转让系统公司应当向中国证监会报告股东会、董事会、监事会、总经理办公会议及其他重要会议的会议纪要，全国股份转让系统运行情况，全国股份转让系统公司自律监管职责履行情况、日常工作动态以及中国证监会要求报告的其他信息。

全国股份转让系统公司的其他报告义务，比照执行证券交易所管理有关规定。

第三十一条 中国证监会有权要求全国股份转让系统公司对其章程和业务规则进行修改。

第三十二条 中国证监会依法对全国股份转让系统公司进行监管，开展定期、不定期的现场检查，并对其履职和运营情况进行评估和考核。

全国股份转让系统公司及相关人员违反本办法规定，在监管工作中不履行职责，或者不履行本办法规定的有关义务，中国证监会比照证券交易所管理有关规定进行查处。

第六章 附则

第三十三条 全国股份转让系统公司为其他证券品种提供挂牌转让服务的，比照本办法执行。

第三十四条 在证券公司代办股份转让系统的原 STAQ、NET 系统挂牌公司和退市公司及其股份转让相关活动，由全国股份转让系统公司负责监督管理。

第三十五条 本办法公布之日起施行。

证券公司董事、监事和高级管理人员任职资格监管办法

(2012 年 10 月 16 日中国证券监督管理委员会第 25 次主席办公会议审议通过)

第一章 总 则

第一条 为了规范证券公司董事、监事、高级管理人员和分支机构负责人任职资格监管,提高董事、监事、高级管理人员和分支机构负责人的专业素质,保障证券公司依法合规经营,根据《公司法》《证券法》《行政许可法》《证券公司监督管理条例》等法律、行政法规的有关规定,制定本办法。

第二条 证券公司董事、监事、高级管理人员和分支机构负责人的任职资格监管适用本办法。

本办法所称证券公司高级管理人员(以下简称高管人员),是指证券公司的总经理、副总经理、财务负责人、合规负责人、董事会秘书以及实际履行上述职务的人员。

证券公司行使经营管理职责的管理委员会、执行委员会以及类似机构的成员为高管人员。

第三条 证券公司董事、监事、高管人员和分支机构负责人应当在任职前取得中国证券监督管理委员会(以下简称中国证监会)核准的任职资格。

证券公司不得聘任未取得任职资格的人员担任董事、监事、高管人员和分支机构负责人,不得违反规定授权不具备任职资格的人员实际行使职责。

第四条 证券公司董事、监事、高管人员和分支机构负责人应当遵守法律、行政法规和中国证监会的规章、规范性文件,遵守公司章程和行业规范,恪守诚信,勤勉尽责。

第五条 中国证监会依法对证券公司董事、监事、高管人员和分支机构负责人进行监督管理。

证券公司董事、监事、高管人员和分支机构负责人的任职资格由中国证监会授权中国证监会派出机构(以下简称派出机构)依法核准。

第六条 中国证券业协会、证券交易所依法对证券公司董事、监事、高管人员和分支机构负责人进行自律管理。

第二章 任职资格条件

第一节 基本条件

第七条 有下列情形之一的,不得担任证券公司董事、监事、高管人员和分支机构负责人:

(一)《证券法》第一百三十一条第二款、第一百三十二条、第一百三十三条规定的情形;

(二)因重大违法违规行为受到金融监管部门的行政处罚,执行期满未逾 3 年;

(三)自被中国证监会撤销任职资格之日起未逾 3 年;

(四)自被中国证监会认定为不适当人选之日起未逾 2 年;

（五）中国证监会认定的其他情形。

第八条 取得证券公司董事、监事、高管人员和分支机构负责人任职资格，应当具备以下基本条件：

（一）正直诚实，品行良好；

（二）熟悉证券法律、行政法规、规章以及其他规范性文件，具备履行职责所必需的经营管理能力。

第二节 董事、监事的任职资格条件

第九条 取得董事、监事任职资格，除应当具备本办法第八条规定的基本条件外，还应当具备以下条件：

（一）从事证券、金融、法律、会计工作3年以上或者经济工作5年以上；

（二）具有大专以上学历。

第十条 取得独立董事任职资格，除应当具备本办法第八条规定的基本条件外，还应当具备以下条件：

（一）从事证券、金融、法律、会计工作5年以上；

（二）具有大学本科以上学历，并且具有学士以上学位；

（三）有履行职责所必需的时间和精力。

第十一条 独立董事不得与证券公司存在关联关系、利益冲突或者存在其他可能妨碍独立客观判断的情形。

下列人员不得担任证券公司独立董事：

（一）在证券公司或其关联方任职的人员及其近亲属和主要社会关系人员；

（二）在下列机构任职的人员及其近亲属和主要社会关系人员：持有或控制证券公司5%以上股权的单位、证券公司前5名股东单位、与证券公司存在业务联系或利益关系的机构；

（三）持有或控制上市证券公司1%以上股权的自然人，上市证券公司前10名股东中的自然人股东，或者控制证券公司5%以上股权的自然人，及其上述人员的近亲属；

（四）为证券公司及其关联方提供财务、法律、咨询等服务的人员及其近亲属；

（五）最近1年内曾经具有前四项所列举情形之一的人员；

（六）在其他证券公司担任除独立董事以外职务的人员；

（七）中国证监会认定的其他人员。

第十二条 取得董事长、副董事长和监事会主席任职资格，除应当具备本办法第八条规定的基本条件外，还应当具备以下条件：

（一）从事证券工作3年以上，或者金融、法律、会计工作5年以上，或者经济工作10年以上；

（二）具有大学本科以上学历或取得学士以上学位；

（三）通过中国证监会认可的资质测试。

第三节 高管人员的任职资格条件

第十三条 取得总经理、副总经理、财务负责人、合规负责人、董事会秘书，以

及证券公司管理委员会、执行委员会和类似机构的成员（以下简称经理层人员）任职资格，除应当具备本办法第八条规定的基本条件外，还应当具备以下条件：

（一）从事证券工作3年以上，或者金融、法律、会计工作5年以上；

（二）具有证券从业资格；

（三）具有大学本科以上学历或取得学士以上学位；

（四）曾担任证券机构部门负责人以上职务不少于2年，或者曾担任金融机构部门负责人以上职务不少于4年，或者具有相当职位管理工作经历；

（五）通过中国证监会认可的资质测试。

第四节 分支机构负责人的任职资格条件

第十四条 取得分支机构负责人任职资格，除应当具备本办法第八条规定的基本条件外，还应当具备以下条件：

（一）从事证券工作3年以上或经济工作5年以上；

（二）具有证券从业资格；

（三）具有大学本科以上学历或取得学士以上学位。

第五节 其他规定

第十五条 证券公司法定代表人应当具有证券从业资格。

第十六条 证券公司董事、监事以及其他人员行使高管人员职责的，应当取得高管人员的任职资格。

第十七条 从事证券工作10年以上或曾担任金融机构部门负责人以上职务8年以上的人员，申请证券公司董事长、副董事长、独立董事、监事会主席、高管人员和分支机构负责人的任职资格的，学历要求可以放宽至大专。

第十八条 具有证券、金融、经济管理、法律、会计、投资类专业硕士研究生以上学历的人员，申请证券公司董事、监事、高管人员和分支机构负责人任职资格的，从事证券、金融、经济、法律、会计工作的年限可以适当放宽。

第十九条 在证券监管机构、自律机构以及其他承担证券监管职能的专业监管岗位任职8年以上的人员，申请高管人员和分支机构负责人的任职资格，可以豁免证券从业资格的要求。

第三章 申请与核准

第一节 申请与受理

第二十条 申请董事长、副董事长、监事会主席任职资格的，应当由拟任职的证券公司向证券公司注册地派出机构提出申请，申请经理层人员任职资格应当由本人向其住所地派出机构或由拟任职的证券公司向公司注册地派出机构提出申请，并提交以下材料：

（一）申请表；

（二）2名推荐人的书面推荐意见；

（三）身份、学历、学位证明文件；

（四）资质测试合格证明；

（五）最近 3 年曾任职单位鉴定意见；

（六）最近 3 年担任单位主要负责人的，应提交离任审计报告；

（七）最近 3 年内在金融机构任职且被纳入监管范围的，应提交监管部门的监管意见；

（八）中国证监会要求提交的其他材料。

申请经理层人员任职资格的，还应当提交证券从业资格证书。

第二十一条　推荐人应当是任职 1 年以上的证券公司现任董事长、副董事长、监事会主席或经理层人员。

申请人或拟任人不具有证券行业工作经历的，其推荐人中可有 1 名是其原任职单位的负责人。申请人或拟任人为境外人士的，推荐人中至少有 1 名为符合本办法规定的人员，另 1 名可以为申请人或拟任人曾任职的境外证券类机构的高管人员。

推荐人应当对申请人或拟任人是否存在本办法第七条所列举的情形作出说明，并对其个人品行、遵纪守法、从业经历、业务水平、管理能力等发表明确的推荐意见。

推荐人每个自然年度最多只能推荐 3 人申请证券公司董事长、副董事长、监事会主席或经理层人员的任职资格。

第二十二条　申请除董事长、副董事长、监事会主席以外董事、监事的任职资格，应当由拟任职的证券公司向公司注册地派出机构提出申请，并提交以下材料：

（一）申请表；

（二）证券公司或股东单位的推荐意见；

（三）身份、学历、学位证明文件；

（四）最近 3 年内曾任职单位的鉴定意见；

（五）中国证监会要求提交的其他材料。

第二十三条　股东单位推荐的前条所述董事、监事人选，由股东单位出具推荐意见；独立董事人选以及作为职工代表的董事、监事，应当由证券公司出具推荐意见。推荐意见至少包括以下内容：

（一）拟任人是否存在本办法第七条所列举的情形；

（二）拟任人遵守证券法律、行政法规、中国证监会有关规定以及自律组织规则的情况；

（三）拟任人的职业道德水准和诚信表现；

（四）拟任人的管理能力和业务能力；

（五）拟任人是否有足够的时间和精力履行职责。

第二十四条　申请独立董事任职资格，还应当提供拟任人具有 5 年以上证券、金融、法律或者会计工作经历的证明，以及拟任人关于独立性的声明。声明应重点说明其本人是否存在本办法第十一条所列举的情形。

第二十五条　已经取得董事长、副董事长、监事会主席任职资格的人员，自离开原任职公司之日起 12 个月内到其他证券公司担任董事长、副董事长、监事会主席，且未出现本办法第七条规定情形的，拟任职公司应当向公司注册地派出机构提交以下申请材料：

（一）申请表；

(二）原任职公司的离任审计报告；

(三）中国证监会要求的其他材料。

第二十六条 申请分支机构负责人任职资格的，应当由拟任职的证券公司向分支机构所在地派出机构提出申请，并提交以下材料：

(一）申请表；

(二）证券公司的推荐意见；

(三）身份、学历、学位、证券从业资格的证明文件；

(四）最近 3 年曾任职单位的鉴定意见；

(五）最近 3 年内曾在金融机构任职且被纳入监管范围的，应提交监管部门的监管意见；

(六）中国证监会要求提交的其他材料。

第二十七条 申请人提交学历、学位证明文件复印件的，应当加盖颁发单位或出具单位的公章，或出具公证机关的公证文书或律师的认证文件，以证明复印件与原件一致；提交国外和中国香港、澳门特别行政区及台湾地区大学或高等教育机构学位证书或高等教育文凭，或者非学历教育文凭的，应当同时提交国务院教育行政部门对其所获教育文凭的学历学位认证文件。

第二十八条 申请人提交的最近 3 年曾任职单位的鉴定意见，应当详细说明申请人或拟任人在曾任职单位的职责范围、履职情况以及是否受到纪律处分等情况。

第二十九条 派出机构根据《行政许可法》第三十二条和中国证监会行政许可实施程序的有关规定，对申请人提出的任职资格申请作出处理。

第二节 审查与核准

第三十条 派出机构认为有必要时，可以对申请人或拟任人进行考察、谈话。

第三十一条 申请人或拟任人有下列情形之一的，派出机构可以作出终止审查的决定：

(一）申请人或拟任人死亡或者丧失行为能力的；

(二）申请人依法终止的；

(三）申请人主动要求撤回申请材料的；

(四）申请人未在规定期限内针对反馈意见作出进一步说明、解释的；

(五）申请人或拟任人因涉嫌违法违规行为被行政机关立案调查的；

(六）申请人被依法采取停业整顿、托管、接管、限制业务等监管措施的；

(七）申请人或拟任人因涉嫌犯罪被司法机关立案侦查的；

(八）中国证监会认定的其他情形。

第三十二条 派出机构应当在规定期限内对证券公司董事、监事、高管人员和分支机构负责人的任职资格申请作出是否核准的决定。不予核准的，应当说明理由。

第三节 任 职

第三十三条 证券公司应当自拟任董事、监事取得任职资格之日起 30 日内，按照公司章程等有关规定办理上述人员的任职手续。自取得任职资格之日起 30 日内，上述人员未在证券公司任职或履行相关职务的，除有正当理由并经相关派出机构认可的，其任职资格自动失效。

第三十四条　证券公司任免董事、监事、高管人员和分支机构负责人的，应当自作出决定之日起 5 日内，将有关人员的变动情况以及高管人员的职责范围在公司公告，并向相关派出机构报告，提交以下材料：

（一）任职、免职决定文件；
（二）相关会议的决议；
（三）相关人员的任职资格核准文件；
（四）相关人员签署的诚信经营承诺书；
（五）高管人员职责范围的说明；
（六）中国证监会规定的其他材料。

证券公司未按要求履行公告、报告义务的，相关人员应当在 2 日内向相关派出机构报告。

第三十五条　证券公司任免董事、监事、高管人员和分支机构负责人的，中国证监会及相关派出机构可以对有关人员进行任职谈话。证券公司选任的董事、监事、高管人员和分支机构负责人不符合规定的条件的，中国证监会及相关派出机构应当责令证券公司限期更换人员。

第三十六条　内资证券公司境外人士担任经理层人员职务的比例最多可以达到公司该类人员总数的 30%；外资参股证券公司境外人士担任经理层人员职务的比例最多可以达到公司该类人员总数的 50%。

第三十七条　证券公司高管人员和分支机构负责人最多可以在证券公司参股的 2 家公司兼任董事、监事，但不得在上述公司兼任董事、监事以外的职务，不得在其他营利性机构兼职或者从事其他经营性活动。

证券公司高管人员在证券公司全资或控股子公司兼职的，不受上述限制，但应当遵守中国证监会有关规定。

证券公司分支机构负责人不得兼任其他同类分支机构负责人。

任何人员最多可以在 2 家证券公司担任独立董事。

证券公司董事、监事、高管人员和分支机构负责人兼职的，应自有关情况发生之日起 5 日内向相关派出机构报告。

第三十八条　取得经理层人员任职资格的人员，担任除独立董事之外的其他职务，不需重新申请任职资格，由拟任职的证券公司按照规定依法办理其任职手续。

取得分支机构负责人任职资格的人员，改任同一公司其他分支机构负责人或者其他公司分支机构负责人的，不需重新申请任职资格，由拟任职的证券公司按照规定依法办理其任职手续。

第三十九条　证券公司董事、监事离任的，其任职资格自离任之日起自动失效。

有以下情形的，不受前款规定限制：

（一）证券公司董事（不包括独立董事）、监事在同一公司相互改任；
（二）证券公司董事长、副董事长、监事会主席，在同一公司改任除独立董事之外的其他董事、监事。

第四十条 证券公司变更法定代表人、主要负责人及分支机构负责人的,应当自作出有关任职决定之日起 20 日内办理证券业务许可证的变更手续。

第四章 监督管理

第四十一条 证券公司董事、监事、高管人员和分支机构负责人应当按照法律、行政法规、中国证监会的规定和公司章程行使职权,不得授权未取得任职资格的人员代为行使职权。

第四十二条 高管人员职责分工发生调整的,证券公司应当在 5 日内在公司公告,并向相关派出机构报告。同时,证券公司应当将上述事项及时告知相关高管人员。证券公司未按要求履行公告、报告义务的,相关高管人员应当在 2 日内向相关派出机构报告。

第四十三条 证券公司董事、监事、高管人员和分支机构负责人应当拒绝执行任何机构、个人侵害公司利益或者客户合法权益等的指令或者授意,发现有侵害客户合法权益的违法违规行为的,应当及时向中国证监会及相关派出机构报告。

中国证监会及其派出机构依法保护因依法履行职责、切实维护客户利益而受到不公正待遇的董事、监事、高管人员和分支机构负责人的合法权益。

第四十四条 禁止证券公司董事、监事、高管人员和分支机构负责人从事下列行为:

(一) 利用职权收受贿赂或者获取其他非法收入;

(二) 挪用或侵占公司或者客户资产;

(三) 违法将公司或者客户资金借贷给他人;

(四) 以客户资产为本公司、公司股东或者其他机构、个人债务提供担保。

第四十五条 中国证监会对取得经理层人员任职资格但未在证券公司担任经理层人员职务的人员进行资格年检。

中国证监会对取得分支机构负责人任职资格但未在证券公司担任分支机构负责人职务的人员进行资格年检。

上述人员应当自取得任职资格的下一个年度起,在每年第一季度向住所地派出机构提交由单位负责人或推荐人签署意见的年检登记表。

第四十六条 取得经理层人员任职资格而不在证券公司担任经理层人员职务的人员,未按规定参加资格年检,或未通过资格年检,或自取得任职资格之日起连续 5 年未在证券公司任职的,应当在任职前重新申请取得经理层人员的任职资格。

取得分支机构负责人任职资格而不在证券公司担任分支机构负责人职务的人员,未按规定参加资格年检,或未通过资格年检,或连续 5 年未在证券公司任职的,应当在任职前重新申请取得分支机构负责人的任职资格。

第四十七条 中国证监会建立数据库,记录取得经理层人员任职资格的人员信息。证券公司选聘经理层人员,可以从中查询相关信息。

中国证监会将证券公司董事长、副董事长、监事会主席的有关信息录入数据库。

第四十八条 取得董事、监事、经理层人员任职资格的人员应当至少每 3 年参加 1 次中国证监会认可的业务培训,取得培训合格证书。

取得分支机构负责人任职资格的人员应当至少每 3 年参加 1 次所在地派出机构认

可的业务培训，取得培训合格证书。

第四十九条 证券公司董事长、总经理不能履行职务或者缺位时，公司可以按公司章程等规定临时决定符合第八条规定的人员代为履行职务，并在作出决定之日起3日内向中国证监会及注册地派出机构报告。

公司决定的人员不符合条件的，中国证监会及相关派出机构可以责令公司限期另行决定代为履行职务的人员，并责令原代为履行职务人员停止履行职务。

代为履行职务的时间不得超过6个月。公司应当在6个月内选聘具有任职资格的人员担任董事长、总经理。

第五十条 证券公司董事、监事、高管人员和分支机构负责人涉嫌重大违法犯罪，被行政机关立案调查或司法机关立案侦查的，证券公司应当暂停相关人员的职务。

第五十一条 有下列情形之一的，相关派出机构应当对负有直接责任或领导责任的董事、监事、高管人员和分支机构负责人进行监管谈话：

（一）证券公司或本人涉嫌违反法律、行政法规或者中国证监会规定；

（二）证券公司法人治理结构、内部控制存在重大隐患；

（三）证券公司财务指标不符合中国证监会规定的风险控制指标；

（四）证券公司聘任不具有任职资格的人员担任董事、监事、高管人员和分支机构负责人或者违反本办法规定授权不具备任职资格的人员实际履行上述职务；

（五）违反本办法第三十四条、第四十二条规定，未履行公告义务；

（六）董事、监事、高管人员和分支机构负责人不遵守承诺；

（七）违反本办法第四十一条、第四十三条、第四十八条、第五十条规定；

（八）自签署推荐意见之日起1年内所推荐的人员被认定为不适当人选或被撤销任职资格；

（九）所出具的推荐意见存在虚假内容；

（十）对公司及其股东、其他董事、监事、高管人员和分支机构负责人的违法违规行为隐瞒不报；

（十一）未按规定对离任人员进行离任审计；

（十二）中国证监会根据审慎监管原则认定的其他情形。

第五十二条 证券公司净资本或其他风险控制指标不符合规定，被中国证监会责令限期改正而逾期未改正的，或其行为严重危及证券公司的稳健运行、损害客户合法权益的，中国证监会可以限制公司向董事、监事、高管人员和分支机构负责人支付报酬、提供福利，或暂停相关人员职务，或责令更换董事、监事、高管人员和分支机构负责人。

董事、监事、高管人员和分支机构负责人被暂停职务期间，不得离职。

第五十三条 证券公司董事、监事、高管人员和分支机构负责人在任职期间出现下列情形之一的，中国证监会及相关派出机构可以将其认定为不适当人选：

（一）向证券监管机构提供虚假信息、隐瞒重大事项；

（二）拒绝配合证券监管机构依法履行监管职责；

（三）擅离职守；

（四）1年内累计3次被证券监管机构按照本办法第五十一条的规定进行监管

谈话；

（五）累计3次被自律组织纪律处分；

（六）累计3次对公司受到行政处罚负有领导责任；

（七）累计5次对公司受到纪律处分负有领导责任；

（八）中国证监会根据审慎监管原则认定的其他情形。

第五十四条 自被中国证监会及相关派出机构认定为不适当人选之日起2年内，任何证券公司不得聘用该人员担任董事、监事、高管人员和分支机构负责人。

第五十五条 证券公司董事、监事和高管人员未能勤勉尽责，致使证券公司存在重大违法违规行为或者重大风险的，中国证监会及相关派出机构可以撤销相关人员的任职资格，并责令公司限期更换董事、监事和高管人员。

分支机构负责人未能勤勉尽责，致使证券公司存在重大违法违规行为或者重大风险的，应当依据有关规定处理。

第五十六条 自推荐人签署推荐意见之日起1年内，被推荐人被认定为不适当人选或被撤销任职资格的，自作出有关决定之日起2年内不受理该推荐人的推荐意见和签署意见的年检登记表。

第五十七条 法定代表人、高管人员和分支机构负责人辞职，或被认定为不适当人选而被解除职务，或被撤销任职资格的，证券公司应当按照规定对其进行离任审计，并且自离任之日起2个月内将审计报告报相关派出机构备案。

第五十八条 法定代表人、高管人员、分支机构负责人离任审计期间，不得在其他证券公司担任董事、监事、高管人员和分支机构负责人。

第五章 法律责任

第五十九条 证券公司董事、监事、高管人员和分支机构负责人违反法律、行政法规和中国证监会的规定，依法应予以行政处罚的，依照有关规定进行处罚；涉嫌犯罪的，依法移送司法机关，追究刑事责任。

第六十条 申请人或拟任人隐瞒有关情况或者提供虚假材料申请任职资格的，证券监管机构不予受理或者不予行政许可，并依法给予警告。

第六十一条 申请人或拟任人以欺骗、贿赂等不正当手段取得任职资格的，应当予以撤销，对公司和负有责任的人员予以警告，并处以罚款。

第六十二条 证券公司违反本办法规定，聘任不具有任职资格的人员担任相应职务的，中国证监会根据《证券法》第一百九十八条的规定给予行政处罚。

第六十三条 有下列情形之一的，责令改正，对证券公司和负有责任的人员依据法律法规和部门规章的规定进行处罚：

（一）违反本办法第三十七条、第四十四条和第四十九条规定；

（二）对中国证监会依据本办法第三十五条、第五十四条作出的监管要求，公司未按规定作出相应处理；

（三）证券公司及相关人员未按规定履行报告义务或者报送的材料存在虚假记载、误导性陈述或者重大遗漏的。

第六章 附 则

第六十四条 本办法所称分支机构负责人是指证券公司在境内设立的分公司、证券营业部以及中国证监会规定可以从事业务经营活动的证券公司下属其他非法人机构的经理及实际履行经理职务的人员。

第六十五条 本办法所称金融工作是指除证券以外的其他金融工作。

在上市公司从事证券相关工作的,视为从事证券工作。

第六十六条 本办法规定的期限以工作日计算,不含法定节假日。

第六十七条 本办法自2006年12月1日起施行。中国证监会发布的《证券经营机构高级管理人员任职资格管理暂行办法》(证监机字〔1998〕46号)《证券公司高级管理人员管理办法》(证监会令第24号)同时废止。

中国证券监督管理委员会公告(2013)49号——非上市公众公司行政许可事项的有关事宜公告

(2013年12月26日)

根据《行政许可法》《国务院关于全国中小企业股份转让系统有关问题的决定》《中国证券监督管理委员会行政许可实施程序规定》和《非上市公众公司监督管理办法》等相关法律法规的规定,现将股东人数超过200人的股份公司申请股票在全国中小企业股份转让系统挂牌公开转让核准、股份公司向特定对象发行证券导致证券持有人累计超过200人或者股东人数超过200人的非上市公众公司向特定对象发行证券核准等非上市公众公司行政许可事项的有关事宜公告如下:

(一)按照《国务院关于全国中小企业股份转让系统有关问题的决定》,自本公告公布之日起,境内符合条件的股份公司均可提出股票在全国中小企业股份转让系统挂牌公开转让、定向发行证券的申请。

(二)股东人数超过200人的股份公司申请股票在全国中小企业股份转让系统挂牌公开转让、股份公司向特定对象发行证券导致证券持有人累计超过200人或者股东人数超过200人的非上市公众公司向特定对象发行证券,应当向我会提出行政许可申请,由中国证监会行政许可受理服务中心(北京市西城区金融大街19号富凯大厦A座一层)受理相关申请材料。

(三)股东人数未超过200人的股份公司申请股票在全国中小企业股份转让系统挂牌公开转让,以及挂牌公司向特定对象发行证券后证券持有人累计不超过200人的,中国证监会豁免核准,由全国中小企业股份转让系统有限责任公司(北京市西城区金融大街丁26号金阳大厦)受理相关申请材料并进行审查,我会不再进行审核,也不出具行政许可文件。公司挂牌后,直接纳入非上市公众公司监管范围。

(四)向我会报送的申请材料,应当符合《非上市公众公司监督管理办法》、非上市公众公司监管指引以及相关信息披露内容与格式准则等要求。

(五)本公告自公布之日起施行,证监会公告〔2013〕20号同时废止。

中国证监会
2013年12月26日

个人独资企业登记管理办法

(2000年1月13日国家工商行政管理局令第94号公布　根据2014年2月20日国家工商行政管理总局令第63号修订)

第一章　总　则

第一条　为了确认个人独资企业的经营资格，规范个人独资企业登记行为，依据《中华人民共和国个人独资企业法》(以下简称《个人独资企业法》)，制定本办法。

第二条　个人独资企业的设立、变更、注销，应当依照《个人独资企业法》和本办法的规定办理企业登记。

第三条　个人独资企业经登记机关依法核准登记，领取营业执照后，方可从事经营活动。

个人独资企业应当在登记机关核准的登记事项内依法从事经营活动。

第四条　工商行政管理机关是个人独资企业的登记机关。

国家工商行政管理总局主管全国个人独资企业的登记工作。

省、自治区、直辖市工商行政管理局负责本地区个人独资企业的登记工作。

市、县工商行政管理局以及大中城市工商行政管理分局负责本辖区内的个人独资企业登记。

第二章　设立登记

第五条　设立个人独资企业应当具备《个人独资企业法》第八条规定的条件。

第六条　个人独资企业的名称应当符合名称登记管理有关规定，并与其责任形式及从事的营业相符合。

个人独资企业的名称中不得使用"有限"、"有限责任"或者"公司"字样。

第七条　设立个人独资企业，应当由投资人或者其委托的代理人向个人独资企业所在地登记机关申请设立登记。

第八条　个人独资企业的登记事项应当包括：企业名称、企业住所、投资人姓名和居所、出资额和出资方式、经营范围。

第九条　投资人申请设立登记，应当向登记机关提交下列文件：

(一) 投资人签署的个人独资企业设立申请书；

(二) 投资人身份证明；

(三) 企业住所证明；

(四) 国家工商行政管理总局规定提交的其他文件。

从事法律、行政法规规定须报经有关部门审批的业务的，应当提交有关部门的批准文件。

委托代理人申请设立登记的，应当提交投资人的委托书和代理人的身份证明或者资格证明。

第十条　个人独资企业设立申请书应当载明下列事项：

(一) 企业的名称和住所；

（二）投资人的姓名和居所；

（三）投资人的出资额和出资方式；

（四）经营范围。

个人独资企业投资人以个人财产出资或者以其家庭共有财产作为个人出资的，应当在设立申请书中予以明确。

第十一条 登记机关应当在收到本办法第九条规定的全部文件之日起15日内，作出核准登记或者不予登记的决定。予以核准的发给营业执照；不予核准的，发给企业登记驳回通知书。

第十二条 个人独资企业营业执照的签发日期为个人独资企业成立日期。

第三章 变更登记

第十三条 个人独资企业变更企业名称、企业住所、经营范围，应当在作出变更决定之日起15日内向原登记机关申请变更登记。

个人独资企业变更投资人姓名和居所、出资额和出资方式，应当在变更事由发生之日起15日内向原登记机关申请变更登记。

第十四条 个人独资企业申请变更登记，应当向登记机关提交下列文件：

（一）投资人签署的变更登记申请书；

（二）国家工商行政管理总局规定提交的其他文件。

从事法律、行政法规规定须报经有关部门审批的业务的，应当提交有关部门的批准文件。

委托代理人申请变更登记的，应当提交投资人的委托书和代理人的身份证明或者资格证明。

第十五条 登记机关应当在收到本办法第十四条规定的全部文件之日起15日内，作出核准登记或者不予登记的决定。予以核准的，换发营业执照或者发给变更登记通知书；不予核准的，发给企业登记驳回通知书。

第十六条 个人独资企业变更住所跨登记机关辖区的，应当向迁入地登记机关申请变更登记。迁入地登记机关受理的，由原登记机关将企业档案移送迁入地登记机关。

第十七条 个人独资企业因转让或者继承致使投资人变化的，个人独资企业可向原登记机关提交转让协议书或者法定继承文件，申请变更登记。

个人独资企业改变出资方式致使个人财产与家庭共有财产变换的，个人独资企业可向原登记机关提交改变出资方式文件，申请变更登记。

第四章 注销登记

第十八条 个人独资企业依照《个人独资企业法》第二十六条规定解散的，应当由投资人或者清算人于清算结束之日起15日内向原登记机关申请注销登记。

第十九条 个人独资企业申请注销登记，应当向登记机关提交下列文件：

（一）投资人或者清算人签署的注销登记申请书；

（二）投资人或者清算人签署的清算报告；

（三）国家工商行政管理总局规定提交的其他文件。

个人独资企业办理注销登记时，应当缴回营业执照。

第二十条 登记机关应当在收到本办法第十九条规定的全部文件之日起15日内，

作出核准登记或者不予登记的决定。予以核准的，发给核准通知书；不予核准的，发给企业登记驳回通知书。

第二十一条 经登记机关注销登记，个人独资企业终止。

第五章 分支机构登记

第二十二条 个人独资企业设立分支机构，应当由投资人或者其委托的代理人向分支机构所在地的登记机关申请设立登记。

第二十三条 分支机构的登记事项应当包括：分支机构的名称、经营场所、负责人姓名和居所、经营范围。

第二十四条 个人独资企业申请设立分支机构，应当向登记机关提交下列文件：

（一）分支机构设立登记申请书；

（二）登记机关加盖印章的个人独资企业营业执照复印件；

（三）经营场所证明；

（四）国家工商行政管理总局规定提交的其他文件。

分支机构从事法律、行政法规规定须报经有关部门审批的业务的，还应当提交有关部门的批准文件。

个人独资企业投资人委派分支机构负责人的，应当提交投资人委派分支机构负责人的委托书及其身份证明。

委托代理人申请分支机构设立登记的，应当提交投资人的委托书和代理人的身份证明或者资格证明。

第二十五条 登记机关应当在收到本办法第二十四条规定的全部文件之日起 15 日内，作出核准登记或者不予登记的决定。核准登记的，发给营业执照；不予登记的，发给登记驳回通知书。

第二十六条 个人独资企业分支机构申请变更登记、注销登记，比照本办法关于个人独资企业申请变更登记、注销登记的有关规定办理。

第二十七条 个人独资企业应当在其分支机构经核准设立、变更或者注销登记后 15 日内，将登记情况报该分支机构隶属的个人独资企业的登记机关备案。

第二十八条 个人独资企业向登记机关备案，应当提交下列文件：

（一）分支机构登记机关加盖印章的分支机构营业执照复印件、变更登记通知书或者注销登记通知书；

（二）国家工商行政管理总局规定提交的其他文件。

第六章 公示和证照管理

第二十九条 登记机关应当将个人独资企业登记、备案信息通过企业信用信息公示系统向社会公示。

第三十条 个人独资企业应当于每年 1 月 1 日至 6 月 30 日，通过企业信用信息公示系统向登记机关报送上一年度年度报告，并向社会公示。

年度报告公示的内容和监督检查按照国务院的规定执行。

第三十一条 个人独资企业营业执照分为正本和副本，正本和副本具有同等法律效力。

个人独资企业根据业务需要，可以向登记机关申请核发若干营业执照副本。

个人独资企业营业执照遗失的,应当在报刊上声明作废,并向登记机关申请补领。个人独资企业营业执照毁损的,应当向登记机关申请更换。

第三十二条 个人独资企业应当将营业执照正本置放在企业住所的醒目位置。

第三十三条 任何单位和个人不得伪造、涂改、出租、转让营业执照。

任何单位和个人不得承租、受让营业执照。

第三十四条 个人独资企业的营业执照正本和副本样式,由国家工商行政管理总局制定。

第七章 法律责任

第三十五条 未经登记机关依法核准登记并领取营业执照,以个人独资企业名义从事经营活动的,由登记机关责令停止经营活动,处3000元以下的罚款。

第三十六条 个人独资企业办理登记时,提交虚假文件或者采取其他欺骗手段,取得企业登记的,由登记机关责令改正,处以5000元以下的罚款;情节严重的,并处吊销营业执照。

第三十七条 个人独资企业使用的名称与其在登记机关登记的名称不相符合的,责令限期改正,处以2000元以下的罚款。

第三十八条 个人独资企业登记事项发生变更,未依照本办法规定办理变更登记的,由登记机关责令限期改正;逾期不办理的,处以2000元以下的罚款。

第三十九条 个人独资企业不按规定时间将分支机构登记情况报该分支机构隶属的个人独资企业的登记机关备案的,由登记机关责令限期改正;逾期不备案的,处以2000元以下的罚款。

第四十条 个人独资企业营业执照遗失,不在报刊上声明作废的,由登记机关处以500元以下的罚款;个人独资企业营业执照遗失或者毁损,不向登记机关申请补领或者更换的,由登记机关处以500元以下的罚款。

第四十一条 个人独资企业未将营业执照正本置放在企业住所醒目位置的,由登记机关责令限期改正;逾期不改正的,处以500元以下的罚款。

第四十二条 个人独资企业涂改、出租、转让营业执照的,由登记机关责令改正,没收违法所得,处以3000元以下的罚款;情节严重的,吊销营业执照。

承租、受让营业执照从事经营活动的,由登记机关收缴营业执照,责令停止经营活动,处以5000元以下的罚款。

第四十三条 伪造营业执照的,由登记机关责令停业,没收违法所得,处以5000元以下的罚款;构成犯罪的,依法追究刑事责任。

第四十四条 个人独资企业成立后,无正当理由超过6个月未开业,或者开业后自行停业连续6个月的,吊销营业执照。

第四十五条 登记机关对不符合法律规定条件的个人独资企业予以登记,或者对符合法律规定条件的个人独资企业不予登记的,对直接责任人员依法予以行政处分;构成犯罪的,依法追究刑事责任。

第四十六条 登记机关的上级部门有关主管人员强令登记机关对不符合法律规定条件的个人独资企业予以登记,或者对符合法律规定条件的个人独资企业不予登记,或者对登记机关的违法登记行为进行包庇的,对直接责任人员依法予以行政处分;构成犯罪的，依法追究刑事责任。

第八章 附 则

第四十七条 本办法施行前依据《中华人民共和国私营企业暂行条例》登记成立的私营独资企业，符合《个人独资企业法》规定的条件的，依据《个人独资企业法》和本办法登记为个人独资企业。

第四十八条 本办法自公布之日起施行。

个体工商户登记管理办法

（2011年9月30日国家工商行政管理总局令第56号公布 根据2014年2月20日国家工商行政管理总局令第63号公布的决定修订）

第一章 总 则

第一条 为保护个体工商户合法权益，鼓励、支持和引导个体工商户健康发展，规范个体工商户登记管理行为，依据《个体工商户条例》，制定本办法。

第二条 有经营能力的公民经工商行政管理部门登记，领取个体工商户营业执照，依法开展经营活动。

第三条 个体工商户的注册、变更和注销登记应当依照《个体工商户条例》和本办法办理。

申请办理个体工商户登记，申请人应当对申请材料的真实性负责。

第四条 工商行政管理部门是个体工商户的登记管理机关。

国家工商行政管理总局主管全国的个体工商户登记管理工作。

省、自治区、直辖市工商行政管理局和设区的市（地区）工商行政管理局负责本辖区的个体工商户登记管理工作。

县、自治县、不设区的市工商行政管理局以及市辖区工商行政管理分局为个体工商户的登记机关（以下简称登记机关），负责本辖区内的个体工商户登记。

第五条 登记机关可以委托其下属工商行政管理所（以下简称工商所）办理个体工商户登记。

第二章 登记事项

第六条 个体工商户的登记事项包括：

（一）经营者姓名和住所；

（二）组成形式；

（三）经营范围；

（四）经营场所。

个体工商户使用名称的，名称作为登记事项。

第七条 经营者姓名和住所，是指申请登记为个体工商户的公民姓名及其户籍所在地的详细住址。

第八条 组成形式，包括个人经营和家庭经营。

家庭经营的，参加经营的家庭成员姓名应当同时备案。

第九条 经营范围，是指个体工商户开展经营活动所属的行业类别。

登记机关根据申请人申请，参照《国民经济行业分类》中的类别标准，登记个体工商户的经营范围。

第十条 经营场所，是指个体工商户营业所在地的详细地址。

个体工商户经登记机关登记的经营场所只能为一处。

第十一条 个体工商户申请使用名称的，应当按照《个体工商户名称登记管理办法》办理。

第三章 登记申请

第十二条 个人经营的，以经营者本人为申请人；家庭经营的，以家庭成员中主持经营者为申请人。

委托代理人申请注册、变更、注销登记的，应当提交申请人的委托书和代理人的身份证明或者资格证明。

第十三条 申请个体工商户登记，申请人或者其委托的代理人可以直接到经营场所所在地登记机关登记；登记机关委托其下属工商所办理个体工商户登记的，到经营场所所在地工商所登记。

申请人或者其委托的代理人可以通过邮寄、传真、电子数据交换、电子邮件等方式向经营场所所在地登记机关提交申请。通过传真、电子数据交换、电子邮件等方式提交申请的，应当提供申请人或者其代理人的联络方式及通讯地址。对登记机关予以受理的申请，申请人应当自收到受理通知书之日起5日内，提交与传真、电子数据交换、电子邮件内容一致的申请材料原件。

第十四条 申请个体工商户注册登记，应当提交下列文件：

（一）申请人签署的个体工商户注册登记申请书；

（二）申请人身份证明；

（三）经营场所证明；

（四）国家工商行政管理总局规定提交的其他文件。

第十五条 申请个体工商户变更登记，应当提交下列文件：

（一）申请人签署的个体工商户变更登记申请书；

（二）申请经营场所变更的，应当提交新经营场所证明；

（三）国家工商行政管理总局规定提交的其他文件。

第十六条 申请个体工商户注销登记，应当提交下列文件：

（一）申请人签署的个体工商户注销登记申请书；

（二）个体工商户营业执照正本及所有副本；

（三）国家工商行政管理总局规定提交的其他文件。

第十七条 申请注册、变更登记的经营范围涉及国家法律、行政法规或者国务院决定规定在登记前须经批准的项目的，应当在申请登记前报经国家有关部门批准，并向登记机关提交相关批准文件。

第四章 受理、审查和决定

第十八条 登记机关收到申请人提交的登记申请后，对于申请材料齐全、符合法定形式的，应当受理。

申请材料不齐全或者不符合法定形式，登记机关应当当场告知申请人需要补正的全部内容，申请人按照要求提交全部补正申请材料的，登记机关应当受理。

申请材料存在可以当场更正的错误的，登记机关应当允许申请人当场更正。

第十九条　登记机关受理登记申请，除当场予以登记的外，应当发给申请人受理通知书。

对于不符合受理条件的登记申请，登记机关不予受理，并发给申请人不予受理通知书。

申请事项依法不属于个体工商户登记范畴的，登记机关应当即时决定不予受理，并向申请人说明理由。

第二十条　申请人提交的申请材料齐全、符合法定形式的，登记机关应当当场予以登记，并发给申请人准予登记通知书。

根据法定条件和程序，需要对申请材料的实质性内容进行核实的，登记机关应当指派两名以上工作人员进行核查，并填写申请材料核查情况报告书。登记机关应当自受理登记申请之日起15日内作出是否准予登记的决定。

第二十一条　对于以邮寄、传真、电子数据交换、电子邮件等方式提出申请并经登记机关受理的，登记机关应当自受理登记申请之日起15日内作出是否准予登记的决定。

第二十二条　登记机关作出准予登记决定的，应当发给申请人准予个体工商户登记通知书，并在10日内发给申请人个体工商户营业执照。不予登记的，应当发给申请人个体工商户登记驳回通知书。

第五章　监督管理

第二十三条　个体工商户应当于每年1月1日至6月30日向登记机关报送上一年度年度报告，并对其年度报告的真实性、合法性负责。

个体工商户年度报告、公示办法由国家工商行政管理总局另行制定。

第二十四条　个体工商户营业执照（以下简称营业执照）分为正本和副本，载明个体工商户的名称、经营者姓名、组成形式、经营场所、经营范围、注册日期和注册号、发照机关及发照时间信息，正、副本具有同等法律效力。

第二十五条　营业执照正本应当置于个体工商户经营场所的醒目位置。

第二十六条　个体工商户变更登记涉及营业执照载明事项的，登记机关应当换发营业执照。

第二十七条　营业执照遗失或毁损的，个体工商户应当向登记机关申请补领或者更换。

营业执照遗失的，个体工商户还应当在公开发行的报刊上声明作废。

第二十八条　有下列情形之一的，登记机关或其上级机关根据利害关系人的请求或者依据职权，可以撤销个体工商户登记：

（一）登记机关工作人员滥用职权、玩忽职守作出准予登记决定的；

（二）超越法定职权作出准予登记决定的；

（三）违反法定程序作出准予登记决定的；

（四）对不具备申请资格或者不符合法定条件的申请人准予登记的；

（五）依法可以撤销登记的其他情形。

申请人以欺骗、贿赂等不正当手段取得个体工商户登记的，应当予以撤销。

依照前两款的规定撤销个体工商户登记，可能对公共利益造成重大损害的，不予撤销。

依照本条第一款的规定撤销个体工商户登记，经营者合法权益受到损害的，行政机关应当依法给予赔偿。

第二十九条 登记机关作出撤销登记决定的，应当发给原申请人撤销登记决定书。

第三十条 有关行政机关依照《个体工商户条例》第二十四条规定，通知登记机关个体工商户行政许可被撤销、吊销或者行政许可有效期届满的，登记机关应当依法撤销登记或者吊销营业执照，或者责令当事人依法办理变更登记。

第三十一条 登记机关应当依照国家工商行政管理总局有关规定，依托个体工商户登记管理数据库，利用信息化手段，开展个体工商户信用监管，促进社会信用体系建设。

第六章 登记管理信息公示、公开

第三十二条 登记机关应当在登记场所及其网站公示个体工商户登记的以下内容：

（一）登记事项；

（二）登记依据；

（三）登记条件；

（四）登记程序及期限；

（五）提交申请材料目录及申请书示范文本；

（六）登记收费标准及依据。

登记机关应申请人的要求应当就公示内容予以说明、解释。

第三十三条 公众查阅个体工商户的下列信息，登记机关应当提供：

（一）注册、变更、注销登记的相关信息；

（二）国家工商行政管理总局规定公开的其他信息。

第三十四条 个体工商户登记管理材料涉及国家秘密、商业秘密和个人隐私的，登记机关不得对外公开。

第七章 法律责任

第三十五条 个体工商户提交虚假材料骗取注册登记，或者伪造、涂改、出租、出借、转让营业执照的，由登记机关责令改正，处4000元以下的罚款；情节严重的，撤销注册登记或者吊销营业执照。

第三十六条 个体工商户登记事项变更，未办理变更登记的，由登记机关责令改正，处1500元以下的罚款；情节严重的，吊销营业执照。

第三十七条 个体工商户违反本办法第二十五条规定的，由登记机关责令限期改正；逾期未改正的，处500元以下的罚款。

第八章 附 则

第三十八条 香港特别行政区、澳门特别行政区永久性居民中的中国公民，台湾地区居民可以按照国家有关规定，申请登记为个体工商户。

第三十九条 个体工商户申请转变为企业组织形式的，登记机关应当依法为其提供继续使用原名称字号、保持工商登记档案延续性等市场主体组织形式转变方面的便利，及相关政策、法规和信息咨询服务。

第四十条 个体工商户办理注册登记、变更登记，应当缴纳登记费。

个体工商户登记收费标准，按照国家有关规定执行。

第四十一条 个体工商户的登记文书格式以及营业执照的正本、副本样式，由国家工商行政管理总局制定。

第四十二条 本办法自2011年11月1日起施行。1987年9月5日国家工商行政管理局公布、1998年12月3日国家工商行政管理局令第86号修订的《城乡个体工商户管理暂行条例实施细则》、2004年7月23日国家工商行政管理总局令第13号公布的《个体工商户登记程序规定》同时废止。

国家出资企业产权登记管理暂行办法

(国务院国有资产监督管理委员会第114次委主任办公会议审议通过，2012年4月20日予以公布)

第一章 总 则

第一条 为了加强国家出资企业产权登记管理，及时、真实、动态、全面反映企业产权状况，根据《中华人民共和国企业国有资产法》、《企业国有资产监督管理暂行条例》（国务院令第378号）等法律和行政法规，制定本办法。

第二条 本办法所称国家出资企业产权登记（以下简称产权登记），是指国有资产监督管理机构对本级人民政府授权管理的国家出资企业的产权及其分布状况进行登记管理的行为。

第三条 国家出资企业、国家出资企业（不含国有资本参股公司）拥有实际控制权的境内外各级企业及其投资参股企业（以下统称企业），应当纳入产权登记范围。国家出资企业所属事业单位视为其子企业进行产权登记。

前款所称拥有实际控制权，是指国家出资企业直接或者间接合计持股比例超过50%，或者持股比例虽然未超过50%，但为第一大股东，并通过股东协议、公司章程、董事会决议或者其他协议安排能够实际支配企业行为的情形。

第四条 本办法所指出资人分为以下五类：

（一）履行出资人职责的机构；

（二）履行出资人职责的机构、国有独资企业、国有独资公司单独或者共同出资设立的企业；

（三）以上两类出资人直接或者间接合计持股比例超过50%不足100%的企业；

（四）以上三类出资人直接或者间接合计持股比例未超过50%但为第一大股东，并通过股东协议、公司章程、董事会决议或者其他协议安排能够实际支配企业行为的企业；

（五）以上四类出资人以外的企业、自然人或者其他经济组织。

以上（二）、（三）、（四）类出资人统称为履行出资人职责的企业。

第五条 企业为交易目的持有的下列股权不进行产权登记：

（一）为了赚取差价从二级市场购入的上市公司股权；

（二）为了近期内（一年以内）出售而持有的其他股权。

第六条 办理产权登记的企业应当权属清晰。存在产权纠纷的企业，应当在及时处理产权纠纷后申请办理产权登记。

第七条 各级国有资产监督管理机构分别负责本级人民政府授权管理的国家出资企业的产权登记管理。国务院国有资产监督管理机构对地方国有资产监督管理机构的产权登记工作进行指导和监督。

第八条 国家出资企业负责对其履行出资人职责的企业的产权登记工作进行管理，并向国有资产监督管理机构申请办理企业产权登记。

第九条 各级国有资产监督管理机构、国家出资企业应当定期对产权登记数据进行汇总分析。

省级国有资产监督管理机构应当于每年1月31日前，将本地区上年度企业产权登记数据汇总分析后，报国务院国有资产监督管理机构。

第二章 产权登记类型

第十条 产权登记分为占有产权登记、变动产权登记和注销产权登记。

第十一条 履行出资人职责的机构和履行出资人职责的企业有下列情形之一的，应当办理占有产权登记：

（一）因投资、分立、合并而新设企业的；

（二）因收购、投资入股而首次取得企业股权的；

（三）其他应当办理占有产权登记的情形。

第十二条 占有产权登记应包括下列内容：

（一）企业出资人及出资人类别、出资额、出资形式；

（二）企业注册资本、股权比例；

（三）企业名称及在国家出资企业中所处级次；

（四）企业组织形式；

（五）企业注册时间、注册地；

（六）企业主营业务范围；

（七）国有资产监督管理机构要求的其他内容。

第十三条 有下列情形之一的，应当办理变动产权登记：

（一）履行出资人职责的机构和履行出资人职责的企业名称、持股比例改变的；

（二）企业注册资本改变的；

（三）企业名称改变的；

（四）企业组织形式改变的；

（五）企业注册地改变的；

（六）企业主营业务改变的；

（七）其他应当办理变动产权登记的情形。

第十四条 有下列情形之一的,应当办理注销产权登记:

(一)因解散、破产进行清算,并注销企业法人资格的;

(二)因产权转让、减资、股权出资、出资人性质改变等导致企业出资人中不再存续履行出资人职责的机构和履行出资人职责的企业的;

(三)其他应当办理注销产权登记的情形。

第三章　产权登记程序

第十五条 企业发生产权登记相关经济行为时,应当自相关经济行为完成后20个工作日内,在办理工商登记前,申请办理产权登记。企业注销法人资格的,应当在办理工商注销登记后,及时办理注销产权登记。

第十六条 企业申请办理产权登记,应当由履行出资人职责的企业按照填报要求,填写有关登记内容和相关经济行为合规性资料目录,逐级报送国家出资企业,国家出资企业负责对登记内容及相关经济行为的合规性进行审核后,向国有资产监督管理机构申请登记。

同一国有资产监督管理机构及其管理的多个履行出资人职责的企业共同出资的企业,由拥有实际控制权的一方负责申请办理产权登记;任一方均不拥有实际控制权的,由持股比例最大的一方负责申请办理产权登记;各方持股比例相等的,由其共同推举一方负责申请办理产权登记。

非同一国有资产监督管理机构及其管理的多个履行出资人职责的企业共同出资的企业,由各方分别申请办理产权登记。

第十七条 国有资产监督管理机构自国家出资企业报送产权登记信息10个工作日内,对符合登记要求的企业予以登记;对相关经济行为操作过程中存在瑕疵的企业,国有资产监督管理机构应当向国家出资企业下发限期整改通知书,完成整改后予以登记。

第十八条 已办理产权登记的国家出资企业,由国有资产监督管理机构核发产权登记证;已办理产权登记的其他企业,由国有资产监督管理机构或者由国有资产监督管理机构授权国家出资企业核发产权登记表。

产权登记证、登记表是企业办结产权登记的证明,是客观记载企业产权状况基本信息的文件。产权登记证、登记表的格式和内容由国务院国有资产监督管理机构统一制发,企业在使用过程中不得擅自修改。

第十九条 企业应当在办理工商登记后10个工作日内,将企业法人营业执照或者工商变更登记表报送国有资产监督管理机构;工商登记信息与产权登记信息存在不一致的,企业应当核实相关资料,涉及变更产权登记信息的,企业应当修改后重新报送,国有资产监督管理机构或者国家出资企业对相关登记信息进行确认后重新核发产权登记证、登记表。

第二十条 产权登记仅涉及企业名称、注册地、主营业务等基础信息改变的,可在办理工商登记后申请办理产权登记。

第四章　产权登记管理

第二十一条 国家出资企业应当建立健全产权登记制度和工作体系,落实产权登记管理工作责任,并对制度执行情况进行监督检查。年度检查结果应当书面报告国有资产监督管理机构。

第二十二条 各级国有资产监督管理机构应当对企业产权登记工作的日常登记情况、年度检查情况和限期整改事项落实情况等进行检查，并予以通报。

第二十三条 国有资产监督管理机构、国家出资企业应当建立健全产权登记档案管理制度；国家出资企业对办理完成的产权登记事项，应当及时将合规性资料目录中所列资料整理归档，分户建立企业产权登记档案。

第二十四条 企业违反本办法规定，有下列行为之一的，由国有资产监督管理机构责令改正或者予以通报，造成国有资产损失的，依照有关规定追究企业领导和相关人员的责任：

（一）未按本办法规定及时、如实申请办理产权登记的；

（二）未按期进行整改的；

（三）伪造、涂改产权登记证、登记表的。

第五章 附 则

第二十五条 省级国有资产监督管理机构可以依据本办法制定本地区的具体实施办法。

第二十六条 本办法自2012年6月1日起施行。

商务部关于涉及外商投资企业股权出资的暂行规定

（2012年8月24日商务部第68次部务会议审议通过）

第一条 为规范涉及外商投资企业的股权出资行为，提高投资便利化水平，促进外国投资者来华投资，根据中华人民共和国外商投资法律、《公司法》以及相关行政法规的规定，制定本规定。

第二条 境内外投资者（以下统称股权出资人）以其持有的中国境内企业（以下统称股权企业）的股权作为出资，设立及变更外商投资企业（以下统称被投资企业）的行为适用本规定，包括：

（一）以新设公司形式设立外商投资企业；

（二）增资使非外商投资企业变更为外商投资企业；

（三）增资使外商投资企业股权发生变更。

以上所称企业是指在中国境内依法设立的有限责任公司或股份有限公司。

第三条 本规定所称审批机关为中华人民共和国商务部或地方商务主管部门。

投资者以股权出资设立及变更外商投资企业，除按照有关外商投资审批管理规定由商务部批准的之外，其余由被投资企业所在省、自治区、直辖市和计划单列市的商务主管部门（以下简称省级审批机关）负责批准。

第四条 用作出资的股权应当权属清晰、权能完整，依法可以转让；股权企业为外商投资企业的，该企业应依法批准设立，符合外商投资产业政策。

属于以下情形的，股权不得用于出资：

（一）股权企业的注册资本未缴足；

（二）股权已被设立质权；

（三）股权已被依法冻结；

（四）股权企业章程（合同）约定不得转让的股权；

（五）未按规定参加或未通过上一年度外商投资企业联合年检的外商投资企业的股权；

（六）房地产企业、外商投资性公司、外商投资创业（股权）投资企业的股权；

（七）法律、行政法规或者国务院决定规定股权转让应当报经批准而未经批准；

（八）法律、行政法规或者国务院决定规定不得转让的其他情形。

第五条 股权出资后，被投资企业和股权企业及其直接或间接持股企业应符合《指导外商投资方向规定》、《外商投资产业指导目录》以及其他外商投资相关规定；不符合有关规定的，应在申报股权出资之前剥离相关资产、业务或转让股权。境内外投资者不得以股权出资方式规避外商投资管理。

第六条 用作出资的股权应当经依法设立的境内评估机构评估。

第七条 股权出资人与被投资企业的股东或其他投资者可在股权评估的基础上协商确定股权作价金额、股权出资金额。

股权作价金额是指以上各方在股权评估基础上共同认定的用于出资股权的交易作价，股权出资金额是指股权作价金额中计入被投资企业注册资本的部分，股权出资金额不得高于股权评估值。

对于以股权作价认购被投资企业增资的，股权作价金额计入并购交易额。

第八条 被投资企业全体股东的股权出资金额和以其他非货币财产作价出资金额之和不得高于其注册资本的70%。

第九条 被投资企业为有限责任公司的，其投资总额应根据《国家工商行政管理局关于中外合资经营企业注册资本与投资总额比例的暂行规定》，按照股权出资后被投资企业的注册资本进行确定。

第十条 投资者以股权出资，应由投资者或被投资企业向审批机关提出申请，提交以下文件：

（一）股权出资申请及股权出资协议；

（二）股权出资人合法持有用作出资股权的证明；

（三）股权企业《企业法人营业执照》（复印件）；

（四）股权企业为外商投资企业的，应提交《外商投资企业批准证书》及复印件，通过外商投资企业联合年检的相关证明；

（五）评估机构的股权评估报告；

（六）律师事务所及其委派的律师就本规定第四条、第五条内容出具的法律意见书；

（七）依照外商投资法律、行政法规和规章应当报送的其他关于外商投资企业设立或变更的文件；

（八）法律、行政法规或者国务院决定规定股权企业股东转让股权须报经批准的，需提交相关批准文件；

（九）审批机关要求提交的其他文件。

第十一条 被投资企业的审批机关依法决定批准或不予批准。予以批准的，由审批机关颁发或换发《外商投资企业批准证书》（在备注栏加注"股权出资未缴付"）。

股权企业为外商投资企业，且与被投资企业分由不同审批机关批准的，被投资企业的审批机关应征求股权企业所在地省级审批机关意见，股权企业所在地省级审批机关应在收到征求意见函后 20 个工作日内回复意见；逾期不答复的，视为同意。

第十二条 股权出资经被投资企业的审批机关批准后，股权企业为非外商投资企业的，股权企业应凭被投资企业加注的《外商投资企业批准证书》，按照《关于外商投资企业境内投资的暂行规定》及其他有关规定办理备案或审批手续，申请将用作出资的股权的持有人变更为被投资企业。

第十三条 股权出资经被投资企业的审批机关批准后，股权企业为外商投资企业的，按以下情形办理：

股权出资后，若股权企业股东中仍有外国投资者（含外商投资性公司、外商投资创业（股权）投资企业或以投资为主要业务的外商投资合伙企业），该股权企业应凭被投资企业加注的《外商投资企业批准证书》，按照《外商投资企业投资者股权变更的若干规定》向具有相应权限的审批机关申请将用作出资的股权的持有人变更为被投资企业。

股权出资后，若股权企业股东中无外国投资者（含外商投资性公司、外商投资创业（股权）投资企业或以投资为主要业务的外商投资合伙企业），该股权企业应凭被投资企业加注的《外商投资企业批准证书》，按照《外商投资企业投资者股权变更的若干规定》和《关于外商投资企业境内投资的暂行规定》办理有关审批或备案手续，向审批机关缴销或变更其《外商投资企业批准证书》。

第十四条 股权企业在完成上述变更后，应按照国家有关规定向所在地工商、税务、海关、外汇管理等有关部门办理变更登记。

用作出资的股权已在证券登记结算机构登记的，股权企业应当按照有关规定向证券交易所和证券登记结算机构办理股份转让和过户登记手续。

第十五条 股权企业完成上述变更后，被投资企业应凭以下文件向审批机关申请换发《外商投资企业批准证书》（在备注栏加注"股权出资已缴付"字样）。

（一）股权企业股权变更的说明；

（二）股权企业股权变更后的《企业法人营业执照》及复印件；

（三）经依法设立的验资机构出具的股权出资验资证明；

（四）股权企业在股权变更后仍为外商投资企业的，还应提交变更后的《外商投资企业批准证书》及复印件；

（五）股权企业为非外商投资企业但其经营范围涉及《外商投资产业指导目录》限制类领域的，还应提交省级审批机关关于外商投资企业境内再投资的批复文件。

第十六条 涉及境内上市公司的股权出资应符合国家证券监管、证券交易、证券登记结算等有关规定。

外国投资者以股权企业的股权作为对价参与境内上市公司定向发行或协议转让股份，应同时适用《外国投资者对上市公司战略投资管理办法》。商务部按照有关规定出具原则批复函，股权企业可按照本规定第十二条、第十三条的规定，凭原则批复函办理股权企业的备案、审批等变更手续,以及办理定向发行或协议转让手续。在交易完成后,上市公司到商务部领取《外商投资企业批准证书》,并凭该批准证书到工商行政管理部门办理变更登记。

第十七条 股权出资被投资企业的审批机关应将批准文件分别抄送被投资企业所在地工商、税务、海关、外汇等部门;股权出资人为境内投资者的,应抄送股权出资人所在地的税务主管部门。

第十八条 在办理被投资企业外债登记和进口免税额度时,应以被投资企业扣除股权出资部分的注册资本所确定的投资总额进行核定。

第十九条 股权出资应当符合国家有关税收管理的规定。

第二十条 股权出资涉及企业国有产权和上市公司国有股权管理事项的,应当遵守国有资产管理的相关规定。

第二十一条 验资机构在出具验资证明时,应向被投资企业所在地外汇管理部门进行验资询证。

第二十二条 股权出资涉及《国务院办公厅关于建立外国投资者并购境内企业安全审查制度的通知》规定的有关情形的,应由外国投资者按照相关规定提出并购安全审查申请。

股权出资属于外国投资者并购境内企业情形的,除适用本规定外,还应遵守《关于外国投资者并购境内企业的规定》。

第二十三条 涉及外商投资性公司的股权出资应符合外商投资举办投资性公司的相关规定。

第二十四条 境内投资者以外商投资企业的股权向内资企业出资的,应符合本规定第四条关于股权出资条件的规定。

第二十五条 外国投资者以境内企业的股权作为对价换取其他投资者持有的境内企业股权,应参照本规定关于股权出资条件、股权评估等有关规定,并遵守《外商投资企业投资者股权变更的若干规定》、《关于外国投资者并购境内企业的规定》等规定。

第二十六条 涉及台港澳侨投资企业的股权出资行为参照本规定管理。

第二十七条 本规定由商务部负责解释。

第二十八条 本规定自 2012 年 10 月 22 日起实施。

外商投资合伙企业登记管理规定

(2010 年 1 月 29 日国家工商行政管理总局令第 47 号公布,根据 2014 年 2 月 20 日国家工商行政管理总局令第 63 号公布的《国家工商行政管理总局关于修改〈外商投资合伙企业登记管理规定〉的决定》修订)

第一章 总 则

第一条 为了规范外国企业或者个人在中国境内设立合伙企业的行为,便于外国企业或者个人以设立合伙企业的方式在中国境内投资,扩大对外经济合作和技术交流,依据《中华人民共和国合伙企业法》（以下简称《合伙企业法》）、《外国企业或者个人在中国境内设立合伙企业管理办法》和《中华人民共和国合伙企业登记管理办法》（以下简称《合伙企业登记管理办法》），制定本规定。

第二条 本规定所称外商投资合伙企业是指2个以上外国企业或者个人在中国境内设立的合伙企业，以及外国企业或者个人与中国的自然人、法人和其他组织在中国境内设立的合伙企业。

外商投资合伙企业的设立、变更、注销登记适用本规定。

申请办理外商投资合伙企业登记，申请人应当对申请材料的真实性负责。

第三条 外商投资合伙企业应当遵守《合伙企业法》以及其他有关法律、行政法规、规章的规定，应当符合外商投资的产业政策。

国家鼓励具有先进技术和管理经验的外国企业或者个人在中国境内设立合伙企业，促进现代服务业等产业的发展。

《外商投资产业指导目录》禁止类和标注"限于合资"、"限于合作"、"限于合资、合作"、"中方控股"、"中方相对控股"和有外资比例要求的项目，不得设立外商投资合伙企业。

第四条 外商投资合伙企业经依法登记，领取《外商投资合伙企业营业执照》后，方可从事经营活动。

第五条 国家工商行政管理总局主管全国的外商投资合伙企业登记管理工作。

国家工商行政管理总局授予外商投资企业核准登记权的地方工商行政管理部门（以下称企业登记机关）负责本辖区内的外商投资合伙企业登记管理。

省、自治区、直辖市及计划单列市、副省级市工商行政管理部门负责以投资为主要业务的外商投资合伙企业的登记管理。

第二章 设立登记

第六条 设立外商投资合伙企业，应当具备《合伙企业法》和《外国企业或者个人在中国境内设立合伙企业管理办法》规定的条件。

国有独资公司、国有企业、上市公司以及公益性的事业单位、社会团体不得成为普通合伙人。

第七条 外商投资合伙企业的登记事项包括：

（一）名称；

（二）主要经营场所；

（三）执行事务合伙人；

（四）经营范围；

（五）合伙企业类型；

（六）合伙人姓名或者名称、国家（地区）及住所、承担责任方式、认缴或者实际缴付的出资数额、缴付期限、出资方式和评估方式。

合伙协议约定合伙期限的，登记事项还应当包括合伙期限。

执行事务合伙人是外国企业、中国法人或者其他组织的，登记事项还应当包括外国企业、中国法人或者其他组织委派的代表（以下简称委派代表）。

第八条 外商投资合伙企业的名称应当符合国家有关企业名称登记管理的规定。

第九条 外商投资合伙企业主要经营场所只能有一个，并且应当在其企业登记机关登记管辖区域内。

第十条 合伙协议未约定或者全体普通合伙人未决定委托执行事务合伙人的，全体普通合伙人均为执行事务合伙人。

有限合伙人不得成为执行事务合伙人。

第十一条 外商投资合伙企业类型包括外商投资普通合伙企业（含特殊的普通合伙企业）和外商投资有限合伙企业。

第十二条 设立外商投资合伙企业，应当由全体合伙人指定的代表或者共同委托的代理人向企业登记机关申请设立登记。

申请设立外商投资合伙企业，应当向企业登记机关提交下列文件：

（一）全体合伙人签署的设立登记申请书；

（二）全体合伙人签署的合伙协议；

（三）全体合伙人的主体资格证明或者自然人身份证明；

（四）主要经营场所证明；

（五）全体合伙人指定代表或者共同委托代理人的委托书；

（六）全体合伙人对各合伙人认缴或者实际缴付出资的确认书；

（七）全体合伙人签署的符合外商投资产业政策的说明；

（八）与外国合伙人有业务往来的金融机构出具的资信证明；

（九）外国合伙人与境内法律文件送达接受人签署的《法律文件送达授权委托书》；

（十）本规定规定的其他相关文件。

法律、行政法规或者国务院规定设立外商投资合伙企业须经批准的，还应当提交有关批准文件。

外国合伙人的主体资格证明或者自然人身份证明和境外住所证明应当经其所在国家主管机构公证认证并经我国驻该国使（领）馆认证。香港特别行政区、澳门特别行政区和台湾地区合伙人的主体资格证明或者自然人身份证明和境外住所证明应当依照现行相关规定办理。

《法律文件送达授权委托书》应当明确授权境内被授权人代为接受法律文件送达，并载明被授权人姓名或者名称、地址及联系方式。被授权人可以是外国合伙人在中国境内设立的企业、拟设立的外商投资合伙企业（被授权人为拟设立的外商投资合伙企业的，外商投资合伙企业设立后委托生效）或者境内其他有关单位或者个人。

第十三条 外商投资合伙企业的经营范围中有属于法律、行政法规或者国务院规定在登记前须经批准的行业的，应当向企业登记机关提交批准文件。

第十四条 外国合伙人用其从中国境内依法获得的人民币出资的，应当提交外汇管理部门出具的境内人民币利润或者其他人民币合法收益再投资的资本项目外汇业务核准件等相关证明文件。

第十五条 以实物、知识产权、土地使用权或者其他财产权利出资，由全体合伙人协商作价的，应当向企业登记机关提交全体合伙人签署的协商作价确认书；由全体合伙人委托法定评估机构评估作价的，应当向企业登记机关提交中国境内法定评估机构出具的评估作价证明。

外国普通合伙人以劳务出资的，应当向企业登记机关提交外国人就业许可文件，具体程序依照国家有关规定执行。

第十六条 法律、行政法规规定设立特殊的普通合伙企业，需要提交合伙人的职业资格证明的，应当依照相关法律、行政法规规定，向企业登记机关提交有关证明。

第十七条 外商投资合伙企业营业执照的签发日期，为外商投资合伙企业成立日期。

第三章 变更登记

第十八条 外商投资合伙企业登记事项发生变更的，该合伙企业应当自作出变更决定或者发生变更事由之日起15日内，向原企业登记机关申请变更登记。

第十九条 外商投资合伙企业申请变更登记，应当向原企业登记机关提交下列文件：

（一）执行事务合伙人或者委派代表签署的变更登记申请书；

（二）全体普通合伙人签署的变更决定书或者合伙协议约定的人员签署的变更决定书；

（三）本规定规定的其他相关文件。

法律、行政法规或者国务院规定变更事项须经批准的，还应当提交有关批准文件。

变更执行事务合伙人、合伙企业类型、合伙人姓名或者名称、承担责任方式、认缴或者实际缴付的出资数额、缴付期限、出资方式和评估方式等登记事项的，有关申请文书的签名应当经过中国法定公证机构的公证。

第二十条 外商投资合伙企业变更主要经营场所的，应当申请变更登记，并提交新的主要经营场所使用证明。

外商投资合伙企业变更主要经营场所在原企业登记机关辖区外的，应当向迁入地企业登记机关申请办理变更登记；迁入地企业登记机关受理的，由原企业登记机关将企业登记档案移送迁入地企业登记机关。

第二十一条 外商投资合伙企业执行事务合伙人变更的，应当提交全体合伙人签署的修改后的合伙协议。

新任执行事务合伙人是外国企业、中国法人或者其他组织的，还应当提交其委派代表的委托书和自然人身份证明。

执行事务合伙人委派代表变更的，应当提交继任代表的委托书和自然人身份证明。

第二十二条 外商投资合伙企业变更经营范围的，应当提交符合外商投资产业政策的说明。

变更后的经营范围有属于法律、行政法规或者国务院规定在登记前须经批准的行业的，合伙企业应当自有关部门批准之日起30日内，向原企业登记机关申请变更登记。

外商投资合伙企业的经营范围中属于法律、行政法规或者国务院规定须经批准的项目被吊销、撤销许可证或者其他批准文件，或者许可证、其他批准文件有效期届满的，合伙企业应当自吊销、撤销许可证、其他批准文件或者许可证、其他批准文件有效期届满之日起30日内，向原企业登记机关申请变更登记或者注销登记。

第二十三条 外商投资合伙企业变更合伙企业类型的，应当按照拟变更企业类型的设立条件，在规定的期限内向企业登记机关申请变更登记，并依法提交有关文件。

第二十四条 外商投资合伙企业合伙人变更姓名（名称）或者住所的，应当提交姓名（名称）或者住所变更的证明文件。

外国合伙人的姓名（名称）、国家（地区）或者境外住所变更证明文件应当经其所在国家主管机构公证认证并经我国驻该国使（领）馆认证。香港特别行政区、澳门特别行政区和台湾地区合伙人的姓名（名称）、地区或者境外住所变更证明文件应当依照现行相关规定办理。

第二十五条 合伙人增加或者减少对外商投资合伙企业出资的，应当向原企业登记机关提交全体合伙人签署的或者合伙协议约定的人员签署的对该合伙人认缴或者实际缴付出资的确认书。

第二十六条 新合伙人入伙的，外商投资合伙企业应当向原登记机关申请变更登记，提交的文件参照本规定第二章的有关规定。

新合伙人通过受让原合伙人在外商投资合伙企业中的部分或者全部财产份额入伙的，应当提交财产份额转让协议。

第二十七条 外商投资合伙企业的外国合伙人全部退伙，该合伙企业继续存续的，应当依照《合伙企业登记管理办法》规定的程序申请变更登记。

第二十八条 合伙协议修改未涉及登记事项的，外商投资合伙企业应当将修改后的合伙协议或者修改合伙协议的决议送原企业登记机关备案。

第二十九条 外国合伙人变更境内法律文件送达接受人的，应当重新签署《法律文件送达授权委托书》，并向原企业登记机关备案。

第三十条 外商投资合伙企业变更登记事项涉及营业执照变更的，企业登记机关应当换发营业执照。

第四章 注销登记

第三十一条 外商投资合伙企业解散，应当依照《合伙企业法》的规定由清算人进行清算。清算人应当自被确定之日起10日内，将清算人成员名单向企业登记机关备案。

第三十二条 外商投资合伙企业解散的，清算人应当自清算结束之日起15日内，向原企业登记机关办理注销登记。

第三十三条 外商投资合伙企业办理注销登记，应当提交下列文件：

（一）清算人签署的注销登记申请书；

（二）人民法院的破产裁定、外商投资合伙企业依照《合伙企业法》作出的决定、行政机关责令关闭、外商投资合伙企业依法被吊销营业执照或者被撤销的文件；

（三）全体合伙人签名、盖章的清算报告（清算报告中应当载明已经办理完结税务、海关纳税手续的说明）。

有分支机构的外商投资合伙企业申请注销登记，还应当提交分支机构的注销登记证明。

外商投资合伙企业办理注销登记时，应当缴回营业执照。

第三十四条 经企业登记机关注销登记，外商投资合伙企业终止。

第五章 分支机构登记

第三十五条 外商投资合伙企业设立分支机构,应当向分支机构所在地的企业登记机关申请设立登记。

第三十六条 分支机构的登记事项包括:分支机构的名称、经营场所、经营范围、分支机构负责人的姓名及住所。

分支机构的经营范围不得超出外商投资合伙企业的经营范围。

外商投资合伙企业有合伙期限的,分支机构的登记事项还应当包括经营期限。分支机构的经营期限不得超过外商投资合伙企业的合伙期限。

第三十七条 外商投资合伙企业设立分支机构,应当向分支机构所在地的企业登记机关提交下列文件:

(一)分支机构设立登记申请书;
(二)全体合伙人签署的设立分支机构的决定书;
(三)加盖合伙企业印章的合伙企业营业执照复印件;
(四)全体合伙人委派执行分支机构事务负责人的委托书及其身份证明;
(五)经营场所证明;
(六)本规定规定的其他相关文件。

第三十八条 分支机构的经营范围中有属于法律、行政法规或者国务院规定在登记前须经批准的行业的,应当向分支机构所在地的企业登记机关提交批准文件。

第三十九条 外商投资合伙企业申请分支机构变更登记或者注销登记,比照本规定关于外商投资合伙企业变更登记、注销登记的规定办理。

第四十条 外商投资合伙企业应当自分支机构设立登记之日起 30 日内,持加盖印章的分支机构营业执照复印件,到原企业登记机关办理备案。

分支机构登记事项变更的,隶属企业应当自变更登记之日起 30 日内到原企业登记机关办理备案。

申请分支机构注销登记的,外商投资合伙企业应当自分支机构注销登记之日起 30 日内到原企业登记机关办理备案。

第四十一条 分支机构营业执照的签发日期,为外商投资合伙企业分支机构的成立日期。

第六章 登记程序

第四十二条 申请人提交的登记申请材料齐全、符合法定形式,企业登记机关能够当场登记的,应予当场登记,发给(换)营业执照。

除前款规定情形外,企业登记机关应当自受理申请之日起 20 日内,作出是否登记的决定。予以登记的,发给(换发)营业执照;不予登记的,应当给予书面答复,并说明理由。

对于《外商投资产业指导目录》中没有法定前置审批的限制类项目或者涉及有关部门职责的其他项目,企业登记机关应当自受理申请之日起 5 日内书面征求有关部门的意见。企业登记机关应当在接到有关部门书面意见之日起 5 日内,作出是否登记的决定。予以登记的,发给(换发)营业执照;不予登记的,应当给予书面答复,并说明理由。

第四十三条 外商投资合伙企业涉及须经政府核准的投资项目的,依照国家有关规定办理投资项目核准手续。

第四十四条 外商投资合伙企业设立、变更、注销的,企业登记机关应当同时将企业设立、变更或者注销登记信息向同级商务主管部门通报。

第四十五条 企业登记机关应当将登记的外商投资合伙企业登记事项记载于外商投资合伙企业登记簿上,供社会公众查阅、复制。

第四十六条 企业登记机关吊销外商投资合伙企业营业执照的,应当发布公告。

第七章 年度报告公示和证照管理

第四十七条 外商投资合伙企业应当于每年1月1日至6月30日,通过企业信用信息公示系统向企业登记机关报送上一年度年度报告,并向社会公示。

第四十八条 营业执照分为正本和副本,正本和副本具有同等法律效力。

外商投资合伙企业及其分支机构根据业务需要,可以向企业登记机关申请核发若干营业执照副本。

营业执照正本应当置放在经营场所的醒目位置。

第四十九条 任何单位和个人不得涂改、出售、出租、出借或者以其他方式转让营业执照。

营业执照遗失或者毁损的,应当在企业登记机关指定的报刊上声明作废,并向企业登记机关申请补领或者更换。

第五十条 外商投资合伙企业及其分支机构的登记文书格式和营业执照的正本、副本样式,由国家工商行政管理总局制定。

第五十一条 未领取营业执照,而以外商投资合伙企业名义从事合伙业务的,由企业登记机关依照《合伙企业登记管理办法》第三十六条规定处罚。

从事《外商投资产业指导目录》禁止类项目的,或者未经登记从事限制类项目的,由企业登记机关和其他主管机关依照《无照经营查处取缔办法》规定处罚。法律、行政法规或者国务院另有规定的,从其规定。

第五十二条 提交虚假文件或者采取其他欺骗手段,取得外商投资合伙企业登记的,由企业登记机关依照《合伙企业登记管理办法》第三十七条规定处罚。

第五十三条 外商投资合伙企业登记事项发生变更,未依照本规定规定办理变更登记的,由企业登记机关依照《合伙企业登记管理办法》第三十八条规定处罚。

第五十四条 外商投资合伙企业在使用名称中未按照企业登记机关核准的名称标明"普通合伙"、"特殊普通合伙"或者"有限合伙"字样的,由企业登记机关依照《合伙企业登记管理办法》第三十九条规定处罚。

第五十五条 外商投资合伙企业未依照本规定办理不涉及登记事项的协议修改、分支机构及清算人成员名单备案的,由企业登记机关依照《合伙企业登记管理办法》第四十条规定处罚。

外商投资合伙企业未依照本规定办理外国合伙人《法律文件送达授权委托书》备案的,由企业登记机关责令改正;逾期未办理的,处2000元以下的罚款。

第五十六条 外商投资合伙企业的清算人未向企业登记机关报送清算报告,或者报送的清算报告隐瞒重要事实,或者有重大遗漏的,由企业登记机关依照《合伙企业登记管理办法》第四十一条规定处罚。

第五十七条 外商投资合伙企业未将其营业执照正本置放在经营场所醒目位置的，由企业登记机关依照《合伙企业登记管理办法》第四十四条规定处罚。

第五十八条 外商投资合伙企业涂改、出售、出租、出借或者以其他方式转让营业执照的，由企业登记机关依照《合伙企业登记管理办法》第四十五条规定处罚。

第五十九条 外商投资合伙企业的分支机构有本章规定的违法行为的，适用本章有关规定。

第六十条 企业登记机关违反产业政策，对于不应当登记的予以登记，或者应当登记的不予登记的，依法追究其直接责任人或者主要负责人的行政责任。

企业登记机关的工作人员滥用职权、徇私舞弊、收受贿赂、侵害外商投资合伙企业合法权益的，依法给予处分。

第九章 附 则

第六十一条 中国的自然人、法人和其他组织在中国境内设立的合伙企业，外国企业或者个人入伙的，应当符合本规定，并依法向企业登记机关申请变更登记。

第六十二条 以投资为主要业务的外商投资合伙企业境内投资的，应当依照国家有关外商投资的法律、行政法规、规章办理。

第六十三条 外商投资的投资性公司、外商投资的创业投资企业在中国境内设立合伙企业或者加入中国自然人、法人和其他组织已经设立的合伙企业的，参照本规定。

第六十四条 外商投资合伙企业依照本规定办理相关登记手续后，应当依法办理外汇、税务、海关等手续。

第六十五条 香港特别行政区、澳门特别行政区、台湾地区的企业或者个人在内地设立合伙企业或者加入内地自然人、法人和其他组织已经设立的合伙企业的，参照本规定。

第六十六条 本规定自 2010 年 3 月 1 日起施行。

中华人民共和国企业法人登记管理条例施行细则

（根据 2014 年 2 月 20 日国家工商行政管理总局令第 63 号公布的《国家工商行政管理总局关于修改〈中华人民共和国企业法人登记管理条例施行细则〉的决定》修订）

第一条 根据《中华人民共和国企业法人登记管理条例》（以下简称《条例》），制定本施行细则。

第一章 登记范围

第二条 具备企业法人条件的全民所有制企业、集体所有制企业、联营企业、在中国境内设立的外商投资企业（包括中外合资经营企业、中外合作经营企业、外资企业）和其他企业，应当根据国家法律、法规及本细则有关规定，申请企业法人登记。

第三条 实行企业化经营、国家不再核拨经费的事业单位和从事经营活动的科技性社会团体，具备企业法人条件的，应当申请企业法人登记。

第四条 不具备企业法人条件的下列企业和经营单位，应当申请营业登记：

（一）联营企业；

（二）企业法人所属的分支机构；

（三）外商投资企业设立的分支机构；

（四）其他从事经营活动的单位。

第五条 外商投资企业设立的办事机构应当申请登记。

第六条 省、自治区、直辖市人民政府规定应当办理登记的企业和经营单位，按照《条例》和本细则的有关规定申请登记。

第二章 登记主管机关

第七条 工商行政管理机关是企业法人登记和营业登记的主管机关。登记主管机关依法独立行使职权，实行分级登记管理的原则。

对外商投资企业实行国家工商行政管理总局登记管理和授权登记管理的原则。

上级登记主管机关有权纠正下级登记主管机关不符合国家法律、法规和政策的决定。

第八条 国家工商行政管理总局负责以下企业的登记管理：

（一）国务院批准设立的或者行业归口管理部门审查同意由国务院各部门以及科技性社会团体设立的全国性公司和大型企业；

（二）国务院批准设立的或者国务院授权部门审查同意设立的大型企业集团；

（三）国务院授权部门审查同意由国务院各部门设立的经营进出口业务、劳务输出业务或者对外承包工程的公司。

第九条 省、自治区、直辖市工商行政管理局负责以下企业的登记管理：

（一）省、自治区、直辖市人民政府批准设立的或者行业归口管理部门审查同意由政府各部门以及科技性社会团体设立的公司和企业；

（二）省、自治区、直辖市人民政府批准设立的或者政府授权部门审查同意设立的企业集团；

（三）省、自治区、直辖市人民政府授权部门审查同意由政府各部门设立的经营进出口业务、劳务输出业务或者对外承包工程的公司；

（四）国家工商行政管理总局根据有关规定核转的企业或分支机构。

第十条 市、县、区（指县级以上的市辖区，下同）工商行政管理局负责第八条、第九条所列企业外的其他企业的登记管理。

第十一条 国家工商行政管理总局授权的地方工商行政管理局负责以下外商投资企业的登记管理：

（一）省、自治区、直辖市人民政府或政府授权机关批准的外商投资企业，由国家工商行政管理总局授权的省、自治区、直辖市工商行政管理局登记管理；

（二）市人民政府或政府授权机关批准的外商投资企业，由国家工商行政管理总局授权的市工商行政管理局登记管理。

第十二条 国家工商行政管理总局和省、自治区、直辖市工商行政管理局应将核准登记的企业的有关资料，抄送企业所在市、县、区工商行政管理局。

第十三条 各级登记主管机关可以运用登记注册档案、登记统计资料以及有关的基础信息资料，向机关、企事业单位、社会团体等单位和个人提供各种形式的咨询服务。

第三章 登记条件

第十四条 申请企业法人登记，应当具备下列条件（外商投资企业另列）：

（一）有符合规定的名称和章程；

（二）有国家授予的企业经营管理的财产或者企业所有的财产，并能够以其财产独立承担民事责任；

（三）有与生产经营规模相适应的经营管理机构、财务机构、劳动组织以及法律或者章程规定必须建立的其他机构；

（四）有必要的并与经营范围相适应的经营场所和设施；

（五）有与生产经营规模和业务相适应的从业人员，其中专职人员不得少于8人；

（六）有健全的财会制度，能够实行独立核算，自负盈亏，独立编制资金平衡表或者资产负债表；

（七）有符合规定数额并与经营范围相适应的注册资金，国家对企业注册资金数额有专项规定的按规定执行；

（八）有符合国家法律、法规和政策规定的经营范围；

（九）法律、法规规定的其他条件。

第十五条 外商投资企业申请企业法人登记，应当具备下列条件：

（一）有符合规定的名称；

（二）有审批机关批准的合同、章程；

（三）有固定经营场所、必要的设施和从业人员；

（四）有符合国家规定的注册资本；

（五）有符合国家法律、法规和政策规定的经营范围；

（六）有健全的财会制度，能够实行独立核算，自负盈亏，独立编制资金平衡表或者资产负债表。

第十六条 申请营业登记，应当具备下列条件：

（一）有符合规定的名称；

（二）有固定的经营场所和设施；

（三）有相应的管理机构和负责人；

（四）有经营活动所需要的资金和从业人员；

（五）有符合规定的经营范围；

（六）有相应的财务核算制度。

不具备企业法人条件的联营企业，还应有联合签署的协议。

外商投资企业设立的从事经营活动的分支机构应当实行非独立核算。

第十七条 外商投资企业设立的办事机构申请登记，应当具备下列条件：

（一）有符合规定的名称；

（二）有固定的办事场所和负责人。

外商投资企业设立的办事机构不得直接从事经营活动。

第十八条 企业法人章程的内容应当符合国家法律、法规和政策的规定，并载明下列事项：

（一）宗旨；

（二）名称和住所；

（三）经济性质；

（四）注册资金数额及其来源；

（五）经营范围和经营方式；

（六）组织机构及其职权；

（七）法定代表人产生的程序和职权范围；

（八）财务管理制度和利润分配形式；

（九）劳动用工制度；

（十）章程修改程序；

（十一）终止程序；

（十二）其他事项。

联营企业法人的章程还应载明：

（一）联合各方出资方式、数额和投资期限；

（二）联合各方成员的权利和义务；

（三）参加和退出的条件、程序；

（四）组织管理机构的产生、形式、职权及其决策程序；

（五）主要负责人任期。

外商投资企业的合营合同和章程按《中华人民共和国中外合资经营企业法》、《中华人民共和国中外合作经营企业法》和《中华人民共和国外资企业法》的有关规定制定。

第四章 登记注册事项

第十九条 企业法人登记注册的主要事项按照《条例》第九条规定办理。

营业登记的主要事项有：名称、地址、负责人、经营范围、经营方式、经济性质、隶属关系、资金数额。

第二十条 外商投资企业登记注册的主要事项有：名称、住所、经营范围、投资总额、注册资本、企业类型、法定代表人、营业期限、分支机构、有限责任公司股东或者股份有限公司发起人的姓名或者名称。

第二十一条 外商投资企业设立的分支机构登记注册的主要事项有：名称、营业场所、负责人、经营范围、隶属企业。

第二十二条 外商投资企业设立的办事机构登记注册的主要事项有：名称、地址、负责人、业务范围、期限、隶属企业。

第二十三条 企业名称应当符合国家有关法律法规及登记主管机关的规定。

第二十四条 住所、地址、经营场所按所在市、县、（镇）及街道门牌号码的详细地址注册。

第二十五条 经登记主管机关核准登记注册的代表企业行使职权的主要负责人，是企业法人的法定代表人。法定代表人是代表企业法人根据章程行使职权的签字人。

企业的法定代表人必须是完全民事行为能力人，并且应当符合国家法律、法规和政策的规定。

第二十六条　登记主管机关根据申请单位提交的文件和章程所反映的财产所有权、资金来源、分配形式，核准企业和经营单位的经济性质。

经济性质可分别核准为全民所有制、集体所有制。联营企业应注明联合各方的经济性质，并标明"联营"字样。

第二十七条　外商投资企业的企业类型分别核准为中外合资经营、中外合作经营、外商独资经营。

第二十八条　登记主管机关根据申请单位的申请和所具备的条件，按照国家法律、法规和政策以及规范化要求，核准经营范围和经营方式。企业必须按照登记主管机关核准登记注册的经营范围和经营方式从事经营活动。

第二十九条　注册资金数额是企业法人经营管理的财产或者企业法人所有的财产的货币表现。除国家另有规定外，企业的注册资金应当与实有资金相一致。

企业法人的注册资金的来源包括财政部门或者设立企业的单位的拨款、投资。

第三十条　外商投资企业的注册资本是指设立外商投资企业在登记主管机关登记注册的资本总额，是投资者认缴的出资额。

注册资本与投资总额的比例，应当符合国家有关规定。

第三十一条　营业期限是联营企业、外商投资企业的章程、协议或者合同所确定的经营时限。营业期限自登记主管机关核准登记之日起计算。

第五章　开业登记

第三十二条　申请企业法人登记，应按《条例》第十五条（一）至（七）项规定提交文件、证件。

企业章程应经主管部门审查同意。

资金信用证明是财政部门证明全民所有制企业资金数额的文件。

验资证明是会计师事务所或者审计事务所及其他具有验资资格的机构出具的证明资金真实性的文件。

企业主要负责人的身份证明包括任职文件和附照片的个人简历。个人简历由该负责人的人事关系所在单位或者乡镇、街道出具。

第三十三条　外商投资企业申请企业法人登记，应提交下列文件、证件：

（一）董事长签署的外商投资企业登记申请书；

（二）合同、章程以及审批机关的批准文件和批准证书；

（三）有关项目建议书或可行性研究报告的批准文件；

（四）投资者合法开业证明；

（五）投资者的资信证明；

（六）董事会名单以及董事会成员的姓名、住址的文件以及任职文件和法定代表人的身份证明；

（七）其他有关文件、证件。

第三十四条　申请营业登记，应根据不同情况，提交下列文件、证件：

（一）登记申请书；

（二）经营资金数额的证明；

（三）负责人的任职文件；
（四）经营场所使用证明；
（五）其他有关文件、证件。

第三十五条 外商投资企业申请设立分支机构或者办事机构，应当提交下列文件、证件：

（一）隶属企业董事长签署的登记申请书；
（二）原登记主管机关的通知函；
（三）隶属企业董事会的决议；
（四）隶属企业的执照副本；
（五）负责人的任职文件；
（六）其他有关文件、证件。

法律、法规及国家工商行政管理总局规章规定设立分支机构或者办事机构需经审批的，应提交审批文件。

第三十六条 登记主管机关应当对申请单位提交的文件、证件、登记申请书、登记注册书以及其他有关文件进行审查，经核准后分别核发下列证照：

（一）对具备企业法人条件的企业，核发《企业法人营业执照》；
（二）对不具备企业法人条件，但具备经营条件的企业和经营单位，核发《营业执照》；
（三）对外商投资企业设立的办事机构，核发《外商投资企业办事机构注册证》。

登记主管机关应当分别编定注册号，在颁发的证照上加以注明，并记入登记档案。

第三十七条 登记主管机关核发的《企业法人营业执照》是企业取得法人资格和合法经营权的凭证。登记主管机关核发的《营业执照》是经营单位取得合法经营权的凭证。经营单位凭据《营业执照》可以刻制公章，开立银行账户，开展核准的经营范围以内的生产经营活动。

登记主管机关核发的《外商投资企业办事机构注册证》是外商投资企业设立的办事机构从事业务活动的合法凭证。办事机构凭据《外商投资企业办事机构注册证》，可以刻制公章，开立银行账户，从事业务活动。

第六章 变更登记

第三十八条 企业法人根据《条例》第十七条规定，申请变更登记时，应提交下列文件、证件：

（一）法定代表人签署的变更登记申请书；
（二）原主管部门审查同意的文件；
（三）其他有关文件、证件。

第三十九条 企业法人实有资金比原注册资金数额增加或者减少超过20%时，应持资金信用证明或者验资证明，向原登记主管机关申请变更登记。

登记主管机关在核准企业法人减少注册资金的申请时，应重新审核经营范围和经营方式。

第四十条 企业法人在异地（跨原登记主管机关管辖地）增设或者撤销分支机构，应向原登记主管机关申请变更登记。经核准后，向分支机构所在地的登记主管机关申请开业登记或者注销登记。

企业法人在国外开办企业或增设分支机构，应向原登记主管机关备案。

第四十一条 因分立或者合并而保留的企业应当申请变更登记；因分立或者合并而新办的企业应当申请开业登记；因合并而终止的企业应当申请注销登记。

第四十二条 企业法人迁移（跨原登记主管机关管辖地），应向原登记主管机关申请办理迁移手续；原登记主管机关根据新址所在地登记主管机关同意迁入的意见，收缴《企业法人营业执照》，撤销注册号，开出迁移证明，并将企业档案移交企业新址所在地登记主管机关。企业凭迁移证明和有关部门的批准文件，向新址所在地登记主管机关申请变更登记，领取《企业法人营业执照》。

第四十三条 企业法人因主管部门改变，涉及原主要登记事项的，应当分别情况，持有关文件申请变更、开业、注销登记。不涉及原主要登记事项变更的，企业法人应当持主管部门改变的有关文件，及时向原登记主管机关备案。

第四十四条 外商投资企业改变登记注册事项，应当申请变更登记。申请变更登记时，应提交下列文件、证件：

（一）董事长签署的变更登记申请书；

（二）董事会的决议；

（三）变更股东、注册资本、经营范围、营业期限时应提交原审批机关的批准文件。

法律、法规及国家工商行政管理总局规章规定设立分支机构或者办事机构需经审批的，应提交原审批机关的批准文件。

外商投资企业变更住所，还应提交住所使用证明；增加注册资本涉及改变原合同的，还应提交补充协议；变更企业类型，还应提交修改合同、章程的补充协议；变更法定代表人，还应提交委派方的委派证明和被委派人员的身份证明；转让股权，还应提交转让合同和修改原合同、章程的补充协议，以及受让方的合法开业证明和资信证明。

外商投资企业董事会成员发生变化的，应向原登记主管机关备案。

第四十五条 经营单位改变营业登记的主要事项，应当申请变更登记。变更登记的程序和应当提交的文件、证件，参照企业法人变更登记的有关规定执行。

第四十六条 外商投资企业设立的分支机构和办事机构改变主要登记事项，应当申请变更登记。变更登记的程序和应当提交的文件、证件，参照外商投资企业变更登记的有关规定执行。

第四十七条 登记主管机关应当在申请变更登记的单位提交的有关文件、证件齐备后 30 日内，作出核准变更登记或者不予核准变更登记的决定。

第七章 注销登记

第四十八条 企业法人根据《条例》第二十条规定，申请注销登记，应提交下列文件、证件：

（一）法定代表人签署的注销登记申请书；

（二）原主管部门审查同意的文件；

（三）主管部门或者清算组织出具的负责清理债权债务的文件或者清理债务完结

的证明。

第四十九条　外商投资企业应当自经营期满之日或者终止营业之日、批准证书自动失效之日、原审批机关批准终止合同之日起三个月内，向原登记主管机关申请注销登记，并提交下列文件、证件：

（一）董事长签署的注销登记申请书；

（二）董事会的决议；

（三）清理债权债务完结的报告或者清算组织负责清理债权债务的文件；

（四）税务机关、海关出具的完税证明。

法律、法规规定必须经原审批机关批准的，还应提交原审批机关的批准文件。

不能提交董事会决议的以及国家对外商投资企业的注销另有规定的，按国家有关规定执行。

第五十条　经营单位终止经营活动，应当申请注销登记。注销登记程序和应当提交的文件、证件，参照企业法人注销登记的有关规定执行。

第五十一条　外商投资企业撤销其分支机构和办事机构，应当申请注销登记，并提交下列文件、证件：

（一）隶属企业董事长签署的注销登记申请书；

（二）隶属企业董事会的决议。

第五十二条　登记主管机关核准注销登记或者吊销执照，应当同时撤销注册号，收缴执照正、副本和公章，并通知开户银行。

第八章　登记审批程序

第五十三条　登记主管机关审核登记注册的程序是受理、审查、核准、发照、公告。

（一）受理：申请登记的单位应提交的文件、证件和填报的登记注册书齐备后，方可受理，否则不予受理。

（二）审查：审查提交的文件、证件和填报的登记注册书是否符合有关登记管理规定。

（三）核准：经过审查和核实后，做出核准登记或者不予核准登记的决定，并及时通知申请登记的单位。

（四）发照：对核准登记的申请单位，应当分别颁发有关证照，及时通知法定代表人（负责人）领取证照，并办理法定代表人签字备案手续。

第九章　公示和证照管理

第五十四条　登记主管机关应当将企业法人登记、备案信息通过企业信用信息公示系统向社会公示。

第五十五条　企业法人应当于每年1月1日至6月30日，通过企业信用信息公示系统向登记主管机关报送上一年度年度报告，并向社会公示。

年度报告公示的内容及监督检查按照国务院的规定执行。

第五十六条　《企业法人营业执照》、《营业执照》分为正本和副本，同样具有法律效力。正本应悬挂在主要办事场所或者主要经营场所。登记主管机关根据企业申请和开展经营活动的需要，可以核发执照副本若干份。

国家推行电子营业执照。电子营业执照与纸质营业执照具有同等法律效力。

第五十七条 登记主管机关对申请筹建登记的企业，在核准登记后核发《筹建许可证》。

第五十八条 执照正本和副本、《筹建许可证》、《外商投资企业办事机构注册证》、企业法人申请开业登记注册书、企业申请营业登记注册书、企业申请变更登记注册书、企业申请注销登记注册书、企业申请筹建登记注册书以及其他有关登记管理的重要文书表式，由国家工商行政管理总局统一制定。

第十章 监督管理与罚则

第五十九条 登记主管机关对企业进行监督管理的主要内容是：

（一）监督企业是否按照《条例》和本细则规定办理开业登记变更登记和注销登记；

（二）监督企业是否按照核准登记的事项以及章程、合同或协议开展经营活动；

（三）监督企业是否按照规定报送、公示年度报告；

（四）监督企业和法定代表人是否遵守国家有关法律、法规和政策。

第六十条 各级登记主管机关，均有权对管辖区域内的企业进行监督检查。企业应当接受检查，提供检查所需要的文件、账册、报表及其他有关资料。

第六十一条 登记主管机关对辖区内的企业进行监督检查时，有权依照有关规定予以处罚。但责令停业整顿、扣缴或者吊销证照，只能由原发照机关作出决定。

第六十二条 上级登记主管机关对下级登记主管机关作出的不适当的处罚有权予以纠正。

对违法企业的处罚权限和程序，由国家工商行政管理总局和省、自治区、直辖市工商行政管理局分别作出规定。

第六十三条 对有下列行为的企业和经营单位，登记主管机关作出如下处罚，可以单处，也可以并处：

（一）未经核准登记擅自开业从事经营活动的，责令终止经营活动，没收非法所得，处以非法所得额3倍以下的罚款，但最高不超过3万元，没有非法所得的，处以1万元以下的罚款。

（二）申请登记时隐瞒真实情况、弄虚作假的，除责令提供真实情况外，视其具体情节，予以警告，没收非法所得，处以非法所得额3倍以下的罚款，但最高不超过3万元，没有非法所得的，处以1万元以下的罚款。经审查不具备企业法人条件或者经营条件的，吊销营业执照。伪造证件骗取营业执照的，没收非法所得，处以非法所得额3倍以下的罚款，但最高不超过3万元，没有非法所得的，处以1万元以下的罚款，并吊销营业执照。

（三）擅自改变主要登记事项，不按规定办理变更登记的，予以警告，没收非法所得，处以非法所得额3倍以下的罚款，但最高不超过3万元，没有非法所得的，处以1万元以下的罚款，并限期办理变更登记；逾期不办理的，责令停业整顿或者扣缴营业执照；情节严重的，吊销营业执照。超出经营期限从事经营活动的，视为无照经营，按照本条第一项规定处理。

（四）超出核准登记的经营范围或者经营方式从事经营活动的，视其情节轻重，予以警告，没收非法所得，处以非法所得额 3 倍以下的罚款，但最高不超过 3 万元，没有非法所得的，处以 1 万元以下的罚款。同时违反国家其他有关规定，从事非法经营的，责令停业整顿，没收非法所得，处以非法所得额 3 倍以下的罚款，但最高不超过 3 万元，没有非法所得的，处以 1 万元以下的罚款；情节严重的，吊销营业执照。

（五）侵犯企业名称专用权的，依照企业名称登记管理的有关规定处理。

（六）伪造、涂改、出租、出借、转让、出卖营业执照的，没收非法所得，处以非法所得额 3 倍以下的罚款，但最高不超过 3 万元，没有非法所得的，处以 1 万元以下的罚款；情节严重的，吊销营业执照。

（七）不按规定悬挂营业执照的，予以警告，责令改正；拒不改正的，处以 2000 元以下的罚款。

（八）抽逃、转移资金，隐匿财产逃避债务的，责令补足抽逃、转移的资金，追回隐匿的财产，没收非法所得，处以非法所得额 3 倍以下的罚款，但最高不超过 3 万元，没有非法所得的，处以 1 万元以下的罚款；情节严重的，责令停业整顿或者吊销营业执照。

（九）不按规定申请办理注销登记的，责令限期办理注销登记。拒不办理的，处以 3000 元以下的罚款，吊销营业执照，并可追究企业主管部门的责任。

（十）拒绝监督检查或者在接受监督检查过程中弄虚作假的，除责令其接受监督检查和提供真实情况外，予以警告，处以 1 万元以下的罚款。

登记主管机关对有上述违法行为的企业作出处罚决定后，企业逾期不提出申诉又不缴纳罚没款的，可以申请人民法院强制执行。

第六十四条 对提供虚假文件、证件的单位和个人，除责令其赔偿因出具虚假文件、证件给他人造成的损失外，处以 1 万元以下的罚款。

第六十五条 登记主管机关在查处企业违法活动时，对构成犯罪的有关人员，交由司法机关处理。

第六十六条 登记主管机关对工作人员不按规定程序办理登记、监督管理和严重失职的，根据情节轻重给予相应的行政处分，对构成犯罪的人员，交由司法机关处理。

第六十七条 企业根据《条例》第三十二条规定向上一级登记主管机关申请复议的，上一级登记主管机关应当在规定的期限内作出维持、撤销或者纠正的复议决定，并通知申请复议的企业。

第十一章 附 则

第六十八条 根据《条例》第三十六条规定应当申请筹建登记的企业，按照国务院有关部门或者省、自治区、直辖市人民政府的专项规定办理筹建登记。

第六十九条 港、澳、台企业，华侨、港、澳、台同胞投资举办的合资经营企业、合作经营企业、独资经营企业，参照本细则对外商投资企业的有关规定执行。

第七十条 对在中国境内从事经营活动的外国（地区）企业的登记管理，按专项规定执行。

第七十一条 本细则自公布之日起施行。

2001~2014年行政许可改革一览

国务院批转关于行政审批制度改革工作实施意见的通知

国发〔2001〕33号

各省、自治区、直辖区人民政府，国务院各部委、各直属机构：

监察部、国务院法制办、国务院体改办、中央编办《关于行政审批制度改革工作的实施意见》已经国务院批准，现转发给你们，请认真贯彻执行。

中华人民共和国国务院
二〇〇一年十月十八日

关于行政审批制度改革工作的实施意见

监察部、国务院法制办、国务院体改办、中央编办

（二〇〇一年十月九日）

按照党的十五届五中全会、六中全会和中央纪委第五次全会、国务院第三次廉政工作会议的部署和要求，积极推行行政审批制度改革，对于深化行政管理体制改革，促进政府职能转变，完善社会主义市场经济体制，加强和改进作风建设，从源头上预防和治理腐败，都具有重要意义。近年来，绝大多数省、自治区、直辖市和国务院各部门程度不同地开展了行政审批制度改革工作，取得了初步成效。但是，这个问题并未完全解决。最近国务院党组决定把进一步推进这项改革作为贯彻十五届六中全会精神的一项重要工作，要求各级政府进一步转变政府职能，减少行政审批。少管微观，多管宏观，少抓事前的行政审批，多抓事后的监督检查，切实加强监督和落实。改革行政审批制度，需要审批的项目应规定清楚，公开透明，不需要审批的坚决不去审批。逐步建立、完善价格和市场机制，而不是单靠行政手段去解决。根据国务院上述精神，现就进一步推进行政审批制度改革提出如下意见。

（一）行政审批制度改革的指导思想和总体要求

行政审批制度改革的指导思想是：以党的十五大和十五届五中全会、六中全会精神为指导，按照江泽民同志"七一"重要讲话和"三个代表"重要思想的要求，解放思想，实事求是，以充分发挥市场在资源配置中的基础性作用为基点，把制度创新摆在突出位置，努力突破影响生产力发展的体制性障碍，加强和改善宏观调控，规范行政行为，提高行政效率，促进经济发展，推进政府机关的廉政勤政建设。

行政审批制度改革的总体要求是：不符合政企分开和政事分开原则、妨碍市场开放和公平竞争以及实际上难以发挥有效作用的行政审批，坚决予以取消；可以用市场

机制代替的行政审批，通过市场机制运作。对于确需保留的行政审批，要建立健全监督制约机制，做到审批程序严密、审批环节减少、审批效率明显提高，行政审批责任追究制得到严格执行。

2001年，以经济事务的行政审批为重点，兼顾其他方面，突出抓好国务院各部门及各省、自治区、直辖市人民政府的工作落实。省级以下各级人民政府及其部门也要积极推行行政审批制度改革。

（二）行政审批制度改革应遵循的原则

1. 合法原则。行政审批作为一项重要的行政权力，直接涉及公民、法人和其他组织的合法权益，关系政府职能的转变和社会主义市场经济的发展。设定行政审批应当遵循我国的立法体制和依法行政的要求，符合法定权限和法定程序。法律、行政法规、地方性法规和依照法定职权、程序制定的规章可以设定行政审批。鉴于目前有关立法还不够完善，国务院各部门可根据国务院的决定、命令和要求设定行政审批，并以部门文件形式予以公布；其他机关、文件设定的行政审批应当取消。

2. 合理原则。设定行政审批，要符合社会主义市场经济发展的要求，有利于政府实施有效管理。凡是通过市场机制能够解决的，应当由市场机制去解决；通过市场机制难以解决，但通过公正、规范的中介组织、行业自律能够解决的，应当通过中介组织和行业自律去解决。有关经营性土地使用权出让、建设工程招标投标、政府采购和产权交易等事项，必须通过市场机制来运作。对虽符合合法原则，但不符合上述要求的行政审批，也应当取消。

3. 效能原则。要合理划分和调整部门之间的行政审批职能，简化程序，减少环节，加强并改善管理，提高效率，强化服务。一个部门应当实行一个"窗口"对外；涉及几个部门的行政审批，应当由国务院规定的主要负责部门牵头，会同其他有关部门共同研究决定后办理；实施行政审批要规定合理时限，提高工作效率，在限定期限内办结。

4. 责任原则。按照"谁审批、谁负责"的原则，在赋予行政机关行政审批权时，要规定其相应的责任。行政机关实施行政审批，应当依法对审批对象实施有效监督，并承担相应责任。行政机关不按规定的审批条件、程序实施行政审批甚至越权审批、滥用职权、徇私舞弊，以及对被许可人不依法履行监督责任或者监督不力、对违法行为不予查处的，审批机关主管有关工作的领导和直接责任人员必须承担相应的法律责任。

5. 监督原则。赋予行政机关行政审批权，要按照公开、公平、公正的原则，明确行政审批的条件、程序，并建立便于公民、法人和其他组织监督的制度。行政审批的内容、对象、条件、程序必须公开；未经公开的，不得作为行政审批的依据。行使行政审批权的行政机关应当建立健全有关制度，依法加强对被许可人是否按照取得行政许可时确定的条件、程序从事有关活动的监督检查。

（三）实施步骤

国务院各部门的行政审批制度改革工作按照以下步骤和要求进行。

1. 全面清理行政审批项目并提出处理意见。由各部门按照统一要求，对本部门的行政审批项目进行彻底清理，填报行政审批项目登记表，并依据上述原则逐项研究提出取消、保留、下放或转入市场机制运作的处理意见。其中，各部门根据国务院以往的决定、命令和要求设定的行政审批，该取消的也要取消；需要保留的，必须报国务院备案。各部门内设机构设定的行政审批，原则上一律取消；个别确需保留的，要以部门文件形式予以公布并报国务院备案。

2. 研究确定行政审批项目处理意见。由国务院行政审批制度改革工作领导小组（以下简称领导小组）办公室对各部门提出的行政审批项目的处理意见进行审核，并负责与各部门协商。对协商不一致的行政审批项目，由领导小组办公室提出意见报领导小组确定。

3. 公布行政审批项目处理决定。由领导小组办公室编制各部门取消和保留的行政审批项目目录并拟定有关规定，报领导小组讨论并提交国务院总理办公会议审议，经批准后由国务院决定的形式予以公布。

4. 制定监督制约措施。各部门结合实际，针对保留的审批项目制定、公布监督制约的具体措施，并报领导小组办公室。

各省、自治区、直辖市的行政审批制度改革，要在前一阶段工作的基础上，根据本实施意见的要求，进一步加大工作力度。已对行政审批项目进行了初步清理和处理的，要认真回顾和分析前一阶段的工作情况，查找存在问题和不足，针对薄弱环节，采取改进措施。要根据本实施意见确定的原则，结合本地区实际，切实做好有关行政审批项目的处理工作。如存在该清理的未作清理、应取消的没有取消等问题，要坚决予以纠正。正在进行清理和处理的，要按照有关要求加强监督检查，严格审核把关。尚未开展这项工作的，要尽快作出部署，抓紧组织实施。对工作扎实、效果较好的，要注意总结和推广经验；对工作不认真、走过场的，要责成其认真整改。

（四）需要注意的问题

行政审批制度改革政策性强，涉及面广，工作难度大。各地区、各部门务必采取有效措施，确保这项改革健康有序地进行。

1. 要加强组织领导。各地区、各部门要增强政治责任感，充分认识行政审批制度改革的重大意义，把这项工作摆到重要位置，切实加强领导。要明确一位领导同志负责这项工作，并成立专门工作班子或抽调专人承担日常工作。监察、法制、体改、机构编制等部门和单位要在党委、政府的统一领导下，充分发挥职能作用，做好组织协调工作，要实行严格的责任制，形成工作合力。

2. 要注意搞好工作衔接。各地区在审批项目处理工作中，要注意与国务院各部门的有关工作相协调。对于国务院已经明确取消和保留的行政审批项目，要作出相应处理。应该取消的，必须取消；需要保留的以及由国务院有关部门下放给地方审批的，要继续实行，并健全监督制约机制。国务院及国务院各部门依据法律、行政法规、部门规章设定的审批项目，地方政府可以提出取消或者其他处理的建议，但不能自行宣布处理意见。

3. 要积极稳妥地推进。改革行政审批制度，既要大胆实践，勇于创新，又要按照中央的统一部署和要求，有组织、有秩序地进行；既要坚决精减和调整不适应社会主义市场经济发展要求的行政审批事项，又要切实加强对需要保留的行政审批行为的监督。对取消行政审批的事项要制定后续监管措施，避免管理脱节。要加强调查研究，注意发现并及时解决倾向性、苗头性问题。要将行政审批制度改革工作与政府机构改革、政务公开和实行"收支两条线"管理等工作结合起来，互相促进。

4. 要加强监督检查。各地区、各部门要切实加强对行政审批制度改革工作的监督检查,绝不允许搞上有政策、下有对策,有令不行、有禁不止,坚决反对和防止搞形式主义。任何部门和单位都不得瞒报、虚报行政审批项目,不得对决定取消的项目搞变相审批,不得违反规定擅自新设行政审批项目。对已经明确取消的行政审批项目仍然进行审批的,要按照有关规定予以处理。

领导小组办公室拟在2001年底对各地区、各部门开展行政审批制度改革的情况(包括行政审批项目是否得到彻底清理,已经作出处理的审批项目是否落实到位,对保留的审批项目是否建立了监督制约机制等)有重点地进行一次检查。

国务院关于取消第一批行政审批项目的决定

国发〔2002〕24号

各省、自治区、直辖市人民政府,国务院各部委、各直属机构:

国务院决定开展行政审批制度改革工作以来,各部门、各地区按照《国务院批转关于行政审批制度改革工作实施意见的通知》(国发〔2001〕33号)和国务院行政审批制度改革工作电视电话会议的要求,在国务院行政审批制度改革工作领导小组的领导下,积极认真地推进行政审批制度改革,目前取得了阶段性成果。经过广泛深入地审核论证,国务院决定取消第一批行政审批项目。各部门、各地区要研究并及时处理行政审批项目取消后可能出现的情况和问题,认真做好有关工作的后续监管和衔接,防止出现管理脱节。要按照完善社会主义市场经济体制的目标和建立"廉洁、勤政、务实、高效"政府的要求,进一步转变政府职能,继续深入推进行政审批制度改革。要将行政审批制度改革与政府机构改革、实行政务公开和"收支两条线"管理以及其他有关工作紧密结合起来,努力建立适应社会主义市场经济体制要求的行政管理体制。

附件:国务院决定取消的第一批行政审批项目目录(789项)①

国务院

二〇〇二年十一月一日

国务院关于取消第二批行政审批项目和改变一批行政审批项目管理方式的决定

国发〔2003〕5号

各省、自治区、直辖市人民政府,国务院各部委、各直属机构:

国务院决定取消第一批行政审批项目后,国务院行政审批制度改革工作领导小组继续对国务院部门其余的行政审批项目进行了严格的审核和论证。经研究,国务院决定第二批取消406项行政审批项目,另将82项行政审批项目作改变管理方式处理,移交行业组织或社会中介机构管理。各地区、各部门要认真做好行政审批项目取消和调

---

① 注:附件内容略。

整后有关后续监管和衔接等工作,防止出现管理脱节。要按照社会主义市场经济体制的要求,将行政审批制度改革与政府机构改革、财政管理体制改革、电子政务建设、相对集中行政处罚权和综合行政执法试点等工作紧密结合起来,进一步转变政府职能,深化行政管理体制改革,促进依法行政,加强行政管理,提高行政效能。

附件:1. 国务院决定取消的第二批行政审批项目目录(406项)①
　　　2. 国务院决定改变管理方式的行政审批项目目录(82项)②

国务院

二〇〇三年二月二十七日

国务院办公厅转发国务院行政审批制度改革工作领导小组办公室关于进一步推进省级政府行政审批制度改革意见的通知

国办发〔2003〕84号

各省、自治区、直辖市人民政府,国务院各部委、各直属机构:

国务院行政审批制度改革工作领导小组办公室《关于进一步推进省级政府行政审批制度改革的意见》已经国务院同意,现转发给你们,请认真贯彻执行。

中华人民共和国国务院办公厅

二〇〇三年九月二十九日

关于进一步推进省级政府行政审批制度改革的意见

(国务院行政审批制度改革工作领导小组办公室　二〇〇三年九月十八日)

近年来,各地区、各部门按照国务院的部署,相继开展了行政审批制度改革,取得了明显成效。省级政府是实施行政审批的重要机关,搞好省级政府行政审批制度改革,有利于国务院部门的改革与地方的改革相衔接,巩固和深化改革成果,增强改革的整体效应,促进政府职能转变,推动形成行为规范、运转协调、公正透明、廉洁高效的行政管理体制。为推动行政审批制度改革不断取得新的成效,现就进一步推进省级政府行政审批制度改革提出以下意见:

(一)正确把握有关政策和要求,进一步对现行行政审批项目作出处理

为推动行政审批制度改革,国务院和国务院行政审批制度改革工作领导小组近年来制定了一系列政策,提出了明确的要求,这些政策和要求是指导改革的基本依据。各地要对照有关规定和要求,对前一阶段改革工作进行认真总结,查找并解决存在的

---

①② 注:附件内容略。

问题，进一步对行政审批项目作出处理。要把握行政审批行为的本质特征，准确界定行政审批项目，合理划分行政审批的类和项。

1. 既要考虑审批项目的现行设定依据，又要把握社会主义市场经济对行政管理改革的新要求，处理好行政审批制度改革的合法原则与合理原则的关系。当审批项目符合合法原则而不符合合理原则时，也要相应作出处理。

2. 既要着眼长远发展需要，又要立足当前现实情况。对应当取消也能够取消的审批项目，要坚决取消；对应当取消但一时条件不具备的审批项目，要依照《中华人民共和国行政许可法》的规定处理。

3. 既要加快改革进度，又要确保工作质量。要严格按照初核、协商、论证、审定等步骤，规范审批项目审核和处理工作程序。要集中多方面的智慧和力量，对审批项目进行充分的研究论证，确保审批项目处理工作的质量。

（二）搞好工作衔接，确保国务院取消和调整行政审批项目决定的落实

国务院部门要对本部门每一项取消和调整的审批项目提出明确具体的上下衔接意见。各省、自治区、直辖市要根据不同情况对有关审批项目作出相应处理。要从审批部门、审批对象、审批依据、审批内容等方面，全面对照核对。审批项目名称与国务院决定取消和调整的项目不完全一致，但审批内容相同或相近的，要作出相应处理；将多项审批合并为一项的，要对照国务院决定取消和调整的审批项目目录，分解为具体事项，分别作出处理。

1. 国务院决定取消的审批项目，国务院部门和地方各级人民政府都不得再行审批，国务院各部门不得要求地方人民政府及其部门继续审批或变相审批。如果省级人民政府及其部门也设定有相应审批项目，原则上要取消，个别因情况特殊确需保留的，要根据《中华人民共和国行政许可法》的有关规定，通过制定地方性法规或地方人民政府规章予以设定，但地方性法规和地方人民政府规章不得设定应当由国家统一确定的公民、法人或者其他组织的资格、资质的行政许可；不得设定企业或者其他组织的设立登记及其前置性行政许可。其设定的行政许可，不得限制其他地区的个人或者企业到本地区从事生产经营和提供服务，不得限制其他地区的商品进入本地区市场。对银行业、证券业、保险业中实行垂直管理的事项，地方性法规、地方人民政府规章都不得设定行政审批，已经设定的，要依法取消。

2. 根据《中华人民共和国行政许可法》的有关规定，并考虑现实情况，对现由国务院部门及其内设机构设定、由地方人民政府实施的行政审批，各地要作如下处理：由国务院部门内设机构文件设定的行政审批，一律取消；由部门行政规章和部门文件设定的行政审批，在与国务院部门协商一致后作出处理，并由省、自治区、直辖市行政审批制度改革工作领导小组将结果统一报国务院行政审批制度改革工作领导小组办公室。

3. 国务院决定改变管理方式的审批项目，各地要参照国务院部门的处理办法，移交给相应的行业组织或社会中介机构。暂不具备移交条件的，可设定过渡期，过渡期内继续按原办法审批，过渡期结束即进行移交。国务院部门下放的审批项目，省级人民政府及其部门要做好接收工作。

（三）加强已取消和改变管理方式的行政审批事项的后续监管

对取消后还需通过其他方式监管的审批事项，要制订并落实后续监管的措施和办法，防止管理脱节；对改变管理方式的审批事项，要做好向行业组织或社会中介机构的移交工作。要进一步培育行业组织和社会中介机构，指导并规范其行为，加强管理和监督。对有额度和指标限制或公共资源配置、有限自然资源的开发利用等事项，要充分发挥市场机制的作用，通过招标、拍卖等方式运作，努力营造公开、公平、公正的市场竞争环境。招标代理等市场中介机构，要做到与政府主管部门机构分立、职能分离、人员分开、财务分账。认真落实经营性土地使用权招标拍卖挂牌出让制度，规范和限制协议出让行为；加快产权交易市场建设，全面实行产权交易进入市场制度；认真执行《中华人民共和国招标投标法》、《中华人民共和国政府采购法》，严格规范政府采购行为。

（四）认真清理并依法妥善处理拟取消和改变管理方式的行政审批项目的设定依据

要根据法律、法规和政府规章是否有直接、具体和明确的条款或表述，确定行政审批项目设定的依据。法律、法规和政府规章对某一事项只作了原则的管理规定，但没有明示进行行政审批的，不得作为设定依据。要根据设定依据的效力等级等情况分别对拟取消和改变管理方式的审批项目作出处理。

1. 以地方性法规为设定依据的，由省、自治区、直辖市行政审批制度改革工作领导小组提出处理建议，按法定程序由省级人大及其常委会修改有关地方性法规。

2. 以省、自治区、直辖市党委文件为设定依据的，省、自治区、直辖市行政审批制度改革工作领导小组提出处理建议，按程序报省、自治区、直辖市党委决定。

3. 以政府规章为设定依据的，省、自治区、直辖市人民政府要及时调整、修订有关规章。

4. 对没有合法依据但符合合理原则，确需保留的行政审批项目，由省、自治区、直辖市人民政府组织有关部门，起草有关地方性法规或政府规章，按法定程序报省级人大及其常委会或政府决定。

（五）严格规范行政审批行为，促进依法行政

要按照建立结构合理、配置科学、程序严密、制约有效的权力运行机制的要求，严格规范审批行为。要结合政务公开工作，健全审批公示制度，提高审批的公开性和透明度。除涉及党和国家秘密、商业秘密或者个人隐私的外，审批项目的名称、依据、申请条件、审批程序、审批期限、收费标准、审批结果等都要向社会公开。对关系国计民生和社会公众利益等重大审批事项，要积极推行社会听证制度；对专业性和技术性较强的审批事项，要进行咨询论证。要按照便民、及时、高效的原则，根据审批事项的性质、特点和内容，建立部门和部门内设机构之间的协调机制，制定相应的审批操作规程，减少审批环节，简化审批手续，改进审批方式，提高审批效率。对拟保留的审批项目要逐项进行研究，查找容易产生问题的部位和环节，通过实行审批机关层级监督及部门内外分权等制度，最大限度地减少审批人的自由裁量权和审批随意性。要按照责权统一原则，建立和完善行政审批责任追究制度和信息反馈机制，主动接受人大、政协、司法机关以及舆论和人民群众的监督。

（六）深入推动行政审批制度创新

要加强行政审批制度改革理论研究，深入探索行政审批制度改革的特点和规律，通过理论创新推动制度创新。要研究政府履行行政审批职能的方法和手段，积极运用信息、网络等技术手段，发展电子政务，推行网上审批、窗口式办文。按照精简、统一、效能的原则和决策、执行、监督相协调的要求，将政策制定、审查审批与监督检查、实施处罚等相对分开，不断完善政府的经济调节、市场监管、社会管理和公共服务职能。

行政审批制度改革与经济管理体制、社会管理体制以及其他方面的改革密切相关，要注意将相关改革紧密结合、整体推进。要结合机构改革，通过部门职能的调整和重新定位，理顺部门之间的审批职能；要与财政管理制度改革、实行"收支两条线"管理相结合，规范行政事业性收费行为；要与国有资产管理体制改革相结合，推动政府的社会管理和公共服务职能与国有资产出资人职能分开，探索国有资产管理的有效模式和途径；要与投融资体制改革相结合，明确政府和其他市场主体在投融资领域的责权利关系；要从行政管理体制创新和政府职能转变入手，把相对集中行政处罚权、综合行政执法同行政审批制度改革结合起来，积极探索适应新形势需要的综合执法体制和运行机制。

（七）加强组织领导和督促检查

各地区、各部门要进一步增强政治责任感，树立大局观念，加强领导，积极主动地做好工作。要充实和加强行政审批制度改革领导机构和工作机构，搞好组织协调，充分调动各方面积极性，形成整体合力。要加强督促检查。国务院行政审批制度改革工作领导小组拟于2003年第四季度对省级人民政府行政审批制度改革工作情况进行检查。各地也要认真组织一次"回头看"，重点检查所属各部门行政审批项目的清理是否彻底、审批项目的审核和处理是否科学合理、已调整审批项目的后续工作是否到位、执行审批项目处理的决定是否严格规范等。要严明纪律。对有令不行、有禁不止，变相审批、违规审批的，以及借故推卸责任、影响审批项目处理决定落实的，要坚决纠正并严肃追究有关人员的责任。

国务院关于第三批取消和调整行政审批项目的决定

国发［2004］16号

各省、自治区、直辖市人民政府，国务院各部委、各直属机构：

2002年10月和2003年2月国务院决定共取消和调整1300项行政审批项目后，国务院行政审批制度改革工作领导小组对国务院部门行政审批项目又进行了全面清理。经严格审核论证，国务院决定再次取消和调整495项行政审批项目。其中，取消的行政审批项目409项；改变管理方式，不再作为行政审批，由行业组织或中介机构自律管理的39项；下放管理层级的47项。在取消和调整的行政审批项目中有25项属于涉密事项，按规定另行通知。

各地区、各部门要认真做好有关行政审批项目取消和调整的落实工作，切实加强后续监督和管理。要按照全面推进依法行政、建设法治政府的要求,以贯彻实施《中华人民共和国行政许可法》为契机,深化行政审批制度改革,进一步规范行政权力和行政行为;加快行政管理体制改革进程,进一步转变政府职能;不断更新管理理念、创新管理方式,努力提高社会主义市场经济条件下政府管理经济和社会事务的能力和水平。

附件①:
1. 国务院决定取消的行政审批项目目录(385项)
2. 国务院决定改变管理方式、不再作为行政审批、实行自律管理的行政审批项目目录(39项)
3. 国务院决定下放管理层级的行政审批项目目录(46项)

中华人民共和国国务院
二〇〇四年五月十九日

国务院对确需保留的行政审批项目设定行政许可的决定

(2004年6月29日公布)

依照《中华人民共和国行政许可法》和行政审批制度改革的有关规定,国务院对所属各部门的行政审批项目进行了全面清理。由法律、行政法规设定的行政许可项目,依法继续实施;对法律、行政法规以外的规范性文件设定,但确需保留且符合《中华人民共和国行政许可法》第十二条规定事项的行政审批项目,根据《中华人民共和国行政许可法》第十四条第二款的规定,现决定予以保留并设定行政许可,共500项。

为保证本决定设定的行政许可依法、公开、公平、公正实施,国务院有关部门应当对实施本决定所列各项行政许可的条件等作出具体规定,并予以公布。有关实施行政许可的程序和期限依照《中华人民共和国行政许可法》的有关规定执行。

附件:国务院决定对确需保留的行政审批项目设定行政许可的目录②

国务院办公厅关于进一步清理取消和调整行政审批项目的通知

国办发〔2007〕22号

国务院各部委、各直属机构:

为深入贯彻实施行政许可法,进一步减少行政审批项目,规范行政行为,按照国务院要求,各部门近期要对现有的行政审批项目进行集中清理,下决心再取消和调整一批行政许可项目和非行政许可审批项目。现就有关事项通知如下:

---

① 注:附件内容略。
② 注:附件内容略。

（一）取消和调整的原则

总的要求是，按照合法、合理、效能、责任和监督的原则，对现有的行政许可项目和非行政许可审批项目进行全面清理，该取消的一律取消，该调整的必须调整。

1. 对虽有法定设定依据，但与现实管理要求不相适应，难以达到管理目的的，予以取消或调整。

2. 对通过市场机制、行业自律能够解决的，予以取消或调整。其中，可由社会团体、行业组织和中介机构进行自律管理的，一律交给社会团体、行业组织和中介机构。

3. 对通过质量认证、事后监管可以达到管理目的的，予以取消或调整。

4. 对一个审批事项多部门、多环节审批的，必须按照相同或相近的职能由一个部门承担和权责一致的原则进行调整，该取消的必须取消。

5. 对省级以下机关可以实施的，必须按照方便申请人、便于监管的原则，下放管理层级。

（二）清理、取消和调整工作步骤

这次清理、取消和调整行政审批项目工作，分为四个阶段进行：

1. 全面清理阶段（5月15日前完成）。各部门要对现有的行政许可项目和非行政许可审批项目进行彻底清理，逐项分析其设立的背景、管理目标及必要性、有效性，提出拟取消或调整的意见，并填写《拟取消或调整行政审批项目意见表》（附件1）；对其他部门与本部门职能相关的项目，按照有利于发挥管理效力、提高行政效率的原则，提出取消或调整的建议，并填写《相关部门行政审批项目取消或调整建议表》（附件2）；对本部门已自行取消或调整的项目，填写《部门自行取消或调整的行政审批项目登记表》（附件3）；对2004年7月1日以后新设立的项目，填写《新设立行政审批项目登记表》（附件4）。

请将上述表格一式3份及电子版，于5月15日前送国务院行政审批制度改革工作领导小组办公室（以下简称国务院审改办）。

2. 论证审核阶段（6月15日前完成）。国务院审改办组织国务院相关部门、地方政府、基层单位、管理相对人以及专家学者，对各部门提出的拟取消或调整意见进行评估论证，在此基础上，再会同法制办、中央编办等部门进行联合审核，提出具体意见。

3. 协商处理阶段（7月15日前完成）。国务院审改办就拟取消或调整的项目分别与有关部门进行协商，并签订确认函。

4. 审议公布阶段（8月中旬完成）。由国务院审改办将审核和处理意见提交国务院行政审批制度改革工作领导小组审议后，报国务院批准并统一向社会公布。其中，涉及需要修改法律法规的，按法定程序办理。

（三）工作要求

进一步清理、取消和调整行政审批项目，是推进政府职能转变和管理创新、完善社会主义市场经济体制的客观要求。各部门要从政治和大局的高度，深刻认识做好这项工作的重要性和必要性。要按照国务院的部署和要求，切实加强领导，采取得力措施，认真抓好落实。各部门主要负责同志要亲自抓，并明确一位领导具体负责。要抽调熟悉情况、了解政策的人员组成专门工作班子承担此项任务，确保这项工作按期限、高质量地完成。

附件①：1. 拟取消或调整行政审批项目意见表
　　　　2. 相关部门行政审批项目取消或调整建议表
　　　　3. 部门自行取消或调整的行政审批项目登记表
　　　　4. 新设立行政审批项目登记表

国务院办公厅
二〇〇七年四月十五日

国务院关于第四批取消和调整行政审批项目的决定

国发〔2007〕33号

各省、自治区、直辖市人民政府，国务院各部委、各直属机构：

　　2007年4月以来，按照国务院的统一部署和行政审批制度改革的要求，国务院行政审批制度改革工作领导小组依据行政许可法的规定，组织对国务院部门的行政审批项目进行了新一轮集中清理。经严格审核和论证，国务院决定第四批取消和调整186项行政审批项目。其中，取消的行政审批项目128项，调整的行政审批项目58项（下放管理层级29项、改变实施部门8项、合并同类事项21项）。另有7项拟取消或者调整的行政审批项目是由有关法律设立的，国务院将依照法定程序提请全国人大常委会审议修订相关法律规定。

　　各地区、各部门要认真做好取消和调整行政审批项目的落实和衔接工作，切实加强后续监管。要深入贯彻科学发展观，适应完善社会主义市场经济体制、加强和改善宏观调控以及转变政府职能的要求，继续深化行政审批制度改革，依法对行政审批项目实行动态管理，加强对行政审批权的监督制约，努力在规范审批行为、创新审批方式、完善配套制度、建立长效机制等方面取得新的进展。

　　附件②：1. 国务院决定取消的行政审批项目目录（128项）
　　　　　　2. 国务院决定调整的行政审批项目目录（58项）

国务院
二〇〇七年十月九日

---

① 注：附件内容略。
② 注：附件内容略。

国务院办公厅转发监察部等部门关于深入推进行政审批制度改革意见的通知

国办发〔2008〕115号

各省、自治区、直辖市人民政府，国务院各部委、各直属机构：

监察部、中央编办、发展改革委、工业和信息化部、民政部、财政部、农业部、商务部、人民银行、工商总局、质检总局、法制办《关于深入推进行政审批制度改革的意见》已经国务院同意，现转发给你们，请认真贯彻执行。

国务院办公厅
二〇〇八年十月十七日

关于深入推进行政审批制度改革的意见

（监察部、中央编办、发展改革委、工业和信息化部、
民政部、财政部、农业部、商务部、人民银行、
工商总局、质检总局、法制办）

推进行政审批制度改革，对于深化行政管理体制改革、完善社会主义市场经济体制、从源头上防治腐败、维护人民群众切身利益等，都具有重要意义。近年来，各地区、各部门按照党中央、国务院的部署和要求，采取有力措施推进行政审批制度改革，取得了明显成效。但也要看到，目前行政审批方面仍存在一些亟待解决的问题，主要是：审批事项依然过多，已经取消或调整的审批事项未得到完全落实，审批与监管脱节，对审批权的制约监督机制还不完善，审批行为不够规范等。深化行政审批制度改革仍是一项长期而艰巨的任务。党的十七大明确提出，减少和规范行政审批，减少政府对微观经济运行的干预。根据中央上述精神，现就深入推进行政审批制度改革提出以下意见：

（一）深入推进行政审批制度改革的指导思想和总体目标

深入推进行政审批制度改革的指导思想是：高举中国特色社会主义伟大旗帜，以邓小平理论和"三个代表"重要思想为指导，深入贯彻落实科学发展观，以政府职能转变为核心，充分发挥市场在资源配置中的基础性作用，认真实施行政许可法，继续减少和规范行政审批，加强对行政审批权的监督制约，着力推进政府管理方式创新，促进服务政府、责任政府、法治政府和廉洁政府建设，推动经济社会又好又快发展。

深入推进行政审批制度改革的总体目标是：行政审批事项进一步减少，审批行为实现公开透明、规范运作，行政审批相关制度和制约监督机制较为健全，利用审批权谋取私利、乱收费等现象得到有效遏制，人民群众的满意度有新的提高。

（二）深入推进行政审批制度改革的主要任务

1. 继续取消和调整行政审批事项。适时组织开展行政审批事项集中清理工作。国

务院各部门要按照合法、合理、效能、责任、监督的原则和该取消的一律取消、该调整的必须调整的要求，对现有的行政审批事项及其设立依据进行彻底清理，在此基础上，准确把握合法与合理的关系，提出拟取消或调整的初步意见。行政审批制度改革工作部际联席会议在审核论证并经国务院相关部门确认的基础上，将拟取消或调整的行政审批事项提请国务院审议，经批准后向社会公布。其中由法律设立的行政审批事项，按法定程序办理。各省（区、市）要按照行政审批制度改革的原则和要求，结合本地区实际，认真组织实施本地区行政审批事项的清理、取消和调整工作。

2. 落实已取消、调整和保留的行政审批事项。各地区、各部门要认真落实国务院关于取消和调整行政审批事项的决定。要对照国务院决定取消和调整的审批事项，从审批部门、审批对象、审批依据和审批内容等方面分类做出处理，防止出现以备案、核准等名义进行变相审批。对保留的行政审批事项，要明确实施条件、审批程序和时限要求，完善各环节工作流程和管理规范，不得随意扩大或缩小审批权限。国务院各部门要加强对本系统的指导和监督，确保取消和调整的每一项审批事项落到实处。

3. 加强对行政审批事项的监督和管理。各有关部门要切实履行监管职能，对取消审批后仍需加强监管的事项，建立健全后续监管制度，制定配套措施，加强事中检查和事后稽查，防止行政审批事项取消后出现监管职能"缺位"或"不到位"的现象。充分运用现代信息网络技术，对行政审批事项的受理、承办、批准、办结和告知等环节实行网上审批、网络全程监控，及时发现和纠正违规审批行为。总结推广各地区、各部门实行网上审批和电子监察系统的经验和做法，研究制订规范网上审批和电子监察系统的指导性意见。加强行政审批服务中心管理，完善"一门受理、统筹协调、规范审批、限时办结"的运作方式。

4. 建立健全行政审批相关制度。建立健全新设行政审批事项严格审核论证机制，有关部门对新设由国务院部门实施或在全国范围内实施的行政审批事项，要充分听取意见，严格审核把关。研究建立专家咨询和民意征集机制，对涉及重大公共利益或与人民群众切身利益密切相关的审批事项，要进行听证。完善相对集中行政许可权制度、重大行政许可决定备案制度、行政许可决定公示制度、行政许可听证制度，以及行政许可的统一办理、联合办理、集中办理制度。严格规范行政审批收费行为，对向相对人收取费用的行政审批事项，要通过适当方式将收费依据、标准和程序予以公开。加强对咨询机构的管理，规范其服务行为，禁止把指定机构的咨询作为审批的必要条件。

当前，要重点抓好以下两项工作：一是妥善调整国务院机构改革中涉及的行政审批事项。认真落实关于深化行政管理体制改革的意见和国务院机构改革方案，理顺部门之间的审批职能定位，合理配置行政审批事项。协调机构改革中职能发生变化的有关部门做好审批事项的转移和衔接工作，认真解决审批职能交叉、权责脱节和多头审批等问题。二是编制并公布保留的行政审批事项目录。认真实施行政许可法和政府信息公开条例，坚持公开、透明、规范的原则，对保留的行政审批事项的名称、实施机关、设立依据等进行严格审核。对由法律、行政法规或国务院决定设定，已明确属于企业登记前置审批，但不适应实际管理需要的事项，按法定程序向设定机关提出不再作为前置审批的建议；对由法律、行政法规或国务院决定设定，但尚未明确是否属于前置审批的事项，如确有必要确定为前置审批的，按程序提出作为前置审批的建议。

在此基础上，分别编制行政审批事项目录和企业登记前置审批事项目录，经征求有关部门意见并提请国务院审议批准后，及时向社会公布。各省（区、市）也要编制并公布由地方性法规和地方政府规章设定的行政审批事项目录。

（三）具体工作要求

深入推进行政审批制度改革意义重大、任务艰巨，各地区、各部门要按照国务院的统一部署，精心组织，周密安排，狠抓落实。

1. 加强组织领导。各地区、各部门要把行政审批制度改革工作摆上重要位置，列入议事日程。要建立健全工作机制，抽调得力人员承担此项工作。监察、法制、编制等有关部门要充分发挥职能作用，协调配合、互相支持，形成工作合力。

2. 搞好工作衔接。国务院各部门要加强与地方政府的联系和沟通，及时了解和掌握改革情况，对涉及本系统的审批事项，提出上下衔接的具体意见和办法。各地区要紧密结合实际，研究制订配套措施和办法，确保改革上下衔接、整体推进。

3. 加强调查研究和政策指导。紧紧围绕行政审批制度改革的热点、难点问题开展调查研究，切实增强工作的前瞻性、系统性和主动性。要在全面掌握情况和加强理论思考的基础上，积极探索工作规律，加强政策研究，不断提出深入推进行政审批制度改革的新措施、新办法。要建立行政审批制度改革联系点工作制度，注意发现和总结推广行政审批制度改革中的成功经验和有效做法。

4. 强化监督检查和责任追究。各地区、各部门要认真开展自查自纠，重点对已取消和调整的审批事项是否仍然实施审批，是否存在违法违规设立审批事项、指定咨询机构搞变相审批，应当移交行业组织或社会中介组织自律管理的事项是否顺利交接，已取消和调整审批事项的后续监管是否到位，保留的审批事项是否规范管理等进行督促检查，发现问题要及时纠正。要按照"谁审批，谁负责"的原则，建立健全审批责任追究制，严格责任追究。行政审批制度改革工作部际联席会议将适时组织检查组，对各地区、各部门行政审批制度改革工作情况进行抽查。

国务院关于修改《国务院对确需保留的行政审批项目设定行政许可的决定》的决定

（2009年1月29日公布）

国务院决定对《国务院对确需保留的行政审批项目设定行政许可的决定》附件《国务院决定对确需保留的行政审批项目设定行政许可的目录》中的部分项目作如下修改：

（一）将第12项的项目名称，由"跨省区或规模较大的中小企业信用担保机构设立与变更审批"修改为"融资性担保机构的设立与变更审批"；将实施机关，由国家发展改革委改为省、自治区、直辖市人民政府确定的部门。

（二）将第373项的项目名称，由"外国通讯社及其所属信息机构在中国境内开展经济信息业务审批"，修改为"外国机构在中国境内提供金融信息的服务业务审批"；将实施机关，由新华社改为国务院新闻办公室。

（三）将第374项的项目名称，由"外国通讯社在中国境内发布新闻信息业务的审批",修改为"外国通讯社在中国境内提供新闻的服务业务审批";将实施机关,由新华社改为国务院新闻办公室。

本决定自公布之日起施行。

国务院关于第五批取消和下放管理层级行政审批项目的决定

国发〔2010〕21号

各省、自治区、直辖市人民政府,国务院各部委、各直属机构:

2009年以来,按照国务院的统一部署和行政审批制度改革的要求,行政审批制度改革工作部际联席会议依据行政许可法等法律法规的规定,组织对国务院部门的行政审批项目进行了新一轮集中清理。经严格核论证,国务院决定第五批取消和下放管理层级行政审批项目184项。其中,取消的行政审批项目113项,下放管理层级的行政审批项目71项。

各地区、各部门要认真做好取消和下放管理层级行政审批项目的落实和衔接工作,切实加强后续监管。要按照深化行政管理体制改革、转变政府职能的要求,继续深化行政审批制度改革,进一步减少行政审批项目,规范审批流程,创新审批方式,健全行政审批制约监督机制,加强对行政审批权运行的监督。

附件①:1. 国务院决定取消的行政审批项目目录(113项)
       2. 国务院决定下放管理层级的行政审批项目目录(71项)

国务院
二〇一〇年七月四日

国务院关于第六批取消和调整行政审批项目的决定

国发〔2012〕52号

各省、自治区、直辖市人民政府,国务院各部委、各直属机构:

2011年以来,按照深入推进行政审批制度改革工作电视电话会议的部署和行政审批制度改革的要求,行政审批制度改革工作部际联席会议依据行政许可法等法律法规的规定,对国务院部门的行政审批项目进行了第六轮集中清理。经严格审核论证,国务院决定第六批取消和调整314项行政审批项目。各地区、各部门要加强组织领导,明确工作分工,抓好监督检查,完善规章制度,确保行政审批项目的取消和调整及时落实到位。同时,要强化后续监管,明确监管责任,制定监管措施,做好工作衔接,避免出现监管真空。

深化行政审批制度改革是一项长期任务。各地区、各部门要按照党中央、国务院的部署和要求,在现有工作基础上,积极适应经济社会发展需要,坚定不移地深入推

---

① 注:附件内容略。

进行政审批制度改革。

（一）进一步取消和调整行政审批项目。凡公民、法人或者其他组织能够自主决定、市场竞争机制能够有效调节、行业组织或者中介机构能够自律管理的事项，政府都要退出。凡可以采用事后监管和间接管理方式的事项，一律不设前置审批。以部门规章、文件等形式违反行政许可法规定设定的行政许可，要限期改正。探索建立审批项目动态清理工作机制。

（二）积极推进行政审批规范化建设。新设审批项目必须于法有据，并严格按照法定程序进行合法性、必要性、合理性审查论证。没有法律法规依据，任何地方和部门不得以规章、文件等形式设定或变相设定行政审批项目。研究制定非行政许可审批项目设定和管理办法。

（三）加快推进事业单位改革和社会组织管理改革。把适合事业单位和社会组织承担的事务性工作和管理服务事项，通过委托、招标、合同外包等方式交给事业单位或社会组织承担。抓紧培育相关行业组织，推动行业组织规范、公开、高效、廉洁办事。

（四）进一步健全行政审批服务体系。继续推进政务中心建设，健全省市县乡四级联动的政务服务体系，并逐步向村和社区延伸。加强行政审批绩效管理，推行网上审批、并联审批和服务质量公开承诺等做法，不断提高行政审批服务水平。审批项目较多的部门要建立政务大厅或服务窗口。

（五）深入推进行政审批领域防治腐败工作。深化审批公开，推行"阳光审批"。加快推广行政审批电子监察系统。严肃查处利用审批权违纪违法案件。

（六）把行政审批制度改革与投资体制、财税金融体制、社会体制和行政管理体制改革紧密结合起来。进一步理顺和规范政府与企业、政府与社会的关系，规范上下级政府的关系。进一步优化政府机构设置和职能配置，提高行政效能和公共管理服务质量。

附件①：1. 国务院决定取消的行政审批项目目录（171 项）
2. 国务院决定调整的行政审批项目目录（143 项）

国务院
2012 年 9 月 23 日

国务院关于取消和下放一批行政审批项目等事项的决定

国发〔2013〕19 号

各省、自治区、直辖市人民政府，国务院各部委、各直属机构：

第十二届全国人民代表大会第一次会议批准的《国务院机构改革和职能转变方案》明确提出，要减少和下放投资审批事项，减少和下放生产经营活动审批事项，减

---

① 注：附件内容略。

少资质资格许可和认定，取消不合法不合理的行政事业性收费和政府性基金项目。经研究论证，国务院决定，取消和下放一批行政审批项目等事项，共计117项。其中，取消行政审批项目71项，下放管理层级行政审批项目20项，取消评比达标表彰项目10项，取消行政事业性收费项目3项；取消或下放管理层级的机关内部事项和涉密事项13项（按规定另行通知）。另有16项拟取消或下放的行政审批项目是依据有关法律设立的，国务院将依照法定程序提请全国人民代表大会常务委员会修订相关法律规定。

各地区、各部门要认真做好取消和下放管理层级行政审批项目等事项的落实和衔接工作，切实加强后续监管。要按照深化行政体制改革、加快转变政府职能的要求，继续坚定不移推进行政审批制度改革，清理行政审批等事项，加大简政放权力度。要健全监督制约机制，加强对行政审批权运行的监督，不断提高政府管理科学化、规范化水平。

附件①：1. 国务院决定取消和下放管理层级的行政审批项目目录（共计91项）
    2. 国务院决定取消的评比、达标、表彰项目目录（共计10项）
    3. 国务院决定取消的行政事业性收费项目目录（共计3项）

2013年5月15日

国务院关于取消和下放50项行政审批项目等事项的决定

国发〔2013〕27号

各省、自治区、直辖市人民政府，国务院各部委、各直属机构：

经研究论证，国务院决定，再取消和下放一批行政审批项目等事项，共计50项。其中，取消和下放29项、部分取消和下放13项、取消和下放评比达标项目3项；取消涉密事项1项（按规定另行通知）；有4项拟取消和下放的行政审批项目是依据有关法律设立的，国务院将依照法定程序提请全国人民代表大会常务委员会修订相关法律规定。

各地区、各部门要认真做好取消和下放管理层级行政审批项目等事项的落实和衔接工作，切实加强后续监管。要按照深化行政体制改革、加快转变政府职能的要求，继续坚定不移推进行政审批制度改革，清理行政审批事项，加大简政放权力度。

附件②：1. 国务院决定取消和下放管理层级的行政审批项目目录（共计29项）
    2. 国务院决定部分取消和下放管理层级的行政审批项目目录（共计13项）
    3. 国务院决定取消和下放管理层级的评比、达标项目目录（共计3项）

国务院
2013年7月13日

---

① 注：附件内容略。
② 注：附件内容略。

国务院关于取消和下放一批行政审批项目的决定

国发〔2013〕44号

各省、自治区、直辖市人民政府，国务院各部委、各直属机构：

经研究论证，国务院决定，再取消和下放68项行政审批项目（其中有2项属于保密项目，按规定另行通知）。另建议取消和下放7项依据有关法律设立的行政审批项目，国务院将依照法定程序提请全国人民代表大会常务委员会修订相关法律规定。《国务院关于取消和下放一批行政审批项目等事项的决定》（国发〔2013〕19号）中提出的涉及法律的16项行政审批项目，国务院已按照法定程序提请全国人民代表大会常务委员会修改了相关法律，现一并予以公布。

各地区、各部门要抓紧做好取消和下放管理层级行政审批项目的落实和衔接工作，加快配套改革和相关制度建设，在有序推进"放"的同时，加强后续监管，切实做到放、管结合。要按照深化行政体制改革、加快转变政府职能的要求，继续坚定不移推进行政审批制度改革，清理行政审批项目，加大简政放权力度。要健全监督制约机制，加强对行政审批权运行的监督，依法及时公开项目核准和行政审批信息，努力营造公平竞争、打破分割、优胜劣汰的市场环境，不断提高政府管理科学化、规范化水平。

附件①：国务院决定取消和下放管理层级的行政审批项目目录（共计82项）

国务院
2013年11月8日

国务院关于取消和下放一批行政审批项目的决定

国发〔2014〕5号

各省、自治区、直辖市人民政府，国务院各部委、各直属机构：

经研究论证，国务院决定，再取消和下放64项行政审批项目和18个子项。另建议取消和下放6项依据有关法律设立的行政审批项目，国务院将依照法定程序提请全国人民代表大会常务委员会修订相关法律规定。

各地区、各部门要抓紧做好取消和下放管理层级行政审批项目的落实和衔接工作，并切实加强事中事后监管。要继续大力推进行政审批制度改革，使简政放权成为持续的改革行动。要健全监督制约机制，加强对行政审批权运行的监督，不断提高政府管理科学化、规范化水平。

附件②：国务院决定取消和下放管理层级的行政审批项目目录（64项，另有18个

---

① 注：附件内容略。
② 注：附件内容略。

子项）

国务院
2014年1月28日

国务院关于清理国务院部门非行政许可审批事项的通知

国发〔2014〕16号

国务院各部委、各直属机构：

《中华人民共和国行政许可法》公布实施后，根据当时有效管理的需要，国务院于2004年决定保留部分属于政府内部管理事务的非行政许可审批事项，同时明确随着社会主义市场经济体制的逐步完善，对这些非行政许可审批事项要逐步取消或作必要调整。此后，国务院在开展行政审批制度改革过程中，陆续取消和调整了一批非行政许可审批事项。但一些部门通过各种形式又先后设定了一批非行政许可审批事项，其中既有属于政府内部管理事务的事项，还有以非行政许可审批名义变相设定的面向公民、法人或其他组织的行政许可事项。这些审批事项，设定和实施不够规范，不利于激发市场活力、增强发展动力。按照行政审批制度改革工作要求，国务院决定对各部门现有非行政许可审批事项进行清理，现就有关工作通知如下：

（一）清理对象和工作目标

此次清理对象是已向社会公开的国务院各部门行政审批事项汇总清单所列非行政许可审批事项。根据审批对象的不同，这些事项包括面向公民、法人或其他组织的审批事项和面向地方政府等方面的审批事项。

清理工作要按照统一要求，分类处理，分步实施，该取消的一律取消，该调整的坚决调整，最终将面向公民、法人或其他组织的非行政许可审批事项取消或依法调整为行政许可，将面向地方政府等方面的非行政许可审批事项取消或调整为政府内部审批事项，不再保留"非行政许可审批"这一审批类别，规范行政管理行为，促进依法行政，推进政府职能转变。

（二）取消面向公民、法人或其他组织的非行政许可审批事项

各部门面向公民、法人或其他组织的非行政许可审批事项，要于本通知印发后一年内予以取消。确因工作实际需要，且符合《中华人民共和国行政许可法》第十二条、第十三条规定的事项，有关部门要按照《中华人民共和国行政许可法》和《国务院关于严格控制新设行政许可的通知》（国发〔2013〕39号）的规定，依法履行新设行政许可的程序。今后，任何部门或单位不得在法律、行政法规和国务院决定之外，设定面向公民、法人或其他组织的审批事项。

（三）取消和调整面向地方政府等方面的非行政许可审批事项

各部门面向地方政府等方面的非行政许可审批事项，凡与地方政府之间能够协商处理的，或者直接面向市、县、乡政府的，或者由地方政府管理更方便有效的，或者不适应经济社会发展要求的，要于本通知印发后一年内予以取消或下放。

确因工作实际需要保留的，实施部门要在一年内送交国务院审改办审核，并报国

务院批准后,统一调整为政府内部审批事项。同时,实施部门要根据精简效能的原则,对政府内部审批事项加强规范管理。要优化审批流程,简化办事程序,提高办事效率。要明确政府内部审批的权限、范围、条件、程序、时限等,严格限制自由裁量权,并建立健全岗位责任制,切实加强机关效能建设,提高审批效率。

(四)工作要求

清理工作自本通知印发之日起实施。各部门要从政治和大局的高度,深刻认识做好这项工作的重要性和必要性,切实加强领导,认真抓好落实,具体清理工作方案要于2014年5月底前送交国务院审改办审核后实施。地方各级人民政府要根据本通知的要求,结合各地实际,组织开展本级政府部门非行政许可审批事项的清理工作。国务院审改办负责指导和督促非行政许可审批事项清理工作,并依据清理结果,及时对国务院各部门行政审批事项汇总清单进行更新。监察机关要加强监督检查,对违反规定的要严肃追究相关部门和人员的责任。

国务院

2014年4月14日